Volker Rittberger · Andreas Kruck · Anne Romund

Grundzüge der Weltpolitik

Studienbücher Außenpolitik
und Internationale Beziehungen

Herausgegeben von Wilfried von Bredow

Volker Rittberger · Andreas Kruck
Anne Romund

Grundzüge der Weltpolitik

Theorie und Empirie
des Weltregierens

Bibliografische Information der Deutschen Nationalbibliothek
Die Deutsche Nationalbibliothek verzeichnet diese Publikation in der
Deutschen Nationalbibliografie; detaillierte bibliografische Daten sind im Internet über
<http://dnb.d-nb.de> abrufbar.

Gefördert von der Deutschen Stiftung Friedensforschung

1. Auflage 2010

Alle Rechte vorbehalten
© VS Verlag für Sozialwissenschaften | GWV Fachverlage GmbH, Wiesbaden 2010

Lektorat: Frank Schindler

VS Verlag für Sozialwissenschaften ist Teil der Fachverlagsgruppe Springer Science+Business Media.
www.vs-verlag.de

Das Werk einschließlich aller seiner Teile ist urheberrechtlich geschützt. Jede Verwertung außerhalb der engen Grenzen des Urheberrechtsgesetzes ist ohne Zustimmung des Verlags unzulässig und strafbar. Das gilt insbesondere für Vervielfältigungen, Übersetzungen, Mikroverfilmungen und die Einspeicherung und Verarbeitung in elektronischen Systemen.

Die Wiedergabe von Gebrauchsnamen, Handelsnamen, Warenbezeichnungen usw. in diesem Werk berechtigt auch ohne besondere Kennzeichnung nicht zu der Annahme, dass solche Namen im Sinne der Warenzeichen- und Markenschutz-Gesetzgebung als frei zu betrachten wären und daher von jedermann benutzt werden dürften.

Umschlaggestaltung: KünkelLopka Medienentwicklung, Heidelberg
Druck und buchbinderische Verarbeitung: Krips b.v., Meppel
Gedruckt auf säurefreiem und chlorfrei gebleichtem Papier
Printed in the Netherlands

ISBN 978-3-531-16352-9

Inhaltsverzeichnis

Vorwort   15

Teil A: Einleitung

Kapitel 1: Widersprüchliche Tendenzen der gegenwärtigen Weltpolitik   19
1   Weltpolitik im Wandel: Widersprüchliche Tendenzen der aktuellen
   Weltpolitik   19
   1.1   Entstaatlichung vs. Zählebigkeit des Staates   20
   1.2   Globalisierung vs. Fragmentierung   23
   1.3   Verrechtlichung vs. Entrechtlichung   25
   1.4   Inklusivität vs. Exklusivität von Weltregieren   27
2   Analytische Ordnung für eine vielschichtige Welt: Das Ziel dieses
   Lehrbuchs   29
3   Empirische Vielfalt und theoretischer Pluralismus   29
   3.1   Neorealismus   31
   3.2   Liberalismus   33
   3.3   Konstruktivismus   34
   3.4   Theoretische Selbstverortung   36
4   Heterarchisches Weltregieren in einer sich wandelnden Welt: Kernthese
   und Aufbau des Lehrbuchs   37

Teil B: Der Wandel des globalen Systems

Kapitel 2: Wandel der systemischen Rahmenbedingungen der Weltpolitik   45
Kapitel 2.1:   Nach der Bipolarität des Kalten Krieges: Der Wandel der
                internationalen Machtstrukturen   46
1   Unipolarität als flüchtige Momentaufnahme, neuer Dauerzustand oder
   bloße Illusion?   46
2   Die USA als Welthegemon in einem unipolaren System?   49
   2.1   Konzeptuelle Vorüberlegungen zur Bestimmung der Polarität des
         internationalen Systems   49
   2.2   Überlegenheit der USA bei der Verfügung über Ressourcen   52

	2.3 Reichweite und Grenzen der Politikgestaltungs- und Steuerungsfähigkeiten der USA	58
	2.4 Dauerhaftigkeit und Folgen einer unipolaren Weltordnung: Theoretische Erwartungen und empirische Befunde	61
3	Auf dem Weg in die „Neue Bipolarität"? Machtstrukturelle Implikationen des Aufstiegs Chinas	65
	3.1 Indikatoren für den Aufstieg Chinas	65
	3.2 Ausblick: Neuer Kalter Krieg oder Einbindung Chinas?	70
	3.3 Die zweigleisige Strategie der USA	72
4	Zusammenfassung	73

Kapitel 2.2: Globalisierung und Fragmentierung als makroprozessuale Rahmenbedingungen der Weltpolitik — 78

1 Weltpolitik im Zeitalter der Globalisierung und Fragmentierung — 78
2 Ein begrifflicher und theoretischer Rahmen zur Analyse des Wandels der räumlichen Organisation sozialer Beziehungen — 80
   2.1 Was ist Globalisierung? Verständnisse, Perspektiven und Debatten — 80
   2.2 Definitionen: Globalisierung und Fragmentierung — 83
   2.3 Theoretischer Rahmen: Komplexe Interdependenz und ihre Auswirkungen — 87
3 Quantitatives Ausmaß und qualitative Neuerungen gegenwärtiger Globalisierungsprozesse — 90
   3.1 Quantitative Befunde: Reichweite und Dichte von Globalisierungsprozessen — 91
   3.2 Qualitativ neue Merkmale gegenwärtiger Globalisierung und deren Folgen — 100
4 „*Jihad vs. McWorld*"?: Zum Verhältnis zwischen Globalisierung und Fragmentierung — 106
5 Zusammenfassung — 109

Kapitel 2.3: Leitideen in weltpolitischen Diskursen: Wandel immaterieller makrostruktureller Rahmenbedingungen der Weltpolitik — 113

1 Leitideen als immaterielle makrostrukturelle Rahmenbedingungen der Weltpolitik — 113
2 Ideen und ihre Auswirkungen auf Politikprogramme und Interaktionsergebnisse: Ein theoretischer Rahmen zur Analyse immaterieller Strukturen der Weltpolitik — 115
3 Wandel im internationalen Souveränitäts- und Sicherheitsdiskurs — 121
   3.1 Souveränität als konstitutives Prinzip des internationalen Systems — 121
   3.2 Ursprung und Verbreitung des Souveränitätskonzepts: Westfälischer Frieden und das Ende der Kolonialzeit — 122
   3.3 Vom Prinzip der Nichteinmischung zur Schutzverantwortung — 124

4	Transnationale Verrechtlichung und Demokratie: Auf dem Weg zum Weltbild der verrechtlichten Gesellschaftswelt?	126
	4.1 Veränderungen im Herrschaftsdiskurs und strukturelle Implikationen	126
	4.2 Transnationale Verrechtlichung: Beschränkung der Handlungsfreiheit des Staates und zunehmende Anerkennung einer Völkerrechtssubjektivität nichtstaatlicher Akteure	128
	4.3 Die Leitideen der verantwortlichen Regierungsführung und der Demokratie und ihre Wirkung	134
5	Konkurrierende wirtschaftsordnungspolitische Leitideen: Eingebetteter Liberalismus, Neoliberalismus und zurück?	137
	5.1 Keynesianismus und Neoliberalismus als konkurrierende wirtschaftsordnungspolitische Ideensysteme	137
	5.2 Eingebetteter Liberalismus: Die keynesianisch geprägte internationale Wirtschaftsordnung nach dem Zweiten Weltkrieg	140
	5.3 Entfesselter Markt: Die Vorherrschaft des Neoliberalismus und des Washingtoner Konsenses	142
	5.4 Die neoliberale Wirtschaftsdoktrin in der Kritik: Herausbildung eines Post-Washingtoner Konsenses?	145
6	Umweltpolitischer Diskurs: Die Leitidee der Nachhaltigkeit als Ergänzung oder Herausforderung neoliberaler Leitideen?	148
	6.1 Entwicklung der Leitidee der Nachhaltigkeit	148
	6.2 Konflikte zwischen der Idee der Nachhaltigkeit und neoliberalen Ideen	150
7	Zusammenfassung	152

Kapitel 3: Ausdifferenzierung des Spektrums politikmächtiger Akteure — 156

Kapitel 3.1: Staatlichkeit im Wandel: Erscheinungsformen des Staates in verschiedenen Weltregionen — 157

1	Staaten als Akteure im globalen System – Rückzug des Staates oder Transformation von Staatlichkeit?	157
2	Staatlichkeit im Wandel	159
	2.1 Merkmale von Staatlichkeit	159
	2.2 Wandel in den Merkmalen von Staatlichkeit	161
3	Typen von Staaten: Prämoderne, moderne und postmoderne Staaten	164
	3.1 Moderne Staaten	165
	3.2 Postmoderne Staaten	166
	3.3 Prämoderne Staaten	167
4	Regionale Ausdifferenzierung der Staaten und weltpolitische Folgen	169
	4.1 Die postmodernen Staaten der OECD-Welt: Bildung von Sicherheitsgemeinschaften	169

	4.2	Asiatisch-pazifischer Raum: Moderne Staatlichkeit und Sicherheitsstreben in regionaler Anarchie	179
	4.3	Prämoderne Staaten in Afrika südlich der Sahara: Das Phänomen des Staatszerfalls	186
5	Zusammenfassung		192

Kapitel 3.2: Internationale Organisationen: Vom Exekutivmultilateralismus zu inklusiven, multipartistischen Institutionen? — 196

1	Politische Bedeutung und Weiterentwicklung internationaler Organisationen		196
2	Konzeptuelle Abgrenzungen		200
	2.1	Drei Rollenbilder von internationalen Organisationen: Instrument, Arena, Akteur	200
	2.2	Der Begriff der internationalen Organisationen in Abgrenzung zu internationalen Regimen	201
	2.3	Internationale zwischenstaatliche vs. nichtstaatliche Organisationen	203
3	Theorien über internationale zwischenstaatliche Organisationen: Gründung, Aufgaben und Auswirkungen internationaler Organisationen		204
	3.1	Neorealismus: Enge Grenzen der Kooperation in internationalen Organisationen	205
	3.2	Liberalismus: Abbau von Kooperationshindernissen durch internationale Organisationen	206
	3.3	Konstruktivismus: Internationale Organisationen und die Bedeutung ideeller Strukturen	209
	3.4	Bewertung unterschiedlicher Theorien über internationale Organisationen und theoretische Selbstverortung	211
4	Internationale Organisationen als politisch-administrative Systeme		213
	4.1	Organstruktur von internationalen Organisationen	214
	4.2	Input-Dimension der Politikentwicklung in und durch internationale Organisationen	215
	4.3	Konversion: Prozesse zur Generierung von Programmentscheidungen und operativen Entscheidungen von internationalen Organisationen	217
	4.4	Output-Dimension: Politikprogramme, operative Tätigkeiten, informationelle Tätigkeiten	219
5	Vom Exekutivmultilateralismus zu inklusiven, multipartistischen Institutionen		226
	5.1	Veränderte systemische Rahmenbedingungen der Weltpolitik und gewandelte Akteurskonstellationen als Motoren institutionellen Wandels	226

Inhaltsverzeichnis 9

| | 5.2 | Inklusive, multipartistische Institutionen, ihr Auftreten und ihre Auswirkungen: Empirisch-deskriptive und normativ-präskriptive Dimensionen | 231 |
| 6 | | Zusammenfassung | 234 |

Kapitel 3.3: Private Akteure: Transnationale Unternehmen und transnationale zivilgesellschaftliche Organisationen – Konkurrenten oder Kooperationspartner öffentlicher Akteure? ... 238
1 Nichtstaatliche Akteure und ihr gestiegenes weltpolitisches Gewicht im Fokus der Forschung ... 238
2 Abgrenzung und Definition des Untersuchungsgegenstandes ... 240
3 Entwicklungsgeschichte, Auftreten und geographische Verbreitung privater politikmächtiger Akteure ... 243
4 Tätigkeiten privater Akteure in der Weltpolitik ... 244
    4.1 Öffentlichkeit schaffende und in Bezug auf Politikprogramme anwaltschaftliche Tätigkeiten ... 245
    4.2 Dienstleistungstätigkeiten/ Politikprogramme implementierende Tätigkeiten ... 248
    4.3 Gewaltkonflikte bearbeitende Tätigkeiten ... 251
    4.4 Normen setzende und deren Einhaltung verifizierende Tätigkeiten ... 254
5 Reichweite und Grenzen privater Politikgestaltungsfähigkeit ... 261
6 Legitimität privater Akteure in der Weltpolitik ... 267
7 Zusammenfassung ... 274

Kapitel 4: Zwischenbilanz: Transsouveräne Probleme und neue Akteurskonstellationen als Herausforderungen für Weltregieren ... 278
1 Der Wandel des globalen Systems und der zunehmende Bedarf an Weltregieren ... 278
2 Das vermehrte Auftreten transsouveräner Probleme und der Bedeutungszuwachs politikmächtiger Akteure neben den Staaten ... 279
    2.1 Transsouveräne Probleme als Folge des Wandels systemischer Rahmenbedingungen der Weltpolitik ... 279
    2.2 Transsouveräne Probleme in prämodernen Staaten ... 281
    2.3 Transsouveräne Probleme in modernen und postmodernen Staaten ... 282
    2.4 Veränderte weltpolitische Akteurskonstellationen und ihre Folgen für das Auftreten und die Bearbeitung transsouveräner Probleme ... 284
3 Weltregieren: Begriffsklärung und Darlegung des empirischen Bedarfs ... 287
    3.1 Begriff und Ziele des Regierens ... 287
    3.2 Mangelnde Effektivität staatlichen Regierens ... 292
    3.3 Bedarf an Regierensleistungen auf globaler Ebene: Weltregieren als Tatsache und Projekt ... 296

Teil C: Theorien des Weltregierens: Modelle des Weltregierens und handlungstheoretische Ansätze zur Erklärung globaler Politiksteuerungsprozesse

Kapitel 5: Modelle des Weltregierens: Weltordnungsvorstellungen zwischen Anarchie und Hierarchie — 301

1 Wissenschaft und Weltpolitik – Unterschiedliche Weltregierensmodelle — 301
2 Vier Weltregierensmodelle — 303
    2.1 Das Modell des Sicherheitswettbewerbs in der staatenweltlichen Anarchie — 303
    2.2 Das Modell des Welt(bundes)staats — 305
    2.3 Das Modell des quasi-hierarchischen Regierens durch einen Welthegemon — 306
    2.4 Das Modell des heterarchischen Weltregierens gestützt auf multipartistische Politikkoordination und -kooperation — 308
3 Bewertung der Modelle — 314
    3.1 Machtgestützter Sicherheitswettbewerb in der staatenweltlichen Anarchie: Begrenzte empirische Relevanz und normative Defizite — 315
    3.2 Weltstaat: Realitätsferne und normative Problematik — 316
    3.3 Hegemoniale Steuerung: Selektive Realitätswahrnehmung und normative Schwäche — 318
    3.4 Heterarchisches Weltregieren: Relative Realitätsnähe und normative Hinlänglichkeit — 321
    3.5 Modelltheoretische Selbstverortung — 327

Kapitel 6: Handlungstheoretische Ansätze zur Erklärung des Vorkommens und institutioneller Formen des Weltregieren — 330

1 Mesotheoretische Ansätze auf der Akteursebene zur Erklärung von globalen Politiksteuerungsformen und -prozessen in verschiedenen Sachbereichen — 330
2 Die Ressourcentausch-Theorie: Ressourceninterdependenzen zwischen verschiedenen Akteursgruppen als Triebfeder für inklusives Weltregieren — 332
    2.1 Darstellung der Theorie und Anwendung auf die Erklärung multipartistischer Politikkoordination und -kooperation — 332
    2.2 Inklusives Weltregieren im Bereich des öffentlichen Gesundheitswesens: Der Globale Fonds zur Bekämpfung von AIDS, Tuberkulose und Malaria als Beispiel für öffentlich-privaten Ressourcentausch — 339
3 Die Theorie kollektiver Güter und ihre Erklärungskraft für das Vorkommen und die institutionelle Ausgestaltung von Weltregieren — 342

	3.1	Begriffliche Grundlagen und Kernannahmen der Theorie kollektiver Güter	343
	3.2	Kollektive Güter und die Ansätze des wohlwollenden und des Zwang ausübenden Hegemons	349
	3.3	Die Theorie kollektiver Güter und die Implikationen von Gütereigenschaften für die Ausgestaltung von Weltregierensarrangements	354
	3.4	Die Theorie kollektiver Güter und die Tendenz zu inklusiven Institutionen im Politikfeld „Internet Governance"	358
4		Zusammenfassung	362

Teil D: Empirie des Weltregierens: Sachbereichsspezifische globale Herausforderungen und deren Bearbeitung

Kapitel 7: Sicherheit: Transnationalisierung von Sicherheitsbedrohungen — 369

1 Sicherheitsprobleme in der nationalen und in der post-nationalen Konstellation — 369

2 Der Wandel des globalen Kriegsgeschehens: Bedeutungszuwachs inner- und substaatlicher Gewaltkonflikte und globale Maßnahmen zu ihrer Bearbeitung — 372

    2.1 Kriege im Wandel: Entwicklung des globalen Kriegsgeschehens (Problembeschreibung) — 372

    2.2 Weltregieren im Sachbereich Sicherheit I: Globale Instrumente zur Prävention, Bearbeitung und Nachsorge von Kriegen (Problembearbeitung) — 388

3 Transnationaler Terrorismus: Wandel terroristischer Bedrohungen und globale multilaterale Bekämpfung des Terrorismus — 405

    3.1 Der transnationale Terrorismus als globale Sicherheitsbedrohung (Problembeschreibung) — 407

    3.2 Weltregieren im Sachbereich Sicherheit II: Die Bearbeitung des Problems des transnationalen Terrorismus (Problembearbeitung) — 423

4 Verbreitung von Massenvernichtungswaffen: Die Bedrohung durch nukleare, chemische und biologische Waffen und globale Rüstungskontrollmaßnahmen — 446

    4.1 Alte und neue Sicherheitsbedrohungen durch die Verbreitung von Massenvernichtungswaffen (Problembeschreibung) — 447

    4.2 Weltregieren im Sachbereich Sicherheit III: Politiken zur Unterbindung der Proliferation von Massenvernichtungswaffen (Problembearbeitung) — 456

5 Zusammenfassung — 472

Kapitel 8: Wohlfahrt: Globale wirtschaftsordnungs-, sozial- und umweltpolitische Herausforderungen — 476

1 Wirtschaftswachstum, sozialer Ausgleich und Nachhaltigkeit der Nutzenmehrung als Bestandteile des Wohlfahrtsziels — 476

2 Globale wirtschaftsordnungspolitische Herausforderungen und ihre kollektive Bearbeitung — 479

    2.1 Welthandelspolitische Probleme (Agrarhandel und geistige Eigentumsrechte) und Weltregieren im Rahmen der WTO (Weltregieren im Sachbereich Wohlfahrt I/II) — 480

    2.2 Krisenanfälligkeit deregulierter globaler Finanzmärkte und globale Steuerungsversuche zur Vermeidung und Eindämmung von Finanzkrisen (Weltregieren im Sachbereich Wohlfahrt III) — 513

3 Globale sozialpolitische Herausforderungen und ihre kollektive Bearbeitung — 534

    3.1 Zur Notwendigkeit einer „Weltsozialpolitik": Armut und ausgeprägte Wohlstandsdisparitäten als Weltprobleme (Problembeschreibung) — 535

    3.2 Weltregieren im Sachbereich „Wohlfahrt" IV: Öffentliches und öffentlich-privates Regieren zur Minderung von Armut und Eindämmung von weltweiten Wohlstandsdisparitäten (Problembearbeitung) — 543

4 Globale ökologische Herausforderungen und ihre kollektive Bearbeitung — 564

    4.1 Der anthropogene Treibhauseffekt als transsouveränes Problem und Weltregieren zu seiner Eindämmung (Weltregieren im Sachbereich Wohlfahrt V) — 567

    4.2 Globale Energieträgerverknappung auf Grund nicht-nachhaltigen Ressourcenverbrauchs und Weltregieren zur Förderung nachhaltiger Ressourcennutzung (Weltregieren im Sachbereich Wohlfahrt VI) — 596

5 Zusammenfassung — 611

Kapitel 9: Herrschaft: Systematische Menschenrechtsverletzungen und Partizipationsdefizite jenseits des Staates als globale Herausforderungen — 614

1 Systematische Menschenrechtsverletzungen und Defizite politischer Partizipation jenseits des Staates als Problemfelder im Sachbereich „Herrschaft" — 614

2 Systematische Menschenrechtsverletzungen und die Entwicklung einer globalen Menschenrechtsordnung — 616

    2.1 Zur Lage der Menschenrechte weltweit: Fortbestehen systematischer Menschenrechtsverletzungen (Problembeschreibung) — 617

Inhaltsverzeichnis

	2.2	Weltregieren im Sachbereich Herrschaft I: Zwischenstaatliches und multipartistisches Weltregieren zur Förderung der weltweiten Anerkennung und Einhaltung von Menschenrechten (Problembearbeitung)	638
3		Demokratiedefizite internationaler Organisationen und Wege zur Erweiterung politischer Partizipationsmöglichkeiten jenseits des Staates	679
	3.1	Eingeschränkte politische Partizipationsmöglichkeiten auf internationaler Ebene (Problembeschreibung)	681
	3.2	Weltregieren im Sachbereich Herrschaft II: Demokratisierung von Weltregieren? Entwicklungen und Perspektiven (Problembearbeitung)	686
4		Zusammenfassung	700

Teil E: Schluss: Bewertung der Modelle des Weltregierens und der handlungstheoretischen Erklärungsangebote

Kapitel 10: Fazit: Die Entstehung einer heterarchischen Weltordnung 707

1	Empirische Komplexität und der Anspruch der theoretischen Erfassung und Erklärung zentraler Entwicklungen des Weltregierens	707
2	Modelltheoretische und handlungstheoretische Ansätze im Lichte der Ergebnisse der empirischen Analyse von Weltregieren	710
	2.1 Bewertung der Weltregierensmodelle unter empirisch-deskriptiven Gesichtspunkten	710
	2.2 Bewertung der Modelle des Weltregierens unter normativ-präskriptiven Gesichtspunkten	718
	2.3 Bewertung verschiedener handlungstheoretischer Erklärungsangebote	723
3	Gesamtfazit: Heterarchie als Weltordnungsprinzip	729

Abbildungsverzeichnis 733

Abkürzungsverzeichnis 737

Literaturverzeichnis 749

Vorwort

Wie und von wem die Welt regiert wird bzw. regiert werden sollte, ist zu einer zentralen Frage der Politikwissenschaft geworden. Weltregieren (*Global Governance*) ist nicht nur ein politisches – ebenso ehrgeiziges wie von Problemen und Rückschlägen geplagtes – „Jahrhundertprojekt", sondern auch eines *der* Themen der politikwissenschaftlichen Forschung der letzten Jahre. Umso mehr fällt auf, dass das Angebot der deutschsprachigen Lehrbuchliteratur in den Internationalen Beziehungen eine Lücke aufweist: Zweifellos gibt es eine Vielzahl von Publikationen zu den Theorien der Internationalen Beziehungen, zu ausgewählten weltpolitischen Akteuren (Staaten, internationalen Organisationen, NGOs, transnationalen Unternehmen) sowie zum Wandel der materiellen und immateriellen Rahmenbedingungen der Weltpolitik, wie er in Prozessen der Globalisierung, der Veränderung internationaler Machtstrukturen und dem Aufkommen neuer weltpolitischer Leitideen zum Ausdruck kommt. Darüber hinaus beschäftigt sich eine Fülle von Veröffentlichungen mit politischen Steuerungs- und Regelungsversuchen in einzelnen Politikfeldern der internationalen Beziehungen (z.B. Sicherheits-, Wirtschafts-, Umwelt-, Menschenrechtspolitik) und mit verschiedenen zwischenstaatlichen, privaten oder öffentlich-privaten institutionellen Formen des Weltregierens. Es mangelt jedoch an einem Lehrbuch, das eine Zusammenschau auf diese den Wandel der Weltpolitik bedingenden Faktoren bietet, diese systematisch aufeinander bezieht und so ein möglichst zusammenhängendes Bild von den strukturellen und prozessualen Rahmenbedingungen, Akteuren, Herausforderungen, Regelungsgegenständen und institutionellen Ausprägungen von Weltregieren in einem breiten Spektrum von Problemfeldern vermittelt.

Dieser Mangel hat in uns die Idee reifen lassen, auf der Grundlage einer an der Universität Tübingen mehrfach angebotenen Vorlesung ein Lehrbuch über die Grundzüge der Weltpolitik im Wandel zu verfassen, das eine Untersuchung der Transformation weltpolitischer Rahmenbedingungen und Akteurskonstellationen mit der theoriegeleiteten Analyse von Weltregieren in den Sachbereichen „Sicherheit", „Wohlfahrt" und „Herrschaft" verbindet. Uns geht es darum aufzuzeigen, welche Formen von Weltregieren (einschließlich des Nichtregierens) in verschiedenen Problemfeldern zu beobachten sind, wie ihr Auftreten zu erklären ist und inwiefern sie unter den gegebenen weltpolitischen Rahmenbedingungen geeignet erscheinen, „transsouveräne" Probleme – z.B. die Verbreitung von Massenvernichtungswaffen, den transnationalen Terrorismus, Finanzkrisen, ausgeprägte globale Wohlstandsdisparitäten, den Klimawandel oder systematische Menschenrechtsverletzungen – effektiv und legitim zu bearbeiten.

Dank schulden wir Julian Bergmann, Ingvild Bode, Julia Ellinger, Felix Haaß und einem anonymen Gutachter der Deutschen Stiftung Friedensforschung, die durch ihre kritischen Rückfragen und Anmerkungen zu früheren Kapitelentwürfen dazu beigetragen haben, die Schlüssigkeit ihrer Argumentation sowie deren sprachliche Präsentation und didaktische Aufbereitung zu verbessern. Für verbleibende Mängel sind selbstverständlich allein die Verfasser verantwortlich. Wir danken auch Rosita Retzlaff, die uns durch vielfältige administrative Unterstützung die Durchführung dieses Lehrbuchprojekts sehr erleichtert hat. Frank Schindler vom VS Verlag für Sozialwissenschaften sind wir für die positive Aufnahme unseres Lehrbuchprojekts und die stets reibungslose Zusammenarbeit bei der Fertigstellung des Lehrbuchs sehr zu Dank verpflichtet. Wilfried von Bredow hat sich freundlicherweise bereit erklärt, dieses Buch in die von ihm herausgegebene Reihe „Studienbücher Außenpolitik und Internationale Beziehungen" aufzunehmen. Die Deutsche Stiftung Friedensforschung hat großzügigerweise die Fertigstellung dieses Lehrbuchs im Rahmen ihrer Kleinprojektförderung unterstützt. Unser Dank gilt nicht zuletzt den Tübinger Studierenden, die uns durch positive Rückmeldungen bestärkt sowie durch kritische Kommentare zu begrifflicher und inhaltlicher Klarheit angehalten haben. Sie haben wesentlich dazu beigetragen, dass aus einer Vorlesung ein Lehrbuch erwachsen ist, das hoffentlich vielen Studierenden, Lehrenden und anderen am weltpolitischen Geschehen interessierten Leserinnen und Lesern von Nutzen sein wird.

Tübingen/München, Juli 2009   Volker Rittberger, Andreas Kruck und Anne Romund

Teil A: Einleitung

Kapitel 1: Widersprüchliche Tendenzen der gegenwärtigen Weltpolitik

1 Weltpolitik im Wandel: Widersprüchliche Tendenzen der aktuellen Weltpolitik

Das gegenwärtige globale System befindet sich im Wandel. Bisher vorherrschende struktur- und akteursbezogene Muster der Weltpolitik verändern sich. Neue Problemlagen haben zu einer Fülle von neuartigen Steuerungs- und Regulierungspraktiken auf globaler Ebene geführt, so dass *Weltregieren*[1] („Global Governance") heute in zahlreichen Problemfeldern und in ganz unterschiedlichen institutionellen Ausprägungen – auch jenseits des zwischenstaatlichen Multilateralismus („Exekutivmultilateralismus") – stattfindet. Die Weltpolitik von heute geht zumindest in vielen Problemfeldern und Weltregionen über das relativ einfache Modell der machtgestützten Interaktion souveräner Staaten in einem anarchischen internationalen System deutlich hinaus. Doch *wohin* sich die Weltpolitik im 21. Jahrhundert bewegt, bleibt auch rund 20 Jahre nach dem Ende des Kalten Krieges (1989/1991)[2] allzu häufig rätselhaft. Eindeutige Entwicklungstendenzen sind schwer auszumachen. Entgegen allzu optimistischen Prognosen haben wir mitnichten das „Ende der Geschichte" (Fukuyama 1992), einen harmoni-

---

[1] *Weltregieren* stellt Verbindlichkeit beanspruchendes kollektives Handeln zur Bearbeitung und – im besten Falle – Lösung von Welt- oder transsouveränen Problemen dar (Rittberger 2004: 247). Weltregieren vollzieht sich in einem mehrstufigen Prozess, der folgende Elemente beinhaltet: 1) die Anerkennung bestimmter grenzüberschreitender Probleme, die der kollektiven Bearbeitung bedürfen, sowie die Identifikation und Auswahl aussichtsreicher Vorgehensweisen zur Lösung dieser Probleme; 2) das Umschreiben dieser Vorgehensweisen in verbindliche Verhaltensregeln für angebbare Regeladressaten; 3) die Förderung der Einhaltung dieser Regeln und ihre Überwachung; sowie 4) die Anpassung dieser Regeln an geänderte Rahmenbedingungen. *Transsouveräne Probleme* sind grenzüberschreitende (häufig – aber nicht notwendigerweise – globale) Probleme, die einzelstaatlich nicht (mehr) erfolgreich bearbeitet werden können (Cusimano 2000: 3). *Weltprobleme* zeichnen sich dadurch aus, dass – erstens – *alle* politischen Gemeinschaften zumindest potenziell von ihnen betroffen sind (weltumspannender Charakter) und dass – zweitens – keine politische Gemeinschaft, die sich damit konfrontiert sieht, sie ohne Mitarbeit anderer, nicht selten sogar aller oder nahezu aller anderen politischen Gemeinschaften (sowie nichtstaatlicher Akteure) aussichtsreich oder zu für sie annehmbare Kosten bearbeiten kann (Rittberger 2004: 247). Vgl. auch Kap. 4.
[2] 1989 fiel die Berliner Mauer, und die kommunistischen Regime in der Tschechoslowakei, Bulgarien, Ungarn und Rumänien brachen zusammen. 1991 lösten sich die Sowjetunion und der Warschauer Pakt offiziell auf.

schen Endzustand – geprägt durch Demokratie, Freihandel und Frieden weltweit – erreicht. Das Ende des Kalten Krieges markierte vielmehr in mehrfacher Hinsicht nicht den Schluss-, sondern den Ausgangspunkt für tiefgreifende, zum Teil widersprüchliche Veränderungen der weltpolitischen Strukturen, Prozesse, Akteurskonstellationen und Problemlagen sowie der (Welt-)Regierensformen. Die Gestalt und erst recht die Finalität dieser andauernden globalen Transformationsprozesse erscheinen oft unklar. Die weltpolitischen Strukturen und Prozesse sind jedenfalls in den letzten beiden Jahrzehnten vielschichtiger und unübersichtlicher geworden.

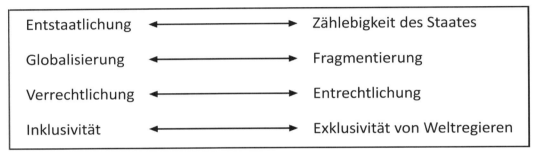

Abb. 1.1: Widersprüchliche Tendenzen der gegenwärtigen Weltpolitik

Widersprüchliche Tendenzen sowohl auf der Struktur- als auch auf der Akteursebene lassen ein von auffälligen Kontrasten geprägtes Bild der aktuellen Weltpolitik entstehen: Tendenzen der *Entstaatlichung* stehen Anzeichen für die *Zählebigkeit des Staates* als wesentlichem Akteur der internationalen Beziehungen gegenüber. Entgrenzende *Globalisierungsprozesse* verlaufen zeitgleich mit ab- und ausgrenzenden *Fragmentierungsbewegungen*; *Verrechtlichungstendenzen* treffen auf *Entrechtlichungsprozesse*; trotz der Zunahme von Partizipationsmöglichkeiten für nichtstaatliche Akteure auf der globalen Bühne weisen maßgebliche internationale zwischenstaatliche Organisationen (z.B. VN, WTO) nach wie vor erhebliche Demokratiedefizite auf (*Inklusivität* vs. *Exklusivität* von Weltregieren). Diese Widersprüchlichkeiten zeigen die Vielschichtigkeit der gegenwärtigen Weltpolitik auf und führen zugleich die analytischen Grenzen einer neorealistischen Konzeption der internationalen Beziehungen vor Augen. Die Weltpolitik von heute ist mit einem Modell des machtgestützten Sicherheitswettbewerbes in einem anarchischen internationalen System längst nicht mehr hinreichend zu erfassen, so sehr es sich im spektakulären Einzelfallgeschehen zu bestätigen scheint.

1.1 Entstaatlichung vs. Zählebigkeit des Staates

Ein wesentliches Gegensatzpaar, das die heutige Weltpolitik maßgeblich prägt, bilden Anzeichen für Entstaatlichungsprozesse und Indikatoren für die Zählebigkeit des Staa-

Kapitel 1: Widersprüchliche Tendenzen der gegenwärtigen Weltpolitik   21

tes als zentraler sozialer Einheit im globalen System[3]. In verschiedenen Sachbereichen der Weltpolitik lässt sich beobachten, dass zu Beginn des 21. Jahrhunderts Staaten nicht mehr die einzigen, mitunter auch nicht mehr die dominierenden Akteure darstellen. Staaten – gerade auch jene in der OECD-Welt[4] – haben erheblich an autonomer einzelstaatlicher Gestaltungsfähigkeit bei der Regulierung von grenzüberschreitenden Wirtschaftsprozessen verloren (Korten 2001). In der Europäischen Union (EU) sind die Handels-, Finanz- und Geldpolitiken nationaler Regulierung weitgehend entzogen (durch den gemeinsamen Binnenmarkts und die Währungsunion). Auch in Bereichen, in denen nationalstaatliche Regulierung rechtlich möglich wäre, findet sie unter den Bedingungen des globalen Standortwettbewerbs häufig nicht statt (Strange 1996). Staaten scheuen sich mitunter aufgrund realer oder wahrgenommener wirtschaftlicher und politischer Kosten, Wirtschafts- und Finanztransaktionen zu regulieren.

Mit dem Verlust staatlicher Steuerungsfähigkeit bei grenzüberschreitenden Wirtschaftsprozessen gingen Versuche einher, diesen Verlust durch die Verlagerung von Steuerungsmechanismen auf die internationale Ebene auszugleichen. Aber zwischenstaatliche Institutionen, die auf die Bearbeitung von Koordinations- bzw. Schnittstellenproblemen zwischen Staaten („at the border issues" wie Zölle oder Einfuhrbeschränkungen) spezialisiert waren, stoßen bei der Bearbeitung von Problemen, deren Ursachen innerhalb der Grenzen von Staaten liegen („behind the border issues" wie Subventionen und Dumping) und zugleich grenzüberschreitende Auswirkungen haben (Zangl/ Zürn 2003: 159ff), häufig an ihre Grenzen. In der gegenwärtigen Doha-Welthandelsrunde der WTO zeigt sich ganz deutlich, wie schwierig es ist, in intergouvernementalen Verhandlungen Einigung über die kollektive Bearbeitung – nicht nur,

---

[3] Im Folgenden wird der Begriff „globales System" der Standardbezeichnung „internationales System" immer dann vorgezogen, wenn auch begrifflich betont werden soll, dass die Weltpolitik von heute nicht mehr nur durch zwischenstaatliche Beziehungen konstituiert wird. Nicht mehr nur Staaten und zwischenstaatliche Organisationen, sondern auch nichtstaatliche Akteure interagieren im gegenwärtigen „internationalen System", so dass die weitere Bezeichnung „globales System" in der Regel treffender erscheint. Der in der Literatur übliche Begriff „internationales System" steht daher im Folgenden für das (von den Staaten konstituierte) *zwischenstaatliche* System. Er bleibt also der Analyse zwischenstaatlicher Beziehungen und Strukturen (z.B. der Machtverteilung zwischen Staaten, vgl. Kap. 2.1) vorbehalten.

[4] Zu den 30 Mitgliedstaaten der Organisation für wirtschaftliche Zusammenarbeit und Entwicklung (OECD) zählen die meisten Mitgliedstaaten der Europäischen Union sowie Australien, Island, Japan, Kanada, Mexiko, Neuseeland, Norwegen, die Schweiz, Südkorea die Türkei und die USA. Fast alle OECD-Mitgliedstaaten sind hoch entwickelte Industrieländer. Zudem ist die Mehrzahl der OECD-Mitgliedstaaten in der westlichen Hemisphäre angesiedelt, auch wenn z.B. Japan und Südkorea seit langem Mitglied der OECD sind und seit 2007 Beitrittsverhandlungen u.a. mit Russland und Estland sowie Gespräche über eine intensivierte Kooperation mit Beitrittsperspektive u.a. mit China und Indien geführt werden. Wenn im Folgenden der Begriff „OECD-Welt" verwendet wird, ist damit die Gesamtheit der hoch entwickelten *westlichen* Industrieländer (ausschließlich Japan und Südkorea) gemeint. Der asiatisch-pazifische Raum, zu dem Japan und Südkorea zu rechnen sind, wird in Kap. 3.1 gesondert behandelt.

aber insbesondere – von Problemen, deren Ursachen innerhalb der Grenzen von Staaten liegen (z.B. Agrarsubventionen der Industriestaaten, vgl. Kap. 8), zu erzielen.[5]

Noch viel grundlegender in Frage gestellt wird die Handlungsfähigkeit des Staates in Räumen begrenzter oder prekärer Staatlichkeit (Risse 2005; Schneckener 2004). Scheiternde oder gescheiterte Staaten („failing states"/ „failed states") stellen heute ein gewichtiges regionales und weltpolitisches Problem dar. In zahlreichen Ländern vor allem Afrikas südlich der Sahara hat der Staat sein Gewaltmonopol an konkurrierende Kriegsherren („warlords"), Rebellen oder private Gewaltunternehmer verloren (soweit er es jemals effektiv besessen hatte). Mangelhafte Kontrolle über die Gewaltmittel nach innen und außen sowie eine verminderte Fähigkeit, politische Entscheidungen der Zentralregierung durchzusetzen, charakterisieren weite Teile der heutigen Staatenwelt – mit gravierenden Folgen für innerstaatliche, regionale und globale Sicherheit (Risse 2005: 7).

Während also Integrität und Autonomie des Staates zunehmend unter Druck geraten, etablieren sich jenseits des Staates (oder auch im Schatten des Staates) gleichzeitig private Formen der Steuerung in den internationalen Beziehungen, die aus der Perspektive einer staatenzentrierten Konzeption der internationalen Beziehungen rätselhaft erscheinen müssen. Im Rahmen des transnationalen Handelsrechts („lex mercatoria") etwa werden Streitigkeiten zwischen Unternehmen, aber auch zwischen Unternehmen und Staaten häufig durch Schiedssprüche privater Streitschlichtungsinstanzen ohne Einmischung staatlicher Hoheitsträger entschieden. Diese privaten Schiedssprüche weisen eine erstaunlich hohe Befolgungsrate seitens der Streitparteien auf. Über 90 Prozent aller privaten Schlichtungen werden von den Parteien ohne Rückgriff auf staatliche Vollstreckungsorgane akzeptiert (Calliess 2004: 168). Auch die Setzung und Durchsetzung von Normen – herkömmlich als Vorrecht des Staates betrachtet – wird mittlerweile auch von privaten Akteuren[6] vorgenommen: Transnationale Unternehmen binden sich an von ihnen selbst oder im Verbund mit lokalen und internationalen zivilgesellschaftlichen Organisationen gesetzte soziale und ökologische Standards und Normen (Verhaltenskodizes, „codes of conduct") und halten sich – freilich nicht alle in gleichem Umfang – auch an diese (Bauer 2006; Bernstein/ Cashore 2008; Cashore/ Auld/ Newsom 2004; Haufler 2001).

---

[5] Demgegenüber weist das supranational organisierte, von zwischenstaatlichen Aushandlungsprozessen weitgehend isolierte WTO-Streitschlichtungsverfahren eine vergleichsweise hohe Effektivität auf (vgl. Kap. 8).

[6] Im Folgenden werden die Begriffe „private Akteure" und „nichtstaatliche Akteure" synonym und als Gegenstück zu „öffentlichen Akteuren", zu denen Staaten und internationale zwischenstaatliche Organisationen gerechnet werden, verwendet. Grenzüberschreitend agierende private Akteure werden – soweit ihre grenzüberschreitenden Tätigkeiten besonders betont werden sollen – als transnationale Akteure bezeichnet. Dazu zählen sowohl transnationale Unternehmen (kurz: TNCs für „transnational corporations") als auch internationale zivilgesellschaftliche Organisationen. Für die Bezeichnung „(internationale) zivilgesellschaftliche Organisationen" wird auch die weit verbreitete Kurzform „(I)NGO" verwendet. Vgl. ausführlich dazu Kap. 3.3.

Doch diese Tendenzen der Entstaatlichung und der Ausdifferenzierung des Spektrums politikmächtiger Akteure vollziehen sich nicht ohne gleichzeitige gegenläufige Entwicklungen, die auf die Widerstandsfähigkeit oder gar eine Renaissance des Staates verweisen. Internationaler Währungsfonds (IWF) und Weltbankgruppe betonen in jüngerer Vergangenheit die Wichtigkeit staatlicher Institutionen für die sozioökonomische Entwicklung. Just jene wirtschafts- und finanzpolitischen internationalen Organisationen, die in den 1990er Jahren das Leitbild des Minimalstaates als Grundlage für Wachstum und Wohlstand vertraten, heben heute im Rahmen nationaler Strategien zur Armutsminderung („Poverty Reduction Strategies") die Notwendigkeit staatlicher Wirtschafts- und Sozialpolitik hervor (Walther/ Hentschel 2002; World Bank 2007).

Es ist wichtig zu betonen, dass Regierungen – insbesondere mächtiger Staaten – nicht einfach willenlose Werkzeuge unsichtbarer weltgeschichtlicher Kräfte sind (allen voran: der Einflüsse der Globalisierung), die den Staat zum Rückzug aus der Regulierung wirtschaftlicher Transaktionen nötigen. Staaten sind nach wie vor in erheblichem Maße selbst Architekten der internationalen Ordnung und damit auch Urheber, treibende Kraft und Gestalter der Globalisierung (vgl. Kap. 2.2; Keohane/ Nye 2000: 112f; Sassen 2006: Kap. 1). Die immer noch längst nicht unbegrenzte Freiheit globalen Handels und die Deregulierung weltweiter Finanzmärkte waren und sind zu einem großen Teil von einer Reihe angebbarer Staaten, insbesondere von den USA und Großbritannien, bewusst so gewollt.

Staatlichkeit als soziale Ordnungskategorie ist und bleibt ein wichtiger Referenzpunkt politischen Handelns. Die Organisation der Welt in staatliche Einheiten prägt die internationalen Beziehungen weiter. In den 1990er Jahren ist die Anzahl der Staaten geradezu explodiert (Boniface 1998); separatistische Bewegungen (wie die baskische ETA, die kurdische PKK oder die tschetschenischen Rebellen) halten am Ziel der Gründung eines eigenen Staates fest. Dass die Ordnungsform des Staates und mithin staatliche Grenzen nicht obsolet geworden sind, zeigt sich auch darin, dass nach wie vor der größte Teil des Wirtschaftsgeschehens (Produktion und Konsum) in diesem Rahmen stattfindet (Schirm 2006: 14). Gleichzeitig mit Tendenzen der Entstaatlichung sind also Anzeichen für die Zählebigkeit des Staates zu verzeichnen.

1.2 Globalisierung vs. Fragmentierung

Die widersprüchlichen Tendenzen der Entstaatlichung und der Ausdifferenzierung des weltpolitischen Akteursspektrums einerseits und der Zählebigkeit des Staates andererseits sind gegensätzlichen makrostrukturellen und -prozessualen Entwicklungen geschuldet. Tendenzen der Globalisierung und Vernetzung einerseits und Prozesse der Fragmentierung und Ab- und Ausgrenzung andererseits lassen sich als zweites wichtiges Gegensatzpaar in der aktuellen Entwicklung der internationalen Beziehungen identifizieren. Im ökonomischen Bereich verweisen zahlreiche Indikatoren auf die Existenz und die Zunahme von Globalisierungs- und Vernetzungsprozessen. Wirtschaftliche Indikatoren wie steigende Außenhandelsquoten, ein steigender Anteil importierter Zwischenprodukte, der Ausbau transnationaler Produktionsketten, die deutliche Zunahme grenzüberschreitender Kapitalströme, der wachsende Anteil ausländischer Direktinvestitionen verglichen mit inländischen Anlageinvestitionen sowie die steigende Zahl multinationaler Konzerne spiegeln die Entstehung integrierter globaler Märkte wider (Schirm 2006).

Globalisierungs- und Vernetzungsprozesse jenseits des Staates bleiben jedoch nicht auf den ökonomischen Sektor beschränkt. Das Zusammenlegen und die Delegation von mitgliedstaatlicher Souveränität im Rahmen der EU verdeutlichen die Ausmaße politischer Integrationsprozesse (Moravcsik 1998), während die Ausbreitung der westlichen (und in erster Linie der US-amerikanischen) Konsumkultur die kulturelle Dimension gegenwärtiger Globalisierungsprozesse vor Augen führt. Diese transnationale Vernetzung von wirtschaftlichen, politischen, kulturellen und gesellschaftlichen Beziehungen führt zu einem relativen Bedeutungszuwachs von privaten grenzüberschreitenden (transnationalen) Akteuren und inter- oder supranationalen Organisationen gegenüber Staaten. Globalisierung kann somit als treibende Kraft der skizzierten Ausdifferenzierung des weltpolitischen Akteursspektrums verstanden werden.

Doch ebensowenig wie die Entstaatlichungsprozesse auf der Akteursebene sind diese makrostrukturellen und -prozessualen Entwicklungen frei von Widersprüchen. Im globalen ökonomischen Wettbewerb werden strukturschwache Regionen (wie z.B. Teile Ostdeutschlands) oder bestimmte soziale Milieus (in erster Linie gering qualifizierte und/ oder wenig mobile Bevölkerungsgruppen) nicht integriert, sondern vielmehr marginalisiert. Für viele Menschen sind Fernreisen oder die Nutzung moderner Kommunikationsmittel wie das Internet (Stichwort: digitale Kluft zwischen Norden und Süden) unmöglich. Ihnen bleibt der Eintritt in eine globalisierte Welt einschließlich ihrer sozioökonomischen Chancen verwehrt. Auch auf politischer Ebene stehen inter- oder supranationalen Integrationstendenzen regionalistische Bewegungen insbesondere von wirtschaftlich starken Regionen (wie etwa Norditalien, Katalonien, Schottland) gegenüber, die für mehr Autonomie gegenüber oder gar für die Loslösung von ihrem Staat eintreten (Zürn 1998: 256ff). In Gestalt von ethnonationalistischen Konflikten im ehemaligen Jugoslawien und dem Genozid in Ruanda prägten Fragmentierungsprozesse die Weltpolitik in den 1990er Jahren mit; Nordkorea stellt ein aktuelles Beispiel für intendierte territoriale und soziale Abgrenzung dar.

Auch in kultureller Hinsicht sind Homogenisierungs- und primär Verwestlichungstendenzen nicht unangefochten. Phänomene der lokalen Abschottung gegen die globale Moderne, wie die des gewaltsamen Partikularismus, des Rechtsradikalismus oder des islamistischen Fundamentalismus (so verschieden diese sein mögen) richten sich gegen, konkurrieren mit und zehren zugleich von Vorstellungen einer alle(s) vereinnahmenden „McWorld" (Barber 2000: 22). Der wesentliche Punkt an dieser Stelle ist, dass Globalisierungstendenzen vielfach von gegenläufigen Fragmentierungsprozessen begleitet werden – eine makrostrukturelle und -prozessuale Widersprüchlichkeit, die sich auf der Akteursebene in der oben skizzierten Unübersichtlichkeit zwischen transnationaler Überwindung des Nationalstaates und Wiederbelebung kollektiver Identitäten auf nationaler oder gar substaatlicher Ebene niederschlägt.

1.3 Verrechtlichung vs. Entrechtlichung

Die Komplexität des Wandels der Weltpolitik wird auch in der Gleichzeitigkeit von Prozessen der Verrechtlichung und der Entrechtlichung deutlich. Zum einen haben im Bereich der internationalen Sicherheitsbeziehungen gewandelte Bedrohungslagen die Einsicht wachsen lassen, dass bestmögliche Sicherheit nur durch multilaterale Kooperation und eine rechtsgestützte Weltordnung zu erreichen ist (Schorlemer 2004: 76f.). So existiert mittlerweile eine Vielzahl von internationalen Konventionen, die sich mit transsouveränen – d.h. grenzüberschreitenden, einzelstaatlich nicht mehr erfolgreich zu bearbeitenden (Cusimano 2000: 3; vgl. ausführlich Kap. 4) – Problemen wie dem transnationalen Terrorismus oder der Verbreitung von Massenvernichtungswaffen befassen. Dazu gehören unter anderem Konventionen zur Eindämmung der Verbreitung von Atomwaffen, zur Abrüstung von chemischen oder biologischen Waffen oder gegen die Finanzierung des transnationalen Terrorismus. Zudem hat sich der Sicherheitsrat der Vereinten Nationen insofern als (Ersatz-)„Weltgesetzgeber" (Dicke 2001) im Bereich der Terrorismusbekämpfung betätigt, als er in den Resolutionen 1373 (2001) und 1540 (2004) in generell-abstrakter, gesetzähnlicher Weise der Gesamtheit der Staaten weit reichende, über den Einzelfall hinaus gehende Verpflichtungen zur Terrorismusbekämpfung auferlegt hat (Rittberger/ Baumgärtner 2006; Talmon 2005). Diese Ansätze einer Verrechtlichung ausgerechnet im souveränitätssensiblen Sicherheitsbereich müssen einem in Kategorien des staatlichen Autonomiestrebens und des internationalen Sicherheitswettbewerbs denkenden Neorealisten unerklärlich erscheinen.

Noch weiter gehen die Verrechtlichungsprozesse im Streitschlichtungsverfahren der Welthandelsorganisation (WTO). Selbst mächtige Akteure wie die USA oder die Europäische Union haben sich an ein weitestgehend unabhängiges, die wirtschaftspolitische Handlungsfreiheit der Mitgliedstaaten erheblich einschränkendes Streitschlichtungsverfahren für *zwischenstaatliche* Handelsstreitigkeiten gebunden, das dem Zugriff der Streitparteien praktisch völlig entzogen ist (Jackson 2004; vgl. ausführlich Kap. 8). Die zunehmende Inanspruchnahme *transnationaler, privater* Streitschlichtung in Handelsstreitigkeiten wurde bereits angesprochen. Diese zwischenstaatlichen und transnationalen Verrechtlichungsprozesse beinhalten eine Verschiebung von Rechtsprechungs- und implizit mitunter auch Rechtsfortbildungskompetenzen auf unabhängige nichtstaatliche oder supranationale Akteure und bringen somit zum Teil erhebliche Autonomieverluste für Staaten mit sich. Das Eingehen derartiger rechtlicher Verpflichtungen auch durch mächtige politische Akteure ist für sich genommen schon bemerkenswert. Das Bild wird aber noch komplizierter dadurch, dass zugleich Entrechtlichungstendenzen festzustellen sind.

Im Sicherheitsbereich verweisen das unilaterale, vom VN-Sicherheitsrat nicht mandatierte Vorgehen der USA (unterstützt durch eine „Koalition der Willigen") gegen den Irak (2003), aber auch der Luftkrieg der Nordatlantischen Vertragsorganisation (NATO) gegen Serbien-Montenegro (1999) oder der Einmarsch Russlands in das Kerngebiet Georgiens (2008) auf eine gegenläufige Bewegung der Entrechtlichung. Auch die Übernahme militärischer Funktionen durch private Sicherheitsdienstleister mit unklarem völkerrechtlichem Status stellen die im humanitären Völkerrecht erreichte Verrechtlichung in Frage (Binder 2004, 2005). Der Verlust des staatlichen Gewaltmonopols in fragilen Staaten und die Ausübung organisierter militärischer Gewalt durch nichtstaatliche Gewaltakteure (Rebellengruppen, private Kriegsherren, am Fortbestand von Gewaltkonflikten interessierte Gewaltunternehmer, etc.) stellen Herausforderungen für das hergebrachte Kriegsvölkerrecht dar. Das *ius in bello* ging ursprünglich von Staaten als Subjekten rechtlicher Verpflichtungen aus, daher galt es primär für bewaffnete Konflikte zwischen Staaten (Bothe 2004: 662f; Tomuschat 2006: 189). Zwar wird mittlerweile auch nichtstaatlichen Parteien in bewaffneten Konflikten zumindest unter bestimmten Bedingungen partielle Völkerrechtssubjektivität eingeräumt (Kimminich/ Hobe 2004: 168ff). Zudem versuchen einige zivilgesellschaftliche Organisationen, im Dialog mit nichtstaatlichen Gewaltakteuren diese zur Einhaltung humanitärer Normen des Völkerrechts zu bewegen. So schließt die NGO „Geneva Call" mit nichtstaatlichen bewaffneten Gruppierungen eine vertragsähnliche Vereinbarung („Deed of Commitment") ab, in der sich diese zu einem umfassenden Landminenverbot bekennen. Dadurch soll eine Regelungslücke geschlossen werden, die daraus erwächst, dass nichtstaatliche Akteure dem zwischenstaatlichen Landminenverbotsvertrag (Ottawa-Übereinkommen, 1997) nicht beitreten können (Hofmann 2006; Romund 2008). Trotz derartiger zivilgesellschaftlicher Initiativen bleibt jedoch die Einbindung nichtstaatlicher Gewaltakteure in das humanitäre Völkerrecht als Träger von Rechten und Pflichten – gemessen an ihrem Bedeutungszuwachs – insgesamt unzureichend.

Hier wird wiederum deutlich, wie akteursbezogene Widersprüchlichkeiten mit widersprüchlichen strukturellen Entwicklungen verknüpft sind. Während an der einen Stelle – bei der transnationalen Streitschlichtung auf Basis der *lex mercatoria* – die Verrechtlichung über die Staatenwelt hinauswächst, sind an der anderen Entstaatlichungsprozesse und die Pluralisierung von Gewaltakteuren (Akteursebene) mitverantwortlich für Entrechtlichungstendenzen (Strukturebene). Doch auch innerhalb der nach wie vor von Staaten getragenen und sie verpflichtenden Rüstungskontroll- und Abrüstungsregime herrscht Stillstand oder es kommt gar zu Rückschritten wie der Aussetzung des Vertrags über konventionelle Streitkräfte in Europa (KSE-Vertrag) durch Russland (2007) oder dem Abschluss eines das nukleare Nichtverbreitungsregime schwächenden Nuklearabkommens zwischen den USA und Indien (2006), vgl. Kap. 7. Im Rahmen der WTO findet die weitgehende Verrechtlichung im Bereich der Streitschlichtung keine Entsprechung auf der Rechtsetzungsseite, die, wie der bisherige

Verlauf der Doha-Runde deutlich gezeigt hat, nach wie vor von äußerst schwierigen diplomatischen Aushandlungsprozessen geprägt ist. Kurz: Innerhalb der Staatenwelt und über diese hinaus finden sich sowohl Anzeichen für Verrechtlichungs- als auch für Entrechtlichungstendenzen.

1.4 Inklusivität vs. Exklusivität von Weltregieren

Schließlich lässt sich ein Bündel von widersprüchlichen Entwicklungen konstatieren, die sich auf das Gegensatzpaar „Inklusivität vs. Exklusivität von Weltregieren" bringen lassen. Die Frage lautet: Wie ist es um die Möglichkeiten einzelner Bürger bestellt, an globalen Politikberatungs-, -formulierungs- und -entscheidungsprozessen zu partizipieren und Institutionen des Weltregierens zu kontrollieren? Einerseits wird durch transnationale Politiknetzwerke immer mehr Menschen bzw. sozialen Gruppen die Möglichkeit eingeräumt, sich an globalen Politikberatungs-, -formulierungs-, und -entscheidungsprozessen zu beteiligen, sei es durch Protest, Beeinflussung der öffentlichen Meinung oder auch direkte Teilnahme z.B. an Weltkonferenzen. Grenzüberschreitend vernetzte zivilgesellschaftliche Gruppen verfügen heute über eigenständige Kapazitäten und Handlungsmöglichkeiten, die es ihnen erlauben, mit Staaten in internationalen Politikformulierungs- und -implementationsprozessen zu kooperieren.

Einige internationale zwischenstaatliche Organisationen (IGOs) haben sich für nichtstaatliche Akteure geöffnet und etwa durch die Gewährung eines formellen Konsultativstatus für NGOs im Rahmen des Wirtschafts- und Sozialrats der Vereinten Nationen (ECOSOC) diesen institutionalisierte Zugangsmöglichkeiten eingeräumt, um ihr Wissen und ihre Ansichten in multilaterale Beratungen einzubringen (vgl. Martens 2005; Staisch 2003). In inklusiven, multipartistischen Institutionen[7] des Weltregierens sind INGOs, aber auch transnationale Unternehmen neben Staaten und internationalen zwischenstaatlichen Organisationen gar Mitglieder mit (Mit-)Entscheidungsrechten im Politikentscheidungsprozess. Beispiele für inklusive, multipartistische Institutionen sind etwa im Bereich der globalen Gesundheitspolitik der Globale Fonds zur Bekämpfung von AIDS, Tuberkulose und Malaria (vgl. Kap. 6) oder das Gemeinsame Programm der Vereinten Nationen zur Bekämpfung von HIV/AIDS (UNAIDS) (Rittberger et al. 2008). Wie dieses Lehrbuch zeigen wird, haben Staaten und internationale zwischenstaatliche Organisationen aber auch in anderen Problemfeldern der Weltpolitik

---

[7] Das Merkmal der Inklusivität bezieht sich nach Rittberger et al. (2008) auf die institutionalisierte Einbeziehung von nichtstaatlichen Akteuren in die Entscheidungsstrukturen von internationalen Institutionen. Die Bezeichnung „multipartistisch" bezeichnet die Einbeziehung „vieler Parteien", d.h. unterschiedlicher öffentlicher und privater Akteursgruppen, in Organisationen und/oder Prozesse des Weltregierens. In inklusiven, multipartistischen Institutionen sind neben öffentlichen (staatlichen und/ oder zwischenstaatlichen) auch private (zivilgesellschaftliche und/ oder privatwirtschaftliche) Akteure Mitglieder und verfügen über bestimmte Rechte im Politikentscheidungsprozess. Vgl. ausführlich dazu Kap. 3.2.

nichtstaatlichen Akteuren Teilhabe an vormals den Staaten und zwischenstaatlichen Organisationen exklusiv zukommenden Normsetzungs-, -implementierungs- und -überwachungsrechten gewährt. In diesem Zusammenhang stellt sich freilich sogleich die – für Anhänger einer staatenzentrierten Konzeption der internationalen Beziehungen rätselhaft bleibende – Frage, warum Staaten zu derartigen Beschneidungen bze. Teilungen ihrer Kompetenzen bereit sind.

Es wird angenommen, dass die institutionalisierte Einbeziehung von zivilgesellschaftlichen und privatwirtschaftlichen Akteuren nicht nur der Problemlösungseffektivität und damit – in der Scharpf'schen Terminologie[8] – der Output-Legitimität von internationalen Organisationen oder von Weltregieren im Allgemeinen förderlich ist. Vielmehr soll auch die sich nach der Breite der Partizipationschancen sowie der Transparenz und Fairness von Entscheidungsprozessen bemessende Input- oder Prozess-Legitimität durch verstärkte Partizipation der Regelungsbetroffenen gesteigert werden (vgl. Rittberger et al. 2008; Steffek 2008).

Doch mit Blick auf die Input- oder Prozess-Legitimität von Weltregierensarrangements zeigen sich auch gegensätzliche Tendenzen. Nicht nur bleiben wichtige Institutionen des Weltregierens in den verschiedenen Sachbereichen der Weltpolitik weitgehend dem zwischenstaatlichen Exekutivmultilateralismus verhaftet, wie etwa die Beispiele des VN-Sicherheitsrats und der Gruppe der sieben/ acht führenden Industrieländer (G7/ G8) zeigen. Die Widersprüche gehen tiefer: Während das Gewicht zivilgesellschaftlicher Organisationen und privatwirtschaftlicher Unternehmen in der Weltpolitik gegenüber den Staaten zugenommen hat, haben die demokratischen Partizipations- und Kontrollmöglichkeiten für den einzelnen Bürger damit nicht Schritt gehalten: Es existiert ein Demokratiedefizit auf internationaler Ebene, da Entscheidungen vielfach in intransparenten Verfahren ohne Rückkopplung (z.B. durch Wahlen) an die von diesen Entscheidungen letztendlich Betroffenen getroffen werden (Crawford/ Marks 1998; Steffek/ Kissling/ Nanz 2007; Zweifel 2006). Die Einbeziehung nichtstaatlicher Akteure in Institutionen des Weltregierens kann diese Exklusion des Einzelnen und das daraus resultierende Partizipationsdefizit zwar durchaus abschwächen, aber nicht gänzlich aufheben. Verschärft wird diese Problematik durch die Abnahme des Spielraums für nationale *demokratische* Regierungen im Zuge der Delegation von Regierensaufgaben und Regelungskompetenzen an internationale Institutionen. So stehen sich Tendenzen zu mehr Inklusivität internationaler Institutionen und unter Gesichtspunkten demokratischer Partizipation und Kontrolle bedenkliche Entwicklungen der Exklusion des einzelnen Bürgers gegenüber.

---

[8] Prinzipiell sind nach Scharpf (1999: 12) zwei Varianten von Legitimität zu unterscheiden: die *Input-* oder *Prozess-Legitimität*, die auf die Breite der Partizipationschancen sowie die Transparenz und Fairness von Entscheidungsprozessen abzielt, und die *Output-Legitimität*, die sich auf die Leistungsfähigkeit, v.a. die Problemlösungseffektivität eines politischen Systems oder einer politischen Institution bezieht.

Kapitel 1: Widersprüchliche Tendenzen der gegenwärtigen Weltpolitik

2 Analytische Ordnung für eine vielschichtige Welt: Das Ziel dieses Lehrbuchs

Im Ergebnis unterstreicht diese Benennung und Illustration grundlegender widersprüchlicher Tendenzen in der aktuellen Weltpolitik die eingangs formulierte These von einer durch Vielfalt, Komplexität und Unübersichtlichkeit geprägten Weltpolitik. Daraus ergibt sich als zentrales Anliegen für dieses Lehrbuch der Versuch, Möglichkeiten des analytisch geschärften, politikwissenschaftlichen Umgangs mit den vielfältigen weltpolitischen Entwicklungen seit dem Ende des Ost-West-Konflikts aufzuzeigen und so die Fülle widersprüchlicher Tendenzen zu ordnen, analytisch zu erfassen und zu erklären – mithin analytische Ordnung in eine vielschichtige und mitunter unübersichtlich anmutende Welt zu bringen. Insofern werden die genannten Widersprüche sich in den Ausführungen der folgenden Kapitel wiederfinden und nachvollziehbar werden: Die beschriebenen Widersprüchlichkeiten mögen mitunter rätselhaft erscheinen; bei sorgfältiger und die Pluralität der theoretischen Ansätze in den Internationalen Beziehungen ausschöpfender Analyse sind sie jedoch erklärbar.

Dieses Lehrbuch will die Grundzüge der Weltpolitik im Wandel zugänglich und erfassbar machen, indem es untersucht, 1) inwiefern die systemischen Rahmenbedingungen sowie die Akteurskonstellationen und die Problemlagen der Weltpolitik von heute von denen der Weltpolitik vor 20 oder 30 Jahren unterschieden werden können; 2) welche unterschiedlichen weltpolitischen Ordnungsmodelle existieren oder erstrebenswert erscheinen und welche Handlungstheorien für die Analyse sachbereichsspezifischer Problembearbeitung (Weltregieren) nutzbar gemacht werden können; sowie 3) inwiefern und in welchen Formen Weltregieren in verschiedenen Sachbereichen zu beobachten ist.

3 Empirische Vielfalt und theoretischer Pluralismus

Um diese Ziele zu erreichen und der Vielfalt und Komplexität der weltpolitischen Entwicklungen gerecht zu werden, wird eine theorienpluralistische Herangehensweise gewählt, die dem Selbstverständnis der Internationalen Beziehungen als pluralistischer Disziplin entspricht. Demzufolge bedient sich die Wissenschaft von den internationalen Beziehungen verschiedener theoretischer Herangehensweisen, um die vielschichtigen Entwicklungstendenzen der Weltpolitik analytisch zu erfassen, Ansätze zu ihrer Erklärung zu entwickeln und auf dieser Grundlage Einschätzungen zukünftiger Entwicklungen der Weltpolitik abzugeben.

Empirische Wandlungsprozesse wie die Zunahme transsouveräner Probleme oder das Auftreten neuer Akteure in der Weltpolitik haben stets auch Auswirkungen auf die Theorien der Internationalen Beziehungen; d.h. es besteht ein enger Zusammenhang zwischen Wissenschaft und ihrem jeweiligen Untersuchungsgegenstand. Der Wandel materieller und immaterieller Rahmenbedingungen der Weltpolitik (vgl. Kap. 2) und die Pluralisierung politikmächtiger Akteure (vgl. Kap. 3) nach dem Ende des Ost-West-Konflikts haben die Ausdifferenzierung des ohnehin schon pluralistischen Faches der Internationalen Beziehungen noch weiter befördert. In dem Maße, in dem die Weltpolitik im Wandel begriffen ist, unterliegen auch die theoretischen Ansätze des Faches einem steten Wandlungsprozess. Theoretische Ansätze, die im historischen Rückblick durchaus analytisch fruchtbar gewesen sind, können an Erklärungskraft verlieren, während andere neu auftreten oder in abgeänderter oder erweiterter Form wieder zur Analyse bestimmter weltpolitischer Geschehnisse beitragen. Die Erklärungskraft verschiedener Theorien kann auch je nach Sachbereich der Weltpolitik („Sicherheit", „Wohlfahrt" oder „Herrschaft")[9] variieren.

Diesem Lehrbuch geht es vor allem darum, die Weltpolitik im Wandel adäquat zu erfassen und aus der Theorienvielfalt die geeigneten Ansätze auszuwählen, die für unterschiedliche Frage- oder Problemstellungen in den jeweiligen Sachbereichen die größte Erklärungskraft aufweisen. Dabei wird deutlich werden, dass Ansätze aus allen drei großen Denkschulen der Internationalen Beziehungen – Realismus, Liberalismus (im weiten Sinne)[10] und Konstruktivismus – in unterschiedlichem Ausmaß nutzbar gemacht werden können. So wird im Zuge der Untersuchung des Wandels der internationalen Machtstruktur vor allem auf neorealistische Theorien zurückgegriffen (vgl. Kap. 2.1). Globalisierungsprozesse sind Entwicklungen, die mit Hilfe liberaler Analyseraster erfassbar sind (vgl. Kap. 2.2), während konstruktivistische Ansätze zur Analyse von Wandlungsprozessen ideeller Strukturen beitragen können (vgl. Kap. 2.3). Angesichts der Ausdifferenzierung des Akteursspektrums (vgl. Kap. 3) sind die Grenzen neorealistischer aber auch einiger liberaler[11] Theorien, die vornehmlich auf Staaten fixiert sind, nicht zu übersehen. So werden in Kap. 6 neuere Theorien vorgestellt, die geeignet erscheinen, das Auftreten inklusiver, multipartistischer Institutionen des Weltregierens zu erklären und so über den Staatenzentrismus etlicher Theorien der Internationalen Beziehungen hinaus zu gehen.

---

[9] Nach Czempiel (1981: 198) lassen sich die drei Sachbereiche „Sicherheit", „Wohlfahrt" und Herrschaft" folgendermaßen definieren und voneinander abgrenzen: „Der Wert der Sicherheit umfasst die physische Existenz, schützt sie gegen Bedrohung von außen und innen. In seiner Binnendimension grenzt er dicht an den Bereich Herrschaft, in dem Freiheits- und Partizipationschancen für den einzelnen verteilt werden. Sie stellen die Erhaltung der Existenz sicher und dienen ihrer Entfaltung. Sie wird materiell im Bereich Wohlfahrt besorgt, durch die Zuteilung wirtschaftlicher Gewinne und Gewinnmöglichkeiten."

[10] Diesem Buch liegt ein *weites* Verständnis von Liberalismus zugrunde, das sowohl den Liberalismus im engeren Sinne als auch den (neoliberalen) Institutialismus umfasst. Der Liberalismus im engeren Sinne (utilitaristischer Liberalismus) betont die Bedeutung gesellschaftlicher (d.h. innerstaatlicher) Präferenzbildungsprozesse für die Weltpolitik, während der (neoliberale) Institutionalismus analysiert, wie internationale Organisationen und Regime Prozesse und Ergebnisse der internationalen Politik beeinflussen (vgl. Krell 2003).

[11] So etwa der neoliberale Institutionalismus nach Keohane (1984, 1989).

Da die drei großen Denkschulen des Realismus, des Liberalismus und des Konstruktivismus den theoretischen Hintergrund der folgenden Ausführungen darstellen, sollen deren Grundannahmen im Folgenden kurz skizziert und voneinander abgegrenzt werden. Theorien der Internationalen Beziehungen beinhalten Aussagen über die Struktur des internationalen Systems, die maßgeblichen Akteure, die Motive ihres Handelns sowie über die Konflikte in den internationalen Beziehungen und die Art und Weise des Umgangs mit ihnen. Diese Aussagen variieren je nach Denkschule und stehen sich oftmals sogar diametral entgegen. In diesem Lehrbuch soll gezeigt werden, wann sie jeweils mehr oder weniger zum Verständnis bestimmter weltpolitischer Ereignisse und Vorgänge beitragen können.

3.1 Neorealismus

Die Vertreter der Denkschule des Realismus stehen in der Tradition von Thukydides, Machiavelli und Hobbes. In seiner *klassischen Version* geht der Realismus von einem skeptischen Menschenbild aus (Carr 1962; Morgenthau 1963; vgl. Jacobs 2006: 46f). Danach ist der Mensch nicht altruistisch, sondern am eigenen Nutzen und dabei zuallererst am eigenen Überleben interessiert. Einzelne Vertreter des klassischen Realismus wie etwa Hans J. Morgenthau schreiben dem Menschen gar einen unstillbaren Machttrieb („lust for power") zu, der jeden Zustand des „Friedens" stets prekär erscheinen lassen muss. Ethische oder auch Rechtsnormen werden Menschen nur insoweit einigermaßen verlässlich befolgen, wie sie dazu von anderen Menschen oder den Umständen gezwungen werden. Dem internationalen System fehlt aber der dazu notwendige „Leviathan", die übergeordnete Macht, welche nach Hobbes die anderen sozialen Akteure – im internationalen System: die Staaten – „im Zaum hält" (Hobbes 1994 [1651]: 134) und mithin Normbefolgung und sozialverträgliches Handeln gegebenenfalls durch Einschüchterung erzwingt.

Vertreter des *Neorealismus* (oder Strukturrealismus) stellen die Strukturbedingung der Anarchie des internationalen Systems in den Mittelpunkt ihrer Überlegungen und verzichten damit auf anthropologische Erklärungsmuster (Mearsheimer 2001; Waltz 1979, 1990, 2000; vgl. Baldwin 2002: 182f; Schörnig 2006: 65f, 74). Die anarchische Struktur des internationalen Systems determiniert weitgehend das Verhalten der Akteure. Die maßgeblichen Akteure im internationalen System sind souveräne Staaten, die funktional gleiche und einheitliche Akteure sind, nutzenmaximierend handeln und zuallererst am eigenen Überleben interessiert sind. Die anarchische Struktur des internationalen Systems, in dem (zumindest latent) permanente Unsicherheit aufgrund der Abwesenheit einer übergeordneten Steuerungs- und Streitschlichtungsinstanz herrscht, zwingt die Staaten dazu, selbst für ihre eigene Sicherheit zu sorgen. Während der *offensive Neorealismus* (vgl. Mearsheimer 2001) annimmt, dass Staaten ihre (insbesondere Sicherheits-) Interessen durch Maximierung ihrer Macht am besten verwirklicht sehen, geht der *defensive Neorealismus* davon aus, dass Staaten zur Gewährleistung ihrer Sicherheit nicht notwendigerweise nach Machtmaximierung, sondern nach der Wahrung oder (Wieder-)Herstellung eines Machtgleichgewichts im internationalen System durch interne und/ oder externe Gegenmachtbildung („internal/ external balancing") streben (Schörnig 2006: 74).

Anstrengungen eines Staates zur Gewährleistung der eigenen Sicherheit durch Aufrüstung (interne Gegenmachtbildung) und/oder Allianzenbildung (externe Gegenmachtbildung) werden von anderen Staaten jedoch als Bedrohung gewertet, da sie auf Grund der Abwesenheit einer Sicherheit garantierenden übergeordneten Instanz stets mit dem „worst-case"-Szenario rechnen, dem potenziellen Angriff durch den für seine Sicherheit sorgenden Staat. So kommt es zum viel zitierten „Sicherheitsdilemma" (Herz 1950), dessen Folgen sich etwa in Form von Rüstungswettläufen äußern.

Neorealistische Theorien nehmen an, dass Akteure einer Logik zweckrationalen, folgenorientierten Handelns („logic of consequentiality") folgen. Zweckrationale Akteure versuchen gemäß dieser Handlungslogik, ihren Nutzen auf der Grundlage von gegebenen und geordneten Präferenzen zu maximieren (March/ Olson 1989: 23, 160). Dabei wägen sie den erwarteten Nutzen und die erwarteten Kosten verschiedener Verhaltensweisen gegeneinander ab, berücksichtigen das wahrscheinliche Verhalten ihrer Interaktionspartner und wählen die Verhaltensoption mit der für sie günstigsten Kosten-Nutzen-Bilanz.

Kooperation zwischen Staaten gelingt nur bei Vorliegen ausgewogener Gewinne für die Beteiligten, bleibt aber selbst dann brüchig. Denn in der Sicht des Neorealismus zählen relative und nicht absolute Gewinne, d.h. Gewinne dürfen potenzielle Gegner nicht überproportional begünstigen, da sie sonst eine künftige Bedrohung der eigenen Sicherheit darstellen können (Grieco 1988, 1990). Es gibt allerdings eine spezielle Bedingung, bei deren Vorliegen nach neorealistischer Auffassung Kooperation zwischen Staaten leichter zustande kommen kann. Eine solche Bedingung ist die Existenz eines weit überlegenen Staates, präziser: eines liberalen Hegemons, der gleichsam als „Teilzeit-Leviathan" fungiert. Gemäß der Theorie der hegemonialen Stabilität kann ein liberaler – oft auch als „wohlwollend" bezeichneter – Hegemon im eigenen Interesse, aber auch zum Vorteil aller anderen Staaten, eine stabile Ordnung aufbauen, die von schwächeren Staaten mitgetragen und ggf. auch unter Anwendung von Gewalt vom Hegemon verteidigt wird (Gilpin 1981; Keohane 1980; Snidal 1985; vgl. Kap. 6). Allerdings wird argumentiert, dass diese Stabilität nicht von Dauer sein kann, da der Hegemon sich früher oder später übernimmt und die schwächeren Staaten aus Misstrauen gegenüber der Übermacht des Hegemons danach streben, eine Gegenmacht zu organisieren (Gilpin 1981; Layne 1993; vgl. auch Kap. 2.1).

Der Neorealismus kann in vielerlei Hinsicht zur Analyse des heutigen weltpolitischen Geschehens (z.B. nach wie vor bestehender, neuer oder wieder belebter Großmachtrivalitäten) beitragen; in einigen Punkten – etwa bei der Analyse von transnationalen, vom Neorealismus als nicht maßgeblich betrachteten, Beziehungen, bei der Erklärung dauerhafter internationaler und transnationaler Kooperationsmuster auch in

Abwesenheit hegemonialer Führung oder bei der Erklärung von Sicherheitsgemeinschaften (vgl. Deutsch et al. 1957; Barnett/ Adler 1998), in denen die gewaltkonfliktträchtige Logik des Sicherheitsdilemmas aufgehoben ist – stößt er jedoch an seine Grenzen. Mit anderen Worten: Neorealistische Erklärungsansätze sind für das Verständnis der Weltpolitik des 21. Jahrhunderts sicher nicht obsolet. Doch scheint die – insbesondere mit Blick auf die Pluralisierung politikmächtiger Akteure, die Bandbreite der Problemfelder in verschiedenen Sachbereichen und die Vielfalt der Interaktionsmuster zwischen verschiedenen Akteuren – verkürzende Sichtweise des Neorealismus nur bedingt in der Lage zu sein, die Weltpolitik im Wandel adäquat zu erfassen.

3.2 Liberalismus

Liberale Theoretiker kritisieren die Annahmen von Neorealisten bezüglich der Funktionslogik des internationalen Systems, welches sie nicht nur von Sicherheitsinteressen und machtpolitischem Verhalten der Staaten in einer anarchischen Umwelt geprägt sehen, sondern auch von kooperationsförderlicher Interdependenz (Keohane/ Nye 2001). Technischer und sozialer Wandel hat nach liberaler Auffassung dazu geführt, dass ein Krieg sich selbst für den Sieger nicht mehr lohnt. Freihandel bringt stattdessen allen Beteiligten Vorteile und ist ein effektiveres Mittel, Wohlstand zu mehren, als die Eroberung von Territorium (Mayer/ Rittberger 2004: 36f.). Ökonomische Interdependenzen und eine steigende transnationale Interaktionsdichte führen zu wechselseitigen Abhängigkeiten und Verwundbarkeiten, welche die Kosten einer (Gewalt-)Eskalation von politischen Konflikten in die Höhe treiben und stattdessen Kooperation wahrscheinlicher machen.

Zu diesem veränderten Strukturverständnis kommt eine Ausweitung des als maßgeblich erachteten Akteursspektrums hinzu: Während sich der Neorealismus praktisch ausschließlich mit souveränen Staaten als den bedeutsamen Akteuren der internationalen Politik beschäftigt, rücken im Liberalismus auch internationale zwischenstaatliche Organisationen sowie zumindest in einigen liberalen Ansätzen auch nichtstaatliche, gesellschaftliche Akteure in das Blickfeld. Doch gerade die in den 1980er und 1990er Jahren vorherrschende Strömung des neoliberalen Institutionalismus (Keohane 1984, 1989) beschränkt sich nahezu ausschließlich auf die Analyse zwischenstaatlicher Interaktionen sowie internationaler Institutionen, so dass auch hier eine Erweiterung des von der Theorie berücksichtigten Akteursspektrums geboten scheint.

Wie die Neorealisten gehen liberale Theoretiker von zweckrational handelnden Akteuren aus, die bestrebt sind, ihren Nutzen auf der Grundlage von gegebenen Präferenzen zu maximieren. Stabile Kooperation ist dann möglich, wenn die Akteure absolute Gewinne erwarten können. Interdependenzen sowie die Existenz internationaler Institutionen werden als kooperationsförderliche Bedingungen betrachtet, die dazu führen, dass die Chance, absolute Gewinne zu erzielen, höher bewertet wird als die

Furcht vor relativen Verlusten. Staaten erkennen die funktionale Notwendigkeit der Institutionalisierung des Umgangs mit problematischen sozialen Situationen – so genannten sozialen Fallen[12] – an (Zürn 1992) und binden sich in ihrem Eigeninteresse an internationale Institutionen (internationale Konventionen, Regime und Organisationen). Diesen kommt die Aufgabe zu, Transaktionskosten zu minimieren, wechselseitige Verhaltenserwartungen anzugleichen und Erwartungssicherheit zu schaffen sowie für eine (möglichst) ausgewogene Verteilung der Vorteile aus der Kooperation Sorge zu tragen. Institutionen stellen Informationen über andere Akteure bereit, fördern so Transparenz und schwächen gegenseitiges Misstrauen ab (vgl. Hasenclever/ Mayer/ Rittberger 1997: Kap. 3).

Während liberale Theoretiker sich darüber im Klaren sind, dass die genannten kooperationsförderlichen institutionellen Funktionen zuweilen versagen, sehen sie angesichts der Dichte internationaler Institutionen in zahlreichen Problemfeldern und der zumindest passablen Effektivität vieler internationaler Institutionen darin kein Argument, zu den Annahmen des Neorealismus zurückzukehren. Eine zentrale Herausforderung für liberale, insbesondere rationalistisch-institutionalistische Ansätze besteht in der unzureichend anerkannten Rolle nichtstaatlicher Akteure.

3.3 *Konstruktivismus*

Der Konstruktivismus stellt sowohl die Akteurs- als auch die Strukturverständnisse von Realismus und Liberalismus in Frage. Seine Grundthese lautet, dass die internationalen Beziehungen nicht oder zumindest nicht nur durch materielle, sondern auch durch ideelle Strukturen geprägt sind. Ideelle Strukturen bestehen aus bestimmten Ideen, Normen, Identitäts- oder Wertvorstellungen. Konstruktivistische Ansätze gehen davon aus, dass die soziale Welt durch gesellschaftliches Handeln und die Sinninterpretationen der Akteure *konstruiert* ist (vgl. Checkel 1998; Wendt 1992, 1999).

Konstruktivisten schreiben ideellen Strukturen nicht nur regulative, sondern auch konstitutive Wirkung zu; d.h. soziale Normen[13] bilden nicht nur Beschränkungen und Anreize für das Verhalten von Akteuren, sondern prägen auch ihre Identitäten und Interessen. Akteure und Strukturen stehen in einem Wechselverhältnis. Entgegen der Annahme von Neorealisten und Liberalen gehen Konstruktivisten davon aus, dass die Präferenzen der Akteure und deren Rangfolge sich im Zuge der Interaktion etwa durch kommunikatives Handeln, Überzeugen oder Normdiffusion ändern können (Risse 2000). Konstruktivisten gehen weiterhin davon aus, dass normorientiert handelnde

---

[12] Soziale Fallen oder problematische soziale Situationen sind dadurch gekennzeichnet, dass das individuell-eigennützige Verhalten von Akteuren zwar zweckrational sein kann, aber dennoch das Ziel der Eigennutzenmehrung verfehlt, wenn alle anderen ebenso handeln. Ein Beispiel dafür ist die Erhebung von Zöllen. Vgl. ausführlich dazu Kap. 3.2.

[13] Soziale Normen sind intersubjektiv geteilte, wertegestützte Erwartungen angemessenen Verhaltens.

Akteure einer Logik der Angemessenheit („logic of appropriateness") folgen und nicht streng nach der Logik der Folgenorientierung handeln (March/ Olson 1989: 23f, 160ff). Akteure streben in einer gegebenen Situation danach, das sozial Angemessene und Richtige zu tun, also den an sie gerichteten, werteorientierten Erwartungen angemessenen Verhaltens, d.h. sozialen Normen zu entsprechen, anstatt strategische Ziele zu verfolgen – es sei denn, das Verfolgen strategischer Ziele ist Teil der für sie gültigen sozialen Normen.

Der Grad der Kommunalität und Spezifizität einer Norm[14] beeinflusst ihre handlungsleitende Wirkung. Je höher die Kommunalität und Spezifizität einer sozialen Norm, desto wahrscheinlicher ist normgeleitetes Verhalten des/ der Normadressaten. Auf der Ebene der Interaktion kann davon ausgegangen werden, dass zwischen Akteuren mit kompatiblen und ähnlichen Sets von Normen Kooperation wahrscheinlicher wird; d.h. die Wahrscheinlichkeit von Kooperation hängt von dem Grad der Übereinstimmung sozialer Normen unter den potenziellen Kooperationspartnern ab. Je stärker das globale System oder ein Subsystem des globalen Systems durch von den maßgeblichen Akteuren geteilte Normen geprägt ist und je höher deren Kommunalität und Spezifizität, desto höher ist die Wahrscheinlichkeit von Kooperation in diesem System.

Zu betonen ist, dass der Konstruktivismus weder eine besonders dichte moralische Kultur in den internationalen Beziehungen voraussetzt noch davon ausgeht, dass Werte, Weltbilder und Identitätsvorstellungen verschiedener Staaten oder Staatengruppen zwangsläufig identisch oder miteinander vereinbar sein müssen. Gerade Konflikte, die sich aus unterschiedlichen Werten und Weltbildern speisen oder von diesen überlagert werden, sind besonders schwer kooperativ zu bearbeiten.[15]

Die Grenzen konstruktivistischer Ansätze zeigen sich vor allem in der Schwierigkeit, Normen und Ideen sowie ihren jeweiligen Einfluss auf Entscheidungen und Verhalten von Akteuren empirisch zu erfassen. Gerade beim Auftreten von Normkonflikten ist es schwierig zu bestimmen, warum sich welche Normen durchsetzen. Die häufig zu beobachtende Diskrepanz zwischen Normanerkennung und Normbefolgung in den internationalen Beziehungen (z.B. bei Menschenrechten, vgl. Kap. 9) verdeutlicht, dass Normen nicht generell handlungsleitende Wirkung entfalten.

---

[14] *Kommunalität* bezeichnet die Menge der Akteure eines sozialen Systems, die eine wertegestützte Erwartung angemessenen Verhaltens teilen. *Spezifizität* meint die Genauigkeit, mit der eine Norm angemessenes von unangemessenem Verhalten unterscheidet.
[15] Dies zeigte etwa der Ost-West-Konflikt, der auch einen Konflikt über konkurrierende Werte des Liberalismus und des Kommunismus beinhaltete. Auch aus Werten gespeiste oder mit Werten aufgeladene Konflikte zwischen islamistischen Fundamentalisten und Anhängern eines liberalen, westlich geprägten Gesellschaftsmodells zeigen die Schwierigkeiten einer kooperativen Bearbeitung derartiger Konflikte deutlich auf.

Denkschulen:	Neorealismus	Liberalismus	Konstruktivismus
Struktur des internationalen Systems	Anarchie	Anarchie und Interdependenz	Immaterielle Strukturen: Ideen, Normen, Identitäts- und Wertvorstellungen
Zentrale Akteure	Souveräne Staaten, verstanden als funktional gleiche Einheiten	Staaten, internationale Organisationen, (NGOs, transnationale Unternehmen)	Staaten, internationale Organisationen, NGOs, transnationale Unternehmen
Handlungsmotive der Akteure	Eigeninteresse (logic of consequentiality)	Eigeninteresse (logic of consequentiality)	Normorientierung (logic of appropriateness)
Bedingungen für Kooperation	Existenz eines wohlwollenden Hegemons; ausgewogene Gewinne	Wechselseitige Abhängigkeiten und Verwundbarkeiten	Existenz von kooperationsförderlichen Normen hoher Spezifizität und Kommunalität

Abb. 1.2: Annahmen der drei großen Denkschulen der Internationalen Beziehungen

3.4 Theoretische Selbstverortung

Vor dem Hintergrund der Vielfalt und Komplexität der Weltpolitik von heute erscheint es unmöglich und wäre es auch verfehlt, sich auf eine Denkschule festzulegen und danach zu streben, gestützt auf ihre Annahmen alle beobachtbaren Entwicklungen der Weltpolitik zu beschreiben und zu erklären. Versuche, die widersprüchlichen Tendenzen der gegenwärtigen Weltpolitik unter ein theoretisches Dach zu bringen, sind zum Scheitern verurteilt. Die hier vertretene Position ist theorienpluralistisch. Wichtig ist, dass angesichts der Vielfalt von Ansätzen die diesen zugrundeliegenden Prämissen offengelegt werden, da diese die Untersuchungsergebnisse in erheblichem Maße vorstrukturieren.

Der Neorealismus mit seinem Fokus auf Sicherheitsstreben und Machtpolitik hat immer noch Einiges zur Weltpolitik des 21. Jahrhunderts zu sagen. Dieses Lehrbuch wird sich daher mit der Veränderung der globalen Machtstrukturen und deren Folgen ebenso auseinander setzen wie mit der hegemonialen Steuerung als möglichem Weltordnungsmodell. Zugleich ist aber auch zu konstatieren, dass die Sichtweise des Neorealismus nur bedingt in der Lage ist, die Weltpolitik von heute adäquat und vor allem umfassend zu analysieren. Problematisch erscheinen insbesondere das stark verkürzte Spektrum der als maßgeblich erachteten Akteure, Sachgebiete und Interaktionsmuster. Doch auch liberale, rationalistisch-institutionalistische Ansätze, die hier bevorzugt werden, berücksichtigen neue politikmächtige Akteure (transnationale Unternehmen und INGOs) nicht hinreichend und müssen durch weitere Theorien multipartistischer Kooperation ergänzt werden, um die Komplexität der Weltpolitik erfassen zu können.

Kapitel 1: Widersprüchliche Tendenzen der gegenwärtigen Weltpolitik   37

Bei den in Kap. 5 vorgestellten staatenzentrierten Modellen des Weltregierens sind Anpassungen notwendig, um der gestiegenen Bedeutung von nichtstaatlichen Akteuren und öffentlich-privaten oder rein privaten Steuerungsformen gerecht zu werden. Die Relevanz sozialkonstruktivistischer Ansätze wird durch die Analyse des Wandels von ideellen Strukturen in verschiedenen Sachbereichen (z.B. verschiedenen ökonomischen und sicherheitspolitischen Leitideen) und die Untersuchung der Existenz von normgeleitetem Verhalten in verschiedenen Problemfeldern hervorgehoben. Im Ergebnis wird sich der theorienpluralistische Charakter der Disziplin der Internationalen Beziehungen also auch in diesem Buch widerspiegeln – ohne dass eine Neigung zu liberalen, rationalistisch-institutionalistischen Erklärungsansätzen ergänzt durch Theorien multipartistischer Kooperation verleugnet werden soll.

4 Heterarchisches Weltregieren in einer sich wandelnden Welt: Kernthese und Aufbau des Lehrbuchs

Vor dem Hintergrund der zuvor angedeuteten Entwicklungen der Weltpolitik und der soeben beschriebenen theoretischen Verortung dieses Lehrbuchs lassen sich gleichsam als Leitfaden und Maßstab für die sich anschließenden Analysen die folgenden Thesen formulieren: Eine sich grundlegend verändernde globale Regelungsumwelt – d.h. sich wandelnde systemische Rahmenbedingungen –, die Ausdifferenzierung des Spektrums politikmächtiger Akteure über den Staat hinaus sowie die zunehmende Bedeutung transsouveräner Problemlagen in verschiedenen Sachbereichen der Weltpolitik verlangen nach heterarchischem Weltregieren gestützt auf multipartistische Politikkoordination und -kooperation.[16] Neben internationalen zwischenstaatlichen Institutionen und rein privaten Formen der kollektiven Bearbeitung transsouveräner Probleme sind insbesondere inklusive, multipartistische Institutionen des Weltregierens, die neben staatlichen und zwischenstaatlichen Handlungsträgern auch nichtstaatliche (privatwirtschaftliche und zivilgesellschaftliche) Akteure einbeziehen, integrale Bestandteile eines Modells des heterarchischen Weltregierens. Inklusive, multipartistische Formen des Weltregierens erweisen sich gegenüber anderen Formen sowohl unter Input- oder Prozess- als auch unter Output-Legitimitätsgesichtspunkten überlegen. Es ist freilich nicht zu erwarten, dass der zunehmende Bedarf an (multipartistischem) Weltregieren zur kollektiven Bearbeitung spezifischer Weltprobleme automatisch ein hinreichendes

---

[16] Der Begriff „Heterarchie" bezeichnet ein drittes (Welt-)Ordnungsprinzip zwischen Anarchie und Hierarchie. Es handelt sich um eine Alternative zu reinen Selbsthilfesystemen und formal oder de facto hierarchischen Systemen. Der Begriff der Heterarchie beschreibt die Existenz eines dichter werdenden *Netzes von öffentlichen, öffentlich-privaten und rein privaten Institutionen* des Weltregierens, die von öffentlichen und privaten Akteuren zur *kollektiven regelgeleiteten Bearbeitung* von transsouveränen Problemen durch *horizontale Politikkoordination und -kooperation* geschaffen und aufrecht erhalten werden (Rittberger et al. 2008: 43ff; vgl. ausführlich Kap. 5).

Angebot desselben schafft. Daher ist für eine umfassende Erklärung des Angebots und der institutionellen Ausgestaltung von Weltregieren eine eingehende Untersuchung der Interessen, Werte, Motivationen und Ressourcenausstattungen von öffentlichen und privaten Akteuren des Weltregierens unverzichtbar (vgl. dazu ausführlich Kap. 6). Heterarchisches Weltregieren findet heute statt. Je nach Sachbereich sind Ansätze des heterarchischen Weltregierens mehr oder weniger ausgeprägt; im Allgemeinen erscheinen sie aber nach wie vor nicht ausreichend entwickelt, um angesichts der Zunahme von Welt- oder transsouveränen Problemen die annähernde Deckung des Bedarfs an effektivem und legitimem Weltregieren sicher zu stellen (vgl. Rittberger 2004c, 2006).

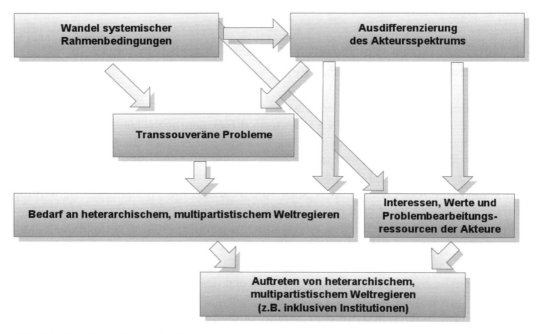

Abb. 1.3: Kernthese des Lehrbuches

Diese kompakt zusammengefasste These soll in vier Schritten entwickelt und überprüft werden. Teil B: „Der Wandel des globalen Systems" beschäftigt sich mit der Transformation der systemischen Rahmenbedingungen und der Ausdifferenzierung des Spektrums politikmächtiger Akteure in den internationalen Beziehungen seit dem Ende des Kalten Krieges und skizziert die daraus resultierende grundlegende Veränderung des weltpolitischen Problemhaushalts.

Am Anfang dieser Bestandsaufnahme stehen die gewandelten systemischen Rahmenbedingungen der heutigen Weltpolitik. Mit Blick auf die Verschiebungen der internationalen Kräfteverhältnisse nach dem Ende des Ost-West-Konflikts stellt sich ers-

Kapitel 1: Widersprüchliche Tendenzen der gegenwärtigen Weltpolitik

tens die Frage, wie sich die gegenwärtige Machtstruktur des internationalen Systems beschreiben lässt. Wurde die bipolare Machtstruktur des Kalten Krieges durch eine unipolare oder durch eine multipolare Machtstruktur ersetzt? Befinden wir uns bereits auf dem Weg zu einer Konstellation der „neuen Bipolarität" zwischen den USA und China?

Zweitens werden die komplexen makroprozessualen Rahmenbedingungen in der heutigen Weltpolitik untersucht, die gerne und – häufig in verkürzender Weise – als globalisiert bezeichnet wird. In diesem Zusammenhang wird auf die vielschichtigen Phänomene der Globalisierung und Fragmentierung eingegangen. Sind gegenwärtige Globalisierungsprozesse in ihrer Quantität und Qualität wirklich als präzedenzlos einzustufen? In welchem wechselseitigen Verhältnis stehen Integrations- und Ab- bzw. Ausgrenzungsprozesse?

Schließlich wird der Wandel ideeller Strukturen der Weltpolitik beleuchtet. Welche Leitideen lassen sich in verschiedenen weltpolitischen Diskursen identifizieren? Welche Leitideen sind vorherrschend und wie wirken sie sich auf die Ausgestaltung von Politikprogrammen und auf Politikergebnisse aus? Ist eine Konvergenz von politischen Leitideen festzustellen oder ist das globale System von einer zunehmenden Ideenkonkurrenz geprägt? Zeichnen sich allgemeine sachbereichsübergreifende Tendenzen des Ideenwandels ab?

Aus den gewandelten systemischen Rahmenbedingungen der Weltpolitik ergeben sich tiefgreifende Transformationen der weltpolitischen Akteurskonstellation. Neben den Staaten betreten andere Akteure (INGOs und transnationale Unternehmen sowie inter- und supranationale Organisationen) die weltpolitische Bühne oder nehmen eine prominentere Rolle ein – mit der Folge eines gewandelten Kräfteverhältnisses zwischen diesen und den staatlichen Handlungseinheiten. Im Zusammenhang mit dieser Ausdifferenzierung des Akteursspektrums ergibt sich eine Reihe von Fragestellungen: Haben die Staaten im Zuge der Globalisierung grundsätzlich an Bedeutung verloren; kann gar von einem „Rückzug des Staates" (Strange 1996) die Rede sein? Können Staaten zu Beginn des 21. Jahrhunderts noch pauschal als funktional gleiche Einheiten beschrieben werden oder lässt sich eine nach Entwicklungsstadien gegliederte Ausdifferenzierung der Staatenwelt beobachten? Welche Rolle spielen zwischenstaatliche internationale Organisationen in der heutigen Weltpolitik? Wie ist die Output-Legitimität und die Input- oder Prozess-Legitimität internationaler zwischenstaatlicher Organisationen zu bewerten? Welche Tendenzen der (Weiter-)Entwicklung internationaler Organisationen lassen sich feststellen oder erscheinen erforderlich? Welche Tätigkeiten werden von nichtstaatlichen Akteuren, d.h. von transnationalen Unternehmen und (I)NGOs übernommen und wie groß ist die Politikgestaltungsmacht privater Akteure verglichen mit der öffentlicher Handlungsträger? Was ist unter der Herausbildung privater Autorität (vgl. Bernstein/ Cashore 2008; Cutler/Haufler/Porter 1999; Haufler 2001) zu verstehen, wie lassen sich derartige Entwicklungen erklären und welche weltpolitischen Konsequenzen ergeben sich daraus?

Nach der Analyse systemischer Rahmenbedingungen und des Akteursspektrums der gegenwärtigen Weltpolitik endet der Teil B mit einer Charakterisierung der transsouveränen Problemlagen, mit denen weltpolitische Akteure heute konfrontiert sind, sowie mit der Formulierung globaler Politikziele, die als Orientierung bei der Analyse weltpolitischer Sachprobleme in Teil D dienen werden. Wie stellt sich der „neue" Problemhaushalt der Weltpolitik zu Beginn des 21. Jahrhunderts dar? Inwiefern erwächst aus der zunehmenden Bedeutung transsouveräner Probleme ein gesteigerter Bedarf an Regierensleistungen auf *globaler* Ebene?

Im Teil C „Theorien des Weltregierens: Modelle des Weltregierens und handlungstheoretische Ansätze zur Erklärung globaler Politiksteuerungsprozesse" rücken unterschiedliche Ansichten in der Wissenschaft über die Hauptakteure sowie die Formen des Weltregierens in den Blick. Zunächst werden vier allgemeine Modelle globaler politischer Steuerung vorgestellt: 1) Sicherheitswettbewerb in der staatenweltlichen Anarchie; 2) hierarchisches Regieren durch einen Welt(bundes)staat; 3) quasi-hierarchisches Regieren durch einen Welthegemon; 4) heterarchisches Weltregieren gestützt auf multipartistische Politikkoordination und -kooperation (Rittberger 2004). Welche Merkmale zeichnen die unterschiedlichen Modelle aus? Welche Erwartungen für die Input- oder Prozess- und für die Output-Legitimität der verschiedenen Weltregierensformen lassen sich formulieren?

Diese makrotheoretischen, stark abstrahierenden Modelle des Weltregierens sollen sodann durch Handlungstheorien mittlerer Reichweite (Theorien auf Mesoebene) ergänzt werden, um eine theoriegeleitete Analyse der Formen und Reichweiten problemfeldspezifischen Weltregierens zu ermöglichen. Welche Theoriestücke für die Analyse problemfeldspezifischer Politiksteuerung in verschiedenen Sachbereichen lassen sich identifizieren? In welchem Verhältnis stehen diese mesotheoretischen Handlungstheorien zu den makrotheoretischen Modellen des Weltregierens?

Im Teil D „Empirie des Weltregierens: Sachbereichsspezifische globale Herausforderungen und deren Bearbeitung" werden zentrale Problemfelder der internationalen Beziehungen in den Sachbereichen „Sicherheit", „Wohlfahrt" und „Herrschaft" analysiert. Welche materiellen und ideellen Entwicklungen sind in den einzelnen Problemfeldern festzustellen, worin liegen deren Ursachen, und welche Konsequenzen für das Weltregieren ergeben sich daraus?

Im Sachbereich „Sicherheit" werden der Wandel des Kriegsvorkommens, der transnationale Terrorismus sowie die Weiterverbreitung von Massenvernichtungswaffen analysiert. Im Sachbereich „Wohlfahrt" stehen die wirtschaftspolitischen Probleme fortbestehender Handelshemmnisse und mangelhaft regulierter Finanztransaktionen, die sozialpolitischen Probleme der Armut und ausgeprägter Wohlstandsdisparitäten sowie die umweltpolitischen Herausforderungen des Klimawandels und der Energieknappheit im Mittelpunkt. Im Sachbereich „Herrschaft" werden die Problematik systematischer Menschenrechtsverletzungen und das Demokratiedefizit des Regierens auf internationaler Ebene untersucht.

Für jeden Sachbereich wird neben der Beschreibung dieser Problemlagen jeweils auch eine Analyse ihrer Bearbeitung in Gestalt sachbereichsspezifischer Formen und Reichweiten von Weltregieren vorgenommen. Welche Art der Steuerung wird von welchen Akteuren angestrebt oder praktiziert? Welchem Weltregierensmodell entspricht die Form der politischen Steuerung, d.h. der Problembearbeitungsversuche, im jeweiligen Sachbereich am ehesten?

Auf Grundlage dieser Analysen kann im abschließenden Teil E eine zusammenfassende Bewertung der verschiedenen Weltregierensmodelle vorgenommen werden. Wie könnte ein analytisch zureichendes und praxeologisch tragfähiges Modell des Weltregierens aussehen? Zwar kann keines der vier vorgestellten Modelle die sehr vielschichtige Realität des Weltregierens zu Beginn des 21. Jahrhunderts vollkommen adäquat abbilden. Jedes der Modelle stößt früher oder später an seine Grenzen als analytisches Mittel der Erkenntnisgewinnung, insofern mit ihm wichtige Entwicklungen und Sachverhalte der Weltpolitik entweder gar nicht oder nur teilweise erfasst werden können. Doch wie bereits in Thesenform dargelegt, lautet der Befund dieses Buches, dass das Modell des heterarchischen Weltregierens gestützt auf multipartistische Koordinations- und Kooperationsformen (zwischen Staaten, zwischenstaatlichen Organisationen, transnationalen Unternehmen und zivilgesellschaftlichen Akteuren) den Weltproblemen des 21. Jahrhunderts unter den gegebenen systemischen Rahmenbedingungen und weltpolitischen Akteurskonstellationen am ehesten analytisch gerecht wird. Heterarchisches, multipartistisches Weltregieren findet bereits statt, bedarf jedoch der erheblichen Ausweitung, um ein Mehr an effektivem und legitimem Weltregieren zu erreichen.

Lektüreempfehlungen

Baylis, John/ Smith, Steve/ Owens, Patricia (Hrsg.) 42008: The Globalization of World Politics: An Introduction to International Relations, Oxford/ New York: Oxford University Press.
Carlsnaes, Risse, Thomas/ Simmons, Beth (Hrsg.) 2002: Handbook of International Relations, London: Sage.
Jackson, Robert/ Sørensen, Georg 32007: Introduction to International Relations: Theories and Approaches, Oxford/ New York: Oxford University Press.
Müller, Harald 2008: Wie kann eine neue Weltordnung aussehen? Wege in eine nachhaltige Politik, Frankfurt a. M.: Fischer.
Schieder, Siegfried/ Spindler, Manuela (Hrsg.) 22006: Theorien der Internationalen Beziehungen, Opladen/ Farmington Hills, MI: Verlag Barbara Budrich, UTB.
Viotti, Paul R./ Kauppi, Mark V. 32007: International Relations and World Politics: Security, Economy, Identity, Upper Saddle River, NJ: Prentice Hall.

Teil B: Der Wandel des globalen Systems

In Teil B „Der Wandel des globalen Systems" werden zunächst die Veränderungen der systemischen, materiellen und immateriellen Rahmenbedingungen der Weltpolitik (Kap. 2), die Ausdifferenzierung des Spektrums politikmächtiger Akteure in der Weltpolitik (Kap. 3) und der daraus resultierende Wandel des weltpolitischen Problemhaushalts, der einen zunehmenden Bedarf an Weltregieren erzeugt (Kap. 4), analysiert.

Die deskriptive Erfassung materieller und immaterieller Strukturen und Prozessmuster steht am Beginn unserer Bestandsaufnahme des heutigen globalen Systems. Untersucht werden die vielfältigen, zum Teil widersprüchlichen strukturellen Voraussetzungen und Entwicklungstendenzen der zwischenstaatlichen Machtverteilung (Kap. 2.1), der Prozess einer janusköpfigen Globalisierung, mit der – in mitunter diffuser Weise – weit reichende globale Integrationstendenzen ebenso assoziiert werden wie gegenläufige Fragmentierungstendenzen (Kap. 2.2), sowie die sich verändernden immateriellen Rahmenbedingungen der Weltpolitik in Gestalt von politikprägenden globalen Leitideen (Kap. 2.3).

Eng verknüpft mit dem Wandel systemischer Rahmenbedingungen der Weltpolitik ist der Befund einer Pluralisierung der politikmächtigen Handlungseinheiten und eines gewandelten Kräfteverhältnisses zwischen ihnen: Unabhängig vom Wandel der Machtverhältnisse zwischen Staaten scheinen staatliche Akteure im Allgemeinen an zumindest einzelstaatlicher Handlungs- und Steuerungsfähigkeit einzubüßen (Kap. 3.1), während gleichzeitig die von ihnen gegründeten internationalen zwischenstaatlichen Organisationen einen Zuwachs an Kompetenzen und eigenständiger Handlungsfähigkeit verzeichnen (Kap. 3.2). Neben diesen öffentlichen Akteuren betreten zudem immer mehr private Akteure, z.B. transnationale Unternehmen und zivilgesellschaftliche Organisationen, die weltpolitische Bühne und gewinnen an Einfluss auf globale Politikentwicklungs- und Steuerungsprozesse – mitunter übernehmen sie gar gemeinhin öffentlichen Akteure vorbehaltene Aufgaben wie Normsetzung, -anwendung und -durchsetzung (Kap. 3.3).

Nach einer Bestandsaufnahme der sich verändernden systemischen Rahmenbedingungen (Kap. 2) und Akteurskonstellationen (Kap. 3) wird in Kap. 4 eine Zwischenbilanz gezogen. Unter den gewandelten strukturellen und prozessualen Rahmenbedingungen und Akteurskonstellationen wird die kollektive regelgeleitete Bearbeitung von transsouveränen Problemen zur maßgeblichen Aufgabe von *Welt*regieren.

Kapitel 2: Wandel der systemischen Rahmenbedingungen der Weltpolitik

Der Wandel systemischer Rahmenbedingungen der Weltpolitik – der Machtstrukturen des internationalen Systems, der Reichweite und Dichte grenzüberschreitender, zwischengesellschaftlicher Interaktionen (Globalisierung) sowie der politikprägenden globalen Leitideen – in den letzten beiden Jahrzehnten hat tief gehende Auswirkungen auf die Politikgestaltungsfähigkeiten verschiedener weltpolitischer Akteure, die Ausprägung globaler Problemlagen und die Art und Weise ihrer Bearbeitung. Im Folgenden soll daher zunächst der Wandel der materiellen und immateriellen Strukturen und der Prozessmuster im globalen System nach dem Ende des Ost-West-Konflikts analytisch erfasst, d.h. eine Bestandsaufnahme der systemischen Rahmenbedingungen der gegenwärtigen Weltpolitik vorgenommen werden.

Kapitel 2.1: Nach der Bipolarität des Kalten Krieges: Der Wandel der internationalen Machtstrukturen

1 Unipolarität als flüchtige Momentaufnahme, neuer Dauerzustand oder bloße Illusion?

Die offensichtlichste strukturelle Veränderung besteht im Wandel der internationalen Machtkonstellationen. Die gegenwärtigen Machtstrukturen im internationalen System wurden maßgeblich durch die historischen Ereignisse des 20. Jahrhundert geprägt: Mit der Neuordnung der amerikanisch-europäischen sowie der amerikanisch-sowjetischen Beziehungen nach dem Ende des Zweiten Weltkrieges standen sich eine von den USA geführte und eine von der Sowjetunion (UdSSR) geführte Allianz (NATO vs. Warschauer Pakt) in einem jahrzehntelangen Wettstreit um die globale Vormachtstellung gegenüber. Dieser Ost-West-Konflikt schloss neben ausgeprägter, wenn auch freilich über die Zeit variierender machtpolitischer Konkurrenz zugleich eine ideologische Systemkonkurrenz (Liberalismus vs. Sozialismus) ein. Diese bipolare Konstellation fand ihr Ende mit dem – für die politische wie für die akademische Welt ebenso überraschenden – Zusammenbruch der Sowjetunion (1991). Die Sowjetunion zerfiel in zahlreiche Einzelstaaten, deren größter die Russische Föderation ist. Diese ist zwar der ehemaligen Sowjetunion hinsichtlich deren früherer Machtposition nicht ebenbürtig, aber gleichwohl nicht nur ihrem Anspruch nach, sondern auch tatsächlich – insbesondere auf Grund ihres politischen und ökonomischen Wiedererstarkens unter der Präsidentschaft Wladimir Putins (2000-2008) – eine Großmacht.

Das Ende des Ost-West-Konflikts und der damit verbundene Wandel der machtstrukturellen Grundkonstellation löste sowohl in der Öffentlichkeit als auch in der Wissenschaft eine bis heute andauernde Debatte über die Polarität des internationalen Systems aus: Ist es gerechtfertigt, nach der Bipolarität des Kalten Krieges von einem unipolaren System – dominiert von der einzigen verbliebenen Supermacht USA – zu sprechen? Ist der in den 1990er Jahren nach dem Zusammenbruch der Sowjetunion viel beschworene „unipolare Moment" (Krauthammer 1990/91; Mastanduno 1999) bereits Geschichte, so dass wir uns mittlerweile in einer multipolaren Konstellation befinden – oder zumindest auf dem Weg dorthin (vgl. Khanna 2008; Schmiegelow/ Schmiegelow 2008)? Befindet sich der Hegemon USA bereits wieder im Niedergang und, wenn ja, wie gravierend ist dieser (vgl. Cox 2007; Layne 2006; Zakaria 2008, 2008a)? Handelt es sich mithin bei der Annahme, eine unipolare Ordnung könne längerfristig Bestand haben, um eine „Illusion" (Layne 1993)? Oder kann aus dem unipolaren Moment vielmehr ein neuer Dauerzustand werden (Kapstein 1999; Mastanduno 1999; Mowle/ Sacko 2007)? Insbesondere der weiteren Entwicklung Chinas als (potenzieller) Herausforderer des Hegemons USA wird in politischen und akademischen Diskussionen große Aufmerksamkeit geschenkt (vgl. Doyle 2007; Sandschneider 2007; Scott 2007): Steht das internationale System vor einem weiteren machtstrukturellen Wandel zu einer „neuen Bipolarität" zwischen den USA und der aufstrebenden Volksrepublik China? Oder unterschätzt diese Sichtweise die Macht anderer Staaten bzw. Staatenverbünde – mithin weiterer „Pole" im internationalen System (z.B. EU, Indien, Russland, Brasilien)?

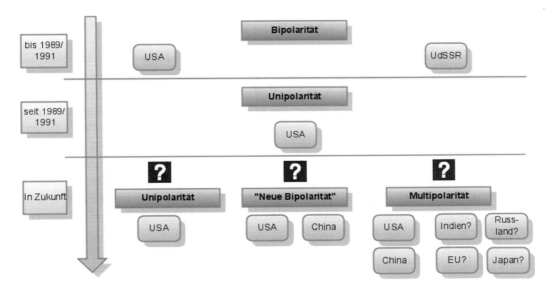

Abb. 2.1: Wandel der internationalen Machtstrukturen

Die in den politischen Diskursen von Regierungen vertretenen Standpunkte hinsichtlich dieser Fragen unterscheiden sich erheblich. Die Trennlinien bei der Interpretation der gegenwärtigen Machtkonstellation verlaufen – nicht allzu überraschend – entlang den jeweiligen Präferenzen der betreffenden Staaten. Die amerikanische Administration unter George W. Bush verstand die USA als eine Hegemonialmacht in einer unipolaren, immer noch maßgeblich anarchisch geprägten Welt – wenn auch diese Sichtweise in der zweiten Amtszeit von George W. Bush deutlich weniger offensiv vertreten wurde als noch während dessen erster Amtszeit. Andere Regierungen widersetzten sich in den Jahren der Bush-Administration zumindest in ihrer Rhetorik, zum Teil aber auch in ihrem Handeln dem Führungsanspruch der USA. Deutlich wurde die ablehnende Haltung zahlreicher Staaten gegenüber dem Hegemonieanspruch der USA etwa im Vorfeld des Irak-Krieges (2003), als nicht nur China und Russland, sondern auch die transatlantischen Partner Frankreich und Deutschland den USA die Gefolgschaft verweigerten. Allerdings haben verschiedene Regierungen z.B. Chinas, Frankreichs und Russlands bereits in den 1990er Jahren entgegen der Unipolaritätsthese das internationale System als multipolar charakterisiert und zudem diesen Befund unter normativen Gesichtspunkten positiv beurteilt. In diesem Zusammenhang vermischen sich freilich analytisch-deskriptive Aussagen und Wunschdenken. Oder wie es der amerikanische Neorealist William Wohlforth formuliert hat, Multipolarität liegt nicht schon allein deswegen vor, „weil Intellektuelle und Politiker in einigen anderen Staaten dies so wollen" (Wohlforth 1999: 34, Ü.d.V.) – wobei entsprechendes natürlich auch für die Annahme einer hegemonialen Stellung der USA in einem unipolaren System gilt. Das Rollenverständnis der USA als unentbehrliche Führungsmacht und Garant internationaler Stabilität wird auch vom US-Präsidenten Barack Obama betont, auch wenn er im Gegensatz zu seinem Vorgänger eine stärker kooperativ und multilateral ausgerichtete Außenpolitik anstrebt (Rudolf 2008: 1).

Wie bereits angedeutet, existieren auch in der Wissenschaft durchaus unterschiedliche Einschätzungen der Polarität des gegenwärtigen internationalen Systems (vgl. Khanna 2008; Layne 2006; Mowle/ Sacko 2007; Rittberger/ Zelli 2004; Roberts 2008; Wolf 2004). Während einige Autoren – insbesondere vor dem Irakkrieg (2003), den gravierenden politischen und militärischen Schwierigkeiten und den hohen Kosten beim Aufbau einer stabilen Nachkriegsordnung im Irak sowie der US-Finanzkrise (2007-2009), aus der eine Weltfinanz- und -wirtschaftskrise erwuchs – argumentierten, dass das internationale System durch Unipolarität gekennzeichnet sei und auch in absehbarer Zukunft unipolar bleibe (Lieber 2008; Kapstein 1999; Mastanduno 1999; Mowle/ Sacko 2007; Wohlforth 1999), verweisen andere Autoren darauf, dass die Unipolarität zugunsten der USA keineswegs so uneingeschränkt und eindeutig ist, wie es lange Zeit den Anschein hatte (Khanna 2008; Nye 2003; Wolf 2004; Zakaria 2008). Mitunter ist auch von einer hybriden „uni-multipolaren" Weltordnung (Huntington 1999: 37) oder gar einer „nichtpolaren" Weltordnung (Roberts 2008: 11; vgl. Haas 2008) die Rede, wobei fraglich ist, ob derartige Wortneuschöpfungen einen analytischen Mehrwert beinhalten. Insbesondere seit 2004 wurden und werden immer wieder teils überzogene, teils zutreffende Analysen eines Niedergangs der amerikanischen Machtposition in Folge der hohen wirtschaftlichen, vor allem aber politischen (Legitimitäts-) Kosten des Irakkrieges, des ökonomischen Aufstiegs der Schwellenländer China und Indien sowie des wieder erstarkten Russlands und der Finanzkrise (2007-09) veröffentlicht (für einen Überblick vgl. Cox 2007; Roberts 2008: 11; Schmiegelow/ Schmiegelow 2008: 18; Zakaria 2008).

Im Folgenden soll vorrangig eine analytische Bestandsaufnahme des *Ist-Zustands* der internationalen Machtstrukturen vorgenommen werden. Den theoretischen Rahmen für die Analyse bildet der Neorealismus – wobei auch die Grenzen der Aussagekraft dieser (staatenzentrierten) Theorie für die Bestimmung der Rahmenbedingungen heutiger Weltpolitik aufzuzeigen sind. Zunächst wird geklärt, wie Polarität, d.h. die Machtverteilung zwischen Großmächten in einem internationalen System, bestimmt werden kann, und was die Konzepte der Unipolarität, der Bipolarität und der Multipolarität bedeuten. Zu unterscheiden ist zwischen der globalen Verteilung machtrelevanter Ressourcen (*Kapazitätenbegriff* von Macht) und der tatsächlichen Problemlösungs- und Steuerungsfähigkeit der angenommenen Führungsmacht (*Ergebnisbegriff* von

Kapitel 2: Wandel der systemischen Rahmenbedingungen der Weltpolitik

Macht), d.h. der relativen Politiksteuerungsmöglichkeiten im Vergleich zu anderen Staaten (Keohane/ Nye 2001: 10; Wolf 2004: 57-63). Ausgehend von dieser begrifflichen Unterscheidung soll die Haltbarkeit der Unipolaritätsthese empirisch geprüft werden. Anschließend wird zu untersuchen sein, inwieweit ein unipolares System von Dauer sein kann. Auch in diesem Zusammenhang sind unterschiedliche theoretische Erwartungen und empirische Befunde zu diskutieren. Zuletzt richtet sich der Blick über den machtstrukturellen Ist-Zustand hinaus darauf, ob das internationale System sich bereits auf dem Weg zu einer – wie etliche Beobachter meinen – geradezu zwangsläufigen „neuen Bipolarität" zwischen den USA und dem aufstrebenden China befindet.

2 Die USA als Welthegemon in einem unipolaren System?

2.1 Konzeptuelle Vorüberlegungen zur Bestimmung der Polarität des internationalen Systems

Wie können wir die Polarität des internationalen Systems bestimmen und wie können wir Macht messen? Diese wichtige (Ausgangs-) Frage von Kenneth Waltz (1979: 129) hat nach wie vor keine konsensfähige Antwort gefunden. Um empirisch fundierte Aussagen zur Stützung oder Infragestellung der Unipolaritätsthese machen zu können, muss jedoch Klarheit über das zugrunde gelegte Konzept der Unipolarität in Abgrenzung zur Bi- oder Multipolarität bestehen.

Zunächst stellt der Begriff der Polarität schlicht auf die Anzahl der Großmächte in einem internationalen System ab. So definieren Neorealisten wie Christopher Layne (1993: 5) oder William Wohlforth (1999: 9) ein unipolares System als internationales politisches System, in dem ein einziger Staat vorherrschend ist, da seine Ressourcenausstattung („capabilities") so überlegen ist, dass sie die Bildung einer „überwältigenden Gegenmacht" (Layne 1993: 5, Ü.d.V.) ausschließt. Ein derart vorherrschender Staat kann als Welthegemon bezeichnet werden. Die Konzeptualisierung Laynes und Wohlforths lässt sich allerdings noch präzisieren: Was genau macht einen Welthegemon aus? Nach Rittberger/ Zelli (2004: 94) zeichnet sich ein Welthegemon durch seine Verfügung über weit überlegene militärische, ökonomische und kulturell-ideelle Ressourcen im Vergleich zu denen anderer Staaten im internationalen System aus. Zudem ist er in der Lage, internationale Regeln zu generieren und deren Beachtung durch Androhung von Sanktionen sowie durch Gewährung oder Entzug von Wohltaten zu erreichen. Diese Definition eines Welthegemons, der eine unipolare Weltordnung dominiert, enthält zwei Verständnisse von Macht (Wolf 2004: 59ff.), die man als *Kapazitätenbegriff* von Macht und als *Ergebnisbegriff* von Macht bezeichnen kann. Während für den *Kapazitätenbegriff* von Macht die Verfügung über Ressourcen („control over resources") entscheidend ist, bezieht sich der *Ergebnisbegriff* von Macht auf den Einfluss des (vermeintlichen) Hegemons auf Politikergebnisse („control over outcomes"), d.h. die tatsächliche globale Steuerungsfähigkeit.

Im Sinne des Kapazitätenbegriffs von Macht ist Macht als eine Akteurseigenschaft zu verstehen, als Verfügung über militärische, wirtschaftliche und kulturell-ideelle Ressourcen (Rittberger 2004: 17). Dieses neorealistische Machtverständnis stellt – auf das internationale System bezogen – auf die Verteilung von Ressourcen („distribution of capabilities") zwischen Staaten ab. Die entscheidende Frage bei der Feststellung der Polarität eines internationalen Systems lautet aus dieser Sicht: Welcher Staat verfügt im Vergleich zu welchen anderen Staaten über welche militärischen, ökonomischen und kulturell-ideellen Ressourcen? Derjenige Staat, der im Vergleich zu anderen Staaten über viele und bedeutende Ressourcen verfügt, ist mächtig. Die Betrachtungsweise ist staatenzentriert und blendet nichtstaatliche Akteure weitgehend aus. Von einer unipolaren Struktur kann aus einer solchen ressourcenorientierten Perspektive dann gesprochen werden, wenn ein Staat im Vergleich zu den anderen Staaten im militärischen, ökonomischen und kulturell-ideellen Bereich derart weit überlegene Ressourcen besitzt, dass eine wirksame Gegenmachtbildung durch andere Staaten ausgeschlossen erscheint.

Richtet man über die Verfügung über Ressourcen hinaus den Fokus auf die politikergebnisorientierte Dimension von Macht und legt der Analyse der internationalen Machtverteilung einen Ergebnisbegriff von Macht zugrunde, der sich im zweiten Teil der oben eingeführten Definition eines Hegemons niederschlägt,[17] rückt der Einfluss auf Politikergebnisse in den Mittelpunkt. Es geht dann um die tatsächliche politische Steuerungs- und Problemlösungsfähigkeit eines vermeintlichen Hegemons. Aus dieser Sicht ergeben sich zwei entscheidende Fragen hinsichtlich der Bejahung oder Verneinung der Unipolaritätsthese (Wolf 2004: 66): 1) Welche globalen Probleme können nicht ohne den Hegemon gelöst werden; welche kollektiven Güter können nicht ohne ihn bereitgestellt werden? sowie 2) Welche globalen Probleme kann der Hegemon alleine lösen; welche Kollektivgüter kann er ohne Beteiligung anderer Akteure bereit stellen? Wenn beide Fragen mit „viele" oder „die meisten" beantwortet werden können, ist die Unipolaritätsthese aus politikergebnisorientierter Sicht in doppelter Hinsicht bestätigt. Andere Staaten wären demnach nicht in der Lage, ohne Unterstützung des Hegemons globale Probleme in den Griff zu bekommen, und der Hegemon wäre darüber hinaus bei der Lösung globaler Probleme in der Regel nicht auf die Hilfe anderer Staaten angewiesen. Samuel Huntington bringt dieses an Politikergebnissen ansetzende Unipolaritätskonzept folgendermaßen auf den Punkt: „Ein unipolares System weist eine Su-

---

[17] Nach Rittberger/ Zelli (2004: 94) ist ein Hegemon nicht nur mit überlegenen Ressourcen ausgestattet, er ist „durch [seine] außergewöhnlichen Machtressourcen in der Lage, internationale Regeln zu generieren und deren Beachtung durch Androhung von Sanktionen, durch Gewährung oder Entzug von Wohltaten zu erreichen". Ein Hegemon ist demzufolge fähig, seine Politiksteuerungs- und -regulierungsvorstellungen durchzusetzen, d.h. von ihm angestrebte Politikergebnisse auch tatsächlich herbeizuführen.

permacht, keine bedeutsamen Großmächte und zahlreiche kleinere Mächte auf. Infolgedessen kann die Supermacht wichtige internationale Fragen und Probleme letztlich alleine lösen, und keine Kombination anderer Staaten hat die Macht, sie daran zu hindern" (Huntington 1999: 35; Ü.d.V.).

> **(Neorealistischer) Kapazitätenbegriff von Macht:**
> → Macht als Verfügung über Ressourcen *(power as control over resources):* Macht als Akteurseigenschaft, als Verfügung über militärische, wirtschaftliche und kulturelle Ressourcen
>
> **Ergebnisbegriff von Macht:**
> → Macht als Einfluss auf Politikergebnisse *(power as control over outcomes):* Macht als tatsächliche politische Steuerungs- und Problemlösungsfähigkeit

Abb. 2.2: Machtkonzepte

Bis dahin wurden zwei Begriffe von Macht – ein auf die Verfügung über Ressourcen abstellender Kapazitätenbegriff und ein auf den Einfluss auf Politikergebnisse bezogener Ergebnisbegriff von Macht – vorgestellt; diese können jedoch zugleich als zwei Dimensionen *eines* umfassenden Machtbegriffs aufgefasst werden. Es erscheint zwar zunächst intuitiv einleuchtend, einen nur auf die Verfügung über Ressourcen abstellenden Machtbegriff um eine politikergebnisorientierte Perspektive zu erweitern. Schließlich ist es doch der Einfluss auf Politikergebnisse – die tatsächliche Durchsetzung von eigenen Interessen (z.B. wirksame Bekämpfung des Terrorismus) und von politischen Steuerungsvorstellungen (z.B. Schaffung und/oder Fortbestand einer wohlstandsmehrenden Welthandelsordnung) –, der für die Beurteilung des weltpolitischen Gewichts eines Staats maßgeblich ist. Es stellt sich aber die Frage, wie sich der Kapazitäten- und der Ergebnisbegriff von Macht zueinander verhalten. Der Neorealismus – der sich aufdrängende theoretische Rahmen für eine machtstrukturelle Analyse des internationalen System – nimmt traditionell einen Kapazitätenbegriff von Macht zur Erklärungsgrundlage, geht jedoch von einem die beiden Komponenten verknüpfenden Automatismus aus (vgl. Nye 2002: 4f.). Demzufolge setzt sich die Verfügung über Ressourcen quasi zwangsläufig in Einfluss auf Politikergebnisse um. Ein mit überlegenen Ressourcen ausgestatteter Akteur wird seinen Politikprogrammen gegenüber anderen Akteuren regelmäßig zum Erfolg verhelfen können. Ressourcen wird ein hohes Maß an Fungibilität zugesprochen, d.h. das aus einer überlegenen Ressourcenausstattung erwachsende Machtpotenzial kann in verschiedenen Politikbereichen zur Ausübung von Einfluss auf Politikergebnisse genutzt werden (Rittberger 2004: 17).[18]

---

[18] Kritiker des Neorealismus bezweifeln freilich diese Annahme und argumentieren, dass es zur Kontrolle über Politikergebnisse mehr braucht als eine überlegene Ressourcenausstattung (vgl. Wolf 2004).

Wenn in den folgenden Abschnitten eine empirische Bestandsaufnahme der Machtstruktur des gegenwärtigen internationalen Systems zunächst aus einer ressourcen- und dann aus einer politikergebnisorientierten Perspektive vorgenommen wird, steht nicht nur jeweils die Unipolaritätsthese auf dem Prüfstand, sondern auch der vom Neorealismus postulierte Quasi-Automatismus der Umsetzung von Verfügung über Ressourcen in Einfluss auf Politikergebnisse. Sollten sich erhebliche Divergenzen zwischen den Befunden auf der Ressourcen- und auf der Politikergebnis-Seite ergeben, würde dies die neorealistische Annahme einer gleichsam zwangsläufigen Übersetzung der Verfügung über Ressourcen in Einfluss auf Politikergebnisse in Zweifel ziehen – was bedeuten würde, dass der Neorealismus zur Erfassung der maßgeblichen strukturellen Rahmenbedingungen heutiger Weltpolitik nur bedingt tauglich wäre.

2.2 Überlegenheit der USA bei der Verfügung über Ressourcen

Legt man einen Kapazitätenbegriff von Macht zugrunde, sind die militärische, ökonomische und kulturell-ideelle Ressourcenverteilung zunächst getrennt zu analysieren. Zum Zweck der systematischen Ermittlung der internationalen Machtverteilung bietet es sich an, auf Joseph Nyes Modell eines dreidimensionalen Schachbretts zurückzugreifen (Nye 2002: 38f.). In Anlehnung an Nye kann davon ausgegangen werden, dass Macht – verstanden als die Verfügung über Ressourcen – im gegenwärtigen internationalen System nach einem Muster, das einem Schachspiel mit drei Brettern bzw. Ebenen gleicht, verteilt ist. Das oberste Brett symbolisiert die Ebene der militärischen Machtverteilung. Die darunter liegende Ebene steht für die ökonomischen Machtverhältnisse. Auf dem untersten Schachbrett, der Ebene der transnationalen Beziehungen, ist die Verfügung über kulturell-ideelle, weiche Machtressourcen („soft power resources") entscheidend. Die empirischen Befunde zur Unipolaritätsthese variieren je nach Ebene. In der Zusammenschau von militärischen, ökonomischen und kulturell-ideellen Ressourcen ergibt sich jedoch ein Bild der Überlegenheit der USA (Mastanduno/ Kapstein 1999: 14; Mowle/ Sacko 2007: 1; Rittberger/ Zelli 2004: 94f., Rudolf 2008: 1), auch wenn es deutliche Anzeichen dafür gibt, dass die Vormachtstellung der USA am Ende des Jahrzehnts nicht mehr so ausgeprägt ist wie noch in den 1990er Jahren (Cox 2007: 652).

Worin dieses „Mehr" (zusätzlich zu überlegenen Resssourcen) genau besteht, bleibt allerdings meist unklar.

Kapitel 2: Wandel der systemischen Rahmenbedingungen der Weltpolitik 53

Militärische Ressourcen:
- Militärhaushalt,
- Größe und technische Ausstattung der Streitkräfte,
- Nuklearwaffenarsenal

Wirtschaftliche Ressourcen:
- Bruttosozialprodukt,
- Anzahl der weltweit umsatzstärksten Unternehmen,
- Exportvolumen,
- Patentanmeldungen,
- Währungsreserven

Kulturell-ideelle Ressourcen:
- Verbreitungsgrad von Gesellschaftsformen (z.B. Demokratie),
- Verbreitung einer Sprache,
- Pop-Kultur (z.B. Verbreitung von Filmen und Musik),
- Wissenschaft (z.B. Zahl der Nobelpreisträger)

Abb. 2.3: Indikatoren zur Messung von Machtressourcen

Die hegemoniale Stellung der USA im *militärischen* Bereich ist nach wie vor eindeutig. So wendeten die USA im Jahr 2007 547 Milliarden US-Dollar für ihre Verteidigung auf und setzten damit den Trend der ständigen Vergrößerung ihres Militärhaushalts fort (SIPRI 2008: 178ff.). Die USA geben für ihre Streitkräfte doppelt soviel aus, wie alle anderen NATO-Staaten zusammen. Das Verteidigungsbudget der Vereinigten Staaten macht einen Anteil von rund 45% der weltweiten Ausgaben für Verteidigung aus (vgl. Zakaria 2008: 28ff.). Der frühere Rivale Russland reicht mit einem geschätzten Verteidigungshaushalt von rund 35 Milliarden US-Dollar im Jahr 2007 bei weitem nicht an die militärische Ressourcenausstattung der USA heran. Ebenso wenig kann China mit derzeit geschätzten Militärausgaben von 58 Milliarden US-Dollar als möglicher neuer Herausforderer militärisch mit den USA konkurrieren, worauf noch vertieft einzugehen sein wird (vgl. Abschnitt 3.1). Die Verteidigungshaushalte europäischer Staaten sind ebensowenig vergleichbar mit dem der USA. Hinzu kommt dass bei der „Gemeinsamen Außen- und Sicherheitspolitik" der EU die Souveränität der Mitgliedstaaten gewahrt bleibt[19], wodurch die Errichtung einer ernst zu nehmenden gemeinsamen europäischen Armee in absehbarer Zukunft nicht zu erwarten ist (Lieber 2008), auch wenn einige Autoren die eigenständigen sicherheitspolitischen Bemühungen der EU schon als Gegenmachtbildung zu den USA deuten (Layne 2008).

Weitere Indikatoren zur Messung der relativen militärischen Machtposition der USA gegenüber anderen Staaten sind aus neorealistischer Sicht die Größe und techni-

---

[19] Beschlüsse im Rahmen der GASP werden vom Europäischen Rat nach Art. 23 EUV grundsätzlich einstimmig gefasst. Bei einigen Abstimmungen, in denen nur eine qualifizierte Mehrheit erforderlich ist, hat dennoch jeder Mitgliedstaat das Vetorecht.

sche Ausstattung der Armee sowie der Umfang des (Nuklear)Waffenarsenals im Verhältnis zu anderen Staaten (Baumann/ Rittberger/ Wagner 2001: 44). Die USA verfügen mit rund 1,4 Millionen Soldaten zwar nur über das zweitgrößte Heer nach China mit geschätzten 2,2 Millionen Soldaten. Allerdings stellt eine Armee, die mit modernster Technologie ausgerüstet und gut ausgebildet ist wie die der USA, aus neorealistischer Sicht eine höher einzustufende Machtressource dar als ein zahlenmäßig überlegenes, aber nach wie vor deutlich schlechter ausgerüstetes und ausgebildetes Heer. Hinsichtlich des Besitzes von Waffensystemen, also etwa von Raketensystemen und Kampfflugzeugen, sind der Stand der Technik und die Einsatzfähigkeit der US-amerikanischen Waffensysteme deutlich höher einzustufen als die Ressourcen potentieller Konkurrenten. Dies ist zu berücksichtigen, wenn etwa die Zahlen des Internationalen Konversionszentrums Bonn (BICC) ausweisen, dass die USA im Besitz von rund 35 000 schweren Waffen (bewaffnete Fahrzeuge, Artillerie, Kampfflugzeuge, große Kriegsschiffe) sind und China sowie Russland vergleichbare oder gar höhere Kontingente besitzen (BICC 2005).

Genaue Angaben über die Größe der Nuklearwaffenarsenale und die Anzahl der einsatzfähigen Sprengköpfe sind schwer zu ermitteln. Sicher ist, dass die USA und Russland die beiden Atommächte mit den größten Arsenalen darstellen. Schätzungen zufolge besitzen sie mehrere tausend Atomsprengköpfe, die USA rund 10,000 und Russland sogar 14,000, von denen jeweils rund 5,000 als einsatzbereit gelten[20]. Die anderen drei offiziellen Nuklearstaaten verfügen dagegen über wenige hundert (China: 200, Frankreich: 200 und Großbritannien: 350) (Norris/ Kirstensen 2006: 64ff., 2008: 54). Aufgrund der massiven Zerstörungskraft bereits einzelner nuklearer Sprengköpfe bleibt allerdings fraglich, inwieweit eine doppelte oder dreifache Anzahl an Sprengköpfen tatsächlich einen großen Machtvorsprung bedeutet.

Insgesamt sind die USA aufgrund hochmoderner Waffentechnologien und der globalen Verbreitung ihrer Militärstützpunkte (rund 750 außerhalb amerikanischen Territoriums) gegenwärtig die einzige Militärmacht, deren Nuklear- und konventionelle Waffen globale Reichweite haben (Nye 2002: 35; vgl. US Department of Defense 2008: 6). Im Ergebnis kann an der überlegenen militärischen Ressourcenausstattung der USA trotz gewisser Unsicherheiten bezüglich einzelner Indikatoren kein Zweifel bestehen.

Die Unipolarität der gegenwärtigen Welt gründet jedoch nicht nur auf der ungleichen Verteilung von militärischen Ressourcen zugunsten der USA. Allerdings ist die Überlegenheit der USA im wirtschaftlichen und im kulturell-ideellen Bereich weniger stark ausgeprägt. Insbesondere die Vormachtstellung bei der Verfügung über ökonomische Ressourcen ist nicht mehr unangefochten: Der Hegemon USA wird durch aufstrebende asiatische Wirtschaftsmächte (vor allem China und Indien) sowie die EU

---

[20] Als einsatzbereit gelten nur Sprengköpfe, die auf Trägersystemen installiert sind (z.B. in Interkontinentalraketen oder auf Kampfbombern). Sprengköpfe ohne Trägersystem können als Reserve dienen, aber sie sind nicht unmittelbar einsatzbereit.

Kapitel 2: Wandel der systemischen Rahmenbedingungen der Weltpolitik 55

herausgefordert und zeigt nicht erst seit der Weltfinanz- und -wirtschaftskrise (2007-09) ökonomische Schwächen.

Nichtsdestotrotz ist im *wirtschaftlichen Bereich* zunächst festzustellen, dass die USA relativ zu den anderen Staaten das mit Abstand größte Bruttosozialprodukt (BSP) vorweisen: Der Anteil der USA am Weltsozialprodukt beträgt rund 28% und übertrifft damit die Summe der BSP der vier nachfolgenden Länder (Japan, Deutschland, China und Großbritannien). Allerdings ist auch zu beachten, dass das BSP der gesamten Europäischen Union inzwischen über dem der USA liegt: rund 13,24 Billionen US-Dollar für die USA gegenüber 14,53 Billionen US-Dollar für die EU (IWF 2008). Insoweit man die EU als eigenständige Handlungseinheit auffasst, ihr mithin Akteursqualität zuspricht – was etwa im Rahmen der Handelspolitik in der WTO durchaus angemessen ist –, sprechen diese Zahlen gegen eine uneingeschränkte Überlegenheit der USA im wirtschaftlichen Bereich. Jedoch haben die EU-Organe noch deutlich weniger Verfügungsmacht über das BSP der Mitgliedstaaten der EU, als das für die US-Regierung beim amerikanischen BSP der Fall ist.

Die USA gelten immer noch als die treibende Kraft eines Weltwirtschaftsaufschwungs – und umgekehrt als Quelle globaler ökonomischer Risiken im Falle eines Wirtschaftsabschwungs in den USA – auch wenn die weltwirtschaftliche Entwicklung vor allem durch den ökonomischen Aufstieg asiatischer Staaten von den USA unabhängiger geworden ist. Laut der jährlich veröffentlichten Liste „Global 500" des Wirtschaftsmagazins „Fortune" waren im Jahr 2006 153 der 500 größten Unternehmen der Welt in den USA angesiedelt (Fortune Magazine 2008). Andere Industriestaaten sind jeweils mit deutlich weniger Unternehmen in der „Global 500"-Liste vertreten, so etwa Japan mit 64, Frankreich mit 39 und Deutschland mit 37; in Gesamt-Europa (im geographischen Sinne) sind 184 der 500 weltweit größten Unternehmen ansässig. Auch wenn aus einer derartigen Verteilung der größten Unternehmen keine direkte staatliche Verfügungsgewalt über Ressourcen folgt, bietet sie doch Anhaltspunkte für die wirtschaftliche Machtposition eines Staates als Impulsgeber für die weltwirtschaftliche Entwicklung. Die USA stehen auch 2008 an der Spitze der globalen Wettbewerbsrangliste des Weltwirtschaftsforums („Global Competitiveness Index"), bei der z.B. Faktoren wie Arbeitsmarkt-Flexibilität, moderne Infrastruktur und technologische Innovationsfähigkeit gemessen werden. Länder, die häufig als wirtschaftliche Herausforderer gehandelt werden, liegen dahinter: Japan auf Platz 9, China auf Platz 30, Indien auf Platz 50, Russland auf Platz 51 (Porter/ Schwab 2008: 10). Der US Dollar ist ferner nach wie vor die internationale Leitwährung, d.h. die für Transaktionen in globalen Güter- und Kapitalgeschäften am meisten genutzte und von den Zentralbanken bevorzugt für Währungsreserven verwendete Währung. Allerdings ist nicht gesichert, ob bzw. wie lange dies so bleiben wird. Einige Autoren gehen davon aus, dass der Euro den Dollar als Leitwährung bereits in den nächsten zehn Jahren ablösen könnte (Chinn/ Frankel 2008); andere halten diese Prognose jedoch für übertrieben (Posen 2008).

Die Zahl der Patentanmeldungen, ein weiterer Indikator zur Messung der Machtressourcen, ist in den USA bei weitem höher als beim Europäischen Patentamt. Allerdings belegte im Jahr 2004 Japan den ersten Platz mit 425 000 angemeldeten Patenten im Vergleich zu 360 000 in den USA (WIPO 2006). Ein Blick auf das Exportvolumen zeigt zudem, dass die USA 2006 hinter Deutschland als größtem Exporteur von Handelsgütern lagen (vgl. WTO 2007a: 10). Einschränkungen der relativen Machtposition der USA ergeben sich auch aus der Angewiesenheit der USA auf Investoren aus dem Ausland und dem erheblichen Leistungs- und Handelsbilanzdefizit der USA. Insgesamt ist die Machtverteilung auf dem wirtschaftlichen „Schachbrett" somit deutlich ausgeglichener als auf der militärischen Ebene. Joseph Nye argumentiert, dass es auf der wirtschaftlichen Ebene keine Hegemonie der USA gebe, da Europa und Japan in diesem Bereich bereits konkurrenzfähig seien. Nye charakterisiert diese Ebene daher als multipolar (Nye 2002: 39). Andere Autoren sehen auch China, Indien, Russland und Brasilien bereits jetzt oder zumindest in naher Zukunft als weitere Pole auf dieser wirtschaftlichen Ebene (vgl. Schmiegelow/ Schmiegelow 2008). In der Addition der einzelnen Indikatoren und im Sinne einer Analyse des Ist-Zustands erscheint diese Einschätzung jedoch verfrüht: Noch bildet eine nach wie vor gegebene weltwirtschaftliche Überlegenheit ein zusätzliches Fundament der US-Hegemonie. Die ökonomische Vormachtstellung der USA unterliegt jedoch erheblichen Einschränkungen und wird durch die EU, aber auch durch schnell wachsende Volkswirtschaften Asiens herausgefordert. Zudem bleibt abzuwarten, inwiefern die Folgen der Finanzmarktkrise, die 2007 als Hypothekenkrise in den USA ihren Anfang nahm und sich bis dato in den USA besonders stark auswirkte, den relativen wirtschaftlichen Niedergang der USA beschleunigen wird. In vielen Krisen zeigte sich die US-Wirtschaft jedoch auch als reformfähig und in der Lage, aus Rezessionen wieder herauszukommen, auch wenn gegenwärtig angesichts des hohen Haushaltsdefizits und des rapide wachsenden Schuldenbergs der USA die Handlungsspielräume in Zukunft eingeschränkt scheinen (Mildner 2008: 2). Nichtsdestotrotz wird die US-Wirtschaft von einigen Beobachtern auch in Zukunft mit ihrer Fähigkeit zu technologischen und wissenschaftlichen Innovationen als globaler Vorreiter angesehen (Zakaria 2008: 29).

Die globale *Kultur* ist in erheblichem Maße von den USA geprägt. Weiche Machtressourcen wie die US-amerikanischen Grundwerte des Liberalismus, des Individualismus und der Demokratie besitzen eine große Anziehungskraft für andere Länder und Menschen, auch wenn sie in einigen Regionen (z.B. in der arabischen Welt) an Attraktivität verloren haben. Der US-amerikanische Lebensstil wird in vielen Teilen der Welt nachgeahmt oder angestrebt. Dies lässt sich etwa an US-amerikanischen Einflüssen hinsichtlich Sprache, Film, Fernsehen und Konsummuster weltweit ablesen. Über 80% aller Einspielergebnisse an den Kinokassen der Welt werden durch US-amerikanische Filme erzielt (Calließ 2006: 5) und sind immer noch 40-mal höher als die Einnahmen der indischen Filmindustrie, auch wenn die Anzahl der jährlich produzierten „Bollywood-Filme" die der Hollywood-Produktionen inzwischen übersteigt (vgl. Kilpin 2007). Auch in den Wissenschaften sind die USA Vorreiter: So waren seit Ende des Kalten Krieges rund zwei Drittel aller Nobelpreisträger in Chemie, Physik, Wirtschaftswissenschaften und Medizin US-Amerikaner (vgl. Nobelstiftung 2008). Kulturell-ideelle Ressourcen der USA manifestieren sich in vielerlei Hinsicht als Leitbilder, sei es in der Hochschul-Ausbildung internationaler Eliten, in dem Bereich der Popkultur oder beim Massenkonsumverhalten (vgl. Rittberger/ Zelli 2004: 94ff.; Wolf 2004: 63f.). Das heißt mitnichten, dass es keine kulturellen Gegenbewegungen gäbe. Diese sind jedoch in ihrer Verbreitung und globalen Anziehungskraft (zumindest noch) weit unterlegen. Die USA können auch aufgrund ihrer überlegenen Ausstattung mit kulturell-ideellen, weichen Machtressourcen als Hegemonialmacht angesehen werden – auch wenn US-amerikanische Leitideen und Werte in verschiedenen Weltregionen (zuvörderst in der islamischen Welt) mitunter heftig abgelehnt werden.

Transnationale Akteure, insbesondere INGOs und transnationale Unternehmen, von denen häufig angenommen wird, sie würden die hegemoniale Stellung der USA grundsätzlich unterminieren, können zumindest bedingt als weiche Machtressource des Hegemons aufgefasst werden. Vielfach tragen INGOs und transnationale Unternehmen jedoch zur globalen Verbreitung amerikanischer Werte und Leitideen (Pluralismus, Liberalismus, wirtschaftliche Effizienz, Innovation, etc.) bei und übernehmen so eine Hegemonie stützende Funktion, ohne sich absichtlich in den Dienst der US-Regierung zu stellen oder gar von dieser für ihre Zwecke instrumentalisiert zu werden. Diese die weiche Macht der USA stärkende Rolle nichtstaatlicher Akteure beruht mitunter gerade auf der Unterscheidung zwischen dem Staat, der Zivilgesellschaft und den Wirtschaftsunternehmen. Die NGOs, welche aus der US-Zivilgesellschaft hervorgehen, können in bestimmten Problemfeldern (z.B. Umweltschutz, Einhaltung der Menschenrechte) durchaus auch gegen die US-Regierung Position beziehen. Gerade im Pluralismus von Zivilgesellschaft, Unternehmenswirtschaft und Staat kann der Erfolg eines liberalen Hegemons und die globale Attraktivität seiner Ordnungsvorstellungen begründet liegen.

Die Einschränkung ihrer Nutzbarkeit als Machtressource besteht freilich in der fehlenden Möglichkeit direkter Verhaltenssteuerung durch den Hegemon. So attraktiv die Vorstellung von transnationalen Akteuren als Machtressource des Hegemons sein mag – sie bereitet dem auf die Machtverteilung zwischen Staaten abstellenden Polaritätskonzept erhebliche theoretische Schwierigkeiten. Transnationale Akteure können eine weiche Machtressource des Hegemons darstellen – sie lassen sich nicht direkt kontrollieren und einsetzen, sie sind in diesem Sinne kein Werkzeug des Hegemons. Daraus ergibt sich, dass der angenommene Automatismus der Umsetzung von Ressourcen des Hegemons in gewünschte Politikergebnisse ungewiss wird. Transnationale Akteure, die zum Teil über erhebliche eigene ökonomische und/ oder kulturell-ideelle Ressourcen verfügen und sich durch ihre grenzüberschreitenden Tätigkeiten und Organisationsstrukturen einzelstaatlicher Kontrolle oftmals entziehen, fordern die Politiksteuerungskapazitäten des Hegemons und zugleich die Aussagekraft der zwischenstaatlichen Polarität bei der Bestimmung der maßgeblichen Rahmenbedingungen heutiger Weltpolitik grundlegend heraus – darauf wird bei der Diskussion des US-amerikanischen Einflusses auf Politikergebnisse noch vertieft einzugehen sein.

An dieser Stelle ist aus einer machtressourcenorientierter Perspektive das Fazit zu ziehen, dass die derzeitige Machtstruktur des internationalen Systems (noch) unipolar ist, denn die USA verfügen im militärischen, ökonomischen und kulturell-ideellen Bereich immer noch über einen – freilich unterschiedlich ausgeprägten und nach Meinung vieler, gerade amerikanischer Beobachter derzeit erodierenden (vgl. Cox 2007; Layne 2006) – Ressourcenvorsprung, der die Bildung einer den USA überlegenen Gegenmacht gegenwärtig nicht erfolgversprechend erscheinen lässt.

2.3 Reichweite und Grenzen der Politikgestaltungs- und Steuerungsfähigkeiten der USA

Von einer politikergebnisorientierten Perspektive aus betrachtet, werden die Zweifel am Vorliegen und erst recht am Fortbestand der Hegemonie der USA größer. Bezeichnender Weise gehen die meisten Beobachter, die gegenwärtig einen Niedergang der US-amerikanischen Hegemonie und ein Ende der unipolaren Weltordnung konstatieren oder prognostizieren, von einem politikergebnisorientierten, auf die tatsächlichen Politikgestaltungsfähigkeiten der USA abstellenden Machtbegriff aus (vgl. Khanna 2008; Nowak 2008: 8; Schmiegelow/ Schmiegelow 2008: 18).

Zwar erscheint die immer häufiger vorzufindende Einschätzung, die USA verfügten lediglich über destruktive Problembearbeitungsressourcen, mit deren Einsatz sie allenfalls negative (d.h. Unterlassungs-)Steuerungsleistungen erbringen könnten (vgl. Wolf 2004: 80), in dieser pauschalen Form nicht zutreffend. Der Machtvorsprung der USA beruht durchaus auch auf konstruktiven, d.h. strukturbildenden und Leitbild-Ressourcen, die sich in effektive Steuerungs- und Regelungsfähigkeit übersetzen lassen – vor allem dann wenn zugleich ein hinreichendes Maß an Kompromissbereitschaft im Rahmen internationaler Institutionen aufgebracht wird. In ökonomischer Hinsicht waren und sind die USA nicht nur in der Lage, sondern auch aktiv zu Gange, positive Steuerungsleistungen zu erbringen. Dies lässt sich für die Verhandlungen der Uruguay-Welthandels-Runde (1986-1994) nachweisen, die zur Errichtung der Welthandelsorganisation (WTO) führte. Auch die bereits erfolgte Einbindung Chinas in die WTO (2001) kann als von den USA maßgeblich bestimmte weltordnungspolitische Gestaltungsleistung interpretiert werden. Zugleich wird es in einer Welt, in der neben den OECD-Staaten auch aufstrebende asiatische Staaten wie China und Indien ernst zu nehmende Wirtschaftsmächte sind und in internationalen Verhandlungen auch dementsprechend selbstbewusst auftreten, ohne Zweifel schwieriger für die USA, die Weltwirtschaftsordnung in ihrem Sinne zu gestalten. Die Blockade der laufenden Doha-Welthandels-Runde vermochten die USA bisher nicht zu lösen; sie haben sie mitunter gar verfestigt (vgl. Kap. 8). Der Weltfinanzgipfel, zu dem die USA im November 2008 Staats- und Regierungschefs nach Washington DC eingeladen hatten, zeigte exemplarisch, dass die USA nicht in der Lage sein werden, die globale Finanzkrise alleine

Kapitel 2: Wandel der systemischen Rahmenbedingungen der Weltpolitik 59

einzudämmen, sondern auch aufstrebende Mächte wie Brasilien, China und Indien mit einbeziehen müssen (Nass 2008: 1).

Die internationale Staatengemeinschaft ist von US-amerikanischen Steuerungsleistungen insbesondere bei der Bearbeitung sicherheitspolitischer Probleme abhängig. Militärische Interventionen wie etwa die der NATO im ehemaligen Jugoslawien (1999) erscheinen ohne amerikanische Beteiligung oder gar Führung geradezu undenkbar. Auch die effektive Bekämpfung des transnationalen Terrorismus sowie der Weiterverbreitung von Massenvernichtungswaffen ist ohne eine amerikanische Vorreiterrolle nicht zu bewerkstelligen. Die VN-Sicherheitsrats-Resolutionen 1373 (2001), 1540 (2004) und 1673 (2006), in denen der Sicherheitsrat in generell-abstrakter, gesetzähnlicher Weise der Gesamtheit der Staaten weit reichende, über den Einzelfall hinaus gehende Verpflichtungen zur Terrorismusbekämpfung und der Unterbindung der Verbreitung von Massenvernichtungswaffen auferlegt hat, wären ohne US-amerikanische Initiative nicht zustande gekommen (vgl. Kap. 7). Im sicherheitspolitischen Kontext zeigen sich allerdings zugleich deutliche US-amerikanische Schwächen: Weder die Probleme des transnationalen Terrorismus und der Weiterverbreitung von Massenvernichtungswaffen noch die vergleichsweise begrenzte Herausforderung der Errichtung einer stabilen Nachkriegsordnung im Irak sind in absehbarer Zukunft von den USA allein zu bewältigen (vgl. Kap. 7).

Ungeachtet ihrer militärischen, wirtschaftlichen und kulturell-ideellen Vorherrschaft sind die USA bei der Lösung von bedeutenden globalen Problemen vermehrt auf die Unterstützung von anderen Staaten und darüber hinaus von internationalen zwischenstaatlichen Organisationen und von nichtstaatlichen Akteuren angewiesen (Huntington 1999; Schmiegelow/ Schmiegelow 2008: 18). Die Fähigkeit, internationale Probleme alleine zu lösen, ohne von einem anderen Staat oder einer Gruppe von Staaten daran gehindert werden zu können, nimmt in einer zunehmend interdependenten Welt auch für die einzig verbliebene Supermacht ab. Die Grenzen amerikanischer Steuerungsfähigkeit zeigen sich umso deutlicher bei transsouveränen Problemen, die von nichtstaatlichen Akteuren ausgehen. So lässt sich etwa der transnationale Terrorismus effektiv nicht ohne, aber eben auch nicht allein durch die USA bekämpfen. Vielmehr bedarf es internationaler Zusammenarbeit, um zum Beispiel die weit verstreuten Finanzierungsquellen des Terrorismus auszutrocknen. Die hierfür einschlägige Resolution 1373 des VN-Sicherheitsrats ist auf Betreiben der USA zustande gekommen. Ohne deren Umsetzung in nationales Recht und effektive Durchsetzung durch die VN-Mitgliedstaaten würde sie jedoch weitgehend wirkungslos bleiben (vgl. Kap. 7). Ohne die USA, dem größten Produzenten von CO_2, ist ein wirksames globales Klimaregime nicht denkbar. Ebenso wenig dürfen aber die anderen Industrienationen und die aufstrebenden Schwellenländer in einem solchen fehlen, da auch ihre CO_2-Emissionen stark ansteigen (vgl. Kap 8). Auch für das globale Problem des Klimawandels gilt also, dass es nicht ohne den Hegemon, aber auch nicht von ihm alleine gelöst werden kann.

Sowohl in militärischer als auch in ökonomischer Hinsicht erscheinen die US-amerikanischen Steuerungskapazitäten einerseits weltordnungspolitisch unverzichtbar

– eine Lösung zentraler Probleme und eine ausreichende Bereitstellung globaler öffentlicher Güter[21] im Sicherheits- und Wohlfahrtsbereich ohne Beteiligung der USA erscheinen nicht realistisch. Zugleich sind die USA aber auch auf internationale Kooperation zur Erreichung gewünschter Politikergebnisse angewiesen – ein Umstand, den Joseph Nye auf den prägnanten Satz: „Die einzige Supermacht der Welt schafft es nicht alleine" (Nye 2002, Ü.d.V.) gebracht hat.

Dies gilt umso mehr, wenn man über eine Analyse der rein zwischenstaatlichen internationalen Machtverteilung hinausgeht und den Blick auf die Sphäre der transnationalen Beziehungen richtet. Es wurde bereits ausgeführt, dass transnationale Akteure zwar als weiche Machtressource durchaus zur Stützung der hegemonialen Stellung der USA beitragen *können*, aber nicht der direkten Steuerung durch den Hegemon unterstehen. Ein Automatismus der Umsetzung von weichen Machtressourcen in Gestalt von transnationalen Akteuren in vom Hegemon gewünschte Politikergebnisse besteht mangels effektiver Kontrolle nicht. Letztlich entzieht sich diese Sphäre der Beschreibung durch traditionelle Kategorien der Machtverteilung zwischen Staaten. Auf der Ebene der transnationalen Beziehungen von den auf die Analyse zwischenstaatlicher Machtstrukturen zugeschnittenen Konzepten der Unipolarität, Multipolarität oder Hegemonie zu sprechen, ist schon allein aus begrifflichen Gründen problematisch, weil eben nicht nur staatliche Akteure auf dieser Ebene aktiv sind. Zudem verfügen staatliche, selbst hegemoniale Akteure nur bedingt über die Fähigkeit, transsouveräne Problemlagen effektiv zu bearbeiten sowie transnationale Politikprozesse und -ergebnisse in ihrem Sinne zu gestalten. Transsouveräne Probleme, die in erster Linie von grenzüberschreitend agierenden privaten Handlungseinheiten ausgehen (z.B. organisierte Kriminalität, spekulative globale Finanztransaktionen, Klimawandel) liegen jenseits einzelstaatlicher Kontrolle und Regulierung; auch der Hegemon kann ihnen auf sich gestellt nicht Herr werden.

Transnationale politische Akteure wie INGOs und transnationale Unternehmen bilden zunehmend komplexe grenzüberschreitende Netzwerke, die vom Hegemon nicht nach seinen Vorstellungen gesteuert oder gar instrumentalisiert werden können. Vielmehr bündeln transnationale Akteure ihre materiellen und immateriellen Ressourcen (u.a. Finanzkraft, Expertenwissen, Einfluss auf die öffentliche Meinung) und erlangen eigenständige Politikformulierungs- und -implementierungsfähigkeiten (etwa im Rahmen von ökologischen und sozialen Selbstregulierungsinitiativen). Von einer tendenziellen „Machtverschiebung" (Matthews 1997) von Staaten zu nichtstaatlichen Akteuren ist auch der Hegemon USA betroffen. Transnationale Akteure mögen die hegemoniale Stellung der USA indirekt stützen – dies darf aber nicht mit hegemonialer Steuerung durch die US-Regierung verwechselt werden.

---

[21] Öffentliche Güter sind Güter (z.B. öffentliche Parkanlagen oder im politischen Bereich: „Peacekeeping"), von deren Nutzung niemand ausgeschlossen werden kann und die keine Rivalität im Konsum aufweisen, d.h. die Benutzung des Gutes durch einen Akteur hindert andere Akteure nicht daran, das Gut in gleicher Weise in Anspruch zu nehmen (vgl. ausführlich Kap. 6).

Was folgt aus diesen Ausführungen für die Bejahung oder Verneinung der Unipolaritätsthese aus einer politikergebnisorientierten Sichtweise? Insgesamt erscheint aus dieser Sicht die Unipolaritätsthese weniger eindeutig bestätigt als bei einer ausschließlich an der Ressourcenverteilung orientierten Sichtweise. Sollte man daraus die Konsequenz ziehen, von einer Beschreibung des gegenwärtigen internationalen Systems als unipolarem System abzusehen? Will man das Konzept der Polarität als Werkzeug für die Analyse der maßgeblichen makrostrukturellen Rahmenbedingungen der Weltpolitik nicht gänzlich verwerfen, dann stellt sich jedoch sogleich die Frage, welche anderen Großmächte gegenwärtig auch nur annähernd gleich große Politiksteuerungsfähigkeiten wie die USA aufbringen können, um sich als ernst zu nehmender Pol in einer multipolaren Welt zu qualifizieren. Wer am Konzept der Polarität festhalten will, wird mangels ernst zu nehmender Alternativen – bei aller Skepsis hinsichtlich der Problemlösungskapazitäten und -leistungen der USA und trotz der seit einigen Jahren zu beobachtenden Anzeichen für einen Rückgang der Vormachtstellung der USA – nicht an der Charakterisierung des gegenwärtigen internationalen Systems als unipolares System vorbei kommen. Zugespitzt formuliert: Die grundlegende Frage ist nicht nur, ob die Stellung der USA als Hegemon in einem unipolaren System bereits überwunden ist – die Antwort darauf fällt gegenwärtig zumindest angesichts des Mangels auch militärisch konkurrenzfähiger Großmächte (noch) negativ aus. Der entscheidende Punkt ist vielmehr, wie viel Gewicht dem Polaritätskonzept bei der Bestimmung der Rahmenbedingungen der Weltpolitik heute noch beigemessen werden kann. Grundsätzlich scheint es abwegig zu argumentieren, die zwischenstaatliche Machtverteilung im internationalen System spiele keine Rolle mehr als eine der maßgeblichen Rahmenbedingungen von weltpolitischen Interaktionsprozessen. Dennoch verlieren Aussagen über die Polarität des (zwischenstaatlichen) internationalen Systems angesichts des Bedeutungsgewinns transnationaler Akteure und der Entstehung und Verschärfung transsouveräner, d.h. einzelne Staaten überfordernder Probleme relativ an Bedeutung. In dem Maße, in dem die transnationalen Beziehungen im Vergleich zu den zwischenstaatlichen Beziehungen an Bedeutung gewinnen, verliert das Konzept der Polarität des internationalen Systems an Aussagekraft für die Charakterisierung der Rahmenbedingungen der Weltpolitik.

2.4 Dauerhaftigkeit und Folgen einer unipolaren Weltordnung: Theoretische Erwartungen und empirische Befunde

In diesem Kapitel wurden unterschiedliche Konzeptualisierungen von Macht und Machtstrukturen im internationalen System eingeführt und auf dieser Grundlage eine differenzierte Diagnose der aktuellen machtpolitischen Konstellation gestellt. Daraus ergibt sich die Frage, wie dauerhaft eine unipolare Weltordnung sein kann. Die Beantwortung dieser Frage erfordert eine Untersuchung des Verhältnisses zwischen der Machtstruktur und der (In-) Stabilität des internationalen Systems.

Aus neorealistischer Perspektive ist eine unipolare Machtstruktur friedensförderlicher als eine bipolare Struktur, und ein bipolares System ist weniger kriegsanfällig als ein multipolares System. Ebenso kommt Kooperation in einem unipolar strukturierten System leichter zustande als in einem bipolaren System, und dieses ist wiederum kooperationsfreundlicher als ein multipolares System. Multipolare Systeme gelten zumindest aus neuerer neorealistischer Sicht als besonders instabil (Mearsheimer 1990; vgl. im Gegensatz dazu die Argumentation von Deutsch/ Singer 1964). Aus dieser freilich alles andere als unumstrittenen Sicht wäre eine Verlängerung des „unipolaren Moments" (Krauthammer 1990) durchaus erstrebenswert.

Verfechter der Unipolaritätsthese, wie beispielsweise Wohlforth (1999; vgl. auch Mastanduno/ Kapstein 1999; Mowle/ Sacko 2007), argumentieren wie folgt: Wenn ein Staat einen (immer noch) großen Machtvorsprung hat wie derzeit die USA, folgt daraus, dass Rivalitäten um die Vorherrschaft im internationalen System ausbleiben. Zusätzlich werden Rivalitäten zwischen den anderen Mächten minimiert. Durch das Fehlen dieser Rivalitäten ist die Struktur des Systems stabil. Allerdings bringt eine solche herausragende Macht ein hohes Maß an politischer Verantwortung für den Machtinhaber hinsichtlich problemlösungseffektiver und (leidlich) legitimer Steuerung mit sich. Je effektiver und verlässlicher die USA diese Verantwortung wahrnehmen, desto dauerhafter und friedlicher ist das System.

Andere Autoren wie etwa Christopher Layne (1993, 2006) und Kenneth Waltz (1979, 2000) betrachten dagegen ein unipolares internationales System als weitaus instabiler als ein bipolares System: Ein unipolares System kann nicht auf Dauer angelegt sein, da über kurz oder lang Staaten dazu tendieren, ein Machtungleichgewicht durch Gegenmachtbildung („balancing") auszugleichen (Machtgleichgewichtstheorie, „balance of power theory"). Der Grund dafür ist, dass die nicht-hegemonialen Staaten in der Existenz eines Hegemons stets eine Bedrohung ihrer Sicherheit und Autonomie erblicken. Dieser Theorie folgend werden Versuche der Gegenmachtbildung – sei es in Gestalt von interner Gegenmachtbildung, d.h. Aufrüstung der Herausforderer, oder externer Gegenmachtbildung, d.h. Bildung von Allianzen durch nicht-hegemoniale Staaten – in einer relativ kurzen Zeitspanne zum Erfolg führen. Die gemeinsame Bedrohung durch einen übermächtigen Hegemon zieht insbesondere die Bildung einer gegen den Hegemon gerichteten Allianz von Staaten nach sich, die um ihre Autonomie und ihren Einfluss besorgt sind.

Der Hegemon seinerseits übernimmt sich zwangsläufig und unterminiert durch Überdehnung seiner Ressourcen („overstretching") die Basis seiner überlegenen Machtposition: Die Kosten, die ein Staat zu tragen hat, der in der anarchischen Umwelt eine hegemoniale Stellung bewahren will, sind auf Dauer zu hoch. Die unterschiedlichen Wachstumsraten der Machtressourcen von Staaten – einige Staaten gewinnen an Macht, während andere Staaten, insbesondere der überlastete Hegemon, Machtressourcen einbüßen – führen zu einer Umverteilung der Macht im internationalen System

Kapitel 2: Wandel der systemischen Rahmenbedingungen der Weltpolitik 63

(Gilpin 1981: 13; Layne 1993: 10f.). Nicht-hegemoniale Staaten ziehen Nutzen aus der Diffusion der ökonomischen, technologischen und organisatorischen Fähigkeiten des Hegemons – mit der Folge dass die nicht-hegemonialen Staaten aufholen und der Hegemon seinen Machtvorsprung verliert (Layne 1993: 13; vgl. auch Gilpin 1981: 156-210). Layne (1993: 11) argumentiert daher, dass ein unipolares System höchstwahrscheinlich nicht von Dauer sein wird, da zwangsläufig neue Großmächte aufsteigen, wenn das ungleiche Wachstum der Ressourcen des mehr und mehr überlasteten Hegemons und der potenziellen Herausforderer den Abstand zwischen Hegemon und den aufstrebenden Staaten reduziert. Das Auftauchen von neuen Herausforderern lässt sich dieser Sichtweise zufolge auch durch präventive Strategien des Hegemons nicht verhindern, da der Mechanismus der Gegenmachtbildung strukturell im internationalen System angelegt ist. Demnach wäre der Anfang der 1990er Jahre eingetretene unipolare Moment nur ein Zwischenspiel, das zwischen 2000 und 2010 einer neuen Ordnung Platz machen würde (ebd.: 7).

Während des Kalten Krieges wurde dieser Argumentationslinie folgend die Dauerhaftigkeit eines unipolaren Systems als höchst unwahrscheinlich angesehen. In den 1990er Jahren gab es aber auch Stimmen innerhalb des neorealistischen Lagers, die eine Verstetigung des unipolaren Moments prognostizierten (Kapstein 1999; Mastanduno 1999). Dies lag auch daran, dass trotz gelegentlicher Multipolaritätsrhetorik im politischen Diskurs effektive Gegenmachtbildungen in der neueren Staatenpraxis selten waren. Dies gilt gerade für den oft genannten potenziellen Gegenpol EU ungeachtet der Unklarheit über die Akteursqualität der EU (Rittberger/ Zelli 2004: 103ff.). Im Kernbereich des internationalen Systems findet kaum eine – oder jedenfalls kaum eine als solche deutlich erkennbare – Gegenmachtbildung gegen die USA statt. Auch die Interpretation des Aufstiegs Chinas als Form der Gegenmachtbildung gegen die USA ist zwar denkbar, aber nicht zwingend (s.u.). Anders als Autoren wie Layne und Waltz, die davon ausgehen, dass die unipolare Machtkonstellation aufgrund von zwangsläufig einsetzenden Gegenmachtbildungs-Prozessen bald von einem multipolaren oder bipolaren System abgelöst werde, halten Beobachter wie z.B. Mastanduno, Kapstein oder Wohlforth die Verstetigung des unipolaren Moments für durchaus wahrscheinlich. Ihrer Meinung nach ist der amerikanische Machtvorsprung und der Wille, ihn aufrecht zu erhalten, so groß, dass sich der unipolare Moment zu einem unipolaren Dauerzustand ausdehnen könnte.

Dabei wird häufig auf die Theorie des Bedrohungsgleichgewichts („balance of threat theory") (Walt 1987) zurück gegriffen, welche auf die Bedeutung der *Perzeption* der überlegenen Macht durch die anderen Staaten für das Auftreten oder das Ausbleiben von „balancing"-Prozessen gegen diese Hegemonialmacht hinweist. Demnach bilden nicht-hegemoniale Staaten Allianzen nur gegen einen solchen Hegemon, den sie als übermächtig und *tatsächlich bedrohlich* für ihre Autonomie, Sicherheit und Wohlfahrt *wahrnehmen*. Wenn also die Entscheidung anderer Staaten zur Gegenmachtbildung dieser Theorie zufolge auch davon abhängt, wie sich der Hegemon ihnen gegenüber verhält, also wie wohlwollend oder bedrohlich er auftritt, so geht ein unipolares System nicht zwangsläufig schnell in ein multipolares über. Dem Hegemon stehen verschiedene Verhaltensweisen zur Auswahl, mit denen er in Gestalt eines liberalen wohlwollenden („benevolent") Hegemons eine Gefährdung oder gar den Verlust seiner Vormachtstellung durch beruhigende und Vertrauen erweckende Selbstbindungsmaßnahmen abwenden kann. Ein wohlwollender Hegemon ist in der Lage, eine Gegenmachtbildung zu verhindern, indem er öffentliche Güter (z.B. Sicherheit, eine stabile liberale Welthandelsordnung) zur Verfügung stellt, von denen alle Staaten oder doch sehr viele profitieren, so dass diese ein Interesse am Fortbestand der hegemonialen Weltordnung entwickeln. Ein wohlwollender Hegemon errichtet und garantiert im eigenen Interesse, aber auch zum Vorteil der anderen Staaten, eine stabile Ordnung, die von schwächeren Staaten ohne Ausübung von Zwang durch den Hegemon mitgetragen wird (vgl. Kap. 6). Ein Zwang ausübender Hegemon („coercive hegemon"), der institutionelle Selbstbindung im multilateralen Rahmen ablehnt und Folgebereitschaft primär durch (auch militärischen) Zwang anstatt durch die Gewährung von Vorteilen zu erzeugen sucht, erregt demgegenüber das Mißtrauen und den Unmut der nicht-hegemonialen Staaten und wird sich daher schnell einer Gegenmachtbildung ausgesetzt sehen (vgl. Snidal 1985).

Gemäß der Theorie des Bedrohungsgleichgewichts hängt es also vom Stil und den Inhalten der US-Außenpolitik ab, ob sich andere Staaten veranlasst sehen, eine Ablösung der USA an der Spitze der internationalen Machtpyramide zu betreiben – ein strukturdeterminierter Automatismus der Gegenmachtbildung besteht entgegen der Annahmen der Machtgleichgewichtstheorie nicht. Diese Sichtweise betrachtet eine Verstetigung des unipolaren Moments als zwar nicht gesichert, aber doch erreichbar. Ob die USA in der Lage sein werden, diese Option durch eine umsichtige Außenpolitik im Sinne eines wohlwollenden, liberalen Hegemons zu nutzen, steht freilich auf einem anderen Blatt. Dies muss sich in der Empirie ebenso erweisen wie die Frage der allgemeinen Gültigkeit der Theorie des Bedrohungsgleichgewichts. Es scheint aber nach der stark unilateral orientierten Außenpolitik der US-Präsidentschaft George W. Bushs mit der Wahl des neuen Präsidenten Barack Obama ein Umdenken in Richtung einer stärker multilateral geprägten Außenpolitik eingesetzt zu haben. Barack Obama zeigte schon während des Wahlkampfes eine deutliche Präferenz für die Wiederbelebung der internationalen Führungsrolle der USA im Sinne eines wohlwollenden Hegemons (Rudolf 2008: 2). Der Anspruch der USA als Garant der internationalen Stabilität und unentbehrliche Ordnungsmacht steht dabei nicht infrage; Obama zeigte aber deutlich die Absicht, die Einbindung anderer Staaten in multilaterale Institutionen voranzutreiben, auch um einen Teil der mit der amerikanischen Führungsrolle verbundenen Kosten breiter zu verteilen. Das Verhältnis zwischen den USA, Europa und und aufstrebenden insbesondere asiatischen Mächten soll in Zukunft stärker durch gegenseitigen Respekt aber auch durch eine ausgeglichenere Lastenverteilung etwa bei der Bearbeitung der Probleme in Afghanistan, beim transnationalen Terrorismus oder beim Klimawandel geprägt sein (Rudolf 2008: 4).

Kapitel 2: Wandel der systemischen Rahmenbedingungen der Weltpolitik

> ***Machtgleichgewichtstheorie***: Ein unipolares System ist nicht von Dauer, da es schnell zur Gegenmachtbildung gegen den Hegemon durch internes *balancing*, d.h. Aufrüstung der Herausforderer, oder durch externes *balancing*, d.h. Bildung von Allianzen durch nicht-hegemoniale Staaten kommt. Außerdem gefährdet der Hegemon seinerseits seine Machtstellung durch Überbeanspruchung seiner Machtressourcen (*overstretch*) (vgl. Layne 1993, Waltz 2000).
>
> ***Theorie des Bedrohungsgleichgewichts***: Die Dauerhaftigkeit eines unipolaren Systems ist (auch) abhängig von der Qualität der Außenpolitik des Hegemons. *Gegenmachtbildung* gegen einen Hegemon wird von anderen Staaten nur betrieben, wenn sie ihn als tatsächlich bedrohlich für ihre Sicherheit oder Wohlfahrt wahrnehmen. Ein wohlwollender (*benevolent*) Hegemon kann durch Selbstbindungsmaßnahmen und die Bereitstellung öffentlicher Güter auch langfristig eine unipolare Weltordnung aufrecht erhalten (vgl. Walt 1987).

Abb. 2.4: Machtgleichgewichtstheorie und Theorie des Bedrohungsgleichgewichts

3 Auf dem Weg in die „Neue Bipolarität"? Machtstrukturelle Implikationen des Aufstiegs Chinas

3.1 Indikatoren für den Aufstieg Chinas

Nach der Analyse des machtstrukturellen Ist-Zustands der Unipolarität und den Überlegungen zu dessen Dauerhaftigkeit soll nun der Blick auf ein alternatives Zukunftsszenario gerichtet werden, das vor allem in den USA, aber auch in Europa und Asien seit gut einem Jahrzehnt intensiv diskutiert wird (Rudolf 2006: 5). Dieses Szenario sieht in dem raschen wirtschaftlichen, aber auch militärischen Aufstieg Chinas die Möglichkeit der Entstehung einer neuen Bipolarität (Kagan 2008), eines „Duell[s] der Giganten" (Hornig/ Wagner 2005), in dem die USA und China als „globale Rivalen" auftreten könnten (Sandschneider 2007).

Eine Repräsentativbefragung in neun Ländern (darunter die USA, China, Russland und Deutschland) ergab hinsichtlich der Frage, welche Staaten heute und künftig in der globalen Politik einen Weltmachtstatus einnehmen, aufschlussreiche Ergebnisse (Bertelsmann Stiftung 2006: 13-17). Die USA werden heute unangefochten als Weltmacht angesehen (81% der Befragten), mit deutlichem Abstand gefolgt von China (45%). Für das Jahr 2020 gehen die Befragten aber davon aus, dass die USA diese Sonderstellung verloren haben werden. Mit China erwächst ihnen aus Sicht der Befragten ein ebenbürtiger Partner – oder Rivale. Interessant ist auch das Selbstbewusstsein und die Zukunftserwartung eigener Stärke in China. In China sind 71% der Befragten der Auffassung, dass China 2020 als Weltmacht gelten wird. Die US-amerikanischen Befragten schätzen demgegenüber die künftige Rolle ihres Landes skeptischer ein.

Es ist nicht zu bestreiten, dass Wahrnehmungen das Verhalten von Akteuren prägen.[22] Um sozialwissenschaftlich fundierte Aussagen zur weit verbreiteten Einschätzung, China werde oder sei bereits eine neue Supermacht (vgl. Mahtaney 2007: 82; Ruloff 2006), formulieren zu können, ist nichtsdestotrotz zu überprüfen, ob diese Wahrnehmungen durch aussagekräftige und messbare Indikatoren gestützt werden können. In diesem Zusammenhang gilt es nun, die wirtschaftlichen, militärischen und kulturell-ideellen Machtressourcen Chinas im Vergleich zu den USA zu analysieren, um zu entscheiden, ob China als ernsthafter Herausforderer der US-Hegemonie gelten kann.

Zunächst ist festzustellen, dass die *wirtschaftliche* Entwicklung Chinas beeindruckend ist: Stabile Wachstumsraten von durchschnittlich 10% haben in den letzten Jahren einen rasanten chinesischen Aufholprozess ausgelöst. Mit einem Bruttoinlandsprodukt von 3,28 Billionen US-Dollar lag China (im Jahr 2007) nur noch knapp hinter Deutschland (3,32 Billionen), was seine bemerkenswerte wirtschaftliche Macht unterstreicht und zudem auf ein bedeutendes Potenzial für die Zukunft hindeutet (IMF 2008). Allerdings werden die USA mit einem derzeitigen BIP von 13,24 Billionen US-Dolllar auch in den nächsten Jahren noch vorne liegen (vgl. Keidel 2008: 5). China steht inzwischen nach den USA und Deutschland auf Platz drei beim weltweiten Exportvolumen. Das Exportvolumen Chinas machte im Jahr 2006 etwa 8,2% des Welthandels aus (WTO 2007a: 12).

Misst man das BIP pro Kopf, so liegt China bei einer Bevölkerungszahl von fast 1,3 Milliarden Einwohnern mit rund 2000 US-Dollar pro Kopf immer noch auf gleicher Höhe mit Entwicklungsländern wie Guatemala oder Marokko (IWF 2008). Diese Tatsache rückt das mitunter verzerrte Bild von Chinas außerordentlichem wirtschaftlichem Bedeutungszuwachs wieder ein wenig zurecht. Es ist auch nicht auszuschließen, dass mittelfristig das chinesische Wachstum abflachen wird. So war vor der Weltwirtschafts- und -finanzkrise des Öfteren von einer möglichen „Überhitzung" der chinesischen Ökonomie die Rede (Schrörs/ Yeh 2007). Auch andere Entwicklungsrisiken wie soziale Unruhen oder Migrationsströme können auftreten, wenn das erhebliche Wohlstandgefälle innerhalb des Landes bestehen bleibt oder sich gar noch weiter verstärkt (Hilpert et al. 2005: 12ff). Ebenso bleibt unsicher, ob die wirtschaftliche Liberalisierung bei gleichzeitiger Aufrechterhaltung der Einparteienherrschaft und der Vorenthaltung bürgerlicher und politischer Rechte fortgeführt werden kann.

Chinas globaler wirtschaftlicher Stellenwert wird gegenwärtig unter anderem bei der Konkurrenz um knappe Energieressourcen wie Erdöl und Erdgas deutlich (vgl. Gu/ Mayer 2007: 59ff.). Um Chinas anhaltendes Wirtschaftswachstum zu sichern, benö-

---

[22] Diese Aussage wurde in der Sozialpsychologie unter der Bezeichnung des Thomas-Theorems bekannt: „If men define situations as real, they are real in their consequences" (Thomas/ Swaine 1928: 572). Übertragen auf die Frage nach der Polarität des internationalen Systems würde dies bedeuten, dass, sofern alle (oder nahezu alle) Akteure das internationale System als z.B. unipolar wahrnehmen, es auch unipolar ist.

tigt China eine kontinuierliche Versorgung mit Rohstoffen und Energieträgern. Wenn China seinen steigenden Energiebedarf nicht zu decken vermag, wird dies das langfristige Wachstum hemmen. Daher versucht die Volksrepublik, durch „strategische Energieallianzen" (Kreft 2006: 98) mit Russland, Kanada, afrikanischen und lateinamerikanischen Staaten den eigenen Zugang zu Energieressourcen zu sichern, die dann direkt nach China geliefert werden. Dies hat wiederum ein Konkurrenzverhältnis zwischen den USA und China – aber auch zwischen China und anderen regionalen Mächten, wie z.B. Japan – bei der Rohstoff- und Energieversorgung zur Folge (Stanzel 2008: 255). Besonders in Fällen, in denen China Vereinbarungen mit so genannten Problemstaaten trifft, wie Iran, Sudan oder Venezuela, verlieren die USA offensichtlich an Einfluss (vgl. Steinhilber 2006: 80ff.).

Der Blick auf die *militärischen* Machtressourcen zeigt in den letzten Jahrzehnten eine fortschreitende Modernisierung der chinesischen Streitkräfte (vgl. Langton 2007: 332ff). Diese Modernisierung zielt unter anderem auf den Ausbau maritimer Fähigkeiten als um die Seewege chinesischer Öltanker zu schützen – was von der Seemacht USA nicht ohne Misstrauen beobachtet wird. 80 Prozent seiner Importe bezieht China durch die Straße von Malakka. Um diese strategische Wasserstraße zu sichern, modernisiert China seine Marine und Luftwaffe (Möller 2006: 19ff). Neben der Sicherung der Rohstoffversorgung spielt bei der Modernisierung des chinesischen Militärs die Taiwanfrage eine nicht zu unterschätzende Rolle. China hat bis zu 750 Kurzstreckenraketen und 375.000 Soldaten in der Küstenregion gegenüber Taiwan stationiert, was für die USA als Garant der Selbständigkeit Taiwans eine Herausforderung darstellt (Rabe 2006). Der Durchbruch zur modernen Militärmacht steht jedoch noch aus, denn bisher konnte China technologisch mit den USA nicht gleich ziehen (Carter/ Bulkeley 2007: 51). Auch bei Betrachtung der Militärausgaben wird deutlich, dass China in der Ressourcenausstattung bei weitem nicht den USA ebenbürtig ist. Schätzungen des Stockholmer Internationalen Friedensforschungsinstituts (SIPRI) zufolge lagen Chinas Militärausgaben im Jahr 2007 bei umgerechnet 66 Milliarden US Dollar. Sie wiesen damit eine 3,5-fache Steigerung gegenüber 1998 auf (SIPRI 2008: 222).[23] Auch wenn manche Experten vermuten, dass die tatsächlichen Ausgaben Chinas für Verteidigung höher liegen, können sie dennoch nicht viel mehr als ein Zehntel des US-amerikanischen Verteidigungsbudgets ausmachen. Wie bereits angesprochen, lässt sich die tatsächliche Kapazität der chinesischen Streitkräfte nicht allein an der Anzahl der Soldaten messen, obwohl die chinesische Armee mit über 2,2 Millionen Soldaten die größte der Welt ist. Über das Nuklearwaffenarsenal und die dazugehörigen Trägerraketensysteme Chinas gibt es kaum verlässliche Angaben; die Zahlen sind jedoch gegenüber denen der USA nach wie vor deutlich niedriger – und die technische Qualität ist als geringer einzustu-

---

[23] SIPRI geht ferner davon aus, dass die Erhöhung der Verteidigungsausgaben drei Zwecken dient: 1) der Finanzierung von Lohnerhöhungen für das militärische Personal, 2) der langfristigen Transformation der Volksbefreiungsarmee in technologisch hochentwickelte Streitkräfte und 3) dem Ausbau militärischer Kapazitäten für einen möglichen Krieg gegen Taiwan (SIPRI 2008: 195f.).

fen. Allerdings ist China gegenwärtig die einzige offizielle Nuklearmacht, die eine intensive Aufrüstung und Modernisierung ihrer Sprengköpfe und Trägersysteme betreibt (Norris/ Kirstensen 2008a: 42). Aber aufgrund der sehr ungleichen Ressourcenverteilung kann China trotz der Modernisierungsbemühungen gegenwärtig kaum als ernsthafter militärischer Rivale der USA gelten.

Zurückhaltend müssen auch die Aussagen über den Aufstieg Chinas gemessen an *kulturell-ideellen* Ressourcen ausfallen. Es ist nicht erkennbar, dass China ein global attraktives kulturell-ideelles Modell bereit hält, das in absehbarer Zeit mit dem weltweiten kulturellen Einfluss der USA konkurrieren kann. Für den asiatischen Raum könnte der Konfuzianismus mit seinen Werten wie Disziplin, Loyalität, Familiensinn und Harmonie eine gewisse Attraktivität besitzen oder diese entwickeln, aber zumindest in westlichen Ländern erscheint es unwahrscheinlich, dass dieses Wertesystem sich verbreiten wird. Insbesondere das unfreie politische System Chinas schmälert dessen kulturelle Anziehungskraft und damit die Aussichten Chinas, als Führungsmacht Anerkennung zu finden. Allerdings ist nicht auszuschließen, dass die chinesische Verbindung von autoritärem politischem System und Marktwirtschaft in Ländern außerhalb der westlichen Welt als attraktives Gesellschaftsmodell wahrgenommen wird (vgl. Nye 2005). Für mehrere Nachbarländer Chinas (z.B. Laos, Vietnam) und einige ehemalige Sowjetrepubliken dient Chinas ökonomisches und politisches Modell bereits stärker als Orientierung als etwa die Politikempfehlungen des IWF (Gill/ Huang 2006: 20). China hat jedoch bisher bei weitem nicht die Kapazitäten, seine Kultur – abgesehen vom Aufbau einiger Konfuzius-Institute in Drittländern – auf die Weise zu verbreiten wie die USA dies durch ihre Filmindustrie, ihre international renommierten Eliteuniversitäten oder ihre Markenprodukte in der Lage sind. China baut seine kulturelle Attraktivität zwar aus (vgl. Müller-Hofstede 2007: 330), wie sich u.a. an der wachsenden Nachfrage nach chinesischem Sprachunterricht und den Zahlen ausländischer Studierender an chinesischen Universitäten messen lässt (Gill/ Huang 2006: 18). China ist jedoch gegenwärtig noch weit davon entfernt, den USA im Bereich der kulturell-ideellen Ressourcen den Rang abzulaufen.

Bei der Ausstattung mit Machtressourcen ist China also den USA noch unterlegen. Nach neorealistischer Auffassung ist es ohne große Ressourcenausstattung auch unwahrscheinlich, dass ein Staat die von ihm angestrebten Politikergebnisse erzielen kann. In der Tat sind die von China angestrebten und erreichten internationalen Steuerungsleistungen nicht vergleichbar mit denen der USA. Dennoch lässt sich beobachten, dass China in den letzten Jahren verstärkt Bereitschaft gezeigt hat, Verantwortung für politische Stabilität zumindest auf regionaler Ebene im asiatisch-pazifischen Raum zu übernehmen. Dies zeigt sich einmal an dem verstärkten chinesischen Engagement für die Errichtung multilateraler Foren, wie bei den von China einberufenen Sechsparteien-Gesprächen über Nordkoreas Kernwaffenprogramm[24] oder Chinas Anstoß zur Grün-

---

[24] An den (erstmals 2003 abgehaltenen) Sechsparteien-Gesprächen über Nordkoreas Kernwaffenprogramm nahmen Nordkorea, China, Japan, Russland, Südkorea und die USA teil.

Kapitel 2: Wandel der systemischen Rahmenbedingungen der Weltpolitik   69

dung der Shanghaier Organisation für Zusammenarbeit[25]. China bemüht sich außerdem um die Errichtung einer Freihandelszone gemeinsam mit den Staaten der Vereinigung südostasiatischer Staaten („Association of South East Asian Nations", ASEAN) und beteiligt sich daher aktiv an den Konferenzen der ASEAN+3[26] und dem Ostasiengipfel[27] (Gill/ Huang 2006: 22). Auf der anderen Seite muss jedoch einschränkend erwähnt werden, dass die USA weiterhin ein zentraler, wenn auch längst nicht mehr der einzig maßgebliche Akteur in der asiatisch-pazifischen Region bleiben (vgl. Doyle 2007). In Südostasien sind die USA ein wesentlicher Partner der Regierungen bei der militärischen Bekämpfung des islamistischen Terrorismus. Außerdem fördern US-amerikanische Firmen Investitionen und Arbeitsplätze in der Region in einem Maße, wie es chinesische bisher nicht vermögen (Lee 2005: 78).

China hat zu Beginn des neuen Jahrtausends seine ablehnende Haltung gegenüber internationalen VN-Friedensmissionen aufgegeben und entsendet inzwischen eigene Truppen (Gill 2008: 280; Nye 2005). Dies ist allerdings kaum ein aussagekräftiger Indikator für eine erhöhte Steuerungsfähigkeit, denn in der Regel stellen gerade Entwicklungsländer zahlenmäßig größere Kontingente von Soldaten als beispielsweise die USA oder die EU-Staaten, ohne dass ihnen deswegen internationale Politikgestaltungsmacht zugeschrieben werden könnte. Das Engagement Chinas in VN-Friedensmissionen zeigt aber, dass China sich der Verantwortung für die Sicherung des Friedens auf internationaler Ebene nicht mehr gänzlich entzieht. China hat zudem aktiv daran gearbeitet, seine Territorialkonflikte mit Nachbarstaaten beizulegen. In vielen Fällen ist China heute nicht mehr Empfänger, sondern Geber von Entwicklungs- und Nothilfe, etwa für den Wiederaufbau in Afghanistan, nach dem Tsunami im indischen Ozean 2004 oder gar für die amerikanischen Opfern des Hurrikan Katrina 2005 (Gill/ Huang 2006: 23)

Durch den wachsenden weltwirtschaftlichen Stellenwert Chinas können inzwischen globale Probleme nicht mehr ohne Chinas konstruktive Teilnahme gelöst werden (Lee 2005: 72). Ohne China, das weltweit den zweithöchsten CO_2-Ausstoß nach den USA aufweist, wird eine wirksame Bekämpfung des Klimawandels nicht möglich sein. China unterliegt allerdings derzeit noch keinerlei Beschränkungen durch das Kyoto-Protokoll und zeigt auch wenig Interesse daran, seine Wachstumsziele der kollektiven Bearbeitung von globalen Umweltproblemen unterzuordnen.

---

[25] Zur 2001 gegründeten Shanghaier Organisation für Zusammenarbeit (SCO) gehören die VR China, Kasachstan, Kirgisistan, Russische Föderation, Tadschikistan und Usbekistan. 2004/2005 wurden die Mongolei, Indien, Iran und Pakistan als Beobachter aufgenommen. Thematische Schwerpunkte der SCO sind die sicherheitspolitische Zusammenarbeit in den Grenzregionen der Mitgliedsstaaten aber auch Wirtschafts- und Handelsfragen und das Thema Energiesicherheit.
[26] ASEAN+3 sind seit 1997 regelmäßig stattfindende Konferenzen zwischen den zehn ASEAN-Staaten sowie Südkorea, Japan und der Volksrepublik China über Möglichkeiten der wirtschaftlichen und sicherheitspolitischen Zusammenarbeit.
[27] Am Ostasiengipfel (erstmals 2005) nehmen neben den Staaten der ASEAN+3 auch Australien, Neuseeland und Indien teil.

China baut also seine Ausstattung mit Machtressourcen gegenwärtig erheblich aus – vor allem im wirtschaftlichen Bereich – und könnte damit zu einem neuen „Pol" im internationalen System werden. Die militärischen und kulturell-ideellen Ressourcen Chinas sind jedoch bisher nicht vergleichbar mit den Kapazitäten der USA. Hinsichtlich ihres globalen Einflusses auf Politikergebnisse ist die chinesische Macht noch unterentwickelt. Die Volksrepublik zeigt durch ihre aktive Asienpolitik ordnungspolitische Bemühungen zur Sicherung regionaler Stabilität. Um als weltpolitische Führungsmacht anerkannt zu werden, müsste China jedoch auf internationaler Ebene noch mehr Verantwortung für globale Sicherheit und Wohlfahrt übernehmen. Es zeigt sich aber, dass China zunehmend bereit und willens ist, eine wichtige weltpolitische Rolle zu spielen. So trat China in der Weltwirtschafts- und -finanzkrise (2008/09) als der größte Gläubiger der hochverschuldeten USA auf und wird in Zukunft stärkere Einflussmöglichkeiten in internationalen Wirtschafts- und Finanzorganisationen wie dem IWF einfordern (vgl. Keidel 2008; Nass 2008: 1; Faigle 2008). Durch seine zwei Billionen US-Dollar Devisenreserven ist China zum ernstzunehmenden währungspolitischen Spieler geworden. Noch rüttelt das Regime in Peking nicht am finanzpolitischen und geopolitischen Status quo, von dem es selbst erheblich profitiert hat. Auch in Zukunft wird es auf Exporte und damit auf die Käufer im Westen angewiesen sein. Zudem ist China der größte Gläubiger der USA und somit an einem stabilen und leistungsfähigen US-Finanzsystem interessiert (Faigle 2008).

3.2 Ausblick: Neuer Kalter Krieg oder Einbindung Chinas?

Wie ist nun der Aufstieg Chinas im Hinblick auf die zukünftigen machtstrukturellen Entwicklungen des internationalen Systems zu bewerten? Wächst mit China eine neue Weltmacht heran, die den Hegemon USA zukünftig auch tatsächlich herausfordern wird? Wird das internationale System von einer neuen Bipolarität geprägt sein, in der die USA und China miteinander konkurrieren? Oder wird es den USA gelingen, ihren Führungsanspruch aufrecht zu erhalten und China als Kooperationspartner in die bestehende Weltordnung einzubinden?

Legt man die Betrachtungsweise des Neorealismus zugrunde, nach der Staaten nach Sicherheit in einer anarchischen Umwelt streben (vgl. Kap. 1), ist ein sino-amerikanischer Hegemonialkonflikt zumindest in Asien unausweichlich. Je nach weiterer Entwicklung Chinas könnte die Konkurrenz auch globale Ausmaße annehmen (Rudolf 2006: 7). Robert Kaplan prognostiziert einen „zweiten Kalten Krieg" mit geographischem Schwerpunkt nicht in Europa, sondern im asiatisch-pazifischen Raum (Kaplan 2005: 49). Besonderes Konfliktpotenzial zwischen den USA und China hat die Statusfrage Taiwans. Für den Fall, dass Taiwan formell seine Sezession von der Volksrepublik China erklären sollte, hat diese 2005 ein Anti-Abspaltungsgesetz erlassen, das es der Volksrepublik erlaubt, die Insel notfalls mit Gewalt an sich zu binden. In diesem

Fall wäre die amerikanische Regierung gezwungen zu reagieren, denn aufgrund des „Taiwan-Relations-Act" von 1979 gilt ein militärischer Übergriff Chinas als Bedrohung der Sicherheit des gesamten pazifischen Raums und muss von den USA als Angelegenheit, die zu ernster Besorgnis Anlass gibt („matter of serious concern"), gesehen werden.

Vor historischen Vergleichen des Aufstiegs Chinas mit der Sowjetunion während des Kalten Krieges oder mit dem Aufstieg Deutschlands vor 1914 und dem daraus folgenden Ersten Weltkrieg ist jedoch zu warnen. Ein „zweiter Kalter Krieg" zeichnet sich bisher nicht ab, denn das heutige China zeigt kein territorial-expansives oder auf Verbreitung einer Ideologie gestütztes Sicherheitsstreben. China scheint eine Konfrontation mit den USA vermeiden und vielmehr den innerstaatlichen sozioökonomischen Modernisierungs- und Entwicklungsprozess weitgehend ungestört von externen Einflüssen fortsetzen zu wollen (Wacker 2006a: 64, Gill/ Huang 2006: 21). China hat derzeit auch kein Interesse an einem Rüstungswettlauf mit den USA, der für die Entwicklung seiner Ökonomie schädlich wäre. Die chinesische Führung betont daher, dass ihre Militärausgaben im Einklang mit dem wirtschaftlichen Wachstum steigen, aber keine Vorboten einer Expansionspolitik sind. China bemühte sich in jüngerer Vergangenheit um eine stärkere Konvergenz mit europäischen und US-amerikanischen Positionen im Sicherheitsrat, etwa bei den Abstimmungen zu den Resolutionen 1695 (2006) und 1696 (2006) zur Eindämmung des nordkoreanischen bzw. des iranischen Atomprogramms.

Neorealisten entgegnen darauf freilich, diese eher defensive und zum Teil kooperative Haltung könne sich jederzeit ändern. China könne, sollte sein ökonomischer Aufstieg weiter anhalten, durchaus zu einem Herausforderer der USA um die Vormachtstellung im internationalen System werden (vgl. Layne 2008; Kagan 2008). Eine optimistischere, liberale Perspektive betont demgegenüber die friedens- und kooperationsförderliche Wirkung von wirtschaftlicher Interdependenz und internationalen Institutionen (vgl. Fukuyama 2005; Ikenberry/ Wright 2008: 5ff.). Die wirtschaftliche Verflechtung zwischen den USA und China ist in den letzten Jahren deutlich gewachsen. China ist der drittgrößte Handelspartner der USA, steht an zweiter Stelle der Importländer und ist viertgrößter Absatzmarkt für US-amerikanische Produkte (Morrison 2006: 3). Die USA haben zwar einige handels- und finanzpolitische Interessenkonflikte mit China, etwa mit Blick auf das außerordentlich hohe Außenhandelsdefizit der USA gegenüber China, den mangelnden Schutz geistigen Eigentums in China oder Chinas Währungspolitik, die durch eine strategische Unterbewertung des Yuan Handelsvorteile für das Land schaffen soll. Mit dem WTO-Beitritt der Volksrepublik 2001 ist aber die Hoffnung verbunden, handelspolitische Konflikte durch das institutionalisierte Streitschlichtungsverfahren der WTO regeln zu können (vgl. Hilpert et al. 2005: 15). China könnte somit schrittweise in ein von multilateraler Kooperation geprägtes internationales System eingebunden werden (Rudolf 2006: 7f.). Aus dieser institutionalistischen Sicht erscheint die Erwartung einer auf eine bipolare Machtstruktur gestützten Großmächtekonfrontation irreführend. Mit der wirtschaftlichen Modernisierung des kommunistischen Staates wird mitunter auch die Hoffnung einer schrittweisen politischen Liberalisierung verbunden (Rudolf 2006: 7).

China erlebt gegenwärtig einen Aufschwung nationalistischer Tendenzen, die, wie etwa bei den Olympischen Spielen in Peking im Sommer 2008 deutlich wurde, von der politischen Führung befördert werden (Gareis 2008: 169). Jedoch verfolgt China eher einen „pragmatischen Nationalismus", um sich die Unterstützung der Bevölkerung zu sichern, und weniger eine gegen andere Staaten gerichtete aggressive Außenpolitik (Zhao 2006). Unklar bleibt, inwieweit die chinesische Führungselite auch in Zukunft willens und in der Lage ist, diese nationalistischen Tendenzen in gemäßigten Bahnen zu halten.

Drei Szenarien zum Aufstieg Chinas		
Negatives Szenario:	*Positives Szenario:*	*Szenario der strategischen Unsicherheit:*
Sino-amerikanischer Hegemonialkonflikt ist unausweichlich	Einbindung Chinas in ein multilateral instututionalisiertes internationales System	Von US-amerikanischer Seite wird weder das negative, noch das positive Szenario ausgeschlossen
Strategien des Hegemons USA		
Containment (Eindämmung)	*Engagement (Einbindung)*	*„Congagement"*
Eindämmung Chinas durch Beschränkung von Handel, Investitionen und Technologietransfer	politische Kooperation mit und wirtschaftliche Integration von Chinas; Einbindung in multilaterale (Sicherheits-, Handels-, Umwelt-) Regime	zweigleisiger strategischer Ansatz, Ergänzung von politischer Kooperation mit und wirtschaftlicher Integration von China durch eine verstärkte Risikoabsicherung

Vgl. Rudolf (2006)

Abb. 2.5: Aufstieg der VR China und Strategien des Hegemons USA

3.3 Die zweigleisige Strategie der USA

Eindeutige Prognosen darüber, welches der beiden Szenarien – Hegemonialkonflikt oder konstruktive Einbindung Chinas – wahrscheinlicher ist gibt es kaum. Aufgrund der Unsicherheiten über die zukünftige Ausrichtung der Volksrepublik verfolgten die USA bereits unter der Präsidentschaft von Bill Clinton und George W. Bush einen zweigleisigen strategischen Ansatz („congagement"). Dieser verband Elemente der kooperativen Einbindung Chinas („engagement") mit solchen der Eindämmung Chinas („containment"). Ziel war die Integration Chinas als konstruktiver Akteur („responsible stakeholder") in ein internationales System unter Führung der USA, in dem Sinne, dass China sich an die rechtlichen Spielregeln der internationalen Wirtschaft hält, beim Streben nach Sicherung der Energieversorgung keine merkantilistische, von den USA als für die internationale Sicherheit problematisch eingestufte Staaten (z.B. Iran) unterstützende Politik verfolgt und zur internationalen Stabilität und Sicherheit beiträgt (Rudolf 2006: 14). Durch die Verbesserung der Handelsbeziehungen und die Einbindung Chinas in multilaterale Regime erhoffen sich die USA, ihre Einflussmöglichkeiten auf China langfristig zu sichern und Anreize für China zu setzen, die kooperative anstelle der konfrontativen Option im Verhältnis zur USA, zu wählen.

Zugleich wird aber mit der Möglichkeit gerechnet, dass sich China zum Rivalen mit eigenen hegemonialen Bestrebungen, zu einem „strategischen Wettbewerber", statt zum verlässlichen Partner der USA entwickeln könnte (Möller 2005a: 127). Daher versuchen die USA, politische Kooperation und wirtschaftliche Integration durch eine verstärkte Risikoabsicherung zu ergänzen („hedging"). Dazu gehören unter anderem die Bewahrung amerikanischer militärischer Überlegenheit und der Ausbau sicherheitspolitischer Beziehungen mit anderen Staaten in der asiatisch-pazifischen Region. Beispiele für diese Verdichtung der Beziehungen mit asiatischen Regionalmächten sind das Abkommen über die Nutzung ziviler Nukleartechnologie zwischen Indien und den USA (2006) oder das Sicherheitsabkommen mit Japan über die Stationierung eines Flugzeugträgers und von Raketenabwehrsystemen zur Sicherung der Taiwan-Straße (Rudolf 2006a: 71).

Ob diese doppelgleisige US-Strategie aufgehen und die Kosten-Nutzen-Kalkulation der chinesischen Führung so strukturieren kann, dass diese die langfristig kooperative Beziehung mit den USA einer Rivalität vorziehen wird, bleibt abzuwarten. Folgt man Annahmen insbesondere offensiver Neorealisten (vgl. Mearsheimer 2001), dass Sicherheit nicht nur das wichtigste Interesse von Staaten ist, sondern dass Staaten dieses stets durch Verbesserung ihrer relativen Machtposition zu gewährleisten versuchen, wäre eine Konfrontation Chinas und der USA bei fortgesetzter sozioökonomischer Entwicklung Chinas unausweichlich. Gegenwärtig deutet aber vieles darauf hin, dass China eine Rivalität mit der Weltmacht USA vermeiden will, um seine wirtschaftlichen und entwicklungspolitischen Ziele durch Zusammenarbeit mit ihr zu erreichen, denn die chinesische Wirtschaft hat in den vergangenen Jahren stark von ihren Exporten in die Vereinigten Staaten profitiert. China arbeitet aktiv an der Minderung der Bedrohungswahrnehmung, die mit seinem Aufstieg häufig verbunden ist. Die chinesische Führung betont, dass oberstes Ziel der Volksrepublik der „friedliche Aufstieg" ist (Deng 2006: 200). Die außenpolitischen Zielsetzungen sind vornehmlich defensiv motiviert und lassen sich gegenwärtig nicht als Versuch der Gegenmachtbildung gegen die USA auffassen (Wacker 2006a: 61ff.).

4 Zusammenfassung

In diesem Kapitel wurde die Polarität des internationalen Systems in den Blick genommen. Ausgehend von einem an der Verfügung über Ressourcen orientierten Machtbegriff ergibt eine Analyse des Ist-Zustands, dass die Machtstruktur des internationalen Systems angesichts der nach wie vor gegebenen Überlegenheit der amerikanischen Ressourcen in militärischer, wirtschaftlicher und auch kulturell-ideeller Hinsicht als unipolar zu charakterisieren ist. Einzelne Indikatoren weisen zwar darauf hin, dass die Vormachtstellung der USA insbesondere im ökonomischen Bereich nicht mehr unangefochten ist. So kann die EU – unterstellt man ihr Akteursqualität – unter wirtschaftlichen Gesichtspunkten als ernst zu nehmender Gegenpol zu den USA aufgefasst werden. Nichtsdestotrotz verfügen die USA in der Summe über deutlich überlegene Machtressourcen, auch wenn es Anzeichen für eine Erosion des Machtvorsprungs der USA verglichen mit den 1990er Jahren vor allem im ökonomischen und im kulturell-ideellen Bereich gibt.

Ein auf effektive Steuerungs- und Problemlösungsfähigkeit abzielender Machtbegriff gibt den Blick auf ein differenzierteres Bild der internationalen Machtstruktur frei. Zwar sind die USA – entgegen mitunter geäußerten Vorbehalten – durchaus in der Lage, positive Steuerungsleistungen bei der Bearbeitung von transsouveränen Problemen zu erbringen. Zugleich sind sie aber in einer interdependenten Welt zunehmend auf die Unterstützung von und die Kooperation mit anderen Staaten, internationalen zwischenstaatlichen Organisationen sowie nichtstaatlichen Akteuren angewiesen. Die Grenzen der Steuerungsfähigkeit der USA werden umso deutlicher, je stärker eine ausschließlich staatenfixierte Betrachtungsweise der internationalen Politik durch die Berücksichtigung transnationaler, nichtstaatlicher Akteure (INGOs und transnationale Unternehmen) erweitert wird.

Will man am Konzept der Polarität bei der Bestimmung der maßgeblichen Rahmenbedingungen der Weltpolitik festhalten, stellt sich die Frage, welche Akteure in der Staatenwelt gegenwärtig auch nur annähernd die Politikgestaltungskapazitäten aufbringen, die nötig sind, um sich als ernst zu nehmender Machtpol im internationalen System qualifizieren zu können. Mangels Alternativen zu den USA wird man dann – nicht nur unter dem Aspekt der Ressourcenausstattung, sondern auch in steuerungspolitischer Hinsicht – an einer Charakterisierung der gegenwärtigen Machtverteilung im internationalen System als unipolar nicht vorbei kommen. Zu betonen ist jedoch, dass diese *relative* Überlegenheit der USA innerhalb der Staatenwelt immer weniger hinreichend erscheint, zufriedenstellende Politikergebnisse bei der Bearbeitung transsouveräner Probleme zu erzielen. In einer Welt, in der transnationale Akteure und grenzüberschreitende, häufig von privaten Handlungseinheiten erzeugte Probleme eine zunehmend größere Rolle spielen, können die USA trotz ihrer relativen Vormachtstellung gegenüber anderen Staaten gewünschte Politikergebniss durch den Einsatz ihrer Machtressourcen häufig nicht mehr erreichen – dies gilt insbesondere dann, wenn die amerikanischen Machtressourcen und politischen Gestaltungsfähigkeiten nicht im Rahmen multilateraler Kooperationsformen zum Einsatz kommen und durch diese ergänzt werden.

Die Art und Weise des Einsatzes überlegener Ressourcen spielt auch eine große Rolle bei der Beurteilung der Stabilität einer unipolaren Weltordnung. In Bezug auf die Dauerhaftigkeit einer unipolaren Weltordnung existieren widersprüchliche theoreti-

Kapitel 2: Wandel der systemischen Rahmenbedingungen der Weltpolitik

sche Erwartungen und empirische Bewertungen. Eine Verstetigung des unipolaren Moments erscheint aus der Sicht der Bedrohungsgleichgewichtstheorie nur dann erreichbar, wenn die USA sich als willens und fähig erweisen, eine beruhigende und Vertrauen erweckende Außenpolitik im Sinne eines liberalen, wohlwollenden Hegemons zu verfolgen.

Im ökonomischen Aufstieg der Volksrepublik China erwächst eine Herausforderung für die Vormachtstellung der USA. Dennoch ist zum jetzigen Zeitpunkt zu konstatieren, dass Chinas militärische und kulturell-ideelle Ressourcen (aber auch das Pro-Kopf-Einkommen in China) weit hinter denen der USA zurück liegen. Auch erscheinen deterministische, von kontinuierlich linear fortschreitendem Wirtschaftswachstum ausgehende Szenarien der sozioökonomischen Entwicklung Chinas fragwürdig angesichts zahlreicher Risikofaktoren wie den Auswirkungen innenpolitischer Reformprozesse, der Gleichzeitigkeit von politischer Unfreiheit und wirtschaftlicher Liberalisierung und der Unsicherheit der kontinuierlichen Energie- und Rohstoffversorgung. Zum jetzigen Zeitpunkt besteht hinsichtlich der tatsächlichen politischen Steuerungsfähigkeit auf globaler Ebene eine deutliche Diskrepanz zwischen den USA und China. Aber China engagiert sich in den letzten Jahren zunehmend als aktiver ordnungspolitischer Spieler im asiatisch-pazifischen Raum, und zeigt zunehmend die Bereitschaft, auch auf globaler Ebene Verantwortung für Frieden und Stabilität zu übernehmen.

Aus neorealistischer Sicht erscheint die Möglichkeit eines friedlichen Aufstiegs Chinas zweifelhaft; eine Verschärfung der Rivalität zwischen den USA und China wäre daher nicht nur im asiatisch-pazifischen Raum, sondern mittelfristig auch auf globaler Ebene wahrscheinlich (vgl. Sandschneider 2007: 3). Eine zwangsläufige Großmächtekonfrontation USA vs. China zu prognostizieren, erscheint jedoch vor dem Hintergrund weltwirtschaftlicher Integration und der daraus folgenden Interdependenzen zwischen den beiden Staaten eher fragwürdig. Die institutionelle Einbindung Chinas in die von den USA und der EU gestützte Welthandelsordnung und in weitere multilaterale Institutionen verweist auf die Möglichkeit einer schrittweisen Integration in eine kooperative Weltordnung. Eine militärische Auseinandersetzung zwischen China und den USA, die sich gegenseitig zu den wichtigsten Handelspartnern zählen, dürfte daher ein eher unwahrscheinliches Szenario sein. Zudem bemüht sich die chinesische Führung, in ihrer Außenpolitik das Bild des „friedlichen Aufstiegs" zu transportieren und zugunsten ihrer weiteren wirtschaftlichen Entwicklung ihre Präferenz für Zusammenarbeit mit anderen Staaten zu betonen (Deng 2006: 200).

Die Aussagekraft neorealistischer, auf zwischenstaatliche Machtverteilung und dessen Wandel gestützter Erklärungen und Prognosen steht auch mit Blick auf die weitere Entwicklung der Beziehungen zwischen den USA und China auf dem Prüfstand. Wie bereits für den Umgang mit der wachsenden Zahl und Bedeutung transnationaler Akteure angesprochen, kann unabhängig von der künftigen Entwicklung des sino-amerikanischen Verhältnisses jedoch bereits jetzt festgehalten werden, dass Denken in hergebrachten neorealistischen Kategorien der Polarität und der anarchiegetriebenen Machtpolitik der Vielschichtigkeit der Weltpolitik zu Beginn des 21. Jahrhunderts nur bedingt gerecht wird. Die zwischenstaatliche Machtverteilung stellt zwar nach wie vor *eine* wichtige Rahmenbedingung der Weltpolitik dar, wird jedoch überlagert und in ihrer Aussagekraft beschränkt durch die zunehmende Verflechtung transnationaler Beziehungen. Die Akteure des gegenwärtigen globalen Systems sind nicht mehr allein die Staaten, sondern auch internationale zwischenstaatliche Organisationen und transnationale private Akteure. Zudem greift das neorealistische Bild von Staaten als voneinander weit gehend unabhängige, äußerlich auf die Wahrung ihrer Autonomie pochende Einheiten, die wie Billardkugeln jeweils nur kurzfristig miteinander in Kontakt treten, heute zu kurz. In einer von wechselseitigen Abhängigkeiten und z.T. auch Verwundbarkeiten sowie von transnationaler wirtschaftlicher sowie – freilich in geringerem Ausmaße – politischer Integration geprägten Umwelt ist der Einsatz militärischer Machtressourcen äußerst kostspielig – dies gilt auch für den mächtigsten Staat im internationalen System. Die Weltpolitik von heute wird nicht nur von machtstrukturellen Faktoren beeinflusst, sondern auch oder vielmehr noch viel stärker von der wachsenden Intensität und Reichweite grenzüberschreitender Austausch- und Produktionsprozesse in nahezu allen Bereichen des sozialen Lebens. Die Analyse der Machtstruktur des internationalen Systems muss daher durch eine von liberalen Theorien geleitete Untersuchung der Globalisierung als weiterer systemischer Rahmenbedingung der Weltpolitik ergänzt werden.

Übungsfragen

- Wie lässt sich die Polarität, d.h. die Machtstruktur des internationalen Systems bestimmen? Wodurch zeichnet sich ein Hegemon aus?
- Welche Dimensionen des Machtbegriffs können unterschieden werden?
- Handelt es sich beim gegenwärtigen internationalen System (noch) um ein unipolares System?
- Lassen sich alle oder nur bestimmte angebbare transnationale Akteure als weiche Machtressource (*soft power resource*) des Hegemons USA auffassen?
- Welche unterschiedlichen Prognosen zur Dauerhaftigkeit eines unipolaren internationalen Systems lassen sich aus verschiedenen neorealistischen Theorien (Machtgleichgewichts-, Bedrohungsgleichgewichtstheorie) ableiten?
- Steht das internationale System vor einem machtstrukturellen Wandel zu einer „neuen Bipolarität" zwischen den USA und der Volksrepublik China? Führt der Aufstieg Chinas zwangsläufig zu einem neuen Kalten Krieg?
- Welche außenpolitischen Strategien verfolgen die USA gegenüber China?

 **Lektüreempfehlungen**

Cox, Michael 2007: Is the United States in Decline – Again? An Essay, in: International Affairs 83: 4, 643-653.
Kapstein, Ethan B./ Mastanduno, Michael (Hrsg.) 1999: Unipolar Politics: Realism and State Strategies After the Cold War, New York: Columbia University Press.
Layne, Christopher 1993: The Unipolar Illusion: Why New Great Powers Will Rise, in: International Security 17: 4, 5-51.
Nye, Joseph S. 2002: The Paradox of American Power: Why the World's Only Superpower Can't Go It Alone, Oxford/New York: Oxford University Press.
Waltz, Kenneth N. 1979: Theory of International Politics, Reading, MA: Addison-Wesley.
Wohlforth, William C. 1999: The Stability of a Unipolar World, in: International Security 241, 5-41.
Scott, David 2007: China stands up: The PRC and the International System, London/ New York: Routledge.

Kapitel 2.2: Globalisierung und Fragmentierung als makroprozessuale Rahmenbedingungen der Weltpolitik

1 Weltpolitik im Zeitalter der Globalisierung und Fragmentierung

Die Weltpolitik von heute vollzieht sich nicht nur im Schatten der (immer noch) überlegenen Macht der USA, sondern auch innerhalb eines dichten Netzes politischer, ökonomischer und kultureller Verflechtungen zwischen Gesellschaften. Eine Bestandsaufnahme der systemischen Rahmenbedingungen gegenwärtiger Weltpolitik kann sich daher nicht auf eine vom Neorealismus angeleitete Analyse des Wandels zwischenstaatlicher Machtverteilung beschränken. Die Struktur des globalen – nicht mehr nur zwischenstaatlichen – Systems und die Interaktionen der Handlungseinheiten in diesem System werden maßgeblich geprägt durch einen Wandel der räumlichen Organisation sozialer Beziehungen. Dieser Wandel lässt sich mit den Konzepten der Globalisierung und der Fragmentierung erfassen. Als Globalisierung werden Prozesse der Ausweitung und Vernetzung sozialer Handlungszusammenhänge über den Staat (d.h. über staatliche Grenzen) hinaus beschrieben, die sich unter anderem in Entwicklungen hin zu integrierten Weltmärkten, aber auch in vermehrtem (inter-)kulturellen Austausch niederschlagen. Das Konzept der Fragmentierung bezeichnet gegenläufige Tendenzen der Desintegration politischer Gemeinschaften – darunter fallen etwa substaatliche Autonomie- und gewaltsame Sezessionsbestrebungen sowie die Betonung kultureller Partikularismen.

Die Globalisierung wurde in ihren heutigen Ausmaßen erst möglich durch das Ende des Ost-West-Konflikts. Der Übergang von einem bipolaren internationalen System während des Kalten Krieges zu einer unipolaren, von den USA dominierten Weltordnung ließ tief greifende Veränderungen der makroprozessualen Rahmenbedingungen der Weltpolitik zu. Der machtstrukturelle Wandel ermöglichte eine beschleunigte und intensivierte – ehemalige Machtblöcke überschreitende – Öffnung von Gesellschaften und Märkten. Er hat maßgeblich zur Verdichtung grenzüberschreitender sozialer Beziehungen auch über ehemalige Machtblöcke hinweg beigetragen. Historisch noch weiter zurückgehend lässt sich argumentieren, dass gegenwärtige Globalisierungsprozesse auch auf der bewussten Entscheidung des US-amerikanischen Hegemons für eine liberale, offene Weltordnung nach dem Zweiten Weltkrieg beruhen. Die damit verbundenen, vom liberalen Hegemon getragenen ordnungspolitischen Leitideen und Institutionen (z.B. IWF, Weltbank, GATT/WTO) gewannen an Dynamik und Prägekraft, als der Konkurrent und Rivale im Systemwettstreit, die Sowjetunion, zusammenbrach. Mit dem Wegfall des Sozialismus als globaler Systemalternative zum Liberalismus schien auch eine Entscheidung zu Gunsten offener Grenzen gefallen zu sein. Sezessionsbewegungen in der Einflusssphäre der ehemaligen Sowjetunion lassen sich ebenfalls auf die Auflösung der Sowjetunion und des Warschauer Pakts zurück führen. Mit der Desintegration dieses Machtblocks war auch ein Verlust – vormals häufig erzwungener – Kohäsion in verschiedenen Staaten des ehemaligen „Ostblocks" verbunden. Insofern wurden und werden Globalisierungs- und Fragmentierungsprozesse von der zwischenstaatlichen Machtverteilung, d.h. der Polarität des internationalen Systems, beeinflusst.

Globalisierung und Fragmentierung stellen heute noch wichtigere systemische Rahmenbedingungen der Weltpolitik dar als die (nach wie vor) unipolare Machtstruktur des internationalen Systems. Die makroprozessualen Rahmenbedingungen beschränken und strukturieren maßgeblich die Verhaltenoptionen der Akteure der Weltpolitik – selbst jene des mächtigsten Staates. Sowohl „entgrenzende" Globalisierungsprozesse als auch „ab-" und „ausgrenzende" Fragmentierungsprozesse sind wesentliche Bedingungen für die Entstehung und die Verschärfung transsouveräner Probleme von heute. Sie bilden zudem den Rahmen für die Wahl Erfolg versprechender Mittel und Strategien zu deren Bearbeitung. Die Weltpolitik im Zeitalter der Globalisierung und gleichzeitigen Fragmentierung kann mit neorealistischen Kategorien staatlichen Sicherheits-, d.h. Autonomie- und Einflussstrebens oder hegemonialer Steuerung nicht mehr hinreichend analytisch erfasst werden. Probleme wie der transnationale Terrorismus, die Weiterverbreitung von Massenvernichtungswaffen, die ausgeprägten globalen Wohlstandsdisparitäten oder der Klimawandel sowie Ansätze zu deren kollektiver Bearbeitung können nur unter Berücksichtigung dieser makroprozessualen Veränderungen des globalen Systems angemessen analysiert werden. Zur Erfassung von Globalisierungsprozessen sowie Auswirkungen auf Akteure und Interaktionsmuster der internationalen Politik lassen sich insbesondere liberale Theorien (vgl. Kap. 1) nutzbar machen. Insofern bildet eine auf diesen Theorien fußende Analyse gegenwärtiger Globalisierungsprozesse eine Ergänzung zur vom Neorealismus betonten Untersuchung bestehender Machtstrukturen. Freilich werden auch gegen liberale Theorien Einwände und Qualifizierungen vorzubringen sein, so dass Ergänzungen oder Erweiterungen geboten erscheinen. Dies gilt nicht zuletzt für die Erklärung des gleichzeitigen Auftretens von Fragmentierungsprozessen.

Im Folgenden wird zunächst ein begrifflicher Rahmen entwickelt, um den Wandel der räumlichen Organisation sozialer Beziehungen angemessen analysieren zu können. In einem ersten Schritt werden verschiedene Standpunkte in der Diskussion darüber vorgestellt, was unter Globalisierung zu verstehen ist und welche weitere Entwicklung der Prozess der Globalisierung nehmen wird. Anschließend werden Definitionen der Begriffe der Globalisierung und der Fragmentierung eingeführt, die im Weiteren als begrifflicher Analyserahmen dienen. Im darauf folgenden Abschnitt wird eine quantitative Untersuchung gegenwärtiger Globalisierungs- und Fragmentierungsprozesse vorgenommen. Daran schließt sich eine Analyse qualitativer Dimensionen der Globalisierung und der Fragmentierung an. Nach dieser Bestandsaufnahme wird das Verhältnis von Globalisierungsprozessen zu gleichzeitigen Fragmentierungsprozessen beleuchtet, ehe eine Zusammenfassung und ein kurzer Ausblick auf das Weltregieren unter Bedingungen der Globalisierung und der Fragmentierung das Kapitel abschließen.

2 Ein begrifflicher und theoretischer Rahmen zur Analyse des Wandels der räumlichen Organisation sozialer Beziehungen

2.1 Was ist Globalisierung? Verständnisse, Perspektiven und Debatten

In der sozialwissenschaftlichen Forschung über Globalisierung existieren sehr unterschiedliche Verständnisse des Begriffs der Globalisierung und ihrer Entwicklungsmuster. Nach Held et al. (1999) lassen sich drei verschiedene Standpunkte identifizieren. Sie unterscheiden sich hinsichtlich ihrer Annahmen über das gegenwärtige und zukünftige Globalisierungsniveau, über die räumliche Ausdehnung der Globalisierung sowie über die Rolle von Staaten im Globalisierungsprozess.

Einige Autoren (Ohmae 1996; Strange 1996), die als *Hyperglobalisten* bezeichnet werden, verstehen Globalisierung als radikal neue Ära der Menschheitsgeschichte. Sie wird durch fortschreitende transnationale und tendenziell globale Integration von Märkten und Gesellschaften zum Zerfall des Nationalstaates als der bisher bestimmenden räumlich-politischen Ordnungsstruktur führen. Sowohl neoliberale als auch neomarxistische Hyperglobalisten sind sich einig, dass Globalisierung in erster Linie ein ökonomischer bzw. von der Ökonomie getriebener Prozess ist. Bei der Bewertung der zunehmend globalisierten Weltwirtschaft unterscheiden sich freilich die Positionen. Aus neoliberaler Perspektive wird globaler Wettbewerb als Garant weltweiten Wohlstands und menschlichen Fortschritts betrachtet, während Neomarxisten in der Globalisierung den Triumph eines ausbeuterischen globalen Kapitalismus heraufziehen sehen.

Neoliberale Hyperglobalisten gehen von einer linearen und progressiven Entwicklung der Globalisierung aus, an deren Ende ein globaler Binnenmarkt sowie ein integriertes (Welt-) Gemeinwesen stehe. Neomarxisten teilen die Annahme der Entstehung globaler Märkte, betonen jedoch die negativen Folgen dieser „Entfesselung der Marktkräfte" (Altvater/ Mahnkopf 2004: 16) für eine globale solidarische Gemeinschaft. Durch die fehlenden Kontrollmöglichkeiten des Staates über die transnationalen Waren-, Dienstleistungs- und Kapitalströme werde dessen Fähigkeit zu effektiver politischer Steuerung und damit auch seine Legitimität zunehmend untergraben. Der Staat habe letztlich nur noch die Aufgabe, den Rahmen für Erfolg im globalen Standortwettbewerb zu schaffen. Ökonomische und politische Steuerungsfähigkeit werde somit denationalisiert (Strange 1996).

Autoren der zweiten Position (Hirst/ Thompson 1999; Krasner 2000), die so genannten *Skeptiker*, beschreiben Globalisierung dagegen als eine sich historisch wiederholende Entwicklung ökonomischer Verflechtung und Interdependenz. Die Rede von einem noch nie dagewesenen Ausmaß der Globalisierung sei eine Überzeichnung und das gegenwärtige Niveau ökonomischer Verflechtung keineswegs einzigartig. Die Vertreter dieser Auffassung wollen empirisch erkannt haben, dass die Quantität und Qualität der heutigen Globalisierung mit der am Ende des 19. Jahrhunderts (der Zeit des Gold-Standards) vorherrschenden wirtschaftlichen Interdependenz vergleichbar seien oder gar dahinter zurückblieben. Auch hier liegt der Schwerpunkt auf ökonomischen Dimensionen der Globalisierung.

Die Skeptiker widersprechen der Annahme der Hyperglobalisten, dass die Steuerungsfähigkeit der Staaten durch die Globalisierung unterminiert werde und das internationale System damit eine grundlegende Transformation durchlaufe. Regierungen (insbesondere großer westlicher Industriestaaten) seien nicht einfach Opfer von globalen, unkontrollierbaren ökonomischen Prozessen, sondern bestimmten die Ausgestaltung der internationalen Ordnung in bedeutendem Maße mit und können somit als maßgebliche Gestalter der Globalisierung gelten. So sei die Einrichtung der liberalen Weltwirtschaftsordnung nach dem Ende des Zweiten Weltkriegs und ihre Bestätigung und Vertiefung nach dem Ende des Kalten Krieges maßgeblich auf die USA zurückzuführen (Gilpin 1987).

Für Skeptiker, die sich oft der neorealistischen Denkschule der Internationalen Beziehungen zuordnen lassen, wird durch die Globalisierung das entscheidende Charakteristikum der Weltpolitik, nämlich die Anarchie des internationalen Systems, die durch die territoriale Unterteilung der Welt in souveräne Staaten bedingt ist, nicht verändert. Das daraus hervorgehende Streben von Staaten nach Sicherheit gestützt auf Macht in einem Selbsthilfesystem charakterisiert weiterhin die Weltpolitik – auch im von zahlreichen Autoren beschworenen „Zeitalter der Globalisierung" (Höffe 1999; Ladeur 2004; Sassen 1996, 2006). Die Globalisierung hat allerdings Auswirkungen auf das wirtschaftliche, soziale und kulturelle Leben der Menschen und auf die Machtressourcen der Staaten.

Schließlich vertreten einige Autoren (vgl. Giddens 1990; Held et al. 1999; Held/ McGrew 2007), eine dritte, in mancherlei Hinsicht vermittelnde Position. Globalisierung wird diesem Verständnis nach als treibende Kraft hinter raschen und tief greifenden gesellschaftlichen, politischen und ökonomischen Transformationen angesehen, welche die einzelnen Gesellschaften weltweit und die gesamte Weltordnung neu gestalten. Für diese *Transformationsanalytiker* ist die Globalisierung jedoch anders als für Hyperglobalisten ein historisch kontingenter, offener und hoch differenzierter Prozess, der sich in einer Vielzahl sozialer Handlungszusammenhänge widerspiegelt. Die Transformationsanalytiker enthalten sich jedweder eine lineare Entwicklungslogik unterstellenden deterministischen Prognose für die Zukunft.

Mit der Globalisierung ist dieser Sichtweise zufolge eine grundlegende Neuordnung der räumlichen Organisation sozialer Beziehungen verbunden. Eine Unterscheidung zwischen inneren und äußeren (politischen) Angelegenheiten lässt sich zunehmend weniger aufrecht erhalten. Es entstehen neue Muster der Verteilung wirtschaftlichen Wohlstands und politischen Einflusses, insbesondere eine transnationale sozioökonomische Schichtung zwischen Gewinnern und Verlierern der Globalisierung. Wohlstandsdisparitäten lassen sich aus dieser Sicht nicht nur als geographisches Nord-Süd-Gefälle darstellen; sie sind nicht nur zwischen Gesellschaften, sondern auch und zunehmend innerhalb von Gesellschaften zwischen gesellschaftlichen Gruppen zu beobachten (vgl. ausführlich Kap. 8).

Der Anteil ökonomischer Aktivitäten, die als „deterritorialisiert" bezeichnet werden können (Scholte 2005: 59), d.h. für die es unerheblich ist, an welchem geographischen Ort sich die Geschäftspartner jeweils befinden, nimmt rasch zu. Der Zusammenhang zwischen Souveränität, Territorialität und politischer Steuerung erodiert: Politik – verstanden als verbindliche kollektive Zuteilung von Werten (vgl. Easton 1965) – findet nicht mehr nur im Rahmen territorial begrenzter, voneinander weitgehend unabhängiger Staaten statt. Internationale zwischenstaatliche Organisationen sowie nichtstaatliche, oftmals transnational organisierte und agierende Handlungseinheiten erlangen zunehmend Politikgestaltungsfähigkeiten.

Staaten müssen sich an die geänderten Bedingungen anpassen. In Folge dieser Anpassungsprozesse ändert sich die Funktion und mithin die Form staatlicher Herrschaft grundlegend: Es geht für den einzelnen Staat nicht nur darum, eigenständig für die Sicherheit und die Wohlfahrt seiner Staatsangehörigen zu sorgen, sondern auch durch Kooperation mit anderen staatlichen und nichtstaatlichen Akteuren transsouveräne Probleme kollektiv zu bearbeiten. Staatliche Politikgestaltungsfähigkeit muss jedoch nicht zwingend der Logik eines Nullsummenspiels gehorchend zu Gunsten transnationaler Akteure einfach abnehmen. Vielmehr wird politische Steuerung im Zuge der Globalisierung rekonstituiert und restrukturiert. Das bedeutet, dass Regieren zumindest teilweise von der nationalen auf die inter- oder supranationale Ebene verlagert wird – mit dem Ziel, politische Steuerungsfähigkeit zu erhalten oder wieder zu gewinnen. Allerdings zeigt sich, dass auch zwischenstaatliche Institutionen mit der Bearbeitung transsouveräner, von der Globalisierung hervorgebrachten oder zumindest verschärften Problemen zunehmend überfordert sind (vgl. Kap. 4).

Die folgende Konzeptualisierung von Globalisierung lehnt sich an dieses von Held et al. (1999; vgl. auch Held/ McGrew 2007) entfaltete transformationsanalytische Verständnis von Globalisierung an.

	Hyperglobalisten	**Skeptiker**	**Transformationsanalytiker**
Verständnis von Globalisierung	linearer, progressiver Prozess	sich wiederholender Prozess; keine neue Erscheinung	historisch offener, kontingenter und hoch differenzierter Prozess
Rolle von Staaten	Abnehmende Autorität und Steuerungsfähigkeit der Staaten	Staaten bleiben die maßgeblichen Akteure	Restrukturierung staatlicher Macht; Erosion des Zusammenhangs zwischen Souveränität, Territorialität und politischer Macht; neben Staaten und internationalen zwischenstaatlichen Organisationen gewinnen nichtstaatliche, transnationale Akteure an Einfluss
Zentrale Aussage	Überwindung des Nationalstaates	Staatliche Entscheidung für/gegen Globalisierung	Wandel der Weltpolitik kann mehrere Formen annehmen; grundlegende Transformation der räumlichen Organisation sozialer Beziehungen

Abb. 2.6: Globalisierungstheoretiker

2.2 Definitionen: Globalisierung und Fragmentierung

Wie eingangs erwähnt, existieren ganz unterschiedliche Verständnisse von Globalisierung. Die Differenzen beginnen bereits mit der Frage, was mit „Globalisierung" gemeint ist.[28] Im Folgenden sollen Definitionsansätze vorgestellt werden, die eine differenzierte Analyse gegenwärtiger makroprozessualer Entwicklungen ermöglichen und daher für die anschließenden Untersuchungen als begrifflicher Rahmen dienen können.

Die Definition von Globalisierung, die von Held et al. (1999) vorgeschlagen wird, ermöglicht es, Globalisierung aus einer multidimensionalen und historisch vergleichenden Perspektive zu analysieren: Globalisierung bezeichnet nach Held et al. (1999: 16) einen Prozess der Transformation der räumlichen Organisation sozialer Beziehungen und Transaktionen hinsichtlich ihrer Reichweite, Dichte, Geschwindigkeit und Auswirkungen. Dieser Transformationsprozess erzeugt transkontinentale und interregionale Austauschprozesse und verdichtete grenzüberschreitende Interaktionsnetzwerke. Wichtig ist, dass eben nicht nur Waren und Dienstleistungen grenzüberschreitend ausgetauscht oder in globalen Produktionsketten hergestellt werden, sondern auch (natürliche) Personen, kulturelle Symbole und Informationen schneller und in größerer Menge geographische Grenzen überschreiten. Mit dieser sehr umfassenden Definition können soziale Handlungszusammenhänge in verschiedenen Themenfeldern (Politik, Wirtschaft, Sicherheit, Umwelt, Kommunikation und Kultur, Mobilität

---

[28] Dabei wird mitunter auch auf Konzeptualisierungen zurückgegriffen, die keinen analytischen Mehrwert versprechen. Definitionen, die Globalisierung mit Internationalisierung, Liberalisierung, Universalisierung oder Verwestlichung gleich setzen, vermitteln ein verkürztes Bild gegenwärtiger Transformationsprozesse (vgl. ausführlich dazu Scholte 2005: 54ff.).

und Migration) erfasst werden. Diese Konzeptualisierung von Globalisierung unterstellt keine lineare Entwicklungslogik – etwa das Endziel eines perfekt integrierten globalen Marktes, sondern betont die historische Kontingenz und Offenheit der Prozesse.

Manche Autoren kritisieren, dass der Ausdruck „Globalisierung" auf Grund des räumlich und zeitlich ungleichen Auftretens solcher Entgrenzungsprozesse unpräzise und empirisch irreführend sei (Zürn 1998: 66). Zwar sei die Verdichtung grenzüberschreitender sozialer Handlungszusammenhänge von weitreichender weltpolitischer Bedeutung; empirisch betrachtet seien diese Prozesse aber weder global, noch lasse sich eine klare Entwicklung hin zur Globalität ausmachen. Wirtschaftliche Austausch- und Produktionsprozesse etwa konzentrieren sich immer noch in überwältigendem Maße auf die OECD-Staaten und einige aufstrebende Wirtschaftsmächte in Asien und Lateinamerika (Beisheim et al. 1999; Zürn 1998: 66f). Auch finde ein überwiegender Teil des Austausches von Waren und Dienstleistungen weiterhin innerhalb der Staaten selbst statt (vgl. Schirm 2006). Daher zieht z.B. Michael Zürn den Begriff der gesellschaftlichen Denationalisierung dem Konzept der Globalisierung vor (Zürn 1998: 73). Gesellschaftliche Denationalisierung bezeichnet die *relative* Zunahme der Reichweite und der Intensität grenzüberschreitender Austausch- oder Produktionsprozesse im Vergleich zu den im Binnenbereich ablaufenden Prozessen (ebd.: 76). Bei den ausgetauschten Waren oder Produkten kann es sich sowohl um Güter („goods", z.B. Waren, aber auch kollektive ordnungspolitische Leistungen) als auch um Übel („bads", z.B. transnationale Verbrechen, grenzüberschreitende Umweltschädigung wie Luftverschmutzung) handeln.

Zur Verteidigung des Begriffs der Globalisierung ist jedoch anzuführen, dass in zahlreichen Problemfeldern (vgl. unten) durchaus zunehmend grenzüberschreitende Prozesse von globaler Reichweite zu beobachten sind (Teusch 2003: 33) und dass die vorgestellte Konzeptualisierung von Held et al. (1999) gerade die geographische und sachbereichsspezifische Variabilität der Reichweite und Dichte von Globalisierungsprozessen betont. Die Definition von Held et al. (1999) ist durchaus in der Lage, Globalisierungsprozesse in einer Art und Weise zu erfassen, die ihren unterschiedlichen zeitlichen und räumlichen Ausprägungen in den verschiedenartigen Problemfeldern Rechnung trägt. Ein derart offener Globalisierungsbegriff erscheint daher vorzugswürdig und lässt sich mit empirisch feststellbaren räumlichen und sachbereichsspezifischen Schwankungen der Reichweite und Intensität von Globalisierungsprozessen vereinbaren.

Mithilfe der raum-zeitlichen Dimensionen der Reichweite, Dichte, Geschwindigkeit und Intensität der Auswirkungen können verschiedene historische Ausprägungen der Globalisierung typologisch erfasst werden. Held et al. unterscheiden vier Typen: schwache („thin"), weit reichende („expansive"), diffuse („diffuse") und umfassende („thick") Globalisierung (Held et al. 1999: 21ff).[29] Die wichtigste Frage hierbei ist, ob

---

[29] Schwache Globalisierung ist gekennzeichnet durch eine große Reichweite, aber geringe Dichte, niedrige Geschwindigkeit und schwacher Auswirkungen globaler Netzwerke (z.B. Handel zwischen China

Kapitel 2: Wandel der systemischen Rahmenbedingungen der Weltpolitik 85

man heute von einer umfassenden Globalisierung in (nahezu) allen Bereichen des sozialen Lebens sprechen kann. Dazu müssten die gegenwärtigen grenzüberschreitenden Interaktionen durch große Reichweite, hohe Dichte, hohe Geschwindigkeit sowie tief greifende Auswirkungen geprägt sein (vgl. die empirische Analyse in Abschnitt 3).

Merkmale der Globalisierung Kategorien von Globalisierung	Reichweite	Dichte	Geschwindigkeit	Auswirkungen
Schwache Globalisierung	hoch	gering	gering	gering
Weit reichende Globalisierung	hoch	gering	gering	hoch
Diffuse Globalisierung	hoch	hoch	hoch	gering
Umfassende Globalisierung	hoch	hoch	hoch	hoch

Abb. 2.7: Typologie der Globalisierung

Einen über die Definition von Held et al. (1999) hinausweisenden Aspekt führt Jan Aart Scholte mit seiner Globalisierungsdefinition ein: die Ausbreitung weltumspannender „deterritorialisierter" sozialer Beziehungen, für die geographischer Raum und territoriale Entfernungen zunehmend an Bedeutung verlieren (Scholte 2005: 59ff.). Globalisierung beschreibt demzufolge einen Prozess, im Zuge dessen soziale Räume, Handlungszusammenhänge und Netzwerke Gleichgesinnter entstehen, die nicht mehr (primär) von territorialer Nähe geprägt, sondern weitgehend unabhängig von geographischen Orten, Grenzen und Distanzen sind. Nachbarschaftliche Kontakte werden ergänzt, zum Teil auch ersetzt durch den Globus umspannende Beziehungen zwischen Menschen mit ähnlichen Interessen oder Wertvorstellungen. Was zählt, ist nicht räumliche Nähe, sondern eine Verbundenheit auf Grund geteilter Ansichten. Das Internet ermöglicht es, dass Menschen nicht mehr nur räumlich – z.B. in Gemeinden und Staaten – organisiert sind und miteinander kommunizieren, sondern zunehmend und mitunter sogar vorrangig über räumliche Entfernungen hinweg entsprechend ihren Interessen oder Wertvorstellungen miteinander verbunden sind.

Scholte (2005: 59) definiert Globalisierung daher als Zunahme weltumspannender („transplanetary") und insbesondere „supraterritorialer" Verbindungen zwischen Menschen. Supraterritoriale soziale Beziehungen sind von räumlichen Grenzen und Entfernungen unabhängig, d.h. sie sind vom Territorium weit gehend entkoppelt. So konnten beispielsweise im Sommer 2008 durch moderne Satellitentechnik Millionen Menschen an ganz verschiedenen Orten auf der ganzen Welt *zeitgleich* das Gleiche tun, nämlich die Olympischen Spiele in China verfolgen („transworld simultaneity"). Die Übertragung

---

und Europa über die Seidenstraße). Weit reichende Globalisierung ist geprägt von großer Reichweite, geringer Dichte, geringer Geschwindigkeit und tief greifenden Auswirkungen (z.B. europäischer (Früh-) Kolonialismus und -imperialismus). Diffuse Globalisierung weist die Merkmale: große Reichweite, hohe Dichte und hohe Geschwindigkeit bei geringen Auswirkungen auf (ein historisch nicht anzutreffender, aber normativ mitunter angestrebter Typus stark regulierter Globalisierungsprozesse). Umfassende Globalisierung bezeichnet schließlich globale Interaktionen, die sich durch große Reichweite, hohe Dichte, hohe Geschwindigkeit sowie tief greifende Auswirkungen auszeichnen.

erfolgte zudem ohne zeitliche Verzögerung, also *unmittelbar* („transworld instantaneity"). Die beiden Merkmale der „transworld simultaneity" und der „transworld instantaneity" der Globalisierung treffen jedoch längst nicht auf alle Problemfelder zu. Im Bereich massenmedialer Kommunikation sind sie sehr offensichtlich; darüber hinaus treffen sie auch für viele Aktivitäten auf den globalen Finanzmärkten zu. Andererseits zeigen gerade globale Umweltschädigungen ihre Auswirkungen oft nicht unmittelbar und auch nicht notwendigerweise zeitgleich in gleichem Ausmaß an verschiedenen Orten der Welt, sondern erst nach erheblicher zeitlicher Verzögerung. Auch wenn räumliche Entfernungen heute schneller überwunden werden können als früher, müssen Transporte materieller Güter immer noch die gleiche Strecke etwa von Norwegen nach Neuseeland zurücklegen, freilich in kürzerer Zeit (vgl. Keohane/ Nye 2000: 110f).

Zusammenfassend bleibt festzuhalten, dass Held et al. (1999) eine umfassende Definition von Globalisierung entwickelt haben, die vielleicht nicht sämtliche, aber dennoch einen Großteil gegenwärtiger Transformationsprozesse der räumlichen Organisation sozialer Beziehungen erfassen kann. Sie bildet daher im Wesentlichen den begrifflichen Rahmen für die späteren empirischen Analysen. An einigen Stellen wird jedoch auch auf Aspekte der Definition Scholtes zurückzukommen sein.

Neben Globalisierungsprozessen prägen auch gegenläufige Fragmentierungstendenzen die Weltpolitik von heute. Letztere äußern sich in sozialer ebenso wie in politischer Ab- und Ausgrenzung und werden häufig mit mehr oder minder aussagekräftigen Schlagworten wie „Partikularismus", „Balkanisierung", „Retribalisierung" oder „lokale Abschottung gegen die globale Moderne" assoziiert (vgl. Barber 2000). Analytisch präziser werden mit dem Begriff der politischen Fragmentierung nach Zürn (1998: 256) Prozesse bezeichnet, bei denen sich die Reichweite von politischen Regelungen und der sie tragenden Organisationen reduziert, so dass die Existenz bestehender politischer Gemeinschaften untergraben wird und neue mit geringerer Reichweite entstehen. Es handelt sich also um Prozesse, die auf die Auflösung oder Verkleinerung bestehender politischer Gemeinschaften zielen, sei es durch Erlangung größerer Autonomie innerhalb eines bestehenden politischen Verbandes (z.B. Schottland innerhalb des Vereinigten Königreichs), durch Sezession von einem politischen Verband (z.B. Bestrebungen der ETA für die Abspaltung des Baskenlands von Spanien) oder durch Ausschluss bestimmter Personengruppen aus einem bestehenden politischen Verband (z.B. Diskriminierung ethnischer Minderheiten). Unter politischer Fragmentierung kann somit die Verkürzung der räumlichen oder personalen Reichweite politischer Institutionen verstanden werden (vgl. Beisheim et al. 1999).

Politische Fragmentierung kann beabsichtigt oder ungewollt sein. Ungewollte Fragmentierung wird z.B. durch die Verarmung von Individuen oder Gruppen ausgelöst, die dadurch an der Ausübung sozialer Rechte gehindert werden, die notwendig ist, um als Teil einer Gemeinschaft gelten und wirken zu können. Ein Fall bewusst verfolgter politischer Fragmentierung stellen (oft ethnisch definierte) Sezessions- und Autonomiebestrebungen dar. Autonomiebewegungen fordern erhebliche Unabhängigkeit von der gesamtstaatlichen Gemeinschaft, Sezessionsbestrebungen streben eine territoriale Abspaltung vom Gesamtstaat an – jeweils bei gleichzeitiger Betonung einer partikularen regionalistischen und häufig ethnisch konstruierten Identität.

Globalisierung:
Globalisierung bezeichnet nach Held et al. (1999: 16) einen Prozess der Transformation der räumlichen Organisation sozialer Beziehungen und Transaktionen hinsichtlich ihrer *Reichweite*, *Dichte*, *Geschwindigkeit* und *Auswirkungen*. Dieser Transformationsprozess erzeugt transkontinentale und interregionale Austauschprozesse und Interaktionsnetzwerke über weite Distanzen hinweg.

Fragmentierung:
Politische Fragmentierung ist nach Zürn (1998: 256) ein „Prozeß, bei dem sich die Gültigkeitsreichweite von politischen Regelungen und der sie tragenden politischen Organisationen reduziert, so daß die Existenz politischer Gemeinschaften untergraben wird. Politisch fragmentierend sind alle Aktivitäten, die beabsichtigt oder tatsächlich auf die Auflösung oder Verkleinerung bestehender politischer Gemeinschaften zielen, sei es durch räumliche Sezession oder durch Ausschluss bestimmter Personengruppen."

Abb. 2.8: Definitionen von Globalisierung und Fragmentierung

James Rosenau sieht Globalisierung und Fragmentierung als entgegengesetzte makroprozessuale Entwicklungsdynamiken, die sich jedoch zu einem untrennbar miteinander verbundenen Prozessmuster zusammenfügen können. Rosenau prägte für die Beschreibung der Gleichzeitigkeit von Globalisierungs- und Fragmentierungsprozessen den Begriff der „fragmegration" (Rosenau 2003: 15). Die Entgegengesetztheit basiere auf widersprüchlichen Konzeptionen von Territorialität. Globalisierung lasse Grenzen undeutlich werden oder gar verschwinden, Fragmentierung dagegen stärke Grenzen. Diese Prozesse liefen jedoch gleichzeitig ab und seien wechselseitig voneinander abhängig. Gerade um das Verhältnis von Fragmentierung und Globalisierung, d.h. insbesondere einen möglichen kausalen Zusammenhang zwischen diesen beiden Vorgängen analysieren zu können, ist es jedoch für unsere Zwecke notwendig, Fragmentierungsprozesse konzeptuell von Globalisierungsprozessen zu unterscheiden. Werden sie aufgrund ihres gleichzeitigen Auftretens mit in *eine* Globalisierungsdefinition einbezogen, wird es unmöglich, die Zusammenhänge *zwischen* diesen unterschiedlichen, wenn auch vielerorts gleichzeitig auftretenden Prozessen zu untersuchen.

2.3 *Theoretischer Rahmen: Komplexe Interdependenz und ihre Auswirkungen*

Die Veränderungen, die sich aufgrund von Globalisierungsprozessen für die Struktur des internationalen Systems, das sich mehr und mehr zu einem globalen, nicht mehr nur zwischenstaatlichen System entwickelt, sowie für die Interaktionen der weltpolitischen Akteure ergeben, werden von neorealistischen Theorien kaum beleuchtet und sind mit deren Kategorien nur sehr bedingt zu erfassen. Liberale Ansätze scheinen eher geeignet, den Wandel der makroprozessualen und -strukturellen Rahmenbedingungen der Weltpolitik von heute zu beschreiben und zu erklären. Dies gilt auch im Hinblick auf das Spektrum politikmächtiger Akteure und auf die Vielfalt gegenwärtiger und zukünftiger Formen des Weltregierens. Insbesondere interdependenztheoretische Ansätze bieten sich als Rahmen zur Analyse von Globalisierungsprozessen und deren Folgen an (vgl. Keohane/ Nye 2001). Im Folgenden sollen liberale Kernannahmen dargestellt werden, die die spätere Analyse qualitativer Implikationen gegenwärtiger Globalisierungsprozesse anleiten sollen (vgl. auch Kap. 1, Abschnitt 3.2).

Eine wichtige Annahme liberaler Theorien besagt, dass das globale System heute nicht mehr nur durch staatenweltliche Anarchie gekennzeichnet ist, sondern auch durch zunehmende zwischengesellschaftliche Interdependenzen. Interdependenz bezeichnet „ein Beziehungsmuster zwischen staatlich verfassten Gesellschaften, das sich durch eine hohe Interaktionsdichte auszeichnet, deren Verlust oder drastische Beschneidung mit erheblichen Kosten für beide Seiten verbunden wäre" (Krell 2004: 243). Interdependenz bedeutet also weit mehr als nur grenzüberschreitende Verflechtung in Gestalt von Interaktionen und Austauschprozessen. Gegenwärtige Abhängigkeit führt erstens zu wechselseitigen Empfindlichkeiten („interdependence sensitivity"), d.h. externe Ereignisse lösen interne Anpassungsprobleme und -kosten in Staaten aus. Diese können aber noch im staatlichen Rahmen aus eigener Kraft bearbeitet werden. Davon zu unterscheiden sind Interdependenz-Verwundbarkeiten („interdependence vulnerability"), die auf die zunehmende Unfähigkeit von Staaten verweisen, von außen induzierte Anforderungen aus eigener Kraft zu bewältigen (Keohane/ Nye 2001: 10ff). Wechselseitige Abhängigkeiten können freilich auch asymmetrisch sein, woraus sich dann ein ungleicher Kooperationsdruck ergibt.

Interdependenz bezeichnet „ein Beziehungsmuster zwischen staatlich verfassten Gesellschaften, das sich durch eine hohe Interaktionsdichte auszeichnet, deren Verlust oder drastische Beschneidung mit erheblichen Kosten für beide Seiten verbunden wäre" (Krell 2004: 243).
- **wechselseitige Empfindlichkeiten** (*„interdependence sensitivity"*), wenn externe Ereignisse interne Anpassungsprobleme und -kosten verursachen, die aber von Staaten noch selbständig bearbeitet werden können.
- **wechselseitige Verwundbarkeiten** (*„interdependence vulnerability"*), wenn externe Ereignisse interne Anpassungsprobleme und -kosten verursachen, die von Staaten nicht mehr selbständig ohne Hilfe anderer Staaten bearbeitet werden können.

(Keohane/ Nye 2001: 7ff.)

Abb. 2.9: Definition von Interdependenz

Zwischenstaatliche wechselseitige Abhängigkeiten sind freilich kein neues Phänomen. Keohane/ Nye (2001) haben daher den Begriff der Interdependenz auf „komplexe Interdependenz" erweitert, um qualitativ neue Dimensionen der gegenwärtigen Globalisierung zu berücksichtigen. Keohane/ Nye (2001) argumentieren, dass das globale System längst nicht mehr nur durch Anarchie, sondern auch und noch stärker durch das Strukturmerkmal der komplexen Interdependenz charakterisiert ist. Sie erheben den Anspruch, mit dem Modell einer von komplexer Interdependenz geprägten Weltpolitik die veränderten Realitäten zu Beginn des 21. Jahrhunderts in vielerlei Hinsicht adäquater abzubilden, als neorealistische Vorstellungen dies tun. Im Einzelnen werden drei zentrale Annahmen des Neorealismus angezweifelt: Erstens, dass Staaten die einzigen bedeutsamen und zudem als geschlossene und homogene Einheiten auftretende Akteure auf der Weltbühne sind; zweitens, dass das Streben nach Sicherheit immer das oberste Ziel von Staaten ist; sowie drittens, dass Staaten militärische Gewaltandrohung und -anwendung als effektives Instrument zur Durchsetzung ihrer Interessen ansehen.

Eine Welt, die durch komplexe Interdependenzen gekennzeichnet ist, weist laut Keohane und Nye stattdessen die folgenden drei Charakteristika auf (Keohane/ Nye 2001: 21ff): Die Welt ist, erstens, geprägt von multiplen grenzüberschreitenden Verbindungen zwischen Gesellschaften, d.h. auch zwischen nichtstaatlichen Akteuren. Staaten sind nicht als geschlossene und einheitliche Akteure zu charakterisieren, sondern bestehen aus einer Vielzahl von Akteuren, die grenzüberschreitend handeln und mit gesellschaftlichen Akteuren in anderen Staaten in Verbindung treten können. Das zweite Charakteristikum betrifft die Existenz vielfältiger weltpolitischer Probleme, die nicht in einer klaren Hierarchie angeordnet sind. Die neorealistische Hervorhebung von „Sicherheit" als „high politics" in Abgrenzung zu „Wohlfahrt" (z.B. Wirtschafts-, Sozial- und Umweltpolitik) und „legitimer Herrschaft" (z.B. Menschenrechte) als „low politics" wird zunehmend hinfällig. Die strikte Trennung zwischen Innen- und Außenpolitik verwischt angesichts komplexer Interdependenzen, weil durch globale Vernetzung und Interdependenzverwundbarkeiten vormals innere Angelegenheiten grenzüberschreitende Wirkungen entfalten und somit gemeinsame Bearbeitung erfordern. Drittens wird angenommen, dass die Androhung oder Anwendung von Gewalt zwischen Staaten, die durch komplexe Interdependenz verbunden sind, keine rationale Option mehr darstellt. Die These lautet, dass Staaten, die wechselseitig voneinander abhängig sind und wirtschaftlich sowie politisch eng miteinander verflochten sind, die Kosten eines Krieges scheuen. Insbesondere ökonomische Interdependenz reduziert aus liberaler Sicht die Wahrscheinlichkeit gewaltsamen Konfliktaustrag. Das Sicherheitsdilemma (vgl. Kap. 1) wird zwischen pluralistischen, industrialisierten und ökonomisch miteinander verflochtenen Ländern abgeschwächt (vgl. ausführlich Kap. 3.1). Staaten sind in der Lage zu erkennen, dass langfristige Kooperation für alle Seiten absolute Gewinne bringt und damit den etwaigen kurzfristigen Gewinnen vorzuziehen ist, die sich durch militärische Gewaltanwendung unter Umständen erreichen ließen. Auf Grund wechselseitiger Verwundbarkeiten haben weltpolitische Akteure ein Interesse daran, mehr Probleme gemeinschaftlich zu bearbeiten. Ein Hindernis dabei ist, dass individuelle und kollektive Rationalität nicht unbedingt übereinstimmen müssen, woraus sich problematische soziale Situationen ergeben, in denen es sich für den Einzelnen lohnen kann, zu seinem kurzfristigen Vorteil aus der Kooperation auszuscheren („defection"). Daher gründen Staaten internationale Institutionen, die Überwachungs- und Sanktionierungsaufgaben übernehmen sowie Verteilungsprobleme bearbeiten und durch die Angleichung wechselseitiger Verhaltenserwartungen der Akteure Erwartungsverlässlichkeit herstellen (Krell 2004: 243ff, Rittberger/ Zangl 2006: 18ff). Der Transfer von Politikformulierungs- und Politikimplementierungskompetenzen von der staatlichen Ebene in die inter- und supranationale Arena im Zuge des Ausbaus internationaler Institutionen stellt somit eine weitere Kernannahme interdependenztheoretischer Ansätze dar.

Charakteristika einer von komplexen Interdependenzen geprägten Welt
1. Es existieren multiple Verbindungen zwischen Gesellschaften. Staaten sind keine geschlossenen Einheiten, sondern bestehen aus zahlreichen nichtstaatlichen Akteuren, die untereinander grenzüberschreitend in Beziehung treten können.
2. Es existieren vielfältige weltpolitische Probleme, die nicht in einer klaren Hierarchie angeordnet sind. Die Trennlinien zwischen *„high"* und *„low"-politics* (z.B. Sicherheits- vs. Wirtschaftspolitik) verwischen ebenso wie die Unterscheidung von inneren und äußeren Angelegenheiten.
3. Staaten, die wechselseitig voneinander abhängig sind, scheuen die Kosten eines Krieges und können erkennen, dass langfristige Kooperationen für alle Seiten gewinnbringender sind als kurzfristige Gewinnmaximierung durch die Anwendung militärischer Gewalt.

Vgl. Keohane/Nye (2001: 21ff.)

Abb. 2.10: Komplexe Interdependenzen

Die folgende empirische Analyse gegenwärtiger Globalisierungsprozesse orientiert sich an diesem theoretischen Rahmen, hinterfragt aber zugleich die Gültigkeit der liberalen Kernannahmen für die Weltpolitik zu Beginn des 21. Jahrhunderts.

3 Quantitatives Ausmaß und qualitative Neuerungen gegenwärtiger Globalisierungsprozesse

Auf der Grundlage dieses begrifflichen Instrumentariums kann zunächst eine quantitativ ausgerichtete Analyse gegenwärtiger Globalisierungsprozesse vorgenommen werden. Zu beantworten ist die Frage: Wie viel Globalisierung hat es wo gegeben? Zunächst werden also die Reichweite und die Dichte grenzüberschreitender sozialer Beziehungen und Transaktionen untersucht. Daran schließt sich eine Untersuchung qualitativer Merkmale gegenwärtiger Globalisierungsprozesse und deren Konsequenzen an: Was unterscheidet heutige Globalisierungsprozesse in ihrer Qualität – nicht nur in ihrem Ausmaß – von früheren Prozessen der internationalen Verflechtung und welche Folgen ergeben sich daraus für die Weltpolitik? Mit der Frage nach den qualitativen

Auswirkungen steht insbesondere die vierte Dimension der Veränderung räumlicher Organisation sozialen Handelns nach Held et al. (1999), die Auswirkungen gegenwärtiger Globalisierungsprozesse, im Mittelpunkt. Die hohe Geschwindigkeit grenzüberschreitender sozialer Austauschprozesse bei gesunkenen Kommunikations- und Transaktionskosten bringt bedeutende qualitative Veränderungen mit sich. Zudem wird zu untersuchen sein, inwieweit entsprechend der Konzeption Scholtes supraterritoriale oder deterritorialisierte Beziehungen zu beobachten sind.

3.1 Quantitative Befunde: Reichweite und Dichte von Globalisierungsprozessen

Globalisierung findet – wenn auch in unterschiedlichem Ausmaß – in der gesamten Breite gesellschaftlicher Themenbereiche von Wirtschaft, über Politik, Sicherheit, Kommunikation und Kultur, Umwelt bis hin zu Mobilität und Migration statt (Zürn 1998: 77). Die Betrachtung der räumlichen Reichweite gegenwärtiger Globalisierungsprozesse zeigt, dass heute kaum mehr Regionen oder Länder existieren, die von transkontinentalen oder interregionalen sozialen Beziehungen und Transaktionen unberührt bleiben. Es handelt sich bei der Globalisierung jedoch um einen nach Sachbereichen und Ländern differenzierten, ungleichmäßigen und zum Teil zeitlich verschobenen Prozess.

Empirische Analysen weisen auf eine erhöhte Konzentration von Globalisierungsprozessen in den OECD-Staaten sowie zumindest in wirtschaftlicher Hinsicht in einigen aufsteigenden Schwellenländern wie z.B. China, Indien, Indonesien, Malaysia, oder Brasilien hin (Beisheim et al. 1999; Schirm 2006: 14; Zürn 1998: 77ff.). Die historisch vergleichenden Untersuchungen von Beisheim et al. (1999) zeigen hinsichtlich der räumlichen Ausdehnung von Globalisierungsprozessen,[30] dass diese ab den 1960er Jahren in einzelnen OECD-Ländern (darunter Deutschland) einen deutlichen Anstieg verzeichneten. Diese Tendenzen breiteten sich in den 1970er Jahren großräumig aus. In der zweiten Hälfte der 1980er Jahre ergab sich durch die zunehmende, über den bloßen transnationalen Austausch von Gütern und Dienstleistungen hinaus gehende grenzüberschreitende Produktion von Gütern und „Übeln" ein weiterer Schub, der alle OECD-Länder plus aufstrebende Schwellenländer in unterschiedlichem, zum Teil zeitlich verschobenem, doch jeweils erheblichem Maße erfasste.

Globalisierungsprozesse besitzen auch heute noch regionale Schwerpunkte. Vor allem die Intensität ökonomischer, gesellschaftlicher und politischer Globalisierung bleibt deutlich ungleich verteilt. Während die *Reichweite* sozialer Handlungszusammenhänge in den meisten Sachbereichen in der Tat als global angesehen werden kann, lassen sich hinsichtlich der *Dichte* von Handlungszusammenhängen erhebliche geogra-

---

[30] Beisheim et al. (1999) arbeiten wie Zürn (1998) mit dem Konzept der Denationalisierung, das u.a. darauf abzielt zu zeigen, dass heutige „Globalisierungsprozesse" häufig nicht globaler Natur sind, sondern auf die OECD-Welt konzentriert bleiben. Die empirischen Untersuchungen von Beisheim et al. beschränken sich von vornherein auf den OECD-Raum.

phische Unterschiede ausmachen (vgl. Gresh et al. 2006: 90-103). Über zwei Drittel des Welthandels, der Auslandsinvestitionen sowie der grenzüberschreitenden Finanztransaktionen erfolgen zwischen den Industrieländern der OECD plus einigen aufstrebenden Schwellenländern. Aus ökonomischer Sicht ist das Problem vieler Entwicklungsländer daher nicht so sehr, dass die Globalisierung ihnen schadet, sondern dass sie oftmals an ihnen vorbei geht (Schirm 2006: 14).

Eine themenbereichsspezifische Analyse ergibt, dass in den 1970er Jahren eine Beschleunigung und Intensivierung von Globalisierungsprozessen in allen Bereichen auszumachen ist. Bereits in der zweiten Hälfte der 1970er Jahre erreichte das Ausmaß der Globalisierung in der OECD-Welt in nahezu allen Bereichen neue Höchstwerte und lag damit über dem im Allgemeinen als sehr hoch eingeschätzten Globalisierungsniveau der Jahre vor dem Ersten Weltkrieg. Das Wachstum von grenzüberschreitenden Austauschprozessen flachte zwar in den 1980er Jahren teilweise etwas ab. Zugleich nahm aber die grenzüberschreitende Produktion von Gütern (z.B. Internet) und Übeln (z.B. transnationale Kriminalität; Finanzkrisen) erheblich zu, woraus ein echter Globalisierungsschub erwuchs, der bis heute anhält. Skeptikern hinsichtlich des Ausmaßes gegenwärtiger Globalisierungsprozesse kann daher entgegnet werden, dass zumindest in der OECD-Welt und soweit Vergleichswerte für Austauschprozesse vorliegen gegenwärtige Globalisierungsprozesse in der Tat präzedenzlos sind (Zürn 1998: 93f.).

Im Bereich „Wirtschaft" verweisen zahlreiche Indikatoren auf eine langfristige Wachstumsdynamik grenzüberschreitender Austausch- und Produktionsprozesse. Zu nennen sind steigende Außenhandelsquoten, ein wachsender Anteil importierter Zwischenprodukte, der Ausbau transnationaler Produktionsketten, die deutliche Zunahme grenzüberschreitender Kapitalströme, der trotz zwischenzeitlicher Rückschläge mittelfristig betrachtet zunehmende Anteil von ausländischen Direktinvestitionen verglichen mit inländischen Anlageinvestitionen sowie die steigende Zahl von transnationalen Unternehmen. Während das Welt-Bruttosozialprodukt nach Angaben des IWF in den Zeiträumen 1996 bis 2003 sowie 2004 bis 2007 nur um durchschnittlich 3,7 bzw. 4,9% pro Jahr wuchs, beliefen sich zugleich die jährlichen Wachstumsraten des Welthandels im Schnitt auf 6,1 bzw. 8,3% (vgl. Schirm 2006: 14).

Kapitel 2: Wandel der systemischen Rahmenbedingungen der Weltpolitik

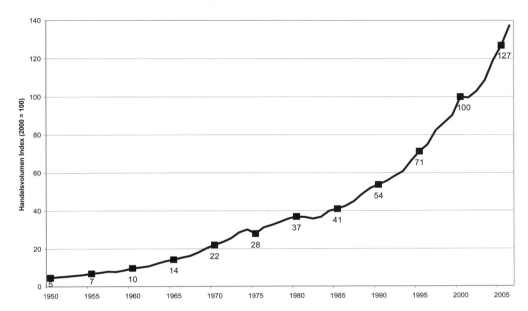

Quelle: Grafik erstellt aus Daten der WTO (2007a: 169)

Abb. 2.11: Entwicklung des grenzüberschreitenden Welthandel 1950-2006

Einige Ereignisse und Entwicklungen nach der Jahrtausendwende haben dazu geführt, dass Globalisierungsskeptiker mittlerweile davon ausgehen, dass der Höhepunkt insbesondere der ökonomischen Globalisierung überschritten wurde. Sie verweisen auf den Eindruck der Terroranschläge des 11. September 2001 in den USA, die darauf folgenden Sicherheitsmaßnahmen, die nationale Grenzen stärkten, und den „Krieg gegen den Terrorismus" einerseits sowie auf mehrere regionale Finanzkrisen um die Jahrtausendwende, die sich weltweit verbreitende Finanz- und Wirtschaftskrise 2008/09) mit deutlichen Börsenabschwüngen und Rückgängen im Welthandel sowie eine lange Zeit blockierte Doha-Welthandelsrunde andererseits. Diese Ereignisse und Entwicklungen zeigen, dass Globalisierung kein deterministisch-linearer Prozess ist. Einige Autoren sprachen bereits vor der globalen Finanzkrise 2008/09 vom „Niedergang der Globalisierung", vom „Ende der Ära der Globalisierung" oder von „dem Zusammenbruch der liberalen Weltordnung" (Ferguson 2005; Rosenberg 2005; vgl. Held/ McGrew 2007).

Auch wenn diese Abgesänge auf die Globalisierung insbesondere im Zuge der Weltfinanz- und Weltwirtschaftskrise 2008/2009, mittlerweile weltweit zu vernehmen sind, zeigt eine über die Betrachtung einzelner Jahre hinausgehende mittel- und vor allem langfristige empirische Analyse, dass auf Globalisierungskrisen meist eine relativ schnelle Erholung folgte. In der Tat waren z.B. zwischen 2001 und 2003 stagnierende oder gar rückläufige Werte für einzelne Indikatoren der ökonomischen Globalisierung (z.B. ausländische Direktinvestitionen) zu beobachten (vgl. Held/ McGrew 2007: 1; Schirm 2006: 14). Mitte der 2000er Jahre hatte das Volumen der globalen Auslandsinvestitionen aber wieder das Niveau der frühen 1990er Jahre erreicht. Freilich war der Einbruch des Welthandels nach dem 11. September 2001 bei weitem nicht vergleichbar mit dem der Weltwirtschaftskrise (2008/2009). Inwieweit und wann sich der Welthandel von diesem Einschnitt wieder erholen wird, ist derzeit noch nicht abzusehen. Im Langzeittrend zeigt sich nichtsdestotrotz, dass seit den 1980er Jahren die Ströme ausländischer Direktinvestitionen, die in Entwicklungsländer flossen, in den vergangenen Jahren deutlich schneller zunahmen als jene in Volkswirtschaften des OECD-Raums, die Reichweite von wirtschaftlichen Globalisierungsprozessen also zunehmend global wird (Held/ McGrew 2007: 1). Die Bedeutung des Handels insbesondere mit asiatischen Schwellenländern dürfte für die OECD-Staaten auch in Folge der Weltwirtschaftskrise und schwachen Binnenkonsums eher noch zunehmen.

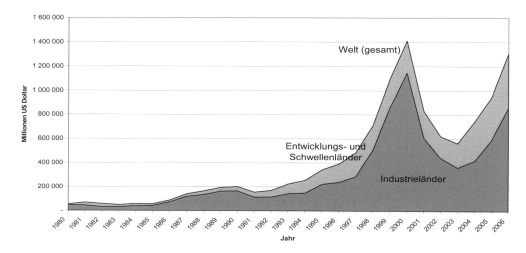

Quelle: Grafik erstellt aus Daten der UNCTAD (2007a)

Abb. 2.12: Zuflüsse ausländischer Direktinvestitionen weltweit und nach Ländergruppen 1980-2006

In Folge der globalen Finanz- und Wirtschaftskrise (2008/2009) ist zumindest vorübergehend ein starker Rückgang des Volumens grenzüberschreitender ökonomischer Aktivitäten (z.B. Devisenhandel, Waren- und Dienstleistungshandel) zu beobachten. Wie tiefgreifend und nachhaltig sich die Finanz- und Wirtschaftskrise auf den weltweiten Austausch von Waren und Dienstleistungen und andere grenzüberschreitende Transaktionen auswirken werden, ist noch nicht in vollem Umfang abzuschätzen. Mit einem Rückgang globaler Finanztransaktionen und einem (zumindest moderaten) Ausbau staatlicher Regulierungs- und Kontrollinstrumente ist jedoch zu rechnen. Von einem dauerhaften Niedergang der ökonomischen Globalisierung in ihren vielfältigen Erscheinungsformen auszugehen, erscheint dennoch voreilig. Globalisierungsprozesse

Kapitel 2: Wandel der systemischen Rahmenbedingungen der Weltpolitik 95

haben sich bisher als deutlich hartnäckiger und widerstandsfähiger erwiesen, als viele Kritiker geglaubt (und/oder gehofft) haben (Held/ McGrew 2007: 4).

Der folgende Überblick über Globalisierungsprozesse in weiteren ausgewählten Bereichen neben der Wirtschaft ergänzt und vertieft die Befunde zum Ausmaß der Globalisierung (vgl. Beisheim et al. 1999; Gresh et al. 2006).[31]

Quantitativ ausgerichtete Untersuchungen der politischen Integration[32] einiger großer OECD-Länder ergaben, dass nach dem Zweiten Weltkrieg sowohl die Anzahl internationaler Organisationen als auch die Zahl abgeschlossener Verträge kontinuierlich anstiegen (Beisheim et al. 1999). Ähnliche Ergebnisse liefern auch global angelegte Analysen der Union of International Associations (UIA 2007/2008; vgl. Rittberger/ Zangl 2006: 55ff.). Auch die Mitgliedschaft in internationalen Organisationen wuchs in den Jahrzehnten nach dem Zweiten Weltkrieg erheblich: Immer mehr Staaten wurden und sind Mitglied in immer mehr internationalen Organisationen. Die zunehmende politische Integration durch internationale Organisationen lässt sich auch anhand der durchschnittlichen Mitgliederzahl pro Organisation illustrieren: Mitte der 1980er Jahre lag der Wert bei 40 verglichen mit nur 18,6 im Jahr 1945 und 22,7 im Jahr 1964. Allerdings nahm die Zahl internationaler Organisationen von rund 380 Mitte der 1980er Jahre auf etwa 250 um die Jahrtausendwende ab (Rittberger/ Zangl 2006: 56f.). Die Breite und Tiefe der Verregelung konkreter Problemfelder zeigt jedoch zugleich eine deutliche und nachhaltige Zunahme internationaler Regeln – zuvörderst sind hier die Regelungen im Rahmen der Europäischen Gemeinschaft (EG) bzw. der Europäischen Union (EU) zu nennen (Beisheim et al. 1999: 323). Zu betonen ist auch, dass ungeachtet der Verringerung der Zahl von internationalen zwischenstaatlichen Organisationen die Anzahl der durch internationale Organisationen geschaffenen nachgeordneten Organe und spezialisierten Einrichtungen zunahm (Rittberger/ Zangl 2006: 57). Zumindest für die Industriestaaten liegen ferner Daten vor, die auf eine konstant hohe Akzeptanz internationaler Organisationen in der Bevölkerung hinweisen (Beisheim et al. 1999: 323).

---

[31] In der Tat herrscht in der Globalisierungsforschung ein Mangel an quantitativen Analysen von Globalisierungsprozessen in verschiedenen Sachbereichen. Eine Ausnahme bilden die nicht mehr ganz aktuellen Studien von Beisheim et al. (1999), die auf OECD-Länder begrenzt bleiben.
[32] Politische Integration stellt eine Form der „positiven" Integration dar (vgl. Scharpf 1999: 45), die eine *aktive* Einbindung der Beteiligten erfordert. Diese aktive Einbindung geht jedenfalls über den bloßen Wegfall von Grenzen („negative" Integration) hinaus und kann von bloßer Politikkoordination bis zur politischen Vergemeinschaftung reichen.

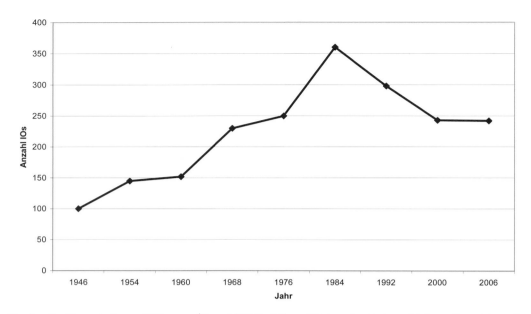

Quelle: Grafik erstellt aus Rittberger/ Zangl (2006: 57) und Daten der Union of International Associations, UIA (2007/2008: 3)

Abb. 2.13: Quantitatives Wachstum internationaler Organisationen 1946-2006

Im Bereich „Sicherheit" lassen sich in den zwischenstaatlichen Beziehungen bereits während des Kalten Krieges Globalisierungsprozesse durch die Verbreitung von Massenvernichtungswaffen sowie die weitgestreute extraterritoriale Stationierung von Nuklearwaffen und Langstreckenraketen identifizieren (Zürn 1998: 77f.). Der grenzüberschreitende Waffenhandel, an dem auch nichtstaatliche Akteure insbesondere beim Transfer von Klein- und Leichtwaffen teilhaben, stellt auch nach dem Ende des Kalten Krieges eine ernste Sicherheitsbedrohung dar. In jüngerer Vergangenheit sind nach erheblichen Rückgängen im Zuge des Endes des Kalten Krieges wieder deutliche Zuwächse beim Handel mit (größeren) konventionellen Waffen zu beobachten. Während das Volumen des Handels mit größeren konventionellen Waffen um die Jahrtausendwende einen Tiefststand mit rund 18 Milliarden US-Dollar erreichte, stieg es seit 2003 wieder deutlich an. Im Jahr 2005 belief es sich auf 22 Milliarden US-Dollar (SIPRI 2006: 450), in den Jahren 2006 und 2007 (jeweils rund 27 Milliarden US-Dollar) setzte sich der Anstieg fort (vgl. SIPRI 2008: 295).

Verlässliche Daten zum illegalen und illiziten[33] Handel mit Kleinwaffen existieren kaum (vgl. Small Arms Survey 2003: 3f.; 2006), obwohl dieser aufgrund seiner verschär-

---

[33] Illegaler Handel verstößt laut Definition der Vereinten Nationen gegen die Gesetze von Staaten und/oder das internationale Recht, während illiziter Handel auf dem technisch gesehen legalen „grauen" Markt abläuft, auf dem verdeckte, aber von einer Regierung unterstützte Transaktionen vorge-

fenden Wirkung auf bewaffnete Konflikte oder kriminelle Aktivitäten, die teilweise auch grenzüberschreitende Wirkungen entfalten können, ein gravierendes transsouveränes Problem im Sachbereich „Sicherheit" darstellt (vgl. auch Kap. 7).

In jüngerer Zeit haben neue grenzüberschreitende Übel wie der transnationale Terrorismus und die organisierte Kriminalität, die von nichtstaatlichen transnationalen Gewaltakteuren ausgehen, an Bedeutung gewonnen. Insgesamt zeigen die verfügbaren Daten einen Anstieg *transnationaler* terroristischer Vorfälle insbesondere seit dem Jahr 2001. Nach den Daten der RAND Corporation haben sich im Jahr 2000 auf internationaler Ebene 104 terroristische Vorfälle ereignet. Im Jahr 2002 waren es bereits 298. 2005 wurden 302 transnationale terroristische Vorfälle gezählt (Beyer 2006: 74f). Daten des *Human Security Report 2005* weisen zwar zunächst auf einen Rückgang der absoluten Zahl transnationaler Terroranschläge im Zeitraum von 1982 bis 2003 hin. Seit den Anschlägen vom 11. September 2001 ist jedoch ein deutlicher Anstieg von transnationalen Terroranschlägen mit hohen Opferzahlen zu verzeichnen (Human Security Centre 2005: 2). Der *Human Security Brief 2006* nennt für den Zeitraum zwischen 2002 und 2005 eine dreifache Zunahme transnationaler terroristischer Vorfälle sowie eine fünffache Zunahme der Opferzahlen (Human Security Centre 2006: 6).

Im Bereich „Kultur und Kommunikation" sind deutliche Globalisierungstendenzen in Form einer weiter wachsenden Nutzung elektronischer Datenkommunikationsmittel, der globalen Verbreitung von multinationalen Medienkonzernen und der Verbreitung von Erzeugnissen des westlichen Populärkulturbetriebs (Filme, Musik, Mode etc.) zu beobachten (Held et al. 1999: 432; Zürn 1998: 79ff.). Im Zuge der Informationsrevolution hat die Ausbreitung von Massenmedien und elektronischen Kommunikationsmitteln zu erheblich erhöhter Geschwindigkeit individueller Kommunikation und kulturell-ideellen Austausches geführt. Technologische Innovationen verbreiten sich mit hoher Geschwindigkeit. So dauerte es 125 Jahre, bis eine Milliarde Menschen weltweit einen (Festnetz-)Telefonanschluss besaßen. Bei Mobiltelefonen wurde diese Nutzerzahl innerhalb von nur 21 Jahren erreicht und eine weitere Milliarde Mobilfunknutzer kam innerhalb der letzten drei Jahre dazu (ITU 2006: 8f).

Statistiken der Internationalen Fernmeldeunion (International Telecommunications Union, ITU) über die globale Verteilung von weltweiten Festnetz-, Mobiltelefon- und Internetanschlüssen zeigen, dass sich zwischen 1994 und 2004 die digitale Kluft („digital divide") zwischen Entwicklungs- und Industrieländern verringert hat. Dennoch bestehen weiterhin große Disparitäten hinsichtlich des Zugangs zu und der Nutzung von Kommunikationsmitteln zwischen Nord und Süd. In Europa besaßen im Jahr 2004 bereits 70% der Bevölkerung ein Mobiltelefon. In Afrika werden es dagegen nur 5%. Im Jahr 2004 verfügten rund 840 Millionen Menschen weltweit über einen privaten Internetzugang – dies sind gerade einmal 13% der Weltbevölkerung. Die höchste Dichte an Internetanschlüssen ist in Europa und in Nordamerika zu finden, wo ein Drittel

---

nommen werden. Beim illiziten Handel werden Schlupflöcher in nationalem oder internationalem Recht genutzt oder Sanktionen von Regierungen umgangen (Small Arms Survey 2001).

der Bevölkerung einen eigenen Anschluss besitzt (ITU 2006a). Insbesondere Afrika hinkt nicht nur zahlenmäßig bei den Internetanschlüssen hinterher. Auch die Einführung neuer Technologien wie schneller, mobiler Breitband-Internetanschlüsse vollzieht sich dort nur mit erheblicher Verzögerung. Dies birgt die Gefahr in sich, dass der Kontinent Afrika oder zumindest große Teile südlich der Sahara beim globalen Informationsaustausch weiter abgehängt werden.

Die Tendenz zu deterritorialisierten Verbindungen, die Scholte (2005) als prägendes Merkmal heutiger Globalisierungsprozesse ansieht, wird auch deutlich an der wachsenden Popularität von Onlineportalen wie „MySpace" und „Facebook", in denen sich die Nutzer selbst präsentieren und weltweit auf die Suche nach Menschen und Gruppen mit ähnlichen Gesinnungen und Interessen gehen.

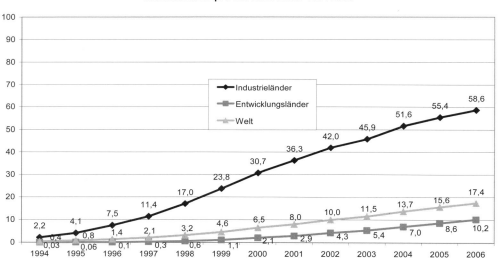

Quelle: Grafik erstellt aus Daten der International Telecommunications Union (2008)

Abb. 2.14: Entwicklung der digitalen Kluft[34] 1994-2006

Im Bereich „Mobilität und Migration" ist bei den kurzfristigen Personenbewegungen, etwa beim internationalen Tourismus, in den letzten Jahrzehnten ein deutliches Wachs-

---

[34] Die *digitale Kluft* lässt sich berechnen, indem man die Anschlussdichte (also die Anzahl der Internetanschlüsse pro 100 Einwohner) in den Industrieländern durch die Anschlussdichte in den Entwicklungsländern teilt. Das Ergebnis gibt an, um welchen Faktor die Anschlussdichte in den Industrieländern die in den Entwicklungsländern übersteigt. In Industrieländern war 2006 die Zahl der Anschlüsse pro 100 Einwohner nur noch knapp 6 mal so hoch wie in Entwicklungsländern, während sie 1994 noch 73 mal so hoch war. Die digitale Kluft hat sich also zwischen 1994 und 2006 erheblich verringert (vgl. ITU 2006a).

tum zu verzeichnen. Laut Welttourismusorganisation stieg die Zahl der Auslandsreisenden von 500 Millionen im Jahr 1995 auf rund 840 Millionen im Jahr 2006, was einer jährlichen Steigerungsrate von etwa 4,5% entspricht. Die Zuwächse verteilen sich auf alle Weltregionen. Afrika lag 2006 an der Spitze mit einer Zuwachsrate von 9%, gefolgt vom asiatisch-pazifischen Raum (+8%), dem Mittleren Osten (+8%), dem amerikanischen Kontinent (+6%) and Europa (+4%). Nur Nord-Amerika hat in den letzten fünf Jahren keine Zuwächse internationaler Besucherzahlen aufzuweisen (-0.3%) (UNWTO 2006). Freilich sind auch die absoluten Touristenzahlen zu berücksichtigen, die in Afrika bei weitem niedriger liegen als in Europa oder Nordamerika. Dennoch sprechen die genannten Wachstumsraten gegen die These, dass „Globalisierungsprozesse" sich auf den OECD-Raum beschränken.

Auch die dauerhafte internationale Migration[35] hat seit den 1960er Jahren (wenn auch nur moderat) zugenommen. 1960 waren etwa 75 Millionen Menschen internationale Migranten, womit diese rund 2,5% der Weltbevölkerung ausmachten. Im Jahr 2005 war die Zahl der Migranten auf 191 Millionen angewachsen. Dennoch ist ihr Anteil an der Gesamtweltbevölkerung mit etwa 3% immer noch recht gering (UN Population Fund 2006: 5ff.). Die absolute Zahl neuer Migranten ist in den zurückliegenden Jahrzehnten sogar zurückgegangen, von 41 Millionen zwischen 1975 und 1990 auf 36 Millionen zwischen 1990 und 2005. Dies ist zumindest teilweise auf den Rückgang der *internationalen* Flüchtlingszahlen in den vergangenen 20 Jahren bei gleichzeitigem Anstieg der Zahl der Binnenvertriebenen zurückzuführen. Die Zahl der vom Hohen Kommissar der VN für Flüchtlinge (UNHCR) erfassten internationalen Flüchtlinge ist von 18 Millionen 1992 auf rund 9 Millionen in 2004 gesunken, allerdings seitdem wieder auf rund 11 Millionen im Jahr 2007 angestiegen (UNHCR 2006: 10, 2008: 2).

Im Bereich „Umwelt" war vor allem von den 1960er bis zu den 1980er Jahren die vermehrte grenzüberschreitende Verbreitung von Schadstoffen wie etwa dem „sauren Regen" festzustellen. Während zumindest bei einzelnen Luftschadstoffen (z.B. Schwefeldioxid) in den entwickelten Industrieländern mittlerweile ein Rückgang der Emissionen eingetreten ist, haben neue transnational produzierte Übel die positive Wirkung dieser punktuellen Rückgänge aufgehoben. So wird die transnationale Verbreitung von Schadstoffen heute überlagert von kollektiv verursachten, d.h. grenzüberschreitend produzierten Umweltproblemen wie dem Abbau der Ozonschicht und dem Treibhauseffekt (Zürn 1998: 86). Mittlerweile bezeichnet es auch der Bericht des Weltklimarats („Intergovernmental Panel on Climate Change", IPCC) als sehr wahrscheinlich, dass menschliche Aktivitäten für den Großteil der in den letzten Jahrzehnten beobachteten Erderwärmung verantwortlich sind (IPCC 2007). Schätzungen gehen von einer weiteren Erderwärmung zwischen 2 und 6,4 Grad Celsius bis zum Jahr 2100 aus (vgl. Gresh et al. 2006: 12f.; IPCC 2007). Hier zeigt sich, dass sich die Globalisierung der Umweltbelastungen eben nicht (nur) unmittelbar, sondern häufig vor allem mittel- und langfris-

---

[35] Als internationale Migranten gelten Menschen, die seit mindestens einem Jahr außerhalb ihres Geburtslandes leben (UNHCR 2006: 12).

tig bemerkbar macht. Die Konzentration der CO_2-Teilchen in der Atmosphäre ist zwischen dem Jahr 1850 und dem Jahr 2005 in einem Maße gestiegen wie zu keinem anderen vergleichbaren Zeitraum innerhalb der letzten 420.000 Jahre, für die sich die Klimageschichte rekonstruieren lässt (Gresh et al. 2006: 12; vgl. Kap. 8). CO_2 verbleibt für mindestens 100 Jahre in der Atmosphäre und kann somit noch lange nach dem Zeitpunkt des Ausstoßes für Klimaveränderungen sorgen.

Eine neue Form der Globalisierung von Umweltbelastungen spiegelt sich im „Mülltourismus" der Industriestaaten wider. Zum Teil hoch gefährliche Abfälle werden nach Afrika und vor allem nach Asien verschifft. Bei den Ländern, von denen Angaben vorliegen, ist der Mülltransfer von insgesamt zwei Millionen Tonnen im Jahr 1993 auf 8,5 Millionen Tonnen im Jahr 2001 gestiegen – wobei in diese offiziellen Zahlen illegale Formen des Mülltransfers in Entwicklungsländer noch gar nicht eingeschlossen sind (Gresh et al. 2006: 12).

3.2 *Qualitativ neue Merkmale gegenwärtiger Globalisierung und deren Folgen*

Gegenwärtige Globalisierungsprozesse sind (trotz allen räumlichen und themenbereichsspezifischen Einschränkungen und durchaus auftretenden Phasen der Stagnation oder gar des Rückgangs von Austauschprozessen) hinsichtlich der Reichweite und Dichte grenzüberschreitender sozialer Beziehungen und Transaktionen insgesamt präzedenzlos. Mit diesem quantitativen Befund ist allerdings noch nichts darüber ausgesagt, inwieweit sich die heutige Globalisierung auch qualitativ grundlegend von früheren Ausprägungen von Globalisierungsprozessen – wie sie etwa in der Zeit vor dem Ersten Weltkrieg zu beobachten waren – unterscheiden. Im Folgenden gilt das Augenmerk der Untersuchung qualitativ neuer Merkmale gegenwärtiger Globalisierungsprozesse.

Es besteht eine Verbindung zwischen dem noch nie da gewesenen Ausmaß von Globalisierungsprozessen und deren qualitativ neuen Merkmalen. Held et al. (1999: 425ff.) erkennen im historisch einzigartigen Auftreten von Prozessmustern der Globalisierung in allen Bereichen des sozialen Lebens eine tief greifende qualitative Transformation der Weltpolitik. Gegenwärtige Globalisierungsprozesse entsprechen weitgehend dem Typus der umfassenden Globalisierung (s.o.), da sie nicht nur hinsichtlich der Reichweite und Dichte, sondern auch in Bezug auf ihre Geschwindigkeit und ihre Auswirkungen hohe Werte aufweisen (Held et al. 1999: 431). Erhebliche qualitative Auswirkungen haben insbesondere die Zunahme der Geschwindigkeit grenzüberschreitender sozialer Austauschprozesse und die gleichzeitige Senkung der Kosten für Kommunikation.

Worin genau besteht der qualitative Wandel, den der Typus der umfassenden Globalisierung mit sich bringt? Aus der präzedenzlosen Dichte globaler Interaktionsnetzwerke folgt, dass ursprünglich lokale, sachbereichsspezifische Entwicklungen unvorhersehbare und mitunter exponentielle systemische Effekte haben. Dadurch dass die Dichte von Interaktionen über verschiedene Weltregionen und einzelne Sachbereiche hinweg größer geworden ist, können sich Ereignisse in einer (Welt-)Region oder in einem Sachbereich – unmittelbar oder zeitverzögert und oft nur schwer vorhersehbar – auf andere Regionen oder Sachbereiche auswirken (Keohane/ Nye 2000: 108). Die globale Finanzkrise (2008/09), die als geographisch und sektoral begrenzte Hypothekenkrise in den USA (2007) begann, in den Jahren 2008 und 2009 jedoch für schwere Verluste auf Finanzmärkten und in der Realwirtschaft weltweit sorgte, ist ein eindrucksvolles Beispiel dafür, dass im Zeitalter einer umfassenden Globalisierung geographisch und sektoral begrenzte Ereignisse globale, sektorenübergreifende und zudem nur schwer vorhersehbare Folgen nach sich ziehen können (vgl. ausführlich Kap. 8). Die neue Qualität der Interdependenzverwundbarkeit – nicht mehr nur der Interdependenzempfindlichkeit – kennzeichnet auch die Auswirkungen vergangener und heutiger Treibhausgasemissionen auf den zukünftigen Klimawandel (vgl. Gresh et al. 2006: 12f.; IPCC 2007). Durch die zunehmende Unübersichtlichkeit und die Unvorhersehbarkeit von potenziell globalen Konsequenzen zunächst lokal begrenzter Ereignisse entsteht eine zunehmende Unsicherheit bei Regierungen, Marktteilnehmern und anderen politikmächtigen Akteuren, die schon mit der kognitiven Erfassung und erst recht mit der Steuerung dieser komplexen Wirkungszusammenhänge häufig überfordert sind – einer von vielen Faktoren zur Erklärung der oft zögerlichen Haltung politischer Akteure gegenüber der Regulierung von Globalisierungsprozessen.

Die Ausbreitung von Massenmedien und elektronischen Kommunikationsmitteln hat nicht nur zu erhöhten Geschwindigkeiten individueller Kommunikation, sondern auch und vor allem zu geringeren Kommunikationskosten geführt. Diese „institutionelle Geschwindigkeit" (Keohane/Nye 2000: 108) hat tief greifende Auswirkungen auf die Struktur des globalen Systems und insbesondere auf das Akteursspektrum der Weltpolitik. Die Zunahme institutioneller Geschwindigkeit lässt räumliche Entfernungen an Bedeutung verlieren. Es geht in diesem Zusammenhang nicht allein darum, dass die Geschwindigkeit, mit der Nachrichten übertragen werden, zunimmt. Es sind die geringeren Kosten in Verbindung mit immer häufiger simultan erfolgender Verbreitung von Informationen, die es z.B. Unternehmen ermöglichen, umgehend auf Veränderungen auf den Weltmärkten zu reagieren, ihre Produktionsketten transnational zu organisieren und nicht zuletzt durch transnationale Vernetzung ihre Einflussmöglichkeiten gegenüber den Staaten auszubauen. Durch die geringeren Kosten für Kommunikation wird allgemein eine stärkere Teilhabe transnationaler Akteure an der Politikgestaltung ermöglicht. Durch die Nutzung moderner Kommunikationsmittel zur Vernetzung ihrer Tätigkeiten und zur wirkungsvollen Verbreitung ihrer Anliegen können etwa transnationale zivilgesellschaftliche Akteure auch ohne den Besitz großer materieller Machtressourcen erheblichen Einfluss auf die Politikformulierung und Politikimplementierung nehmen. Insofern kann die Globalisierung als treibende Kraft der Ausdifferenzierung des Akteursspektrums der Weltpolitik aufgefasst werden. Unter den Bedingungen der Globalisierung sind nicht mehr nur die Staaten, sondern auch internationale zwischenstaatliche Organisationen, transnationale Unternehmen und grenzüberschreitend agierende Nichtregierungsorganisationen zentrale Akteure der Weltpolitik (vgl. Kap. 3).

Die Realitäten der kommunikationstechnologischen Entwicklungen, der gestiegenen Geschwindigkeit und der gesunkenen Kosten globaler Kommunikation belegen, dass tatsächlich eine Ausbreitung supraterritorialer oder deterritorialisierter sozialer Beziehungen und Transaktionen stattfindet. Die Gleichzeitigkeit von weltweiten Verbindungen und Interaktionen und die zeitliche Unmittelbarkeit von weltweiten Kommunikationsströmen sind eng mit der kommunikationstechnologischen Informationsrevolution verbunden. Freilich sollte das Ausmaß dieser spezifischen Form der Veränderung sozialer Beziehungen auch nicht überschätzt werden. Es gibt heute in der Tat supraterritoriale soziale Beziehungen, in denen räumliche Entfernungen nicht mehr zählen. Doch sind sie nicht die einzigen und (noch nicht) die beherrschenden Formen grenzüberschreitender Interaktionen.

Eine weitere zentrale und politisch folgenschwere Transformation liegt in dem Übergang von grenzüberschreitendem Austausch zu grenzüberschreitender *integrierter* Produktion von Gütern und Übeln (Zürn 1998: 72f.). Es werden zunehmend nicht nur Güter und Übel über Grenzen hinweg ausgetauscht – dies ist ein relativ „altes" Phänomen –, sondern diese werden kollektiv in transnationalen Produktionsketten oder -netzwerken hergestellt. So lässt sich etwa bei der wirtschaftlichen Globalisierung zwischen dem internationalen Handel mit Fertigwaren (grenzüberschreitender Austausch) und der grenzüberschreitenden Fertigung eines Gutes entlang transnationaler Produktionsketten (grenzüberschreitende integrierte Produktion) unterscheiden, wobei gerade die grenzüberschreitende integrierte Produktion in den vergangenen Jahrzehnten an Bedeutung gewonnen hat. Die zunehmende Bedeutung transnationaler Produktion von Gütern aber auch von Übeln schlägt sich auch in anderen Sachbereichen jenseits der Ökonomie nieder: Beispiele dafür sind transnationale Kriminalität, transnationaler Terrorismus, globale Umweltveränderungen ebenso wie die (In-) Stabilität globaler Finanzmärkte. In all diesen Fällen wird ein „Produkt" – sei es ein Gut oder ein Übel– in mehreren grenzüberschreitenden Arbeitsschritten unter Beteiligung einer Vielzahl von transnational agierenden Handlungseinheiten hergestellt. Gerade diese transnationalen Produktionsprozesse stellen eine qualitativ neue Herausforderung für Weltregieren dar.

Einen höchst kontrovers diskutierten Aspekt gegenwärtiger Globalisierungsprozesse stellen die Auswirkungen der Globalisierung auf die globale Macht- und Wohlfahrtsverteilung dar (vgl. Bhagwati 2004: 66f.; Falk 1999: 14f.). Festzustellen ist, dass die Globalisierung nicht zu einer zügigen und umfassenden Angleichung globaler Wohlfahrtschancen – insbesondere im Vergleich zwischen Norden und Süden – geführt hat. Ökonomische und soziale Ungleichheiten zwischen Besitzenden und Nicht-Besitzenden wurden durch die Globalisierung nicht abgebaut, in mancher Hinsicht wurden sie deutlich verschärft. Es ist zwar in der Tat richtig, dass die ökonomische Globalisierung in vielen Ländern (gerade in Asien) zu zum Teil erheblichen absoluten Wohlfahrtssteigerungen geführt hat – eine Einebnung von relativen Wohlstandsunterschieden in und zwischen den Staaten ging damit in der Regel nicht einher. Einen unmittelbaren kausalen Zusammenhang mit der Globalisierung nachzuweisen, ist zwar schwierig, festzuhalten bleibt aber, dass seit den 1980er Jahren die sozioökonomische Ungleichheit im Ländervergleich deutlich zugenommen hat. Während zu Beginn der 1960er Jahre das Pro-Kopf-Bruttosozialprodukt der 20 reichsten Länder laut Weltwirtschaftsforum (WEF) 54-mal höher war als das der 20 ärmsten, lag das Verhältnis unmittelbar nach der Jahrtausendwende bei 1:121 zu Ungunsten der 20 ärmsten Länder (WEF 2006: 9).

Auch innerhalb der Länder nimmt die Ungleichheit überwiegend zu. Die materielle Ungleichheit *zwischen* Ländern („between-country-inequality") ist zwar weiterhin deutlich ausgeprägter als die mittlere *inner*gesellschaftliche Ungleichheit („within-country-inequality") (Nel 2006: 4f.). Allerdings nimmt die Wohlstandsspreizung innerhalb von Staaten in der Tat zu. In der OECD-Welt stiegen zwischen 1979 und 2001 die Einkommen der ärmsten 20 Prozent der Bevölkerung um 8 Prozent, der mittleren Einkommensschichten um 17 Prozent, des reichsten Zehntels der Bevölkerung um 69 Prozent und des einen Prozent der Reichsten um 139 Prozent (Gresh et al. 2006: 45; vgl. ausführlich dazu Kap. 8).

Mit der Globalisierung ist eine Veränderung von weltweiten ökonomischen und politischen Ressourcen- und Einflussverteilungen und von sozialen Hierarchien verbunden. Globalisierung impliziert daher auch, um es mit den Worten von Held et al. auszudrücken, eine "Strukturierung und Restrukturierung von Machtverhältnissen über weite Entfernungen hinweg" (Held et al. 1999: 28; Ü.d.V.). Globalisierungsprozesse reflektieren und verstärken bereits bestehende Ungleichheiten – etwa sozioökonomische Ungleichheiten zwischen Ländern – und befördern zugleich das Entstehen *neuer* Muster sozioökonomischer Schichtung (Held et al. 1999: 27). Infolge der Globalisierung lässt sich die Verteilung von ökonomischem Wohlstand und politischen Einfluss- und Gestaltungsmöglichkeiten nicht mehr *nur* mit einer einfachen Aufteilung der Welt in Norden und Süden oder Zentrum und Peripherie abbilden. Gegenwärtige Muster der Verteilung von Wohlstand und politischem Einfluss lassen sich heute weniger als noch vor 20 oder 30 Jahren einfach an geographischen Grenzen und Regionen fest machen. Die Globalisierung gestaltet somit Macht- und Wohlstandshierarchien zumindest teilweise um (Held et al. 1999: 429). Gruppen gut ausgebildeter Menschen, unabhängig davon, in welchem Land sie leben, profitieren oftmals von Globalisierungsprozessen, während immobile oder gering qualifizierte Bevölkerungsteile häufig zu den Verlierern der Globalisierung zählen.[36] Oberschichten in Entwicklungsländern haben, betrachtet man ihr Wohlstandsniveau, mehr mit Eliten aus Industrieländern gemein als mit ihren eigenen Landsleuten. Zugleich haben transnationale Schichtungsprozesse, die unab-

---

[36] Auch wenn im Zuge der ökonomischen Globalisierung in Entwicklungsländern mitunter (allerdings längst nicht überall) auch ungelernte Arbeiter Lohnzuwächse zu verzeichnen haben (vgl. Brown/ Deardorff/ Stern 2002).

hängig von Staatsgrenzen verlaufen, zwischenstaatliche soziale Ungleichheiten und Hierarchien jedoch längst nicht aufgehoben (vgl. Kap. 8).

Für die politische Praxis äußerst wichtige Fragen werfen das Verhältnis von Globalisierung zu Gewaltkonflikten oder allgemeiner die Auswirkungen der Globalisierung auf die weltweite Sicherheitslage auf. Liberale Theorien gehen davon aus, dass ökonomische Globalisierung und insbesondere die damit verbundene Zunahme von Interdependenzen (vor allem im Sinne von wechselseitiger Verwundbarkeit) eine friedensförderliche Wirkung haben. Empirische Studien weisen in der Tat nach, dass ökonomische Interdependenzen die Wahrscheinlichkeit militärischer Konflikte deutlich senken. Dieser Befund gilt sowohl für eng miteinander verflochtene Dyaden („Staatenpaare") als auch im (gesamt-)systemischen Maßstab, d.h. in Bezug auf die Intensität der ökonomischen Verflechtungen aller Staaten im internationalen System und deren Folgen die Gewaltkonfliktanfälligkeit dieses Systems (Russett/ Oneal 2001: 145-151). Damit ist allerdings noch kein umfassendes Urteil über die Gewaltkonflikträchtigkeit des Globalisierungsprozesses – und insbesondere der ökonomischen Globalisierung – gesprochen. Neuere Studien stützen die Annahme, dass ein (einmal erreichter) hoher *Grad* ökonomischer Globalisierung eine friedensförderliche Wirkung hat (vgl. Gartzke 2007). Der *Prozess* der ökonomischen Globalisierung birgt jedoch die Gefahr der Destabilisierung von Gesellschaften durch Umverteilungskonflikte, die gar zu gewaltsamen Formen des Protests führen können (Bussmann/ Schneider 2007: 79; vgl. Nel 2007).

Verschiedene Aspekte der ökonomischen Globalisierung bergen Potenzial für innerstaatliche Gewaltkonflikte. Zunächst kann Globalisierung durch die Intensivierung sozioökonomischer Ungleichheiten gewaltsame Proteste bis hin zum Bürgerkrieg befördern. Dieser Argumentationslinie zufolge erzeugen ausgeprägte innerstaatliche Verteilungsdisparitäten, die durch die Globalisierung verschärft werden, über kurz oder lang soziale und politische Konflikte, die vor allem dann gewaltsam ausgetragen werden, wenn politische Teilhabe- und Einflussmöglichkeiten auch und gerade für die sozioökonomisch schlechter Gestellten nicht institutionell garantiert sind. Empirische Untersuchungen über den Einfluss von Globalisierungsprozessen auf innerstaatliche gewaltsame Proteste bis hin zum Bürgerkrieg legen jedoch eine nuanciertere Einschätzung nahe (vgl. Bussmann/Schneider 2007): Ökonomische Globalisierung erhöht die Wahrscheinlichkeit gewalttätiger Proteste – dies gilt aber nur bei geringem Globalisierungsniveau in Ländern mit niedrigem Pro-Kopf Einkommen. Mit zunehmender Globalisierung und ansteigendem Einkommensniveau nimmt die Wahrscheinlichkeit von Gewaltausbrüchen ab. Gewaltträchtige Effekte der Globalisierung machen sich also vor allem in sehr armen Ländern bemerkbar – aber auch hier nur unter bestimmten Bedingungen (vgl. Nel 2007). Dieser Befund stützt die bereits oben formulierte These, dass der *Prozess* der Globalisierung Sicherheitsrisiken birgt, während der *Zustand* ausgeprägter wirtschaftlicher Globalisierung stabilisierend wirkt (Bussmann/Schneider 2007).

Ein anderes Argument für die Gewaltkonflikträchtigkeit von Globalisierung basiert auf dem Befund, dass mit der ökonomischen Globalisierung ein zunehmender Bedarf an Rohstoffen einher geht, so dass die Nachfrage nach Rohstoffen schneller wächst als das Angebot. Daraus resultiert eine „neue" Knappheit an Ressourcen, die zu vermehrten gewaltträchtigen Konflikten um knappe Ressourcen führen könnte (Altman 2007: 16). Nach dieser These würden ökonomische Abhängigkeiten und die Konkurrenz um knappe natürliche Ressourcen gewaltkonflikt*förderliche* Wirkungen entfalten (vgl. Homer-Dixon 1999). Dieser These widerspricht allerdings die empirische Beobachtung, dass besonders in ressourcen*reichen* Regionen Gewaltkonflikte auftreten, die von der „Gier" („greed") nach Einnahmen aus dem Verkauf von Rohstoffen motiviert oder zumindest befördert zu sein scheinen (Collier/ Hoeffler 1998, 2000; vgl. Berdal/ Malone 2000). In von Gier getriebenen Rohstoffkonflikten spielt die („Schatten"-) Globalisierung insofern eine gewaltkonfliktbegünstigende bzw. -verschärfende Rolle, dass häufig transnationale privatwirtschaftliche Akteure als Abnehmer oder Förderer von Rohstoffen in Bürgerkriegsökonomien involviert sind und durch ihre Zahlungen an die Rohstoffe kontrollierenden Konfliktparteien die Fortführung von Kämpfen ermöglichen und lukrativ erscheinen lassen (vgl. Lock 2005).

Globalisierungsprozesse schaffen durch den Abbau oder die Öffnung von staatlichen Grenzen neue Sicherheitsrisiken und verschärfen bestimmte alte Probleme. Die Öffnung von Märkten und Gesellschaften hat zur Folge, dass es für die Staaten schwieriger wird, grenzüberschreitende Bewegungen von sicherheitsgefährdenden Personen – z.B. transnationalen Terroristen und organisierten Verbrecherbanden – oder Gütern und Dienstleistungen – z.B. Drogenhandel, Verbreitung von Massenvernichtungswaffen oder illegale Finanztransaktionen zur Finanzierung terroristischer oder militärischer Aktivitäten – zu kontrollieren (Cusimano 2000: 4). Hinzu kommt, dass auch kriminelle und terroristische Gruppen vom technologischen Fortschritt im Kommunikations- und Informationsbereich profitieren (Cusimano 2000: 17). Unter diesen Umständen wird für den *einzelnen* Staat die Gewährleistung der physischen Sicherheit der Bevölkerung immer schwieriger, vielfach gar unmöglich (vgl. Kapitel 7).

In der Summe findet die liberale Annahme, Globalisierungsprozesse würden Gewaltkonflikte insbesondere zwischen Staaten weniger wahrscheinlich machen, durchaus empirische Unterstützung. Allerdings zeigen die beschriebenen neuen Risiken und Bedrohungen, dass eine zunehmend globalisierte Welt mitnichten frei von Gewaltkonflikten und Sicherheitsrisiken ist.

Gegenwärtige Globalisierungsprozesse haben tief greifende Auswirkungen auf politische Strukturen. Politische Räume sind grundlegenden Reorganisations- und Rekonstitutionsprozessen unterworfen. Im Zuge der Entgrenzung sozialer Handlungszusammenhänge nimmt die Effektivität einzelstaatlicher Politikgestaltung und Regulierung ab. Grenzüberschreitende Umweltbelastungen wie die Verschmutzung der Meere oder der durch erhöhten CO_2-Ausstoß verursachte Treibhauseffekt lassen sich durch unkoordinierte einzelstaatliche Regelungen nicht effektiv bearbeiten. Gleiches gilt für die Verbreitung von Massenvernichtungswaffen – auch an nichtstaatliche Akteure. Zur Kompensation dieser staatlichen Steuerungs- und Regulierungsdefizite wurden internationale Steuerungsinstrumente wie etwa internationale zwischenstaatliche Organisationen und internationale Regime (z.B. internationales Nichtverbreitungsregime) eingerichtet. Das bedeutet, Regierensleistungen werden aus der staatlichen Arena in inter-, trans- oder supranationale Arenen verlagert. Staaten haben freiwillig Souveränität abgetreten, im Rahmen internationaler Organisationen zusammengelegt („pooling") oder an supranationale Gemeinschaften (z.B. EG, EU) delegiert (Moravcsik 1998; vgl. auch Kap. 3.2).

Mit diesen Entwicklungen verbunden ist ein sich wandelndes Souveränitätsverständnis (vgl. ausführlich Kap. 2.3). Die Herrschaft des Staates über Territorium und Bevölkerung ist gerade in hoch entwickelten Ländern unter Bedingungen inter-, trans- und supranationaler politischer Integrationstendenzen nicht mehr frei von äußeren Einflüssen. Souveränität wird nicht mehr nur als territorial verwurzeltes Abwehrrecht gegen Einmischung von außen verstanden. Das sich etablierende Leitbild der Schutzverantwortung („responsibility to protect") erlegt dem souveränen Staat eine Schutzpflicht gegenüber der eigenen Bevölkerung auf (ICISS 2001; von Schorlemer 2007; Zangl/ Zürn 2003: 166f). Staaten, die ihre Schutzpflichten gegenüber der eigenen Bevölkerung massiv und dauerhaft verletzen, können sich demzufolge nicht auf das Recht berufen, die Einmischung Dritter gestützt auf die Macht des VN-Sicherheitsrats in ihre inneren Angelegenheiten auszuschließen.

Die Unterscheidung zwischen Innen und Außen erodiert zusehends. Politische Autorität wird von einer Vielzahl unterschiedlicher (zwischen)staatlicher und privater Akteure auf lokaler, nationaler, regionaler und globaler Ebene ausgeübt. Die Trennung von (Ausübung von) Autorität und Territorialität – in der Konzeption des „westfälischen" Systems souveräner Nationalstaaten undenkbar – wird zum Charakteristikum neuerer Weltregierensformen, die auch transnationale Akteure einbeziehen. Diese anhaltende Transformation der Organisation politischer Räume wirft neue Fragen der demokratischen Legitimierung zwischen-, über- und nichtstaatlicher Steuerungs- und Regulierungsformen auf (vgl. ausführlich Kap. 9).

4 „Jihad vs. McWorld"?: Zum Verhältnis zwischen Globalisierung und Fragmentierung

Es ist bereits angesprochen worden, dass sich Globalisierung nicht als gleichmäßiger, allumfassender, gleichsam widerstands- und konkurrenzloser Entgrenzungsprozess vollzieht. Stattdessen sind neben Prozessen der Entgrenzung und Verdichtung sozialer Handlungszusammenhänge zeitgleich auch Ab- und Ausgrenzungsprozesse (Fragmentierung) zu konstatieren. Entwicklungsländer, strukturschwache Regionen oder bestimmte soziale Milieus werden im globalen ökonomischen Wettbewerb oftmals (gegen ihren Willen und gegen ihre Interessen) ausgeschlossen oder an den Rand gedrängt. Die Chancen der Globalisierung bleiben – beispielhaft zu nennen sind etwa Fernreisen, Massenkonsum oder die Nutzung moderner Kommunikationsmittel – einem beträchtlichen Anteil der Weltbevölkerung verwehrt. Die Welt ist eher *ungleich-*

Kapitel 2: Wandel der systemischen Rahmenbedingungen der Weltpolitik 107

mäßig entgrenzt als *grenzenlos*, d.h. sie bietet Vielen mehr Chancen des grenzüberschreitenden Handelns als je zuvor, aber lange nicht Allen die gleichen Chancen.

Formen der sozialen Ab- und Ausgrenzung können aber auch bewusst und aktiv herbeigeführt und in ihrer Fortdauer befördert werden (z.B. im Falle von Sezessionsbewegungen). Nicht nur die ungewollte materielle Marginalisierung, sondern auch die bewusst betriebene politische Fragmentierung hat zugenommen (vgl. Zürn 1998: 256ff.). Ein offensichtliches Beispiel für bewusst vorangetriebene territoriale und politische Abgrenzung liefert Nordkorea.

Auf substaatlicher Ebene gibt es vermehrt Sezessionsbewegungen gerade in wirtschaftlich starken Regionen. Diese treten für mehr Autonomie gegenüber ihrem (National-)Staat ein, um z.B. ihre Abgabenlast an ihn zu verringern oder die eigenständige Verfügung über Ressourcen zu erhalten oder auszubauen (z.B. Lega Nord in Italien, Katalonien in Spanien, Schottland im Vereinigten Königreich). Mit diesen regionalistischen Bewegungen bilden sich Kollektivsubjekte heraus (oder werden in ihrer Existenz bekräftigt), deren Identitätsbezug unterhalb des Einzugsbereichs des (National-)Staats liegt. Auch Rechtsradikale propagieren die bewusste Ausgrenzung von Menschen anderer Kultur, Hautfarbe und Nationalität aus der politischen Gemeinschaft. Sie beziehen sich auf „Identität stiftende" Quellen (wie z.B. „Volkstum" oder Rasse), die den politisch-kulturellen Bezugsrahmen beschränken und verkleinern.

Wie lässt sich nun das gleichzeitige Auftreten von Globalisierungs- und Aus-/ Abgrenzungstendenzen *erklären*? Wie bereits angesprochen, sieht James Rosenau in Fragmentierungsbestrebungen eine Gegenbewegung zu Globalisierungsprozessen (Rosenau 2003: 13ff). Da er Globalisierung und Fragmentierung jedoch begrifflich nicht eindeutig abgrenzt, sondern im Begriff der „fragmegration" miteinander vermengt, fällt es schwer festzustellen, wie das Verhältnis der beiden gleichzeitigen, aber gegenläufigen Prozesse aufzufassen ist.

Benjamin Barber fasst die Gleichzeitigkeit von Abschottungstendenzen und Intensivierung grenzüberschreitender sozialer Beziehungen plakativ (und begrifflich nicht unbedingt präzise) in der Gegenüberstellung „Jihad vs. Mc World" zusammen (Barber 2000). „Jihad" verweist auf Prozesse des dogmatischen und gewaltsamen Partikularismus, der Retribalisierung, der Antimoderne und der Abschottung, während sich „McWorld" auf weltweite Kommerzialisierung, kulturelle Uniformität, die Vorstellung von der Welt als einem „globalen Vergnügungspark" und auf die Dominanz einer neoliberalen Marktideologie bezieht. In Barbers Konzeption treten Tendenzen von „Jihad" und „McWorld" nicht nur häufig gleichzeitig im selben Land auf; Globalisierungs- und Fragmentierungstendenzen verstärken und stützen sich gar gegenseitig in der und durch die Auseinandersetzung mit dem jeweiligen Gegenpart (Barber 2000: 22).

Andere Autoren (z.B. Zürn 1998: 264ff.; 1992) versuchen, die kausale Verbindung zwischen Globalisierung (oder in Zürns Terminologie: Denationalisierung) und Fragmentierung zu spezifizieren. Eine Ursache für Fragmentierungsprozesse ist im Abbau kultureller Differenzen – oder zumindest in der *Wahrnehmung* einer kulturellen Homogenisierung – zu sehen (Zürn 1998: 269f.): In einer zunehmend als kulturell homogenisiert wahrgenommenen Welt lassen sich auch kleine politische Unterschiede beleben und in soziale Ab- und Ausgrenzungsbestrebungen überführen. Gerade wenn globale Kommunikationsprozesse Differenzen zwischen „Wir-Gruppen" wie etwa Nationalstaaten mehr und mehr aufzulösen scheinen, sucht das verbleibende „Wir-Bedürfnis" nach neuen Identitätsquellen wie z.B. substaatlichen ethnisch konstruierten Gemeinschaften. Da kollektive Identitätsbildung oft in erheblichem Maße von Abgrenzung, d.h. der Unterscheidung zwischen „uns" und „den anderen" lebt, werden in Zeiten wahrgenommener globaler kultureller Homogenisierung lokale oder ethnische Besonderheiten zu verschiedenen kulturellen Welten stilisiert. Nach der politisch-ideologischen Systemkonkurrenz des Kalten Krieges werden neue Abgrenzungen bemüht, um ein „Wir-Gefühl" herzustellen (vgl. Huntington 1993). Diese verlaufen oft entlang ethnisch-kultureller Trennlinien, die freilich häufig zur Durchsetzung politischer Ziele instrumentalisiert werden.

Als zentrales Problem gegenwärtiger Politik betrachtet Zürn das Vorliegen einer ungleichzeitigen Denationalisierung (Zürn 1992a, 1998). Damit ist gemeint, dass der voranschreitenden Globalisierung gesellschaftlicher Handlungszusammenhänge deren politische Steuerung hinterher hinkt (vgl. Held 2002). Die Ausweitung, Verdichtung und Beschleunigung von sozialen Handlungszusammenhängen über staatliche Grenzen hinweg verringert die autonome Leistungs- und Problemlösungsfähigkeit von Staaten. Dies kann, wie bereits beschrieben, durch die Einrichtung internationaler Steuerungs- und Regulierungsmechanismen – etwa in Form der Gründung internationaler zwischenstaatlicher Organisationen – teilweise aufgefangen werden. Die zunehmende Verlagerung von politischen Entscheidungen auf die inter-, trans- oder supranationale Ebene hat aber einen Mangel an bürgerschaftlichen Möglichkeiten der Partizipation an und Kontrolle über diese Entscheidungen zur Folge. Dieses Demokratiedefizit in Verbindung mit einem fortbestehenden internationalen Steuerungs- und Regulierungsdefizit, d.h. fehlender Effektivität von Regieren, löst bei vielen Menschen ein Gefühl der Ohnmacht und ein Schutzbedürfnis aus. Sie sehnen sich in einer immer komplexer und unübersichtlicher werdenden Welt nach einer überschaubaren und erlebbaren kollektiven Identität und einer – zumindest scheinbar – übersichtlichen und kontrollierbaren politischen Wirkungseinheit, wie sie z.B. eine ethnisch konstruierte politische Gemeinschaft darzustellen vorgibt. Dieses Schutzbedürfnis bildet den Nährboden für der Globalisierung entgegen gesetzte Fragmentierungstendenzen in Form von substaatlichen Regionalismen oder auch von Rechtsradikalismen.

Barber argumentiert, dass sowohl Globalisierungs- als auch Fragmentierungstendenzen die demokratischen Institutionen des Nationalstaates unterminieren; hinzu komme, dass weder Globalisierung noch Fragmentierung ein Alternativmodell effektiver und legitimer politischer Steuerung anböten. Barbers Schlussfolgerungen sind äußerst skeptisch: Weder „Jihad" noch „McWorld" sind geeignet, bürgerschaftliche Werte zu gewährleisten, öffentliche Güter zu produzieren oder vergleichbare sozioökonomische Lebenschancen zu gewährleisten. Vielmehr bestünde die Gefahr, dass eine von der Gleichzeitigkeit von „Jihad" und „McWorld" geprägte Epoche nicht nur postkommunistisch, post-industriell und post-national, sondern auch post-demokratisch sein könnte (Barber 2000: 23ff.). Entgegen diesem sehr düsteren Zukunftsbild kann den negativen Erscheinungsformen politischer Fragmentierung jedoch durch die Stärkung politischer Institutionen auf globaler Ebene und die Herstellung größerer Mitwirkungschancen für Individuen und gesellschaftliche Gruppen entgegen gewirkt werden (Zürn 1998: 362). Ein Anliegen dieses Lehrbuches ist es aufzuzeigen, wie effektives und legitimes Weltregieren im 21. Jahrhundert aussehen kann und inwieweit es bereits stattfindet.

5 Zusammenfassung

Globalisierung ist kein linear fortschreitender Prozess. Vielmehr handelt es sich um einen räumlich und funktional höchst differenzierten Prozess, der auch Zurückentwicklungen in einzelnen oder mehreren Teilbereichen (z.B. in Folge der globalen Finanz- und Wirtschaftskrise 2008/09) aufweisen kann. Dennoch ist die gegenwärtige Globalisierung – historisch betrachtet – hinsichtlich der Reichweite und Dichte grenzüberschreitender Beziehungen und Transaktionen präzedenzlos. Globalisierung findet in der gesamten Breite gesellschaftlicher Themenbereichen – Politik, Sicherheit, Wirtschaft, Kommunikation und Kultur, Mobilität und Migration, Umwelt – statt. Es gibt kaum mehr Regionen oder Länder, die von transkontinentalen oder interregionalen sozialen Beziehungen und Transaktionen unberührt bleiben. Aus der präzedenzlosen Dichte von Globalisierungsprozessen ergibt sich auch eine Reihe von empirisch beobachtbaren qualitativen Veränderungen.

Ursprünglich lokale sachbereichsspezifische Entwicklungen können unvorhersehbare und exponentielle systemische Effekte haben. Die Unterscheidung zwischen „high politics" und „low politics" hat an Relevanz verloren. Die Ausbreitung von Massenmedien und elektronischen Kommunikationsmitteln hat zu geringeren Kommunikationskosten geführt und damit zur zwischengesellschaftlichen Vernetzung gerade auch nichtstaatlicher Akteure beigetragen (vgl. Keohane/ Nye 2000: 108). Eine weitere politisch folgenschwere Transformation stellt die Tendenz dar, dass zunehmend nicht nur Güter und Übel über Grenzen hinweg verbreitet, sondern dass diese kollektiv in transnationalen Produktionsketten oder -netzwerken hergestellt werden. Hinsichtlich der Auswirkungen der Globalisierung auf die weltweite Wohlfahrtsverteilung ist festzuhalten, dass die Globalisierung nicht zu einer signifikanten Angleichung globaler Wohlfahrtschancen geführt hat. Einige Indikatoren deuten darauf hin, dass die Globalisierung vielmehr zu einer Verschärfung sozioökonomischer Disparitäten zwischen und innerhalb von Gesellschaften beigetragen hat (vgl. ausführlich dazu Kap. 8). Während empirische Studien darauf hinweisen, dass Interdependenz – wie vom Liberalismus postuliert – die Wahrscheinlichkeit gewaltsamen Konfliktaustrags zwischen Staaten in der Tat deutlich senkt, gehen mit der Globalisierung unübersehbar auch neue Sicherheitsrisiken einher (vgl. Kap. 7).

Zum Verhältnis zwischen Globalisierung und Fragmentierung wurde betont, dass neben Prozessen der Verdichtung grenzüberschreitender sozialer Handlungszusammenhänge zeitgleich erhebliche Ab- und Ausgrenzungsprozesse zu beobachten sind, so dass die Welt eher als ungleichmäßig entgrenzt denn als grenzenlos zu bezeichnen ist. Globalisierungsprozesse können sogar zum Auftreten von Fragmentierungsprozessen beitragen. Die Wahrnehmung eines Verlustes der eigenen kulturellen Identität im Zuge der Globalisierung macht es möglich, in einer Gegenreaktion auch geringe Unterschiede zu politisieren und in Fragmentierungstendenzen umzusetzen. Ferner löst das bestehende Demokratiedefizit internationaler Institutionen in Verbindung mit einem fortbestehenden internationalen Steuerungs- und Regulierungsdefizit bei vielen Menschen ein Gefühl der Ohnmacht und ein Schutzbedürfnis aus, das durch Rückbezug auf eine überschaubare und erlebbare kollektive Identität etwa im Rahmen einer ethnisch definierten politischen Gemeinschaft gestillt wird.

Globalisierung als eine makroprozessuale Rahmenbedingung der Weltpolitik im 21. Jahrhundert beeinflusst maßgeblich die Aussichten verschiedener Formen politischer Steuerung auf erfolgreiche Bearbeitung weltpolitischer Probleme. Es wäre zugleich verfehlt anzunehmen, gegenwärtige Globalisierungsprozesse entzögen sich grundsätzlich politischer Kontrolle und Steuerung. Die politische Gestaltung von Globalisierung ist eine schwierige und vielschichtige Aufgabe und erfordert neue Formen der Regulierung, sie ist aber nicht unmöglich. Es besteht kein Zweifel, dass Globalisierung tief greifende Auswirkungen auf die Ausgestaltung von (effektivem und legitimem) Regieren hat. Zugleich wirken sich politische Steuerungsleistungen und Entscheidungen auch auf das Ausmaß und die Folgen von Globalisierungsprozessen aus: „Globalization does not merely affect governance; it is affected by governance" (Keohane/ Nye 2000: 113). Diese Feststellung trifft zum einen für die Ursachen und Triebkräfte heutiger Globalisierung zu. So resultiert die gegenwärtige beschleunigte Globalisierung in erheblichem Maße aus bewussten politischen Entscheidungen von Regierungen – allen voran der USA und Großbritanniens – für die Liberalisierung des Welthandels, für die Öffnung nationaler Finanzplätze und für die Deregulierung von Märkten (Schirm 2006: 15). Darüber hinaus existieren aber nicht zu unterschätzende Versuche, die Globalisierung politisch zu gestalten (vgl. Kap. 8). Dies gilt insbesondere für Bestrebungen, die ökonomische Globalisierung durch politische Steuerung in geregelte Bahnen zu lenken – wenn auch die Effektivität dieser globalen Verregelungsansätze sicherlich häufig noch ungenügend ist. Das Gelingen dieser politischen Gestaltungsversuche und mithin der Fortbestand effektiven und legitimen Regierens steht und fällt mit der Ausweitung der politischen Räume parallel zur Ausweitung der sozialen und ökonomischen Räume (Reinicke 1998; Zürn 1998).

Globalisierung und Fragmentierung stellen – gerade in ihrem Zusammenspiel – neben der (noch) unipolaren Machtstruktur des zwischenstaatlichen internationalen Systems eine grundlegende Rahmenbedingung der gegenwärtigen Weltpolitik dar.

Damit ist das Bild der maßgeblichen systemischen Rahmenbedingungen jedoch noch nicht vollständig. Neben den materiellen Strukturen und den politikprägenden makroprozessualen Rahmenbedingungen gilt es auch, globale Leitideen sowie deren Wandel in den Blick zu nehmen. Eine vom Konstruktivismus angeleitete Analyse ideeller Rahmenbedingungen der Weltpolitik ist daher das Thema des folgenden Kapitels.

Übungsfragen

- Welche drei verschiedenen Verständnisse von Globalisierung lassen sich nach Held et al. (1999) unterscheiden? Welche Rolle wird dem Staat im Globalisierungsprozess jeweils zugebilligt?
- Wie lässt sich das Konzept der Globalisierung begrifflich präzise definieren?
- Welche Bedingungen kennzeichnen laut Keohane/Nye (2001) einen Zustand der „komplexen Interdependenz" im globalen System und welche Folgen ergeben sich daraus? Inwieweit werden diese Annahmen durch die Empirie bestätigt?
- Wie groß sind die Reichweite und die Dichte grenzüberschreitender sozialer Beziehungen und Transaktionen in verschiedenen gesellschaftlichen Sachbereichen und verschiedenen Weltregionen? Inwieweit ist das Ausmaß gegenwärtiger Globalisierungsprozesse präzedenzlos?
- Welche qualitativ neuen Merkmale weisen gegenwärtige Globalisierungsprozesse auf? Was unterscheidet heutige Globalisierungsprozesse in ihrer Qualität – nicht nur in ihrem Ausmaß – von früheren Zuständen der internationalen Verflechtung und welche Folgen ergeben sich daraus für die Weltpolitik?
- Welche Zusammenhänge bestehen zwischen Globalisierungs- und Fragmentierungsprozessen?

Lektüreempfehlungen

Held, David/ McGrew, Anthony/ Goldblatt, David/ Perraton, Jonathan 1999: Global Transformations: Politics, Economics and Culture, Cambridge: Polity Press.

Held, David/ McGrew, Anthony (Hrsg.) 2007: Globalization Theory: Approaches and Controversies, Cambridge: Polity Press.

Keohane, Robert O./ Nye, Joseph S. 2000: Globalization: What's New? What's Not? (And So What?), in: Foreign Policy 118, 104-119.

Keohane, Robert O./ Nye, Joseph S. 32001: Power and Interdependence: World Politics in Transition, New York: Longman.
Schirm, Stefan A. (Hrsg.) 2006: Globalisierung: Forschungsstand und Perspektiven, Baden-Baden: Nomos.
Scholte, Jan Aart 22005: Globalization: A Critical Introduction, Basingstoke/ New York: Palgrave Macmillan.
Zürn, Michael 1998: Regieren jenseits des Nationalstaates: Globalisierung und Denationalisierung als Chance, Frankfurt/M.: Suhrkamp.

Kapitel 2.3: Leitideen in weltpolitischen Diskursen: Wandel immaterieller makrostruktureller Rahmenbedingungen der Weltpolitik

1 Leitideen als immaterielle makrostrukturelle Rahmenbedingungen der Weltpolitik

Eine umfassende Analyse systemischer Rahmenbedingungen der Weltpolitik kann sich nicht auf materielle Einflussfaktoren wie die internationalen Machtstrukturen (vgl. Kap. 2.1) oder Globalisierungs- und Fragmentierungsprozesse (vgl. Kap. 2.2) beschränken. Sie muss auch die immateriellen Strukturen, d.h. die Leitideen des globalen Systems untersuchen. Neben Machtressourcen und Interessen wirken auch Ideen auf die Ausgestaltung von Politikprogrammen und das Zustandekommen von Politikergebnissen. Leitideen stellen immaterielle Rahmenbedingungen dar, die die Problemwahrnehmung und die Problemanalyse (vor)strukturieren sowie die Menge der in Frage kommenden Problembearbeitungsstrategien in erheblichem Maße eingrenzen. Leitideen bilden somit eine Linse, durch die politische Akteure die Welt (selektiv) wahrnehmen. Sie geben bestimmte Problembearbeitungsstrategien als „natürliche", angemessene Reaktionen auf politische Herausforderungen vor – was zugleich dazu führt, dass alternative Vorgehensweisen mitunter erst gar nicht in Betracht gezogen werden. Für überzeugte Neoliberale stellt beispielsweise die Verstaatlichung von Industrien keine diskutable Option zur Überwindung von Wirtschaftskrisen oder zur Reduzierung von Wohlstandsdisparitäten dar. Der entscheidende Punkt an dieser Stelle ist nicht, ob derartige ideell begründete Ausblendungen falsch oder richtig, begründet oder unbegründet sind – sie existieren jedenfalls und beeinflussen damit als Wahrnehmungsfilter die Aufstellung der weltpolitischen Tagesordnung sowie globale Politikformulierungs- und Politikimplementierungsprozesse.

Ideen prägen also neben *materiellen* makrostrukturellen und -prozessualen Faktoren die Weltpolitik mit. Im Folgenden gilt es daher, die grundlegenden immateriellen Strukturen des globalen Systems von heute zu identifizieren. *Welche* Leitideen sind vorherrschend und wie wirken sie sich auf die Ausgestaltung von Politikprogrammen und auf Politikergebnisse aus? Ist eine wachsende weltweite Übereinstimmung in Bezug auf einige angebbare Leitideen festzustellen oder ist das globale System von einer zunehmenden Ideenkonkurrenz geprägt? Zeichnen sich allgemeine, sachbereichsübergreifende Tendenzen des Ideenwandels ab? Lassen sich in verschiedenen weltpolitischen Diskursen[37] (Souveränität/ Sicherheit, Herrschaft, internationale politische Ökonomie, Umwelt) Entwicklungen beobachten, die von der Leitidee der anarchischen Staatenwelt Abschied nehmen und sich der Leitidee einer stärker verrechtlichten Gesellschaftswelt, in der neben Staaten auch zivilgesellschaftliche Organisationen und privatwirtschaftliche Akteure eine zentrale Rolle spielen, annähern (vgl. Czempiel 1993: 105ff., 1999: 17ff.)?

Ähnlich wie für die Transformationsprozesse der Globalisierung und der Fragmentierung gilt auch für die Ideendimension des Wandels der Weltpolitik, dass sich keine einheitliche und lineare Entwicklung in Richtung auf *ein* ideelles Paradigma beobachten lässt. Zwar sind gewisse sachbereichsübergreifende Muster in der Entwicklung weltpolitischer Ideen festzustellen – insbesondere eine stärkere Betonung der Freiheit und des Schutzes des Individuums auf Kosten staatlicher Handlungsfreiheit und Kontrolle. Auch kann angebbaren Leitideen in bestimmten Diskursen eine vorherrschende, Politik prägende, wenn auch nicht unumstrittene Stellung zugesprochen werden – zu nennen ist hier etwa das Ideensystem des Neoliberalismus, das mit seiner normativ-anthropologischen Prämisse des unabhängigen, rationalen Individuums auch über den internationalen wirtschaftspolitischen Diskurs hinaus in andere Diskurse ausstrahlt. Doch existieren zugleich deutliche Unterschiede zwischen den sachbereichsspezifischen Diskursen. Die vorherrschenden Leitideen im wirtschafts- und im umweltpolitischen Diskurs sind z.B. nicht ohne weiteres auf einen gemeinsamen Nenner zu bringen. Zudem haben sich Gegenbewegungen insbesondere zur Leitidee des Neoliberalismus – oder präziser: des neoliberalen Monetarismus – herausgebildet. Globalisierungskritische Bewegungen setzen sich gegen die Dominanz neoliberaler, die ökonomische Globalisierung befördernder und ihre Ausgestaltung prägender Leitideen zur Wehr. Sie betonen die Möglichkeit einer „anderen", gerechteren Welt und finden damit zunehmende Aufmerksamkeit in Medien und Öffentlichkeit. Die Diskussion über die Notwendigkeit einer regulativen, wirtschafts- und sozialpolitischen Einhegung globaler Märkte hat in den letzten Jahren im Zuge einer fortschreitenden, jedoch zunehmend als ungerecht wahrgenommenen ökonomischen Globalisierung und insbesondere der Weltwirtschafts- und -finanzkrise (2008/09) neue Fahrt aufgenommen.

Vor diesem Hintergrund ist die Entwicklung zum Teil komplementärer, aber auch konkurrierender Leitideen in verschiedenen Diskursen (Souveränität/ Sicherheit, Herrschaft, internationale politische Ökonomie, Umwelt) zu untersuchen. Bei allen Unterschieden und Widersprüchlichkeiten zwischen den sachbereichsspezifischen Diskursen lässt sich doch eine übergeordnete ideelle Verschiebung weg von der Leitidee der anarchischen Staatenwelt feststellen. Bereits etablierte sowie sich noch herausbildende Leitideen in verschiedenen Diskursen verweisen auf eine Relativierung der Handlungs-

---

[37] Unter Diskursen werden hier Ereignisse und Praktiken des Sprach- und Zeichengebrauchs durch politische Akteure verstanden, die ein bestimmtes Verständnis der „Wirklichkeit" des jeweiligen Problemfelds oder der jeweiligen Epoche aufscheinen lassen und zugleich die Eigenschaft haben, soziale und politische Realität zu erzeugen und zu strukturieren (vgl. Keller 2004: 62).

freiheit des Staates, eine Betonung der Freiheit und des Schutzes des Individuums und eine zunehmende Anerkennung der (Völker-) Rechtssubjektivität auch transnationaler Akteure.

Im Folgenden wird zunächst in Anlehnung an Goldstein/ Keohane (1993) ein analytischer Rahmen vorgestellt, der verschiedene Arten von Ideen kategorial zu bestimmen erlaubt und zur besseren Analyse ihres Einflusses auf Politikprogramme und Interaktionsergebnisse beiträgt. Der gewählte theoretische Rahmen lässt sich als moderat konstruktivistisch charakterisieren (Hasenclever/ Mayer/ Rittberger 1997: 137, 139ff.). Mit anderen Worten: Ideen wird Erklärungskraft für Politikergebnisse zugesprochen, jedoch werden rationalistische Theorien durch ideenbasierte Ansätze nicht verdrängt, sondern vielmehr ergänzt. Daran anschließend werden die jeweils wichtigsten Leitideen, ihr Wandel und ihre Politikmächtigkeit im Sicherheitsdiskurs, im Herrschaftsdiskurs, im Diskurs der internationalen politischen Ökonomie und im umweltpolitischen Diskurs analysiert. Schließlich wird zusammenfassend erörtert, inwieweit übergeordnete Gemeinsamkeiten des Ideenwandels in verschiedenen Sachbereichen festzustellen sind. Es zeigt sich, dass der Wandel immaterieller Strukturen in Verbindung mit den materiellen makrostrukturellen und makroprozessualen Rahmenbedingungen erhebliche Auswirkungen auf das Spektrum der politikmächtigen Akteure der gegenwärtigen Weltpolitik hat.

2   Ideen und ihre Auswirkungen auf Politikprogramme und Interaktionsergebnisse: Ein theoretischer Rahmen zur Analyse immaterieller Strukturen der Weltpolitik

Sowohl neorealistische als auch liberale Theorien der Internationalen Beziehungen gehen von einem materiellen Strukturverständnis und von eigennützig-rationalen Akteuren aus, die interessengeleitet handeln, ihre Präferenzen kennen und die Folgen ihrer Handlungen abschätzen können (vgl. Kap. 1). Weil Akteurspräferenzen stabil sind, d.h. im Verlauf der Interaktion mit anderen Handlungsträgern konstant bleiben, ändern sich Handlungen von Akteuren und mithin Interaktionsergebnisse nur aufgrund von Veränderungen in der Umwelt der Akteure (Wendt 1992: 391f.). Die Ausgestaltung von Politikprogrammen und das Zustandekommen von Politikergebnissen erklären neorealistische und liberale Theorien der Internationalen Beziehungen mit materiellen Struktur- und Prozessmustern des internationalen bzw. globalen Systems – d.h. mit den internationalen Machtstrukturen bzw. der aus Globalisierungsprozessen erwachsenden komplexen Interdependenz – sowie mit den Akteurseigenschaften der Verfügung über Machtressourcen und der Verfolgung bestimmter Interessen (Sicherheits-/ Wohlfahrtsmaximierung).

Konstruktivistische Theorien der Internationalen Beziehungen hingegen betonen den Einfluss immaterieller Strukturen auf die Weltpolitik. Ideen – definiert als Überzeugungen („beliefs") von Individuen (Goldstein/ Keohane 1993: 3) – konstituieren Identitäten und Interessen von Akteuren und haben damit handlungsleitende Wirkung. Interessen sind demnach nicht exogen gegeben und stabil, sondern können durch Ideen, die von den Akteuren in Folge von Sozialisationsprozessen verinnerlicht wurden, (um)geformt werden (Goldstein/ Keohane 1993: 13; vgl. Risse 2000). Da Akteur und Struktur in einem Wechselverhältnis stehen, sind immaterielle Strukturen jedoch nicht nur konstitutiv für die Identitäten und Interessen von Akteuren, sondern werden ihrerseits durch gesellschaftliches Handeln und die Sinninterpretationen der Akteure konstruiert und reproduziert[38] (Wendt 1992, 1999: Kap. 4). Ideen bilden also immaterielle Rahmenbedingungen der Weltpolitik, die einerseits die Ausgestaltung von Politikprogrammen durch die Definition von Identitäten und Interessen der weltpolitischen Handlungsträger mit prägen, andererseits aber durch das Handeln und die Interpretationen dieser Akteure geschaffen, verfestigt, modifiziert oder aufgehoben werden können. Diese Ideen- und Politikwandel zulassende Wechselbeziehung wird sich auch in der empirischen Analyse gegenwärtiger Leitideen der Weltpolitik niederschlagen. Im Folgenden sollen aber zunächst verschiedene Arten von Ideen vorgestellt werden. Anschließend werden theoretische Annahmen zur Frage, wie und unter welchen Bedingungen Ideen Einfluss auf Politikprogramme und -ergebnisse nehmen, dargelegt. Diese theoretischen Überlegungen bilden den analytischen Rahmen für die spätere Untersuchung der Politikgestaltungsmacht verschiedener Leitideen in der gegenwärtigen Weltpolitik.

Nach Goldstein/ Keohane (1993)[39] lassen sich drei Arten von Ideen unterscheiden. Weltbilder („world views") sind diejenigen Überzeugungen eines Menschen, die sein grundlegendes Verständnis von Mensch, Gesellschaft und Welt beinhalten. Dazu zählen unter anderem Vorstellungen über Möglichkeiten und Grenzen menschlichen Handelns. Als Beispiele sind Religionen zu nennen, die meistens die Lenkung des Menschen durch eine (oder mehrere) göttliche Instanz(en) oder deren anerkannte Vertreter auf Erden betonen, oder die Vorstellung von einem selbstbestimmten, rational handelnden Menschen, die sich während der Aufklärung durchgesetzt hat. Weltbilder sind meist tief verwurzelt, so dass Veränderungen auf dieser Ebene individueller Überzeugungen selten sind und nur sehr langsam ablaufen.

Eine zweite Kategorie bilden normative Überzeugungen („principled beliefs"). Normative Überzeugungen sind wertegestützte Grundeinstellungen und ermöglichen

---

[38] Das bedeutet, dass immaterielle Strukturen nichts den Staaten oder anderen weltpolitischen Akteuren exogen und „quasi-objektivistisch" Vorgegebenes sind; vielmehr sind sie intersubjektiv sozial konstruiert und daher im Zeitverlauf veränderlich und veränderbar.
[39] Die von Goldstein/ Keohane (1993) vertretene Position könnte man – wie bereits angedeutet – als moderat konstruktivistisch bezeichnen. Goldstein/ Keohane lehnen eine rationalistische Herangehensweise keineswegs ab, sondern betrachten ideenbasierte Erklärungen als *Ergänzungen* zu interessen- und machtorientierten Theorien. Metatheoretisch gesprochen bilden rationalistische Theorien den ersten Schritt („first cut") bei der Erklärung eines Politikergebnisses. Insofern dieser erste Schritt („first cut") keine befriedigende Erklärung liefert, sind ideelle Variablen heranzuziehen.

Werturteile, indem sie Kriterien für richtig und falsch, für gerecht und ungerecht bereit halten. Normative Überzeugungen werden oft mit bestimmten Weltbildern begründet, wobei Weltbilder mehrere normative Überzeugungen umfassen können. Der Wandel normativer Überzeugungen kann weit reichende Politikveränderungen nach sich ziehen – Beispiele sind das Verbot der Sklaverei und der Folter. Auch Veränderungen auf dieser Ebene normativer Ideen stellen oft langwierige Prozesse dar.

Kausalwissen („causal beliefs") schließlich bezeichnet Annahmen über Ursache-Wirkungs-Zusammenhänge,[40] bei denen jedoch offen bleibt, ob sie wissenschaftliche Gültigkeit beanspruchen können oder nur auf Vermutungen von Individuen oder Kollektiven beruhen. Kausalwissen dient als Leitfaden zur Entwicklung von Strategien für Individuen und Kollektive, mit welchen Mitteln diese ihre Ziele erreichen können. Veränderungen von Kausalwissen werden oftmals ausgelöst durch neue Erkenntnisse in der Forschung oder durch Ereignisse, welche die bisher angenommenen Zusammenhänge in Zweifel ziehen oder widerlegen. Der Wandel von Kausalwissen ist verglichen mit dem Wandel von Weltbildern und normativen Überzeugungen in der Regel leichter zu bewerkstelligen, und die Anpassung von Kausalwissen an geänderte Umstände erfolgt in kürzeren Zeitabständen (Goldstein/ Keohane 1993: 8ff.).

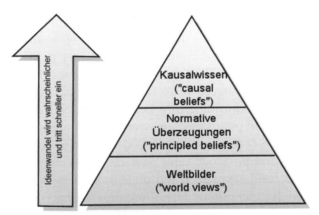

Quelle: Grafik erstellt nach Goldstein/ Keohane (1993: 8ff.)

Abb. 2.15: Ideen

Ideen entfalten auf verschiedenen Wegen eine Politik prägende Wirkung. Komplexitätsreduktion ist eine wesentliche Funktion von Ideen, die umso bedeutender wird, je vielschichtiger sich die soziale Wirklichkeit, mit der politische Akteure konfrontiert sind, darstellt (Naím 2000: 89f.). Ideen ordnen die (Welt-) Wahrnehmung von Akteu-

---

[40] Kausalwissen stellt in der hier übernommenen Konzeption von Goldstein/ Keohane (1993) eine subjektive Kategorie dar. Der englische Terminus „causal beliefs" ist insofern klarer als der im Deutschen gebräuchliche Begriff des Kausalwissens. Es geht um Überzeugungen von Akteuren über Ursache-Wirkungs-Zusammenhänge. Kausalwissen bezeichnet, was (inter-) subjektiv für richtig *gehalten wird*, nicht was objektiv richtig *ist*.

ren. Durch diese Ordnungsfunktion beeinflussen Ideen die Aufstellung der weltpolitischen Tagesordnung und zumindest indirekt auch Politikergebnisse. Ideen schränken die Handlungsmöglichkeiten von Akteuren ein, indem sie bestimmte Vorgehensweisen kognitiv nahe legen, andere dagegen ausschließen: Ideen können Akteure für bestimmte Handlungsoptionen aufgeschlossen, für andere blind machen (Goldstein/ Keohane 1993: 12). Ein positives Beispiel für einen derartigen Ausschluss von Handlungsoptionen bildet die Begrenzung der als legitim erachteten Mittel zur Machtsicherung in demokratischen Systemen. In westlichen Demokratien ist es undenkbar geworden, dass eine amtierende Regierung ihre Macht durch die Anwendung von Gewalt sichert, statt sich nach Ablauf ihrer Amtszeit erneut allgemeinen, gleichen, freien und geheimen Wahlen zu stellen.

Da in (welt-)politischen Diskursen stets viele Ideen zirkulieren, die potenziell handlungsleitend wirken, gilt es Kriterien dafür zu entwickeln, welche Ideen unter welchen Bedingungen Eingang in die Politikprogrammierung und -implementation finden. Vor allem in Zeiten der Unsicherheit und des politischen, wirtschaftlichen und/ oder gesellschaftlichen Umbruchs haben Ideen – insbesondere solche, die unmittelbar einleuchtend erscheinende Handlungsanweisungen zur Bewältigung von Krisensituationen bereit stellen – besonders große Chancen, politikmächtig zu werden. Wenn sich zeigt, dass bisher handlungsleitendes Kausalwissen angesichts veränderter politischer, wirtschaftlicher und/ oder gesellschaftlicher Umstände nicht mehr zur Entwicklung erfolgversprechender Strategien zur Erreichung bestimmter politischer Ziele beizutragen vermag, ist die Wahrscheinlichkeit groß, dass (auf Grund institutioneller Trägheiten mitunter auch erst zeitverzögert) neue Ideen in politischen Entscheidungszirkeln Gehör finden und die Politikformulierung beeinflussen. Mit anderen Worten: Neue Ideen werden vor allem dann politikmächtig, wenn die Brauchbarkeit alter Ideen durch einschneidende Ereignisse (z.B. externe Schocks) in Zweifel gezogen oder widerlegt wird. Bieten neue Leitideen passende oder passend erscheinende Erklärungen für realweltliche Krisen oder fundamentale Wandlungsprozesse und liefern sie ferner plausible, auf diese Krisen zugeschnittene Handlungsanweisungen, haben sie gute Chancen, von vielen politischen Akteuren geteilt und damit in überarbeitete oder neue Politikprogramme und deren Implementation einbezogen zu werden.

Auch neue wissenschaftliche Erkenntnisse können – insbesondere wenn sie durch transnationale Wissensgemeinschaften oder Expertenzirkel („epistemic communities")[41] verbreitet werden – Veränderungen im Kausalwissen von politischen Akteuren (z.B. Staaten, internationalen Organisationen, aber auch nichtstaatlichen Akteuren) hervorrufen (Goldstein/ Keohane 1993: 17; vgl. Haas 1992). Zivilgesellschaftliche advokatorische Netzwerke („advocacy networks") tragen vor allem zur transnationalen

---

[41] Peter M. Haas (1992: 3) definiert „epistemic community" als ein Netzwerk von Fachleuten, die über anerkannte Expertise und Kompetenz in einem bestimmten Themenbereich verfügen und den (begründeten) Anspruch erheben, politikrelevantes Wissen für diesen Themenbereich zu besitzen und dieses unter politischen Akteuren zu verbreiten.

Verbreitung und Internalisierung von normativen Überzeugungen (z.B. Schutz der Menschenrechte) bei (Keck/ Sikkink 1998). Sie fördern damit einen Wandel der immateriellen Rahmenbedingungen der Weltpolitik durch eine veränderte „internationale Verteilung von Ideen" (Sikkink 2002: 302; Ü.d.V.).

Goldstein/ Keohane (1993) beschreiben drei Kausalpfade, auf denen Ideen Einfluss auf Politikprogramme und Politikergebnisse nehmen, wobei insbesondere der erste und der dritte Pfad für die folgenden Analysen nutzbar sind. Erstens können Ideen in Zeiten der Unsicherheit und des politischen, wirtschaftlichen und/ oder gesellschaftlichen Umbruchs sowie unter Bedingungen unvollständiger Information politischen Akteuren als Orientierungshilfe („road map") dienen. Sie fungieren mithin als Leitfaden für Handeln bei Unsicherheit über die richtigen Ziele oder über die Mittel zur Erreichung dieser Ziele. Kausalwissen – entwickelt und verbreitet von transnationalen Wissensgemeinschaften – antwortet auf derartige Unsicherheiten direkt, indem es die Zweifel der politischen Akteure darüber vermindert, auf welchem Weg sie am besten ihre Ziele erreichen könnten. Normative Überzeugungen hingegen erleichtern es politischen Akteuren, Entscheidungen trotz Unsicherheiten über die richtigen Ziele und/ oder die geeigneten Mittel zur Verfolgung dieser Ziele zu treffen. Die Wahl einer bestimmten Handlungsoption wird dann von einer zweckrational-instrumentellen Ebene („Welche Strategie ist optimal zur Erreichung eines gegebenen Ziels?") auf eine normativ-moralische Ebene („Welche Ziele sind ethisch erstrebenswert? Welche Mittel zur Erreichung eines gegebenen Ziels sind ethisch vertretbar und moralisch angemessen?") verlagert. Dadurch dass Handlungen ethisch anstatt instrumentell begründet werden, lassen sich Unsicherheiten und Zweifel über die richtige Vorgehensweise bei komplexen Problemstellungen mitunter aufheben.

Ein zweiter Kausalpfad betrachtet Ideen als Kristallisationspunkte („focal points") für kooperative Lösungen in (spieltheoretisch modellierten) Entscheidungssituationen, in denen kein Gleichgewichtsergebnis oder mehrere Gleichgewichtsergebnisse existieren. In so genannten Koordinationsspielen (z.B. „Kampf der Geschlechter") lässt die Analyse der Präferenzen der beteiligten Akteure nicht auf ein eindeutiges Gleichgewichts-Interaktionsergebnis („unique equilibrium solution") schließen.[42] Geht man von

---

[42] Die Spielsituation „Koordinationsspiel mit Verteilungskonflikt" lässt sich mit dem viel zitierten Beispielfall „Kampf der Geschlechter" illustrieren (vgl. Zangl 1999: 84ff.): Die Frau möchte gerne ins Theater gehen, der Mann lieber zum Fußballspiel. Allerdings möchten beide am liebsten gemeinsam ausgehen. Die Frau würde am liebsten zusammen ins Theater gehen, der Mann am liebsten zusammen ins Fußballstadion. Diese kooperativen Interaktionsergebnisse sind, in der Sprache der Spieltheorie, beides Gleichgewichtslösungen und damit unter zweckrationalen Gesichtspunkten gleicher Maßen wahrscheinlich. Mann und Frau müssen sich jedoch einigen, ob sie zusammen ins Theater oder zum Fußball gehen. Gelingt diese Einigung nicht, dann ist für jeden jeweils nur das drittbeste Ergebnis möglich, nämlich dass jeder für sich allein geht. Normative Ideen können nun als Kristallationspunkt für die Wahl *einer* kooperativen Lösung dienen: So könnte etwa der Mann der Norm folgen, er sei als Kavalier verpflichtet, der Frau die Wahl der gemeinsamen Abendgestaltung zu überlassen. Andererseits könnte die Frau nach der Überzeugung „Die Klügere gibt nach" dem gemeinsamen Besuch im Fußballstadion zustimmen.

ausschließlich zweckrationalem Verhalten der Akteure aus, erscheinen in solchen Situationen mehrere Lösungen gleicher Maßen rational erklärbar. Individuen stützen sich jedoch oftmals auf ihre normativen Überzeugungen, wenn sie aus einer Reihe von mehreren (Gleichgewichts-) Ergebnissen auswählen müssen. Garrett/ Weingast (1993: 177) argumentieren beispielsweise, dass bei der Gründung des europäischen Binnenmarktes verschiedene Optionen von einem liberalistischen laissez-faire-Ansatz bis zu strikter europaweiter Regulierung des Marktes möglich waren. Die Einigung der EG-Mitgliedstaaten auf das Prinzip der gegenseitigen Anerkennung („mutual recognition")[43] war entscheidend für das Zustandekommen des europäischen Binnenmarktes in seiner heutigen Form. Diese Einigung lässt sich nicht ausschließlich mit zweckrationalen Motiven der Beteiligten erklären. Die Auswahl dieses Prinzips wurde zudem maßgeblich beeinflusst von Entscheidungen des Europäischen Gerichtshofs, der mit der Betonung dieses Prinzips einen Kristallisationspunkt für eine europäische Kooperationslösung schuf.

Schließlich geht ein dritter Kausalpfad davon aus, dass Ideen, wenn sie einmal in Institutionen eingeschrieben wurden, langfristig Einfluss auf Politikprogramme und -ergebnisse nehmen, indem sie die Bandbreite der politischen Entscheidungsmöglichkeiten beschränken. Leitideen können vor allem dann als institutionell eingebettet angesehen werden, wenn sie in Statuten und grundlegenden Konventionen z.B. einer internationalen Organisation Eingang gefunden haben, immer wieder zitiert werden und durch Organe, die der Umsetzung dieser Ideen (z.B. Menschenrechtsausschüsse) verpflichtet sind, gestützt werden. Sind Ideen in Institutionen eingeschrieben, wie z.B. der Schutz von Menschenrechten in regionalen und globalen Menschenrechtskonventionen oder der Grundsatz der Nichtdiskriminierung in internationalen Handelsabkommen, tendieren politisch-administrative Akteure dazu, sich an diesen Ideen bei der Ausgestaltung von Politikprogrammen zu orientieren, anstatt in jeder Situation aufs Neue Handlungsmaßstäbe entwickeln zu müssen. Die bei der Gründung von Institutionen vorherrschenden Ideen können noch viel spätere Entscheidungen lenken, da kognitive Innovationen häufig kostspielig sind (Goldstein/ Keohane 1993: 5, 18ff.). Politikergebnisse lassen sich unter diesen Umständen nicht mehr nur auf Grundlage bestehender Interessen- und Machtkonstellationen erklären. In Institutionen eingeschriebene Ideen sind oftmals langlebiger als Interessen und Machtverteilungen. Es wird im Folgenden also insbesondere darauf zu achten sein, inwieweit bestimmte weltpolitische Leitideen institutionell eingebettet wurden, so dass ihr Einfluss auf Politikprogramme und -ergebnisse verstetigt wurde.

---

[43] Das Prinzip der gegenseitigen Anerkennung besagt, dass einschlägige Rechtsvorschriften anderer EU-Staaten in jedem Mitgliedstaat der Gemeinschaft den inländischen Vorschriften gleichzusetzen sind. Dies bedeutet, dass die in einem Mitgliedstaat nach dem dort gültigen Recht hergestellten und verkauften Güter im gesamten Binnenmarkt angeboten werden können.

Kausalpfad 1: Orientierungshilfe (*road map*)	Ideen dienen in Zeiten der Unsicherheit und des Umbruchs (z.B. Kriegsende, Wirtschaftskrisen) sowie unter Bedingungen unvollständiger Information als Orientierungshilfe für Akteure.
Kausalpfad 2: Kristallisationspunkt (*focal point*)	Ideen dienen als Kristallisationspunkte für kooperative Lösungen in Situationen, in denen entweder kein Gleichgewichtsergebnis oder mehrere Gleichgewichtsergebnisse (*equilibria*) existieren.
Kausalpfad 3: institutionalisierte Ideen (*institutionalized ideas*)	Institutionell eingebettete Ideen haben langfristig Einfluss auf Politikprogramme, da politische Akteure dazu neigen, sich bei der Ausgestaltung von Politikprogrammen an diesen Ideen zu orientieren, anstatt in jeder Situation aufs Neue Handlungsmaßstäbe zu entwickeln.

Vgl. Goldstein/ Keohane (1993: 11ff.)

Abb. 2.16: Wie Ideen politikmächtig werden

3 Wandel im internationalen Souveränitäts- und Sicherheitsdiskurs

3.1 *Souveränität als konstitutives Prinzip des internationalen Systems*

Eine Idee, die das internationale System bis heute maßgeblich prägt, zugleich aber erhebliche Modifizierungen erfahren hat und immer noch erfährt, ist die der Souveränität von Staaten. Der Westfälische Frieden von 1648 wird häufig als Ausgangspunkt für die Anerkennung der Souveränität als konstitutivem Prinzip des modernen zwischenstaatlichen Systems betrachtet, auch wenn diese Datierung nicht unumstritten ist (vgl. Krasner 1993; Teschke 2003). Die Annahme, dass Staaten souveräne Akteure im internationalen System darstellen, ist keine materielle, sondern eine ideelle Rahmenbedingung der Weltpolitik. Souveränität ist ein Teil der konstitutiven Prinzipien der internationalen Staatengemeinschaft (Philpott 2001: 12).

Der Begriff der Souveränität bezeichnet die Verfügungsgewalt über die höchste Autorität innerhalb eines Territoriums (Philpott 2001: 16). Inhaber von Souveränität können verschiedene Subjekte sein, z.B. ein Monarch oder das Volk. *„Autorität"* des Souveräns meint, dass der jeweilige Souverän das legitime Recht hat zu befehlen sowie den Anspruch erheben kann, dass ihm gehorcht wird. *Höchste* Autorität bedeutet, dass es keine übergeordnete Instanz gibt, die dem Souverän Schranken setzt. Ein weiterer Aspekt der Souveränität ist die Gebundenheit an ein *Territorium* (Philpott 2001: 16ff).

Unterschieden wird ferner zwischen innerer und äußerer Souveränität: Aus der *inneren* Souveränität folgt das Prinzip der Nichteinmischung in die inneren Angelegenheiten eines Staates; *äußere* Souveränität bezieht sich auf die Abwesenheit einer übergeordneten internationalen Autorität. Souveränität kann *absolut* oder *nicht-absolut*, also geteilt sein. Souveränität kann ihren Inhaber ganz oder teilweise wechseln. In der EU zum Beispiel behalten die Staaten zwar immer noch weitgehende Souveränität bei der Verteidigungspolitik, dies gilt jedoch nicht in Handelsangelegenheiten. Hier werden souveräne Rechte im Rat der EU zusammengelegt und für Verhandlungen im Rahmen der WTO sogar an die EU-Kommission delegiert.

Philpott (2001) identifiziert zwei große historische Ereignisse, die zu „Revolutionen der Souveränität" geführt haben: den Westfälischen Frieden von 1648 und die Zeit der Dekolonisierung in den 1960er Jahren. Mittlerweile scheint sich mit der zunehmenden Anerkennung des Prinzips der Schutzverantwortung („responsibility to protect") ein weiterer tief greifender Wandel des Souveränitätskonzepts abzuzeichnen.

3.2 Ursprung und Verbreitung des Souveränitätskonzepts: Westfälischer Frieden und das Ende der Kolonialzeit

Der Westfälische Frieden von 1648 veränderte die konstitutiven Prinzipien der internationalen Ordnung grundlegend. Er definierte im europäischen Rahmen die anerkannten politischen Einheiten neu. Souveräne Territorialstaaten ersetzten das Heilige Römische Reich Deutscher Nation; sie genossen zumindest formal absolute Souveränität. Seither konnten sich die Staaten, unabhängig von ihrer inneren Verfasstheit, d.h. egal ob (später) parlamentarische Demokratie oder konstitutionelle Monarchie, auf das Prinzip der Nichteinmischung berufen, das sich aus der staatlichen Souveränität ableitet.

Die einschneidende Wirkung des Westfälischen Friedens für die Herausbildung des modernen internationalen Systems ist freilich nicht unumstritten und wird von einigen Beobachtern als bloßer „Mythos" bezeichnet (vgl. Krasner 1993; Osiander 2001; Teschke 2003). Diesen Kritikern ist insoweit zuzustimmen, als es nach 1648 rund 100 Jahre dauerte, bis das Souveränitätsprinzip zumindest in der europäischen Politik Geltung erlangt und vorherrschend wurde. Nichtsdestotrotz wurden die *ideell-konzeptuellen* Grundlagen des modernen internationalen Systems in den Westfälischen Verträgen von 1648 gelegt.

Das Prinzip der Souveränität von Staaten war im Westfälischen Frieden nur auf europäische Staaten bezogen. Nicht darunter fielen politische Gemeinschaften in anderen Teilen der Welt, auch wenn sie sich auf dem Weg der Staatsbildung befanden. Erst Jahrhunderte nach dem Westfälischen Frieden, nach dem Zweiten Weltkrieg, begann mit der Dekolonisierung die weltweite Ausdehnung des Souveränitätsprinzips. Kolonien konnten unter Berufung auf das Selbstbestimmungsrecht der Völker[44] ihre Unabhängigkeit vom „Mutterland" erklären. Das europäische Staatsmodell wurde in vie-

---

[44] Die Idee des Selbstbestimmungsrechts der Völker wurde bereits vom US-Präsidenten Woodrow Wilson im Rahmen seiner Friedensbemühungen gegen Ende des Ersten Weltkriegs vertreten. Die Satzung der Vereinten Nationen erwähnt das Selbstbestimmungsrecht der Völker in den Artikeln 1 und 55, jedoch ohne es zu definieren. Bindend wurde dieses Recht erst mit den Internationalen Pakten über bürgerliche und politische Rechte sowie über wirtschaftliche, soziale und kulturelle Rechte, die 1966 von der Generalversammlung angenommen und bis 1977 von einer ausreichenden Anzahl von Staaten ratifiziert wurden, um in Kraft treten zu können.

len ehemaligen Kolonien jedoch nur unvollständig übernommen. Die so entstandenen „Quasi-Staaten" konnten aufgrund des normativen Wandels, der dem Kolonialismus die Legitimation entzog, zwar rechtlich unabhängig werden, wiesen aber häufig nicht die erforderlichen Kapazitäten zur Selbstbestimmung auf (Jackson 1990). Aus dem unzulänglichen Aufbau eigenständiger staatlicher Strukturen resultieren viele der heutigen Probleme in ehemaligen Kolonien wie schlechte Regierungsführung, Anfälligkeit für interne Gewaltkonflikte, Unterdrückung und Korruption.

Die Ursachen dieser zweiten „Revolution", der weltweiten Verbreitung des Souveränitätsprinzips, sind auch in dem Wandel der Ideen über individuelle Rechte (Menschenrechte und Grundfreiheiten) zu suchen (vgl. Finnemore 1996). Mit der Abschaffung der Sklaverei[45] wurde anerkannt, dass Menschen nicht mehr als Besitz anderer Menschen gelten können, sondern fortan ohne Ausnahme als Individuen mit unveräußerlichen Rechten anzusehen und mit dem grundlegenden Recht zur Selbstbestimmung ausgestattet sind. Es handelt sich hierbei um eine normative Überzeugung, die besagt, dass Menschen nicht von anderen besessen werden dürfen, sondern frei sind. Das Äquivalent zum persönlichen Recht auf individuelle Selbstbestimmung bildet auf der Ebene der Staaten bzw. der zwischenstaatlichen Beziehungen die Souveränität. Die Unterhaltung von Kolonien, also der Besitz fremden Territoriums und die daraus folgende Fremdbestimmung der darin lebenden Bevölkerung wurde als unvereinbar mit der sich durchsetzenden Idee der Selbstbestimmung von Individuen und politischen Gemeinschaften angesehen. Die Dekolonisierung brachte eine Universalisierung des Souveränitätsprinzips mit sich und entsprach der Selbstbestimmung politischer Gemeinschaften.

In jüngerer Zeit lässt sich jedoch beobachten, dass Ideen, die jenen, welche zu der Verbreitung souveräner Staaten beigetragen haben, im Kern ähnlich sind, neueren, gegensätzlichen Tendenzen der Einschränkung der Souveränität des Staates zugrunde liegen. Ideen von Freiheit, Autonomie und Selbstbestimmung, die die Dekolonisierung und damit die Verbreitung des Modells des souveränen Staates beförderten, sind heute durch die Betonung der Sicherheit und Freiheit des *Individuums* verantwortlich für eine Stärkung individueller Rechte gegenüber den Rechten des Staates. Um die Rechte von Individuen zu sichern, werden daher Einschränkungen der aus der Souveränität abgeleiteten Rechte von Staaten vorgenommen.

---

[45] In den USA wurde die Sklaverei 1865 mit der Ratifizierung des 13. Zusatzes zur US-amerikanischen Verfassung verboten. Auf internationaler Ebene schlossen im Jahr 1926 die Mitgliedstaaten des Völkerbundes ein Abkommen gegen die Sklaverei. 1948 wurde die Sklaverei in Artikel IV der erneut geächtet. 1956 wurde ein weiteres VN-Abkommen über die Abschaffung der Sklaverei geschlossen.

3.3 Vom Prinzip der Nichteinmischung zur Schutzverantwortung

Die sicherheitspolitische Leitidee der nationalen Sicherheit, die den Schutz und die Verteidigung des souveränen Staates vor Angriffen von Außen – durch andere Staaten oder nichtstaatliche Akteure mit staatlichem Rückhalt – in den Mittelpunkt rückte, hat gegenüber einem neueren Sicherheitsverständnis der menschlichen Sicherheit an Bedeutung verloren. In jüngerer Zeit findet eine analytische und politische Reorientierung auf die sicherheitspolitische Leitidee der menschlichen Sicherheit („human security") statt, die den Schutz von *Individuen* oder Gruppen von Individuen vor gewaltsamen Bedrohungen vor allem innerstaatlicher Natur betont (Human Security Centre 2005: VIII). Der den Staaten obliegende Schutz ihrer Bevölkerungen vor Angriffen von Außen wird als eine notwendige, aber nicht mehr als hinreichende Bedingung für die Sicherheit von Individuen angesehen.

Daraus ergibt sich eine Neudefinition der Aufgaben der Vereinten Nationen und der von den Staaten aus dem Souveränitätsprinzip abgeleiteten Rechte. Das Souveränitätsprinzip wird zwar in der Satzung der VN bekräftigt (Art. 2), gleichzeitig werden aber auch die Wahrung von Sicherheit und Frieden und die Förderung der Einhaltung von Menschenrechten als Kernaufgaben der VN definiert (Art. 1 SVN). Diese verschiedenen Prinzipien geraten in Konflikt miteinander, wenn innerhalb von Staaten durch staatliche Organe oder mit deren Duldung Menschenrechte systematisch verletzt werden. In jüngerer Zeit lässt sich eine Verschiebung der Prioritäten zugunsten der Gewährleistung von (auch innerstaatlicher) Sicherheit und Menschenrechten beobachten – auf Kosten des auf der Souveränität beruhenden Nichteinmischungsprinzips. Dies wird deutlich am Paradigmenwechsel vom Prinzip der Nichteinmischung zum Prinzip der Schutzverantwortung („responsibility to protect") (vgl. Fröhlich 2006; ICISS 2001; SEF 2008). Staaten, die den Regierungsaufgaben der Wahrung und Förderung der Menschenrechte und insbesondere der physischen Sicherheit ihrer Bürger nicht nachkommen, können sich demzufolge zur Abwehr externer Einmischung nicht länger auf das aus der staatlichen Souveränität abgeleitete Prinzip der Nichteinmischung berufen. Wenn Staaten ihre Schutzpflichten gegenüber der eigenen Bevölkerung verletzen, verwirken sie ihren Anspruch auf Nichteinmischung in ihre inneren Angelegenheiten. Der einflussreiche Bericht der Internationalen Kommission über Interventionen und staatliche Souveränität („International Commission on Intervention and State Sovereignty", ICISS) formulierte dies folgendermaßen: „Wo eine Bevölkerung in Folge von Bürgerkriegen, Aufruhr, Repression oder Staatszerfall gravierendes Leid erfährt, und der betreffende Staat nicht willens oder fähig ist, dieses Leid zu beenden oder abzuwenden, weicht das Prinzip der Nichteinmischung dem der internationalen Schutzverantwortung" (ICISS 2001: XI; Ü.d.V.).

Das Prinzip der Schutzverantwortung ist vor allem in Hinblick auf die praktische Umsetzung umstritten. Es gibt keine Interventionsverpflichtung der Vereinten Nationen, sondern es handelt sich bisher allenfalls um ein zur Einmischung ermächtigendes

Prinzip. Humanitäre Interventionen als *ultima ratio* zur Wahrnehmung der internationalen Schutzverantwortung finden immer noch selektiv statt und bei weitem nicht überall dort, wo systematische Menschenrechtsverletzungen auftreten oder verlustreiche Bürgerkriege stattfinden (wie z.B. das Beispiel Darfur im Sudan zeigt). Allerdings zeigt sich schon in der Aufnahme des Prinzips der Schutzverantwortung in mehrere VN-Reformberichte und die Abschlusserklärung des VN-Weltgipfels 2005 die Ernsthaftigkeit dieses Wandels des Verständnisses von Souveränität (Fröhlich 2006: 174ff.; Rittberger/ Baumgärtner 2006: 53)

Der Sicherheitsrat der Vereinten Nationen kann darüber entscheiden, ob in einen Staat interveniert wird – im Rahmen des „robusten Peacekeeping" geschieht dies auch ohne Zustimmung des betreffenden Staates (Rittberger/ Zangl 2006: 135; vgl. Kap. 7). Die äußere Souveränität des Staates wird also eingeschränkt, da er sich einer höheren internationalen Autorität gegenüber sieht, die entscheiden kann, ob eine Intervention auf seinem Territorium zulässig und geboten ist. Wenn die VN zudem politische und administrative Tätigkeiten übernehmen, wie es bei „komplexem Peacekeeping" (z.B. im Kosovo oder in Ost-Timor) der Fall ist, treten die VN als Treuhänder von Regierungsverantwortung auf, bis eine reguläre Regierung gebildet werden kann (ebd.). Somit üben die VN quasi-staatliche Autorität innerhalb eines Territoriums aus – eine Entwicklung, die bisherigen Vorstellungen innerer Souveränität widerspricht.

Elemente staatlicher Souveränität	Aus der staatlichen Souveränität abgeleitete Rechte	Beschränkungen der staatlichen Souveränität
Innere Souveränität	Nichteinmischung in die inneren Angelegenheiten eines Staates	Schutzverantwortung gegenüber den eigenen Bürgern (*responsibility to protect*)
Äußere Souveränität	Abwesenheit/ Ablehnung einer dem Staat übergeordneten Autorität	Entscheidung des VN-Sicherheitsrats über eine Intervention in einem Staat auch gegen dessen Willen (Kap. 7 SVN)

Abb. 2.17: Wandel der Idee staatlicher Souveränität

Im Zuge des Wandels des Souveränitätsverständnisses und der stärkeren Betonung der Sicherheit von Individuen anstelle der Sicherheit des Staates hat sich auch die Art und Weise, wie militärische Interventionen legitimiert werden, verändert. Militärische Interventionen in andere Staaten sind freilich keine neue Erscheinung, allerdings liegen ihnen heute andere Legitimierungsgründe und -voraussetzungen zugrunde (Finnemore 1996: 184). Die Friedensmissionen der Vereinten Nationen sind zunehmend auf die Verteidigung von menschenrechtlichen Prinzipien ausgerichtet. Es gibt einen wachsenden Konsens innerhalb der VN, dass eine internationale Verantwortung für den Schutz von Menschenrechten existiert, die in letzter Konsequenz auch den Einsatz von militärischer Gewalt zur Beendigung von schwersten systematischen Menschenrechtsverletzungen rechtfertigt. Um von der internationalen Staatengemeinschaft als legitim anerkannt zu werden, müssen militärische Interventionen zur Durchsetzung von Menschenrechten multilateral dargelegt und von den VN mandatiert oder geführt sein (Finnemore 1996: 180; Ruggie 1993: 6).

Zusammenfassend ist festzuhalten, dass jene Ideen von Freiheit und Selbstbestimmung, die im Zuge der Dekolonisierung zur weltweiten Verbreitung souveräner Staaten beigetragen haben, heute – auf den Schutz der Sicherheit und der Freiheit des Individuums gewendet – Tendenzen der Einschränkung staatlicher Rechte, die sich aus der Souveränität ableiten, befördern. Souveränität eines Staates bedeutet Freiheit von der höheren Autorität eines Dritten und Ausübung höchster Autorität innerhalb seines Territoriums. Damit hat dieser Staat aber das Potenzial, die Sicherheit und Freiheitsrechte seiner Bewohner zu beschneiden. Da der Siegeszug liberaler Ideen die individuellen Lebens-, Sicherheits- und Freiheitsrechte betont hat, diese aber innerhalb des souveränen Staates nicht notwendigerweise gesichert sind, trifft die staatliche Souveränität auf zunehmend enger gezogene Schranken. Multilaterale Interventionen in einen Staat, der systematisch Menschenrechte verletzt, sind also Ausdruck eines Ideenwandels. Dieser betont den Anspruch der Individuen auf Sicherheit und Freiheit und setzt dadurch den aus der Souveränität des Staates abgeleiteten Rechten (z.B. der Nichteinmischung) Grenzen.

Die bedeutende Veränderung, die sich für das internationale Staatensystem ergibt, ist, dass den VN exekutive Autorität zuwächst, Menschenrechte durchzusetzen und damit bis zu einem gewissen Grad üblicher Weise souveränen Staaten zuerkannte Kompetenzen und Aufgaben treuhänderisch wahrzunehmen. Für Staaten bedeutet dies, dass sie gegenüber einer höheren Autorität rechenschaftspflichtig sind. Sie unterliegen der potenziellen Fremdeinmischung zur Durchsetzung von Menschenrechten ihrer Bürger. Dies schränkt ihre innere und äußere Souveränität ein.

4 Transnationale Verrechtlichung und Demokratie: Auf dem Weg zum Weltbild der verrechtlichten Gesellschaftswelt?

4.1 Veränderungen im Herrschaftsdiskurs und strukturelle Implikationen

Es wurde bereits gezeigt, dass sich ein Wandel des Souveränitätsverständnisses und eine ideelle Entwicklung von nationaler zu menschlicher Sicherheit abzeichnen. Dieser Wandel zielt auf die Begrenzung der Handlungsfreiheit des Staates und eine stärkere Betonung des Schutzes und der Rechte von Individuen ab. Im inter- und transnationalen Herrschaftsdiskurs lässt sich eine weitere, mit den Entwicklungen im Sicherheitsdiskurs kompatible bzw. komplementäre ideelle Verschiebung feststellen, die zugleich auf strukturelle Veränderungen des globalen Systems verweist. Diese ideellen Entwicklungen finden auf den Ebenen der Weltbilder und der normativen Überzeugungen statt.

Durch die inter- und transnationale Verrechtlichung werden die legal zulässigen und mithin als legitim angesehenen Handlungsoptionen des Staates begrenzt. Das Prinzip „Recht geht vor Macht" wird zwar längst nicht immer anerkannt, geschweige denn befolgt, findet aber im Zuge fortschreitender Verrechtlichung jenseits des Staates zunehmende Zustimmung. Ferner lässt sich feststellen, dass das Konsensprinzip, eines der ideellen Eckpfeiler der bisherigen Völkerrechtsordnung, heute nicht mehr absolut gilt. Rechts(fort)entwicklung findet immer mehr auch unabhängig von der Zustimmung aller Staaten statt.

Es sind ferner vermehrt Tendenzen im Herrschaftsdiskurs zu beobachten, nichtstaatlichen Akteuren partielle Völkerrechtssubjektivität, d.h. die Fähigkeit, eigenständige Träger von völkerrechtlichen Rechten und Pflichten zu sein, zuzuerkennen. Diese Entwicklungen sind freilich noch im Fluss: Die herrschende völkerrechtliche Lehre spricht INGOs und transnationalen Unternehmen nach wie vor keine Völkerrechtssubjektivität zu, auch wenn eine partielle Völkerrechtssubjektivität von Individuen weitgehend anerkannt wird und es mittlerweile unter Völkerrechtlern auch Stimmen für eine partielle Völkerrechtssubjektivität von NGOs und transnationalen Unternehmen gibt (vgl. Blome 2004: 13ff.; Delbrück 2001; Hailbronner 2004: 159ff., 167; Kimminich/Hobe 2000: 157; Nowrot 2003).

Der Prozess der Verrechtlichung spiegelt einen Wandel in den inter- und transnational vorherrschenden normativen Überzeugungen wider. In Verbindung mit der wachsenden Anerkennung der normativen Überzeugung der verantwortungsvollen Regierungsführung („good governance") und der Demokratie läuft der Prozess der inter- und vor allem der transnationalen Verrechtlichung darauf hinaus, dass sich die anarchische Staatenwelt zu einer zumindest partiell verrechtlichten Gesellschaftswelt entwickelt (vgl. bereits Czempiel 1993: 105ff.). Dieser Wandel, der ein grundlegend neues Weltbild von der Konstitution der internationalen Beziehungen mit sich bringt, ist zwar sowohl hinsichtlich der Vergesellschaftung als auch in Bezug auf die Verrechtlichung des globalen Systems längst nicht abgeschlossen. Es ist jedoch nicht von der Hand zu weisen, dass ein ideeller Wandel im Herrschaftsdiskurs stattfindet, der sich auch in den Strukturmerkmalen des globalen Systems niederschlägt.

Im Folgenden wird zunächst die rechtliche Begrenzung der Handlungsfreiheit des Staates nach Innen und nach Außen durch den Ideenwandel im Herrschaftsdiskurs dargelegt. Es wird auch darauf eingegangen, inwieweit sich eine zunehmende Anerkennung der Völkerrechtssubjektivität transnationaler Akteure abzeichnet. Danach wird der Einfluss der Leitideen der verantwortungsvollen Regierungsführung und der Demokratie beschrieben, die auf eine Stärkung des Leitbildes der verrechtlichten Gesellschaftswelt gegenüber dem der anarchischen Staatenwelt hindeuten.

4.2 Transnationale Verrechtlichung: Beschränkung der Handlungsfreiheit des Staates und zunehmende Anerkennung einer Völkerrechtssubjektivität nichtstaatlicher Akteure

In nahezu allen Problemfeldern der inter- und transnationalen Beziehungen von der Sicherheit über die Handelspolitik bis hin zum Sport lassen sich – unterschiedlich stark ausgeprägte, in ihrer Gesamtheit jedoch erhebliche – Verrechtlichungstendenzen beobachten (vgl. Goldstein et al. 2000: 385; Zangl 2006). Diese spiegeln grundlegende normative Überzeugungen zur angemessenen Reichweite der staatlichen Handlungsfreiheit im globalen System („nach Außen") und der staatlichen Eingriffsrechte in die Gesellschaft („nach Innen") wider. Gegenwärtige Verrechtlichungsprozesse verweisen ferner auf eine zunehmende Akzeptanz, wenngleich auch freilich immer noch selektive Befolgung des Prinzips „Recht geht vor Macht". Es ist mittlerweile weit gehend anerkannt, dass der Freiheit staatlichen Handelns „nach Außen" (z.B. durch die Verpflichtung zu friedlicher Streitbeilegung gemäß Art. 2 III, 33 SVN) oder die unabhängige Handelsstreitschlichtung in der (WTO) und „nach Innen" (z.B. durch die Garantie von Menschenrechten, vgl. Kap. 9) global gültige rechtliche Grenzen gesetzt sind.

Der Prozess der Verrechtlichung beinhaltet, dass Normen und Regeln, welche das Verhalten von sozialen Akteuren aufeinander abzustimmen und so wechselseitige Erwartungsverlässlichkeit herzustellen suchen, vermehrt Rechtscharakter annehmen (Zangl/ Zürn 2004: 21). Entscheidend für den Rechtscharakter von Normen und Regeln ist, dass Regelsetzung, Regelauslegung und Regeldurchsetzung nach vorab festgelegten transparenten und fairen Verfahren stattfinden und nicht „naturwüchsigen" Aushandlungsprozessen überlassen sind. In der Sprache der Rechtstheorie bedeutet dies, dass neben *primären* substanziellen Normen, d.h. Geboten oder Verboten sowie Ansprüchen, auch von den Rechtsgenossen anerkannte *sekundäre* Kompetenz- und Verfahrensnormen für die Herstellung und Anwendung dieser primären Normen existieren (Hart 1994: 79-99). Diese sekundären Normen müssen allgemeinen Prinzipien der Verfahrensgerechtigkeit wie etwa den Grundsätzen der Transparenz und der Gleichbehandlung gleicher Fälle entsprechen (vgl. Habermas 1994). Im Zuge der Verrechtlichung wird die Auswahl der einem Staat zukommenden Handlungsoptionen und legalen und mithin legitimen Mittel zur Erreichung bestimmter Ziele beschränkt. Staatliche Machtausübung wird beschränkt, wenn rechtsförmige Verfahren an die Stelle interessen- und machtgesteuerter Aushandlungsprozesse treten. Mehr Verrechtlichung bedeutet tendenziell weniger Handlungsfreiheit des Staates.

Nicht nur das Ausmaß, auch die *Art* der Verrechtlichung hat Auswirkungen auf die staatliche Handlungsfreiheit. Verrechtlichung beschränkt das Staatenverhalten umso stärker, je mehr durch direkte Zugangsmöglichkeiten privater Akteure zu Streitschlichtungsstellen und durch die Delegation von Rechtsetzungs-, Rechtsdurchsetzungs- und Streitschlichtungsbefugnissen an nicht staatlich kontrollierte Organe der

Einfluss der Staaten auf Streitschlichtungsergebnisse eingeschränkt ist (vgl. Keohane/ Moravcsik/ Slaughter 2000).

Keohane/ Moravcsik/ Slaughter (2000) unterscheiden zwischen zwei Typen von Streitbeilegung jenseits des Nationalstaates – zwischenstaatliche und transnationale[46] Streitbeilegung. Im Typus der zwischenstaatlichen Streitbeilegung findet der verrechtlichte Konfliktaustrag ausschließlich zwischen Staaten statt, die insoweit als einheitliche Akteure auftreten und allein als Rechtssubjekte gelten. Als solche kontrollieren sie den Zugang zu (Schieds-) Gerichtsbarkeitsinstanzen und die Umsetzung von deren Entscheidungen. Transnationale Streitschlichtung dagegen eröffnet den Zugang zu Streitschlichtungsstellen auch privaten Akteuren, und die Implementation von Entscheidungen ist weitgehend unabhängig vom Willen einzelner Regierungen. Die Streitschlichtungsstellen sind von der direkten Beeinflussung durch Staaten isoliert. Während die Verfahrensvorschriften des Internationalen Gerichtshofs (IGH) weitgehend dem Typus der zwischenstaatlichen Verrechtlichung entsprechen, zeichnen sich der Europäische Gerichtshof (EuGH) und der Europäische Gerichtshof für Menschenrechte (EGMR) durch große Unabhängigkeit und durch breite Zugangsmöglichkeiten (direkte Klagemöglichkeit) für Individuen aus (vgl. Blome/Kocks 2009).

Jenseits der Kontrolle durch die Staaten eröffnen sich für transnationale Streitschlichtungsstellen und für nichtstaatliche Akteure eigenständige Möglichkeiten der Beeinflussung der weltpolitischen Tagesordnung bis hin zur Rechtsinterpretation und Rechtsfortentwicklung – auch gegen den Willen der Staaten. Laut Keohane/ Moravcsik/ Slaughter (2000) hat transnationale Streitschlichtung einen expansiven Charakter, d.h. die Wahrscheinlichkeit, dass unerwartete oder von Staaten ungewünschte Rechtsauslegung und Rechtsfortbildung stattfinden, ist höher als beim Typus der zwischenstaatlichen Streitschlichtung. Ein Hauptgrund dafür liegt im Zugang privater Akteure zu den Streitschlichtungsinstanzen. Haben nichtstaatliche Akteure Zugang, finden sich häufiger Fälle vor den Gerichten, die dort kaum oder seltener verhandelt und entschieden würden, wenn der Zugang allein in Staatenhand läge. Zugangsmöglichkeiten für nichtstaatliche Akteure können mithin mittelbar zu einer Stärkung der Rolle von Gerichten jenseits der Kontrolle durch Staaten führen. Ein ständiger Fluss von Fällen erhöht zudem das Gewicht und die Reputation von Gerichten und damit die Möglichkeit, als politikmächtiger Akteur aufzutreten und mitunter auch zur Rechtsfortentwicklung beizutragen. Eine Zunahme transnationaler Verrechtlichung beschränkt also nicht nur die staatliche Handlungsfreiheit stärker als zwischenstaatliche Verrechtlichung, sondern wirkt zudem auch als Motor für weitere Verrechtlichung. Zwar sind Streitschlich-

---

[46] Es ist zu beachten, dass das Attribut „transnational" in diesem Zusammenhang gemäß der Konzeptualisierung von Keohane/ Moravcsik/ Slaughter (2000) begrifflich mehr und etwas anderes bedeutet als etwa im Ausdruck „transnationale Beziehungen", wo „transnational" für die nichtstaatliche Verfasstheit mindestens eines Interaktionspartners steht. Der im Folgenden entfaltete Begriff „transnationale Streitschlichtung" steht also für einen bestimmten Modus der Streitbeilegung, der sich durch mehrere Eigenschaften (über die nichtstaatliche Verfasstheit mindestens einer Streitpartei hinaus) auszeichnet.

tungsorgane, die dem Typus der transnationalen Verrechtlichung nahe kommen, immer noch relativ selten. Regionale Streitschlichtungsorgane wie die genannten europäischen Gerichtshöfe oder die Interamerikanische Kommission für Menschenrechte („Inter-American Commission on Human Rights", IACHR) nehmen hier jedoch eine Vorreiterrolle ein und haben an Gewicht gewonnen. Außerdem lässt sich auch im Welthandelssystem eine Weiterentwicklung von einem – im Sinne der Typologie von Keohane/ Moravcsik/ Slaughter (2000) – rein zwischenstaatlichen zu einem stärker transnationalen Streitschlichtungsmodus vom GATT zur WTO beobachten. Das Streitschlichtungsverfahren der WTO zeichnet sich durch eine größere Unabhängigkeit der Richter, eine Abschaffung von Vetomöglichkeiten unterlegener Streitparteien gegen Schiedssprüche des WTO-Streitschlichtungsorgans, allerdings weiter nur begrenzten Zugang nichtstaatlicher Akteure (durch so genannte „amicus curiae briefs") aus (vgl. ausführlich Kap. 8). Es lassen sich also Entwicklungen zu mehr transnationaler Streitschlichtung und damit zu einer Begrenzung des Einflusses von Staaten auf das Zustandekommen und die Ausgestaltung von Entscheiden beobachten, auch wenn diese nicht global flächendeckend sind.

Transnationale Streitschlichtung			
	Unabhängigkeit	**Zugang**	**Rechtliche Einbettung**
Hoch	(Gruppen von) Staaten ernennen oder schlagen unabhängige Richter mit langer Amtsdauer vor.	Zugang durch nationale Gerichte oder direkte Klagemöglichkeit von Individuen und Gruppen	Internationale Normen, die von nationalen Gerichten durchgesetzt werden oder denen direkte Wirkung zugesprochen wird
Beispiele	EGMR, IACHR, EuGH	EGMR, IACHR, EuGH	EGMR, EuGH
Moderat	Streitparteien oder Gruppen von Staaten kontrollieren die ad hoc Auswahl von (unabhängigen) Richtern / Streitschlichtern.	(Nur) ein Staat kann Klage einreichen, z.T. beeinflusst durch gesellschaftlicher Akteure.	Kein Veto, aber Umsetzungsverantwortung bei Regierungen
Beispiele	IGH, GATT	WTO, GATT	WTO, IGH, IACHR
Niedrig	Streitschlichter sind weisungsabhängige Vertreter von Staaten.	Keine formellen Zugangsrechte für nichtstaatliche Akteure	Einzelne Staaten können Entscheidungen mit Veto belegen.
Beispiele	VN-SR	VN-SR	GATT, VN-SR
Zwischenstaatliche Streitschlichtung			

Quelle: Grafik erstellt nach Keohane/ Moravcsik/ Slaughter (2000).

Abb. 2.18: Formen der Verrechtlichung

In das Schema, wonach die Einspruchs- und Vetomöglichkeiten von Staaten gegen Entscheidungen unabhängiger Streitschlichtungsorgane abnehmen, passen auch generell-abstrakte Rechtsetzungsakte des VN-Sicherheitsrats aus der jüngeren Vergangenheit, die sich vom völkerrechtlichen Konsensprinzip entfernen. Die Einschränkung dieses völkerrechtlichen Prinzips stellt gleichfalls eine ideelle Neuerung im Herrschaftsdiskurs dar.

Der VN-Sicherheitsrat hat sich in jüngerer Vergangenheit als (Ersatz-)"Weltgesetzgeber" (Dicke 2001) betätigt, als er v.a. in den Resolutionen 1373 (2001) und 1540 (2004) in generell-abstrakter, gesetzähnlicher Weise der Gesamtheit der Staaten weit reichende, über den Einzelfall hinaus gehende Verpflichtungen zur Terrorismusbekämpfung (Res. 1373) und zur Unterbindung der Weitergaben von Massenvernichtungswaffen auch an nichtstaatliche Gewaltakteure (Res. 1540) auferlegt hat (vgl. ausführlich dazu Kap. 7). Mit den Resolutionen 1373 und 1540 hat der VN-Sicherheitsrat für alle VN-Mitgliedstaaten verbindliches Recht im Bereich der Terrorismusbekämpfung und der Unterbindung der Weitergabe von Massenvernichtungswaffen geschaffen und für die inhaltliche Durchsetzung von noch nicht in Kraft getretenen, wegen mangelnder Ratifikation nicht universell geltenden oder als nicht hinreichend effektiv eingeschätzten internationalen Übereinkommen zur Bekämpfung des Terrorismus bzw. zur Nichtweitergabe von Massenvernichtungswaffen Sorge getragen. Diese an alle Staaten gerichteten Rechtsakte treten neben die herkömmlichen Quellen des Völkerrechts (Rittberger/ Baumgärtner 2006: 316). Im Konfliktfall mit internationalen Übereinkommen genießen sie gemäß Art. 103 SVN sogar Vorrang (vgl. Talmon 2005).

Internationale „Gesetzgebung" kraft Sicherheitsratsresolution stellt eine qualitativ neue Art völkerrechtlicher Rechtsetzung dar. Ein Eckpfeiler des Völkerrechts ist, dass es auf dem Konsens der Staaten basiert. Traditionell galt, dass grundsätzlich nur die Staaten als primäre Völkerrechtssubjekte Verpflichtungen für sich begründen können (Graf Vitzthum 2004: 24f.). In den Fällen der oben genannten Resolutionen hat der Sicherheitsrat aber als internationaler Ersatz-Gesetzgeber agierend den Staaten allgemeine Rechtspflichten auferlegt, die bisher in dieser Form nur durch die Zustimmung eines jeden Staates für diesen verbindlich werden konnte. Ein 15 Mitglieder umfassendes Organ der VN hat – unter Umgehung des Vehikels „multilateraler Vertrag" und des mühsamen Willensbildungsprozesses in der VN-Generalversammlung – 192 VN-Mitgliedstaaten allgemeine Rechtspflichten auferlegt, ohne um deren Zustimmung fragen zu müssen.

Diese Entwicklung wirft freilich eine Reihe von Folgefragen zur Legitimität des Sicherheitsrats als Weltgesetzgeber auf. Der entscheidende Punkt an dieser Stelle ist aber, dass sich im inter- und transnationalen Herrschaftsdiskurs eine Einschränkung des völkerrechtlichen Konsensprinzips und mithin der staatlichen Handlungsfreiheit abzeichnet.

Im Zuge der transnationalen Verrechtlichung lassen sich ferner zumindest Ansätze im Herrschaftsdiskurs beobachten, nichtstaatlichen Akteuren (z.B. Individuen, juristischen Personen wie transnationalen Unternehmen oder INGOs) eine eigene Völkerrechtssubjektivität, d.h. die Fähigkeit, Träger von nicht durch den Staat vermittelten internationalen Rechten und Pflichten zu sein, zuzuerkennen. Diese Ausweitung der Rechtssubjekte böte die Chance, eine legitimatorische Mindestanforderung, nämlich die

Beteiligung von Regelungsadressaten und -betroffenen an der Rechtsetzung zu erfüllen: „Eine Rechtssetzung, die eine [...] Beteiligung der sich transnationalisierenden Öffentlichkeit ausschließt, bleibt zwangsläufig normativ defizitär" (List/ Zangl 2003: 389). Ob bestimmten nichtstaatlichen Akteure bereits (partielle) Völkerrechtssubjektivität zukommt, ist unter Völkerrechtlern umstritten (Blome 2004: 13ff.). Anzeichen für eine partielle Völkerrechtssubjektivität zumindest von Individuen finden sich etwa in den Zugangsregeln des EGMR, die die Möglichkeit einer Individualbeschwerde gegen Menschenrechtsverletzungen im Rahmen der Europäischen Menschenrechtskonvention vorsehen. Die Errichtung des ständigen Internationalen Strafgerichtshofs (IStGH) fügt sich ebenfalls in die Entwicklung einer Ausweitung des Kreises internationaler Rechtssubjekte über die Staaten hinaus ein (vgl. auch Kap. 9). Individuen können Klage beim IStGH einreichen. Der IStGH hat Gerichtsbarkeit über Individuen in Fällen von Genozid, Verbrechen gegen die Menschlichkeit, Kriegsverbrechen und das (noch nicht näher definierte) Verbrechen der Aggression (Nau 2007: 384). Auch wenn der Einzelne nicht über eine generelle Völkerrechtssubjektivität, wie sie einem souveränen Staates zukommt, verfügt, ist mittlerweile seine eingeschränkte Völkerrechtssubjektivität insbesondere mit Blick auf den Menschenrechtsschutz weitgehend anerkannt (Blome 2004: 15; Hailbronner 2004: 159ff.). Die Zuerkennung eigener, nicht durch den Staat vermittelter völkerrechtlicher Rechte und Pflichten stärkt die Unabhängigkeit des Individuums vom Staat und verweist auf einen ideellen Wandel von der anarchischen Staatenwelt zur (partiell) verrechtlichten Gesellschaftswelt.

Zwar verfügen nach immer noch herrschender völkerrechtlicher Lehre INGOs und transnationale Unternehmen (noch) nicht über den Status von Rechtssubjekten im Völkerrecht (Blome 2004: 15f.; Hailbronner 2004: 167). Dieser Ist-Zustand ist jedoch nicht mehr unumstritten und wird im internationalen Rechtsdiskurs zunehmend kritisch betrachtet (vgl. Delbrück 1997, 2001; Kube 2006). Eine verstärkte rechtliche Einbindung insbesondere transnationaler Unternehmen erscheint angesichts ihres wirtschaftlichen und politischen Einflusses dringend geboten. Der Versuch, transnationalen, vor allem privatwirtschaftlichen Handlungseinheiten direkte transnationale rechtliche Verpflichtungen aufzuerlegen, stellt die Kehrseite der Stärkung der Rechtsposition privater Akteure dar. Es geht nicht nur darum, nichtstaatlichen Akteuren vermehrt eigenständige transnationale Rechte einzuräumen, sondern auch transnationale rechtliche Pflichten zu begründen. Transnationale Unternehmen sind bereits Adressaten einer Vielzahl von „weichen" Normen („soft law"). Einen rechtlich relativ „weichen" Ansatz der (Selbst-) Verpflichtung wählt z.B. der Globale Pakt („Global Compact"), in dem sich transnationale Unternehmen zur Einhaltung globaler menschenrechtlicher, sozialer und ökologischer Mindeststandards verpflichten (vgl. Kap. 9). Es wird jedoch zunehmend gefordert, Unternehmen auf international verbindliche, nicht mehr nur freiwillige Verhaltensregeln zu verpflichten (Blome 2004: 9f; vgl. ausführlicher Kap. 9). Dies würde einen wesentlichen Schritt in Richtung Völkerrechtssubjektivität von transnationalen Unternehmen bedeuten.

Kapitel 2: Wandel der systemischen Rahmenbedingungen der Weltpolitik 133

Einen solchen rechtlich „härteren" Ansatz stellten die von einem Expertenausschuss der Menschenrechtskommission der Vereinten Nationen im Jahr 2003 verabschiedeten „VN-Normen zur Verantwortung grenzüberschreitend tätiger und anderer Unternehmen in Bezug auf die Einhaltung der Menschenrechte" („VN-Normen") dar (vgl. Weissbrodt 2004). Unter Beteiligung staatlicher, zivilgesellschaftlicher und privatwirtschaftlicher Akteure wurde aus bestehenden internationalen Übereinkommen eine Auflistung der gültigen Verhaltensstandards als Referenzrahmen für soziale und ökologische Unternehmensverantwortung („corporate social and ecological responsibility") erstellt. Vor allem die vorgesehenen Implementierungsmechanismen und Entschädigungen bei Verstößen (vgl. ausführlicher Kap. 9) zielten darauf ab, den VN-Normen eine stärker verhaltensregulierende Kraft im Vergleich zu freiwilligen Verhaltenskodizes zu verleihen (Brühl et al. 2004: 17).

Die VN-Normen stellen insofern ein Novum dar, dass sie neben den Staaten auch transnationale Unternehmen beim Menschenrechtsschutz unmittelbar in die Verantwortung zu nehmen suchen (Blome 2004: 9f.; vgl. Kube 2006). Die Initiative der VN-Normen ist jedoch vorläufig an politischen Widerständen gescheitert. Zwar wurde der Entwurf 2005 in die Menschenrechtskommission eingebracht, versandete dort jedoch nicht zuletzt auf Grund der ablehnenden Haltung westlicher Industrieländer (Böge et al. 2006: 29f.). Die Chancen, dass der Entwurf der VN-Normen in absehbarer Zeit von einem der Hauptorgane der VN (Wirtschafts- und Sozialrat, Generalversammlung oder Menschenrechtsrat) angenommen wird, sind gering. Sollte die inter- und transnationale Unterstützung für diese Menschenrechtsnormen für Unternehmen nicht (wider Erwarten) größer werden, ist eine Weiterentwicklung des Völkerrechts hinsichtlich der Verpflichtung transnationaler Unternehmen auf Menschenrechte durch den jetzigen VN-Menschenrechtsrat mehr als fraglich (Kube 2006: 117).

Zusammenfassend kann man festhalten, dass Formen der transnationalen Verrechtlichung, die auch privaten Akteuren unmittelbare transnationale Verpflichtungen auferlegen, heute erst in Ansätzen zu beobachten sind. Tendenzen einer stärkeren globalen rechtlichen Verantwortlichkeit transnationaler Unternehmen mit dem Ziel, neben Rechten auch unmittelbare Pflichten für sie zu begründen, sind festzustellen, aber noch nicht weit entwickelt – dies gilt insbesondere für „harte" rechtliche Verpflichtungen. Dennoch spiegeln diese Tendenzen bereits heute eine wachsende Anerkennung der zentralen Rolle von nichtstaatlichen Akteuren im Allgemeinen und speziell von transnationalen Unternehmen für die Verwirklichung völkerrechtlicher (Menschenrechts-) Normen wider (Blome 2004: 16). Einzelne Beobachter werten die bisherigen Ansätze, privaten Akteuren zumindest partielle Völkerrechtssubjektivität zuzusprechen, bereits als Trend, demzufolge sich das bislang rein zwischenstaatliche Völkerrecht zu einem „Weltinnenrecht", d.h. „einer – auch – transnationalen Rechtsordnung transformiert" (Delbrück, zit. in: Blome 2004: 16; vgl. Delbrück 1997). Die gegenwärtige Weltordnung befinde sich demnach heute in einem Stadium zwischen zwischenstaatlichem Recht und einem „Recht der Menschheit" (Falk 1995: 163).

Materielle Verrechtlichunngsprozesse reflektieren eine ideelle Abkehr von dem Weltbild einer anarchischen Staatenwelt und eine vermehrte Prägekraft des Weltbildes einer (zumindest partiell) verrechtlichten Gesellschaftswelt. Die normative Überzeugung, dass die staatliche Handlungsfreiheit sowohl im Innern als auch nach Außen verstärkt rechtlich beschränkt sein soll, und die zunehmende Anerkennung der Völkerrechtssubjektivität privater Akteure wurden in verschiedenen Politikfeldern mehr oder weniger stark institutionell eingeschrieben. Es ist daher zu erwarten, dass diese normativen Überzeugungen langfristige immaterielle Rahmenbedingungen der Weltpolitik darstellen, die sich auch auf andere strukturelle Rahmenbedingungen wie etwa den Einfluss der internationalen Machtverteilung auswirken. Das Recht kann als Instrument der partiellen Aufhebung der „Machtgetriebenheit" anarchischer internationaler Beziehungen dienen (Oeter 2004: 47). Verrechtlichung kann Macht zügeln. Zwar ist Recht, und erst recht das internationale Recht, nicht gänzlich von Macht z.B. bei der Rechtsdurchsetzung abzukoppeln. Mitunter schreiben rechtliche Regelungen auch Machtasymmetrien fest. Aber das Recht entwickelt doch häufig ein Eigenleben, das auch mächtige Akteure dem Gebot der Gleichbehandlung und vor allem dem Willkürverbot unterwirft. Insofern kann internationale Verrechtlichung asymmetrische Beziehungen tendenziell „einebnen" und die Wirkungen ungleicher internationaler Machtverteilung relativieren (vgl. Keohane et al. 2000).

4.3 *Die Leitideen der verantwortlichen Regierungsführung und der Demokratie und ihre Wirkung*

Neben der Diskussion über die Verrechtlichung der Weltpolitik spielen im inter- und transnationalen Herrschaftsdiskurs die Leitideen der Demokratie und der verantwortungsvollen Regierungsführung eine herausragende Rolle. Obwohl sich beide Leitideen auf die Ausübung von Herrschaft innerhalb eines Staates beziehen, kann ihnen heute eine das globale politische System prägende Wirkung zugesprochen werden.

Die Leitidee der verantwortungsvollen Regierungsführung beinhaltet insbesondere die Garantie von Menschenrechten und die Gewährleistung von Rechtsstaatlichkeit (Emmerij/ Jolly/ Weiss 2001: 187). Entwickelt wurde sie von der Weltbank Ende der 1980er Jahre. Die internationalen Wirtschafts- und Finanzorganisationen Internationaler Währungsfonds (IWF) und Weltbank leiteten aus dem Konzept der verantwortungsvollen Regierungsführung zunächst vor allem Forderungen nach ökonomischer Liberalisierung und – zweitrangig – politischer Demokratisierung ab. Überspitzt formuliert: Gute, verantwortungsvolle Regierungsführung stand letztlich für weniger Staatstätigkeit.

Das vom westlichen Demokratiemodell geprägte Verständnis von verantwortungsvoller Regierungsführung erfuhr im Zuge von Modifikationen der Politikprogramme von IWF und Weltbank sowie im Rahmen der VN eine erhebliche Erweiterung. Verantwortungsvolle Regierungsführung heißt demnach nicht notwendigerweise weniger Staatstätigkeit, sondern angemessenes, d.h. effektives und legitimes Regieren (ebd.: 195). Heute steht die Leitidee der verantwortungsvollen Regierungsführung für deutlich mehr als „nur" Wahlen, an denen mehrere Parteien teilnehmen, eine funktionierende unabhängige Rechtsprechung und ein Parlament. Es umfasst die Grundsätze: Menschenrechtsschutz, Korruptionsbekämpfung, Rechtsstaatlichkeit, Gewaltenteilung, Effizienz und Unparteilichkeit staatlicher Bürokratie, Transparenz und Verantwortlichkeit öffentlicher Organe sowie breite politische Partizipation der Bürger. Im Rahmen der VN (etwa vom Entwicklungsprogramm der VN UNDP) wurde zunehmend auch die Gewährleistung wirtschaftlicher, sozialer und kultureller Rechte in Ergänzung zu den bürgerlichen und politischen Rechten betont (ebd.: 192f.). So entwickelte sich die Leitidee der verantwortungsvollen Regierungsführung zu einer von einem breiten Konsens getragenen Leitidee, mit dem westliche Industrieländer *und* Entwicklungsländer sowie zwischenstaatliche internationale Organisationen (VN, IWF, Weltbank) „leben" können – wenn auch mitunter auf Kosten der begrifflichen Schärfe der Leitidee.

Die Verpflichtung auf verantwortungsvolle Regierungsführung findet sich heute in Politikprogrammen zahlreicher internationaler Organisationen und in zahlreichen internationalen Abkommen. Verantwortungsvolle Regierungsführung wird häufig zur Voraussetzung für die Vergabe von Krediten und Entwicklungsgeldern der internationalen Wirtschafts- und Finanzorganisationen sowie der Europäischen Union gemacht. Nimmt man sie ernst, sind die Anforderungen an die Entwicklungsländer mittlerweile sehr hoch. Wer die gesamte Palette der Bestandteile des *breiten* Konzepts der verantwortungsvollen Regierungsführung erfüllen kann, ist nahezu zwangsläufig bereits ein voll entwickeltes Land (vgl. Naím 2000: 96). Daraus ergibt sich die Gefahr, dass der Begriff der verantwortungsvollen Regierungsführung zur Leerformel verkommt. Dennoch wird das Kausalwissen, dass verantwortungsvolle Regierungsführung notwendig für erfolgreiche Entwicklung ist, von den meisten Regierungen insbesondere aber nicht nur der Geberstaaten ebenso geteilt wie die normative Überzeugung, dass Regierungen dem Maßstab von verantwortungsvoller Regierungsführung genügen sollten.

Eine weitere wichtige Entwicklung im Herrschaftsdiskurs stellt die Ausbreitung der Leitidee der Demokratie dar. Lange Zeit interessierte die interne Verfassung von Staaten das internationale Recht und die internationalen Organisationen kaum. Zwar existierten Menschenrechtsinstrumente wie der Internationale Pakt über bürgerliche und politische Rechte, der die Gewährleistung politischer Partizipationsrechte vorsah (vgl. Kap. 9). Die Systemkonfrontation des Kalten Krieges, die auch eine Konkurrenz verschiedener Weltbilder beinhaltete (Liberalismus vs. Sozialismus), sowie die sich auf die Satzung der VN stützende Betonung des Prinzips der souveränen Gleichheit der Staaten schlossen lange einen internationalen Konsens über die Spezifizierung des Rechts auf politische Partizipation oder gar einen universellen Anspruch auf demokratische Regierung aus. In den 1990er Jahren haben sich mit dem Zusammenbruch der Sowjetunion und ihres Bündnissystems und dem anschließenden internationalen Demokratisierungsschub (vgl. Czempiel 1993: 107ff.; 1999: 32; Huntington 1991) erhebliche Veränderungen ergeben. Internationales Recht und internationale Organisationen sind nicht mehr indifferent gegenüber der internen Herrschaftsstruktur von Staaten (Fox/ Roth 2000: 2). Das Recht auf politische Partizipation ist durch zahlreiche Erklärungen internationaler Organisationen und durch Urteile internationaler Gerichtshöfe zum Schutz der Menschenrechte bekräftigt worden. Diese diskursiven Veränderungen haben sich auch auf den Einsatz von Politikinstrumenten etwa der Vereinten Nationen ausgewirkt, was sich in der Zunahme von VN-Missionen zur Überwachung und Unterstützung von demokratischen Wahlen – z.B. im Rahmen der Kongo-Mission MONUC (2006), die zusätzlich durch EU-Truppen (Mission „EUFOR RD Congo") unterstützt wurde, widerspiegelte.

Insbesondere die westlichen Staaten sind zunehmend nicht mehr neutral in Bezug auf die Funktionsweise und die innere Legitimität anderer Staaten. Einzelne Beobachter glauben bereits einen auf internationalem Recht basierenden, den einzelnen Gesellschaften zukommenden „Anspruch auf Demokratie" („democratic entitlement") identifizieren zu können (vgl. Franck 2000). In letzter Konsequenz bräuchten internationale Maßnahmen zur Durchsetzung dieses Anspruchs auf Demokratie Rechte, die sich aus dem Prinzip staatlicher Souveränität ableiten (z.B. das Recht eines Staates auf Nichteinmischung), nicht zu beachten. Aus dieser Sicht verwirkt die Regierung eines Staates, die die demokratischen Rechte der Bevölkerung grob und dauerhaft missachtet, damit ihr eigenes Recht auf Nichteinmischung (Fox/ Roth 2000: 11; vgl. die Diskussion der Schutzverantwortung oben). Ein solch weit gehender „Anspruch auf Demokratie" kann heute nicht als in der internationalen Staatengemeinschaft rechtlich anerkannt gelten; nicht zuletzt auf Grund des heftigen Widerstandes von Teilen der irakischen Bevölkerung gegen die von den USA geführte Intervention im Irak haben derartige ideelle Konstrukte an Attraktivität eingebüßt. Dennoch wird der Grad der Legitimität eines Staates von anderen Staaten aber auch von transnationalen zivilgesellschaftlichen Akteuren zunehmend danach beurteilt, inwiefern die innerstaatliche Herrschaftsstruktur demokratischen Prinzipien entspricht.

Die weltweite, freilich nicht linear verlaufende Ausbreitung der Demokratie hat eine zunehmende Emanzipation gesellschaftlicher Akteure vom Staat nicht nur bezüglich ihres Handelns im Innern, sondern auch hinsichtlich ihrer transnationalen Beziehungen nach Außen zur Folge. Dies hat grundlegende Auswirkungen auf das vorherrschende Verständnis der Beschaffenheit des internationalen Systems. Das Weltbild der anarchischen Staatenwelt hat an Relevanz eingebüßt, das globale, nicht mehr nur zwischenstaatliche System lässt sich zunehmend als zumindest partiell verrechtlichte Gesellschaftswelt beschreiben. Nichtstaatliche Akteure erscheinen in diesem Weltbild neben den staatlichen Handlungseinheiten nicht nur als Objekte, sondern als Subjekte des (Welt-)Regierens (Czempiel 1993: 127; 1999: 57-70; vgl. Risse 2002). Diese ideelle, auch von den Prozessen der Globalisierung maßgeblich beförderte Entwicklung ist freilich unvollkommen, hat aber schon jetzt Folgen: Die Gewichte zwischen unterschiedlichen Arten von weltpolitischen Akteuren verschieben sich; neue Probleme und Themen bestimmen die Ausrichtung der Weltpolitik. Steht in der anarchischen Staatenwelt das Streben nach nationaler Sicherheit im Vordergrund, rückt in der Gesellschaftswelt „der politische Primat (...) auf die Existenzentfaltung des einzelnen" (Czempiel 1993: 126).

Die Entwicklungen im Herrschaftsdiskurs verweisen also zusammen genommen auf eine rechtliche und faktische Begrenzung der Handlungsfreiheit des Staates. Zugleich gibt es – freilich immer noch zaghafte – Anzeichen für eine Anerkennung der Völkerrechtssubjektivität nichtstaatlicher Akteure. In Bezug auf Individuen sind derartige Entwicklungen bereits relativ weit fortgeschritten, während die formale Einbindung von INGOs und transnationalen Unternehmen in die internationale Rechtsordnung deren realem Einfluss noch hinterher hinkt. Trotz dieser Qualifizierungen lässt sich insgesamt ein Wandel normativer Überzeugungen im inter- und transnationalen Herrschaftsdiskurs identifizieren, der die Entwicklung eines neuen Weltbilds der zumindest partiell verrechtlichten Gesellschaftswelt befördert.

5 Konkurrierende wirtschaftsordnungspolitische Leitideen: Eingebetteter Liberalismus, Neoliberalismus und zurück?

5.1 Keynesianismus und Neoliberalismus als konkurrierende wirtschaftsordnungspolitische Ideensysteme

Zur Frage der Ausgestaltung der Weltwirtschaftsordnung und des sich darin widerspiegelnden Verhältnisses zwischen Politik und Wirtschaft existieren konkurrierende Leitideen. Die wirtschaftsordnungspolitischen Leitideen unterscheiden sich im Wesentlichen darin, ob und in welchem Ausmaß sie Eingriffe öffentlicher Akteure in Wirtschafts-/ Marktprozesse als notwendig oder angemessen erachten. Diese Eingriffe sollen – je nach Leitidee – lediglich die Versorgung mit öffentlichen Gütern (z.B. Rechtssicherheit oder Infrastruktur) sicher stellen und Marktversagen vorbeugen oder aber aktiv zur Vermeidung oder Abschwächung negativer sozialer und ökologischer Externalitäten unregulierter Märkte beitragen.

Auf diese Fragen geben die Ideensysteme des Keynesianismus und des Neoliberalismus – oder präziser: des neoliberalen Monetarismus – gegensätzliche Antworten. Beim Neoliberalismus und beim Keynesianismus handelt es sich um Ideensysteme, die alle drei Arten von Ideen (Weltbilder, normative Überzeugungen, Kausalwissen) kombinieren.

Als wirtschaftswissenschaftliche Theorie geht der neoliberale Monetarismus davon aus, dass Märkte unter der Voraussetzung einer gezielten Geldmengensteuerung bei gleichzeitiger fiskalpolitischer Zurückhaltung des Staates durch den Ausgleich von Angebot und Nachfrage über den Preismechanismus grundsätzlich zum makroökonomischen Gleichgewicht tendieren. So werden alle verfügbaren Produktionsfaktoren angemessen und effizient eingesetzt. Die Ursache für Störungen in diesem Gleichgewichtsmechanismus und für wirtschaftliche Krisen liegt demnach in Wettbewerb verzerrenden und Effizienz schädigenden Eingriffen des Staates in den Wirtschaftsprozess. Der Neoliberalismus beinhaltet jedoch auch normative Überzeugungen insofern, dass er Eingriffen des Staates in die individuelle Freiheit der Wirtschaftssubjekte mit Vorbehalten begegnet. Neoliberale Ideen können deshalb auch als Ausdruck eines individualistischen Weltbildes verstanden werden, welches die persönliche Entfaltung des einzelnen Menschen als Voraussetzung für die Erreichung von wünschenswerten gesellschaftlichen Zielen hervorhebt.

Die keynesianische Theorie hingegen zweifelt den bereits von den Vertretern des klassischen Liberalismus (z.B. Adam Smith, David Ricardo) am Ende des 18. und zu Beginn des 19. Jahrhunderts postulierten makroökonomischen Gleichgewichtsmechanismus an. Sie sieht die Ursache von Wirtschaftskrisen in einer mangelnden gesamtwirtschaftlichen Nachfrage und fordert zur Krisenvermeidung staatliches Handeln in Form antizyklischer Konjunkturpolitik. Diesem Kausalwissen liegt die normative Überzeugung zugrunde, dass Eingriffe der Politik in die Wirtschaft gerechtfertigt sind, wenn sie die Gesellschaft insgesamt vor wirtschaftlicher Not und menschlichem Elend schützen. Der Keynesianismus weist somit Schnittmengen mit dem Weltbild des Kommunitarismus auf. Der Kommunitarismus betont das wechselseitige Aufeinander-Angewiesen-Sein von Individuum und Gesellschaft und räumt gesellschaftlichen Zielen und gesamtgesellschaftlicher Solidarität einen mindestens ebenso hohen Stellenwert ein wie der persönlichen Freiheit (vgl. Etzioni 1995; Walzer 1990). Der Kommunitarismus befürwortet die freie Entfaltung des Einzelnen, nur solange sie sozial verträglich ist.

Grundaussagen des Keynesianismus	Grundaussagen des neoliberalen Monetarismus
• Märkte sind grundsätzlich instabil und anfällig für längere Phasen von Stagnation und hoher Arbeitslosigkeit. • Bei Rezessionen muss durch wirtschafts- und insbesondere fiskalpolitische Maßnahmen des Staates die gesamtwirtschaftliche Nachfrage angekurbelt werden (antizyklische Konjunkturpolitik, "deficit spending"). • Der Staat muss in die Wirtschaft eingreifen, um bestimmte gesellschaftliche Ziele wie z.B. hohen Beschäftigungsstand, sozialen Frieden, funktionierende Infrastruktur, hohen Bildungsstand etc. zu sichern.	• Staatliche Eingriffe in die Ökonomie wirken wettbewerbsverzerrend und schädigen die Effizienz des Wirtschaftsprozesses, wodurch sie Krisen auslösen bzw. verschärfen können. • Der Staat soll sich daher weitgehend aus dem wirtschaftlichen Prozess heraushalten und sich auf die Bereitstellung öffentlicher Güter beschränken. • Eine gezielte Geldmengensteuerung ist die wichtigste Maßnahme zur Sicherstellung einer stabilen wirtschaftlichen Entwicklung.

Abb. 2.19: Keynesianismus und Monetarismus

Nach dem Zweiten Weltkrieg trug der Keynesianismus, der auch als sozial eingebetteter Liberalismus („embedded liberalism") bezeichnet wurde (Ruggie 1982), maßgeblich zur Errichtung einer beschränkt liberalen, sozialpolitische Handlungsspielräume der Staaten erhaltenden Weltwirtschaftsordnung bei. In den 1980er und 1990er Jahren entwickelte sich dann der Neoliberalismus zur dominierenden Leitidee für vor allem, aber nicht nur westliche Regierungen und internationale Wirtschafts- und Finanzinstitutionen. Dessen Kernelemente der Deregulierung, Liberalisierung und Privatisierung beeinflussen bis heute die Politikprogramme zahlreicher nationaler Regierungen und internationaler Wirtschafts- und Finanzorganisationen (IWF, Weltbank, WTO). Die „hegemoniale" Stellung des Neoliberalismus wurde freilich nicht erst in der Weltwirtschaftskrise (2008/09), die in weiten Teilen der Bevölkerungen und Regierungen weltweit zumindest auch einem Mangel an Regulierung finanzwirtschaftlicher Transaktionen zugeschrieben wurde und eine „Rückkehr" keynesianischer Konjunkturpakete zur Kriseneindämmung zur Folge hatte, mehr und mehr in Frage gestellt. Schon vor der jüngsten Weltwirtschaftskrise gab es jedoch nicht nur vermehrten zivilgesellschaftlichen Protest gegen eine unterregulierte ökonomische Globalisierung, sondern auch Kritik aus den eigenen Reihen der internationalen Wirtschafts- und Finanzorganisationen (vgl. Stiglitz 2002). Die darauf folgenden, freilich in ihrer Tragweite (noch) nicht überzubewertenden Modifikationen in deren Politikprogrammen um die Jahrtausendwende wurden mit einer neuen Leitidee des Post-Washingtoner-Konsens (vgl. Higgott 2001) in Verbindung gebracht. Diese Leitidee greift zum Teil keynesianische Ideen eines sozial eingebetteten Liberalismus wieder auf und führt zudem neuere Konzepte wie das der verantwortungsvollen Regierungsführung in die wirtschaftspolitischen Programme der internationalen Wirtschafts- und Finanzorganisationen ein. So lässt sich der Wandel politisch-ökonomischer Leitideen von der Zeit nach dem Zweiten Weltkrieg bis in die Gegenwart in groben Zügen beschreiben als Entwicklung von einem keynesianisch geprägten eingebetteten Liberalismus über den „Triumph" des Neoliberalismus in Gestalt des Washingtoner Konsenses bis hin zur zunehmend kritischen Hinterfragung des Neoliberalismus, die während der Weltwirtschaftskrise (2008/09) ihren vorläufigen Höhepunkt erreicht hat, und zu einigen – wenn auch bisher recht zaghaften – Ansätzen einer Rückbesinnung auf den eingebetteten Liberalismus.

Die folgende detailliertere Analyse des Wandels wirtschaftsordnungspolitischer Leitideen zeigt zugleich, dass Ideen im Laufe der neueren Geschichte vor allem dann einen Einfluss auf die internationale Wirtschaftsordnung ausübten, wenn internationale Schocks oder zumindest ernste wirtschaftliche oder politische Krisen (z.B. Weltwirtschaftskrise 1929/30) auftraten. Insofern diese Schocks oder Krisen eine Diskreditierung alter Ideen zur Folge hatten, konnten neue Ideensysteme (normative Überzeugungen und Kausalwissen bis hin zu veränderten Weltbildern) erheblich zur Neudefinition von Akteursinteressen und Politikprogrammen beitragen.

5.2 Eingebetteter Liberalismus: Die keynesianisch geprägte internationale Wirtschaftsordnung nach dem Zweiten Weltkrieg

Die Ideen des Keynesianismus wurden national und international politikmächtig vor dem Hintergrund der Weltwirtschaftskrise der 1930er Jahre und des Zweiten Weltkriegs (vgl. Hall 1989). Die Annahmen des klassischen Liberalismus über die Selbstregulierungskräfte des Marktes, die unter anderem von Adam Smith (1723-1790) und David Ricardo (1772-1823) entwickelt worden waren, wurden spätestens durch die Weltwirtschaftskrise (1929/30) mit den Folgen einer globalen Depression, Massenarbeitslosigkeit, sich ausbreitendem Handelsprotektionismus und Abwertungswettläufen diskreditiert (vgl. Stiglitz 2002: 30). Die Weltwirtschaftsordnung der Zeit nach dem Zweiten Weltkrieg basierte in erheblichem Maße auf den ökonomischen Ideen von John Maynard Keynes (Keynes 2000 [1936]). Die Wirtschaftstheorie von Keynes diente in einer unsicheren Umwelt den maßgeblichen politischen Akteuren – allen voran dem Hegemon USA – nicht nur als Instrumentarium zum Verständnis der Weltwirtschaftskrise, sondern auch als Leitfaden und Orientierungshilfe beim Aufbau der Bretton-Woods-Institutionen (IWF, Weltbankgruppe) und bei der politikprogrammatischen Ausgestaltung der Nachkriegsordnung (Ikenberry 1993). Keynes ging davon aus, dass Marktwirtschaften grundsätzlich instabil und anfällig für längere Phasen von Stagnation und hoher Arbeitslosigkeit seien. Marktwirtschaften seien geprägt von aufeinander folgenden Phasen des Aufschwungs und des Abschwungs. Phasen konjunkturellen Abschwungs wie die Weltwirtschaftskrise der 1930er Jahre führte Keynes auf eine unzureichende gesamtwirtschaftliche Nachfrage zurück. Die gesamtwirtschaftliche Nachfrage müsse deshalb bei Rezessionen durch antizyklische wirtschaftspolitische Maßnahmen des Staates angekurbelt werden, vor allem durch seine Fiskalpolitik wie z.B. Erhöhung der Staatsausgaben oder Steuersenkungen. Die Quintessenz des Keynesianismus ist, dass der Staat in Wirtschaftsprozesse eingreifen muss, um bestimmte gesellschaftliche Ziele wie z.B. einen hohen Beschäftigungsstand, sozioökonomischen Ausgleich und sozialen Frieden zu sichern (Stiglitz 2002: 26).

Die keynesianischen Ideen über das Verhältnis von Politik und Wirtschaft spiegelten sich in der Errichtung einer beschränkt liberalen Weltwirtschaftsordnung nach dem Zweiten Weltkrieg wider. Gemäß der Leitidee des eingebetteten Liberalismus sollte die Nachkriegsordnung eine weit gehende Offenheit der Märkte fördern und gleichzeitig über Regulierungsmechanismen zur Verhinderung von Krisen verfügen. Den Staaten sollte es einem ordnungspolitischen Kompromiss entsprechend erlaubt sein, im Rahmen der grundsätzlich liberalen Weltwirtschaftsordnung eigene sozialpolitische Zielsetzungen (z.B. eine hohe Beschäftigungsquote, Abschwächung sozialer Ungleichheiten, etc.) zu verfolgen (Ruggie 1982). Der eingebettete Liberalismus prägte maßgeblich die Politikprogramme der drei internationalen Wirtschafts- und Finanzinstitutionen – des IWF und der Weltbankgruppe sowie des Allgemeinen Zoll- und Handelsabkommens (GATT) von 1947, das 1995 in der Welthandelsorganisation (WTO) aufgegangen ist (vgl. Rittberger/ Zangl 2006: 146-154, 159-167, 171-178.).

Die Errichtung des IWF basierte auf dem Bewusstsein, dass es zur Wahrung weltwirtschaftlicher Stabilität kollektiven Handelns auf globaler Ebene bedürfe, um Marktversagen aufgrund zu geringer zahlungsfähiger Nachfrage und ungenügenden Volumens von Zahlungsmitteln vorzubeugen oder abzuhelfen. Die das Politikprogramm des IWF ausmachenden Regeln sollten einerseits die Liberalisierung der Handelsbeziehungen zwischen den Mitgliedstaaten fördern, jedoch andererseits den Staaten innenpolitische Handlungsspielräume belassen, um nach eigenen, vor allem wohlfahrtsstaatlichen Zielsetzungen ihre wirtschaftliche Entwicklung zu steuern. Der Förderung liberaler Handelsbeziehungen diente etwa die Verpflichtung der Mitgliedstaaten zur Herstellung freier Konvertibilität ihrer Währungen. Trotz dieser Verpflichtung zur Herstellung freier Konvertibilität war es den Staaten jedoch gemäß den Regeln des IWF ausdrücklich erlaubt, den Kapitalab- oder -zufluss durch Kapitalverkehrskontrollen zu steuern, um z.B. spekulative Devisenbewegungen und darauf gestützte Währungsattacken begrenzen zu können. Der Kompromiss zwischen der Förderung liberaler Wirtschaftsbeziehungen und der Sicherung innenpolitischer Handlungsspielräume der Staaten wurde im Politikprogramm des IWF auch an den bis 1973 geltenden Regeln eines Systems fester, aber anpassungsfähiger Wechselkurse deutlich.[47]

Mit der Weltbankgruppe als weiterem Kernbestandteil des Bretton-Woods-Systems übernahm zum ersten Mal eine öffentliche Institution auf globaler Ebene die Aufgabe der Kreditvergabe – teils zu marktüblichen, teils zu Vorzugsbedingungen – an Entwicklungsländer, für die es auf den internationalen Finanzmärkten sehr schwierig war, an Investitionskapital zu kommen. Auch das Politikprogramm der Weltbankgruppe stellt somit eine Ergänzung des Kapitalmarktmechanismus im Sinne des eingebetteten Liberalismus dar (Ruggie 1982: 398).

Das Politikprogramm des GATT 1947 und den Abkommen der WTO (seit 1995) beinhaltet Regeln, die einerseits auf die Verwirklichung weitgehend liberaler Handelsbeziehungen zielen, andererseits den einzelnen Staaten soviel Schutz vor dem Weltmarkt gewähren, dass diese nach innen ihre Handlungsfähigkeit zur Verfolgung gesellschaftspolitischer Ziele bewahren. Das Kerngebot der Nichtdiskriminierung, das sich in den Grundsätzen der Inländerbehandlung[48] und der Meistbegünstigung[49] nie-

---

[47] Demnach wurden alle Währungen durch einen festgelegten Leitkurs in eine feste Wechselkursrelation zum Dollar gebracht und dieser an eine Golddeckung gebunden. Feste Wechselkurse sollten den internationalen Handel dadurch fördern, dass sie diesen vom Wechselkursrisiko weitgehend befreiten. Durch die Anpassungsfähigkeit der Wechselkurse wurde den Staaten jedoch die Möglichkeit gegeben, das außenwirtschaftliche Gleichgewicht wiederherzustellen, ohne die Handlungsspielräume für sozialpolitische Maßnahmen zu verlieren.

[48] Gemäß dem Prinzip der Inländerbehandlung müssen ausländische und inländische Anbieter grundsätzlich gleich behandelt werden.

[49] Nach dem Prinzip der Meistbegünstigung müssen Handelsvorteile, die einem Handelspartner gewährt werden, im Sinne der Nichtdiskriminierung allen Handelspartnern gewährt werden.

derschlägt, sowie das Prinzip der (schrittweisen) Liberalisierung wurden kombiniert mit institutionalisierten Ausnahmen im Politikprogramm des GATT und später der WTO. Eine dieser Ausnahmen bildet das Marktsicherungsprinzip, das sich auf den Schutz vor Zerrüttung inländischer Märkte aufgrund übermächtiger ausländischer Konkurrenz bezieht. Staaten, die sich in einem bestimmten Industriezweig einem erheblichen Importanstieg ausgesetzt sehen, ist es erlaubt, vorübergehend Schutzmaßnahmen zu ergreifen, wenn durch diesen Importanstieg der betroffene inländische Industriezweig massiv geschädigt wird. Eine andere Ausnahme, das so genannte Entwicklungsprinzip, bezieht sich auf die Präferenzbehandlung für Entwicklungsländer, die diese vom Grundsatz der Reziprozität bei der Gewährung von handelspolitischen Konzessionen ausnimmt (vgl. Rittberger/ Zangl 2006: 148).

5.3 Entfesselter Markt: Die Vorherrschaft des Neoliberalismus und des Washingtoner Konsenses

Die institutionelle Ausgestaltung der Weltwirtschaftsordnung nach dem Zweiten Weltkrieg und die Programmatik der internationalen Wirtschafts- und Finanzorganisationen waren geprägt von der keynesianischen Leitidee des sozial eingebetteten Liberalismus. Die Lehren des neoliberalen Monetarismus hingegen beeinflussten die Wirtschaftspolitik von Staaten und internationalen Wirtschafts- und Finanzinstitutionen nach dem Ölpreisschock der 1970er/ 1980er Jahre und der weit verbreiteten Schuldenkrise Anfang der 1980er Jahre. Nach monetaristischer Lesart hatte das Versagen des Staates, d.h. das Scheitern der keynesianischen Wirtschaftspolitik bei der Verhinderung dieser Krisen zu „Stagflation" geführt, d.h. zu geringem oder gar Null-Wachstum verbunden mit einem Abwertungsdruck auf viele nationale Währungen. In dieser Krisensituation empfahlen Monetaristen einen Abbau politischer Einflussnahme auf den Wirtschaftsprozess.

Die ökonomische Theorie des Monetarismus hatte sich in den 1960er und 1970er Jahren unter der geistigen Führung des Wirtschaftswissenschaftlers Milton Friedman in der so genannten Chicago-Schule entwickelt. Der Monetarismus verkörperte eine Gegenbewegung zum Keynesianismus und dessen nachfrageorientierter Wirtschaftspolitik. Verfechter des Monetarismus betrachten staatliche Eingriffe in die Ökonomie nicht als Lösung für wirtschaftliche Krisen oder als Beitrag zu deren Vorbeugung, sondern als einen Krisen auslösenden oder verschärfenden Faktor. Monetaristen plädieren deshalb ähnlich wie Vertreter des klassischen Liberalismus dafür, dass sich der Staat weitgehend aus dem wirtschaftlichen Prozess heraushalten und sich auf die Bereitstellung – eng umschriebener – öffentlicher Güter beschränken solle. Eine gezielte Geldmengensteuerung und fiskalpolitische Zurückhaltung des Staates werden als die wichtigsten Aufgaben und Maßnahmen zur Sicherstellung einer stabilen wirtschaftlichen Entwicklung angesehen. Makroökonomische Stabilisierung steht im Vordergrund, während sozialpolitische Ziele im neoliberalen Monetarismus bestenfalls eine untergeordnete Rolle spielen.

Kapitel 2: Wandel der systemischen Rahmenbedingungen der Weltpolitik   143

In den 1980er und 1990er Jahren prägten vom neoliberalen Monetarismus inspirierte Prinzipien der Deregulierung, Liberalisierung und Privatisierung die Politikprogramme nationaler Regierungen und der internationalen Wirtschafts- und Finanzinstitutionen. Der Neoliberalismus wurde zum „hegemonialen" Diskurs im globalen System – ein Status, den er trotz zum Teil massiver Kritik, die zu gewissen programmatischen Anpassungen führte, im Kern zumindest bis zur Weltwirtschaftskrise 2008/09 nicht verloren hat. Inwieweit die Weltwirtschaftskrise (2008/09) über das Auflegen umfangreicher nationaler Konjunkturpakete in Krisenzeiten hinaus zu einer dauerhaften Abwendung der Regierungen und internationalen Wirtschafts- und Finanzinstitutionen vom neoliberalen Monetarismus führen wird, bleibt abzuwarten. Fest steht aber, dass Ideen, die lange Zeit als unanfechtbar galten, durch den Schock der Wirtschaftskrise mittlerweile wieder in Frage gestellt werden.

Seinen Ausgangspunkt nahm der historische Wandel der vorherrschenden wirtschaftspolitischen Leitideen vom Keynesianismus zum neoliberalen Monetarismus in den führenden Industrienationen USA und Großbritannien. US-Präsident Ronald Reagan und die britische Premierministerin Margaret Thatcher vollzogen in den 1980er Jahren eine radikale Abkehr von keynesianischen Ideen (Biersteker 1992: 118) und verfolgten neoliberale Politiken wie Steuersenkungen für Unternehmen und Privathaushalte, Deregulierung von Märkten, Konsolidierung der öffentlichen Haushalte durch Einschränkung der Staatsausgaben und Senkung der Inflationsrate.[50] Der etwa gleichzeitig stattfindende Transfer neoliberaler Ideen von der nationalen Ebene in die Politikprogramme internationaler Wirtschafts- und Finanzorganisationen kann als strategische Entscheidung der USA und Großbritanniens zur internationalen Durchsetzung der Globalisierung der Wirtschaft betrachtet werden. Dies zeigt, wie bestimmte ordnungspolitische Ideen und die Macht der USA und Großbritanniens bei der Neuausrichtung der Weltwirtschaftsordnung zusammen wirkten. Es mag paradox erscheinen, dass gerade zwei der mächtigsten Staaten unter dem Eindruck neoliberaler wirtschaftsordnungspolitischer Ideen ein Politikprogramm voran trieben, das in seinem Kern eine Stärkung individueller Freiheit und Gestaltungsmacht zu Lasten staatlicher Steuerung und Kontrolle vorsah. Die internationalen Wirtschafts- und Finanzinstitutionen sahen sich vor dem Hintergrund des Paradigmenwechsels zu einer neoliberal-monetaristischen Wirtschaftspolitik in den USA und Großbritannien jedenfalls veranlasst, ihre Politikprogramme zu überarbeiten.

Offene Märkte wurden zunehmend als Lösung für die Probleme aller Entwicklungsländer präsentiert. Die programmatische Neuorientierung der Weltbankgruppe kam vor allem in der Strategie der Strukturanpassung („structural adjustment") zum Ausdruck, die Anfang der 1980er Jahre zusammen mit dem IWF entwickelt wurde.

---

[50] Zwischen der neoliberalen Rhetorik Reagans und den tatsächlich durchgeführten Maßnahmen bestand freilich eine nicht geringe Diskrepanz. So führten massive Rüstungsausgaben in den 1980er Jahren zu riesigen Budgetdefiziten. Thatcher hat das neoliberale Wirtschaftsprogramm in Großbritannien hingegen weitestgehend konsequent umgesetzt.

Demnach begann die Weltbankgruppe, über die Vergabe projektbezogener Kredite hinaus eine umfassende Unterstützung in Form von nationalen Strukturanpassungsprogrammen bereitzustellen, die der Zustimmung des IWF und der Weltbank bedurften (Stiglitz 2002: 27f.). Dabei knüpften Weltbankgruppe und IWF ihre Kreditvergabe an makroökonomische Bedingungen, deren Erfüllung wiederum zusätzliches privates Kapital mobilisieren sollte.

Die neoliberalen Empfehlungen der Bretton-Woods-Institutionen für Entwicklungsländer wurden zum Zehn-Punkte-Maßnahmenkatalog des Washingtoner Konsenses zusammengefasst, den IWF und Weltbankgruppe zum Maßstab ihrer Politik gegenüber den Empfängerländern machten (Williamson 1990, 2000). Dieser Washingtoner Konsens, der ursprünglich für lateinamerikanische Länder konzipiert worden war, wurde später auf andere Weltregionen übertragen. Die Grundorientierung der einzelnen Maßnahmen des Washingtoner Konsenses (unter anderem fiskalische Zurückhaltung, Abbau und Umleitung öffentlicher Ausgaben, Abbau von Handelshemmnissen und Ermutigung von ausländischen Direktinvestitionen, Privatisierung staatlicher Unternehmen etc.) lässt sich auf die Formel „Liberalisierung, Deregulierung und Privatisierung" bringen (vgl. Higgott 2001: 134; Naím 2000: 88ff.). Der Washingtoner Konsens (vgl. Abb. 2.20) zielte auf eine Zurückdrängung des Staates aus dem wirtschaftlichen Prozess ab. Er betonte gemäß der Doktrin des neoliberalen Monetarismus die makroökonomische Stabilisierung der Volkswirtschaft – notfalls auch auf Kosten sozialer Ziele. Er kann somit als Ausdruck eines entfesselten Liberalismus („disembedded liberalism") betrachtet werden.

---

1. Haushaltsdisziplin (ausgeglichener Haushalt oder zumindest keine überproportionale Verschuldung im Verhältnis zum BIP)
2. Reduzierung oder Umstrukturierung öffentlicher Ausgaben (Abbau von Subventionen, Finanzierung von Bildung, Gesundheit, Infrastruktur)
3. Reform des Steuersystems (Niedrige Eingangssteuersätze und Erweiterung der Bemessungsgrundlage)
4. Liberalisierung von Zinssätzen (vom Markt bestimmte positive Zinsraten zur Verhinderung von Kapitalflucht)
5. Wettbewerbsfähige Wechselkurse
6. Handelsliberalisierung (Abbau von Protektionismus)
7. Öffnung gegenüber ausländischen Direktinvestitionen
8. Privatisierung staatlicher Unternehmen
9. Deregulierung der Wirtschaft (Entbürokratisierung)
10. Stärkung von Eigentumsrechten (Schutz des Privateigentums insbesondere im informellen Sektor)

Vgl. Williamson (1990)

Abb. 2.20: 10 Punkte des Washingtoner Konsenses

5.4 Die neoliberale Wirtschaftsdoktrin in der Kritik: Herausbildung eines Post-Washingtoner Konsenses?

Die Finanzkrisen der 1990er Jahre (Mexikokrise 1994, Asienkrise 1997, Russlandkrise 1998; vgl. Kap. 8) ließen bereits Kritik an den neoliberalen Politikprogrammen der internationalen Wirtschafts- und Finanzorganisationen und deren Implementation aufkommen (vgl. Stiglitz 2002), so dass mittlerweile von einer gewissen Abkehr vom Washingtoner Konsens und von einer neuen Leitidee des „Post-Washingtoner Konsens" gesprochen wird (vgl. Higgott 2001). Der Washingtoner Konsens war zwar nie unumstritten (vgl. Naím 2000); die Kritik an der neoliberalen Wirtschaftsdoktrin und am Washingtoner Konsens ist jedoch im Laufe der 1990er Jahre immer lauter geworden und hat im Zuge einer sich globalisierenden Weltsozialbewegung (Khagram/ Riker/ Sikkink 2002: 3) öffentlichen Widerhall gewonnen. Die Weltwirtschafts- und -finanzkrise (2008/09) hat noch einmal zu einer deutlichen Intensivierung der (Grundsatz-) Kritik am neoliberalen Politikprogramm und zu einer zumindest zeitweisen Rückbesinnung vieler Regierungen auf keynesianische Politikinstrumente zur Kriseneindämmung (u.a. umfangreiche nationale Konjunkturprogramme) geführt.

Kritik an der Politik der internationalen Wirtschafts- und Finanzorganisationen kam aber auch schon zuvor aus den eigenen Reihen – insbesondere von Joseph Stiglitz, Chef-Ökonom der Weltbankgruppe von 1997 bis 2000. Stiglitz wirft den internationalen Wirtschafts- und Finanzorganisationen unter anderem vor, bei der Transformation Russlands in eine Marktwirtschaft auf eine Schocktherapie neoliberaler Prägung – mit fatalen politisch-ökonomischen Folgen – gesetzt zu haben (Stiglitz 2002: 21). Der IWF und die Weltbank seien durch die von ihnen veranlasste rasche Liberalisierung von Kapitalmärkten in Entwicklungsländern auch für die zahlreichen Finanzkrisen der 1990er Jahre verantwortlich. Insbesondere der IWF habe beim Management der Asienkrise völlig versagt. Der grundlegende Vorwurf an den IWF besteht darin, für alle Entwicklungsländer dieselben neoliberalen Konzepte des Washingtoner Konsenses zu verwenden, ohne die Besonderheiten einzelner Ökonomien oder die spezifischen Ursachen der jeweiligen Krisen oder länderspezifischen Entwicklungshemmnisse zu berücksichtigen (ebd.: 89-132).

Die Kritik von Seiten sozialer Bewegungen insbesondere in westlichen Industrieländern hat in den Medien und in der öffentlichen Wahrnehmung breite Aufmerksamkeit erregt. Diese Protest- und Widerstandsbewegungen werfen den internationalen Wirtschafts- und Finanzorganisationen vor, die Interessen der westlichen Industriestaaten auf Kosten der Entwicklungsländer zu vertreten. Sie machen die Strukturanpassungsprogramme des IWF und der Weltbank dafür verantwortlich, dass viele Entwicklungsländer eine Wirtschafts-, Finanz- und Sozialpolitik verfolgen, die ihnen eine wirksame Armutsbekämpfung unmöglich machen und zu einer Verschärfung globaler und innerstaatlicher Wohlstandsdisparitäten führen. Bei fast allen größeren Tagungen von IWF, Weltbank, WTO und G8 kommt es mittlerweile zu Protesten von Globalisierungskritikern und mitunter auch zu gewalttätigen Ausschreitungen. Zwar ist durchaus umstritten, wie weit der Einfluss dieser Gegenbewegungen auf die Ausgestaltung konkreter Politikprogramme reicht (Bond 2007; Frieden 2006: 470; Sen et al. 2004). Andererseits ist es den Globalisierungskritikern aber ohne Zweifel gelungen, eine Diskussion über die Wünschbarkeit der gegenwärtigen Weltwirtschaftsordnung anzustoßen, die nicht ohne weiteres aufzuhalten sein wird (Frieden 2006: 457ff., 470).

Das im Jahr 2001 als Gegenveranstaltung zum Weltwirtschaftsforum[51] gegründete Weltsozialforum (WSF) versteht sich als Koordinationsplattform für verschiedene Kritiker der ökonomischer Globalisierung wie (I)NGOs, Gewerkschaften, soziale Bewegungen, mittlerweile vereinzelt auch globalisierungskritische staatliche Akteure. Ziel ist es, die öffentliche Aufmerksamkeit auf den sozialen Protest zu richten und den „neoliberalen Denkwerkstätten (...) das Deutungsmonopol über den Lauf von Weltmarkt und Weltwirtschaft" zu entreißen (Greiff 2004: 197). Zugleich sollen auch – so der eigene Anspruch – alternative politisch-ökonomische Entwürfe zur bestehenden Weltwirtschaftsordnung entwickelt und für ihre Umsetzung geworben werden. Bei der konkreten Umsetzung des Anspruchs, dem Neoliberalismus und einer von transnationalen Unternehmen dominierten ökonomischen Globalisierung ein eigenes Politikprogramm entgegen zu setzen, tun sich jedoch erhebliche Schwierigkeiten auf. Die (gewollte) organisatorische Offenheit des WSF hemmt die Fähigkeit, jenseits von öffentlichkeitswirksamer medialer Präsenz als politikmächtiges Aktionsbündnis aufzutreten und konkreten programmatischen Alternativen zum Neoliberalismus zur Politikmächtigkeit zu verhelfen. Nichtsdestotrotz konnte ohne Zweifel eine breitere transnationale Öffentlichkeit hergestellt werden, die sich zunehmend kritisch mit den Folgen einer von neoliberalen Politikprogrammen geleiteten ökonomischen Globalisierung auseinander setzten.

In Reaktion auf die Kritik von verschiedenen Seiten wurden Modifikationen der Politikprogramme internationaler Organisationen vorgenommen. In welchem Ausmaß die Leitidee des Post-Washingtoner-Konsens als politikmächtige Rückbesinnung auf den sozial eingebetteten Liberalismus der Nachkriegszeit angesehen werden kann, bleibt freilich noch fraglich.

Die Weltbank nahm in Abstimmung mit dem IWF 1999 die neue Entwicklungsstrategie des umfassenden Entwicklungsrahmens („Comprehensive Development Framework") an, welche die Armutsbekämpfung zum obersten Ziel aller Tätigkeiten erklärte. Der IWF versucht seit der zweiten Hälfte der 1990er Jahre in Zusammenarbeit mit der Weltbank verstärkt, durch eine Initiative zur Verringerung der Schulden von hoch verschuldeten, armen Ländern („Heavily Indebted Poor Countries", HIPC) diesen aus der Schuldenfalle zu helfen. 1999 beschlossen die Bretton-Woods-Institutionen zudem, die Erarbeitung nationaler wirtschafts- und sozialpolitischer Strategien zur

---

[51] Das Weltwirtschaftsforum findet jährlich in Davos (Schweiz) statt. Teilnehmer sind in erster Linie die Führungskräfte der größten multinationalen Konzerne der Welt, außerdem Vertreter aus Politik, Wissenschaft und Gesellschaft.

Kapitel 2: Wandel der systemischen Rahmenbedingungen der Weltpolitik 147

Armutsminderung („Poverty Reduction Strategies") gezielt zu fördern. Dieser Ansatz der Armutsminderungsstrategien spiegelt die Einsicht wider, dass auch hohes Wachstum nur dann auch den von Armut betroffenen Gruppen zum Vorteil gereicht, wenn es mit einer aktiven Sozialpolitik verbunden ist (Nuscheler 2005: 590). Neue Instrumente zur Armutsbekämpfung, die Armutsminderungspapiere (PRSPs), enthalten klar formulierte, auf mehrere Jahre angelegte Strategien zum Abbau von Armut und sollen in einem partizipatorisch angelegten Diskussions- und Konsultationsprozess entstehen, an dem außer den Vertretern von Staaten und Bretton-Woods-Institutionen auch wichtige zivilgesellschaftliche Gruppen in den betroffenen Ländern teilnehmen sollen. Dadurch sollen nationales und lokales „ownership" durch Partizipation gefördert werden (vgl. Woods 2007: 239f.). Die Genehmigung eines PRSP und damit zusammenhängend die Vergabe von Entwicklungskrediten (Armutsminderungsunterstützungskrediten, PRSC) zur Umsetzung der Armutsbekämpfungsstrategien erfolgt durch Weltbank und IWF. PRSPs bilden auch die Voraussetzung und operative Grundlage für den Nachlass von Schulden im Rahmen der Initiative für hoch verschuldete arme Länder (HIPC) (vgl. Kap. 8).

Die Weltbankgruppe distanziert sich mit der neuen Strategie des umfassenden Entwicklungsrahmens und der Förderung von Armutsminderungsstrategien in Entwicklungsländern von einer ausschließlichen Konzentration auf makroökonomische Ziele und Reformen und lenkt den Blick auf die strukturellen sozialen und menschlichen Aspekte der Entwicklung. Es wird ausdrücklich anerkannt, dass neben der makroökonomischen Stabilisierung sozialpolitische Ziele zu verfolgen sind. Die Integration von Wirtschaftspolitik und Sozialpolitik stellt daher den Grundpfeiler der neuen Strategie dar.

Auch die seit 2001 laufende Doha-Entwicklungsrunde („Doha Development Round") der WTO soll vor allem die Interessen der Entwicklungsländer in den Vordergrund rücken. Angesichts des bisherigen Verlaufs der Doha-Runde kann allerdings von einem Durchbruch für eine echte Entwicklungsrunde keine Rede sein. Die Fronten zwischen Industriestaaten und Entwicklungsländern scheinen verhärtet. Die für viele Entwicklungsländer wichtige Liberalisierung des Agrarsektors in der EU und in den USA bleibt weiter hoch umstritten. Die Trennlinien in den WTO-Verhandlungen verlaufen zwar längst nicht mehr ausschließlich, aber nach wie vor maßgeblich zwischen den Ländern des Nordens und jenen des Südens (vgl. ausführlich Kap. 8).

Die Modifikationen der Politikprogramme der globalen Wirtschafts- und Finanzorganisationen spiegeln ideelle Verschiebungen in Richtung eines Post-Washingtoner-Konsenses wider. Dieser greift Elemente des sozial eingebetteten Liberalismus in Form der Anerkennung sozialpolitischer Ziele und der Rolle des Staates bei der Bekämpfung von Armut und ausgeprägten Wohlstandsdisparitäten wieder auf. Keynesianische Ideen werden wieder herangezogen und durch Grundsätze wie zivilgesellschaftliche Entwicklung, Sozialkapitalbildung, verantwortliche Regierungsführung sowie Transparenz und Aufbau effektiver Institutionen ergänzt. Die vorgenommenen Politikanpassungsmaßnahmen und die neuen – zum Teil vielmehr „alten", keynesianisch geprägten

– Ideen des Post-Washingtoner Konsens sollten in ihrer Wirkmächtigkeit und Tragweite jedoch noch nicht überbewertet werden, auch wenn sich gerade im Zuge der Weltwirtschaftskrise (2008/09) eine viel beachtete Rückbesinnung auf keynesianische Politikinstrumente bei vielen Regierungen abzeichnete. Kausalwissen, das die Ursache für wirtschaftliche Wachstumsschwächen und Entwicklungshemmnisse in störenden Eingriffen des Staates in den Wirtschaftsprozess erkennt, sowie normative Überzeugungen, dass Eingriffe des Staates in die individuelle Freiheit der Wirtschaftssubjekte grundsätzlich unter Effektivitäts- und Legitimitätsvorbehalt zu stehen haben, stellen weiter prägende immaterielle Rahmenbedingungen der Weltpolitik dar. Auf abstrakterer Ebene spiegeln neoliberale Ideen das Weltbild des Individualismus wider, welches der persönlichen Entfaltung des einzelnen Menschen Vorrang vor staatlicher und gesamtgesellschaftlicher Steuerung und Kontrolle einräumt. Sie tragen damit zu einer Stärkung der Position von angebbaren transnationalen Akteuren gegenüber den Staaten und zu einer ideellen Verschiebung von der Leitidee der Staatenwelt zur Gesellschaftswelt bei.

6 Umweltpolitischer Diskurs: Die Leitidee der Nachhaltigkeit als Ergänzung oder Herausforderung neoliberaler Leitideen?

6.1 Entwicklung der Leitidee der Nachhaltigkeit

Im umweltpolitischen Diskurs hat sich in jüngerer Vergangenheit eine Leitidee herausgebildet, die eine Ergänzung – oder je nach Sichtweise auch eine Herausforderung – neoliberaler Ideen darstellt: die Leitidee der Nachhaltigkeit. Im Folgenden werden zunächst die Entwicklung und der Inhalt der Leitidee der Nachhaltigkeit und dann ihr Verhältnis zu neoliberalen Ideen skizziert.

Nachdem umweltpolitische Themen lange Zeit auf internationaler Ebene kaum diskutiert worden waren, erlangten sie in den 1960er und vor allem in den 1970er Jahren internationale Aufmerksamkeit. Die Konferenz der Vereinten Nationen zur menschlichen Umwelt, die 1972 in Stockholm stattfand und aus der nachfolgend das Umweltprogramm der VN (UNEP) hervorgegangen ist, gilt als Ausgangspunkt für die internationale Beschäftigung mit Umweltfragen. Besonderen Einfluss auf die Entwicklung und Verbreitung neuer umweltpolitischer Ideen hatte die 1972 erschienene Studie des „Club of Rome" über die „Grenzen des Wachstums" (Meadows et al. 1972). Der „Club of Rome" untersuchte die komplexen Zusammenhänge von Industrieproduktion, Nahrungsmittelproduktion, Bevölkerungswachstum, Ressourcenausbeutung und Umweltverschmutzung. Mithilfe von Computersimulationen wurden verschiedene Szenarien entwickelt, von denen einige die Prognose enthielten, dass die Grenzen des globalen Wachstums innerhalb der nächsten hundert Jahre erreicht sein könnten. Diese Prognose hatte erheblichen Einfluss auf ein wachsendes ökologisches Bewusstsein, ließ

Kapitel 2: Wandel der systemischen Rahmenbedingungen der Weltpolitik   149

aber auch Kritik laut werden. Die Simulation des „Club of Rome" habe nicht beachtet, dass in Zukunft neue Ressourcen entdeckt werden könnten und die Menschen technologisch und politisch anpassungsfähig seien – bis heute ein Standardargument von Kritikern ökologischer Schreckensszenarien (Cole et al. 1973; vgl. Carter 2001: 43f.). Ungeachtet dieser Kritik, die zu aktualisierten Studien des „Club of Rome" führten (Meadows et al. 1992, 2006), setzte sich die Sorge über ökologische Folgen des Wirtschaftswachstums in politischen und wissenschaftlichen Diskursen fest. Dies geschah vor allem vor dem Hintergrund der Vielzahl anthropogener globaler Umweltschäden wie der Reduzierung der stratosphärischen Ozonschicht und des Klimawandels, die ein wachsendes ökologisches Krisenbewusstsein hervorriefen (Carter 2001: 44).

In den 1980er Jahren entstand aus der Unsicherheit über die ökologischen Folgen der bisherigen Wachstums- und Entwicklungspolitik heraus die Leitidee, durch so genannte nachhaltige Entwicklung zu verhindern, an die Grenzen des Wachstums zu stoßen. Der unter der Bezeichnung „Brundtland-Report" bekannt gewordene Bericht *Our Common Future* der Weltkommission für Umwelt und Entwicklung[52] (1987) prägte maßgeblich die Leitidee der nachhaltigen Entwicklung. Sie besagt, dass durch Umweltverträglichkeit der Produktion, des Austausches und des Konsums von Gütern und Dienstleistungen dafür Sorge zu tragen ist und getragen werden kann, dass heute gegebene Möglichkeiten der materiellen Nutzenerzeugung und der Nutzenverteilung auch für die Zukunft erhalten bleiben. Die heutige Generation ist aufgerufen, so zu leben, dass zukünftigen Generationen nicht die Chance vorenthalten wird, vergleichbar zu leben. Erreicht werden müsse dies unter anderem durch eine effizientere Energienutzung, die verstärkte Nutzung erneuerbarer Energien und eine Beschränkung des Bevölkerungswachstums (vgl. Kap. 9).

Das Konzept der Nachhaltigkeit („sustainability" bzw. „sustainable development") hat seit der VN-Weltkonferenz für Umwelt und Entwicklung in Rio de Janeiro (UNCED, 1992), an der 190 Staatendelegationen teilnahmen, im entwicklungspolitischen Diskurs einen festen Platz und breite Akzeptanz gefunden (vgl. Porter/ Brown/ Chasek 2000: 25ff.). Mit der Schaffung der von Weltbank, UNDP und UNEP gemeinsam verwalteten Globalen Umweltfazilität (GEF, 1991), der Errichtung der Kommission der Vereinten Nationen für nachhaltige Entwicklung (UNCSD, 1992) sowie dem Abschluss der Konventionen zur Erhaltung der Artenvielfalt (CBD, 1992), zum Klimaschutz (UNFCCC, 1992) und zur Bekämpfung der Wüstenbildung (UNCCD, 1992) sind zudem Schritte zur Institutionalisierung der Leitidee der Nachhaltigkeit getan worden. Die politikprogrammatische Einbettung und Institutionalisierung der Leitidee der Nachhaltigkeit zeigte sich auch in der Aufnahme des Ziels der Nachhaltigkeit in den Katalog der im Jahr 2000 verabschiedeten Millenniumentwicklungsziele der VN („Millennium Development Goals", MDGs). Die Umsetzung der Leitidee in effektive nachhaltige Politiken ist jedoch nach wie vor stark abhängig von den Interessen und

---

[52] Die damalige norwegische Ministerpräsidentin Gro Harlem Brundtland leitete die Weltkommission für Umwelt und Entwicklung.

der Macht der maßgeblichen wirtschaftlichen und politischen Akteure, wie an den Verhandlungen der VN-Weltkonferenz über nachhaltige Entwicklung („World Summit on Sustainable Development", WSSD) in Johannesburg (2002) deutlich wurde. Das ursprüngliche Ziel, international verbindliche und nachprüfbare Vorgaben zur Förderung nachhaltiger Entwicklung mit klarer Finanzierung, Zeitvorgaben und umsetzenden Institutionen zu vereinbaren, wurde nicht erreicht (Hermle 2002: 271; vgl. auch Kap. 9). Zudem muss sich Nachhaltigkeit als Idee gegen andere wirkmächtige Ideen behaupten. So kann die Leitidee der Nachhaltigkeit in Konflikt zu neoliberalen Vorstellungen von Wirtschaftswachstum und freien Märkten und zu stark individualistischen Weltbildern im Allgemeinen treten.

Nachhaltig ist eine Entwicklung, „die den Bedürfnissen der heutigen Generation entspricht, ohne die Möglichkeiten künftiger Generationen zu gefährden, ihre eigenen Bedürfnisse zu befriedigen" (World Commission on Environment and Development 1987: 24).

Abb. 2.21: Die Definition nachhaltiger Entwicklung

6.2 Konflikte zwischen der Idee der Nachhaltigkeit und neoliberalen Ideen

Zwischen der Idee der Nachhaltigkeit und neoliberalen Ideen des Wirtschaftswachstums, die ihrerseits Ausdruck eines stark individualistischen Weltbildes sind, besteht ein Spannungsverhältnis. Verschiedene Autoren betrachten individualistische Ideen und insbesondere neoliberale ordnungspolitische Leitideen als mitverantwortlich für die gegenwärtigen Umweltprobleme wie etwa den Klimawandel (vgl. Broadhead 2002; Wagner 2005). Der Liberalismus (zunächst einmal verstanden als breite philosophische Strömung, nicht nur als wirtschaftspolitische Denkschule) räumt allen Individuen das Recht auf Selbstbestimmung und Verfolgung individueller Ziele in größtmöglicher Freiheit ein. In der Weltsicht des Individualismus wird der Mensch häufig getrennt von der Natur oder als ihr übergeordnet betrachtet (Wagner 2005: 64), und die Bearbeitung von Umweltproblemen folgt einem „Managementansatz". Darin steckt das Kausalwissen, dass der Mensch durch technologische Innovationen auftretende ökologische Probleme in einer Weise bearbeiten könne, die es ihm erlaubt, seine persönliche Entfaltungsfreiheit und seinen gegenwärtigen Lebensstandard – vor allem den der westlichen Gesellschaften – ohne spürbare Einschränkungen aufrecht zu erhalten.

Betrachtet man das Verhältnis zwischen neoliberalen Ideen und der Idee der Nachhaltigkeit näher, stellt man zunächst fest, dass in neoliberalen Wirtschaftstheorien der Faktor „Umwelt/ Umweltschutz" kaum Berücksichtigung findet, während wirtschaftliches Wachstum, freier Handel und Gewinnmaximierung als Hauptziele gelten (Broadhead 2002: 19f.; Carter 2001: 45f.). Forderungen nach einem ökologischen Wertewandel, die soweit gehen, auch Konsumverzicht oder -einschränkungen zu verlangen, werden von neoliberalen Beobachtern als Forderungen radikaler „Ökologisten" abqualifiziert (Carter 2001: 11). Aus dieser Perspektive betrachtet scheinen neoliberale Ideen und das Prinzip der Nachhaltigkeit in einem Konkurrenzverhältnis zu stehen, in dem neoliberale Überzeugungen hinsichtlich ihrer Politikmächtigkeit bisher meist die Oberhand behielten.

Richtig ist, dass die Leitidee der Nachhaltigkeit eine gewisse Einschränkung der Handlungsfreiheit gegenwärtiger Generationen fordert. Die Leitidee der Nachhaltigkeit betont die Anerkennung von Rechten ungeborener Generationen (Intergenerationengerechtigkeit). Dies ist ein normativer Wandel, denn der Personenkreis, der mit ökologischen, wirtschaftlichen und sozialen Rechten ausgestattet ist, wird ausgedehnt, wodurch gleichzeitig die Rechte gegenwärtig lebender Menschen eingeschränkt werden. Der zu Lasten künftiger Generationen gehende Verbrauch von Ressourcen und die Umweltverschmutzung vor allem durch die Industrienationen und wirtschaftlich und politisch aufstrebende Schwellenländer wie China und Indien werden als ungerecht gegenüber anderen Staaten und späteren Generationen eingestuft (Wagner 2005). Die Verpflichtung auf die Leitidee der nachhaltigen Entwicklung beruht auf der Erkenntnis, dass Umweltprobleme häufig nicht effektiv bearbeitet, sondern räumlich oder zeitlich verschoben werden – z.B. durch Einlagerung radioaktiver Abfälle oder die Verschiffung von Mülltransporten in Entwicklungsländer. Gerechtigkeit wird im Nachhaltigkeitsdiskurs mithin nicht nur zwischen den reichen und armen Staaten und innerhalb von Gesellschaften, sondern auch zwischen Generationen gefordert. Aus dieser ethischen Perspektive bedeutet Respekt gegenüber der Natur zugleich Respekt gegenüber anderen, (auch) künftig lebenden Menschen.

Die Leitidee der Nachhaltigkeit verlangt jedoch nicht zwingend eine Abkehr von dem Ziel des Wirtschaftswachstums. Sie konstituiert lediglich die allgemein gehaltene Verpflichtung, zukünftigen Generationen keine schlechtere Welt als die ihrer Vorgänger zu hinterlassen. Dabei handelt es sich um eine normative Überzeugung, die nicht vorschreibt, mit welchen Maßnahmen nachhaltige Entwicklung erreicht werden soll. Die Leitidee der Nachhaltigkeit besagt, dass die ökologischen Folgen („Externalitäten") wirtschaftlichen Handelns nicht außer Acht zu lassen sind und dass wirtschaftliche, soziale und ökologische Probleme nicht jeweils isoliert, sondern in einem integrierten Ansatz bearbeitet werden müssen (Hennicke/ Müller 2006: 155f.). Auch unter rein wirtschaftlichen Aspekten gilt, dass wirtschaftliches Wachstum mittel- und erst recht langfristig immer auch von der Erhaltung natürlicher Ressourcen abhängt.

Die Leitidee der Nachhaltigkeit fordert somit gegenüber neoliberalen, stark individualistisch geprägten Ideen eine gewisse Einschränkung der Handlungs- und Entfaltungsfreiheit gegenwärtiger Generationen zu Gunsten der Erhaltung der Handlungs- und Entfaltungsfreiheit zukünftiger Generationen. Es stimmt insofern mit Ideen im Sicherheits-, Ökonomie- und Herrschaftsdiskurs überein, dass mit der Leitidee der Nachhaltigkeit eine Beschränkung der Handlungsfreiheit des Staates verbunden ist, da dieser bei der Formulierung und Implementation von Politiken der Idee der Nachhaltigkeit zufolge auch die Auswirkungen auf nachfolgende Generationen zu berücksichtigen hat. Es stellt aber zugleich eine Einschränkung gegenüber neoliberalen, oder allgemein: stark individualistischen Überzeugungen dar, da auch eine – auf Solidarität mit späteren Generationen gründende – Begrenzung gegenwärtiger individueller Entfaltung gefordert wird. Wichtig ist jedoch, dass damit wiederum die Handlungsfreiheit zukünftiger Individuen gesichert werden soll. So betrachtet würde es zu kurz greifen, Nachhaltigkeit als Gegensatz zur Freiheit des Individuums zu begreifen, geht es doch gerade auch um den Schutz der Lebensfähigkeit und Freiheit zukünftiger Individuen.

7 Zusammenfassung

In diesem Kapitel wurden politikprägende Leitideen in verschiedenen Diskursen (Souveränität/ Sicherheit, Herrschaft, internationale politische Ökonomie, Umwelt) untersucht. In Anlehnung an Goldstein/ Keohane (1993) wurde gezeigt, *dass* und *wie* Ideen als einflussreiche immaterielle Rahmenbedingungen der Weltpolitik wirken. Insbesondere können Ideen (d.h. Weltbilder, normative Überzeugungen und Kausalwissen) in Zeiten der Unsicherheit und des politischen Umbruchs sowie unter Bedingungen unvollständiger Information als Handlungsrichtlinien für politikmächtige Akteure dienen und damit die Ausgestaltung von Politikprogrammen und deren Implementierung prägen.

Die Betonung von individuellen Selbstbestimmungsrechten hat zu einer Einschränkung der staatlichen Souveränität geführt. Zu Gunsten der Leitidee der menschlichen Sicherheit werden den aus der staatlichen Souveränität abgeleiteten Rechten des Staates (z.B. auf Nichteinmischung) engere Grenzen gesetzt. Das Souveränitätsverständnis entwickelt sich von einem staatlichen Abwehrrecht gegen Einmischung von Außen zu einer Schutzverantwortung des Staates nach Innen und – sollte dieser zu effektivem Schutz nicht willens oder fähig sein – auch der internationalen Gemeinschaft gegenüber Gesellschaften und Individuen. Unter Berufung auf diesen Wandel des Souveränitätsverständnisses wird eine Einschränkung des völkerrechtlichen Interventionsverbots in die inneren Angelegenheiten eines Staates gerechtfertigt. Die Leitidee der Schutzverantwortung kann in letzter Konsequenz sogar zur Begründung militärischer Interventionen zur Unterbindung schwerster systematischer Menschenrechtsverletzungen dienen.

Im inter- und transnationalen Herrschaftsdiskurs über Verrechtlichung, verantwortliche Regierungsführung und Demokratie lässt sich eine weitere ideelle Verschiebung identifizieren. Durch die Zunahme der zwischenstaatlichen und der transnationalen Verrechtlichung wird nicht nur das Spektrum der legal zulässigen und mithin als legitim erachteten Handlungsoptionen des Staates begrenzt. Zugleich gibt es zumindest Tendenzen, transnationalen Akteuren partielle internationale Rechtssubjektivität, d.h. die Fähigkeit, eigenständige Träger von Rechten und Pflichten zu sein, zuzuerken-

Kapitel 2: Wandel der systemischen Rahmenbedingungen der Weltpolitik   153

nen. Die Leitidee von der anarchischen Staatenwelt wird zunehmend verdrängt von der einer zumindest partiell verrechtlichten Gesellschaftswelt.

Die Analyse konkurrierender wirtschaftsordnungspolitischer Leitideen machte deutlich, wie ordnungspolitische Ideen in Zeiten des politischen und ökonomischen Umbruchs und der Unsicherheit politikmächtig werden. Historisch lässt sich eine Entwicklungslinie vorherrschender wirtschaftsordnungspolitischer Leitideen nachzeichnen, die von einem keynesianisch geprägten, sozial eingebetteten Liberalismus in der Nachkriegszeit über die Vorherrschaft des Neoliberalismus in Gestalt des Washingtoner Konsenses in den 1980er und 1990er Jahren zur wachsender Kritik am Neoliberalismus und zur Herausbildung des Post-Washingtoner Konsenses führt. Trotz dieser Kritik und unbeschadet einiger Politikmodifikationen der internationalen Wirtschafts- und Finanzorganisationen bestimmte das Ideensystem des Neoliberalismus (zumindest bis zur Weltwirtschafts- und -finanzkrise (2008/09) weit gehend die programmatische Ausgestaltung der Weltwirtschaftsordnung. Neoliberale –gerade von mächtigen Staaten forcierte – Ideen trugen zu einer Stärkung der Position von transnationalen Akteuren gegenüber den Nationalstaaten bei.

Die Leitidee der Nachhaltigkeit fordert gegenüber neoliberalen, stark individualistisch geprägten Ideen eine (Selbst-) Beschränkung der Handlungsfreiheit gegenwärtiger Akteure (Staaten, Unternehmen, sozialer Gruppen und Individuen) bei der Produktion, dem Handel und dem Konsum von Gütern und Dienstleistungen. Diese soll dazu dienen, zukünftigen Generationen die gleichen Entfaltungsmöglichkeiten zu erhalten wie die von den heutigen Generationen in Anspruch genommenen. Die Leitidee der Nachhaltigkeit bedeutet jedoch nicht notwendig eine Abkehr vom Neoliberalismus, sondern allenfalls eine Einschränkung des neoliberalen Ideensystems.

Trotz der unterschiedlichen Entwicklungen in den sachbereichsspezifischen Diskursen lässt sich in der Zusammenschau eine ideelle Verschiebung vom Weltbild der anarchischen Staatenwelt zum Weltbild einer zumindest partiell verrechtlichten Gesellschaftswelt feststellen. Vorherrschende, mehr oder weniger institutionell eingebettete Leitideen in verschiedenen Diskursen verweisen auf eine Beschränkung der Handlungsfreiheit des Staates, eine Betonung der Freiheit und des Schutzes von heute und zukünftig lebenden Individuen sowie eine zunehmende Anerkennung der internationalen btz. transnationalen Rechtssubjektivität für transnationale Akteure.

Diese Veränderungen immaterieller Rahmenbedingungen der Weltpolitik in Verbindung mit voranschreitenden Globalisierungsprozessen und der Tatsache, dass die USA als liberaler Hegemon das Streben transnationaler Akteure nach politischen Einfluss- und Gestaltungsmöglichkeiten gefördert haben, trugen maßgeblich zur Ausdifferenzierung des Spektrums politikmächtiger Akteure auf der weltpolitischen Bühne bei. Unter den gegebenen materiellen und immateriellen Rahmenbedingungen besteht das globale System von heute nicht mehr nur aus souveränen (oder auch quasi-souveränen) Staaten verstanden als funktional einheitliche Akteure. Wie in Kapitel 3 über die Akteure der Weltpolitik zu zeigen sein wird, kommt heute neben unterschiedlichen Typen von Staaten auch internationalen zwischenstaatlichen Organisationen und transnationalen Akteuren (zivilgesellschaftlichen Organisationen und transnationalen Unternehmen) eine die Weltpolitik mitbestimmende Stellung zu.

Übungsfragen

- Welche verschiedenen Arten von Ideen lassen sich nach Goldstein/ Keohane (1993) unterscheiden? Wie entfalten diese Ideen eine die Politik (Politikprogramme und -ergebnisse) prägende Wirkung?
- Was ist unter dem Wandel vorherrschender sicherheitspolitischer Leitideen von der nationalen Sicherheit *(national security)* zur menschlichen Sicherheit *(human security)* zu verstehen?
- Inwiefern stellt der sich abzeichnende Wandel des Souveränitätsverständnisses vom Recht auf Nichteinmischung zur Schutzverantwortung *(responsibility to protect)* eine weltpolitisch folgenschwere Entwicklung dar?
- Inwiefern verweisen die Beschränkung der Handlungsfreiheit des Staates nach Innen und Außen durch (transnationale) Verrechtlichung und Tendenzen einer zunehmenden Anerkennung der internationalen Rechtssubjektivität transnationaler Akteure auf eine Abkehr von dem Weltbild einer anarchischen Staatenwelt?
- Was sind die Hauptdifferenzen zwischen den Ideensystemen des Neoliberalismus/ neoliberalen Monetarismus und des Keynesianismus? Als wie politikmächtig haben sich diese ordnungspolitischen Leitideen zu verschiedenen Zeiten erwiesen?
- Inwieweit hat die öffentliche Kritik an den drei internationalen Wirtschafts- und Finanzorganisationen (Weltbank, IWF, GATT/WTO) als Träger des Washingtoner Konsens zu einer Anpassung in deren Politikprogrammen geführt? Erscheint es gerechtfertigt, von einer Rückbesinnung auf einen von keynesianischen ordnungspolitischen Leitideen inspirierten sozial eingebetteten Liberalismus zu sprechen?
- Was besagt die Leitidee der Nachhaltigkeit? Inwieweit steht sie in Konflikt mit neoliberalen Leitideen?

 **Lektüreempfehlungen**

Goldstein, Judith/ Kahler, Miles/ Keohane, Robert O./ Slaughter, Anne-Marie (Hrsg.) 2001: Legalization and World Politics, Cambridge, MA: MIT Press.

Goldstein, Judith/ Keohane, Robert O. (Hrsg.) 1993: Ideas and Foreign Policy: Beliefs, Institutions, and Political Change, Ithaca, NY: Cornell University Press.

Higgott, Richard 2001: Economic Globalization and Global Governance: Towards a Post-Washington Consensus?, in: Rittberger, Volker (Hrsg.): Global Governance and the United Nations System, Tokyo: United Nations University Press, 127-157.

International Commission on Intervention and State Sovereignty (ICISS) 2001: Responsibility to Protect, Report of the International Commission on Intervention and State Sovereignty, Ottawa, ON: International Development Research Center.

Philpott, Daniel 2001: Revolutions in Sovereignty: How Ideas Shaped Modern International Relations, Princeton, NJ: Princeton University Press.

Ruggie, John Gerard 1982: International Regimes, Transactions, and Change: Embedded Liberalism in the Postwar Economic Order, in: International Organization 36: 2, 379-415.

World Commission on Environment and Development 1987: Our Common Future („Brundtland-Report"), Oxford/ New York: Oxford University Press.

Kapitel 3: Ausdifferenzierung des Spektrums politikmächtiger Akteure

Der in Kap. 2 beschriebene Wandel materieller und immaterieller Rahmenbedingungen der Weltpolitik hat maßgeblich zu einer Pluralisierung politikmächtiger Akteure und zu einem gewandelten Kräfteverhältnis zwischen den wichtigsten weltpolitischen Akteuren beigetragen. In Kap. 3 soll die These der Ausdifferenzierung des Spektrums politikmächtiger Akteure mit Inhalt gefüllt werden. Dazu werden Staaten, internationale zwischenstaatliche Organisationen sowie private Akteure, d.h. transnationale Unternehmen und grenzüberschreitend agierende zivilgesellschaftliche Organisationen in ihren Eigenschaften als Handlungseinheiten des globalen Systems analysiert.

Kapitel 3.1: Staatlichkeit im Wandel: Erscheinungsformen des Staates in verschiedenen Weltregionen

1 Staaten als Akteure im globalen System – Rückzug des Staates oder Transformation von Staatlichkeit?

Auch wenn Staaten nicht mehr die einzigen politikmächtigen Akteure im globalen System sind, bleiben sie gleichwohl auf absehbare Zeit die maßgeblichen und unverzichtbaren Handlungseinheiten. Die Ressourcen vor allem zur Implementation von Politikentscheidungen bleiben weitgehend auf staatlicher Ebene konzentriert (Zangl/ Zürn 2003: 168f.). Obwohl sich staatliche und rein zwischenstaatliche Verregelung als nicht mehr *hinreichend* zur effektiven Bearbeitung vieler transsouveräner Probleme erweist, ist sie doch weiterhin *notwendig* zu deren Eindämmung oder gar Lösung. Eine effektive Kontrolle der Verbreitung von Massenvernichtungswaffen zum Beispiel ist ohne zwischenstaatliche Kooperation nicht zu erreichen. Ein globales politisches System ohne Staaten als konstituierende Einheiten erscheint aus heutiger Sicht undenkbar. Eine systematische Analyse der Akteure der heutigen Weltpolitik muss daher beim Staat, freilich auch beim Wandel der Staatlichkeit (vgl. Leibfried/ Zürn 2006; Genschel/ Zangl 2008), ansetzen. So untersucht dieses Kapitel die Rolle des Staates zwischen Zerfallserscheinungen, Souveränitätseinbußen und weiter bestehender politischer Gestaltungs- und Steuerungsfähigkeit. Im Mittelpunkt der Ausführungen stehen die grundlegenden Transformationsprozesse, denen Staaten heute unterworfen sind, und die Unterschiede in den Ausprägungen von Staatlichkeit, die sich mittels einer regional differenzierten Analyse ermitteln lassen, sowie deren Folgen für die Weltpolitik.

Über die Rolle von Staaten in einer – wenn auch in regional und sachbereichsspezifisch unterschiedlichem Ausmaße – globalisierten Welt herrscht in der Wissenschaft keine Einigkeit. Dies liegt vor allem daran, dass zur gleichen Zeit sowohl Tendenzen der Entstaatlichung als auch Anzeichen für die Zählebigkeit des Staates zu beobachten sind (vgl. Kap. 1). Durch die Deregulierung der Wirtschaft und Privatisierung vormals staatlicher Aufgabenbereiche sowie die Zunahme grenzüberschreitender Austausch- und Produktionsprozesse erscheinen einzelstaatliche wirtschafts- und sozialpolitische Steuerungs- und Gestaltungsmöglichkeiten zunehmend begrenzt. Dies wirft die Frage auf, ob wir – wie etwa die Hyperglobalisten prognostizieren – in der Tat die Überwindung oder den Rückzug von Staatlichkeit erleben (Strange 1996). Diese Einschätzung scheint jedoch in Widerspruch zu dem Befund zu stehen, dass die Anzahl der Staaten insbesondere in den 1990er Jahren erheblich zugenommen hat (vgl. Boniface 1998), so dass die Zahl der von den Vereinten Nationen anerkannten Staaten mittlerweile auf 194 angestiegen ist. Bereits zwischen 1945 und den 1980er Jahren hatte sich die Zahl der Mitgliedstaaten in den VN verdreifacht. Zudem bleibt das Ziel der Gründung eines eigenen Staates für separatistische Bewegungen (z.B. die baskische ETA, die kurdische PKK oder tschetschenische Rebellen) offensichtlich weiterhin attraktiv. Aus der gestiegenen Anzahl von Staaten und dem fortbestehenden Streben separatistischer Bewegungen nach eigenständiger Staatlichkeit ergibt sich wiederum die Frage, ob nicht vielmehr die Vorstellungen der Globalisierungsskeptiker zutreffen, wonach Staaten über so große Widerstands- und Beharrungskräfte gegenüber vermeintliche Zwänge der Globalisierung verfügen, dass die Globalisierung keine wesentlichen Auswirkungen auf die Funktionen und das Handeln der Staaten haben. Aus dieser Sicht stellen souveräne Staaten auch im Zeitalter der Globalisierung die einzig maßgeblichen politischen Einheiten im internationalen System dar (vgl. Malanczuk 2002: 198f.).

Die Extrempositionen sowohl von Hyperglobalisten als auch von Skeptikern sind irreführend. Zu beobachten ist weder der Niedergang des Staates noch sein unverändertes Weiterbestehen. Stattdessen sind grundlegende Veränderungen der Handlungseinheit „Staat" sowie der Organisations- und Beziehungsmuster im globalen System zu beobachten (Held 1999: 9; Leibfried/ Zürn 2006; Hurrelmann et al. 2007; Sørensen 2004). In diesem System gestalten neben den Staaten auch inter-, trans- und supranationale Akteure in variierendem Ausmaß die Aufstellung der politischen Tagesordnung, die Politikformulierung, Politikentscheidung und Politikimplementierung mit. Die von Staaten eingesetzten Politiksteuerungsinstrumente und bevorzugten Regulierungsmodi haben sich insbesondere in der westlichen OECD-Welt in den vergangenen rund 20 Jahren verändert; Staaten haben Anpassungen in institutionellen Strukturen und Prozessen des Regierens vorgenommen, gerade um ihre politische Handlungs- und Steuerungsfähigkeit unter veränderten Rahmenbedingungen aufrecht zu erhalten oder wieder zu erlangen (Messner 1998). So sind Anzeichen festzustellen, dass sich der Staat in Teilbereichen etwa der Wirtschafts-, Sozial- und Gesundheitspolitik vom „interventionistischen" zum „kooperativen" Akteur entwickelt (Schuppert 2006: 205f.). Statt im hierarchischen Modus „von oben nach unten" herrschaftliche Befehle zu erteilen, kooperieren staatliche Akteure vielfach auf verschiedenen Ebenen (lokal, regional, national, inter-, trans-, supranational) in Netzwerken horizontaler Politikkoordination und -kooperation auch mit nichtstaatlichen politikmächtigen Akteuren (ebd.; vgl. auch Genschel/ Zangl 2008).

Zu betonen ist, dass sich Staatlichkeit in verschiedenen Weltregionen ganz unterschiedlich darstellt und entwickelt. „Den" Staat gibt es nicht. Es ist nicht nur eine Ausdifferenzierung des Akteursspektrums über den Staat hinaus zu beobachten, sondern es haben sich in verschiedenen Weltregionen auch unterschiedliche Arten von Staatlichkeit herausgebildet, mit der Folge, dass eine erhebliche Variationsbreite in den Formen von Staatlichkeit festzustellen ist. Verschiedenen Arten von Staatlichkeit können darüber hinaus jeweils unterschiedliche außenpolitische Grundorientierungen

Kapitel 3: Ausdifferenzierung des Spektrums politikmächtiger Akteure

zugeordnet werden. Diese Ausdifferenzierung hat wiederum Folgen für die Konfliktträchtigkeit und Kooperationswahrscheinlichkeit in der jeweiligen regionalen „Staatenwelt".

Im Folgenden soll zunächst der Wandel von Staatlichkeit unter den Vorzeichen des in Kap. 2 beschriebenen Wandels materieller und immaterieller Rahmenbedingungen, insbesondere der Globalisierung und des Wandels globaler Leitideen, skizziert werden. Dabei ist freilich zu beachten, dass sich der beschriebene Wandel von Staatlichkeit in der OECD-Welt[53] deutlich stärker abzeichnet als in anderen Weltregionen. Dann werden in Anlehnung an Georg Sørensen verschiedene Typen von Staaten vorgestellt (vgl. Sørensen 2001). Ausgehend von der Unterscheidung zwischen prämodernen, modernen und postmodernen Staaten werden die Ausprägungen und Entwicklungen von Staatlichkeit in der westlichen OECD-Welt, im asiatisch-pazifischen Raum und in Sub-Sahara-Afrika sowie deren Folgen für die Weltpolitik analysiert. Die EU-Mitgliedstaaten (und sehr eingeschränkt die USA) lassen sich als postmoderne, die Staaten des asiatisch-pazifischen Raums als moderne und die Staaten in Afrika südlich der Sahara als prämoderne Staaten einordnen.[54] Mit dieser Einteilung in verschiedene Staatstypen verbunden sind unterschiedliche Befunde zum außenpolitischen Verhalten der jeweiligen Staaten und zu den sich daraus ergebenden Folgen für den Charakter regionaler Beziehungen.

2 Staatlichkeit im Wandel

2.1 Merkmale von Staatlichkeit

Zunächst sind einige grundlegende Betrachtungen zum Wandel von Staatlichkeit im Zeitalter der Globalisierung und des beschriebenen Wandels von Leitideen in der Weltpolitik anzustellen. Im Folgenden werden die konstitutiven Merkmale von Staatlichkeit benannt und sodann der Veränderungsdruck dargelegt, dem sie unter den gewandelten Rahmenbedingungen unterliegen (vgl. Ipsen 2002: 4f.; Schneckener 2004: 9f.; Sørensen 2001: 73).

---

[53] Zu den Mitgliedern der Organisation für wirtschaftliche Zusammenarbeit und Entwicklung (OECD) zählen die meisten Mitgliedstaaten der Europäischen Union sowie die USA, Kanada, Mexiko, Australien, Neuseeland, die Schweiz, Norwegen, Island, die Türkei, Japan und Südkorea. Wenn im Folgenden von der OECD-Welt die Rede ist, sind damit die westlichen Mitgliedsstaaten der OECD gemeint. Japan und Südkorea werden der Region „Asiatisch-pazifischer Raum" zugeordnet.
[54] Diese Typologisierung bildet freilich die Realität nicht eins zu eins ab und umfasst zudem längst nicht alle Weltregionen. Lateinamerika und der Nahe und Mittlere Osten bleiben ebenso ausgeblendet wie die Staaten Zentralasiens. Eine umfassende Analyse aller „Staatenwelten" soll und kann nicht das Ziel dieses Lehrbuchs sein. Der entscheidende Punkt hier ist, anhand empirischer Beispiele aufzuzeigen, dass eine Ausdifferenzierung von Staatlichkeit festzustellen ist, die erhebliche Folgen für die Weltpolitik hat.

Als grundlegendes Merkmal von Staatlichkeit gilt seit Max Weber das Legalmonopol des Staates auf Ausübung von physischer Gewalt in seinem Territorium (Weber 1980: Kap. I, § 17). Nach der bis heute in der Staats- und Völkerrechtslehre beachteten so genannten Drei-Elemente-Lehre von Georg Jellinek (1851-1911) gehören zu den konstitutiven Merkmalen eines Staates neben dem Staatsgebiet und dem Staatsvolk die effektiv ausgeübte Staatsgewalt (Ipsen 2002: 4; Hailbronner 2004: 175f.). Letztere setzt die Monopolisierung legaler Gewaltanwendung durch staatliche Organe im Sinne Webers voraus. Ein Staat ist demnach ein Personenverband, der seine Befugnisse – nämlich die Staatsgewalt – auf einem bestimmten Territorium, dem Staatsgebiet, effektiv, d.h. weitgehend unangefochten ausübt. Das Vorliegen der drei Elemente Staatsgebiet, Staatsvolk und Staatsgewalt begründet die Existenz eines Staates und damit auch dessen Status als Völkerrechtssubjekt, d.h. als Träger völkerrechtlicher Rechte und Pflichten. Die Anerkennung durch Dritte (andere Staaten) hat also nur deklaratorische, keine konstitutive Bedeutung für die Staatsqualität (Hailbronner 2004: 201). In der völkerrechtlichen und weltpolitischen Praxis bedarf ein Staat jedoch der Anerkennung durch andere Staaten, um als voll akzeptiertes Mitglied der Staatengemeinschaft gelten zu können und tatsächlich als völkerrechtlicher und weltpolitischer Akteur handlungsfähig zu sein (Schneckener 2004: 9; Sørensen 2001: 73).

Konstitutive Elemente von Staaten	Auswirkungen der Globalisierungsprozesse auf die Staatselemente
Staatsgebiet	Relativierung von Innen durch Fragmentierungsprozesse und von Außen durch Bildung von Großwirtschaftsräumen und politische Integration sowie durch technologische Entwicklungen, durchlässigere Grenzen
Staatsvolk	Heterogenisierung des Staatsvolks durch die Zunahme weltweiter Migrationsströme
Effektiv ausgeübte Staatsgewalt	Wandlung staatlicher Organisationsstrukturen und Steuerungsformen: Delegation, Deregulierung, Dezentralisation; Wandel vom interventionistischen zum kooperativen Staat; Privatisierung und Ausübung politischer Autorität in Mehrebenen-Netzwerken; Abkehr von hierarchischen Steuerungsformen

Abb. 3.1: Drei-Elemente-Lehre und Wandel von Staatselementen

Der moderne – in Europa in der Zeit nach dem Westfälischen Frieden 1648 etablierte (vgl. Kap. 2) – Territorialstaat basiert auf der Monopolisierung der legalen Gewaltanwendung und dem Anspruch einer Zentralgewalt auf politisch-institutionelle Kontrolle über ein angebbares, abgrenzbares Territorium und die darin lebende Bevölkerung. Die Zentralgewalt als Verkörperung des Staates beansprucht Souveränität nach Innen gegenüber den Bürgern der Gesellschaft und nach Außen, insbesondere gegenüber den anderen Staaten (Schneckener 2004: 9). Klassisch und freilich auch damals nur idealtypisch war mit der Souveränität eines Staates im „westfälischen Sinne" verbunden, dass er auf die Autonomie innerstaatlicher Autoritätsstrukturen, d.h. die Nichteinmischung in seine interne Angelegenheiten durch andere Staaten bestehen konnte (Zangl/ Zürn 2003: 166f.; Krasner 2001: 2). Es wurde bereits erörtert, dass dieses Souveränitätsverständnis durch Leitideen wie die der Schutzverantwortung grundlegend herausgefordert wird (vgl. Kap. 2.3).

2.2 Wandel in den Merkmalen von Staatlichkeit

Durch die Globalisierung sowie den skizzierten Ideenwandel in der Weltpolitik ergeben sich für alle drei Staatselemente: Staatsgebiet, Staatsvolk und Staatsgewalt eine Reihe von freilich weder zwangsläufig überall, noch gleichmäßig verteilt auftretenden Veränderungen. So sind Tendenzen der Erosion staatlicher Grenzen (vgl. Kap. 2.2), der Heterogenisierung der Bevölkerungen und der „Zerfaserung" bzw. Reorganisation der Staatsgewalt zu beobachten (Breuer 1998: 289-300; Genschel/ Zangl 2007, 2008; Schuppert 2006). Letztere äußert sich u.a. in der Übertragung von Aufgaben und Kompetenzen auf politische Ebenen jenseits des Staates sowie in einer Entwicklung von politischer Steuerung in Richtung horizontaler Koordination und Kooperation staatlicher, zwischenstaatlicher und nichtstaatlicher Akteure.

Es ist das Merkmal der Staatsgewalt, das unter dem stärksten Veränderungsdruck steht. Auch wenn sich auf regionaler Ebene im Rahmen der EU eine fortgeschrittene (aber längst nicht vollkommene) politische Integration von Nationalstaaten beobachten lässt, steht die territoriale Aufteilung der Welt in Staaten nicht ernsthaft zur Disposition. Grenzen werden durchlässiger, zum Teil abgebaut. Doch ein Weltstaat, eine „föderale Weltrepublik" (Höffe 1999, 2001) jenseits staatlicher Territorien, erscheint heute nicht vorstellbar (vgl. Kap. 5). Ähnliches gilt für das Staatsvolk. Weder ein Weltethos, noch ein Weltdemos existiert heute, auch wenn sich mittlerweile Ansätze von kollektiven Identitäten oberhalb des Staates herausbilden – auch hier sei auf die EU, insbesondere auf das Instrument der Unionsbürgerschaft verwiesen (Art. 17-22 EGV). Die Weltbevölkerung setzt sich nach wie vor ganz überwiegend aus in Staaten lebenden und sich mehr oder minder mit dem jeweiligen Staat identifizierenden Bevölkerungen zusammen. So lassen sich im Folgenden zwar einige Veränderungen in Bezug auf das Staatsgebiet und das Staatsvolk konstatieren. Der Wandel der Staatsgewalt, d.h. der Art und Weise der Ausübung von Herrschaft, ist jedoch am stärksten ausgeprägt und steht daher auch im Mittelpunkt der nachstehenden Überlegungen.

Die Integrität des *Staatsgebiets* wird von Innen durch Fragmentierungsprozesse – etwa Autonomiebewegungen wie in Spanien oder die Devolution wie in Großbritannien – gefährdet. Von Außen wird sie durch die Bildung von Großwirtschaftsräumen und die Integration in inter- oder supranationale Organisationen sowie durch (kommunikations-) technologische Entwicklungen, die die Bedeutung räumlicher Distanzen und staatlicher Grenzen schrumpfen lassen, herausgefordert (vgl. Kap. 2.2). Politische, rechtliche und gesellschaftliche Beziehungen sind nicht mehr nur territorial, sondern zunehmend auch funktional organisiert. Dennoch ist das staatliche Territorium als Organisationskategorie sozialen Handelns keineswegs obsolet geworden. Der größte Teil des Wirtschaftsgeschehens (Produktion, Handel und Konsum) erfolgt immer noch im staatlichen Rahmen (Schirm 2006: 14). Nach dem Geburtsortsprinzip („ius soli") erwerben in vielen klassischen Einwanderungsländern (unter anderem auch in den USA) die auf dem Staatsgebiet eines Staates geborenen Personen automatisch dessen Staatsangehörigkeit (Hailbronner 2004: 184). Seit 2000 gilt auch in Deutschland eine modifizierte Version des Geburtsortsprinzips neben dem Abstammungsprinzip (ius sanguinis).[55] Darin zeigt sich die Bedeutung des Territorialitätsprinzips für die Ausgestaltung wesentlicher Bestandteile der Rechtsordnungen. Die Häufigkeit von Grenzkonflikten zwischen Nachbarstaaten zeigt, dass territoriales Denken weiterhin das politische Handeln bestimmt. Beispiele sind die Streitigkeiten zwischen Griechenland und der Türkei über den Grenzverlauf in der Ägäis sowie der Zypernkonflikt, die anhaltenden Auseinandersetzungen zwischen Indien und Pakistan über die Grenzregion Kaschmir und der Grenzkonflikt zwischen Äthiopien und Eritrea.

Das ursprünglich in der Konzeption der Drei-Elemente-Lehre als weitgehend homogen gedachte *Staatsvolk* wird durch globale und regionale Migration ethnisch, soziokulturell und religiös heterogener. Als Hauptursachen für Migration werden die demographische Entwicklung in den verschiedenen Weltregionen, soziale und ökonomische Ungleichheiten sowie zunehmend ökologische Faktoren (z.B. Klimawandel, Naturkatastrophen, dürrebedingte Nahrungsmittelknappheit, Trinkwassermangel) angesehen. Allerdings ist wiederum einschränkend festzuhalten, dass die Vorstellung einer Kongruenz von ethnisch definiertem Volk und Staat für viele Staaten immer schon eine politisch geschaffene, aufrecht erhaltene und für politische Zwecke instrumentalisierte Fiktion war.

Die Dimension der *Staatsgewalt* durchläuft eine Vielzahl von Transformationsprozessen. Die Effektivität von Staatsgewalt wird durch den beschleunigten sozialen und wirtschaftlichen Wandel und die wachsende Komplexität staatlicher Aufgaben herausgefordert. Staaten sehen sich zunehmend mit transsouveränen, d.h. grenzüberschreitenden, einzelstaatlich nicht erfolgreich zu bearbeitenden Problemen wie dem transnationalen Terrorismus, der Ausbreitung von Pandemien oder dem Klimawandel konfrontiert (Cusimano 2000). Aus funktionellen Erfordernissen dieser „Transnationalisierung von Problemlagen" (Zangl/ Zürn 2003: 156ff.) sowie auf Grund des zunehmenden weltpolitischen Einflusses nichtstaatlicher politikmächtiger Akteure verändern sich politische Organisationsstrukturen und Steuerungsformen. Die Bearbeitung von transsouveränen Problemen findet häufig in multipartistischen Mehrebenen-Netzwerken

---

[55] Voraussetzung zur Anwendung des Geburtsortsprinzips in Deutschland ist nicht nur die Geburt des Kindes in Deutschland, sondern auch rechtmäßiger Aufenthalt eines Elternteils seit acht Jahren in Deutschland. Das Kind muss sich bei Erreichen der Volljährigkeit zwischen der deutschen Staatsangehörigkeit und der ausländischen Staatsangehörigkeit entscheiden.

statt, in denen staatliche Akteure mit substaatlichen sowie inter-, supra- und transnationalen Akteuren kooperieren. Die Delegation von Aufgaben und Kompetenzen an inter- oder supranationale Organisationen und private Akteure, die Deregulierung und Liberalisierung von Märkten sowie die Dezentralisierung von Kompetenzen zu Gunsten substaatlicher Regionen in Europa sind weitere Beispiele für den Wandel von politischen Organisationsstrukturen.

Insbesondere, aber nicht nur in der OECD-Welt entwickelt sich der Staat vom „interventionistischen" zum „kooperativen" Akteur (Schuppert 2006: 205f.), der anstatt hierarchisch („von oben nach unten") Befehle zu erteilen in multipartistischen Mehrebenen-Netzwerken auch mit privaten Akteuren zur Lösung kollektiver Probleme zusammenarbeitet. Politische Autorität wird zunehmend in Form nicht-hierarchischer, „weicher" Steuerung ausgeübt. Die Setzung von regulativen Normen bleibt im Zuge des vermehrten Auftretens von privaten Institutionen des (Welt-)Regieren nicht mehr allein Sache des Staates (ebd.: 221ff.; Brühl et al. 2001; vgl. Kap. 3.3). Die zunehmende Beteiligung privater Akteure an der Regulierung sozialer Handlungszusammenhänge zeigt sich etwa in industriellen Verhaltensstandards im Rahmen von „Multi-Stakeholder"-Initiativen (Haufler 2001). In unterschiedlichen Politikfeldern wie Entwicklungspolitik, Gesundheitsschutz oder Sicherung von Sozial- und Arbeitsschutzstandards lassen sich öffentlich-private Partnerschaften beobachten (Brühl 2006; Bull/ McNeill 2007; Utting 2008; Weinzierl 2005).

Zugleich erscheint aber die Garantie eines rechtsstaatlichen Rahmens durch den Staat, der Verlässlichkeit und Berechenbarkeit herstellt, unabdingbar für die Funktionsfähigkeit nichtstaatlicher und privat-öffentlicher Regulierungsmechanismen. Ohne staatliche Rechtsdurchsetzungsfähigkeit ist Rechtsstaatlichkeit nicht möglich. Insofern kann die Transformation staatlicher Steuerungsformen nicht auf die Preisgabe effektiver Gebietsherrschaft hinauslaufen. Es ist sehr fraglich, ob in deren Abwesenheit öffentlich-private Partnerschaften oder private Institutionen des (Welt-)Regierens tatsächlich effektive und legitime Regierensleistungen erbringen können (Risse 2005: 12).

Nicht nur Institutionen des Regierens, auch Legitimierungsprozesse, d.h. die Anerkennung der Staaten als souverän und ihres Handelns als legitim, verlagern sich zunehmend auf die transnationale Ebene (vgl. Zangl/ Zürn 2003: 166ff.). Staaten werden extern nicht mehr gleichsam ein für allemal anerkannt, so dass sie dann schrankenlos nach Innen regieren oder nicht regieren können (vgl. Kap. 2.3). Staaten unterliegen heute einer andauernden Qualitätskontrolle, die nicht nur von anderen Staaten, sondern auch von transnationalen und internationalen Akteuren (z.B. Greenpeace im Umweltbereich, Amnesty International bei den Menschenrechten, IWF im Bereich der Währungs- und Finanzpolitik) vorgenommen wird. Während Einschränkungen der Souveränität von Staaten in früherer Zeit primär deren Handeln gegenüber anderen Staaten betrafen, beziehen sich heutige Einschränkungen der Souveränität (z.B. Menschenrechte, Forderungen nach Demokratie und verantwortungsvoller Regierungsführung) auch auf die inneren Angelegenheiten von Staaten, insbesondere ihr Verhalten gegenüber ihren eigenen Bürgern (Lyons/ Mastanduno 1995: 256). Diese nach Innen gerichteten Einschränkungen der Souveränität werden nicht nur zwischen Staaten ausgehandelt – wie dies bei freiwilligen Einschränkungen der äußeren Souveränität in der Regel der Fall war – sondern werden zunehmend von transnationalen anwaltschaftlichen Organisationen und Organisationsbündnissen der Zivilgesellschaft eingefordert (vgl. Keck/ Sikkink 1998; Kap. 3.3).

So lässt sich zusammenfassend mit Zangl/ Zürn (2003: 149ff.) argumentieren, dass sich im Zuge der fortschreitenden Globalisierung vor allem für die OECD-Welt ein Wandel politischer Herrschaft abzeichnet, der sich als Verschiebung von der „nationalen" zur „postnationalen Konstellation" bezeichnen lässt (vgl. Habermas 1998; Leibfried/ Zürn 2006). Die regionale Konzentration dieser Entwicklungen in der OECD-Welt ist jedoch noch einmal zu betonen: Wie die folgende Analyse der regionalen Ausdifferenzierung von Staatlichkeit zeigen wird, ist in anderen Weltregionen kein oder allenfalls ein deutlich schwächer ausgeprägter Wandel von der nationalen zur postnationalen Konstellation festzustellen.

3 Typen von Staaten: Prämoderne, moderne und postmoderne Staaten

Die Staatengemeinschaft besteht nur in einem sehr abstrakten Sinne aus funktionell gleichen Einheiten („like units"), wie dies von Neorealisten wie Kenneth Waltz (1979) angenommen wird. Zwar sind im Zeitalter der Globalisierung alle Staaten von Autonomieverlusten betroffen, aber nicht alle Staaten büßen in gleichem Maße an Autonomie ein. Es ist vor dem Hintergrund des Endes des Ost-West-Konflikts, der Globalisierungsprozesse, und des Ideenwandels in der Weltpolitik eine Ausdifferenzierung der Staatenwelt zu beobachten, die eine Charakterisierung von Staaten als funktionell gleiche Einheiten als unangemessen, wenn nicht gar irreführend erscheinen lässt.

Zur empirischen Entfaltung dieser Ausdifferenzierung der Staatenwelt wird in Anlehnung an Sørensen (2001) auf eine Typologie zurückgegriffen, die zwischen prämodernen („postkolonialen"), modernen („westfälischen") und postmodernen („postnationalen") Varianten von Staatlichkeit unterscheidet. Bei den genannten Varianten von Staatlichkeit handelt es sich um Idealtypen im Sinne Max Webers. Ein Idealtyp in seiner „reinen" Form ist in der realen Welt nicht zu beobachten. Idealtypen sind vielmehr analytische Konstrukte, die durch Hervorhebung bestimmter Aspekte der Wirklichkeit ihre Untersuchung erleichtern sollen (Sørensen 2001: 73; Weber 1949: 90).

Die Unterscheidung zwischen prämodernen, modernen und postmodernen Staaten stützt sich auf drei Kriterien: Funktionsweise und Funktionstüchtigkeit staatlicher Institutionen; Organisationsform und Leistungsfähigkeit der Wirtschaft; Ausprägungen eines kollektiven Identitätsbewusstsein (Sørensen 2001: 20). Diese Kriterien sind eng mit den konstitutiven Elementen eines Staates gemäß der Drei-Elemente-Lehre verbunden. Funktionstüchtige staatliche Institutionen und die gesamtwirtschaftliche Leistungsfähigkeit eines Staates sind Merkmale, die der effektiven Ausübung der

Staatsgewalt innerhalb des gegebenen Staatsgebiets förderlich sind. Die Bevölkerung eines Landes muss über ein gewisses Maß an Bewusstsein kollektiver Identität verfügen, damit von einem Staatsvolk die Rede sein kann – gleichgültig, worauf dieses kollektive Identitätsbewusstsein letztlich beruht.

Staatstyp	Staatliche Institutionen	Wirtschaftliche Leistungsfähigkeit	Kollektives Identitätsbewusstsein
Prämoderne Staaten	keine innere und äußere Souveränität, fehlende Kontrolle des Staatsgebiets	geringer und heterogener Industrialisierungsgrad	Loyalitäten an lokale, (nicht nur) ethnisch definierte Gemeinschaften gebunden
Moderne Staaten	innere und äußere Souveränität durch funktionsfähige Institutionen	in der Regel relativ hoher industrieller Entwicklungsstand	Gefühl der Zugehörigkeit zu einer staatlichen Gemeinschaft
Postmoderne Staaten	Mehrebenensystem: Institutionen auf inter- bzw. supranationaler, staatlicher und substaatlicher Ebene	Einbindung in transnationale, grenzüberschreitende Produktions- und Vertriebsnetzwerke	multiple Loyalitäten: kollektive Identitäten auch ober- und unterhalb der Ebene des Nationalstaates

Abb. 3.2: Unterschiedliche Typen von Staaten

3.1 Moderne Staaten

Moderne Staaten verfügen sowohl über eine von Außen anerkannte als auch über eine im Inneren verankerte Souveränität, wenngleich ihre tatsächliche politische Autonomie je nach internationaler Verflechtung und innerem, auch rechtlich verbürgtem politischem Pluralismus eingeschränkt sein kann. Interne Souveränität beruht in modernen Staaten im Vergleich zum Feudalsystem des Mittelalters auf einem relativ zentralisierten Herrschaftssystem (was eine Untergliederung in Gesamtstaat und föderale Teilstaaten mit eigenen Kompetenzen nicht ausschließt) und funktionstüchtigen Institutionen in Politik, Verwaltung, Polizei und Militär. Es liegen verlässliche und robuste Praktiken der Entscheidungsfindung sowie eine funktionierende Rechtsordnung vor. Der moderne Staat verfügt über das legale Gewaltmonopol und übt effektive Gebietsherrschaft aus.

Die politisch-institutionelle Funktionstüchtigkeit wird abgesichert durch einen in der Regel relativ hohen industriellen Entwicklungsstand. Der größte Teil ökonomischer Aktivitäten findet im Gebiet des Staates statt. Moderne Staaten weisen eine von anderen Volkswirtschaften relativ klar abgegrenzte Wirtschaft auf, die sich insofern weit gehend selbst erhält, als sie die Hauptsektoren, die zu ihrer Reproduktion nötig sind, selbst beinhaltet. Dies setzt einen leistungsstarken Agrarsektor und industrielle Diversifizierung voraus. Die genannten Merkmale schließen internationalen Handel freilich nicht aus, sie begrenzen jedoch den Grad der Weltmarktintegration und die Abhängigkeit von Handel und Auslandsinvestitionen.

Schließlich besteht in der Bevölkerung ein ausreichend hohes Maß an kollektivem Identitätsbewusstsein im Sinne einer sei es Willens-, sei es Herkunftsgemeinschaft, die den staatlichen Institutionen Legitimität verleiht. Es liegt ein relativ hohes Niveau von Kohäsion vor, das Staat und Staatsvolk miteinander verbindet (Sørensen 2001: 74ff.; 82f.).

3.2 Postmoderne Staaten

Postmoderne Staaten unterscheiden sich von modernen Staaten vor allem dadurch, dass sie das Prinzip der Nicht-Intervention gelockert haben. Postmoderne Staaten gestatten inter- und supranationalen Organisationen und mitunter selbst transnationalen Akteuren, in angebbaren Politikfeldern Einfluss auf ihre inneren Angelegenheiten zu nehmen. Sie sind bereit, in gewissen Grenzen Einbußen an formaler externer und auch interner Souveränität zu akzeptieren, um im Gegenzug ihre Sicherheit oder Wohlfahrt gegenüber ihrer Umwelt durch neue Möglichkeiten der Einflussnahme auf andere Staaten und auch auf nichtstaatliche Akteure zu erhöhen. Auf diese Weise versprechen sie sich, ein größeres Maß an politischer Gestaltungsmacht zu sichern und einen Verlust politischer Regulierungsfähigkeit im Zuge von Globalisierungsprozessen wettzumachen (Teusch 2003: 91).

Die politischen Institutionen postmoderner Staaten sind in einem Mehrebenen-Entscheidungssystem miteinander verschränkt. Dieses Mehrebenensystem besteht aus einer inter- bzw. supranationalen, einer staatlichen und einer substaatlichen Ebene. Damit bei in internationale Organisationen eingebundenen Staaten von einer Entwicklung zum postmodernen Staat die Rede sein kann, müssen diese Organisationsformen mehr darstellen als lediglich Instanzen zwischenstaatlicher Zusammenarbeit zur Bearbeitung von Schnittstellenproblemen („at the border issues") zwischen Staaten. Sie müssen auch der Bearbeitung von Problemen dienen, die wie Subventionen oder Dumping im Welthandel hinter der Grenze von Staaten auftreten und zugleich grenzüberschreitende Auswirkungen (z.B. handelsverzerrende Wirkung) haben („behind the border issues"). Vor allem müssen diese internationalen Organisationen selbst über ein Maß an Entscheidungs- und Handlungsautonomie verfügen, das eine Abtretung von Souveränität durch die beteiligten Staaten einschließt und diesen Organisationen ein Element von Supranationalität verleiht (vgl. Sørensen 1999: 31; 2001: 90; Zangl/ Zürn 2003: 161ff.).

Die Wirtschaft postmoderner Staaten ist stark vom Außenhandel und von Direktinvestitionen abhängig. Postmoderne Staaten zeichnen sich im Gegensatz zu modernen Staaten nicht durch klar abgegrenzte Volkswirtschaften aus. Vielmehr ist ein Großteil der Wirtschaft in transnationale Produktions-, Vertriebs-, Finanzierungs- und Konsumnetzwerke eingebunden, die sich nationaler politischer Steuerung weitgehend entziehen. Das Wirtschaftsleben in postmodernen Staaten ist somit abhängiger von äußeren Einflüssen. Die Handlungsautonomie postmoderner Staaten etwa in der Wirtschafts- und Sozialpolitik ist nicht nur durch die Mitgliedschaft in Organisationen mit supranationalen Elementen, sondern auch durch Zwänge der Weltmarktintegration eingeschränkt (Sørensen 2001: 90).

Schließlich finden sich in postmodernen Staaten kollektive Identitäten nicht nur in staatlichem Rahmen, sondern auch ober- und unterhalb der Ebene des Staates. Nicht nur der Staat, sondern auch inter- oder supranationale sowie subnationale Institutionen garantieren dem Bürger Rechte und Leistungen. Die Bevölkerungen postmoderner Staaten sind also gekennzeichnet durch multiple Loyalitäten, die sich – differenziert – aus den Output-Leistungen der politischen Institutionen sowie den Partizipationsangeboten und -gelegenheiten auf den unterschiedlichen Ebenen ergeben (Sørensen 2001: 88ff.).

3.3 Prämoderne Staaten

Prämoderne Staaten sind geprägt von Staatsschwäche und verfügen lediglich über äußere Quasi-Souveränität. Diese kommt darin zum Ausdruck, dass ihr Anspruch auf Gebietshoheit von anderen Staaten grundsätzlich anerkannt wird und ihnen auf internationaler Ebene formal) die gleichen souveränen Rechte wie den anderen Staaten zugesprochen werden. Ein Blick auf die inneren Verhältnisse dieser Staaten macht aber deutlich, dass ihrer von außen formal – wenn auch längst nicht mehr bedingungslos (vgl. Kap. 2.3) – zuerkannten Souveränität kein Pendant im Inneren zur Seite steht (vgl. Jackson 1990). Prämoderne Staaten sind zu effektiver Gebietsherrschaft nur sehr bedingt in der Lage. Diese innere Labilität oder gar Fragilität, die häufig Sicherheitsprobleme regionalen, mitunter auch globalen Ausmaßes zur Folge hat, führt dazu, dass auch ihre externe Souveränität und ihr Anspruch auf Nicht-Einmischung durch Drittstaaten oder internationale Organisationen mehr und mehr in Frage gestellt werden; dies gilt vor allem dann, wenn diese Staaten ihrer Schutzverpflichtung gegenüber ihren Bürgern nicht nachkommen (vgl. Krasner 2005; vgl. Kap. 2.3). Prämoderne Staaten blicken meist auf eine Vergangenheit als Kolonie zurück, weswegen sie auch als „postkoloniale" Staaten bezeichnet werden (Sørensen 2001).

Effektive und legitime staatliche Institutionen und die Kontrolle des Staatsgebiets mit Hilfe des legalen Gewaltmonopols als Merkmale von innerer Souveränität sind in prämodernen Staaten kaum gegeben. Politische und administrative Institutionen sind schwach. Die physische Sicherheit der Bürger ist nicht gewährleistet. Herrschaft basiert primär auf Zwang und/oder Klientelismus, nicht auf rechtsstaatlichen Verfahren. Nach dem Ende der Kolonialherrschaft hat sich vielerorts eine Art Pfründenkapitalismus herausgebildet. Die Sicherung von Privilegien und die Verteilung von Ressourcen vor allem aus der Entwicklungshilfe („Official Development Assistance", ODA) und ggf.

aus Rohstoffexport-Einnahmen innerhalb klientelistischer Netzwerke ist den herrschenden Eliten wichtiger als die wirtschaftliche Entwicklung des Landes (Tetzlaff 2003: 19). Das Streben nach Einkommen, denen keine entsprechende Produktivitätsleistung gegenübersteht (so genannte Renten), dominiert das Verhalten neopatrimonialer[56] Staatsklassen (vgl. allgemein dazu Boeckh/ Pawelka 1997). Eine regelrechte „Sucht nach ODA-Renten und Auslandskrediten" (Tetzlaff 2003: 19) blockiert die Entwicklung einer international wettbewerbsfähigen Volkswirtschaft, die auf marktwirtschaftlichen Prinzipien sowie ggf. einer intelligenten politischen Förderung der nationalen Wirtschaftsentwicklung z.B. durch gezielte Anreize für einheimische Unternehmer beruht. Es besteht vielmehr die Tendenz, unangenehme, aber notwendige Wirtschafts- und Verwaltungsreformen zu vertagen und Budgetlöcher durch neue Renteneinnahmen zu stopfen. Insgesamt wird einer konsumtiven statt produktiven Haltung Vorschub geleistet (ebd.).

Viele prämoderne Staaten weisen eine starke Weltmarktabhängigkeit (insbesondere Rohstoffexportabhängigkeit) auf. Prämoderne Staaten sind häufig auf den Handel mit wenigen Rohstoffen angewiesen, während sie höher wertige und teurere, technologieintensivere Produkte importieren. Paradoxerweise sind viele prämoderne Staaten zudem Importeure von Nahrungsmitteln, die sie eigentlich selbst erzeugen könnten. Aber die Produktionsüberschüsse aus westlichen Industrieländern sind oftmals günstiger als die Eigenproduktion, wodurch in die eigene wirtschaftliche Entwicklung und vor allem die Industrialisierung prämoderner Staaten wenig investiert wird. Die Wirtschaft ist geprägt von struktureller Heterogenität, d.h. der Koexistenz verschiedener Produktionsweisen. Moderne, zumindest teilweise industrialisierte und rationalisierte Sektoren stehen neben feudalen und semi-feudalen Strukturen in der Landwirtschaft und breiten informellen Wirtschaftszweigen. Eine kohärente, tragfähige Volkswirtschaft hat sich meist nicht herausgebildet, so dass der prämoderne Staat nicht fähig ist, für das materielle Wohlergehen seiner Bürger zu sorgen (Sørensen 2001: 86).

In der Bevölkerung fühlen sich große Teile in erster Linie an lokale oder regionale Gemeinschaften gebunden, die häufig durch ethnische Zugehörigkeiten definiert werden. Dadurch fehlt es prämodernen Staaten an einem Bewusstsein kollektiver Identität ihrer Bevölkerungen. Als Folge leidet ein solcher Staat häufig an einem Mangel an Kohäsion zwischen Staat und Volk und an einem starken Legitimitätsdefizit, das sowohl auf mangelnde Partizipationschancen als auch auf unzureichende Output-Legitimität staatlicher Institutionen zurückzuführen ist (Sørensen 2001: 85).

---

[56] Neopatrimoniale Systeme sind eine Mischform rational-legaler und patrimonialer Herrschaft, in denen der formal-institutionelle Rahmen politischer Systeme durch den Gebrauch bestimmter informeller Institutionen unterhöhlt wird. Sie haben drei wesentliche Definitionsmerkmale: 1. Machtkonzentration in den Händen der Patrone, 2. Verteilen persönlicher Gefälligkeiten durch direkten oder indirekten Austausch zwischen Patronen und Klienten, 3. Missbrauch staatlicher Ressourcen (vgl. Erdmann/Engel 2006: 18ff.).

Kapitel 3: Ausdifferenzierung des Spektrums politikmächtiger Akteure   169

Aufgrund der Diskrepanz zwischen der international zuerkannten Souveränität[57] und der fehlenden inneren Souveränität werden prämoderne Staaten mitunter auch als „Quasi-Staaten" (Jackson 1990) bezeichnet. Der Nutzen ihrer „negativen" Souveränität im Außenverhältnis zu anderen Staaten besteht für diese Quasi-Staaten immerhin darin, ihre aus der Souveränität fließenden formal gleichen Rechte als strategisches Verhandlungsinstrument in Aushandlungs- oder Abstimmungsprozessen in internationalen Organisationen einzusetzen, in denen andere Staaten auf die Stimmen prämoderner Staaten angewiesen sind. Die Nutzung dieser Machtressource wird jedoch durch die Ausweitung von Mehrheitsentscheidungen und von supranationalem Regieren in internationalen Organisationen eingeschränkt (Zangl/ Zürn 2003: 161ff.).

Auf Grundlage dieser Vorstellung von drei idealtypischen Varianten von Staatlichkeit kann im Folgenden untersucht werden, welche Staaten die jeweiligen Merkmale dieser Typen zumindest annähernd aufweisen, wobei den politisch-institutionellen Merkmalen besonderes Gewicht eingeräumt wird. Daran knüpft die Frage an, welches außenpolitische Verhalten für die unterschiedlichen Typen von Staaten charakteristisch ist und welche Folgen dies für die regionalen und auch die globalen Beziehungen hat.

4 Regionale Ausdifferenzierung der Staaten und weltpolitische Folgen

4.1 *Die postmodernen Staaten der OECD-Welt: Bildung von Sicherheitsgemeinschaften*

4.1.1 EU-Mitgliedstaaten: Entwicklung zu postmodernen Staaten

Nach dem Zweiten Weltkrieg sahen sich vor allem die Staaten der OECD-Welt mit einer Situation zunehmender Interdependenz konfrontiert, die später durch den Prozess der Globalisierung vor allem nach dem Ende des Kalten Krieges noch intensiviert wurde. Die Reaktion der OECD-Staaten auf diese Entwicklung war eine verstärkte internationale Kooperation. Diese äußerte sich in der von den USA geführten oder zumindest maßgeblich unterstützten Entstehung neuer politischer Organisationsformen im globalen und regionalen Rahmen. Es entstanden eine Reihe internationaler Organisationen und Regime, die in bestimmten Politikfeldern Einfluss auf die inneren Angelegenheiten von Mitgliedstaaten nehmen und deren jeweilige nationale Politiken auf ein gemeinsames Ziel hin koordinieren sollten (Sørensen 2001: 88; vgl. Rittberger/ Zangl 2006). Als Beispiele können auf regionaler Ebene die Europäische Gemeinschaft (EG), später die Europäische Union (EU) sowie auf globaler Ebene die internationalen Wirtschafts- und Finanzorganisationen IWF, Weltbank und GATT/WTO genannt werden.

---

[57] Diese wird allerdings zunehmend an Bedingungen geknüpft und entsprechend dem Konzept der Schutzverantwortung als zurücknehmbar eingestuft (vgl. Kap. 2.3).

Die meisten internationalen Organisationen mit globaler Reichweite waren ursprünglich als Formen zwischen-, nicht überstaatlichen Regierens konzipiert worden und sollten der Koordination und Kooperation bei der Bearbeitung von Schnittstellenproblemen zwischen Staaten dienen. Nur wenige dieser Organisationen verfügen über eine voll entwickelte Supranationalität. Allerdings lassen sich vermehrt internationale Organisationen beobachten, die Probleme mit innerstaatlichem Ursprung und transnationalen Auswirkungen kollektiv bearbeiten und das Konsensprinzip bei der Normsetzung oder -durchsetzung zunehmend überwinden (Zangl/ Zürn 2003: 161ff.). Dadurch erlangen sie zumindest ansatzweise supranationalen Charakter. Ein Beispiel bietet der Streitschlichtungsmechanismus der WTO (vgl. ausführlich Kap. 8). Ein Schiedsspruch des WTO-Streitschlichtungsorgans („Dispute Settlement Body", DSB) kann nur im Konsens aller Staaten inkl. des Klägers zurückgewiesen werden. Somit kann von einem supranational organisierten WTO-Streitschlichtungsmechanismus gesprochen werden. Dadurch dass die WTO auch Probleme mit innerstaatlichem Ursprung und transnationalen Auswirkungen wie Dumping und Subventionen und nicht mehr nur zwischenstaatliche Schnittstellenprobleme (z.B. Zölle) behandelt, wird in vormals souveräne, innere Angelegenheiten von Staaten eingegriffen. Auch die Errichtung des internationalen Strafgerichtshofs (IStGH) weist in dieselbe Richtung der Einschränkung interner Souveränität von Staaten. Diese Entwicklungen lassen sich als Tendenzen zu „postwestfälischer", postmoderner Staatlichkeit beschreiben. Diese ist charakterisiert durch die Einbindung in politische Mehrebenen-Entscheidungssysteme, in denen eine klare Trennung von Innen und Außen verwischt wird. Trotz dieser Entwicklungen sei noch einmal festgehalten: Im globalen Rahmen finden sich kaum Organisationen mit stark ausgeprägter Supranationalität.

Auf regionaler Ebene liegen die Dinge anders: Die EU ist das Paradebeispiel einer Organisation mit weit entwickelter Supranationalität; d.h. ihre Organe sind mit einem erheblichen Grad an Autonomie im Verhältnis zu ihren Mitgliedstaaten ausgestattet und treten in direkte Beziehung zu den Unionsbürgern (vgl. Sørensen 2001: 88f.). Die Mitgliedstaaten geben durch die Verabschiedung der grundlegenden Verträge (z.B. Maastricht, Amsterdam, Nizza) die Grundorientierung der europäischen Politik vor (vgl. Tömmel 2003: 106f.; Hartwig/ Umbach 2006: 325f.). Die konkrete Politikformulierung und -implementierung, die alltäglichen Politikentscheidungen finden jedoch weitgehend in einem Mehrebenen-Entscheidungssystem unter Beteiligung supranationaler, mitgliedstaatlicher und substaatlicher Akteure statt (Hooghe/ Marks 2001).

Das supranationale Element der EU spiegelt sich insbesondere im Ausmaß der Delegation von Kompetenzen an die Europäische Kommission, den Europäischen Gerichtshof (EuGH) und das Europäische Parlament (EP) wider. Die Mitgliedstaaten der EU haben diesen Organen trotz institutioneller Kontrollmechanismen erhebliche Spielräume bei der Erfüllung exekutiver, legislativer und judikativer Aufgaben eingeräumt, die diese auch nutzen, um die europäische Integration weiter voran zu treiben (vgl. Pollack 2003: 379ff.).

So werden der Europäischen Kommission gemeinhin drei Rollen zugesprochen (Diedrichs 2006: 150f.; Tömmel 2003: 67ff.): Sie gilt erstens als „Motor der Integration" – eine Bezeichnung, die ihr insbesondere aufgrund ihres Legislativ-Initiativmonopols zukommt. Damit ein Verfahren zur Verabschiedung eines Rechtsakts eingeleitet werden kann, bedarf es in der Regel eines Vorschlags der Kommission an den Rat und das Europäische Parlament. Sie wird zweitens zusammen mit dem EuGH als „Hüterin der Verträge" bezeichnet, da sie die Umsetzung vor allem von Richtlinien in die mitgliedstaatliche Gesetzgebung sowie die Anwendung und Befolgung des Gemeinschaftsrechts in den Mitgliedstaaten überwacht. Drittens wird sie als die „Exekutive der Gemeinschaft" bezeichnet, da ihr die Durchführung von Rechtsakten und deren Überwachung auf Gemeinschaftsebene zukommt und die Ausführung des Haushalts anvertraut ist (vgl. Christiansen 2006).

Weitere supranationale Elemente der EU bilden der EuGH und das EP. Der EuGH bildet zusammen mit dem Gericht erster Instanz (GeI) die europäische Gerichtsbarkeit. Der EuGH hat die Aufgabe, die Anwendung und Einhaltung des primären, sekundären und ungeschriebenen Gemeinschaftsrechts zu sichern (Magiera/ Trautmann 2006: 198). Insgesamt kommt dem EuGH eine außerordentlich hohe Unabhängigkeit von den Mitgliedstaaten und ein weiter Spielraum bei der Auslegung von EU-Recht zu (Pollack 2003: 382). Der EuGH kann direkt von Unionsbürgern angerufen werden. Der EuGH hat durch Auslegung und Rechtsfortbildung die Grundsätze der unmittelbaren Anwendbarkeit und Wirkung von EU-Recht und dessen Vorrangstellung vor mitgliedstaatlichem Recht herausgearbeitet und damit seine Befugnisse erheblich ausgedehnt (Magiera/ Trautmann 2006: 201; McCown 2006; Sander 1998).

Das Europäische Parlament als das einzige direkt gewählte und somit unmittelbar legitimierte supranationale Organ der EU hat seine ursprünglich engen Befugnisse in den letzten Jahren ausgedehnt (Judge/ Earnshaw 2003: 26-65). Es hat neben bestehenden Budgetkontrollrechten zusätzliche Anhörungs- und Mitwirkungsrechte gewonnen, auch wenn es nach wie vor über kein Recht zur förmlichen Gesetzesinitiative verfügt (ebd.: 202ff.; Maurer 2006: 234). Es wird argumentiert, dass die Mitgliedstaaten bewusst mehr und mehr Kompetenzen an das EP delegiert haben, um die demokratische Legitimität der EU zu steigern (Pollack 2003: 382f.; vgl. B. Rittberger 2005).

Die Europäische Union hat die Befugnis, in bestimmten Bereichen (z.B. Verwirklichung des Binnenmarktes, Außenhandelspolitik) durch Verordnung oder Richtlinie für die Mitgliedstaaten verbindliche Regeln zu setzen und tut dies auch sehr effektiv. Die EU-Staaten akzeptieren durch die Abgabe von Regelungskompetenz an die EU-Organe in diesen Bereichen einen Verlust ihrer staatlichen Souveränität. Beim politischen System der EU handelt es sich einerseits um mehr als nur internationale Zusammenarbeit im hergebrachten zwischenstaatlichen Exekutivmultilateralismus. Andererseits ist die EU auch kein föderaler Überstaat. Die EU verbindet vielmehr Elemente des Intergouvernementalismus und des Supranationalismus (Holzinger 2005: 82ff.; Tömmel 2003: 283). Im Hinblick auf die alltäglichen politischen und administrativen Entscheidungsverfahren lässt sich das politische System der EU als Mehrebenen-Entscheidungssystem beschreiben, in dem verschiedene Akteursgruppen auf drei Ebenen interagieren: der supranationalen, mitgliedstaatlichen und substaatlichen Ebene (Sørensen 2001: 88; Hooghe/ Marks 2001). Unter politisch-institutionellen Gesichtspunkten lassen sich die darin eingebundenen EU-Mitgliedstaaten gemäß der Typologie von Sørensen als postmoderne Staaten bezeichnen.

In wirtschaftlicher Hinsicht sind die EU-Staaten durch den freien Waren-, Kapital-, Personen- und Dienstleistungsverkehr im europäischen Binnenmarkt ökonomisch und finanziell stark miteinander verflochten und voneinander abhängig (vgl. Wagener/ Eger/ Fritz 2006). Mit Blick auf die Leistungsfähigkeit der Wirtschaft ist festzuhalten, dass die EU mit einem Anteil von über 20% am Welthandel mit Waren und Dienstleistungen weltweit der größte Exporteur ist (Monar 2006: 77). Der Anteil der EU-Staaten am Weltbruttosozialprodukt liegt zusammen genommen mittlerweile über dem der USA (siehe Kap. 2.1). Der Anteil des Handels am Gesamtbruttosozialprodukt liegt für Frankreich und Italien bei über 50%, für das Vereinigte Königreich bei 55%, für Deutschland bei über 70% und für Polen bei rund 75% (WTO 2007). Diese Zahlen belegen, in welch hohem Maße die EU-Staaten vom Handel abhängig und in transnationale Produktions- und Vertriebsnetzwerke eingebunden sind. Die Bedeutung regionaler ökonomischer Integration spiegelt sich darin, dass etwa 60% des Handels der EU-Länder innerhalb der EU stattfinden. Die Volkswirtschaften der EU-Länder sind hochgradig miteinander verflochten und können daher kaum mehr als klar voneinander abgrenzbar betrachtet werden. Noch verstärkt wird die ökonomische Integration für die Euro-Zone innerhalb der EU durch die gemeinsame Währung und das Vorhandensein des Europäischen Stabilitäts- und Wachstumspaktes, der die finanzpolitischen Spielräume der nationalen Regierungen erheblich beschränkt (Jones 2006: 331ff.; Rittberger/ Schimmelfennig 2005: 42ff.). Das Wirtschaftsleben in den EU-Ländern ist maßgeblich durch die gemeinsamen Handels- und Finanzpolitiken der EU geprägt.

Schließlich lässt sich im Hinblick auf das Kriterium multipler Loyalitäten in postmodernen Staaten anführen, dass durch den 1993 in Kraft getretenen Vertrag von Maastricht die Unionsbürgerschaft in das Primärrecht der Europäischen Gemeinschaft eingeführt wurde. Demnach garantiert die EU den Bürgerinnen und Bürgern aller Mitgliedstaaten konkrete Rechte wie etwa ein allgemeines Recht auf Freizügigkeit und Niederlassungsfreiheit im Hoheitsgebiet aller Mitgliedstaaten sowie aktives und passives Wahlrecht bei Kommunalwahlen und Wahlen zum Europäischen Parlament für jede/n Unionsbürger/in mit Wohnsitz in einem Mitgliedstaat, auch dann, wenn er/sie dessen Staatsangehörigkeit nicht besitzt. Durch die Verleihung von (Unions-)Bürgerrechten jenseits des Nationalstaats wird ein Schritt in Richtung postnationaler Bürgerschaft getan (Newman 2006: 391f.; vgl. Gimbal 2006: 356ff; Sørensen 2001: 88f.). Zwischen der Verleihung von Bürgerrechten und der Begründung eines europäischen Gemeinschaftsgefühls, einer kollektiven europäischen Identität, besteht freilich kein bruchloser Zusammenhang. Die Bevölkerungen der EU-Mitgliedstaaten ersetzen ihre nationalen Loyalitäten nicht einfach durch supranationale. Vor allem in mittel- und osteuropäischen Mitgliedstaaten finden sich verbreitet nationalistische Einstellungen.

Dennoch lassen sich in der EU insgesamt und über längere Zeit betrachtet Ansätze für die Ausbildung und Stärkung kollektiver Identitäten auf supranationaler Ebene beobachten (Sørensen 2001: 89). Im Eurobarometer werden regelmäßig Daten über die Loyalitäten und Zugehörigkeitsgefühle der europäischen Bürgerinnen und Bürger erhoben (Europäische Kommission 2005). Etwa 40% der Befragten in den 25 EU-Mitgliedstaaten gaben im Jahr 2004 an, sich ausschließlich mit ihrer Nation zu identifizieren. 47% fühlen sich zusätzlich zu ihrer Nationalität auch Europa zugehörig. Eine vorwiegend oder gar ausschließlich europäische Identität empfinden nur vier bzw. drei Prozent der Befragten. Sieben Prozent der Befragten gaben an, sich gleichermaßen als Bürger ihres Staates und der Europäischen Union zu fühlen. Der Trend zu einer Europäisierung der Identität ist also eher verhalten, auch wenn das Ergebnis, dass sich immerhin die Hälfte der Befragten nicht mehr nur mit ihrem Staat, sondern auch mit der Europäischen Union identifizieren, nicht zu unterschätzen ist. Seit 2001 ist laut Eurobarometer die Zahl der Befragten, die sich auch als Europäer fühlen, regelmäßig höher als die derjenigen, die sich ausschließlich ihrem Staat zugehörig fühlen.

Die Ausbildung kollektiver Identität auf supranationaler Ebene kann durch politische Maßnahmen wie die Unionsbürgerschaft oder eine Stärkung des Europäischen Parlaments als von allen EU-Bürgerinnen und Bürgern direkt gewählter Vertretung befördert werden – die weitere Entwicklung einer europäischen Identität bleibt freilich nicht frei von Widersprüchen und Kontingenzen wie sich beispielhaft an der Ablehnung des Lissabon-Vertrags durch ein Referendum des irischen Volkes im Jahr 2008 zeigt.

Im Ergebnis spricht die Untersuchung der EU-Staaten anhand der Kriterien der Funktionsweise und Funktionsfähigkeit staatlicher Institutionen, der wirtschaftlichen Organisationsform und Leistungsfähigkeit sowie des kollektiven Identitätsbewusstseins für die Entwicklung der EU-Mitgliedstaaten zu postmodernen Staaten.

4.1.2 USA: Hegemonialer und postmoderner Staat?

Die Vereinigten Staaten stellen als Teil der OECD-Welt einen Sonderfall in der Entwicklung zu postmodernen Staaten dar. Gemäß neorealistischer Theorien in der Nachfolge von Kenneth Waltz sollten die USA als Hegemonialmacht gegenüber einer substanziellen Einbindung in internationale und erst recht in supranationale Organisationen in besonderem Maße abgeneigt sein, da sie Autonomie wahren und die ihnen auf Grund ihrer überlegenen Machtressourcen zukommenden Handlungsspielräume voll ausschöpfen wollen (Malone/ Khong 2003: 13f.; Patrick 2002: 9f). Im Hinblick auf die politisch-institutionelle Integration ließe sich also die neorealistische Erwartung formulieren, dass sich ein Hegemonialstaat kaum zu einem postmodernen Staat entwickeln wird, der freiwillig Souveränitätsrechte abtritt und seine Handlungsfreiheit durch Einbindung in politisch-administrative Mehrebenensysteme mit supranationalen Elementen einschränkt.

Die Erwartung, dass die Hegemonialmacht stets primär auf die Wahrung ihrer Autonomie bedacht sein wird und institutionelle Bindungen vermeiden wird, um ihre überlegenen Machtressourcen ohne Schranken ausüben zu können, ist auch innerhalb der Theorieschule des Realismus umstritten. So äußert der hegemonietheoretische „wohlwollender Hegemon"-Ansatz (vgl. Kap. 6; Snidal 1985) im Gegensatz zum strukturrealistischen Ansatz Waltz'scher Prägung die Erwartung, dass sich ein „wohlwollender Hegemon" sehr wohl in internationalen Institutionen engagieren wird und sogar überproportionale Kosten bei der Schaffung und Aufrechterhaltung der internationalen Institutionen übernehmen wird. Allerdings stimmen beide Ansätze insoweit überein, dass sie eine Einbindung eines Hegemonialstaates in eine supranationale Organisation (und darauf kommt es bei der Einstufung eines Staates als „postmodern" an) für ausgeschlossen halten. Mit anderen Worten: Auch im Falle eines „wohlwollenden Hegemons", wie die USA aus hegemonietheoretischer Sicht mitunter charakterisiert wurden und werden, ist nicht zu erwarten, dass ein Hegemonialstaat Souveränitätsrechte an eine supranationale Organisation abtreten wird.

Aus empirischer Perspektive kann man feststellen, dass die Vereinten Nationen und viele andere internationale Organisationen (unter anderem die Bretton-Woods-Institutionen) unter der Führung der USA gegründet und lange Zeit von den USA getragen wurden. Die USA nahmen auch institutionelle Beschränkungen unilateraler Machtausübung durch die Selbsteinbindung in internationale Organisationen nach dem Zweiten Weltkrieg bewusst in Kauf, um die westlichen und anderen Staaten im sich abzeichnenden Konflikt mit der Sowjetunion hinter sich zu scharen (Ikenberry 2001: 163ff.). Gegen die Charakterisierung als postmoderner Staat lässt sich allerdings anführen, dass die USA zwar Mitglied internationaler, aber kaum supranationaler Organisationen mit weit reichenden autonomen Befugnissen – vergleichbar der EU – sind. Eine Ausnahme bildet das bereits erwähnte supranational organisierte Streitschlichtungsverfahren der WTO. Die USA stimmten dem weitgehend unabhängigen Streitschlichtungsmechanismus der WTO zu, obwohl damit Souveränitätsbeschränkungen und deutliche Autonomieverluste verbunden sind, denn die Letztentscheidung über internationale Handelsstreitigkeiten wird an eine dritte Instanz delegiert (vgl. Goldstein/ Gowa 2002).

Insgesamt war in den letzten Jahrzehnten, zumal seit der Reagan-Administration (1981-1989), ein ambivalentes Verhältnis der USA zu internationalen Organisationen zu beobachten. Nach dem Ende des Kalten Krieges ist eine nur sehr selektive und beschränkte institutionelle Selbstbindung der USA festzustellen; eine dauerhafte und eindeutige Abkehr der USA von multilateralen Organisationen ist aber auch nicht zu erkennen (Ikenberry 2001: 215ff.; Foot/ MacFarlane/ Mastanduno 2003: 265). Beobachter der US-amerikanischen Außenpolitik sprechen von einer Ambivalenz der USA gegenüber internationalen Organisationen oder multilateralem Engagement im Allgemeinen: Die USA sind höchst selektiv bei der Übernahme neuer institutioneller Bindungen und Verpflichtungen und verfolgen einen instrumentellen Multilateralismus, der je nach Themengebiet, Interessenlage und internationalen sowie innerstaatlichen Bedingungen eine mehr oder weniger tiefe institutionelle Einbindung beinhaltet (Foot/ MacFarlane/ Mastanduno 2003: 266; Patrick 2002: 2). Beispiele für ablehnendes Verhalten der USA gegenüber internationalen Institutionen aus jüngerer Zeit sind die Nicht-Ratifizierung des Kyoto-Protokolls zum Rahmenübereinkommen der VN über Klimaveränderungen, der nicht durch den Sicherheitsrat der VN mandatierte Irak-Krieg 2003 sowie die Ablehnung des Internationalen Strafgerichtshofs (vgl. Brown 2002).

Auch mit Blick auf ökonomische und identitätsbezogene Indikatoren lässt sich kein mit der Entwicklung der EU-Staaten vergleichbarer Trend zu postmoderner Staatlichkeit ausmachen. Zwar exportierten die USA für das Jahr 2007 – bei einem Gesamtbruttosozialprodukt von 13,8 Billionen US-Dollar – Waren und Dienstleistungen im Wert von rund 1,2 Billionen US-Dollar und importierten Waren und Dienstleistungen im Wert von ca. 2 Billionen US-Dollar. Das Exportvolumen der USA macht rund 14% der weltweiten Exporte aus (WTO 2008a). Der Anteil des Außenhandels am Gesamtsozialprodukt der USA nimmt mittelfristig betrachtet zu (Sen 2003: 115), liegt mit 27% aber immer noch deutlich unter dem der großen EU-Staaten (WTO 2008a). Die amerikanische Volkswirtschaft ist nicht in dem Maße mit den Volkswirtschaften anderer Staaten verzahnt, wie dies in den Mitgliedstaaten der EU der Fall ist, nicht zuletzt aufgrund der Größe des US-amerikanischen Binnenmarkts und der Nordamerikanischen Freihandelszone („North American Free Trade Agreement", NAFTA). Die NAFTA bestehend aus Kanada, Mexiko und den USA weist einen niedrigeren Grad der ökonomischen Integration auf als die EU (für einen Vergleich des europäischen Binnenmarktes und NAFTA vgl. Schirm 1999). Der Handel der USA mit den NAFTA-Partnern ist zwar seit Inkrafttreten des Abkommens 1994 deutlich gestiegen, von 299 auf rund 645 Milliarden US-Dollar im Jahr 2003. Seit 2001 wächst jedoch der US-amerikanische Handel mit dem Rest der Welt schneller als mit den NAFTA-Partnern. Die Handelsbeziehungen in der NAFTA sind von einer hohen Abhängigkeit Mexikos und Kanadas von den USA gekennzeichnet: Der Handel der USA mit den beiden NAFTA-Ländern macht nur etwa ein Drittel des gesamten US-Außenhandels aus, wohingegen 75% des mexikanischen Gesamthandels mit den USA ablaufen. Kanada und Mexiko treiben untereinander kaum Handel (Scheerer 2004: 5ff.).

Die kollektive Identität der USA ist relativ stabil und auf sich selbst zentriert, d.h. es ist ein geringes Ausmaß an die USA transzendierenden Loyalitäten vorhanden. Demgegenüber existieren durchaus kollektive Identitäten unterhalb der Nation – die USA als klassisches Einwanderungsland war von jeher geprägt von einer Pluralität von Identitäten. Auf substaatlicher und staatlicher Ebene angesiedelte Identitäten lassen sich in den USA im Allgemeinen erfolgreich miteinander vereinbaren, so dass trotz erheblicher Vielfalt ein hohes Maß an nationalem Zusammengehörigkeitsgefühl festzustellen ist. Bis heute existieren aber kaum Identitäten und Loyalitäten oberhalb des Staates (vgl. Vorländer 1998: 39ff.) – gerade dadurch zeichnet sich ein postmoderner Staat aber aus.

Die USA befinden sich letztlich in einem Spannungsverhältnis zwischen der Rolle eines modernen „westfälischen" Hegemonialstaates und der eines postmodernen Staates, der im Rahmen inter- oder gar supranationalen Organisationen intensiv mit anderen Staaten kooperiert und Souveränitätseinbußen akzeptiert (Sørensen 1999: 36). Die USA weisen jedoch nach wie vor stärker Merkmale eines modernen hegemonialen Staates auf.

4.1.3 Postmoderne Staaten und die Bildung von Sicherheitsgemeinschaften

Im Folgenden soll untersucht werden, welches außenpolitische Verhalten für den Typ des postmodernen Staates vor allem gegenüber seines gleichen charakteristisch ist und welche Folgen sich auf systemischer Ebene daraus ergeben. In der Literatur wird die These vertreten, dass das neorealistische Verständnis der internationalen Politik als anarchiebedingter Sicherheitswettbewerb für die Beziehungen zwischen postmodernen Staaten nicht mehr zutrifft (Sørensen 2001: 126ff; 2004: 126f.). Wie bereits beschrieben, sieht der Neorealismus aufgrund der anarchischen Struktur der internationalen Beziehungen eine ständige Gefahr des Ausbruchs gewaltsamer Konflikte zwischen Staaten. Dies wird auf das Sicherheitsdilemma zurückgeführt, das darin besteht, dass die Versuche eines Staates, seine eigene Sicherheit zu gewährleisten, von anderen Staaten als Gefährdung ihrer Sicherheit wahrgenommen werden können (vgl. Kap. 1).

Postmoderne Staaten tendieren in ihrem außenpolitischen Verhalten zur Bildung von Sicherheitsgemeinschaften („security communities") mit anderen postmodernen Staaten, die über kurz- oder mittelfristige Zweckbündnisse hinausgehen. Eine Sicherheitsgemeinschaft zeichnet sich durch ein Gefühl der Zusammengehörigkeit und durch Institutionen und Verfahren aus, die stabil und umfassend genug sind, um dauerhafte verlässliche Erwartungen des gewaltfreien Konfliktaustrags und des friedlichen Zusammenlebens zu begründen (Deutsch et al. 1957: 5; Sørensen 2004: 126). Zwischenstaatliche militärische Bedrohungen existieren innerhalb einer Sicherheitsgemeinschaft postmoderner Staaten nicht mehr (Sørensen 2001: 126). Die Eskalation eines Konflikts zur gewaltsamen Auseinandersetzung kommt zwischen Mitgliedern einer Sicherheitsgemeinschaft schlicht nicht in Frage; die militärische Option stellt innerhalb einer Sicherheitsgemeinschaft keine ernsthaft in Betracht gezogene Option politischen Handelns mehr da (Sørensen 2004: 126). So erscheint nach Jahrzehnten europäischer Integration undenkbar, dass Deutschland Frankreich in Folge eines politischen Streits militärisch angreift (oder umgekehrt).

Der Begriff der Sicherheitsgemeinschaft geht auf den liberalen IB-Theoretiker Karl W. Deutsch (Deutsch et al. 1957; vgl. Adler/ Barnett 1998) zurück. Deutsch unterscheidet zwischen zwei Arten von Sicherheitsgemeinschaften. Eine amalgamierte Sicherheitsgemeinschaft wird definiert als „formaler Zusammenschluss von zwei oder mehreren vormals unabhängigen Einheiten zu einer größeren Einheit mit einer Art von gemeinsamer Regierung" (Deutsch et al. 1957: 6; Ü.d.V.). Bei einer pluralistischen Sicherheitsgemeinschaft bleibt die rechtliche Unabhängigkeit der einzelnen Staaten hingegen unangetastet. Deutsch et al. weisen darauf hin, dass beide Arten von Sicherheitsgemeinschaften die Schaffung internationaler Organisationen erfordern (ebd.), um ein hinreichendes Maß an Erwartungsverlässlichkeit in Bezug auf staatliches Verhalten zu begründen. Amalgamierte Sicherheitsgemeinschaften erfordern internationale Organisationen mit relativ weit entwickelten supranationalen Elementen, während eine derartig teife Institutionalisierung für pluralistische Sicherheitsgemeinschaften nicht oder nur ansatzweise erforderlich ist.

Die Beziehungen innerhalb der EU oder auch jene zwischen EU, USA und Kanada lassen sich als Sicherheitsgemeinschaften beschreiben. Freilich hat die EU keine gemeinsame Regierung im eigentlichen Sinne, so dass die Bezeichnung „amalgamierte Sicherheitsgemeinschaft" für die EU zweifelhaft erscheinen mag. Sørensen (2001: 128f.) zieht die Bezeichnung „koordinierte Sicherheitsgemeinschaft" als Zwischenform zwischen amalgamierter und pluralistischer Sicherheitsgemeinschaft vor, um die Beziehungen der Gesamtheit postmoderner Staaten in der OECD-Welt zu charakterisieren. Doch auch Sørensen betont, dass „EU-Europa" einen inneren Kreis („inner circle") bilde, in dem die Entwicklung der Sicherheitsgemeinschaft besonders weit fortgeschritten sei (ebd.). Die Europäische Union weist angesichts ihrer supranationalen Elemente jedenfalls eine große Nähe zur Kategorie der amalgamierten Sicherheitsgemeinschaft auf – auch wenn gerade die Gemeinsame Außen- und Sicherheitspolitik nur wenige supranationale Züge trägt (vgl. Katsioulis 2008: 3). Der Zusammenschluss der EU-Staaten führte im Laufe der Zeit zur Herausbildung europäischer Institutionen, die zusammen genommen durchaus auf die Existenz *„einer Art* gemeinsamer Regierung" (Deutsch et al. 1957: 6, Ü.d.V.) schließen lassen. Die Exekutive des politischen Systems der EU wurde bereits mit der Europäischen Kommission vorgestellt. Die gesetzgebende Funktion wird auf europäischer Ebene zwischen der Kommission, dem Rat und dem Europäischen Parlament geteilt. Die Judikative liegt wie beschrieben beim EuGH (Sørensen 1999: 35).

Die transatlantischen Beziehungen zwischen den europäischen Staaten und den USA und Kanada lassen sich als pluralistische Sicherheitsgemeinschaft beschreiben. Es besteht durch die Nordatlantische Vertragsorganisation (NATO) zwar ein gewisser Grad an politischer und militärischer Integration, jedoch behalten die beteiligten Staaten sich ihre rechtliche Unabhängigkeit vor (vgl. NATO 2004; Varwick 2005). Insbesondere die USA sind als (immer noch) Hegemonialmacht nicht bereit, einen spürbaren Autonomieverlust durch die Einbindung in eine amalgamierte Sicherheitsgemeinschaft hinzunehmen. Darin wird das Spannungsverhältnis zwischen hegemonialem und postmodernem Staat deutlich, in dem sich die USA befinden.

Die externe Bedrohung der eigenen Sicherheit wird für postmoderne Staaten durch die Existenz amalgamierter oder pluralistischer Sicherheitsgemeinschaften insoweit aufgehoben, als das Sicherheitsdilemma in den Beziehungen zwischen postmodernen Staaten keine maßgebliche Rolle mehr spielt. Die Wirkungen internationaler Anarchie werden innerhalb der Sicherheitsgemeinschaft außer Kraft gesetzt (Sørensen 2001: 126; Sørensen 1999: 36). Während neorealistische Annahmen die von Anarchie geprägten Beziehungen in Regionen moderner, „westfälischer" Staatlichkeit gut erfassen konnten und können (vgl. unten: „asiatisch-pazifischer Raum"), bilden Sicherheitsgemeinschaften einen Raum, in dem liberale Theorien der inter- und transnationalen Beziehungen hohe Erklärungskraft beanspruchen können. Die Beziehungen innerhalb einer Sicherheitsgemeinschaft lassen sich mit Konzepten der komplexen Interdependenz, der dichten und vertieften institutionellen Kooperation zwischen liberalen Demokratien und der Ausbildung transnationaler Netzwerke gesellschaftlicher Akteure zur kollektiven Bearbeitung gemeinsamer Probleme beschreiben. Zu betonen ist allerdings, dass in den Beziehungen postmoderner Staaten mit Staaten eines anderen Typs keineswegs sicher ist, dass Konflikte stets auf friedliche Weise gelöst werden (Sørensen 2001: 129). Die Vermutung, dass postmoderne Staaten auch gegenüber Staaten anderen Typs friedliche Konfliktbearbeitung bevorzugen, bestätigt sich längst nicht durchgängig, wie nicht nur die NATO-Intervention im ehemaligen Jugoslawien (1999) gezeigt hat (vgl. Daase 2006: 76; Chojnacki 2006).

Postmoderne Staaten stehen heute vor neuen Herausforderungen insbesondere in Form der Erbringung effektiver und legitimer Regierensleistungen (Sørensen 2001: 129ff.). Transsouveräne, nicht zuletzt von nichtstaatlichen Akteuren produzierte Sicherheitsprobleme wie der transnationale Terrorismus oder die organisierte Kriminalität sind an die Stelle der externen Bedrohung des zwischenstaatlichen Krieges getreten. Sie konfrontieren postmoderne Staaten mit dem Dilemma, gesellschaftliche und ökonomische Offenheit mit hinreichenden Sicherheitsvorkehrungen zu vereinbaren. Staatliche, mitunter aber auch rein zwischenstaatliche Instrumente des Regierens haben in Folge der Globalisierung an Wirksamkeit eingebüßt. Dies gilt insbesondere für Maßnahmen zur Gewährleistung sozioökonomischer Sicherheit in der „Weltrisikogesellschaft" (Beck 2007). Gut ausgebildete und ressourcenreiche Gruppen sind regelmäßig in der Lage, die neuen Gelegenheiten postmoderner Staatlichkeit zu nutzen, während die schwächeren, ressourcenärmeren Gruppen in postmodernen Staaten sich dem Risiko der sozioökonomischen und soziokulturellen Marginalisierung ausgesetzt sehen. Zugespitzt formuliert gilt auch und gerade für postmoderne Staaten, dass die Schwachen von effektiver Steuerung und Regulierung und der Gewährleistung von Demokratie abhängig sind; die Starken können für ihr Wohlergehen weitgehend selbst Sorge tragen und laufen weniger Gefahr, von den Neuerungen postmoderner Staatlichkeit überfordert zu werden (Sørensen 2001: 143).

Auch hinsichtlich der Garantie von legitimer Herrschaft und kollektivem Identitätsbewusstsein ergeben sich in postmodernen Staaten neue Problemlagen. Zum einen ist die Legitimitätserzeugung qua effektiven Regierens (Output-Legitimität) immer noch ungenügend. Dazu kommen mangelnde Partizipationsmöglichkeiten und Defizite demokratischer Kontrolle in komplexen Mehrebenensystemen (Input- oder Prozess-Legitimität). Die weit verbreitete Pauschalkritik am Demokratiedefizit der EU mag mit Blick auf andere internationale Organisationen und angesichts der kontinuierlichen Ausweitung der Befugnisse des EP überzogen sein (vgl. Aule/ B. Rittberger 2006: 122ff.; Kohler-Koch/ B. Rittberger 2007). Dennoch bestehen Defizite demokratischer Partizipation und Kontrolle auch auf europäischer Ebene (Holzinger 2006: 93ff.; Newman 2006)

– und erst recht im Rahmen internationaler zwischenstaatlicher Organisationen über die EU hinaus (vgl. Kap. 9). Es ist keineswegs sicher, aber auch mitnichten unmöglich, dass neue globale Loyalitäten den nötigen über nationale Grenzen hinaus gehenden Zusammenhalt zwischen den Menschen ohne weiteres erzeugen können (Sørensen 2001: 141ff.). Der globale Zusammenhalt ist von identitätsbildenden Aktivitäten politikmächtiger Akteure ebenso abhängig wie von historischen Kontingenzen.

4.2 Asiatisch-pazifischer Raum[58]: Moderne Staatlichkeit und Sicherheitsstreben in regionaler Anarchie

4.2.1 Moderne Staatlichkeit und Weltmarktintegration: China und Indien als moderne Regionalmächte im asiatisch-pazifischen Raum

Während Kriege zwischen postmodernen Staaten in der westlichen OECD-Welt aufgrund der Bildung von Sicherheitsgemeinschaften als sehr unwahrscheinlich erachtet werden, scheint im asiatisch-pazifischen Raum die Gefahr zwischenstaatlicher Kriege als Fortsetzung der Politik mit anderen Mitteln noch nicht gebannt (Hummel 2004: 123). Die Staaten in dieser Region entsprechen in vielen Punkten dem Typ des modernen Staates, obschon angesichts der wachsenden Einbettung einiger *Global Players* wie China, Indien oder Japan in grenzüberschreitende ökonomische Aktivitäten zumindest im wirtschaftlichen Bereich eine Tendenz zu postmoderner Staatlichkeit festzustellen ist. Dieser ökonomische Trend hat sich allerdings noch nicht in vergleichbarem Maße in politisch-institutioneller Integration oder in der Ausbildung eines supranationalen Identitätsbewusstseins niedergeschlagen. Die Beziehungen zwischen modernen Staaten im Allgemeinen und die regionalen internationalen Beziehungen im asiatisch-pazifischen Raum im Besonderen werden aus neorealistischer Sicht aufgrund der Anarchie des regionalen Systems und des daraus resultierenden Sicherheitsdilemmas immer noch als anfällig für Gewaltkonflikte erachtet. Aus liberal-institutionalistischer Perspektive kommen jedoch auch die wachsende Verflechtung und Interdependenz im asiatisch-pazifischen Raum ins Blickfeld, die freilich noch weit hinter der komplexen Interdependenz in Europa oder in den transatlantischen Beziehungen zurückbleiben.

Im Folgenden soll zunächst dargelegt werden, inwieweit vor allem die aufstrebenden Regionalmächte im asiatisch-pazifischen Raum, China und Indien, dem Idealtypus des modernen Staates entsprechen.[59] Beide Staaten haben in den letzten Jahren

---

[58] Der Ausdruck „asiatisch-pazifischer Raum" soll hier in einem weiteren Sinne verwendet werden und die Regionen Süd-, Ost- und Südostasien umfassen. Die wirtschaftlich und politisch gewichtigen Staaten in dieser Region sind demnach u.a. die Volksrepublik China, Indien, Indonesien, Japan, Nordkorea, Südkorea, Taiwan und Vietnam.

[59] Noch einmal sei betont, dass es sich bei dem Typus des modernen Staats wie bei den anderen Staatstypen um einen Idealtypus handelt, der in der Realität nicht anzutreffen ist. Aber die beiden asiatischen

ihre Industrialisierung deutlich vorangetrieben und zeichnen sich inzwischen durch einen recht hohen Entwicklungsgrad aus. Sie sind in erheblichem Maße in Weltmärkte integriert, so dass zumindest ihre ökonomische Entwicklung Ansätze postmoderner Staatlichkeit erkennen lässt. Ihre staatlichen Institutionen können trotz diverser Probleme als funktionsfähig eingeschätzt werden; eine Einbindung in politisch-administrative Mehrebenen-Entscheidungssysteme mit ausgeprägten supranationalen Elementen ist jedoch nicht zu beobachten. Außerdem scheinen sich kollektive Identitäten in China und Indien vor allem auf die staatliche oder substaatliche, nicht aber die supranationale Ebene zu beziehen.

In einem zweiten Schritt werden die Außenpolitik dieser Staaten und die zwischenstaatlichen Beziehungen im asiatisch-pazifischen Raum in den Blick genommen. Neorealistischen Theorien entsprechend herrscht im asiatisch-pazifischen Raum regionale Anarchie vor mit der Folge, dass das Verhalten der Staaten in erheblichem Maße durch machtgestütztes Sicherheitsstreben – insbesondere durch Bestrebungen zur Wahrung von Autonomie und zum Ausbau des eigenen Einflusses – gekennzeichnet ist. Es gibt zwar deutliche Tendenzen wirtschaftlicher Integration in den Weltmarkt, die liberalen Theorien zufolge die Wirkung der Anarchie in den regionalen Beziehungen relativiert. Eine Aufhebung des Sicherheitsdilemmas durch die Bildung von Sicherheitsgemeinschaften ist jedoch bisher höchstens in zaghaften Ansätzen (vgl. unten) festzustellen, weshalb Konflikte im asiatisch-pazifischen Raum weiterhin als potenziell gewaltträchtig gelten müssen.

Wie bereits dargelegt (vgl. Kap. 2.1), verzeichnet China seit Jahren stabile Wirtschaftswachstumsraten von etwa neun Prozent jährlich. Die Regierung investiert große Summen in die ökonomische Modernisierung des Landes und finanziert umfangreiche Infrastruktur- und Bauprojekte. Die Industrialisierung wird mit erheblichem Nachdruck vorangetrieben, so dass China innerhalb von wenigen Jahren eine beachtliche Steigerung des industriellen Entwicklungsgrads erzielt hat. Obwohl sich das Bruttosozialprodukt (BSP) seit 1978 vervierfacht hat, ist China gemessen am Pro-Kopf-Einkommen immer noch ein Schwellenland mit starkem Entwicklungs- und Wohlstandsgefälle zwischen den großen Städten entlang der Ostküste und den ländlichen Gebieten im Westen Chinas (Wacker 2006: 63). Von einer flächendeckend weit entwickelten Industrialisierung kann trotz der Aufholprozesse der letzten Jahre noch nicht die Rede sein. 45% der chinesischen Beschäftigten sind immer noch in der Landwirtschaft tätig, erwirtschaften aber nur 12% des BSP (vgl. Deutsche Botschaft Peking 2007).

Chinas Wirtschaft zeichnet sich durch eine hohe Einbindung in den Weltmarkt aus, was eher als Merkmal postmoderner denn moderner Staaten angesehen wird. Der Außenhandel im Verhältnis zum BSP als Indikator der Offenheit der chinesischen Volkswirtschaft liegt bei rund 71% (WTO 2008a). China ist in dieser Hinsicht weitaus stärker in den Weltmarkt integriert als etwa die US-amerikanische Volkswirtschaft mit 27%.

Staaten Indien und China erfüllen die Kriterien moderner Staatlichkeit zumindest annähernd und lassen sich somit in diese Kategorie einordnen.

Chinas Einbindung in den Weltmarkt und in transnationale Produktions- und Vertriebsnetzwerke (Feenstra 1998: 35f.) deutet darauf hin, dass sich in wirtschaftlicher Hinsicht Anzeichen eines postmodernen Staates identifizieren lassen. China ist durch die Kooperation mit der Vereinigung südostasiatischer Staaten (ASEAN) in ASEAN+3 (ASEAN plus China, Japan, Südkorea) sowie durch den Beitritt zur WTO im Jahr 2001 auf dem Weg, den welt- und regionalwirtschaftlichen Integrationsgrad noch zu erhöhen.

Im Unterschied zu der nahezu postmodernen wirtschaftlichen Ausrichtung Chinas entspricht die Volksrepublik in politisch-institutioneller Hinsicht weitgehend dem Typus des modernen Staates. Chinas Politik ist immer noch durch ein ausgeprägtes Souveränitätsverständnis charakterisiert. Einmischungen in die inneren Angelegenheiten des Staates, vor allem von Seiten westlicher Staaten, die auf Achtung der Menschenrechte und Demokratie pochen, werden zurückgewiesen. Der Schaffung marktwirtschaftlicher Strukturen, der ökonomischen Öffnung zum Westen sowie der Integration Chinas in die Weltwirtschaft steht die strikte Abgrenzung eines Menschenrechts- und Demokratieverständnisses westlicher Prägung gegenüber (Opitz 2002: 208f).

Chinas kommunistische Zentralregierung hat sich auch ohne Gewährung von politischen Freiheits- und Partizipationsrechten als erfolgreich bei der wirtschaftlichen Modernisierung des Landes erwiesen. Insofern ist ihr eine effektive Ausübung der Staatsgewalt zuzusprechen. Trotz Problemen wie Korruption und Fehlinvestitionen erscheinen die staatlichen Institutionen weit gehend funktionsfähig. China hütet seine staatlichen Souveränitätsrechte, so dass die Politikformulierung, -entscheidung, und -implementierung in Bezug auf chinesische Belange nach wie vor in erster Linie im einzel-/innerstaatlichen Rahmen stattfindet. Die Volksrepublik ist nicht in politisch-administrative Mehrebenen-Entscheidungssysteme mit supranationalen Elementen oder in die Handlungsfreiheit stark einschränkende internationale Organisationen eingebettet. Allenfalls die Akzeptanz des WTO-Streitschlichtungsmechanismus durch den Beitritt zur Welthandelsorganisation kann als – potenziell folgenschwere, weil den Spielraum der chinesischen Wirtschafts- und Handelspolitik beschränkende – Ausnahme angesehen werden. Weder erscheint China bestrebt, als regionale Führungsmacht die Gründung von Organisationen mit explizit supranationalem Charakter im asiatisch-pazifischen Raum voranzutreiben, noch lässt die chinesische Bürokratie substanzielle innerstaatliche Spielräume für regionale Autonomie von chinesischen Provinzen zu (Derichs 2003: 51ff., Heilmann 2002: 97).

Bezüglich des Kriteriums der kollektiven Identitäten ist festzustellen, dass die chinesische Führung einen pragmatischen Nationalismus verfolgt, der die Unterstützung der Bevölkerung für die Politik der Parteiführung sichern soll (Zhao 2006). Kollektive Identitäten werden also bewusst von Seiten und auf der Ebene des Staates erzeugt. Gemeinsame historische und kulturelle Wurzeln bieten auch Anknüpfungspunkte für ein Mindestmaß an Gemeinschaftsgefühl. In den chinesischen Provinzen mit Unabhängigkeitsbestrebungen (z.B. Tibet, Taiwan) sind jedoch durchaus auch substaatliche Identitäten vorhanden und erscheinen sogar ausgeprägter als das Gefühl der Zugehörigkeit zur Volksrepublik. Ausgeprägte kollektive Identitäten oberhalb der Ebene des Staates existieren kaum.[60]

Im Ergebnis sind gegenwärtig keine in Quantität und Qualität mit der westlichen OECD-Welt vergleichbaren Entwicklungen in Richtung postmoderner Staatlichkeit auf der politisch-institutionellen und auf der Identitätsebene zu beobachten. Gegenwärtig erscheint es unklar, ob die Integration Chinas in den Weltmarkt die von liberalen Theoretikern postulierte friedensförderliche Wirkung haben wird. Es ist nicht gesichert, dass sich die positiven Erwartungen bezüglich der friedlichen zwischenstaatlichen Konfliktbearbeitung und Kooperation, die liberale Theoretiker mit zunehmender ökonomischer Interdependenz verbinden, im Falle Chinas erfüllen (Rudolf 2006: 11; vgl. ebd.: 7). Inwieweit die fortschreitende ökonomische Integration zu einem „spill-over" in den politisch-institutionellen Bereich und mittel- oder langfristig gar zur Bildung einer effektiven und umfassenden, über die ASEAN-Staaten hinausgehenden Sicherheitsgemeinschaft in der Region (etwa im Rahmen von ASEAN+3) führen wird, bleibt abzuwarten.

Die Analyse der Entwicklung der zweiten aufstrebenden Regionalmacht im asiatisch-pazifischen Raum, Indien, führt bei den wirtschaftlichen Indikatoren zu ähnlichen Ergebnissen wie im Falle Chinas – wenn auch insgesamt auf niedrigerem Niveau. Indien brachte es in den letzten Jahren auf durchschnittlich sechs Prozent jährliches Wirtschaftswachstum (Thakur 2006: 6f.). Angesichts dieser Entwicklung prophezeien manche Beobachter bereits, dass Indien in den nächsten 15 Jahren an Japan und Deutschland vorbei ziehen und kaufkraftbereinigt zur drittgrößten Volkswirtschaft nach den USA und China werden könnte (Ihlau 2006: 27). Allzu optimistische Prognosen sind jedoch skeptisch zu betrachten. Das sozioökonomische interne Konfliktpotenzial ist nach wie vor groß: Indien befindet sich noch immer im unteren Drittel der Human Development Index-Liste (vgl. UNDP 2007); das Armutsniveau ist entsprechend hoch (Thakur 2006: 8f.). Auch wenn der Dienstleistungssektor die Hälfte des indischen Bruttosozialprodukts erwirtschaftet und die Industrie einen wachsenden Anteil der Gesamtwirtschaftsleistung stellt, stammen immerhin noch 20% des Bruttosozialprodukts aus der Landwirtschaft, von der nach wie vor fast zwei Drittel der indischen Bevölkerung leben (Dufresne 2006: 686). Mit einem Anteil des Außenhandels von 45% am Gesamtbruttosozialprodukt ist Indien inzwischen stark in den Weltmarkt eingebettet, wenn auch weniger als China (WTO 2008a). Insbesondere in der Informationstechnologie-Branche ist eine zunehmende Integration in transnationale Produktions- und Vertriebsnetzwerke zu beobachten. Aufgrund des sehr heterogenen Industrialisierungsgrades (traditionelle Landwirtschaft koexistiert mit Informationstechnologie) gilt Indien in ökonomischer Hinsicht eher nicht als Beispiel postmoderner Staatlichkeit.

---

[60] Die Bezugnahme einiger Politiker auf die Existenz so genannter asiatischer Werte könnte zwar einen anderen Schluss nahelegen. Ein solcher verkennt aber, dass diese Werte aus konfuzianischen Lehren abgeleitet sind, die z.B. in Indien oder Indonesien, die nicht konfuzianisch geprägt sind, nicht gelten (vgl. E. Lee 2003: 3f.).

Hinsichtlich der politisch-institutionellen Funktionsfähigkeit ist festzuhalten, dass sich Indien als relativ stabile Demokratie mit einem föderalen Staatsaufbau darstellt. Die Garantie der Meinungsfreiheit und der Gewaltenteilung werden als politische Trümpfe gegenüber China betrachtet (Ihlau 2006: 31). Als problematisch könnte sich jedoch erweisen, dass der öffentliche Sektor zu groß und von Korruption geprägt ist (Thakur 2006: 8, 10). Zudem bergen innerstaatliche und regionale gewaltträchtige Konflikte die Gefahr der Destabilisierung des politischen Systems. Eine Einbindung in supranational geprägte politisch-administrative Mehrebenen-Entscheidungssysteme ist im Falle Indiens nicht festzustellen.

Eine große Herausforderung für Indien stellt seine kulturelle Heterogenität dar, die sich in 21 Amtssprachen und über 100 Regionalsprachen sowie der Existenz verschiedener Religionsgemeinschaften ausdrückt. Zusätzlich fragmentiert ist die Gesellschaft durch die Tradition des indischen Kastenwesens, auch wenn es mittlerweile als offiziell abgeschafft gilt. Trotz dieser Fragmentierung gibt es Versuche, ein indisches Nationalgefühl mittels der Identifikation mit dem indischen Territorium und den Werten „Demokratie" und „Pluralismus" zu erzeugen (vgl. Varshney 2002: 60ff.). In der indischen Bevölkerung bestehen also nationale und substaatliche multiple Identitäten, aber keine supranationalen Zugehörigkeitsgefühle. In der Summe ist Indien als aufstrebender, längst noch nicht vollständig entwickelter, aber insgesamt moderner Staat einzustufen.

4.2.2 Regionale Anarchie und ökonomische Integrationstendenzen

Da für moderne Staaten die Wahrung ihrer Souveränität im Vordergrund steht und sie nicht in supranationale Organisationen eingebunden sind, wirkt zwischen ihnen noch das Sicherheitsdilemma. Der asiatisch-pazifische Raum ist trotz durchaus vorhandener, vor allem ökonomischer Integrationstendenzen durch einen Zustand regionaler Anarchie gekennzeichnet. Da (nicht nur) die wichtigen Regionalmächte China und Indien Merkmale moderner Staaten aufweisen, scheint die Gefahr von gewaltsamen zwischenstaatlichen Auseinandersetzungen oder von Rüstungswettläufen nicht gebannt.

Rivalitätsträchtige Konflikte und Aufrüstungstendenzen sind in der Region in der jüngeren Geschichte und in der Gegenwart zahlreich zu finden, da viele historische Konflikte bis heute nicht beigelegt sind (Umbach 2002: 38f; vgl. Johnston/ Ross 2006; Stålenheim/ Perdomo/ Sköns 2008: 193ff.). Dazu zählen zunächst die konfliktträchtigen Beziehungen zwischen Nord- und Südkorea. Auch die Auseinandersetzung über die Unabhängigkeit Taiwans bleibt bis heute ein spannungsgeladenes Thema in der Region und – auf Grund der freundschaftlichen Beziehungen der USA zu Taiwan – darüber hinaus. Spannungen, die aufgrund mangelnder Aufarbeitung der gemeinsamen Kriegsgeschichte zwischen Japan und China schon lange bestehen, verstärkten sich in den letzten Jahren im Zuge des wirtschaftlichen Aufstiegs Chinas, durch den Japan auch seine relative Machtposition in der Region gefährdet sieht (vgl. Pei/ Swaine 2005;

Möller/ Tidten 2005). Auch in anderen Ländern wie z.B. Südkorea, die unter japanischer Besetzung zu leiden hatten, herrschen bis heute starke anti-japanische Vorbehalte (Lee 2005: 75f.). Weitere gravierende Konflikte stellen die bis heute andauernden Auseinandersetzungen zwischen Indien und Pakistan über die Grenzregion Kaschmir dar. Das Verhältnis zwischen den beiden de facto Atommächten ist durch mehrere Kriege und bewaffnete Konflikte (1947-49, 1965, 1971, 1999) und durch Terroranschläge wie in der indischen Metropole Mumbai (2008), die von Terroristen aus Pakistan verübt wurden, getrübt. Die internationalen Beziehungen in der Region müssen angesichts historischer und gegenwärtiger Gegebenheiten insgesamt als rivalitätsträchtig bezeichnet werden (Hummel 2004: 123ff.).

Die Militärausgaben im asiatisch-pazifischen Raum sind in den letzten Jahren gestiegen. Allein Chinas Militärausgaben verzeichneten zwischen 1980 und 2007 einen 202 prozentigen Anstieg, die Indonesiens und Malaysias legten um 100 Prozent (Stålenheim/ Perdomo, / Sköns 2008: 177). Es lässt sich zudem eine Tendenz zur nuklearen Aufrüstung beobachten. China modernisiert seine Nuklearwaffenbestände und entwickelt seine Trägersysteme weiter (National Institute for Defense Studies 2006: 5). Nordkorea hat den Nuklearwaffensperrvertrag sowie die Erklärung über eine nuklearwaffenfreie Zone auf der koreanischen Halbinsel aufgekündigt, offen erklärt, ein Nuklearwaffenprogramm zu betreiben, und 2006 einen Atombombentest durchgeführt. Indien und Pakistan stiegen durch erfolgreiche Nuklearwaffentests in den Klub der Nuklearmächte auf. Beide sind nicht Mitglieder des Atomwaffensperrvertrags.

Heute scheint im asiatisch-pazifischen Raum eine regionale multipolare Machtstruktur zu bestehen. Aus neorealistischer Perspektive macht die Tatsache, dass es in der Region mehrere Großmächte gibt, von denen mit China und Indien zwei als aufstrebende Mächte gelten, die regionalen Beziehungen anfällig für Gewaltkonflikte. Uni- oder bipolare Systeme werden als berechenbarer angesehen, weil sie leichter auszubalancieren und damit stabiler sind als multipolare Systeme[61] (vgl. Mearsheimer 1990; Waltz 2000; Wohlforth 1999). Zu den Hauptakteuren in der Region zählen China, Japan, und Indien. In der zweiten Reihe folgen Taiwan, Nord- und Südkorea. Aus der unübersichtlichen und sich wandelnden Machtkonstellation schließen Neorealisten, dass es äußerst schwierig ist, eine einigermaßen stabile Machtbalance in der Region zu erreichen. Durch den Aufstieg Chinas und Indiens sind strategische Rivalitäten wahrscheinlich. Die USA engagieren sich in diesem Zusammenhang als externer „balancer", d.h. sie intensivierten die Beziehungen zu Indien und versuchten dessen Machtposition gegenüber dem als bedrohlicher eingeschätzten China zu stärken, unter anderem durch das Abkommen über die zivile Nutzung von Nukleartechnologie (2006) (Wagner 2006: 15). China hingegen unterstützte in der Vergangenheit das pakistanische Atomprogramm, um damit einen direkten Rivalen Indiens zu stärken. Auch wenn das Ver-

---

[61] Allerdings gibt es auch die gegenteilige Annahme vor allem von klassischen Realisten, dass multipolare Systeme stabiler sind, weil in ihnen die Unsicherheit über die Bildung von Allianzen größer ist und dadurch ein Gleichgewicht leichter erreicht wird (vgl. Morgenthau 1963; Copeland 1996: 35).

hältnis zwischen China und Indien sich durch verstärkte wirtschaftliche Zusammenarbeit verbessert hat, ist es doch maßgeblich durch Konkurrenz um Einfluss in der Region gekennzeichnet.

Dieser Reihe von begünstigenden Faktoren für die Gewaltkonfliktträchtigkeit der regionalen Beziehungen ist die zunehmende regional- und weltwirtschaftliche Integration der Staaten des asiatisch-pazifischen Raums gegenüber zu stellen. Aus liberaler theoretischer Perspektive nimmt mit zunehmender ökonomischer Interdependenz die Gewaltkonfliktträchtigkeit der Beziehungen auch in dieser Region ab. Von den *Global Players* China und Indien ist aus dieser Sicht zu erwarten, dass sie in Zukunft eine maßgebliche Rolle als Förderer regionaler institutioneller Kooperation übernehmen. China ist bereits im Rahmen der vor allem auf wirtschafts- und handelspolitische Fragen konzentrierten „ASEAN+3"[62], im sicherheitspolitischen Diskussionsforum „ASEAN Regionalforum" (ARF), in dem auch Indien Mitglied ist, beim 2005 gegründeten Ostasien-Gipfel (East Asia Summit, EAS) oder in der überregionalen Shanghaier Organisation für Zusammenarbeit (SCO) aktiv (vgl. Hilpert/ Will 2005; Möller 2005). Angesichts ökonomischer Integrationstendenzen könnte im Sinne eines „spill over" die Aussicht auf intensivierte politisch-institutionelle Kooperation und mithin die Bildung einer regionalen Sicherheitsgemeinschaft bestehen, die über die im Aufbau befindliche Sicherheitsgemeinschaft der ASEAN-Staaten hinaus geht (Acharya 2001: 194ff) und die regionalen Rivalen China, Indien sowie Japan miteinander verbindet. Zu betonen ist aber, dass keine der oben genannten Institutionen über supranationale Elemente verfügt, erhebliche Souveränitätseinschränkungen verlangt oder als pluralistische Sicherheitsgemeinschaft im Sinne Deutschs zu verstehen ist. Es ist nicht auszuschließen, dass die postmodernen Ansätze im ökonomischen Bereich die politisch-institutionelle Entwicklung und die oft von kompetitivem Nationalismus geprägten Identitätskonzepte weit gehend unberührt lassen.

Somit bleibt festzuhalten, dass sich der asiatisch-pazifische Raum im Gegensatz zur westlichen OECD-Welt (insbesondere zu EU-Europa) gegenwärtig nicht in Richtung postmoderner Staatlichkeit entwickelt. Allenfalls in ökonomischer Hinsicht sind dahingehende Tendenzen zu erkennen. Die Staaten der Region sind nach wie vor in erster Linie moderne Staaten, die zwar durch die Globalisierung Autonomie abgeben müssen, jedoch nicht bereit sind, auf Souveränität zugunsten der Einbindung in politisch-administrative Mehrebenen-Entscheidungssysteme mit supranationalen Institutionen zu verzichten. Die internationalen Beziehungen in der Region können daher aufgrund der beschriebenen regionalen Anarchie immer noch als anfällig für Gewaltkonflikte beschrieben werden.

---

[62] Indien ist im Gegensatz zu China, Japan und Südkorea nicht Mitglied von ASEAN+3.

4.3 Prämoderne Staaten in Afrika südlich der Sahara: Das Phänomen des Staatszerfalls

4.3.1 Die Länder Afrikas südlich der Sahara: Prämoderne Staatlichkeit am Beispiel des Sudans und der DR Kongo

Staaten mit den Merkmalen prämoderner Staatlichkeit sind in der heutigen Welt vor allem in der Region Afrika südlich der Sahara zu finden. Staatsschwäche bis hin zum Staatszerfall („state failure", „state collapse") sind dort besonders häufig. Der „Failed State Index 2006" [63] nennt auf den ersten zehn Plätzen sechs afrikanische Staaten, die allesamt südlich der Sahara liegen. Die Staaten Sudan, Kongo und Elfenbeinküste führen diese Liste an, die mit dem Grad der Fragilität von Staatlichkeit zugleich die Wahrscheinlichkeit von innerstaatlichen Gewaltkonflikten widerspiegelt.

Den Hintergrund für die Entstehung der prämodernen Staaten in Afrika bildet das von den Kolonialmächten hinterlassene Erbe. Die Kolonialmächte hatten sich in vielen afrikanischen Kolonien auf die Schaffung repressiver Institutionen (z.B. Militär, Polizei) konzentriert. Andere Teile des Staatsapparats waren und sind bis heute stark unterentwickelt. Dies gilt vor allem für den Bereich der Bildung, Wohlfahrt und der wirtschaftlichen Entwicklung. Die staatlichen Institutionen afrikanischer Staaten werden oft von den Eliten zur Verfolgung persönlicher Interessen missbraucht. Die wichtigsten öffentlichen Ämter im Staatsapparat (Bürokratie, Militär, Polizei) werden von den jeweiligen Machthabern mit loyalen Anhängern besetzt. Dadurch entsteht ein Netzwerk klientelistischer Abhängigkeitsbeziehungen, das zu Korruption führt und nicht zuletzt dadurch die Funktionsfähigkeit staatlicher Institutionen erheblich einschränkt. Sørensen spricht in diesem Zusammenhang von „captured autonomy" in prämodernen Staaten, die sich durch neopatrimoniale Herrschaftssysteme und „minidynastische" Tendenzen auszeichnen (Sørensen 2001: 84).

In schwachen oder scheiternden Staaten fehlt den Zentralregierungen die effektive Gebietsherrschaft. Zur effektiven Durchsetzung ihres legalen Gewaltmonopols sind sie dann nicht in der Lage. In der Regel leidet die Bevölkerung darunter, dass die Regierungen nicht willens oder fähig sind, ein Mindestmaß an physischer Sicherheit zu gewährleisten und öffentliche soziale Diensten bereitzustellen. Staatliche Institutionen haben ihre Regierens-Steuerungsfähigkeit in zentralen Aufgabenbereichen – vorrangig Sicherheit, aber auch Sicherung von Rechtsstaatlichkeit und Wohlfahrt – verloren oder nur unzureichend entwickelt (Schneckener 2004: 12). Die Gefahr des Ausbruchs ge-

---

[63] Der „Failed State Index", der jährlich von der Zeitschrift *Foreign Policy* und dem „Fund for Peace" herausgegeben wird, misst anhand von 12 Indikatoren das Risiko von Staaten zu „scheitern". Die Tatsache, dass 148 Staaten untersucht wurden, bedeutet nicht, dass alle aufgelisteten Staaten „failed states" sind, sondern dass der Index das Risiko der Staaten, zum „failed state" zu werden, also ihre Anfälligkeit für interne Zerfallserscheinungen und gewaltsame Konflikte misst (Foreign Policy & Fund for Peace 2006).

waltsamer Konflikte innerhalb prämoderner Staaten ist besonders dann groß, wenn Staatsschwäche in Staatszerfall übergeht (Zartman 1995: 1).

Die Bevölkerung prämoderner Staaten setzt sich häufig aus Gruppierungen mit ethnisch oder religiös definierten kollektiven Identitäten unterhalb der staatlichen Ebene zusammen. Die europäischen Kolonialmächte hatten durch ihre Grenzziehungen Bevölkerungen unterschiedlicher ethnischer und religiöser Zugehörigkeit in Kolonien zusammengefasst. Diese Grenzziehungen wurden von afrikanischen Staaten nach Erlangung ihrer Unabhängigkeit beibehalten (Alao 1999: 84). Für viele afrikanische Staaten war es daher außerordentlich schwierig, mit den verschiedenen ethnischen Gruppen mit unterschiedlichen Sprachen, Religionen und Lebensweisen ein Bewusstsein kollektiver, *staatlicher* Identität zu schaffen. Ein nachhaltiger Prozess des „nationbuilding" fand oft nicht statt oder führte nicht zum gewünschten Erfolg (Sørensen 2004: 99).

Mit Blick auf die wirtschaftliche Leistungsfähigkeit prämoderner Staaten fällt auf, dass trotz teilweise reicher Ressourcenvorkommen die Wirtschaft meistens kaum weiterentwickelt wird. Wirtschaftliche Einkünfte und Bestrebungen sozioökonomischer Entwicklung stützen sich kaum auf Industrialisierung, sondern vornehmlich auf Landwirtschaft und Ressourcenausbeutung. Ressourcenreichtum nützt den Bevölkerungen eines Landes aber wenig, wenn dort neopatrimoniale Strukturen herrschen, in denen die Einkünfte aus der Ressourcenausbeutung in informellen Netzwerken verteilt werden. Der Ressourcenreichtum in zahlreichen afrikanischen Staaten erweist sich mitunter sogar als „Fluch", weil er, zumindest die Dauer von Gewaltkonflikten verlängert. Große, vor allem leicht plünderbare Ressourcenvorkommen (z.B. Diamanten, Edelhölzer etc.) führen in fragilen Staaten dazu, dass nach Ausbruch von Bürgerkriegen diese besonders lang andauern, weil sich Armeen, Rebellen und Gewaltunternehmer durch Ressourcenausbeutung ihren Unterhalt sowie ihre Kampffähigkeit sichern und mithin ein ökonomisches Interesse am Fortbestand lukrativer Kriegsökonomien entwickeln (vgl. Collier/ Hoeffler 2000; vgl. Kap. 7).

Im Folgenden soll anhand des Sudans und der Demokratischen Republik Kongo beispielhaft gezeigt werden, wie sich schwache oder unvollständig ausgebildete staatliche Strukturen auf die Konfliktträchtigkeit eines Landes oder einer Region auswirken können. Dem Anspruch auf eine umfassende Analyse von fallspezifischen Konfliktursachen und -dynamiken kann in diesem Rahmen freilich nicht entsprochen werden. Fragile Staatlichkeit ist als eine mögliche Ursache, nie jedoch als einzige hinreichende Bedingung für den Ausbruch oder das Andauern gewaltträchtiger Konflikte anzusehen.

Im Sudan lassen sich die allgemeinen Merkmale prämoderner Staatlichkeit in Sub-Sahara-Afrika wiedererkennen, die nahezu ständig die Gefahr des Staatszerfalls bergen. Ein Faktor, der in der sudanesischen Region Darfur zur Eskalation des entscheidenden mittlerweile ethnisch überlagerten Ressourcenkonflikts über fruchtbares Land und Wasser zwischen sesshaften Bauern und Nomaden beitrug (vgl. Tetzlaff 2004), ist die Tatsache, dass die sudanesische Zentralregierung keine effektive Ausübung der Staatsgewalt, d.h. öffentliche Ordnung und Sicherheit im gesamten Staatsgebiet gewährleistete (Prunier/ Gisselquist 2003: 103). Die Zentralregierung in Khartum setzte in der Provinz Darfur auf paramilitärische Milizen, um Aufständische in Schach zu halten, weil der Großteil des Militärs sich lange Zeit im Bürgerkrieg im Süden des Landes befand. Inzwischen agieren die Milizen in Darfur – mit Billigung der Zentralregierung – weitgehend selbstständig und ziehen plündernd und marodierend durch die Siedlungen in Darfur. Über zwei Millionen Menschen sind seit 2003 aus Darfur geflohen (Ergin 2006) oder wurden durch Milizen vertrieben. Die Opfer gehören überwiegend der schwarzafrikanischen Bevölkerung an, die von der arabisch-stämmigen Regierung gezielt angegriffen wird (vgl. Stepanova 2007: 57ff.).

Eine kleine Elite regiert im Sudan oder bereichert sich vielmehr selbst, ohne ein Mindestmaß an Regierungsleistungen für die Gesamtbevölkerung zu erbringen, während ein Großteil der Bevölkerung in absoluter Armut lebt. Es wird nicht in die heimische Wirtschaft investiert, sondern der Staat lebt maßgeblich von Geldtransfers, das durch Exil-Sudanesen, die in reichen Ölstaaten arbeiten, ins Land zurückfließt. Gleichzeitig hat der Sudan eine massive Kapitalflucht zu verzeichnen, da ausländische Firmen in dem Krisenland ihre Investitionen abziehen. Die aggregierten Wirtschaftsdaten für das Land sehen aufgrund des Kapitals der Exilanten aus dem Ausland allerdings immer noch besser aus, als sie tatsächlich sind (Prunier/ Gisselquist 2003: 120f.). Ohne Zuwendungen aus dem Ausland wäre die heimische Wirtschaft kaum überlebensfähig.

Die Bevölkerung im Sudan ist nicht durch ein kollektives Identitätsgefühl geeint; die entlang ethnischer Trennlinien verlaufenden Konflikte zwischen dem arabisch dominierten Norden und dem mehrheitlich von Schwarzafrikanern bewohnten Süden und der Darfurregion wurden von der Zentralregierung instrumentalisiert und gezielt eskaliert. Die Wurzeln dieser Konflikte liegen – wie so oft in afrikanischen Staaten – schon im kolonialen Erbe des Sudan: Durch die willkürliche Grenzziehung am Ende der Kolonialzeit wurden Völker in einem Staat zusammengefasst, die keinerlei Loyalität oder Zugehörigkeitsgefühl zu diesem Staat empfanden (ebd.: 104f). Hinzu kamen Konflikte über knappes Wasser und Nahrungsmittel, die ethnische Trennlinien zwischen den Volksgruppen verschärften bzw. erst hervortreten ließen.

Die Demokratische Republik Kongo (bis 1960 Belgisch-Kongo, von 1971 bis 1997 Zaire) soll im Folgenden als zweites Beispiel für einen prämodernen Staat dienen. Im Jahr 2006 fanden zwar Wahlen für das Präsidentenamt und das Parlament statt und nährten zwischenzeitlich Hoffnungen auf ein Ende der Gewalt und die Wiederherstellung territorialer Souveränität durch die Regierung Joseph Kabilas. Erneute Ausbrüche von Gewalt im Jahr 2008 durch ruandisch-kongolesische Rebellen in Ostkongo machten diese aber wieder zunichte und verwiesen einmal mehr auf die Schwäche der staatlichen Institutionen der DR Kongo. Ein kurzer historischer Abriss der jüngeren Vergangenheit der DR Kongo vergegenwärtigt die Probleme zahlreicher prämoderner Staaten Afrikas. Die Regierung der DR Kongo hatte im Kongokrieg (1996-2002)[64] keinen ausreichenden

---

[64] Gemeinhin wird zwischen dem ersten (1996-1997) und dem zweiten (1998-2002) Kongokrieg unterschieden, da 1997 die Regierung Mobutus gestürzt wurde und Laurent-Desiré Kabila an die Macht kam.

Militärapparat zur Verfügung, der den wiederholten Einfall von Truppen und Milizen aus Nachbarländern hätte verhindern können. Staaten wie die DR Kongo, die keine effektive Gebietsherrschaft ausüben, also ihr Territorium einschließlich der staatlichen Grenzen nicht sichern können, sind überaus anfällig für destabilisierende Invasionen von außen. Ruandische Flüchtlinge nach dem Völkermord in Ruanda (1994) sowie Rebellenorganisationen aus anderen umliegenden Staaten unterminierten die Stabilität des Landes. Streitkräfte aus Ruanda und Uganda begannen überdies nach ihrem Einmarsch (1998) zügig, die Ressourcen der DR Kongo auszubeuten (Pabst 2003).

Das politische System der DR Kongo war vor allem unter Joseph-Désiré Mobutu (Präsident von 1965 bis 1997) lange Zeit hochgradig autoritär. Formelle Institutionen und Strukturen wurden systematisch zerstört und durch informelle Netzwerke ersetzt, die von Klientelismus und Korruption geprägt waren. Ab Mitte der 1980er Jahre wurden kaum noch öffentliche Dienstleistungen bereitgestellt. Der dem Präsidenten zugewiesene Ausgabenanteil am Staatsbudget stieg zwischen 1972 und 1992 von bereits 28 Prozent auf 95 Prozent. Der Anteil staatlicher sozialer Dienstleistungen fiel im selben Zeitraum von 17,5 Prozent gegen Null Prozent (Tull 2005: 10).

Die kleptokratische Herrschaft Mobutus häufte hohe Auslandsschulden an und die verstaatlichte Wirtschaft verzeichnete dauerhaft niedrige Wachstumsraten (Olsson/ Fors 2004: 323ff). Das Land ist sehr reich an Ressourcen, die jedoch während des Krieges (1996-2002) von verschiedenen Rebellengruppen oder ausländischen Armeen geplündert wurden. Im Kongo enstand damals eine regelrechte „Kriegsökonomie" (Rufin 1999). Die breite Bevölkerung hatte keine Möglichkeiten, vom Ressourcenreichtum des Landes zu profitieren, so dass die DR Kongo beim „Human Development Index" mit ihrem äußerst niedrigen Bruttosozialprodukt im untersten Zehntel liegt (UNDP 2006: 286).

In der DR Kongo ist die Entwicklung einer gemeinsamen Staatsloyalität nach der Unabhängigkeit des Landes von der Kolonialmacht Belgien (1960) misslungen, da hunderte Stämme und Volksgruppen mit ebenso vielen unterschiedlichen Sprachen in einem Staat zusammengefasst wurden. Teilweise wurden Volksgruppen auch durch die künstliche Grenzziehung getrennt, so dass Loyalitäten über Staatsgrenzen hinweg mit lokalen Gruppen der gleichen Volksgruppe in anderen Staaten bestehen. So war zum Beispiel der Einmarsch von Ruanda und Uganda 1998 in den Kongo auch als Hilfestellung für die von der kongolesischen Zentralregierung bedrohte Volksgruppe der Banyamulenge zu verstehen (Pabst 2003). Der erneute Ausbruch oder vielmehr die Intensivierung von Gewalt im Jahr 2008 lässt die Aussicht auf eine Stabilisierung des Landes in weite Ferne rücken.

Die Kämpfe vor allem in der Provinz Kivu im Osten der DR Kongo wurden aber ohne lange Unterbrechung weiter geführt. In den zweiten Kongokrieg waren zudem weitere umliegende Staaten involviert, so dass dieser Krieg auch Afrikanischer Regionalkrieg genannt wird (Schreiber 2004). Auch nach 2002 gab es keinen dauerhaften Frieden im Land, sondern das Gewaltniveau vor allem im Osten der DR Kongo ist weiterhin hoch.

4.3.2 Staatszerfall und seine Folgen: „State Building" als Projekt zur Eindämmung von Sicherheitsrisiken

Zu den genannten und an den Beispielen des Sudan und der DR Kongo erläuterten Merkmalen prämoderner Staaten in Afrika kommt hinzu, dass sich die Außenbeziehungen dieser Staaten erheblich von denen moderner und postmoderner Staaten unterscheiden. Die Schwäche der staatlichen Institutionen und demzufolge das Fehlen der inneren Souveränität prämoderner Staaten in Afrika haben zur Konsequenz, dass sie auch auf internationaler Ebene nicht über die nötigen Kapazitäten verfügen, um in der Weltpolitik als gleichberechtigte Akteure mit anderen Staaten zu interagieren. In internationalen Verhandlungen sehen sich prämoderne Staaten oft gezwungen, von stärkeren Staaten durchgesetzte ökonomische und politische Bedingungen hinzunehmen (Sørensen 1999: 35). Als Beispiel ist hier auf die Konditionalität der Strukturanpassungsprogramme von IWF und Weltbank zu verweisen. Prämoderne Staaten sind in höchstem Maße abhängig von internationalen Entwicklungshilfegeldern und von den stark fluktuierenden Rohstoffpreisen auf dem Weltmarkt (Tetzlaff 2004: 549). Ohne funktionierende staatliche Institutionen scheitert die Integration dieser Staaten in den Weltmarkt, weshalb IWF und Weltbank in den letzten Jahren verstärkt die Notwendigkeit des Aufbaus staatlicher Institutionen und von verantwortungsvoller Regierungsführung betonen (vgl. Kapitel 2.3).

Die Schwäche prämoderner Staaten in Afrika führt zu einer beträchtlichen Gefahr des Ausbruchs und der Verstetigung gewaltsamer Konflikte im Inneren. Gewaltsame Konflikte innerhalb prämoderner Staaten Afrikas südlich der Sahara waren in den 1990er Jahren für den Verlust von weitaus mehr Menschenleben verantwortlich als zwischenstaatliche Konflikte auf dem afrikanischen Kontinent. Die inneren Gewaltkonflikte im Sudan, in Äthiopien und in Mosambique forderten das Leben von insgesamt 1,5 bis 4 Millionen Menschen. Durch die Konflikte in Uganda, Somalia und Angola starben zwischen 300 000 und 1,5 Millionen Menschen (Sørensen 1999: 34). Der zweite Kongokrieg, auch „Afrikanischer Regionalkrieg" genannt, forderte zwischen 1998 und 2001 etwa 3,5 Millionen direkte und indirekte Todesopfer (Schreiber 2004). Die prämodernen Staaten Afrikas sind zudem nicht in der Lage, intraregional für Sicherheit zu sorgen, wie das Scheitern der Afrikanischen Union (AU) im Darfur-Konflikt zeigt.

Staatsschwäche, Staatszerfall und daraus resultierende interne Gewaltkonflikte können durch Flüchtlingsströme oder den Handel mit Waffen, Drogen und geplünderten Ressourcen destabilisierende Auswirkungen im regionalen und mitunter gar globalen Maßstab haben (Fukuyama 2004: ix). Fragile Staaten bieten einen idealen Nährboden für (sub)regionale Gewaltkonflikte und schwere Menschenrechtsverletzungen. Häufig haben sich in Afrika ganze regionale Konfliktsysteme herausgebildet. Fragile Staaten stellen zudem einen Rückzugsort („safe haven") und eine Organisationsbasis für transnationale Terroristen dar (vgl. Rotberg 2003). Sie schaffen somit eine Sicherheitsbedrohung, der mit traditionellen sicherheitspolitischen Maßnahmen wie z.B. der Abschreckung nicht effektiv begegnet werden kann (Fukuyama 2004: 98). Es ist diese freiwillige oder unfreiwillige Duldung transnationaler Terroristen, die dem Problem fragiler Staaten vielfach erst gesteigerte Aufmerksamkeit westlicher Staaten verschaffte (Schneckener 2004). Diese globale Bedrohungswahrnehmung hat dazu geführt, dass „state-building", d.h. die Schaffung oder Stärkung von Regierungsinstitutionen zu einer der wichtigsten Aufgaben für die internationale Gemeinschaft geworden ist. Es setzte sich die Erkenntnis durch, dass zur Erfüllung einiger notwendiger Staatsfunktionen ein starker und effektiver Staat erforderlich ist (Fukuyama 2004: 119f.). Die Förderung effektiver Regierensformen, die Verbesserung demokratischer Legitimität und die Stärkung sich selbst erhaltender, tragfähiger staatlicher Institutionen in schwachen Staaten wird als wichtiges Projekt internationaler Politik anerkannt.

„State building" durch Unterstützung von Außen erweist sich jedoch als äußerst schwierig (Schneckener 2007). Das Problem der zerfallenden Staaten wirft nicht nur Fragen der Legitimität von humanitären Interventionen oder von Interventionen seitens Drittstaaten zur Wahrung der eigenen – etwa durch transnationale Terroristen bedrohten – Sicherheit auf (vgl. Kap. 2.3). Selbst wenn man Fragen der Zulässigkeit militärischer Einmischung in kollabierte Staaten zur Sicherung eines Mindestmaßes an Stabilität bei Seite lässt, steht die internationale Gemeinschaft vor erheblichen Herausforderungen beim (Wieder-) Aufbau von Staatlichkeit. Die erste Phase des Wiederaufbaus in Fällen des Staatszerfalls, in der die kurzfristige Garantie von Stabilität durch die Stationierung von Militär und Polizei sowie durch humanitäre und technische Unterstützung im Mittelpunkt steht, wurde mitunter leidlich erfolgreich gestaltet. Demgegenüber stellt der anschließende Übergang zu tragfähiger Staatlichkeit, die durch funktionierende staatliche Institutionen abgesichert auch nach dem Ende ausländischer Interventionen lebensfähig bleibt, eine weitaus größere Herausforderung dar. Häufig mangelt es an den Kapazitäten um Sicherheit und Rechtsstaatlichkeit, den Aufbau demokratischer politischer Institutionen, den Aufbau von Zivilgesellschaft sowie ökonomische Stabilisierung zu erreichen (vgl. Fischer 2007).

Einige Beobachter werfen die Frage auf, ob es angesichts praktisch nichtexistenter Staatlichkeit in vielen prämodernen Staaten und des Ausmaßes der erforderlichen politisch-institutionellen und wirtschaftlichen Aufbauarbeiten eine wirkliche Alternative zu einem „quasi-permanten, quasi-kolonialen Verhältnis zwischen Empfängerland und internationaler Gemeinschaft" gibt (Fukuyama 2004: 104). Kurzfristige Interventionen scheinen jedenfalls nur bedingt Früchte zu tragen. In diesem Zusammenhang wird von Einzelnen auch die Forderung nach neuen Formen mittelfristig „geteilter Souveränität" erhoben, die das Prinzip der Nichteinmischung in interne Angelegenheit weiter aushöhlen würde (Krasner 2005). In Ländern wie dem Kosovo, Bosnien, Afghanistan, Liberia, Sierra Leone, der DR Kongo, Timor-Leste oder Haiti greifen bereits heute externe Akteure weit in staatliche Souveränitätsrechte ein und übernehmen dort (zeitlich begrenzt) staatliche Aufgaben. Es kommt zu protektoratsähnlichen Arrangements, in denen internationale Akteure mit eigenem Militär-, Polizei- und Zivilpersonal die fehlende Staatlichkeit vor Ort zu kompensieren suchen (Schneckener 2007). Dies birgt nicht nur erhebliche Risiken für die externen Akteure, es erfordert auch erhebliche personelle und finanzielle Ressourcen und wirft zudem die Frage auf, wie ein geordneter Übergang zu sich selbst tragender Staatlichkeit und „local ownership" erreicht werden kann.

Die Schwäche von staatlichen Steuerungsformen in Räumen begrenzter Staatlichkeit – definiert durch mangelhafte Kontrolle über die Gewaltmittel nach innen und außen und die verminderte Fähigkeit, politische Entscheidungen der Zentralregierung durchzusetzen – kann dazu führen, dass öffentlich-private Kooperationen oder rein private Regierensformen als Ersatz staatlichen Handelns von der Ausnahme zur Regel werden, weil sonst Regierensleistungen gar nicht erbracht werden (Risse 2005: 10; vgl. Risse/ Lehmkuhl 2007). Veranschaulicht wird diese Entwicklung durch die massive Abhängigkeit vieler prämoderner Staaten von internationalen Hilfsgeldern. Internationale Entwicklungshilfeorganisationen oder private Sicherheitsfirmen übernehmen im Land oftmals Regierungsaufgaben, weil die staatlichen Institutionen nicht in der Lage sind, selbst Sicherheit und Wohlfahrt zu gewährleisten.

Es ist allerdings nicht immer klar, ob öffentlich-private Partnerschaften oder private Regierensformen insbesondere in Räumen begrenzter Staatlichkeit Teil der Lösung oder Teil des Problems sind (Risse 2005: 11). Jedenfalls erscheint ein Minimum an effektiver Staatlichkeit, d.h. staatlicher Gebietsherrschaft und Rechtsdurchsetzungsfähigkeit, unverzichtbar, damit hinreichende Regierensleistungen in den Sachbereichen „Sicherheit", „Wohlfahrt" und „Herrschaft" auch durch öffentlich-private Kooperationen mit internationaler Beteiligung erbracht werden können (ebd.: 11f.).

Staatstyp	Auswirkungen auf die Weltpolitik
Postmoderne Staaten: Die westliche OECD-Welt	Bildung amalgamierter oder pluralistischer Sicherheitsgemeinschaften; Überwindung der Anarchie und Aufhebung des Sicherheitsdilemmas
Moderne Staaten: Asiatisch-pazifischer Raum	Konfliktträchtige Beziehungen aufgrund von regionaler Anarchie und kompetitivem Nationalismus trotz ökonomischer Integrationstendenzen
Prämoderne Staaten: Staaten Afrikas südlich der Sahara	Fehlende Kapazität zur effektiven Teilnahme an den internationalen Beziehungen; Gefahr des Ausbruch innerstaatlicher Gewalt im Zuge von Staatszerfall; Wandel von Steuerungs- und Regulierungsformen

Abb. 3.3: Auswirkungen der Ausdifferenzierung der Staaten für die Weltpolitik

5 Zusammenfassung

Nach der Beschreibung der systemischen Rahmenbedingungen der Weltpolitik wurde in diesem Kapitel mit der Analyse des sich ausdifferenzierenden Spektrums politikmächtiger Akteure begonnen. Der Wandel materieller und immaterieller Rahmenbedingungen der Weltpolitik hat maßgeblich zu dieser Ausdifferenzierung beigetragen.

Es sind heute sichtbare Verschiebungen von Machtressourcen und politischen Steuerungs- und Gestaltungsfähigkeiten innerhalb der Staatenwelt sowie insbesondere zwischen Staaten, inter- und supranationalen Organisationen, wirtschaftlichen Akteuren und der Zivilgesellschaft festzustellen.

Dennoch stellen Staaten nach wie vor unabdingbare – wenn auch längst nicht mehr die einzigen – Handlungseinheiten des globalen Systems dar. Auch im Zeitalter beschleunigter und intensivierter Globalisierungsprozesse kann nicht von einer generellen Verdrängung oder einem Rückzug des Staates die Rede sein kann. Vielmehr befinden sich Staaten in tief greifenden und vielschichtigen Transformationsprozessen, die alle drei Staatselemente (Staatsgebiet, Staatsvolk, Staatsgewalt) erfassen und zumindest in der westlichen OECD-Welt auf einen Wandel von der nationalen zur postnationalen Konstellation verweisen. Letztere ist dadurch gekennzeichnet, dass die westlichen Problemlagen, Regierensleistungen, Legitimierungsprozesse und Ressourcen zur Politikumsetzung auf unterschiedlichen Ebenen, nicht mehr nur der staatlichen Ebene angesiedelt sind.

Die heutige Staatenwelt besteht nicht aus funktionell gleichen Einheiten. Vielmehr ist eine Ausdifferenzierung zu beobachten, die sich anhand der Unterscheidung zwischen prämodernen, modernen und postmodernen Staaten beschreiben lässt. Diesen Idealtypen lassen sich ausgewählte Staaten aus unterschiedlichen Weltregionen (Sub-Sahara-Afrika, asiatisch-pazifischer Raum, westliche OECD-Welt) zuordnen.

Es wurde anhand der Kriterien der Funktionsweise und Funktionsfähigkeit staatlicher Institutionen, der wirtschaftlichen Organisationsform und Leistungsfähigkeit sowie des kollektiven Identitätsbewusstsein gezeigt, dass sich die Mitgliedstaaten der EU zu postmodernen Staaten entwickeln. Die USA hingegen befinden sich in einem Spannungsverhältnis zwischen einem modernen Hegemonialstaat und einem postmodernen Staat. Postmoderne Staaten tendieren in ihrem außenpolitischen Verhalten zur Bildung von Sicherheitsgemeinschaften mit ihresgleichen, was zu einer Aufhebung der Anarchie und des Sicherheitsdilemmas zwischen diesen Staaten führt. Postmoderne Staaten und die von ihnen geschaffenen politisch-administrativen Mehrebenensysteme stehen jedoch vor neuen Herausforderungen der Erbringung effektiver und legitimer Regierensleistungen.

Die Staaten im asiatisch-pazifischen Raum entwickeln sich hingegen trotz ökonomischer Entwicklungs- und weltwirtschaftlicher und regionaler Integrationstendenzen im Gegensatz zur westlichen OECD-Welt nicht in Richtung postmoderner Staaten. Sie sind nach wie vor moderne „westfälische" Staaten, was zur Folge hat, dass die internationalen Beziehungen in der Region aufgrund der regionalen Anarchie immer noch anfällig für zwischenstaatliche Gewaltkonflikte sind.

Schließlich lassen sich zahlreiche Länder Afrikas südlich der Sahara als prämoderne Staaten charakterisieren, wie an den Beispielen des Sudan und der DR Kongo vergegenwärtigt wurde. Sie verfügen oft nicht über die nötigen Kapazitäten, um an internationalen Politikformulierungs- und -entscheidungsprozessen wirksam und gleichberechtigt teilnehmen zu können. Die fehlende innere Souveränität dieser Staaten birgt die Gefahr von Staatszerfall in sich, der tief greifende, innerstaatliche und grenzüberschreitende Auswirkungen mit sich bringt.

 Übungsfragen

> Welche Merkmale werden gemeinhin als konstitutive Elemente von Staatlichkeit angesehen? Welchen Transformationsprozessen sind diese Staatselemente im Zeitalter der Globalisierung und des in Kap. 2.3 beschriebenen Wandels der Leitideen unterworfen?
> Welche verschiedenen Typen von Staaten lassen sich nach Sørensen (2001) unterscheiden? Welche Merkmale kennzeichnen die verschiedenen Staatstypen? Welche Folgen für die Weltpolitik ergeben sich aus der zu beobachtenden regionalen Ausdifferenzierung von Staatlichkeit?
> Wie stellen sich der Zustand und die Entwicklungsperspektive des Staates in verschiedenen Weltregionen dar?
> Können die EU-Mitgliedstaaten und die USA als postmoderne Staaten bezeichnet werden? Welche weltpolitischen Auswirkungen ergeben sich durch die für postmoderne Staaten charakteristische Außenpolitik?
> Wo sind die aufstrebenden asiatischen Regionalmächte China und Indien in der Staatentypologie Sørensens zu verorten? Wie eindeutig verweisen politisch-institutionelle, wirtschaftliche und identitätsbezogene Merkmale dieser Staaten sowie der Charakter der regionalen Beziehungen im asiatisch-pazifischen Raum auf den Typus des modernen Staates?
> In welcher Hinsicht entsprechen Staaten Afrikas südlich der Sahara dem Typus des prämodernen Staates? Welche internen und grenzüberschreitenden Folgen ergeben sich aus Staatsschwäche und Staatszerfall?

 Lektüreempfehlungen

Adler, Emanuel/ Barnett, Michael (Hrsg.) 1998: Security Communities, Cambridge: Cambridge University Press.
Deutsch, Karl W. et al. 1957: Political Community and the North Atlantic Area: International Organization in the Light of Historical Experience, Princeton, NJ: Princeton University Press.
Genschel Philipp/ Zangl, Bernhard 2008: Metamorphosen des Staates: Vom Herrschaftsmonopolisten zum Herrschaftsmanager, in: Leviathan 36: 3, 430-454.

Krasner, Stephen D. (Hrsg.) 2001: Problematic Sovereignty: Contested Rules and Political Possibilities, New York: Columbia University Press.

Leibfried, Stephan/ Zürn, Michael (Hrsg.) 2006: Transformationen des Staates?, Frankfurt/a.M.: Suhrkamp.

Schneckener, Ulrich (Hrsg.) 2006: Fragile Staatlichkeit: „States at Risk" zwischen Stabilität und Scheitern, Baden-Baden: Nomos.

Sørensen, Georg 2001: Changes in Statehood: The Transformation of International Relations, Basingstoke/ New York: Palgrave Macmillan.

Derichs, Claudia/ Heberer, Thomas (Hrsg.) 2008: Einführung in die politischen Systeme Ostasiens: VR China, Hongkong, Japan, Nordkorea, Südkorea, Taiwan, Wiesbaden: VS Verlag für Sozialwissenschaften.

Hummel, Hartwig 2004: Ostasiens Wege in die Weltpolitik: Intra-regionale Konflikte und kompetitiver Nationalismus, in: Rittberger, Volker (Hrsg.): Weltpolitik heute: Grundlagen und Perspektiven, Baden-Baden: Nomos, 123-143.

Schubert, Gunter 2006: (Un)Sicherheit in Ostasien, in: Die Friedens-Warte 81: 3-4, 11-20.

Wacker, Gudrun 2006: Eine neue Pax Sinica? Chinas Außenpolitik im Kontext bedrohter Sicherheit in Ostasien, in: Die Friedens-Warte 81: 3-4, 21-41.

Prunier, Gerard/ Gisselquist, Rachel 2003: The Sudan: A Successfully Failed State, in: Rotberg, Robert I. (Hrsg.): State Failure and State Weakness in a Time of Terror, Cambridge, MA: World Peace Foundation, 101-127.

Olsson, Ola/ Fors, Heather Congdon 2004: Congo: The Prize of Predation, in: Journal of Peace Research 41: 3, 321-336.

Kapitel 3.2: Internationale Organisationen: Vom Exekutivmultilateralismus zu inklusiven, multipartistischen Institutionen?

1 Politische Bedeutung und Weiterentwicklung internationaler Organisationen

„Institutions matter": Die politische Bedeutsamkeit von internationalen zwischenstaatlichen Organisationen und Regimen – kann heute empirisch nicht mehr bestritten werden. Das Bild von der Weltpolitik zu Beginn des 21. Jahrhunderts ist komplexer als die Vorstellung von einer anarchischen Staatenwelt. Internationale Organisationen[65], verstanden als Teilmenge von internationalen Institutionen[66], bilden neben den Staaten eine weitere Klasse von politikmächtigen Akteuren im globalen System.

Einen ersten Anhaltspunkt für die gewichtige Rolle internationaler Organisationen in der Weltpolitik bieten quantitative Indikatoren wie die Entwicklung ihrer Anzahl, ihre finanziellen und personellen Ressourcen und ihre Präsenz in verschiedenen Politikbereichen (vgl. Rittberger/ Zangl 2006: 55ff). Historisch betrachtet sind internationale Organisationen eine vergleichsweise junge Erscheinung. Die ersten dieser internationalen Organisationen entstanden im Laufe des 19. Jahrhunderts (Rheinschifffahrtskommission (1815), Internationale Telegrafen-Union (1865)) und gewannen während des 20. Jahrhunderts zusehends an Bedeutung. Wie schon 1815 nach den Napoleonischen Kriegen und 1918 nach dem Ersten Weltkrieg setzte auch 1945 nach einer durch Krieg und Stagnation in der Entwicklung internationaler Organisationen geprägten Phase ein neuerlicher Gründungsboom ein, in dessen Folge Organisationen wie die Vereinten Nationen, GATT, IWF, Weltbank, Europarat und NATO sowie später Warschauer Pakt und die Europäische Gemeinschaft (EG) entstanden. Zunehmende Interdependenzen trugen zu einer weit verbreiteten Wahrnehmung eines gesteigerten Bedarfs an institutionalisierter Kooperation bei und schufen eine erhöhte Nachfrage nach internationalen Organisationen. Freilich wurde die sich nach 1945 entwickelnde Teilung der Welt in Ost und West dadurch nicht verhindert und nur begrenzt überbrückt. Die Gründung internationaler Organisationen in der unmittelbaren Nachkriegszeit ist nicht nur auf zunehmende Interdependenzen sondern auch auf die US-Hegemonie sowie auf den

---

[65] Mit dem Ausdruck „internationale Organisationen" werden im Folgenden internationale *zwischenstaatliche* Organisationen bezeichnet.
[66] Vgl. dazu die Definition von internationalen Institutionen in Abschnitt 2.2 dieses Kapitels.

Kapitel 3: Ausdifferenzierung des Spektrums politikmächtiger Akteure 197

sich entwickelnden Systemkonflikt zwischen Ost und West (mit der Folge der Gründung von internationalen Organisationen in den jeweiligen Machtblöcken) zurückzuführen. Ein regelrechtes Gründungsfieber ließ die Zahl internationaler Organisationen von 1944 bis 1949 auf 123 hochschnellen, was einem Wachstum von 50 Prozent innerhalb dieser fünf Jahre entspricht. Auch die Anzahl der Mitgliedschaften in internationalen Organisationen pro Staat stieg ungeachtet der wachsenden Zahl der Staaten insgesamt auf durchschnittlich 30,5.

Der Wachstumsprozess variierender Intensität nach dem Zweiten Weltkrieg wurde erst in den 1980er Jahren unterbrochen. Seit 1985 ist die Anzahl der internationalen Organisationen sogar leicht rückläufig. Ein Grund dürfte das Ende des Ost-West-Konflikts und die damit einher gehende Auflösung der im Ostblock errichteten internationalen Organisationen darstellen. Die Zahl der von Staaten errichteten internationalen Organisationen ist zwar rückläufig (vgl. Abb. 2.13), die der von internationalen Organisationen selbst gegründeten Sonderorganisationen und Spezialorgane läuft allerdings diesem Trend entgegen. Insgesamt existieren heute etwa 250 internationale zwischenstaatliche Organisationen (Rittberger/ Zangl 2006: 4; Cusimano/ Hensman/ Rodrigues 2000: 257f.; Karns/Mingst 2004: 224).

Nicht nur die Zahl internationaler Organisationen hat in den Jahrzehnten nach dem Ende des Zweiten Weltkrieges deutlich zugenommen; auch die ihnen zur Verfügung stehenden finanziellen und personellen Ressourcen haben einen beachtlichen Umfang erreicht. Für die Jahre 2006 und 2007 standen den Vereinten Nationen (VN) in ihrem ordentlichen (Doppel-)Haushalt insgesamt 3,8 Mrd. US-Dollar zur Verfügung (Auswärtiges Amt 2007; 2008), für 2008/2009 sind es 4,2 Mrd.[67] Hinzu kommen die Budgets der Sonderorganisationen, die nochmals Ausgaben in Höhe von fast 2,5 Mrd. US-Dollar ausweisen. Von großer Bedeutung sind außerdem die freiwillig aufgebrachten Beiträge für die Hilfswerke und Nebenorgane der VN sowie insbesondere die zuletzt stark angewachsenen Spezialhaushalte zur Finanzierung von friedenserhaltenden Maßnahmen. Im Zeitraum 2008/2009 werden für solche „Peacekeeping"-Missionen Kosten in Höhe von schätzungsweise sieben Milliarden US-Dollar erwartet (Auswärtiges Amt 2008). Die größere „Integrationsdichte" im europäisch-regionalen Rahmen spiegelt sich im Vergleich zu den VN noch einmal deutlich umfangreicher im Gesamthaushalt der Europäischen Union (EU) wider, der sich im Jahr 2007 auf 126 Mrd. Euro belief (vgl. Europäische Kommission 2008a).

Allein die Vereinten Nationen beschäftigen 35 000 Mitarbeiterinnen und Mitarbeiter in ihren ca. 600 weltweit verstreuten Dienststellen. Hinzu kommen die Beschäftigten der verschiedenen VN-Sonderorganisationen wie Weltbank oder Weltgesundheitsorganisation (WHO), so dass sich der Personalbestand des Verbandes der zu den VN gehörigen Organisationen auf über 64 000 beläuft. Rund 31 000 „Eurokraten" spiegeln das politische Gewicht der Europäischen Union wider (Rittberger/ Zangl 2006: 4f.).

---

[67] Angesichts des breiten Aufgabenspektrums der VN und verglichen mit der Größe der Haushalte westlicher Staaten ist das Budget der VN jedoch immer noch sehr gering.

Internationale Organisationen zeichnen sich durch eine weithin erkennbare Präsenz in einer Vielzahl von Politikfeldern aus. Die Aktivitäten internationaler Organisationen beziehen sich auf ein Spektrum von Politikfeldern, das sich von „A" wie z.B. Abrüstungspolitik bis „Z" wie z.B. Zollpolitik erstreckt.

Bereits dieser flüchtige Überblick weist darauf hin, dass internationale Organisationen die Weltpolitik in erheblichem Maße mit gestalten, wenn auch ihre Ressourcenausstattung längst nicht mit der der meisten nationalstaatlichen Regierungen mithalten kann – die EU bildet in dieser Hinsicht eine Ausnahme (vgl. Zangl/ Zürn 2003: 164f.).

Internationale Organisationen wie die VN oder die EU sind weder bloß die Fortsetzung zwischenstaatlicher Machtpolitik mit anderen Mitteln, noch sind sie Ergebnis oder Zwischenetappe eines evolutionären Prozesses der Herausbildung eines Überstaates auf regionaler oder gar globaler Ebene. Man begreift sie besser als von und zwischen international politikmächtigen Akteuren (primär: Staaten) geschaffene Entscheidungssysteme, die mehreren Akteuren gemeinsame, teils sie einigende, teils sie entzweiende Probleme einer kollektiven Bearbeitung zugänglich machen sollen. Internationale Organisationen ermöglichen den beteiligten Akteuren, für sich selbst vorteilhaftere Ergebnisse zu erreichen, als sie es durch unilaterales Handeln tun könnten. Staaten und ihre Gesellschaften gehen dauerhafte, normativ verankerte Verbindungen ein, die einerseits ihre kollektive Handlungsfähigkeit erhöhen, andererseits ihre individuelle Handlungsautonomie beschränken. Funktionierende internationale Organisationen begründen auf der Grundlage multilateraler Vereinbarungen von Normen und Regeln mit selbst bindendem Charakter wechselseitig verlässliche kooperative Interaktionsmuster. In internationale Organisationen eingebettete Normen und Regeln steuern die Handlungszusammenhänge zwischen international politikmächtigen Akteuren in angebbaren Problemfeldern dauerhaft – ohne dass zwangsläufig eine hierarchisch übergeordnete Autorität deren Einhaltung überwachen und durchsetzen muss. Internationale Organisationen stellen somit Bausteine eines kollektiven „Weltregierens ohne Weltstaat" dar.

Die Gründung internationaler Organisationen durch Staaten entspringt der Besorgnis und dem daraus folgenden Bemühen, dem Verlust nationalstaatlicher Gestaltungsmöglichkeiten im Zuge der Zunahme grenzüberschreitender Probleme und komplexer Interdependenzen entgegen zu wirken (vgl. Kap. 2.2). Dadurch soll politische Steuerungsfähigkeit im regionalen oder globalen Rahmen aufrecht erhalten oder wiedererlangt werden. Dieses Vorgehen kann als rationale und leidlich effektive Maßnahme aufgefasst werden, solange die zu bearbeitenden Probleme primär Schnittstellenprobleme zwischen *Staaten*, wie zum Beispiel handelsbeschränkende Zölle, sind. Im Zeitalter einer beschleunigten und intensivierten Globalisierung tun sich jedoch in allen Sachbereichen der Politik vermehrt transsouveräne Probleme auf, die sich nicht nur *einzelstaatlicher*, sondern auch *zwischenstaatlicher* Kontrolle und Regulierung entziehen, weil die Problemerzeuger und Regelungsadressaten häufig transnational agierende private Handlungsträger sind.

Kapitel 3: Ausdifferenzierung des Spektrums politikmächtiger Akteure

Staaten *und* ihre internationalen Organisationen weisen einen Verlust an Steuerungskapazitäten hinsichtlich grenzüberschreitender Handlungszusammenhänge auf – und das obwohl diese Organisationen von ihren Mitgliedstaaten gerade zur Sicherung von politischer Gestaltungsfähigkeit geschaffen worden sind (vgl. Rittberger 2006, 2006a; Rittberger et al. 2008). Viele Weltprobleme von heute verlangen nicht nur nach zwischenstaatlicher Zusammenarbeit in und durch internationale Organisationen – dies bleibt ohne Zweifel eine Voraussetzung für deren effektive Bearbeitung, sondern auch nach neuen „inklusiven" Institutionen, die staatliche, zwischenstaatliche, privatwirtschaftliche und zivilgesellschaftliche Akteure in ihre Aktivitäten und Entscheidungsprozesse einschließen. In Ansätzen lässt sich bereits eine Entwicklung internationaler Organisationen vom zwischenstaatlichen Exekutivmultilateralismus zu inklusiven multipartistischen Institutionen feststellen. Dieser in vielen Bereichen noch zaghafte Trend scheint – sollte er sich konsolidieren und ausweiten – geeignet, die Input- und Output-Legitimität von Weltregieren zu steigern (vgl. Rittberger 2006, 2006a; Rittberger et al. 2008; Beisheim 2004: 59ff.).

Wenn im Folgenden das „Regieren jenseits des Nationalstaates" (Zürn 1998) *im Rahmen von* internationalen Organisationen und *durch* diese untersucht wird, ist daher auch auf die empirisch zumindest in Teilbereichen der Weltpolitik zu beobachtende Entwicklung internationaler Organisationen vom zwischenstaatlichen Exekutivmultilateralismus zu inklusiven, multipartistischen Institutionen einzugehen. Zunächst werden aber drei verschiedene Rollenbilder von internationalen Organisationen vorgestellt, internationale Organisationen in Abgrenzung zu anderen internationalen Institutionen wie Regimen definiert sowie eine analytische Klassifizierung von internationalen Organisationen eingeführt. Daran anschließend wird eine theoriengeleitete Untersuchung ihrer Bildung und Funktionen sowie ihrer Auswirkungen auf die inter- und transnationalen Beziehungen vorgenommen: Warum gründen Staaten internationale Organisationen? Welchen Zweck erfüllen internationale Organisationen für ihre Mitglieder? Inwiefern erlangen internationale Organisationen von ihren Gründern und Mitgliedern unterscheidbare Politikgestaltungsmacht, welchen eigenständigen Einfluss haben sie auf weltpolitische Interaktionsergebnisse? Es folgt eine Beschreibung der wesentlichen Outputs oder Politikergebnisse, die internationale Organisationen verstanden als politisch-administrative Systeme generieren. Daraufhin wird der sich abzeichnende Wandel internationaler Organisationen vom Exekutivmultilateralismus zu inklusiven, multipartistischen Institutionen unter empirisch-deskriptiven und normativ-präskriptiven Gesichtspunkten analysiert: Welche Faktoren treiben diese Entwicklung an und wie weit fortgeschritten ist der Trend zu inklusiven, multipartistischen Institutionen? Wie lässt sich deren Gründung erklären und welche Folgen für die Bearbeitung von weltpolitischen Problemen ergeben sich aus ihrer gesteigerten Inklusivität? Das Kapitel endet mit einer Zusammenfassung.[68]

---

[68] Die Abschnitte 2 bis 4 dieses Kapitels basieren in ihrem Aufbau und Inhalt weit gehend auf den Kap. 1 und 2 sowie 4-7 in Rittberger/ Zangl (2003) bzw. Rittberger/ Zangl (2006).

2 Konzeptuelle Abgrenzungen

2.1 Drei Rollenbilder von internationalen Organisationen: Instrument, Arena, Akteur

Ehe internationale Organisationen als bestimmte Klasse sozialer Institutionen eingeordnet und definiert werden, sollen drei voneinander zu unterscheidende Verständnisse des Untersuchungsgegenstands „internationale Organisationen" vorgestellt werden. Internationale Organisationen können als „Instrumente" von Staaten, als „Arenen" oder auch als eigenständige „Akteure" in der Weltpolitik in Erscheinung treten (vgl. Archer 2001: 68ff; Rittberger/ Zangl 2006: 6)

Von Neorealisten werden internationale Organisationen als bloße *Instrumente* staatlicher Diplomatie aufgefasst (Archer 2001: 123). Internationale Organisationen werden in dieser Konzeption als Mittel genutzt, mit deren Hilfe Staaten ihre jeweils eigenen (Sicherheits-) Interessen zu verfolgen suchen. In dieser Sichtweise spiegeln die politischen Prozesse in internationalen Organisationen primär die Interessen der mächtigsten Mitgliedstaaten wider. Internationale Organisationen werden somit nur als Begleiterscheinungen machtbasierter Interessenpolitik ohne eigenständige Gestaltungsfähigkeit betrachtet (vgl. Mearsheimer 1994/1995).

Das Rollenbild der *Arena* zeigt internationale Organisationen als eine weltpolitische „Schaubühne" oder als ein diplomatisches „Spielfeld", auf dem einzelne Spieler oder Mannschaften versuchen, ihre materiellen und immateriellen Ziele durchzusetzen und Gewinne zu erzielen. Sie sind demnach Dauereinrichtungen zwischenstaatlicher Konferenzdiplomatie, d.h. intergouvernementale Verhandlungssysteme für die Bearbeitung potenziell aller Themen von internationaler Bedeutung (vgl. Rittberger/ Mogler/ Zangl 1997: Kap. 5). Diese Bearbeitung kann von reinem Informationsaustausch über die Koordination einzelstaatlicher Politikstrategien (z.B. im Umweltschutz) bis hin zur Verurteilung oder Rechtfertigung politischer Handlungen oder Zustände reichen (z.B. die Verhängung kollektiver Sanktionen gegen das Regime in Iran).

Ein drittes übliches und populäres Bild von internationalen Organisationen ist das des *Akteurs,* auch wenn es für die Realität nicht immer zutreffend ist. Dieses Bild spricht internationalen Organisationen eine eigene, von den Mitgliedstaaten zu unterscheidende, d.h. nicht nur „kollektive" Akteursqualität zu, sondern versteht internationale Organisationen als „korporative" Akteure (Moravcsik 1998: 67). Grundlage dieses Verständnisses als korporativer Akteur ist die Annahme, dass Mitgliedstaaten ihre Souveränität im Rahmen der Organisation zusammenlegen oder diese gar an die Organisation oder deren Organe delegieren. Es lässt sich zu Recht einwenden, dass die Zuschreibung politischer Tätigkeiten zu internationalen Organisationen mitunter nur eine kollektive politische Entscheidung durch die Mitgliedstaaten verdeckt, die innerhalb einer internationalen Organisation im Konsens getroffen wurde. Die potenzielle Akteursqualität internationaler Organisationen zeigt sich jedoch an der Existenz von Organen der internationalen

Organisationen – Verwaltungsstab (Sekretariat oder Kommission), Parlament und zuweilen auch ein Gerichtshof –, die nicht mit dem Kollektiv der mitgliedstaatlichen Regierungen identisch sind. Die Zusammensetzung und Tätigkeiten dieser Organe hängen zwar in unterschiedlichem Maße vom Willen der Einzelstaaten ab, sind jedoch nicht durch mitgliedstaatliche Weisungen determiniert (vgl. Barnett/ Finnemore 1999: 699). Der entscheidende Punkt für das Verständnis einer internationalen Organisation als korporativer *Akteur* ist aber, dass ohne die Organisation – und insbesondere ohne ihre nicht rein zwischenstaatlichen *Organe*, z.B. ihre Verwaltungsstäbe wie das VN-Generalsekretariat oder die Europäische Kommission oder Streitschlichtungsorgane – Entscheidungen nicht auf diese Weise oder überhaupt nicht getroffen worden wären (Rittberger/ Zangl 2006: 6; vgl. auch Barnett/ Finnemore 2004: 5).

Internationale Organisationen als **Instrumente**: Mittel zur Verfolgung staatlicher Interessen; die politischen Prozesse in internationalen Organisationen spiegeln primär die Interessen der mächtigsten Mitgliedstaaten wider.

Internationale Organisationen als **Arenen**: weltpolitisches diplomatisches „Spielfeld", auf dem einzelne Spieler oder Mannschaften versuchen, ihre Interessen und Werte durchzusetzen und Gewinne zu erzielen; Dauereinrichtungen (primär) zwischenstaatlicher Konferenzdiplomatie zur Bearbeitung internationaler Probleme; bestenfalls „kollektive" Akteursqualität.

Internationale Organisationen als **Akteure**: eigene, von den Mitgliedstaaten zu unterscheidende, d.h. nicht nur „kollektive", sondern „korporative" Akteursqualität; Zusammenlegen und/ oder Delegation von mitgliedstaatlicher Souveränität im Rahmen der Organisation.

Abb. 3.4: Drei Rollenbilder internationaler Organisationen

2.2 Der Begriff der internationalen Organisationen in Abgrenzung zu internationalen Regimen

Nach dieser Annäherung an die möglichen Rollen internationaler Organisationen in der Weltpolitik soll der Ausdruck „internationale Organisation" vom Konzept des internationalen Regimes abgegrenzt werden. Sowohl internationale Organisationen als auch internationale Regime sind als soziale Institutionen zu verstehen. Eine soziale Institution bezeichnet dauerhaft verfestigte Verhaltensmuster in angebbaren, wiederkehrenden Situationen, die auf bestimmten Normen und Regeln basieren. Soziale Institutionen halten Akteure dazu an, in wiederkehrenden Situationen bestimmten Rollenerwartungen zu genügen. Damit tragen sie zur Angleichung wechselseitiger Verhaltenserwartungen bei und erhöhen die Erwartungsverlässlichkeit zwischen zwei oder mehr interagierenden Parteien, was wiederum eine kooperative Problem- oder Konfliktbearbeitung wahrscheinlicher macht (Keohane 1989: 3; vgl. Hasenclever/ Mayer/ Rittberger 1997: Kap. 2). Verhaltensregelmäßigkeiten sind diesem Verständnis nach nicht lediglich Ausdruck der einseitigen, insbesondere machtgestützten Interessenverfolgung der Akteure, sondern beruhen auf der Existenz von handlungsleitenden Normen und Regeln. Das durch Institutionen begründete soziale Verhalten ist also sowohl regel*mäßig* als auch durch die Orientierung an Normen und Regeln regel*gemäß*. Jenseits dieser Gemeinsamkeiten als internationale soziale Institutionen unterscheiden sich aber internationale Regime und internationale Organisationen in zweierlei Hinsicht (vgl. Hasenclever/ Mayer/ Rittberger 1997: 10f.; Rittberger/ Zangl 2006: 6ff.):

Erstens beziehen sich internationale Regime immer auf ein *angebbares Problemfeld* wie z.B. Schutz der Ozonschicht, Liberalisierung des Handels, Nichtverbreitung von Atomwaffen oder Schutz von Menschenrechten. Dagegen können internationale Organisationen zwar auch problemfeldbezogen wirken wie die Internationale Walfangkommission (IWC) oder die Organisation der Erdöl exportierenden Staaten (OPEC), jedoch auch und sogar häufig problemfeldübergreifend wie etwa die Vereinten Nationen (VN), die Afrikanische Union (AU) oder die Organisation für Sicherheit und Zusammenarbeit in Europa (OSZE).

Zweitens können nur internationale Organisationen als korporative *Akteure* auftreten, wohingegen internationalen Regimen diese Eigenschaft fehlt. So sind internationale Organisationen wie die EU, die VN oder die NATO in der Lage, aufgrund ihrer organschaftlichen Struktur und des Zusammenlegens von Entscheidungskompetenzen bzw. ihrer Delegation an ihre Organe als (korporative) Akteure zu agieren.

Internationale soziale Institutionen bezeichnen dauerhaft verfestigte Verhaltensmuster in angebbaren, wiederkehrenden Situationen, die auf bestimmten Normen und Regeln basieren. Das durch Institutionen begründete soziale Verhalten ist sowohl regel*mäßig* als auch durch die Orientierung an den institutionell verankerten Normen und Regeln regel*gemäß*.

Internationale Regime sind zwischenstaatliche Institutionen, die sich durch konstituierende Prinzipien, Normen, Regeln und Entscheidungsprozeduren auszeichnen, wodurch sie wechselseitige Verhaltenserwartungen in Bezug auf problematische soziale Situationen dauerhaft in Übereinstimmung bringen (Krasner 1983: 2). Regime treten jedoch nicht als kollektiv oder korporativ handelnde Einheiten in Erscheinung.

Internationale Organisationen sind zwischenstaatliche Institutionen, die sowohl problemfeldbezogene als auch problemfeldübergreifende Aufgaben haben und im Binnen- und Außenverhältnis auf Grund ihrer organschaftlichen Struktur und Kompetenzausstattung als Akteure auftreten können.

Abb. 3.5: Definitionen von Internationalen Institutionen, Regimen und Organisationen

Diese Abgrenzung schließt freilich nicht aus, dass ein enger Zusammenhang zwischen internationalen Organisationen und Regimen bestehen kann. Drei Arten von Beziehungen zwischen internationalen Organisationen und internationalen Regimen können unterschieden werden (vgl. Bedarff 2000: 20).

Erstens können die mit dem Begriff des Regimes erfassten problemfeldspezifischen Prinzipien, Normen und Regeln in *eine* internationale Organisation eingebettet sein. Die internationale Organisation stellt dann die Entscheidungsprozeduren für das internationale Regime bereit. In einer internationalen Organisation sind mitunter mehrere Regime verankert, die von der Organisation gefördert werden; zum Beispiel trifft dies auf die Vereinten Nationen zu, in die Regime für den Menschenrechtsschutz, sicherheitspolitische Regime oder auch Umweltregime eingebettet sind.

Zweitens kann ein internationales Regime genauso in *mehreren* internationalen Organisationen verankert sein, wie z.B. das nukleare Nichtverbreitungsregime, an dem die Vereinten Nationen, die Internationale Atomenergiebehörde (IAEO) und die Londoner Gruppe der nuklearen Lieferländer als Organisationen beteiligt sind.

Drittens können internationale Organisationen auf Grund ihrer Akteursqualität zwei Aufgaben für internationale Regime erfüllen: Sie können in bestimmten Fällen durch ihre Normgenerierungsfähigkeit die Errichtung neuer Regime unterstützen. Außerdem können sie die Effektivität von Regimen unterstützen, indem sie die Norm- und Regeleinhaltung überwachen und norm- oder regelabweichendes Verhalten der Regimemitglieder bekannt machen (Young 1994: 164). So waren etwa Organe der VN an der Entstehung des Vertrags über die Nichtverbreitung von Kernwaffen (NPT) beteiligt, die Förderung der Normeinhaltung des NPT durch die Sanktionierung von Verstößen erfolgt durch den Sicherheitsrat der VN und die Implementation dieses Regelwerks einschließlich der Überwachung seiner Einhaltung gehört zu dem Mandat der IAEO.

2.3 *Internationale zwischenstaatliche vs. nichtstaatliche Organisationen*

In der Regel unterscheidet man internationale zwischenstaatliche von internationalen nichtstaatlichen Organisationen („international nongovernmental organizations", INGOs). Als Unterscheidungskriterium bietet sich an zu prüfen, ob die Organisation durch einen multilateralen zwischenstaatlichen Gründungsakt (z.B. einen völkerrechtlichen Vertrag oder den Beschluss einer bestehenden internationalen Organisation) geschaffen wurde, womit sie als internationale zwischenstaatliche Organisation gelten würde. So zählen zum Beispiel die VN oder die WTO unzweifelhaft zu den zwischenstaatlichen, während das Internationale Olympische Komitee oder Amnesty International eindeutig nichtstaatliche Organisationen darstellen. Die Unterteilung von INGOs (im weiteren Sinne) in profitorientierte transnationale Unternehmen und nichtprofitorientierte INGOs (INGOs im engeren Sinne) wird in Kapitel 3.3 ausführlicher behandelt.

Die formale Differenzierung zwischen internationalen zwischenstaatlichen Organisationen und INGOs ist in einigen Fällen jedoch nicht gegeben. Schon bei der Internationalen Arbeitsorganisation (ILO), die 1919 gegründet wurde, haben in den zentralen Entscheidungsorganen Vertreter von Arbeitnehmer- und Arbeitgeberverbänden aus den Mitgliedstaaten gleichberechtigt neben mitgliedstaatlichen Regierungsvertretern

Sitz und Stimme. Freilich bleiben die Staaten innerhalb dieser tripartistischen Organisationsstruktur die tragenden Elemente, denn Arbeitgeber- und Arbeitnehmervertreter sind Teil der mitgliedstaatlichen Delegationen, haben also nur Zugang, wenn ihr Staat Mitglied in der ILO ist. In jüngerer Zeit – wie in Abschnitt 5 dieses Kapitels deutlich werden wird – öffnen sich mehrere internationale Organisationen für nichtstaatliche Akteure durch deren institutionalisierte Einbeziehung und werden somit zu inklusiven, multipartistischen Institutionen, in denen staatliche, zwischenstaatliche und nichtstaatliche Akteure Mitgliedstatus haben und über (Mit-)Entscheidungsrechte verfügen. Dadurch wird die formale Unterscheidung zwischen internationaler zwischenstaatlicher und nichtstaatlicher Organisation zumindest teilweise aufgehoben. Dieser Typus von inklusiven, multipartistischen Institutionen stellt jedoch immer noch eher die Ausnahme als die Regel dar, weshalb die Unterscheidung zwischen internationalen zwischenstaatlichen Organisationen und INGOs in den meisten Fällen durchaus Sinn macht.

3 Theorien über internationale zwischenstaatliche Organisationen: Gründung, Aufgaben und Auswirkungen internationaler Organisationen

Die Entstehungs- und Entwicklungsbedingungen, die Art und Weise des Zustandekommens kollektiver Entscheidungen in und durch internationale(n) Organisationen sowie die Leistungen und Wirkungen von internationalen Organisationen werden von den verschiedenen Theorieschulen der Internationalen Beziehungen unterschiedlich eingeschätzt (vgl. Hasenclever/ Mayer/ Rittberger 1997; Sprinz 2003). Im Folgenden sollen die von den Theorien des Neorealismus, des Liberalismus[69] und des Konstruktivismus gegebenen Antworten auf die folgenden Fragen vorgestellt und bewertet werden: Warum werden internationale Organisationen errichtet? Welche Aufgaben erfüllen sie? Welche Auswirkungen haben sie auf weltpolitische Interaktionsergebnisse und ggf. die grundlegende Struktur der internationalen Beziehungen? Zu betonen ist, dass der folgende Abschnitt die institutionalisierte Kooperation zwischen Staaten im Rahmen internationaler Organisationen behandelt. Wie später gezeigt wird, ist diese zwischenstaatliche Kooperation ein wichtiges, jedoch nicht mehr hinreichendes Element von Weltregieren zur Bearbeitung von mehreren Gesellschaften gemeinsamen Problemen.

---

[69] Die Ausführungen zum Liberalismus in diesem Kapitel konzentrieren sich auf die Theorie des neoliberalen oder rationalistischen Institutionalismus (Keohane 1989) – verstanden als Teilelement des Liberalismus im weiteren Sinne (vgl. Kap. 1, Abschnitt 3). Der utilitaristische Liberalismus (Liberalismus im engeren Sinne) betrachtet dagegen die Vereinbarkeit oder Unvereinbarkeit subsystemischer Präferenzen als entscheidenden kausalen Faktor für internationale Kooperation oder Nicht-Kooperation im Rahmen internationaler Organisationen.

3.1 Neorealismus: Enge Grenzen der Kooperation in internationalen Organisationen

Der Neorealismus sieht in der anarchischen Struktur des internationalen Systems ein zentrales Hindernis für die zwischenstaatliche Kooperation in und durch internationale(n) Organisationen (vgl. Kap. 1). Internationale Organisationen sind weitgehend wirkungs- und damit bedeutungslos für die Ausprägung weltpolitischer Interaktionsprozesse und -ergebnisse (Kooperation vs. Nicht-Kooperation, Krieg vs. Frieden; Ausgestaltung von Politikprogrammen) (vgl. Mearsheimer 1994/95). Eine auf internationale Organisationen gestützte Kooperation zwischen Staaten (nur diese betrachtet der Neorealismus als maßgebliche Akteure) ist selbst dann kaum zu erreichen, wenn diese im gemeinsamen Interesse ist, d.h. für jeden Staat Gewinne verspricht. Auf Grund der anarchischen Struktur des internationalen Systems hat jeder Staat als rationaler, zuvörderst am eigenen Überleben interessierter Akteur nicht nur dafür Sorge zu tragen, dass ihm die internationale Kooperation absolute Gewinne einbringt. Er muss auch sicherstellen, dass er durch internationale Kooperation nicht relativ zu anderen Staaten weniger Gewinne als jene erzielt. Da der Kooperationspartner von heute bereits morgen ein die eigene Sicherheit gefährdender Rivale sein könnte, müssen Staaten in Abwesenheit einer zentralen Rechtsetzungs-, -durchsetzungs- und damit auch Schutzinstanz darauf achten, dass andere Staaten von der gemeinsamen Kooperation in internationalen Organisationen nicht mehr Nutzen für ihre Sicherheit ziehen als sie selbst. Erzielte absolute Kooperationsgewinne können demnach sogar in einen relativen Machtressourcenverlust münden, wenn diese Kooperation anderen Staaten relativ betrachtet mehr Gewinne einbringt (Grieco 1988; 1990; 1993).

Auf internationale Organisationen gestützte Kooperation zwischen Staaten ist deshalb aus Sicht von Neorealisten kaum von Dauer. Eine von gemeinsamen Interessen getragene Kooperation, die für jeden der beteiligten Staaten absolute, aber für keinen von ihnen relative Gewinne abwirft, so dass sie die Verteilung von Machtressourcen aufgrund einer ausgewogenen Gewinnverteilung unberührt lässt, ist praktisch nur selten zu erreichen. Es gibt jedoch nach der neorealistischen Theorie der hegemonialen Stabilität (vgl. Kap. 6, Abschnitt 3.2) eine Möglichkeit für dauerhafte internationale Kooperation im Rahmen internationaler Organisationen. Wenn einer der beteiligten Staaten hinsichtlich seiner Machtressourcen gegenüber allen anderen Mitgliedstaaten dieser Organisation sehr überlegen ist, kann er es sich leisten, relative Gewinne anderer Staaten zu tolerieren. So lange er selbst genügend hohe absolute Gewinne erzielt, kann Kooperation auch von Dauer sein. Internationale Organisationen werden mithin geschaffen und können zu internationaler Kooperation beitragen, wenn eine Hegemonialmacht existiert, die fähig und willens ist, einen überproportionalen Anteil der Kooperationskosten zu tragen (Hegemoniebedingung). Ein zumindest politikfeldspezifisch mit überragenden Machtressourcen ausgestatteter Hegemon bindet durch eine Mischung von Zwang (z.B. Androhung wirtschaftlicher Nachteile oder Sanktionen) und

Anreizen (etwa durch die Bereitstellung kollektiver Güter) andere Staaten in die Organisation ein (vgl. Foot/ MacFarlane/ Mastanduno 2003, vgl. Keohane 1980). Internationale Organisationen sind demnach Instrumente, derer sich die im internationalen System mächtigsten Staaten (vor allem eine Hegemonialmacht) zur langfristigen Durchsetzung ihrer Eigeninteressen – d.h. zur dauerhaften Sicherung ihres Einflusses auf Politikergebnisse – auch durch Einbindung der anderen Staaten bedienen. Gleichwohl *können* aus diesem asymmetrischen Arrangement auch schwächere Staaten durch den Genuss andernfalls nicht produzierter kollektiver Güter, wie z.B. eines offenen Handelssystems oder von Währungsstabilität, Vorteile ziehen.

Gemäß der Theorie der hegemonialen Stabilität ist die Bedeutung internationaler Organisationen eng mit dem Aufstieg und dem Niedergang der sie tragenden Hegemonialmächte verbunden (Gilpin 1981; Kennedy 1987; Kindleberger 1976; Modelski 1987). Der Aufstieg und Fall von wechselnden Hegemonialmächten gilt Anhängern der Machtgleichgewichtstheorie (vgl. Waltz 1979; Layne 1993) als Gesetzmäßigkeit der internationalen Politik, da auf Dauer die Bereitschaft, die mit einer Weltordnungspolitik verbundenen Kooperationskosten überproportional zu tragen, jeden noch so überlegenen Staat gegenüber anderen mächtigen Staaten, d.h. potenziellen Herausforderern, schwächt, so dass er seine Hegemonialstellung verliert. Andere Neorealisten halten – gestützt auf die Theorie des Bedrohungsgleichgewichts – die Verstetigung einer unipolaren Weltordnung zumindest für möglich (vgl. Kap. 2.1).

3.2 Liberalismus: Abbau von Kooperationshindernissen durch internationale Organisationen

Liberale Theoretiker, insbesondere Vertreter des neoliberalen oder rationalistischen Institutionalismus, schätzen die Chancen dauerhafter Kooperation zwischen rational-eigennützig handelnden Akteuren in internationalen Organisationen weitaus höher ein (vgl. Kap. 1, Abschnitt 3.2). Die Motive staatlicher Selbstbindung im Rahmen internationaler Organisationen sind in deren Leistungen für die Verfolgung und Verwirklichung der Interessen beteiligter Akteure zu suchen (vgl. Simmons/ Martin 2002: 195ff.). Vor dem Hintergrund zunehmender komplexer Interdependenz (vgl. Keohane/ Nye 2001) binden sich die Staaten *im eigenen Interesse* durch handlungsregulierende Normen und Regeln selbst und halten sich an diese, auch wenn dies für sie kurzfristig lästig und unbequem erscheint. Internationale Organisationen erbringen Leistungen, die es Staaten in Abwesenheit einer zentralen Letztentscheidungsinstanz ermöglichen oder erleichtern, ihre Beziehungen auf der Basis von vereinbarten Normen und Regeln erwartungsverlässlich zu regulieren.

Die Institutionalisierung von Kooperation durch internationale Organisationen ist dadurch zu erklären, dass Staaten sich durch diese Kooperationen und durch die sich darin niederschlagende „Regulierung von Anarchie" (Rittberger/ Zangl 2003: 38) in angebbaren Situationen bei der Verfolgung ihrer Interessen besser stellen als ohne sie. Internationale Organisationen tragen dazu bei, die Anarchie des internationalen Systems wenn nicht zu überwinden, so doch deren Wirkungen – das Misstrauen zwischen potenziellen Kooperationspartnern (Vertrauensproblem) und die Sorge über relative Gewinne bzw. Verluste im Zuge zwischenstaatlicher Kooperation (Verteilungsproblem) – nachhaltig zu begrenzen. Internationale Organisationen können dadurch Staaten, deren Interessen in einem Problemfeld aufgrund komplexer Interdependenzen weder vollkommen gleichgerichtet sind, noch sich wechselseitig ausschließen, helfen, im gemeinsamen Interesse erfolgreich zu kooperieren.

Internationale Organisationen erbringen verschiedene Leistungen, die Kooperationshindernisse abbauen. Sie beinhalten zum einen Mechanismen, die die Norm- und Regelbefolgung („norm compliance") der beteiligten Staaten fördern und zugleich die wechselseitige Sorge vor regelwidrigem Verhalten abschwächen. Das liegt vor allem daran, dass internationale Organisationen verlässliche Informationen und zumeist auch Überwachungsinstrumente bereit stellen, welche die Wahrscheinlichkeit verringern, dass erhebliche und andauernde Normverletzungen oder Regelverstöße unbemerkt oder sanktionslos bleiben. Internationale Organisationen verringern durch ihre Transparenz schaffenden Überwachungs- und die Kosten der Norm- und Regelverstöße erhöhenden Sanktionsmechanismen sowohl den Anreiz zur eigenen Selbsthilfe als auch die Sorge um die Selbsthilfe anderer. Die Existenz eines „Schattens der Zukunft" (vgl. Axelrod 1984: 12), also die Erwartung, auf einen Interaktionspartner von heute auch in Zukunft wieder im Rahmen der Organisation angewiesen zu sein, schafft Anreize, die eigenen Interessen längerfristig zu kalkulieren, die Option der konditionalen Kooperation zu wählen und somit langfristige Kooperationsgewinne kurzsichtigem Opportunismus vorzuziehen. Ein Staat, der mit internationalen Normen und Regeln opportunistisch verfährt, geht das Risiko ein, dass es für ihn in Zukunft schwieriger oder sehr viel kostspieliger sein wird, Kooperationspartner zu finden.

Eine weitere kooperationsförderliche Leistung, die internationale Organisationen erbringen, ist die Senkung von Transaktionskosten, d.h. der Kosten, die bei der Anbahnung, Aushandlung und Implementation von Kooperationsvereinbarungen entstehen. Aus der Sicht des Prinzipal-Agenten-Ansatzes haben Staaten (die die internationale Organisation gründenden „Prinzipale") zur Kostensenkung weit reichende Initiativ-, Entscheidungs- und Implementierungsbefugnisse an „Agenten" internationaler Organisationen (z.B. an den VN-Generalsekretär oder die Europäische Kommission) delegiert (vgl. Hawkins et al. 2006; Pollack 2003). Die Prinzipale übertragen z.B. ihre Kompetenz zur Aufstellung der Tagesordnung an Agenten, um zu verhindern, dass die Tagesordnung durch zahlreiche Vorschläge der Mitgliedstaaten überladen wird, die damit ihre Forderungen durchsetzen wollen. Auch die konkrete Ausarbeitung der Rechtsetzung oder die Lösung von Problemen, die durch unvollständige Verträge („incomplete contracting") entstehen, kann an Agenten delegiert werden. Weiterhin erhalten manche Agenten von Prinzipalen die Befugnis, Mitgliedstaaten bei der Einhaltung ihrer vertraglichen Pflichten zu überwachen („monitoring").

Internationale Organisationen können ferner durch die Garantie von Beteiligungs- und Mitspracherechten für schwächere Staaten („voice opportunities") (z.B. durch die Stimmverteilung im Rat der EU, die kleinere Staaten relativ begünstigt) und mittels (re-)distributiver Politiken (z.B. zinsgünstige Darlehen der Weltbankgruppe an Entwicklungsländer) deren Sorge über die ungleiche *Verteilung* von Kooperationsgewinnen abschwächen, was ein weiteres erhebliches Kooperationshindernis abbaut.

Die Wirksamkeit vereinbarter internationaler Normen und Regeln sowie die Möglichkeit dauerhafter Kooperation im Rahmen internationaler Organisationen werden nicht von der Existenz einer zentralen Autorität mit legalem Gewaltmonopol (eines „Weltstaats") oder einer die Organisation tragenden Hegemonialmacht abhängig gemacht. Vielmehr ist die Wirksamkeit abhängig von den erwarteten absoluten Gewinnen, die sich aus der Beachtung der vereinbarten Normen und Regeln für die Beteiligten ergeben.

Kooperation durch internationale Organisationen ist auch nach dem Niedergang oder in Abwesenheit eines Hegemons möglich (Keohane 1984; Rittberger/Zürn 1990). Die Errichtung und Aufrechterhaltung internationaler Organisationen ist nicht in erster Linie eine Frage des Angebots (die Gründung wird von einem Hegemon vorgenommen), sondern auch und vor allem eine der Nachfrage (problematische Interessenkonstellation[70]). Situationsstrukturelle Analyseansätze kollektiver Entscheidungen betonen (vgl. Martin 1992; Zürn 1992), dass sich immer dann ein Bedarf an internationalen Organisationen einstellt, wenn Staatsgrenzen überschreitende Interdependenzbeziehungen sich in Interaktionsergebnisse übersetzen, die von den Staaten im Lichte ihrer Interessen als unerwünscht oder verbesserungsfähig eingeschätzt werden (Problembedingung) (Rittberger/ Zangl 2003: 41). In Abwesenheit internationaler Organisationen kommt in problematischen sozialen Situationen („sozialen Fallen") dauerhafte Kooperation häufig auch dann nicht zustande, wenn diese kollektiv betrachtet allen Beteiligten von Nutzen sein würde. Die Interessen der beteiligten Staaten stimmen in derartigen Interessenkonstellationen nicht völlig überein, schließen sich aber auch nicht einem Nullsummenspiel gleich wechselseitig aus. Anreize für beteiligte Staaten, aus der gemeinsamen Kooperation auszuscheren, sowie die Sorge, andere könnten die gemeinsame Kooperation heimlich aufkündigen, führen dazu, dass Kooperation ohne die Informations-, Überwachungs- und ggf. auch Sanktionierungsleistungen internationaler Organisationen nur schwer gelingen kann (Hasenclever/ Mayer/ Rittberger 1997: 27ff.; Keohane 1989).

Die Errichtung und die Ausgestaltung internationaler Organisationen hängen vor allem vom Typ der Interessenkonstellation ab, die den internationalen Kooperationsbe-

---

[70] Eine sozial problematische Interessenkonstellation ist dadurch charakterisiert, dass die Regelbefolgung für am Eigeninteresse orientierte Akteure nicht die situativ vorteilhafteste, sondern nur die zweitbeste Alternative ist, wobei nur die wechselseitige Wahl der zweitbesten Alternative das kollektiv beste Ergebnis garantiert (Leipold 2000: 406). Staaten binden sich also freiwillig in internationale Organisationen ein, um durch wechselseitige Regelbefolgung kollektiv bessere Ergebnisse zu erzielen.

darf begründet (vgl. Hasenclever/ Mayer/ Rittberger 1997: 44ff.). Demnach ist vereinfacht gesprochen in Interessenkonstellationen, in denen die gemeinsamen Interessen der beteiligten Staaten die widerstreitenden Interessen überlagern und kein Anreiz besteht, aus einer einmal erreichten Kooperation auszuscheren (*Koordinationsspiele*), die Bildung internationaler Organisationen relativ wahrscheinlich. Deutlich schwieriger ist sie hingegen in Interessenkonstellationen, bei denen die widerstreitenden Interessen die gemeinsamen Interessen überlagern und alle beteiligten Staaten stets einen Anreiz verspüren, aus der bereits erreichten Kooperation auszuscheren (*Dilemmaspiele*) (vgl. Rittberger/ Zangl 2003: 42). Eine derartige Interessenlage stellt höhere Anforderungen an die Entscheidungskompetenzen und Durchsetzungsfähigkeit der Organisation in Bezug auf Kooperationsvereinbarungen, weil die ständige Gefahr des Ausscherens eines Kooperationspartners besteht (vgl. Martin 1992; Snidal 1985; Stein 1983; Zangl 1999). Aus welcher Interessenkonstellation internationale Organisationen auch entstehen, sie tragen jedenfalls dazu bei, dass internationale Kooperation wahrscheinlicher wird.

3.3 Konstruktivismus: Internationale Organisationen und die Bedeutung ideeller Strukturen

Die Ersetzung des materiellen Strukturverständnisses der rationalistischen Theorieschulen durch ein ideelles sowie die wechselseitige Konstituierung von Struktur und Akteuren im Konstruktivismus (vgl. Kap. 1, Abschnitt 3.3) haben weit reichende Folgen für die Einflussmöglichkeiten, welche internationalen Organisationen in der internationalen Politik zugeschrieben werden. Der Konstruktivismus betont, dass die Entstehung internationaler Institutionen im Allgemeinen und internationaler Organisationen im Besonderen davon abhängig ist, dass die sie tragenden Werte und Normen einen hohen Kommunalitäts- und Spezifizitätsgrad aufweisen (Rittberger/ Zangl 2003: 45). Internationale Organisationen werden insbesondere dann entstehen können, wenn es einzelnen Staaten, transnationalen Akteuren oder Netzwerken gelungen ist, in den beteiligten Gesellschaften für die von ihnen vertretenen Werte und Normen (wie Nichtverbreitung von Massenvernichtungswaffen, Freihandel, Umweltschutz oder Menschenrechte) zu werben und diese in den Gesellschaften zu verankern (vgl. dazu auch Kap. 3.3, Abschnitt 4.1). Diese gesellschaftliche Verankerung soll die Staaten dazu veranlassen, die daraus folgenden Erwartungen angemessenen Verhaltens in internationalen Organisationen festzuschreiben (E.B. Haas 1990; P.M. Haas 1989; 1990; 1992a).

Darüber hinaus machen konstruktivistische Theorieansätze in Bezug auf die Bildung, aber auch die Wirksamkeit internationaler Organisationen auf die Bedeutung übereinstimmender Kognitionen aufmerksam (Kognitionsbedingung). Die Probleme, die durch internationale Organisationen bearbeitet werden sollen, werden vielfach von verschiedenen Staaten sehr unterschiedlich wahrgenommen. Sind beispielsweise die mit bestimmten Umweltrisiken oder Wirtschaftskrisen verbundenen Problemwahrnehmungen grundlegend verschieden, dann sind wirksame internationale Organisationen, die sich dieser Probleme annehmen, nur schwer zu errichten. Die Bildung wirksamer internationaler Organisationen ist deshalb nur dann zu erwarten, wenn sich in den betreffenden Staaten eine zumindest annähernd einheitliche Problemwahrnehmung eingestellt hat (P.M. Haas 1989; 1990; 1992a). In diesem Zusammenhang können transnationale advokatorische Netzwerke (vgl. Kap. 3.3, Abschnitt 4.1) oder problemfeldbezogene Wissensgemeinschaften zur Ausbildung von Werteübereinstimmungen oder von miteinander kompatiblen Auffassungen über Ursache-Wirkungs-Zusammenhängen beitragen (vgl. Finnemore/ Sikkink 1998; Haas 1992a; Kap. 2.3).

Aus konstruktivistischer Sicht kommt internationalen Organisationen eine Doppelrolle zu. Sie spiegeln die in ihnen verankerten Werte und Normen nicht nur wider, sondern sie können diese Werte und Normen der beteiligten Gesellschaften auch prägen oder verstärken. Diese Prägewirkung oder Verstärkung kann sich auf zweierlei Weise entfalten.

Transnationale private Akteure und Netzwerke, die sich so unterschiedlichen Werten wie Freihandel, Menschenrechten oder Umweltschutz verschrieben haben, können internationale Organisationen als Forum nutzen, um weltweit für die auf diese Werte gestützten Normen zu werben. Insbesondere können sie Staaten, die durch Mitgliedschaft in einer internationalen Organisation mit einschlägigem Mandat zwar ihre Unterstützung dieser Normen bekunden, sie in ihrer Praxis aber missachten, vor der eigenen Gesellschaft an den Pranger stellen (Gränzer et al. 1998). Für den Erfolg dieser Strategie transnationaler Akteure und Netzwerke ist entscheidend, dass dadurch innerhalb von solchen Staaten diejenigen Gruppen gestärkt werden, die für diese Normen und ihre Befolgung eintreten (Katzenstein 1996; Klotz 1995; Müller 1993; Risse/ Jetschke/ Schmitz 2002). Transnationale Akteure und Netzwerke können innerhalb internationaler Organisationen durch die Nutzung der ihnen eingeräumten Partizipationschancen oder gegebenenfalls mit Hilfe der Verwaltungsstäbe der internationalen Organisationen die von ihnen vertretenen Werte und Normen verbreiten.

Darüber hinaus können die Verwaltungsstäbe internationaler Organisationen selbst dazu beitragen, dass die von den Organisationen vertretenen Werte und Normen von verschiedenen gesellschaftlichen Gruppen in den beteiligten Staaten vermehrt aufgenommen werden. Verfügen internationale Organisationen über die Fähigkeit zur eigenständigen Normgenerierung und Normverbreitung, so treten die für sie handelnden Organe (z.B. Verwaltungsstab oder Gerichtshof) als relativ autonome korporative Akteure gegenüber mitgliedstaatlichen wie nichtstaatlichen Akteuren auf (vgl. Barnett/ Finnemore 1999, 2004; Finnemore 1993). So hat z.B. die UNESCO es vermocht, Staaten von der Notwendigkeit und dem Nutzen von Wissenschaftspolitik zu überzeugen. Vor 1955 kaum als Staatsaufgabe wahrgenommen, konnte die Wissenschaftspolitik durch intensive Informationstätigkeiten der UNESCO im Rahmen von einschlägigen Studien, Konferenzen und Resolutionen bei den Staaten als Verantwortungsbereich verankert werden. Im Zuge dessen wurden in mehreren Staaten Wissenschafts- und Forschungsministerien gegründet (Finnemore 1993). Internationale Organisationen sind also aus

Kapitel 3: Ausdifferenzierung des Spektrums politikmächtiger Akteure   211

der Sicht des Konstruktivismus neben anderen Akteuren in der Lage, die Identitäten von Staaten, welche durch Wertvorstellungen und Normen konstituiert werden, zu beeinflussen und damit die dem Handeln von Staaten zugrunde liegenden Interessen selbst zu transformieren (vgl. Kap 2.3).

3.4 Bewertung unterschiedlicher Theorien über internationale Organisationen und theoretische Selbstverortung

Die Forschung über internationale Organisationen hat zu einer Abwertung des Neorealismus und zu einer Aufwertung liberaler, insbesondere neoliberal-institutionalistischer, und konstruktivistischer Theorien geführt. Die Ausbildung dauerhafter Kooperationsmuster in und durch internationale Organisationen scheint der neorealistischen Theorie offen zu widersprechen. Diese Bewertung kann jedoch nur als partiell berechtigt gelten, da z.B. neorealistische und konstruktivistische Theorien mit unterschiedlichen metatheoretischen und ontologischen Annahmen operieren. Die Erklärungskraft einer Theorie kann kaum für alle Weltregionen und Problemfelder der internationalen Politik gleichermaßen bejaht oder im Falle konkurrierender Theorien vollständig verneint werden. Es besteht die Notwendigkeit, die jeweilige Theorie zu kontextualisieren, um ihren Gültigkeitsanspruch angemessen bewerten zu können (vgl. Hasenclever/ Mayer/ Rittberger 2000: 12-19). Je nach Weltregion und Sachbereich erscheinen unterschiedliche Theorien vorzugswürdig. So mag die Sicherheitspolitik im asiatisch-pazifischen Raum oder noch deutlicher im Nahen Osten mit Hilfe des Neorealismus besser zu erklären sein als mit liberalen oder konstruktivistischen Theorien, die von einer dort nicht oder nur bedingt gegebenen Existenz komplexer Interdependenzen oder kompatibler Wertvorstellungen anstelle eines weitgehend anarchischen Selbsthilfesystems ausgehen. Die Handelspolitik innerhalb der EU oder der WTO bildet ein Gegenbeispiel, bei dem neorealistische Erklärungen hinter liberalen oder konstruktivistischen Ansätzen zurücktreten. Für die EU mag der Konstruktivismus angesichts der dort weitgehend kompatiblen Wertvorstellungen eher erklärungskräftig sein als in Bezug auf die WTO, in der die komplexen Interdependenzen bislang noch keine mit der EU vergleichbaren Werteübereinstimmungen nach sich gezogen haben (Rittberger/ Zangl 2003: 47f.).

Insgesamt wird im Vergleich dieser Theorien hier der Sichtweise des neoliberalen Institutionalismus der Vorzug gegeben. Im Gegensatz zum Konstruktivismus werden ein rationalistisches Akteurs- und ein vorwiegend materielles Strukturverständnis zugrunde gelegt. Im Gegensatz zum Neorealismus wird davon ausgegangen, dass internationale Organisationen häufig mehr sind als Instrumente der jeweils mächtigsten Staaten. Neorealistische oder moderate konstruktivistische Sichtweisen können diesen Ansatz jedoch ergänzen bzw. erweitern: Nicht immer entstehen internationale Organisationen oder entwickeln sich weiter, wenn sich komplexe Interdependenzbeziehungen zwischen Staaten in Interaktionsergebnisse übersetzen, die von den Staaten im Lichte ihrer Interessen als suboptimal betrachtet werden (*Problembedingung*), wie es neoliberal-institutionalistische Theorien annehmen. Mitunter wird ein Bedarf an internationalen Organisationen von den betreffenden Akteuren nicht als solcher wahrgenommen. Die Bildung internationaler Organisationen ist daher auch von der Wahrnehmung der durch Interdependenzbeziehungen geschaffenen Problemlagen durch die politikmächtigen Akteure sowie deren Wahrnehmung, dass internationale Organisationen zu einer wirksamen Problembearbeitung beitragen können, abhängig (*Kognitionsbedingung*), wie von Konstruktivisten betont wird. Da nicht jede Nachfrage nach internationalen Organisationen sich in ein entsprechendes Angebot übersetzt, erscheinen auch machtstrukturelle neorealistische Erklärungsfaktoren, die auf eben jener Angebotsseite ansetzen, nicht obsolet. Demnach entstehen internationale Organisationen bei durch Interdependenzbeziehungen geschaffenen Problemlagen insbesondere dann, wenn es eine Hegemonialmacht oder einen kleinen Klub von führenden Staaten gibt, die (oder der) bereit und aufgrund überragender Machtressourcen in zumindest einem Politikfeld auch fähig ist (sind), die Gründungs- und Betriebskosten der betreffenden internationalen Organisation weitgehend zu tragen und durch eine Mischung aus Druck und Anreizen andere Staaten in die Organisation einzubinden (*Hegemoniebedingung*). Die Bildung von internationalen Organisationen erscheint daher am wahrscheinlichsten, wenn alle drei Bedingungen erfüllt sind, die aus neorealistischen, neoliberal-institutionalistischen und konstruktivistischen Theorien abgeleitet wurden.

Den beschriebenen Theorien ist gemein, dass sie sich mehr oder minder auf die Kooperation zwischen Staaten im Rahmen von internationalen zwischenstaatlichen Organisationen konzentrieren, wobei der Konstruktivismus freilich nichtstaatlichen Akteuren – wenn auch nicht als Entscheidungsträgern in internationalen Organisationen – noch am meisten Beachtung schenkt. Die Bedingungen der Gründung und die Auswirkungen zwischenstaatlicher Organisationen sind zwar weiterhin wichtige Untersuchungsgegenstände der Internationalen Beziehungen. Wie später in diesem Kapitel darzulegen sein wird (vgl. Abschnitt 5), erscheint die Institutionalisierung rein zwischenstaatlicher Kooperation aber immer weniger hinreichend, gegenwärtige transsouveräne Probleme effektiv zu bearbeiten. Auch empirisch lassen sich Tendenzen vom Exekutivmultilateralismus zu offenen oder gar inklusiven, multipartistischen Institutionen feststellen, die auch auf analytischer Ebene nach einer verstärkten Berücksichtigung nichtstaatlicher Akteure in Theorien über internationale Organisationen verlangen. Die Kernannahmen der auf Staaten konzentrierten liberalen Theorien, wie des neoliberalen Institutionalismus, können in dieser Hinsicht jedoch durchaus als Ausgangs- und Anknüpfungspunkte dienen.

Kapitel 3: Ausdifferenzierung des Spektrums politikmächtiger Akteure

> **Neorealismus:** Existenz einer Hegemonialmacht, die fähig und willens ist, einen überproportionalen Anteil der mit der Errichtung und Aufrechterhaltung einer internationalen Organisation verbundenen Kooperationskosten zu tragen (*Hegemoniebedingung*)
>
> **Liberalismus:** Existenz eines Bedarfs an internationalen Organisationen, wenn Staatsgrenzen überschreitende Interdependenzbeziehungen sich in Interaktionsergebnisse übersetzen, die von den Staaten im Lichte ihrer Interessen als suboptimal eingeschätzt werden *(Problembedingung)*
>
> **Konstruktivismus** (Moderat): Existenz annähernd einheitlicher Problemwahrnehmungen bei den betreffenden Staaten sowie der Übereinstimmung, dass internationale Organisationen geeignet zur Problemlösung sind *(Kognitionsbedingung)*

Vgl. Rittberger/ Zangl (2006: 14ff.)

Abb. 3.6: Bedingungen für die Entstehung von internationalen Organisationen

4 Internationale Organisationen als politisch-administrative Systeme

Im Folgenden wird zunächst beschrieben, wie die interne Struktur von internationalen Organisationen im Allgemeinen aussieht. Daran anschließend soll analysiert werden, welche Akteure Einfluss auf die Ausgestaltung der Politik in und durch internationale(n) Organisationen haben. Es wird ferner untersucht, wie verschiedene Arten von Entscheidungen in internationalen Organisationen zustande kommen, um im letzten Schritt die Politikgestaltungsfähigkeit internationaler Organisationen in der gegenwärtigen Weltpolitik anhand der von ihnen produzierten Politikergebnisse (Outputs) näher zu beleuchten.

Politik im Allgemeinen und so auch die Politik, die in und durch internationale(n) Organisationen betrieben wird, kann als kollektiv verbindliche Zuteilung von Werten zwischen Gesellschaften in den Sachbereichen Sicherheit, Wohlfahrt und Herrschaft verstanden werden (vgl. Czempiel 1981: 13ff.). So lassen sich internationale Organisationen als politische (Teil-)Systeme der internationalen Beziehungen auffassen. Internationale Organisationen reagieren auf Anforderungen und Unterstützung aus ihrer Umgebung („Input") und verwandeln („konvertieren") diese in Politikergebnisse („Output"), die wiederum an die sie umgebende Umwelt gerichtet sind (Rittberger/ Zangl 2006: 61). Inputs sind die Anforderungen und Unterstützungsleistungen, die Akteure der internationalen Politik, genauer: die jeweiligen Mitgliedstaaten und ggf. auch nichtstaatliche Akteure an internationale Organisationen herantragen. Die Outputs - und dies ist das spezifisch Politische an internationalen Organisationen – bewirken oder beeinflussen die kollektiv verbindliche Zuteilung von Werten und wirken über Rückkoppelungsprozesse auf die Inputs zurück (vgl. Schubert 1991: 28-34).

4.1 Organstruktur von internationalen Organisationen

Die Gründungsverträge einer internationalen Organisation können als ihre Verfassung im materiellen Sinne[71] verstanden werden. Die Gründungsverträge regeln gewöhnlich den organisatorischen Aufbau, das heißt die Organgliederung sowie die Kompetenzverteilung zwischen den verschiedenen Organen; sie bestimmen die Grundzüge des Entscheidungsverfahrens, legen die Rechte und Pflichten der Mitgliedstaaten fest und umreißen den Organisationsauftrag nach Zielen und gegebenenfalls auch Mitteln (Reinalda/ Verbeek 2004: 12).

Der in der Verfassung internationaler Organisationen festgelegte institutionelle Rahmen der Konversion von Inputs in Outputs besteht in der Regel aus folgenden typischen Bestandteilen (Abb. 3.7), die den Politikentwicklungsprozess in unterschiedlicher Weise beeinflussen (vgl. Jacobson 1984: 86-93; Seidl-Hohenveldern/ Loibl 2000: 112-216):

---

1. ein *Plenarorgan* aller Mitgliedstaaten (z.B. Generalversammlung der VN, EU- (Minister-) Rat);
2. einen *Exekutiv- oder Verwaltungsrat* (z.B. VN-Sicherheitsrat, ILO-Verwaltungsrat, COREPER);
3. einen *Verwaltungsstab,* (z.B. VN-Sekretariat unter Leitung des VN-Generalsekretärs, Europäische Kommission);
4. einen *Gerichtshof oder gerichtsähnlichen Mechanismus* für verbindliche Streitschlichtung (z.B. Internationaler Gerichtshof, Streitschlichtungsorgan der WTO);
5. eine *parlamentarische Körperschaft* (z.B. Europäisches Parlament, Parlamentarische Versammlung des Europarates);
6. ein *Vertretungsorgan* für organisierte gesellschaftliche Interessen sowie für substaatliche Gebietskörperschaften (z.B. NGO-Konsultativstatus beim ECOSOC, EU-Ausschuss der Regionen).

Vgl. Rittberger/ Zangl (2003: 98)

Abb. 3.7: Bestandteile internationaler Organisationen

Die Einflussmöglichkeiten der einzelnen Bestandteile einer internationalen Organisation auf ihre Politikgestaltung lassen sich im Lichte der verschiedenen Denkschulen unterschiedlich bewerten. Aus neorealistischer Sicht sind diejenigen Organe die wichtigsten, in denen die mächtigsten Mitgliedstaaten vertreten und tonangebend sind, das heißt das Plenarorgan und/ oder der Exekutivrat (z.B. VN-Sicherheitsrat). Die Einflussnahme der mächtigsten Staaten wird freilich gebremst durch den Zwang zur Einigung mit den an der Beschlussfassung institutionell notwendig Beteiligten. Die Existenz supranationaler Organe und ihre Wirkmächtigkeit sind für den Neorealismus letztlich

---

[71] Während eine *Verfassung im formellen Sinn* eine Verfassung in Gesetzesform bezeichnet, umfasst der Begriff *Verfassung im materiellen Sinn* all jene Rechtsnormen, die Aufbau und Tätigkeit des Gemeinwesens regeln, unabhängig davon, ob sie Gesetzesform angenommen haben.

abhängig von den Interessen der mächtigsten Mitgliedstaaten einer internationalen Organisation.

Im Gegensatz dazu betont der neoliberale Institutionalismus die zumindest partiell unabhängige Rolle einzelner Organe und legt besonderes Gewicht auf Verwaltungsstäbe, Gerichtshöfe und parlamentarische Körperschaften. Die relative Autonomie derartiger Organe zeigt sich an der Tendenz zur Konstitutionalisierung internationaler Organisationen, das heißt die Erweiterung des Ausmaßes, zu dem die Verfassung der jeweiligen internationalen Organisation die oberste Rechtsquelle für ihre Mitgliedstaaten ist. Ein weit fortgeschrittener Konstitutionalisierungsgrad lässt sich beispielsweise bei der EU, beim Europarat und bei der WTO beobachten (vgl. Jackson 1998; Jopp/ Matl 2005: 15). Das Primärrecht dieser Organisationen bricht im Zweifelsfall das Recht der Mitgliedstaaten. Die Möglichkeiten von Individuen, ihr Recht auf internationaler Ebene einzuklagen, sind jedoch eher beschränkt. Zwar können natürliche und juristische Personen beim EuGH Klage einreichen, bei der WTO ist diese Option jedoch nicht vorhanden, beim IStGH obliegt die Anklageerhebung der Anklagebehörde („Office of the Prosecutor").

Auch der Konstruktivismus lenkt den Blick auf die Gerichtshöfe und rechtsfähigen Streitschlichtungsorgane von internationalen Organisationen sowie auf ihre Parlamentarischen Körperschaften. Er betont die Bedeutung der in diesen Organen stattfindenden normativ geprägten Diskurse. Solche Diskurse leisten einen besonderen Beitrag zur Internalisierung von in den Verfassungen der EU, des Europarates und der WTO niedergelegten Normen. Internationale Organisationen können in dieser Hinsicht als „teachers of norms" dienen (Finnemore 1993.

Zusammenfassend ist zu sagen, dass der Prozess der Politikentwicklung zwar durch das institutionelle Gefüge internationaler Organisationen zum Teil beschränkt und kanalisiert wird. Vorangebracht und inhaltlich bestimmt wird er jedoch nach wie vor von den Interessen und Handlungsressourcen der an den Entscheidungsprozessen beteiligten Akteure (dies umfasst nicht nur staatliche, sondern auch zwischen- und nichtstaatliche Akteure). So wirkt die Verfasstheit internationaler Organisationen als normativ-institutioneller Rahmen, der die Handlungsmöglichkeiten von Akteuren der internationalen Politik gewährleistet oder begrenzt. Die politischen Aushandlungs- und Entscheidungsprozesse bleiben jedoch zumindest in „klassischen" internationalen zwischenstaatlichen Organisationen vornehmlich eine Domäne der staatlichen Akteure (Rittberger/ Zangl 2003: 115).

4.2 Input-Dimension der Politikentwicklung in und durch internationale Organisationen

Die für die Inputs in die politisch-administrativen Systeme internationaler Organisationen maßgeblichen Handlungseinheiten lassen sich mit je spezifischen Handlungsressourcen und Einflusschancen grob in fünf Kategorien einteilen: (1) Vertreter der Regierungen der Mitgliedstaaten, (2) die Verwaltungsstäbe, vor allem die Verwaltungsspitze der internationalen Organisation selbst, (3) die parlamentarischen Körperschaften, (4) organisierte Interessen und die öffentliche Meinung sowie (5) Experten, die politikberatende Funktionen ausüben. Diese Handlungseinheiten stellen Anforderungen an die internationalen Organisationen (z.B. Frieden schaffen, Wohlstand erhöhen oder Umwelt schützen) und erbringen Unterstützungsleistungen (z.B. finanzielle Ressourcen, Wissen und Personal) (Archer 2001: 93f.).

Den größten Anteil an Input liefern die Mitgliedstaaten. Sie erbringen durch ihre Beitragszahlungen, aber auch durch die Bereitstellung von Informationen und Personal jene Unterstützungsleistungen, die es internationalen Organisationen erst ermöglichen, ihre Aufgaben zu erfüllen. Mitgliedstaaten stellen Anforderungen an die internationalen Organisationen durch Weisungen an ihre Delegationen und Ständigen Vertretungen.

Auch die Verwaltungsstäbe können auf der Input-Seite durchaus bemerkenswerten Einfluss auf die Politikentwicklung ausüben (vgl. Barnett/ Finnemore 1999, 2004; Gordenker 2005; Jacobson 1984: 118ff.; Sandholtz/ Zysman 1989). Durch ein weitläufiges Kommunikationsnetz verfügen sie gegenüber einzelnen Mitgliedstaaten über einen Informationsvorsprung und somit über Thematisierungsmacht (Rittberger/ Zangl 2006: 82f.). Befugnisse können von den Mitgliedstaaten (Prinzipalen) auch bewusst an die Verwaltungsstäbe (Agenten) delegiert werden, um Transaktionskosten zu senken und die Effektivität ihrer Kooperation zu erhöhen. Die Europäische Kommission nimmt neben dem Initiativrecht auch die Aufgabe der Überwachung der Vertragseinhaltung wahr. Der Generalsekretär der Vereinten Nationen hat nach Art. 99 SVN das Recht, Themen auf die Tagesordnung des Sicherheitsrates zu setzen, die seiner Meinung nach als Bedrohung für internationalen Frieden und Sicherheit gelten. Häufig sind die von den Verwaltungsstäben in Auftrag gegebenen Studien, Berichte und von ihnen selbst verfasste Beschlussentwürfe Grundlage der Entscheidungsfindung in den Beschlussorganen der Organisation, wie z.B. der „High Panel Report on Threats, Challenges and Change", der 2004 von einem, von Kofi Annan eingesetzten, hochrangigen Beratergremium erstellt wurde, auf deren Empfehlung hin 2005 die Kommission für Friedenskonsolidierung als Unterorgan der Generalversammlung und des Sicherheitsrats ins Leben gerufen wurde.

Der Input von parlamentarischen Körperschaften ist in der Mehrzahl der Fälle (soweit vorhanden) als eher gering einzustufen. So gibt es zwar z.B. bei der NATO oder bei der OSZE Gremien, in denen Abgeordnete der mitgliedstaatlichen Parlamente vertreten sind, jedoch ist z.B. innerhalb der Vereinten Nationen keine derartige institutionalisierte Vertretung vorhanden (vgl. Kap. 9). Die Unterstützungsleistung von parlamentarischen Körperschaften bezieht sich im Wesentlichen auf den Zuwachs an demokratischer Legitimität für Politikentscheidungen. Zumindest im Falle des Europäischen Parlaments ist jedoch ein Zuwachs an Politikgestaltungsmacht durch den schrittweisen Ausbau von (Mit-) Entscheidungsrechten zu beobachten (vgl. B. Rittberger 2005). Durch das im Vertrag von Maastricht (1993) festgeschriebene Recht des Parlaments,

Entscheidungen des Rates zu blockieren oder ein Misstrauensvotum gegen die Kommission zu initiieren, ist das Europäische Parlament inzwischen zu einem Akteur geworden, dessen Input die Entscheidungsprozesse innerhalb der EU maßgeblich mitprägt.

Zivilgesellschaftliche und privatwirtschaftliche Akteure können über direkten Zugang zu und differenzierte Mitspracherechte in den Verhandlungssystemen internationaler Organisationen verfügen, informell durch Lobbyarbeit gegenüber den Verwaltungsstäben internationaler Organisationen oder über die Öffentlichkeit auf ihre Anliegen aufmerksam machen und somit Einfluss auf Politikentscheidungen von internationalen Organisationen ausüben.

Eine vergleichsweise bedeutende Rolle für den Input spielt die (wissenschaftliche) Politikberatung durch Experten. Gerade bei den Vereinten Nationen wird häufig auf Expertengremien, Beiräte oder Berater zurückgegriffen. Da internationale Organisationen mit immer komplexeren Problemen konfrontiert werden, bekommen die Einschätzungen von Experten größeres Gewicht. Wenn Einigkeit zwischen den Experten besteht, wie ein Problem bearbeitet werden soll und sie somit eine Wissensgemeinschaft bilden, ist es wahrscheinlicher, dass Mitgliedstaaten sich an ihren Ratschlägen orientieren.

Zivilgesellschaftliche und privatwirtschaftliche Akteure haben in jüngerer Vergangenheit in einigen internationalen Organisationen an Einfluss auf Politikentscheidungen und Mitspracherechten gewonnen. Im Zuge eines durch neue globale Herausforderungen und veränderte Akteurskonstellationen hervorgerufenen Trends zu inklusiven, multipartistischen Institutionen ergeben sich erhebliche Veränderungen auf der Input-Seite internationaler Organisationen: Nichtstaatliche Akteure werden zumindest in einigen internationalen Organisationen inzwischen als (annähernd) gleichberechtigte Mitglieder neben öffentlichen Akteuren mit Mitentscheidungsrechten anerkannt (vgl. Abschnitt 5).

Bisher wurden die Akteure, die Anforderungen stellen und Unterstützungsleistungen erbringen, identifiziert und ihre Einflusschancen abgeschätzt. Ihre Inputs werden innerhalb der politisch-administrativen Systeme internationaler Organisationen umgewandelt in Politikergebnisse (Outputs). Dieser Konversionsprozess ist maßgeblich geprägt von unterschiedlichen Entscheidungsmechanismen, die sich innerhalb dieses Systems herausgebildet haben.

4.3 Konversion: Prozesse zur Generierung von Programmentscheidungen und operativen Entscheidungen von internationalen Organisationen

Rittberger/ Zangl (2006) identifizieren zwei Arten von Entscheidungen, die im Konversionsprozess von Input zu Output getroffen werden: Programmentscheidungen und operative Entscheidungen.

Programmentscheidungen sind Entscheidungen über eine Reihe von Normen und Regeln, die das Verhalten der an Entscheidungen beteiligten oder von ihnen betroffenen Akteure in eine bestimmte Richtung und unter Verwendung bestimmter Mittel leiten sollen. Sie treffen Festlegungen über Standards für künftiges Verhalten und künftige Werteverteilungen. Durch die Unterwerfung unter international vereinbarte Normen und Regeln gibt ein Staat bis dahin für ihn verfügbare Handlungoptionen auf. Dieser Souveränitätstransfer kann nicht ohne die Beteiligung der souveränen Staaten vonstatten gehen, so dass Programmentscheidungen in internationalen Organisationen daher nicht ohne die Mitgliedstaaten getroffen werden. Bei Programmentscheidungen kommt internationalen Organisationen vor allem die Rolle eines Forums oder einer Arena für Verhandlungen zwischen den Vertretern der Mitgliedstaaten zu. Der Verwaltungsstab der internationalen Organisation hat dabei zwar die Aufgabe, Informationen bereit zu stellen, Programmentscheidungen kommen jedoch vor allem durch *intergouvernementale Aushandlungsprozesse* zwischen oder durch *Mehrheitsentscheidungen* von Staaten zustande (Rittberger/Mogler/Zangl 1997: Kap. 5).

Operative Entscheidungen beziehen sich hingegen auf die Implementierung bereits verabschiedeter Programme einschließlich der Überwachung normgemäßen Verhaltens und ggf. auch der Sanktionierung normabweichenden Verhaltens. Im Gegensatz zu Programmentscheidungen beeinträchtigen operative Entscheidungen internationaler Organisationen die mitgliedstaatliche Autonomie nicht zusätzlich über die durch Programmentscheidungen bereits aufgegebene Autonomie hinaus. Denn bei operativen Entscheidungen geht es im Wesentlichen um die Auswahl von Maßnahmen und Mitteln, um die von den Staaten kollektiv gesetzten Ziele zu erreichen. Deshalb konnten viele internationale Organisationen und deren Organe für diesen Entscheidungstyp eine von den Mitgliedstaaten teilweise unabhängige Entscheidungskompetenz erlangen.

Operative Entscheidungen sind in der Regel das Ergebnis von *rationalen Wahlhandlungen* (z.B. Entscheidungen der EZB bezüglich der europäischen Geldpolitik), *routinisierten innerorganisatorischen Entscheidungsabläufen* (z.B. standardisierte Abläufe in den VN nach Beschluss der Entsendung von Friedenstruppen) oder *inner- und zwischenbürokratischen Aushandlungsprozessen* (z.B. Aushandlungen zwischen der EU-Kommission und Vertretern mitgliedstaatlicher Bürokratien) (ausführlich zu den operativen Entscheidungsprozessen vgl. Rittberger/Zangl 2006: 88ff.; Reinalda/ Verbeek 2004). Die für operative Entscheidungen zuständige Organe (Exekutivräte oder Verwaltungsstäbe) entsprechen dem Rollenbild eines mit mehr oder weniger weitreichenden Vollmachten ausgestatteten Agenten (Handlungs-Ausführenden) des Mitgliedstaatenkollektivs (Auftraggeber oder Prinzipale), der kollektiv verbindliche Entscheidungen über die Zuteilung von Werten mit mehr oder weniger großem Ermessensspielraum zu implementieren vermag (vgl. Hawkins et al. 2006).

Festzuhalten ist, dass die Art des Entscheidungsprozesses die inhaltliche Ausgestaltung der Entscheidungen beeinflusst. Diese Entscheidungen gehen schließlich ein in Politikprogramme und operative Tätigkeiten von internationalen Organisationen, die im nächsten Abschnitt genauer behandelt werden.

Kapitel 3: Ausdifferenzierung des Spektrums politikmächtiger Akteure

4.4 Output-Dimension: Politikprogramme, operative Tätigkeiten, informationelle Tätigkeiten

Outputs internationaler Organisationen stellen nicht nur eine Reaktion ihrer politisch-administrativen Systeme auf die Inputs dar, sondern werden durch den gesamten Politikentwicklungsprozess in internationalen Organisationen geprägt. Die Feststellung, dass Inputs durch den Konversionsprozess zu Outputs werden, muss durch die nähere Bestimmung dieser Outputs ergänzt werden. *Politikprogramme* sind als Resultat von Programmentscheidungen und *operative Tätigkeiten* als Folge von Politikprogrammen sowie den zugehörigen operativen Entscheidungen als die beiden zentralen Outputs der politisch-administrativen Systeme internationaler Organisationen zu verstehen. Dem treten als dritte Output-Kategorie die *informationellen Tätigkeiten* zur Seite. Sie müssen deshalb als eigene Kategorie eingeführt werden, da sie sowohl den Politikprogrammen als auch den operativen Tätigkeiten internationaler Organisationen als Entscheidungsanstoß und -hilfe vorausgehen, den Entscheidungs- und Implementationsprozess begleiten und zur Evaluation von Politikprogrammen, ihrer operativen Umsetzung sowie ihrer Wirksamkeit dienen (Rittberger/ Zangl 2006: 102-117).

4.4.1 Politik-Programmaktivitäten internationaler Organisationen

Die in und durch internationale(n) Organisationen beschlossenen *Politikprogramme* können sich auf das Verhalten der Mitgliedstaaten und die Werte- oder Güterverteilungen zwischen ihnen („at the border issues"), zum Teil aber auch auf ihren Binnenbereich („behind the border issues", z.B. Menschenrechtsschutz, Armutsbekämpfung) beziehen. Sie können zudem das Verhältnis zwischen den Mitgliedstaaten und der Organisation selbst betreffen.

Politikprogramme lassen sich danach unterscheiden, ob und wie die Normen und Regeln des Programms das Verhalten der Adressaten oder die Verteilung von Gütern zwischen ihnen beeinflussen. Handelt es sich um einen Eingriff im Sinne der Verhaltenssteuerung, so liegen *regulative* Politikprogramme vor. Soll hingegen die Verteilung von Gütern gesteuert werden, so sind entweder *distributive* oder *redistributive* Politikprogramme gemeint.

Regulative Politikprogramme zielen darauf ab, das Verhalten von sozialen Akteuren durch Ge- und Verbote sowie durch Verhaltensermächtigungen zu steuern, um unerwünschte Interaktionsergebnisse zu vermeiden oder erwünschte Interaktionsergebnisse hervorzubringen; sie grenzen die Handlungsfreiheit der Adressaten ein (z.B. Verbot einseitiger Handelsbeschränkungen, Entwicklung von Menschenrechtsstandards in den VN). *Distributive Politikprogramme* sind dadurch charakterisiert, dass sie eine Verteilung von Gütern und Dienstleistungen vornehmen und organisieren, ohne dadurch Nichtbegünstigten zusätzliche Kosten aufzubürden (z.B. Zuteilung von Positionen für

Satelliten in der Erdumlaufbahn über dem Äquator). *Redistributive Politikprogramme*, die gegenüber distributiven Programmen die deutlich häufiger anzutreffen sind, nehmen hingegen Umverteilungen zwischen den Mitgliedern der Organisation vor, sie schichten Nutzen und Kosten um: Eine Gruppe kann nur deswegen einen Nutzenzuwachs erfahren, weil eine andere Gruppe oder die Allgemeinheit einen Verlust hinnehmen muss. Redistributive Politikprogramme finden sich vor allem bei internationalen Organisationen, die Entwicklungsländer in ihrem Bemühen um eine nachholende Entwicklung durch Ressourcentransfers unterstützen. Beispielsweise haben Politikprogramme der Weltbank oder des Entwicklungsprogramms der Vereinten Nationen (UNDP) redistributiven Charakter, wenngleich relativ geringen Ausmaßes.

Die einzelnen Typen von Politikprogrammen sind freilich nicht exklusiv: So spiegelt die im Rahmen des Weltgipfels der Vereinten Nationen 2005 in New York bekräftigte Selbstverpflichtung der Industrieländer, 0,7% ihres Bruttosozialprodukts für öffentliche Entwicklungshilfe aufzuwenden ein regulatives Programm mit redistributiven Folgen wider.

4.4.2 Operative Tätigkeiten internationaler Organisationen

Operative Tätigkeiten stellen eine Form von Output dar, der für die Befolgung von in Programmentscheidungen erzeugten Normen und Regeln sorgt. Es lassen sich fünf Arten operativer Tätigkeiten unterscheiden (vgl. Abb. 3.8; Rittberger/ Zangl 2006: 106ff.); 1) die Spezifizierung und Konkretisierung von Politikprogrammen zu implementationsfähigen Regelwerken; 2) die Implementation der spezifizierten und konkretisierten Normen und Regeln durch die internationale Organisation selbst; 3) die Überwachung der Befolgung dieser Normen und Regeln durch die Mitgliedstaaten; 4) die Prüfung von etwaigen Norm- und Regelverletzungen durch die Mitgliedstaaten sowie 5) das Verhängen von Sanktionen im Falle von Normverletzungen und Regelverstößen.

Die *Spezifizierung und Konkretisierung* von Politikprogrammen haben das Ziel, deren meist recht allgemeine normative Vorgaben implementationsfähig zu machen. So arbeitet zum Beispiel die Weltbank Detailbedingungen für unterstützungswürdige Entwicklungsprojekte in Entwicklungsländern aus, um ihrer programmatischen Zielsetzung der Entwicklungsfinanzierung und den vom Weltbankdirektorium dazu beschlossenen Grundsätzen und Richtlinien (z.B. „Armutsbekämpfung" oder „verantwortungsvolle Regierungsführung") gerecht zu werden. Bislang bleibt die Möglichkeit internationaler Organisationen, Politikprogramme durch operative Tätigkeiten eigenständig umzusetzen, auf einige wenige Handlungsfelder begrenzt. Denn im Grunde widerspricht dies dem von den Staaten stark betonten Prinzip staatlicher Souveränität. So ist es in den meisten Fällen den Staaten, d.h. ihren Regierungen und bürokratischen Apparaten vorbehalten, international vereinbarte Normen und Regeln zu implementieren.

Die direkte *Implementation* von Normen und Regeln durch internationale Organisationen konnte sich dort durchsetzen, wo internationale Organisationen auf der Grundlage ihrer informationellen, finanziellen und personellen Ressourcen von den Mitgliedstaaten erwünschte Hilfstätigkeiten erbringen. Insbesondere im Bereich der Katastrophenhilfe sowie der Entwicklungszusammenarbeit übernehmen internationale Organisationen Teile der öffentlichen Leistungsverwaltung in Entwicklungsländern, deren Regierungen diese Versorgung nicht sicherstellen. So stellt beispielsweise die Weltgesundheitsorganisation (WHO) in manchen Regionen Teile der Gesundheitsversorgung (z.B. Impfprogramme) bereit, das Kinderhilfswerk der VN (UNICEF) baut und unterhält Schulen in Entwicklungsländern und das Hochkommissariat für Flüchtlinge (UNHCR) errichtet Flüchtlingslager in Katastrophenregionen.

Auch im Bereich der Kompetenzen des VN-Sicherheitsrates zur Friedenssicherung ist ein Beispiel für delegierte Leistungsverwaltung anzutreffen. So haben die Vereinten Nationen 1999 gemäß Sicherheitsratsresolution 1244 in der Nachkriegsregion Kosovo vorübergehend öffentliche Verwaltungsaufgaben übernommen.

Ohne *Überwachung* ist die Verpflichtung von sozialen Akteuren auf die Einhaltung von verbindlichen Normen und Regeln vielfach zum Scheitern verurteilt. In der Weltpolitik übernehmen oftmals internationale Organisationen derartige Überwachungsaufgaben. Denn häufig ist die verlässliche Befolgung von Normen und Regeln durch ein Vertrauensproblem erschwert (Zangl 1999: 68-71). Die meisten Akteure sind zwar bereit, die gemeinsam erzeugten Normen und Regeln zur Richtschnur ihres Handelns zu machen, müssen jedoch die Gewissheit haben, dass sich ihre Partner ebenfalls norm- und regelgemäß verhalten. Als über die kurzfristigen egoistischen Interessen der Mitgliedstaaten hinaus handelnde Instanz können internationale Organisationen durch ihre Überwachungsaktivitäten den Staaten ein gewisses Maß an Erwartungsverlässlichkeit bezüglich des Verhaltens anderer Mitgliedstaaten bieten (vgl. in diesem Kap. Abschnitt 3.2). Ein Beispiel für diese Tätigkeiten ist die Überwachung des Atomwaffensperrvertrags (NPT) durch die IAEO. Ihr Safeguards-System[72] soll gewährleisten, dass die Unterzeichnerstaaten ihre aus dem Vertrag hervorgehenden Verpflichtungen einhalten und insbesondere darauf verzichten, Nuklearmaterial für militärische Zwecke statt für die zivile Nutzung zu missbrauchen.

Die *Prüfung von Norm- und Regelverletzungen* ergänzt in vielen Fällen die Überwachungstätigkeiten, da diese alleine eine zuverlässige Norm- und Regeleinhaltung nicht garantieren kann. Dies gilt insbesondere dann, wenn sich durch die Überwachungstätigkeiten internationaler Organisationen nicht eindeutig klären lässt, ob das beobachtete Verhalten eines Mitgliedstaates den Normen und Regeln entspricht oder einen Norm- oder Regelverstoß darstellt. Dann wird der betreffende Staat für sich in Anspruch nehmen, dass sein Verhalten den vorgegebenen Regelungen folgt, während

---

[72] In so genannten Safeguards-Agreements, die die IAEA mit Mitgliedstaaten abschließt, verpflichten sich die Staaten, der IAEA auf Anforderung Berichte über ihre zivilen atomaren Tätigkeiten einzureichen und Vor-Ort Inspektionen durch IAEA-Experten zuzulassen (vgl. IAEO 2007).

andere Staaten ihn möglicherweise des Norm- oder Regelverstoßes bezichtigen werden. Um dann zu verhindern, dass die Kooperation Schaden nimmt oder ganz scheitert, muss möglichst durch eine dritte – von den Streitparteien unabhängige – Partei geprüft werden, ob das Verhalten des beschuldigten Staates norm- oder regelgemäß ist.

Internationale Organisationen können als Streitschlichtungsorgane fungieren, im Idealfall durch Gerichtshöfe wie den Internationalen Gerichtshof (IGH), der bei den Mitgliedstaaten der Vereinten Nationen im Allgemeinen für die Feststellung von Norm- oder Regelverstößen zuständig ist. Allerdings sind seine Kompetenzen sehr begrenzt, da er bei Streitigkeiten der Mitgliedstaaten über die Auslegung von internationalen Normen und Regeln nur dann aktiv werden kann, wenn sich die beteiligten Staaten über seine Anrufung einig sind. Deshalb ist zum Beispiel im Bereich der Sicherheitspolitik der Sicherheitsrat der Vereinten Nationen für die Feststellung von Regelbrüchen erheblich bedeutender. Der Sicherheitsrat ist nach Artikel 39 SVN damit beauftragt, Verstöße gegen das allgemeine Gewaltverbot festzustellen. Das heißt, er darf zwischenstaatliche, mittlerweile aber auch bestimmte innerstaatliche Gewalthandlungen als Verstoß gegen die VN-Satzung feststellen, verurteilen und Sanktionsmaßnahmen beschließen.

Im Rahmen der WTO werden Norm- oder Regelbrüche durch ein relativ stark verrechtlichtes Streitschlichtungsverfahren festgestellt. Ein WTO-Mitgliedstaat, der einen anderen Mitgliedstaat eines Verstoßes gegen Regeln des WTO-Vertragswerks beschuldigt, kann sich an das Streitschlichtungsorgan („Dispute Settlement Body", DSB) der WTO wenden. Eine Klage vor dem DSB der WTO führt automatisch zur Bearbeitung derselben, indem diese an ein Streitschlichtungspanel weitergegeben wird. Dieses besteht aus drei Personen. Einigen sich die Streitparteien nicht auf diese Personen, so werden diese vom Sekretariat der WTO bestimmt – ein immer häufigerer Vorgang. Eine Entscheidung des Panels gilt automatisch als angenommen, es sei denn der DSB, der identisch mit dem Allgemeinen Rat der WTO ist, lehnt diese einstimmig ab, oder es wird von einer Partei Widerspruch eingelegt. Im Fall eines Einspruchs geht der Streitfall vor die Berufungsinstanz („Appellate Body", AB), auf dessen Zusammensetzung die Streitparteien keinen Einfluss haben. Die Entscheidung des AB kann wiederum nur einstimmig vom DSB abgelehnt werden; mit anderen Worten: es besteht keine Möglichkeit für eine unterlegene Streitpartei, die Annahme eines Schiedsspruchs des AB durch ein Veto zu verhindern. Die Feststellung von Norm- oder Regelverstößen – anders als deren Sanktionierung[73] – in der WTO ist somit dem Zugriff der Streitparteien weitgehend entzogen (vgl. Zangl 2006; ausführlich Kap. 8).

---

[73] Zur Umsetzung der Entscheidung des Panels oder der Berufungsinstanz wird die im Streitschlichtungsverfahren obsiegende Partei in letzter Konsequenz vom DSB ermächtigt, Sanktionen (i.d. Regel „Strafzölle") gegen die unterlegene Partei zu verhängen; rechtstechnisch präzise gesprochen: sie wird autorisiert, eingeräumte Handelskonzessionen aufzuheben/ auszusetzen. Das Problem dieses Vorgehens besteht darin, dass vor allem wirtschaftlich schwache Entwicklungsländer oft davor zurückschrecken, „Strafzölle" gegen Industriestaaten zu verhängen, weil sie auch in der Zukunft auf die Zusammenarbeit mit diesen Staaten angewiesen sind. Bei der Umsetzung der DSB-Entscheidungen haben

In der internationalen Politik ist die Erzwingung von norm- und regelgemäßem Verhalten mangels einer zentralen Sanktions- und Durchsetzungsinstanz zwar in der Regel nicht möglich. Bei einigen internationaler Organisationen sind jedoch Möglichkeiten zur *Sanktionierung* von Norm- und Regelverstößen gegeben. So stellt schon allein die Veröffentlichung eines aufgrund der Überwachungsaktivitäten einer internationalen Organisation aufgedeckten Norm- oder Regelverstoßes sowie seine mögliche Verurteilung durch die Organisation ein nicht zu unterschätzendes Sanktionsmittel dar, das gerade in Demokratien innenpolitische Folgen haben kann und zudem nach Außen die internationale Reputation eines Staates als verlässlicher Vertragspartner mindert.

Politik-Programmaktivitäten: Setzung von Normen und Regeln zur Festlegung künftigen Verhaltens und künftiger Werte- oder Güterverteilungen	1) regulative (Verhalten steuernde) Politikprogramme 2) distributive (Güter verteilende) Politikprogramme 3) redistributive (Güter umverteilende) Politikprogramme
Operative Tätigkeiten: Implementation von in Programmentscheidungen erzeugten Normen und Regeln	1) Spezifizierung und Konkretisierung von Politikprogrammen 2) Implementation der spezifizierten und konkretisierten Normen und Regeln durch die internationalen Organisationen 3) Überwachung der EInhaltung dieser Normen und Regeln durch die Mitgliedsstaaten 4) Prüfung von etwaigen Norm- und Regelverstößen durch die Mitgliedsstaaten 5) Verhängung von Sanktionen im Falle von Normverletzungen und Regelverstößen
Informationelle Tätigkeiten: Erzeugung, Sammlung und Weitergabe von Informationen	1) Informationssammelstelle 2) Erzeuger von Informationen 3) Informationsbörse bzw. -markt

Vgl. Rittberger/ Zangl (2006: 102ff.)

Abb. 3.8: Outputs internationaler Organisationen

Eine über bloß moralische Sanktionen hinausreichende Maßnahme besteht darin, einen die Normen und Regeln missachtenden Staat aus der internationalen Organisation auszuschließen. Über diese Option verfügen etwa die VN oder auch der Europarat. Der Ausschluss eines regelverletzenden Staates ist aber problematisch, da sich die Organisation damit der Möglichkeit beraubt, weiter auf diesen Staat einwirken zu können. Eine nicht so weit gehende Sanktionsmaßnahme wie der Ausschluss eines Organisationsmitglieds ist die Suspendierung von mitgliedstaatlichen Rechten, wie sie etwa die

---

mächtige Staaten erhebliche Möglichkeiten zumindest zur Verzögerung, wenn nicht gar Änderungen der DSB-Entscheidungen, z.B. durch politischen Druck auf kleinere, wirtschaftlich schwächere Kläger. Aufgrund der Machtasymmetrien im internationalen System können Industriestaaten aufgrund ihrer ökonomischen Überlegenheit im Extremfall Sanktionen kleinerer Länder einfach „aussitzen".

VN-Generalversammlung mit dem Entzug des Stimmrechts eines Mitglieds in der Generalversammlung zu verhängen befugt ist. Im Fall Südafrika beispielsweise hat die Generalversammlung im Jahr 1974 in Resolution 3324 E (XXIX) empfohlen, das Regime von der Teilnahme in internationalen Organisationen und an internationalen Konferenzen auszuschließen, solange es seine Politik der Apartheid fortsetzt. Südafrika hat daraufhin bis zu den demokratischen Wahlen 1994 nicht an den Sitzungen der Generalversammlung teilgenommen.

In der EU kann unter bestimmten Bedingungen das Stimmrecht eines Mitglieds im Rat zeitweise ausgesetzt werden, allerdings nur nach schwerwiegenden Verstößen gegen gemeinsame Grundwerte. Dazu ist eine einstimmige Feststellung dieser Verletzung durch den Rat mit Zustimmung des Parlaments nötig, bevor anschließend eine qualifizierten Mehrheit des Rats den Entzug von Beteiligungsrechten beschließen kann.

4.4.3 Informationelle Tätigkeiten internationaler Organisationen

Als weitere maßgebliche Output-Leistung der politisch-administrativen Systeme internationaler Organisationen sind neben der Entwicklung von Politikprogrammen und den operativen Tätigkeiten ihre informationellen Aktivitäten zu nennen (Rittberger/ Zangl 2006: 113ff). Internationale Organisationen dienen als Informationssammelstelle, als Erzeuger von Informationen und als Informationsbörse. Den informationellen Tätigkeiten kommt insofern eine Sonderstellung als Output von internationalen Organisationen zu, als sie zugleich Voraussetzung und Resultat sowohl ihrer Politikprogramme als auch ihrer operativen Tätigkeiten sind. Denn die Generierung von Politikprogrammen sowie ihre Implementation verlangen Informationen über die soziale Wirklichkeit als Grundlage von Entscheidungen ebenso wie für die spätere Evaluation der Programme und ihrer Implementation. Durch ihre informationellen Tätigkeiten tragen internationale Organisationen dazu bei, dass Entscheidungen, seien sie programmatischer oder operativer Art, möglichst schnell und richtig getroffen, gegebenenfalls zügig und realitätsadäquat korrigiert sowie ihrer Umwelt rasch und adressatenfreundlich mitgeteilt werden.

Internationale Organisationen fungieren als *Informationssammelstelle* z.B. durch die Veröffentlichung von „Weltberichten". Praktisch alle internationalen Organisationen sammeln entsprechend ihren satzungsmäßigen Aufgaben und Zielen einschlägige Informationen, um die informationelle Grundlage für Entscheidungen durch die zuständigen Organe der Organisation zu ermöglichen oder zumindest zu erleichtern. Zumeist werden die gesammelten Informationen in organisationseigenen Publikationen, wie z.B. Jahrbüchern, Jahresberichten o.ä., veröffentlicht, so dass sie über den organisationsinternen Bereich hinaus auch einem breiteren Nutzerkreis zugänglich werden. Ein Großteil dessen, was etwa über Waffenarsenale, Wirtschaftswachstum, Arbeitslosigkeit, Säuglingssterblichkeitsrate, Außenzölle, Umweltschäden, Armut und Wohlstandsdisparitäten verschiedener Staaten und Regionen bekannt ist, stammt aus informatio-

Kapitel 3: Ausdifferenzierung des Spektrums politikmächtiger Akteure   225

nellen Aktivitäten internationaler Organisationen. Beispielsweise sind der *Weltentwicklungsbericht* der Weltbank und der *Human Development Report* des UNDP unverzichtbare Quellen, um Informationen über die Armut in der Welt und deren Bekämpfung zu erhalten. Durch ihre informationellen Tätigkeiten sind internationale Organisationen mithin an der Konstruktion sozialer Wirklichkeit beteiligt (vgl. Barnett/ Finnemore 2004: 29ff).

Internationale Organisationen können *Erzeuger von Informationen und Wissen* sein. Über das Sammeln und Verbreiten von Informationen hinaus sind internationale Organisationen häufig auch an der aktiven Erzeugung von Informationen und Wissen beteiligt. Sie unterhalten eigene wissenschaftliche Forschungseinrichtungen, vergeben Forschungsaufträge, fordern Analysen bei wissenschaftlichen Instituten an, koordinieren vielfach die wissenschaftlichen Aktivitäten ihrer Mitgliedstaaten in den Bereichen, die für ihre Satzungsziele von Belang sein können, und geben diese Informationen an die Mitgliedstaaten und die Öffentlichkeit weiter. Somit haben sie ganz wesentlichen Einfluss auf die informationelle Grundlage, auf der Staaten, aber auch andere Akteure der internationalen Politik ihre Interessen bestimmen.

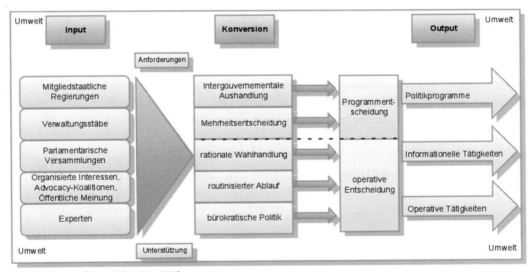

Vgl. Rittberger/ Zangl (2003: 180)

Abb. 3.9: Politikprozess in internationalen Organisationen

Internationale Organisationen dienen schließlich als *Informationsbörse*. Über das Sammeln und Produzieren von Informationen hinaus leisten sie wichtige Dienste beim Austausch von Informationen zwischen Staaten, in wachsendem Maße auch unter Einschluss von nichtstaatlichen Akteuren. Sie dienen den mitgliedstaatlichen Repräsentanten und den Vertretern von nichtstaatlichen Akteuren als Ort des Kennenlernens der Interessen und Positionen des jeweils anderen oder werden genutzt, um die Akzeptanz eigener Interessen und Positionen bei den übrigen staatlichen und nichtstaatlichen Akteuren zu ermitteln. Die Erschließung neuer Informationsquellen ist einer der Gründe für eine wachsende Öffnung („openness") internationaler Organisationen gegenüber nichtstaatlichen Akteuren (Staisch 2003: 70). Internationale Organisationen als Informationsbörsen erhöhen zudem die Transparenz von Entscheidungsprozessen und reduzieren Transaktionskosten. Sie leisten somit einen wichtigen Beitrag zur Erleichterung der Entscheidungsfindung in den internationalen Beziehungen (vgl. Dicke 1988).

Nachdem ausführlich behandelt wurde, wie Weltpolitik in und durch zwischenstaatliche internationale Organisationen stattfindet, soll im folgenden Abschnitt eine neue Tendenz der institutionalisierten Einbettung von nichtstaatlichen Akteuren in Politikformulierungs-, Politikentscheidungs- und -umsetzungsprozesse internationaler Organisationen beschrieben werden. Trotz all der beschriebenen Tätigkeiten, die internationale Organisationen ausüben, erscheinen ihre Problembearbeitungsressourcen und ihre Input-Legitimationsbasis angesichts neuer globaler Herausforderungen und der gewandelten weltpolitischen Akteurskonstellationen nach dem Ende des Kalten Krieges oftmals unzureichend. Mit der Errichtung inklusiver, multipartistischer Institutionen ist die Erwartung verbunden, dass sich durch veränderten Input (stärkere Beteiligung nichtstaatlicher Akteure z.B. bei der Aufstellung der Tagesordnung) und durch veränderte Entscheidungsprozesse (Mitentscheidungsrechte für nichtstaatliche Akteure) auch die Outputs effektiver gestalten, dass also mithin nicht nur die Input-, sondern auch die Output-Legitimität dieser Institutionen gesteigert wird. Ehe diese Erwartungen diskutiert werden, soll aber auf die Faktoren eingegangen werden, die einen Wandel vom Exekutivmultilateralismus zu inklusiven, multipartistischen Institutionen empirisch betrachtet vorantreiben und normativ angezeigt erscheinen lassen.

5 Vom Exekutivmultilateralismus zu inklusiven, multipartistischen Institutionen

5.1 *Veränderte systemische Rahmenbedingungen der Weltpolitik und gewandelte Akteurskonstellationen als Motoren institutionellen Wandels*

In Folge der grundlegenden Wandlungsprozesse der Weltpolitik, die bereits beschrieben wurden (vgl. Kap. 2) erweisen sich nicht nur die Problembearbeitungs- und Steuerungskapazitäten der einzelnen Staaten, sondern auch jene der von ihnen gegründeten zwischenstaatlichen Organisationen zunehmend Institutionen als unzureichend (Brühl/ Rittberger 2001: 19; vgl. Rittberger 2006, 2006a; Rittberger et al. 2008: 12). Das Auftreten und das zunehmende politische Gewicht inklusiver, multipartistischer Institutionen, in denen neben öffentlichen (staatlichen und/ oder zwischenstaatlichen) auch private (privatwirtschaftliche und/ oder zivilgesellschaftliche) Akteure Mitglieder sind und über bestimmte Rechte im Politikentwicklungsprozess verfügen,[74] lässt sich als Anpassungsprozess an die neuen Herausforderungen des globalen, nicht mehr nur zwischenstaatlichen Systems im Zeitalter der Globalisierung und an gewandelte Akteurskonstellationen begreifen (Koenig-Archibugi 2006).

Veränderungen in den Zielen, dem thematischen Umfang und der Reichweite internationaler Organisationen haben sich zeitversetzt in unterschiedlichen Organisationsstrukturen niedergeschlagen (vgl. Rittberger et al. 2008: 13). In den meisten internationalen Organisationen war und ist der Exekutivmultilateralismus vorherrschend, der sich durch nicht-öffentliche Aushandlungsprozesse zwischen Regierungsvertretern, die bewusst weitgehend von öffentlicher Teilhabe isoliert sind, auszeichnet (Keohane/ Nye 2000a: 26). Zugangschancen nichtstaatlicher Akteure sind in diesem Zusammenhang allenfalls informeller Natur. Beispiele sind der VN-Sicherheitsrat oder die G8, in denen ausschließlich einige ausgewählte Staaten als Mitglieder vertreten sind und keine Form von direkter Teilhabe nichtstaatlicher Akteure vorgesehen ist.

Inzwischen hat sich in internationalen Organisationen eine weitere Form des Regierens herausgebildet, die man als „fortgeschrittenen" Exekutivmultilateralismus bezeichnen kann. Dieser zeichnet sich dadurch aus, dass nichtstaatlichen Akteuren gemäß der Satzung der internationalen Organisation institutionalisierte Mitberatungsmöglichkeiten eingeräumt werden. Einige internationale Organisationen haben sich etwa durch Gewährung eines formellen Konsultativstatus für NGOs im Rahmen des Wirtschafts- und Sozialrats der Vereinten Nationen (ECOSOC) für nichtstaatliche Akteure geöffnet und diesen Möglichkeiten eingeräumt, ihr Wissen und ihre Ansichten einzubringen (Alger 2002; ECOSOC Res. 1996/31; Martens 2005: 155f.; Staisch 2003). Staaten bleiben hierbei allerdings die letztentscheidenden Akteure und Torwächter („gate keepers"), die darüber entscheiden, wer unter welchen Bedingungen formellen Zugang zu zwischenstaatlichen Organisationen erhält.

In jüngerer Zeit ist vermehrt eine dritte Form des Regierens jenseits des Nationalstaats in und durch internationale(n) Organisationen zu beobachten und zwar innerhalb inklusiver, multipartistischer Institutionen. In dieser neuen Art internationaler Organisationen sind sowohl öffentliche als auch private Akteure Mitglieder. Beispiele dafür bilden das Gemeinsame Programm der VN zur Bekämpfung von HIV/AIDS (UNAIDS), der „Global Compact", der Globale Fonds zur Bekämpfung von AIDS, Tuberkulose und Malaria („Globaler Fonds"), das Ständige Forum der VN für die Belange indigener Völker („UN Permanent Forum on Indigenous Issues", UNPFII), das sich mit den Problemen und Rechten indigener Völker beschäftigt (vgl. Kap. 9; García-Alix 2003; Ströbele-Gregor 2004: 23; Thies 2008) oder das Internet Governance Forum (IGF) zur Verregelung des Internet (vgl. Theiner 2008). Nichtstaatlichen Akteuren werden

---

[74] Das Merkmal der Inklusivität bezieht sich nach Rittberger et al. (2008) auf die institutionalisierte Einbeziehung von zivilgesellschaftlichen und privatwirtschaftlichen Akteuren in die Tätigkeiten von internationalen Organisationen. Ihnen werden erstens das Recht auf Mitgliedschaft eingeräumt und zweitens bestimmte Rechte im Entscheidungsprozess zuerkannt.

Mitwirkungs- und Beteiligungsrechte am Entscheidungsprozess eingeräumt, die über einen bloßen Konsultativstatus – wie er für beim ECOSOC akkreditierte NGOs vorgesehen ist (vgl. Karns/ Mingst 2004: 231f.) – hinausgehen.

Typus	„Exklusiver" Exekutiv-Multilateralismus	Fortgeschrittener Exekutiv-Multilateralismus	Inklusive, multipartistische Institutionen
Status nicht-staatlicher Akteure	Informeller Zugang	Konsultativ-Status	Mitgliedschaft/ Entscheidungsbeteiligung
Beispiele	VN-Sicherheitsrat IAEO G 7/ G 8	VN-ECOSOC Weltbank WTO IStGH	UNAIDS Global Compact Globaler Fonds UNPFII IGF Kimberley-Prozess

Vgl. Rittberger et al. (2008: 18)

Abb. 3.10: Beteiligung nichtstaatlicher Akteure in Institutionen des Weltregierens

Der Wandel systemischer Rahmenbedingungen und veränderte Interessen, Motivationen und Ressourcenausstattungen verschiedener weltpolitischer Akteursgruppen führen zum Auftreten inklusiver, multipartistischer Institutionen (vgl. auch ausführlich Kap. 6).

Bereits die zunehmende Öffnung („openness") internationaler Organisationen konnte auf globale Veränderungen wie das Ende des Kalten Krieges, die kommunikationstechnologische Revolution und weltweite Globalisierungsprozesse zurückgeführt werden. Diese Entwicklungen, die die Grundlage für den weiter gehenden jüngsten Trend zu inklusiven, multipartistischen Institutionen legten, haben zur grenzüberschreitenden Verbreitung und Vernetzung zivilgesellschaftlicher und privatwirtschaftlicher Akteure sowie zur Ausbildung privater Politikformulierungs- und -implementierungskapazitäten neben den bzw. jenseits der Staaten beigetragen. Zugleich haben sie die hergebrachte Trennung zwischen verschiedenen Politikfeldern (z.B. Sicherheit, Handel, Umwelt, Gesundheit etc.) und zwischen „high" und „low politics" relativiert (vgl. Anheier/ Albrow/ Kaldor 2006; Brühl/ Rittberger 2001: 11-17; Cutler/ Haufler/ Porter 1999; Keohane/ Nye 2001: 21). Das Verschwimmen klarer Grenzen zwischen Politikfeldern hat nichtstaatlichen Akteuren die Möglichkeit eingeräumt, in Politikbereiche vorzudringen, die ehedem der staatlichen, allenfalls zwischenstaatlichen Regulierung vorbehalten waren. Die Komplexität der Politikprogrammierung, der Entscheidungsprozesse und der Politikimplementierung hat zugenommen. Der Informationsvorsprung von Regierungen in und damit deren Kontrolle über internationale(n) Verhandlungen hat abgenommen (Reinicke/ Deng 2000: 2).

Der Bedarf an inklusiven, multipartistischen Institutionen, die über bloße Öffnung gegenüber nichtstaatlichen Akteuren hinaus gehen, lässt sich insbesondere auf zwei Entwicklungstendenzen zurückführen, die die Effektivität nicht nur einzelstaatlicher, sondern auch bereits vorhandener zwischenstaatlicher Regelungsformen schwächen

Kapitel 3: Ausdifferenzierung des Spektrums politikmächtiger Akteure   229

(Rittberger 2006: 46ff.; 2006a: 135ff.): Die Globalisierung hat neue transsouveräne Probleme hervorgebracht und zugleich alte grenzüberschreitende Probleme intensiviert. Transsouveräne Probleme wie die Weiterverbreitung von Massenvernichtungswaffen, der transnationale Terrorismus, transnationale Kriminalität, globale Umweltprobleme, Flüchtlingsströme, die Ausbreitung von Krankheiten und Seuchen wie HIV/AIDS dominieren die weltpolitische Agenda nach dem Kalten Krieg (Cusimano 2000: 3). Sie entziehen sich nicht nur *einzelstaatlicher,* sondern zunehmend auch *zwischenstaatlicher* Regulierung, vor allem weil die Problemerzeuger und Regelungsadressaten häufig transnational agierende private Handlungsträger sind. Die Merkmalskombination „grenzüberschreitend agierend" und „privat" ist die entscheidende Herausforderung, die rein zwischenstaatliche Kooperationsvereinbarungen an ihre Grenzen stoßen lassen. Eine weitere den zahlreichen gegenwärtigen transsouveränen Problemen geschuldete Herausforderung besteht darin, dass sie temporal und sachbereichsbezogen weit ausstrahlen, was ihre Bearbeitung komplexer und Zielkonflikte des Regierens wahrscheinlicher macht (Benner/ Reinicke/ Witte 2004: 194). Daraus resultieren häufig eine Überforderung (zwischen-) staatlicher Organisationen und das Postulat einer breiten Einbeziehung möglichst vieler potenzieller Anspruchsberechtigter („stake-holders") aus der Gesellschafts- und der Wirtschaftswelt und derer Problembearbeitungskapazitäten.

Der Versuch von Staaten, den Verlust nationaler Gestaltungsmöglichkeiten durch institutionalisierte Kooperation in internationalen Organisationen zu kompensieren, stellt vor diesem Hintergrund einen notwendigen, aber nicht hinreichenden Schritt zur effektiven Bearbeitung transsouveräner Probleme dar. Internationale Organisationen, die dem Exekutivmultilateralismus verhaftet bleiben, erweisen sich häufig als nur bedingt in der Lage, grenzüberschreitende Handlungs- und Wirkungszusammenhänge, die von *privaten* Akteuren ausgehende „behind the border issues" repräsentieren, effektiv und legitim zu steuern und zu gestalten (Brühl/ Rittberger 2001: 19). Es bestehen somit wiederkehrende Lücken auf Seiten der *Problemlösungseffektivität* dieser Organisationen (Output-Legitimität). Zugleich existiert auch eine *Input- oder Prozess-Legitimitätslücke* in Bezug auf Partizipationsmöglichkeiten: Nichtstaatliche Akteure sind von den Entscheidungen zwischenstaatlicher Organisationen betroffen; eine angemessene Beteiligung und Mitwirkung am Entscheidungsverfahren wird ihnen jedoch oftmals verwehrt, was die Input-Legitimität dieser Organisationen in Zweifel zieht (vgl. Kap. 9).

Diese Input-Legitimitäts-Defizite internationaler Organisationen erscheinen umso gravierender, stehen sie doch in ausgeprägtem Kontrast zur Ausdifferenzierung des Akteursspektrums und zu den Machtverschiebungen zwischen verschiedenen Akteursgruppen. Neue Akteure wie transnationale privatwirtschaftliche Unternehmen und zivilgesellschaftliche Organisationen haben bereits heute eine wichtige Rolle als eigenständige Schöpfer von Regeln (z.B. von ökologischen und sozialen Verhaltenskodizes) und als Sozialisationsagenten, die die Verbreitung und Internalisierung von Werten und Normen fördern („norm entrepreneurs") übernommen (Cutler/ Haufler/ Porter 1999; Finnemore/ Sikkink 1998; vgl. Kap. 3.3). Diese neuen politikmächtigen

Akteure können sowohl als Konkurrenten als auch als Kooperationspartner der Staaten in ehemals originär staatlichen oder zwischenstaatlichen Handlungsfeldern auftreten. Jedenfalls vollziehen sich die Prozesse der Ausdifferenzierung und Machtverschiebung nicht ohne Konflikte zwischen und in den einzelnen Akteursgruppen (staatliche und zwischenstaatliche Akteure, privatwirtschaftliche und zivilgesellschaftliche Akteure). Eine wichtige Frage, die sich aus der veränderten Akteurskonstellation ergibt, lautet, wie eine diesen gewandelten Bedingungen angepasste neue Herrschaftsteilung oder Herrschaftssynthese zwischen Staaten, internationalen Organisationen sowie der Wirtschafts- und Gesellschaftswelt institutionalisiert werden kann (Rittberger 2006: 46; 2006a: 136ff.). Auch vor diesem Hintergrund erscheint eine Ausweitung der Mitgliedschafts- und Mitbestimmungsrechte in internationalen Organisationen auf nichtstaatliche Akteure als nahe liegende und erstrebenswerte Konsequenz.

Systemischer Wandel im Zuge der Globalisierung, die Verschiebung von Machtressourcen und Politikgestaltungsfähigkeiten zwischen unterschiedlichen Akteursgruppen und der Wandel der Leitideen im globalen System allein liefern freilich keine vollständige Erklärung für sich abzeichnende Tendenzen institutionellen Wandels zu inklusiven, multipartistischen Institutionen. Es lässt sich auch eine freilich variierende konkrete Nachfrage auf Akteursebene nach inklusiven, multipartistischen Institutionen feststellen (Rittberger et al. 2008).

Staaten, internationale Organisationen, zivilgesellschaftliche Organisationen und privatwirtschaftliche Akteure – aufgefasst als rationale, nutzenmaximierende Akteure – haben konvergierende Interessen an der effektiven Bearbeitung transsouveräner Probleme. Aufbauend auf den Einsichten des neoliberalen Institutionalismus (vgl. oben, Abschnitt 3.2) lässt sich argumentieren, dass solche Akteure in angebbaren problematischen sozialen Situationen normative Institutionen schaffen, die Unsicherheit über die Befolgung der vereinbarten Normen verringern, indem sie Transaktionskosten senken und den beteiligten Akteuren bei der Verfolgung und Verwirklichung ihrer Interessen helfen (Hasenclever/ Mayer/ Rittberger 1997: 23f, 55f). Inklusive, multipartistische Institutionen können als Bemühungen aufgefasst werden, die Probleme, die private und öffentliche Akteure gleichermaßen betreffen, einer multipartistischen kooperativen Bearbeitung zugänglich zu machen.

Mittlerweile lassen sich in vielen Situationen wechselseitige Abhängigkeitsbeziehungen zwischen öffentlichen und privaten Akteuren bei der Erbringung von Regierensleistungen (z.B. der Erzeugung öffentlicher Güter) feststellen. Während z.B. zivilgesellschaftliche Organisationen die Verteilung von humanitären Hilfslieferungen in Krisenregionen organisieren, zu denen Staaten und mitunter auch Vertreter zwischenstaatlicher Organisationen keinen oder nur begrenzten Zugang haben, sind sie gleichzeitig von finanzieller Unterstützung durch öffentliche Akteure abhängig (Rittberger et al. 2008). Institutionalisierte Kooperation stellt in von Interdependenzen und konvergenten oder überlappenden Interessenlagen geprägten Situationen gerade unter Bedingungen von Ressourcenknappheit alle beteiligten Akteure besser, als sie sich durch unilaterales Handeln stellen könnten. Denn im Rahmen inklusiver, multipartistischer

Institutionen tauschen oder besser gesagt: legen öffentliche und private Akteure ihre Ressourcen zur gemeinsamen Problembearbeitung zusammen (Nölke 2000: 334f; Brozus/ Take/ Wolf 2003: 121f). Aus der Sicht der Ressourcentausch-Theorie („resource exchange theory") (vgl. Kap. 6, Abschnitt 2) erwächst aus Interdependenzbeziehungen und spezifischen Ressourcendefiziten öffentlicher und privater Akteure die Motivation von Staaten, internationalen Organisationen und privaten Akteuren, ihre Ressourcen in institutionalisierten Kooperationsformen zusammenzulegen und mithin inklusive Institutionen zu gründen und aufrecht zu erhalten (vgl. Edele 2006; Pfeffer/ Salancik 1978). Inklusive, multipartistische Institutionen entstehen dann, wenn 1) ein Konsens auf (zwischen-)staatlicher und nichtstaatlicher Seite besteht, dass die jeweiligen Ziele und Zielerreichungsstrategien der unterschiedlichen Akteure zumindest miteinander kompatibel sind („domain consensus"), und 2) staatliche und nichtstaatliche Akteure unter Bedingungen von Ressourcenknappheit von den Ressourcen der jeweils anderen Seite abhängig sind (vgl. Kap. 6 für eine ausführliche Darstellung der Ressourcentausch-Theorie und ihre Anwendung auf den Globalen Fonds zur Bekämpfung von AIDS, Tuberkulose und Malaria).

5.2 Inklusive, multipartistische Institutionen, ihr Auftreten und ihre Auswirkungen: Empirisch-deskriptive und normativ-präskriptive Dimensionen

Vor dem Hintergrund der geschilderten Entwicklungen bedarf es aus normativ-präskriptiver Sicht abgesehen von internationalen *zwischenstaatlichen* Organisationen auch inklusiver, multipartistischer Institutionen. Die institutionalisierte Einbeziehung von gesellschafts- und wirtschaftsweltlichen Akteuren in die Entscheidungsprozesse und Tätigkeiten von internationalen Organisationen trägt dem gewandelten Kräfteverhältnis zwischen den politikmächtigen Akteuren und den neuen globalen Problemlagen Rechnung. Inklusive, multipartistische Institutionen haben das Potenzial, bestehende Lücken des Weltregierens („governance gaps") zu schließen und so die Input- und Output-Legitimitätsdefizite zwischenstaatlicher Organisationen zu verringern (Rittberger et al. 2008; Rittberger 2006, 2006a).

Inklusive Institutionen tragen zur Steigerung der Input-Legitimität bei, indem sie eine stärkere Beteiligung der Regelungsbetroffenen am Weltregieren, mithin eine Verantwortungsteilung zwischen Staaten- und Gesellschafts- und Wirtschaftswelt, sicherstellen. So gehören z.B. dem Hauptentscheidungsorgan von UNAIDS, dem „Programme Coordinating Board", sowohl Staaten und VN-Organisationen als auch NGOs an. Einige Beobachter argumentieren freilich, dass inklusive, multipartistische Institutionen nur so legitim sind wie die beteiligten Akteure selbst und die demokratische Legitimation privater Akteure durchaus zweifelhaft ist (Benner/ Reinicke/ Witte 2004: 200). Dennoch bleibt festzuhalten, dass auf globaler Ebene die Einbeziehung einer Vielfalt von Akteuren, die ein breites Spektrum von Interessen und Werten repräsentieren, eine derzeit realistische Möglichkeit darstellt, Partizipationslücken zu verringern (vgl. Kapitel 3.3). Daher erweitert die Einbeziehung von zivilgesellschaftlichen und privatwirtschaftlichen Akteuren die Quantität der im Politikentwicklungsprozess involvierten Interessen und Werte und lässt die Partizipationslücke somit kleiner werden, auch wenn nicht alle beteiligten privaten Akteure selbst demokratisch legitimiert sein mögen (Rittberger et al. 2008).

Die Einbeziehung gesellschafts- und wirtschaftsweltlicher Akteure kann auch für die Output-Legitimität einer Organisation förderlich sein, weil sie zu einer Steigerung der Bereitschaft zur Normbefolgung beitragen sollte. Dahinter steckt die Annahme, dass Akteure eher bereit sind, Regeln und Normen, an deren Setzung und Durchsetzung sie selbst beteiligt waren, freiwillig einzuhalten (vgl. Beisheim/ Dingwerth 2008: 12ff.).

Die Inklusion verschiedener Akteurskategorien ist der Schließung operativer Lücken („operational gaps") von internationalen Organisationen förderlich, weil sie die Verfügbarkeit präziser und zutreffender Informationen für die Problemidentifikation und -diagnose sowie für die adäquate Politikprogrammierung und -implementierung (inklusive „monitoring") erhöht. Indem nichtstaatliche Akteure zusätzliche Kapazitäten wie Wissen und praktische Expertise oder materielle Ressourcen bereitstellen, die staatlichen Entscheidungsträgern in angebbaren Problemfeldern mitunter fehlen, tragen sie zudem zur Gewährleistung der Versorgung mit knappen öffentlichen Gütern wie Sicherheit, Umweltschutz, öffentliche Gesundheitsvorsorge und -nachsorge bei (vgl. Kaul/ Grunberg/ Stern 1999) und steigern die Problembearbeitungsfähigkeiten internationaler Organisationen.

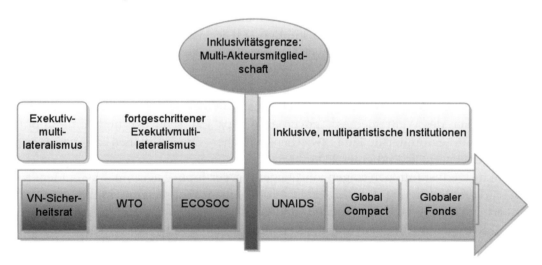

Vgl. Rittberger et al. (2008: 26)

Abb. 3.11: Vom Exekutivmultilateralismus zu inklusiven, multipartistischen Institutionen

Kapitel 3: Ausdifferenzierung des Spektrums politikmächtiger Akteure   233

Die Struktur und Funktionsweise inklusiver, multipartistischer Institutionen lässt sich am Beispiel des seit 2002 arbeitenden Globalen Fonds illustrieren (vgl. ausführlich Kap. 6, Abschnitt 2.2). Der Globale Fonds fungiert als Finanzierungsinstrument mit dem Ziel, das Volumen von weltweit verfügbaren Ressourcen zur Bekämpfung von HIV/AIDS, Tuberkulose und Malaria zu steigern und diese Ressourcen in Regionen zu lenken, die sie am meisten benötigen. Nichtstaatliche Akteure besitzen im Rahmen des Globalen Fonds nicht nur die Mitgliedschaft im obersten Beschlussorgan, dem Vorstand („Foundation Board"), sondern verfügen dort auch über Stimmrechte. In ihm sind alle vier öffentlichen und privaten Akteurstypen repräsentiert: staatliche Vertreter aus Entwicklungs- und Geberländern, zivilgesellschaftliche Repräsentanten von (I)NGOs, privatwirtschaftliche Vertreter von Unternehmen sowie Repräsentanten von internationalen Organisationen (UNAIDS, WHO, Weltbankgruppe). Alle Mitglieder des Vorstands haben Rederecht, nehmen an allen Beratungen teil und verfügen mit Ausnahme der Vertreter der internationalen Organisationen über Stimmrechte im Prozess der Entscheidungsfindung. Der Globale Fonds stellt mithin eine multipartistische Institutionen mit einem sehr hohen Grad an Inklusivität dar (vgl. Rittberger et al. 2008: 25; Global Fund 2003).

Inklusive, multipartistische Institutionen wie der Global Fund scheinen keine Einzelfälle zu sein, sondern sind in einen noch jungen Trend zu isolierten öffentlich-privaten Partnerschaften und multipartistischen Politiknetzwerken in verschiedenen Politikfeldern – von öffentlicher Gesundheit über Umweltschutz, Sicherung von Sozialstandards bis hin zu Sicherheit und Konfliktprävention[75] – einzuordnen. Auch die Schaffung mehrerer Organisationen und Gremien im Rahmen des VN-Systems zur Förderung öffentlich-privater Partnerschaften ist als Anzeichen zu werten, dass der Trend zu inklusiven Institutionen von dauerhafter Natur sein wird (Rittberger et al. 2008: 26ff.).

Zugleich ist die institutionalisierte Inklusion nichtstaatlicher Akteure aber immer noch eher die Ausnahme als die Regel. In den meisten Organisationen und Organen etwa im VN-System existieren nur sehr beschränkte, formal geregelte Mitwirkungsmöglichkeiten (vgl. Art. 71 VN-Satzung). Was die Vereinten Nationen angeht, ruft der *Cardoso-Reformbericht* zwar zu einem Ausbau der Beziehungen zwischen den VN und NGOs, Privatwirtschaft und mitgliedstaatlichen Parlamenten auf. Der Bericht wurde jedoch von den mitgliedstaatlichen Regierungen verhalten aufgenommen. Während viele von ihnen sich gegen größere zivilgesellschaftliche Mitwirkungsrechte wehren, gehen die Vorschläge den privaten Akteuren nicht weit genug. Insgesamt ist festzustellen, dass in der Debatte über eine Reform internationaler Organisationen, nicht zuletzt der Vereinten Nationen, die politikmächtige Realität einer gesellschafts- und wirtschaftsweltlich verankerten transnationalen Politik nach wie vor häufig ausgeblendet wird (Rittberger 2006: 56f.). Die Entwicklung inklusiver, multipartistischer Institutio-

---

[75] Ein Beispiel dafür bildet der Kimberley-Prozess zur Zertifizierung von Rohdiamanten („Kimberley Process Certification Scheme"), vgl. Kapitel 7.

nen stellt also einen freilich oft noch zaghaften empirischen Trend dar. Langfristig werden sich aber auch internationale Organisationen grundlegenden Transformationsprozessen nicht verschließen können, wollen sie zu effektivem und legitimem Weltregieren im 21. Jahrhundert beitragen.

6 Zusammenfassung

In diesem Kapitel wurden internationale Organisationen als weitere Kategorie politikmächtiger Akteure der Weltpolitik neben den Staaten vorgestellt. Zahlreiche internationale Organisationen haben aufgrund ihrer organschaftlichen Struktur und der Ausstattung mit von den Mitgliedstaaten übertragenen Kompetenzen das Potenzial, als eigenständige, in gewissem Umfang von den Weisungen der Mitgliedstaaten unabhängige Akteure aufzutreten. Inwieweit es sich bei einer internationalen Organisation eher um einen korporativen Akteur (mit eigener Akteursqualität im engeren Sinne), um ein Forum für zwischenstaatliche Aushandlungsprozesse oder um ein Instrument ihrer mächtigsten Mitgliedstaaten handelt, kann freilich nur für den jeweiligen Einzelfall entschieden werden. Internationale Organisationen gehören ebenso wie internationale Regime zur Kategorie internationaler Institutionen, definiert als dauerhaft verfestigte Verhaltensmuster in angebbaren, wiederkehrenden Situationen, die auf angebbaren Normen und Regeln beruhen. Anders als internationale Regime können internationale Organisationen jedoch problemfeldübergreifend handeln und als korporative Akteure auftreten.

Verschiedene Theorien über internationale Organisationen schätzen die Wahrscheinlichkeit ihrer Gründung, ihre Dauerhaftigkeit und ihre eigenständige Wirkung auf die zwischenstaatlichen Beziehungen sowie auf die Struktur des internationalen Systems unterschiedlich ein. Für neorealistische Beobachter stellt die Sorge der Staaten über relative Gewinne bzw. Verluste ein erhebliches Hindernis für dauerhafte und effektive Kooperation in und durch internationale(n) Organisationen dar. Internationale Organisationen kommen nur unter restriktiven Bedingungen, im Falle der Existenz eines wohlwollenden Hegemons, der überproportionale Kosten zu tragen bereit ist, zustande (*Hegemoniebedingung*). Vertreter etwa des neoliberalen Institutionalismus schätzen die Chancen institutionalisierter Kooperation optimistischer ein. Internationale Organisationen helfen rationalen Akteuren, ihre eigennützigen Interessen zu verfolgen und zu verwirklichen. Sie tun dies unter anderem, indem sie durch Bereitstellung von Informationen und Senkung von Transaktionskosten verhindern, dass sich Staatsgrenzen überschreitende Interdependenzbeziehungen in Interaktionsergebnisse übersetzen, die von den Staaten im Lichte ihrer Interessen als suboptimal eingeschätzt werden. Sie bearbeiten Vertrauens- und Verteilungsprobleme in problematischen sozialen Situationen und verhindern, dass individuell rationales Verhalten der beteiligten Akteure zu suboptimalen Ergebnissen führt (*Problembedingung*). Konstruktivistische Theo-

Kapitel 3: Ausdifferenzierung des Spektrums politikmächtiger Akteure   235

rien über internationale Organisationen sprechen internationalen Organisationen eine Doppelrolle zu: Sie reflektieren in der Staatengemeinschaft vorherrschende Normen (Normen hoher Kommunalität und Spezifizität) und prägen die Werte und Normen der beteiligten Staaten und Gesellschaften. Internationale Organisationen werden dann gebildet, wenn die maßgeblichen Akteure in ihrer Wahrnehmung der durch Interdependenzbeziehungen geschaffenen Problemlagen sowie in der Wahrnehmung, dass internationale Organisationen zu einer wirksamen Problembearbeitung beitragen können, übereinstimmen (*Kognitionsbedingung*).

Es wurde eine grundsätzliche Präferenz für den neoliberalen Institutionalismus offen gelegt, die allerdings zulässt, moderat konstruktivistische oder neorealistische Ansätze ergänzend heranzuziehen. Zudem ist zu beachten, dass je nach Kontext (Weltregion und/ oder Sachbereich) unterschiedliche Theorien erklärungskräftig sein können.

Es wurde ferner beschrieben, dass sich internationale Organisationen als politisch-administrative Systeme begreifen lassen, die Inputs, also Anforderungen und Unterstützungsleistungen aus ihrer Umwelt, durch angebbare Entscheidungsprozesse in Entscheidungen und Politikergebnisse konvertieren. Die Inputs werden von verschiedenen Akteursgruppen mit unterschiedlichen Einflussmöglichkeiten über diverse Kanäle in die politisch-administrativen Systeme internationaler Organisationen eingebracht. Innerhalb dieser Systeme werden die Inputs je nach Art des Entscheidungsprozesses in Programm- oder operative Entscheidungen konvertiert. Diese Entscheidungen münden in eine oder mehrere der drei Outputkategorien: Politik-Programmaktivitäten, operative Tätigkeiten und informationelle Aktivitäten. Der Output von internationalen Organisationen zeigt, dass eine Analyse gegenwärtiger Weltpolitik nicht an der Betrachtung zwischenstaatlicher internationaler Organisationen als Mitgestalter von Weltpolitik vorbeikommt.

Schließlich wurde dargelegt, dass internationale Organisationen, die dem Exekutivmultilateralismus verhaftet bleiben, trotz der beschriebenen Leistungen nur bedingt geeignet erscheinen, den Herausforderungen in Gestalt transsouveräner Probleme und den gewandelten Akteurskonstellationen gerecht zu werden. Als Reaktion darauf lässt sich in Ansätzen ein Trend zu inklusiven, multipartistischen Institutionen feststellen, denen das Potenzial zugesprochen wird, Input- und Output-Legitimitätsdefizite bestehender internationaler Organisationen abzubauen. Die Institutionalisierung gemeinschaftlicher Problembearbeitung zwischen staatlichen, zwischenstaatlichen, privatwirtschaftlichen und zivilgesellschaftlichen Akteuren lässt sich mit geteilten oder kompatiblen Interessen sowie einer wechselseitigen Ressourceninterdependenz erklären (vgl. Kap. 6).

✏️ Übungsfragen

- Welche drei Rollenbilder von internationalen Organisationen lassen sich unterscheiden?
- Was ist internationalen Organisationen und internationalen Regimen gemeinsam und worin unterscheiden sie sich?
- Wie lauten die jeweiligen Kernaussagen des Neorealismus, des neoliberalen Institutionalismus und des moderaten Konstruktivismus zu a) den Entstehungs- und Entwicklungsbedingungen sowie b) den zentralen Leistungen und kooperationsförderlichen Wirkungen internationaler Organisationen? Welche theoretische Herangehensweise erscheint empirisch am überzeugendsten?
- Welche Arten von Outputs werden von internationalen Organisationen verstanden als politisch- administrative Systeme erzeugt?
- Was ist unter inklusiven, multipartistischen Institutionen zu verstehen? In welcher Hinsicht unterscheiden sich diese Institutionen von den Organisationsstrukturen im Exekutivmultilateralismus und im fortgeschrittenen Exekutivmultilateralismus? Welche empirischen Beispiele für inklusive, multipartistische Institutionen gibt es?
- Inwieweit lässt sich das Auftreten inklusiver, multipartistischer Institutionen auf veränderte systemische Rahmenbedingungen und Akteurskonstellationen der Weltpolitik zurückführen?

📖 Lektüreempfehlungen

Barnett, Michael/ Finnemore, Martha 2004: Rules for the World: International Organizations in Global Politics, Ithaca, NY: Cornell University Press.

Hasenclever, Andreas/ Mayer, Peter/ Rittberger, Volker 1997: Theories of International Regimes, Cambridge: Cambridge University Press.

Hawkins, Darren G./ Lake, David A./ Nielson, Daniel L./ Tierney, Michael J. (Hrsg.) 2006: Delegation and Agency in International Organizations, Cambridge: Cambridge University Press.

Karns, Margaret P./ Mingst, Karen A. 2004: International Organizations: The Politics and Processes of Global Governance, London, Boulder, CO: Lynne Rienner.

Keohane, Robert O. 1984: After Hegemony: Cooperation and Discord in the World Political Economy, Princeton, NJ: Princeton University Press.

Rittberger, Volker/ Huckel, Carmen/ Rieth, Lothar/ Zimmer, Melanie 2008: Inclusive Global Institutions for a Global Political Economy, in: Rittberger, Volker/ Nettesheim, Martin (Hrsg.): Authority in the Global Political Economy, Basingstoke/New York: Palgrave Macmillan, 13-54.

Rittberger, Volker/ Zangl, Bernhard ³2003: Internationale Organisationen: Politik und Geschichte, Wiesbaden: VS Verlag für Sozialwissenschaften.
Rittberger, Volker/ Zangl, Bernhard 2006: International Organization – Polity, Politics and Policies, Basingstoke/ New York: Palgrave Macmillan.

Kapitel 3.3: Private Akteure: Transnationale Unternehmen und transnationale zivilgesellschaftliche Organisationen – Konkurrenten oder Kooperationspartner öffentlicher Akteure?

1 Nichtstaatliche Akteure und ihr gestiegenes weltpolitisches Gewicht im Fokus der Forschung

Neben den Akteuren der Staatenwelt, d.h. den Staaten und den internationalen Organisationen lassen sich zwei weitere Akteursgruppen als politikmächtige Mitspieler auf der Bühne der Weltpolitik identifizieren: privatwirtschaftliche Unternehmen sowie zivilgesellschaftliche Organisationen (NGOs). Diese beiden privaten Akteursgruppen stehen im Mittelpunkt dieses Kapitels, insofern sie *staatliche Grenzen überschreitend politisch*, d.h. auf die verbindliche Zuteilung von Werten einwirkend, tätig sind. Sie können dann auch als *transnationale* Akteure bezeichnet werden.

Schon zu Beginn der 1970er Jahre hatte sich die Wissenschaft von den internationalen Beziehungen explizit mit der Rolle von transnationalen Akteuren in der Weltpolitik beschäftigt. Die bis dahin bestehende Beschränkung der Internationalen Beziehungen auf die Analyse zwischenstaatlicher Interaktionsmuster wurde durch die Untersuchung transnationaler Beziehungen, welche die nichtstaatliche Verfasstheit mindestens eines Interaktionspartners voraussetzen, aufgebrochen (vgl. Huntington 1973; Keohane/ Nye 1971). Allerdings verlagerte sich die Forschung danach wieder stärker auf staatenzentrierte Ansätze – insbesondere in Gestalt des Neorealismus und des neoliberalen Institutionalismus. Seit dem Ende des Kalten Krieges und vor allem im Zuge der Globalisierung und des globalen Leitideenwandels hat das wissenschaftliche Interesse an der Rolle von nichtstaatlichen Akteuren in der Weltpolitik wieder stark zugenommen; man kann insofern von einem wiedererwachten Interesse an transnationalen Akteuren sprechen (Risse 2002: 258).

Im Mittelpunkt der mittlerweile umfangreichen Literatur über transnationale Akteure in der Weltpolitik steht meist deren Einfluss auf die Staatenwelt, d.h. auf Staaten und internationale Organisationen (vgl. Haas 1992; Keck/ Sikkink 1998; Kriesberg 1997; O'Brien et al. 2000; Risse-Kappen 1995; Risse/ Ropp/ Sikkink 1999). In jüngerer Zeit haben vor allem ihre eigenständigen Politikgestaltungsmöglichkeiten neben den oder in Kooperation mit den öffentlichen Akteuren Beachtung gefunden (vgl. Cashore/

Auld/ Newsom 2004; Cutler/ Haufler/ Porter 1999; Fuchs 2006; Hall/ Biersteker 2003; Haufler 2001; Hutter 2006; Nölke 2004; Zürn 2006). Die Auswirkungen der intensivierten Kooperation nichtstaatlicher, vor allem zivilgesellschaftlicher Akteure mit Staaten oder zwischenstaatlichen Organisationen auf ihre Binnenstruktur ist hingegen deutlich weniger umfassend erforscht (vgl. aber Kohler-Koch 1994; Krasner 1995; Martens 2005).

Die gestiegene Berücksichtigung transnationaler Akteure durch die Wissenschaft spiegelt deren realweltlichen Bedeutungszuwachs in der Weltpolitik wider. Mit ihrem Aufstieg (vgl. Florini 2001) wird mitunter eine Machtverschiebung sowohl mit Blick auf die Verfügung über Ressourcen als auch hinsichtlich des tatsächlichen Einflusses auf Politikergebnisse von öffentlichen zu privaten Akteuren assoziiert (Mathews 1997). Jedoch erscheint die Annahme irreführend, das Verhältnis zwischen staatlichen und nichtstaatlichen Akteuren entspreche zwangsläufig einem Nullsummenspiel, in dem sich der Zuwachs an Politikgestaltungsfähigkeiten privater Akteure umstandslos in einen Verlust an Steuerungskapazitäten öffentlicher Akteure übersetzt. Vielmehr kann durch institutionalisierte öffentlich-private Kooperation bei der Bearbeitung weltpolitischer Probleme die Gesamtsteuerungsfähigkeit gesteigert werden.

Das erhöhte politische Gewicht transnationaler Akteure äußert sich auch darin, dass die Zusammenarbeit zwischen den Vereinten Nationen und den internationalen Wirtschafts- und Finanzorganisationen einerseits und transnationalen Akteuren andererseits deutlich zugenommen hat. Tausende INGOs pflegen zum Teil recht enge, mitunter formalisierte Beziehungen zu Organisationen im System der Vereinten Nationen (vgl. Alger 2002). Sogar der VN-Sicherheitsrat konsultiert häufig INGOs auf informeller Basis nach der so genannten Arria-Formel (Frantz/ Martens 2006: 103; Rittberger 2006: 142). Die im vorhergehenden Kapitel beschriebene Tendenz zu inklusiven, multipartistischen Institutionen des Weltregierens spiegelt ebenfalls die freilich problemfeldspezifisch variierende, insgesamt aber zunehmende Anerkennung der Politikmitgestaltungs- und Problemlösungsfähigkeiten privater Akteure durch die Staaten und die zwischenstaatlichen Organisationen wider. Zwar können diese Entwicklungen nicht über den insgesamt kritikwürdigen Ist-Zustand des Verhältnisses zwischen den Organisationen des VN-Systems und transnationalen Akteuren hinwegtäuschen (vgl. Rittberger 2006a: 56f.). Dennoch bleibt festzuhalten, dass die Kooperation öffentlicher Akteure mit privaten Handlungseinheiten zur Bearbeitung transsouveräner Probleme und zur Bereitstellung öffentlicher Güter zunehmend für nötig befunden wird und auch mehr oder weniger institutionalisiert stattfindet (vgl. Kap. 3.2, 5 und 6). Auch dies spricht für das wachsende politische Gewicht transnationaler Akteure.

Es besteht weit gehender Konsens, dass transnationale Akteure heute weltpolitisch bedeutsame Entscheidungen und Ergebnisse beeinflussen (vgl. Risse 2002: 262ff.). Umstritten bleiben jedoch das Ausmaß und die Intensität dieses Einflusses, d.h. die Reichweite der Politikgestaltungsmacht von privaten im Verhältnis zu staatlichen Akteuren, sowie die Bedingungen der Einflussnahme von transnationalen Akteuren. Auch die Frage, inwiefern die Zugewinne nichtstaatlicher Akteure an Ressourcen und an Einfluss auf Politikergebnisse als Segen oder Fluch zu betrachten sind, ist nicht einvernehmlich geklärt (vgl. Hummel 2001; Korten 2001).

In diesem Kapitel sollen die verschiedenen Tätigkeiten und Leistungen transnationaler Akteure in der Weltpolitik, ihre Politikgestaltungsmacht im Vergleich zu öffentlichen Akteuren und die Auswirkungen ihres Aufstiegs auf die Effektivität und Legitimität von Weltregieren einer differenzierten Analyse unterzogen werden. Folgende Leitfragen stehen im Mittelpunkt: Welche Regierenstätigkeiten übernehmen nichtstaatliche Akteure in der Weltpolitik? Was leisten sie, welche Probleme schaffen oder verstärken sie? Wie viel Macht – im Sinne von Verfügung über Ressourcen und Einfluss auf Politikergebnisse – haben private Akteure in der Weltpolitik relativ zu staatlichen und zwischenstaatlichen Akteuren? Wie ist es um die Input- und Output-Legitimität politikmächtiger nichtstaatlicher Akteure in der Weltpolitik bestellt? Wie ist ihr Aufstieg unter normativen Gesichtspunkten zu bewerten? Doch ehe diesen Fragen nachgegangen werden kann, gilt es, verschiedene Arten von privaten Akteuren in der Weltpolitik begrifflich voneinander und gegenüber anderen Akteursgruppen abzugrenzen sowie die Entwicklungsgeschichte, das Auftreten und die Verbreitung transnationaler Akteure kurz zu umreißen.

2 Abgrenzung und Definition des Untersuchungsgegenstandes

Zur breiten Kategorie der nichtstaatlichen Akteure gehören zum einen zivilgesellschaftliche Akteure wie Stiftungen, Vereine, anwaltschaftliche Organisationen, die sich untereinander und ggf. mit anderen (öffentlichen) Akteuren vernetzen und somit anwaltschaftliche Netzwerke bilden, Religionsgemeinschaften und Gewerkschaften. Neben diesen zivilgesellschaftlichen Akteuren stellen private Wirtschaftsunternehmen und deren Verbände eine zweite Hauptkategorie privater Akteure dar. Privatwirtschaftliche Unternehmen folgen primär ihrem ökonomischen Eigeninteresse an der Maximierung von Gewinnen und der Steigerung von Marktanteilen. Demgegenüber wird zivilgesellschaftlichen Akteuren in der Regel eine gesellschaftliche Gemeinwohlorientierung unterstellt (Risse 2002: 256). Allerdings ist einschränkend festzuhalten, dass zivilgesellschaftliche Akteure durchaus auch partikulare Interessen, einschließlich Organisationsegoismen, verfolgen können und dies zum Teil auch tun. Ebenso können auch privatwirtschaftliche Akteure nicht nur gewinn-, sondern auch gemeinwohlorientiert handeln. Dies zeigt schon, dass eine klare konzeptuelle Abgrenzung verschiedener Kategorien privater Akteure mit erheblichen Schwierigkeiten verbunden ist.

Aus nahe liegenden Gründen gilt in den Internationalen Beziehungen das Augenmerk privaten Akteuren, die grenzüberschreitend politisch handeln, und solchen Akteuren, deren Handeln grenzüberschreitende politische Auswirkungen hat. Im Mittelpunkt des Interesses stehen daher transnationale – mitunter auch multinational genannte – Unternehmen und transnationale zivilgesellschaftliche Akteure. Insoweit letztere über eine hinreichend gefestigte Organisationsstruktur verfügen, können sie als internationale Nicht-Regierungsorganisationen (INGOs) bezeichnet werden.

Private transnationale Akteure	
Transnationale zivilgesellschaftliche Organisationen (INGOs)	Transnationale Unternehmen (TNCs)
Nicht-profitorientiert	profitorientiert
Amnesty International, Oxfam, Greenpeace, Ökumenischer Rat der Kirchen	Walmart, Microsoft, BP, Daimler

Abb. 3.12: Typologie transnationaler privater Akteure

Transnationale Unternehmen lassen sich als wirtschaftliche Einheiten definieren, die an der grenzüberschreitenden Produktion und Distribution von Gütern und Dienstleistungen sowie an deren Finanzierung und Risikoversicherung (multinationale Banken und Versicherungsunternehmen) beteiligt sind. Sie sind Unternehmen, die aus einer Muttergesellschaft und einer oder mehreren Tochtergesellschaften bestehen. Die Tochtergesellschaften haben ihren Sitz nicht im selben Staat wie die Muttergesellschaft, werden aber wirtschaftlich von der Muttergesellschaft in wesentlichem Maße kontrolliert und gesteuert (UNCTAD 2007).

Gordenker und Weiss (1996: 20) definieren eine INGO als eine zivilgesellschaftliche Organisation, die unabhängig von Regierungen ist, sich aktiv sozialen Fragen widmet, nicht an wirtschaftlichen Gewinnen orientiert handelt und in ihren Aktivitäten grenzüberschreitende Reichweite hat. Sie nehmen damit eine Abgrenzung unter formal-rechtlichen und funktionalen Gesichtspunkten vor. Beide Kriterien sind aber nicht unbedingt trennscharf.

> Eine internationale NGO ist „a private citizens' organisation, separate from government but active on social issues, not profit making, and with transnational scope." (Gordenker/Weiss 1996: 20).
> Der Ausdruck NGO bezeichnet nicht-profitorientierte transnationale Akteure oder Aktionsbündnisse *mit hinreichend fester Organisationsstruktur* (vgl. Frantz/ Martens 2006: 23-30).

Abb. 3.13: Definition von NGOs

Problematisch ist, dass private Vereinigungen oftmals staatliche Aufgaben erfüllen und aus öffentlichen Mitteln finanziert werden. Gebilde wie QUANGOs („quasi-non-governmental organizations") oder GONGOs („government-organized non-governmental organizations") sind zwar formal unabhängig von staatlichen Stellen, aber zumindest finanziell oft von diesen abhängig (vgl. Klein/ Walk/ Brunnengräber 2005: 14). Eine rein formale Abgrenzung (öffentlich vs. privat) wirft zudem die Frage auf, wo „private" Gebilde wie Drogenkartelle, Mafiaorganisationen und terroristische Netzwerke einzuordnen sind und vor allem wie sie sich von INGOs begrifflich unterscheiden lassen (Roth 2005: 92). Es stellt sich auch die Frage, ob und ggf. wie sich religiösfundamentalistische Gruppen ausschließen lassen, wenn Religionsgemeinschaften und Kirchen zu den Nicht-Regierungsorganisationen zählen.

Das zweite funktionale Abgrenzungskriterium hilft freilich weiter, löst aber nicht alle Probleme einer Begriffsklärung. Eine funktionale Abgrenzung entlang der Unterscheidung zwischen eigennützigem privatem Interesse an Gewinnen und öffentlichem Interesse steht vor dem Problem, klar festzulegen, was genau jeweils öffentliche Interessen sind. Im Hinblick auf terroristische Gewaltakteure und der Frage, ob diese private oder öffentliche Interessen verfolgten, wird die Problematik des funktionalen Abgrenzungskriteriums deutlich. Zwar erscheint es intuitiv abwegig zu argumentieren, dass terroristische Gewaltakteure gemeinwohlorientiert handelten. Zugleich sind aber die Ziele von fundamentalistischen Gruppierungen nicht exklusiv privat; vielmehr beanspruchen auch gewaltbereite fundamentalistische Gruppierungen, ihre spezifischen Interpretationen des Gemeinwohls zu verfolgen. Freilich ist zwischen Selbstwahrnehmung bzw. -darstellung und objektivem Vorliegen einer Gemeinwohlorientierung zu unterscheiden – zugleich ist das Aufstellen objektiver Kriterien dafür gerade vor dem Hintergrund eines interessen- und wertepluralistischen Gesellschaftsverständnisses sehr schwierig.

Außerdem sollte nicht übersehen werden, dass auch staatliche Akteure nicht zwangsläufig rein öffentliche, sondern sehr wohl auch private Interessen verfolgen können – zu nennen ist nicht zuletzt das Interesse von gewählten Regierungen an ihrer Wiederwahl. Andererseits lässt sich beobachten, dass privatwirtschaftliche Akteure und nicht nur staatliche Akteure oder INGOs öffentliche Interessen – z.B. den Schutz der Umwelt und die Gewährleistung von Sozialstandards oder die Prävention und konstruktive Bearbeitung von Gewaltkonflikten (vgl. unten Abschnitt 4) – verfolgen und dezidiert öffentliche Aufgaben übernehmen können (Cutler/ Haufler/ Porter 1999a, 1999b; Haufler 2001; Rittberger 2004a). Zudem geht mit der Professionalisierung vieler INGOs auch ein Trend zur stärkeren Orientierung an ökonomischen Gesetzmäßigkeiten und Marktlogiken einher (Risse 2002: 256; Martens 2005). Trotz dieser Unschärfen bleibt neben der formalen Unabhängigkeit von staatlichen Akteuren das Kriterium der Nicht-Profit-, sondern Gemeinwohlorientierung aber letztlich maßgeblich für die Definition von INGOs (Cusimano/ Hensman/ Rodrigues 2000: 257).

Der Ausdruck INGO, sozusagen das private Gegenstück zur zwischenstaatlichen internationalen Organisation (IGO)[76], wird in der Literatur meist zur Bezeichnung eines nicht-profitorientierten transnationalen Akteurs oder Aktionsbündnisses *mit hinreichend fester Organisationsstruktur* verwendet wird (vgl. Frantz/ Martens 2006: 23-30). In diesem engeren, lose transnationale Bewegungen und Netzwerke ausschließenden Sinne wird die Bezeichnung INGO auch im Folgenden gebraucht.

---

[76] Wie im vorangehenden Kapitel beschrieben wird allerdings die formale Unterscheidung von internationalen Organisationen und INGOs durch die Herausbildung inklusiver, multipartistischer Institutionen in einigen Fällen aufgehoben (vgl. Kap. 3.2).

3 Entwicklungsgeschichte, Auftreten und geographische Verbreitung privater politikmächtiger Akteure

Transnationale Beziehungen, in denen private Akteure mit ihresgleichen oder mit staatlichen oder zwischenstaatlichen Akteuren über die Grenzen des eigenen Sitzstaates hinaus interagieren, sind kein exklusives Phänomen der letzten Jahrzehnte, sondern gehen bis ins Mittelalter zurück (Risse 2002: 256f.). Man denke nur an die Unternehmungen der mittelalterlichen Kaufleutefamilie der Fugger oder später der British East India Company als Vorläufer moderner transnationaler Unternehmen. Auf zivilgesellschaftlicher Seite sind etwa transnationale anwaltschaftliche Netzwerke zur Abschaffung der Sklaverei sowie zur Einführung des Wahlrechts für Frauen im 19. Jahrhundert zu nennen (vgl. Brunnengräber/ Klein/ Walk 2005: 11; Keck/ Sikkink 1998: 39-58).

Wenngleich also transnationale politische Akteure an sich keine neue Erscheinung sind, so ist doch festzustellen, dass deren Anzahl und Vielfalt im Verlauf des 20. Jahrhunderts – vor allem in dessen letztem Viertel – bis zur Gegenwart stark zugenommen haben. Dies gilt sowohl für transnationale Unternehmen als auch für INGOs. Insbesondere aufgrund der definitorischen Unschärfen finden sich in der Literatur stark schwankende Zahlenangaben. Die geschätzte Anzahl von INGOs reicht heute von 6.000 und 7.300 (Frantz/ Martens 2006: 83; Martens 2005: 2; Rittberger/ Zangl 2006: 4) bis zu mehr als 40.000 (Anheier/ Themudo 2008: 140; Cusimano/ Hensman/ Rodrigues 2000: 257f.). Nach Angaben der „Union of International Associations" (UIA) stieg nach dem Ende des Zweiten Weltkrieges die Zahl der INGOs zunächst konstant, aber langsam an, bis Ende der 1970er/ Anfang der 1980er Jahre eine rasche Zunahme von INGOs zu einer Verdoppelung ihrer Gesamtzahl innerhalb von fünf Jahren führte. In den 1980er Jahren stagnierte ihre Anzahl; seit dem Ende des Ost-West-Konflikts und insbesondere seit Mitte der 1990er Jahre sind wieder deutliche Zuwachsraten festzustellen (vgl. Frantz/ Martens 2006: 85).

Nicht nur die Zahl von INGOs, auch ihre Verknüpfungen untereinander und mit internationalen Organisationen hat deutlich zugenommen: Quantitative Indikatoren weisen darauf hin, dass INGOs zunehmend dichte und komplexe Netzwerke bilden. Die UIA zählte für das Jahr 2001 90.000 Verbindungen zwischen INGOs – wie beispielsweise interorganisatorische Konsultationen, gemeinsame Projekte, Publikationen etc. – sowie 38.000 zwischen INGOs und internationalen Organisationen. Im Durchschnitt stieg somit die Zahl der Verbindungen von INGOs untereinander und von INGOs mit öffentlichen Akteuren seit 1990 um 110% (vgl. Anheier/ Themudo 2008: 143).

Die Zahl der transnationalen Unternehmen, die Ende der 1960er Jahre bei gerade einmal 7.000 lag, wird von der UNCTAD auf derzeit rund 77.000 geschätzt (UNCTAD 2006: 5). Darin eingerechnet sind allerdings nur die Mutterfirmen – hinzu treten noch ca. 770.000 ausländische Tochtergesellschaften (ebd.). Allerdings sind nur einige Hundert transnationale Unternehmen zu den Großkonzernen im umgangssprachlichen Sinne, also zu den „Weltunternehmen", zu rechnen.

Transnationale Unternehmen und INGOs (bzw. ihre Zentralen) konzentrieren sich geographisch immer noch im Dreieck Nordamerika-Europa-Asien/Pazifik. Von den 100 größten und umsatzstärksten transnationalen Unternehmen hatten im Jahr 2005 85 den Sitz ihrer Muttergesellschaft in der Triade USA-EU-Japan – kein einziges in Afrika, gerade einmal fünf in asiatischen Schwellenländern. Allerdings nimmt der Umsatz von transnationalen Unternehmen aus Entwicklungsländern zu und hat 2005 nahezu zwei Billionen US-Dollar erreicht (UNCTAD 2006: 5ff.). Die Mehrzahl der INGOs hat ihre Zentrale nach wie vor in Europa – mit deutlichem Abstand gefolgt von den USA. Allerdings lagen die Wachstumsraten der Anzahl und der Mitgliederzahlen transnationaler zivilgesellschaftlicher Organisationen in den 1990er Jahren in den „middle-income"-Staaten Asiens und den „low-income"-Staaten Afrikas deutlich über denen der Staaten der westlichen OECD-Welt (vgl. Anheier/ Themudo 2008: 142f.). Transnationale politikmächtige Akteure sind also primär in Regionen postmoderner Staatlichkeit anzutreffen; zugleich breiten sie sich aber immer stärker auch in den Regionen mit modernen und prämodernen Staaten aus – wobei freilich gerade mit Blick auf die Ansiedlung transnationaler Unternehmen ein deutliches Ungleichgewicht zugunsten moderner gegenüber prämodernen Staaten festzustellen ist.

4 Tätigkeiten privater Akteure in der Weltpolitik

Aus der Menge der vielfältigen Tätigkeiten, die verschiedene Arten von privaten Akteuren erbringen können, stehen hier jene im Mittelpunkt, die Auswirkungen auf die Zuteilung von Werten (wie z.B. Sicherheit) in und zwischen Gesellschaften haben. Mit der Erbringung dieser Tätigkeiten können private Akteure als mögliche Konkurrenten oder auch als komplementär agierende Kooperationspartner öffentlicher Akteure auftreten. Im Folgenden soll durch die systematische Erörterung ihrer politischen Tätigkeiten ein Überblick über die Vielgestaltigkeit und auch die Zwiespältigkeit des Engagements transnationaler Akteure gegeben werden.

Im Rahmen einer Typologie der Tätigkeiten transnationaler Akteure lassen sich zunächst vier Arten von politischen Tätigkeiten unterscheiden: Öffentlichkeit schaffende und in Bezug auf Politikprogramme anwaltschaftliche Tätigkeiten; Dienstleistungstätigkeiten oder Politikprogramme implementierende Tätigkeiten; Gewaltkonflikte bearbeitende Tätigkeiten sowie Normen setzende und deren Einhaltung verifizierende Tätigkeiten (vgl. Hutter 2006; Möckli/ Wenger 2002; Rittberger/ Breitmeier 2000; Rittberger/ Schrade/ Schwarzer 1999: 116f.; Schuppert 2006: 212). Diese werden nicht von jedem transnationalen Akteur in gleichem Umfang oder gleichzeitig wahrgenommen werden. Empirisch gibt es häufig erhebliche Überlappungen zwischen den einzelnen Tätigkeiten. Dennoch werden sie hier analytisch getrennt vorgestellt.

Kapitel 3: Ausdifferenzierung des Spektrums politikmächtiger Akteure

> 1. Öffentlichkeit schaffende und in Bezug auf Politikprogramme *anwaltschaftliche Tätigkeiten*, Bsp: Greenpeace, Human Rights Watch, International Campaign to Ban Landmines
> 2. *Dienstleistungstätigkeiten* oder *Politikprogramme implementierende Tätigkeiten*, Bsp: Ärzte ohne Grenzen, CARE International, privatwirtschaftliche Unternehmen
> 3. *Gewaltkonflikte bearbeitende Tätigkeiten*, Bsp: private Sicherheits- und Militärfirmen, De Beers im Kimberley Prozess, (I)NGOs in der Gewaltkonfliktprävention
> 4. *Normen setzende und deren Einhaltung verifizierende Tätigkeiten*, Bsp: Forest Stewardship Council, Unternehmen im Global Compact, ICANN

Abb. 3.14: Tätigkeiten privater Akteure in der Weltpolitik

4.1 Öffentlichkeit schaffende und in Bezug auf Politikprogramme anwaltschaftliche Tätigkeiten

Transnationale, vor allem zivilgesellschaftliche Akteure schaffen eine grenzüberschreitende Öffentlichkeit für bestimmte Themen (z.B. Menschenrechtsverletzungen) und treten als Anwälte oder Verfechter bestimmter Politikprogramme (in Menschenrechtskonventionen bereits kodifizierte oder noch zu kodifizierende Menschenrechtsschutznormen) auf. Aus eigenem Antrieb kritische Meinungen zu äußern und Missstände publik zu machen, um so öffentliche und andere private Akteure zur Wahrnehmung ihrer Verantwortung z.B. auf dem Gebiet des Menschenrechts- oder des Umweltschutzes zu bewegen, ist ein Handlungsmuster, das transnationale Unternehmen vergleichsweise selten zeigen. Zwar impliziert „lobbying" durch privatwirtschaftliche Akteure, eine der ältesten Formen politischer Aktivitäten durch Unternehmensvertreter (vgl. Fuchs 2005: 93f.), in der Regel das Eintreten für ein bestimmtes Politikprogramm. Doch zum einen findet „lobbying" durch transnationale Unternehmen meist nicht in der Öffentlichkeit statt, zum anderen dient es üblicherweise primär dem Eigeninteresse der für eine bestimmte Politikentscheidung Werbenden. Insofern ist „lobbying" nicht als anwaltschaftliche Tätigkeit im engeren Sinne – d.h. als Öffentlichkeit für ein gemeinwohlorientiertes Anliegen generierende Aktivität – zu verstehen.

Freilich gibt es von Unternehmen ausgehende Initiativen zur Wahrnehmung der sozialen Verantwortung von Unternehmen („corporate social responsibility"), die vorgeben, das Ziel der Behebung von sozialen oder ökologischen Missständen zu verfolgen sowie bestimmte Normen und Standards als allgemein anerkannte vorbildliche Praktiken verantwortlichen Unternehmertums zu etablieren. Doch die Verhaltensmuster der öffentlichen Kritik und des Anprangerns und Bloßstellens von Normverletzern mit dem Ziel einer Politikänderung sind typischer Weise zivilgesellschaftlichen Akteuren zuzuordnen, die oft mit öffentlichen Akteuren Koalitionen zur Verbreitung und Durchsetzung ihrer Anliegen eingehen. Sie bilden dann anwaltschaftliche Netzwerke unter Beteiligung einer Vielzahl verschiedener Akteure (vgl. Keck/ Sikkink 1998: 8ff.).

Zivilgesellschaftliche Akteure, die auf Verhaltensänderungen vor allem von Regierungen, aber auch von internationalen Organisationen und nicht zuletzt von transnationalen Unternehmen abzielen, sind in der Regel stark problemfeld- oder themenspezifisch orientiert. Diese anwaltschaftlichen Organisationen können auch als transnationale Aufpasser, die im Falle politischer oder sozialer Missstände Alarm schlagen, bezeichnet werden (Rittberger/ Schrade/ Schwarzer 1999: 115f.).

Anwaltschaftliche Organisationen versuchen, entsprechend ihrer programmatischen Ziele Einfluss auf die Aufstellung der politischen Tagesordnung und die Politikformulierung sowie auf die Implementierung von Politikentscheidungen (auch) auf internationaler Ebene zu nehmen. Sie verfolgen ihre Ziele häufig mittels der Herstellung öffentlicher Aufmerksamkeit – oft in Zusammenarbeit mit oder unter Nutzung von Massenmedien – durch beschämende Politik, also die öffentliche Bloßstellung von Normverletzern (Liese 2001: 241f.). Im Einzelnen können die vier Strategien: Information der Öffentlichkeit, Mobilisierung öffentlichen Drucks, Ausübung von Druck auf Entscheidungsträger und Einflussnahme durch verständigungsorientierten Dialog mit Entscheidungsträgern unterschieden werden (Rittberger/ Schrade/ Schwarzer 1999: 115f.).

Transnationale anwaltschaftliche Netzwerke bilden sich insbesondere in Fällen, in denen nationale zivilgesellschaftliche Gruppierungen keine oder nur geringe Chancen des Zugangs zu ihrer Regierung haben, um ihrem Protest gegen bestehende Missstände (wie z.B. Menschenrechtsverletzungen oder Umweltraubbau) Ausdruck zu verleihen. Nationale zivilgesellschaftliche Akteure wenden sich deswegen direkt unter Umgehung der Regierung an INGOs, die wiederum die Regierungen ihres Stammstaates und/ oder internationale Organisationen veranlassen, Druck auf die normverletzende oder repressive Regierung auszuüben (so genannter Bumerang-Effekt) (vgl. Kap. 9; Risse/ Ropp/ Sikkink 1999; Risse/ Jetschke/ Schmitz 2002). Eine wichtige Rolle bei der Bildung transnationaler anwaltschaftlicher Netzwerke spielen meist sogenannte Politikunternehmer, die auf Grund ihrer politischen Überzeugungen und Ziele bereit und auf Grund ihrer Ausstattung mit materiellen oder immateriellen Ressourcen in der Lage sind, die Bildung eines anwaltschaftlichen Netzwerkes unter Aufbringung von erheblichen materiellen und/oder immateriellen Kosten zu fördern. Ferner werden internationale Konferenzen oder Organisationen als Arenen betrachtet, die inter- und transnationale Kontakte herstellen und somit eine Plattform zur transnationalen Vernetzung anwaltschaftlicher zivilgesellschaftlicher Organisationen bieten (Keck/ Sikkink 1998: 12ff.).

Die Tätigkeiten von einigen Vertretern der Kategorie anwaltschaftlicher transnationaler Akteure wie Greenpeace, Amnesty International, Human Rights Watch oder Transparency International finden insbesondere in postmodernen Staaten relativ breites gesellschaftliches Interesse. Aufsehen erregt hat auch der später von Kanada und gleichgesinnten Staaten vorangetriebene Ottawa-Prozess zur Abschaffung von Landminen, der maßgeblich von den Aktivitäten der Internationalen Kampagne zum Verbot von Landminen (ICBL), einem Netzwerk von heute rund 1.400 (I)NGOs in 90 Ländern (vgl. ICBL 2007; Cameron/ Lawson/ Tomlin 1998; Price 1998; Rutherford 2000), ausging.

Kapitel 3: Ausdifferenzierung des Spektrums politikmächtiger Akteure

Er mündete in ein Abkommen zum Verbot von Anti-Personen-Minen (1997). Die „Clean Clothes Campaign" ist ein weiteres Beispiel für eine transnationale Koalition anwaltschaftlicher NGOs. Sie schafft (oder – soweit bereits Ansätze vorhanden sind – fördert) durch die Verbreitung von Informationen ein öffentliches Bewusstsein für ein spezifisches Problem und tritt als Anwalt für ein bestimmtes Politikprogramm auf: den Schutz von Arbeiterrechten und die Gewährleistung von sozialen Mindeststandards in der Textilindustrie. Das Verhalten gerade von großen, auf ihr Renommée in der Öffentlichkeit und bei potenziellen Kunden bedachten transnationalen Unternehmen einschließlich deren Zulieferer soll dadurch beeinflusst werden, dass politischer und wirtschaftlicher Druck aufgebaut wird und die Reputationskosten einer Missachtung von Arbeiterrechten gesteigert werden. Verbraucher sollen für ihre Macht als Konsumenten sensibilisiert und staatliche Regierungen zur Verabschiedung neuer oder zur Implementation bestehender Gesetze zur Sicherung von Arbeiterrechten und zur Verbesserung der Arbeitsbedingungen angehalten werden (Clean Clothes Campaign 2007; Heins 2005: 188f.).

Da transnationale anwaltschaftliche NGO-Netzwerke in der Regel nur über vergleichsweise geringe materielle Ressourcen verfügen, müssen sie sich weitgehend auf den Einfluss von Informationen, Ideen und diskursiven Strategien zur Änderung des Informations- und Wertekontexts, in dem Staaten ihre Politikentscheidungen treffen, stützen (vgl. Rutherford 2000). Mechanismen der Überzeugung und der Sozialisation werden ergänzt durch die auf Kosten-Nutzen-Kalküle abzielende Setzung von Anreizen (wie Reputationsgewinnen) und die Ausübung von Druck (etwa durch die Bloßstellung von Normverletzern oder den Ruf nach Sanktionen). Die Generierung und Verbreitung politisch nutzbarer Informationen und Symbole stellen ebenso Taktiken von transnationalen anwaltschaftlichen Netzwerken dar wie die Beeinflussung politisch durchsetzungsfähiger öffentlicher Akteure durch transnationale Kampagnen. Anwaltschaftliche Koalitionen versuchen zudem stets, staatliche und zwischenstaatliche Akteure an ihre einmal formulierten Politiken, Prinzipien und Normen zu erinnern, sie daran zu binden und somit die Handlungsspielräume der angesprochenen Akteure für normverletzendes Verhalten einzuengen (vgl. Keck/ Sikkink 1998: 16-25). Anwaltschaftliche Tätigkeiten gelten als klassische Aktivitäten von transnationalen zivilgesellschaftlichen Akteuren und Akteursbündnissen und sind in Forschung und öffentlicher Wahrnehmung weitgehend anerkannt.

Auch sogenannte transnationale soziale Bewegungen, die negative soziale und ökologische Folgen der bestehenden Weltwirtschaftsordnung anprangern, weisen Merkmale von anwaltschaftlichen INGO-Netzwerken auf. Sie stellen zivilgesellschaftliche Zusammenschlüsse von Organisationen, Gruppen und Individuen dar, die durch die öffentliche Kritik an der gegenwärtigen Ausprägung der ökonomischen Globalisierung, durch gemeinsame Kampagnen vor allem gegen internationale Wirtschafts- und Finanzinstitutionen und durch das – mitunter diffuse – Ziel gesellschaftlicher und politischer Veränderung auf globaler Ebene verbunden sind (vgl. Kaldor 2003: 82). Betrachtet man die einzelnen Bewegungen oder ein transnationales soziales Akteursbündnis wie das Weltsozialforum (WSF) genauer, ist jedoch nicht zu übersehen, dass es häufig an kohärenten, hinreichend konkreten und damit implementierungsfähigen Politikprogrammen mangelt (vgl. Kap. 2.3). Zwar ist es dem WSF zusammen mit den zahllosen einzelnen globalisierungskritischen Bewegungen durchaus gelungen, eine breitere transnationale Diskussion über die negativen Externalitäten ökonomischer Liberalisierung anzuregen. Die globalisierungskritischen Bewegungen sind allerdings auch im Rahmen des WSF sehr lose organisiert und zudem von großer Heterogenität gekennzeichnet (Greiff 2004: 200f.), so dass die Fähigkeiten, konkrete politikprogrammatische Alternativen zum Neoliberalismus (vgl. Kap. 2.3) zu entwickeln und wirkungsvoll zu vertreten, begrenzt bleiben. Von einer effektiven Anwaltschaft für ein alternatives Politikprogramm jenseits des öffentlichkeits- und medienwirksamen Protests kann nur bedingt die Rede sein. Zwar finden sich immer wieder bestimmte Forderungen, wie etwa die „Demokratisierung" globaler Wirtschaftsbeziehungen, der Schuldenerlass für Entwicklungsländer oder die Besteuerung finanzieller Transaktionen (Tobin-Steuer). Allerdings sucht man vergeblich nach kohärenten Programmen, Strategien, Aktionsplänen oder Verantwortungsverteilungen innerhalb des WSF.

4.2 Dienstleistungstätigkeiten/ Politikprogramme implementierende Tätigkeiten

Weniger im medialen Bewusstsein als anwaltschaftliche Tätigkeiten, aber ebenfalls von zunehmender Bedeutung ist die Erbringung von Dienstleistungen für öffentliche Auftraggeber durch transnationale Akteure z.B. in der Entwicklungszusammenarbeit (Debiel/ Sticht 2005: 146). So werden in der Literatur Dienstleistungs-INGOs als eine der Hauptkategorien von INGOs in Abgrenzung zu anwaltschaftlichen INGOs identifiziert (Rittberger/ Breitmeier 2000; Rittberger/ Schrade/ Schwarzer 1999: 116f.; Schuppert 2006: 212). Dienstleistungs-INGOs, die über spezifisches Expertenwissen verfügen, können zur „Ergänzung öffentlicher Verwaltung" (Schuppert 2006: 212) oder gar zum „verlängerte[n] Arm staatlicher Politik" (Debiel/ Sticht 2005: 136) werden. Aber auch privatwirtschaftliche Unternehmen können in die Implementierung (zwischen-) staatlicher Politikprogramme eingebunden sein und in (zwischen-) staatlichem Auftrag die Produktion öffentlicher Güter übernehmen.

Mitunter geht die Privatisierung von Dienstleistungen so weit, dass private Akteure nicht nur zusätzliche oder ergänzende Aufgaben bei der Erbringung staatlicher oder zwischenstaatlicher Leistungen übernehmen. Staaten und internationale Organisationen lagern die Implementation von Politikprogrammen manchmal vollständig aus. Sowohl transnationale Unternehmen als auch nicht-profitorientierte INGOs übernehmen in diesen Fällen als (Vertrags)partner staatlicher oder zwischenstaatlicher Akteure die Implementierung politischer Entscheidungen und die Bereitstellung öffentlicher Güter. INGOs schließen für bestimmte Zwecke (z.B. die Verteilung von Hilfsgütern) einen Vertrag mit einem öffentlichen Akteur, z.B. einer VN-Organisation, ab und führen die ihnen übertragenen Aufgaben direkt im Namen des öffentlichen Auftraggebers durch (Frantz/ Martens 2006: 96; Gordenker/ Weiss 1998: 44).

Die Implementation staatlicher oder zwischenstaatlicher Politikprogramme und -entscheidungen durch private Akteure reicht von eher staatsfernen Handlungen, wenn etwa im Rahmen von Klimaschutzabkommen mit Schadstoffemissionslizenzen gehandelt wird, über private Hilfsorganisationen, die Lebensmittel verteilen oder beim Wiederaufbau kriegszerstörter Länder im Auftrag von internationalen Organisationen oder Drittstaaten tätig sind, bis hin zur Unterstützung oder gar Übernahme von militärischen Operationen durch private Militärdienstleister (vgl. Binder 2005; Jäger 2007). Besonders ausgeprägt ist die Erbringung öffentlicher Dienstleistungen durch INGOs im Bereich der humanitären Hilfe und der Entwicklungszusammenarbeit (Schuppert 2006: 212). So arbeiten etwa im Bereich der humanitären Hilfe in Krisenregionen IN-GOs und VN eng – vornehmlich operativ im Feld – zusammen. Allerdings werden INGOs auf Grund ihrer „handwerklichen" Fähigkeiten und ihren Erfahrungen im Feld über die bloße Ausführung von Politikentscheidungen hinaus zunehmend auch in die Politikprogrammierung einbezogen (vgl. Frantz/ Martens 2006: 95).

Die Übernahme öffentlicher Aufgaben durch private Akteure ist nicht auf unterentwickelte prämoderne Staaten, denen die Kapazitäten zur Erfüllung dieser Aufgaben fehlen, begrenzt. Der Siegeszug des Neoliberalismus in den 1990er Jahren (vgl. Kap 2.3) und die damit verbundene staatsskeptische Einstellung haben die Übernahme öffentlicher Leistungen durch private Akteure nicht nur in den Entwicklungsländern befördert (Debiel/ Sticht 2005: 133f.). Gerade in hoch entwickelten, modernen und vor allem postmodernen Staaten wurden Aufgaben, die bisher von staatlichen Einrichtungen erfüllt wurden, privatisiert, d.h. an private Akteure delegiert oder ausgelagert. Einfache Beispiele auf staatlicher Ebene sind der Bau und der Betrieb einer Autobahn durch private Unternehmen oder die Privatisierung der Energie- und mitunter auch der Wasserversorgung. Die dahinter stehende maßgeblich von neoliberalen Leitideen beeinflusste Erwartung ist, dass private Unternehmen auf Grund höheren Wettbewerbsdrucks diese Aufgaben effektiver und effizienter wahrnehmen als die öffentliche Hand. Kritiker entgegnen, dass im Zuge der Privatisierung öffentliche Monopole mitunter schlicht durch wirtschaftlich ebenso ineffiziente private Monopole oder Oligopole ersetzt werden. Zudem wird von Privatisierungsgegnern argumentiert, zentrale Bereiche der öffentlichen Daseinsvorsorge wie etwa Gesundheits- und Bildungswesen oder Energie- und Wasserversorgung dürften nicht einer gewinnorientierten Marktlogik überlassen werden. Insbesondere die Privatisierung der Wasserversorgung in Entwicklungsländern und ihre Folgen vor allem für sozioökonomisch schwache Bevölkerungsteile sind ein immer wieder kontrovers diskutiertes Thema in der Diskussion über erfolgreiche Entwicklungsstrategien (vgl. Huffschmid 2004; von Weizsäcker/ Young/ Finger 2006).

In schwachen oder von humanitären Krisen betroffenen Staaten geht die private Erbringung öffentlicher Dienstleistungen besonders weit: Dort übernehmen Entwicklungs-INGOs häufig Kernaufgaben des Staates etwa bei der Gesundheitsfürsorge oder im Bildungswesen (Debiel/ Sticht 2005: 134), die von staatlicher Seite gar nicht oder nur unzureichend erfüllt wurden. Mängel bei der Gewährleistung der öffentlichen Gesundheitsversorgung führen in einigen afrikanischen Ländern dazu, dass dort ansässige Wirtschaftsunternehmen ihre mit HIV infizierten Mitarbeiter bei der Finanzierung ärztlicher Betreung und dem Kauf von Medikamenten unterstützen.

Die Privatisierung von öffentlichen Dienstleistungen in Entwicklungsländern ist auch darauf zurückzuführen, dass nach dem Ende des Kalten Krieges die USA und Russland die Unterstützung von ihnen gewogenen Regierungen der ehemaligen Dritten Welt erheblich verringerten und die Sicherstellung der Versorgung von Krisenregionen vermehrt INGOs überließen, so dass die Anzahl und die Finanzausstattung der im humanitären Sektor tätigen INGOs erheblich angestiegen sind. Waren in den 1960er Jahren nur rund 20 INGOs Kooperationspartner des Hochkommissariats der VN für Flüchtlinge (UNHCR), lag deren Zahl Ende der 1990er Jahre bei mehreren Hundert. UNHCR schließt jährlich Partnerschaftsverträge mit rund 500 humanitären (I)NGOs und unterstützte beispielsweise im Jahr 1997 mehr als 440 NGOs in über 130 Ländern finanziell, um rund 1.000 Projekte durchzuführen. Allerdings geht ein Großteil internationaler öffentlicher Gelder für humanitäre und Entwicklungshilfe durch die Hände einer begrenzten Anzahl von vor allem europäischen und nordamerikanischen INGOs. Schätzungen gehen davon aus, dass bis zu drei Viertel dieser öffentlichen Gelder an rund 20 europäische und US-amerikanische INGOs wie Ärzte ohne Grenzen (MSF), Oxfam oder CARE fließen (Debiel/ Sticht 2005: 133, 143f.; Frantz/ Martens 2006: 96; Macrae 2002: 15).

Die private Erbringung öffentlicher Dienstleistungen in fragilen Staaten ist mit dem Begriff der „Entstaatlichung" oftmals unzutreffend bezeichnet, da dort die Staatlichkeit häufig ohnedies schon seit geraumer Zeit prekär ist (vgl. Kap. 3.1.). Eher könnte man von einer „Internationalisierung der öffentlichen Wohlfahrt" (Duffield 1993: 140f) sprechen, in deren Zuge INGOs als Dienstleister Entwicklungs- und Hilfsaufgaben im Auftrag der internationalen Gebergemeinschaft übernehmen (vgl. Debiel/ Sticht 2005: 134f., 146).

In diesem Zusammenhang ist nicht zu verkennen, dass INGOs in ihrer Funktion als Dienstleister nicht nur als Problemlöser, sondern auch als Problemerzeuger in Erscheinung treten. Das Engagement von INGOs bei der Erbringung öffentlicher Dienstleistungen ist gerade in Krisengebieten häufig von Zwiespältigkeiten und Dilemmata geprägt: Während der von zivilgesellschaftlichen Organisationen durchgeführte und verwaltete Zufluss von Nahrungsmitteln zwar oft das unmittelbare Leid von Menschen lindert, führt dies mittel- und langfristig zu einer Verzerrung lokaler Marktstrukturen. Die Einfuhr von Nahrungsmitteln kann zu einem Rückgang der Marktpreise führen, damit das Einkommen von lokalen Produzenten senken und als Folge davon den Bauern den Anreiz nehmen, selbst landwirtschaftliche Erzeugnisse zu produzieren.

Dienstleistungs-INGOs haben zudem häufig das Problem, dass sie nicht mehr als unabhängig von Regierungen wahrgenommen werden, was z.B. die Welthungerhilfe 2007 dazu veranlasst hat, ihre Strategie in Afghanistan neu auszurichten und stärker auf Distanz zu staatlichen Stellen zu gehen, weil MitarbeiterInnen Anschläge von Aufständischen zu befürchten hatten. In von Bürgerkriegen heimgesuchten Ländern können internationale Hilfsleistungen gar zur Fortdauer von Gewaltkonflikten beitragen. So gelang es den Kriegsparteien im Süden des Sudan, die Hilfeleistungen der 1989 unter Federführung von UNICEF und des Welternährungsprogramms (WFP) eingerichteten „Operation Lifeline Sudan" für ihre Zwecke der Fortsetzung von Kampfhandlungen und Selbstbereicherung zu instrumentalisieren (Debiel/Sticht 2005: 147; vgl. unten Abschnitt 4.3).

Eine Dienstleistung, die von privatwirtschaftlichen Unternehmen erbracht wird, ist die Unterstützung oder gar Übernahme von militärischen Operationen und die Erbringung von Sicherheitsdienstleistungen im Personen- und Objektschutz durch Militär- und Sicherheitsfirmen („private military companies"; „private security firms") (Binder 2005; Chojnacki 2005: 38ff.; Singer 2001; Jäger 2007). Im Bosnienkrieg (1992-1995) wurde z.B. die kroatische Seite durch die US-amerikanische Firma „Military Professional Resources Incorporated" in erheblichem Ausmaß unterstützt. Im Irak waren im Jahr 2004 Presseberichten zufolge zeitweise rund 15.000 private Sicherheitsangestellte verschiedener Firmen im Einsatz (Ganser 2004: 67f.). Bei privaten Sicherheitsfirmen in Gewaltkonflikten fällt deren Tätigkeit als Dienstleister mit den im Folgenden zu diskutierenden Aktivitäten privater Akteure bei der Bearbeitung von Gewaltkonflikten zusammen. Zudem übernehmen inzwischen zivilgesellschaftliche Organisationen der Entwicklungszusammenarbeit vermehrt auch Konfliktbearbeitungsaufgaben, so dass sich auch in dieser Hinsicht Überschneidungen zwischen den beiden Arten von Tätigkeiten ergeben.

4.3 *Gewaltkonflikte bearbeitende Tätigkeiten*

Transnationale zivilgesellschaftliche und privatwirtschaftliche Akteure sind auch in Gewaltkonfliktregionen tätig und können dort sowohl Konflikt verschärfende als auch Konflikt mindernde Wirkung haben.

4.3.1 Gewaltkonflikte bearbeitende Tätigkeiten transnationaler Unternehmen

Vor allem auf dem afrikanischen Kontinent mit einer großen Zahl prämoderner Staaten finden sich zahlreiche Beispiele dafür, dass das Profitstreben privatwirtschaftlicher lokaler und transnationaler Akteure zumindest die Dauer von Bürgerkriegen verlängert und deren Eskalationsdynamik verstärkt (Ballentine/ Nitzschke 2003: 1), wenn nicht gar zum Ausbruch von Bürgerkriegen beigetragen hat (Collier/ Hoeffler 2000).

Vor allem in Staaten mit reichen Rohstoffvorkommen und schwachen staatlichen Institutionen wie in der DR Kongo, in Sierra Leone oder in Liberia ist das Risiko besonders hoch, dass lokale private Gewaltakteure wie Rebellengruppen und Paramilitärs sich am illegalen Abbau und Handel leicht ausbeutbarer Rohstoffe wie Edelhölzern oder Diamanten bereichern und damit ihren bewaffneten Kampf finanzieren. Abnehmer dieser lokalen Gewaltunternehmer sind (wenn auch meist über lokale Zwischenhändler) auch transnationale privatwirtschaftliche Akteure. Es entstehen Bürgerkriegsökonomien, von denen private Gewaltunternehmer profitieren und die Anreize bilden, die Dauer des Gewaltkonflikts in die Länge zu ziehen (Collier/ Hoeffler 2000; Rittberger 2004a). Transnationale Unternehmen, die mittelbar mit lokalen Gewaltakteuren zusammenarbeiten, unterstützen die Kriegsökonomie (Ganser 2004: 66f.; vgl. Brzoska/ Paes 2006). Neben dem weltweiten illegalen Handel mit Drogen, Menschen oder bedrohten Tierarten spielt auch der Handel mit grundsätzlich legalen Gütern wie natürlichen Bodenschätzen häufig eine Gewaltkonflikte fördernde Rolle. Transnationale Unternehmen aus dem Rohstoffsektor, die an der Förderung von Öl und Gas, dem Abbau von Gold, Diamanten, Holz oder Kupfer und deren Handel beteiligt sind, werden immer wieder vor allem von Seiten von INGOs mit dem Entstehen und der Fortdauer von Gewaltkonflikten in Verbindung gebracht (Ganser 2004: 64f.).

Transnationale Unternehmen können durch Zahlungen an korrupte Regierungen indirekt Gewaltkonflikte unterstützen. Indirekt Gewaltkonflikte fördernd wirken privatwirtschaftliche Akteure auch durch den Aufbau von Infrastruktur, die Rebellengruppen dann für ihre Mobilität nutzen können und durch Zahlungen zur Freilassung entführter MitarbeiterInnen. Transnationalen Unternehmen wird ferner oft der Vorwurf der Komplizenschaft mit Gewaltakteuren und Menschenrechtsverletzern gemacht, wenn Regierungstruppen oder paramilitärische Einheiten zum Schutz von Firmenanlagen und Mitarbeitern bereit gestellt werden, die dann im Zuge ihrer Tätigkeiten mit Menschenrechtsverletzungen in Verbindung gebracht werden (Ballentine/ Nitzschke 2004: 40ff.). Obwohl sich die Aufmerksamkeit von INGOs oft auf die Geschäftspraktiken großer Unternehmen konzentriert, sind es gerade kleinere transnationale Unternehmen, die vielfach Geschäfte mit Gewaltakteuren machen (ebd.: 42ff.). Kleinere Unternehmen haben weniger Reputationssorgen und/oder zu geringe Ressourcen, um sich um Mechanismen zur Gewährleistung sozial verantwortlichen Unternehmertums zu kümmern.

Es ist strittig, ob die oben genannten privaten Militär- oder Sicherheitsfirmen, die in Krisen- und Kriegsgebieten ihre Dienstleistungen von Transport über Bewachung bis hin zu Kampfeinsätzen (wobei letztere einen relativ geringen Anteil ausmachen) anbieten, eher zur Gewaltminderung oder zur -verstärkung beitragen. Da es sich jedoch bei Militär- und Sicherheitsfirmen um an wirtschaftlichen Gewinnen orientierte Akteure handelt, könnte man aus ökonomischer Sicht annehmen, dass sie am Fortbestand zumindest von Konflikten geringer Intensität interessiert sind, die nur geringe Opferzahlen auf Seiten der Militärfirmen zur Folge haben.

Transnationale Unternehmen können sich auch aktiv an der Krisenprävention oder an der konstruktiven Konfliktbearbeitung beteiligen. Während die Aktivitäten von INGOs bei der Bereitstellung öffentlicher Güter in Konfliktregionen und als Akteu-

Kapitel 3: Ausdifferenzierung des Spektrums politikmächtiger Akteure   253

re der Konfliktprävention allgemein akzeptiert sind, finden Unternehmen in dieser Hinsicht bisher weniger Beachtung (Rieth/ Zimmer 2004: 79). Eine konstruktive Beteiligung von Unternehmen an der Konfliktprävention und -bearbeitung kann aus aufgeklärtem Eigeninteresse erfolgen, da wirtschaftliches Handeln in politisch stabilen und vor allem sicheren Regionen unter Gesichtspunkten des Investitionsschutzes mittel- und langfristig vorgezogen wird. Es ist aber auch auf die Sorge vor Reputationsverlusten zurückzuführen, die durch die Kritik aus den Heimatstaaten und von INGOs durch öffentliches Bloßstellen ausgelöst wird. Transnationale Unternehmen können zur strukturellen Konfliktprävention beitragen, indem sie Rechtsstaatlichkeit und zivilgesellschaftliche Entwicklung, z.B. im Rahmen des von den Vereinten Nationen zur Förderung von Umwelt-, Sozial-, und Menschenrechtsstandards aufgelegten partnerschaftlichen „Global Compact" unterstützen.

Aber auch vor Ort können Unternehmen einen konstruktiven Beitrag zur Konfliktbearbeitung leisten. Die norwegische Firma Statoil etwa, die in Venezuela auf Gewaltkonflikte und Sicherheitsprobleme stieß, hat daraufhin eine Initiative zur zivilen Konfliktbearbeitung gefördert. Die Firma schulte in Partnerschaft mit UNDP und Amnesty International Richter für die Bearbeitung von Menschenrechtsproblemen (Ganser 2004: 70f.; vgl. Nelson 2000: 68f.). Ökonomisch betrachtet ist gerade von großen transnationalen Unternehmen zu erwarten, dass sie an einer stabilen politischen Lage interessiert sind, da sie möglichst geringe Sicherheitsrisiken eingehen möchten (vgl. Möckli/ Wenger 2002). Dies gilt insbesondere für Unternehmen, die sich zur rentablen Ausbeutung von Rohstoffen langfristig engagieren und hohe Kapitalinvestitionen tätigen müssen (vgl. Ballentine/ Nitschke 2004: 40).

4.3.2 Gewaltkonflikte bearbeitende Tätigkeiten zivilgesellschaftlicher Akteure

Zivilgesellschaftliche Akteure können in Gewaltkonflikten nicht nur gewaltmindernde, sondern durchaus auch gewaltfördernde Wirkungen entfalten. INGOs verfolgen zwar zumeist das Ziel, zur Verhütung oder Beendigung eines Gewaltkonfliktes beizutragen. Sie stehen aber in der Kritik, Gewaltkonflikte zu befördern, weil ihre Hilfeleistungen von Kriegsparteien instrumentalisiert werden. Hilfeleistungen können – wenn sie abgefangen oder wenn Teile der Lieferungen als Zoll oder Sicherheitsgarantie für die MitarbeiterInnen von Hilfsprogrammen von Gewaltakteuren abgeschöpft werden – zur Verfestigung von Kriegsökonomien führen. Sie liefern Ressourcen zur Fortführung von Kämpfen, können von den Konfliktparteien den Druck zur friedlichen Einigung nehmen und damit die Aussichten auf eine friedliche Bearbeitung von Konflikten verschlechtern.

Andererseits spielen zivilgesellschaftliche Akteure in der Tat häufig eine konstruktive Rolle bei der Prävention und zivilen Bearbeitung von Gewaltkonflikten. Etliche INGOs sind in der Konfliktprävention tätig und leisten dort Gewaltkonflikten vorbeugende Arbeit. Ein Beispiel ist das deutsche „Forum Ziviler Friedensdienst", das die professionelle Ausbildung von „Friedensfachleuten" fördert und dessen Mitglieds-NGOs diese zivilen Friedensfachleute in Konfliktregionen einsetzen. Krisen- und Gewaltprävention ist mittlerweile ebenso Bestandteil von Entwicklungszusammenarbeit und humanitärer Hilfe durch INGOs wie Krisen- und Gewaltkonfliktnachsorge (Debiel/ Sticht 2005: 130). Die Vorteile sind, dass nichtstaatliche Organisationen über weit reichende Erfahrungen, Kontakte zur lokalen Zivilgesellschaft und Expertise vor Ort verfügen. Außerdem sind sie in der Regel flexibler als große internationale Organisationen wie die VN oder die EU.

Neben traditionellen Hilfs- und Entwicklungsorganisationen haben seit Beginn der 1990er Jahre auf zivile Konfliktbearbeitung spezialisierte NGOs, die sich explizit mit Krisenprävention, Konfliktbearbeitung und -nachsorge beschäftigen, einen starken Aufschwung erfahren. Diese Entwicklung geht auf die Einsicht zurück, dass Gewaltkonflikte langfristig erfolgreiche Entwicklungszusammenarbeit unmöglich machen und daher vorbeugende Maßnahmen gegen Gewaltkonflikte sowie eine konstruktive Konfliktbearbeitung zwingend erforderlich sind (Debiel/ Sticht 2005: 152f.; Mekenkamp/ van Tongeren/ van de Veen 1999; Terlinden 2002).

Schulungen für Multiplikatoren, die Durchführung von sogenannten Problemlösungs-Workshops sowie die Vermittlung zwischen Konfliktparteien (Mediation) stellen positive Beiträge zivilgesellschaftlicher Organisationen zur Konfliktprävention und -bearbeitung dar. Ein Beispiel für erfolgreiche Konfliktbearbeitung bietet die römische Laiengemeinschaft Sant' Egidio, die mit ihren Vermittlungen einen maßgeblichen Anteil an der Beilegung des langjährigen Bürgerkriegs in Mosambik (1976-1992) hatte. In den Verhandlungen mit den Konfliktparteien wurde Sant' Egidio durch die USA in Form von begleitender Beratung und gelegentlicher Ausübung von Druck auf die Konfliktparteien unterstützt. Außerdem war an diesem Beispiel mehrspuriger Diplomatie („multi-track diplomacy") auch das transnationale Unternehmen Lonrho beteiligt, das Kontakte und Gespräche mit regionalen politischen und wirtschaftlichen Akteuren aufnahm und finanzielle Ressourcen und Transportmittel bereit stellte. Schließlich wurden die VN später als Garant für die Einhaltung des Friedensabkommens bis zu den Wahlen in diesen Prozess einbezogen (Debiel/ Sticht 2005: 153f.). Dieses Beispiel zeigt, wie verschiedene private Akteure gerade im Verbund mit öffentlichen Akteuren einen nicht zu unterschätzenden Beitrag zur konstruktiven Konfliktbearbeitung leisten.

4.4 Normen setzende und deren Einhaltung verifizierende Tätigkeiten

Normen setzende und deren Einhaltung verifizierende Tätigkeiten von transnationalen Akteuren stehen für eine der tiefgreifendsten Veränderungen in den Prozessen globaler Politikentwicklung. Die Annahme, dass Regieren nicht an staatliche oder zwischenstaatliche Handlungsträger gekoppelt sein muss, sondern auch von privaten Akteuren ausgehen kann, beschäftigt die jüngere politikwissenschaftliche Forschung in erheblichem Maße. Es wird mehr und mehr anerkannt, dass auch von privaten Akteuren politische Autorität ausgeübt werden kann. Privaten Akteuren kommt dann Autorität zu, wenn sie über Entscheidungsmacht in einem bestimmten Problemfeld verfügen und ihnen gleichzeitig Legitimität zugesprochen wird, so dass den von ihnen gesetzten Normen und Regeln Folge geleistet wird (vgl. Cutler/ Haufler/ Porter 1999a, 1999b; Fuchs 2005: 126-144; Hutter 2006).

Einige Autoren gehen so weit, von einer zunehmenden Entstehung rein privater, ausschließlich aus nichtstaatlichen Akteuren der Zivilgesellschaft und Unternehmen zusammengesetzter und auf Marktlogiken basierender Formen des Regierens („nonstate market-driven governance systems") zu sprechen. Als eingehend erforschtes Beispiel kann die Zertifizierung nachhaltigen Wirtschaftens in der Holzwirtschaft durch den „Forest Stewardship Council" (FSC) gelten (Bernstein/ Cashore 2008; Cashore/ Auld/ Newsom 2004; Pattberg 2007). Dieses Beispiel verleitet freilich dazu einzuwenden, es handle sich um ein „weiches" Thema von vergleichsweise geringer politischer Bedeutung, aus dessen privater Regulierung keine Schlüsse auf eine grundlegende Transformation der Beziehungen zwischen privaten und öffentlichen Akteuren gezogen werden könnten. Ein derartiger Einwand verkennt aber die wachsende regulative Gestaltungsfähigkeit von transnationalen nichtstaatlichen Akteuren, die in verschiedenen Bereichen von Sozial- und Arbeitsstandards über Ökologie, öffentliche Gesundheit bis hin zu Sicherheitsproblemen zunehmend Selbst- und Ko-Regulierungstätigkeiten (letztere im Verbund mit öffentlichen Akteuren) übernehmen und somit an öffentlich-privatem Regieren beteiligt sind oder eigenständig privates Regieren praktizieren (Fuchs 2006; Utting 2008).

Es ist unstrittig, dass Formen *ausschließlich* privaten Regierens ohne Beteiligung öffentlicher Akteure auf absehbare Zeit nicht als umfassender, annähernd hinreichender Ersatz für staatliche, zwischenstaatliche oder auch partnerschaftliche öffentlich-private Steuerung dienen können. Ihr Auftreten ist dennoch illustrativ für den Wandel weltpolitischer Akteurskonstellationen, insofern als Formen rein privaten Weltregierens extreme Ausprägungen eines allgemeinen Trends zur verstärkten Einbeziehung nichtstaatlicher Akteure in Prozesse globaler Politikentwicklung und Regelsetzung – mithin in Prozesse des Weltregierens – darstellen (vgl. Kap. 5 und 6).

Weltregieren ohne Weltstaat, das auf norm- und regelgeleiteter Selbstbindung basiert, ist heute ohne die Beteiligung privater Akteure kaum mehr vorstellbar (vgl. Kap. 5; Brühl/ Rittberger 2001: 20). Weltregieren ist, sofern es stattfindet, mittlerweile in vielen Bereichen ein multipartistischer Prozess, also ein Unterfangen, an dem staatliche und zwischenstaatliche Akteure, Unternehmen und INGOs beteiligt sind. Die Intensität der Zusammenarbeit zwischen öffentlichen und privaten Akteuren und das Ausmaß der Einbeziehung privater Akteure variieren je nach Problemfeld deutlich. Die Tatsache, dass private Akteure an der Generierung und Überwachung von Normen und Regeln beteiligt sind, kann allerdings nicht mehr übersehen werden (Cutler/ Haufler/ Porter 1999b).

Transnationale Akteure können entweder direkt oder indirekt normsetzend agieren: *Indirekt normsetzend* handeln zivilgesellschaftliche Akteure, wenn sie auf Staaten oder andere private Akteure (z.B. privatwirtschaftliche Unternehmen) Einfluss ausüben, so dass die von diesen getroffenen Regelungen (z.B. von Staaten verabschiedete Gesetze oder auf freiwilliger Selbstverpflichtung beruhende soziale und ökologische Verhaltensstandards von transnationalen Unternehmen) das vorgebrachte Anliegen widerspiegeln.

Privatwirtschaftliche Akteure beteiligen sich indirekt an Normsetzungsprozessen, indem sie sich durch „lobbying" und Öffentlichkeitsarbeit in die (zwischen-) staatliche Politikprogrammierung einmischen. Ein viel zitiertes Beispiel dafür ist das Verhalten privatwirtschaftlicher Vertreter auf der Konferenz der VN für Umwelt und Entwicklung (UNCED) in Rio de Janeiro (1992), bei der sich transnationale Unternehmen in einem „Business Council on Sustainable Development" (BCSD) zusammenschlossen und für marktwirtschaftliche Lösungen für ökologische Probleme eintraten (Hummel 2004: 22). Heute werden kaum mehr neue internationale Organisationen gegründet oder zwischenstaatliche Abkommen geschlossen, welche die Interessen großer transnationaler Unternehmen betreffen, ohne dass diese darauf – meist immer noch auf informellen nicht institutionell garantierten und geregelten Wegen – Einfluss nehmen. Ein Beispiel bildet das am Ende der Uruguay-Welthandelsrunde (1994) abgeschlossene Übereinkommen über handelsbezogener Aspekte der Rechte des geistigen Eigentums (TRIPs). Die „lobbying"-Aktivitäten von Unternehmen der Biotech-, Pharma-, Unterhaltungs- und Software-Industrie trugen entscheidend dazu bei, dass das Thema „Schutz geistiger Eigentumsrechte" auf die Tagesordnung der Verhandlungen der Uruguay-Runde kam und Normen zum Schutz geistigen Eigentums im erweiterten WTO-Vertragswerk verankert wurden (Cutler/ Haufler/ Porter 1999b: 343; vgl. auch Kap. 8).

Anwaltschaftliche zivilgesellschaftliche Organisationen versuchen zumeist, öffentliche Aufmerksamkeit und politischen und/oder wirtschaftlichen Druck zu erzeugen. Insofern als INGOs in ihrer Öffentlichkeit schaffenden Funktion als „Aufpasser" zugleich mit dem Ziel tätig werden, die Schaffung oder Anpassung von Normen und Regeln (z.B. staatliche Gesetze, private Verhaltenskodizes) voranzutreiben, fallen die bereits beschriebenen anwaltschaftlichen und die indirekten Normsetzungsaktivitäten von transnationalen Akteuren zusammen. Wie erwähnt führte etwa die von einem Netzwerk von NGOs initiierte und von verschiedenen prominenten Persönlichkeiten sowie gleichgesinnten Staaten geförderte öffentlichkeitswirksame Kampagne zur Ächtung von Landminen zu einem Verbot von Anti-Personenminen, das von der überwiegenden Zahl der Staaten vertraglich für verbindlich erklärt wurde.

Anstrengungen, die Schaffung und Implementation von Normen durch *andere* Akteure zu beeinflussen, sind ein weithin anerkanntes Tätigkeitsfeld transnationaler Akteure und stellen in der Sache nichts wirklich Neues dar. Gleichwohl ist die materielle und immaterielle Ressourcenausstattung und mithin die Organisations-, Kampagnen- und Durchsetzungsfähigkeit privater Akteure vor allem durch die Globalisierung erheblich angewachsen (vgl. Kap. 2.2). Dies schlägt sich in einer variierenden, insgesamt aber intensivierten Einflussnahme privatwirtschaftlicher und zivilgesellschaftlicher Akteure in allen Phasen des Politikzyklus in internationalen Verhandlungsforen nieder – von der Thematisierung und Problemwahrnehmung, der Aufstellung der politischen Tagesordnung, der Politikformulierung über die Politikentscheidung und -implementierung bis hin zur Evaluation und ggf. Anpassung von Politiken –, wobei freilich in den einzelnen Phasen jeweils unterschiedliche Akteure verschieden großen Einfluss ausüben können (vgl. Risse 2002: 265).

Direkt normsetzend handeln private Akteure, wenn sie selbst – in der Regel im Verbund mit öffentlichen Akteuren in öffentlich-privaten Partnerschaften (Brühl 2006; Fuchs 2005: 126f.; Reinicke 1999; Reinicke/ Deng 2000), aber auch in rein privaten Formen des Regierens ohne staatliche Beteiligung (Bernstein/ Cashore 2008; Cashore/ Auld/ Newsom 2004; Fuchs 2005: 127ff.) – Regelungen treffen.[77] Privates Regieren ist die eigentlich neue und verglichen mit der Intensivierung indirekter Normsetzungsaktivitäten tiefer greifende Entwicklung in der Weltpolitik, weil direkte Normsetzung als Vorrecht staatlicher und zwischenstaatlicher Akteure galt (Cutler/ Haufler/ Porter 1999b: 357). Hinsichtlich der heute in verschiedenen Sachbereichen zunehmend zu beobachtenden direkten Normsetzung durch private Handlungseinheiten kann zwischen zwei Regulierungsformen unterschieden werden: In Selbstregulierungsarrangements werden Normen, die nur die Regulierenden selbst betreffen, generiert (vgl. Haufler 2001). Neben dieser Form der Selbstregulierung existieren aber auch Regulierungsmodi, die Normen hervorbringen, welche darauf abzielen, das Verhalten von anderen Akteuren als den Normsetzern zu steuern (Cutler/ Haufler/ Porter 1999b: 334).

Ehe einige Beispiele für Regieren in rein privaten oder öffentlich-privaten Institutionen vorgestellt, d.h. die Einbeziehung nichtstaatlicher Akteure in direkte Normsetzungs- und -implementierungsprozesse empirisch illustriert werden, sind einige theoretisch-konzeptuelle Ausführungen über „private Autorität" nötig. Wie erwähnt kommt Autorität derjenigen Einheit zu, die über Entscheidungsmacht in einem bestimmten Problemfeld verfügt und der gleichzeitig Legitimität zugesprochen wird, so dass den von ihr gesetzten Normen und Regeln Folge geleistet wird. Geht man von diesem Begriffsverständnis aus, muss politische Autorität nicht zwangsläufig an staatliche Institutionen geknüpft sein (Cutler/ Haufler/ Porter 1999a: 5). Sie kann auch privaten Handlungseinheiten zukommen, wenn diese in Formen der Kooperation zwischen ausschließlich nichtstaatlichen Akteuren oder der gleichberechtigten Kooperation privater und öffentlicher Akteure Normen generieren, die von den Regelungsadressaten als legitim angesehen werden und denen diese Folge leisten. So können auf Normen

---

[77] Privates Regieren als Teilelement von heterarchischem Weltregieren wird noch ausführlicher in Kapitel 5 sowie in der sachbereichsspezifischen Analyse von Weltregieren in den Kap. 7-9 zu beschreiben und hinsichtlich seines Beitrags zur effektiven und legitimen Bearbeitung weltpolitischer Probleme zu analysieren sein. Bereits hier wird die direkte Normsetzung durch private Akteure als privates Regieren vorgestellt, weil diese Tätigkeit nichtstaatlicher Akteure zentral für das Verständnis der Bedeutungszunahme nichtstaatlicher Akteure in der Weltpolitik ist.

beruhende, verhaltensregulierende Kooperationen zwischen privatwirtschaftlichen Akteuren als Quelle von Autorität gelten, insoweit sie als allseitig *bindend* angesehen werden (Cutler/ Haufler/ Porter 1999: 363). Die Spannbreite dieser Regelungsformen reicht von der Verständigung auf Industrienormen und -praktiken bis zur Ausbildung privater Regime, die Prinzipien, Normen, Regeln und Entscheidungsverfahren beinhalten (Cutler/ Haufler/ Porter 1999a: 9ff.; Haufler 2000).

Haufler (2001: 20ff.) identifiziert drei Ursachen für die zunehmende private Selbst-Regulierung von und durch transnationale Unternehmen (vgl. Kap. 5): erstens, ihr Interesse an Risikominderung, d.h. die Sorge vor unliebsamen, nur bedingt zu beeinflussenden Regulierungen durch Staaten; zweitens, ihr Interesse an der Wahrung ihrer Reputation, d.h. Sorge vor öffentlicher Bloßstellung durch anwaltschaftliche zivilgesellschaftliche Akteure, die nicht zuletzt das Konsumverhalten potenzieller Kunden beeinflussen können;[78] und drittens, Lerneffekte im Sinne der Diffusion von vorbildlichen Praktiken und der Internalisierung von Normen der sozialen und ökologischen Unternehmensverantwortung.

Lange galt für fast alle Fälle privaten Regierens, dass „die Akteure des privaten Sektors entweder explizit oder implizit durch Staaten oder zwischenstaatliche internationale Organisationen dazu ermächtigt werden, Entscheidungen für andere zu treffen" (Cutler/ Haufler/ Porter 1999a: 19; Ü.d.V.). Diese Anforderung einer zumindest impliziten Ermächtigung durch staatliche Akteure wird in neueren Arbeiten zu nicht-staatlichem marktbasiertem Regieren („non-state market-based governance") wie dem Forest Stewardship Council nicht aufrecht erhalten (Cashore/ Auld/ Newsom 2004: 29; vgl. Bernstein/ Cashore 2008). Dennoch herrscht auch in der jüngeren Forschung zu privatem Regieren die Einschätzung vor, dass bei der Mehrzahl „neuer" Formen transnationalen Regierens ein gewisses Maß an (zwischen-)staatlicher Anerkennung, Unterstützung und zum Teil auch Durchsetzung privater Normen und Regeln – mithin ein „Schatten der Hierarchie" (Heritier/ Lehmkuhl 2008: 1) – zu beobachten und zur Erbringung effektiver Regierensleistungen notwendig ist (Zangl 2008: 13f.; Zürn/ König-Archibugi 2006: 242).

Ein knapper, zwangsläufig selektiver Überblick über das Vorkommen von privaten Selbst- und Ko-Regulierungsarrangements vermittelt einen Eindruck von der zunehmenden Bedeutung, aber auch von den Grenzen und Problemen direkter Normsetzung durch nichtstaatliche Akteure.

Transnationale Unternehmen betätigen sich als Norm- und Standardsetzer, indem sie – mitunter in Zusammenarbeit mit INGOs (vgl. Bauer 2006) – ökologische und soziale Verhaltenskodizes entwickeln. Die Präzision und die Effektivität dieser auf freiwilliger Selbstverpflichtung beruhenden Verhaltensstandards der sozialen und ökologischen Unternehmensverantwortung variieren erheblich. Während sich einige Unter-

---

[78] Die Ausübung von Druck durch INGOs kann somit als eine wichtige Ursache für die Entstehung und für die Effektivität von industriellen Selbstregulierungsmechanismen angesehen werden (vgl. Spar/ LaMure 2003).

Kapitel 3: Ausdifferenzierung des Spektrums politikmächtiger Akteure 259

nehmen mit ebenso weichen wie vagen Zielen und Leitlinien begnügen, nehmen andere an Zertifizierungsmechanismen wie beispielsweise ISO 14001 (Umweltmanagementstandards), „Social Accountability 8000" (Arbeitnehmerrechte) oder dem „Forest Stewardship Council" (FSC, nachhaltige Waldbewirtschaftung) mit vergleichsweise konkreten Standards teil (vgl. Utting 2008). Von besonderer Wichtigkeit für deren verhaltenssteuernde Wirkung ist, ob zur Überwachung der Einhaltung solcher Verhaltensstandards Drittparteien beauftragt werden.

Das Beispiel des FSC verdeutlicht, wie private Akteure auf transnationaler Ebene direkt normsetzend tätig sein können, *ohne* dass staatliche Vertreter involviert sind. Der FSC verfolgt das Ziel einer transnationalen, auf Marktmechanismen basierenden Zertifizierung nachhaltigen Managements im Bereich der Holzwirtschaft. Stark vereinfacht stellt sich der Prozess der Normsetzung und der Verifizierung der Normeinhaltung folgender Maßen dar: Umweltschutz-NGOs entwickeln transnationale Regeln für die nachhaltige Bewirtschaftung von Waldbeständen, zertifizieren unabhängig von staatlichen Behörden diejenigen Unternehmen und Landbesitzer (darunter etwa auch kommunale Waldeigentümer in Deutschland), die sich auf die Einhaltung dieser Standards verpflichtet haben, und ermöglichen es Verbrauchern so, Holzprodukte zu kaufen, die – wirksames Funktionieren der Verifikationsmechanismen vorausgesetzt – aus ökologisch nachhaltiger Waldbewirtschaftung stammen (Cashore/ Auld/ Newsom 2004: 4, 9ff.). Der FSC ist in einem Drei-Kammern-System (Wirtschaft, Umwelt und Soziales) organisiert. FSC-Beschlüsse kommen nur bei Übereinstimmung der drei Kammern zustande. Damit haben Umweltschutzorganisationen sowie zivilgesellschaftliche Vertreter sozialpolitischer Interessen ebenso wie Vertreter wirtschaftlicher Interessen die Möglichkeit, an der Norm- und Regelsetzung und Überwachung ihrer Einhaltung mitzuwirken, ohne dass eine Akteursgruppe bei der Beschlussfassung übergangen werden kann.

Eine bemerkenswerte Form rein privater Normsetzung und Verifizierung ihrer Einhaltung im Sachbereich Sicherheit nimmt die Genfer INGO Geneva Call vor. Diese hat sich zur Aufgabe gemacht, die Universalisierung des Ottawa-Übereinkommens zum Verbot von Landminen voranzutreiben, indem sie mit nichtstaatlichen Gewaltakteuren eine vertragsähnliche Vereinbarung (*Deed of Commitment*) über den Verzicht auf die Benutzung von Antipersonenminen abschließt. Während die unterzeichnenden Rebellengruppen sich auf den Verzicht des Einsatzes, der Herstellung, der Lagerung und der Weitergabe von Landminen, sowie die Vernichtung ihrer Bestände verpflichten, trägt die Organisation Geneva Call ihrerseits dazu bei, die Einhaltung dieser Normen (durch *monitoring* und Überprüfungsmissionen vor Ort) zu überwachen und Fälle der Nichteinhaltung zu veröffentlichen (Romund 2008: 8).

Verhaltenskodizes und Zertifizierungsmechanismen für private Akteure (vor allem Unternehmen) können auch im Rahmen institutioneller Partnerschaften mit zivilgesellschaftlichen, staatlichen und zwischenstaatlichen Akteuren d.h. in inklusiven, multipartistischen Institutionen festgelegt werden. Der „Global Compact" (vgl. ausführlich Kap. 9) etwa stellt eine multipartistische Form der institutionalisierten Kooperation öffentlicher und privater Akteure dar, bei der sich privatwirtschaftliche Akteure verpflichten, bestimmte menschenrechtliche, soziale und ökologische Mindeststandards einzuhalten und regelmäßig Fortschrittsberichte über die Umsetzung der Mindeststandards in ihren Geschäftspraktiken zu erstellen (vgl. Kap. 9; Global Compact Deutschland 2006; Hamm 2006; Kell 2003; Reder 2004). Die Effektivität des „Global Compact" wird allerdings von Teilen der Zivilgesellschaft in Zweifel gezogen (Rieth 2004: 163).

Ein Beispiel inklusiver, multipartistischer Regulierungsversuche im Sachbereich „Sicherheit" ist der Kimberley-Prozess zur Zertifizierung der Herkunft von Rohdiamanten. Nachdem durch eine INGO-Kampagne das Thema „Konfliktdiamanten" internationale Aufmerksamkeit erregt hatte, kam es im Jahr 2000 zu einem ersten Treffen von Regierungen, Vertretern der Diamantenindustrie und INGOs in Kimberley (Südafrika). Ende 2002 wurde der Kimberley-Prozess-Zertifizierungsmechanismus vereinbart. Diese multipartistische Institution soll durch Herkunftszertifikate den Handel und Schmuggel mit nicht zertifizierten Rohdiamanten unterbinden (vgl. Kap. 7; Paes 2005: 67ff.; Rittberger 2004a: 26f.).

Die von INGOs vorangetriebene „Publish What You Pay"-Kampagne gegen Korruption forderte von Unternehmen der Rohstoffindustrie, Zahlungen an Regierungen zu veröffentlichen, um auch von den Regierungen in den Gaststaaten transnationaler Unternehmen der Rohstoffindustrie mehr Transparenz in der Haushaltsführung einfordern zu können. Als Reaktion darauf wurde vom seinerzeitigen britischen Premierminister Tony Blair während des Weltgipfels für nachhaltige Entwicklung in Johannesburg (2002) die „Extractive Industries Transparency Initiative" (EITI) ins Leben gerufen. Diese inklusive, multipartistische Institution soll transnationale Unternehmen und Regierungen der Staaten, in denen Unternehmen der Rohstoffindustrie tätig sind, gleichermaßen in die Pflicht nehmen und die Transparenz von Zahlungen und der Einnahmenverteilung im Rohstoffsektor befördern.

Die bekannte „Internet Corporation on Assigned Names and Numbers" (ICANN), die über die Grundlagen der Verwaltung von Namen und Adressen im Internet (Domain-Vergabe, IP-Zuteilung) entscheidet und technische Standards für den Internetverkehr festlegt, ist ein Beispiel privater Steuerung auf globaler Ebene im Bereich der „Internet Governance". Im Bereich der „Internet Governance" gibt es zudem mittlerweile Bestrebungen, in multipartistisch organisierten, partizipatorisch angelegten institutionellen Foren (Weltgipfel zur Informationsgesellschaft (2003 und 2005), „Internet Governance Forum" (seit 2005)) umfassende Ansätze zur Steuerung und Regelung der Internetnutzung zu entwickeln, die über die enge „technokratische" Herangehensweise der privaten ICANN hinaus gehen (Drossou/ Fücks 2005; Ermert 2007; Hofmann 2005, 2007; Theiner 2007; vgl. Kap. 6).

Es ließen sich noch weitere, als mehr oder weniger erfolgreich eingeschätzte rein private und multipartistische, partnerschaftliche Zertifizierungsmechanismen und Verhaltenskodizes in verschiedenen Sachbereichen aufzählen (vgl. Utting 2008; Rittberger 2004a: 28). Auf einige der hier nur kurz erwähnten Beispiele wird in den Kap. 7-

Kapitel 3: Ausdifferenzierung des Spektrums politikmächtiger Akteure   261

9 noch vertieft einzugehen sein. Der entscheidende Punkt an dieser Stelle ist, dass private Selbst- und öffentlich-private Ko-Regulierungsformen existieren und mehr als eine marginale Nebenerscheinung der Weltpolitik darstellen.

Unternehmen und zivilgesellschaftliche Akteure übernehmen vermehrt Normsetzungsaufgaben, die traditionell von Staaten erfüllt wurden. Auch in Bezug auf die Implementierung von Normen und Regeln und die Verifizierung ihrer Einhaltung spielen vor allem INGOs in ihrer Rolle als „transnationale Aufpasser" eine wichtige Rolle. Auf die Frage, inwieweit bzw. unter welchen Bedingungen die Einbeziehung von privaten Akteuren der Effektivität und Legitimität von Weltregierensprozesse förderlich ist, lässt sich noch keine abschließende, auf breiten empirischen Befunden gestützte Antwort geben. Nichtsdestotrotz lassen verschiedene (makro- und mikro-)theoretische Ansätze sowie empirische Einzelfallstudien ein erhöhtes Problemlösungspotenzial und eine gesteigerte Input-Legitimität der Normsetzung in und durch inklusive, multipartistische Institutionen vermuten (vgl. Rittberger et al. 2008; Kap.10). Freilich sind aber auch mögliche Schwierigkeiten und Probleme der Inklusion nichtstaatlicher Akteure in Institutionen des Weltregierens nicht zu vernachlässigen (vgl. Abschnitt 6).

Private Steuerung kann sowohl substitutiven Charakter haben als auch komplementär zu staatlicher Steuerung auftreten. Staaten und ihre internationalen Organisationen stehen jedenfalls vor der Herausforderung, private politikmächtige Akteure zur Schaffung und Einhaltung gemeinwohlorientierter Regelungen anzuhalten und zugleich die Ressourcen nichtstaatlicher Akteure bei der Politikprogrammierung und -implementation konstruktiv zu nutzen. Die aktive Einbindung politikmächtiger privater Akteure in globale Politikentwicklungsprozesse erscheint dafür letztlich unumgänglich.

5   Reichweite und Grenzen privater Politikgestaltungsfähigkeit

Transnationale Akteure verfügen mittlerweile in einer Vielzahl von Problemfeldern über eigene Politikgestaltungsfähigkeit. Obwohl transnationalen Akteuren zumindest in modernen und postmodernen Staaten auf Grund des legalen Gewaltmonopols des Staates in der Regel keine direkten Zwangsmittel zur Verfügung stehen, können sie über verschiedene andere Wege politische Steuerungsfähigkeit erlangen.[79]

Zum einen können sich transnationale Akteure *Zwangsmittel von öffentlichen Akteuren borgen*. Eine Möglichkeit besteht darin, in Partnerschaften mit durchsetzungsfähigen staatlichen Akteuren Normen setzend und implementierend tätig werden. Das Medium, mitunter auch nur der „Schatten" des von staatlicher Seite garantierten Rechts ermöglicht es privaten Akteuren, die sich auf staatliche Kooperationspartner

---

[79] Die unterschiedlichen Wege zur Erlangung politischer Steuerungsfähigkeit werden im Folgenden analytisch getrennt und systematisch geordnet vorgestellt. Empirisch schließen sich einige von ihnen nicht gegenseitig aus, sondern gehen vielmehr Hand in Hand.

stützen können, Steuerungsleistungen zu erbringen, die von den Normadressaten als verbindlich angesehen und befolgt werden. Freilich nimmt mit der relativen Staatsnähe transnationaler Akteure ihre Eigenständigkeit faktisch und insbesondere in der Wahrnehmung der Öffentlichkeit ab. Die Unterscheidbarkeit von und ihre Autonomie gegenüber staatlichen Akteuren ist gerade für INGOs von zentraler Bedeutung für ihr Selbstverständnis und ihre öffentliche Legitimation (vgl. Frantz/ Martens 2006: 127ff.). Um öffentliche Aufmerksamkeit zu erlangen und politischen Einfluss zu sichern, bleiben INGOs darauf angewiesen, gegebenenfalls *auch* öffentliche Proteste initiieren zu können und trotz der kooperativen Einbindung in Konsultations-, Normsetzungs- und -implementierungsprozesse ihre Mobilisierungs- und Kampagnenfähigkeit nicht zu verlieren (Klein 2002: 5). Insofern besteht für INGOs ein Spannungsverhältnis zwischen Anreizen zur Kooperation mit und Annäherung an staatliche(n) Akteure(n), die ihren Einfluss auf die Politikprogrammierung und die Durchsetzungsfähigkeit gemeinsam gesetzter Normen und Regeln erhöhen, und der Notwendigkeit, ein gewisses Maß an Distanz zu öffentlichen Akteuren zu wahren, um so ihre Unabhängigkeit, die wiederum zentral für ihre öffentliche Glaubwürdigkeit und ihre Fähigkeit zur Schaffung einer kritischen Öffentlichkeit ist, nicht gänzlich zu verlieren (vgl. Steffek 2008).

Private Akteure können *Zwangsmittel kaufen*, wie dies transnationale Unternehmen in prämodernen Staaten mitunter tun. Der Einsatz privater Sicherheitsfirmen oder der Kauf (quasi-)staatlicher Zwangsgewalt zur Sicherung von Produktions- und Vertriebsanlagen oder zum Schutz von Mitarbeitern transnationaler Unternehmen sind Beispiele dafür (vgl. Chojnacki 2005: 38ff.).

Über das Borgen und den Kauf von Zwangsmitteln hinaus können privatwirtschaftliche und zivilgesellschaftliche Akteure eigenständige Strategien zur Steuerung des Verhaltens anderer Akteure entwickeln. Sie können zur Durchsetzung von Normen und Regeln *auf die rationalen Kosten-Nutzen-Kalküle der Regelungsadressaten abzielen, indem sie mit Nachteilen drohen oder mit Vorteilen locken*. Natürlich müssen solche Anreize und Drohungen glaubhaft sein. INGOs verfolgen häufig eine Strategie der Mobilisierung gesellschaftlicher Gruppen, um politischen und/oder wirtschaftlichen Druck auf Regierungen oder Unternehmen auszuüben und so eine Verhaltensänderung herbeizuführen. Die Sorge um geschäftschädigende Reputationsverluste in Folge von zuviel gesellschaftlichen Kampagnen steht hinter vielen privatwirtschaftlichen Selbst- oder Ko-Regulierungsinitiativen (Haufler 2001: 26f.). In vielen Zertifizierungsmechanismen werden marktwirtschaftliche Anreizstrukturen genutzt (vgl. Cashore/ Auld/ Newsom 2004: 23f.). Private Zertifizierungsmechanismen wie der FSC können Normbefolgung dadurch erzeugen, dass Mitglieder der Initiative sich davon wirtschaftliche Vorteile (z.B. höhere Preise für ökologisch verträglich oder sozial „fair" hergestellte Produkte, Marktzugang, Abwesenheit von Boykottkampagnen etc.) versprechen. Diese marktbasierten Regulierungsmechanismen funktionieren vor allem dann, wenn sie auf Transparenz schaffender Überwachung durch Drittparteien wie unabhängige INGOs basieren, so dass sie von der Öffentlichkeit wahrgenommen werden und einen Einfluss auf das Konsumverhalten von Verbrauchern haben.

Dienstleistungs-INGOs können sich durch ihre Dienstleistungen (z.B. im Bereich der Not- oder Entwicklungshilfe in Krisenregionen) für staatliche oder zwischenstaatliche Akteure geradezu *unentbehrlich machen*. Daraus ergibt sich potenziell die Chance, Einfluss auf deren Entscheidungen auch auf programmatischer Ebene zu erlangen. Das Beispiel der Arbeit von INGOs in der Entwicklungspolitik zeigt allerdings auch, dass mit der Auslagerung der Durchführung von Hilfsprogrammen an INGOs nicht auch eine Übertragung politischer Entscheidungsmacht einher gehen muss: INGOs agieren in manchen Fällen eher als „privater Arm der Geberstaaten" (Debiel/ Sticht 2005: 134).

Großen transnationalen Unternehmen stehen oft finanzielle Steuerungsmittel in zum Teil sehr hohem Ausmaß zur Verfügung. Ihr Einfluss beruht vor allem auf der Fähigkeit, Investitionen zu tätigen oder zu unterlassen (vgl. Korten 2001: 126ff.). Transnationale Unternehmen können mit der Verlagerung von Produktionsstätten drohen oder unter bestimmten Bedingungen zusätzliche Investitionen in Aussicht stellen und dadurch u.U. politische Entscheidungsträger veranlassen, ihren Interessen entsprechend Regelungen zu treffen oder zu unterlassen. Auch dies ist ein Beispiel dafür, wie private Akteure mit Vorteilen locken oder mit Nachteilen drohen können, um so das Verhalten anderer (in diesem Fall: öffentlicher) Akteure zu beeinflussen.

Schließlich können transnationale Akteure *als Sozialisationsagenten* auftreten, die durch Argumentations- und Überzeugungsprozesse bei den Regelungsadressaten *eine internalisierte, über rationale Kosten-Nutzen-Kalküle hinaus gehende Folgebereitschaft* erzeugen. Derartige Sozialisationsprozesse sind dann als erfolgreich anzusehen, wenn die Regelungsadressaten, gleichviel ob Individuen, staatliche Akteure oder Unternehmen, einer spezifischen, *erzeugten* Identität oder Weltsicht entsprechend im beabsichtigten Sinne handeln und auf Grund einer Handlungslogik der Angemessenheit privaten Regulierungen Folge leisten. Ein Beispiel ist die von INGOs in Zusammenarbeit mit nationalen NGOs betriebene Sozialisation von Regierungen in Bezug auf die Förderung und den Schutz von Menschenrechten (vgl. Klotz 1995; Risse/ Ropp/ Sikkink 1999; Risse/ Jetschke/ Schmitz 2002). Diese Form der Erzeugung von Folgebereitschaft gegenüber Normen und Regeln ist vor allem dann entscheidend, wenn keine harten Sanktionsmechanismen zur Verfügung stehen. Aus konstruktivistischer Sicht können in solchen Fällen nichtsdestotrotz Normbefolgung und Verhaltenssteuerung durch überzeugende Argumentation bzw. Kommunikation erreicht werden. Empirische Studien zeigen, dass transnationale Akteure ähnlich wie internationale Organisationen in der Lage sind, als Sozialisationsagenten und Normunternehmer (vgl. Finnemore 1993) zu fungieren, welche die Fähigkeit zur Schaffung und Verbreitung wertebasierter Überzeugungen und Normen besitzen (Risse 2002: 264). Aus dieser Sicht kann die Verbreitung und Internalisierung von Normen der sozialen und ökologischen Unternehmensverantwortung durch privatwirtschaftliche Akteure zur Einhaltung von sozialen und ökologischen Verhaltenskodizes beitragen.

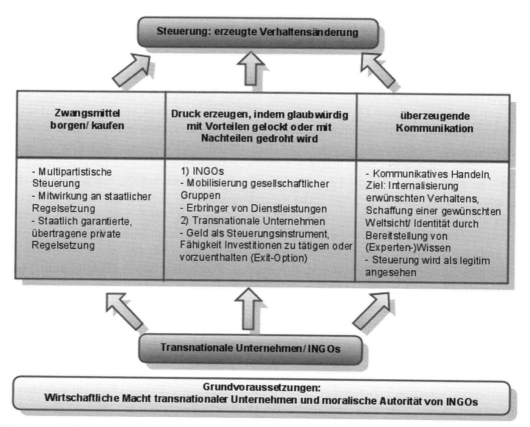

Eigene Darstellung

Abb. 3.15: Wie erlangen private Akteure Steuerungsfähigkeit?

Die zunehmende Emanzipation transnationaler Akteure wirft die Frage auf, wie groß ihre Politikgestaltungsmacht relativ zu den Entscheidungs- und Steuerungsfähigkeiten öffentlicher Akteure ist. Anders formuliert könnte man auch fragen, als wie weitreichend die Machtverschiebung von öffentlichen zu privaten Akteuren einzuschätzen ist.

Transnationale Akteure – sowohl transnationale Unternehmen als auch INGOs – haben ihren auf Grund veränderter systemischer Rahmenbedingungen erweiterten Handlungsspielraum genutzt und ihren Einfluss auf das Verhalten von Staaten und zwischenstaatlichen internationalen Organisationen sowie auf die Setzung und Durchsetzung von Normen und Regeln ausgebaut (Fuchs 2005; Kaldor 2003; Keck/ Sikkink 1998). Transnationale Akteure erbringen heute vielfach Leistungen, die im traditionellen westfälischen System eindeutig bei den Staaten angesiedelt waren. Staatliche und zwischenstaatliche Steuerungsfähigkeit erweist sich ohne die Einbeziehung privater Akteure in das Weltregieren zunehmend als eingeschränkt. Staaten verlieren ihre Fähigkeit, autonom von anderen Akteuren effektiv zu regieren (Clark 1999: 75). Die Kooperation mit transnationalen Akteuren wird trotz nicht unerheblicher Vorbehalte von

Kapitel 3: Ausdifferenzierung des Spektrums politikmächtiger Akteure 265

Staaten und internationalen Organisationen mehr und mehr für nötig und angemessen befunden (vgl. Rittberger et al. 2008; Tesner 2000; Weinzierl 2005). Die Stellung, die privatwirtschaftlichen und zivilgesellschaftlichen Akteuren im öffentlichen und im wissenschaftlichen Diskurs zugesprochen wird, zeigt sich unter anderem darin, dass bereits von einer „NGOisierung" der Weltpolitik (vgl. Frantz/ Martens 2006: 12f.) oder von der globalen „Herrschaft der Konzerne" (Korten 2001; vgl. Ziegler 2003) gesprochen wird.

Solche Befunde sind deutlich überzogen. Weder die materiellen Ressourcen noch die auch auf immateriellen Ressourcen (Wissen, moralische Autorität etc.) beruhenden Politikgestaltungsfähigkeiten von privatwirtschaftlichen und zivilgesellschaftlichen Akteuren sollten im Vergleich zu denen von Staaten und internationalen Organisationen überbewertet werden. Das Ausmaß, in dem transnationale Akteure in die Entwicklung von Politikprogrammen sowie deren Implementation einbezogen werden oder diese gar eigenständig vornehmen, variiert je nach Weltregion und Sachbereich erheblich. INGOs und transnationale Unternehmen sind trotz Tendenzen globaler Ausbreitung immer noch in Räumen postmoderner Staatlichkeit konzentriert (Anheier/ Themudo 2008: 142f.; UNCTAD 2006: 5f.). Hinsichtlich sachbereichsspezifischer Unterschiede ist festzuhalten, dass z.B. im Sicherheitsbereich zwischen*staatliches* Regieren nach wie vor vorherrschend ist, auch wenn privatwirtschaftliche und zivilgesellschaftliche Akteure etwa durch anwaltschaftliche Aktivitäten, partnerschaftliche Regulierungsmechanismen wie den Kimberley-Prozess oder gar die Übernahme von militärischen Aufgaben in Krisengebieten in sicherheitspolitische Problemfelder eindringen (vgl. Chojnacki 2005; De Jonge Oudraat/ Haufler 2008).

(Zwischen-)staatliche Akteure schaffen und begrenzen zudem die Politikgestaltungsmöglichkeiten zivilgesellschaftlicher und privatwirtschaftlicher Handlungseinheiten, indem sie diesen einen – soweit vorhandenen rechtsstaatlichen – regulativen Handlungsrahmen vorgeben (Amoore/ Langley 2004: 93). Zudem fungieren Staaten in internationalen Organisationen nach wie vor in der Regel als die „Torwächter", die darüber entscheiden, welche privaten Akteure zu welchen Bedingungen Zugang zu weltpolitischen Politikformulierungs- und Entscheidungsprozessen erlangen. Viele Mitgliedstaaten der Vereinten Nationen wehren sich z.B. nach wie vor gegen größere zivilgesellschaftliche Mitwirkungsrechte, was unter anderem an der verhaltenen Rezeption des Cardoso-Reformberichts zum Ausbau der Beziehungen zwischen den Vereinten Nationen und INGOs, Privatwirtschaft und Parlamenten abzulesen ist. Die intensivierte Einbindung transnationaler Akteure in die VN spielt in der VN-Reformdebatte häufig nur eine untergeordnete Rolle (Rittberger 2006: 56f.).

Wie beschrieben gibt es mittlerweile private Regelungsinitiativen, die nicht auf öffentlicher Autorisierung basieren und insofern Formen des rein privaten Regierens jenseits des Staates darstellen (Bernstein/ Cashore 2008). Transnationale Akteure *können* in solchen Fällen zu Konkurrenten der Staaten bei der Steuerung (zwischen-)gesellschaftlicher Handlungszusammenhänge werden. Häufiger jedoch tritt private Steuerung im Verbund mit staatlicher Steuerung oder komplementär, d.h. als Ergänzung zu staatlicher Steuerung auf. Aus dieser Perspektive betrachtet lässt sich das Verhältnis zwischen öffentlichen und privaten Akteuren auch als Positivsummenspiel, nicht notwendigerweise als Nullsummenspiel auffassen: Eine Stärkung privater Akteure ist nicht zwangsläufig mit einer Schwächung der Staaten gleichzusetzen. Gerade im Zusammenwirken öffentlicher und privater Akteure kann die politische Steuerungsfähigkeit insgesamt erhöht werden, d.h. sowohl öffentliche als auch private Akteure können durch institutionalisierte Kooperation an politischer Problemlösungs- und Gestaltungsfähigkeit gewinnen. Insofern ist die Ausgangsfrage, wie weitreichend die Machtverschiebung von öffentlichen zu privaten Akteuren ist, zumindest teilweise irreführend, da die Politikgestaltungsfähigkeit beider Akteursgruppen in und durch multipartistische Institutionen des Weltregierens gleichzeitig zunehmen kann. Diese Möglichkeit ernst zu nehmen bedeutet freilich nicht, sich dem naiven Glauben hinzugeben, dass sich der Aufstieg privater Akteure stets frei von Konflikten innerhalb und zwischen den Akteursgruppen vollzieht (vgl. Rittberger 2006a: 135f.).

Ohne Zweifel stellen nicht nur rein private Formen des Weltregierens, sondern auch Formen öffentlich-privater Kooperation eine Abkehr vom westfälischen staatenweltlichen Modell der internationalen Beziehungen dar. Trotz dieses Wandels spricht auch bei inklusiven, multipartistischen Institutionen vieles dafür, dass das Engagement und die Teilnahme staatlicher Akteure entscheidend für deren Erfolg bleiben (Rittberger 2004a: 28f.). Das Auftreten neuer transnationaler Akteure und deren wachsender Einfluss schließen keineswegs die Verzichtbarkeit der grundlegenden Ordnungsfunktionen des Staates ein Genschel/ Zangl 2008; Schirm 2006: 17). Zivilgesellschaftliche und privatwirtschaftliche Akteure sind ihrerseits von Kernleistungen des Staates wie etwa der Gewährleistung physischer Sicherheit oder der Garantie rechtsstaatlicher Rahmenbedingungen abhängig. Dies zeigt sich gerade dort, wo diese Voraussetzungen nicht erfüllt sind: Die vergleichsweise geringe Investitionstätigkeit transnationaler Unternehmen in prämodernen Staaten lässt sich auch auf staatliche Defizite bei der Erfüllung der genannten Grundaufgaben zurückführen. Ohne effektive und legitime staatliche Institutionen wird es kaum jemals eine blühende Zivilgesellschaft und keine dauerhaft prosperierenden Unternehmen geben. Zwar sind Staaten allein, aber auch mittels zwischenstaatlicher Kooperation vielfach nicht mehr in der Lage, zentrale öffentliche Güter (wie z.B. eine verlässliche öffentliche Gesundheitsversorgung) in hinreichendem Umfang bereit zu stellen. Jedoch können private Akteure auf sich alleine gestellt diese Aufgabe nicht annähernd umfassend übernehmen. Neue institutionelle Optionen zur Produktion globaler öffentlicher Güter haben vielmehr den Ressourceninterdependenzen verschiedener Akteursgruppen auf unterschiedlichen politischen Ebenen (von lokal bis global) Rechnung zu tragen, d.h. öffentliche und private Akteure auf verschiedenen Ebenen in den Produktionspfad öffentlicher Güter einzubeziehen (vgl. Kaul/ Grunberg/ Stern 1999; Kaul/ Le Goulven 2003).

Die gegenüber privaten Akteuren nach wie vor überlegene Ressourcenausstattung vor allem der hoch entwickelten Industriestaaten – vom legalen Gewaltmonopol über bürokratisch-administrative Ressourcen bis hin zu den immer noch überlegenen finanziellen Ressourcen der meisten Staaten selbst gegenüber großen transnationalen Unternehmen – lässt eine Verdrängung der Staaten als Letztentscheidungsinstanzen durch private Akteure abwegig erscheinen (Genschel/ Zangl 2007: 14). Bei allem Zuwachs an eigenständigen (Mit-)Gestaltungsfähigkeiten für transnationale Akteure bleiben diese von effektiven Steuerungsleistungen staatlicher und zwischenstaatlicher Akteure abhängig. Freilich wandelt sich die weltpolitische Akteurskonstellation aber in dem Sinne, dass transnationale Akteure Staaten und internationalen Organisationen nicht mehr nur als außenstehende Interessenvertreter oder als untergeordnete Bittsteller, sondern zumindest bei der problemfeldspezifischen Bearbeitung bestimmter Weltprobleme als annähernd gleichberechtigte Kooperationspartner entgegen treten. Man könnte insofern von einer Horizontalisierung der Beziehungen zwischen privaten und öffentlichen Akteuren, einer freilich unvollendeten Tendenz zu heterarchischem Weltregieren – gestützt nicht nur auf Staaten, sondern auf verschiedene Akteursgruppen in der Weltpolitik – sprechen (vgl. Kap. 5, 10). Im Zuge dieser Entwicklung wird die übergeordnete Stellung der Staaten zumindest teilweise eingeebnet.

6 Legitimität privater Akteure in der Weltpolitik

Die wachsende politische Steuerungsfähigkeit privater Akteure wirft zwangsläufig die Frage nach deren Legitimität auf. Letztlich geht es hierbei um die Voraussetzungen, bei deren Vorliegen die Ausübung von politischer Entscheidungs- und Gestaltungsmacht auf globaler Ebene und durch private Akteure als legitim angesehen werden kann.

Wie bereits beschrieben, lassen sich prinzipiell zwei Arten von Legitimität unterscheiden: die Input- oder Prozess-Legitimität, die durch die Breite der Partizipationschancen sowie die Transparenz und Fairness von Entscheidungsprozessen bestimmt ist, und die Output-Legitimität, die sich auf die Leistungsfähigkeit, d.h. die Problemlösungseffektivität eines politischen Systems oder einer Institution bezieht. Es wurde bereits im Kapitel 3.2 die Erwartung geäußert, dass die Einbeziehung nichtstaatlicher Akteure in Institutionen des Weltregierens die Chancen erhöht, bestehende Regierenslücken zu schließen und mithin sowohl die Input- als auch die Output-Legitimität von Weltregieren zu steigern. Auch wenn diese Vermutung theoretisch fundiert erscheint und sich empirisch plausibilisieren lässt (vgl. Kap. 7-9), ist diese Annahme auch auf Grund eines nach wie vor bestehenden Mangels an breit angelegten empirischen Untersuchungen nicht unumstritten. An dieser Stelle sollen einige wesentliche Argumente und Streitpunkte in der Diskussion über die Legitimation der wachsenden politischen (Mit-)Gestaltungsmöglichkeiten für private Akteure und die Auswirkungen der Beteiligung privater Akteure an Institutionen und Prozessen des Weltregierens auf die Legitimität von Weltregieren summarisch vorgestellt werden.

Bezüglich der Input- oder Prozess-Legitimität ist zunächst festzuhalten, dass im Sinne eines repräsentativen Demokratieverständnisses die Einbeziehung von Regelungsbetroffenen in den Prozess des Weltregierens dessen Input-Legitimität erhöht. Jede Form demokratischer Regierung basiert auf der Beteiligung und der nicht zuletzt darin zum Ausdruck kommenden Zustimmung der Regelungsadressaten (Scholte 2001: 285; vgl. Steffek 2008). Durch die Partizipation der von verbindlichen Entscheidungen Betroffenen wird eine größere Kongruenz zwischen den Betroffenengruppen und denjenigen Gruppen, die die Entscheidungen treffen, erreicht und somit die Input-Legitimität des Regierensprozesses gesteigert.

Die Erwartung, die viele Beobachter mit zivilgesellschaftlichen Akteuren verbinden, geht dahin, dass sie artikulations- oder konfliktschwachen Regelungsbetroffenen und Anspruchsberechtigten eine Stimme geben und deren Interessen, Werte und Anliegen in globale Steuerungsprozesse einbringen. Zusätzlich wird INGOs die Fähigkeit zugesprochen, Transparenz in globale Steuerungsabläufe zu bringen und die öffentliche Verantwortlichkeit der maßgeblich Handelnden zu erhöhen (Scholte 2001: 293ff.; Heins 2005: 176ff.). Aus dieser Sicht leisten anwaltschaftliche zivilgesellschaftliche Organisationen durch ihre Öffentlichkeit schaffende Rolle einen wesentlichen Beitrag zur Erhöhung der Prozess-Legitimität globaler Steuerung. INGOs bringen verdrängte oder neue staatlichen Akteuren mitunter unliebsame Themen auf die weltpolitische Tagesordnung (Klein 2002: 3; vgl. Steffek 2008).

Die Verlagerung von Politikentscheidungsprozessen aus nationalen in inter- oder supranationale Institutionen macht es vielen von diesen Politiken direkt betroffenen (oder auch vernachlässigten) Bürgern schwer, den politischen Entscheidungsprozess mitzuverfolgen sowie Verantwortlichkeiten zu erkennen und einzufordern. Eine effektive Teilhabe des einzelnen Bürgers an Politikformulierungsprozessen jenseits des Staates ist trotz positiven Ansätzen wie der Stärkung des Europäischen Parlaments kaum möglich. INGOs können durch ihre Sprachrohrfunktion sowie ihre Öffentlichkeit und Transparenz schaffenden Tätigkeiten als eine Antwort auf dieses „strukturelle Legitimitätsproblem internationaler Politik" (Klein 2002: 4) und als „Hoffnungsträger einer transnationalen Demokratisierung von globaler Ökonomie, Staatenwelt und Zivilgesellschaft" (Brunnengräber/ Klein/ Walk 2005: 43) gelten. Von INGOs wird erwartet, dass sie den einzelnen Bürgern die Möglichkeit einräumen, mittelbar durch die mediatisierte Vertretung ihrer Interessen und Werte oder unmittelbar durch die Mitarbeit in INGOs an der Gestaltung der Weltpolitik teilzuhaben.

Gleichwohl verfügen INGOs über kein sämtliche Input-Legitimitätsprobleme lösendes Allheilmittel gegen Defizite demokratischer Partizipation und Kontrolle auf globaler Ebene. Staaten und Staatengruppen, aber auch privatwirtschaftliche Akteure stellen zentrale Akteure der Weltpolitik dar, die den Einfluss von INGOs auf multilaterale Aushandlungsprozesse und materielle Politikergebnisse mitunter gering halten (Klein 2002: 3). Vor diesem Hintergrund sind die Grenzen der demokratisierenden Leistungen von INGOs ernst zu nehmen. Der Auf- und Ausbau des Einflusses parlamentarischer Versammlungen und Vereinigungen auf internationaler Ebene bleibt eine freilich nicht kurzfristig zu bewältigende Aufgabe zur Verringerung des bestehenden Demokratiedefizits (vgl. ausführlich Kap. 9; Kissling 2006).

Das Engagement von INGOs entspringt ohne Zweifel häufig guten, am Gemeinwohl orientierten Absichten. Allerdings ist auch auf Probleme und Gefahren hinzuweisen. Eine Analyse der Legitimität zivilgesellschaftlicher Akteure würde zu kurz greifen, wenn sie nicht auch die Widersprüchlichkeiten und Dilemmata zivilgesellschaftlicher Politikgestaltungsversuche einbeziehen würde (vgl. Amoore/ Langley 2004; Klein 2002: 3f.; Mallaby 2004). Weder bewegen sich zivilgesellschaftliche Akteure in einer von Staat oder Markt stets trennscharf abgrenzbaren und gänzlich unabhängigen Sphäre (so aber Walzer 1995), noch zeichnet sich die Vielzahl zivilgesellschaftlicher Gruppierungen durch Widerspruchslosigkeit und homogene Werte, Interessen und Strategien aus. Die Nähe zu öffentlichen und mitunter auch privatwirtschaftlichen Akteuren sowie die Pluralität von zivilgesellschaftlichen Werten und Interessen müssen keineswegs als negativ für die Legitimität zivilgesellschaftlicher Akteure bewertet werden – im Gegenteil. Dennoch stehen INGOs immer wieder vor der schwierigen Frage, wie viel Nähe zu staatlichen oder privatwirtschaftlichen Entscheidungsträgern sie suchen sollen. Wenn INGOs nur mehr als „Erfüllungsgehilfen staatlicher Interessen oder einer Politik der Privatisierung von Entwicklungshilfe und humanitären Programmen" (Klein 2002: 3) wahrgenommen werden, laufen sie Gefahr, eine ihrer wichtigsten Ressourcen, ihre Glaubwürdigkeit als autonome Kräfte der Weltpolitik, zu verlieren und ihren Vertrauensvorschuss zu verspielen (vgl. Frantz/ Martens 2006: 126). Viele INGOs kooperieren mit privatwirtschaftlichen Akteuren in „multi-stakeholder"-Initiativen, um die Einhaltung freiwilliger Unternehmensstandards im Umwelt- und Sozialbereich sicherzustellen (vgl. Bauer 2006; Bernstein/ Cashore 2008; Göbel 2008; Heins 2005: 186ff.). Hier die Balance zwischen vermehrten Einflussmöglichkeiten durch größere Nähe zu Akteuren mit großen Politikentscheidungs- und -durchsetzungsressourcen einerseits und der Wahrung von Glaubwürdigkeit und (relativer) Unabhängigkeit andererseits zu halten, erscheint ebenso schwierig wie notwendig. Viele INGOs bewegen sich in einem Spannungsfeld zwischen Spezialisierung und Professionalisierung einerseits und der Rückbindung an die zivilgesellschaftliche Basis andererseits (Frantz/ Martens 2006: 126; Klein 2002: 5).

Die Abhängigkeit ihres Einflusses und oft auch ihrer Einnahmen (Spenden) von der medialen Inszenierung von Einzelereignissen und Kampagnen kann dazu führen, dass INGOs Strategien verfolgen, die mittelfristig ihrem höchsten Gut, der Glaubwürdigkeit, schaden (Frantz/ Martens 2006: 15f.; Klein 2002: 3f.). Das Beispiel der erfolgreichen Greenpeace-Medienkampagne gegen die Versenkung der Ölplattform „Brent Spar" im Atlantik durch den Ölkonzern Shell (1995) zeigt nicht nur den Einfluss, den INGOs durch öffentlichkeitswirksame Kritik ausüben können. Es legt auch die Risiken einer an mediale Gesetzmäßigkeiten angepassten, schnellen Weitergabe von nicht hinreichend abgesicherten Informationen offen. Greenpeace musste im Nachhinein einräumen, auf Grund von Messfehlern deutlich überhöhte Daten zur Menge des auf der „Brent Spar" gelagerten Giftmülls verbreitet zu haben. Dies hat der Reputation von Greenpeace nach eigener Einschätzung erheblich geschadet (Frantz/ Martens 2006: 13, 15f.).

Es besteht ferner grundsätzlich die Gefahr einer ungleichen Repräsentation von Interessen und Werten – d.h. der Überrepräsentation der artikulationsstarken, konfliktfähigen Interessen und Werten. Außerdem ist problematisch, dass viele Organisationen als Anwalt bestimmter Interessen und Werte auftreten, ohne aber von deren Trägern ausdrücklich autorisiert zu sein, was die demokratische Legitimität von INGOs fraglich erscheinen lässt (Klein 2002: 3). Aufgrund der ungleichen Verteilung von Ressourcen wie Geld, Medienzugang, qualifiziertem Personal etc. können bestimmte INGOs ihre Interessen gegenüber ressourcenschwachen anderen NGOs selbst dann durchsetzen, wenn sie nur die Anliegen von kleinen Minderheiten vertreten. In Entwicklungsländern sind dies oft ausländische Organisationen oder von ausländischen Organisationen finanzierte Einrichtungen, die heimischen Graswurzel-Organisationen überlegen sind.[80]

Problematisch ist unter Input-Legitimitätsaspekten auch die Einbeziehung solcher zivilgesellschaftlichen Organisationen in Institutionen und Prozesse des Weltregierens, die selbst nicht (Mindest-)Standards der internen Demokratie genügen. Kritiker werfen INGOs vor, sie seien nicht durch demokratische Wahlen legitimiert und ihre innerorganisatorischen Beteiligungsmöglichkeiten seien oft mangelhaft. Auch die Tatsache, dass INGOs mitnichten nur allgemeinwohlorientierte, sondern oftmals partikulare Interessen vertreten, werde mitunter übersehen (Klein 2002: 4). Derartige Einwände sind nicht ohne weiteres von der Hand zu weisen. Allerdings ist zum einen zu beachten, dass der Vorwurf mangelnder demokratischer Legitimität der INGOs nicht selten von Akteuren ausgeht, die eine gezielte Strategie der Diskreditierung „unbequemer" zivilgesellschaftlicher Einmischung verfolgen (ebd.). Zum anderen erscheint auf globaler Ebene die Einbeziehung einer möglichst großen Vielfalt von Akteuren oder Akteursgruppen, die eine Pluralität von Interessen und Werten vertreten, als ein unter den gegebenen Umständen positiv zu bewertender *und* realisierbarer Schritt zur Steigerung der Input-Legitimität von Weltregieren. Auch wenn INGOs nicht den Standards demokratischer Legitimation genügen, die auf nationaler Ebene in westlichen Demokratien Geltung haben, erweitert auf globaler Ebene die Einbeziehung von zivilgesellschaftlichen Akteuren die Zahl der im Politikformulierungsprozess vertretenen Interessen und Werte und trägt so zur Schließung der globalen Partizipationslücke bei (Rittberger et al. 2008: 37, 38f.). Ein Weg zur Sicherung von (Mindest-)Standards der Verantwortlichkeit, der Transparenz und der internen Demokratie von INGOs stellt eine an die Einhaltung dieser Vorgaben geknüpfte Akkreditierung, z.B. bei internationalen Organisationen, dar.

Inwiefern eine stärkere Einbeziehung von transnationalen Unternehmen zur Erhöhung der Input-Legitimität von Weltregieren beiträgt, wird deutlich weniger inten-

---

[80] Im Fall eines ugandischen Staudammprojektes verhinderte z.B. eine aus lediglich 25 Mitgliedern bestehende westliche NGO („International River Network"), die sich u.a. aus Zuwendungen ausländischer Umweltorganisationen („Swedish Society for Nature Conservation") finanziert, gegen den Willen nahezu aller vor Ort Betroffenen den Bau eines Staudamms, durch den die Stromversorgung tausender Anwohner sichergestellt worden wäre (Mallaby 2004: 51).

siv diskutiert (vgl. aber Rittberger 2006, 2006a; Rittberger et al. 2008), weil privatwirtschaftliche Interessen in Institutionen und Prozessen des Weltregierens ohnehin für überrepräsentiert gegenüber sozialpolitischen oder ökologischen Interessen gehalten werden (vgl. Korten 2001: 129ff.). Grundsätzlich ist aber eine Beteiligung von transnationalen Unternehmen in Institutionen und Prozessen des Weltregierens unter Input-Legitimitätsgesichtspunkten durchaus angebracht – sind transnationale Unternehmen doch wichtige Adressaten von globalen Regulierungsbestrebungen etwa bei sozialen und ökologischen Fragen der Globalisierung. Trotz nicht von der Hand zu weisender Bedenken bezüglich der Transparenz und Verantwortlichkeit transnationaler Unternehmen stellen diese wichtige – letztlich unverzichtbare – Akteure bei der Bearbeitung zahlreicher transsouveräner Probleme dar. Eine angemessene Einbindung in den Prozess des Weltregierens kann dessen Legitimität erhöhen und zu erhöhter Folgebereitschaft privatwirtschaftlicher Akteure gegenüber verhaltensregulierenden Normen und Standards beitragen. An diesem Punkt wird das Wechselverhältnis zwischen Input- und Output-Legitimität deutlich: Institutionen des Weltregierens, denen Input- oder Prozesslegitimität zuerkannt wird, können in der Regel mit höherer Folgebereitschaft der Regelungsadressaten rechnen (vgl. Beisheim/ Dingwerth 2008). Damit trägt Input- und Prozesslegitimität indirekt auch zur zweiten Dimension von Legitimität, der Outputlegitimität, bei. Akteure, die selbst an der Schaffung von sie betreffenden Normen und Regeln beteiligt waren, werden diesen auch eher Folge leisten, weil sie ihnen einen höheren Grad an Legitimität zusprechen.

Die intensivierte Teilnahme privatwirtschaftlicher Unternehmen an politischen Entscheidungsprozessen auf nationaler sowie internationaler Ebene wird von einigen Beobachtern durchaus kritisch betrachtet (vgl. Korten 2001). Bei rein privatwirtschaftlichen Selbstregulierungsschemata birgt die Ersetzung von Zwang und Verbindlichkeit – Merkmale, die staatliches und bedingt auch zwischenstaatliches Regieren kennzeichnen – durch freiwillige Selbstverpflichtung die Gefahr, dass die an der Regelsetzung beteiligten Akteure nur Standards beschließen, deren Einhaltung ihnen keine zu großen Kosten aufbürdet. Auch Ansätze eines verstärkten Einsatzes von Marktmechanismen zur Erbringung von Steuerungsleistungen werfen Probleme auf (vgl. Hummel 2001: 32). So ist durchaus fraglich, ob das Verbraucherverhalten oder ggf. Konsumboykotte der Weltgemeinschaft als legitimer Ersatz für Ge- und Verbote von staatlichen, freilich auch längst nicht überall demokratisch legitimierten Akteuren gelten können, wie dies rein private Formen marktbasierter Steuerung vorsehen. Gemeinwohlinteressen und die trotz wachsender Bedeutung von Normen der sozialen und ökologischen Unternehmensverantwortung naturgemäß überwiegend wirtschaftlichen Interessen von Unternehmen sind häufig nicht deckungsgleich (Korten 2001: 130ff.). Das Primärziel der Gewinn- und Marktanteilsmaximierung setzt dem Willen und der Fähigkeit transnationaler Unternehmen, am Gemeinwohl orientierte Politiken zu verfolgen, deutlich Grenzen.

Wer daraus ableitet, dass eine Beteiligung von privatwirtschaftlichen Unternehmen an Institutionen des Weltregierens grundsätzlich illegitim sei, übersieht jedoch die

Möglichkeit, transnationale Unternehmen bei klugem institutionellem Design von multipartistischen, öffentlich-privaten Institutionen und Partnerschaften zu mehr öffentlicher Transparenz und Verantwortlichkeit anzuhalten. Die Vielfalt und Breite der repräsentierten Interessen in neuen „post-westfälischen" Formen des Regierens ist ein wichtiger Faktor für deren Legitimität: Die Input-Legitimität von rein privatwirtschaftlichen Regulierungsinitiativen – insbesondere wenn Normen und Regeln mit Wirkung auf andere Akteure als die Norm- und Regelsetzer geschaffen werden – ist durchaus problematisch. Dagegen begegnen breiter angelegte multipartistischen Institutionen, die neben privatwirtschaftlichen Unternehmen auch verschiedene zivilgesellschaftliche, staatliche und zwischenstaatliche Akteure einbeziehen und so für eine größere Vielfalt und eine bessere Balance zwischen unterschiedlichen Interessen und Werten sorgen, deutlich geringeren Bedenken.

In Bezug auf Gesichtspunkte der Output-Legitimität wurde bereits ausführlich erörtert (vgl. Kap. 3.2), inwiefern und warum die Einbeziehung privatwirtschaftlicher und zivilgesellschaftlicher Akteure in Institutionen des Weltregierens, d.h. in die globale Norm- und Regelentwicklung und -implementation, notwendig und geeignet erscheint, die Reichweite und Effektivität politischer Steuerung zu erhöhen (vgl. Kap. 3.2). Somit genügen hier einige zusammenfassende Anmerkungen sowie mögliche Kritikansätze.

Die Einbeziehung privatwirtschaftlicher und zivilgesellschaftlicher Akteure erschließt zusätzliche und bessere Expertise (durch Wissensgenerierung und institutionelles Lernen) sowie zusätzliche materielle Ressourcen (Rittberger et al. 2008: 37f). Zudem führen breitere Partizipationsmöglichkeiten zu der erwähnten höheren Folgebereitschaft von Regelungsadressaten. Schließlich kann die Implementation von Normen und Regeln durch verbessertes Monitoring von Seiten zivilgesellschaftlicher Akteure effektiver gestaltet werden. Zivilgesellschaftliche Akteure sehen sich oft weniger durch Normen der innerstaatlichen Souveränität und der Nicht-Einmischung in innere Angelegenheiten eines Staates gebunden als Staaten untereinander. Die Wahrscheinlichkeit, dass Normverletzer mit ihren Regelbrüchen unentdeckt und ungerügt davon kommen, wird dadurch gesenkt (vgl. Keck/ Sikkink 1998; Zangl/ Zürn 2003: 166).

Insgesamt lässt sich gestützt auf rationalistische Erklärungsansätze also die Erwartung formulieren, dass die Einbindung privater Akteure und das Zusammenlegen von verschiedenen Akteursressourcen in Institutionen des Weltregierens eine Output-Legitimität fördernde Wirkung haben. Es ist jedoch zu beachten, dass die Einbeziehung verschiedener Akteure nicht nur ein Mehr an kollektiv zur Verfügung stehenden Ressourcen, sondern auch die Berücksichtigung unterschiedlicher, mitunter divergierender Interessen und Werte zur Folge hat. Selbst wenn man allen öffentlichen wie privaten Akteuren ein grundsätzliches Interesse an der effektiven Bearbeitung von transsouveränen Problemen unterstellt, sind immer noch erhebliche Differenzen in Bezug auf die Art und Weise der Bearbeitung zu erwarten. Schon innerhalb einer Akteursgruppe, z.B. der Zivilgesellschaft, kann es zu erheblichen Zielkonflikten kommen, die wiederum zu suboptimalen Ergebnissen oder gegenseitigen Blockaden führen. Derartige Ziel- und

Interessenkonflikte können in multipartistischen Institutionen mit einer Vielzahl unterschiedlicher Akteure mit stark divergierenden Interessen und Werten noch einmal stärker die Entscheidungs- und damit Problemlösungsfähigkeit einschränken. Dies gilt insbesondere dann, wenn den verschiedenen Akteursgruppen jeweils annähernd gleiche Entscheidungsrechte eingeräumt werden. Durch die Einbeziehung privater Akteure werden neue Handlungseinheiten mit teilweise weit auseinander liegenden Präferenzen und Strategien im Extremfall zu Vetospielern gemacht, die die Innovations- und die Steuerungsfähigkeit von Institutionen durchaus schwächen oder behindern können (vgl. Tsebelis 1990, 2002).

Eine Gefahr kann auch darin bestehen, dass privates Engagement Staaten einen Vorwand liefert, sich aus der Erfüllung von ihnen zukommenden Aufgaben, Verpflichtungen und Verantwortlichkeiten zurückzuziehen (Hummel 2001: 24f.). Insofern ist zu unterscheiden, ob private Tätigkeiten substitutiv oder komplementär zu staatlichen Aktivitäten auftreten. Im erstgenannten Fall ist fraglich, ob die Übernahme von Regierensaufgaben durch private Akteure zu einer Verbesserung des Gesamtangebots an notwendigen Regierensleistungen und der Versorgung mit öffentlichen Gütern führen, auch wenn Verfechter der Privatisierung der Versorgung mit öffentlichen Gütern auf die vermeintlich effizientere Güterproduktion durch privatwirtschaftliche Akteure verweisen. Insoweit als private und öffentliche Akteure ihre Ressourcen zur Bearbeitung kollektiver Probleme zusammen legen, d.h. öffentliches und privates Engagement komplementär ist, wird eher eine effektive Erfüllung von Regierensaufgaben zu erwarten sein.

Es bleibt nicht zuletzt eine weiter empirisch zu untersuchende Frage, ob private oder multipartistische Steuerung die Qualität von Weltregieren erhöht und eine erweiterte Problemlösungseffektivität hervorbringt. Ein Großteil der privaten und öffentlich-privaten Institutionen des Weltregierens ist erst in jüngerer Zeit entstanden. Deshalb liegen bisher nur wenige auf breiten empirischen Untersuchungen basierende und wissenschaftlich gesicherte Erkenntnisse darüber vor, inwieweit Formen des Weltregierens, die auf mehr oder weniger institutionalisierter öffentlich-privater Kooperation basieren, zu wirksamen Lösungen für Weltprobleme führen können (vgl. Beisheim/ Liese/ Ulbert 2007) – auch wenn es theoretisch begründbare Vermutungen und durch Fallstudien bestätigte gibt, dass Partnerschaften, die private und öffentliche Akteure umfassen, effektiver sind als Initiativen einzelner Akteure oder Akteursgruppen (Rittberger 2004a: 28f.; Rittberger et al. 2008). Überwiegend wird die Einbeziehung privater Akteure in Institutionen und Prozesse des Weltregierens als effektivitätssteigernd eingeschätzt, da dadurch zusätzliche Ressourcen zur Lösung kollektiver Probleme erschlossen und die Wirksamkeit globaler Steuerungsmechanismen durch höhere Folgebereitschaft gesteigert werden (vgl. Hummel 2001: 26, 32).

Viel scheint aber von institutionellen Rahmenbedingungen, die gerade wieder zu einem Großteil durch staatliche Akteure geschaffen werden, abzuhängen: „Privatisierung bedarf eines öffentlichen Rahmens" (Hummel 2001: 26). Während sich ein verstärktes, von Staaten anerkanntes Engagement nichtstaatlicher Akteure in globalen

Norm- und Regelsetzungsprozessen sowie beim Monitoring der Norm- und Regelbefolgung abzeichnet, spricht vieles dafür, dass das Engagement und die Teilnahme staatlicher Akteure in Institutionen des Weltregierens entscheidend für deren Erfolg bleiben (Rittberger 2004a: 28f.; Rittberger/ Brühl 2001: 2).

Input- oder Prozess-Legitimität: Im Sinne eines repräsentativen Demokratieverständnisses erhöht die Einbeziehung von Regelungsbetroffenen („stakeholders") in den Prozess des Weltregierens dessen Legitimität.

Output-Legitimität: Steigerung der Reichweite und Effektivität der Steuerung: zusätzliche und bessere Expertise sowie zusätzliche materielle Ressourcen; höhere Folgebereitschaft durch mehr Beteiligungschancen für betroffene Akteure; verbessertes Monitoring durch transnationale Akteure.

Abb. 3.16: Legitimität stiftende Wirkung privater Akteure

7 Zusammenfassung

Die Weltpolitik von heute wird nicht mehr nur von Staaten und ihren zwischenstaatlichen Organisationen, sondern zunehmend auch von nichtstaatlichen Akteuren gestaltet. In diesem Kapitel wurden das Vorkommen und die Verbreitung von INGOs und transnationalen Unternehmen untersucht und festgestellt, dass sowohl INGOs als auch transnationale Unternehmen in den letzten Jahrzehnten erhebliche Wachstumsraten aufwiesen. Diese Entwicklung ist zwar nach wie vor in der OECD-Welt besonders stark ausgeprägt, breitet sich aber zusehends auch in andere Weltregionen aus.

INGOs und transnationale Unternehmen nehmen zunehmend wichtige, die Weltpolitik mitgestaltende Positionen im globalen politischen System ein. Zivilgesellschaftliche Organisationen übernehmen Öffentlichkeit schaffende und in Bezug auf bestimmte Politikprogramme anwaltschaftliche Tätigkeiten. INGOs und transnationale Unternehmen erbringen bei der Implementierung von Politikprogrammen Dienstleistungen, von denen viele traditionell als Aufgabe der Staaten angesehen wurden. In Gewaltkonflikten können transnationale Akteure sowohl zur Konfliktverschärfung als auch zur Konfliktprävention oder konstruktiven Konfliktbearbeitung beitragen. Einen fundamentalen Wandel der Weltpolitik stellt die zunehmende Übernahme von Normsetzungs- und -verifizierungsfunktionen durch private Akteure dar.

Die Politikgestaltungsfähigkeiten transnationaler Akteure in der Weltpolitik haben vor allem auf Grund veränderter systemischer Rahmenbedingungen zugenommen. In vielen Bereichen sind transnationale privatwirtschaftliche und zivilgesellschaftliche Akteure neben staatlichen und zwischenstaatlichen Handlungsträgern an Politikentscheidungen beteiligt. Dennoch erscheint eine differenzierte Einschätzung der Steuerungs- und Gestaltungsfähigkeiten privater Akteure verglichen mit öffentlichen Handlungseinheiten angebracht. Trotz erheblicher Zugewinne sind die Ressourcen privater Akteure und ihr effektiver Einfluss auf weltpolitische Entscheidungsprozesse im Vergleich zu den Staaten nicht überzubewerten. Staatliche Regierensleistungen bleiben unverzichtbar – für INGOs und transnationale Unternehmen ebenso wie für die Weltpolitik insgesamt. Insbesondere muss der Zuwachs an privater Gestaltungsfähigkeit nicht zwangsläufig zu einem diesem Zuwachs entsprechenden Verlust staatlicher Gestaltungsfähigkeit führen. Vielmehr kann die Kooperation zwischen erstarkten privaten und öffentlichen Akteuren die globalen Gesamtsteuerungsfähigkeiten erhöhen.

Während die Einbeziehung privater Akteure in globale Politikprogrammierungs- und -implementierungsprozesse insgesamt der Input- und Output-Legitimität von Weltregieren förderlich sein dürfte, ergeben sich daraus auch offene Fragen nach den Reichweiten und Grenzen der legitimitätsförderlichen Wirkung der Beteiligung privater Akteure, die weiterer wissenschaftlicher Beschäftigung, und insbesondere breiter empirischer Wirkungsanalysen und politischer Bearbeitung bedürfen.

Das Kapitel „Private Akteure" bildet den Abschluss des Themenkomplexes „Akteure in der Weltpolitik". Es wurde gezeigt, dass die Weltpolitik von heute durch eine Ausdifferenzierung des Spektrums politikmächtiger Akteure gekennzeichnet ist. Die Staaten, die in unterschiedlichen Weltregionen verschiedene Arten von Staatlichkeit (prämodern, modern, postmodern) mit jeweils charakteristischem außenpolitischem Verhalten aufweisen, bleiben zwar auf absehbare Zeit unverzichtbare Handlungseinheiten des globalen Systems – sie sind aber nicht mehr die einzigen politikmächtigen Akteure. Sie teilen sich die weltpolitische Bühne mit zwischenstaatlichen internationalen Organisationen, von denen einige zudem verstärkt transnationale Akteure in den Politikentwicklungsprozess einbeziehen, sowie mit privatwirtschaftlichen und zivilgesellschaftlichen Akteuren. Aus dieser veränderten Akteurskonstellation, die ihrerseits in erheblichem Maße auf den Wandel systemischer Rahmenbedingungen der Weltpolitik zurückzuführen ist, folgt, dass die Erzeugung und die Verschärfung ebenso wie die Bearbeitung zahlreicher transsouveräner Probleme auf komplexen Interaktionen zwischen privaten und öffentlichen Akteuren auf unterschiedlichen – supra-, inter-, transnationalen, nationalen, regionalen und lokalen – Ebenen beruhen (Risse 2002: 268).

In der folgenden Zwischenbilanz (Kap. 4) sollen auf der Grundlage der bisher gewonnenen Erkenntnisse zu den gewandelten systemischen Rahmenbedingungen und der veränderten weltpolitischen Akteurskonstellation der Bedarf an und die Herausforderungen für Weltregieren im 21. Jahrhundert dargelegt werden. Die annähernde Erreichung der Politikziele: *Sicherheit*, *Wohlfahrt* und legitime *Herrschaft* – traditionellerweise auch als „Staatsaufgaben" bezeichnet – lässt sich angesichts der wachsenden Bedeutung transsouveräner Probleme heute auf staatlicher Ebene allein nicht mehr gewährleisten. Es treten wiederkehrende Regierenslücken auf, die der Effektivität und Legitimität politischer Steuerung und Regulierung abträglich sind (Rittberger/ Brühl 2001). Die in Kap. 5 vorzustellenden theoretischen Modelle des Weltregierens müssen sich vor allem daran messen lassen, inwiefern sie zur effektiven und legitimen Bearbeitung transsouveräner Probleme und mithin zur Schließung von Regierenslücken beitragen können. Die Zwischenbilanz schlägt insofern die Brücke von der Analyse des Wandels des globalen Systems hinsichtlich Strukturen, Prozessen und Akteuren zur Beschreibung und Bewertung verschiedener Modelle des Weltregierens sowie zur späteren Analyse von Steuerungsleistungen und Problembearbeitungsversuchen öffentlicher und privater Akteure in verschiedenen weltpolitischen Sachbereichen (Kap. 7-9).

 Übungsfragen

> Welche Schwierigkeiten sind mit der Definition von (I)NGOs verbunden? Lassen sich diese Schwierigkeiten befriedigend lösen?
> Welche vier Arten von Tätigkeiten übernehmen transnationale nichtstaatliche Akteure in der Weltpolitik? Anhand welcher Beispiele lässt sich nicht nur die Vielfalt, sondern auch die Ambivalenz der Ausweitung des politischen Tätigkeitsfelds und des gewachsenen Einflusses nichtstaatlicher Akteure in der Weltpolitik zeigen?
> Inwiefern bedeuten insbesondere regulative, Normen setzende und deren Einhaltung verifizierende Tätigkeiten von transnationalen Akteuren eine der grundlegenden Veränderungen in den Prozessen globaler Politikentwicklung? Was ist in diesem Zusammenhang unter dem Begriff der privaten Autorität zu verstehen? Welche Beispiele für die Ausübung privater Autorität gibt es? Wo liegen ihre Grenzen?
> Auf welchen Wegen können transnationale Akteure, denen zumindest in modernen und postmodernen Staaten auf Grund des legalen Gewaltmonopols des Staates in der Regel keine Zwangsmittel zur Verfügung stehen, nichtsdestotrotz politische Steuerungsfähigkeit erlangen?
> Inwieweit steigert die Einbeziehung privater Akteure in Institutionen und Verfahren des Weltregierens die Input- und Output-Legitimität der daraus hervorgehenden Kollektiventscheidungen und Maßnahmen? Bringen transnationale Akteure selbst die legitimatorischen Voraussetzungen mit, um die Legitimität von Weltregieren durch ihre Mitwirkung zu erhöhen?

Lektüreempfehlungen

Anheier, Helmut K./ Themudo, Nuno S. 2008: International NGOs: Scale, Expressions and Governance, in: Rittberger, Volker/ Nettesheim, Martin (Hrsg.): Authority in the Global Political Economy, Basingstoke/ New York: Palgrave Macmillan, 139-169.

Brunnengräber, Achim/ Walk, Heike/ Klein, Ansgar (Hrsg.) 2005: NGOs im Prozess der Globalisierung, Bonn: Bundeszentrale für politische Bildung.

Cashore, Benjamin/ Auld, Graeme/ Newsom, Deanna 2004: Governing Through Markets: Forest Certification and the Emergence of Non-State Authority, New Haven, CT: Yale University Press.

Cutler, A. Claire/ Haufler, Virginia/ Porter, Tony (Hrsg.) 1999: Private Authority and International Affairs, Albany, NY: State University of New York Press.

Fuchs, Doris 2005: Understanding Business Power in Global Governance, Baden-Baden: Nomos.

Haufler, Virginia 2008: MNCs and the International Community: Conflict, Conflict Prevention and the Privatization of Diplomacy, in: Rittberger, Volker/ Nettesheim, Martin (Hrsg.): Authority in the Global Political Economy, Basingstoke/ New York: Palgrave Macmillan, 217-237.

Jäger, Thomas (Hrsg.) 2007: Private Military and Security Companies: Chances, Problems, Pitfalls and Prospects, Wiesbaden: VS Verlag für Sozialwissenschaften.

Keck, Margaret E./ Sikkink, Kathryn 1998: Activists Beyond Borders: Advocacy Networks in International Politics, Ithaca, NY: Cornell University Press.

Kapitel 4: Zwischenbilanz: Transsouveräne Probleme und neue Akteurskonstellationen als Herausforderungen für Weltregieren

1 Der Wandel des globalen Systems und der zunehmende Bedarf an Weltregieren

In dieser Zwischenbilanz soll dargelegt werden, inwieweit aus der beschriebenen Veränderung systemischer Rahmenbedingungen und dem Wandel der Akteurskonstellationen der Weltpolitik ein zunehmender Bedarf an Regieren auf globaler Ebene (Weltregieren) erwächst. Die nachstehenden Ausführungen bilden somit zugleich ein Fazit der bisherigen Untersuchungen zum Wandel des globalen Systems (Teil B) und einen wichtigen Ausgangspunkt für und Ausblick auf die Analyse der Theorie und Empirie des Weltregierens (Teile C und D).

Aus der Untersuchung des Wandels der systemischen Rahmenbedingungen der Weltpolitik und des weltpolitischen Akteursspektrums schälen sich zwei grundlegende – miteinander zusammen hängende – Herausforderungen für eine effektive und legitime Weltordnungspolitik im 21. Jahrhundert heraus: die Bearbeitung transsouveräner Probleme[81] sowie der konstruktive Umgang mit dem Bedeutungszuwachs „neuer" transnationaler Akteure, die zum einen das Auftreten transsouveräner Probleme befördern und zum anderen einen Beitrag zu deren Lösung leisten können.

Transsouveräne Probleme sind:
„Probleme, die staatliche Grenzen in einer Weise überschreiten, über die Staaten wenig Kontrolle haben, und die nicht allein durch einzelstaatliche Maßnahmen gelöst werden können" (Cusimano 2000: 3; Ü.d.V.)

Beispiele:
Ausbreitung übertragbarer Krankheiten und Seuchen wie HIV/AIDS; Drogenhandel, Klimawandel, Massenvernichtungswaffen und deren Verbreitung, Menschenhandel, Migrations- und Flüchtlingsströme, transnational organisierte Produktpiraterie, transnationaler Terrorismus.

Abb. 4.1: Definition von transsouveränen Problemen

---

[81] Der Ausdruck „transsouveräne Probleme" ist dem Terminus „transnationale Probleme" aus Gründen der analytischen Klarheit vorzuziehen, nicht zuletzt weil der Begriff der Nation nicht gleichbedeutend ist mit dem des souveränen Staates.

Im Folgenden wird zunächst gezeigt, wie das Auftreten neuer und die Verschärfung alter grenzüberschreitender Probleme mit dem Wandel systemischer Rahmenbedingungen und den geänderten Akteurskonstellationen im globalen System zusammenhängen und wie transsouveräne Probleme in prämodernen, modernen und postmodernen Staaten jeweils einen – mehr oder weniger fruchtbaren – Nährboden finden. Aus dem vermehrten Auftreten transsouveräner Probleme und dem Bedeutungszuwachs transnationaler Akteure folgt eine Abnahme einzelstaatlicher – mitunter auch schon zwischenstaatlicher – Kapazitäten, gemeinschaftliche Probleme adäquat zu bearbeiten und zu verregeln, d.h. effektiv zu regieren. Dieser Befund wird im daran anschließenden Abschnitt systematischer erörtert. Auf der Grundlage einer allgemeinen Definition von „Regieren" wird ein Katalog von Regierenszielen formuliert. Eine (annähernde) Erreichung dieser Ziele kann heute durch staatliche Institutionen und Verfahren des Regierens allein nicht mehr gewährleistet werden. Es bestehen vielmehr wiederkehrende Regierenslücken („governance gaps"), die einen zunehmenden Bedarf an Weltregieren implizieren.

2 Das vermehrte Auftreten transsouveräner Probleme und der Bedeutungszuwachs politikmächtiger Akteure neben den Staaten

2.1 Transsouveräne Probleme als Folge des Wandels systemischer Rahmenbedingungen der Weltpolitik

Transsouveräne Probleme prägen heute nahezu alle Politikfelder. Grenzüberschreitende Herausforderungen wie der Klimawandel, Migrations- und Flüchtlingsströme, die Ausbreitung übertragbarer Krankheiten und Seuchen, Drogenhandel, Massenvernichtungswaffen und deren Verbreitung, Menschenhandel, der „neue" transnationale Terrorismus oder transnational organisierte Produktpiraterie (vgl. Barnett/ Whiteside 2002; Fidler 2004; Kelle/ Nixdorf 2002; Schneckener 2006; UNODC 2007) stellen eine bisherige Erfahrungen überschreitende Erweiterung des politischen Gesamtproblemhaushalts dar. Das Aufkommen neuer transsouveräner Probleme und die Verschärfung „alter" grenzüberschreitender Probleme lassen sich auf die veränderten systemischen Rahmenbedingungen der Weltpolitik zurückführen.

Das Ende des Ost-West-Konflikts kann als ermöglichender Faktor für eine beschleunigte und intensivierte Globalisierung und somit als mittelbare Bedingung für das vermehrte Auftreten transsouveräner Probleme angesehen werden. Die Globalisierung wurde in ihrer gegenwärtigen Reichweite und Dichte erst möglich durch den Übergang von der Bipolarität des Kalten Krieges zu einer bis heute noch unipolaren, von den USA dominierten Weltordnung (vgl. Kap. 2.1). Die Niederlage des Sozialismus als globaler Systemalternative zum Liberalismus und die US-amerikanische Hegemonie in einem nach dem Zusammenbruch der Sowjetunion unipolaren zwischenstaatlichen System haben die fortschreitende Öffnung von Gesellschaften und Märkten erheblich befördert – und damit auch dem verstärkten Auftreten transsouveräner Probleme den Weg bereitet.

Zwischen den in ihrer Quantität und Qualität präzedenzlosen gegenwärtigen Globalisierungsprozessen (vgl. Kap. 2.2) und dem vermehrten Auftreten von transsouveränen Problemen besteht ein direkter Zusammenhang: Der Abbau und Wegfall von Grenzen sowie die Verdichtung von gesellschaftlichen Handlungszusammenhängen über die Staaten hinweg haben zur Folge, dass es für Staaten immer schwieriger wird, grenzüberschreitende Bewegungen unerwünschter Personen – z.B. transnationaler Terroristen oder illegaler Einwanderer – sowie unerwünschter Güter und Dienstleistungen – etwa im Falle des Drogenhandels oder der Verbreitung von Massenvernichtungswaffen – zu kontrollieren (Cusimano 2000: 4). So schätzt z.B. das Büro der Vereinten Nationen für Suchtstoff- und Verbrechensbekämpfung (UNODC) das Gesamtvolumen des globalen Drogenhandels auf über 320 Milliarden US-Dollar pro Jahr (UNODC 2007: 170). Damit ist der Weltmarkt für Drogen 16-mal so groß wie der globale Markt für Tabak und 65-mal größer als der für Kaffee (Tenbrock 2007: 19).

Negative soziale und ökologische Externalitäten ökonomischer Globalisierung (z.B. Ausweitung inner- und zwischengesellschaftlicher Wohlstandsdisparitäten, Umweltschäden) haben in vielen Fällen grenzüberschreitende Auswirkungen und sind einzelstaatlich nicht zu regulieren. Nicht nur transnationale Unternehmen und INGOs, sondern auch die organisierte Kriminalität und der transnationale Terrorismus profitieren vom technologischen Fortschritt im Kommunikations- und Informationsbereich. Das Internet dient nicht nur anwaltschaftlich tätigen INGOs zur organisatorischen Vernetzung und zur Information der Öffentlichkeit über Menschenrechtsverletzungen und Umweltverschmutzungen (vgl. Kap. 2.2, 3.3). Es wird auch von islamistischen Terrorgruppen zur globalen Agitation und zur Koordination ihrer Aktivitäten bis hin zur Planung von Anschlägen genutzt (vgl. Musharbash 2005).

Auch immaterielle Rahmenbedingungen der Weltpolitik tragen zum Auftreten von transsouveränen Problemen bei. Wie gezeigt wurde, lassen sich in verschiedenen weltpolitischen Diskursen Leitideen (Weltbilder, normative Überzeugungen und kausales Wissen) identifizieren, die eine Beschränkung staatlicher Handlungsfreiheit und Kontrolle zu Gunsten der Freiheit und des Schutzes des Individuums postulieren (vgl. Kap. 2.3). Mit diesem Wandel weltpolitischer Leitideen sind auch negative Begleiterscheinungen verbunden: Die – unter anderem auch auf vorherrschenden Leitideen basierende – Beschränkung der Regulierungskompetenzen und -kapazitäten der Staaten im Verhältnis zu Individuen und kollektiven gesellschaftlichen Akteuren schafft zugleich größere Spielräume für unerwünschte grenzüberschreitende Transaktionen privater Akteure. Neoliberale Leitideen befördern z.B. die Deregulierung von Kapitalmärkten, die ihrerseits die finanziellen Aktivitäten transnational operierender krimineller und terroristischer Gruppen ebenso erleichtert wie die Transaktionen legaler Wirtschaftsakteure (Cusimano 2000: 17). Die „Legalisierung" von Profiten aus Menschen-, Drogen- und Waffenhandel wird durch die Deregulierung der Finanzmärkte erheblich

Kapitel 4: Zwischenbilanz
281

einfacher (Tenbrock 2007: 19). Aber auch manche der legalen Aktivitäten auf deregulierten Kapitalmärkten bergen erhebliche Risiken: Zu nennen sind neben dem Handel mit komplexen strukturierten Finanzierungsinstrumenten (vgl. Kap. 8), der die US- und Weltfinanzkrise (2007-09) (mit)verursachte etwa hochspekulative und zugleich international kaum kontrollierte Hedgefonds, die im Falle von großen Fondspleiten weltweite Finanzkrisen auslösen könnten.

Die Auswirkungen veränderter systemischer Rahmenbedingungen seit dem Ende des Kalten Krieges auf die Entstehung und den Wandel transsouveräner Probleme zeigen sich auch bei der Analyse von deren Ausprägungen in verschiedenartigen Klassen von Staaten.

2.2 Transsouveräne Probleme in prämodernen Staaten

Es besteht in doppelter Hinsicht ein negativer Zusammenhang zwischen dem Aufkommen transsouveräner Probleme und der Destabilisierung und Desintegration fragiler prämoderner Staaten (vgl. Schneckener 2004). Diese sind auf Grund ihrer schwach ausgebildeten Steuerungskapazitäten am wenigsten in der Lage, die Wirkungen transsouveräner Probleme aufzufangen und zu begrenzen; sie sind somit am stärksten von ihnen betroffen. Transsouveräne Probleme wie etwa grenzüberschreitende Flüchtlingsströme tragen häufig zur weiteren Destabilisierung bereits fragiler Staaten bei.

Da prämoderne Staaten aufgrund ihrer schwachen staatlichen Institutionen kaum zur effektiven Prävention und Bearbeitung transsouveräner Probleme beitragen können, bilden sie auch häufig deren Ausgangspunkt und Nährboden. Sie verschärfen somit grenzüberschreitende Probleme, die sich in regionalem oder gar globalem Maßstab ausbreiten können. Als Beispiel lässt sich die Einrichtung von Ausbildungs- und Zufluchtsstätten („safe havens") für das terroristische Netzwerk Al-Qaida in Afghanistan und Teilen Pakistans vor den Anschlägen des 11. September 2001 anführen. Auch die Ausbreitung von Krankheiten wie HIV/AIDS in afrikanischen Staaten südlich der Sahara, die zu einem großen Teil auf die schlechte öffentliche Gesundheitsversorgung in diesen Staaten zurückzuführen ist, zieht erhebliche regionale, mitunter auch globale Folgen nach sich (vgl. Barnett/ Whiteside 2002: 124ff.). Eine offensichtliche direkte Gefahr besteht durch die Möglichkeit der grenzüberschreitenden Verbreitung des HI-Virus etwa im Zuge von Flüchtlings- oder Migrationsbewegungen. Andere grenzüberschreitende Folgeerscheinungen verlaufen entlang komplexerer Wirkungsketten. So ist insbesondere in einigen Regionen Afrikas ein großer Teil der jungen, arbeitsfähigen Bevölkerung an HIV/AIDS erkrankt. Dieser Verlust an menschlichen Kapazitäten („human resources") schwächt die wirtschaftliche und politisch-administrative Leistungsfähigkeit und mithin die Kohäsion und Stabilität der betroffenen Gesellschaften. Politisch-institutionelle Schwäche wirkt sich wiederum häufig grenzüberschreitend destabilisierend aus – sie wird etwa in Form von Menschen-, Drogen- oder Waffenschmuggel und transnationalen terroristischen Aktivitäten gleichsam „exportiert".

Die Ausbreitung transsouveräner Probleme in und durch scheiternde („failing states") oder gescheiterte („failed states") Staaten wurde durch die unipolare Machtstruktur nach dem Ende des Ost-West-Konflikts ebenso erleichtert wie durch die Folgen ökonomischer Globalisierung nach neoliberalen wirtschaftsordnungspolitischen Leitideen. Während des Kalten Krieges wurden viele schwache Staaten von den USA oder der Sowjetunion bzw. von deren jeweiligen Verbündeten ökonomisch und militärisch unterstützt, so dass ein gewisses Maß an Stabilität gewährleistet wurde (Cusimano 2000: 14). Das Ausbleiben bzw. Absinken von allianzpolitisch motivierter Entwicklungshilfe (vgl. Kap. 3.3) leistete dem Staatszerfall ebenso Vorschub wie der Ausbruch gewaltsamer innerstaatlicher Konflikte, die im Schatten der Großmächterivalität im Ost-West-Konflikt unterdrückt worden waren. Die Liberalisierung der Weltwirtschaft und makroökonomische Politikkonditionen gemäß dem „Washington Consensus", die maßgeblich vom US-amerikanischen Hegemon vorangetrieben wurden (vgl. Kap. 2.3), führten zu einer weiteren Schwächung oft schon fragiler prämoderner Staaten. Die Reformen gemäß dem „Washington Consensus" nahmen prämodernen Staaten häufig die Möglichkeit, die negativen sozialen Externalitäten von Liberalisierung, Privatisierung und Deregulierung auszugleichen. Statt staatliche Institutionen zu stärken, wurden diesen noch Ressourcen entzogen (vgl. Stiglitz 2002; Kap 2.3.)

2.3 Transsouveräne Probleme in modernen und postmodernen Staaten

Für moderne und vor allem postmoderne Staaten sind transsouveräne Probleme in erster Linie unbeabsichtigte Nebeneffekte der Globalisierung und der Ausbreitung neoliberaler Wirtschaftspolitiken, die von mächtigen Staaten (allen voran dem Hegemon USA unterstützt von Großbritannien) als Strategie zur Durchsetzung ihrer ordnungspolitischen Interessen in der Weltwirtschaft aktiv gefördert wurden. Mit dem Abbau von Grenzen und im Zuge wachsender grenzüberschreitender Mobilität steigen nicht nur die Möglichkeiten zum ökonomischen, kulturellen und gesellschaftlichen Austausch über die Staaten hinweg, sondern auch die Gefahr der Ausbreitung transsouveräner Probleme wie etwa Infektionskrankheiten und Seuchen (vgl. Fidler 2004). Die Janusköpfigkeit der Globalisierung stellt moderne und gerade intensiv miteinander verflochtene postmoderne Staaten hinsichtlich ihres außenpolitischen Verhaltens vor ein neues Dilemma: Wie ist die Öffnung von Gesellschaften und Märkten sowie die Verbreitung von Kommunikations- und Informationstechnologien mit dem Schutz der Bevölkerungen vor transsouveränen Problemen, insbesondere vor kollektiven Übeln, in Einklang zu bringen (Cusimano 2000: 32)?

Die Bearbeitung und Regulierung transsouveräner Probleme bereitet Staaten insbesondere deshalb Schwierigkeiten, weil diese Herausforderungen die „westfälischen"

Grenzen zwischen Innen- und Außenpolitik verwischen. Zahlreiche transsouveräne Probleme sind weder durch einzelstaatliche Maßnahmen noch durch zwischenstaatliche internationale Kooperationsformen allein, sondern nur durch ein Zusammenspiel innen- und außenpolitischer Maßnahmen effektiv zu bearbeiten (vgl. unten Abschnitt 3.1).

Mit dem vermehrten Aufkommen transsouveräner Probleme geht das Spektrum der politisch zu bearbeitenden Herausforderungen nicht nur über nationale Probleme, sondern auch über reine Schnittstellen- oder Koordinationsprobleme zwischen Staaten („at the border issues") hinaus. Viele transsouveräne Probleme haben den Charakter von „behind the border issues", d.h. sie werden *innerhalb* eines Staates – häufig von privaten Akteuren – „produziert" und haben zugleich grenzüberschreitende Auswirkungen (vgl. Zangl/ Zürn 2003: 161ff.). Ein Beispiel für ein transsouveränes Problem mit dem Charakter von „behind the border issues" sind Flüchtlingsströme in Folge von Bürgerkriegen. Auch Treibhausgase werden innerhalb von Ländern – überwiegend in Industrienationen und Schwellenländern wie China – emittiert, verändern aber das Klima global und haben damit weit reichende Folgen bis hin zur Wüstenbildung in Afrika.

Neue transsouveräne Probleme werden zudem häufig in grenzüberschreitenden Netzwerken kollektiv „hergestellt". Kollektive Übel wie der transnationale Terrorismus (vgl. Schneckener 2006: 57ff., 75) werden nicht nur national erzeugt und dann über Grenzen hinweg ausgetauscht oder verbreitet, sondern in transnationaler Zusammenarbeit von verschiedenen Akteuren gemeinsam „produziert" (vgl. Kap. 2.2). Transnationale Terroristen arbeiten grenzüberschreitend untereinander und mit Unterstützern zusammen und haben häufig Rückzugsräume in Drittländern mit fragiler Staatlichkeit. Sie beschränken sich bei ihren Anschlagszielen nicht auf ein bestimmtes Land, und weit verstreute „Terrorzellen" sind nicht durch eine zentrale Kommandostruktur, sondern durch eine gemeinsame transnationale Ideologie miteinander verbunden (Schneckener 2006: 49f.). An der Produktion des Übels des transnationalen Terrorismus sind also häufig verschiedene Akteure in mehreren Ländern beteiligt. Auch Produktpiraten kooperieren zunehmend in grenzüberschreitender Arbeitsteilung. Eine Gruppe sorgt für die Fabrikation, eine zweite organisiert die Logistik, und eine dritte kümmert sich um den Verkauf (Tenbrock 2007: 20). Die Beteiligten sind zunehmend in unterschiedlichen Ländern angesiedelt.

Zur Lösung von transsouveränen Problemen wie dem Klimawandel, dem transnationalen Terrorismus oder der transnationalen Produktpiraterie ist es notwendig, sowohl innen- als auch außenpolitische – und zwar aufeinander abgestimmte – Maßnahmen zu ergreifen.

Ein großer Teil der dringlichsten globalen Herausforderungen geht mithin von nichtstaatlichen Akteuren aus und scheint (zwischen-) staatliche Problemlösungsfähigkeiten zu übersteigen. Diese Beobachtung leitet über zum zweiten zentralen – mit dem vermehrten Auftreten transsouveräner Probleme eng verknüpften – Befund dieser Zwischenbilanz: dem Bedeutungszuwachs von zwischenstaatlichen internationalen

Organisationen und vor allem von „neuen" transnationalen Akteuren als weiteren Kategorien politikmächtiger Akteure neben den Staaten.

2.4 Veränderte weltpolitische Akteurskonstellationen und ihre Folgen für das Auftreten und die Bearbeitung transsouveräner Probleme

Mit der Herausforderung der effektiven Bearbeitung transsouveräner Probleme eng verknüpft ist die Frage wie staatliche und zwischenstaatliche Akteure konstruktiv mit dem Zuwachs an Machtressourcen und Politikgestaltungsmöglichkeiten für nichtstaatliche Akteure umgehen können. Der von transsouveränen Problemen ausgehende Verlust autonomer Gestaltungsfähigkeit der Staaten wird begleitet und teilweise befördert vom Auftreten neuer politikmächtiger Handlungseinheiten und einer veränderten Verteilung der Ressourcen und Politikgestaltungsfähigkeiten zwischen öffentlichen und privaten Akteursgruppen. Transsouveräne Probleme in verschiedenen Sachbereichen gehen häufig von privaten Akteuren aus. Zugleich legen diese Beobachtung und der Befund der Überforderung staatlicher Akteure die Einschätzung nahe, dass ein zunehmender Bedarf an einer Einbeziehung privater Akteure in Prozesse der Bearbeitung transsouveräner Probleme besteht und dass deren Inklusion der Effektivität und Legitimität der kollektiven Bearbeitung transsouveräner Probleme förderlich ist (vgl. Rittberger et al. 2008, Rittberger 2006, 2006a).

Nichtstaatliche Handlungsträger können demnach nicht nur problemerzeugend oder -verschärfend auftreten. Sie können gerade im Verbund mit öffentlichen Akteuren (d.h. Staaten und zwischenstaatlichen internationalen Organisationen) einen Beitrag zur Lösung transsouveräner Probleme leisten, weil sie über zusätzliche materielle und immaterielle Problembearbeitungsressourcen verfügen und durch ihre Partizipation die Input- oder Prozess-Legitimität globaler Steuerungsmechanismen steigern können – was wiederum die Folgebereitschaft dieser Akteure gegenüber globalen Normen und Regeln erhöhen sollte. Während transsouveräne Probleme die steuerungspolitischen (Regelungs-) Defizite der Staaten deutlich hervortreten lassen, ist zu beobachten, dass neben den internationalen Organisationen in jüngerer Vergangenheit vor allem private Akteure Politikgestaltungskompetenzen und -fähigkeiten hinzu gewonnen haben. Im Bereich der Holzwirtschaft etwa sind privatwirtschaftliche Unternehmen und zivilgesellschaftliche Organisationen im Rahmen des Forest Stewardship Council (FSC) direkt normsetzend ohne Beteiligung staatlicher Akteure tätig. Durch die transnationale Zertifizierung nachhaltiger Holz- und Waldbewirtschaftung leisten privatwirtschaftliche und zivilgesellschaftliche Akteure im Rahmen des FSC einen Beitrag zur Eindämmung des Klimawandels. In inklusiven, multipartistischen Institutionen wie dem Globalen Fonds zur Bekämpfung von AIDS, Tuberkulose und Malaria sind private Akteure neben den Staaten und internationalen Organisationen Mitglieder mit Rede- und Stimmrecht. Sie können dadurch ihre spezifischen Problembearbeitungsressourcen (z.B. Expertenwissen,

Kapitel 4: Zwischenbilanz

aber auch materielle Ressourcen) wirkungsvoll einbringen und die weltweite Verteilung von Mitteln zur Bekämpfung dieser Krankheiten (mit)steuern (vgl. Kap. 3.2, 3.3).[82]

Probleme begrenzter Steuerungsfähigkeit staatlicher Akteure, die sich aus den zunehmenden Verflechtungen und wechselseitigen Abhängigkeiten im globalen System ergeben und die einen Bedarf an institutionalisierter inter- und transnationaler Kooperation begründen, sind freilich kein völlig neues Phänomen der Weltpolitik. Mit dem Konzept der Interdependenz wurde bereits in den 1970er Jahren damit begonnen, Beziehungsmuster zwischen staatlich verfassten Gesellschaften zu untersuchen, die sich durch eine hohe Verflechtungsdichte und wechselseitige Abhängigkeit auszeichnen (vgl. Keohane/ Nye 2001). Eine rationale und empirisch weithin zu beobachtende Reaktion der Staaten zur Kompensation ihrer Steuerungsdefizite war die Gründung internationaler Organisationen. Durch zunehmende *komplexe* Interdependenz (vgl. Kap. 2.2) in Zeiten der Globalisierung wird der Anreiz für Staaten zur multilateralen Verständigung und Selbstbindung, mithin zur Regulierung der zwischenstaatlichen Beziehungen im Rahmen internationaler Organisationen heute noch verstärkt.

Der Wandel systemischer Rahmenbedingungen hat somit einerseits zu einem Bedeutungszuwachs internationaler Organisationen geführt. Das Ende des Ost-West-Konflikts hatte erweiterte Handlungsspielräume und Kompetenzen für internationale Organisationen in bestimmten Bereichen zur Folge – abzulesen etwa an der gestiegenen Zahl von Friedensmissionen („peace-keeping operations") der Vereinten Nationen (Brühl/ Rittberger 2001: 17f.; Doyle/ Sambanis 2007: 328ff.). Auch der Fortschritt im Bereich der Kommunikations- und Informationstechnologien verbessert die Möglichkeiten für internationale Organisationen, ihre Aufgaben zu erfüllen und der Problemlösung dienliche Outputs zu erzeugen und zu verbreiten. Andererseits wird auch deutlich, dass das Regieren in und durch internationale(n) Organisationen hinsichtlich seiner Output- und Input-Legitimität Lücken aufweist (vgl. Kap. 3.2). Dies gilt insbesondere deshalb, weil Problemerzeuger und Regelungsadressaten zunehmend private Akteure sind.

Die wechselseitige Öffnung von Staaten und ihre Verflechtung sowie der Fortschritt im Bereich der Kommunikations- und Informationstechnologien ermöglichen es privaten Akteuren, ihre Aktivitäten grenzüberschreitend zu erweitern und zu optimieren (vgl. Kap. 3.3 mit Beispielen). Zivilgesellschaftliche Organisationen wurden u.a. durch die Nutzung des Internet in die Lage versetzt, ohne große materielle Ressourcen transnationale Netzwerke zu bilden und gemeinsame Strategien in bestimmten Problembereichen zu formulieren. Dadurch erweiterten sich ihre Möglichkeiten der Einflussnahme auf internationale Politikformulierungs- und -implementierungsprozesse erheblich (Brühl/ Rittberger 2001: 8). Die Deregulierung, Liberalisierung und Privatisierung der Wirtschaft im Zuge der Globalisierung und der Ausbreitung neoliberaler Wirtschaftpolitiken hat die (Macht-)Ressourcen, den Einfluss auf Politikergebnisse und

---

[82] Inwieweit Steuerungsleistungen in verschiedenen Sachbereichen von privaten Akteuren (mit)erbracht werden, wird in späteren Kapiteln zur Empirie des Weltregierens noch ausführlicher zu untersuchen sein (vgl. Kap. 7-9).

den Handlungsspielraum transnationaler Unternehmen erheblich gesteigert. Der Abbau von Hemmnissen für den Waren-, Dienstleistungs- und Kapitalverkehr erleichtert die Tätigkeiten transnationaler Unternehmen und versetzt sie gleichzeitig in die Lage, nicht zuletzt durch ihre Investitionsentscheidungen auf staatliche und zwischenstaatliche Politikprozesse und -ergebnisse verstärkt einzuwirken (ebd.: 15).

Transnationale private Akteure übernehmen Tätigkeiten in der Weltpolitik, die bisher als Aufgaben der Staaten angesehen wurden. Am deutlichsten zeigt sich dies an der Erbringung öffentlicher Dienstleistungen durch private Akteure – etwa durch INGOs in der Not- und Entwicklungshilfe, aber auch durch private Militärdienstleister im Sicherheitsbereich – und an privaten Normsetzungs- und -implementationsaktivitäten im Rahmen von industriellen Selbstregulierungsmechanismen, Formen marktbasierter privater Steuerung (vgl. Benecke et al. 2008; Cashore/ Auld/ Newsom 2004) oder öffentlich-privaten Partnerschaften (vgl. Kap. 3.3).

Die Ausdifferenzierung des Spektrums politikmächtiger Akteure wirft die Frage nach einer neuen Herrschaftsteilung oder -synthese zwischen Staaten, internationalen Organisationen und transnationalen Akteuren auf. Sie ermöglicht und erfordert zugleich Institutionen und Praktiken des Weltregierens, die den neuen transsouveränen Problemlagen und den gewandelten Akteurskonstellationen der heutigen Weltpolitik gleicher Maßen gerecht werden. Auf die Frage, wie private Akteure in die Produktion knapper öffentlicher Güter eingebunden werden können (vgl. Kaul/ Le Goulven 2003: 390ff.), gibt es eine in Ansätzen bereits empirisch zu beobachtende Antwort: die Schaffung inklusiver, multipartistischer Institutionen, in denen neben öffentlichen auch private Akteure Mitglieder sind und über Mitentscheidungsrechte im Politikentwicklungsprozess verfügen (vgl. Kap. 3.2).

Der Rückgang autonomer einzelstaatlicher Steuerungsfähigkeiten bedeutet jedoch keineswegs, dass Staaten bei der Bearbeitung transsouveräner Probleme keine entscheidende Rolle mehr spielen. Die Lösung transsouveräner Probleme bedarf – so die Vermutung auf Grundlage der bisherigen Analysen – der verstärkten Zusammenarbeit von Staaten, internationalen Organisationen und transnationalen Akteuren, d.h. multipartistischen Weltregierens. Handlungsfähige und -willige Staaten, die einen stabilen rechtsstaatlichen Rahmen bereitstellen, bleiben unverzichtbare Säulen des Weltregierens, was sich gerade in Räumen schwacher Staatlichkeit zeigt, in denen ein Rechtsstaat nicht oder kaum existiert.

Die Einbeziehung privater Akteure in die Bearbeitung transsouveräner Probleme muss nicht auf Kosten der Politikgestaltungsfähigkeit der Staaten gehen. Zwar ist nicht zu erwarten, dass die Neuverteilung von Politikgestaltungskompetenzen und -kapazitäten ohne Konflikte innerhalb und zwischen den verschiedenen Akteursgruppen abläuft. Es wäre jedoch irreführend, das Verhältnis zwischen den Politikgestaltungsfähigkeiten privater und öffentlicher Akteure zwangsläufig als Nullsummen-Spiel aufzufassen. Stattdessen kann die Einbeziehung privater Akteure in Institutionen und Prozesse des Weltregierens eine Möglichkeit zur Erweiterung der politischen Gestaltungsfähigkeiten aller Beteiligten, d.h. ein Positivsummenspiel, darstellen (vgl. Kap.

3.3). Inwieweit eine solche konstruktive Einbindung in verschiedenen Problemfeldern über die bisher beschriebenen Einzelbeispiele hinaus bereits systematisch stattfindet und ob sie den theoretischen Erwartungen entsprechend auch Früchte in Gestalt von gesteigerter Problemlösungseffektivität und Input-Legitimität trägt, wird in der empirischen Analyse von Weltregieren in verschiedenen Sachbereichen genauer zu untersuchen sein (vgl. Kap. 7-9).

3 Weltregieren: Begriffsklärung und Darlegung des empirischen Bedarfs

Transsouveräne Probleme stellen eine Herausforderung für Weltregieren dar. Ihr vermehrtes Auftreten führt dazu, dass staatliche – und zunehmend auch zwischenstaatliche – Akteure nicht mehr in der Lage sind, in allen Sachbereichen gemeinschaftliche Probleme adäquat zu bearbeiten, d.h. *effektiv zu regieren*. Die Defizite einzelstaatlicher und zwischenstaatlicher Steuerung sollen im Folgenden systematisch dargestellt werden. Dazu wird zunächst noch einmal genau erläutert, was unter „Regieren" zu verstehen ist und welche Ziele durch Regieren verfolgt werden. Daran anknüpfend wird gezeigt, dass staatliches Regieren die annähernde Erreichung dieser Ziele nicht mehr gewährleisten kann, so dass ein zunehmender Bedarf an Weltregieren besteht.

3.1 Begriff und Ziele des Regierens

Regieren kann zunächst – unabhängig von der Ebene, auf der es stattfindet – als Verbindlichkeit beanspruchendes kollektives Handeln zur Bearbeitung und – im günstigsten Fall – Lösung von gemeinschaftlichen Problemen aufgefasst werden. Die regelbasierte Bearbeitung gemeinschaftlicher Probleme vollzieht sich in einem mehrstufigen Prozess (vgl. Abb. 4.2; Rittberger 2003: 181f.; Rittberger 2004: 249).

Regieren als mehrstufiger Prozess der Bearbeitung gemeinschaftlicher Probleme:
1. Anerkennung bestimmter gemeinschaftlicher Probleme, die der autoritativen kollektiven Bearbeitung bedürfen; Identifikation und Auswahl aussichtsreicher Vorgehensweisen zur Lösung dieser Probleme;
2. Umschreiben dieser Vorgehensweisen in verbindliche Verhaltensnormen und -regeln für angebbare Adressaten;
3. Förderung der Einhaltung dieser Normen und Regeln und ihre Überwachung; ggf. auch Verhängung von Sanktionen im Falle der Nichteinhaltung der Regeln;
4. Anpassung dieser Normen und Regeln an geänderte Rahmenbedingungen.

Abb. 4.2: Prozess des Regierens

Unter Normen und Regeln sind sowohl regulative Gebote und Verbote als auch (re-)distributive Maßgaben zur (Um-)Verteilung von Werten zu verstehen, mit deren Hilfe angebbare Ziele des Regierens verfolgt werden sollen.

Trotz mitunter verschiedenartiger Begrifflichkeiten herrscht in der Forschung inhaltlich weithin Übereinstimmung über die allgemeinen Ziele, die Regieren erreichen soll. Es lassen sich drei Ziele des Regierens unterscheiden, die zugleich der wohl bekannten Sachbereichstrias der Internationalen Beziehungen entsprechen: *Sicherheit, Wohlfahrt und (legitime) Herrschaft* (Czempiel 1981: 198; Rittberger/ Zangl 2003: 182f.; ähnlich Zürn 1998: 41; Zürn 2001: 53). Herkömmlich wurden diese Regierensziele als im staatlichen Rahmen zu erbringende „Staatsaufgaben" konzeptualisiert. Allerdings können sie unter den heute gegebenen Rahmenbedingungen durch staatliches Regieren nicht mehr annähernd erreicht werden. Staatsaufgaben werden somit mehr und mehr zu Zielvorgaben für von verschiedenen politikmächtigen Akteuren gemeinsam praktiziertes Weltregieren.

Das *Sicherheitsziel* umfasst die Sicherung der physischen Existenz eines politischen Kollektivs und dessen Mitglieder und deren Schutz vor innerer und äußerer Bedrohung (Gewährleistung *innerer* und *äußerer Sicherheit*). Für den einzelnen Staat bedeutet äußere Sicherheit: Schutz des Territoriums und der Bevölkerung vor der Gefahr eines Angriffs von Außen, insbesondere vor einem zwischenstaatlichen Krieg. Innere Sicherheit beinhaltet den Schutz der Bevölkerung vor dem Zerfall der öffentlichen Ordnung bis hin zum Bürgerkrieg und vor Straftaten; mitunter wird – in einem freilich sehr weiten Sicherheitsverständnis – auch der Schutz vor Zerstörung der natürlichen Lebensgrundlagen dazu gerechnet.

Während die externe Sicherheitsbedrohung durch zwischenstaatliche Kriege in den letzten Jahrzehnten abnahm, ist gleichzeitig eine relative Bedeutungszunahme innerstaatlicher Gewaltkonflikte zu beobachten, die häufig transnationale Begleiterscheinungen und Auswirkungen hervorrufen (z.B. Migrations- und Flüchtlingsströme, Ausbildung grenzüberschreitender Bürgerkriegsökonomien) (vgl. Kap. 7). Vor dem Hintergrund dieses Wandels des globalen Kriegsgeschehens und angesichts der relativen Bedeutungszunahme von solchen Sicherheitsbedrohungen, die sich gegen Individuen in einem Staat richten (z.B. Terroranschläge) oder auch vom Staat selbst ausgehen (z.B. Menschenrechtsverletzungen), hat sich eine Diskussion über die adäquate Bestimmung des Sicherheitsziels und das Verhältnis zwischen innerer und äußerer Sicherheit entwickelt.

Das maßgebliche Subjekt, dessen Sicherheit gewährleistet werden soll, ist nicht mehr nur der Staat, sondern zunehmend auch das Individuum. Gerade im Rahmen der Vereinten Nationen und insbesondere vom ehemaligen VN-Generalsekretär Kofi Annan wurde eine analytische und politische Reorientierung auf die Leitidee der *menschlichen Sicherheit* gefordert, das den Schutz von Individuen vor gewaltsamen Bedrohungen – interner, aber auch transnationaler Natur – betont (vgl. Kap. 2.3; Human Security Centre 2005: V-VIII). Die Leitidee der menschlichen Sicherheit zielt auf den Schutz von Individuen ab und umfasst damit sowohl den Schutz vor internen als auch externen

Kapitel 4: Zwischenbilanz 289

Sicherheitsbedrohungen. Sie unterscheidet sich insofern von der lange Zeit vorherrschenden staatszentrierten Zielbestimmung der nationalen Sicherheit, die den Schutz und die Verteidigung des Staates vor Angriffen von Außen durch andere Staaten in den Mittelpunkt rückt.

Die Grenzen zwischen innerer und äußerer Sicherheit verschwimmen, was sich zum Beispiel an der Diskussion darüber zeigt, ob der transnationale Terrorismus als Bedrohung der äußeren oder der inneren Sicherheit anzusehen ist. Daher stellt sich die Frage, ob zu seiner Bekämpfung militärische Mittel (wie im Falle eines Krieges) oder primär polizeiliche Maßnahmen (wie bei der Bekämpfung von Verbrechen) angemessen sind. Hier unterschieden sich beispielsweise die Positionen der EU und der USA. Während die Bush Jr.-Administration (2001-2009) terroristische Anschläge in der Nationalen Strategie zur Bekämpfung des Terrorismus (White House 2006) als Kriegshandlung bezeichnete, stuft die EU diese vornehmlich als Straftaten ein, die mit polizeilichen und u.U. auch nachrichtendienstlichen Maßnahmen verfolgt werden müssen (vgl. Rat der Europäischen Union 2002; Rat der Europäischen Union 2005: 6). Dennoch wird auch in der EU Terrorismus als Problem betrachtet, das mit innen- und außenpolitischen Maßnahmen gleichzeitig bearbeitet werden muss (vgl. Rat der Europäischen Union 2005: insb. 6). So wurden neben mitgliedstaatlichen Sicherheitsgesetzen ein EU-Rahmenbeschluss zur Terrorismusbekämpfung (vgl. Rat der Europäischen Union 2002), das Haager Programm zur Stärkung von Freiheit, Sicherheit und Recht in der Europäischen Union (Rat der Europäischen Union 2005a), gemeinsame Strategien zur Bekämpfung des Terrorismus (Rat der Europäischen Union 2005) sowie Richtlinien und Verordnungen erlassen, die u.a. der Polizei die Strafverfolgung im Innern erleichtern und die Koordinierung mitgliedstaatlicher und EU-weiter Maßnahmen verbessern sollen. Terroristengruppen und ihre Unterstützer (etwa die Taliban in Afghanistan) werden zugleich durch – zumindest von einzelnen EU-Mitgliedstaaten gestellten – Truppen im Ausland (z.B. in Afghanistan) mit militärischen Mitteln bekämpft. Die getrennte Verfolgung innerer und äußerer Sicherheit wird immer schwieriger, die Grenzen zwischen militärischer und polizeilicher Bearbeitung von Sicherheitsproblemen drohen zu verschwimmen – was eine ganze Reihe von juristischen und politischen Folgefragen aufwirft. Insbesondere ist zu klären, ob im Falle eines terroristischen Anschlags auf das Vorgehen gegen die „Angreifer" das Kriegsvölkerrecht oder gegen die „Täter" das Polizei- und Strafrecht Anwendung zu finden hat – woraus sich unterschiedlich hohe Anforderungen an die Verhältnismäßigkeit der Abwehrmaßnahmen ergeben.[83]

Das *Wohlfahrtsziel* beinhaltet – im hier vertretenen weiten Verständnis – drei Teilziele: die Förderung des wirtschaftlichen Wachstums, die Ausgewogenheit der ökonomischen Nutzenverteilung, wodurch ein möglichst breit gestreuter materieller Wohlstand gewährleistet werden soll (Zürn 1998: 41), und die Sicherung der ökologi-

---

[83] In diesen Kontext gehört auch die Diskussion in Deutschland über die Ausweitung des Einsatzes der Bundeswehr im Inneren zum Zwecke der Terrorabwehr oder -bekämpfung.

schen Nachhaltigkeit, d.h. der Bestandsfähigkeit natürlicher Ressourcen. Zur Erreichung des Wohlfahrtsziels tragen mithin all jene politisch-administrativen Maßnahmen bei, die zur Schaffung, Erweiterung, ausgewogenen Verteilung und Erhaltung materieller Lebenschancen geeignet sind.[84]

Gemäß dem Teilziel der Förderung wirtschaftlichen Wachstums sollen die Produktion von Gütern und Dienstleistungen sowie die internationalen Austausch- und Finanzbeziehungen in einer Art und Weise organisiert werden, die den entstehenden materiellen Gesamtnutzen maximiert. Da Marktwirtschaften auch Tendenzen zu Marktversagen, z.B. zur Herausbildung von Oligopolen oder gar Monopolen und zur Unterversorgung mit öffentlichen Gütern, innewohnen, kommt Marktversagen korrigierendem, Wettbewerb sicherndem und öffentliche Güter bereit stellendem Regieren, auch jeweils des Staates[85] eine wichtige Rolle zu.

Die Zielvorgabe der Ausgewogenheit der ökonomischen Nutzenverteilung soll sicher stellen, dass der durch die Produktion und die Austausch- und Finanzbeziehungen entstehende materielle Wohlstand möglichst Vielen zugute kommt. Die Verteilung von Wohlstand *in* Staaten hat zunehmend grenzüberschreitende Effekte – etwa wenn höchst ungleich verteilte Lebenschancen Migrationsbewegungen innerstaatlich Benachteiligter nach sich ziehen. Dadurch wird die kategoriale Unterscheidung von innerstaatlichen national zu bearbeitenden und zwischenstaatlichen, national und international zu bearbeitenden Ungleichheiten bei der Verteilung materieller Lebenschancen teilweise aufgehoben. Ursprünglich ließ sich die Begrenzung innergesellschaftlicher Wohlstandsdisparitäten im Gegensatz zum Abbau zwischenstaatlicher Ungleichheiten als einzelstaatliche Aufgabe betrachten. Auf Grund der zunehmenden inter- und transnationalen Verflechtungen im globalen System werden innergesellschaftliche soziale Ungleichheiten und deren Begrenzung zunehmend zum Thema inter- und transnationaler Politik. Insofern ist auch im Sachbereich „Wohlfahrt" ein Verschwimmen der Grenzen zwischen innerstaatlichen („domestic issues") und zwischenstaatlichen Problemlagen („international issues") festzustellen, was Rosenau mit dem Ausdruck der „intermestic issues" umschreibt (Rosenau 1997).

Das Teilziel der ökologischen Nachhaltigkeit, das bereits als weltpolitische Leitidee vorgestellt wurde (vgl. Kap. 2.3), besagt, dass durch Umweltverträglichkeit der Produktion, des Austauschs und des Konsums von Gütern und Dienstleistungen dafür Sorge getragen wird, dass die Möglichkeiten der Nutzenerzeugung und der ausgewogenen Nutzenverteilung auch für die Zukunft erhalten bleiben. Die heutige Generation

---

[84] Die gleichzeitige Verfolgung der drei Teilziele des Wohlfahrtsziels geht freilich nicht ohne Zielkonflikte von statten: So kann z.B. das Ziel der Förderung wirtschaftlichen Wachstums sowohl mit dem Ziel der Ausgewogenheit der ökonomischen Nutzenverteilung als auch mit dem der ökologischen Bestandsfähigkeit (Nachhaltigkeit) in Konflikt treten. Letztlich gilt es, im Sinne einer „holistischen" Herangehensweise zur Erreichung des Wohlfahrtsziels alle drei Teilziele in ausgewogenem Maße zu berücksichtigen.
[85] Traditionell waren dies Aufgabe der Staaten, aber es wurde bereits beschrieben (vgl. Kap. 3.3) und wird noch weiter zu vertiefen sein (vgl. Kap. 5), dass dies nicht notwendigerweise so sein muss.

wird aufgefordert so zu leben, dass zukünftigen Generationen nicht die Möglichkeit genommen wird, ihre eigenen Bedürfnisse zu befriedigen, d.h. vergleichbar oder besser zu leben (vgl. Hennicke et al. 2005: 155f.) (vgl. auch Kap. 8).

Das Ziel *legitime Herrschaft* umfasst die Garantie von Rechtsstaatlichkeit, d.h. den Schutz und die Förderung von Menschen- und Bürgerrechten, das Prinzip der Gleichheit vor dem Gesetz, den Grundsatz der rechtlichen Gebundenheit und Begrenzung staatlichen Handelns sowie die Gewährleistung von Rechtssicherheit dadurch, dass Normen und Regeln und ihre Anwendungen öffentlich gemacht werden sowie relativ dauerhaft und widerspruchsfrei sind. Zum Sachbereich „Herrschaft" werden – allgemein gesprochen – jene Problemfelder gerechnet, die mit den Schranken der Herrschaftsausübung für die Inhaber von Herrschaftsrollen sowie mit den Freiheits- und Partizipationschancen für den einzelnen Menschen zu tun haben.

Zum Ziel *legitime Herrschaft* gehört auch eine immaterielle oder ideelle Komponente: die Gewährleistung von Möglichkeiten der wirkungsvollen Teilhabe von Individuen und gesellschaftlichen Gruppen an Prozessen kollektiver Entscheidungsfindung. Breite gesellschaftliche Partizipation an politischen Prozessen wird zwar längst nicht universell anerkannt oder gar überall verwirklicht. Es wird zwar zunehmend ein – den einzelnen Gesellschaften zukommender – Anspruch auf Demokratie diskutiert (vgl. Kap. 2.3), von dem allerdings noch nicht gesagt werden kann, dass dessen Verwirklichung bereits als weithin konsensfähiges Regierensziel anerkannt worden wäre. Die Möglichkeiten von Individuen und gesellschaftlichen Gruppen zur Teilhabe an Prozessen der kollektiven Entscheidungsfindung variieren in ihrer Ausgestaltung und Effektivität in verschiedenen Staaten, aber auch in internationalen Organisationen erheblich. Dennoch wird die Existenz von Möglichkeiten zur effektiven Partizipation hier nicht nur als Desiderat, sondern auch als Maßstab für legitimes Regieren – sowohl auf nationaler als auch auf regionaler oder globaler Ebene – betrachtet (vgl. Kap. 9).

Sicherheit	**Wohlfahrt**	**(legitime) Herrschaft**
Gewährleistung innerer und äußerer physischer Sicherheit eines Kollektivs	Förderung wirtschaftlichen Wachstums	Garantie von Menschenrechten, Rechtssicherheit, Rechtsstaatlichkeit („good governance")
Gewährleistung menschlicher Sicherheit	Ausgewogenheit der ökonomischen Nutzenverteilung	Demokratie, bzw. Gewährleistung von Möglichkeiten der wirkungsvollen Teilhabe von Individuen und Gruppen an Prozessen kollektiver Entscheidungsfindung
	Sicherung der Bestandsfähigkeit der Nutzenerzeugung (Nachhaltigkeit)	

Abb. 4.3: Ziele des Regierens

3.2 Mangelnde Effektivität staatlichen Regierens

Historisch betrachtet wurde im westfälischen System der internationalen Beziehungen die Erreichung der drei Ziele des Regierens: Sicherheit, Wohlfahrt und legitime Herrschaft vor allem von den souveränen Staaten erwartet. Jedoch ist eine hierarchisch übergeordnete staatliche Organisation, die Normen und Regeln setzt und implementiert sowie deren Einhaltung überwacht und ggf. norm- und regelabweichendes Verhalten sanktioniert, keine begriffslogische Voraussetzung für die effektive Erreichung dieser Ziele des Regierens. Für den oben eingeführten Begriff des Regierens ist es unerheblich, auf welcher Ebene und wie die Erzeugung und Implementation verbindlicher Normen und Regeln erfolgt oder bei wem die Kompetenz zur Überwachung norm- und regelkonformen und zur Sanktionierung norm- und regelabweichenden Verhaltens liegt (Rittberger 2004: 249).

Die Effektivität und Legitimität eines politischen Systems hängen letztlich davon ab, ob und inwieweit die drei Ziele des Regierens erreicht werden. Die Deckungsgleichheit der Reichweite politischer Regelungen mit der Reichweite von gesellschaftlichen Handlungszusammenhängen, auf die sie sich beziehen, erweist sich als ein zentraler Bestimmungsfaktor der Effektivität des Regierens (Zürn 1998: 28, 55, 203). Die aus veränderten systemischen Rahmenbedingungen und gewandelten Akteurskonstellationen der Weltpolitik erwachsenden transsouveränen Probleme sind Ausdruck der Ausweitung gesellschaftlicher Handlungszusammenhänge, die einen Bedarf an Regieren jenseits des einzelnen Staates erzeugen. Einzelne Staaten können diese Probleme alleine nicht lösen, weil die Reichweite ihrer *politischen* Regelungen nicht groß genug ist, um die ausgeweiteten *gesellschaftlichen* Handlungszusammenhänge zu erfassen. Staatliche Maßnahmen sind demnach nicht geeignet, transsouveräne Probleme zu lösen. Diese Inkongruenz verweist auf verminderte Steuerungsfähigkeiten und Autonomieverluste der Staaten. Die mangelnde Effektivität staatlicher Regelungsversuche schlägt sich bei der Verfolgung aller drei Regierensziele nieder (Brühl/ Rittberger 2001: 20).

Für das *Sicherheitsziel* gilt, dass – trotz des Bedeutungsrückgangs zwischenstaatlicher Kriege und eines allgemein rückläufigen Gesamtaufkommens von Gewaltkonflikten (vgl. Human Security Centre 2005) – das Ziel der Gewährleistung der äußeren Sicherheit der Bevölkerung vor kriegerischen Auseinandersetzungen heute von vielen Staaten nicht erreicht wird. Die Gewährleistung innerer Sicherheit durch einzelne Staaten wird aufgrund transsouveräner Probleme wie z.B. dem Drogen-, Menschen- und Waffenhandel, aber auch der Umweltzerstörung oder der Ausbreitung von Infektionskrankheiten immer schwieriger. Der Rückgriff auf Institutionen und Verfahren des Regierens, die über den einzelnen Staat hinaus gehen, ist hier immer mehr gefragt (vgl. Kap. 7). Gerade bei der Bekämpfung des transnationalen Terrorismus zeigt sich die Notwendigkeit, nationale, regionale (etwa im Rahmen der EU) und globale Maßnahmen gleichzeitig und aufeinander abgestimmt zu ergreifen.

Mit Blick auf das *Wohlfahrtsziel* ist zu beobachten, dass staatliche Maßnahmen zur Förderung des wirtschaftlichen Wachstums unter den Bedingungen der Globalisierung nur noch sehr bedingt wirksam sind. So können aufgrund der hohen Freizügigkeit von Gütern und Kapital einzelstaatliche Wettbewerbspolitiken zur Unterbindung globaler Monopole oder Oligopole kaum Erfolg haben. Hinsichtlich des Teilziels der Ausgewogenheit der Nutzenverteilung zeigt sich, dass das Wohlstandsgefälle zwischen Reichen und Armen nicht geringer wird – vielmehr hat es über die letzten Jahrzehnte betrachtet zugenommen (vgl. Nel 2006). Dies gilt sowohl weltweit, d.h. zwischen den Staaten, als auch innerhalb einzelner Staaten. Viele Staaten sind alleine nicht in der Lage, die zunehmende Spreizung der Einkommens- und Vermögensverhältnisse effektiv einzudämmen (vgl. Weltbank 2005). Bezüglich des Teilziels der ökologischen Nachhaltigkeit sind die Grenzen staatlicher Regulierung besonders offensichtlich. Die meisten Umweltprobleme, die aus der Produktion, dem Austausch oder dem Konsum von Gütern und Dienstleistungen entstehen, haben globale oder zumindest grenzüberschreitende Auswirkungen und sind daher einzelstaatlich nicht effektiv zu bearbeiten. Das beste Beispiel ist der globale Klimawandel, der vor allem durch den Ausstoß von Treibhausgasen der westlichen Industrienationen vorangetrieben wird, dessen Auswirkungen (z.B. Überschwemmungen) aber auch Staaten treffen, die kaum dazu beitragen (vgl. IPCC 2007, UNDP 2008).

Auch im Hinblick auf die Erreichung des Ziels *legitime Herrschaft* weist staatliches Regieren erhebliche Defizite auf. Die Gewährleistung von Rechtsstaatlichkeit und Rechtssicherheit findet vor allem in prämodernen Staaten kaum statt. Die Erreichung des Rechtsstaatlichkeitsziels durch einzelne Staaten ist insbesondere in Regionen prämoderner Staatlichkeit unwahrscheinlicher als je zuvor. Externe Kapazitätsbildungs- oder gar Staatenbildungs-Maßnahmen zur Stabilisierung oder zum Aufbau eines (rechts)staatlichen institutionellen Rahmens gewinnen an Bedeutung (Fukuyama 2004). In zahlreichen Staaten werden systematische Menschenrechtsverletzungen begangen – staatliche Akteure sind häufig nicht willens, mitunter auch nicht fähig, diese zu unterbinden, so dass auch hier inter- oder transnationales Handeln zunehmend als erforderlich und angemessen angesehen wird.

Oftmals bestehen nur unzureichende Möglichkeiten für Individuen und gesellschaftliche Gruppen an Prozessen der kollektiven Entscheidungsfindung teil zu haben. Auch das Einflussvermögen staatlicher Parlamente auf internationale Entscheidungsprozesse wird in der Öffentlichkeit liberaler Demokratien mitunter niedrig eingeschätzt. Ferner wird ein Mangel an oder eine Erosion von kollektiven Identitäten im Zuge der Globalisierung konstatiert, was mitunter zu gegenläufigen Fragmentierungsbewegungen führt (vgl. Kap. 2.2). Es drängt sich die Frage auf, ob Formen des Regierens jenseits des Staates Aussichten auf bessere Möglichkeiten der Partizipation an Politikentscheidungsprozessen bieten.

Die mangelnde Effektivität einzelstaatlicher Regelungsversuche insbesondere bei der Bearbeitung transsouveräner Probleme schlägt sich darin nieder, dass die Ziele des Regierens im staatlichen Rahmen häufig nicht annähernd erreicht werden. Diese Defizite können durch zwischenstaatliche Kooperation zwar verringert, aber nicht zur Gänze behoben werden, so dass ein Mangel an effektiver und legitimer politischer Steuerung auch bei zwischenstaatlicher Kooperation fortbesteht. In Bezug auf die Bearbeitung transsouveräner Probleme durch staatliche und zwischenstaatliche Akteure lassen sich vier Lücken des Regierens („governance gaps") unterscheiden (Brühl/ Rittberger 2001: 21-23).

Aus der Inkongruenz der Reichweite gesellschaftlicher Handlungszusammenhänge und der Reichweite politischer Regelungen ergibt sich eine *Zuständigkeitslücke* („jurisdictional gap"). Transsouveräne Probleme als globale Herausforderungen, die den politischen Problemhaushalt von heute prägen, haben grenzüberschreitenden Charakter und gehen – wie beschrieben – häufig von transnationalen Akteuren aus. Derartigen globalen Herausforderungen wird aber oft nach wie vor mit staatlichem oder allenfalls zwischenstaatlichem Regieren begegnet. Die adäquaten Regeladressaten werden so mitunter nicht erreicht. Die Diskrepanz zwischen der Ausdehnung transsouveräner Probleme und der räumlichen und akteursbezogenen Begrenzung der Problembearbeitungsversuche führt demzufolge zu einem Mangel an effektiver und legitimer Steuerung und Regulierung. Eine Ausweitung von Institutionen und Verfahren des Regierens in räumlicher Hinsicht, d.h. über den einzelnen Staat hinweg, sowie die Ausdehnung der beteiligten Akteursgruppen, d.h. über staatliche und zwischenstaatliche Akteure hinaus, erscheint notwendig und naheliegend, um diese Steuerungslücke zu verkleinern oder zu schließen.

Zudem existiert eine *operative Lücke* („operational gap"). Öffentlichen Institutionen auf staatlicher, oft auch zwischenstaatlicher Ebene fehlt es in vielen Politikbereichen an wissenschaftlich-technischem Wissen und den Politikinstrumenten, die zur Erfolg versprechenden Bearbeitung transsouveräner Probleme notwendig sind. Öffentliche Institutionen sind deshalb in diesen Problembereichen einem erhöhten Lern- und Anpassungsdruck ausgesetzt. Sie bedürfen des Expertenwissens und mitunter der Dienstleistungen privater Akteure, um sich deren zusätzliche Problembearbeitungskapazitäten anzueignen und so die operative Lücke zu schließen. Zivilgesellschaftliche Organisationen und transnationale Unternehmen können durch die Bereitstellung von Informationen, Expertise oder anderer, u.U. auch materieller Ressourcen in bestimmten Problembereichen zur Schließung der operativen Lücke beitragen.

Ferner lässt sich eine *Anreizlücke* („incentive gap") feststellen. Die Anreizlücke führt dazu, dass internationale Vereinbarungen mitunter unzureichend implementiert werden. In der Regel stehen auf globaler Ebene nur begrenzt Instrumente zur Verfügung, um Anreize zur Einhaltung von Verpflichtungen zu schaffen – es handelt sich dabei primär um „weiche" Instrumente wie „naming and shaming" oder Sozialisation. Die Anreizlücke stellt ein Problem für viele internationale Organisationen dar, weil die Implementation von Normen und Politikprogrammen in erheblichem Maße von der Bereitschaft der beteiligten Akteure – der Staaten und zunehmend auch der nichtstaatlichen Akteure als Problemerzeuger – zur Normbefolgung und Regeleinhaltung abhängt. Es bedarf intensivierter öffentlich-privater Kooperation, um positive und nega-

Kapitel 4: Zwischenbilanz

tive Sanktionsmechanismen auf globaler Ebene zu schaffen und zu unterhalten und ggf. durch Einbeziehung der Regelungsadressaten (z.B. transnationaler Unternehmen im Falle von Arbeitsstandards) in die Norm- und Regelsetzung deren Folgebereitschaft zu erhöhen (vgl. Kap. 3.3).

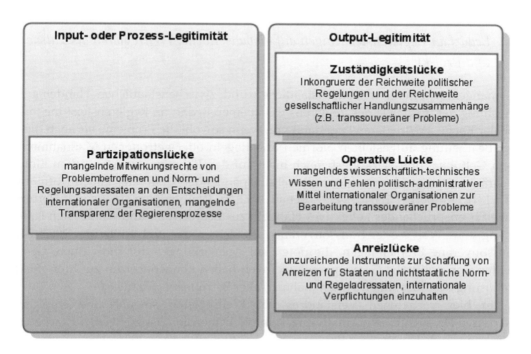

Abb. 4.4: Regierenslücken und Dimensionen von Legitimität

Schließlich ist eine *Partizipationslücke* („participatory gap") auszumachen. Die Partizipationslücke entsteht aufgrund fehlender oder geringer Chancen der Teilhabe von Regelungsbetroffenen an den Entscheidungen in internationalen Organisationen. Häufig ist in diesem Zusammenhang vom Demokratiedefizit internationaler Organisationen die Rede (vgl. Coicaud 2007; Crawford/ Marks 1998; Nye 2001; Woods 2007). Deren Verantwortlichkeit gegenüber und Zugänglichkeit für den Einzelnen oder für gesellschaftliche Gruppen erscheinen immer noch höchst beschränkt oder gar nicht existent (vgl. Kap. 9). Entscheidungen kommen mitunter in intransparenten Verfahren ohne Rückkopplung an die von diesen Entscheidungen Betroffenen zustande (vgl. Zweifel 2006). Die mittlerweile zumindest in Ansätzen empirisch festzustellende Ausweitung der Mitwirkungsrechte für private Akteure in internationalen Organisationen kann ein – wenn auch nicht problemfreies – Mittel zur Minderung des bestehenden Demokratiedefizits und mithin zur Schließung der Partizipationslücke sein, wodurch den Entscheidungen internationaler Organisationen ein größeres Maß an Input-Legitimität zukommen wird (vgl. Kap. 3.2, 3.3).

Es wird also angenommen, dass zur Schließung bestehender Lücken des Regierens nicht nur intensivierte zwischenstaatliche Kooperation, sondern auch die Einbeziehung privater Akteure in die Erzeugung und Implementation verbindlicher Verhaltensregeln auf globaler Ebene erforderlich ist (Brühl/ Rittberger 2001: 28-35; Rittberger et al. 2008).

3.3 Bedarf an Regierensleistungen auf globaler Ebene: Weltregieren als Tatsache und Projekt

Die mangelnde Effektivität einzelstaatlichen und zwischenstaatlichen Handelns zur Erreichung der drei Ziele des Regierens weckt einen Bedarf an Regierensleistungen auf globaler Ebene. *Welt*regieren liegt dann vor, wenn sowohl die Probleme als auch die zu ihrer Bearbeitung aufgestellten Normen und Regeln oder getroffenen Maßnahmen in ihrem Geltungs- und Wirkungsbereich nicht auf den Rahmen *einer* staatlichen Einheit beschränkt sind, sondern tendenziell weltumspannenden Charakter haben (Rittberger 2003: 181f.; Rittberger 2004c: 249; Rosenau 1992: 5). Weltregieren stellt somit Verbindlichkeit beanspruchendes kollektives Handeln zur Bearbeitung und – im besten Falle – Lösung von „Welt"- oder transsouveränen Problemen dar (vgl. Rittberger 2004: 247). Transsouveräne Problemlagen, die potenziell Auswirkungen auf Individuen, Gesellschaften und politische Gemeinwesen weltweit haben können, setzen zu ihrer effektiven Lösung das Zusammenwirken (nahezu) aller Betroffenen voraus.

Im hier vertretenen Verständnis hat Weltregieren sowohl eine empirisch-deskriptive als auch eine normativ-präskriptive Dimension, ist zugleich Tatsache und Bestrebung (vgl. Dingwerth/ Pattberg 2006: 378ff.; Rittberger 2004: 245f.; Zürn 2005: 126f.). Weltregieren – das Bestreben, einen Regelungs- oder Steuerungsbedarf auf globaler Ebene zu decken – ist als empirische Tatsache zu beobachten, doch das schon erreichte Ausmaß und die Effektivität von Weltregieren variieren deutlich zwischen verschiedenen Politikfeldern. Angesichts der bestehenden Regelungsdefizite und des Bedarfs an politischen Antworten auf veränderte systemische Rahmenbedingungen und die damit einher gehende Zunahme transsouveräner Probleme ist Weltregieren auch ein normatives Projekt.

Weltregieren (Global Governance):
Sowohl die Probleme als auch die zu ihrer Bearbeitung aufgestellten Normen und Regeln oder getroffenen Maßnahmen sind in ihrem Wirkungs- und Geltungsbereich nicht auf den Rahmen *einer* staatlichen Einheit beschränkt, sondern haben *tendenziell weltumspannenden Charakter*. Weltregieren ist demnach Verbindlichkeit beanspruchendes kollektives Handeln zur Bearbeitung und – im günstigsten Falle – Lösung von *Welt*- oder *transsouveränen Problemen*.

Abb. 4.5: Definition von Weltregieren

Damit die Ziele des Weltregierens erreicht werden können, muss eine Reihe von Anforderungen erfüllt sein. Diese Anforderungen gelten im Kern für das Regieren auf allen Ebenen; im globalen Maßstab ist es aber besonders schwierig, ihnen gerecht zu werden.

Erstens muss ein gemeinsames Interesse der Betroffenen an einer Problemlösung bestehen, damit kollektives Handeln zur Bewältigung transsouveräner Probleme auf globaler Ebene möglich wird. Die Bearbeitung globaler Herausforderungen erfordert *zweitens* wissenschaftlich-technisches und soziales Wissen. Es muss bekannt sein, dass ein Problem besteht, wodurch es hervorgebracht wird und wo Lösungsversuche anzusetzen haben. An dieser Stelle können nichtstaatliche Akteure ihre spezifischen Kenntnisse und Expertise einbringen. Das Wissen allein, dass ein Problem existiert und wodurch es hervorgebracht wird, genügt jedoch nicht. Die Lösung transsouveräner Probleme erfordert *drittens* Verhaltensanpassungen auf Seiten der Verursacher und der Betroffenen. Das bevorzugte Instrument, um die Koordination des Verhaltens einer Vielzahl von Akteuren zu erreichen, ist die kooperative Setzung verbindlicher Normen und Regeln, die festlegen, was die Norm- und Regelungsadressaten zu tun und zu lassen haben. Zudem muss sichergestellt werden, dass diese Normen und Regeln auch eingehalten werden.

Übungsfragen

> Was ist unter einem „transsouveränen Problem" zu verstehen? Welche Beispiele für transsouveräne Probleme gibt es?
> Inwiefern können das Auftreten neuer und die Verschärfung bestehender transsouveräner Probleme als Folgen des Wandels der systemischen Rahmenbedingungen und der Akteurskonstellationen der Weltpolitik insbesondere in den letzten 20 Jahren angesehen werden?
> Inwiefern wirken sich transsouveräne Probleme in / auf verschiedene(n) Typen von Staaten (prämoderne, moderne, postmoderne Staaten) unterschiedlich aus?
> Was ist unter dem Begriff des Regierens im Allgemeinen und des Weltregierens im Besonderen zu verstehen? Welche Stufen enthält der Prozess des Weltregierens?
> Welche allgemeinen Ziele des Regierens lassen sich unterscheiden? Ist die Erreichung dieser Regierensziele auf globaler Ebene gewährleistet? Oder anders gefragt: Inwiefern existieren verschiedene Arten von globalen Regierenslücken?
> Welche Folgen für die Gewährleistung effektiven und legitimen Regierens ergeben sich aus dem vermehrten Auftreten transsouveräner Probleme?

📖 Lektüreempfehlungen

Brühl, Tanja/ Rittberger, Volker 2001: From International to Global Governance: Actors, Collective Decision-Making, and the United Nations in the World of the Twenty-First Century, in: Rittberger, Volker (Hrsg.): Global Governance and the United Nations System, Tokio/ New York/ Paris: United Nations University Press, 1-47.

Cusimano, Maryann K. 2000: Beyond Sovereignty: The Rise of Transsovereign Problems, in: Cusimano, Maryann K. (Hrsg.): Beyond Sovereignty: Issues for a Global Agenda, Boston, MA: Bedford/ St. Martin's, 1-40.

Dingwerth, Klaus/ Pattberg, Philipp 2006: Was ist Global Governance?, in: Leviathan, 34: 3, 377-400.

Ferdowsi, Mir A. (Hrsg.) ^{6}2007: Weltprobleme, Bonn: Bundeszentrale für politische Bildung.

Rittberger, Volker 2003: Weltregieren: Was kann es leisten? Was muss es leisten? In: Küng, Hans/ Senghaas, Dieter (Hrsg.): Friedenspolitik: Ethische Grundlagen internationaler Beziehungen, München: Piper, 177-208.

Rittberger, Volker 2004: Weltregieren zwischen Anarchie und Hierarchie, in: Rittberger, Volker (Hrsg.): Weltpolitik heute: Grundlagen und Perspektiven, Baden-Baden: Nomos, 245-270.

Rosenau, James N. 1992: Governance, Order and Change in World Politics, in: Rosenau, James N./ Czempiel, Ernst-Otto (Hrsg.): Governance without Government: Order and Change in World Politics, Cambridge: Cambridge University Press, 1-29.

Zürn, Michael 2001: Political Systems in the Postnational Constellation: Societal Denationalization and Multilevel Governance, in: Rittberger, Volker (Hrsg.): Global Governance and the United Nations System, Tokio/ New York/ Paris: United Nations University Press, 48-87.

Zürn, Michael 2005: Global Governance, in: Schuppert, Gunnar Folke (Hrsg.): Governance-Forschung: Vergewisserung über Stand und Entwicklungslinien, Baden-Baden: Nomos, 121-146.

Teil C: Theorien des Weltregierens: Modelle des Weltregierens und handlungstheoretische Ansätze zur Erklärung globaler Politiksteuerungsprozesse

Im vorangehenden Kapitel wurde gezeigt, dass auf Grund des vermehrten Auftretens transsouveräner Probleme und der gewandelten Akteurskonstellationen der Weltpolitik ein zunehmender Bedarf an Weltregieren besteht. Nun stellt sich die Frage, welche Akteure in welchen Organisationsstrukturen und in welchen Verfahren globale Steuerungsleistungen erbringen – bzw. erbringen sollten –, um eine möglichst effektive und legitime Verfolgung der Regierensziele *Sicherheit*, *Wohlfahrt* und *legitime Herrschaft* sicher zu stellen. Um die Vielfalt möglicher und tatsächlicher Formen des Weltregierens analytisch zu ordnen und gleichsam einen theoretischen Rahmen für die empirische Analyse der notwendig erscheinenden sowie bereits erbrachten Steuerungsleistungen in den verschiedenen Sachbereichen der Weltpolitik (Teil D, Kap. 7-9) zu schaffen, werden in Teil C verschiedene Theorien des Weltregierens – makrotheoretische Modelle des Weltregierens (Kap. 5) sowie mikro- oder mesotheoretische, akteursorientierte Ansätze zur Erklärung konkreter Politiksteuerungsprozesse (Kap. 6) – behandelt.

In Kap. 5 werden zunächst unterschiedliche Formen des Weltregierens vier verschiedenen Weltregierensmodellen zugeordnet und miteinander verglichen. Darauf aufbauend werden einige grundlegende Aussagen über die empirischen Entfaltung und normative Wünschbarkeit der jeweiligen Modelle des Weltregierens getroffen. Eine tiefer gehende Bewertung der Modelle erfolgt auf Grundlage der Analyse der sachbereichsspezifischen „Empirie des Weltregierens" (Teil D) im abschließenden Teil des Lehrbuchs (Teil E, Kap. 10). Kap. 6 bietet eine Einführung in handlungstheoretische Ansätze mittlerer Reichweite, die zur Erklärung konkreter Politiksteuerungsprozesse und -ergebnisse in den verschiedenen Sachbereichen der Weltpolitik nutzbar gemacht werden können. Komplementär zu den überwiegend auf makrotheoretischer Ebene angesiedelten Weltordnungsmodellen werden hier die Ressourcenaustausch-Theorie und die Theorie kollektiver Güter sowie die Ansätze des wohlwollenden und des Zwang ausübenden Hegemons vorgestellt.

Kapitel 5: Modelle des Weltregierens: Weltordnungsvorstellungen zwischen Anarchie und Hierarchie

1 Wissenschaft und Weltpolitik – Unterschiedliche Weltregierensmodelle

Auf die Fragen, in welchem Ausmaß, in welchen Formen und mit welchen Hauptakteuren Weltregieren heute tatsächlich stattfindet und welche Formen des Weltregierens unter normativ-präskriptiven Aspekten wünschenswert sind, d.h. dem effektiven und legitimen Erreichen globaler Politikziele dienen, werden in der Wissenschaft von den internationalen Beziehungen ganz unterschiedliche Antworten gegeben.

Vier Modelle globaler politischer Steuerung finden sich in der Literatur: (1) machtgestützter Sicherheitswettbewerb zwischen Staaten in der staatenweltlichen Anarchie, (2) hierarchisches Weltregieren durch einen Welt(bundes)staat, (3) quasi-hierarchisches Weltregieren durch einen Welthegemon und (4) heterarchisches Weltregieren gestützt auf multipartistische Politikkoordination und -kooperation (vgl. Rittberger/ Zangl 2006: 209ff.). Das Modell des Sicherheitswettbewerbs in der staatenweltlichen Anarchie zeichnet sich streng genommen eher durch ein „Nicht-Regieren" („non-governance") aus – zumindest wenn man unter „Weltregieren" einen Prozess der Regulierung, d.h. der regelbasierten kollektiven Bearbeitung, von transsouveränen Problemen versteht (vgl. Kap. 4). Daher ist mitunter nur von drei Modellen des Weltregierens (Welt(bundes)staat; hegemoniale Steuerung; heterarchisches Weltregieren) die Rede (Rittberger 2003: 182ff.; 2004: 250; Rittberger et al. 2008: 43). Um ein möglichst umfassendes Bild existierender Weltordnungsvorstellungen zu vermitteln und der fortbestehenden empirischen Evidenz für das Modell des Sicherheitswettbewerbs in der staatenweltlichen Anarchie – zumindest in einigen Weltregionen (z.B. asiatisch-pazifischer Raum oder Mittlerer und Naher Osten) und Politikbereichen – gerecht zu werden, wird hier auch diese Form der „non-governance" als ein Modell des Weltregierens behandelt.

Die vier Modelle des Weltregierens unterscheiden sich in mehrerlei Hinsicht voneinander (vgl. Rittberger 2004: 250f.). Das Modell des machtgestützten Sicherheitswettbewerbs postuliert den Fortbestand der Anarchie als Ordnungsprinzip der internationalen Beziehungen, das Staaten dazu zwingt, eigenständig und kompetitiv für ihre Sicherheit (zuvörderst ihr Überleben) Sorge zu tragen. Zwischen den Staaten vereinbarte Normen und Regeln sowie internationale Institutionen haben keine dauerhaft verlässliche verhaltensregulierende Wirkung. Das Weltstaatsmodell hingegen sieht die Aufhebung des anarchischen Ordnungsprinzips vor: An die Stelle einer faktischen Ordnung, in der es keine formale Über- oder Unterordnung zwischen den Akteuren, sondern eine naturwüchsige Differenz der Macht- und Handlungspotenziale gibt, tritt eine normativ begründete, hierarchische Organisation der kollektiven Bearbeitung von transsouveränen Problemen.

Zwischen diesen beiden Extremen der Anarchie und der formal-rechtlichen Hierarchie sind die Modelle der hegemonialen Steuerung und des heterarchischen Weltregierens angesiedelt. Im Modell der Welthegemonie werden – ähnlich wie beim Weltstaat – Regeln kollektiven Handelns „quasi-hierarchisch" von oben („top-down") gesetzt. In diesem Modell übernimmt ein übermächtiger Staat, ohne zur Herrschaftsausübung formal legitimiert zu sein, bei der Regulierung von transsouveränen Problemen eine straffe Führungsrolle. Sowohl im Modell des Weltstaats als auch in dem der hegemonialen Steuerung wird die Einhaltung der Regeln durch zentrale, positive ebenso wie negative Sanktionen – seitens des Weltstaats oder des Hegemons – unterstützt. Im Unterschied dazu ist im Modell der heterarchischen multipartistischen Politikkoordination und -kooperation die Erzeugung und Durchsetzung der Regeln kollektiven Handelns eine Sache der Regelungsadressaten selbst. Weder die Vorstellung eines anarchiegetriebenen Sicherheitswettbewerbs noch die Annahme eines (quasi-)hierarchischen Politikformulierungsprozesses bieten demnach eine angemessene Beschreibung der Realitäten der Weltpolitik. Während Anarchie durch die gänzliche Abwesenheit einer normativen Ordnung definiert ist, und Hierarchie stets auf eine Form der Unter- und Überordnung verweist, ist Heterarchie durch horizontale *Ko*ordination verschiedener Akteure in netzwerkartigen Organisationsstrukturen gekennzeichnet (Bennhold 2005: 1, 20). Sie stellt ein „drittes" mögliches Organisationsprinzip des globalen Systems zwischen der vermeintlichen Dichotomie (vgl. Waltz 1979: 88) von Hierarchie (Existenz einer vertikalen Autoritätsstruktur) und Anarchie (Abwesenheit einer vertikalen Autoritätsstruktur) dar.

Normen und Regeln werden im Modell des heterarchischen Weltregierens nicht aus Furcht vor Strafe befolgt, sondern auch und vor allem aufgrund des eigenen Interesses, wechselseitig gewinnbringende Zusammenarbeit langfristig nicht zu gefährden. Darüber hinaus können – zumindest nach Ansicht einiger Vertreter dieses Modells, die dem Konstruktivismus aufgeschlossen gegenüber stehen, – durch eine anhaltende und erfolgreiche regelgeleitete Kooperation Sozialisationsprozesse in Gang gesetzt werden. Diese führen dazu, dass die Akteure Kooperationsregeln und -praktiken nicht nur als nützlich erfahren, sondern diese sich zumindest bis zu einem gewissen Grade auch als wechselseitige Erwartungen angemessenen Verhaltens zu Eigen machen (vgl. Kap. 1 und 3.2).

Im Folgenden werden zunächst die Kernaussagen der vier Modelle des Weltregierens erläutert, wobei der Schwerpunkt auf dem hier präferierten und zugleich komplexesten Modell, dem des heterarchischen Weltregierens liegt. Darauf aufbauend wird die empirische Gültigkeit der beschriebenen Modelle eingeschätzt. Es geht um die Fra-

Kapitel 5: Modelle des Weltregierens

ge, ob sich die Realität annähernd so darstellt, wie im jeweiligen Modell beschrieben. Weiterhin wird die normativ-präskriptive Wünschbarkeit der Modelle dahingehend beurteilt, ob nach dem jeweiligen Modell das effektive Erreichen der globalen Politikziele *Sicherheit, Wohlfahrt, legitime Herrschaft* möglich ist. Es wird dargelegt, dass und warum dem Modell des heterarchischen Weltregierens im Allgemeinen der Vorzug gegeben wird – womit keineswegs ausgeschlossen ist, dass auch die anderen Modelle zum Verständnis globaler Politiksteuerung in einzelnen Weltregionen und Problemfeldern beitragen können.

Modelle des Weltregierens	Welt(bundes)staat	Hegemoniale Steuerung	machtgestützter Sicherheitswettbewerb in der staatenweltlichen Anarchie	Multipartistische Politikkoordination und -kooperation
Ordnungsprinzip	Hierarchie	formal: Anarchie, de facto: Quasi-Hierarchie	Anarchie	Heterarchie

Abb. 5.1: Modelle des Weltregierens und korrespondierende (Welt-)Ordnungsprinzipien

2 Vier Weltregierensmodelle

2.1 *Das Modell des Sicherheitswettbewerbs in der staatenweltlichen Anarchie*

Das Modell des machtgestützten Sicherheitswettbewerbs in der staatenweltlichen Anarchie (vgl. Mearsheimer 2001; Waltz 1979) geht von der gänzlichen Abwesenheit einer – insbesondere rechtlichen – Hierarchisierung des internationalen Systems aus. Die Staatenwelt – nur diese ist für Vertreter dieses Modells maßgeblich, nichtstaatliche Akteure werden nicht berücksichtigt – befindet sich nach wie vor gleichsam im „Naturzustand". Die souveränen Staaten interagieren ohne „eine allgemeine Gewalt, die sie im Zaum [hält] und ihre Handlungen auf das Gemeinwohl hinlenk[t]" (Hobbes 1994 [1651]: 134), so dass letzten Endes das Recht des Stärkeren gilt.

Das Modell spricht internationalen Institutionen (zwischenstaatlichen internationalen Regimen und Organisationen) die Fähigkeit ab, auf Dauer gestellte zwischenstaatliche Kooperation zur kollektiven Bearbeitung gemeinschaftlicher Probleme zu befördern, denn es postuliert die Unmöglichkeit oder zumindest langfristige Wirkungslosigkeit von für alle Staaten gleichermaßen geltenden Normen und Regeln in der internationalen Politik. Dieses Postulat wird mit der Nicht-Existenz einer suprastaatlichen Autorität, die das Verhalten der Staaten untereinander verbindlich regulieren könnte, begründet. Somit bleiben im Modell des machtgestützten Sicherheitswettbewerbs die Staaten die grundlegenden, normativ weitgehend ungebundenen Akteure der internationalen Politik. Ihr Verhalten ist in hohem Maße durch das anarchiebedingte Sicherheitsdilemma geprägt. Dieses „zwingt" jeden Staat dazu, durch Selbsthilfe oder Zweckbündnisse seine Existenz sowie die Sicherheit und Wohlfahrt seiner Bürgerinnen und Bürger eigenständig zu sichern. Dazu „müssen" die staatlichen Akteure auf Strategien und Instrumente der Machtpolitik (je nach Rahmenbedingungen: Instrumente der Autonomie- und/oder Einflussmehrung) zurückgreifen, wodurch sie sich in einen beständigen Wettbewerb um die Sicherung und Steigerung ihrer Sicherheits- und Wohlfahrtsressourcen auch und gerade auf Kosten anderer verstricken. Auf die Spitze getrieben impliziert dieses kompetitive Streben nach Sicherheit, dass Sicherheitsgewinne eines Staates mit Sicherheitsverlusten anderer Staaten verbunden sind.

Die Anarchie der Staatenwelt ist nicht mit Chaos und Unordnung gleich zu setzen. Diese Annahme ist irreführend, denn auch die anarchische Staatenwelt besitzt eine Form der Ordnung. Diese beruht darauf, dass das der Anarchie geschuldete Sicherheitsdilemma die Staaten zu Verhaltensregelmäßigkeiten anhält, insbesondere zum Ausbalancieren von Macht- oder Bedrohungsungleichgewichten durch Aufrüstung oder Allianzbildung. Freilich handelt es sich bei dieser Ordnung - und hier liegt der zentrale Unterschied sowohl zum Modell des Weltstaats als auch zum Modell des heterarchischen Weltregierens - nur um eine *faktische, nicht* um eine *normativ verankerte Ordnung*. Denn das Staatenverhalten ist zwar regelhaft, nicht jedoch normgebunden, es ist folgenorientiert und klugheitsgesteuert. Diese Ordnung tritt in empirischen Verhaltensregelmäßigkeiten zutage, ist jedoch nicht auf verhaltenswirksame soziale Normen gestützt, wie z.B. die Norm des Verzichts auf gewaltsame Selbsthilfe beim Austrag internationaler Streitigkeiten oder der Ermächtigung zur internationalen Gewaltanwendung nur durch den Sicherheitsrat der Vereinten Nationen. Mit anderen Worten: Das Verhalten der Staaten ist im Modell des Sicherheitswettbewerbs durch *Regelmäßigkeiten* gekennzeichnet, nicht aber *regelgemäß*.

Dauerhafte Kooperation auf der Basis der freiwilligen Selbstbindung durch Normen und Regeln und deren Befolgung lässt die in der anarchischen Staatenwelt angelegte Sicherheits- und Wohlfahrtskonkurrenz nicht zu. Sie hält die Staaten dazu an, ihr Verhalten an der Erzielung relativer Gewinne oder zumindest der Vermeidung relativer Verluste anstatt an gemeinsamen Gewinnen in den Sachbereichen „Sicherheit", „Wohlfahrt" und „Herrschaft" auszurichten. Kooperation zur kollektiven Bearbeitung gemeinschaftlicher Probleme ist im Modell des Sicherheitswettbewerbs in der staatenweltlichen Anarchie deshalb nur möglich, wenn die Kooperation eine ausgewogene Gewinnverteilung verspricht. Sie ist freilich wegen des strukturell angelegten wechselseitigen Misstrauens der Akteure kaum erreichbar. Kooperation ist folglich in der Regel opportunistisch, also Machtpolitik mit anderen Mitteln, die nur solange bestandsfähig ist, wie sie mittelbar zumindest den Sicherheits-, Wohlfahrts- und Herrschaftsinteressen der beteiligten Staaten entspricht. Ist dies nicht der Fall, sind die Akteure „gezwungen", die Kooperation zu beenden und zur Selbsthilfe zurück zu kehren.

Ob (Weltregieren im eigentlichen Sinne, d.h. Verbindlichkeit beanspruchendes kollektives Handeln zur Bearbeitung und Lösung von Welt- oder transsouveränen Problemen, bei machtgestütztem Sicherheitswettbewerb zwischen Staaten möglich ist, erscheint mehr als fraglich. Man könnte argumentieren, dass auch machtgestütztes Interagieren in der Anarchie Steuerungsleistungen erbringt, weil es – z.B. durch die Gewährleistung internationaler Stabilität mittels Gleichgewichtspolitik – das globale öffentliche Gut „Sicherheit" „produziert". Dazu müsste man allerdings von der fragwürdigen Annahme ausgehen, dass der Mechanismus des Machtgleichgewichts oder des Bedrohungsgleichgewichts (vgl. auch Kap. 2.1) tatsächlich die Kriegswahrscheinlichkeit im internationalen System erheblich verringert. Zudem ist „Sicherheit für jeden Staat" nicht das einzige durch Weltregieren herzustellende globale öffentliche Gut. Es zeigt sich, dass es nur unter sehr restriktiven Annahmen möglich ist, einem machtgestützten Sicherheitswettbewerb in einer anarchisch konstituierten Weltpolitik wirksame, geschweige denn intendierte positive Steuerungsleistungen zuzusprechen. Dies wird umso problematischer, wenn Weltregieren als Versuch der Regulierung und Lösung von transsouveränen Problemen begriffen wird, die über die Bedrohung durch zwischenstaatliche Kriege hinausgehen und der verlässlichen normativen (Selbst-) Bindung einer Vielzahl von (nicht nur staatlichen) Akteuren bedürfen.

2.2 Das Modell des Welt(bundes)staats

Das Modell eines Weltstaats stellt das entgegen gesetzte Extrem zum machtgestützten Sicherheitswettbewerb in der staatenweltlichen Anarchie dar. Das anarchische Ordnungsprinzip der internationalen Politik wird darin durch eine hierarchische Organisationsform mit autoritativen Regelerzeugungsmechanismen und einer den Staaten übergeordneten Instanz zur Regeldurchsetzung und -überwachung sowie zur Sanktionierung von Regelbrüchen ersetzt. Verfechter des Weltstaatsmodells (vgl. Gosepath/ Merle 2002, Höffe 1998, 1999, 2001; Nielsen 1988) gehen von der Prämisse aus, dass dauerhafte, konsistente Normbefolgung und Kooperation – und damit zielführendes Regieren – unter den Bedingungen der Anarchie von rationalen Akteuren nicht zu erwarten ist (Brühl/Rittberger 2001: 24ff.; Rittberger 2003: 183f.). Transsouveräne Probleme können mithin nicht ohne Herausbildung von staatlichen, also herrschaftlichen Strukturen auf globaler Ebene effektiv bearbeitet werden. Die Furcht, angegriffen, d.h. in der physischen Existenz gefährdet, oder ausgebeutet, d.h. im Falle der Kooperation übervorteilt zu werden, kann nur beseitigt werden, wenn ein globaler „Leviathan" geschaffen wird. Diese gewaltbewehrte Instanz soll mit ausreichender Kapazität und der legitimen *rechtlichen* Autorität ausgestattet sein, nicht nur allgemein verbindliche Normen und Regeln zu setzen, sondern auch – notfalls gewaltsam – deren Einhaltung sicherzustellen. Nur so könne ein „zivilisiertes" Zusammenleben und eine effektive Bearbeitung transsouveräner Probleme erreicht werden.

Laut Norbert Elias (1969) stellen zum einen die Verdichtung der Interdependenzen zwischen sozialen Akteuren, zum anderen die fortschreitende Monopolisierung legaler Gewaltanwendung die grundlegenden Elemente eines Prozesses der Zivilisation dar. Elias, der diesen Prozess für die Entwicklung der modernen Gesellschaften der westlichen Welt nachgezeichnet hat, hält den *Prozess der Zivilisation* mit der Gründung souveräner Staaten noch nicht für abgeschlossen. Vielmehr wird die Verdichtung des Netzes internationaler und transnationaler Interdependenzen eine (in Ansätzen bereits zu beobachtende) Zentralisierung und Monopolisierung der legalen Gewaltanwendung auch in den internationalen Beziehungen nach sich ziehen. Am Ende dieser Entwicklung steht gewissermaßen als Endpunkt des Zivilisationsprozesses der Weltstaat. Aus dieser Sicht sind internationale Organisationen – vor allem jene, die supranationale Organe oder Verfahren enthalten (z.B. die Europäische Kommission, das Europäische Parlament und der Europäische Gerichtshof in der EU, der Streitschlichtungsmechanismus der Welthandelsorganisation (WTO), die Friedenserzwingung des Sicherheitsrats der VN) – Vorboten eines sich herausbildenden Weltstaats. Gerade die Vereinten Nationen gelten auf Grund des Gewaltlegitimierungsmonopols des Sicherheitsrates (Kap. VII SVN) als Weltstaat „in statu nascendi", im Geburtsstadium (Höffe 2001: 199-202; Rittberger/ Mogler/ Zangl 1997: 58-61).

Die Varianten des Weltstaatsmodells reichen von einer zentralisierten Struktur bis hin zu einer subsidiären und föderalen Weltrepublik – wobei letztere Vorstellung eines minimalen Weltstaats mit beschränkten Kompetenzen von zeitgenössischen Weltstaatsverfechtern favorisiert wird (vgl. Höffe 1999; 2001). Der Weltstaat muss demnach *keine* sämtliche öffentliche Aufgaben an sich ziehende, alles steuernde und alles kontrollierende globale Herrschaftszentrale sein, die die bestehenden politischen Gemeinschaften nicht nur überwölbt, sondern absorbiert oder eigenständiger politischer Gestaltungsrechte beraubt. Vielmehr sollen gemäß dem Grundsatz der Subsidiarität nur diejenigen Regierungsaufgaben einem Weltstaat übertragen werden, die auf lokaler, nationaler oder regionalgemeinschaftlicher (z.B. EU-) Ebene erwiesenermaßen nicht gelöst werden können. Diese Einschränkung ändert jedoch nichts daran, dass eine veritable welt(bundes)staatliche Zentralgewalt geschaffen werden soll, die an dem zwischen Bund und Gliedstaaten verteilten öffentlichen Monopol legitimer physischer Gewaltanwendung ihren eigenen Anteil hat. Ihr stehen eigene legislative und exekutive Kompetenzen zu, und es gibt eine Weltpolizei und -justiz, die Rechtsbrecher aufspürt und zur Rechenschaft zieht. Der Weltstaat wird ein „Schwert des Friedens" (Höffe 1995: 266) mit sich führen (Rittberger 2004: 251f.).

2.3 Das Modell des quasi-hierarchischen Regierens durch einen Welthegemon

Ähnlich wie das Modell des Weltstaats basiert das Modell der hegemonialen Steuerung auf der Annahme, dass die verbindliche Setzung und die verlässliche Befolgung von

Normen nur durch eine (quasi-)hierarchische Organisationsstruktur mit einer zentralen Sanktionsmacht gewährleistet werden kann (Gilpin 1986: 35ff.; vgl. Gilpin 1987; Keohane 1980). Die Funktion des gewaltbewehrten, globale öffentliche Güter produzierenden Leviathans übernimmt in diesem Modell an Stelle des Weltstaats ein Hegemon, ein übermächtiger Staat, der als funktionales Äquivalent zu einer supranationalen Weltautorität verstanden werden kann (Rittberger/ Brühl 2001: 26f.; Lake 1993). Ein Hegemon wird als nötig zur Schaffung und zum Fortbestand funktionstüchtiger internationaler Regime und Organisationen erachtet. Statt von einer formellen, auf rechtliche Autorität gestützten Hierarchie wie im Falle des Weltstaats kann man hier von einer informellen, primär machtbasierten Quasi-Hierarchie, die die formale Anarchie, d.h. die Abwesenheit einer *rechtlich legitimierten* Zentralinstanz im internationalen System unangetastet lässt, sprechen. Das Hegemoniemodell beschreibt analog zum Modell des Sicherheitswettbewerbs in der Anarchie der Staatenwelt eine *faktische* und *keine normativ verankerte Ordnung*.

Wie bereits beschrieben (vgl. Kap. 2.1), zeichnet sich ein Welthegemon durch überlegene militärische, ökonomische und kulturell-ideelle Ressourcen im Vergleich zu denen anderer Staaten im internationalen System aus. Dank seiner außergewöhnlichen Machtressourcen ist er in der Lage, internationale Regeln zu generieren und deren Beachtung durch Androhung von Sanktionen sowie durch Gewährung oder Entzug von Wohltaten zu erreichen (Rittberger/ Zelli 2004: 94). Denn nach neorealistischem Verständnis übersetzen sich die überlegenen Ressourcen des Hegemons („control over resources") auch in überlegenen Einfluss auf tatsächliche Politikergebnisse („control over outcomes") (vgl. Kap 2.1.), d.h. die Fähigkeit zu politischer Steuerung und Problembearbeitung in Übereinstimmung mit den eigenen Präferenzen. Zur materiellen Überlegenheit und zu den potenziellen Führungskapazitäten muss zur Erbringung von Weltregierensleistungen freilich zusätzlich der *Wille* dieses Staates treten, Herrschaft auszuüben.

Die Normen und Regeln sowie die Institutionen (internationale Regime und Organisationen) des Weltregierens, die vom Hegemon geschaffen und gefördert werden, sind primär auf die Interessen und die Weltsicht des hegemonialen Schöpfers zugeschnitten. Andere politische Gemeinschaften haben keinen oder nur einen eingeschränkten Einfluss auf die Entstehung und den Fortbestand internationaler Institutionen, mithin auf die Form und den Inhalt der Welthegemonialordnung. Allerdings können auch andere Akteure als der Hegemon von der hegemonialen Ordnung profitieren: Die partikularen Interessen und die mit Universalitätsanspruch ausgestatteten Wertvorstellungen des Hegemons können sich in erheblichem Umfang mit denen des Gesamtsystems decken (Rittberger 2004: 252). Mittel- und längerfristig wird ausreichende Folgebereitschaft der anderen (schwächeren) Staaten nicht nur durch die überlegenen Machtmittel des Hegemon, sondern auch durch Vorteile, die andere Staaten aus der hegemonialen Ordnung ziehen, gesichert.

Eine hegemoniale Weltordnung basiert in erheblichem Maße auf dem Willen und der Fähigkeit des Hegemons, öffentliche Güter nicht nur zum eigenen Nutzen, sondern auch zum Nutzen der anderen Staaten bereitzustellen. Beispiele für solche öffentliche Güter sind die Gewährleistung eines hohen Maßes an internationaler finanzieller Stabilität oder Liquidität, wodurch die Aufnahme und Aufrechterhaltung allseits nutzbringender ökonomischer Austauschbeziehungen erleichtert wird. Hegemonie stützt sich, wenn sie von Dauer sein soll, nie alleine auf – materielle, d.h. militärische oder ökonomische – Erzwingungsmacht, wenngleich das Potenzial des Hegemons zu deren Ausübung eine notwendige Voraussetzung für effektive hegemoniale Steuerung darstellt. Je weniger sich eine hegemoniale Macht aber auf Zwang und Ausbeutung und je mehr sie sich auf die nicht erzwungene, sondern „freiwillige" Folgebereitschaft der klaren Mehrheit der schwächeren Staaten stützt, desto eher wird man von einem wohlwollenden Hegemon sprechen können, und desto eher ist der Fortbestand der hegemonialen Ordnung auf Dauer gesichert (Kubbig 2001: 497f.; Mastanduno 1999: 168ff).

2.4 Das Modell des heterarchischen Weltregierens gestützt auf multipartistische Politikkoordination und -kooperation

Das Modell des heterarchischen Weltregierens gestützt auf multipartistische Politikkoordination und -kooperation geht davon aus, dass weder die Vorstellung eines anarchiebedingten Sicherheitswettbewerbs noch die Annahme eines (quasi-)hierarchischen internationalen Politikentwicklungsprozesses eine adäquate Beschreibung der Realitäten der Weltpolitik bietet. Vielmehr stellt es ein drittes Ordnungsprinzip zwischen Anarchie und Hierarchie vor, eine Alternative zu reinen Selbsthilfesystemen auf der einen Seite und formal oder de facto hierarchischen Systemen auf der anderen (vgl. Holsti 1992: 56f.). Es handelt sich dabei um das Ordnungsprinzip der Heterarchie.[86] Das Konzept der Heterarchie beschreibt ein dichtes Netz von Institutionen des Weltregierens, die von öffentlichen und privaten Akteuren zur kollektiven regelgeleiteten Bearbeitung von transsouveränen Problemen durch horizontale Politikkoordination und -kooperation geschaffen und aufrecht erhalten werden.

Das Konzept der Heterarchie lässt sich aus der soziologischen Systemtheorie, in der es bereits breitere Anwendung gefunden hat, auf die Analyse gegenwärtiger Weltpolitik übertragen. Systemtheoretisch gesprochen zeichnen sich moderne soziale Systeme durch funktionale Differenzierung in Subsysteme und hohe Komplexität aus und

---

[86] Etymologisch geht „Heterarchie" auf das griechische „heteros" (der Andere, der Fremde) und „archein" (herrschen, regieren) zurück und bedeutet demnach „unter der Regierung/Herrschaft eines Anderen" (Rittberger et al. 2008: 44). Ursprünglich stammt das Konzept der Heterarchie aus der Neurobiologie und wurde zur Erfassung der Funktionsweise des Gehirns verwendet. Es beschreibt das Gehirn als eine netzwerkartige Neuronen-Struktur, die die Fähigkeit besitzt, Inputs auf verschiedenen Ebenen gleichzeitig zu verarbeiten. Ebenso wurde das Konzept der Heterarchie in der Organisationstheorie (insbesondere zur Beschreibung der Organisation von Unternehmen) und in jüngeren Jahren – als Teil der Systemtheorie – in der Soziologie und in den Rechtswissenschaften verwendet (Neyer 2002: 15).

erfordern daher nicht hierarchisch strukturierte, sondern netzwerkartige Formen der Steuerung (Willke 1996: 64). In einem idealtypischen heterarchischen System sind die normativen Rahmenbedingungen flexibel genug, um innovative und flexible Herangehensweisen im Umgang mit verschiedenartigen Problemen zuzulassen. Die jeweils gewählte Herangehensweise, die Ausgestaltung und die Aktivierung von Problembearbeitungsprozessen sind also von problemspezifischen Notwendigkeiten abhängig. Heterarchie stützt sich auf die Initiative unterschiedlicher Akteure und Akteursgruppen und nutzt deren verschiedenartige Ressourcen (z.B. spezifische Expertise oder Wissen). Die Führung übernehmen Akteure oder Subsysteme, die unter gegebenen Bedingungen am besten geeignet sind, ein bestimmtes Problem zu bearbeiten. Kein Akteur oder soziales Subsystem kann a priori vorrangige Autorität für sich beanspruchen (Willke 1996: 65). Die Akteure oder Subsysteme sind zwar *formal* weitgehend voneinander unabhängig, stehen aber *faktisch* oftmals in wechselseitigen Abhängigkeitsbeziehungen. Sie sind daher nicht nur verpflichtet, sondern auch gewillt, ihre Fähigkeiten zum Wohle des Gesamtsystems einzusetzen. Während die Systemtheorie Heterarchie als idealtypische Struktur behandelt, lässt sich Heterarchie auch als empirisch-deskriptiv orientierter Begriff zur Kennzeichnung multipartistischen Weltregierens in einem komplexen globalen System verwenden (vgl. Neyer 2002).

Gemäß dem Modell des heterarchischen Weltregierens ist die Erzeugung von Normen und Regeln auf globaler Ebene nicht an einen vertikalen – „top-down" verlaufenden – politischen Prozess gebunden. Die Regeldurchsetzung hängt nicht von (der Androhung von) zentral verhängten Sanktionen ab. Der heterarchische Organisationsmodus basiert auf einer horizontalen, multipartistischen Politikkoordination und -kooperation, die die staatenweltliche Anarchie überlagert und durchdringt, ohne dabei eine hierarchische Struktur der Über- und Unterordnung zu bilden. Weltregieren ist auch in Abwesenheit einer weltstaatlichen oder hegemonialen Zentralgewalt durch reziproke Selbstbindung und -verpflichtung möglich, weil bei staatlichen und nichtstaatlichen Akteuren das Bewusstsein gewachsen ist, dass zur effektiven und legitimen Bearbeitung gemeinschaftlicher Probleme regelbasierte multipartistische Politikkoordination und -kooperation notwendig ist.

Die zuvor beschriebenen Modelle des Weltregierens (Sicherheitswettbewerb in der staatenweltlichen Anarchie, Welt(bundes)staat, hegemoniale Steuerung) haben ihre Wurzeln in „klassischen" Denkschulen der Internationalen Beziehungen und sind stark staatenzentriert. Dies gilt im Wesentlichen auch für das Modell der horizontalen Politikkoordination (vgl. Rittberger 2003, 2004), dessen Aussagen zur Organisationsstruktur und Funktionsweise von Weltregieren die Grundlage für das hier vertretene, weiter entwickelte Modell des heterarchischen Weltregierens bilden. Die theoretische Beschränkung auf Staaten und zwischenstaatliche internationale Organisationen als Subjekte des Weltregierens steht im Widerspruch zur beschriebenen zunehmenden Einbeziehung privater Akteure in globale Politikformulierungs- und -implementierungsprozesse und zur Bildung inklusiver, multipartistischer Institutionen (vgl. Kap. 3.2, 3.3). Regierensaufgaben werden zwar immer noch in erster Linie, aber nicht mehr nur von staatlichen und zwischenstaatlichen Akteuren, sondern auch von zivilgesellschaftlichen und privatwirtschaftlichen Handlungsträgern übernommen. Sie haben auf verschiedenen Ebenen und in unterschiedlichen Akteurskonstellationen an der Festlegung und Implementierung von Normen und Regeln zur Bearbeitung und (bestenfalls) Lösung transsouveräner Probleme Anteil. Die Kernannahmen des ursprünglich primär auf zwischenstaatliche Kooperation durch internationale Institutionen bezogene Modells der horizontalen Politikkoordination erlauben jedoch eine modelltheoretische Berücksichtigung von öffentlich-privaten Weltregierensarrangements (dazu gehören inklusive, multipartistische Institutionen und eher lose organisierte und weniger formalisierte globale öffentlich-private Partnerschaften („global public private partnerships" (GPPPs)); sowie von Formen rein privaten Regierens. Sie können somit als Grundlage für ein weiter entwickeltes, um nichtstaatliche Akteure erweitertes Modell des heterarchischen Weltregierens gestützt auf multipartistische Politikkoordination und -kooperation gelten.

Das Modell des heterarchischen Weltregierens betont den multipartistischen Charakter globaler Steuerung, an der neben staatlichen und zwischenstaatlichen zunehmend auch privatwirtschaftliche und zivilgesellschaftliche Akteure beteiligt sind. Heterarchie als Ordnungsprinzip bedeutet aber nicht, dass Staaten und zwischenstaatliche Institutionen zwangsläufig an Bedeutung einbüßen; sie sind vielmehr meist integrale Bestandteile eines Netzwerks von Institutionen des Weltregierens. Staaten und rein zwischenstaatliche internationale Institutionen – die nach wie vor die Hauptforen und -agenten horizontaler (Selbst-)Koordinierung auf globaler Ebene bleiben – verlieren zwar ihren Status als alleinige Kompetenzquelle für Normsetzung und -überwachung sowie Sanktionierung von Norm- und Regelverstößen. Bestimmte Anpassungsleistungen seitens der Staaten und der internationalen Organisationen sind erforderlich, um dem Bedeutungszuwachs nichtstaatlicher Akteure gerecht zu werden und diese produktiv in kollektive Problembearbeitungsprozesse einzubinden. Doch ist festzuhalten, dass diese Anpassungsleistungen aufgrund von Eigeninteressen der Staaten vollzogen werden (Rittberger 2003: 199f.; Rittberger 2006; Rittberger et al. 2008).

Heterarchisches Weltregieren gestützt auf multipartistische Politikkoordination und -kooperation vollzieht sich in und durch, erstens, internationale zwischenstaatliche Institutionen (internationale Regime und internationale Organisationen); zweitens, öffentlich-private Weltregierensarrangements, darunter fallen inklusive, multipartistische Institutionen (vgl. Kap 3.2) und weniger formalisierte globale öffentlich-private Partnerschaften („global public private partnerships", GPPPs); sowie, drittens, Formen privaten Regierens ohne (zwischen)staatliche Beteiligung (vgl. Rittberger et al. 2008; Rittberger/ Zangl 2006; Reinicke 1999; Reinicke/ Deng 2000; Bernstein/ Cashore 2008; siehe auch Kap. 3.2, 3.3).

Inklusive, multipartistische Institutionen wurden bereits in Kap. 3.2 eingeführt. Globale öffentlich-private Partnerschaften (GPPPs) können definiert werden als relativ wenig formulierte, lose organisierte, multipartistische und häufig netzwerkartig strukturierte Formen des Weltregierens, in denen die Beteiligten eine gemeinsame Lösung für ein spezifisches transsouveränes Problem suchen, das keine der Akteursgruppen alleine zu lösen vermag (Reinicke/Deng 2000: xi). GPPPs versuchen in der Regel, durch Kooperation ein spezifisches transsouveränes Problem zu lösen. Sie zeichnen sich zudem häufig durch die Verbindung von lokaler, nationaler, regionaler und globaler Ebene („multi-level governance") aus (Benner et al. 2001: 362). Ein Paradebeispiel für eine zeitlich begrenzte GPPP ist die Weltstaudammkommission („World Commission on Dams", WCD). Ihr Ursprung lag in der Krise des Staudammbaus gegen Ende der 1980er Jahre. Aufgrund einer breiten transnationalen zivilgesellschaftlichen Mobilisierung war der Bau von Großstaudämmen fast zum Stillstand gekommen. 1997 entschlossen sich dann Vertreter von Regierungen, NGOs, des privatwirtschaftlichen Sektors und von internationalen Organisationen zu einem partnerschaftlichen Dialog. Im Mai 1998 wurde die WCD gegründet mit dem Auftrag, auf der Basis einer Untersuchung der Erfahrungen mit bestehenden Staudammprojekten Vorschläge für den sozial und ökologisch verträglichen Bau von Staudämmen zu erarbeiten. Nach einer Untersuchung von 125 großen Staudämmen sowie den damit verbundenen sozialen, ökologischen und wirtschaftlichen Auswirkungen hat die Kommission im November 2000 ihren viel beachteten Abschlussbericht mit Richtlinien für den zukünftigen Bau von Staudämmen vorgelegt. Sie hat sich nach Beendigung ihrer Aufgabe im April 2001 aufgelöst (Dingwerth 2003; Reinicke 1999: 52f.).

Unter dem Stichwort „privates Regieren" (vgl. Kap. 3.3) lassen sich Steuerungs- und Verregelungsformen identifizieren, die von einigen Beobachtern als analytisch eigenständig zu behandelnde Ausprägung des Regierens auf globaler Ebene betrachtet werden (vgl. Bernstein/ Cashore 2008; Cashore/ Auld/ Newsome 2004; Graz/ Nölke 2008). Formen privaten Regierens erbringen im Sinne von „governance without governments" – wenn auch nur in bestimmten Sektoren – Leistungen, die traditionell als „öffentliche" Aufgaben angesehen wurden (Cutler/ Haufler/ Porter 1999; Haufler 2001). Gleichwohl können sie nicht als ein umfassendes Modell des Weltregierens, als Alternative zu zwischenstaatlicher Steuerung aufgefasst werden. Mögen sie sektoral eigenständig funktionsfähig sein, so bedürfen Formen des privaten Regierens in der globalen ordnungspolitischen Zusammenschau doch ohne Zweifel der Ergänzung durch oder der Integration in multipartistische Weltregierensarrangements *mit* staatlicher Beteiligung. Formen des privaten Regierens wie etwa der „Forest Stewardship Council" (vgl. Kap. 3.3) können jedoch als Teilelemente eines Gesamtmodells des heterarchischen Weltregierens durch multipartistische horizontale Politikkoordination und -kooperation verstanden werden.

Verschiedenartige Formen des Weltregierens (zwischenstaatliche Institutionen, inklusive, multipartistische Institutionen oder eher lose, weniger formalisierte GPPPs sowie rein private transnationale Formen des Regierens) bestehen weder völlig unabhängig voneinander, noch existiert eine hierarchische Ordnung zwischen ihnen. Diese Formen beinhalten jedoch alle bestimmte gemeinsamen Kernelemente (heterarchisches Ordnungsprinzip, horizontale Regelsetzung aufgrund reziproker Selbstbindung und -verpflichtung, dezentrale Mechanismen zur Gewährleistung der Regeleinhaltung, Sorge um Verlust von Reputation und künftigen Gewinnchancen sowie Norminternalisierung als Motive der Regeleinhaltung). Sie sind mehr oder weniger eng miteinander verbunden, können Überlappungen in ihren Kompetenzen oder Aufgaben aufweisen, werden situations- oder problemspezifisch aktiv und kooperieren soweit nötig. Situations- oder problemspezifische Kooperationen finden sich im System der Vereinten Nationen (VN) im weiteren Sinne, genauer im Zusammenspiel der VN-Organe, der Sonderorganisationen, diverser Programme und Fonds sowie öffentlich-privater Partnerschaften, die an der Peripherie des VN-Systems entstanden sind.

Das Modell des heterarchischen Weltregierens scheint das Potenzial zu besitzen, neuere empirische Entwicklungen in der Weltpolitik adäquat abzubilden: In Zeiten wachsender komplexer Interdependenz im globalen System sind verschiedene weltpolitische Akteure und Akteursgruppen in ein dichtes Geflecht von Handlungszusammenhängen eingebunden, das sie voneinander abhängig und sogar wechselseitig verwundbar macht (Keohane/ Nye 2001: 21ff.). Unilaterales Handeln wird unter diesen Bedingungen zunehmend kostspielig oder gänzlich ineffektiv, während der Nutzen der multipartistischen Politikkoordination und -kooperation stark ansteigt – dies gilt insbesondere bei der Bearbeitung transsouveräner Probleme, welche die eigenständigen Problemlösungsfähigkeiten staatlicher und mitunter auch zwischenstaatlicher Akteure überfordern (vgl. Kap. 4).

Parallel zum Anstieg des Nutzens der Kooperation sind die Risiken der Zusammenarbeit gesunken. Insbesondere in Räumen postmoderner Staatlichkeit haben sich Sicherheitsgemeinschaften oder gar „Zonen des Friedens" herausgebildet. In einer derartigen Umwelt lassen sich weltpolitische Akteure eher auf Kooperationsprojekte ein, auch wenn sie nicht von Anfang an sicher gehen können, dass ihre Kooperationsbereitschaft von den anderen erwidert wird. Die Bereitschaft, in Kooperation zu investieren, ist gestiegen, weil nicht mehr befürchtet werden muss, dass Fehlinvestitionen, die zu relativen Ressourcenverlusten verglichen mit anderen Staaten führen, die eigene Sicherheit fundamental gefährden könnten – wie dies im Zustand des anarchischen Sicherheitswettbewerbs regelmäßig der Fall ist (vgl. Rittberger 2004: 253).

Vor dem Hintergrund dieser Rahmenbedingungen lässt sich unter Rückgriff auf Kernannahmen des neoliberalen Institutionalismus argumentieren (vgl. Kap 3.2.), dass die Errichtung und Aufrechterhaltung von internationalen zwischenstaatlichen Institutionen, inklusiven multipartistischen Institutionen sowie Formen privaten Regierens und mithin die Befolgung inter- oder transnationaler Normen und Regeln nicht auf Furcht vor Strafe, sondern vor allem auf den eigennützigen Interessen der beteiligten Akteure basieren. Verschiedene Akteure brauchen funktionsfähige Institutionen zur multipartistischen Politikkoordination und -kooperation, um gemeinsame Probleme zu lösen und binden sich daher aus Eigeninteresse selbst an diese. Institutionen des Weltregierens werden insbesondere für Situationen problematischer Handlungsinterdependenz von den Regeladressaten und -betroffenen selbst, also von den Staaten und mehr und mehr auch unter aktiver Einbeziehung nichtstaatlicher Akteure errichtet, um eine nutzenmehrende Kooperation auf eine erwartungsverlässliche, wechselseitig transparente, stabile und zugleich flexible Basis zu stellen (Rittberger 2004: 252f.).

Ein Akteur, der einmal eingegangene wechselseitige Verpflichtungen einseitig missachtet oder aufkündigt, schädigt sich in doppelter Hinsicht selbst. Zum einen muss er damit rechnen, dass auch andere Akteure ihre Kooperation einstellen und damit ein unerwünschter Zustand der mangelhaften oder gänzlich fehlenden Regulierung transsouveräner Probleme – d.h. ungebremster Klimawandel, unkontrollierte Aufrüstung, instabile Weltfinanzmärkte u.a. – fortbesteht oder wieder wahrscheinlicher wird. Zum anderen gefährdet er durch Nicht-Kooperation („defection") seinen Ruf als verlässlicher Kooperationspartner und setzt damit künftige (absolute) Gewinnchancen aus wechselseitiger Zusammenarbeit aufs Spiel. Andere Akteure werden in Zukunft nicht mehr bereit sein, mit ihm zusammenzuarbeiten oder sie werden kostspielige zusätzliche Sicherheiten verlangen.

Abgesehen vom strategisch-instrumentellen Erklärungsansatz betonen konstruktivistische Ansätze, dass durch eine anhaltende und erfolgreiche regelgeleitete Kooperation auch Sozialisationsprozesse bei den Beteiligten in Gang gesetzt werden. Regelgeleitete Kooperation – vor allem wenn sie zwischen denselben Partnern über längere Zeit, in unterschiedlichen Problemfeldern und mit augenscheinlichem Erfolg praktiziert wird – bleibt nicht nur eine strategisch-instrumentell motivierte Unternehmung zum wechselseitigen Vorteil. Vielmehr beginnen Akteure, die Normen und Regeln zu verinnerlichen, so dass die betreffenden Institutionen immer weniger zur Disposition stehen und ihre Bewahrung und sogar Weiterentwicklung stattdessen als integraler Bestandteil des eigenen nationalen oder kollektiven Interesses, gar als Teil kollektiver Identität, begriffen wird. Im günstigsten Fall treten an die Stelle egoistischer Interessen zunehmend Haltungen, Erwartungen und Wertungen, bei denen gemeinsame (im Unterschied zu lediglich kontingent geteilten) Interessen im Vordergrund stehen. Aus dieser Sicht verleihen Institutionen als Ergebnis und Agenturen internationaler Sozialisation der horizontalen Politikkoordination und -kooperation eine zusätzliche Stabilität und Krisenresistenz und erleichtern es den Akteuren, auch ehrgeizige Kooperationsziele in Angriff zu nehmen (Rittberger 2004: 254).

	Machtgestützter Sicherheitswettbewerb in der staatenweltlichen Anarchie	Welt(bundes)staat	Hegemoniale Steuerung	Multipartistische Politikkoordination und -kooperation
Akteure	Staaten	(Föderativer) Weltstaat	Staaten, insbesondere Hegemonialstaat	Staaten, Internationale Organisationen, nicht-staatliche Akteure
Ordnungsprinzip	anarchisch	hierarchisch	formal anarchisch; „quasi-hierarchisch"	heterarchisch
Regelsetzung	horizontal aufgrund machtgestützter Erzwingungs-/ Aushandlungsprozesse (geringes Regelungsausmaß)	vertikal mit formal-rechtlicher Autorität (herrschaftlich)	vertikal ohne formal-rechtliche Autorität (machtbasiert)	horizontal aufgrund reziproker Selbstverpflichtung oder -bindung
Mechanismus der Regeleinhaltung	dezentrale Sanktionen	zentral verhängte Sanktionen	zentral verhängte Sanktionen	dezentrale Sanktionen
Motiv/ Ursache der Regeleinhaltung	„Defection" wahrscheinlich: Furcht vor Autonomie-/ Einflussverlust (Sicherheitsverlust)	Furcht vor Strafe, inkl. der Vorenthaltung von Wohltaten	Furcht vor Strafe, inkl. der Vorenthaltung oder Zuweisung von Wohltaten	Furcht vor Verlust von Reputation und künftigen Gewinnen; Norminternalisierung

Abb. 5.2: Vier Modelle des Weltregierens: Zentrale Merkmale

3 Bewertung der Modelle

Die vier vorgestellten Weltregierensmodelle sind dahingehend zu bewerten, ob sie, erstens, die empirische Wirklichkeit adäquat erklären helfen und, zweitens, ob sie normativ erstrebenswerte Modelle des Weltregierens sind, die dem effektiven und legitimen Erreichen der globalen Regierensziele *Sicherheit, Wohlfahrt* und *(legitime) Herrschaft* dienen. Es sollen hier nur einige grundsätzliche Anmerkungen gemacht werden, die die in diesem Lehrbuch eingenommene Positionierung zu Gunsten des Modells des heterarchischen Weltregierens plausibilisieren. Die Befunde zur empirischen Tragfähigkeit und normativen Wünschbarkeit verschiedener Weltregierensmodelle sind später im Lichte der sachbereichsspezifischen Analyse der Empirie des Weltregierens zu spezifizieren (vgl. Kap. 10).

3.1 Machtgestützter Sicherheitswettbewerb in der staatenweltlichen Anarchie: Begrenzte empirische Relevanz und normative Defizite

Das Modell des machtgestützten Sicherheitswettbewerbs in einer anarchischen Umwelt lässt sich immer wieder – vor allem regionen- und problemfeldspezifisch – für empirische Analysen nutzbar machen. In einigen Weltregionen (z.B. im asiatisch-pazifischen Raum, vgl. Kap. 3.1) oder Politikbereichen (z.B. Sicherheit, vgl. Kap. 8) sind anarchische Beziehungsmuster nach wie vor deutlich erkennbar. Daher kann auf das Modell des machtgestützten Sicherheitswettbewerbs in der zwischenstaatlichen Anarchie zur Beschreibung und Analyse der gegenwärtigen Weltordnung nicht rundweg verzichtet werden. Die internationale Politik ist mitnichten in allen Problemfeldern durch dauerhaft kooperative Verhaltensmuster gekennzeichnet. So lassen sich Problembereiche ausmachen, in denen bis heute - sei es, weil in ihnen keine institutionalisierte Kooperation existiert, sei es, weil vorhandene Organisationen keine die Kooperation fördernde Wirkung entfalten konnten - eine wirksame Verregelung fehlt.

Allerdings ist deutlich zu erkennen, dass in vielen Problemfeldern und Weltregionen die staatenweltliche Anarchie der internationalen Beziehungen durch komplexe Interdependenz und Verregelungs-, Verrechtlichungs- und Integrationsprozesse erheblich eingeschränkt, überlagert und zum Teil auch aufgehoben worden ist. Angesichts der vielseitigen politikprogrammatischen, operativen und informationellen Aktivitäten internationaler Organisationen (vgl. Kap. 3.2) scheint das Bild, das das Modell des Sicherheitswettbewerbs in der staatenweltlichen Anarchie von der internationalen Politik zeichnet, zu düster. Staaten können mit Hilfe internationaler Institutionen Normen und Regeln begründen, wenn sie sich davon absolute und nicht nur relative Gewinne versprechen (Hasenclever/Mayer/Rittberger 2000: 17f.). Das Modell des machtgestützten Sicherheitswettbewerbs ist empirisch defizitär, da es sich auf die Staaten als Akteure beschränkt und die Politikgestaltungsmacht anderer politikmächtiger Akteure wie internationaler Organisationen, transnationaler Unternehmen und zivilgesellschaftlicher Organisationen ausblendet. Das Modell des machtgestützten Sicherheitswettbewerbs in der staatenweltlichen Anarchie kann daher nicht mehr als allgemein oder auch nur vorherrschend gültiges Abbild globaler Politik zu Beginn des 21. Jahrhunderts gelten.

Mit Blick auf die Input- oder Prozesslegitimität erscheint das Modell gleichfalls defizitär. Schließlich setzt sich hier in letzter Konsequenz stets das Recht des stärkeren Staates durch, das schwächere Betroffene von der effektiven Teilhabe an politischen Entscheidungsprozessen ausschließt. Das Modell des machtgestützten Sicherheitswettbewerbs erscheint daher wenig wünschenswert, obwohl seine Verfechter die Gewährleistung der Handlungsfreiheit der Staaten in diesem Modell als hohes Gut bewerten.

Die Feststellung, dass das Modell des machtgestützten Sicherheitswettbewerbs in der staatenweltlichen Anarchie sich eher durch ein (fatales) „Nicht-Regieren" als durch eine kollektive Bearbeitung und Regulierung gemeinsamer Probleme auszeichnet, zeigt die Schwächen des Modells unter normativen Gesichtspunkten der Output-Legitimität auf. Transsouveräne Probleme wie der transnationale Drogenhandel und Terrorismus, grenzüberschreitende Flüchtlingsströme und globale Klimaveränderungen werden innerhalb einer von Sicherheitswettbewerb gekennzeichneten anarchischen Staatenwelt nicht effektiv bearbeitet, da ihre Lösung langfristige, verlässliche Kooperation zwischen Staaten und privaten Akteuren erfordert, die gemäß diesem Modell nicht zu erwarten ist.

3.2 Weltstaat: Realitätsferne und normative Problematik

Selbst ein subsidiärer „Minimal-Weltstaat" sieht sich erheblichen Einwänden hinsichtlich seiner Realisierbarkeit und Wünschbarkeit ausgesetzt (vgl. Rittberger 2004: 256ff.). Das Modell des Welt(bundes)staats weist – bezogen auf die Gegenwart und mittelfristige Zukunft – kaum nennenswerten empirischen Gehalt auf. Nichts spricht dafür, dass der Weltstaat in absehbarer Zukunft Wirklichkeit wird (Rittberger 2003: 190). Zum einen hat die Weltvergemeinschaftung – im Sinne der Ausbildung eines Kollektivbewusstseins einer globalen „Schicksalsgemeinschaft" – mit der Weltvergesellschaftung nicht Schritt gehalten.[87] Ohne ein Mindestmaß an Gemeinschaftsbewusstsein und -gefühl, einem sich selbst bewussten „Weltdemos", ist jedoch „kein Staat zu machen", erst recht kein Weltstaat. Zwar profitieren immer mehr Menschen von ihren intensiven Auslandskontakten, aber diese Nutzenerfahrungen übersetzen sich nicht von selbst in Respekt vor und Solidarität mit den Anderen, Fremden. Die Welt ist noch weit vom Kollektivbewusstsein einer „Schicksalsgemeinschaft" entfernt (vgl. Kap. 9).

Ein weiterer Mangel besteht in der unzureichenden Demokratisierung der Welt: Es ist zu erwarten, dass jedenfalls Demokratien ein Weltstaatsprojekt nur dann unterstützen können, wenn die globale „polity" Mindeststandards der demokratischen Verfassungsstaatlichkeit garantiert und zudem die übrigen Glieder des föderalen Weltstaats ebenfalls demokratisch-verfassungsstaatlich konstituiert sind. Solange sich Demokratien durch Diktaturen und autoritäre Systeme bedroht sehen, werden sie keine substanziellen Hoheitsrechte an einen Weltstaat abtreten oder diesem gar das Gewaltmonopol überlassen. Demokratien werden deshalb darauf achten, dass jede Weltstaatsverfassung eine „Demokratiegarantieklausel" enthält, wie das in demokratischen Bundesstaaten oder Staatenbünden schon bislang üblich war und ist (vgl. Halperin/Lomasney 1993). Eine

---

[87] „Vergemeinschaftung" zeichnet laut Max Weber eine soziale Beziehung aus, insoweit sie auf subjektiv *gefühlter Zusammengehörigkeit* der Beteiligten beruht. „Vergesellschaftung" bezieht sich demgegenüber auf eine soziale Beziehung, die auf wert- oder zweckrational motiviertem *Interessenausgleich* oder auf ebenso motivierter *Interessenverbindung* beruht (Weber 1976: para. 9; World Society Research Group 2000: 6f.). Internationale Vergesellschaftung im Verständnis der so genannten Englischen Schule um Hedley Bull (Bull 1977, Bull/ Watson 1984) zielt auf die institutionalisierte kollektive Regulierung des Verhaltens zwischen Staaten – basierend auf gemeinsamen Interessen – ab und bezeichnet einen Prozess der Zunahme des Organisations- und Verregelungsgrades im internationalen System (World Society Research Group 2000: 11).

solche Klausel wird aber ohne eine durchgreifende Demokratisierung der politischen Systeme in der Welt kaum zustimmungsfähig sein. Eine derartige umfassende globale Demokratisierung ist – ungeachtet der Ausbreitung demokratischer politischer Systeme – noch nicht abzusehen.

Zwar muss zugestanden werden, dass in einigen wenigen Fällen in den operativen Tätigkeiten internationaler Organisationen, wie beispielsweise beim Sicherheitsrat der Vereinten Nationen[88] und beim Internationalen Strafgerichtshof, einige hierarchische Elemente zum Vorschein kommen, die zumindest in Ansätzen weltstaatliche Züge erkennen lassen. Ansätze einer (partiellen) Hierarchisierung der internationalen Beziehungen zeigen sich auch beim weitgehend supranational organisierten Streitschlichtungsmechanismus der WTO (vgl. Kap. 3.2) und noch deutlich ausgeprägter im regionalen Rahmen der EU (vgl. Kap. 3.1). Trotzdem ist festzuhalten - wie zuvor beim Modell der Anarchie der Staatenwelt -, dass das Modell des Weltstaates bestenfalls einen sehr kleinen Ausschnitt der zeitgenössischen internationalen Beziehungen gegenstandsadäquat erhellen kann. Als Instrument zur Analyse tatsächlichen Weltregierens ist das Modell des Welt(bundes)staats deshalb kaum brauchbar. Das Weltstaatsmodell umschreibt eine normative Utopie (vgl. Nielsen 1988) oder in den Worten Höffes ein „politisches Ideal" (1998: 222).[89]

Die Vision vom Weltstaat ist aber auch normativ nicht unproblematisch, da kaum zu erwarten ist, dass sich alle bestehenden politischen Gemeinschaften in einem „Gründungsakt" widerstandslos in einen Weltstaat einordnen, geschweige denn sich ihm unterordnen ließen. Die Einrichtung eines Weltstaats würde demzufolge die Anwendung militärischer Gewalt, im Extremfall einen globalen Ausscheidungskampf zwischen den heute bestehenden Staaten erfordern. Angesichts der militärischen Gewaltpotenziale, die in der Staatenwelt des 21. Jahrhunderts verbreitet sind, kann selbst das Ziel, die internationalen Beziehungen durch einen Weltstaat zu zivilisieren, die dafür

---

[88] Insbesondere hat sich der Sicherheitsrat der Vereinten Nationen als eine Art „Ersatz-Weltgesetzgeber" im Bereich „counter-terrorism" betätigt, indem er „top-down" in den Resolutionen 1373 (2001) und 1540 (2004) in generell-abstrakter, „gesetzähnlicher" Weise der Gesamtheit der Staaten weit reichende, über den Einzelfall hinaus gehende Verpflichtungen zur Terrorismusbekämpfung auferlegt hat (Rittberger/ Baumgärtner 2006; Talmon 2005). Somit sind ausgerechnet im „souveränitätssensiblen" Sicherheitsbereich – freilich eng begrenzte – Ansätze einer Supranationalisierung auszumachen.

[89] Für Höffe (1998: 222) ist die „Weltrepublik (...) keine schwärmerische Utopie des grundsätzlichen Nirgendwo, (...) [sondern] ein politisches Ideal, zu dessen Verwirklichung wir schon unterwegs sind". In diesem Zusammenhang verweist er auf Fortschritte der internationalen Verrechtlichung (vgl. Goldstein et al. 2001) und der Regimebildung, wobei er deren inkrementalistischen und regionen- und problemfeldspezifischen Charakter betont. Damit scheint sich Höffe aber bereits auf dem Boden des Modells des heterarchischen Weltregierens zu bewegen. „Vielleicht" – so Höffes (1998: 222) abschließende Erwägung – „ist die republikanische Ordnung zwischen republikanisch verfassten Staaten, die Weltrepublik, für lange Zeit auch nichts anderes als der Inbegriff all dieser nach und nach errichteten Rechtsgestalten." Mit einem „Weltstaat" in diesem Sinne haben die Vertreter des Modells des heterarchischen Weltregierens jedoch weder in empirischer noch in normativer Hinsicht ein Problem – von einer Weltrepublik mit selbst minimaler *Staats*qualität kann dann jedoch auch keine Rede mehr sein.

"notwendige" Gewaltanwendung nicht rechtfertigen. Zudem bleiben auch Zweifel, ob ein Weltstaat tatsächlich die Pazifizierung der Welt erreichen könnte. Ein Blick auf die Entwicklung des globalen Kriegsgeschehens zeigt, dass die Anzahl der innerstaatlichen Kriege und der dabei getöteten Menschen die Anzahl der zwischenstaatlichen Kriege und ihrer Opfer mittlerweile deutlich übersteigen (vgl. Human Security Centre 2005: 1, 34ff.; Slaughter 2004: 8). Wenn bereits eine Vielzahl der existierenden Staaten weit davon entfernt ist, ihre internen Beziehungen zu befrieden, kann dies von einem Weltstaat genauso wenig erwartet werden. Nur ein demokratisch verfasster Weltstaat mit ausreichenden Beteiligungsrechten für seine Glieder könnte ein hinreichendes Maß an Input- oder Prozess-Legitimität für sich beanspruchen. Die Gefahr einer autoritären Entwicklung wäre bei einer weltstaatlichen Konzentration von Gewaltmitteln jedoch nicht auszuschließen.

3.3 Hegemoniale Steuerung: Selektive Realitätswahrnehmung und normative Schwäche

Das Modell der Welthegemonie wird von der Empirie der internationalen Beziehungen nur teilweise, wenn auch deutlich nachhaltiger als das des Weltstaats bestätigt (Rittberger 2004: 258). Als Träger einer solchen hegemonialen Weltordnung kommen gegenwärtig nur die USA in Betracht (vgl. Kap. 2.1; Mastanduno/ Kapstein 1999). Es ist jedoch offensichtlich, dass die Problemlösungskapazitäten der USA in einer zunehmend interdependenten Welt an Grenzen stoßen und die USA bei der Lösung von bedeutenden transsouveränen Problemen vermehrt auf die Unterstützung von anderen Staaten (und auch von nichtstaatlichen Akteuren) angewiesen sind.

Fraglich ist, ob und inwieweit die – auch zu früheren Zeiten zu beobachtende – *relative* Vorherrschaft der USA in der internationalen *Staaten*welt sich empirisch betrachtet auch in *absolut* hinreichenden Weltregierensleistungen niederschlägt. Das Modell der Welthegemonie kann die Entstehung der Nachkriegsordnung (gerade auch der weitgehend liberalen Weltwirtschafts- und Finanzordnung) unter Führung der USA recht befriedigend erklären, schneidet jedoch bei der Erklärung der Entwicklungen seit den 1970er und 1980er Jahren bereits deutlich schlechter ab (Rittberger/ Zangl 2006: 212). Während die amerikanische Dominanz damals (zeitweilig) erodierte, erwiesen sich die unter ihrer Führung errichteten internationalen Institutionen (GATT, IWF etc.) angesichts des schwächelnden Hegemons als anpassungsfähig, zählebig und weitgehend effektiv. Entgegen den Annahmen der Theorie der hegemonialen Stabilität (vgl. Snidal 1985) sind internationale Institutionen nach ihrer Errichtung offenbar deutlich unabhängiger von einer hegemonialen Machtstruktur, als es das hegemoniale Modell des Weltregierens unterstellt (vgl. Hasenclever/Mayer/Rittberger 1997; Keohane 1984). Die Annahme, ein Hegemon sei unabdingbar, um bestehende internationale Regime zu erhalten, kann mittlerweile als empirisch widerlegt gelten (vgl. Kap. 3.2). Kooperation „after hegemony" erwies sich als möglich (Keohane 1984). Auch die Annahme, die

Existenz eines Hegemons sei nicht nur ein förderlicher Faktor, sondern eine *notwendige* Bedingung für die Schaffung internationaler Regime, erscheint empirisch nicht haltbar. Einigen Studien gelang es zu zeigen, dass in den Ost-West-Beziehungen seit den 1960er Jahren internationale Institutionen entstanden, obwohl hier weder die USA noch die damalige UdSSR eine Hegemonialstellung beanspruchen konnten: Kooperation „without hegemony" war offensichtlich ebenfalls möglich (Rittberger/ Zangl 2006: 18f.; vgl. Rittberger/ Zürn 1990).

Zu Beginn des 21. Jahrhunderts war die Stellung der USA als die anerkanntermaßen einzig verbliebene Supermacht (vgl. Joffe 2006; Kennedy 2002; Kubbig 2001, vgl. Kap. 2.1) noch in hohem Maße unangefochten. Allerdings fiel es schwer, das außenpolitische Verhalten der Administration von George W. Bush als das eines wohlwollenden Hegemons zu interpretieren, der durch Produktion globaler öffentlicher Güter freiwillige Folgebereitschaft bei anderen Staaten kreiert. Bei einer ganzen Reihe von transsouveränen (Welt-) Problemen schaffte bzw. unterstützte der Hegemon gerade nicht effektive globale Regelungen, sondern verhielt sich indifferent oder behinderte diese gar aktiv (Rittberger 2004: 259). Beispiele dafür waren der Rückzug aus dem Kyoto-Protokoll, die Kampagne gegen die Errichtung des Internationalen Strafgerichtshof und die Aufkündigung oder Unterminierung von Rüstungskontrollabkommen (vgl. Mayer/ Rittberger/ Zelli 2003).

Zusätzlich hat der relativ zu anderen Staaten weit überlegene Hegemon USA entgegen den Erwartungen des Modells hegemonialer Steuerung nur begrenzt die Fähigkeit, Probleme eigenständig zu lösen und öffentliche Güter im Alleingang oder in „Koalitionen der Willigen" gleichsam für den Rest der Welt zu bereitzustellen. Das staatenzentrierte Paradigma der Internationalen Beziehungen, dem das Hegemoniemodell anhängt, wird den komplexen Anforderungen an Weltreligion und seinen empirischen Praktiken mit verschiedenartigen Akteuren in nahezu allen Politikfeldern kaum mehr gerecht. Bei transsouveränen Problemen wie etwa dem transnationalen Terrorismus, den „neuen Kriegen" sowie der Verbreitung von Massenvernichtungswaffen – um einige Beispiele aus dem Sachbereich „Sicherheit" zu nennen (vgl. Kap. 7) – sind die Problemerzeuger häufig private Akteure, die grenzüberschreitend agieren und sich einzelstaatlicher (auch hegemonialer) Kontrolle zunehmend entziehen. In dem Maße, in dem transnationale Akteure an Politikgestaltungsfähigkeit gewinnen, büßen die Konzepte der zwischenstaatlichen Polarität des internationalen Systems und der (daraus abgeleiteten) Hegemonie als solche an Erklärungskraft ein (vgl. Kap. 2.1). Als empirisch-analytisches Modell ist das der quasi-hierarchischen Steuerung durch den Hegemon USA also nur bedingt brauchbar, wenngleich es deutlich triftiger erscheint als das des Weltstaats.

Noch größere Bedenken ergeben sich unter normativen Gesichtspunkten, d.h. hinsichtlich der Frage, ob eine hegemoniale Ordnung eine erstrebenswerte, weil effektive und legitime Ordnung ist. Die Antwort muss negativ ausfallen – und zwar aus mehreren Gründen:

Unter Aspekten der Input- oder Prozesslegitimität erscheint eine hegemoniale Ordnung besonders problematisch. Definitionsgemäß sind es in erster Linie die Interessen und Politikpräferenzen der Hegemonialmacht oder ihrer dominierenden gesellschaftlichen Gruppen, die für die Politikformulierung und -implementierung ausschlaggebend sind. Interessen und Weltsicht des Hegemons und jene der Gesamtheit der Staaten und anderer weltpolitischer Akteure *können* kongruent sein – es gibt aber kaum eine Absicherung, dass dies der Fall ist, da es keine effektive Partizipation, d.h. Kontrolle von und Teilhabe Dritter an Entscheidungsprozessen des Hegemons, gibt. Allerdings konnte Thomas Risse-Kappen (1995a) – unter Rückgriff auf liberale Theorien der Internationalen Beziehungen ergänzt durch konstruktive Ansätze, die die Rolle von Normen und kommunikativem Handeln betonen – zeigen, dass der Hegemon USA in der NATO nicht nur sporadisch Rücksicht auf die legitimen Interessen der Bündnispartner genommen hat. Demnach haben die westeuropäischen und kanadischen Bündnispartner im Rahmen der transatlantischen „Gemeinschaft liberaler Demokratien" weit größeren Einfluss auf die US-amerikanische Außenpolitik während des Kalten Krieges genommen, als es Theorien der hegemonialen Stabilität oder des machtgestützten „bargaining" nahe legen (Risse-Kappen 1995a: 3f.). Es lassen sich also empirische Fälle identifizieren, in denen schwächere Staaten gegenüber dem Hegemon über effektive Teilhabechancen verfügen.

Dennoch tritt das – gegenüber der Maßgabe einer demokratisch legitimierten Herrschaft – problematische Auseinanderfallen von Entscheidern und Entscheidungsbetroffenen im Modell der hegemonialen Weltordnung besonders krass zu Tage. Es lässt sich mithin feststellen, dass das Modell hegemonialen Weltregierens dasjenige ist, das am stärksten ausgrenzt – schwächere Staaten, aber auch transnationale Akteure. Mit anderen Worten: Die partizipatorische Lücke ist hier am größten.

Die Tatsache, dass eine hegemoniale Ordnung abhängig vom Führungswillen der Supermacht ist, verleiht ihr Züge von Willkür, die bei den anderen Staaten im internationalen System (ganz zu schweigen bei nichtstaatlichen Akteuren) schnell zu Unzufriedenheit und mittelfristig nachlassender Folgebereitschaft führt. Was in welcher Reihenfolge und mit welcher Gewichtung zum Gegenstand des Weltregierens wird, entscheidet letztlich der Hegemon – ein Phänomen, das man als selektives Aufstellen der Tagesordnung und selektive Problembearbeitung bezeichnen kann. Die Problemwahrnehmung und Prioritätensetzung des Hegemons müssen keineswegs allgemein zustimmungsfähig sein und werden es vermutlich häufig auch nicht sein (Rittberger 2004: 259). Diese Problematik ist nicht nur der Input-Legitimität von Weltregieren höchst abträglich, sie hat auch negative Implikationen für die hinreichende Deckung des Regierensbedarfs jenseits der unmittelbaren Präferenzen des Hegemons und für die Folgebereitschaft anderer weltpolitischer Akteure gegenüber dem Hegemon (Output-Legitimität des Regierens).

Auch wenn man ausschließlich Aspekte der Output-Legitimität einer hegemonialen Ordnung in Betracht zieht, ist nicht zu übersehen, dass der Hegemon letztlich einen Weltstaat funktional nicht ersetzen kann, weil er unter anderem aufgrund der Gefahr einer Selbstüberforderung („imperial overstretch") nahezu zwangsläufig nur die Rolle eines „Teilzeit-Leviathan" mit begrenzter Halbwertszeit ausfüllen kann (Rittberger 2003: 199).

Unter normativen Gesichtspunkten – sowohl unter dem Aspekt (v.a. mittel- bis langfristig) suboptimaler Effektivität und damit fragwürdiger Output-Legitimität als auch mit Blick auf den geringen Partizipationsgrad, d.h. die defizitäre Input-Legitimität – ist das Modell der quasi-hierarchischen Steuerung durch einen Hegemon also nicht hoch zu bewerten. Die quasi-hierarchische Steuerung muss freilich nicht die schlechteste Alternative zum Sicherheitswettbewerb in der staatenweltlichen Anarchie und dem Fehlen jeglichen Regierens sein; in manchen Politikbereichen und unter bestimmten Bedingungen kann sie sogar vergleichsweise sehr gute Ergebnisse erbringen. Doch gemessen an den Kriterien der Effektivität und Legitimität ergeben sich insgesamt doch erhebliche Defizite – die sich zukünftig in einem zunehmend komplexen globalen politischen System eher stärker als schwächer ausprägen dürften.

3.4 Heterarchisches Weltregieren: Relative Realitätsnähe und normative Hinlänglichkeit

Insgesamt scheint das Modell des heterarchischen Weltregierens gestützt auf multipartistische Politikkoordination und -kooperation verglichen mit alternativen Ordnungsvorstellungen für relativ weite Teile der weltpolitischen Praxis empirisch-deskriptive Gültigkeit zu besitzen, wenngleich die Realitätsnähe auch dieses Modells an Grenzen stößt. Das Modell des heterarchischen Weltregierens erweist sich in seinem empirisch-deskriptiven Gehalt gegenüber den anderen Modellen des Weltregierens (Modell des machtgestützten Sicherheitswettbewerbs in der staatenweltlichen Anarchie, Weltstaatsmodell, Hegemoniemodell) u.a. deswegen als überlegen, weil es durch die Berücksichtigung privater Akteure einen realitätsinadäquaten Staatenzentrismus vermeidet. Vom Modell des heterarchischen Weltregierens werden nicht nur zwischenstaatliche Kooperationsformen im Rahmen internationaler Institutionen, sondern auch multipartistische Zusammenarbeit in öffentlich-privaten Institutionen sowie Formen rein privaten Regierens erfasst.

- Realitätsinadäquater Staatenzentrismus traditioneller Modelle des Weltregierens
- Bedarf an einem um nichtstaatliche Akteure erweiterten Modell des Weltregierens
→ Weltregieren gestützt auf multipartistische Politikkoordination und -kooperation öffentlicher und privater Akteure:
  ❖ Beteiligung privatwirtschaftlicher und zivilgesellschaftlicher Akteure an globalen Steuerungsprozessen und in Institutionen des Weltregierens
  ❖ Staaten und IGOs sind nicht mehr die alleinige Kompetenzquelle für Normsetzung und -überwachung sowie Sanktionierung von Regelbrüchen, bleiben aber integrale Bestandteile eines Netzwerks von Institutionen des Weltregierens.
→ Heterarchisches Weltregieren vollzieht sich in und durch:
  1) zwischenstaatliche internationale Institutionen,
  2) öffentlich-private Weltregierensarrangements (dazu zählen inklusive, multipartistische Institutionen und eher lose organisierte globale öffentlich-private Partnerschaften),
  3) Formen (rein) privaten Regierens.

Abb. 5.3: Berücksichtigung nichtstaatlicher Akteure im Modell des heterarchischen Weltregierens

Mit Blick auf die zwischenstaatliche Kooperation im Exekutivmultilateralismus ist festzuhalten, dass das Fehlen eines Weltstaats und der zeitweilige Rückgang der Überlegenheit der Weltmacht USA in den 1970er und 1980er Jahren den Fortbestand, den Unterhalt und die Weiterentwicklung von weltweiten, funktionstüchtigen Institutionen, die in zahlreichen Politikbereichen erheblichen Output in Form von politikprogrammatischen, operativen und informationellen Tätigkeiten produzieren, mitnichten verhindert hat (vgl. Kap. 3.2; Keohane 1984; Rittberger/ Zangl 2006: 102ff.). Weltregieren in und durch internationale Institutionen findet unzweifelhaft statt und ist heute schon weit verbreitet (vgl. Rittberger 2004: 256; 260ff.; Rittberger/ Zangl 2006: 214f.). Im Ergebnis sind internationale Institutionen häufig recht effektiv und nähren so Zweifel an der Kernthese des Weltstaats- und des Hegemoniemodells, dass für die effektive Bearbeitung transsouveräner Probleme eine vertikale – sei es eine herrschaftliche oder lediglich machtgestützte – Setzung und Durchsetzung von Regeln kollektiven Handelns zwingend notwendig ist.

Allerdings sollten die Schwierigkeiten der Institutionen*bildung* nicht unterschätzt werden: Es existieren trotz der Vielzahl internationaler Institutionen nicht in allen Problemfeldern der Weltpolitik Normen und Regeln, welche die Beziehungen zwischen weltpolitischen Akteuren wirksam regulieren. Institutionen, die zur Lösung gemeinsamer Probleme geeignet wären, kommen nicht schon deshalb zustande, weil sie gebraucht werden, sondern erfordern große politische Anstrengungen. Ein Beispiel ist das Fehlen eines globalen Arbeitsmigrationsregimes in Ergänzung zum Welthandelsregime – im Unterschied zum bestehenden Flüchtlingsregime. Trotz durchaus gegebener Interdependenz sind bis heute keine internationalen Institutionen zur Verregelung der Beziehungen zwischen Auswanderungs- und Einwanderungsländern geschaffen worden (vgl. Krummenauer 2004).

Ein weiteres Problem liegt in der ungleichen Verteilung von Risiken, Verantwortlichkeiten und Lösungsfähigkeiten zwischen von transsouveränen Problemen betroffenen Akteuren. Es wäre – trotz ihres grenzüberschreitenden, potenziell globalen Charakters – irreführend anzunehmen, dass transsouveräne Probleme alle weltpolitischen Akteure gleichermaßen betreffen, dass alle gleichermaßen verantwortlich für deren Entstehen sind und sich als gleichermaßen fähig erweisen, zur Lösung der Probleme beizutragen. Es ist häufig schwierig, eine Lastenverteilung zu finden, die den Mindesterwartungen und den Kapazitäten aller Beteiligten gerecht wird. Zudem wäre es irreführend anzunehmen, es läge im Wesen von transsouveränen Problemen, dass alle Akteure ein unmittelbares Interesse an deren Entschärfung haben und daher bereit seien, an einem Strang zu ziehen. Tatsächlich wird die Bearbeitung vieler transsouveräner Probleme gerade dadurch erschwert, dass dies nicht der Fall ist. Einzelne Akteure könnten versucht sein, anderen die Vorreiterrolle zu überlassen und ihr Heil in opportunistischem Trittbrettfahren („free-riding") zu suchen oder gar eine Kooperation aktiv zu behindern, wenn sie davon ausgehen, dass sie ihren Interessen zuwiderläuft. Schließlich existieren bei manchen transsouveränen Problemen wie etwa dem Klimawandel nicht nur Verteilungskonflikte zwischen bestehenden politischen Gemeinschaften, sondern auch zwischen den gegenwärtigen und den künftigen Generationen, was die Gefahr in sich birgt, dass eine entschlossene Problembearbeitung wieder und wieder vertagt wird und die Kosten des Nicht-Handelns auf künftige Generationen abgewälzt werden.

Ungeachtet der Schwierigkeiten der Institutionenbildung weisen viele internationale Organisationen zudem Funktionsdefizite auf. Die Regelungsdichte und die Wirksamkeit horizontaler Politikkoordination und -kooperation durch internationale Institutionen variieren problemfeldspezifisch und mitunter auch von Fall zu Fall erheblich. Die Grenzen der Problemlösungsfähigkeit rein zwischenstaatlicher Organisationen bei der Bearbeitung transsouveräner Probleme und der Bedarf an institutionalisierter Einbeziehung nichtstaatlicher Akteure sind bereits angesprochen worden (vgl. Kap. 4).

Es erscheint heute nicht nur erstrebenswert, dass Weltregieren über rein zwischenstaatliche Politikkoordination und -kooperation hinausgeht, sondern Ansätze gesteigerter Inklusivität lassen sich auch bereits feststellen. In den letzten zehn Jahren ist eine beträchtliche Anzahl von inklusiven, multipartistischen Institutionen und GPPPs entstanden. Beispiele sind der Globale Fonds, der Globale Compact bzw. die „Consultative Group on International Agricultural Research" (CGIAR) oder die Weltstaudammkommission (vgl. Reinicke 1999: 52f.). Internationale Organisationen gerade auch an der Peripherie der VN passen sich – wenn auch zaghaft – an gewandelte Problemlagen und veränderte Machtverhältnisse zwischen weltpolitischen Akteuren an. Sie nehmen im Zuge der (dauerhaften) Einbindung nichtstaatlicher Akteure in Politikformulierungs- und -implementierungsprozesse zunehmend Merkmale inklusiver, multipartistischer Institutionen an – in einer institutionell deutlich stärker verfestigten und formalisierten Form als n eher losen Partnerschaften –, um zu effektivem und legitimem Weltregieren beitragen zu können. Das Modell des heterarchischen Weltregierens wird diesen Tendenzen zu institutionalisierter multipartistischer globaler Steuerung gerecht, ohne den Staaten eine weiterhin zentrale gestaltende Rolle in Prozessen des Weltregierens abzusprechen.

Auch das vermehrte Aufkommen von Formen privaten Regierens (vgl. Cashore/ Auld/ Newsom 2004; Cutler/ Haufler/ Porter 1999; Haufler 2001; Nölke 2004) wird vom Modell des heterarchischen Weltregierens erfasst. Im Kapitel 3.3 „Private Akteure" wurde bereits deutlich, dass sich mittlerweile – freilich sektoral oder themenspezifisch beschränkt – exklusiv private, aus Akteuren der Zivilgesellschaft und transnationalen Unternehmen zusammengesetzte Formen des Regierens („non-state market-driven governance systems") herausgebildet haben (vgl. Bernstein/ Cashore 2008; Cashore/ Auld/ Newsome 2004; Cutler/Haufler/Porter 1999; Haufler 2001). Insbesondere in der internationalen politischen Ökonomie und der Gewährleistung von sozialen und ökologischen Mindeststandards durch transnationale Unternehmen lassen sich Mechanismen privaten Regieren identifizieren (Bernstein/Cashore 2008; Schirm 2004; Utting 2008). Im Zuge der sachbereichsspezifischen Analyse der Empirie des Weltregierens wird deren Verbreitung und Funktionsfähigkeit noch näher zu untersuchen sein. An dieser Stelle muss es genügen festzustellen, dass sich durchaus empirische Evidenz für privates (Welt-)Regieren finden lässt (vgl. Kap. 3.3). Zugleich sollten die Verbreitung und die Effektivität von exklusiv nichtstaatlichen Regierensformen nicht überschätzt werden. Formen privaten Regierens erbringen im Sinne von „governance without governments" eigenständig Leistungen, die traditionell als „öffentliche Aufgaben" angesehen wurden (Cutler/ Haufler/ Porter 1999; Haufler 2001). Sie tun dies allerdings nur in bestimmten, eng definierten Sektoren, die allesamt im Bereich der „low politics" (Wohlfahrt, Umwelt etc.) angesiedelt sind.

Daher können Formen privaten Regierens nicht als ein umfassendes Modell des Weltregierens aufgefasst werden. Mögen sie sektoral eigenständig funktionsfähig sein, bedürfen Formen des privaten Regierens in der globalen ordnungspolitischen Zusammenschau doch ohne Zweifel der Ergänzung durch oder Integration in multipartistische Weltregierensformen *mit* staatlicher Beteiligung.

Das Modell des heterarchischen Weltregierens ist geeignet, diese verschiedenen Formen des Weltregierens, die jedoch gemeinsame Eigenschaften (heterarchisches Ordnungsprinzip, Regelsetzung aufgrund reziproker Selbstbindung und -verpflichtung, dezentrale Mechanismen zur Gewährleistung der Regeleinhaltung, Sorge um Verlust von Reputation und künftigen Gewinnchancen sowie Norminternalisierung als Motive der Regeleinhaltung) aufweisen, zu erfassen. Zu betonen ist freilich, dass die vom Modell vorgesehene Einbeziehung privater Akteure in globale Steuerungsmechanismen und die Kooperation zwischen zwischenstaatlichen internationalen Organisationen, öffentlich-privaten Institutionen und rein privaten Weltregierensformen empirisch nach wie vor defizitär ist. In den Debatten über die Reform der VN spielt(e) die konstruktive Einbindung zunehmend politikmächtiger transnationaler Akteure oftmals keine entscheidende Rolle (Rittberger 2006). Heterarchisches Weltregieren durch multipartistische Politikkoordination und -kooperation stellt ein Modell dar, das sich in der Empirie des Weltregierens niederschlägt, aber dessen Praxis längst nicht allumfassend widerspiegelt. Die sachbereichsspezifische Analyse globaler Steuerungsprozesse soll weitere Einsichten vermitteln, wie weit entwickelt heterarchisches Weltregieren in verschiedenen Politikbereichen tatsächlich ist.

Nach diesen Anmerkungen zur empirischen Triftigkeit des Modells des heterarchischen Weltregierens soll der Frage nachgegangen werden, inwiefern heterarchisches Weltregieren gestützt auf multipartistische Politikkoordination und -kooperation aus normativ-präskriptiver Sicht wünschenswert ist.

Die *Input- oder Prozess-Legitimität* heterarchischer Steuerung durch multipartistische Politikkoordination und -kooperation kann als vergleichsweise hoch eingestuft werden. Während bei hegemonialer Steuerung in erster Linie die Interessen und Präferenzen der Hegemonialmacht ausschlaggebend für die Politikformulierung und -implementierung sind, wird im Modell des heterarchischen Weltregieren nicht nur ein Interessenausgleich auf zwischenstaatlicher Ebene angestrebt, sondern durch die Einbeziehung nichtstaatlicher Akteure (im Rahmen von inklusiven, multipartistischen Institutionen und GPPPs) auch die Berücksichtigung von deren Interessen und Werten nichtstaatlicher Akteure befördert. Aus pluralismustheoretischer Sicht lässt sich argumentieren, dass die Inklusion zivilgesellschaftlicher und privatwirtschaftlicher Akteure in Institutionen des Weltregierens zu einer Verbreiterung der Repräsentation von Interessen und Wertvorstellungen führt, wodurch die Input-Legitimität von Weltregieren zunimmt.

Es lassen sich aber auch für dieses Modell normative Defizite hinsichtlich seiner Input-Legitimität (vgl. Rittberger 2004: 263ff.) identifizieren. Wo die Einbeziehung privater Akteure in globale Politikentwicklungsprozesse bereits stattfindet, wirft sie die Frage auf, welche Akteure auf der Grundlage welcher Eigenlegitimation an globaler Steuerung mitwirken sollen. Die Verteilung von Ressourcen und damit von Machtpotenzialen hat gerade in informellen öffentlich-privaten Partnerschaften großen Einfluss auf die Ausgestaltung der Politikprozesse und -ergebnisse und lässt Zweifel an einer stets demokratisierenden Wirkung der Einbeziehung privater Akteure in Institutionen des Weltregierens aufkommen (vgl. Dingwerth 2003).

Es wird immer wieder darauf hingewiesen, dass die zunehmende Verlagerung wichtiger politischer Entscheidungen von der nationalen auf die inter-, trans- und supranationale Ebene zu realen Beteiligungsverlusten für die Bürgerinnen und Bürger zumal in demokratischen Verfassungsstaaten geführt hat. Diese Sorgen sind berechtigt und lassen sich nicht ohne weiteres zerstreuen. Es kann auch nicht davon ausgegangen werden, dass sich mangelnde demokratische Partizipationschancen des einzelnen Bürgers umstandslos durch verstärkte Einbeziehung organisierter privater Akteure (transnationale Unternehmen, INGOs), denen es selbst teilweise an demokratischer Legitimation und Verantwortlichkeit mangelt, ersetzen lassen. Zwar scheint die Repräsentation einer Pluralität von Interessen und Werten durch die Einbindung einer Pluralität von nichtstaatlichen Akteuren einen wichtigen und unter den gegebenen Umständen auf globaler Ebene auch realisierbaren Schritt in Richtung gesteigerter Input-Legitimität von Weltregieren darzustellen, der Bedarf einer weiter gehenden, mittel- und langfristig zu verfolgenden Demokratisierung des Weltregierens (etwa durch Parlamentarisierung internationaler Institutionen) wird dadurch jedoch nicht gedeckt.

Die wichtigsten internationalen Organisationen wie die Vereinten Nationen, der IWF, die Weltbank und die WTO sollten einer direkteren demokratischen Kontrolle unterstellt werden. Die Bürger und ihre Gesellschaften sollten sich nicht allein über staatliche Exekutiven und ihre Repräsentanten oder über zivilgesellschaftliche Akteure, die als Sprachrohr dienen, sondern auch in parlamentarischen Vertretungskörperschaften zu Wort melden können. Diese sollten das Recht haben, ihre Stimme bei wichtigen weltpolitischen Entscheidungen zu Gehör zu bringen. Die Verwaltungsstäbe und zwischenstaatlichen Beschlussorgane internationaler Organisationen sollten ihnen gegenüber rechenschaftspflichtig sein (vgl. Archibugi 1995, Archibugi/ Held/ Köhler 1998, Scholte 2002). Allerdings erscheint eine tief greifende Parlamentarisierung internationaler Institutionen in absehbarer Zeit nicht realistisch – was freilich das schrittweise Streben danach nicht entwertet. Ein möglicher Ansatz wäre eine Intensivierung der Rolle der Interparlamentarischen Union (IPU), die als ein Baustein zum Ausbau der parlamentarischen Dimension gerade auch der VN angesehen werden kann (vgl. Kissling 2006). Dafür spricht nicht nur ihr reicher Erfahrungsschatz, sondern auch ihr Status als alleinige (offizielle) internationale parlamentarische Organisation, der von einigen Völkerrechtlern auch (partielle) Völkerrechtssubjektivität zugesprochen wird. Eine Assoziierung mit dem bzw. Integration in das VN-System ist auf zwei Wegen denkbar: Zum einen könnte sich die IPU auf der Grundlage eines Kooperationsvertrages als eine Art Spezialorgan im VN-System etablieren. Noch weitergehend wäre die Aufnahme der IPU in die Vereinten Nationen als Nebenorgan der VN-Generalversammlung (nach Art. 22 SVN) (vgl. dazu Kap 9).

Zudem darf und kann der Demokratisierungsprozess nicht auf die internationale Ebene beschränkt bleiben: auch die politischen Gemeinschaften unterhalb dieser Ebene müssen in dieser Hinsicht Fortschritte machen. Denn intergouvernementale Beschlussorgane verleihen dem Handeln internationaler Organisationen keine demokratische Legitimation, wenn deren Mitglieder nicht selbst auf demokratischem Weg bestellt worden sind. Dies läuft auf die These hinaus, dass Demokratie auf internationaler Ebene nicht möglich ist, solange die Subjekte dieser Demokratie selber keine Demokratien sind.

Zur *Output-Legitimität,* d.h. zur *Effektivität* von heterarchischem Weltregieren durch multipartistische Politikkoordination und -kooperation ist ganz allgemein zu sagen, dass die Dichte und Effektivität zwischenstaatlicher internationaler Institutionen sowie die Ausbreitung multipartistischer Kooperationsformen je nach Sachbereich oder innerhalb eines Sachbereichs je nach Problemfeld erheblich variieren. Im Bereich der öffentlichen Gesundheitsvorsorge etwa sind stärker ausgeprägte und wirkungsmächtigere Ansätze normbasierter multipartistischer Steuerung festzustellen als im Sicher-

Kapitel 5: Modelle des Weltregierens

heitsbereich.[90] Grundsätzlich ist festzuhalten, dass heterarchisches Weltregieren in den verschiedenen Sachbereichen heute stattfindet und dass zu erwarten ist, dass die Kooperation verschiedener Akteursgruppen für die effektive Bearbeitung und Verregelung transsouveräner Probleme förderlich sein kann (vgl. Kap. 3.2, 3.3). Effektivitätsprobleme können sich jedoch aus dem unzureichend verknüpften Nebeneinander – mitunter auch Gegeneinander – von zwischenstaatlichen internationalen Organisationen, die immer noch häufig dem Exekutivmultilateralismus verhaftet bleiben, und öffentlich-privaten Institutionen sowie privaten Regulierungsformen ergeben. Die Offenheit dezentraler netzwerkartiger Steuerung kann zu einer Gefahr doppelter Zuständigkeiten sowie zu Kohärenzproblemen führen und Anreize zum „free-riding" schaffen. Es wurde bereits diskutiert (vgl. Kap. 3.3), dass mit der Einbeziehung nichtstaatlicher Akteure in Formen des Weltregierens nicht nur zusätzliche immaterielle und materielle Problembearbeitungsressourcen erschlossen werden, sondern auch zusätzliche, mitunter divergierende Interessen und Wertvorstellungen in Politikformulierungsprozesse Eingang finden, was der Entscheidungsfindung und Effektivität der Problembearbeitung durchaus auch abträglich sein kann.

3.5 Modelltheoretische Selbstverortung

Keines der vier vorgestellten Modelle kann die sehr vielschichtige Realität des Weltregierens zu Beginn des 21. Jahrhunderts vollkommen adäquat abbilden. Dies kann schon deshalb nicht anders sein, weil es sich um analytische Modelle handelt, welche die empirische Analyse und normative Reflexion anleiten und orientieren, nicht aber ersetzen. Jedes der Modelle stößt früher oder später an seine Grenzen als analytisches Mittel der Erkenntnis, weil mit ihm wichtige Entwicklungen und Sachverhalte der Weltpolitik entweder überhaupt nicht oder nur mühsam erfasst werden können. Auch unter normativ-präskriptiven Gesichtspunkten ist keines der vorgestellten Modelle frei von zum Teil schwer wiegenden Einwänden.

Trotz der unterschiedlichen – empirisch-deskriptiven und normativ-präskriptiven – Schwächen aller Modelle genießt das Modell des heterarchischen Weltregierens gestützt auf multipartistische Politikkoordination und -kooperation sowohl in empirisch-deskriptiver als auch in normativ-präskriptiver Hinsicht deutliche Vorteile. Es verspricht, die Bandbreite empirisch beobachtbarer und normativ erstrebenswerter Formen der kollektiven Bearbeitung transsouveräner Probleme des 21. Jahrhunderts unter den gegebenen systemischen Rahmenbedingungen und Akteurskonstellationen am ehesten wider zu spiegeln.

Effektives und legitimes Weltregieren bedarf der Staaten als wichtige Akteure des Weltregierens; ausschließlich mit und durch Staaten wird es jedoch nicht zu realisieren

---

[90] Dieser Befund wird im Zuge der sachbereichsspezifischen Analyse der Empirie des Weltregierens spezifiziert.

sein. Ohne – gerade auch mächtige – Staaten kann umfassend problemlösungsfähiges Weltregieren zwar nicht gelingen; zugleich verlangen sich verändernde globale Regelungsumwelten und Problemlagen nach heterarchisch strukturierten, multipartistischen Steuerungsmodi jenseits der Fixierung auf den Staat. Anders formuliert: Sich wandelnde systemische Rahmenbedingungen, die Ausdifferenzierung des Spektrums politikmächtiger Akteure über den Staat hinaus sowie die zunehmende Bedeutung transsouveräner Problemlagen in verschiedenen Sachbereichen machen inklusive Formen des Weltregierens, die neben staatlichen und zwischenstaatlichen Handlungsträgern auch nichtstaatliche Akteure einbeziehen, notwendig. Diese inklusive Form des Weltregierens erweist sich gegenüber anderen staatlichen und zwischenstaatlichen Formen sowohl unter Input- oder Prozess- als auch unter Output-Legitimitätsgesichtspunkten überlegen. Inwieweit heterarchisches Weltregieren in verschiedenen Sachbereichen der Weltpolitik heute stattfindet, wird in den Kapiteln über die Empirie des Weltregierens (Teil D) systematischer zu untersuchen sein. Doch ehe dies geschehen kann, sollen im nächsten Kapitel ausgewählte Handlungstheorien vorgestellt werden, die zur Analyse und Erklärung unterschiedlicher Formen sachbereichsspezifischer Politiksteuerung nutzbar gemacht werden können.

Übungsfragen

- Welche vier Modelle des Weltregierens haben sich in der Literatur herausgebildet? Inwiefern gehen die vier Modelle von grundlegend verschiedenen Ordnungsprinzipien des globalen Systems aus?
- Inwiefern lässt sich das Modell des Sicherheitswettbewerbs in der staatenweltlichen Anarchie als Modell des Weltregierens im Sinne des Begriffs des Regierens (vgl. Kap. 4) auffassen?
- Welche Einwände gegen a) die Wünschbarkeit eines Weltstaats und b) dessen Unverzichtbarkeit zur effektiven und legitimen Bearbeitung transsouveräner Probleme und zur Befriedung inter- und transnationaler Beziehungen lassen sich anführen?
- Was sind die zentralen Merkmale des Modells der quasi-hierarchischen Steuerung durch einen Hegemon? Welche Stärken und Schwächen weist dieses Modell des Weltregierens unter empirisch-deskriptiven und unter normativ-präskriptiven Gesichtspunkten auf?
- Was sind die zentralen Merkmale des Modells des heterarchischen Weltregierens gestützt auf multipartistische Politikkoordination und -kooperation? Welche Stärken und Schwächen weist dieses Modell des Weltregierens unter

empirisch-deskriptiven und unter normativ-präskriptiven Gesichtspunkten auf?
➤ Inwiefern werden die verschiedenen Modelle des Weltregierens der zunehmenden Bedeutung nichtstaatlicher Akteure in der Weltpolitik gerecht?

Lektüreempfehlungen

Benner, Thorsten/ Obser, Andreas/ Reinicke, Wolfgang H./ Witte, Jan Martin 2001: Global Public Policy: Chancen und Herausforderungen vernetzten Regierens, in: Zeitschrift für Politik 48: 4, 359-374.

Börzel, Tanja/ Risse, Thomas 2005: Public-Private Partnerships: Effective and Legitimate Tools of Transnational Governance?, in: Grande, Edgar/ Pauly, Louis W. (Hrsg.): Complex Sovereignty: On the Reconstitution of Political Authority in the 21st Century, Toronto, ON: University of Toronto Press, 195-216.

Gilpin, Robert ²1986: War and Change in World Politics, Cambridge: Cambridge University Press.

Höffe, Otfried 1999: Demokratie im Zeitalter der Globalisierung, München: C.H. Beck.

Keohane, Robert O. 1984: After Hegemony: Cooperation and Discord in the World Political Economy, Princeton, NJ: Princeton University Press.

Neyer, Jürgen 2002: Politische Herrschaft in nicht-hierarchischen Mehrebenensystemen, in: Zeitschrift für Internationale Beziehungen 9: 1, 9-38.

Rittberger, Volker 2004: Weltregieren zwischen Anarchie und Hierarchie, in: Rittberger, Volker (Hrsg.): Weltpolitik heute: Grundlagen und Perspektiven, Baden-Baden: Nomos, 245-270.

Rittberger, Volker/ Huckel, Carmen/ Rieth, Lothar/ Zimmer, Melanie 2008: Inclusive Global Institutions for a Global Political Economy, in: Rittberger, Volker/ Nettesheim, Martin (Hrsg.): Authority in the Global Political Economy, Basingstoke: Palgrave Macmillan, 13-54.

Kapitel 6: Handlungstheoretische Ansätze zur Erklärung des Vorkommens und institutioneller Formen des Weltregieren

1 Mesotheoretische Ansätze auf der Akteursebene zur Erklärung von globalen Politiksteuerungsformen und -prozessen in verschiedenen Sachbereichen

Im vorhergehenden Kapitel wurden vier Modelle des Weltregierens – (1) Sicherheitswettbewerb in der staatenweltlichen Anarchie, (2) hierarchisches Regieren durch einen Welt(bundes)staat, (3) quasi-hierarchisches Regieren durch einen Welthegemon und (4) heterarchisches Weltregieren gestützt auf multipartistische Politikkoordination und -kooperation – vorgestellt und unter empirisch-deskriptiven und normativ-präskriptiven Gesichtspunkten bewertet, wobei das Modell des heterarchischen Weltregierens durch multipartistische Politikkoordination und -kooperation trotz Defizite am besten abschnitt. Diese Modelle können als analytisches Werkzeug dienen, um die Vielfalt der zu beobachtenden Formen des Weltregierens zu erfassen und zu ordnen. Sie sind jedoch nur sehr bedingt geeignet, die Einrichtung, institutionelle Ausgestaltung und Funktionsweise bestimmter Formen des Weltregierens zur Bearbeitung angebbarer transsouveräner Probleme befriedigend zu *erklären*. Für diesen Zweck sind die Modelle auf zu hohem Abstraktionsniveau angesiedelt und gehen zu wenig auf die Interessen und Werte, kurz: Motivationen der beteiligten Akteure ein. Um die Ausprägungen von Weltregieren in verschiedenen Sachbereichen nicht nur systematisch beschreiben, sondern auch erklären zu können, bedarf es des Rückgriffs auf akteursorientierte, mesotheoretische Ansätze.

Zwar wird im Folgenden auch auf die akteursorientierten Ansätze des wohlwollenden und des Zwang ausübenden Hegemons eingegangen, die dem Modell des quasi-hierarchischen Weltregierens durch einen Hegemon nahe stehen. Im Mittelpunkt dieses Kapitels stehen aber Handlungstheorien, die mit dem Modell des heterarchischen Weltregierens durch multipartistische Politikkoordination und -kooperation kompatibel sind. Die bisher entfaltete *funktionale* Erklärung der Tendenz zu heterarchischem Weltregieren (vgl. Kap. 5) soll also um eine *handlungstheoretische* Fundierung ergänzt werden.

Die Forschung über die Ursachen zunehmender multipartistischer Politikkoordination und -kooperation konzentriert sich häufig auf makrostrukturelle und -prozessuale Veränderungen des globalen Systems und die daraus resultierende Entstehung oder Verschärfung transsouveräner Problemlagen. Diese unterminieren wiederum die Problemlösungseffektivität und Legitimität einzelstaatlichen, zunehmend aber auch zwischenstaatlichen Regierens (vgl. Kap. 2, 4; Brühl/ Rittberger 2001: 7-19; Edele 2006: 10f.; Reinicke/ Deng 2000: 9-15). Das (teilweise) Versagen einzelstaatlicher und zwischenstaatlicher Steuerungs- und Regelungsmechanismen schafft demnach eine Nachfrage nach Formen multipartistischer Koordination und Kooperation (inklusive multipartistische Institutionen und globale öffentlich-private Partnerschaften, GPPPs) zwischen staatlichen und nichtstaatlichen Akteuren auf globaler Ebene. Eine umfassende Erklärung für die Emergenz solcher inklusiven Weltregierensformen kann sich jedoch nicht in der funktionalen Argumentation erschöpfen, dass multipartistische Institutionen des Weltregierens eingerichtet werden, weil erwartet wird, dass die Einbeziehung nichtstaatlicher Akteure in Politikformulierungs- und -implementierungsaktivitäten zur Schließung bestehender Lücken des Regierens („governance gaps") beiträgt (Edele 2006: 12; vgl. Benner et al. 2001; Benner/ Reinicke/ Witte 2004: 193-195; Brühl/ Liese 2004: 165; Reich 2000: 619). Die Nachfrage nach neuen inklusiven Weltregierensformen, die aus Regelungslücken im hergebrachten Exekutivmultilateralismus erwächst, schafft nicht automatisch ein hinreichendes Angebot (Benner/ Reinicke/ Witte 2004: 195; Brühl 2003: 167). Rein funktionale Herangehensweisen erklären die Existenz und die Ausgestaltung multipartistischer Koordinations- und Kooperationsformen zur kollektiven Problembearbeitung nur unvollständig (vgl. Keohane 2001: 4). Zusätzlich zur Analyse des Wandels systemischer Rahmenbedingungen und der daraus folgenden transsouveränen Problemstellungen bedarf eine umfassende Erklärung der Emergenz inklusiver Weltregierensformen einer eingehenden Betrachtung der Akteursebene (vgl. Huckel Schneider 2007: 2). Eine Untersuchung der Fähigkeiten, Interessen und Motivationen von öffentlichen und privaten Akteuren des Weltregierens ist also unverzichtbar (Edele 2006: 12). Weltregieren in und durch inklusive(n), multipartistische(n) Institutionen (und eher lose organisierte und weniger formalisierte GPPPs) findet nur dann statt, wenn öffentliche und private Akteure als „Politikunternehmer" („policy entrepreneurs") auftreten, welche die Fähigkeit zu und ein Interesse an multipartistischer Politikkoordination und -kooperation zur Bearbeitung transsouveräner Probleme besitzen.

In diesem Kapitel werden mit der Ressourcentausch-Theorie („resource exchange theory") und der Theorie kollektiver Güter handlungstheoretische Ansätze zur Erklärung unterschiedlich ausgestalteter Institutionen und Prozesse des Weltregierens vorgestellt und ihre Erklärungskraft anhand ausgewählter sachbereichsspezifischer Formen des Weltregierens illustriert. Die Interessen, Präferenzen und Ressourcen verschiedener Akteure werden als erklärungskräftige Faktoren für die Existenz, die institutionelle Formgebung und die Funktionsweise unterschiedlicher Weltregierensformen behandelt.

Zunächst wird die Ressourcentausch-Theorie (vgl. Brühl 2003; Edele 2006; Nölke 2000; Pfeffer/ Salancik 1978) vorgestellt. Es wird argumentiert, dass diese das Auftreten von inklusiven, multipartistischen Institutionen des Weltregierens erklären und so einen Beitrag zur handlungstheoretischen Fundierung des Modells des heterarchischen

Weltregierens leisten kann. Dies wird am Beispiel der Einrichtung des Globalen Fonds zur Bekämpfung von AIDS, Tuberkulose und Malaria illustriert.

Daraufhin wird mit der Theorie kollektiver Güter ein weiterer mesotheoretischer Erklärungsansatz herangezogen. Nach einer Beschreibung der begrifflichen Grundlagen und der Kernannahmen dieser Theorie wird gezeigt, dass sie sich zur Analyse von ganz verschiedenen Weltregierensformen nutzbar machen lässt: Sie wird zum einen dazu dienen, die Beschreibung des Modells des quasi-hierarchischen Weltregierens durch einen Welthegemon (vgl. Kap. 5) durch eine akteurs- und interessenfokussierte Diskussion der Ansätze des wohlwollenden („benevolent") und des Zwang ausübenden („coercive") Hegemons (vgl. Snidal 1985) zu ergänzen. Allerdings kann die Theorie der kollektiven Güter auch aufzeigen, wann und unter welchen Bedingungen multipartistische Weltregierensformen eingerichtet werden (Kölliker 2006; Theiner 2007). Anhand des Beispiels der Verregelung des Internet („Internet Governance") wird demonstriert, wie die Theorie der kollektiven Güter zur Erklärung des Grades der Inklusivität von Weltregierensformen herangezogen werden kann (Theiner 2007).

2 Die Ressourcentausch-Theorie: Ressourceninterdependenzen zwischen verschiedenen Akteursgruppen als Triebfeder für inklusives Weltregieren

2.1 Darstellung der Theorie und Anwendung auf die Erklärung multipartistischer Politikkoordination und -kooperation

Die Argumentation einer auf die Ressourcentausch-Theorie gestützten Erklärung institutionalisierter multipartistischer Politikkoordination und -kooperation geht von der Annahme aus, dass öffentliche und private Akteure ihre jeweiligen materiellen und immateriellen Ressourcen zum Zweck der gemeinsamen Bearbeitung eines bestimmten transsouveränen Problems „austauschen" bzw. „zusammenlegen" („pooling") (vgl. Börzel/ Risse 2005; Brühl 2003; Nölke 2000). Die Entstehung multipartistischer Koordinations- und Kooperationsformen lässt sich demnach mit der – aus je spezifischen Ressourcendefiziten erwachsenden – Motivation rationaler öffentlicher und privater Akteure erklären, sich durch den Austausch oder das Zusammenlegen problemlösungsrelevanter Ressourcen besser zu stellen, als sie sich durch unilaterales Handeln stellten (Edele 2006: 49). Aus dieser akteursorientierten, rationalistischen Perspektive werden inklusive, multipartistische Institutionen des Weltregierens zur Bearbeitung transsouveräner Probleme dann eingerichtet, wenn staatliche und nichtstaatliche Akteure von den (materiellen, regulativen, organisatorischen, legitimatorischen oder Wissens-) Ressourcen der jeweils anderen Seite abhängig sind und aus einem Austausch oder Zusammenlegen ihrer Ressourcen Vorteile ziehen. Vorbedingung für einen derartigen Ressourcentausch – und mithin die Entstehung inklusiver, multipartistischer Weltregierensformen – ist, dass sowohl öffentliche als auch private Akteure davon überzeugt sind dass die Ziele, Leistungen und Vorgehensweisen der jeweils anderen Partei der Verfolgung und der Erreichung der eigenen Ziele förderlich sind (vgl. Kap. 3.2; Edele 2006: 45f.; Brozus/ Take/ Wolf 2003: 121f., Nölke 2000: 334f.; Pfeffer/ Salancik 1978; Rittberger et al. 2008).

Die Entstehung von inklusiven, multipartistischen Institutionen wie dem Globalen Fonds zur Bekämpfung von AIDS, Tuberkulose und Malaria, UNAIDS oder dem „Global Compact" (vgl. Kap. 3.2) sowie zahlreichen weniger formalisierten, nur lose institutionalisierten öffentlich-privaten Partnerschaften (vgl. Kaul 2006: 248ff.) erscheint als theoretisches Rätsel. Warum sollten öffentliche Akteure – Staaten oder zwischenstaatliche internationale Organisationen – Politikentscheidungsrechte mit nichtstaatlichen Akteuren – INGOs oder privatwirtschaftlichen Akteure – teilen? Betrachtet man öffentliche Akteure als rationale, nutzenmaximierende Handlungseinheiten, erscheint es keineswegs naheliegend, dass diese ihr Politikentscheidungsmonopol in Institutionen des Weltregierens freiwillig zugunsten zusätzlicher Teilnehmer aus anderen Sektoren mit potenziell divergierenden Zielen aufgeben. Dies gilt um so mehr, da zu erwarten ist, dass ein Anstieg der Zahl der Teilnehmer und deren größere Heterogenität den Entscheidungsprozess verlangsamen und kostspieliger machen (vgl. Edele 2006: 6f.).

Dieses theoretische Rätsel lässt sich unter Rückgriff auf die – der Interorganisationsforschung (Levine/ White 1961: 597-599; Pfeffer/ Salancik 1978; Scharpf 1978; Aldrich 1979) entstammende – Ressourcentausch-Theorie lösen. Die Interorganisationsforschung betrachtet Organisationen als rationale, eigennützige, zielorientierte und einheitliche Akteure (Edele 2006: 42f.; Aldrich 1975: 50, Scott 1986: 92-118) und hat die Beziehungen, Verbindungen und Interaktionen zwischen Organisationen zum zentralen Untersuchungsgegenstand (Börzel 1998: 259; Jansen 1993: 95f.). Untersucht wurde – zunächst mit Blick auf Unternehmen, später aber auch hinsichtlich öffentlicher Einrichtungen wie Schulen, Universitäten und Forschungszentren –, warum und unter welchen Bedingungen Organisationen unterschiedliche Arten von Beziehungen miteinander begründen und aufrechterhalten. Zur Beantwortung dieser Frage haben sich zwei unterschiedliche theoretische Ansätze herausgebildet. Der machtorientierte Ansatz in der Interorganisationsforschung geht von einer asymmetrischen Motivation zur Aufnahme von Interorganisationsbeziehungen aus. Eine Organisation ist an Austauschbeziehungen interessiert, andere hingegen nicht. Austauschbeziehungen zwischen diesen Organisationen entstehen dann, wenn die interessierte Organisation hinreichend mächtig ist, die anderen (widerwilligen) Organisationen zur Interaktion zu zwingen. Die mächtigere Organisation versucht, ihre Ziele durch den Einsatz von Zwang auf Kosten anderer Akteure zu erreichen (Edele 2006: 43; Emerson 1962; Schmidt/ Kochan 1977: 220). Demgegenüber betont die Ressourcentausch-Theorie den freiwilligen – weil wechselseitig vorteilhaften – und kooperativen Charakter der Aufnahme von Interorganisationsbeziehungen. Die Ressourcentausch-Theorie hat sich als die vorherrschende theoretische Strömung in der Interorganisationsforschung etabliert (Edele 2006: 43; Oliver 1990).

Die Ressourcentausch-Theorie geht davon aus, dass ein grundsätzlicher Konsens zwischen den verschiedenen Organisationen über die Kompatibilität ihrer Ziele und ihrer Strategien zur Erreichung dieser Ziele (domain consensus) – eine Vorbedingung für die Ausbildung von Interorganisationsbeziehungen darstellt. Nur wenn dieser grundsätzliche Konsens besteht, kann die Ressourceninterdependenz[91] zwischen verschiedenen Organisationen kausale Wirkung entfalten (Edele 2006: 45f.; vgl. Aldrich 1979: 120; Jansen 1993: 96-100; Levine/ White 1961: 597-599; Oliver 1990: 244f., 250; Scharpf 1978: 356-359; Take 2001: 240; Van de Ven 1976: 32; Van de Ven/ Emmett/ Koenig 1975; Van de Ven/ Walker 1984).

Laut der Ressourcentausch-Theorie braucht jede Organisation bestimmte Ressourcen, um ihre Ziele zu erreichen. Doch nicht immer besitzen Organisationen selbst alle Ressourcen, die zur Zielerreichung nötig sind. Sie hängen bei der Erfüllung ihrer Aufgaben von Ressourcen ab, über die andere Akteure in ihrer Umwelt verfügen. Um transsouveräne Probleme effektiv bearbeiten zu können, bedürfen Institutionen des Weltregierens der hinreichenden Ausstattung mit materiellen, regulativen, organisatorischen, legitimatorischen und Wissensressourcen. Da staatliche, zwischenstaatliche, privatwirtschaftliche und zivilgesellschaftliche Akteure jeweils auf sich allein gestellt nicht über all diese Ressourcen verfügen, müssen öffentliche und private Akteure kooperieren. Nur wenn alle Akteursgruppen an Politikformulierungs- und -implementierungsprozessen teilhaben und ihre jeweiligen materiellen und/oder immateriellen Problembearbeitungsressourcen zur Verfügung stellen, können globale Herausforderungen gemeistert werden (Rittberger et al. 2008). Je mehr verschiedene Organisationen (Akteursgruppen in der Weltpolitik) mit gleichen oder kompatiblen Zielen hinsichtlich der Bereitstellung entscheidender, knapper Ressourcen zur Zielerreichung voneinander abhängig sind, desto eher sind sie geneigt, kooperative Beziehungen untereinander aufzubauen, in denen sie ihre Ressourcen austauschen oder zusammenlegen (Edele 2006: 46f.; vgl. Aldrich 1979: Kap. 11; Pfeffer/ Nowak 1976: 402; Pfeffer/ Salancik 1978: Kap. 3; Scharpf 1978: 350-358).

Die Ressourcenabhängigkeit einer Organisation von einer anderen Organisation lässt sich anhand der beiden Kriterien der Wesentlichkeit („essentiality") und der (Nicht-)Ersetzbarkeit („substitutability") einer spezifischen Ressource näher bestimmen. Die Wesentlichkeit einer Ressource für eine Organisation bemisst sich nach der relativen Größe des extern zu deckenden Bedarfs an dieser Ressource und der (Un-)Verzichtbarkeit dieser Ressource für die Funktionsfähigkeit der Organisation. Die (Nicht-)Ersetzbarkeit einer Ressource bezeichnet das Ausmaß, zu dem Ressourcen, die

---

[91] Der Begriff der Ressourceninterdependenz ist streng genommen nicht präzise. Bezeichnet werden soll nicht eine Situation der Interdependenz zwischen Ressourcen, sondern eine Situation der Interdependenz zwischen *verschiedenen Akteuren qua Ressourcenmangel*, d.h. die Akteure sind auf Grund ihres jeweiligen Mangels an bestimmten problemlösungsrelevanten Ressourcen wechselseitig voneinander abhängig. Jedem Akteur fehlen bestimmte zur Problemlösung benötigte Ressourcen, über die ein anderer verfügt. In diesem Sinne wird im Folgenden der Begriff der Ressourceninterdependenz an Stelle des sperrigen Ausdrucks „Interdependenz zwischen Akteuren qua Ressourcenmangel" verwendet.

eine bestimmte externe Organisation anbietet, aus anderen Quellen ersetzt werden können. Ein hohes Maß an wechselseitiger Ressourcenabhängigkeit liegt vor, wenn die jeweiligen Ressourcen, die von den Organisationen nachgefragt werden, sich durch einen hohen Grad der Wichtigkeit und einen niedrigen Grad der Ersetzbarkeit auszeichnen (Edele 2006: 48; Pfeffer/ Salancik 1978: 46f.; Scharpf 1978: 354f.).

Die Erklärung für die Aufnahme und Fortdauer von Interorganisationsbeziehungen basiert auf dem Kosten-Nutzen-Kalkül der beteiligten Organisationen (Edele 2006: 49; Pfeffer/ Salancik 1978: 183; Scharpf 1978: 350-358): Organisationen bauen dann Beziehungen miteinander auf, wenn der erwartete Nutzen aus der Erschließung hoch bewerteter externer Ressourcen die Kosten der Aufgabe anderer, eigener Ressourcen im Austauschverhältnis übertrifft. Interorganisationsbeziehungen blühen dann, wenn alle beteiligten Organisationen einen Netto-Gewinn aus dem Ressourcentausch erzielen, so dass sie ihre Ziele besser erreichen können, als durch ein Vorgehen bei dem sie sich allein auf ihre eigene Ressourcenausstattung stützen.

Diese allgemeinen (inter-)organisationstheoretischen Einsichten der Ressourcentausch-Theorie lassen sich zur Erklärung multipartistischer Politikkoordination und -kooperation mit dem Ziel der kollektiven Bearbeitung transsouveräner Probleme nutzbar machen. Sowohl private Akteure – transnationale Unternehmen und INGOs – als auch öffentliche Handlungsträger – Staaten und zwischenstaatliche internationale Organisationen – lassen sich im Sinne der Ressourcentausch-Theorie als Organisationen auffassen, die auf Grund ihres jeweiligen Mangels an spezifischen Ressourcen zur Problembearbeitung wechselseitig voneinander abhängig sind (Edele 2006: 50). Öffentliche Akteure lassen sich auf inklusive, multipartistische Weltregierensarrangements ein, um bestimmte materielle und/oder immaterielle Ressourcen zu erwerben, über die transnationale Unternehmen und INGOs verfügen und die notwendig sind, um öffentliche Aufgaben effektiver und legitimer zu erfüllen. Im Gegenzug räumen öffentliche Akteure privaten Handlungsträgern (Mit-)Entscheidungsrechte in den Leitungsgremien von Institutionen des Weltregierens ein. Sie geben INGOs und privatwirtschaftlichen Akteuren dadurch die Möglichkeit, wichtige Phasen des Politikentwicklungsprozesses in internationalen Institutionen, von denen sie bis dahin weitgehend ausgeschlossen waren, maßgeblich zu beeinflussen.

Derartige inklusive, multipartistische Institutionen des Weltregierens entstehen jedoch nur dann, wenn ein grundsätzlicher Konsens über die Kompatibilität der Ziele und Tätigkeiten privater und öffentlicher Akteure in einem Problemfeld besteht. Zu untersuchen ist also jeweils, ob Staaten und internationale zwischenstaatliche Organisationen (denen als „Torwächter" des Weltregierenssystems in einer Vielzahl von Problemfeldern nach wie vor eine herausgehobene Stellung zukommt) die Ziele und Aktivitäten nichtstaatlicher Akteure als kompatibel mit oder sogar komplementär zu ihren eigenen Zielen und als Beitrag zur Bearbeitung transsouveräner Probleme betrachten. Dies kann längst nicht durchgängig vorausgesetzt werden: So kann das privatwirtschaftliche Primärziel der eigenen Gewinn- und Marktanteilsmaximierung mit den Regierenszielen *Sicherheit*, *Wohlfahrt* und *legitime Herrschaft* öffentlicher Akteure mitunter kollidieren. Andererseits sind häufig erhebliche Schnittmengen zwischen den Zielen privater und denen öffentlicher Akteure vorhanden (vgl. Kap. 3.3).

Die Existenz eines öffentlich-privaten Grundkonsens' ist eine problemfeldspezifisch empirisch zu klärende Frage. Zwar hat im Allgemeinen die konstruktive Rolle von transnationalen Unternehmen und INGOs bei der Bearbeitung kollektiver Probleme im Sachbereich „Wohlfahrt" breitere Anerkennung von Seiten öffentlicher Akteure erfahren als im Sachbereich „Sicherheit". Dieser Einschätzung entspricht die Häufung von globalen öffentlich-privaten Partnerschaften im Sachbereich „Wohlfahrt" und insbesondere in den Problemfeldern „Entwicklungszusammenarbeit" und „öffentliche Gesundheitsversorgung" (Edele 2006: 53ff.; vgl. Huckel Schneider 2007). Zugleich wäre es angesichts von durchaus zu beobachtenden Beispielen für inklusives, multipartistisches Weltregieren im Sicherheitsbereich (vgl. ausführlich Kap. 7; Caparini 2006) irreführend anzunehmen, im Sachbereich „Sicherheit" fehle es grundsätzlich an einem Konsens zwischen öffentlichen und privaten Akteuren über die Kompatibilität ihrer Ziele und Tätigkeiten, so dass selbst im Falle von Abhängigkeiten öffentlicher Akteure von Ressourcen privater Akteure keine öffentlich-privaten Partnerschaften zur Bearbeitung von Sicherheitsproblemen eingerichtet werden. Vielmehr ist das Vorliegen eines Konsenses über die Kompatibilität von Zielen und Strategien in Bezug auf die Bearbeitung eines spezifischen transsouveränen Problems jeweils empirisch zu ermitteln und kann nicht a priori durch Zuordnung zu einem Sachbereich (Sicherheit, Wohlfahrt oder legitime Herrschaft) bestimmt werden.

Die Frage nach einer kooperationsförderlichen Ressourceninterdependenz zwischen öffentlichen und privaten Akteuren ist vor dem Hintergrund des geschilderten Wandels systemischer Rahmenbedingungen, der zum wachsenden Einfluss transnationaler Akteure, zur Entstehung oder Verschärfung transsouveräner Probleme und mithin zu den Steuerungs- und Regelungslücken im Exekutivmultilateralismus beigetragen hat, zu beantworten. Makrostrukturelle und -prozessuale Veränderungen auf systemischer Ebene wirken sich auf den Ressourcenbedarf, die Ressourcenverfügung und die Ressourcendefizite auf Akteursebene aus.

Öffentlichen (staatlichen und zwischenstaatlichen) Akteuren fehlen zunehmend finanzielle Mittel (z.B. Mittel zur Entwicklungszusammenarbeit (ODA)[92]), aber auch immaterielle Ressourcen (z.B. Informationen über lokale Problemlagen und Bedürfnisse oder Expertise zur effektiven und effizienten Ausgestaltung der Planung, der Finanzierung, der Implementierung und der Evaluation von Entwicklungshilfeprojekten) (Edele 2006: 57ff.). Demgegenüber verfügen öffentliche Akteure über spezifische Ressourcen, die ihnen aus ihrer Stellung als „Torwächter" des Weltregierenssystems erwachsen. Staaten besitzen das legitime Recht und die Macht zu entscheiden, ob sie nichtstaatlichen Organisationen erlauben, sich dem exklusiven „Klub" jener Akteure

---

[92] Allein um die Millenniumsentwicklungsziele bis 2015 zu erreichen, sind zusätzlich 50 Milliarden Dollar pro Jahr nötig (Zedillo 2001: 9); dies bedeutet entweder eine Verdoppelung der derzeitigen ODA oder die Erschließung alternativer Quellen für finanzielle Ressourcen (Edele 2006: 57; Kaul 2006: 240).

anzuschließen, die mit dem Recht ausgestattet sind, an Politikentwicklungsprozessen auf internationaler Ebene teilzuhaben. Die Ressource, die öffentliche Akteure privaten Handlungsträgern anbieten können, ist daher deren Aufnahme als gleichrangige Partner in Institutionen des Weltregierens durch Verleihung von (Mit-)Entscheidungsrechten (Edele 2006: 59). Für nichtstaatliche Akteure wird die Möglichkeit, an globalen Politikentscheidungsprozessen teilzuhaben, in einer vernetzten Welt, in der Entscheidungen politischer Akteure (räumlich und funktional) weit reichende Folgen haben können, zunehmend wertvoller.

(Mit-)Entscheidungsrechte in Institutionen des Weltregierens können eine begehrte Ressource für transnationale Unternehmen darstellen, weil diese ein Interesse an der Steigerung ihrer Reputation als gesellschaftlich und ökologisch verantwortliche Akteure haben. Bemühungen zur Förderung der gesellschaftlichen und ökologischen Verantwortlichkeit („corporate social and ecological responsibility") können als Investitionen in die Unternehmensreputation betrachtet werden, die sich in Form von stabilen oder größeren Marktanteilen mittel- und langfristig auch finanziell auszahlen (vgl. Hummel 2001: 44). Mitentscheidungsrechte in globalen öffentlich-privaten Partnerschaften stellen ein öffentlich sichtbares Symbol für sozial und ökologisch verantwortliches Unternehmertum und damit eine hoch bewertete Ressource dar. Im Gegenzug bringen transnationale Unternehmen (mitunter erhebliche) finanzielle Ressourcen, Expertise bei der Führung von Organisationen und der Vermarktung von Organisationsaktivitäten sowie technisches Wissen ein (Edele 2006: 59f.).

Das Interesse von INGOs an Mitentscheidungsrechten in globalen öffentlich-privaten Partnerschaften liegt auf der Hand (Edele 2006: 60f.): Ein Hauptziel von advokatorischen aber auch von Dienstleistungs-INGOs ist die Einflussnahme auf politische Entscheidungsträger. Auf der anderen Seite verfügen INGOs insbesondere über immaterielle Ressourcen zur Bearbeitung transsouveräner Probleme. Dies zeigt sich z.B. im Problemfeld der Entwicklungszusammenarbeit in Form von Informationen, spezifischem Wissen und Expertise durch Tätigkeiten im Feld und Nähe zu den Betroffenen sowie hoher Glaubwürdigkeit und Akzeptanz gerade auch bei lokalen Bevölkerungen. Studien zeigen, dass die Einbeziehung von INGOs in die Planung und Durchführung von Entwicklungsprojekten deren Effektivität und Nachhaltigkeit erhöht (Brühl 2001: 147f.; Nölke 2000: 336, Take 2001: 240, Gordenker/ Weiss 1996: 18f.). Nicht zu unterschätzen sind auch die finanzielle Ressourcen von privaten Stiftungen, wie z.B. der Gates- oder der Rockefeller-Stiftung (vgl. Kaul 2006: 240), sowie die Fähigkeit von INGOs, Spenden zu mobilisieren.

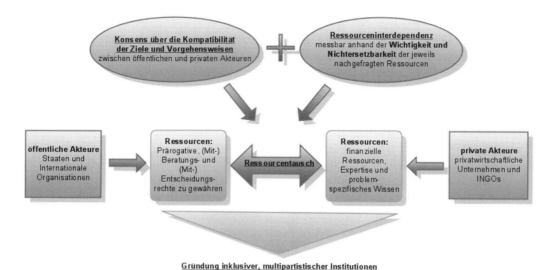

Eigene Darstellung

Abb. 6.1: Kernaussagen der Ressourcentausch-Theorie

Zusammenfassend ist festzuhalten, dass sich die Einrichtung inklusiver, multipartistischer Institutionen des Weltregierens als Austausch materieller und immaterieller Ressourcen zwischen öffentlichen und privaten Akteuren erklären lässt: Die Hauptressourcen privatwirtschaftlicher Akteure sind finanzielle Mittel und Management-Expertise. INGOs bringen finanzielle Mittel sowie problemspezifisches Wissen ein, und öffentliche Akteure verfügen über die Prärogative, nichtstaatlichen Akteuren (Mit-) Entscheidungsrechte in den Leitungsgremien von Institutionen des Weltregierens zu gewähren. Die Entstehung inklusiver, multipartistischer Institutionen des Weltregierens hängt von der Existenz eines Grundkonsens' zwischen öffentlichen und privaten Akteuren über die Kompatibilität ihrer Ziele und Tätigkeiten sowie dem Grad der Ressourceninterdependenz, der sich nach der Wesentlichkeit und der Ersetzbarkeit der jeweiligen Ressourcen bemisst, ab. Je höher der Grad der Ressourceninterdependenz, desto wahrscheinlicher ist die Einrichtung von globalen öffentlich-privaten Partnerschaften, insbesondere von inklusiven, multipartistischen Institutionen des Weltregierens.

Die Entscheidung dafür resultiert aus der Motivation, Ressourcen, die zur Erreichung der Ziele der beteiligten Akteure nötig sind, zu mobilisieren. Die Entscheidung für oder gegen einen Ressourcenaustausch erfolgt jeweils auf der Grundlage einer Kosten-Nutzen-Kalkulation. Staaten verlieren zwar ihre autonome Entscheidungs- und Handlungsfreiheit, während zusätzliche Repräsentanten in Entscheidungsgremien den Entscheidungsprozess verlangsamen und ihn aufwändiger machen. Die Erschließung von Ressourcen privater Akteure steigert jedoch die Fähigkeiten von Institutionen des Weltregierens zur effektiven und legitimen Problembearbeitung. Transnationale Unternehmen haben finanzielle Aufwendungen zu leisten und Kosten des Wissenstransfers zu tragen, können jedoch Nutzen in Form von Mitentscheidungsrechten einschließlich der damit verbundenen Gewinne an Reputation als – je nach Politikfeld sozial und/oder ökologisch – verantwortliche Akteure ernten. Hier liegt freilich oft ein Problem unterschiedlicher Zeithorizonte vor: Kurzfristigen Kosten stehen mittel- und langfristige Reputationsgewinne gegenüber, was dazu führen kann, dass auch in Situationen, in denen multipartistische Kooperation mittel- und langfristig den Interessen öffentlicher *und* privater Akteure dienen würde, auf Grund kurzfristiger Kooperationskosten längst nicht immer inklusive Institutionen entstehen. INGOs müssen die Kosten der Bereitstellung materieller und immaterieller Ressourcen und die Gefahr von Glaubwürdigkeitsproblemen durch den Verlust der Unabhängigkeit von (zwischen-) staatlichen Autoritäten gegen die Chancen direkter Einflussnahme auf Politikentscheidungen abwägen. Je nachdem wie die Kosten-Nutzen-Kalkulation im jeweiligen Problemfeld ausfällt, kommt multipartistische Politikkoordination und -kooperation zur Bearbeitung transsouveräner Probleme zustande oder nicht (Edele 2006: 63f.).

2.2 Inklusives Weltregieren im Bereich des öffentlichen Gesundheitswesens: Der Globale Fonds zur Bekämpfung von AIDS, Tuberkulose und Malaria als Beispiel für öffentlich-privaten Ressourcentausch

Im April 2001 rief der damalige VN-Generalsekretär Kofi Annan zur Gründung des Globalen Fonds zur Bekämpfung von AIDS, Tuberkulose und Malaria („Globaler Fonds") auf (vgl. Huckel Schneider 2007). Dies geschah als Reaktion auf Schätzungen von UNAIDS und der Weltgesundheitsorganisation (WHO), wonach die Bekämpfung dieser Krankheiten finanzielle Mittel von mindestens 10 Milliarden US-Dollar pro Jahr erfordere und die bestehenden Organe zum Teil auf Grund von Spendenmüdigkeit nicht in der Lage seien, diese Mittel aufzubringen (Smith 2002: 3). Noch vor der formellen Gründung des Globalen Fonds im Januar 2003 wurden auf der Sondersitzung der VN-Generalversammlung zum Thema HIV/AIDS (2001) durch Konsultationen mit der G8 und durch die finanziellen Anstrengungen weiterer Staaten und privater Spender Zusagen für Spenden in Höhe von mehr als 600 Millionen US-Dollar erreicht. Die Unterstützung der G8 sowie umfangreiche Spenden privater Akteure können als wichtige Impulse für die Gründung des Globalen Fonds gelten (Huckel Schneider 2007: 11f.). Auf dem Weg zur Gründung des Globalen Fonds fand ein langwieriger Verhandlungsprozess über die am besten geeignete Verwaltungsstruktur des Fonds statt. Das Ergebnis war ein Leitungsorgan, in dem Staaten, zwischenstaatliche internationale Organisationen, zivilgesellschaftliche Organisationen und privatwirtschaftliche Akteure Mitgliedschaftsrechte besitzen.

Ziel des Globalen Fonds ist es, „zusätzliche Ressourcen zur Prävention und zur Behandlung von AIDS, Tuberkulose und Malaria zu erschließen und zu verteilen"

(Globaler Fonds 2007). Der Globale Fonds ist heute mit Programmen in 136 Ländern tätig (Huckel Schneider 2007: 4). Der Einfluss, den der Globale Fonds durch seine Auswahl der von den betroffenen Ländern vorgelegten Programme, die berechtigt sind, finanzielle Förderung zu erhalten, gewonnen hat, gibt dem Fonds erheblichen Spielraum, die Richtung bei der weltweiten Bekämpfung dieser Krankheiten mitzubestimmen. Insbesondere die Anforderung, dass „Länder-Koordinations-Mechanismen" eingerichtet werden müssen, um finanzielle Mittel zu erhalten, hat die Kooperation zwischen Regierungen und anderen nichtstaatlichen Organisationen auf einzelstaatlicher Ebene bei der Implementation von Programmen befördert. Sie hat allerdings auch Kontroversen ausgelöst, wie mit den Schwierigkeiten, denen sich einzelne Länder bei der Einrichtung effektiver Koordinationsmechanismen zwischen öffentlichem und privatem Sektor gegenüber sehen, umzugehen ist (Globaler Fonds 2003).

Der Globale Fonds hat vier Hauptorgane: das Partnerschaftsforum, den Vorstand, das Sekretariat und den technischen Prüfungsausschuss. Der Vorstand ist das zentrale Leitungsorgan, das die Auswahlkriterien für die Projektförderung bestimmt und die Finanzierungsentscheidungen trifft. Die Mitgliedschaft im Vorstand ist zwischen öffentlichen und privaten Akteuren aufgeteilt. Alle Akteure (Staaten, zwischenstaatliche Organisationen, (I)NGOs und privatwirtschaftliche Akteure) sind an den Debatten und den Entwürfen von Beschlussdokumenten beteiligt. Stimmrecht besitzen aber nur Staaten, (I)NGOs und privatwirtschaftliche Akteure. Der Vorstand setzt sich aus sieben Vertretern aus Entwicklungsländern, acht Vertretern aus Geberländern und fünf Vertretern zivilgesellschaftlicher Organisationen und der Privatwirtschaft zusammen.[93] Zudem gibt es vier „geborene", nicht stimmberechtigte Vorstandsmitglieder: je ein Vertreter von UNAIDS, der WHO und der Weltbank sowie in Übereinstimmung mit dem Schweizer Stiftungsrecht ein Schweizer Bürger. Es ist vorgesehen, dass der Vorstand Entscheidungen im Konsens trifft; nur wenn die Verhandlungsmöglichkeiten voll ausgeschöpft sind und kein Konsens gefunden wurde, können Vorstandsmitglieder gemäß der Satzung des Globalen Fonds eine Abstimmung verlangen. Der Globale Fonds verkörpert mithin eine internationale Organisation, die von einem hohen Grad an Inklusivität geprägt ist. Er kann als gutes Beispiel für institutionalisierte multipartistische Bearbeitung von transsouveränen Problemen gelten (Rittberger et al. 2008).

Bei näherer Betrachtung erweist sich der Globale Fonds als ein aus der Perspektive der Ressourcentausch-Theorie rationalistisch erklärbare Institution. Für den Globalen Fonds lässt sich ein Konsens hinsichtlich des Problems von Infektionskrankheiten und der Anerkennung des Beitrags nichtstaatlicher Akteure zur Bekämpfung dieser Krankheiten identifizieren (Edele 2006: 76ff.). HIV/AIDS, Tuberkulose und Malaria fordern jährlich über 6 Millionen Todesopfer. Sie sind anerkanntermaßen die drei schwersten

---

[93] Die fünf Vertreter zivilgesellschaftlicher Organisationen und der Privatwirtschaft (im Vorstand) setzen sich zusammen aus je einem NGO-Vertreter aus einem Entwicklungsland, einem Industrieland und für Gruppen, die von den Krankheiten betroffen sind, einem Vertreter des privatwirtschaftlichen Sektors und einem Vertreter einer privaten Stiftung.

Infektionskrankheiten weltweit hinsichtlich der Zahl der Erkrankten und der Todesopfer. Die Ausbreitung dieser Krankheiten wird mittlerweile nicht nur als Problem des öffentlichen Gesundheitswesens, sondern auch als Hindernis auf dem Weg zu wirtschaftlicher und sozialer Entwicklung in den betroffenen Ländern angesehen. HIV/AIDS, Tuberkulose und Malaria stellen somit dem Sachbereich „Wohlfahrt" zuzuordnende Probleme internationaler Politik dar. An zahlreichen Aussagen in verschiedenen Deklarationen und Strategiepapieren, die im Rahmen der VN, der OECD und der Weltbank[94] seit den 1990er Jahren verabschiedet wurden, lässt sich ablesen, dass sich mittlerweile im Problemfeld „Entwicklungszusammenarbeit und öffentliches Gesundheitswesen" ein grundsätzlicher Konsens darüber herausgebildet hat, dass die Ziele und Tätigkeiten privater Akteure dem Ziel des Abbaus von extremen Wohlstandsdisparitäten, der Erreichung der Millennium-Entwicklungsziele und der Verbesserung der öffentlichen Gesundheitsversorgung in Entwicklungsländern förderlich sein können (vgl. Huckel Schneider 2007: 11). Die grundsätzliche Kompatibilität der Ziele und Aktivitäten privater Akteure mit jenen öffentlicher Handlungsträger im Bereich „Entwicklungszusammenarbeit und öffentliches Gesundheitswesen" wurde in den letzten Jahrzehnten gerade von öffentlicher Seite zunehmend anerkannt (Edele 2006: 77f.).

Auch ein Zustand der Ressourceninterdependenz zwischen privaten und öffentlichen Akteuren lässt sich für den Fall des Globalen Fonds nachweisen (vgl. Huckel Schneider 2007: 11). Einer hohen Abhängigkeit öffentlicher Akteure von finanziellen Ressourcen, Management-Expertise und spezifischem Expertenwissen zur effektiven Bekämpfung der genannten Infektionskrankheiten steht eine hohe Abhängigkeit privater Akteure von der Ressource der Mitentscheidungsrechte auf globaler Ebene gegenüber. Darüber hinaus bedürfen private Akteure eines (zwischen-)staatlichen rechtlichen Rahmens, um ihre Ressourcen zur Problembearbeitung effektiv und effizient einsetzen zu können. Es wird zudem argumentiert, dass transnationale Unternehmen auch deshalb ein Interesse an der Ressource „Mitentscheidungsrechte in" und „Beteiligung an öffentlich-privaten Partnerschaften im Bereich der öffentlichen Gesundheitsversorgung" haben, weil sie sich Gewinne aus der Eröffnung oder Sicherung von (Absatz-)Marktmöglichkeiten versprechen (vgl. Huckel Schneider 2007: 12).

Es steht außer Zweifel, dass ein Vielfaches der jetzigen ODA-Mittel benötigt wird, um die genannten Krankheiten effektiv bekämpfen zu können. Zugleich sind die Möglichkeiten, andere Finanzierungsquellen als die von privaten Akteuren zu erschließen, begrenzt. Daraus folgt, dass vor der Gründung des Globalen Fonds aus Sicht der öffentlichen Akteure der Grad der Wichtigkeit finanzieller Mittel von privatwirtschaftlichen Akteuren und privaten Stiftungen hoch war und ihre Ersetzbarkeit sehr niedrig (Edele 2006: 78ff.). Auch die privaten immateriellen Ressourcen wie, erstens, Expertenwissen, insbesondere von NGOs, über Infektionskrankheiten wie AIDS sowie, zwei-

---

[94] Vgl. z.B. VN-Millenniumserklärung (2000), OECD-Erklärung „Shaping the 21st Century: The Contribution of Development Cooperation" (1996) sowie „Comprehensive Development Framework" (CDF) der Weltbank in Zusammenarbeit mit dem IWF (1999).

tens, Management-Expertise, insbesondere von privatwirtschaftlichen Akteuren, zur effektiven und effizienten Durchführung von Entwicklungshilfeprojekten mit dem Fokus der Krankheitsbekämpfung waren essentiell, d.h. kaum verzichtbar, und schwerlich aus anderen Quellen zu beziehen.[95] Sowohl der Bedarf an zusätzlichen finanziellen Ressourcen als auch die Notwendigkeit, neue immaterielle Ressourcen (Wissen, Informationen, Expertise, Legitimität) zu erschließen, wurden von öffentlichen Akteuren im Vorfeld der Einrichtung des Globalen Fonds mehrfach betont (ebd.: 81f.).

Angesichts der dauerhaften und nachdrücklichen Forderungen privater Akteure nach effektiven Partizipationsmöglichkeiten in den Entscheidungsgremien von Institutionen des Weltregierens im Bereich der öffentlichen Gesundheitsversorgung (insbesondere des Globalen Fonds selbst) kann auf der anderen Seite auch der Wert der staatlichen Ressource „Gewährung von Teilhabe an Entscheidungsprozessen" aus der Sicht privater Akteure als hoch eingestuft werden (ebd.: 83).

Vor dem Hintergrund dieser Ressourceninterdependenz zwischen öffentlichen und privaten Akteuren kann die inklusive institutionelle Ausgestaltung des Globalen Fonds als ein mit den spezifischen Interessen, Präferenzen und Fähigkeiten der beteiligten Akteure erklärbares Politikergebnis aufgefasst werden. Freilich erscheinen jenseits der rationalistischen Erklärung, die die Ressourcentausch-Theorie anbietet, auch andere Motivationen für multipartistische Politikkoordination und -kooperation denkbar als das Eigeninteresse der Akteure – zu denken wäre etwa an übereinstimmende normative Überzeugungen und Werte verschiedener Akteursgruppen.

3 Die Theorie kollektiver Güter und ihre Erklärungskraft für das Vorkommen und die institutionelle Ausgestaltung von Weltregieren

Ganz allgemein gesprochen liegt der Mehrwert der Theorie kollektiver Güter für die Analyse von Weltregieren darin, Probleme kollektiven Handelns aufzuzeigen, die die effektive kooperative Bearbeitung von transsouveränen Problemen erschweren oder gar unmöglich machen. Die Bereitstellung globaler kollektiver Güter lässt sich als Bestandteil von Weltregieren auffassen, insofern als die Produktion kollektiver öffentlicher Güter der Bearbeitung und – im besten Falle – Lösung von transsouveränen Problemen dient (vgl. Kap. 4). Im Folgenden wird nicht nur dargelegt, dass die Theorie kollektiver Güter erklären kann, warum sich angebbare Akteure nicht an der Erbringung von Weltregierensleistungen in Form der Bereitstellung kollektiver Güter beteiligen. Es wird darüber hinaus auch gezeigt, wie die Theorie zur Erklärung der institutionellen Formgebung, insbesondere der Inklusivität von Institutionen des Weltregierens nutzbar gemacht werden kann.

---

[95] Gerade in den am schlimmsten betroffenen Gebieten Sub-Sahara-Afrikas sind (I)NGOs oft die einzigen Akteure, die vor Ort die Probleme von Individuen und Gemeinschaften bearbeiten, die von HIV/AIDS betroffen sind.

Kapitel 6: Handlungstheoretische Ansätze

Im Einzelnen werden zunächst das Konzept der kollektiven Güter erläutert, verschiedene Arten von kollektiven öffentlichen Gütern unterschieden und die Annahmen entfaltet, die sich aus der Logik kollektiven Handelns rationaler Akteure für die Bereitstellung kollektiver Güter – insbesondere auf globaler Ebene – ergeben (vgl. Kaul/ Grunberg/ Stern 1999: 3ff.; Kaul/ Mendoza 2003: 82f.; Olson 1971). Daraufhin werden verschiedene theorienbasierte Antworten auf die Frage, unter welchen Umständen welche Akteure fähig und bereit sind, Weltregierensleistungen in Form der Produktion kollektiver Güter zu erbringen, vorgestellt. Die Ansätze des wohlwollenden und des Zwang ausübenden Hegemons der Theorie der hegemonialen Stabilität gehen davon aus, dass ein liberaler Hegemon die hinreichende Produktion globaler kollektiver Güter gewährleistet. Entgegen den Annahmen der Theorie der hegemonialen Stabilität zeigt sich jedoch, dass dauerhafte inter- und transnationale Kooperation und mithin die Bereitstellung globaler kollektiver Güter auch in Abwesenheit eines Hegemons durch zwischenstaatliche und inklusive, multipartistische Institutionen des Weltregierens möglich ist (vgl. Kap. 3.2; Kap. 5). Unter Rückgriff auf die Theorie kollektiver Güter lässt sich ein Zusammenhang herausarbeiten zwischen der Inklusivität von Institutionen des Weltregierens und der Art sowie den Eigenschaften der kollektiven Güter, die diese Institutionen bereitstellen (vgl. Kölliker 2006; Theiner 2007). Dieser Zusammenhang wird schließlich anhand (des Wandels) der Inklusivität von Institutionen des Weltregierens im Bereich „Internet Governance" erläutert.

3.1 *Begriffliche Grundlagen und Kernannahmen der Theorie kollektiver Güter*

Die Theorie kollektiver Güter[96] hat ihre Wurzeln im 18. Jahrhundert in David Humes „Treatise of Human Nature", in dem er über die Schwierigkeiten bei der Herstellung eines „common good" schreibt (Hume1978 [1739]). In der Volkswirtschaftslehre wird die Theorie auf das Auftreten von Marktversagen bei der Herstellung öffentlicher Güter im Unterschied zu privaten Gütern angewendet (Samuelson 1954, Musgrave 1959, Buchanan 1968). Private Güter definieren sich durch zwei Merkmale aus: Rivalität im Konsum und Ausschließbarkeit vom Konsum des Gutes. Rivalität im Konsum heißt: Ein privates Gut, das von einem Akteur konsumiert wird (z.B. ein Nahrungsmittel), steht daraufhin keinem anderen mehr zur Verfügung. Ausschließbarkeit bedeutet, dass andere Akteure (z.B. durch Eigentumsrechte) von der Nutzung eines Gutes ausgeschlossen werden können. Bei rein öffentlichen Gütern hingegen besteht keine Rivalität im Konsum, die Nutzung des Gutes durch einen Akteur hindert andere Akteure nicht

---

[96] Als Güter werden hier alle Mittel oder Leistungen (Sachgüter, Dienstleistungen und Nutzungsrechte) bezeichnet, die direkt oder indirekt der Bedürfnisbefriedigung von Menschen dienen. Der Begriff „kollektive Güter" umfasst sowohl reine öffentliche als auch unreine öffentliche (Club- und Allmende-) Güter. In der Literatur wird mitunter auch der Begriff „öffentliche Güter" als Oberbegriff für reine und unreine öffentliche Güter verwendet (s.u., Abb 6.2)

daran, das Gut in gleicher Weise in Anspruch zu nehmen – ein Beispiel dafür sind öffentliche Parkanlagen. Zudem kann bei rein öffentlichen Gütern niemand daran gehindert werden, das Gut zu nutzen – ein Ausschluss vom Konsum ist technisch unmöglich oder würde die Aufwendung übermäßig hoher („prohibitiver") Kosten erfordern (vgl. Kaul/ Kocks 2003). Dieses Kriterium der Nicht-Ausschließbarkeit von der Nutzung eines Gutes wird am Beispiel einer sauberen Umwelt deutlich, von deren Nutzung (soweit es überhaupt vorhanden ist) niemand ausgeschlossen werden kann.

Nun sind *rein öffentliche* Güter, von deren Nutzung niemand ausgeschlossen werden kann *und* die keinerlei Rivalität im Konsum aufweisen, relativ selten. *Unreine öffentliche Güter* („impure public goods") erfüllen nur eines der beiden Kriterien (vgl. Kaul/ Grunberg/ Stern 1999: 3ff.). Dazu zählen *Clubgüter*[97], bei denen zwar keine Rivalität im Konsum herrscht, aber der Ausschluss von Konsumenten möglich ist – ein Beispiel ist das im Rahmen der EU (ohne Großbritannien und Irland) geltende Schengener Abkommen über den Abbau von Personenkontrollen an den Binnengrenzen der Vertragsstaaten. Bei *Allmendegütern* (z.B. Hochseefischfang) herrscht dagegen Rivalität im Konsum, von ihrer Nutzung kann jedoch niemand ausgeschlossen werden, was insbesondere im Umweltbereich regelmäßig zur so genannten Tragödie der Allmendeübernutzung führt (vgl. Hardin 1968). Kölliker (2006) führt noch eine weitere Kategorie kollektiver Güter ein, die *Netzwerkgüter*, bei denen nicht nur keine Rivalität im Konsum herrscht, sondern der Nutzen der Produzenten eines Gutes sich sogar noch erhöht, je mehr Akteure das Gut benutzen. Beispiele sind offene technische Standards oder eine Sprache, bei denen auch kein Ausschluss vom Konsum möglich ist. Der komplementäre Charakter der Nutzung eines Netzwerkgutes zeigt sich etwa am Beispiel offener technischer Standards: Je mehr Akteure einen technischen Standard nutzen, desto größer werden die Vorteile der Harmonisierung von Standards für die Nutzer (Kölliker 2006: 202f., Weber 2004).

Merkmal		Ausschließbarkeit vom Konsum	
		Ja	Nein
Rivalität im Konsum	Ja	**private Güter** (*private goods*) Nahrung EU-Subventionen	**Allmendegüter** (*common pool resources*) Hochseefischgründe Stratosphäre
	Nein	**Club-/ Mautgüter** (*club goods*) Kabelfernsehen Schengener Übereinkommen	**reine öffentliche Güter** (*pure public goods*) Öffentliche Parkanlagen Friedensmissionen

Vgl. Kölliker (2006: 203)

Abb. 6.2: Verschiedene Arten von Gütern

---

[97] Für den Ausdruck „Clubgüter" wird mitunter auch die Bezeichnung „Mautgüter" verwendet. Die beiden Begriffe sind synonym.

Eine objektive Bestimmung, welche Qualität ein Gut besitzt – d.h. ob es rein öffentlich, privat, ein Club-, ein Allmende- oder ein Netzwerkgut ist –, ist meist nicht einfach. Sogar private Güter wie Nahrungsmittel haben oft einen indirekten Nutzen für die Gesamtgesellschaft. Gesunde Nahrungsmittel, die von einem Individuum verzehrt werden, erhalten die Arbeitskraft und Gesundheit des Einzelnen, was beides für die Gesamtgesellschaft von Vorteil ist (Kaul/ Grunberg/ Stern 1999: 4).

Die Charakteristika eines Gutes sind zudem häufig nicht objektiv, „von Natur aus" gegeben, sondern vielmehr abhängig von politischen Entscheidungen. Neben Kollektivgütern, die „aus sich selbst heraus" diese Qualität aufweisen, existieren auch Kollektivgüter, die gesellschaftlich oder politisch bewusst zu solchen gemacht wurden (Theiner 2007: 12; vgl. Kaul/ Mendoza 2003: 81ff.).[98] Umgekehrt können bestimmte Arten von Kollektivgütern (z.B. reine öffentliche oder Allmendegüter) von Regierenden gezielt – teilweise oder vollständig – in private Güter umgewandelt werden. Ein Beispiel ist die Stratosphäre – die Atmosphäre jenseits des Luftraums, über den Staaten Hoheitsrechte geltend machen –, von deren Nutzung technisch und (völker-)rechtlich zunächst einmal niemand ausgeschlossen werden kann. Durch die Einführung von Emissionszertifikaten wird das Gut „Stratosphäre" jedoch zumindest innerhalb der Europäischen Union durch die EU-Emissionshandelsrichtlinie (2003/87/EG) „künstlich" verknappt, um eine klimaschädliche Übernutzung (d.h. übermäßige Verschmutzung) als Allmendegut zu verhindern. Damit wurde ein Ausschlussmechanismus erzeugt, der die Stratosphäre teilweise „privatisiert" hat (Kaul/ Mendoza 2003: 81ff.) (vgl. Kap. 8). Auch technologische Neuerungen können den Charakter eines Gutes verändern. Seit es z.B. möglich ist, per Kabel übermittelte Fernsehprogramme zu verschlüsseln und somit Gebühren für die Ausstrahlung zu verlangen, fällt der Fernsehempfang nicht mehr allein in die öffentliche, sondern auch in die private Güterkategorie (Kaul/ Mendoza 2003: 85).

Im Allgemeinen erwächst aus der „Logik kollektiven Handelns" (vgl. Olson 1971) ein Mangel an Kollektivgütern – präziser: an reinen öffentlichen Gütern und Allmendegütern. Während private Güter auf freien Märkten produziert und gehandelt werden, so dass sich (idealerweise) durch Preisbildung Angebot und Nachfrage aneinander anpassen, besteht bei Kollektivgütern zwar eine gesellschaftliche Nachfrage, der auf den Märkten aber meist kein ausreichendes Angebot entspricht. Die Ursache dafür liegt im individuell rationalen, auf Kosten-Nutzen-Kalkülen basierenden Verhalten der Marktteilnehmer. Es fehlt an Anreizen zur Produktion von reinen öffentlichen Gütern und Allmendegütern. Kein Marktteilnehmer ist bereit, für ein Kollektivgut zu bezahlen, das er auf Grund der Nicht-Ausschließbarkeit von seiner Nutzung auch kostenlos nutzen kann. Reine öffentliche Güter sowie Allmendegüter zeichnen sich durch positive Externalitäten aus (vgl. Theiner 2007: 16). Externalitäten bezeichnen Auswirkungen,

---

[98] Es ist durchaus strittig, inwiefern die Erweiterung der Theorie kollektiver Güter durch die Einbeziehung der Möglichkeit bewusster gesellschaftlicher Modifikationen sinnvoll ist. Es lässt sich einwenden, dass damit das klassische Theoriegebäude der kollektiven Güter verlassen und eine restriktive Theorie durch konzeptuelle Ausdehnung verwässert wird (Theiner 2007: 13; Carbone 2007: 185).

die auch solche Akteure betreffen, die nicht an den zur Produktion des Gutes führenden Entscheidungen und Aktivitäten beteiligt waren. Positive Externalitäten sind demnach „Einsparungen (externe Ersparnisse, externe Nutzen) [..., für die] vom Empfänger eines Vorteils kein Entgelt gezahlt wird" (Schmid et al. 2006: 322f.). Im Falle von Gütern mit positiven Externalitäten sind die Produzenten des Gutes nicht dessen alleinige Nutznießer, sondern es kommen auch außenstehende Akteure in den Genuss positiver Effekte (Theiner 2007: 16, Kölliker 2006: 203f.). Rationale Marktteilnehmer, die in ihrem Eigeninteresse handeln, werden bestrebt sein, Güter mit positiven Externalitäten zu konsumieren, ohne zu deren Produktion beizutragen oder dafür zu bezahlen.[99] Dieses Verhalten wird als „Trittbrettfahren" („free riding") bezeichnet. Wenn aber nun jeder Marktteilnehmer ähnlich starke Anreize zum „Trittbrettfahren" verspürt, d.h. niemand bereit ist, sich an den Kosten der Produktion zu beteiligen, ist die Folge ein mangelndes Angebot an bzw. eine Unterversorgung mit kollektiven Gütern, die positive Externalitäten aufweisen. Ein Verhalten, das individuell rational ist, da es der Kostenvermeidung dient, kann so zu kollektiv unerwünschten Ergebnissen in Form einer Unterversorgung mit wichtigen kollektiven Gütern wie z.B. Klimaschutz führen (Olson 1971: 2; Kölliker 2006: 203f.).

Während Güter mit positiven Externalitäten in der Regel nicht in ausreichendem Umfang hergestellt werden, existiert ein Überangebot an Gütern mit negativen Externalitäten.[100] Negative Externalitäten sind „Kosten [..., für die] vom Schadenverursacher kein Ausgleich vorgenommen wird" (Schmid et al. 2006: 322f.). Negative Externalitäten entstehen dann, wenn die Produzenten eines Gutes nicht alleine die Kosten der Produktion tragen, sondern auch Unbeteiligte damit belasten (z.B. weiträumige grenzüberschreitende Schadstoffemissionen durch Industrieanlagen). Ein wenig irreführend ist hier der Begriff „Gut", weil die Herstellung von „Produkten" gemeint ist, die negative Auswirkungen auf andere Akteure als die Produzenten haben. Daher wird für Güter mit negativen Externalitäten häufig der Begriff „öffentliches Übel" („public bad") verwendet (Kaul/ Grunberg/ Stern 1999: 6; Kölliker 2006: 204).

Gleichviel ob die Produktion eines Gutes positive oder negative Externalitäten mit sich bringt, es liegt jeweils eine ineffiziente Ressourcenallokation vor: Positive Externalitäten führen dazu, dass das Angebot an einem Gut geringer ist als die Nachfrage. Negative Externalitäten bewirken, dass das Angebot an einem Gut bzw. „Übel" größer ist als die Nachfrage (Theiner 2007: 17).

---

[99] Rational handelnde Akteure verbergen mitunter ihre tatsächlichen Interessen an einem Gut, um sich nicht an den Kosten der Bereitstellung beteiligen zu müssen.
[100] Negative Externalitäten lassen sich prinzipiell für jede Güterart denken, werden jedoch meist als durch private Aktivitäten verursacht gesehen (Theiner 2007. 16; Kaul/Mendoza 2003: 107).

Kapitel 6: Handlungstheoretische Ansätze

- Nicht-Ausschließbarkeit von der Nutzung von (reinen) öffentlichen Gütern und Allmendegütern → **positive Externalitäten** → Mangel an Anreizen zur Produktion → (individuell) rationales Verhalten: „**Trittbrettfahren**" → kollektiv unerwünschtes Ergebnis: **Unterversorgung** mit wichtigen kollektiven Gütern

- „Güter" mit **negativen Externalitäten** (*öffentliche Übel*) → Möglichkeit der Abwälzung negativer externer Effekte auf Andere → starke **Anreize zur Produktion** → kollektiv unerwünschtes Ergebnis: **Überangebot** an *öffentlichen Übeln*

- Auftreten **positiver und negativer Externalitäten** → ineffiziente Ressourcenallokation (**Marktversagen**) → **Bedarf an Regieren** zur Korrektur

Abb. 6.3: Probleme kollektiven Handelns bei der Bereitstellung kollektiver Güter

Die Überbrückung der Kluft zwischen dem Bedarf an oder der Nachfrage nach reinen öffentlichen Gütern und Allmendegütern und dem Angebot dieser Güter wurde traditionell als Aufgabe des Staates angesehen (vgl. Kaul/ Grunberg/ Stern 1999: 8), weil dieser autoritativ zur Kostenübernahme durch Alle oder Viele verpflichten kann. Der Staat kann Marktversagen korrigieren, indem er selbst als Produzent kollektiver Güter auftritt; er kann aber auch als Garant oder Förderer privater Produktion von kollektiven Gütern auftreten, indem er Anreize zur Produktion kollektiver Güter setzt, Regeln aufstellt, die der Produktion kollektiver Güter (z.B. Sicherheit) dienen, deren Einhaltung überwacht und Trittbrettfahren negativ sanktioniert. Staatliches Eingreifen ist also nicht gleichzusetzen mit staatlicher Produktion kollektiver Güter: Staatliche Anreize können mitunter ausreichen, um die private Produktion eines Gutes zu erreichen (vgl. Theiner 2007: 11f.).[101] Im Zuge beschleunigter und intensivierter Globalisierungsprozesse (vgl. Kap. 2.2.) reichen einzelstaatliche Vorkehrungen zur Bereitstellung von kollektiven Gütern für die jeweilige Gesellschaft nicht mehr aus. Es entsteht ein wachsender Bedarf an globalen kollektiven Gütern (vgl. Kaul/ Grunberg/ Stern 1999a; Kaul/ Mendoza 2003; Kaul 2006), die durch ein Zusammenspiel nationaler Produktion und internationaler Kooperation herzustellen sind (Theiner 2007: 11; vgl. Stiglitz 1999: 320). Somit gewinnen Probleme kollektiven Handelns jenseits des Nationalstaates an Bedeu-

---

[101] Grundsätzlich sind hinsichtlich der Bereitstellung von Kollktivgütern zwei Produktionsformen zu unterscheiden. Ein Gut kann von einem einzelnen Akteur (oder einer Akteursgruppe) – z.B. dem Staat oder (auf globaler Ebene) einer internationalen Organisation – selbst bereitgestellt werden, so dass ein Kollektiv – z.B. die Gesellschaft oder (auf globaler Ebene) die internationale Staatengemeinschaft – es konsumieren kann. Ein Beispiel auf einzelstaatlicher Ebene sind (staatliche) Schulen. Die Produktion eines öffentlichen Gutes (z.B. öffentlicher Sicherheit) kann aber auch dezentral durch kollektive Regelbefolgung (z.B. von Gesetzen gegen Diebstahl bzw. Raub) erfolgen (Kölliker 2006: 219). Dazu bedarf es in der Regel jedoch Kontrollinstanzen (wiederum etwa des Staates oder einer internationalen Organisation), die die Regelbefolgung überwachen und für die Akteure attraktives Trittbrettfahren negativ sanktionieren.

tung.[102] Globale Kollektigüter sind in ihrer Reichweite nicht auf die einzelstaatliche oder die regionale Ebene (z.B. der EU) begrenzt. Reine globale öffentliche Güter zeichnen sich neben den Kriterien der Nicht-Rivalität im Konsum und der Nicht-Ausschließbarkeit vom Konsum durch das Merkmal der Globalität aus, d.h. sie beinhalten positive Externalitäten für mehr als nur eine Gruppe von Staaten (Kaul/ Grunberg/ Stern 1999: 9ff.).[103]

Globale Kollektivgüter werden in der Regel in mehreren Schritten einer „Produktionskette" oder eines „Produktionspfades" (Kaul/ Grunberg/ Stern 1999: 13) hergestellt. *Finale* Güter sind „Endprodukte", die durch die Produktion von in der Regel mehreren „vorgelagerten", *intermediären kollektiven (mitunter aber auch privaten)* Gütern bereit gestellt werden oder deren Nutzen dadurch erhalten bleibt. Finale globale öffentliche Güter können materiell sein wie etwa eine saubere Umwelt oder Bauwerke, die zum Weltkulturerbe zählen, oder nicht greifbar wie Frieden oder Stabilität der Finanzmärkte. Intermediäre Güter tragen dazu bei, dass finale Güter hergestellt werden. Beispiele für intermediäre öffentliche Güter auf internationaler Ebene sind die Friedensmissionen der Vereinten Nationen oder internationale Institutionen wie das Chemiewaffenverbotsregime, das Kyoto-Protokoll oder globale Institutionen der öffentlichen Gesundheitsversorgung („global public health governance institutions"), die jeweils der Bereitstellung der finalen globalen öffentlichen Güter „Frieden", „saubere Umwelt" oder „Gesundheit für Alle" dienen. Intermediäre Güter, die als Bausteine eines finalen globalen Kollektivgutes dienen, können jedoch auf unterschiedlichen Ebenen liegen und müssen zudem nicht notwendigerweise selbst Kollektivgüter sein. Zur Produktion des finalen globalen öffentlichen Gutes der Auslöschung von Malaria tragen etwa sowohl private Güter (Moskitonetze) auf der untersten Ebene als auch nationale öffentliche Güter (nationale Impfprogramme) und globale öffentliche Zwischen-Güter (medizinisch-pharmazeutisches Wissen über die Krankheit) bei (Theiner 2007: 14).

Der Logik kollektiven Handelns entsprechend ist die Bereitstellung von globalen (intermediären wie finalen) Kollektivgütern trotz der gestiegenen Anerkennung des Bedarfs an ihnen mangelhaft: „Das Streben nach Frieden, finanziellen Institutionen für multilateralen Handel [...] und einem ökologisch lebensfähigen Planeten ist inzwischen universell, jedoch werden diese kollektiven Güter nur sporadisch oder spärlich bereitgestellt" (Olson 1973: 873). Ein zentrales Problem ist, dass die Staaten sich im internati-

---

[102] Zur Anwendung der Theorie kollektiver Güter auf die internationale Ebene vgl. auch schon Hardin 1968, Russett/ Sullivan 1971, Kindleberger 1986a, Mendez 1992, Sandler 1997.

[103] Nach Kaul/ Grunberg/ Stern (1999: 11) zeichnen sich *globale* öffentliche Güter – neben ihrer über regionale Staatengruppen hinaus gehenden Reichweite – durch zwei weitere Merkmale aus: Erstens müssen globale öffentliche Güter ein breites Spektrum der Bevölkerung(en) erreichen und nicht nur eine einzelne sozioökonomische Schicht. Zweitens befriedigt ein globales öffentliches Gut die Bedürfnisse sowohl gegenwärtiger Generationen als auch zukünftiger Generationen oder schädigt zumindest die Lebenschancen späterer Generationen nicht. Die Gefahr dieser breiten Begriffsdefinition besteht jedoch darin, das analytische Konzept der globalen öffentlichen Güter mit normativen, politikprogrammatischen Vorgaben zu überfrachten.

Kapitel 6: Handlungstheoretische Ansätze 349

onalen System häufig wie Marktteilnehmer verhalten, d.h. die Maximierung ihres eng definierten Eigennutzens anstreben, anstatt die Funktion von gemeinwohlorientierten (kollektiv) Regierenden zu übernehmen, die zum Wohle Aller globale Kollektivgüter herstellen (vgl. Martin 1999: 51ff.). Auf globaler Ebene fehlt ein Leviathan (vgl. Kap. 5), der Kollektivgüter produzieren und (von ihm „regierte") Akteure autoritativ zur Kostenübernahme bei der Produktion von Kollektivgütern zwingen könnte (vgl. Kindleberger 1986).

Es stellt sich daher die entscheidende Frage, welche Akteure unter welchen Bedingungen das Problem des kollektiven „Nichthandelns", d.h. der Unterversorgung mit Kollektivgütern, auf globaler Ebene lösen und die Bereitstellung globaler Kollektivgüter übernehmen oder deren Herstellung durch Maßnahmen zur Regeldurchsetzung und Sanktionierung von Regelbrüchen gewährleisten können (Kaul/ Grunberg/ Stern 1999: 15). Die Ansätze des wohlwollenden („benevolent") und des Zwang ausübenden („coercive") Hegemons schreiben einem Hegemon die Fähigkeit und den Willen zu, diese Funktion zu übernehmen. Sie betrachten ihn mithin als funktionalen Ersatz für einen weltstaatlichen „Leviathan".

3.2 Kollektive Güter und die Ansätze des wohlwollenden und des Zwang ausübenden Hegemons

Das Konzept des kollektiven Gutes wurde bereits von Vertretern der Theorie der hegemonialen Stabilität (Gilpin 1986, 1987, Keohane 1980, Kindleberger 1976; vgl. Snidal 1985: 581f.; 586) zur Erklärung der Akzeptanz und der (In-)Stabilität hegemonialen Weltregierens genutzt. In Kap. 5 wurde bereits das Modell der quasi-hierarchischen Steuerung durch einen Welthegemon vorgestellt. Obwohl das Modell insgesamt weder unter empirisch-deskriptiven noch unter normativ-präskriptiven Gesichtspunkten überzeugt, kann es doch in bestimmten Problemfeldern – z.B. im Bereich der Bekämpfung des transnationalen Terrorismus – zum Verständnis globaler Steuerungsprozesse beitragen. Daher soll in der folgenden akteurszentrierten Diskussion der Ansätze des wohlwollenden und des Zwang ausübenden Hegemons (vgl. Snidal 1985) unter Rückgriff auf das Konzept der Kollektivgüter herausgearbeitet werden, unter welchen Bedingungen ein Hegemon bereit ist, Steuerungsleistungen für Alle zu erbringen, und andere Staaten gewillt sind, die hegemoniale Führung zu akzeptieren.

Die Theorie der hegemonialen Stabilität geht davon aus, dass die Existenz eines liberalen Hegemons in der Regel zu kollektiv wünschenswerten Politikergebnissen für alle Staaten im internationalen System führt. Die Dominanz eines Staates äußert sich demnach in einer „Führungsrolle" bei der Produktion kollektiver Güter (z.B. eines liberalen Handelsregimes oder internationaler Sicherheit) und nicht in „Ausbeutung" (d.h. der rücksichtslosen Verfolgung hegemonialer Interessen *auf Kosten* anderer Staaten). Umgekehrt wird die Abwesenheit eines Hegemons mit Unordnung im internationalen System und unerwünschten Ergebnissen für die einzelnen Staaten assoziiert (Snidal 1985: 579, 612; Gilpin 1986, 1987).

Internationale Regime und Organisationen als Ausdruck internationaler Ordnungsstiftung reflektieren Verschiebungen in der Machtverteilung im internationalen System: Aufstieg und Fall des Hegemons führen zur Entstehung oder zum Niedergang stabiler und allgemein nutzenmehrender internationaler Institutionen. Wiewohl letztere Annahme als empirisch widerlegt gelten kann – Kooperation in und durch internationale Organisationen und internationale Regime ist auch unter nicht-hegemonialen Bedingungen möglich (vgl. Kap. 3.2; Keohane 1984; Rittberger/ Zürn 1990) –, lohnt sich ein genauerer Blick auf die Theorie kollektiver Güter, auf die die Begründung der allgemeinen Vorteilhaftigkeit einer hegemonialen Ordnung gemäß der Theorie der hegemonialen Stabilität nach Kindleberger (1976) und Gilpin (1986, 1987) zurückgreift.

Gemäß der „Logik kollektiven Handelns" (Olson 1971) bestehen zumindest in einer großen Gruppe und in Abwesenheit von „selektiven Anreizen", für die Mitglieder der Gruppe (z.B. die Staaten im internationalen System) bei der Produktion kollektiver Güter, von deren Konsum niemand ausgeschlossen werden kann, starke Anreize zum „Trittbrettfahren". Daraus ergibt sich, dass diese Güter eher unzureichend bereitgestellt werden mit der Folge, dass ein Mangel an globalen kollektiven Gütern herrscht (vgl. oben). Das Trittbrettfahrerproblem kann nur ein Hegemon lösen (Gilpin 1987: 16; Schneider 1997: 2f.). Er tut dies, indem er das Gut selbst zur Verfügung stellt oder einen weit überproportionalen Anteil der Kosten trägt, weil sein Interesse an der Bereitstellung groß genug ist (wohlwollender Hegemon). Er kann aber auch die anderen Staaten zur Kooperation, d.h. zur Übernahme von bei der Güterherstellung anfallenden Kosten zwingen (Zwang ausübender Hegemon) (Schneider 1997: 4f.; vgl. Snidal 1985: 587ff.).

Gemäß dem Ansatz des wohlwollenden Hegemons ändert sich dann etwas am Zustand der Unterversorgung mit kollektiven Gütern, wenn ein einzelner Staat ein ausreichendes Interesse an einem bestimmten Kollektivgut hat, so dass er bereit ist, (nahezu) die vollen Kosten für dessen Bereitstellung zu tragen (Snidal 1985: 581). Freilich ist zu erwarten, dass die Ausgestaltung des Gutes (z.B. „*Art* der von internationalen Handels- und Finanzordnung) den grundlegenden Interessen des hegemonialen Urhebers entsprechen wird (vgl. Kapstein 1999: 473). Da jedoch dauerhaftes hegemoniales Weltregierens letztlich auf Konsens zwischen dem Hegemon und den schwächeren Staaten basiert, wird der wohlwollende Hegemon sich dazu verstehen, seine Ziele (die Ausgestaltung des Gutes) bis zu einem gewissen Grad zu modifizieren, um Folgebereitschaft von Seiten der schwächeren Staaten zu erzeugen oder zu erhalten und Widerstand gegen seine Führerschaft bis hin zur Gegenmachtbildung zu vermeiden (Ikenberry 2001: 28; Kubbig 2001: 498f, 514; Lake 1999: 251; vgl. Ikenberry 1998/99; Mastanduno 1999). Als empirisches Beispiel für ein solches von einem wohlwollenden Hegemon hergestelltes Kollektivgut gilt die Begründung und Aufrechterhaltung eines stabilen, beschränkt liberalen Handelsregimes nach dem Zweiten Weltkrieg (vgl. Kap. 2.3) durch die USA (Kindleberger 1976). Der Hegemon USA stellte weitgehend liberale Regeln auf und schuf internationale Institutionen zu deren Überwachung, Weiterentwicklung und Anpassung. Durch ihre passive Handelsbilanz und den Dollar als Ankerwährung waren die USA nach dem Zweiten Weltkrieg über lange Zeit ein Liquiditätsgarant. Der wohlwollende Hegemon USA agierte zudem als Krisenmanager, der im Notfall Liquidität sicher stellte und einen Absatzmarkt gerade auch in Zeiten ökonomischer Rezession bereit stellte (Kapstein 1999: 467).

Für Snidal (1985: 581ff.) folgt aus der Logik der Theorie kollektiver Güter, dass der Hegemon bei der Bearbeitung globaler Probleme zwar einen Netto-Gewinn aus der Bereitstellung eines problemlösungsrelevanten Gutes erzielt, kleinere Staaten jedoch relativ betrachtet mehr gewinnen: Sie tragen keine oder relativ gesehen deutlich geringere Kosten und haben doch vollen Anteil an den Gewinnen aus der Bereitstellung des Gutes. In Olsons Worten: „Die Kleinen beuten die Großen aus" (Olson 1971: 29). Der Hegemon produziert globale Kollektivgüter, die nicht nur seinen eigenen Präferenzen entsprechen, sondern auch zur Lösung gemeinschaftlicher Probleme beitragen, wodurch die Dominanz eines Staates Allen zugute kommt – insbesondere den schwächeren Staaten im internationalen System.

Das Element der Bereitstellung kollektiver Güter betont die wechselseitige Vorteilhaftigkeit hegemonialer Steuerung gegenüber der einseitigen auf Zwang basierenden Durchsetzung des hegemonialen Eigeninteresses (vgl. zu letzterer Position: Krasner 1976). Dies bedeutet, dass z.B. ein an einer liberalen Weltwirtschaftsordnung interessierter Hegemon willens sein muss, seine eigenen kurzfristigen ökonomischen Interessen dem größeren mittel- und langfristigen Wohl der internationalen Ökonomie, das seinem aufgeklärtem Eigeninteresse entspricht (Gilpin 1987: 88), unterzuordnen und alle oder zumindest überproportionale hohe Kosten bei der Bereitstellung dafür notwendiger Kollektivgüter zu tragen (Gilpin 1987: 365; vgl. Schneider 1997: 3). Unter diesen Bedingungen ist es für die anderen Staaten rational, die Hegemonie eines Staates zu begrüßen, dessen Stellung zu akzeptieren und zu versuchen, durch „Trittbrettfahren" ihre Netto-Gewinne zu maximieren (Snidal 1985: 583). Der wohlwollende Hegemon lässt sich trotz seiner überlegenen Ressourcenausstattung ausnutzen, weil er andere Akteure nicht dazu bringen kann, sich proportional an den Kosten der Produktion eines von ihm hoch geschätzten Kollektivgutes zu beteiligen, und diese nicht von der Nutzung des Gutes ausschließen kann.

Dieser empirisch zumindest fragwürdigen Annahme widerspricht der Ansatz des Zwang ausübenden Hegemons. Aus der Frage, inwieweit der Hegemon bereit ist, sich „ausnutzen" zu lassen, erwächst mithin die Unterscheidung zwischen den Ansätzen eines wohlwollenden und eines Zwang ausübenden Hegemons (Snidal 1985: 587f.). Letzterem zufolge stellt der Hegemon nicht nur das Gut bereit. Er ist auch in der Lage, notfalls durch Zwang Beiträge zur Bereitstellung des Gutes von anderen Staaten zu erheben. Der Hegemon „besteuert" die anderen Staaten dafür, dass er wichtige Kollektivgüter bereit stellt. Staaten akzeptieren dies wegen der überlegenen (Erzwingungs-) Macht des Hegemons widerstrebend oder weil sie Netto-Gewinne, d.h. einen Überschuss an Vorteilen des Kollektivgutes gegenüber dem Beitrag, der von ihnen erhoben wird, erzielen und daher die hegemoniale Führung als nützlich betrachten. Grundsätzlich verschiebt sich der Fokus der Theorie jedoch von der Fähigkeit eines Hegemons, Kollektivgüter selbst bereit zu stellen, auf dessen Fähigkeit, andere Staaten zu zwingen, erhebliche Beiträge zur Güterproduktion oder zu den Kosten der Güterproduktion zu leisten (Snidal 1985: 588).

Das Problem der Bereitstellung globaler Kollektivgüter wird nicht dadurch gelöst, dass der Hegemon alle oder zumindest weit überproportional hohe Kosten übernimmt, sondern dadurch, dass er sich als zentrale Autorität anderen Staaten aufzwingt und in der Lage ist, das Äquivalent von Steuern zu erheben. Die Implikationen dieses Wechsels vom wohlwollenden zum Zwang ausübenden Hegemon sind weitreichend: Selbst wenn die Güterbereitstellung und die dafür erhobene „Steuer" sowohl den Hegemon als auch die schwächeren Staaten gleich gut oder besser als bei Nicht-Bereitstellung des Gutes stellen, ist nicht gesagt, dass die Netto-Gewinnverteilung kleinere Staaten bevorzugt. Der Hegemon ist in der Lage, die Kosten der Güterproduktion zwischen den Staaten zu verteilen und die Gewinnverteilung zu seinen Gunsten zu beeinflussen.

Im Extremfall kann die auf Zwang basierende Verteilung der Netto-Gewinne sogar ausbeuterisch – d.h. nicht länger für alle (auch die schwächeren) Akteure vorteilhaft verglichen mit der Nicht-Produktion des Gutes – ausgestaltet sein; dann übersteigen die den unterlegenen Staaten aufgebürdeten Kosten deren Gewinne aus der Produktion des Kollektivgutes. Nach Gilpin (1986) werden unterlegene Staaten es solange hinnehmen, „ausgebeutet" zu werden, wie die Kosten der Ausbeutung niedriger sind als die Kosten eines Sturzes des Hegemons. Auf die Spitze getrieben impliziert diese Argumentation, dass nur eigene Schwäche den Hegemon dazu bringen wird, sich zur Wahrung seiner gefährdeten Führungsposition wohlwollend zu verhalten (Snidal 1985: 588).

Zusammenfassend lässt sich festhalten, dass effektive hegemoniale Führung sowohl durch einen wohlwollenden Hegemon als auch durch einen Zwang ausübenden Hegemon jedenfalls ein Interesse des Hegemons an der Bereitstellung von allgemein Nutzen mehrenden Kollektivgüter sowie die Fähigkeit dazu erfordert. Die Ansätze des wohlwollenden und des Zwang ausübenden Hegemons unterscheiden sich jedoch mit Blick auf die Kostenverteilung, die diese Güterbereitstellung mit sich bringt. Während der wohlwollende Hegemon sich „ausnutzen" lässt, ist der notfalls Zwang ausübende Hegemon in der Lage, seine überlegene Ressourcenausstattung gegenüber anderen Staaten zu seinem eigenen Vorteil einzusetzen. Das langfristige Systemerhaltungsinteresse, das sich als Grad der Toleranz gegenüber eigenen relativen Verlusten auffassen lässt, ist bei einem wohlwollenden höher als bei einem Zwang ausübenden Hegemon (Gilpin 1987: 88ff., Schneider 1997: 7).

Ein Blick auf die Empirie zeigt, dass sich Wohlwollen („benevolence") und Zwang („coercion") nicht wechselseitig ausschließen. Empirisch sind Kombinationen aus wohlwollender Bereitstellung kollektiver Güter durch den Hegemon und der auf Zwang beruhenden Erhebung von Beiträgen der schwächeren Staaten anzutreffen (Snidal 1985: 590). Dies zeigt sich schon bei Gilpins (1987) Diskussion der Funktion eines Hegemons für eine beschränkt liberale Weltwirtschaftsordnung. Der Hegemon setzt laut Gilpin die gemeinsamen Regeln der Weltwirtschaft durch und verhindert Trittbrettfahren (Gilpin 1987: 75; Schneider 1997: 4f.). Diese Aufgabe kommt dem Hegemon zu, weil nur er über die nötige Sanktionsmacht zur effektiven „Bestrafung" von Trittbrettfahren verfügt. Allerdings tendiert der Hegemon auch dazu, einen überproportionalen Teil der Kosten bei der Produktion systemerhaltender Kollektivgüter zu tragen (Gilpin 1987: 89), was eine wesentliche Ursache für mittel- und langfristige relative Machtverluste des Hegemons und mithin für den nahezu zwangsläufigen Niedergang einer jeden hegemonialen Ordnung ist (Gilpin 1987: 78). Daran lässt sich ablesen, dass ein Hegemon kaum einmal ausschließlich als „Wohltäter" oder als reine „Zwangsmacht" auftreten wird (vgl. Lake 1999: 467). Der Hegemon wird zur Durchsetzung seiner Interessen regelmäßig aus einem breiten Spektrum von wohlwollenden *und* auf Zwang beruhenden Maßnahmen schöpfen. Die beschriebenen Varianten des wohlwollenden und des Zwang ausübenden Hegemons können als Extremwerte auf einem Kontinuum – von der Ausnutzung des Hegemons bis zur Ausnutzung der schwächeren Staaten bei der Güterbereitstellung – betrachtet werden (vgl. Kubbig 2001: 510f.). Soll die hegemoniale Ordnung von Dauer sein, wird das Verhalten des Hegemons jedoch letztlich eher wohlwollend als Zwang ausübend sein müssen. Nur so lässt sich stabile Folgebereitschaft erzeugen und ein Herrschaftskonsens mit den schwächeren Staaten aufrecht erhalten (vgl. Kap. 5; Kapstein 1999: 468ff.; Kubbig 2001: 498f.; Mastanduno 1999: 147ff., 157).[104]

Der **wohlwollende Hegemon** ...	Der *Zwang ausübende Hegemon* ...
... ist in seinem Verhalten gegenüber anderen Staaten wohlwollend und überwiegend konsens-/ kompromissorientiert.	... stützt sich in seinem Verhalten gegenüber anderen Staaten auf die Androhung und Ausübung von Zwang.
... hat die Fähigkeit und ein Interesse daran, globale Kollektivgüter, die ihm selbst, aber auch den anderen Staaten zugute kommen, bereit zu stellen.	... hat die Fähigkeit, andere Staaten zur Kooperation und damit zur Beteiligung an der Produktion von globalen Kollektivgütern zu *zwingen*.
... trägt überproportionale Kosten bei der Bereitstellung globaler öffentlicher Güter.	... erhebt durch Zwang Beiträge von anderen Staaten zur Bereitstellung globaler Kollektivgüter.
... lässt sich tendenziell von anderen Staaten „ausnutzen".	... beutet im Extremfall andere Staaten aus.

Abb. 6.4: Kernannahmen der Ansätze des wohlwollenden und des Zwang ausübenden Hegemons

Die Erklärungskraft der sich auf die Theorie kollektiver Güter stützenden Ansätze des wohlwollenden und des Zwang ausübenden Hegemons hat eindeutig Grenzen. Wie bereits betont wurde, ist die pessimistische Annahme, dass kollektives Handeln zur Bereitstellung kollektiver Güter – etwa zur Schaffung und Aufrechterhaltung einer beschränkt liberalen Weltwirtschaftsordnung – in Abwesenheit eines Hegemons generell

---

[104] Die Annahme, ein Hegemon könne sowohl wohlwollend agieren als auch mit Zwangsmitteln operieren – d.h. Merkmale der wohlwollenden und der Zwang ausübenden Hegemonie auf sich vereinen –, wirft freilich die Frage auf, wann sich der Hegemon für welches Verhalten entscheidet (vgl. Kubbig 2001: 515).

unmöglich ist (vgl. Gilpin 1987: 74, 88), nicht haltbar. Kooperation zwischen einer Vielzahl verschiedener (nicht nur staatlicher) Akteure ist auch ohne einen Hegemon, der überproportionale Lasten trägt oder als einem Leviathan ähnliche Zwangsinstanz fungiert, zu erreichen. Ferner ist auch zu beobachten, dass der Hegemon, d.h. derzeit die USA, längst nicht immer die Funktion der Bereitstellung globaler kollektiver Güter übernimmt, sondern ihre Produktion (z.B. im Falle des Klimaschutzes) mitunter massiv behindert. Gilpin sieht im Hegemon einen Produzenten wichtiger kollektiver Güter wie Sicherheit oder Finanzmarktstabilität. Selbst in der Variante des Zwang ausübenden Hegemons zielt das hegemoniale Verhalten auf die *Bereitstellung* kollektiver Güter ab. Empirisch lassen sich aber durchaus Beispiele finden, bei denen die USA als Herausforderer und zum Teil „Zerstörer" von Organisationen, Regimen und Verträgen agiert(e) (Kubbig 2001: 501f.).[105]

Dennoch kann die beschriebene Verknüpfung des Konzepts der kollektiven Güter und der hegemonialen Steuerung problemfeldspezifisch durchaus erklärungskräftig sein. Dies gilt nicht nur für das Beispiel der Errichtung einer gemäßigt liberalen Welthandelsordnung nach dem Zweiten Weltkrieg (vgl. Kap. 2.3), sondern auch für die Bekämpfung des transnationalen Terrorismus (vgl. Kap. 7) oder die Gewährleistung von Finanzmarktstabilität (vgl. Kap. 8). Die Theorie kollektiver Güter lässt sich jedoch über die relativ enge staatenfixierte Sichtweise der Theorie der hegemonialen Stabilität hinaus auch zur Analyse des Auftretens und der institutionellen Ausgestaltung inklusiver Weltregierensarrangements nutzbar machen.

3.3 *Die Theorie kollektiver Güter und die Implikationen von Gütereigenschaften für die Ausgestaltung von Weltregierensarrangements*

Die Theorie kollektiver Güter lässt sich auch dazu nutzen, die Formgebung – insbesondere die Inklusivität – von Institutionen des Weltregierens zu erklären (Kölliker 2006, Theiner 2007). Dazu wird eine modifizierte Form des Ansatzes von Kölliker (2006) vorgestellt, wonach die institutionelle Ausgestaltung insbesondere die Inklusivität[106]

---

[105] Insbesondere (aber nicht nur) während der ersten Amtszeit der Bush Jr.-Administration waren Anzeichen zu beobachten, dass der Hegemon USA zu „regelloser Hegemonie" geprägt von Unilateralismus, Widerstand gegen neue internationale Verpflichtungen und Nicht-Einhaltung oder Aufkündigung bestehender Abkommen tendierte.

[106] Zu betonen ist, dass Kölliker mit einem anderen Inklusivitätsbegriff als dem hier zugrunde gelegten (nach Rittberger et al. 2008; vgl. Kap. 3.2) arbeitet. Laut Kölliker ist die Inklusivität einer Institution des Weltregierens durch die Anzahl der beteiligten Akteure unabhängig davon, ob sie öffentliche oder private Akteure sind definiert. Für Kölliker ist Inklusivität somit ein quantitatives Merkmal einer Institution – je größer die Zahl der teilhabenden Akteure an einer Institution, desto „inklusiver" ist sie. Das qualitative Merkmal der Beteiligung unterschiedlicher Akteurskategorien, d.h. die Frage, ob öffentliche und/oder private Akteure Mitglieder sind, wird von Kölliker mit dem Begriff der „publicness" der Institution beantwortet (vgl. Koenig-Archibugi/ Zürn 2006: 13ff.; Theiner 2007: 8). Köllikers Annahmen erweisen sich im Ergebnis jedoch als weitgehend kompatibel mit dem hier vertretenen Inklusivitätsverständnis.

verschiedener Formen des Weltregierens von der *Art des Gutes* und der *Art und Reichweite seiner Externalitäten* abhängt, die es produziert.

Institutionen des Weltregierens können von öffentlichen Akteuren oder privaten Akteuren gebildet werden oder inklusiver Natur sein, d.h. sowohl von privaten als auch von öffentlichen Akteuren getragen werden. Von zentraler Bedeutung für die Zusammensetzung von Institutionen des Weltregierens, die kollektive Güter produzieren, sind zunächst Fragen der *Effizienz* der Produktion dieser Güter (Kölliker 2006: 208ff.). Es wurde bereits erläutert, dass das Auftreten von positiven wie negativen Externalitäten eine ineffiziente Ressourcenallokation mit sich bringt, weil in diesem Fall das Angebot an und die Nachfrage nach einem Gut nicht im Gleichgewicht sind. Eine Institution, die ein Gut effizient bereitstellen will, muss folglich positive wie negative Effekte für Außenstehende vermeiden. Mit anderen Worten: Sie muss positive und negative Externalitäten internalisieren (Theiner 2007: 17). Nur eine Institution, die alle von nennenswerten Externalitäten betroffenen Akteure einbindet, ist dazu in der Lage. In diesem Fall, d.h. wenn die Internalisierung von Externalitäten durch die Einbeziehung aller von Externalitäten betroffenen Akteure in die Produktion des Gutes glückt, besteht kein ernsthaftes Problem kollektiven Handelns zwischen Produzenten und Außenstehenden. Solche Gruppen können als optimale Regelungseinheit („optimal regulatory unit") bezeichnet werden (Holzinger 1999: 15ff). Im Falle von gravierender Ineffizienz, wenn also die Internalisierung der Externalitäten misslingt, ist zu erwarten, dass die Produzenten, die positive Externalitäten herstellen, ohne dafür entschädigt zu werden, starke Anreize haben, andere begünstigte Akteure an den Kosten der Produktion zu beteiligen. Bei negativen Externalitäten hingegen gehen die Impulse zur Beteiligung von denjenigen Akteuren aus, die von ihnen betroffen sind, ohne an der Produktion beteiligt zu sein (Kölliker 2006: 208). Schwerwiegende Effizienzprobleme einer Institution generieren also Druck, eine neue, effizientere Institution zu schaffen oder die bestehende Institution anzupassen (Theiner 2007: 17) – wobei dieser Druck allerdings auf Grund institutioneller Trägheiten und gegensätzlicher Interessen zwischen bisher Außenstehenden und Mitgliedern der Institution längst nicht immer zur tatsächlichen Modifikation der Institution führen muss.

Bei Externalitäten ist nicht nur zwischen positiven oder negativen externen Effekten zu differenzieren. Externalitäten unterscheiden sich auch hinsichtlich ihrer territorialen und funktionalen Reichweite: Externalitäten können mehr oder weniger *grenzüberschreitend* („cross-territorial") und mehr oder weniger *sektorenübergreifend* („cross-sectoral") sein. Grenzüberschreitende Externalitäten beeinflussen Akteure über Grenzen hinweg. Sie treten auf, wenn ein Gut, das in einem Staat produziert wird, Auswirkungen auf andere Staaten bzw. Akteure in anderen Staaten hat. Sektorenübergreifende Externalitäten hingegen bezeichnen Auswirkungen auf gesellschaftliche Gruppen – oder die Gesellschaft als Ganzes –, die nicht direkt an der Produktion des Gutes beteiligt sind. Sektorenübergreifende Externalitäten liegen vor, wenn die Produktion eines Gutes in einem Sektor (z.B. Wirtschaft) externe Effekte auf andere Sektoren (z.B. Umwelt) hat. Je stärker ausgeprägt grenzüberschreitende und sektorenüberschreitende

Externalitäten bei der Produktion eines Gutes anfallen, desto gravierender sind die Effizienzprobleme der Güterproduktion (Kölliker 2006: 209f.; Theiner 2007: 18).

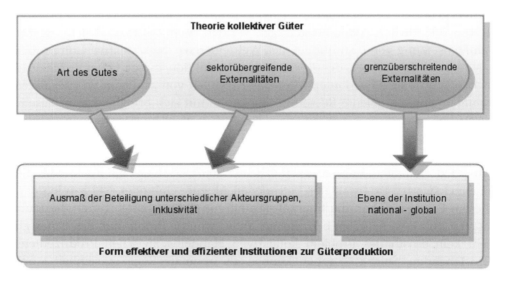

Abb. 6.5: Die Theorie kollektiver Güter und die institutionelle Formgebung von Weltregieren

Unter Rückgriff auf die Konzepte der funktionalen und territorialen Reichweite von Externalitäten lassen sich Schlüsse ziehen auf die Form, die Institutionen des Regierens annehmen werden, um bestimmte Güter effizient bereitzustellen. Es ist davon auszugehen, dass die Fähigkeit ausschließlich privater Institutionen des Regierens, ein Gut bereitzustellen, in dem Maße abnimmt, in dem die sektorenüberschreitenden Externalitäten zunehmen. Analog nimmt die Fähigkeit ausschließlich einzelstaatlicher Institutionen des Regierens zur effizienten Güterproduktion in dem Maße ab, in dem die grenzüberschreitenden Externalitäten zunehmen (Kölliker 2006: 206ff.; Theiner 2007: 18).

Wenn ein Gut grenzüberschreitende Auswirkungen hat, aber kaum sektorenübergreifende Externalitäten festzustellen sind, ist davon auszugehen, dass *transnationale private Akteure* das Gut effizient bereitstellen können (z.B. internationaler Sport) (vgl. Becker/ Lehmkuhl 2003; Rittberger/ Boekle 1996). Güter mit grenzüberschreitenden und sektorenübergreifenden Externalitäten hingegen können effizient von *internationalen öffentlichen Akteuren* (Kölliker 2006: 211) oder *inklusiven, öffentlich-privaten Institutionen* bereitgestellt werden. Geht man davon aus, dass die Produktion eines Gutes umso effizienter ist, je mehr von Externalitäten eines Gutes betroffene Akteursgruppen in dessen Produktion einbezogen werden, erscheinen insbesondere *globale inklusive Institutionen* als effiziente Lösung zur Bereitstellung von Gütern mit starken grenzüberschreitenden und sektorenübergreifenden Externalitäten.

Neben Fragen der Effizienz sind aber auch Gesichtspunkte der Effektivität der Güterproduktion ausschlaggebend für die Inklusivität von Institutionen des Weltregierens

Kapitel 6: Handlungstheoretische Ansätze

(vgl. Kölliker 2006: 212ff.). Damit ein Gut nicht nur effizient, sondern auch effektiv hergestellt werden kann, muss eine Reihe von Problemen kollektiven Handelns *innerhalb* der das Gut bereit stellenden Gruppe von Akteuren (d.h. innerhalb der Institution des Weltregierens) ausgeräumt werden (vgl. Olson 1971). Bei der Produktion von Gütern, von deren Konsum niemand ausgeschlossen werden kann, bestehen innerhalb der Gruppe starke Anreize zum Trittbrettfahren. Dies gilt insbesondere für private Weltregierensarrangements, denen eine interne Hierarchie und die damit verbundene nötige Durchsetzungskraft ihrer Entscheidungen fehlt (Theiner 2007: 17). Wenn private Akteure bei der Bereitstellung kollektiver Güter versagen, bedeutet das nicht, dass daraufhin automatisch öffentliche Akteure (z.B. Staaten) einspringen und diese Aufgabe übernehmen. Interne Probleme kollektiven Handelns privater Weltregiereninstitutionen können u.U. auch durch die Einbeziehung öffentlicher Akteure und deren („Schatten" staatlicher) Autorität ausgeräumt werden (Theiner 2007: 17; vgl. Kölliker 2006: 212f.). In diesem Fall entstehen gemischte Formen des Regierens. Diese können in unterschiedlichen Abstufungen auftreten: 1) hinsichtlich der Beteiligungs- und Entscheidungsrechte öffentlicher und privater Akteursgruppen eher asymmetrische quasi-private bzw. quasi-öffentliche oder 2) eher symmetrische inklusive Institutionen des Weltregierens (Kölliker 2006: 213ff.).[107]

- Je stärker die **grenzüberschreitenden** Externalitäten eines Gutes sind, desto *ineffizienter* wird die *einzelstaatliche* Bereitstellung des betreffenden Gutes.
- Je stärker die **sektorenübergreifenden** Externalitäten eines Gutes sind, desto mehr müssen *unterschiedliche Akteursgruppen* einbezogen werden, um die *Effizienz* der Güterproduktion sicherzustellen
- Je größer die **gruppeninternen Probleme kollektiven Handelns** (aufgrund der Nicht-Ausschließbarkeit vom Konsum der produzierten Güter) werden, desto mehr ist eine Beteiligung *öffentlicher* Akteure an *privaten* Institutionen des Weltregierens nötig, um das Gut *effektiv* zu produzieren.

→ *inklusive, multipartistische Institutionen* erscheinen als eine *effiziente und effektive* Lösung zur Bereitstellung von Gütern mit starken *grenzüberschreitenden und sektorenübergreifenden* Externalitäten.

→ Schwerwiegende Effizienzprobleme einer Institution generieren **Druck**, eine neue, effizientere Institution zu schaffen oder die bestehende Institution anzupassen – wobei dieser Druck nicht immer zur tatsächlichen Modifikation der Institution führt.

Abb. 6.6: Hypothesen zur institutionellen Formgebung von Weltregieren abgeleitet aus der Theorie kollektiver Güter

---

[107] Die Begrifflichkeiten sind hier in der Form modifiziert, dass sie dem Inklusivitätskonzept nach Rittberger et al. (2008) entsprechen.

Zusammenfassend ist also zu sagen, dass die Inklusivität von Institutionen des Weltregierens, die Kollektivgüter herstellen, mit der Art der Güter bzw. der durch das Gut entstehenden Externalitäten zusammenhängen. Eine Institution, die ein Gut *effizient* bereitstellen soll, muss die entstehenden Externalitäten internalisieren. Je stärker die sektorenübergreifenden Externalitäten eines Gutes sind, desto mehr müssen unterschiedliche Akteursgruppen einbezogen werden, um die Effizienz der Güterproduktion sicherzustellen (Kaul/ Conceição 2006: 28ff.). Kurz: Je stärker ausgeprägt sektorenübergreifende und grenzüberschreitende Externalitäten sind, desto wahrscheinlicher ist eine globale multipartistische Institution. Eine Institution kann das Gut nur dann *effektiv* produzieren, wenn gruppeninterne Probleme kollektiven Handelns gelöst werden. Je größer die gruppeninternen Probleme aufgrund der Nicht-Ausschließbarkeit vom Konsum der zu produzierenden Güter werden, desto mehr ist eine Beteiligung öffentlicher Akteure an Institutionen des Weltregierens nötig (Theiner 2007: 20, Kölliker 2006: 216).

3.4 *Die Theorie kollektiver Güter und die Tendenz zu inklusiven Institutionen im Politikfeld „Internet Governance"*

Am Beispiel des Politikfelds „Internet Governance" lässt sich der Beitrag der Theorie kollektiver Güter zur Erklärung der Inklusivität von Institutionen des Weltregierens empirisch illustrieren. Das Internet entzieht sich traditionellen einzelstaatlichen Formen des Regierens schon auf Grund seiner technischen Architektur. Das Internet kennt keine zentrale Schaltstelle, die für das gesamte Netzwerk verantwortlich ist. Grundprinzip des Internet ist die Dezentralität eines „Netzwerks von Netzwerken". Das Internet ist zudem „blind" gegenüber seinen Inhalten: Es diskriminiert Datenpakete nicht nach Inhalt, Herkunft oder Ziel. Viren, Spam oder Pornographie werden genauso versandt wie normale E-Mails. Diese Merkmale machen die effektive Regulierung von problematischen (Neben-)Erscheinungen des Internet nicht nur besonders schwierig. „Internet Governance" steht darüber hinaus vor einem grundsätzlichen Dilemma: Eine gewisse Kontrolle erscheint nötig, um schädliche Aspekte des Internet einzudämmen und die Sicherheit der Infrastruktur zu gewährleisten; zugleich herrscht breiter Konsens, dass die offene Architektur des Internet im Kern erhalten bleiben soll (Theiner 2007: 26f.; Brühl/ Rittberger 2001: 11f.).

Soweit eine Verortung des Güterstatus des Internet als Ganzes möglich ist, entsprechen seine Eigenschaften weitgehend denen eines globalen öffentlichen Gutes[108]

---

[108] Der Güterstatus des Internet ist umstritten (vgl. Theiner 2007: 52ff.). Teilelemente des Internet sind ohne Zweifel rivalisierend (z.B. Domain-Namen und IP-Adressen). Zudem lässt die chinesische Zensur bestimmter Internet-Seiten, genauer: die Unterbindung innerchinesischer Zugriffsversuche auf bestimmte Internet-Seiten, Zweifel an der Nicht-Ausschließbarkeit vom Konsum des Gutes „Internet" aufkommen. Dem größeren Teil des Internet können jedoch nicht-rivalisierende Qualitäten zugeschrie-

mit starken sektoren- und grenzüberschreitenden Externalitäten (Theiner 2007: 61). Die Nutzung des Internet ist – mit gewissen Einschränkungen – nicht-rivalisierend und es kann technisch niemand von der Nutzung ausgeschlossen werden. Es beeinflusst nicht nur eine Vielzahl anderer Gesellschaftsbereiche (starke funktionale Externalitäten), sondern wirkt auch über nationalstaatliche Grenzen hinweg (starke territoriale Externalitäten) (Theiner 2007: 58). Zur effektiven und effizienten Schaffung und Implementation von Regeln für das Internet sollten Institutionen mit hoher Inklusivität existieren, die eine globale Ausrichtung haben, also vor nationalstaatlichen Grenzen nicht Halt machen (Theiner 2007: 61). Nach heutigem Stand lässt sich eine Vielzahl verschiedenartiger Problemfelder – von infrastrukturellen Problemen des Zugangs bis zur unverminderten Gefahr durch „spam" und „cybercrime" – identifizieren, die trotz durchaus vorhandener Institutionen ungenügend reguliert sind. Zugleich existiert für diese nicht effektiv regulierten Problemfelder eine Vielzahl wenig inklusiver Institutionen. Das gleichzeitige Auftreten wenig inklusiver Institutionen und der Fortbestand gravierender Effizienz- und Effektivitätsmängel der Verregelung entspricht den dargestellten theoretischen Annahmen der Theorie kollektiver Güter. Nach wie vor bestehende Effizienz- und Effektivitätsdefizite der Regulierungsversuche in diesen Problemfeldern lassen sich mithin auf die mangelnde Inklusivität der mit der Bearbeitung dieser Probleme befassten Institutionen zurückführen (vgl. Theiner 2007: 85f.).

Allerdings zeichnet sich in den letzten Jahren im Bereich der „Internet Governance" ein Trend zu inklusiveren Institutionen des Weltregierens ab, von denen gemutmaßt werden kann, dass sie eine Basis für adäquate „Internet Governance" darstellen. Beispiele dafür sind die beiden Weltgipfel über die Informationsgesellschaft („World Summit on Information Society", WSIS 2003 und 2005), eine nach dem WSIS 2003 gegründete, dem VN-Generalsekretär zugeordnete „Arbeitsgruppe Internet Governance" („Working Group on Internet Governance", WGIG) sowie das seit 2006 bestehende „Internet Governance Forum" (IGF). Der institutionelle Wandel der „Internet Governance" von privater Selbstregulierung in der Anfangsphase des Netzwerks zu mehr Inklusivität lässt sich durch die Verschiebung des Fokus' der Regulierung zwischen drei Ebenen, die das finale globale öffentliche Gut „Internet" gemeinsam konstituieren, erklären. Es lassen sich drei konstituierende Ebenen unterscheiden (Theiner 2007: 6): Infrastruktur-Ebene, Code-Ebene und Inhalts-Ebene, die von unterschiedlichen, auf dem jeweils vorherrschenden Verständnis von „Internet Governance" basierenden Institutionen gesteuert werden (vgl. Hofmann 2005). Zur Infrastruktur-Ebene gehören alle Arten der physischen Datenbeförderung, also Kupfer- oder Glasfaserleitungen, Funk-Frequenzen, Satelliten und sonstige damit verbundene Technik. Die Co-

---

ben werden, so dass sich dies – mit gewissen Einschränkungen – auch auf das Internet als Ganzes anwenden lässt. Von der Nutzung des Internet kann im Grunde niemand ausgeschlossen werden, der über die hierfür notwendige Ausrüstung verfügt. Auch die „chinesische" Filterung ist unvollkommen bzw. ineffektiv und vergleichsweise leicht zu umgehen. In der Summe kann das Internet mit gewissen Einschränkungen als globales öffentliches Gut bezeichnet werde.

de-Ebene beinhaltet die Standards und Logiken, die auf der Infrastruktur aufbauen und den Datenfluss regeln. Unter der Inhalts-Ebene werden die eigentlichen Informationen (Websites, online verfügbare Daten oder E-Mails) verstanden, die durch das Netzwerk und den Code übertragen werden (Theiner 2007: 24f.).

Für jede dieser drei Ebenen des Internet lassen sich verschiedene Problemfelder identifizieren, denen jeweils eine bestimmte Güternatur sowie spezifische Externalitäten zugewiesen werden können, woraus wiederum Aussagen bezüglich der zu erwartenden Inklusivität der Institutionen der Internet Governance abgeleitet werden können (Theiner 2007: 6). Auf der Inhaltsebene bildet z.B. „Netzverschmutzung" (etwa durch „spam") ein wichtiges Problemfeld. Allen Arten der Netzverschmutzung ist gemeinsam, dass sie jeweils weder rivalisierend noch ausschließlich sind. Auf Grund der entstehenden Kosten für potenziell alle Internet-Nutzer weltweit kann von einem globalen öffentlichen Übel mit starken grenzüberschreitenden und sektorenübergreifenden Externalitäten gesprochen werden. Analog stellt die Verhinderung von Netzverschmutzung ein globales öffentliches Gut mit starken Externalitäten dar (Kaul/ Grunberg/ Stern 1999a: 9). Ähnlich wie bei den gesamtgesellschaftlichen Vorteilen der Vermeidung ansteckender Krankheiten profitieren von einer Verringerung der Netzverschmutzung potenziell alle Internet-Nutzer – weltweit und nicht nur sektorspezifisch (Theiner 2007: 43f.). Zur effizienten Produktion des Gutes „Verhinderung von Netzverschmutzung" wäre auf Grund der starken sektoren- und grenzüberschreitenden Externalitäten folglich eine inklusive, multipartistische Institution auf globaler Ebene erforderlich.

Analysiert man zentrale Problemfelder auf den drei Ebenen: Infrastruktur, Code und Inhalt hinsichtlich ihrer Güternatur und der Externalitäten lässt sich – auf Grundlage der auf den verschiedenen Ebenen vorherrschenden Güternatur und Externalitäten – jeweils ein unterschiedlicher Grad an Inklusivität und territorialer Reichweite der regulierenden Institutionen prognostizieren. Die Wahrscheinlichkeit inklusiver Institutionen steigt von der Infrastruktur und dem Code hin zum Inhalt – dies gilt zumindest dann, wenn man davon ausgeht, dass die Institutionen das jeweilige Gut effizient und effektiv bereit stellen sollen. Freilich kann es durchaus „exklusive" Institutionen auf der Inhaltsebene geben – allerdings ist dann auch kein adäquates Regieren (d.h. keine effiziente und effektive Bereitstellung von öffentlichen Gütern) zu erwarten. Etwas schwächer ausgeprägt lässt sich ein Anstieg der Wahrscheinlichkeit eines institutionellen Internet-Governance Arrangements jenseits einzelner Staaten von der Infrastruktur-Ebene hin zu den anderen Ebenen beobachten (Theiner 2007: 61). Mit anderen Worten: Während auf der Infrastruktur- und Code-Ebene (im Mittel) Güter mit relativ schwachen sektorenübergreifenden und grenzüberschreitenden Externalitäten bereit zu stellen sind, sind auf der Inhalts-Ebene öffentliche Güter mit starken sektorenübergreifenden und grenzüberschreitenden Externalitäten gefragt. Letztere können effizient und effektiv nur von inklusiven, multipartistischen Institutionen bereit gestellt werden.

Die Tendenz im Bereich der „Internet Governance" von privater Selbstregulierung in den Anfangsjahren zu inklusiveren Institutionen in der jüngsten Vergangenheit lässt sich durch eine „Gewichtsverlagerung" innerhalb des Produktionspfades des finalen globalen öffentlichen Gutes „Internet" – von der Infrastruktur- und vor allem Code-Ebene zur Inhaltsebene bzw. einer umfassenden Herangehensweise, die die Inhalts-Ebene ausdrücklich einschließt – erklären (Theiner 2007: 61). Denn: „[W]ird eine Ebene mit einem bestimmten Güterstatus zu einem Zeitpunkt als besonders zentral für das Internet und IG [„Internet Governance"] gesehen, so sollten tendenziell auch die bestehenden IG-Institutionen die mit der Ebene beziehungsweise ihrem Güterstatus und ihren Externalitäten verbundenen Eigenschaften aufweisen" (Theiner 2007: 15). In dem Maße, in dem die Regulierung der Inhalts-Ebene oder eine umfassende Herangehensweise gegenüber primär technischen Regulierungsfragen der Infrastruktur- und Code-Ebene an Bedeutung gewann, wurden auch inklusive Institutionen unter Effizienz- und Effektivitätsgesichtspunkten erforderlich und mithin wahrscheinlicher.

Es lassen sich historisch betrachtet mindestens drei Phasen der Entwicklung des Internet und der Institutionen zur Regulierung des Internet voneinander abgrenzen: eine frühe und mittlere Phase – geprägt von technischen Fragestellungen und Versuchen privater Selbstregulierung – und die Entwicklungen im neuen Jahrtausend insbesondere seit dem WSIS 2003 (Theiner 2007: 63). In der frühen Phase der Internet-Entwicklung (ungefähr Mitte der 1960er Jahre bis Anfang der 1990er Jahre) stand die Aufsicht über die Entwicklung und Implementierung zentraler Standards auf der Code-Ebene im Mittelpunkt. Steuerungsleistungen wurden in nur geringfügig institutionalisierten Arrangements praktisch ausschließlich von privaten, v.a. zivilgesellschaftlichen Akteuren erbracht. In der folgenden, mittleren Phase (ungefähr ab Mitte der 1990er Jahre) führte die Erweiterung des Anforderungsprofils für „Internet Governance" um die Verwaltung von Ressourcen im Namens- und Adresssystem dazu, dass eine weitere Institutionalisierung – beispielsweise in Gestalt der ICANN („Internet Corporation for Assigned Names and Numbers") –, stattfand. „Internet Governance" umfasste nunmehr bereits die ganze Code-Ebene (Standards, IP-Adressen etc.). Auch einzelne Problemfelder aus anderen Ebenen rückten ins Blickfeld. In dieser Phase wurde das Regieren des Internet weiterhin primär von privaten Akteuren ausgeübt. Allerdings griffen zunehmend auch öffentliche Akteure regulierend ein. Die dritte und jüngste Phase, spätestens seit dem WSIS 2003) ist dadurch gekennzeichnet, dass erstmals eine Diskussion über Problemfelder *aller* Ebenen stattfindet und eine Koordinierung der Vielzahl von fragmentierten Regierensbemühungen unterschiedlicher Akteure angestrebt wird. Als Folge der Einsicht, dass „Internet Governance" mehr umfasst als Standards im Speziellen oder die Code-Ebene im Allgemeinen, wurden die beiden WSIS 2003 und 2005 sowie die daraus folgende WGIG inklusiv ausgestaltet. Insbesondere das 2006 geschaffene „Internet Governance Forum" (IGF) stellt eine hoch inklusive und zugleich thematisch umfassende Institution dar, die sich gleichzeitig mit allen Ebenen und Problemfeldern des Internet befasst (Theiner 2007: 88f.). Das vom WSIS 2005 erteilte Mandat des IGF ist allerdings beschränkt und erschöpft sich im Abfassen von Empfehlungen. Ob das IGF mehr als einen „talking shop" darstellt, d.h. greifbare Ergebnisse erzielen kann, muss sich noch zeigen (Theiner 2007: 79f.)

Theoretisch lässt sich diese historische Entwicklung folgender Maßen erklären: Am Anfang des Internet, als sich die Steuerungsanforderungen praktisch nur auf eine Ebene (den Code) und hier wiederum nur auf ein Problemfeld (die Standards) konzentrierten, erbrachten Institutionen mit relativ geringer Inklusivität vergleichsweise effektive und effiziente Weltregierensleistungen dar, was sich auf die starke Begrenzung des verregelten Gebietes und die wenig kontroverse Natur der primär technischen Fragestellungen zurückführen lässt. Mit dem Aufkommen neuer Problemstellungen jenseits rein technischer Fragen in der mittleren Phase der Internet-Entwicklung konnten die bestehenden Institutionen die erforderlichen Güter nicht mehr leidlich effizient und effektiv produzieren. Es entstanden neue Institutionen wie die ICANN (vgl. Hofmann 2005: 298), die als rein private Institution unter Beteiligung von Wirtschaft und Zivilgesellschaft jedoch den Inklusivitätsanforderungen für Effektivität und Effizienz der Güterproduktion nicht entsprach. Als rein private Institution litt die ICANN unter der Abwesenheit öffentlicher Akteure. Diese hätten zum einen gruppeninterne Probleme lösen und zum anderen die Autorität und Legitimität getroffener Entscheidungen erhöhen können (Theiner 2007: 82). Die Rückbindung der ICANN-Autorität an die eines staatlichen Akteurs – der US-Regierung – beendete *de facto* das Experiment eines privaten Selbstregulierungs-Ansatzes. Obwohl damit zumindest das Problem mangelnder Autorität bisheriger privater Regierensversuche gelöst schien, bestand das einer geringen wahrgenommenen Legitimität weiter: für die übrigen Staaten und *stakeholder* war es inakzeptabel, dass die ICANN zwar einerseits globale Wirkmächtigkeit besaß, andererseits aber unter der Kontrolle eines einzelnen Nationalstaats stand (Hofmann 2006: 293f.). Der Versuch einer zwar formal rein privaten Verwaltung zentraler Ressourcen durch die ICANN, die dann allerdings doch unter der Kontrolle eines staatlichen Akteurs – der USA – stand, scheiterte (Theiner 2007: 74f.).

Weil sich zudem der Kreis der Problemstellungen erweiterte, setzte eine Entwicklung zu inklusiver „Internet Governance" ein, die noch nicht abgeschlossen ist. Dies lässt sich damit erklären, dass allein hoch inklusive Ansätze wie WSIS, WGIG und insbesondere das IGF die Chance bieten, adäquate Steuerungsleistungen für das gesamte Internet (und nicht nur die primär technischen Ebenen der Infrastruktur und des Codes) zu erbringen (Theiner 2007: 89f.).

4 Zusammenfassung

In diesem Kapitel wurden mit der Ressourcentausch-Theorie und der Theorie kollektiver Güter zwei handlungstheoretische Ansätze vorgestellt, die zur Erklärung der Ausgestaltung von Institutionen des Weltregierens in unterschiedlichen Problemfeldern nutzbar gemacht werden können. Es wurde gezeigt, wie die Ressourcentausch-Theorie zur Erklärung institutionalisierter multipartistischer Politikkoordination und -kooperation bei der Erbringung von Weltregierensleistungen herangezogen werden kann. Unter der Voraussetzung, dass zwischen privaten und öffentlichen Akteuren ein grundlegender Konsens besteht, dass die Ziele und Aktivitäten der jeweils anderen Partei in einem bestimmten Problemfeld mit den eigenen Zielen kompatibel sind, kann ein Zustand der Ressourceninterdependenz zwischen diesen Akteursgruppen sie dazu veranlassen, ihre zur Lösung eines bestimmten Problems jeweils benötigten Ressourcen auszutauschen oder zusammenzulegen – d.h. inklusive, multipartistische Institutionen des Weltregierens (oder lose organisierte und weniger formalisierte GPPPs) zur kollektiven Bearbeitung transsouveräner Probleme einzurichten. Das Beispiel der Einrichtung des Globalen Fonds zur Bekämpfung von AIDS, Tuberkulose und Malaria illustrierte die Aussagekraft der Ressourcentausch-Theorie in Bezug auf die Erklärung des Auftretens inklusiver, multipartistischer privater Institutionen des Weltregierens.

Daraufhin wurde die Theorie kollektiver Güter in ihren Grundzügen dargestellt. Unter Rückgriff auf diese Theorie und anhand der Unterscheidung zwischen dem Ansatz des wohlwollenden und dem des Zwang ausübenden Hegemons wurde erklärt wie und warum ein Hegemon Weltregierensleistungen in Form der Bereitstellung kollektiver Güter erbringt, und warum andere Staaten die hegemoniale Führung akzeptieren. Freilich ist die Tragweite der Ansätze des wohlwollenden und des Zwang ausübenden Hegemons begrenzt – Weltregieren findet durchaus in Abwesenheit hegemonialer Führung statt. Dennoch ist problemfeldspezifisch (z.B. Bekämpfung des transnationalen Terrorismus (vgl. Kap. 7)) immer wieder die Erbringung von Weltregierensleistungen durch den Hegemon USA zu beobachten. In diesen Fällen ist auch der analytische Nutzen der Ansätze des wohlwollenden und des Zwang ausübenden Hegemons nicht von der Hand zu weisen.

Die Theorie kollektiver Güter kann darüber hinaus dazu dienen, ausgehend von den Eigenschaften verschiedener Arten von Gütern die empirisch zu beobachtende Vielfalt in der Ausgestaltung von Institutionen des Weltregierens im Allgemeinen und ihrer Inklusivität im Besonderen zu erklären. Der Charakter eines öffentlichen Gutes sowie seiner Externalitäten und der Grad der Inklusivität der Institutionen des Weltregierens, die dieses Gut produzieren, stehen demnach in einem kausalen Zusammenhang. Dies wurde anhand der in jüngerer Vergangenheit zu beobachtenden Ausbildung inklusiver Institutionen des Weltregierens im Politikfeld „Internet Governance" veranschaulicht. Die institutionellen Ansätze der WSIS, WGIG und besonders des IGF belegen mit ihrer inklusiven Struktur die Emergenz einer Art von Institution, die der Notwendigkeit der Einbindung aller Akteursgruppen zur adäquaten Steuerung und Regulierung des Internet Rechnung trägt. Im Falle der „Internet Governance" wandelten sich Weltregierensarrangements von ausschließlich privaten Institutionen über ein Nebeneinander privater und öffentlicher Institutionen zu Ansätzen eines Miteinander öffentlicher und privater Akteursgruppen. Die Entwicklung im Politikfeld „Internet Governance" entspricht somit einem spiegelverkehrten Bild der Tendenz zur Einbeziehung privater Akteure in Institutionen des Weltregierens in anderen Politikfeldern (Theiner 2007: 90f.; vgl. Rittberger et al. 2008).

✏ Übungsfragen

> Worin liegt der Mehrwert einer akteursorientierten, handlungstheoretischen Analyse von Weltregieren (insbesondere der institutionellen Ausgestaltung von Weltregieren)?
> Mit welchen Variablen erklärt die Ressourcentausch-Theorie die Entstehung inklusiver Formen des Weltregierens? Wie lassen sich diese Variablen operationalisieren, d.h. messbar machen, so dass die Theorie zur Erklärung des Auftretens (oder Nicht-Auftretens) inklusiver, mulipartistischer Institutionen in bestimmten Problemfeldern beitragen kann?
> Wie lässt sich die Ressourcentausch-Theorie zur Erklärung der Einrichtung des Globalen Fonds zur Bekämpfung von AIDS, Tuberkulose und Malaria nutzbar machen?
> Wodurch unterscheiden sich Kollektivgüter von privaten Gütern und warum herrscht tendenziell ein Mangel an Kollektivgütern? Wie wird dieses Problem auf nationaler Ebene in der Regel gelöst? Welche (zusätzlichen) Probleme des kollektiven (Nicht-) Handelns ergeben sich bei der Bereitstellung globaler kollektiver Güter?
> Welche Antworten gibt der Ansatz des wohlwollenden Hegemons auf die Frage, welche Akteure unter welchen Bedingungen das Problem der Unterversorgung mit kollektiven Gütern auf globaler Ebene lösen? Wie (theoretisch und empirisch) überzeugend sind diese Antworten?
> Welchen Beitrag kann die Theorie der kollektiven Güter zur Erklärung der institutionellen Formgebung, insbesondere der Inklusivität von Institutionen des Weltregieren leisten? Welcher Zusammenhang besteht zwischen der Inklusivität einer Institution zur Produktion eines kllektiven Gutes und der Art der mit der Produktion des Gutes verbundenen Externalitäten?

📖 Lektüreempfehlungen

Brühl, Tanja 2003: Nichtregierungsorganisationen als Akteure internationaler Umweltverhandlungen: Ein Erklärungsmodell auf der Basis der situationsspezifischen Ressourcennachfrage, Frankfurt/a.M.: Campus.

Kaul, Inge/ Grunberg, Isabelle/ Stern, Marc A. (Hrsg.) 1999: Global Public Goods: International Cooperation in the 21st Century, Oxford/ New York: Oxford University Press.

Kaul, Inge/ Conceição, Pedro/ Le Goulven, Katell/ Mendoza, Ronald U. (Hrsg.) 2003: Providing Global Public Goods: Managing Globalization, Oxford/ New York: Oxford University Press.

Kölliker, Alkuin 2006: Conclusion I: Governance Arrangements and Public Goods Theory: Explaining Aspects of Publicness, Inclusiveness and Delegation, in: Koenig-Archibugi, Mathias/ Zürn, Michael (Hrsg.): New Modes of Governance in the Global System: Exploring Publicness, Delegation and Inclusiveness, Basingstoke/New York: Palgrave Macmillan, 201-235.

Nölke, Andreas 2000: Regieren in transnationalen Politiknetzwerken? Kritik postnationaler Governance-Konzepte aus der Perspektive einer transnationalen (Inter-) Organisationssoziologie, in: Zeitschrift für Internationale Beziehungen 6: 2, 331-358.

Pfeffer, Jeffrey/ Salancik, Gerald R. 1978: The External Control of Organizations: A Resource Dependence Perspective, New York: Harper & Row.

Snidal, Duncan 1985: The Limits of Hegemonic Stability Theory, in: International Organization 39: 4, 579-614.

Teil D: Empirie des Weltregierens: Sachbereichsspezifische globale Herausforderungen und deren Bearbeitung

Aus dem in Teil B beschriebenen Wandel der systemischen Rahmenbedingungen und der Akteurskonstellationen der Weltpolitik sowie dem daraus folgenden vermehrten Auftreten transsouveräner Probleme erwächst ein steigender Bedarf an Regierensleistungen auf globaler Ebene in den Sachbereichen „Sicherheit", „Wohlfahrt" und „Herrschaft". Im vorhergehenden Teil C wurde auf theoretischer Basis – gestützt auf verschiedene Modelle des Weltregierens und Handlungstheorien – dargelegt, dass und warum die effektive und legitime Erreichung der Ziele des Regierens – *Sicherheit, Wohlfahrt* und *legitime Herrschaft* – nicht an das Vorhandensein einer hierarchischen („weltstaatlichen") Organisation gebunden ist. Vielmehr kann die Setzung und Durchsetzung von Normen und Regeln zur Bearbeitung transsouveräner Probleme gemäß dem Modell des heterarchischen Weltregierens durch die Politikkoordination und -kooperation verschiedener öffentlicher und privater Akteure erbracht werden.

Im Folgenden sollen die bisherigen Ausführungen zu Theorien des Weltregierens durch die Analyse spezifischer Weltprobleme in den drei Sachbereichen „Sicherheit", „Wohlfahrt", und „Herrschaft" konkretisiert und vertieft werden. Dazu werden ausgewählte transsouveräne Probleme, ferner Probleme, die selbst nicht als „transsouverän" zu bezeichnen sind, aber grenzüberschreitende Folgeerscheinungen nach sich ziehen[109], sowie Herausforderungen, die ihrem Wesen nach keine transsouveränen Probleme sind, aber als globale, die ganze Welt angehende Probleme sozial konstruiert werden,[110] in den Blick genommen. Jedes Kapitel beginnt mit einer Beschreibung des jeweiligen Weltproblems, seiner Ursachen und Konsequenzen, an die sich die Analyse des Weltregierens zur Bearbeitung des betreffenden Problems anschließt. Dabei wird

---

[109] So ist etwa Armut zunächst einmal ein lokales Phänomen, das zwar an vielen Orten der Welt auftritt, aber als solches nicht als „transsouverän" zu bezeichnen ist. Es sind die *Folgeerscheinungen* von Armut (z.B. Migrations- und Flüchtlingsströme, grenzüberschreitende Umweltschädigungen), die sich über die Grenzen der von Armut direkt betroffenen Länder hinaus regional oder gar global ausbreiten können (vgl. Kap. 8).

[110] Z.B. systematische Menschenrechtsverletzungen (Kap. 9): Das Problem des Auftretens von Menschenrechtsverletzungen *kann* (zumindest häufig) durchaus durch nationale Regierungen Erfolg versprechend bearbeitet werden. Es ist Menschenrechtsverletzungen mithin nicht inhärent, dass nur Anstrengungen auf globaler Ebene bei der Problembearbeitung erfolgreich sein können. Systematische Menschenrechtsverletzungen in einem Land werden jedoch mittlerweile als globale Angelegenheiten, die die ganze Welt angehen, betrachtet (u.a. auf Grund der advokatorischen, ein transnationales öffentliches Bewusstsein schaffenden Tätigkeiten zivilgesellschaftlicher Menschenrechtsnetzwerke; vgl. ausführlich Kap. 9).

berücksichtigt, welchem Modell des Weltregierens die empirisch zu beobachtenden Formen der globalen Problembearbeitung am ehesten entsprechen und welche Handlungstheorien zu deren Erklärung herangezogen werden können. Im Rahmen dieses Lehrbuchs kann freilich keiner der drei Sachbereiche der Weltpolitik erschöpfend abgearbeitet werden. Vielmehr wird anhand ausgewählter Problem- und Fragestellungen aufgezeigt, wie sich die Transnationalisierung der Problemlagen in verschiedenen Politikfeldern niederschlägt, und welche Akteure – politikfeldspezifisch differenziert – angebbare Weltregierensleistungen zur Bearbeitung oder gar Lösung dieser Probleme erbringen.

Kapitel 7: Sicherheit: Transnationalisierung von Sicherheitsbedrohungen

1 Sicherheitsprobleme in der nationalen und in der post-nationalen Konstellation

Im Sachbereich „Sicherheit" werden der Wandel des globalen Kriegsgeschehens, der transnationale Terrorismus sowie die Verbreitung von Massenvernichtungswaffen untersucht. In diesen Problemfeldern manifestiert sich besonders deutlich die Transnationalisierung von Sicherheitsproblemen, wobei insbesondere das Problem der Verbreitung von Massenvernichtungswaffen zeigt, wie neue transsouveräne Probleme traditionelle zwischenstaatliche Sicherheitsbedrohungen und -risiken häufig nicht einfach ablösen, sondern sich zu ihnen gesellen und mit ihnen vermischen (Cronin 2003: 31). Neben den weiter bestehenden Sicherheitsrisiken durch zwischenstaatliche – potenziell gewaltkonfliktträchtige – Rüstungsdynamiken rückt auch die Gefahr des Erwerbs und der Weitergabe von Massenvernichtungswaffen durch private, terroristische Akteure zunehmend in das Blickfeld von Regierungen und internationalen Organisationen – wie etwa die Resolution 1540 (2004) des VN-Sicherheitsrates belegt.

Zum besseren Verständnis der Transnationalisierung von Sicherheitsproblemen im entstehenden post-westfälischen globalen System ist es hilfreich, eine Rückschau auf jene Sicherheitsprobleme zu halten, welche die Weltpolitik in der „nationalen Konstellation" (vgl. Zangl/ Zürn 2003: 149) – d.h. *vor* dem Wandel systemischer Rahmenbedingungen nach dem Kalten Krieg und *vor* der damit verbundenen Kräfteverschiebung zwischen den Akteuren der Weltpolitik – maßgeblich prägten. Der Problemhaushalt im Sachbereich „Sicherheit" konnte im „westfälischen" internationalen System relativ trennscharf in vier verschiedene Bedrohungskomplexe aufgeteilt werden: 1) Menschenrechtsverletzungen, 2) Gewaltkriminalität, 3) Bürgerkriege, interner/ nationaler Terrorismus und Staatszerfall, 4) zwischenstaatlicher Krieg (Zangl/ Zürn 2003: 174). Grundlage der Unterscheidung zwischen diesen verschiedenen Formen von Sicherheitsbedrohungen war die Monopolisierung der Gewaltmittel auf der staatlichen Ebene, die wiederum zu einer – mittlerweile erodierenden – doppelten Grenzziehung führte. Zum einen schuf die Errichtung des staatlichen Monopols legaler Gewaltanwendung im Inneren die Grenze zwischen Staat und Gesellschaft – mit der Folge einer weit gehenden „Entwaffnung" der Gesellschaft (vgl. Knöbl 2006). Zum anderen wurden nach außen die territorial fixierten Grenzen zwischen souveränen, zur Gewaltausübung befähigten und berechtigten Staaten im internationalen System gezogen. Entsprechend dieser doppelten Grenzziehung (zwischen Staat und Gesellschaft sowie zwischen Innen und Außen) konnten Sicherheitsprobleme hinsichtlich des Subjekts, das diese erzeugte, und hinsichtlich des Objekts, das in erster Linie von ihnen betroffen war, unterschieden werden.

Bedrohungen der inneren Sicherheit konnten weitgehend als Probleme der Beziehungen zwischen dem Staat (bzw. staatlichen Akteuren) und den Mitgliedern der jeweiligen Gesellschaft verstanden werden (vgl. Abb. 7.1). *Inner*staatliche Sicherheitsprobleme ließen sich in drei Kategorien einteilen (Zangl/ Zürn 2003: 174): Im Falle von *Menschenrechtsverletzungen* durch herrschaftliche Willkür wurde die Sicherheitsbedrohung durch den Staat (bzw. staatliche Akteure) verursacht; und es waren Mitglieder der jeweiligen auf dem Territorium des Staates angesiedelten Gesellschaft, die dieser Bedrohung ausgesetzt waren. Für das Sicherheitsproblem der *Gewaltkriminalität* galt, dass Mitglieder der Gesellschaft sowohl Subjekt (Täter) als auch Objekt (Opfer) von Bedrohungen waren, die sich gegen Leben, Freiheit oder Eigentum richteten. In *Bürgerkriegen*, beim *internen Terrorismus* und in *Situationen des Staatszerfalls* ging die Sicherheitsbedrohung sowohl aus der Gesellschaft als auch aus der Staatsorganisation hervor; und zugleich waren der Staat, aber auch gesellschaftliche Gruppen des jeweiligen Landes von dieser Bedrohung betroffen.[111] Diese Sicherheitsbedrohungen wiesen vergleichsweise wenige grenzüberschreitende Bezüge auf.

*Zwischen*staatliche Sicherheitsprobleme, die im westfälischen internationalen System identifiziert und von den obigen innerstaatlichen Erscheinungen relativ trennscharf abgegrenzt werden konnten, betrafen die äußere Sicherheit. Es handelte sich um den Krieg *zwischen* Staaten, dem die dominierende sicherheitspolitische Leitidee der *nationalen* Sicherheit, also der Verteidigung des *Staates* gegen externe Bedrohungen, entsprach (Human Security Centre 2005: VIII). Zumindest in der (später so genannten) westlichen OECD-Welt war der zwischenstaatliche Krieg jahrhundertelang das gravierendste Sicherheitsproblem. Denn während die innere Sicherheit aufgrund des historisch und regional betrachtet mehr oder weniger effektiv ausgeübten staatlichen Gewaltmonopols als weitgehend gewährleistet betrachtet werden konnte, war die äußere Sicherheit aufgrund der Anarchie der Staatenwelt schon allein strukturbedingt stets gefährdet. Im westfälischen internationalen System stellte nur dieser vierte Typ von Sicherheitsproblemen ein internationales, grenzüberschreitendes Sicherheitsproblem dar. Lediglich bei zwischenstaatlichen Kriegen befanden sich das Subjekt und das Objekt der Sicherheitsbedrohung nicht innerhalb desselben Staates (Zangl/ Zürn 2003: 174).

---

[111] Als weitere Kategorie innerstaatlicher Sicherheitsprobleme ließe sich Landes- oder Hochverrat anführen: Im Fall von Landes- oder Hochverrat ist der Staat das Objekt von Sicherheitsbedrohungen durch einzelne Mitglieder der Gesellschaft.

Kapitel 7: Sicherheit: Transnationalisierung von Sicherheitsbedrohungen　　　　371

Objekt \ Subjekt	Bedrohung verursacht durch den Staat	Bedrohung verursacht durch die/ aus der Gesellschaft
Der Bedrohung ausgesetzt wird der Staat.	**Zwischenstaatlicher Krieg**	**Bürgerkrieg, interner Terrorismus, Staatszerfall**
Der Bedrohung ausgesetzt werden die Gesellschaft oder ihre Mitglieder.	**Menschenrechts-verletzungen, Staatsterror**	**Gewaltkriminalität**

Vgl. Zangl/Zürn (2003: 174)

Abb. 7.1: Sicherheitsprobleme in der „nationalen Konstellation"

Die Probleme im Sachbereich „Sicherheit", die unter den Vorzeichen der „nationalen Konstellation" in die Teilbereiche „Menschenrechtsverletzungen", „Gewaltkriminalität", „Bürgerkrieg, Staatszerfall und interner Terrorismus" sowie „zwischenstaatlicher Krieg" gegliedert werden konnten, haben sich in den letzten beiden Jahrzehnten deutlich verändert; sie sind erheblich komplexer und unübersichtlicher geworden.[112] Im Folgenden sollen anhand des Wandels des globalen Kriegsgeschehens und des transnationalen Terrorismus der Befund einer Transnationalisierung von Sicherheitsproblemen illustriert und die in Reaktion darauf erbrachten Weltregierensleistungen analysiert werden. Schließlich wird gezeigt, dass sich auch die Verbreitung von Massenvernichtungswaffen zumindest teilweise transnationalisiert hat, d.h. kein rein zwischenstaatliches Sicherheitsproblem mehr darstellt und welche Konsequenzen sich für die Rüstungskontrolle daraus ergeben. Im abschließenden Abschnitt werden die Ergebnisse zusammengefasst, und es wird versucht, die beobachteten Weltregierensleistungen und -formen modell- und handlungstheoretisch zu verorten.

---

[112] Es sei betont, dass mit der Aussage, der Problemhaushalt im Sachbereich „Sicherheit" sei komplexer und unübersichtlicher geworden, mitnichten die Behauptung einer geht, heutige Sicherheitsprobleme seien insgesamt gravierender oder bedrohlicher als frühere. Eine Verklärung des Kriegsgeschehens im westfälischen internationalen System verbietet sich vor dem Hintergrund der Erfahrungen von zwei Weltkriegen im 20. Jahrhundert von selbst.

2 Der Wandel des globalen Kriegsgeschehens: Bedeutungszuwachs inner- und substaatlicher Gewaltkonflikte und globale Maßnahmen zu ihrer Bearbeitung

2.1 Kriege im Wandel: Entwicklung des globalen Kriegsgeschehens (Problembeschreibung)

Der seit dem Ende des Kalten Krieges beobachtbare Wandel des globalen Kriegsgeschehens lässt sich an seinen quantitativen, geographischen und qualitativen Aspekten festmachen. Erstens hat die Anzahl der Kriege weltweit – entgegen weit verbreiteter Wahrnehmungen – in den letzten Jahren stetig abgenommen. Zweitens befindet sich heute ein Großteil der gewaltträchtigen Konfliktherde außerhalb der OECD-Welt, in Afrika und Asien. Eine Reihe von Forschern geht drittens davon aus, dass sich die Charakteristika zahlreicher Kriege nach dem Ende des Ost-West Konflikts so grundlegend gewandelt haben, dass es gerechtfertigt ist, vom Auftreten „neuer" Kriege zu sprechen (Creveld 1998; Daase 1999; Eppler 2002; Heupel/Zangl 2004; Kaldor 2000; Münkler 2002; 2005).

Im Folgenden sollen diese Veränderungen näher erläutert werden, wobei der Schwerpunkt auf der Frage liegt, ob sich Kriege in der Zeit nach dem Ende des Ost-West Konflikts so stark verändert haben, dass sie in Abgrenzung zu Kriegen vor 1990 als „neue Kriege" charakterisiert werden können oder ob die Merkmale der „neuen Kriege" gar nicht so neu sind und das Konzept daher wenig zur adäquaten Beschreibung und Analyse des heutigen Kriegsgeschehens beiträgt (Berdal 2003; Chojnacki 2004, 2006; Kahl/ Teusch 2004, Kalyvas 2001; Matthies 2005; Newman 2004).

Der qualitative Wandel der Erscheinungsformen des Krieges äußert sich in einem relativen Bedeutungszuwachs inner- und substaatlicher Gewaltkonflikte, in denen mindestens eine Konfliktpartei ein nichtstaatlicher Akteur ist, gegenüber einer geringer werdenden Zahl zwischenstaatlicher Kriege nach dem Ende des Kalten Krieges. Diese Tendenz zur Entstaatlichung oder Privatisierung tritt in vielen Gewaltkonflikten gemeinsam mit einer Kommerzialisierung auf, d.h. es bilden sich lukrative Kriegsökonomien heraus, in denen die Gewaltakteure die Fortführung ihrer Kämpfe durch die Ausbeutung von und den transnationalen Handel mit Rohstoffen finanzieren (Ballentine/ Nitzschke 2003, Collier 1999, Collier/ Hoeffler 2000; Rufin 1999). Die Transnationalisierung von Sicherheitsproblemen zeigt sich nicht nur in dem grenzüberschreitenden Handel mit Konfliktgütern, der die Dauer eines Konfliktes verlängern kann, sondern auch z.B. in Flüchtlingsströmen, die als Folge inner- und substaatlicher Gewaltkonflikte auftreten und als transsouveräne Probleme auf andere Staaten übergreifen. Um auf diese Problemverschiebungen im globalen Kriegsgeschehen angemessen reagieren zu können, müssen Institutionen des Weltregierens wie die Vereinten Nationen ihre Maßnahmen zur Bearbeitung von Sicherheitsproblemen an diese Veränderungen anpassen. Die schrittweise Weiterentwicklung der „Peacekeeping"-Operationen der Vereinten

Nationen vom klassischen Peacekeeping mit der Überwachung von Waffenstillständen zwischen Staaten zu komplexem Peacekeeping mit der vorübergehenden Übernahme von Regierensaufgaben ist Ausdruck der Suche nach einer angemessenen Antwort auf diese sicherheitspolitischen Herausforderungen.

In Konfliktregionen können die Tätigkeiten privater Akteure wie z.B. transnationaler Unternehmen der Rohstoffindustrie sowohl Gewaltkonflikte verschärfend als auch konstruktiv, friedensfördernd wirken (vgl. Kap. 3.3). Für die wirksame Eindämmung von Kriegsökonomien sollten also nicht nur Staaten, sondern auch private Akteure Verantwortung übernehmen. Als Beispiel für einige (der wenigen) Versuche der Errichtung von Institutionen unter Beteiligung privatwirtschaftlicher und zivilgesellschaftlicher Akteure werden der Kimberley-Prozess, eine multipartistische globale Partnerschaft zur Unterbindung des Handels mit Konfliktdiamanten, sowie die EITI, eine Initiative zur Erhöhung der Transparenz bei Rohstoffgeschäften, vorgestellt. Diese Beispiele zeigen, dass auch im Sicherheitsbereich nicht nur rein zwischenstaatliches, sondern zumindest in Ansätzen auch multipartistisches Weltregieren vorzufinden ist.

2.1.1 Quantitative Befunde: Bedeutungsverschiebung von zwischenstaatlichen zu innerstaatlichen Kriegen

Die Zahl zwischenstaatlicher Kriege mit zwei oder mehr Staaten als sich gegenüberstehenden Konfliktparteien ist seit 1946 deutlich zurückgegangen. Verschiedene Kriegsstatistiken zeigen ungeachtet unterschiedlicher Definitionen und Operationalisierungen des Kriegsbegriffs einen eindeutigen Abwärtstrend (vgl. Centre for the Study of Civil War 2007; Chojnacki 2006, Correlates of War 2007; Gleditsch et al. 2002; Human Security Centre 2005; Chojnacki 2008; Harbom/ Melander/ Wallensteen 2008; Harbom/ Wallensteen 2008: 72ff.).

Der *Human Security Report* kam zu dem Ergebnis, dass im Jahr 2005 nur noch zwei zwischenstaatliche Kriege stattfanden (Human Security Centre 2005: 23). Außerdem ist seit dem Ende des Kalten Krieges die Anzahl der bewaffneten Konflikte, von Genoziden, versuchten Coups, getöteten Kämpfern und vertriebenen Personen zum Teil erheblich gesunken (Human Security Centre 2005: 1-12). Diese Ergebnisse werden auch vom *Human Security Brief 2006* weitgehend bestätigt (Human Security Centre 2006). Dennoch sind diese Zahlen kein Grund zur sicherheitspolitischen Entwarnung, da sie je nach Messung variieren können. Aufgrund der Festlegung einer Mindestzahl von 1000 Kriegstoten innerhalb eines Jahres, wie etwa beim „Correlates of War Project" (COW), tauchen viele Gewaltkonflikte, die sich unterhalb dieser Schwelle abspielen, nicht in Kriegsstatistiken auf. Dabei gibt es nach wie vor einige zwischenstaatliche militärische Auseinandersetzungen mit geringerer Opferzahl, die z.B. in der „Militarized Interstate Dispute" (MID) Datenbank (Jones/ Bremer/ Singer 1996) oder auch vom „Uppsala Conflict Data Program" (UCDP) (Gleditsch et al. 2002, UCDP/PRIO 2007) erfasst werden.

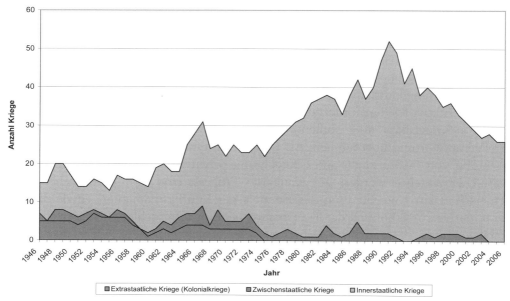

Grafik erstellt auf Grundlage von Daten aus Gleditsch et al. (2002) und Harbom/ Melander/ Wallensteen (2008)

Abb. 7.2: Entwicklung des globalen Kriegsgeschehens (1946-2006)

Die absolute und relative Abnahme zwischenstaatlicher Kriege geht einher mit einer relativen, nicht jedoch absoluten Zunahme innerstaatlicher Kriege, die zwischen staatlichen und nichtstaatlichen bewaffneten Einheiten oder nur zwischen nichtstaatlichen Gewaltakteuren ausgetragen werden und zunehmend transnationale Erscheinungsformen und Effekte zeitigen. Innerstaatliche Kriege haben sich in den letzten Jahrzehnten als dominanter Kriegstyp erwiesen (Chojnacki 2008: 15; vgl. Schlichte 2002; Schreiber 2003). Allerdings waren sie auch schon im 19. Jahrhundert gegenüber zwischenstaatlichen Kriegen vorherrschend gewesen (Sarkees/ Wayman/ Singer 2003: 61). Die Relation zu zwischenstaatlichen Kriegen hat sich jedoch in der zweiten Hälfte des 20. Jahrhunderts deutlich verschoben: Innerstaatliche Gewaltkonflikte machten mehr als 80% aller seit 1945 geführten Kriege und gegenwärtig sogar 95% aller bewaffneten Konflikte aus (Human Security Centre 2005: VIII; Schreiber 2001: 22). Auch wenn ihre Anzahl nach dem Ende des Kalten Krieges absolut gesehen zurückgegangen ist, zählt der Human Security Report (Human Security Centre 2005: 23) im Jahr 2005 noch 26 Bürgerkriege mit mindestens einem nichtstaatlichen Gewaltakteur, der staatlichen Einheiten gegenüber steht, sowie 36 interne Gewaltkonflikte zwischen nichtstaatlichen Gewaltakteuren. Die Daten des Berichts „Peace and Conflict 2008" (Hewitt/ Wilkenfeld/ Gurr 2008) deuten zudem darauf hin, dass der Abwärtstrend bei der Anzahl der Gewaltkonflikte zum Stillstand gekommen ist. Dies rührt unter anderem daher, dass alte Konflikte wieder aufflammten wie z.B. in Sri Lanka oder im Libanon. Zwar ist die

Gesamtzahl von gewaltträchtigen Konflikten historisch immer noch vergleichsweise niedrig; auch die Zahl der Toten in Gewaltkonflikten ist gesunken. Doch die Anzahl der Staaten, die derzeit in Kriege involviert sind, ist in jüngster Zeit wieder gestiegen, wofür die militärischen Einsätze in Afghanistan und im Irak ausschlaggebend sind (Hewitt/ Wilkenfeld/ Gurr 2008). Harbom und andere stellen seit 2003 eine leicht steigende Tendenz bei der Zahl von Gewaltkonflikten unterhalb der Kriegsschwelle fest; Kriege mit mehr als 1000 Toten gibt es 2007 aber nur 4, womit der niedrigste Stand seit 1957 erreicht ist (Harbom/ Melander/ Wallensteen 2008: 698).

Als eine Erklärung für den Rückgang der *zwischenstaatlichen* Kriege wird angeführt, dass angesichts der Vernichtungskraft von modernen konventionellen und erst recht von nuklearen Waffensystemen sowie der gestiegenen Verwundbarkeit (post-) moderner Industrie- und Dienstleistungsgesellschaften Staatenkriege sich nicht mehr lohnen (Münkler 2005: 13f.): Kriege kosteten stets mehr, als sie einbrächten. Für entwickelte Industrie- und Dienstleistungsgesellschaften sei die Steigerung ihrer Produktion und ihres weltweiten Handels mit Waren und Dienstleistungen einträglicher als die Eroberung von Territorium (Mack 2008: 101), und die meisten Staaten handelten auch dementsprechend.

Eine weitere Erklärung für den Rückgang der Zahl zwischenstaatlicher Kriege findet sich in Theorien zum demokratischen Frieden (vgl. Hasenclever 2006; Russett/ Oneal 2001). Es gibt einen robusten empirischen Befund, dass Demokratien keine Kriege gegeneinander führen. Zwar scheuen sie sich nicht, gegen nicht-demokratische Staaten militärisch vorzugehen (vgl. Geis 2001; H. Müller 2004; Müller/ Wolff 2006; Nielebock 2004); da sich aber die Zahl der Demokratien weltweit seit 1946 deutlich erhöht hat (vgl. Center for International Development and Conflict Management 2005; Freedom House 2009), liegt die Vermutung nahe, dass dies eine Ursache für die gesunkene Anzahl zwischenstaatlicher Kriege ist. Hier ist allerdings einzuwenden, dass Staaten, die sich im Transformationsprozess von einer Autokratie zur Demokratie befinden, besonders anfällig für gewaltträchtige Auseinandersetzungen mit anderen Staaten sind[113] (Mansfield/ Snyder 2005; vgl. Hegre et al. 2001), weshalb die Annahme, dass Demokratisierung generell zu weniger Kriegen führt, mit Vorsicht zu behandeln ist (vgl. De Juan 2007).

Eine andere Erklärung lautet, dass die Einbindung aller Staaten in eine Vielzahl von internationalen zwischenstaatlichen Institutionen dazu beiträgt, dass ein immer größerer Teil zwischenstaatlicher Konflikte auf friedliche Weise ausgetragen wird und nicht mehr mit militärischen Mitteln. Die internationalen Institutionen reduzieren Un-

---

[113] Häufig sind während der demokratischen Transformation eines Staates die staatlichen Institutionen noch schwach ausgebildet, es werden aber schon Wahlen abgehalten. Um Unterstützerkreise für diese Wahlen zu gewinnen, bedienen sich Kandidaten oftmals nationalistischer Parolen oder Feindbilder, die die Anfälligkeit des Staates für die Androhung oder Ausübung von Gewalt gegenüber anderen erhöhen. Mansfield/ Snyder argumentieren daher, dass der Institutionenaufbau an erster Stelle vor der Abhaltung von Wahlen stehen müsse (Mansfield/ Snyder 2005).

sicherheit, schaffen Erwartungsverlässlichkeit und gegenseitiges Vertrauen der Staaten durch institutionalisierte Verfahren zur Konfliktregelung (vgl Kap. 3.2, Pevehouse/ Russett 2006, Hasenclever/ Weiffen 2007).

Eine weitere Sichtweise rückt einen globalen Normwandel als Erklärung des Rückgangs zwischenstaatlicher Gewaltkonflikte in den Mittelpunkt. Der Überfall auf fremde Territorien, der noch vor hundert Jahren als legitimes Mittel der Politik galt, wird inzwischen als gravierender Bruch des Völkerrechts angesehen (Mueller 2004). Zwischenstaatliche Gewaltanwendung ist laut Satzung der Vereinten Nationen nur zur Selbstverteidigung (Art. 51) oder bei Autorisierung durch den Sicherheitsrat im Falle einer Bedrohung des Friedens und der internationalen Sicherheit zulässig (Kapitel VII SVN).

Der Rückgang *innerstaatlicher* Gewaltkonflikte lässt sich zunächst einmal darauf zurückzuführen, dass seit den 1980er Jahren keine kolonialen Befreiungskriege mehr stattgefunden haben (Human Security Centre 2005: 8). Außerdem sind viele gewaltsame Auseinandersetzungen, die aus geostrategischen Gründen geführt wurden („Stellvertreterkriege"), nach dem Ende des Kalten Krieges beendet worden oder mussten aufgrund ausbleibender Unterstützung durch die Supermächte eingestellt werden (Mack 2008: 79).

Mit dem Ende des Kalten Krieges lösten sich einige Blockaden innerhalb der Vereinten Nationen auf, so dass sie erstmals eine effektive Rolle für die globale Sicherheit zu spielen vermochten. Die internationalen Bemühungen um eine friedliche Konfliktbeilegung oder zur Prävention von Krisen wurden in der Folge erheblich ausgebaut, was sich unter anderem an dem vermehrten Auftreten und der Weiterentwicklung der „Peacekeeping"-Operationen der VN zeigt (Human Security Centre 2005: 153; Mack 2008: 79). Auch der Leitideenwandel (vgl. Kap 2.3.) von der nationalen Sicherheit zur menschlichen Sicherheit hat dazu beigetragen, dass die Vereinten Nationen deutlich häufiger als früher in Konflikte eingegriffen haben, um gravierenden Menschenrechtsverletzungen innerhalb eines Staates Einhalt zu gebieten (vgl. Kap. 2.3). So kommt der Rückgang der Gewaltkonflikte dadurch zustande, dass mehr Kriege beendet als begonnen werden, wobei die Zahl der neu begonnenen Kriege relativ konstant geblieben ist (Mack 2008: 82). Der kurze Überblick über verschiedene Erklärungsansätze zeigt, dass der weltweit beobachtbare Rückgang von Kriegen und gewaltträchtigen Konflikten seine Ursachen offenbar in einem komplexen Zusammenspiel von verschiedenen Faktoren hat, mit dem sich die Friedens- und Konfliktforschung weiter auseinandersetzen muss. Es wäre vorschnell, den Abwärtstrend für linear und stabil zu halten.

2.1.2 Geographische Verteilung gewaltsamer Konflikte

Die geographische Verteilung der Kriege zu Beginn des 21. Jahrhunderts zeigt, dass sich in den postmodernen Staaten der westlichen OECD-Welt Zonen stabilen Friedens entwickelt haben. Im Vergleich zum 19. und zur ersten Hälfte des 20. Jahrhunderts haben sich die Kriegsherde überwiegend in die modernen und prämodernen Staaten (vgl Kap. 3.2) verlagert (vgl. Schreiber 2003). Die meisten Gewaltkonflikte hoher Intensität finden heute in Süd- und Südostasien, im Nahen und Mittleren Osten und in Afrika südlich der Sahara statt (HIIK 2006: 2). Zur Jahrtausendwende war Afrika südlich der Sahara mit Abstand die gewaltträchtigste Region geworden, mit mehr gefallenen Kämpfern als alle anderen Weltregionen zusammen genommen (Human Security Centre 2005: 5). Die Ursachen dafür sind vielfältig. In vielen prämodernen Staaten Afrikas treffen mehrere strukturelle Faktoren, die den Ausbruch oder die Verschärfung von Gewaltkonflikten begünstigen, zusammen (vgl. Brown 1997: 5ff.): die Schwäche staatlicher Institutionen, ausgeprägte sozioökonomische Disparitäten, die ethnische Fragmentierung der Gesellschaft und das Vorhandensein großer Mengen von leicht ausbeutbaren Rohstoffen, die häufig zur Ausbildung lukrativer Kriegsökonomien beitragen (vgl. Rufin 1999, Collier 2001).

Die Schwächung oder gar das Versagen staatlicher Strukturen bis hin zum Verlust eines legitimen staatlichen Gewaltmonopols hat oft einen ungeregelten und gewaltsamen Austrag politischer, ethnischer oder wirtschaftlicher Konflikte zur Folge, der die ökonomischen und gesellschaftlichen Verhältnisse weiter zerrüttet (vgl. Schneckener 2006a). Staaten, die in eine solche Konfliktfalle geraten, können sich eigenständig kaum mehr aus dieser Lage befreien. Hierdurch wächst auch die Gefahr humanitärer Katastrophen, von massiven Menschenrechtsverletzungen, grenzüberschreitender Destabilisierung bis hin zur Ausbreitung organisierter Kriminalität und des transnationalen Terrorismus, die in staats- und gesetzesfreien Räumen einen idealen Nährboden finden. Neben moralischen Beweggründen (vgl. Hasenclever 2001) sind es diese grenzüberschreitenden Sicherheitsrisiken, die westliche Staaten, welche selbst weit gehend in Zonen des Friedens liegen, zunehmend bewegen, militärisch in chronischen Konfliktregionen zu intervenieren. Auch wenn auf dem Territorium der OECD-Staaten kaum Kriege und gewaltträchtige Auseinandersetzungen stattfinden, so sind ihre Streitkräfte gleichwohl in viele Gewaltkonflikte weltweit involviert. Bürgerkriege, Menschenrechtsverletzungen und Staatszerfall in entfernten Regionen werden von westlichen Staaten zunehmend nicht mehr nur als lokale Probleme, sondern als regionale oder globale, grenzüberschreitende Bedrohungen wahrgenommen.

2.1.3 Qualitativer Wandel des globalen Kriegsgeschehens: „Neue Kriege"

Schon Clausewitz hat in seinem Buch „Vom Kriege" (1832-1834) den Krieg als Chamäleon bezeichnet, das sich veränderten Umweltbedingungen anpasst. In den letzten Jahrzehnten haben verschiedene Forscher neue Erscheinungsformen des Krieges identifiziert, die (auch) als Anpassungen an gewandelte systemische (strukturelle und prozessuale) Rahmenbedingungen der Weltpolitik diagnostiziert wurden (Münkler 2005: 16, Kaldor 2000; Eppler 2002). Im Folgenden soll analysiert werden, welche Merkmale einen Großteil heutiger kriegerischer Konflikte prägen und inwiefern die Bezeichnung „neuer Krieg" geeignet erscheint, den qualitativen Wandel des Kriegsgeschehens zu erfassen. Doch ehe dies erfolgen kann, muss zunächst geklärt werden, was die Vertreter der These von den „neuen" Kriegen als „alte" Kriege begreifen.

2.1.3.1   Die Idealtypen des zwischenstaatlichen und des innerstaatlichen Krieges

Für zwischenstaatliche Kriege wird als charakteristisch angesehen, dass der Staat – gestützt auf seinen Militär- und Verwaltungsapparat – den Krieg sowohl rechtlich als auch tatsächlich monopolisiert. Seit dem Westfälischen Frieden von 1648 wurden zunehmend nur noch staatlich organisierte Militäreinheiten als legitime Teilnehmer am Krieg anerkannt (Zangl/Zürn 2003: 175). Die Monopolisierung des Krieges durch den Staat führte – trotz empirischer Gegenbeispiele – zu einer gewissen Einhegung der Kriegführung: Die einzelnen Kämpfer waren in die Militärorganisation des Staates eingebunden, die zumindest in Teilen für eine disziplinierte Kriegführung sorgen konnte. Die Staaten entwickelten im Laufe der Zeit Regeln für die Kriegführung, die als zwischenstaatliches Kriegsvölkerrecht (*ius in bello*) insbesondere in der Haager Landkriegsordnung (1907) und den Genfer Konventionen (1949)[114] sowie deren erstem Zusatzprotokoll (1977) kodifiziert wurden. Dazu gehörte maßgeblich die formale Unterscheidung zwischen Kombattanten und Nicht-Kombattanten, die vor allem die Zivilbevölkerung vor kriegerischen Gewaltakten der Soldaten schützen sollte. Mit der Schaffung des Kriegsvölkerrechts entstand die Möglichkeit, Rechtsbrüche als Kriegsverbrechen einzustufen. Zudem wurden in Berufs- und Wehrpflichtarmeen Soldaten durch den Staat sowohl in Friedens- als auch in Kriegszeiten für den Militärdienst entlohnt. Die Soldaten hatten somit kein ökonomisches Eigeninteresse am Krieg und mussten sich (idealiter) nicht im Rahmen der Kriegsführung z.B. durch Plünderungen selbst versorgen (Zangl/Zürn 2003: 176). Die formale Unterscheidung zwischen Kombattanten und Nicht-Kombattanten bedeutete natürlich nicht, dass die Zivilbevölkerung in zwischenstaatlichen Kriegen von Kriegshandlungen und -folgen verschont blieb. Insbesondere in den beiden Weltkriegen des 20. Jahrhunderts war praktisch die gesamte Bevölkerung der meisten kriegführenden Länder betroffen, sei es durch Einsatz in der Rüstungsindustrie, durch Bombenangriffe oder durch Morde, Plünderungen, Vergewaltigungen, die trotz Ächtung durch das Kriegsvölkerrecht immer wieder vorkamen (Kahl/Teusch 2004: 385f., Matthies 2005: 187).

Der Krieg zwischen regulären Armeen zeichnete sich weiterhin dadurch aus, dass er nach Regeln erklärt, von professionellen Militärapparaten geführt und mit der Kapi-

---

[114] Die erste Genfer Konvention zur Verbesserung des Loses der Verwundeten und Kranken der bewaffneten Kräfte im Felde wurde bereits 1864, die heute dritte Konvention über die Behandlung von Kriegsgefangenen 1929 verabschiedet. Ihre Überarbeitung erfolgte zusammen mit dem Abschluss von zwei weiteren Konventionen 1949 zur Verbesserung des Loses der Verwundeten und Kranken der bewaffneten Kräfte auf See (zweite Genfer Konvention) und zum Schutz von Zivilpersonen in Kriegszeiten (vierte Genfer Konvention).

tulation einer Seite oder einem Waffenstillstands- oder Friedensabkommen beendet wurde. Dementsprechend war er – bei allen Exzessen – in seiner Dauer und Reichweite begrenzt: An seinem Anfang stand normalerweise die Kriegserklärung und an seinem Ende der Abschluss eines Waffenstillstands oder Friedensvertrags (Münkler 2002: 24). Die Kriegsparteien zielten eher auf eine (siegreiche) Beendigung der Auseinandersetzungen durch eine Entscheidungsschlacht, denn auf eine Perpetuierung des Kriegszustands ab. Damit soll nicht der Eindruck einer Verklärung des zwischenstaatlichen Krieges erweckt werden. Es handelt sich hierbei um einen Idealtypus (im Weberschen Sinne), der die Komplexität der Wirklichkeit reduzieren soll, was notwendigerweise zu Vereinfachungen führt. Die Feststellung, dass der zwischenstaatliche Krieg stärker institutionalisiert und verregelt war, beinhaltet keinerlei Bewertung, ob diese Form des Krieges mehr oder weniger grausam oder verheerender ist als heutige Formen.

Die Beschreibungen des klassischen zwischenstaatlichen Krieges werden immer wieder mit dem Vorwurf konfrontiert, es handele sich um eurozentrische Verzerrungen empirischer Kriegsrealitäten. (Matthies 2005: 187) Richtig ist aber auch, dass das europäische Staatsverständnis (mit seiner Ausbildung effektiver Staatlichkeit, der staatlichen Monopolisierung von legitimer Gewaltausübung und der zwischenstaatlichen Kriegführung) die politische und militärische Entwicklung auch in außereuropäischen Räumen wie Amerika und Asien erheblich geprägt hat (Münkler 2005: 23f.).

Zwischenstaatliche Kriege sind in Regionen außerhalb der OECD-Welt deutlich seltener anzutreffen, was daran liegt, dass sich in vielen ehemaligen Kolonien in Afrika, Asien und Lateinamerika die Staatsstrukturen nicht in gleicher Weise wie im europäischen Raum ausgebildet haben. In diesen Regionen waren schon immer innerstaatliche Gewaltkonflikte mit nichtstaatlichen Akteuren (z.B. Kolonial-, Befreiungs- und Unabhängigkeitskriege) vorherrschend. Die direkte Vergleichbarkeit von „alten" zwischenstaatlichen Kriegen und „neuen" innerstaatlichen Kriegen ist somit nicht gegeben.

Einige Autoren sind dennoch der Ansicht, dass sich die „neuen Kriege" heute in ihren Charakteristika auch von innerstaatlichen Kriegen unterscheiden, die vor dem Ende des Kalten Krieges geführt wurden (Heupel/ Zangl 2004; Münkler 2004: 44, Kaldor 2000: 154ff.; Zangl/Zürn 2003: 182ff.). Allerdings hat bisher nur eine Studie von Heupel und Zangl diese These anhand einer Längsschnittanalyse[115] von innerstaatlichen Kriegen (Heupel/Zangl 2004) überprüft. Ihr Fazit ist, dass die untersuchten Konflikte bis zum Ende des Ost-West Konflikts weitgehend den Merkmalen klassischer innerstaatlicher Kriege entsprachen, sich danach jedoch in ihren Charakteristika wandelten und daher als neu gelten können (Heupel/ Zangl 2004: 366). Als klassische innerstaatliche Kriege bezeichnen sie solche, in denen staatliche Militäreinheiten privaten Gewaltakteuren gegenüberstanden. Diese privaten Rebellengruppen, Guerillas oder Freiheitskämpfer bestanden zwar aus verschiedenen Kampfverbänden, wurden aber

---

[115] Es wurden die Fälle Kambodscha 1979-1999, Angola 1975-2002 und Afghanistan 1979-1996 für den Längsschnitt ausgewählt. Auch wenn diese Konflikte zeitweilig durch Waffenstillstände ruhten, so gab es doch in allen drei Fällen Kampfhandlungen sowohl vor als auch nach 1990.

meist zentral geführt. Ihre Motive für die Gewaltanwendung waren vornehmlich politisch-ideologisch. Ihr erklärtes Ziel bestand darin, die Herrschaft in einem Staate an sich zu bringen oder sich durch Sezession einen eigenen Staat nach ihren Vorstellungen aufzubauen (Münkler 2002: 44ff). Sie bedienten sich asymmetrischer Strategien der Kriegführung gegen den bekämpften Staat, versuchten mitunter aber, die Bevölkerung zu schonen, um von ihr moralische Unterstützung für den Kampf zu erhalten (Heupel/ Zangl 2004: 354). Die Befunde der Studie von Heupel und Zangl (2004) sind allerdings mit Vorsicht zu behandeln, da bisher keine weiteren empirischen Fallstudien bekannt sind, die diese Befunde unterstützen und damit verallgemeinerbar machen oder aber widerlegen können (Mathies 2005: 187).

2.1.3.2 Merkmale „neuer Kriege": Annahmen und empirische Befunde

Wenn auch nicht immer identisch bezeichnet, so lassen sich in verschiedenen Studien über „neue Kriege" vier Merkmale identifizieren, die als charakteristisch für „neue Kriege" gelten sollen: die Entstaatlichung oder Privatisierung von Gewaltakteuren, die Asymmetrie der Gewaltstrategien, die Kommerzialisierung der Gewaltmotive sowie die Diffusion der Gewalt. Diese vier Merkmale werden im Folgenden erläutert und kritisch auf ihre empirische Triftigkeit untersucht.

---

(1) **Entstaatlichung/ Privatisierung der Gewaltakteure**
  → Staat verfügt nicht mehr über das Monopol der Kriegsgewalt; schwache oder gescheiterte Staaten; häufig Staatszerfallskriege
  → wachsende Beteiligung privater Gewaltakteure: Kriegsherren, Rebellen, Milizen, Söldnereinheiten, organisierte Kriminelle, private Militär- und Sicherheitsfirmen

(2) **Asymmetrische Gewaltstrategien**
  → Kriegführung mit unkonventionellen Mitteln über die des Guerilla-/ Partisanenkriegs hinaus (Einbeziehung terroristischer Taktiken)
  → Gezielte Gewalt gegen die Zivilbevölkerung (Vertreibung, Vergewaltigung, Verstümmelung)

(3) **Kommerzialisierung und ökonomische Gewaltmotive**
  → Krieg wird zum Mittel der ökonomischen Reproduktion und Reichtumsaneignung; ökonomisches Interesse an Fortdauer des Krieges
  → Finanzierung der Kriegstätigkeiten durch Produktion und Handel z.B. mit Drogen und Bodenschätzen, lukrative Kriegsökonomien

(4) **Diffusion der Gewalt**
  → unklare zeitliche und räumliche Begrenzung: keine formale Kriegserklärung, keine klaren Frontverläufe
  → Unterscheidung zwischen Kombattanten und Zivilbevölkerung löst sich auf

---

Abb. 7.3: Merkmale der „neuen Kriege"

Entstaatlichung / Privatisierung von Gewaltakteuren

Als Hauptmerkmal der „neuen Kriege", das sie von zwischenstaatlichen Kriegen abgrenzt, gilt die grundlegend gewandelte Stellung des Staates. Für die „neuen Kriege" ist charakteristisch, dass der Staat sein Monopol der Kriegführungsfähigkeit verloren hat (Münkler 2002: 33). Die Entstaatlichung der Kriege zeigt sich besonders deutlich in „Räumen begrenzter Staatlichkeit" (Risse/ Lehmkuhl 2007a), also in den Staaten, die schwach, gescheitert oder zerfallen sind („failing/ failed states") (zum Begriff vgl. Kap. 3.1.). Die „neuen Kriege" können zumindest zu einem gewissen Teil als Staatszerfallskriege in der „Dritten Welt" und an der Peripherie der OECD-Welt bezeichnet werden. Als Beispiele lassen sich die Balkankriege mit der Folge des Zerfalls Jugoslawiens (1991/92) und die Kriege in ehemaligen Kolonien europäischer Staaten in Afrika wie z.B. Angola, Elfenbeinküste, Kongo, Liberia, Sierra Leone, Somalia, und Sudan anführen (Böge 2004: 4; Kaldor 2001: 31; Münkler 2002: 13-18; Münkler 2005: 15f.). Allerdings setzt „Entstaatlichung" voraus, dass es vor dem Krieg eine durchsetzungsfähige staatliche Zentralgewalt gegeben hat, was für einen großen Teil der Staatenwelt vor allem in den außereuropäischen Regionen nicht der Fall war und ist. In manchen Fällen müsste man also präziser von „unvollendeter Staatlichkeit" statt von „Entstaatlichung" sprechen (Schlichte 2006: 114f). Beim aktuellen Kriegsgeschehen handelt es sich nicht durchweg um Staats*zerfalls*kriege. In vielen Fällen ist immer noch die *Herstellung* von Staatlichkeit oder die Erringung der Staatsmacht zentrales Ziel der Beteiligten an kriegerischen Auseinandersetzungen (Matthies 2005: 186).

Das Merkmal „Entstaatlichung" lässt sich auch als Tendenz zur Privatisierung der Gewaltakteure verstehen. Die Tatsache, dass private Akteure in Kriege involviert sind, ist jedoch nicht „neu", da innerstaatliche Konflikte zwischen staatlichen Militäreinheiten und privaten Gewaltakteuren auch schon im Kalten Krieg und davor das weltweite Konfliktgeschehen maßgeblich prägten. Verändert hat sich vielmehr der Grad der Privatisierung vormals staatlicher Militäreinheiten und privater Gewaltakteure. Es lässt sich hierbei zwischen Privatisierung „von oben" und „von unten" unterscheiden (Eppler 2002: 30ff.; Wulf 2009: 48).

Privatisierung „von unten" verweist darauf, dass an die Stelle von zentral organisierten Rebellenbewegungen dezentral operierende Kampfverbände treten, die sich allenfalls noch in lockeren Bündnissen zusammenfinden, die sie je nach Kriegsverlauf durchaus wechseln. Dazu zählen etwa Truppen lokaler oder regionaler Kriegsherren („warlords"), Rebellen, Gewaltunternehmer, Milizen, organisierte Kriminelle, Söldnereinheiten und andere nichtstaatliche Akteure (Mair 2002). „Neu" ist demnach weniger das Auftreten privater Akteure an sich, als vielmehr der höhere Grad ihrer Dezentralisierung (Heupel/Zangl 2004: 350f).

Privatisierung „von oben" bedeutet hingegen, dass ein Staat die direkte Kontrolle über seine Streitkräfte zumindest teilweise an private Sicherheits- und Militärfirmen oder an Milizen und Paramilitärs abgibt (Münkler 2002: 33ff.; Wulf 2009: 48). Tatsächlich lässt sich nach dem Ende des Kalten Krieges ein Bedeutungszuwachs solcher Kriege ermitteln, in denen keine staatlichen Einheiten mehr involviert sind, sondern nur noch private Gewaltakteure als Kriegsparteien gegeneinander kämpfen (Chojnacki 2006a: 62). In zerfallenden oder gescheiterten Staaten ist der Staat als reguläre Kriegspartei praktisch kaum noch vorhanden (Chojnacki/Eberwein 2000: 19).

Doch nicht nur in Situationen des Staatsverfalls oder in Abwesenheit von Staatlichkeit lässt sich das Phänomen der Privatisierung beobachten. Einzelne Staaten der OECD-Welt bedienen sich in Krisengebieten weltweit verstärkt privater Militär- und Sicherheitsfirmen (vgl. Kap. 3.3). Diese Sicherheitsunternehmen übernehmen im Auftrag von Staaten eine Vielzahl von Aufgaben vom Personenschutz über Logistikdienstleistungen bis hin zu Kampfeinsätzen. Oftmals verschwimmt die Grenze zwischen Sicherheits- und Militärdienstleistungen (Holmqvist 2005: 5; Schreier/ Caparini 2005: 30). Der Boom privater Militär- und Sicherheitsfirmen wird zum einen darauf zurück geführt, dass durch die Reduzierung der stehenden Heere nach dem Ende des Kalten Krieges viele Menschen mit militärischer Expertise auf den Arbeitsmarkt gelangten (Schreier/ Caparini 2005: 3f.). Ein anderer Erklärungsansatz ist, dass demokratische Staaten nicht trotz, sondern gerade wegen ihre Oorientierung an humanitären Normen in Verbindung mit Kosten-Nutzen-Erwägungen bewusst auf Militär- und Sicherheitsfirmen zurückgreifen (vgl. Binder 2004). Gewaltträchtige Auseinandersetzungen in anderen Staaten setzen sie unter moralisch motivierten Handlungsdruck (Hasenclever 2001: 211), dem sie mit dem Einsatz privater Militär- und Sicherheitsdienstleister schneller und effektiver nachgehen können als durch die Mobilmachung ihrer staatlichen Truppen. Zudem sind die politischen Kosten einer Auftragserteilung an Privatunternehmen deutlich geringer als bei der Entsendung von Soldaten, da dem Tod von Angestellten privater Militär- und Sicherheitsdienstleister in der Öffentlichkeit weitaus weniger Aufmerksamkeit geschenkt wird als dem Tod regulärer Soldaten (Binder 2004: 9). Die Auslagerung bestimmter Dienstleistungen an private Militär- und Sicherheitsfirmen erscheint somit gerade für demokratische Staaten rational.

Asymmetrische Gewaltstrategien
Eng verknüpft mit der Privatisierung der Gewaltakteure ist die Asymmetrie gewaltsam ausgetragener Konflikte (Münkler 2006). In asymmetrischen Gewaltkonflikten wird zumeist mit den Mitteln des Guerilla- oder Partisanenkriegs oder mit anderen unkonventionellen, dem Terrorismus entlehnten Mitteln gekämpft, was die (rudimentäre) Regulierung der Kriegführung durch die Haager Landkriegsordnung und die Genfer Konventionen unterläuft (Daase 1999: 13; Münkler 2005: 16f.). Dazu gehört auch, dass die nichtstaatlichen Gewaltakteure aufgrund ihrer militärischen Unterlegenheit einer größeren Entscheidungsschlacht, wie sie für zwischenstaatliche Kriege charakteristisch ist, auszuweichen versuchen – mit der Folge einer Perpetuierung des Kriegsgeschehens.

In Kriegen, in denen eine multinationale Koalition von intervenierenden Staaten gegen private, militärisch weit unterlegene Kampfverbände vorgeht, verlegen sich diese auf asymmetrische Strategien (Terrorismus, Partisanenkrieg) (Münkler 2002: 48). Gegen diese Formen der asymmetrischen Kriegführung zeigten sich die hochgerüsteten Streitkräfte des Westens oft machtlos, wie der Rückzug der USA aus Somalia in der

1990er Jahren oder die aktuellen Schwierigkeiten ihrer Truppen in Afghanistan und Irak zeigen. Die Einbeziehung terroristischer Taktiken in die Strategie der Kriegführung (vgl. Kaldor 2001: 38-40; Münkler 2002: 53-57) durch militärisch unterlegene private Akteure geht oft zu Lasten der Zivilbevölkerung (z.B. bei Selbstmordattentaten).

Auch Staaten verlegen sich auf asymmetrische Kampftaktiken, z.B. indem sie private Militär- und Sicherheitsfirmen beauftragen, die sich nicht an das Kriegsvölkerrecht gebunden fühlen. Sie bieten einem Staat oder einer Interventionsmacht die Möglichkeit, gegen Rebellengruppen und ihre unkonventionelle Art der Kriegführung vorzugehen. Bei diesen privaten Einheiten besteht jedoch die Gefahr, dass sie sich staatlicher Kontrolle zunehmend entziehen oder die Regierungen die Verantwortung für deren Taten leugnen. So erfolgt eine schrittweise Angleichung der staatlichen Strategien an Guerillataktiken (Daase 1999: 232).

Weitere Formen asymmetrischer Kriegsführung sind die gezielte Plünderung, Vertreibung, Vergewaltigung und Verstümmelung von Angehörigen der Zivilbevölkerung durch die Kriegsparteien, so etwa in Sierra Leone durch die Revolutionary United Front (RUF. In vielen „neuen Kriegen", insbesondere in ethnopolitischen Konflikten, wird Gewalt gegen die Zivilbevölkerung als strategisches Mittel eingesetzt, um Gesellschaftsstrukturen dauerhaft zu zerstören. Die vierte Genfer Konvention über den Schutz von Zivilpersonen in Kriegszeiten (1949), die in zwischenstaatlichen Kriegen zur Disziplinierung der Kriegführung beigetragen hatte, scheint in den „neuen Kriegen" kaum noch eine Wirkung zu entfalten[116] (Münkler 2002: 143ff.). Dies bedeutet nicht, dass innerstaatliche Kriege mehr oder weniger brutal waren oder sind als zwischenstaatliche Kriege. In einigen klassischen innerstaatlichen Kriegen gab es jedoch Rebellengruppen und Guerillas, die versuchten, die Zivilbevölkerung für sich zu gewinnen und ideologische Unterstützung für ihren Kampf zu erhalten, was nur möglich war, wenn die Zivilbevölkerung nicht allzu sehr unter den Plünderungen oder Grausamkeiten der Rebellen selbst zu leiden hatte (Heupel/ Zangl 2004: 352). Freilich hat es im Krieg (ob zwischen oder innerhalb von Staaten) immer schon und zum Teil gezielte Angriffe gegen Zivilisten gegeben (Newman 2004: 181). Dennoch gehen Forscher davon aus, dass sich das Verhältnis der militärischen zu den zivilen Kriegsopfern, das zu Beginn der 1950er Jahre annähernd ausgeglichen war, Anfang der 1990er Jahre auf etwa 1:8 zu Ungunsten der Zivilisten verschoben hat (Kaldor 2001: 35; Münkler 2002: 29-31). Es erscheint plausibel, dass insbesondere solche Kriege viele zivile Opfer kosten, die in zerfallenden Staaten ohne funktionierenden Sicherheitsapparat stattfinden und an denen vornehmlich private Gewaltakteure beteiligt sind, für die es unter Umständen rational sein kann, die Zivilbevölkerung auszuplündern oder zu terrorisieren (vgl. Azam/Hoeffler 2002, Chojnacki 2006a: 50).

---

[116] Zwar wurde 1977 das zweite Zusatzprotokoll der Genfer Konvention über den Schutz der Opfer nicht-internationaler Gewaltkonflikte verabschiedet, allerdings ist fraglich, ob sich nichtstaatliche Akteure an das zwischen Staaten geschlossene Abkommen gebunden fühlen müssen.

Kommerzialisierung und ökonomische Gewaltmotive

Als ein weiteres Hauptmerkmal der „neuen Kriege", das ebenfalls eng mit dem Charakteristikum der Privatisierung verbunden ist, gilt ihre Kommerzialisierung. Private Gewaltakteure, die zunehmend ins heutige Kriegsgeschehen involviert sind, werden nicht von funktionsfähigen Staaten ausgerüstet und besoldet, sondern versorgen sich in der Regel selbst. So haben sich die Versorgungsstrukturen der „neuen Kriege" gegenüber denen der Kriege während der Ost-West Konfrontation stark verändert. Nachdem die Supermächte nach 1990 nicht länger die ihnen jeweils ideologisch nahestehenden Rebellengruppen in einem Bürgerkriegsland unterstützten, mussten die Kriegsparteien andere Wege suchen, um ihren bewaffneten Kampf zu finanzieren.

Dies führt – zwar nicht notwendigerweise, aber doch in vielen Fällen – zur „Kriminalisierung" ihrer internen und externen Versorgungsstrukturen. Die Kriegsparteien versorgen sich innerhalb des Kriegsgebiets durch kriminelles Handeln und werden von außerhalb durch kriminelles Handeln unterstützt (Heupel/Zangl 2004: 351). Milizen und Rebellengruppen plündern die lokale Bevölkerung, erpressen Schutzgelder oder verschleppen Zivilisten zur Zwangsarbeit in Diamantenminen, wie es während der Bürgerkriege in Angola oder Sierra Leone geschah (Heupel/Zangl 2004: 352). Eine weitere Einkommensquelle für private Gewaltakteure sind Hilfsgüter, die von der internationalen Gemeinschaft in Krisenregionen geliefert werden. Durch Plünderung (Münkler 2002: 153ff) oder auch durch kriminelle Geschäfte innerhalb von Flüchtlingslagern, die als Schutzräume dienen, finanzieren sie die Fortführung ihrer Kämpfe (Rufin 1999: 22).

Die externen Versorgungsstrukturen bestehen bei den „neuen Kriegen" aus vielfältigen Verbindungen lokaler Kriegsherren mit der internationalen Wirtschaft oder der organisierten Kriminalität, bei denen der Handel mit Rauschgift, Diamanten, Tropenhölzern, Waffen usw. zur dauerhaften Erwerbsquelle geworden ist. Als Beispiele können hier die Bürgerkriege in Kolumbien und Afghanistan angeführt werden, in denen sich mehrere Kriegsparteien maßgeblich auf den organisierten Drogenanbau und Drogenhandel stützen. Die Bürgerkriege in Angola und Sierra Leone konnten jahrelang durch die Erlöse der Rebellen aus dem Diamantenabbau und -handel fortgeführt werden. Auch in Bosnien, im Kosovo und in Mazedonien haben sich die Bürgerkriegsparteien unter anderem durch die Beteiligung am Drogenhandel finanziert (Zangl/Zürn 2003: 185).

Diese transnationalen Gewaltökonomien haben sich vor allem im Zuge von Globalisierungsprozessen und der damit verbundenen Durchlässigkeit von Grenzen ausbilden können. Während sich Bürgerkriegsparteien früher oft auf geschlossene Kriegsökonomien stützten und versuchten, materielle Unterstützung aus der lokalen Bevölkerung zu generieren (Rufin 1999: 16ff.), sind sie heute durch die offene Weltwirtschaft stärker transnational orientiert und suchen die Unterstützung von außen (Münkler 2002: 168).

Die Einbindung in die „Schattenglobalisierung" (Lock 2005) ermöglicht es Gewaltakteuren, durch den Handel mit geplünderten, erpressten oder durch Zwangsarbeit erwirtschafteten Gütern die finanziellen Mittel für den Unterhalt ihrer Kämpfer und den Kauf von Waffen aufzubringen. Die Einbindung von Gewaltakteuren in transnationale (durchaus auch reguläre) Märkte erlaubt ihnen eine Weiterführung des Krieges und lässt diese mitunter sogar lukrativ erscheinen. Man kann in einigen Fällen gar von einer „Entpolitisierung" des Krieges sprechen: Ökonomische Ressourcen werden nicht in erster Linie angeeignet, um den Krieg zu gewinnen, d.h. die eigenen politischen Ziele mittels Gewalt durchzusetzen, sondern der Krieg wird geführt, um sich ökonomisch zu bereichern oder – zumindest gilt das für die einzelnen Kämpfer – um den Lebensunterhalt zu sichern (Heupel/ Zangl 2004: 353). Allerdings ist der Begriff der Entpolitisierung problematisch. Der Eindruck, heutzutage würden Kriege nur noch aus ökonomischen Gründen geführt, ist irreführend (Schlichte 2006: 117ff). Selbst wenn durch Gewalt nicht das politische Ziel der Errichtung eines Staates angestrebt wird, so bilden sich dennoch alternative gesellschaftliche Netzwerke und eigenständige Formen von politischer Autorität, Legitimität und Machtausübung jenseits von Staatlichkeit heraus (Mathies 2005: 186f.).

Auch können kommerzielle Motive nicht unbedingt als *die* vorherrschende und politische Faktoren verdrängende Ursache für den Beginn von Kriegen gelten. Sie sind jedoch zumindest in vielen Fällen ein die Eskalation und die Dauer gewaltsamer Konflikte fördernder Faktor (Böge 2004: 5; Lock 2005; Kaldor 2001, 42; Münkler 2002: 33, 2003: 14). Innerstaatliche Gewaltkonflikte zeichnen sich gegenüber zwischenstaatlichen Kriegen (zwischen 1946 und 2006) generell durch eine erheblich längere Dauer aus (Chojnacki 2008: 15). Während zwischenstaatliche Krieg im Durchschnitt zwei Jahre dauern, sind es bei innerstaatlichen mehr als sieben Jahre (Chojnacki 2006a: 61; 2008: 15). Das Vorhandensein von Rohstoffen in einem Land erhöht zudem die Wahrscheinlichkeit kriegerischer Auseinandersetzungen oder erschwert zumindest ihre Beendigung (Collier 1999, Collier/Hoeffler 2000; Collier/ Hoeffler/ Söderbom 2001; Collier/ Sambanis 2005). Gewaltakteure, die sich durch den Krieg bereichern können, haben kein Interesse an dessen frühzeitiger Beendigung (Münkler 2002: 43; 2003: 14). Dabei sind es nicht nur die Anführer von Rebellengruppen, die ein Interesse an der Fortführung von Gewaltkonflikten haben. Insbesondere in Regionen, in denen große Armut herrscht, ist es für viele junge, oftmals arbeitslose Menschen rational, sich den Kämpfern anzuschließen. Der Besitz einer Waffe erhöht ihre Überlebenschancen, weil sie, – als Drohmittel eingesetzt – den Lebensunterhalt zu finanzieren vermag (Münkler 2002: 137).

Mit „Kommerzialisierung" werden nicht nur die Gewaltmotive von lokalen Konfliktparteien bezeichnet, sondern es werden damit auch die Privatinteressen von Sicherheits- und Militärfirmen in Gewaltkonflikten in den Blick genommen, denen ein Interesse an regelmäßigen Aufträgen und damit indirekt an einer Fortführung von Kriegen unterstellt werden muss (Daase 2003: 192).

Diffusion der Gewalt
Die Diffusion der Gewalt hat die „neuen Kriege" in dem Sinne konturlos werden lassen, dass die Gewaltanwendung zeitlich, räumlich und personal weniger klar begrenzt ist. Es liegt in der Regel keine formale Kriegserklärung vor, so dass der genaue Anfang

eines Krieges unbestimmbar wird. An die Stelle von Friedensschlüssen, die das Ende eines Krieges festlegen, werden heute lange Friedensprozesse in Gang gesetzt, die meist von dritten Parteien überwacht werden (Münkler 2002: 28). Nachkriegsgesellschaften befinden sich oftmals lange Zeit nach dem Ende von Kampfhandlungen noch in einem Schwebezustand zwischen Krieg und Frieden mit der ständigen Gefahr des Rückfalls in gewalttätige Auseinandersetzungen.

Die Gewaltanwendung ist oft auch räumlich nicht begrenzt, fehlen doch die für zwischenstaatliche Kriege charakteristischen relativ klaren Frontverläufe (Böge 2004: 4; Münkler 2002: 31f.). Selten werden „neue Kriege" von besetzten Territorien aus geführt, sondern Guerrillakämpfer verbergen sich in der Bevölkerung oder in Rückzugsräumen jenseits staatlicher Grenzen (Daase 1999: 241; Rufin 1999: 19ff.). Die Unterscheidung zwischen Front, Hinterland und Heimat löst sich auf, so dass die Kampfhandlungen nicht auf einen angebbaren Geländeabschnitt beschränkt bleiben, sondern überall aufflackern können (Münkler 2002: 25). Schließlich wird unter Diffusion verstanden, dass die Grenzen zwischen staatlichen und nichtstaatlichen Akteuren als Kriegsparteien verschwimmen und die Unterscheidung zwischen Kombattanten und Zivilpersonen hinfällig wird.

2.1.3.3 Kritik am und Alternativen zum Konzept der „neuen Kriege"

Zusammenfassend ist festzuhalten, dass in der Forschung das Konzept der „neuen Kriege" inzwischen stark umstritten ist. Die insgesamt nach wie vor dürftige empirische Basis führt leicht zur Überzeichnung oder zur (von den Gegnern vorgenommenen) Leugnung des Wandels des Kriegsgeschehens. Um ihre These vom Gestaltwandel des Krieges zu untermauern oder um sie zu widerlegen, bedienen sich Forscher allzu oft einer „Illustrationslogik" (Heupel/Zangl 2004: 347), d.h. sie suchen sich Beispiele heraus, die gut zur Unterstützung ihrer jeweiligen Position passen.

Das Etikett „neu" ist insofern ungeschickt gewählt, als es nahe legt, dass eine klare zeitliche Bestimmung und binäre Kodierung in „alte" und „neue" Kriege möglich sei (Chojnacki 2006a: 48). Wann allerdings genau der Zeitpunkt sein soll, an dem ein Krieg nicht mehr als „alt, sondern als „neu" zu bezeichnen ist, bleibt im Dunkeln.

Weder sind innerstaatliche Kriege ein neues Phänomen, noch sind zwischenstaatliche Kriege – wiewohl sie allen quantitativen Befunden zufolge gegenüber innerstaatlichen Kriegen an Bedeutung verloren haben – obsolet geworden (Kahl/Teusch 2004; Matthies 2005). Zwischenstaatliche Gewaltkonflikte bleiben vielfach in ihrer Intensität unterhalb der Kriegsschwelle und fallen somit per definitionem aus Kriegsstatistiken heraus. Es mangelt zudem an fundierten historischen Studien über innerstaatliche Kriege und ihre Merkmale (Berdal 2003: 492; Kalyvas 2001: 99). Lange Zeit hatte der Kalte Krieg politische und wissenschaftliche Diskurse derart dominiert, dass die Kriege in Drittstaaten, die genauso den Merkmalen der „neuen Kriege" entsprachen, viel zu wenig wahrgenommen oder in Ost-West Kategorien analysiert wurden (Kalyvas 2001: 117).

Anstatt zu erörtern, ob die kontrovers erörterten Merkmale und Merkmalskombinationen tatsächlich *neu* sind, ist es letztlich aufschlussreicher zu fragen, *wie* diese Merkmale miteinander in Beziehung stehen (vgl. Matthies 2005: 188). Als problematisch wird zudem die unscharfe Begriffsbildung und deren fehlende Operationalisierung zur Erfassung der „neuen" Kriegsform angesehen. Nicht nur werden eine Vielzahl unterschiedlicher Ausdrücke „kleine Kriege" (Daase 1999), „wilde Kriege" (Sofsky 2002) und eben „neue Kriege" (Kaldor 2000; Münkler 2002; 2005) für die Neubestimmung des Kriegsbegriffs benutzt, sondern es fehlt außerdem an formalen Modellen und stringent formulierten Hypothesen (Brzorska 2004: 108). Die zugrunde gelegten Kriterien für die Erfassung eines neuen Kriegstypus erscheinen daher mitunter eher willkürlich (Chojnacki 2006a: 48). Es existieren zudem unterschiedliche Konzepte davon, was z.B. unter Privatisierung oder Kommerzialisierung verstanden wird, oder was der Begriff der Entstaatlichung oder der Asymmetrie der Gewaltstrategien genau bezeichnet.

Besonders kritisch ist das Merkmal „Diffusion der Gewalt", demzufolge streng genommen keinerlei klare Abgrenzungen mehr zwischen Krieg und Frieden; zwischen Menschenrechtsverletzungen, Terrorismus, Gewaltkriminalität und Kriegen; zwischen staatlichen und nichtstaatlichen Akteuren; zwischen Kombattanten und Zivilpersonen sowie zwischen den Territorien von Staaten möglich seien. Es ist aber Aufgabe jeder Forschung, präzise Begriffe und Typologien der zu untersuchenden Phänomenen zu entwickeln. Es reicht nicht aus, alle Phänomene, die nicht in bisher verwendete Kategorien passen, als „neu" zu bezeichnen; vielmehr ist eine Überarbeitung von Begriffen und Typologien erforderlich, um das globale Kriegsgeschehen und seinen Wandel erfassbar zu machen. Das Verdienst der Kontroverse über die „neuen Kriege" ist, dass sie die wissenschaftliche Debatte und intensive Forschung über einen möglichen Gestaltwandel gegenwärtiger Kriege angestoßen hat.

So wurde ausgehend von dieser Debatte vorgeschlagen, das Merkmal „Entstaatlichung und Privatisierung", das sich auf einen Wandel in der Akteursqualität bezieht, mithilfe der Erweiterung bestehender Kriegstypologien (zwischenstaatlicher vs. innerstaatlicher Krieg) um die Kategorien „substaatlicher Krieg", der nur zwischen nichtstaatlichen Gewaltakteuren innerhalb oder jenseits formaler Staatsgrenzen ausgetragen wird, und „extrastaatlicher Krieg", der zwischen Staaten und nichtstaatlichen Akteuren jenseits bestehender Staatsgrenzen geführt wird, zu erfassen (vgl. Chojnacki 2006a: 56). Mit Hilfe des Konzepts des „substaatlichen Krieges" kann der Wandel auf der Akteursebene (Entstaatlichung und Privatisierung) über Zeit und der Zusammenhang der Akteursqualität mit der Ablaufdynamik (verlängerte Dauer durch Gewaltmärkte und Kriegsökonomien) von Konflikten untersucht werden[117]. Wenn also z.B. der Typ des substaatlichen Krieges relativ gesehen zunimmt, lässt dies auf einen Trend zur Ent-

---

[117] Eine Untersuchung „substaatlicher Kriege" erfordert jedoch eine „Abkehr vom methodologischen Nationalismus", in dem Nationalstaaten und ihre Regierungen die Grundeinheiten sozialwissenschaftlicher Analysen bilden (vgl. Beck 2007).

staatlichung oder Privatisierung des Kriegsgeschehens schließen. Innerstaatliche Kriege haben allerdings immer noch den größten Anteil am Kriegsgeschehen und die Zahl der substaatlichen Kriege liegt weit darunter. Das globale Kriegsgeschehen zeichnet sich also nicht ausschließlich durch „neue Kriege", sondern vielmehr durch ein Nebeneinander verschiedener Kriegsformen aus (Chojnacki 2006a: 56; 2008: 15).

---

(1) **zwischenstaatliche Kriege** (zwischen mindestens zwei souveränen Staaten)
(2) **extrastaatliche Kriege** (zwischen Staaten und nichtstaatlichen Akteuren jenseits bestehender Staatsgrenzen, z.B. Kolonialkriege)
(3) **innerstaatliche Kriege** (zwischen staatlichen und nichtstaatlichen Akteuren innerhalb bestehender Grenzen)
(4) **substaatliche Kriege** (zwischen nichtstaatlichen Gewaltakteuren innerhalb oder jenseits formaler Staatsgrenzen)

Vgl. Chojnacki (2006a: 56; 2008: 11)

Abb. 7.4: Kriegstypologie

2.2 Weltregieren im Sachbereich Sicherheit I: Globale Instrumente zur Prävention, Bearbeitung und Nachsorge von Kriegen (Problembearbeitung)

Durch vielfältige grenzüberschreitende Auswirkungen von inner- und substaatlichen Kriegen, die im gegenwärtigen globalen Kriegsgeschehen vorherrschend sind, wird ihre Bearbeitung zu einer Weltregierensaufgabe. Inner- und substaatliche Kriege haben die Tendenz, über staatliche Grenzen auf Nachbarstaaten überzugreifen. Private Gewaltakteure bewegen sich über Staatsgrenzen hinweg oder nehmen von benachbarten Staaten aus Angriffe auf einen anderen Staat vor und erzeugen so transsouveräne Sicherheitsprobleme. Es bilden sich insbesondere außerhalb des OECD-Raumes regionale oder subregionale Gewaltkonflikte heraus, die sich auf mehrere Staaten und gesellschaftliche Gruppen erstrecken (Bsp: DR Kongo und Nachbarländer im afrikanischen Regionalkrieg; westafrikanische Staaten Sierra Leone, Liberia, Guinea). Dadurch entziehen sich diese neuen Gewaltphänomene zunehmend dem hergebrachten Instrumentarium einzelstaatlicher Gegenmaßnahmen (Zangl/ Zürn 2003: 186).

Die Transnationalisierung dieser Sicherheitsprobleme wird darüber hinaus besonders am Merkmal der Kommerzialisierung deutlich. Private Gewaltunternehmer, die ihre Kriegstätigkeiten durch die Ausbeutung von Bodenschätzen, die Produktion von und den Handel mit Drogen sowie Menschen- und Waffenschmuggel finanzieren, sind in hohem Maße mit der internationalen Wirtschaft und transnational organisierter Kriminalität verbunden. Durch ihre Einbindung in diese (Schatten-)Globalisierung entziehen sie sich einzelstaatlicher Kontrolle (Lock 2005).

Durch globalisierte Medien und transnationale Nichtregierungskampagnen werden inner- und substaatliche Kriege zudem viel stärker wahrgenommen als früher. Der Wandel von der Leitidee der „nationalen Sicherheit" zu der der „menschlichen Sicherheit" (vgl. Kap. 2.3.) hat mit dazu beigetragen, dass die Beendigung oder Beilegung inner- und substaatlicher Konflikte verstärkt als Weltregierensaufgabe angesehen wird. Durch diesen Leitideenwandel wird die Gewährleistung physischer Sicherheit von Individuen und Gruppen auch zu einer Angelegenheit von internationalen Organisationen, die im Sachbereich „Sicherheit" tätig sind (H. Müller 2002: 369). Der Wandel des Kriegsgeschehens erfordert somit eine Anpassung der internationalen Instrumente zur Prävention sowie zur Bearbeitung und Nachsorge von Kriegen und gewaltträchtigen Konflikten. Im Folgenden soll gezeigt werden, ob und inwiefern Institutionen des Weltregierens sich den Herausforderungen des transnationalisierten Kriegsgeschehens angenommen haben.

2.2.1 Die Anpassung der VN-„Peacekeeping"-Operationen an neue Herausforderungen

2.2.1.1 Vom klassischen zum komplexen „Peacekeeping"

Den Vereinten Nationen kommt aufgrund der in ihrer Satzung definierten Ziele eine besondere Rolle bei der Wahrung des Weltfriedens und der internationalen Sicherheit zu (Art. 39 SVN). Nach Kapitel VI SVN sollen Konfliktparteien zunächst auf Verfahren friedlicher Streitbeilegung zurückzugreifen, um ihre Konflikte auszutragen. Dazu gehören zum Beispiel präventive Diplomatie, die Einrichtung von internationalen Strafgerichtshöfen, Kriegsverbrechertribunalen oder Versöhnungskommissionen (Mani 2007: 304ff., Zangl/ Zürn 2003: 227ff.). Die Entstaatlichung des Krieges hat jedoch eine beträchtliche Entwertung herkömmlicher staatlicher oder zwischenstaatlicher Formen der friedlichen Konfliktbearbeitung und Krisenbewältigung zur Folge (Matthies 2005: 188). Dort, wo private Akteure als die zentralen Konfliktparteien auftreten, sind einige zwischenstaatliche Interaktionsformen wie Diplomatie wenig wirksam.

Eigentlich schließt die Satzung der VN, abgesehen von Zwangsmaßnahmen nach Kapitel VII, ein „Eingreifen in Angelegenheiten, die ihrem Wesen nach zur inneren Zuständigkeit eines Staates gehören" (Art. 2, Ziff. 7 SVN), aus (Rittberger/ Zangl 2003: 190). In jüngerer Zeit stufte der Sicherheitsrat jedoch in zunehmendem Maße anhaltende, schwerwiegende Menschenrechtsverletzungen innerhalb von Staaten als Bedrohung des Weltfriedens und der internationalen Sicherheit ein und erklärte diese zur Grundlage seines Handelns nach Kapitel VII SVN. In diesem Zusammenhang lässt sich einerseits eine quantitative Zunahme der Anzahl und des Umfangs von multilateralen Interventionen im Rahmen von internationalen Organisationen nach dem Ende des Kalten Krieges beobachten, andererseits auch ein qualitativer Wandel in ihren Befugnissen und Instrumenten. Die Anzahl der internationalen „Peacekeeping"-Operationen, vor allem im Rahmen der VN, nahm nach 1990 deutlich zu (Zürn/ Herrhausen 2008: 271). Lag die Zahl 1988 noch bei sieben gleichzeitig laufenden Operationen, so übersprang sie Mitte der 1990er Jahre die Marke von 20 (Human Security Centre 2005: 145ff.). Gegenwärtig führen die VN 16 solcher Operationen mit über 100 000 Einsatzkräften durch (UN Department of Peacekeeping Operations 2007). Darüber hinaus entsenden die VN auch noch elf politische und friedenskonsolidierende Missionen („Political and Peacebuilding Missions") mit über 3700 vornehmlich zivilen Mitarbeitern (UN Department of Peacekeeping Operations 2007a; United Nations Department of Political Affairs 2007). Nicht nur Anzahl und Umfang der Friedensmissionen, sondern auch deren Charakter hat sich in den vergangenen eineinhalb Jahrzehnten verändert, so dass sich „vier Generationen" der VN-„Peacekeeping"-Operationen unterscheiden lassen (Rittberger 2007: 11; vgl. auch Doyle/ Sambanis 2006: 10ff.; 2007).

Das *klassische „Peacekeeping"* der Vereinten Nationen bezog sich auf rein zwischenstaatliche Gewaltkonflikte und basierte auf einem Konsens aller Konfliktparteien („Peacekeeping" der ersten Generation). Beispielsweise stellte der Auftrag der 400 Mann starken VN-Einheit (UNIIMOG), die nach dem Ersten Golfkrieg von 1988 bis 1991 den Waffenstillstand zwischen dem Iran und dem Irak überwachte, eine solche Friedensmission dar. Die Friedenstruppen beobachteten einerseits, ob der Waffenstillstand eingehalten wird, und stellten andererseits im Falle eines Bruchs des Waffenstillstandes fest, welche Konfliktpartei verantwortlich zu machen ist (Rittberger/Zangl 2003: 212; 2006: 134).

Im Rahmen der Überwachung von Waffenstillständen hat es sich häufig als zweckmäßig erwiesen, dass Friedenstruppen die räumliche Trennung der Streitparteien unterstützen. Die hier zum Einsatz kommenden Friedenstruppen bilden im Gelände zwischen den Streitparteien eine Pufferzone, die das Wiederaufflammen der Kämpfe verhindern soll. So hat beispielsweise die von VN-Truppen (UNFICYP) kontrollierte Pufferzone zwischen dem türkischen und dem griechischen Teil Zyperns dazu beigetragen, den Waffenstillstand von 1974 bis heute wirksam zu erhalten (Rittberger/Zangl 2003: 213).

Kapitel 7: Sicherheit: Transnationalisierung von Sicherheitsbedrohungen 391

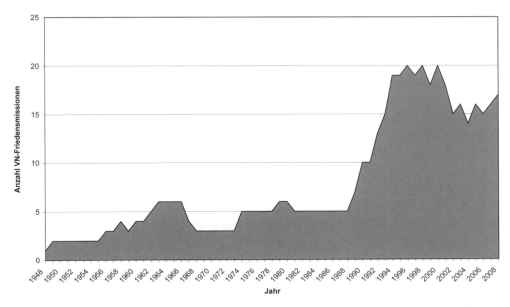

Grafik erstellt auf Grundlage von Daten des United Nations Department of Peacekeeping Operations (2008)

Abb. 7.5: Entwicklung der Anzahl der "Peacekeeping"-Operationen der VN

Um auf den Wandel der Erscheinungsformen und der Auswirkungen von Gewaltkonflikten angemessen reagieren zu können, wurde das „Peacekeeping" nach dem Ende des Ost-West-Konflikts erheblich ausgeweitet. Das so genannte *multidimensionale „Peacekeeping"* („Peacekeeping" der zweiten Generation) blieb zwar an die Zustimmung der Kriegsparteien gebunden, bezog sich aber nicht mehr nur auf zwischenstaatliche Kriege, sondern in erster Linie auf die „neuen" bzw. vermehrt auftretenden innerstaatlichen und substaatlichen Kriege. Von den „Peacekeeping"-Operationen, die der VN-Sicherheitsrat seit den frühen 1990er Jahren beschloss, wurde nur eine Minderheit zur Beendigung *zwischen*staatlicher Kriege eingesetzt.

Darüber hinaus zeichnet sich das multidimensionale „Peacekeeping" durch einen erweiterten Katalog von Aufgabenstellungen aus. Neben der Überwachung von Waffenstillständen und der Bildung von Pufferzonen, die beim „Peacekeeping" der ersten Generation im Vordergrund standen, werden „Peacekeeping"-Operationen seit Anfang der 1990er Jahre mit Aufgaben betraut, welche die Bedingungen für einen gesicherten Frieden in bestehenden oder neu entstehenden Staaten schaffen sollen. Dazu gehören unter anderem die Demobilisierung und Entwaffnung verfeindeter Bürgerkriegsparteien (z.B. Kambodscha 1992-1993, Nicaragua 1989-1990, Tadjikistan 1997-2000), die Überwachung demokratischer Wahlen (z.B. Namibia 1989-1990, Angola 1989-1991, Haiti 1990-1991 und DR Kongo 2006), und die Beteiligung an Demokratisierungs- und

Verfassungsgebungsprozessen (z.B. Bosnien-Herzegowina seit 1995) (Rittberger/ Zangl 2006: 134f.; Zangl/ Zürn 2003: 212f.).

Da die Mandate des „Peacekeeping" der zweiten Generation, wie die des „Peacekeeping" der ersten Generation, auf die Zustimmung der Kriegsparteien angewiesen waren, konnten sie nur effektiv erfüllt werden, wenn im Einsatzgebiet bereits eine Waffenruhe gegeben war. Dies ist aber in den Gebieten der „neuen Kriege" oftmals nicht der Fall. Deshalb wurde der Aufgabenkatalog von „Peacekeeping"-Operationen im Laufe der 1990er Jahre abermals ausgeweitet. Die Friedensmissionen wurden nun unter Berufung auf Kapitel VII SVN ermächtigt, ein „sicheres Umfeld" („secure environment") notfalls auch mit Waffengewalt herzustellen (Art. 42 SVN), um ihre Aufgaben erfüllen zu können. Die „Peacekeeping"-Operationen in Somalia (1993-1995) und im ehemaligen Jugoslawien (1992-1995) verkörpern diese dritte Generation des „Peacekeeping", das *robuste „Peacekeeping"*. Robustes „Peacekeeping" ist dadurch gekennzeichnet, dass der Konsens aller Konfliktparteien nicht mehr als Bedingung für die Entsendung einer Mission gilt (Rittberger/ Zangl 2006: 135). Dies ist ein fundamental neues Merkmal von „Peacekeeping"-Operationen, das ihnen tiefer greifende „Einmischungen" in die inneren Angelegenheiten eines Staates ermöglicht. Freilich entsteht dadurch auch die Gefahr für die Vereinten Nationen, selbst zumindest von Teilen der am Konflikt Beteiligten als weitere Konfliktpartei und damit nicht mehr als allparteilich wahrgenommen zu werden.

Die Mandate der „Peacekeeping"-Operationen für das Kosovo (seit 1999) und für Ost-Timor (1999-2002) weisen auf die Entstehung einer vierten Generation, des *komplexen „Peacekeeping"* hin. Die „komplexen" Mandate dieser Friedensmissionen verbinden Friedenssicherung gestützt auf militärische Einheiten mit Friedenskonsolidierung durch Unterstützung von zivilen Fachkräften. Hierbei rückte insbesondere die Aufgabe des (Wieder-) Aufbaus staatlicher Strukturen, von der Reform des Sicherheitssektors über den Aufbau staatlicher Verwaltungen bis hin zur Einrichtung demokratischer Institutionen, in das Zentrum der Aufgabenstellung. Diese Aufgaben lassen sich unter dem Begriff des „Peacebuilding" zusammenfassen. „Peacebuilding" hat sich in erster Linie als Reaktion auf Krisensituationen entwickelt, in denen staatliche und gesellschaftliche Strukturen so geschwächt oder sogar ganz zusammengebrochen sind, dass eine nachhaltige Befriedung ohne den Wiederaufbau dieser Strukturen nicht möglich erscheint (Rittberger 2007: 13). Darauf zugeschnittene komplexe „Peacekeeping"-Operationen zeichnen sich durch die Übernahme politisch-administrativer Verantwortung durch VN-Beauftragte wie etwa bei der Übergangsverwaltung im Kosovo aus. Das entsandte Personal übt vorübergehend die Regierungsgewalt oder die Aufsicht über lokale Regierungs- und Verwaltungsstellen aus, bis eine funktionierende rechtsstaatlich-demokratische Selbstverwaltung an ihre Stelle treten kann (Rittberger/ Zangl 2006: 135).

Kapitel 7: Sicherheit: Transnationalisierung von Sicherheitsbedrohungen

---

1) **Klassisches „Peacekeeping"**
→ Intervention ist an den Konsens der Konfliktparteien gebunden.
→ Aufgaben: Überwachung von Waffenstillständen in *zwischenstaatlichen* Gewaltkonflikten, Bildung von Pufferzonen.

2) **Multidimensionales „Peacekeeping"**
→ Interventionen beziehen sich auch auf *innerstaatliche* Gewaltkonflikte.
→ Erweiterter Katalog von Aufgabenstellungen, u.a. Entwaffnung verfeindeter Konfliktparteien, Überwachung demokratischer Wahlen, Beteiligung an Demokratisierungsprozessen.

3) **Robustes „Peacekeeping"**
→ Intervention ist nicht mehr an den Konsens der Konfliktparteien gebunden.
→ Herstellung eines „sicheren Umfelds" notfalls auch mit Waffengewalt, um die gestellten Aufgaben erfüllen zu können.

4) **Komplexes „Peacekeeping"**
→ Verbindung der Friedenssicherung durch militärische Einheiten mit Friedenskonsolidierung (*peace-building*) und dem Aufbau funktionsfähiger staatlicher Institutionen (*state-building*) durch zivile Fachkräfte.
→ Die zivile Friedenskonsolidierung zeichnet sich häufig durch eine weitgehende Übernahme politischer und administrativer Verantwortung (in Form von Übergangsverwaltungen) aus.

Abb. 7.6: Qualitative Entwicklung von „Peacekeeping"-Operationen

2.2.1.2 Die Entwicklung hybrider Missionen

Die Herausforderungen, vor die sich eine VN-Mission zur Schaffung stabiler Strukturen in Nachkriegsgesellschaften gestellt sieht, übersteigen allerdings inzwischen die personellen und finanziellen Kapazitäten der VN (vgl. Kocks 2007). Zwar ist es der internationalen Gemeinschaft gelungen, die Zahl der bewaffneten Konflikte zu reduzieren, die Schaffung eines dauerhaften Friedens scheitert jedoch häufig sogar in den Ländern, in denen seit Jahren große Friedensmissionen stationiert sind (Brzoska 2007: 100). Der Trend, immer umfassendere Mandate zu definieren, führt dazu, dass die Mitgliedstaaten häufig nicht willens oder in der Lage sind, ausreichend Personal für die komplexen Aufgaben bereit zu stellen. Die als zwischenstaatliches Beratungsgremium im Jahr 2005 neu geschaffene VN-Kommission für Friedenskonsolidierung („Peacebuilding Commission") soll dem entgenwirken (vgl. Franke/ Heinze 2008). Sie soll Strategien für Staaten in Nachkriegssituationen entwickeln und der internationalen Gemeinschaft die Notwendigkeit eines Einsatzes für nachhaltige Friedenskonsolidierung verdeutlichen. Außerdem sollen in der Kommission Informationen und Empfehlungen für eine verbesserte Koordination aller wichtigen Akteure innerhalb und außerhalb des VN-Systems erarbeitet werden (Varwick/ Gareis 2007: 70f). Dies ist von Bedeutung, da die Vereinten

Nationen seit dem Ende des Kalten Krieges verstärkt darauf zurückgegriffen haben, nicht nur Friedensmissionen unter eigener Führung zu entsenden, sondern Friedenseinsätze anderer Organisationen wie der NATO (ISAF in Afghanistan seit 2001) oder der Europäischen Union (EUFOR in der DR Kongo 2006) zu *mandatieren* oder in Zusammenarbeit mit regionalen Organisationen *hybride* Missionen zu bilden (Varwick/ Gareis 2007: 71f.). Beispiel hierfür ist die 2007 vom Sicherheitsrat autorisierte Entsendung einer hybriden Friedensmission von VN und AU (UNAMID) in die sudanesische Region Darfur, in der es der von der AU eingesetzten Friedensmission (AMIS) trotz NATO-Luftunterstützung und finanziellen Beihilfen der Europäischen Union nicht gelungen war, die Kämpfe in dieser Region zu beenden. UNAMID würde bei Erreichung der vorgesehenen Truppenstärke von 20 000 militärischen plus 6000 polizeilichen Kräften (vgl. SR-Res. 1769 (2007)) zur größten und teuersten Friedensmission in der Geschichte der Vereinten Nationen werden, die zudem als Besonderheit organisationenübergreifend und mit einer einheitlichen Kommandostruktur konzipiert ist (Pelz/ Lehmann 2007: 2).

2.2.1.3 Zusammenarbeit mit zivilgesellschaftlichen Akteuren

Die VN arbeiten im Rahmen von „Peacebuilding"-Missionen nicht nur mit Regional- und anderen internationalen Organisationen zusammen (hybride Missionen). Auch die Zusammenarbeit zwischen militärischem und zivilem Personal der VN (und anderer zwischenstaatlicher Organisationen) einerseits und zivilgesellschaftlichen Akteuren (internationalen und lokalen NGOs) andererseits gewinnt angesichts komplexer Mandate und des breiten Spektrums von Herausforderungen in Nachkriegsgesellschaften an Bedeutung (vgl. Borries 2007). In dem Maße, in dem Friedensmissionen darauf abzielen, nicht nur Friedensabkommen zu überwachen und militärisch abzusichern, sondern dauerhafte staatliche, zivilgesellschaftliche und sozioökonomische Strukturen zur Friedenskonsolidierung zu stärken oder gar erst zu schaffen, stößt eine von militärischem oder polizeilichem Konfliktmanagement getragene Sicherheitspolitik an ihre Grenzen. Angesichts der Komplexität von heutigen „Peacebuilding"-Operationen kann nur eine sorgfältig geplante und koordinierte Kombination ziviler und militärischer Maßnahmen die Bedingungen für dauerhafte Stabilität und friedlichen Konfliktaustrag in Nachkriegsgesellschaften gewährleisten (Schrader 2008: 57f.). Obwohl militärische Maßnahmen dazu beitragen können, manifeste Gewalthandlungen zu unterbinden und ein sicheres Umfeld für den Wiederaufbau von Nachkriegsgesellschaften zu schaffen, bedürfen diese zur langfristigen Friedenssicherung der Unterstützung durch zivile Maßnahmen der Konfliktnachsorge (von Traumabearbeitung über den sozioökonomischen Wiederaufbau bis hin zur Ausbildung von Juristen und Verwaltungsfachleuten zur Stärkung rechtsstaatlicher Strukturen). Neben zivilen öffentlichen Akteuren, die von den VN oder anderen an Friedensmissionen beteiligten Organisationen entsandt werden, kommt zivilgesellschaftlichen Organisationen bei der Friedenssicherung eine wichtige Rolle zu (Abiew 2003: 4f).

Internationale NGOs und militärisches und ziviles Personal internationaler Organisationen arbeiten immer häufiger an den gleichen Schauplätzen; die Berührungspunkte der Arbeit öffentlicher und nichtstaatlicher Akteure nehmen in breit angelegten „Peacebuilding"-Missionen zu (vgl. Aall 2000; Abiew/ Keating 1999; Weiss 1999). Etliche INGOs sind in der Konfliktbearbeitung, Krisenprävention und -nachsorge tätig und leisten dort wichtige Arbeit. Zivilgesellschaftliche Organisationen vermitteln zwischen Konfliktparteien, führen Problemlösungs-Workshops durch oder sind in der Versöhnungsarbeit tätig (Fischer 2008: 224ff.; vgl. Kap. 3.3). Krisen- und Gewaltprävention ist mittlerweile auch häufig Bestandteil von Entwicklungszusammenarbeit und humanitärer Hilfe durch (I)NGOs (Debiel/Sticht 2005: 130). (I)NGOs verfügen oft über Ressourcen, die zwischenstaatlichen Akteuren fehlen: Sie besitzen weit reichende Erfahrungen und Expertise vor Ort und sind in der Regel flexibler als große internationale Organisationen wie die VN. Neben spezifischen fachlichen Kenntnissen (von Traumabearbeitung bis zu entwicklungspolitischem Wissen) haben (I)NGOs häufig auch Kontakte zu lokalen Akteuren und Partnerorganisationen. Dies ermöglicht es ihnen, Akteure auf lokaler Ebene in den Aufbau friedensfördernder Strukturen mit einzubeziehen, was wiederum die Übergabe des Friedensprozesses in lokale Hände möglich macht und zur langfristigen Stabilität der aufgebauten Strukturen beiträgt. Kurz: (I)NGOs verfügen über (vor allem immaterielle) Ressourcen zur Erfüllung humanitärer und entwicklungspolitischer Aufgaben und zur konstruktiven Konfliktbearbeitung (vgl. Abiew 2003: 10), von denen zwischenstaatliche Akteure in komplexen Friedensmissionen zunehmend abhängig sind.

Zugleich besitzen öffentliche und gerade auch militärische Akteure spezifische Kapazitäten, die nichtstaatlichen Akteuren nicht zur Verfügung stehen, und setzen diese zur Erbringung von Leistungen ein, die für den Erfolg der Arbeit von INGOs wesentlich sind. Militärische und polizeiliche Einsatzkräfte tragen dazu bei, ein für Alle stabiles und sicheres Umfeld aufzubauen und zu garantieren, welches etwa in Projekten der Entwicklungszusammenarbeit tätigen INGOs eine erfolgreiche Arbeit mit den Partnerorganisationen vor Ort ermöglicht. Erfolgreiche entwicklungspolitische Maßnahmen erfordern einen sicherheitspolitischen Rahmen (Borries 2007: 192). Militär- und Polizeikräfte tragen nicht nur allgemein zur Schaffung einer stabilen öffentlichen Ordnung bei, sie schützen häufig auch Hilfslieferungen, Lieferwege und Ausgabestellen, mitunter auch INGO-Personal[118]. Vertreter internationaler Organisationen verfügen zudem in der Regel über besseren Zugang zu und Einfluss auf die Regierung des vom Gewaltkonflikt betroffenen Landes.

Somit lassen sich Ressourceninterdependenzen zwischen zwischenstaatlichen und zivilgesellschaftlichen Akteuren in komplexen Friedensmissionen identifizieren, die öffentlich-private Kooperationsformen wahrscheinlicher werden lassen. In der Tat

---

[118] Allerdings lehnen INGOs den Schutz durch Militär auch häufig ab, weil dies ihre Arbeit u.U. schwieriger oder sogar gefährlicher macht, da sie nicht mehr als neutral wahrgenommen werden (Abiew 2003: 9).

haben sich in den letzten Jahren auf operativer Ebene („im Feld") Partnerschaften zwischen internationalen (und lokalen) NGOs, Regierungen und internationalen Organisationen ausgebildet, die durchaus Erfolgschancen bergen (vgl. Borries 2007: 191). Dennoch ist unverkennbar, dass verschiedene zivile und militärische Akteure, die im „Peacebuilding" aktiv sind, trotz der aufgezeigten Ressourceninterdependenzen längst nicht gemeinsam oder aufeinander abgestimmt handeln (Abiew 2003: 4f.). Mehrere Kooperationshindernisse lassen sich benennen (vgl. Abiew 2003: 10ff., Byman 2001; Slim 1996): Die Vielzahl und Heterogenität zivilgesellschaftlicher Akteure, die in Nachkriegsgesellschaften tätig sind, macht es für zwischenstaatliche Akteure schwierig, einen Überblick über diese zu behalten, die eigenen Aktivitäten mit diesen zu koordinieren und erwartungsverlässliche Partnerschaften einzugehen. Militärkräfte beklagen die Vielstimmigkeit der zivilgesellschaftlichen Akteure sowie die daraus folgende Inkohärenz ihrer Ansätze und bezweifeln ihre Fähigkeit, wichtige Aufgaben verlässlich und effizient wahrzunehmen.

Ein weiteres Problem stellen die unterschiedlichen Organisationskulturen dar (vgl. Borries 2007: 197). Während öffentliche Organisationen (und insbesondere das Militär) hierarchisch strukturiert sind, so dass Entscheidungen durch Weisungen „von oben nach unten" durchgesetzt werden, zeichnen sich viele (wenn auch sicher nicht alle) INGOs durch eher partizipatorische Entscheidungsprozesse der Entscheidungsfindung aus. Diese unterschiedlichen Herangehensweisen in Entscheidungssituationen können zu Spannungen zwischen zivilgesellschaftlichen Akteuren und Vertretern des Militärs führen und Misstrauen gegenüber einer Kooperation mit dem Anderen befördern.

Ein zentrales Kooperationshindernis ist, dass INGOs befürchten, sich zum „verlängertem Arm" von Friedenstruppen zu entwickeln und als integraler Bestandteil von und Sympathiebeschaffer für militärische Operationen instrumentalisiert zu werden (Debiel/ Sticht 2007: 170; vgl. Gebauer 2007). Durch zivil-militärische Zusammenarbeit laufen INGOs Gefahr, von den Konfliktparteien nicht mehr als allparteilich wahrgenommen zu werden, wodurch sie eine wesentliche Voraussetzung für die Sicherheit der Mitarbeiter und den Erfolg ihrer Arbeit in der Krisenregion zu verlieren drohten. Auch wenn mittlerweile von INGOs weithin anerkannt wird, dass sich humanitäre Hilfe zum militärischen und politischen Kontext, in dem sie geleistet wird, grundsätzlich nicht neutral verhält und völlige Neutralität kaum je zu erreichen sein wird (vgl. Anderson 1999; Schade 2007), streben INGOs nach wie vor danach, Tätigkeiten, die sie als parteilich erscheinen lassen, so weit wie möglich zu vermeiden. Viele INGOs reagierten daher zurückhaltend auf den Brahimi-Bericht („Report of the Panel on United Nations Peace Operations", 2000, A/55/305-S2000/809), der die Integration humanitärer Aktivitäten in VN-Friedensmissionen unter Leitung des jeweiligen Sonderbeauftragten des VN-Generalsekretärs forderte, und stehen auch neueren Konzepten der NATO zur „Zivil-Militärischen Zusammenarbeit" (Civic-Military Cooperation, CIMIC) skeptisch gegenüber (Debiel/ Sticht 2007: 170f.).

So verhindert vielfach ein mangelnder Konsens darüber, dass die jeweiligen Ziele und Aktivitäten der verschiedenen zivilgesellschaftlichen und zwischenstaatlichen (vor

Kapitel 7: Sicherheit: Transnationalisierung von Sicherheitsbedrohungen   397

allem militärischen) Akteure miteinander kompatibel sind, eine noch engere Kooperation zwischen diesen Akteursgruppen – selbst in Situationen, in denen Ressourceninterdependenzen bestehen. Diese Einschränkungen können jedoch nicht darüber hinweg täuschen, dass in komplexen Friedensmissionen auf operativer Ebene eine wachsende Vielzahl von (öffentlichen und privaten, zivilen und militärischen) Akteuren an friedenskonsolidierenden Maßnahmen beteiligt ist und ein Trend zu stärkerer Kooperation von zwischenstaatlichen und zivilgesellschaftlichen Akteuren festzustellen ist.

Neben dieser zunehmenden Einbindung zivilgesellschaftlicher Akteure in „Peacebuilding"-Operationen ist eine (freilich sehr begrenzte) Einbeziehung von INGOs auf der Politikentwicklungsebene in den VN zu verzeichnen. Der VN-Sicherheitsrat konsultiert nach der „Arria-Formel" informell INGOs und in der Kommission für Friedenskonsolidierung wird INGOs eine beratende Funktion zugestanden (vgl. Franke/Heinze 2008: 97ff.). Von inklusiven Institutionen, die Mitgliedschafts- und Mitentscheidungsrechte für INGOs in Fragen der Konfliktbearbeitung vorsehen, sind diese Formen des Austauschs zwischen zwischenstaatlichen und zivilgesellschaftlichen Akteuren freilich noch weit entfernt (vgl. Rittberger et al. 2008: 18). Allerdings lässt sich eine gewisse Öffnung der VN gegenüber nichtstaatlichen Akteuren auch auf hoher politischer Ebene feststellen.

2.2.2 Multipartistische Maßnahmen zur Eindämmung von Kriegsökonomien

Die Sicherheitsprobleme, die sich insbesondere in inner- und substaatlichen Kriegen (durch die Beteiligung privater Gewaltakteure, den Einsatz asymmetrischer Gewaltstrategien und das Auftreten kommerzialisierter Gewalt) ergeben, können häufig nicht effektiv durch einzel- oder zwischenstaatliche Maßnahmen bearbeitet werden. Gerade in Gewaltkonflikten, die sich durch die Einbettung von Gewaltakteuren in transnationale Wirtschaftsverbindungen auszeichnen, erscheint es notwendig, dass nicht nur Staaten, sondern auch nichtstaatliche Akteure wie Unternehmen, die „konfliktsensible" Güter wie Diamanten, Öl oder Tropenholz produzieren oder mit ihnen handeln, Verantwortung für die Bearbeitung der daraus entstehenden Folgeprobleme übernehmen. Globale Maßnahmen zur Verhinderung der Ausbildung von Kriegsökonomien zielen daher oftmals darauf ab, die Finanzierungsquellen von an Gewaltkonflikten beteiligten privaten oder paramilitärischen Akteuren auszutrocknen oder zumindest die Verwendung der Erlöse aus dem Ressourcenabbau transparenter zu machen. Wenn auch im Sicherheitsbereich eher die Ausnahme als die Regel, so sind doch in den letzten Jahren einige multipartistische Partnerschaften von Staaten, zivilgesellschaftlichen Organisationen und Unternehmen im Rohstoffsektor entstanden (vgl. Paes 2005). So verfolgt etwa die „Extractive Industries Transparency Initiative" (EITI) das Ziel, Unternehmen und Regierungen (insbesondere in schwachen Staaten) dazu zu verpflichten, ihre Einnahmen aus Rohstoffgeschäften transparent zu machen, um damit zu verhindern, dass diese an öffentlichen Kassen vorbei geschleust werden. Das „Erdölprojekt Tschad/

Kamerun" soll durch die Festlegung der Verwendung der Erdölexporteinnahmen für Entwicklungszwecke dem Ausbruch oder der Verschärfung von gewaltsamen Auseinandersetzungen im Tschad vorbeugen. Das „Kimberley Process Certification Scheme" (KPCS) soll sicherstellen, dass Rohdiamanten, die auf dem Weltmarkt gehandelt werden, nicht von bewaffneten Gruppen stammen, die aus den Verkaufserlösen ihre Kämpfe finanzieren.

Der „Kimberley-Prozess" stellt einen gerade für den Sicherheitsbereich bemerkenswerten multipartistischen Regulierungsversuch dar, der auf den Weg gebracht wurde, nachdem durch eine INGO-Kampagne – angeführt von der Organisation „Global Witness" – das Thema „Konfliktdiamanten" internationale Aufmerksamkeit gefunden hatte. In mehreren afrikanischen Staaten wie Angola, der DR Kongo oder Sierra Leone hatte der illegale Abbau von Rohdiamanten durch bewaffnete Gruppen zur Fortdauer von Gewaltkonflikten beigetragen. Im Jahr 2000 trafen sich Regierungen, Vertreter der Diamantenindustrie und NGOs im südafrikanischen Kimberley um zu beraten, wie sie mit dem Problem der Konfliktdiamanten umgehen sollten, ohne den regulären Handel mit Diamanten zu sehr zu beeinträchtigen. Eine führende Rolle übernahmen der weltweit größte Diamantenproduzent und -händler De Beers, der seine Unterstützung für einen Zertifizierungsmechanismus für Rohdiamanten bekundete und seine fachliche Expertise bei der problemadäquaten Ausgestaltung des Zertifizierungsverfahrens einfließen ließ, sowie die beiden NGOs „Global Witness" und „Partnership Africa Canada" (PAC).

Im Rahmen einer globalen öffentlich-privaten Partnerschaft zwischen zahlreichen Regierungen, NGOs und privatwirtschaftlichen Organisationen[119] wurde das Zertifizierungsverfahren KPCS erarbeitet, das seit 2003 offiziell angemeldet ist. Rund 50 teilnehmende Staaten, einschließlich aller wichtigen Produktions-, Handels- und Verarbeitungszentren, verpflichten sich darin, strenge Aus- und Einfuhrkontrollen für Rohdiamanten durchzuführen. Die Zertifizierung der Herkunft von Rohdiamanten darf nur von anerkannten Behörden der Mitgliedstaaten des KPCS vorgenommen werden. Staaten, die sich dem KPCS verpflichtet haben, dürfen Rohdiamanten ausschließlich mit Händlern aus anderen Mitgliedstaaten handeln (Europäische Kommission 2007). Die Generalversammlung ebenso wie der Sicherheitsrat der Vereinten Nationen bekundeten ihre Unterstützung für diese Partnerschaft (A/Res/55/56 (2001); SR-Res. 1459 (2003)).

Während zivilgesellschaftliche Organisationen vor der Einrichtung des KCPS davon ausgingen, dass Konfliktdiamanten 20 Prozent der weltweiten Diamantenproduktion ausmachten, hatte der Diamantenkonzern De Beers 1999 geschätzt, dass nur etwa vier Prozent des weltweiten Diamantenhandels aus Kriegsökonomien stammten. Er stützte sich vor allem auf Informationen über den Zugang der beiden Rebellengruppen UNITA (Angola) und RUF (Sierra Leone) zu Diamantenvorkommen und ergänzte die-

---

[119] Weitere rund 50 Vertreter der Diamantenbranche (neben Abbaufirmen auch Arbeitgeberverbände und Händler) haben sich mit der De Beers Group im „World Diamond Council" zusammengeschlossen, um ein Überwachungssystem für Exporte und Importe von Rohdiamanten zu entwickeln.

se durch Schätzungen des Aufkommens von Konfliktdiamanten in anderen Regionen (Bone 2004: 132). Diese Angaben wurden von den Vereinten Nationen, von Regierungen und schließlich auch von großen am KPCS beteiligten NGOs übernommen.

Ein erster Bericht[120] der „Kimberley Process Working Group on Monitoring" von 2006 bescheinigt dem KPCS seit seiner Entstehung 2003 eine hohe Effektivität. Im Jahr 2006 wurden nur noch etwa 0,2 Prozent[121] der weltweiten Diamantenproduktion nicht vom KPCS erfasst (Kimberley Process Working Group on Monitoring 2006: 5). Die „Working Group on Monitoring", in der auch zivilgesellschaftliche Organisationen (Global Witness und PAC) vertreten sind, konnte bei ihren Überprüfungsbesuchen in Herkunftsländern von Konfliktdiamanten (in Sierra Leone und in der DR Kongo) einen deutlichen Anstieg des Exportanteils von zertifizierten Rohdiamanten feststellen. Dies wird – freilich unter der Berücksichtigung der allgemeinen Stabilisierung der Länder und der Implementation von Friedensabkommen – als Erfolg des Zertifizierungsverfahrens gewertet (Kimberley Process Working Group on Monitoring 2006: 5). NGOs kritisieren zwar das Fehlen externer unabhängiger Überprüfungen; trotzdem liegt es nahe, das KPCS als Vorbild für die Entwicklung von Zertifizierungsverfahren auch für andere Konfliktgüterarten anzusehen (Böge et al 2006: 33). Die Übertragbarkeit etwa auf Erdöl, Coltan oder Tropenholz ist jedoch fraglich, da der Erfolg des KPCS an einige spezifische Vorbedingungen geknüpft ist (Paes 2005a). Das KPCS war erstens durchsetzbar, weil Diamanten nur eine sehr geringe Rolle in der Weltwirtschaft spielen, anders als beispielsweise Erdöl, das ein zentraler Rohstoff für ganze Volkswirtschaften ist. Diamanten werden zudem vornehmlich von privaten Konsumenten wegen ihres symbolischen Wertes gekauft, was den Sektor sehr verwundbar durch Konsumboykotte macht.

Die Partnerschaft konnte sich so positiv entwickeln, da alle Parteien ein begründetes Interesse an der Beteiligung am KPCS aufwiesen. Für NGOs boten die Bürgerkriege in Angola, Liberia, Sierra Leone und der DR Kongo den notwendigen „dramatischen", öffentliche Aufmerksamkeit erzeugenden Hintergrund. Die staatliche Unterstützung für das KPCS war nicht schwer zu erreichen, da der Handel mit Konfliktdiamanten vornehmlich Rebellenbewegungen und nicht den Staaten nutzte (Böge et al. 2006: 33; Paes 2005a). Das Unternehmen De Beers nahm im Kimberley-Prozess nicht gänzlich uneigennützig eine Vorreiterrolle ein. Ihm drohte Ende der 1990er Jahre durch das Auftreten neuer Anbieter auf dem Diamantenmarkt der Verlust seiner langjährigen de-

---

[120] Zur Erstellung des Berichts wurden Überprüfungsbesuche in 25 Teilnehmerländern vorgenommen. Expertenmissionen fanden in den Ländern statt, die vom Problem der Konfliktdiamanten besonders betroffen sind oder waren (Angola, DR Kongo, Liberia, Sierra Leone) (Kimberley Process Working Group on Monitoring 2006: 4).
[121] Bei diesen 0,2 Prozent handelt es sich um die Produktionsvolumina aus Liberia und der Elfenbeinküste, die 2006 dem VN-Embargo für Rohdiamanten unterlagen. Das sechs Jahre währende VN-Embargo gegen Liberia wurde im April 2007 aufgehoben (SR-Res. 1753/2007) und das Land kurz darauf wieder als Teilnehmer in das KPCS aufgenommen (Europäische Kommission 2007a).

facto Monopolstellung[122]. Sich durch die Beteiligung am Zertifizierungsmechanismus als ethisch glaubwürdiges Unternehmen darzustellen und damit gleichzeitig den Eindruck zu erwecken, nicht-zertifizierte Produkte von Konkurrenten seien möglicherweise Konfliktdiamanten, war eine geschickte und erfolgreiche Geschäftsstrategie (Böge et al. 2006: 61). Zudem war es durch die gezielte Etablierung eines Luxusimage möglich, die zusätzlichen Kosten des Unternehmens für das Zertifizierungsverfahren an die Konsumenten weiter zu geben.

Mit dem KPCS vergleichbare Zertifizierungsverfahren existieren für andere Konfliktgüter (z.B. Coltan oder Kupfer) nicht. Allerdings haben sich auch in anderen Problemfeldern meist in Reaktion auf NGO-Kampagnen einige multipartistische Initiativen herausgebildet. Zu nennen ist hier die oben erwähnte „Extractive Industries Transparency Initiative" (EITI), die 2002 auf dem Johannesburger VN-Weltgipfel für nachhaltige Entwicklung in Anlehnung an die Forderungen der „Publish What You Pay"-Kampagne des damaligen britischen Premierministers Tony Blair ins Leben gerufen wurde. Die Initiative vereint Regierungen, NGOs, internationale Organisationen und den Privatsektor in einem Forum, das Richtlinien für die Berichterstattung für den Erdöl-, Erdgas- und Montan-Sektor aufstellt und freiwillige Mechanismen zur Erhöhung der Transparenz bei der Vergabe von Lizenzen für und den Erlösen aus dem Ressourcenabbau entwickelt. Der Implementierungsprozess der EITI sieht vor, dass in einem Land tätige Unternehmen ihre Zahlungen an dessen staatliche Institutionen offenlegen, während wiederum die jeweiligen Regierungen die Höhe ihrer Einnahmen – Steuern, Förderabgaben, Lizenzgebühren, Prämien – aus dem Rohstoffsektor offenlegen (Böge et al. 2006: 32). Liegen beide Zahlen vor, dann sollte es der Bevölkerung und den zivilgesellschaftlichen Akteuren vor Ort möglich sein, ihre Ansprüche bezüglich öffentlicher Ausgaben begründet einzufordern; darüber hinaus muss jede Differenz den Verdacht schüren, dass Einnahmen an öffentlichen Kassen vorbei geschleust wurden (Stojkovski 2009: 58; vgl. Feldt 2004: 250; Haufler 2006: 72). Die EITI bringt fünf Stakeholder-Gruppen zusammen: Unternehmen der Rohstoffindustrie, zivilgesellschaftliche Akteure, implementierende Regierungen (rohstoffreicher Staaten), unterstützende Regierungen (von Industriestaaten) und Investoren. Die alle zwei Jahre stattfindenden Vollversammlungen sowie der 20-köpfige Vorstand sind multipartistisch mit Vertretern aller fünf Gruppen besetzt. Im Vorstand besitzen alle Mitglieder (außer dem Vorsitzenden) Stimmrecht (Stojkovsi 2009: 61). Interessierte Staaten müssen einen vierstufigen Implementierungsprozess durchlaufen, bevor sie den Status eines Kandidatenlandes (derzeit sind dies 25 Staaten) erhalten. Während dieses Prozesses soll die Regierung eine nationale *Multistakeholder*-Gruppe zusammenstellen, die mit der Überwachung der weiteren Implementierung betraut wird. Daraufhin folgt eine zweijährige Phase der externen Validierung der Ergebnisse des jeweiligen Landes, in der geprüft wird, ob die

---

[122] Als „buyer of last resort" hatte De Beers mit seiner „Central Selling Organisation" jahrzehntelang Steine vom Markt aufgekauft, gelagert und so künstlich den Diamantenpreis hoch gehalten (Böge et al 2006: 61).

erfolgte Implementierung der Transparenzmaßnahmen den EITI-Standards entspricht. Die Prüfer kann die jeweilige Regierung aus einem von der EITI zusammengestellten Pool auswählen (Stojkovski 2009: 64f.). Da die Initiative noch recht jung ist und bisher nur Aserbaidschan im Frühjahr 2009 den Status eines „Compliant Country" erreicht hat, sind allgemeine Bewertungen der Effektivität von EITI noch nicht möglich (vgl. EITI 2009). Die Initiatoren erwarten aber, dass bereits die Zusammenarbeit verschiedener Stakeholder-Gruppen während des Implementierungsprozesses Dialog- und Lernprozesse über Transparenz und Verantwortlichkeit bei Ressourcengeschäften anstößt.

Das „Erdölprojekt Tschad/Kamerun" war ein weiteres, gemeinsam von der Weltbank und der Regierung des Tschad, von Erdölfirmen und zivilgesellschaftlichen Organisationen aufgebautes Projekt zur Verhinderung gewaltsamer Auseinandersetzungen um die Förderung des im Tschad vorhandenen Erdöls. Ausgehend von den Bürgerkriegserfahrungen anderer rohstoffreicher afrikanischer Staaten sollten Maßnahmen entwickelt werden, um die Intensivierung der im Tschad schon stattfindenden Gewaltausschreitungen zu verhindern (vgl. Gary/ Reisch 2005). Die Regierung des Tschad hatte großes Interesse an der Ansiedelung von Erdölunternehmen und dem Bau einer Erdölpipeline vom Tschad bis an die Atlantikküste in Kamerun. Die fehlende Infrastruktur und prekäre Sicherheitslage in der Region stellten jedoch Hindernisse für die Investoren dar. Die Regierung des Tschad und die interessierten multinationalen Erdölfirmen (vor allem Exxon Mobil) konnten die Weltbank zur Mitfinanzierung des Baus der Pipeline gewinnen. Die Weltbank knüpfte ihre Finanzierung neben der Bedingung der Umweltverträglichkeit des Projekts an die weitere Bedingung, dass 72% der Erdölerlöse der Regierung in Gesundheitsdienste, Sozialleistungen, Bildung, ländliche und Infrastruktur-Entwicklung sowie Wassermanagement fließen sollten (Böge et al. 2006: 42); dies entsprach auch den Forderungen der Nichtregierungsorganisationen, entwicklungspolitische, ökologische und soziale Belange beim Bau der Pipeline zu berücksichtigen. Die Einhaltung dieser Bedingungen sollte von einem Ausschuss bestehend aus Regierungsvertretern des Tschad und Vertretern der Zivilgesellschaft, dem „College of Oversight and Control of Petrol Resources", überwacht werden.

Allerdings zeichnete sich bereits Ende des Jahres 2005 ab, dass dieses als Positivbeispiel für eine öffentlich-private Partnerschaft im Sicherheitsbereich gefeierte Vorhaben von der Regierung des Tschad unterlaufen wurde (Brzoska/ Paes 2007: 24). So hatte die Regierung von einem Teil der Erlöse aus der Erdölförderung Waffen gekauft, um gegen Rebellen im eigenen Land vorzugehen. Der Überwachungsausschuss konnte aufgrund knapper Mittel kaum effektiv arbeiten; auch die Unabhängigkeit zivilgesellschaftlicher Vertreter von der Regierung schien nicht gewährleistet zu sein. Zudem wurden im Umfeld der Produktionsstätten der Erdölindustrie soziale Spannungen stärker: Die Bevölkerung fühlte sich nicht ausreichend an den Gewinnen beteiligt, und es herrschte Konkurrenz um die wenigen Jobs im Ölsektor (Böge et al. 2006: 43). Im September 2008 gab die Weltbank schließlich ihren Rückzug aus dem Projekt bekannt. Begründet wurde er mit dem Versagen der Regierung des Tschad, die Öleinnahmen wie versprochen zur Armutsbekämpfung zu verwenden (Weltbank 2008). Dieses Beispiel einer gescheiterten Partnerschaft zeigt, dass die multipartistische Zusammensetzung derartiger Partnerschaften allein noch nicht zwingend Erfolg garantiert, so dass es weiterer Untersuchungen bedarf, unter welchen Bedingungen sich die Akteure an die aufgestellten Regeln halten, anstatt die Partnerschaft für andere Zwecke zu nutzen.

Multipartistische Initiativen im Sachbereich „Sicherheit"

- Einbeziehung *nichtstaatlicher Akteure* (vor allem von Unternehmen des Rohstoffsektors) in globale Maßnahmen zur Verhinderung der Ausbildung von *Kriegsökonomien*
- Austrocknung der Finanzierungsquellen von Gewaltakteuren und Herstellung von Transparenz bei der Verwendung der Erlöse aus dem Rohstoffabbau

Beispiele:

- *Extractive Industries Transparency Initiative* **(EITI):** Steigerung der Transparenz bei Rohstoffeinnahmen (insbesondere in schwachen Staaten)
- *gescheitertes Erdölprojekt Tschad/ Kamerun:* Festlegung der Verwendung von Erdöleinnahmen für Entwicklungszwecke, Prävention des Ausbruchs oder der Verschärfung von gewaltsamen Auseinandersetzungen im Tschad
- *Kimberley Process Certification Scheme* **(KPCS):** Zertifizierungsmechanismus für die Herkunft von Rohdiamanten, Unterbindung des Handels mit „Konfliktdiamanten"

Vgl. Paes (2005)

Abb. 7.7: Multipartistische Initiativen zur Eindämmung von Kriegsökonomien

2.2.3 Theoretische Einordnung und Bewertung des Weltregierens zur Prävention, Bearbeitung und Nachsorge von Gewaltkonflikten

Will man das Weltregieren zur Vorbeugung, Bearbeitung und Nachsorge von Gewaltkonflikten mit Blick auf die vier vorgestellten Weltregierensmodelle (vgl. Kap. 5) einordnen, dann lässt es sich am ehesten als heterarchisches Weltregieren charakterisieren. Es dominiert allerdings die zwischenstaatliche Kooperation durch internationale Institutionen gegenüber Formen inklusiver, öffentlich-privater oder gar rein privater Steuerung. Weltregieren zur Vorbeugung, Bearbeitung und Nachsorge von zwischenstaatlichen, innerstaatlichen oder substaatlichen Gewaltkonflikten wird in erster Linie von zwischenstaatlichen Organisationen, allen voran den Vereinten Nationen, geleistet. Dennoch ist auch im „souveränitätssensiblen" Sicherheitsbereich multipartistisches Weltregieren zu beobachten – wie etwa das KPCS oder die EITI sowie die wachsende Bedeutung zivilgesellschaftlicher Akteure vor allem bei der Friedenskonsolidierung in Nachkriegsgesellschaften belegen. Obwohl sich internationale Sicherheitsinstitutionen nicht nur bei der Politikimplementierung, sondern auch in der Phase der Politikformulierung für eine begrenzte Einbeziehung privater Akteure geöffnet haben – der Sicherheitsrat konsultiert nach der Arria-Formel auf informeller Basis NGOs (Frantz/ Martens 2006: 103) und in der Kommission für Friedenskonsolidierung können NGOs als beratende Akteure tätig werden –, ist der Exekutivmultilateralismus, das zwischen*staatliche* Regieren, insgesamt vorherrschend.

Aus der Sicht der Ressourcentausch-Theorie betrachtet, lassen sich zwar durchaus Ressourceninterdependenzen zwischen öffentlichen und privaten Akteuren bei der Bearbeitung von Gewaltkonflikten feststellen – die meisten der heutigen Gewaltkonflikte bedürfen zur effektiven Bearbeitung der Problembearbeitungsressourcen verschiedener Akteure. Dies schlägt sich auch im Auftreten multipartistischer Initiativen zur Eindämmung von Konfliktökonomien nieder. Die Grenzen der Inklusivität insbesondere auf höherer und höchster Politikformulierungs- und -entscheidungsebene (z.B. VN-Sicherheitsrat) lässt sich jedoch damit erklären, dass von einem weit verbreiteten grundsätzlichen Konsens zwischen öffentlichen und privaten Akteuren über die Kompatibilität ihrer Ziele und ihrer Strategien zur Erreichung dieser Ziele in diesem Problemfeld (zumindest noch) nicht gesprochen werden kann.

Der Wandel des globalen Kriegsgeschehens und das Ende des Kalten Krieges, die erweiterte Handlungsspielräume für die VN zur Folge hatten, haben dazu geführt, dass die VN ihre „Peacekeeping"-Operationen erheblich weiter entwickelten. Durch zunehmend komplexere „Peacekeeping"-Operationen erbringen internationale Organisationen weit reichende und tief greifende Steuerungsleistungen im Sicherheitsbereich. Sie versuchen, dem gewaltsamen Austrag von Konflikten vorzubeugen, diesen durch externe Intervention – notfalls auch gegen den Willen der betroffenen Staaten und nichtstaatlichen Konfliktparteien – zu beenden sowie die Voraussetzungen für eine Konsolidierung des Friedens in Nachkriegsgesellschaften zu schaffen. Die bisherige Bilanz internationaler Friedensmissionen fällt gemischt aus (Paris 2007: 412ff). Positiven Ergebnissen wie in Namibia, Mosambik oder Guatemala stehen andere Beispiele gegenüber, die einen zumindest zeitweiligen Rückfall in Destabilisierung und Gewalt (z.B. Haiti, Liberia, Ost-Timor) erlitten haben oder hinter den Erwartungen zurückgeblieben sind (z.B. Kosovo). Die zeitliche Abfolge der friedenskonsolidierenden Maßnahmen, wie z. B. der Primat der Abhaltung demokratischer Wahlen, erwies sich mitunter als wenig zweckmäßig, da sie mehr zur Polarisierung der lokalen gesellschaftlichen Akteure beitrugen als zur Stabilisierung der politischen Verhältnisse. Eine überstürzte und halbherzige Einführung von Demokratie und Marktwirtschaft ohne den Aufbau effektiver Institutionen kann im Einzelfall sogar die Gefahr erneuter gewalttätiger Auseinandersetzungen erhöhen (Paris 1997: 56; 2004; 2007: 418).

Auch umfassende Mandate, die zur nachhaltigen Befriedung von Gewaltkonflikten notwendig erscheinen, garantieren keinen Erfolg. Insbesondere bei Treuhandverwaltungen besteht die Gefahr, dass sie das Entstehen genuin rechtsstaatlich-demokratischer Selbstverwaltung behindern, weil sie zwar über externe, in vielen Fällen aber nicht über interne Legitimität bei der örtlichen Bevölkerung verfügen. So ergeben sich häufig erhebliche Schwierigkeiten für treuhandverwaltete Nachkriegsgesellschaften, von anfänglicher Fremdbestimmung zu „local ownership" überzugehen (Rittberger 2007: 13). Solange es nicht gelingt, die internationale Hilfe an die lokalen Gegebenheiten anzupassen und die Zielbevölkerung dafür zu gewinnen, sich am (Wieder-) Aufbauprozess zu beteiligen, sich die neu geschaffenen Strukturen anzueignen und zu legitimieren, besteht kaum Aussicht auf eine tragfähige Stabilisierung, die in der weiteren Perspektive auch einen Rückzug der Interventionskräfte erlaubt (Exit-Option).

Mittlerweile sind die VN-„Peacekeeping"-Operationen aufgrund der Formulierung immer komplexerer Mandate zudem an materielle und personelle Grenzen gestoßen. Für effektives Weltregieren erscheint es daher notwendig, die Ressourcen mehrerer – (zwischen)staatlicher, aber auch privater – Akteure zusammen zu legen, so wie es in den hybriden Missionen in Zusammenarbeit mit NATO, EU, OSZE oder der AU bereits erprobt wird. Auch greifen die VN vor allem auf operativer Ebene verstärkt auf nichtstaatliche Akteure wie z.B. humanitäre Hilfsorganisationen zurück, da diese über spezifische materielle und vor allem immaterielle Ressourcen verfügen, die zwischenstaatliche Akteure wie die VN nicht in hinreichendem Maße aufbringen können. Auch private Sicherheits- und Militärfirmen werden im Rahmen von VN-Peacekeeping-Operationen für Logistik oder Sicherheitsdienste, z.B. beim Transport oder Schutz von VN-Zivilpersonal, nicht aber für militärische Operationen eingesetzt; allerdings finden sich – etwa im Grünbuch des ehemaligen britischen Außenministers Jack Straw (2002) – Überlegungen, private Sicherheits- und Militärfirmen stärker in „Peacekeeping"-Operationen einzubinden (Daase 2003: 192; Ghebali 2006: 213).

Insbesondere zur Eindämmung von Kriegsökonomien übernehmen neben Staaten und zwischenstaatlichen Organisationen auch nichtstaatliche Akteure globale Steuerungsfunktionen. Bei der Bekämpfung des Handels mit Konfliktdiamanten zeigte sich die konstruktive Rolle, die Unternehmen und Nichtregierungsorganisationen zur Eindämmung von Kriegsökonomien spielen können, besonders deutlich. Mit dem KPCS wurde eine multipartistische Partnerschaft zwischen Staaten, NGOs und der Privatwirtschaft ins Leben gerufen. Dies lässt sich mit dem Vorliegen eines Ziel- und Strategiekonsenses sowie der Existenz von Ressourceninterdependenzen zwischen öffentlichen und privaten Akteuren erklären. Das Unternehmen De Beers war durch die Unterstützung des KPCS und die Einbringung seiner fachlichen Expertise bei der Ausgestaltung des KPCS in der Lage, sich den Ruf eines ethisch handelnden Unternehmens zu erwerben und so einen Marktvorteil zu verschaffen. Zugleich hätte der KPCS ohne die Unterstützung des größten Diamantenhändlers De Beers kaum erfolgreich sein können. NGOs hatten das Machtpotenzial, im Falle der Nichtkooperation der Wirtschaft durch „naming-and-shaming" einen Konsumentenboykott auszulösen, was durch ihre Einbindung verhindert werden konnte. Die Diamantenindustrie war insofern von zivilgesellschaftlichen Legitimationsressourcen, oder umgekehrt formuliert: von dem Verzicht der NGOs auf Boykottkampagnen (zumindest in gewissem Maße) abhängig. Staaten hatten ein Interesse an der Beteiligung an der Partnerschaft, um die Möglichkeiten privater Gewaltakteure, durch Konfliktdiamanten ihre Kämpfe zu finanzieren, einzuschränken. Ohne staatliche Ressourcen zur Durchsetzung des KPCS wären weder

Zivilgesellschaft noch Privatwirtschaft in der Lage gewesen, einen einigermaßen effektiven Zertifizierungsmechanismus zu entwickeln.

Derartige Institutionen des Weltregierens, die sich durch innovative und flexible Herangehensweisen zur Bekämpfung von Kriegen und Gewaltökonomien auszeichnen und durch die spezifische Ressourcen verschiedener Akteure und Akteursgruppen in multipartistischen Kooperationsformen zusammengelegt werden, sind im Sicherheitsbereich immer noch eher die Ausnahme als die Regel. Zudem stehen dem erfolgreichen Beispiel des KCPS und dem zumindest Erfolg versprechenden Ansatz der EITI, deren Entstehung sich ebenfalls mit Hilfe der Ressourcentauschtheorie erklären lässt (vgl. dazu Stojkovski 2009), weniger positive Entwicklungen im Falle des Erdölprojekts Tschad/Kamerun gegenüber. Nichtsdestotrotz ist das Auftreten multipartistischer Formen des Regierens im souveränitätssensiblen Sicherheitsbereich bemerkenswert.

3 Transnationaler Terrorismus: Wandel terroristischer Bedrohungen und globale multilaterale Bekämpfung des Terrorismus

Die Transnationalisierung des sicherheitspolitischen Problemhaushalts schlägt sich nicht nur im Wandel des globalen Kriegsgeschehens, sondern auch in dem Auftreten des *transnationalen* Terrorismus nieder. Spätestens seit den Anschlägen des 11. September 2001 auf das World Trade Center in New York und das Pentagon in Washington, D.C. ist der Terrorismus wieder in den Mittelpunkt des politischen und akademischen Sicherheitsdiskurses gerückt. Die neue Dimension dieses Terroranschlags wird zunächst daran deutlich, dass ihm fast 3000 Menschen zum Opfer fielen – mehr als je zuvor bei einem einzelnen terroristischen Anschlag. Zum Vergleich lassen sich im gesamten 20. Jahrhundert insgesamt 14 Terroranschläge mit jeweils mehr als 100, aber weniger als 500 Todesopfern identifizieren (Hoffman 2006: 47).

Zugleich warnen mittlerweile Autoren davor, das Ausmaß der Sicherheitsbedrohung durch Terroristen gegenüber anderen, fundamentaleren globalen Entwicklungen – wie etwa dem Klimawandel, der Knappheit natürlicher Ressourcen (z.B. Wasser, Energieträger) oder der sozioökonomischen Marginalisierung eines großen Teils der Weltbevölkerung –, die zu Gewaltkonflikten und Unsicherheit in der heutigen Welt beitragen, zu überschätzen (Abbotts/ Rogers/ Sloboda 2006: 4).

Ein entscheidender Aspekt des Erfolgs terroristischer Gruppen ist, dass sie es ihrer Zielsetzung entsprechend erreicht haben, ein Ausmaß an Angst und Schrecken zu erzeugen, das der realen Sicherheitsbedrohung – gemessen in Opferzahlen – nicht entspricht (Dunne 2005: 261f.). Die in den letzten Jahren vor allem in der westlichen Welt deutlich angestiegene Bedrohungswahrnehmung liegt zum einen darin begründet, dass terroristische Akteure zunehmend und am deutlichsten bei den Anschlägen des 11. September 2001 die Fähigkeit gezeigt haben, auch entfernte Ziele zu treffen. Ein weiteres wichtiges Element der Wirkung terroristischer Gruppen bildet die mediale

Vermittlung der Bedrohung durch den Terrorismus. Bilder der Zerstörung können heute unmittelbar oder mit nur geringer Zeitverzögerung in die ganze Welt mit verbreitet werden. Terroristen nutzen – unterstützt durch neue Medien wie das Internet (vgl. Musharbash 2005, 2006) – Möglichkeiten der gezielten medialen Inszenierung terroristischer Akte, wie sich z.B. am Beispiel der gefilmten Tötung von Geiseln im Irak zeigt. Derartige Aufmerksamkeit erregende Strategien asymmetrischer Gewalt, bei der die „Machtlosen" den Sieg über die „Mächtigen" erklären (Dunne 2005: 263), verschärfen nicht nur die objektive Bedrohungslage, sondern auch die subjektive Wahrnehmung von Unsicherheit in de Öffentlichkeit.

Nicht zuletzt deshalb nimmt die Bekämpfung des Terrorismus nach dem 11. September 2001 und weiteren Anschlägen in Bali (2002), Madrid (2004), London (2005) und Bombay/Mumbai (2008) auf der sicherheitspolitischen Agenda von Staaten und internationalen Organisationen eine zentrale Stellung ein. Auch im akademischen Diskurs hat das sich transnationalisierende Sicherheitsproblem des Terrorismus in den letzten Jahren deutlich an Beachtung gewonnen (Dunne 2005: 263f.).

Im Folgenden sollen der transnationale Terrorismus und als globales Sicherheitsproblem die Formen des Weltregierens zu dessen Bearbeitung analysiert werden. Eine adäquate Problemanalyse setzt begriffliche Klarheit über den Analysegegenstand voraus. Dies gilt im Falle des transnationalen Terrorismus in besonderem Maße, weil die nach wie vor bestehende Uneinigkeit über den Begriff des Terrorismus die Effektivität und Legitimität globaler Terrorismusbekämpfung beeinträchtigt. Aus diesem Grund werden zunächst die unterschiedlichen Positionen in der Debatte über einen angemessenen Begriff des Terrorismus skizziert und und daraus eine Terrorismusdefinition entwickelt. Anschließend werden Gemeinsamkeiten und Unterschiede zwischen dem heutigen transnationalen Terrorismus – wie er von al-Qaida verkörpert wird – und dem schon älteren nationalen Terrorismus sowie dem international operierenden Terrorismus der 1970er und 1980er Jahre herausgearbeitet (vgl. Schneckener 2002, 2006). Im Mittelpunkt steht jedoch die Beschreibung der Hauptmerkmale des heutigen Terrorismus transnationaler Prägung und der sich daraus ergebenden globalen Herausforderungen. Schließlich werden verschiedene Formen des Weltregierens zur kollektiven Bearbeitung des transsouveränen Problems des Terrorismus auf globaler und regionaler Ebene analysiert.

3.1 Der transnationale Terrorismus als globale Sicherheitsbedrohung (Problembeschreibung)

3.1.1 Der Begriff des Terrorismus: Debatten und Definitionen

3.1.1.1 Terrorismus: Staatliche oder nichtstaatliche Gewalt? – Krieg oder Verbrechen?

Der Begriff des Terrorismus ist in Wissenschaft und Politik umstritten. Trotz jahrzehntelanger Terrorismusforschung können die Sozialwissenschaften bis heute keine allgemein anerkannte Definition von „Terrorismus" vorweisen (vgl. Hoffman 2006: 70f.; Laqueur 1977, 1987; Malik 2001; Schmid 1984, Waldmann 1998). Dies liegt nicht zuletzt daran, dass es sich bei der Frage der Definition nicht nur um einen akademischen, sondern auch um einen politisch aufgeladenen Streit handelt. Auf der internationalen politischen Ebene herrscht trotz zahlreicher Vorschläge nach wie vor kein Konsens über eine global verbindliche Definition des Terrorismus. Über den Tatbestand des Verbrechens des Terrorismus, d.h. hinsichtlich der Frage, was genau strafbar sein soll, besteht daher keine Einigkeit. Der viel strapazierte Ausspruch „Des einen Terrorist ist des anderen Freiheitskämpfer" hat insofern eine gewisse Berechtigung (H. Müller 2004a: 193; vgl. Hoffman 2006: 54f.).

Trotz der bestehenden akademischen und politischen Uneinigkeit ist es jedoch unverzichtbar, den Analysegegenstand „Terrorismus" klar zu definieren. In einer ersten Annäherung an einen adäquaten Terrorismusbegriff lassen sich zunächst zwei ebenso grundlegende wie politikprägende Debatten identifizieren (Daase 2001: 59ff.): Soll nur die Aufstandsgewalt von nichtstaatlichen Akteuren oder auch die Repressionsgewalt staatlicher Organe als Terrorismus bezeichnet werden? Sind Terrorismus und seine Bekämpfung eine Form des Krieges oder ist Terrorismus ein Verbrechen und mithin seine Bekämpfung eine Aufgabe für die Polizei (einschließlich Geheimdienste) und die Justiz?

Eine der grundsätzlichen und am längsten währenden Debatten über die Definition von „Terrorismus" betrifft die Frage, ob der Begriff in erster Linie im Sinne staatlicher Repressionsgewalt oder im Sinne nichtstaatlicher Aufstands- oder Widerstandsgewalt verstanden werden sollte (Daase 2001: 59ff.). Die einen argumentieren, dass die schlimmsten Akte des „Terrors", verstanden als gewaltsame Einschüchterung der Zivilbevölkerung, im 20. Jahrhundert durch Staaten bzw. ihre Agenten – z.B. durch lateinamerikanische „Todesschwadrone" XXXXX in Brasilien oder El Salvador – begangen wurden und dass auch westliche Staaten nicht immun gegen die Versuchung waren und sind, mit gewaltsamen Zwangsmitteln Angst in den Köpfen von Zivilbevölkerungen zu erzeugen (Dunne 2005: 260; vgl. Daase 2001: 60; Herman 1982; Stohl 1988). Terrorismus sei somit zumindest *auch* ein staatliches und nicht nur ein nichtstaatliches Gewaltphänomen. Auch in Debatten der Generalversammlung der Vereinten Nationen in den 1970er Jahren wurde immer wieder gefordert, dass eine Definition von Terrorismus auch Staatsterrorismus einschließen müsse (Boulden 2007: 428). Andere halten dem entgegen, dass trotz der immensen Opferzahlen staatlicher Repression ein grundlegender, auch begrifflich deutlich zu machender Unterschied zwischen staatlicher Gewaltherrschaft und modernem Terrorismus bestehe. Regierungen können demnach per definitionem keine Akte des Terrorismus begehen und Terrorismus sei als von nichtstaatlichen Akteuren ausgeübte Gewalt *gegen* „den Staat" zu verstehen (Daase 2001: 60f.; vgl. Laqueur 1987: 6; Waldmann 1998: 15).

In Übereinstimmung mit der letztgenannten Position bezeichnet der allgemeine Sprachgebrauch heute mit dem Ausdruck „Terrorismus" überwiegend „Gewalt von unten" gegen eine angebbare „Herrschaft von oben", was eine Umkehr der ursprünglichen Bedeutung des Wortes „Terror" („terreur") aus der Französischen Revolution bedeutet (vgl. Hoffman 2006: 23f.). Die Strukturen, Operationsbedingungen und Strategien von „Staatsterror" und nichtstaatlichem Terrorismus unterscheiden sich erheblich. Eine begriffliche Abgrenzung ist insbesondere dann unverzichtbar, wenn die Beziehung der beiden Gewaltformen zueinander beleuchtet werden soll. Daher erscheint es sinnvoll, eine „klare Linie zwischen Terrorismus durch Staaten und Terrorismus durch politische Gruppen zu ziehen, die nicht im Namen anerkannter staatlicher Regierungen handeln" (Daase 2001: 61). Dies kann zum einen durch eine begriffliche Unterscheidung zwischen staatlichem und nichtstaatlichem Terrorismus erreicht werden. Aus Gründen der terminologischen Klarheit und zur Entpolitisierung des Begriffs des Terrorismus ist jedoch die Verwendung von zwei gänzlich verschiedenen Konzepten vorzuziehen. Der Begriff des Terrorismus bleibt dann ausschließlich geplanten Gewalthandlungen nichtstaatlicher Akteure vorbehalten (Neidhardt 2004: 267).

Politisch wie akademisch hoch umstritten ist auch die Frage, ob Terrorismus als eine Form des Krieges oder als Verbrechen aufzufassen ist. Diese Begriffsklärung ist insofern von großer politischer Bedeutung, als mit der Festlegung auf Krieg oder Verbrechen häufig auch eine Prioritätensetzung bei der Wahl der Mittel in der Terrorismusbekämpfung einher geht. Eine nicht zu unterschätzende Folge des insbesondere innerhalb der US-amerikanischen Regierung unter George W. Bush vorherrschenden Diskurses des „Globalen Krieges gegen den Terrorismus" ist, dass das militärische Vorgehen in der Terrorismusbekämpfung privilegiert wird. Dies kann wiederum dazu führen, dass die Bearbeitung tieferer Ursachen des Terrorismus in den Hintergrund reicht und Instrumente wie etwa sozioökonomische Unterstützungsmaßnahmen oder interkultureller Dialog vernachlässigt werden, die besser als militärische Mittel geeignet wären, „den Sumpf für die Nachwuchsrekrutierung terroristischer Gruppen langfristig auszutrocknen" (Müller 2004a: 206; vgl. Kohout 2002: 343ff.). Von einigen Beobachtern wird die Präferenz für den „Kriegsführungsansatz" gegenüber dem Ansatz der polizeilichen Verbrechensbekämpfung in der US-amerikanischen Anti-Terror-Strategie auch dafür verantwortlich gemacht, dass die Grenzen zwischen den Methoden der Terroristen und jenen der selbsterklärten Feinde des Terrorismus mitunter verschwimmen, mit der Folge dass sich im nationalen Rahmen liberaler Staaten Schwierigkeiten auftun, die Sicherheit der Bevölkerung zu garantieren, ohne den Schutz von Freiheitsrechten preiszugeben (Dunne 2005: 272).

Geht man davon aus, dass Polizei und Justiz bei der Bekämpfung des Terrorismus nicht ausgeklammert werden können, leistet die Einstufung von Terrorismus und seiner Bekämpfung als Krieg im Extremfall einer Instrumentalisierung von Polizei und Justiz für militärische Zwecke („Besiegen des Feindes") Vorschub (vgl. Dunne 2005: 257f.). Auf der anderen Seite verlangen Merkmale des Terrorismus, die für dessen Einstufung als Verbrechen sprechen, eine teilweise „Verpolizeilichung" des Militärs. Die Aufgaben- und mithin die Kompetenzverteilung zwischen Polizei/ Justiz und Militär verliert bei der Terrorismusbekämpfung auch auf Grund der Unklarheit, ob unter Terrorismus und seiner Bekämpfung eine Form des Krieges zu verstehen ist oder Terrorismus als Verbrechen zu verfolgen ist, an Trennschärfe.

Zwar deuten die Aussagen und das Verhalten der damaligen US-amerikanischen Regierung unter George Bush-Jr. und von al-Qaida darauf hin, dass sich aus der Sicht dieser beiden Hauptakteure in der Ausübung terroristischer Handlungen und Bekämpfung in der Tat eine Art von „Weltkrieg" manifestiert. Während sich al-Qaida als Streiter unterdrückter „Rechtgläubiger" für den Sieg einer islamistisch geprägten Weltordnung sieht, führen die USA stellvertretend für die Staatengemeinschaft einen weltweiten Kampf gegen Terrorismus und diesen unterstützende Staaten, dessen Ende noch offen ist. Zu betonen ist aber, dass weder die Bush-Jr.-Administration noch al-Qaida als repräsentativ für ihre vermeintliche Klientel gelten können. Eine große Zahl von Muslimen billigt zwar antiamerikanischen Widerstand, eine Mehrzahl hat aber kein Interesse am propagierten alternativen politischen Ordnungsmuster eines Kalifats. Die Mehrheit der internationalen Anti-Terror-Allianz, die durchaus über die militärische „Koalition der Willigen", die den Krieg gegen den Irak unterstützte, hinausgeht, befürwortet repressive Maßnahmen gegen al-Qaida, lehnte aber das lange Zeit vorherrschende unilaterale Vorgehen und den militärischen Fokus der Bush-Jr.-Administration bei der Bekämpfung des Terrorismus ab (H. Müller 2004a: 198f.).

Angesichts der weit reichenden politischen Implikationen verschiedener Begriffe des Terrorismus ist es wichtig, über die Wahrnehmung der beiden Hauptakteure USA und al-Qaida hinaus den Blick auf Argumente für und gegen die Einstufung des Terrorismus und seiner Bekämpfung als Krieg zu werfen. Bei näherer Betrachtung spricht Vieles für die Einschätzung, dass ein wesentlicher Unterschied zwischen Terrorismus und Krieg – auch Guerillakrieg – besteht (vgl. Hoffman 2006: 59ff.) und dass deshalb Terrorismus nicht als eine Form der Krieges, sondern als Verbrechen oder eine Gewaltform *sui generis* betrachtet werden sollte.

„Krieg" ist ein völkerrechtlicher Begriff, mit dem bestimmte – wenn auch relativ wenige und längst nicht immer eingehaltene – internationale Rechtsnormen verknüpft sind. Dazu gehören unter anderem die Unterscheidung zwischen Kriegszone und neutralem Territorium, das von den Kriegsparteien zu respektieren ist, die Identifizierbarkeit der kämpfenden Truppen, d.h. die Unterscheidung zwischen Kombattanten und Nicht-Kombattanten, ein Verbot bestimmter Waffen und Taktiken in der Auseinandersetzung und das Bewusstsein, dass der absichtsvolle Einsatz von Waffengewalt gegen die Zivilbevölkerung kein anerkanntes Mittel der Kriegführung ist. Zumindest im Grundsatz werden so Zivilpersonen vor Angriffen, Geiselnahmen und Racheakten geschützt. Freilich brechen auch staatliche Streitkräfte allzu häufig diese Regeln – ganz abgesehen von der Tatsache, dass diese für mehr Todesfälle und Zerstörungen verantwortlich waren und sind, als Terroristen jemals sein könnten (Hoffman 2006: 59). Dennoch gibt es in dieser Hinsicht einen Unterschied zwischen Terrorismus und Krieg: Der Terrorismus ignoriert bewusst die beschriebenen Normen des *ius in bello*. Es ist geradezu sein Grundprinzip, d.h. Teil der inhärenten Funktionslogik des Terrorismus, solche Regeln der Kriegsführung zu missachten. Der Terrorismus – und insbesondere der transnationale Terrorismus, wie er von al-Qaida verkörpert wird (vgl. Abschnitt 3.2) – wendet sich bewusst gegen jedes Konzept der Begrenzung von Konfliktgebieten und der Abgrenzung von Schlachtfeldern (Hoffman 2006: 61).

Freilich drängt sich vor dem Hintergrund der Schilderung des Wandels des globalen Kriegsgeschehens der Einwand auf, dass in inner- und zwischenstaatlichen Gewaltkonflikten ebenfalls oft eine weit reichende Missachtung des *ius in bello* zu beobachten ist, wobei diese nichtsdestotrotz weiterhin als Kriege bezeichnet werden (sofern sie eine gewisse Intensitätsschwelle, z.B. gemessen in Opferzahlen, überschreiten). Jedoch ist das für „neue Kriege" häufig angeführte Merkmal der (partiellen) Entpolitisierung oder Kommerzialisierung heutiger Kriege auf die Auseinandersetzung zwischen USA und al-Qaida gerade nicht anwendbar (H. Müller 2004a: 206). Auch in inner- und substaatlichen Kriegen treten in der Regel zahlenmäßig größere Gruppen von bewaffneten Individuen auf, die als militärische Einheiten operieren und unterschiedslos Teile der Zivilbevölkerung und feindliche militärische Streitkräfte angreifen, Territorien erobern und versuchen, irgendeine Form von Herrschaft oder Kontrolle über ein besetztes Gebiet auszuüben – und sei es nur zum Zweck der eigenen ökonomischen Bereicherung. Terroristen treten demgegenüber nicht offen als bewaffnete Einheiten auf. Sie versuchen in der Regel nicht, Gebiete militärisch zu erobern oder zu verteidigen, vermeiden meist den direkten Kampf mit feindlichen militärischen Kräften und üben keine direkte Kontrolle oder Herrschaft über die Bevölkerung aus (Hoffman 2006: 72f.).

Auf der anderen Seite ist die Einstufung des Terrorismus als Verbrechen nicht unproblematisch: Zwar ist Terrorismus und (Gewalt-)Verbrechen gemeinsam, dass illegale Gewalt als Mittel zur Erreichung eines bestimmten Zwecks ausgeübt wird. Die Ausprägungen von terroristischen und kriminellen Gewalttakten selbst mögen sich durchaus ähneln – z.B. Brandstiftung, Entführung oder Erschießung –, die Zwecke und Motive unterscheiden sich jedoch. Während Gewaltverbrecher meist aus selbstsüchtigen persönlichen Motiven handeln, in der Regel keine politischen Folgen oder massenpsychologischen Auswirkungen über die Tat hinaus erzielen und insbesondere keine Botschaft politischer oder religiös-ideologischer Art überbringen möchten, gehört es zu den vorrangigen Zielen von Terroristen, die öffentliche Meinung zu beeinflussen und das – nationale, regionale oder gar globale – politische System zu verändern (vgl. Mayntz 2004: 7). Die Ziele des Terrorismus sind unvermeidlicher Weise politisch und richten sich auf die grundlegende, nicht nur inkrementelle Transformation einer politischen Ordnung (Hoffman 2006: 75).

Diese Einwände gegen die Einstufung des Terrorismus als Verbrechen ändern jedoch nichts daran, dass Terrorismus – als politisches Verbrechen oder Gewalterscheinung *sui generis* – vom Krieg zu unterscheiden ist und unterschieden werden sollte. Dies gilt umso mehr, als die Charakterisierung des transnationalen Terrorismus und dessen Bekämpfung als „Weltkrieg" angesichts der Merkmale und Operationsweise des Terrorismus nicht nur analytisch verfehlt, sondern auch präskriptiv irreführend erscheint (vgl. H. Müller 2004a).

3.1.1.2 Definitionen von Terrorismus

Mittlerweile existieren im Rahmen der Vereinten Nationen Definitionen für Terrorismus – etwa von Seiten der Hochrangigen Gruppe für Bedrohungen, Herausforderungen und Wandel (siehe unten) und des Sicherheitsrats (vgl. Res. 1566(2004)). Es fehlt aber nach wie vor am Konsens aller Staaten in der Generalversammlung, um eine allgemein anerkannte Definition zu erreichen – was wiederum die Koordinierung nationaler Gesetzgebungen zur Bekämpfung des Terrorismus erschwert. Einzelne Staaten halten an der Position fest, dass unter bestimmten Umständen der Einsatz „terroristischer" Methoden je nach der zugrunde liegenden Motivation z.B. zur Bekämpfung eines repressiven Regimes gerechtfertigt sein kann (vgl. Boulden 2007: 432ff.).

Trotz der vorherrschenden begrifflichen Uneinigkeit wird im Folgenden unter Rückgriff auf politische und akademische Beiträge zur Begriffsbildung eine angemessen erscheinende Definition des Terrorismus vorgestellt. Im Dezember 2004 wurde im Bericht der Hochrangigen Gruppe für Bedrohungen, Herausforderungen und Wandel zum ersten Mal im Rahmen der Vereinten Nationen eine an juristische Tatbestände angelehnte Definition von Terrorismus formuliert: Terrorismus bezeichnet demzufolge „jede Handlung (...), die den Tod oder eine schwere Körperverletzung von Zivilpersonen oder Nichtkombattanten herbeiführen soll, wenn diese Handlung auf Grund ihres Wesens oder der Umstände darauf abzielt, die Bevölkerung einzuschüchtern oder eine Regierung oder eine internationale Organisation zu einem Tun oder Unterlassen zu nötigen" (United Nations 2004: 55). Im Gegensatz zu früheren Ansätzen handelt es sich hier nicht um eine additive Definition von Terrorismus anhand der Aufzählung einzelner terroristischer Handlungen. Bemerkenswert bei der Tatbestandsbeschreibung der Hochrangigen Gruppe ist insbesondere der Nötigungsaspekt, der sich auch in der Definition des US-Außenministeriums wiederfindet: Demnach sei Terrorismus gekennzeichnet durch „vorsätzliche, politisch motivierte Gewalt, verübt gegen Nichtkombattanten durch substaatliche Gruppen oder geheime Agenten, gewöhnlich in der Absicht, ein Publikum zu beeinflussen" (zitiert in Hoffman 2006: 66). Das US-Verteidigungsministerium betont explizit die Verbreitung von Angst in der Absicht, Regierungen oder Gesellschaften einzuschüchtern oder zu nötigen (Hoffman 2006: 67).

Auf Grundlage der bisherigen Diskussion über den Terrorismusbegriff und der in der Literatur vorzufindenden Definitionsvorschläge lassen sich folgende Eckpunkte einer angemessenen Definition des Terrorismus herausarbeiten: 1) Terrorismus beinhaltet die geplante und systematische Androhung oder Anwendung von Gewalt, die sich gegen Vertreter eines Staates oder einer internationalen Organisation, aber auch gegen Zivilbevölkerungen richtet. 2) Terrorismus ist Gewalthandeln nichtstaatlicher Akteure, das nicht als Form der Kriegführung anzusehen ist. 3) Terrorismus hat eine Wirkung, die über jene Personen hinaus geht, die von dem teroristischen Gewaltakt unmittelbar betroffen sind. Terroristische Akte zielen darauf ab, Angst zu erzeugen und zu verbreiten und Signale an eine breitere Zielgruppe zu senden. 4) Terrorismus ist inhärent politisch. Die Ausübung oder Androhung von Gewalt erfolgt nicht in erster Linie aus Gründen persönlicher Ambitionen oder materiellen Gewinnstrebens, sondern steht im Dienste eines (im weiteren Sinne) politischen Ziels. Adressaten des Gewalthandelns sollen dazu genötigt werden, den politischen Forderungen der Terroristen nachzugeben (Dunne 2005: 261, Hoffman 2006: 23, Mayntz 2004: 7). Terrorismus lässt sich mithin definieren als geplantes Gewalthandeln nichtstaatlicher Akteure auch und vor allem gegen die Zivilbevölkerung, das darauf abzielt, ein Publikum derart zu beeinflussen, dass die Effektivität oder Legitimität einer angebbaren politischen Ordnung nachhaltigen Schaden nimmt, und sich eine Regierung oder eine internationale Organisation dadurch zu einem den politischen Zielen der Gewaltakteure entsprechenden Handeln oder Unterlassen genötigt sieht[123].

Terrorismus ist geplantes Gewalthandeln nichtstaatlicher Akteure auch und vor allem gegen die Zivilbevölkerung, das darauf abzielt, ein Publikum derart zu beeinflussen, dass die Effektivität oder Legitimität einer angebbaren politischen Ordnung nachhaltigen Schaden nimmt, und sich eine Regierung oder eine internationale Organisation dadurch zu einem den politischen Zielen der Gewaltakteure entsprechenden Handeln oder Unterlassen genötigt sieht.

Abb. 7.8: Definition von Terrorismus

3.1.2 Kontinuität und Wandel zwischen „alten" und „neuen" Erscheinungsformen des Terrorismus

3.1.2.1 Nationaler, internationaler und transnationaler Terrorismus

Terrorismus ist kein neues Phänomen. Allerdings haben sich personelle und operative Reichweite, Strukturen, Strategien und Ziele des Terrorismus in den letzten Jahrzehnten in einem Maße verändert, dass in der Literatur von einer „neuen" Form mit globa-

---

[123] Diese Definition liegt im Folgenden dem Begriff des Terrorismus zugrunde.

Kapitel 7: Sicherheit: Transnationalisierung von Sicherheitsbedrohungen 413

lem Gefährdungspotenzial, dem transnationalen Terrorismus gesprochen wird (Schneckener 2006; H. Müller 2004a: 194; Gunaratna 2002; National Commission on Terrorist Attacks Upon the US 2004). Schneckener argumentiert, dass sich in der historischen Entwicklung des Terrorismus zeitlich überlappende Stadien unterscheiden lassen, die zugleich verschiedene Typen des Terrorismus bezeichnen. Der transnationale Terrorismus stellt demnach eine Weiterentwicklung und Perfektionierung des Terrorismus „alten Typs" dar, der sich wiederum in die Varianten des internen und des in den 1970er und 1980er Jahren einsetzenden international operierenden Terrorismus untergliedern lässt (Schneckener 2006: 40). Die drei Formen des internen, des international operierenden und des transnationalen Terrorismus haben sich zu unterschiedlichen Zeiten entwickelt, sind aber heute gleichzeitig zu beobachten. In der Wirklichkeit sind die Grenzen zwischen den Typen fließend, ihre Abgrenzung fällt, weshalb einige Autoren die Unterscheidung zwischen „neuem" und „altem" Terrorismus als irreführend ablehnen (vgl. Dunne 2005). Im Folgenden wird an der Dreiertypologie Schneckeners festgehalten, in der einige Aspekte bewusst zugespitzt werden, um die Unterschiede herauszuarbeiten (Schneckener 2006: 40).

Der *nationale* oder *interne Terrorismus* (vgl. Schneckener 2006: 40f.) ist dadurch gekennzeichnet, dass Terroristen innerhalb ihres Staates Gewalt gegen andere Bürger oder Einrichtungen oder Organwalter dieses Staates ausüben. In erster Linie sind tatsächliche oder vermeintliche Repräsentanten des „herrschenden Systems" – z.B. Politiker, Diplomaten, Militärs, Polizisten, Richter oder Unternehmer – die bevorzugten Opfer, allerdings können bei Anschlägen durchaus auch andere Zivilpersonen getroffen werden. Täter und Opfer sind Angehörige des gleichen Staates oder leben zumindest auf dem gleichen Staatsgebiet. Ausländer sind meist nicht bewusst gewählte Ziele von Anschlägen. Diese Form des Terrorismus war vor allem für politisches Gewalthandeln im 19. und 20. Jahrhundert charakteristisch, ist aber heute nach wie vor in vielen Ländern zu beobachten. Sie stand und steht meist in Zusammenhang mit antikolonialen Befreiungsbewegungen, separatistischen ethnischen oder sozial-revolutionären Bewegungen, links- oder rechtsradikalen Ideologien oder religiösem Fundamentalismus. Beispiele für interne terroristische Gruppierungen in der Zeit nach 1945 sind die baskische ETA in Spanien, die nordirische IRA, die kurdische PKK in der Türkei, die tamilische LTTE in Sri Lanka, die französische „Action Directe" oder die deutsche RAF[124].

Diesen Gruppen ist gemeinsam, dass sie nach der Veränderung einer staatlichen Ordnung streben – sei es die Veränderung des territorialen Zuschnitts eines Staates, die Gründung eines eigenen Staates, die Beendigung einer Fremdherrschaft oder ein Wan-

---

[124] Die bewaffneten Gruppen selbst wehren sich zumeist gegen die Einstufung als terroristische Organisation und bevorzugen den Status der Bürgerkriegspartei oder bezeichnen sich selbst als Freiheitsbewegung. Es ist freilich nicht zu leugnen, dass bei den genannten Gruppen Terroranschläge zum Repertoire ihrer Gewaltstrategien zählten. Die Einstufung als terroristische Organisation bleibt aber meistens Sache des Staates, der die Gruppe bekämpft, und ist daher mitunter nicht zweifelsfrei.

del der Staats- und Regierungsform – das Spektrum reicht von der sozialistischen Republik bis zum islamischen Gottesstaat. Die Organisationsstrukturen der Gruppen sind innerhalb des eigenen Landes konzentriert. Internationale Zusammenarbeit mit sympathisierenden Gruppen findet meist nur in Form von punktuellen und taktischen Zweckbündnissen zur wechselseitigen logistischen Unterstützung statt – z.B. durch Waffentransfer, Ausbildung, Finanzierung oder Gewährung von Unterschlupf (vgl. Schneckener 2006: 41).

Der *international operierende Terrorismus* ist durch Gewaltakte gekennzeichnet, bei denen Terroristen entweder die Bürger, das Territorium oder die Repräsentanten eines anderen Staates z.B. einer Besatzungs- oder Kolonialmacht angreifen. Täter und Opfer sind also nicht Angehörige des gleichen Staates. Entscheidend für die Abgrenzung vom internen Terrorismus ist der internationale Charakter der Anschläge, d.h. Terroristen agieren entweder grenzüberschreitend oder attackieren im eigenen Land gezielt Ausländer oder ausländische Einrichtungen, um damit eine ausländische Regierung zu treffen. Mit der Internationalisierung geht eine Ausweitung des Kreises potenzieller Opfer einher – auch Touristen, z.B. Passagiere von Flugzeugen oder Schiffen, geraten ins Visier der Attentäter (Schneckener 2006: 42).

Die Zielsetzung des international operierenden Terrorismus unterscheidet sich im Grundsatz nicht von jener des internen Terrorismus. Ziel bleibt die Änderung der politisch-territorialen Ordnung in einem von einem fremden Staat beherrschten Gebiet. Als Mittel wird aber im Gegensatz zum internen Terrorismus eine möglichst medienwirksame, internationale Aufmerksamkeit und idealerweise Unterstützung generierende Strategie der Internationalisierung gewählt (vgl. Cronin 2003: 37). Die Terroristen wollen durch ihre Anschläge erreichen, dass die Weltöffentlichkeit den betreffenden lokalen Konflikt, der als das eigentliche Problem und als Legitimation für Gewalthandlungen in Ausübung des „Rechts auf Selbstbestimmung" dargestellt wird, nicht länger ignorieren kann. Ihre politischen Forderungen sollen auf die internationale Tagesordnung kommen. Letztlich wird eine internationale Solidarisierung angestrebt (Schneckener 2006: 42f).

Typisches Beispiel für den internationalen Terrorismus war und ist der palästinensische Terrorismus seit Ende der 1960er Jahre. Zu nennen sind u.a. die Entführung von israelischen und westlichen Passagierflugzeugen, die Geiselnahme israelischer Athleten und Betreuer bei den Olympischen Spielen 1972 in München, der Anschlag auf die OPEC-Konferenz in Wien 1975 oder die Entführung des Kreuzfahrtschiffs „Achille Lauro" 1985, die jeweils ein breites Medienecho erzeugten (Schneckener 2006: 43).

Die Internationalisierung des Terrorismus brachte eine Veränderung der personellen Zusammensetzung, der Strukturen und der Arbeitsweise der terroristischen Gruppierungen mit sich. Terroristische Organisationen, die bis dahin in erster Linie staatsintern tätig waren, weiteten ihre Aktivitäten auf andere Regionen aus, und die Kooperation zwischen verschiedenen Terrorgruppen intensivierte sich. Insbesondere gewann die Unterstützung durch Drittstaaten (z.B. als Rückzugsräume, „safe havens") an Bedeutung. Die Bereitschaft einiger Staaten, Terrorgruppen zu dulden oder gar zu fördern, unterstützte die Strategie der Internationalisierung der Terroristen, die nach Ausbildungsstätten, Transit- und Fluchtrouten, Reisedokumenten und größeren finanziellen Mitteln strebten. Heute rückt das Augenmerk zunehmend auf gescheiterte oder fragile Staaten, die auf Grund der Schwäche staatlicher Institutionen nicht in der Lage sind, terroristische Aktivitäten einschließlich der Einrichtung von Rückzugsräumen auf ihrem Territorium zu unterbinden (vgl. Rotberg 2003).

Während interner und international operierender Terrorismus sich in ihrer Reichweite und ihren Methoden unterscheiden, ist ihnen gemeinsam, dass ihre Zielsetzung auf eine „nationale Sache" ausgerichtet ist.

Der *transnationale Terrorismus* zeichnet sich durch eine Perfektionierung der operativen Strategien und Taktiken des international operierenden Terrorismus aus. Erst der transnationale Terrorismus, vor allem durch al-Qaida verkörpert, steht für ein transsouveränes Problem mit *globalem* Gefährdungspotential. Der transnationale Terrorist hat im Gegensatz zum international operierenden Terroristen seinen lokalen Bezugspunkt verloren, er ist auf keine Kommandozentrale oder die Ausübung von Anschlägen in einem bestimmten Land angewiesen, da es ihm nicht um einen „nationalen Kampf" geht. Es kommt zu einer transnationalen Verschmelzung von Zielen jenseits territorialer Unterschiede. Die nationale Herkunft (etwa die Erfahrung der Verfolgung durch ein „korruptes", „verwestlichtes" Regime) mag Sympathien für die transnationale Ideologie befördern, ist aber kein entscheidender Grund für die Ausbildung divergierender Zielsetzungen (H. Müller 2004a: 194). Die Ansiedlung von Hauptquartieren, Rückzugsräumen und Ausbildungslager erfolgt nicht in den Herkunftsländern der Terroristen, sondern richtet sich nach ideologischen, strategischen und ökonomischen Erwägungen (vgl. Dunne 2005: 265). Transnationale Terroristen – anders als international operierende Terroristen – streben nicht nur Aktivitäten und Kontakte über staatliche Grenzen hinweg an. Vielmehr bewegen sich transnationale Terroristen in transnationalen sozialen Räumen, die durch soziale und symbolische Beziehungen zu weltweit aktiven Gleichgesinnten geprägt sind. In diesen transnationalen sozialen Räumen wird Kapital gebildet: ökonomisches Kapital (Finanzen), Humankapital (Wissen, Bildung) sowie soziales Kapital (Bindung, Vertrauen, gemeinsame Werte), das sich staatlich kaum kontrollieren lässt (Schneckener 2006: 49f.). Die fehlende Bindung an ein bestimmtes Territorium entzieht die Terroristen weitgehend der Vergeltung, die ein diese Terroristen beherbergender Staat bei von seinem Territorium ausgehendem Gewalthandeln erwarten müsste (H. Müller 2004a: 194).

3.1.2.2 Merkmale des transnationalen Terrorismus am Beispiel von al-Qaida

Am Beispiel von al-Qaida (vgl. Alexander/ Swetnam 2001; Gunaratna 2002; Musharbash 2006; Schröm 2003, von Knop 2004), dem Prototypen des transnationalen Terrorismus, lassen sich nach Schneckener (vgl. Schneckener 2002: 5f.; Schneckener 2006: 57ff.) vier grundlegende Merkmale des transnationalen Terrorismus identifizieren: 1) globale oder regionale Agenda, 2) transnationale Ideologie, 3) multinationale Mitgliedschaft und 4) transnationale Netzwerkstrukturen. Nicht alle diese Merkmale sind unumstritten. Daher werden in der folgenden Darstellung auch kritische Stimmen zu diesen Merkmalen berücksichtigt.

(1) **Globale oder regionale Agenda:** ordnungspolitische Veränderung der Welt oder einer Weltregion
(2) **Transnationale Ideologie:** einigendes Band zwischen Terroristen unterschiedlicher Herkunft sowie zwischen Führung des terroristischen Netzwerks und Anhängern/ Unterstützergruppen; Handlungsanleitung für Einzelne und verbindendes Element für die Mitglieder einer transnationalen Gruppe
(3) **Multinationale Mitgliedschaft:** trotz möglicher regionaler Rekrutierungsschwerpunkte grundsätzliche Offenheit für Unterstützer in aller Welt
(4) **Transnationale Netzwerkstrukturen:** erstrecken sich über die gesamte Welt; flexibel; widerstandsfähig; geringe Hierarchisierung/ Formalisierung; ideologische und strategische „Richtlinienkompetenz" der Führung; soziale Mobilität im Netzwerk; latente, aktivierbare Kontakte zu anderen Akteuren

Vgl. Schneckener (2006: 57ff.)

Abb. 7.9: Merkmale des transnationalen Terrorismus

Ad 1) Die *Agenda* des transnationalen Terrorismus beinhaltet nicht allein die Änderung einer angebbaren staatlichen Ordnung, sondern richtet sich in erster Linie gegen die bestehende globale oder regionale Ordnung – im Falle al-Qaidas insbesondere gegen die Vormachtstellung der USA oder noch allgemeiner des westlichen Gesellschaftsmodells auf globaler Ebene. Angestrebt wird der Umsturz und nicht die Verbesserung der bestehenden Ordnung. Zur Erreichung dieses radikalen Ziels wird eine Strategie der Entgrenzung der Gewalt in räumlicher und personeller Hinsicht verfolgt (Cronin 2003: 41f.).

Während der international operierende Terrorismus versucht, die internationale Öffentlichkeit für einen lokalen Konflikt zu sensibilisieren, „erklärt der transnationale Terror den ‚Westen' und andere selbst zum Gegner" (Schneckener 2006: 57f.). Es wird eine globale Konfliktlinie konstruiert zwischen „Ungläubigen" (USA, Israel, Europa, Russland; „korrupte" Regime in arabischen Staaten) und „Rechtgläubigen" (islamistische Bewegungen mit al-Qaida als „Dachverband"). Lokale Konflikte, z.B. in Tschetschenien, Palästina oder Bosnien, können nur durch eine Auseinandersetzung auf dieser übergeordneten Ebene zugunsten der Rechtgläubigen entschieden werden. Die globale Hegemonie der USA, die als Schutzmacht Israels und „korrupter" arabischer Regime auftritt, muss bekämpft und der US-amerikanische Einfluss auf islamische Länder überwunden werden. Nur so kann die politische Zersplitterung, die Unterdrückung und die Demütigung der islamischen Welt ein Ende finden (ebd. 58f.).

Zielsetzung des transnationalen Terrorismus ist somit die ordnungspolitische Veränderung der Welt oder einer Weltregion. Im Falle des islamistischen Terrorismus wird als Endziel häufig die Wiederherstellung des Kalifats[125] genannt. Damit wird die Vereinigung aller Muslime unabhängig von bestehenden Staatsgrenzen angestrebt (Schneckener 2006: 59). An die Stelle zahlreicher Staaten mit muslimischer Bevölkerung soll ein einheitlicher Religionsstaat zumindest auf regionaler Ebene treten (H. Müller 2004a: 197). An diesem Fernziel der Errichtung eines vom Koran, der Scharia und den Lehren des Propheten Mohammed geprägten Religionsstaates, in dem die „Umma", die Gemeinschaft der (sunnitischen) Gläubigen vereint werden soll, zeigt sich jedoch auch, dass die Zielsetzung al-Qaidas trotz der Entterritorialisierung der Organisationsstruktur und der Entgrenzung der Gewalt letztlich in der Kontinuität territorialer Politik steht. Schließlich geht es um die Formierung eines territorial abgegrenzten Raumes politischer Herrschaft unter religiösen Vorzeichen (H. Müller 2004a: 195).

Die Aktivitäten islamistischer Terroristen richten sich sowohl gegen einen „nahen Feind" – d.h. als „korrupt" oder „unislamisch" wahrgenommene Regime in Staaten mit mehrheitlich muslimischer Bevölkerung, z.B. Saudi-Arabien – als auch gegen einen „fernen Feind" – vor allem die USA und (nicht ganz so fern) Israel (Steinberg 2005). Islamistische Terroristen führen vielfach eine in ihren Heimatländern verwurzelte und aus diesen exportierte Auseinandersetzung auf globaler Ebene weiter. So erklärt Osama bin Laden nach wie vor den Sturz des saudischen Königshauses in Saudi-Arabien als Ziel. Der 2006 nach einem US-Bombardement seines Verstecks im Irak getötete Abu Musab al-Zarqawi strebte nach der „Befreiung" seines Heimatlandes Jordanien. Der „Heilige Krieg" gegen die USA und den Westen richtet sich auch gegen die Regime in Riad, Amman und Kairo. Das Kalkül ist, dass nach einem Rückzug der USA aus der Region und einer Zurücknahme der Unterstützung für die dortigen „korrupten Regime" der Weg für eine Machtübernahme in den betreffenden Staaten frei wäre (Steinberg 2005). Insofern wäre es irreführend anzunehmen, der islamistische Terrorismus hätte mit der Verfolgung einer globalen oder regionalen Agenda die Änderung der politischen Verhältnisse in einzelnen Staaten aus den Augen verloren.

Ad 2) Das zweite Merkmal des transnationalen Terrorismus ist eine militante *transnationale Ideologie* – häufig religiösen Ursprungs wie beim politischen Islamismus (vgl. Hoffman 2006: 149ff.). Sie begründet die globale oder regionale ordnungspolitische Zielsetzung und bildet ein einigendes Band zwischen Terroristen unterschiedlicher nationaler, ethnischer, kultureller oder sprachlicher Herkunft. Anders als bei eher pragmatischen Koalitionen zwischen heterogenen international operierenden Gruppen zeichnen sich transnationale terroristische Vereinigungen durch eine ideologisch weitgehend homogene Anhängerschaft aus. Weltreligionen bieten sich – schon auf Grund

---

[125] Das Kalifat stellt eine theokratische Regierungsform dar, bei der weltliche und geistliche Führerschaft in der Person des Kalifen, d.h. des Stellvertreters Allahs und Nachfolgers des Propheten Mohammed, vereint sind, so dass die Einheit von Religion und Staat verwirklicht wird.

ihres transnationalen Geltungsanspruchs – als Grundlage für die Ausbildung einer gemeinsamen grenzüberschreitenden Ideologie an (vgl. Jürgensmeyer 2000). Einige Autoren betrachten die religiöse Motivation gar als definierendes Charakteristikum des transnationalen Terrorismus (Dunne 2005: 265).

Ideologien kommt eine Doppelfunktion zu: Sie dienen sowohl als Handlungsanleitung für Einzelne als auch als verbindendes Element für die Mitglieder einer transnationalen Gruppe, da sie Symbole und Wertvorstellungen beinhalten, die von allen anerkannt und geteilt werden. Typisch ist der Verweis auf soziokulturell verankerte, mythisch überhöhte historische Ereignisse oder Helden, die als Orientierungspunkt für die Gegenwart dienen (Schneckener 2006: 60). Die Ideologie al-Qaidas nimmt Bezug auf Jahrhunderte alte Lehren des Islam aus Ägypten, Saudi-Arabien und Pakistan, die zu verschiedenen Zeiten zur Kritik an politischen Verhältnissen vornehmlich in der arabischen Welt und zur Rechtfertigung einer Rückbesinnung auf den „wahren Islam" und eine wortgetreue Auslegung islamischer heiliger Texte und Gebote herangezogen wurden (Schneckener 2006: 61f.).

Die Ideologie al-Qaidas lässt sich als entgrenzte und besonders aggressive Version der Dschihad-Tradition auffassen. Der bewaffnete Kampf gegen jene, die den Islam bedrohen, gilt dieser Tradition zufolge als wichtigste Pflicht eines jeden Muslims. In der Ideologie von al-Qaida erfährt die Verpflichtung zum Dschihad eine gegen den Westen und die USA gerichtete militante Wendung: Das Töten von US-Amerikanern und das Plündern von amerikanischem Eigentum wird in einer religiösen Erklärung („fatwa") von bin Laden (1996) zur individuellen religiösen Pflicht für jeden Muslim, der in welchem Land auch immer die Gelegenheit dazu hat, erhoben (vgl. National Commission on Terrorist Attacks Upon the US 2004: 47; Dunne 2005: 265). Terroristische Anschläge werden als Verteidigung gegen Aggression und Vergeltung für erlittenes Unrecht bezeichnet. Die Länge und die Kosten des Kampfes gegen die von den USA beherrschte „Ordnung der Unwissenheit" und für eine „islamische Ordnung" dürfen angesichts der religiösen Begründung der Pflicht zum Kampf keine Rolle spielen (Schneckener 2006: 66f.). Die theologische Unterfütterung dient als Legitimation für eine Entgrenzung der Gewalt, die durch die Aufgabe einer territorial beschränkten Organisationsstruktur praktisch ermöglicht wird (H. Müller 2004a: 194).

Es wird argumentiert, dass religiös begründeter Terrorismus deshalb besonders gefährlich sei, weil ein Kampf zwischen „Gut und Böse" besonders radikal, kaum zu kalkulieren und zugleich schwer einzudämmen ist – wenn Menschen im Rahmen einer „göttlichen Mission" auch zu Selbstmordattentaten bereit sind, werden diese kaum zu verhindern sein (Cronin 2003: 41f.). Wenn Märtyrertum als Weg zu spiritueller Reinheit gilt, ist insbesondere Gewalt keine adäquate Antwort zur Abschreckung (Dunne 2005: 266).

Zugleich wäre es jedoch ein Fehler, islamistische Terroristen aufgrund der beschriebenen religiösen Motivation und Legitimation ihres Gewalthandelns pauschal als irrationale Akteure zu betrachten. Im Rahmen einer Ziel-Mittel-Rationalität lässt sich das Handeln al-Qaidas durchaus als strategisch rational begreifen. Angesichts der ausgeprägten Machtunterschiede zwischen den USA mit ihren Bündnispartnern und al-Qaida kann nur eine asymmetrische Strategie zum Erfolg führen, welche die Zivilbevölkerung und die Infrastruktur der USA oder anderer westlicher Länder als deren Schwachpunkte identifiziert. Die Strategie verfolgt das Ziel, so viel Leiden in der jeweiligen Zivilbevölkerung zu verursachen, dass deren Schmerzgrenze überschritten wird und diese ihre Regierung zum Rückzug aus arabischen oder islamischen Ländern zwingt. Die Tötung möglichst vieler westlicher und insbesondere US-amerikanischer Zivilpersonen wird zum zweckrationalen Mittel zur Eindämmung westlichen Einflusses auf die muslimische Welt (H. Müller 2004a: 195f.).

Es besteht ein bemerkenswerter Widerspruch zwischen dem betont prä- oder antimodernen Auftreten von al-Qaida und dem ausgeprägten Bewusstsein seiner Agenten für die heutigen technologischen Möglichkeiten (z.B. Internet, Nutzung von Satellitenfernseh). Trotz ihres „messianischen Auftretens" ist die Anführerschaft al-Qaidas dominiert von gut ausgebildeten Männern, die mit komplizierten Modellen der Unternehmensführung umgehen und diese nutzen können, um Finanzinvestitionen zu tätigen, geeignete Freiwillige zu rekrutieren, mit entfernten Zellen zu kommunizieren, Aktionen zu koordinieren oder andere islamistische Bewegungen ins al-Qaida Netzwerk zu integrieren (Dunne 2005: 267). Mitunter wird al-Qaida als eine Art privates Unternehmen dargestellt, das mit modernen Kommunikations- und Managementmethoden ein weltweites Netz zur Unterstützung, Durchführung und Finanzierung des Terrorismus organisiert (Behr 2004: 145ff.; vgl. auch Alexander/ Swetman 2001).

Religiöses Gedankengut und die Vision einer islamischen Ordnung jenseits derzeit bestehender Staaten sind für die Motivierung terroristischer Attentäter und für die Mobilisierung des politischen Umfelds bedeutsam. Zugleich ist die Sympathie für al-Qaida in Teilen der islamischen Welt mit dem Vorhandensein einer religiösen Ideologie freilich nicht hinreichend erklärt. Sie speist sich vielmehr aus einer Reihe weiterer ideeller und auch materieller Einflussfaktoren: Dazu zählen die Wahrnehmung eines westlichen Kulturimperialismus (Dunne 2005: 265f.), die Attraktivität von Anti-Globalisierungspositionen in enttäuschten und frustrierten Gesellschaftsschichten (Cronin 2003: 52), die Symbolkraft ungelöster Regionalkonflikte (Israel vs. Palästinenser und mehrere Nachbarstaaten), das Auseinanderklaffen von politischen Legitimationen und gesellschaftlichen Realitäten sowie die Unterdrückung politischer Opposition durch repressive Regime oder – ganz allgemein formuliert – eine weit verbreitete Perspektivlosigkeit in der arabischen Welt (Hippler 2002).

Ad 3) Der transnationale Terrorismus ist gekennzeichnet durch *eine multinationale Mitgliedschaft*. Die Rekrutierung von Kämpfern, Attentätern und Unterstützern ist nicht auf eine ethnische Gruppe, Nationalität oder Sprachgemeinschaft beschränkt. Zwar mögen regionale Rekrutierungsschwerpunkte existieren, grundsätzlich ist das Netzwerk jedoch für Unterstützer – fast ausschließlich jüngere Männer – in aller Welt offen, die sich der Ideologie verschreiben und zum bewaffneten Kampf bereit sind (Schneckener 2006: 67). So waren in den Anfängen von al-Qaida in Afghanistan (Ende der 1980er

Jahre) zunächst Kämpfer von der arabischen Halbinsel und aus Nordafrika dominierend. In den 1990er Jahren fand eine Ausweitung der Rekrutierung auf Zentral-, Süd- und Südostasien sowie die muslimische Diaspora in Ostafrika (Kenia), Westeuropa und den USA statt (ebd.: 68).

Transnationale Terrorgruppen werben mittels verschiedener persönlicher und stärker professionalisierter Rekrutierungsmechanismen weltweit Attentäter und Sympathisanten an. Neben familiären und persönlichen Beziehungen schöpft al-Qaida aus dem Reservoir an radikalisierten muslimischen Kämpfern in lokalen Konflikten (z.B. Bosnien, Tschetschenien, Palästina), erprobten islamistischen Söldnern sowie erfahrenen Mitgliedern anderer Terrorgruppen, die sich al-Qaida als Quereinsteiger anschließen oder sich vernetzen. Über illegale Geschäfte werden Kontakte zu Vertretern des kleinkriminellen Milieus hergestellt, die Aufgaben in der Logistik (Beschaffung von Autos, Waffen, Sprengstoff) und der Pass- und Dokumentenfälschung übernehmen. Schließlich erfolgt eine systematische Anwerbung von Sympathisanten über islamistische Einrichtungen (Religionsschulen, Kulturzentren, Moscheen) in Nordafrika, in der Golfregion, in Pakistan, aber auch in Europa und Nordamerika. In Europa und Nordamerika gehören vor allem religiös motivierte junge Männer, die in der zweiten oder dritten Generation dort leben, aber auch eingereiste Studenten, in Einzelfällen auch Konvertiten zur Zielgruppe (Schneckener 2006: 68ff.; Dunne 2005: 265).

Zumindest vor der militärischen Intervention der USA und ihrer Verbündeten in Afghanistan war ein Aufenthalt in einem afghanischen Trainingslager oder einem pakistanischen „Gästehaus" Teil der Ausbildung – dies galt auch für die Attentäter des 11. September. Durch einheitliche Ausbildung und ideologische Schulung sollte trotz multinationaler Anhängerschaft innerer Zusammenhalt hergestellt werden (Schneckener 2006: 71).

Die globale Reichweite der Mitgliedschaft wurde erst wirklich ermöglicht durch moderne Informations- und Kommunikationstechnologien wie das Internet, Mobil- oder Satellitentelefone. Dadurch wurden nicht nur Verwaltungsaufgaben, die Kommunikation zwischen verstreuten Anhängern und die Koordinierung von Aktivitäten an weit entfernten Orten einfacher. Auch die Gewinnung von Aktivisten und Sympathisanten weltweit stützt sich maßgeblich auf diese Kommunikationsmittel (Cronin 2003: 46f.; vgl. auch Musharbash 2006).

Ad 4) Eines der am häufigsten angeführten, jedoch zugleich nicht unumstrittenen Merkmale des transnationalen Terrorismus ist seine *dezentrale, netzwerkartige Organisation*, die sich über weite Teile der Welt erstreckt (vgl. Behr 2004: 145ff.; Gunaratna 2002; Hirschmann 2000; Laqueur 1999, Mayntz 2004). Die Uneinigkeit, inwieweit der transnationale Terrorismus oder sein „Prototyp" al-Qaida durch eine Netzwerkstruktur geprägt ist, lässt sich unter anderem darauf zurückführen, dass die Untersuchung von illegalen verdeckten Netzwerken naturgemäß schwierig ist. Allerdings lassen von Ermittlern gewonnene Erkenntnisse und die Analyse bestimmter Aktivitäten von al-Qaida durchaus Rückschlüsse auf Netzwerkstrukturen zu (Schneckener 2006: 73).

Leitungsebene, Terrorzellen und assoziierte Terrorgruppen sind in unterschiedlicher Intensität miteinander verbunden. Einzelne Mitglieder sind in einer Weise verknüpft, die es ihnen möglich macht, über staatliche Grenzen hinweg Kontakt aufzunehmen, miteinander zu kommunizieren, Vermögens- und Sachwerte zu transferieren, Befehle zu senden und zu empfangen sowie Operationen gemeinsam zu planen und durchzuführen (vgl. Hoffman 2006: 77ff.). Dabei besteht ein grundsätzliches Spannungsverhältnis zwischen der Stabilität und Robustheit der Netzwerkstrukturen, die nötig sind, um diese Funktionen verlässlich erfüllen zu können, und der Flexibilität, derer es bedarf, um auf Gegenmaßnahmen schnell reagieren zu können (Schneckener 2006: 72).

Schneckener (2006: 73ff.) charakterisiert die Organisationsstruktur von al-Qaida als Mischform zwischen einem Netzwerk mit zentraler Schnittstelle und einem echten dezentralen Netzwerk (vgl. Arquilla/ Ronfeldt 2001). Einige wenige Schaltstellen sind sehr intensiv vernetzt, um die interne Stabilität aufrecht zu erhalten und eine gewisse Hierarchisierung zu sichern. Um diese Knotenpunkte gruppiert sich eine Vielzahl von weit verzweigten, weniger stark vernetzten Akteuren, so dass das Netzwerk insgesamt eher dezentral organisiert ist. Ein innerer Führungszirkel („Konsultativrat") gibt ideologische und strategische Leitlinien vor. Insbesondere führende Mitglieder des Netzwerks nutzten und nutzen Staaten, in denen „Gesetzlosigkeit der Regelfall"(Dunne 2005: 265) war – z.B. Sudan bis 1996; Afghanistan; seit 2003 auch Irak – als Sammel- und Rückzugsräume. Es wird angenommen, dass einige wenige Koordinatoren über Mittelsmänner in der Nähe geplanter Anschläge versuchen, die Aktivitäten der zahlreichen weltweit verteilten und weitgehend autonomen Zellen von in Afghanistan oder Pakistan ausgebildeten Terroristen anzuleiten (Schneckener 2006: 78f.). Die konkrete Ausgestaltung einzelner Aktivitäten und Operationen basiert aber primär auf einer horizontalen Koordination verstreuter semi-autonomer Gruppen, wobei die Zahl der Mitwisser möglichst klein gehalten wird und Helfer in der Regel nicht mehr über geplante Operationen wissen als nötig. Operative Entscheidungen werden dezentral getroffen und umgesetzt. Lokale Zellen übernehmen unabhängig von zentraler Befehlsgewalt die Planung und Ausführung von Terroranschlägen, um die von der Führungsebene vorgegebenen strategischen Ziele der Organisation zu verwirklichen (Schneckener 2006: 74; vgl. Arquilla/ Ronfeldt 2001, Hoffman 2006: 77ff.). Die Kooperation verschiedener weit verstreuter Gruppen führt dazu, dass terroristische Anschläge (nahezu) überall auf der Welt geschehen können (Mayntz 2004: 9). In das al-Qaida-Netzwerk im weiteren Sinne sind neben Experten für Logistikfragen auch globale legale und illegale Finanzierungsquellen (islamische Wohltätigkeitsorganisationen, Firmen, Schmuggelorganisationen, etc.) eingebunden. Dadurch wird ein hohes Maß an finanzieller Unabhängigkeit erreicht und die Verfolgung und finanzielle Austrocknung transnationaler Terroristengruppen erschwert (Behr 2004: 147f., Biersteker 2002: 76; Cronin 2003: 49; Schneckener 2006: 85f.).

Das Gesamtnetzwerk ist relativ widerstandsfähig gegen externe Schocks, z.B. in Form der Aufdeckung einer Zelle, es sei denn eine zentrale Schaltstelle wird getroffen.

Es ist zudem offener für Lern- und Innovationsprozesse als stark hierarchisierte Organisationen oder isolierte lokale Gruppen. Neben persönlichen Loyalitäts- und Vertrauensbeziehungen zwischen wichtigen Schaltstellen sind die beschriebene geteilte Ideologie, aber auch (und nicht zuletzt) technische Kommunikationsmittel ausschlaggebend zur Sicherstellung eines einiger Maßen kohärenten und zielgerichteten Vorgehens (Hoffman 2006: 77ff.; vgl. Musharbash 2005, 2006).

Zusammenfassend beschreibt Schneckener (2006: 75) die Organisation des al-Qaida-Netzwerks mit den folgenden Attributen: „hochgradig flexible, dezentrale Strukturen; geringer Grad an Hierarchisierung und Formalisierung; ideologische und strategische ‚Richtlinienkompetenz' der Führung; hohes Maß an sozialer Mobilität innerhalb des Netzwerks sowie latente, aktivierbare Kontakte zu anderen Akteuren" (Schneckener 2006: 75).

Von einigen Autoren wird ein organisatorischer Gegensatz zwischen „altem", auf ein angebbares staatliches Territorium bezogenem Terrorismus und den „neuen Netzwerken des Terrors" bestritten (Mayntz 2004; vgl. Dunne 2005). Die Frage, ob al-Qaida eine relativ zentralisierte Organisation oder ein dezentrales Netzwerk darstellt, sei schwer zu entscheiden und letztlich müßig; das Attribut einer netzwerkartigen Struktur stelle daher kein besonders treffendes oder aussagekräftiges Merkmal des neuen Terrorismus dar. Al-Qaida sei wie alle verdeckt operierenden Terrororganisationen (so auch schon etwa die IRA) durch eine Kombination von hierarchischen und netzwerktypischen Merkmalen gekennzeichnet (Mayntz 2004: 3). Während Netzwerke führerlos seien (Mayntz 2004: 8), weise al-Qaida durchaus Merkmale hierarchischer Organisations- und Führungsstrukturen auf. Dazu zählen 1) eine klar definierte Führung durch den Konsultativrat („majlis shura"), 2) eine vertikale und funktionale Ausdifferenzierung in Führungsebene, aufgabenspezifische Einheiten unterhalb der obersten Führungsebene und operative Einheiten oder Zellen sowie 3) die Dominanz vertikaler Kommunikationsmuster (Mayntz 2004: 11). Zugleich fänden sich dezentrale netzwerkartige Organisationsmerkmale: 1) eine erhebliche Autonomie der Zellen bei der Planung der Ausführung von Anschlägen statt einer detaillierten zentralen Steuerung von Operationen, 2) eine schnelle und flexible Reaktion der Organisation auf situationsbedingte Notwendigkeiten (Bedrohungen und Gelegenheiten) sowie 3) die relative Offenheit und Fluidität der Grenzen der Organisation (Mayntz 2004: 12). Die hybride Organisationsform, unterstützt durch eine starke ideologische Identifikation der einzelnen Mitglieder mit den allgemeinen Zielen und Strategien des Gesamtgebildes, vermeidet die Starre der Hierarchie ebenso wie die zentrifugalen Kräfte von Netzwerkstrukturen (ebd.: 12f.).

Im Allgemeinen wird davon ausgegangen, dass al-Qaida im Zeitverlauf von der Gründung in Afghanistan und Pakistan (1988) bis heute einen – mit der Ausdehnung ihrer Reichweite einer gehenden und von der militärischen Zerschlagung der Zentrale in Afghanistan beförderten – Prozess der Dezentralisierung und Enthierarchisierung durchlaufen hat. Al-Qaida entwickelt(e) sich immer mehr von einer Organisation mit einem klaren Führungszirkel, der direkte Kontrolle ausübt und Anordnungen gibt, zu einer weit über einen eng verbundenen Mitgliederkreis ausstrahlenden ideologischen Leitstelle. Die al-Qaida-Führung gibt nur noch allgemeine strategische Leitlinien vor. Lokale, weitgehend autonome Gruppen gerade auch in Europa, die sich ideologisch von der Bewegung inspirieren und motivieren lassen, versuchen, im Sinne al-Qaidas zu handeln (vgl. Hoffman 2006: 77ff.; Musharbash 2006).

3.2 Weltregieren im Sachbereich Sicherheit II: Die Bearbeitung des Problems des transnationalen Terrorismus (Problembearbeitung)

Der 11. September 2001 und die darauf folgenden Anschläge in den europäischen Hauptstädten Madrid (2004) und London (2005) haben zu einem Wandel nationaler und internationaler Sicherheitspolitik geführt. Selbst die Politiker des mächtigsten Staates der Welt, der USA, betrachteten nicht länger Staaten, sondern ein transnationales Netzwerk von Terroristen als die Hauptbedrohung der nationalen Sicherheit. Um der wahrgenommenen Bedrohung durch terroristische Gruppierungen entgegen zu treten, haben Regierungen (vor allem in Nordamerika und Europa) ihre nationalen und internationalen Sicherheitspolitiken neu definiert. Was früher eine rein nationale Angelegenheit war und in den USA „homeland security" genannt wird, ist heute auch eine Angelegenheit internationaler Sicherheit (Dunne 2005: 257, 267).

Weitgehend unstrittig ist, dass eine effektive Eindämmung des transnationalen Terrorismus multilaterale Maßnahmen in einer Vielzahl von Bereichen erfordert: von der grenzüberschreitenden Verfolgung verdächtiger Terroristen über die Trockenlegung der Finanzquellen des Terrorismus bis hin zu interkulturellem Dialog, der terroristischen Aktivitäten den ideologischen Nährboden entziehen soll (vgl. Biersteker 2002). Grundsätzlich lassen sich operative und strukturelle Maßnahmen zur Terrorismusbekämpfung unterscheiden: Operative Maßnahmen richten sich direkt gegen bestehende terroristische Gruppierungen während strukturelle Maßnahmen, die darauf abzielen, die Ursachen des Terrorismus und den Terrorismus begünstigende Faktoren zu bekämpfen (vgl. Abb. 7.10; Schneckener 2007a: 9).

Der Bericht der vom VN-Generalsekretär eingesetzten Hochrangigen Gruppe für Bedrohungen, Herausforderungen und Wandel legt die Betonung auf eine multidimensionale Strategie, die sowohl operative als auch strukturelle Maßnahmen enthält: Es gelte, 1) politische Vereinigungen davon abzubringen, terroristische Mittel zur Erreichung ihrer politischen Ziele einzusetzen, 2) Terroristen die Möglichkeiten zu verweigern, geplante Anschläge auszuführen, 3) Staaten davon abzubringen, Terroristen zu unterstützen, 4) die Präventions- und Abwehrfähigkeiten von potenziellen Zielstaaten des Terrorismus zu verbessern und zugleich 5) die Menschenrechte im Kampf gegen den Terrorismus zu verteidigen (vgl. Dunne 2005: 271). Es wird zunehmend davon ausgegangen, dass die netzwerkartige Bedrohung durch den transnationalen Terrorismus auch eine netzwerkartige Antwort erfordert, mit anderen Worten: neben zwischenstaatlicher Kooperation ist auch die Einbeziehung privater Akteure (etwa privater Finanzinstitutionen, die zur effektiven Implementierung von Standards und Regeln für die finanzielle Austrocknung des transnationalen Terrorismus unabdingbar sind) in die Entwicklung und Umsetzung von Politiken zur Bekämpfung des Terrorismus erforderlich (Biersteker 2002: 83).

Operative Maßnahmen:
- richten sich direkt gegen bestehende terroristische Gruppierungen und unmittelbare terroristische Bedrohungen
- z.B. Verfolgung, Festnahme oder Eliminierung von Terroristen; Verhinderung der Planung und Durchführung von Anschlägen
- *Hauptakteure:* Militär, Polizei, Geheimdienste, Strafverfolgungsbehörden, Gerichte, Zivil- und Katastrophenschutz, Zoll und Grenzschutz

Strukturelle Maßnahmen:
- alle diplomatischen, sicherheits-, entwicklungs-, wirtschafts-, finanz- und kulturpolitischen Maßnahmen, die darauf abzielen, die Ursachen und begünstigende Faktoren für Terrorismus zu bekämpfen.
- z.B. Trockenlegung der Finanzquellen des Terrorismus, Eindämmung von illegaler Migration, Unterbindung von Waffen- und Drogenschmuggel, Prävention und friedliche Lösung von Gewaltkonflikten, Förderung des interkulturellen Dialogs, Stärkung des Völkerrechts, Erfüllung entwicklungspolitischer Ziele, Förderung von Rechtsstaatlichkeit und Menschenrechten, „capacity-building" in schwachen und zerfallenden Staaten
- *Kreis der Akteure:* nicht nur polizeiliche, justizielle und militärische Sicherheitsorgane sondern auch politische Akteure aus unterschiedlichen Ressorts auf mehreren Ebenen sowie privatwirtschaftliche und zivilgesellschaftliche Akteure.

Abb. 7.10: Operative und strukturelle Maßnahmen zur Bekämpfung des transnationalen Terrorismus

Die im Folgenden entfaltete empirische Analyse des Weltregierens zur Bekämpfung des transnationalen Terrorismus zeigt, dass die zwischen*staatliche* Kooperation nach wie vor eine herausgehobene Stellung einnimmt. Die militärische Bekämpfung des transnationalen Terrorismus erfolgt in erster Linie durch eine US-geführte „Koalition der Willigen" im Rahmen der „Operation Enduring Freedom" (OEF) in Afghanistan und am Horn von Afrika. Die NATO spielt bei der militärischen Terrorismusbekämpfung im engeren Sinne lediglich eine unterstützende Rolle. Allerdings soll die von der NATO geführte und vom Sicherheitsrat der VN mandatierte internationale Schutztruppe für Afghanistan (International Security Assistance Force, ISAF) durch die Stabilisierung Afghanistans indirekt auch einen Beitrag zur Unterbindung der Unterstützung terroristischer Aktivitäten leisten. Neben der NATO ist in die Bekämpfung des transnationalen Terrorismus eine Reihe weiterer internationaler Institutionen involviert. Dazu zählt in erster Linie die wichtigste globale Sicherheitsinstitution: der Sicherheitsrat der Vereinten Nationen, der breit angelegte und zugleich tief in die Gesetzgebungen der VN-Mitgliedstaaten hinein reichende Maßnahmen zur Terrorismusbekämpfung beschlossen hat. Aber auch die G8 sowie die der OECD beigeordnete „Financial Action Task Force on Money Laundering" (FATF) sind vor allem auf Grund ihrer Maßnahmen gegen die Finanzierung terroristischer Aktivitäten von Bedeutung. Ferner beteiligen sich Regionalorganisationen wie etwa die EU an der Terrorismusbekämpfung. Dem Hegemon USA kommt bei der Ausgestaltung globaler Terrorismusbekämpfung eine Führungsrolle zu. Allerdings haben die USA – anders als es nach dem Ansatz des wohlwollenden Hegemons zu erwarten wäre – multilaterale Institutionen im Kampf gegen den Terrorismus nicht nur gestärkt, sondern mitunter auch geschwächt.

3.2.1 Militärische Terrorismusbekämpfung durch eine von den USA geführte „Koalition der Willigen" und die NATO

Die Hauptrolle bei der militärischen Terrorismusbekämpfung spielt die von den USA geführte „Koalition der Willigen", die im Rahmen der OEF in Afghanistan und am Horn von Afrika[126] aktiv ist. Die am 7. Oktober 2001 mit Luftangriffen auf Stellungen der Taliban und von al-Qaida in Afghanistan begonnene OEF zielt(e) darauf ab, Führungs- und Ausbildungseinrichtungen von Terroristen auszuschalten, Terroristen zu verfolgen und zu bekämpfen sowie die Unterstützung terroristischer Aktivitäten durch Dritte (insbesondere das bis Ende 2001 herrschende Taliban-Regime in Afghanistan) zu unterbinden.

Nach den Anschlägen des 11. September 2001 beschuldigten die USA das Taliban-Regime, Osama bin Laden und weiteren al-Qaida-Terroristen in Afghanistan Unterschlupf, Rückzugsräume und Möglichkeiten zur Errichtung von terroristischen Ausbildungslagern zu gewähren. Die USA forderten die Taliban auf, Osama bin Laden und andere Anführer von al-Qaida auszuliefern, die terroristischen Ausbildungslager in Afghanistan umgehend zu schließen und den USA zu Inspektionszwecken Zugang zu den Ausbildungslagern zu gewähren. Als die Taliban dieses Ultimatum zurückwiesen und sich weigerten, bin Laden an die USA auszuliefern, entschlossen sich die USA, die Taliban durch die OEF mit militärischen Mitteln zu stürzen, um dem transnationalen Terrorismus dadurch zumindest eine territoriale Basis zu entziehen. Der Krieg gegen das Taliban-Regime in Afghanistan wurde von den USA mit dem Hinweis auf das Selbstverteidigungsrecht nach Art. 51 SVN gerechtfertigt. Das Recht zur individuellen und kollektiven Selbstverteidigung wurde in den SR-Res. 1368 (2001) und 1373 (2001), die die Terroranschläge des 11. September 2001 bzw. den Terrorismus allgemein als Bedrohung des Weltfriedens und der internationalen Sicherheit (im Sinne von Art. 39

---

[126] Es existieren zudem noch zwei weitere Teiloperationen der OEF: „OEF – Philippines" und „OEF – Trans Sahara", die jedoch in Hinblick auf die beteiligten Nationen und die Gesamttruppenstärke mit den Operationen in Afghanistan und am Horn von Afrika nicht vergleichbar sind.

SVN) bezeichneten, ausdrücklich bekräftigt. Dennoch ist die Legitimation der Angriffe auf der Grundlage von Art. 51 SVN insofern völkerrechtlich nicht unumstritten, als eine *direkte* Verbindung zwischen dem Regime der Taliban und den Anschlägen des 11. September nicht gegeben war, so dass es fraglich erscheint, ob die USA und ihre Verbündeten sich gegen *das Taliban-Regime* „verteidigen" durften (Beyer 2006: 48, 51f.).

Der Einsatz militärischer Mittel gegen Staaten, die Terroristen auf ihrem Territorium dulden, ihnen Rückzugsräume gewähren oder sie gar aktiv unterstützen, stellt einen Kernbestandteil der Strategie der USA zur weltweiten Bekämpfung des transnationalen Terrorismus dar (vgl. Schneckener 2007a).[127] So thematisiert die „US National Strategy for Combating Terrorism 2006" (wie schon ihre Vorgängerdokumente) vor allem die Gefahr des Erwerbs von Massenvernichtungswaffen (vgl. Abschnitt 4.1.2) durch Terroristen und anti-westliche, revisionistische Staaten (während der Bush-Jr.-Administration oft als „Schurkenstaaten" bezeichnet) und betont, dass die USA keinen Unterschied machen werden zwischen Terroristen und Staaten, die sie beherbergen und fördern. Der Anti-Terror-Kampf der USA orientiert sich mithin am „Paradigma des staatlich geförderten oder geduldeten Terrorismus" (Schneckener 2007a: 7). Ziel der militärischen Maßnahmen sind in erster Linie staatliche Unterstützer des Terrorismus und nicht al-Qaida selbst. Im Rahmen einer präventiven und offensiven US-Militärstrategie, die freilich bedingt durch die Erfahrungen im „Nachkriegs-Irak" mittlerweile weniger vehement vertreten wird, besteht eine grundsätzliche Bereitschaft, in Staaten, die Terrorismus aktiv fördern, sowie in schwachen und zerfallenden Staaten, die nicht in der Lage sind, terroristische Aktivitäten auf ihrem Territorium zu unterbinden, zu intervenieren (vgl. Schneckener 2003: 5ff.).

Die „Operation Enduring Freedom" wird durch eine Koalition der Willigen und nicht durch die NATO ausgeführt. Nach den Worten des ehemaligen US-Verteidigungsministers Donald Rumsfeld galt für das Vorgehen der USA in Bezug auf die OEF: „Die Mission bestimmt die Koalition, die Koalition darf nicht die Mission bestimmen" (zitiert in: Schneckener 2007a: 10). Die US-geführte Koalition besteht aus rund 70 Staaten, von denen 20 Staaten Truppen in Afghanistan stellen. Im Übrigen leisteten die Staaten unterschiedliche – finanzielle, logistische oder militärische – Beiträge für den Einsatz in Afghanistan und (ab Oktober 2002) am Horn von Afrika[128] – von der Bereitstellung von Kampfflugzeugen (Dänemark, Niederlande, Norwegen) über den Einsatz

---

[127] Nicht nur im Falle der „Operation Enduring Freedom", sondern auch zur Rechtfertigung der „Operation Iraqi Freedom" (2003), die zum Sturz des Regimes Saddam Husseins im Irak führte, wurde – neben dem Vorwurf des Besitzes von Massenvernichtungswaffen – von Seiten der USA der Vorwurf erhoben, der Irak beherberge Mitglieder von al-Qaida. Anders als im Falle der Taliban werden Verbindungen zwischen Saddam Hussein und al-Qaida von den meisten Beobachtern jedoch als unwahrscheinlich bezeichnet (Beyer 2006: 54f.).

[128] Ziel der „Operation Enduring Freedom" am Horn von Afrika ist der Schutz und die Überwachung der Seeverbindungslinien um das zu Somalia gehörende Horn von Afrika. Der Transport von Personen und Gütern (z.B. Waffen, Munition, Drogen), die der Unterstützung des transnationalen Terrorismus dienen, soll so unterbunden werden.

Kapitel 7: Sicherheit: Transnationalisierung von Sicherheitsbedrohungen   427

von speziellen Einsatztruppen und die Erhebung nachrichtendienstlicher Informationen (Australien, Deutschland, Kanada) bis zur Luft- und Seeüberwachung (Australien, Deutschland, Frankreich, Griechenland) (vgl. Beyer 2006: 50).

Nach Beginn der Kampfhandlungen in Afghanistan durch Luftangriffe amerikanischer und britischer Einheiten auf Stellungen der Taliban und von al-Qaida im Oktober 2001 gelang es den Alliierten – unterstützt von der afghanischen „Nordallianz" – relativ rasch (bis Ende des Jahres 2001), auch die Hochburgen der Taliban im Süden des Landes einzunehmen. Während die Taliban gestürzt, die Infrastruktur von al-Qaida in Afghanistan empfindlich geschwächt und zahlreiche mutmaßliche Anhänger von al-Qaida gefasst wurden[129] (Beyer 2006: 51), blieb die Suche der Alliierten nach Osama bin Laden bis heute erfolglos. Die „Operation Enduring Freedom" zur Bekämpfung mittlerweile wiedererstarkter Taliban und al-Qaida-Anhänger in Afghanistan dauert nach wie vor an.

Nachdem das Taliban-Regime gestürzt war, einigten sich Vertreter der verschiedenen ethnischen Gruppen Afghanistans im Dezember 2001 im Rahmen der Petersberger Konferenz auf eine „Vereinbarung über provisorische Regelungen in Afghanistan bis zum Wiederaufbau dauerhafter Regierungsinstitutionen" (Bonner Vereinbarung). Der VN-Sicherheitsrat beschloss auf Grundlage dieser Einigung die Res. 1386 (2001) zur Aufstellung einer internationalen Schutztruppe ISAF zur Stabilisierung Afghanistans. ISAF besteht aus freiwillig gestellten militärischen Einheiten aus rund 40 Ländern und wurde zunächst jeweils von einem oder mehreren Staaten geführt. Im August 2003 übernahm die NATO durch VN-Mandat die Führung der ISAF-Mission. Das (mittlerweile mehrfach vom VN-Sicherheitsrat verlängerte[130]) Mandat von ISAF beinhaltet die Unterstützung der afghanischen Regierung bei der Herstellung und Wahrung der inneren Sicherheit, dem Wiederaufbau Afghanistans, der Errichtung demokratischer Strukturen und der Ausdehnung der effektiven Gebietsherrschaft der Zentralregierung auf das gesamte Land. Konkrete Maßnahmen umfassen etwa den Aufbau nationaler afghanischer Streitkräfte und die Ausbildung der Polizei. Zumindest formell ist der Kampf gegen al-Qaida und die Taliban nicht Teil des Mandats von ISAF, sondern allein Aufgabe der US-geführten OEF. Allerdings wird die angestrebte Stabilisierung Afghanistans und die Herstellung von Staatlichkeit und deren Ausweitung auf das gesamte Territorium von der NATO und den an ISAF beteiligten Staaten als ein Beitrag zur globalen Terrorismusbekämpfung aufgefasst, weil dadurch transnationalen Terroristen Rückzugsräume und Möglichkeiten zur Errichtung von Ausbildungslagern verwehrt bleiben (Kaim 2007: 46; vgl. Auswärtiges Amt 2007d).

Nachdem im Oktober 2004 unter dem Schutz der alliierten Streitkräfte Präsidentschaftswahlen (mit dem bereits seit Dezember 2001 als Übergangspräsident amtieren-

---

[129] Eine beträchtliche Anzahl von Taliban-Kämpfern und mutmaßlichen Anhängern von al-Qaida wurden in das Gefangenenlager auf dem US-Stützpunkt Guantanamo gebracht (vgl. unten).
[130] Siehe Res 1413 (2002), 1444 (2002), 1510 (2003), 1563 (2004), 1623 (2005), 1659 (2006), 1707 (2006), 1776 (2007) und 1833 (2008).

den Hamid Karzai als Sieger) und noch im September 2005 freie Parlamentswahlen durchgeführt worden waren, verschlechterte sich die Sicherheitslage in Afghanistan in den letzten Jahren wieder zusehends. Das Wiederaufleben des Opiumanbaus, das Wiedererstarken der Taliban in Teilen des Landes sowie eine Zunahme terroristischer Anschläge und Entführungen gefährden den Erfolg der ISAF-Mission und machen deutlich, dass die afghanische Zentralregierung unterstützt von ISAF über weite Teile des Landes nicht die effektive Gebietsherrschaft ausübt (vgl. Beyer 2006: 51).

Trotz der Verantwortung der NATO für die Führung der ISAF-Mission spielt die transatlantische Allianz in der militärischen Terrorismusbekämpfung im Vergleich zur OEF insgesamt nur eine subsidiäre Rolle. Obwohl die NATO-Mitglieder die Terroranschläge des 11. September 2001 als einen Angriff „von außerhalb" werteten und erstmals den Verteidigungsfall gemäß Art. 5 des NATO-Vertrags ausriefen (Kaim 2007: 43), haben die USA von der NATO zu Beginn des Krieges gegen das Taliban-Regime nur wenig Gebrauch gemacht (Plate 2002: 12). Die Bush-Jr.-Administration war nicht gewillt, sich nach dem 11.September 2001 einem möglicherweise langwierigen und die eigene Handlungsfreiheit beschränkenden Entscheidungsprozess in der NATO auszusetzen und bevorzugte statt dessen die zwar internationale, aber eindeutig von den USA dominierte Kooperation im Rahmen einer „Koalition der Willigen". Die NATO unterstützte die militärische Reaktion der USA auf die Anschläge des 11.Septembers 2001 durch den Austausch von Geheimdienstinformationen, den Schutz von Einrichtungen der NATO-Partner sowie eine bis Mai 2002 andauernde Überwachung des Luftraums der USA („Operation Eagle Assist") durch AWACS (Airborne Warning and Control System)-Einheiten (Kaim 2007: 46; NATO 2007).

Über die „Operation Eagle Assist" und die bereits angesprochene Führung von ISAF hinaus sind zwei weitere derzeit laufende NATO-Operationen im Kontext der Terrorismusbekämpfung zu verorten: erstens, die „Operation Active Endeavor" zum Schutz ziviler und militärischer Schiffe im Mittelmeer und zur Überwachung der internationalen Schifffahrt, um die Unterstützung von Terrorismus zu unterbinden, sowie, zweitens, kleinere Operationen auf dem Balkan zur Bekämpfung lokaler Terrorgruppen, die im Verdacht stehen, Verbindungen zu al-Qaida zu unterhalten. Hauptaufgabe der NATO-Kräfte zur Terrorismusbekämpfung auf dem Balkan ist die Eindämmung von illegaler Migration, Waffen- und Drogenschmuggel (Kaim 2007: 46; NATO 2007).

Die im Vergleich zu anderen internationalen Organisationen (wie etwa dem VN-Sicherheitsrat, vgl. Abschnitt 3.2.2) eher bescheidene Bilanz der NATO im Bereich der globalen Terrorismusbekämpfung ist einer Vielzahl von Faktoren geschuldet. Zwar wurde 1999 ein neues strategisches Konzept verabschiedet, das betont, dass nach dem Ende des Ost-West-Konflikts die Sicherheitsinteressen der NATO-Staaten nicht mehr nur durch die Aggression staatlicher Akteure, sondern auch durch nichtstaatliche Gewaltakteure wie z.B. Terroristen gefährdet würden. Trotz dieses schon vor dem 11. September 2001 vorhandenen Problembewusstseins hat das Verteidigungsbündnis nach wie vor Schwierigkeiten mit einer adäquaten Bearbeitung von „entterritorialisierten" Sicherheitsrisiken (Kaim 2007: 44, 47): In der Auseinandersetzung mit einem geografisch nicht klar zu verortenden Gegner, der mitunter gar im Innern, d.h. in den Gesellschaften der Mitgliedstaaten, angesiedelt ist, erweisen sich auf dem Territorialitätsprinzip fußende militärische Instrumente der Allianz als weitgehend ungeeignet. Die Bekämpfung des Terrorismus erfordert ungleich anspruchsvollere, vielfältigere und zugleich umstrittenere, da weiter in die inneren Angelegenheiten von Staaten hineinreichende Maßnahmen als die Abwehr territorialer Angriffe (vgl. Plate 2002: 6, 13). Dies gilt freilich auch für die militärische Terrorismusbekämpfung im Rahmen der OEF. Doch wird die Effektivität der NATO zusätzlich durch Differenzen zwischen europäischen Mitgliedstaaten und den USA auf Grund unterschiedlicher Bedrohungswahrnehmungen und verschiedener zur Verfügung stehender (und befürworteter) Mittel der Terrorismusbekämpfung behindert. Während die USA die Anwendung militärischer Gewalt – einschließlich eines präventiven Vorgehens gegen staatliche Unterstützer terroristischer Aktivitäten – als Kernbestandteil ihrer Anti-Terror-Strategie betrachten, stehen viele europäische Staaten militärischen Instrumenten der Terrorismusbekämpfung zurückhaltender gegenüber und betonen die Wichtigkeit einer breit angelegten strukturellen Terrorismusbekämpfung, für die allerdings die NATO als Verteidigungsbündnis eine nur bedingt geeignete Institution darstellt (Kaim 2007: 47f.; vgl. Eder 2007; Schneckener 2003: 4f.).

In Reaktion auf die Anschläge des 11. September 2001 und die Erfahrung mit eher schwachen Reaktionskapazitäten beschlossen die NATO-Mitglieder auf dem Prager Gipfel im November 2002 ein operatives Maßnahmenpaket, das auf dem Gipfel in Istanbul 2004 weiter entwickelt wurde (vgl. Auswärtiges Amt 2007d). Es sieht eine Reihe von Verbesserungen der Verteidigungs- und Krisenreaktionsfähigkeit der Allianz vor: die Entwicklung von Maßnahmen zur Abwehr terroristischer Angriffe, die die Verwundbarkeit der Mitgliedstaaten reduzieren sollen (z.B. nachrichtendienstliche Zusammenarbeit, Standardisierung von Warnvorgaben, Bereitstellung von Aufklärungstechnik); eine Verbesserung der Krisenreaktionsfähigkeiten zur Abschwächung der Wirkung von Terroranschlägen (z.B. Bereitstellung einer Einheit zum Schutz gegen Angriffe mit chemischen, biologischen, radiologischen und nuklearen Kampfmitteln) und die Entwicklung schneller und flexibler offensiver Instrumente zur Schwächung der Fähigkeiten terroristischer Gruppierungen – die seit 2006 einsatzfähige, Land-, See- und Luftkontingente umfassende „NATO Response Force" (bestehend aus 25 000 Mann, die innerhalb von fünf Tagen einsatzbereit sein soll) soll auch der Bekämpfung terroristischer Infrastruktur dienen (Kaim 2007: 44f.; vgl. Auswärtiges Amt 2007d).

Trotz dieser strategischen Weiterentwicklungen beharren die NATO-Mitgliedstaaten weiterhin auf einer funktionalen Trennung zwischen Innen- und Außenpolitik, die sich im Falle des transnationalen Terrorismus als probleminadäquat erweist. Nationale Sicherheitsbehörden sind nur sehr bedingt bereit, etwa bei der Gefahrenprävention und beim Krisen- und Folgenmanagement Kompetenzen abzutreten. Im Ergebnis verbleiben allenfalls subsidiäre Handlungsmöglichkeiten für die NATO (Kaim 2007: 49f.). Vor diesem Hintergrund ist zu erwarten, dass die verteidigungspolitische Rolle der NATO gerade für Europa in Zukunft weiter in den Hintergrund rücken wird, und die Allianz zunehmend als politisches Konsultationsforum (auch für Nicht-NATO-Mitglieder) dienen wird (Plate 2002: 6, 13). Die NATO strebt eine enge Koordination mit anderen internationalen Organisationen (EU, OSZE) sowie mit Russland (im NATO-Russland-Rat) an. Eine Reihe von Aktionsplänen zur Terrorismusbekämpfung (auch) mit Nicht-NATO-Staaten und internationalen Organisationen wurden verabschiedet; jedoch blieb es bei unverbindlichen Absichtserklärungen (Kaim 2007: 45f.).

3.2.2 Multilaterale Terrorismusbekämpfung durch die Vereinten Nationen

Während die OEF und die Aktivitäten der NATO auf einem auf militärische Maßnahmen verengten Verständnis der Terrorismusbekämpfung beruhen, verfolgen die Vereinten Nationen einen breiteren, operative und strukturelle Maßnahmen umfassenden, Ansatz zur Bekämpfung des Terrorismus (Schneckener 2007a: 8).

Die Bearbeitung des Problems des Terrorismus im Rahmen der VN spiegelt das – nicht mehr in allen Politikbereichen unangefochtene (vgl. Kap. 3.2) – Bild der VN als eine Organisation der Staaten und für die Staaten wider. Insgesamt wird die zentrale Rolle der Staaten bei der Gewährleistung einer internationalen Ordnung, in der sich Frieden und Sicherheit entfalten können, bekräftigt (Boulden 2007: 435). Dazu passt, dass die *unmittelbaren* Adressaten von Resolutionen des VN-Sicherheitsrates auch im Bereich der Terrorismusbekämpfung die Staaten bleiben, während die Erzeuger des Terrorismus – zumindest laut der hier zugrunde gelegten Definition – nichtstaatliche Akteure sind. Allerdings lässt sich insofern eine gewisse Aufweichung dieses Prinzips beobachten, als auch die damals von den VN nicht als Regierung Afghanistans anerkannten Taliban vom Sicherheitsrat aufgefordert wurden, die Unterstützung von Terroristen einzustellen und Osama bin Laden auszuliefern (vgl. etwa Res. 1214 (1998), 1267 (1999), 1333 (2000)).

Verschiedene Akteure im VN-System befassen sich mehr oder weniger direkt mit Terrorismusbekämpfung. Zu nennen sind zuvörderst der Sicherheitsrat, aber auch die Generalversammlung, der Generalsekretär und – weniger offensichtlich – die Kommission für Kriminalprävention und Strafrechtsfragen des ECOSOC, das Büro der Vereinten Nationen für Drogen- und Verbrechensbekämpfung und die Hauptabteilung für Abrüstungsangelegenheiten (Boulden 2007: 427). Die heutige Dominanz des Sicherheitsrates bei der Terrorismusbekämpfung durch die VN ist eine vergleichsweise junge Entwicklung. Die erste Erwähnung von Terrorismus durch den Sicherheitsrat findet sich zwar bereits in Res. 57 (1948), in der die Ermordung des VN-Vermittlers für Palästina, Graf Folke Bernadotte, durch eine „kriminelle Gruppe von [israelischen] Terroristen" verurteilt wurde. Danach herrschte zum Thema „Terrorismus" im Sicherheitsrat lange Zeit Schweigen. Während des Kalten Krieges war nicht der Sicherheitsrat, sondern die Generalversammlung das Hauptorgan, das sich mit Terrorismus beschäftigte. In der Generalversammlung wurden bis heute 13 internationale Übereinkommen überwiegend zur Unterbindung einzelner Erscheinungsformen des Terrorismus (Verbot von Flugzeugentführungen, von terroristischen Bombenanschlägen, von Geiselnahmen und des Einsatzes von nuklearem Material) ausgehandelt, wobei der Ratifikationsstand zum Teil niedrig ist. Die offene Frage der Definition des Terrorismus ist jedoch weiterhin ein Haupthindernis auf dem Weg zu einem umfassenden Vertrag zur Bekämpfung des Terrorismus, der die Inhalte der bestehenden Einzelübereinkommen umfasst und noch vorhandene Regelungslücken füllt (Boulden 2007: 429).

Im September 2006 konnte sich die Generalversammlung auf eine gemeinsame „Globale Strategie der Vereinten Nationen zur Bekämpfung des Terrorismus" einigen. Die Strategie der VN identifiziert zunächst ein ganzes Bündel von tiefer liegenden Ursachen des Terrorismus – genannt werden u.a. ungelöste Gewaltkonflikte, die Verletzung von Menschenrechten, einen Mangel an verantwortlicher Regierungsführung und Rechtsstaatlichkeit, religiöse oder ethnische Diskriminierung, politische Exklusion und sozioökonomische Marginalisierung[131]. Dementsprechend wird eine breite Palette von Maßnahmen vor allem zur strukturellen Terrorismusbekämpfung vorgeschlagen: die Prävention und friedliche Lösung von Gewaltkonflikten, eine Intensivierung des interkulturellen Dialogs, eine Stärkung des Völkerrechts, die Erfüllung entwicklungspolitischer Ziele einschließlich der Millenniumentwicklungsziele und die Förderung von Rechtsstaatlichkeit und Menschenrechten. Die Notwendigkeit von „capacity-building" in schwachen und zerfallenden Staaten wird betont. Hervorgehoben wird zudem, dass alle Maßnahmen im Einklang mit den Menschenrechten und rechtsstaatlichen Normen zu stehen haben. Konkrete verhaltenssteuernde Wirkung kann diesen allgemein gehaltenen und völkerrechtlich unverbindlichen Empfehlungen freilich nicht zugeschrieben werden (Schneckener 2007a: 8).

Für den Sicherheitsrat lässt sich parallel zur Entwicklung im „Peacekeeping"-Bereich eine Tendenz zu stärkerer – bis hin zu normsetzender – Einmischung in innere Angelegenheiten der Mitgliedstaaten feststellen. Dies reicht soweit, dass der Sicherheitsrat mittlerweile von Teilen der Literatur als „Weltgesetzgeber" im Bereich der Terrorismusbekämpfung bezeichnet wurde (Aston 2002; Dicke 2001; Rittberger/ Baumgärtner 2005: 316f.; Rosand 2002; Szasz 2002,) – eine Rolle, die eine ganze Reihe von Rechtsfragen u.a. der Rechtskontrolle und der Legitimation des Sicherheitsrates zur gesetzesähnlicher Normsetzung aufwirft (Talmon 2005). Angesichts der in nationale Jurisdiktionen hinein reichenden Tragweite einzelner Resolutionen ist es bemerkenswert, dass die Arbeit des Sicherheitsrates im Bereich der Terrorismusbekämpfung in jüngerer Vergangenheit weitgehend von Konsens geprägt war (Boulden 2007: 431).

Der VN-Sicherheitsrat bezeichnete den Terrorismus erstmals in Resolution 748 (1992) unmissverständlich als den Tatbestand der Friedensbedrohung nach Art. 39 SVN erfüllend (Boulden 2007: 429; De Jonge Oudraat 2004: 154f.). In dieser Resolution verurteilte er Libyen für die Weigerung, die den Terroranschlägen auf den Pan-Am-Flug 103 über dem schottischen Lockerbie (1988) und den UTA-Flug 772 über dem

---

[131] Das von den USA immer wieder angeführte Problem fehlender (innerstaatlicher) Demokratie fand in diesem Dokument der VN-Generalversammlung keine Erwähnung.

Niger (1989) verdächtigten Terroristen auszuliefern, obwohl der Sicherheitsrat Libyen bereits in Res. 731 (1992) dazu aufgefordert hatte. In seiner Rolle als Wächter des Weltfriedens und der internationalen Sicherheit verhängte der Sicherheitsrat Sanktionen gegen Libyen (Res. 883 (1993)). Unter Berufung auf Kapitel VII SVN beschloss der Sicherheitsrat ein Luftverkehrs- und Waffenembargo um Libyen zu zwingen, die verdächtigten Terroristen auszuliefern und seine Unterstützung des Terrorismus einzustellen. Nach über zehn Jahren konnten schließlich die Auslieferung der mutmaßlichen Täter und Entschädigungszahlungen an die Hinterbliebenen der Opfer erreicht werden (De Jonge Oudraat 2004: 154f.).

Der Sicherheitsrat behielt die Strategie, auf Einzelfallbasis repressiv mit Erzwingungsmaßnahmen auf terroristische Aktivitäten zu reagieren, zunächst auch nach den Bombenanschlägen von al-Qaida auf US-Botschaften in Tansania und Kenia (1998) bei. Der Sicherheitsrat forderte das Taliban-Regime in Afghanistan nach den Bombenanschlägen auf diese US-Botschaften auf, den Anführer des Terrornetzwerks al-Qaida, Osama bin Laden, auszuliefern und al-Qaida Mitgliedern keine Zufluchtsräume mehr zu gewähren. Die Tatsache, dass sich das Taliban-Regime weigerte, dem Auslieferungsersuchen zu entsprechen und die Unterstützung von al-Qaida einzustellen, wurde vom Sicherheitsrat in Resolution 1267 (1999) als eine Friedensbedrohung interpretiert. Der Sicherheitsrat beschloss eine Reihe von härteren Sanktionen gegen das Taliban-Regime (Biersteker 2002: 77f.; Boulden 2007: 429f.; De Jonge Oudraat 2004: 156). Im Jahr 2000 verhängte er in Resolution 1333 ein umfassendes Luftverkehrs- und Waffenembargo gegen Afghanistan. Zur Überwachung der Implementierung der Sanktionen wurde bereits in Res. 1267 ein Ausschuss („1267-Ausschuss" oder auch „Al-Qaida-und-Taliban-Sanktionsausschuss") eingesetzt, der zum Vorläufer weiterer Terrorismusbekämpfungs-Ausschüsse des Sicherheitsrats wurde. Der 1267-Ausschuss führt zu diesem Zweck insbesondere eine Liste natürlicher und juristischer Personen, die entweder zu den Taliban oder der al-Qaida gehören oder im Verdacht stehen, mit diesen in Verbindung zu sein. Diese Liste von Individuen und juristischen Personen wird auf Grund der von den Mitgliedstaaten oder regionalen Organisationen eingereichten Informationen vom Ausschuss laufend aktualisiert. Die Individuen und juristischen Personen auf dieser Liste sind den vom Sicherheitsrat beschlossenen Sanktionen gegen al-Qaida und die Taliban unterworfen – dazu zählt neben einem Waffen- und Flugembargo auch das Einfrieren finanzieller Mittel und Vermögenswerte (vgl. neben Res. 1267 (1999) und 1333 (2000) u.a. Res. 1390 (2002), 1455 (2003), 1526 (2004) und 1617 (2005)) (vgl. Biersteker 2004).

Über den Einzelfall der Maßnahmen gegen al-Qaida und die Taliban hinaus wird den VN-Sanktionsregimen im Allgemeinen durchaus eine gewisse – wenn auch begrenzte – Wirkung zugesprochen. Terrorismus wurde unmissverständlich als illegitime, nicht hinnehmbare Handlung stigmatisiert und die Unterstützung terroristischer Aktivitäten wurde für Staaten deutlich kostspieliger. Die Wirkung auf nichtstaatliche terroristische Akteure blieb gering, und einzelne Staaten gewähren Terroristen immer noch bewusst oder auf Grund mangelnder effektiver Gebietsherrschaft Unterschlupf (de Jonge Oudraat 2004: 153).

Nach den Terroranschlägen vom 11. September 2001 in den USA ging der Sicherheitsrat einen Schritt weiter. In den Sicherheitsratsresolutionen 1368, 1373 und 1377 (2001) wurden die Terroranschläge gegen die USA als Bedrohung des Weltfriedens eingestuft, die Sanktionen gegen das Taliban-Regime ausgeweitet und eine militärische Intervention in Afghanistan unter Berufung auf das Recht der USA auf Selbstverteidigung als gerechtfertigt erklärt (Zangl/ Zürn 2003: 229f.). Die am 28. September 2001 einstimmig verabschiedete Resolution 1373 stellt insofern eine qualitative Neuerung dar, als der Sicherheitsrat in nicht mehr nur einzelfallspezifischer, sondern abstrakt-genereller, d.h. gesetzgeberischer Weise Verpflichtungen für die gesamte Staatengemeinschaft formulierte. Bereits in Res. 1269 (1999) hatte der Sicherheitsrat allgemein „alle Akte, Methoden und Praktiken des Terrorismus als kriminell und nicht zu rechtfertigen" bezeichnet – „unabhängig von deren Motivation und in allen Formen und Ausprägungen, wo auch immer und von wem auch immer begangen". Diese umfassende Herangehensweise, die den Terrorismus generell und nicht nur auf Einzelfallbasis zu behandeln suchte, kam in Res. 1373 noch deutlicher zum Tragen. Terrorismus wurde nicht nur als allgemeine Bedrohung für Sicherheit und Frieden gemäß Art. 39 SVN bezeichnet. Der Sicherheitsrat hat unter Berufung auf Kapitel VII SVN als „(Ersatz-) Weltgesetzgeber" verbindliche Anforderungen an *alle* Mitgliedstaaten gerichtet, bestimmte nationale legislative und vollziehende Maßnahmen – z.B. das Einfrieren von Finanzmitteln zur Unterstützung des Terrorismus – zu ergreifen und über deren Umsetzung zu berichten (Boulden 2007: 430). Wie durchgreifend die Wirkung von Maßnahmen auf Grundlage von Res. 1373 sein kann, zeigte sich am Beispiel eines (fälschlicherweise) der Unterstützung von al-Qaida verdächtigten jungen Mannes in Berlin, dem letztlich zurückgehend auf Resolution 1373 das Arbeitslosengeld II zeitweise entzogen wurde (Rittberger/ Baumgärtner 2005: 317).

Die Res. 1373 liest sich wie eine Querschnittskonvention zur Bekämpfung des Terrorismus (vgl. Aston 2002: 262ff.). Im Einzelnen werden alle Staaten verpflichtet, das Bereitstellen und Sammeln von Geldmitteln für terroristische Zwecke unter Strafe zu stellen, Geldmittel oder andere wirtschaftliche Ressourcen von Personen und Einrichtungen, die terroristische Handlungen begehen, zu begehen versuchen oder diese erleichtern, umgehend einzufrieren sowie es ihren Staatsangehörigen zu verbieten, derartige Mittel oder Dienstleistungen solchen Personen direkt oder indirekt zur Verfügung zu stellen, die an der Begehung von terroristischen Akten beteiligt sind (Talmon 2005: 177). Zusätzlich zu diesen präzisen Verpflichtungen wird eine allgemeine Verpflichtung aller Staaten zur Unterbindung der Finanzierung von terroristischen Handlungen formuliert. Ferner haben sich gemäß Res. 1373 alle Staaten jeglicher Form der aktiven oder passiven Unterstützung terroristischer Personen und Personenvereinigungen sowie der Bereitstellung sicherer Rückzugsräume zu enthalten. Sie haben die notwendigen Schritte zur Verhinderung terroristischer Akte zu ergreifen; sicherzustellen, dass das jeweilige Staatsgebiet nicht zur Planung oder Begehung transnationaler terroristischer Handlungen genutzt wird, und zu gewährleisten, dass die Finanzierung, Planung, Vorbereitung und Begehung terroristischer Handlungen unter angemessene Strafe gestellt und verdächtige Personen gerichtlich verfolgt werden. Weiterhin sollen sie bei der Verfolgung entsprechender Aktivitäten einander größtmögliche, effektive Rechtshilfe leisten und grenzüberschreitende Bewegungen von Terroristen durch effektive Grenzkontrollen vereiteln.

Res. 1373 ist nicht nur in ihrem Inhalt, sondern auch in ihrem Zustandekommen außergewöhnlich. Zwischen der Vorlage des Entwurfs der USA für Res. 1373 nach Absprache mit den übrigen ständigen Mitgliedern, aber ohne die nichtständigen Mitglieder vorab über den Inhalt zu informieren, und der Verabschiedung der Resolution am 28. September 2001 lag nur ein Tag, so dass nur eine sehr knappe Prüfungsfrist blieb. Obwohl einige Staaten dies beklagten, wurde die Resolution einstimmig verabschiedet (vgl. Talmon 2005: 187).

Res. 1373 wurde als „the UN's single most powerful response" (De Jonge Oudraat 2004: 152) und als Eckpfeiler des Beitrags der VN zur Bekämpfung des Terrorismus (Rosand 2004) bezeichnet, deren nationale Umsetzung jedoch zugleich einen sehr hohen Ressourceneinsatz verlangt. In Fällen der Nichteinhaltung wird sich schnell die Frage nach der Autorität des Sicherheitsrats stellen (De Jonge Oudraat: 161ff.). Die *international koordinierte* nationale Umsetzung der Resolutions-Vorgaben ist anspruchsvoll: So müssen etwa alle Staaten durch nationale Gesetzgebung in Übereinstimmung mit den Vorgaben des Sicherheitsrats sicher stellen, dass sie die legale Autorität besitzen, Vermögenswerte auf nationaler Ebene durch eigene Maßnahmen einzufrieren. Zudem bedarf es auch der Einrichtung (angemessen ausgestatteter) exekutiver Organe zur nationalen Implementierung der legislativen Maßnahmen und Sanktionen. Vielen Ländern fehlen schlicht die institutionellen, insbesondere administrativen Kapazitäten, um die Res. 1373 und andere Verpflichtungen effektiv zu implementieren. Sie sind auf „capacity building"-Maßnahmen und technische Unterstützung angewiesen (Biersteker 2002: 79ff.).

Auch aus diesem Grund wurde ein Anti-Terrorismus-Ausschuss („Counter Terrorism Committee", CTC) eingerichtet, der nicht nur die Umsetzung der Vorgaben von Res. 1373 in den Mitgliedstaaten überwachen, sondern auch technische Unterstützung für Staaten bereit stellen soll, die Unterstützung bei der Implementierung der Anforderungen benötigen (Biersteker 2002: 83; Boulden 2007: 430f.; Murthy 2007: 4-7). Res. 1373 verpflichtet die Mitgliedstaaten, dem CTC über Maßnahmen zu berichten, die sie unternommen haben, um die Implementierung von Res. 1373 zu verbessern. Bis Mitte 2007 waren über 700 Berichte der Mitgliedstaaten eingegangen (Murthy 2007: 7). Das Exekutiv-Direktorat des CTC (Counter-Terrorism Executive Directorate, CTED) analysiert die eingereichten Implementierungsberichte, tritt über schriftliche Kommunikation, direkte Gespräche und Besuche mit den Staaten in Kontakt und fördert den Aufbau von administrativen Kapazitäten zur Umsetzung von Res. 1373 durch technische Unterstützung und die Verbreitung von „best practices". Das CTC-Plenum (bestehend aus Vertretern der 15 Mitglieder des Sicherheitsrates) setzt die Prioritäten bei der Überwachung und Förderung der Implementierung von Res. 1373, berichtet dem Sicherheitsrat über Implementierungsprobleme und entwickelt Programme zur technischen Unterstützung der Mitgliedstaaten (Murthy 2007: 4-7). Das CTC lässt sich als „friendly facilitator, rather than prying policeman" (Murthy 2007: 6) charakterisieren. Statt als Tribunal, das Urteile über die Mitgliedstaaten ausspricht, agiert es eher als Dienstleister, der versucht, die Mitgliedstaaten beim Aufbau einer geeigneten politischen und rechtlichen Infrastruktur zur Bekämpfung des Terrorismus zu unterstützen.

Die zunehmende Sorge über die Gefahr, dass Terroristen in den Besitz von Massenvernichtungswaffen kommen könnten, führte zur Res. 1540 (2004), die ähnlich wie Res. 1373 Anforderungen an alle Mitgliedstaaten enthält, angemessene Gesetze und nationale Kontrollmechanismen für nukleare, chemische und biologische Waffen sowie deren Trägersysteme einzusetzen. Auch hier wurden ein Ausschuss zur Überwachung der Umsetzung und ein Berichtssystem installiert (vgl. Abschnitt 4.2 unten).

Zusammenfassend lässt sich festhalten, dass die Antwort der VN auf das Problem des Terrorismus zwar qualitativ neue, in nationale Gesetzgebungen und Verwaltungen hinein reichende Gegenmaßnahmen beinhaltete die Maßnahmen der VN zur Terrorismusbekämpfung aber nicht im Mittelpunkt der meisten nationalen Anti-Terrorismus-Programme der Mitgliedstaaten stehen. Insgesamt ist eine bemerkenswerte Einigkeit im Sicherheitsrat festzustellen (Boulden 2007: 427).

3.2.3 Zwischenstaatliche und transnationale Maßnahmen zur Unterbindung der Finanzierung von Terrorismus außerhalb der VN

Während vor dem 11. September 2001 vor allem ungleiche Verteilungseffekte und die Tendenz zu periodischer Instabilität (vgl. Kap. 8) als die „dunkle Seite" der globalen Finanzmarktintegration angesehen wurden, rückte seither auch die Vereinfachung des Transfers von Finanzmitteln, die den transnationalen Terrorismus unterstützen, verstärkt in das Blickfeld von Politik und Öffentlichkeit. Die Deregulierung und Liberalisierung globaler Finanzmärkte in den 1980er und 1990er Jahren erleichterten den Transfer von Finanzmitteln für illegale Aktivitäten und die Geldwäsche und verringerten die Überwachungs- und Regelungskapazitäten vieler Staaten (Biersteker 2002: 75f., 83). Effektive und zugleich gezielte, selektiv eingesetzte Finanzkontrollmechanismen bzw. -sanktionen („targeted financial sanctions") zur Bekämpfungen des Terrorismus bedürfen der multinationalen Koordination, effektiver nationaler Implementation und der Kooperation des Privatsektors. In verschiedenen internationalen Foren wurden – über die beschriebenen Maßnahmen des Sicherheitsrates hinaus – Initiativen zur Unterbindung der Geldwäsche und der Finanzierung von Terrorismus vorangebracht.

Zu nennen ist zunächst die G8. Die G8 ist längst nicht mehr nur ein multilaterales Forum für Wirtschafts- und Finanzpolitik – rund die Hälfte aller Gipfelthemen betrifft mittlerweile sicherheitspolitische Fragestellungen (vgl. Kirton 2005: 7). Seit dem 11. September 2001 vergeht kein G8-Gipfel ohne umfangreiche Beschlüsse und Initiativen zu einzelnen Aspekten der Terrorismusbekämpfung. Ein Schwerpunkt der Arbeit der G8 und ihrer Expertengruppen ist die Bekämpfung der Terrorismusfinanzierung. Verschiedene Expertengruppen – u.a. die Rome/ Lyon Group zu Organisierter Kriminalität und Terrorismus (2001) und die Counter-Terrorism Action Group (2003) – wurden von der G8 eingerichtet (Schneckener 2007b: 54f.). Die Tatsache, dass Streitfragen wie die amerikanische Strategie im erklärten „globalen Krieg gegen den Terrorismus", die Menschenrechtssituation im US-Gefangenenlager Guantanamo oder Russlands Umgang mit tschetschenischen Rebellen in der G8 weit gehend ausgeklammert blieben, führte zu breitem Konsens in der Arbeit der G8. Inwieweit G8-Beschlüsse tatsächlich Auswirkungen auf die Ausgestaltung und die Kohärenz nationaler Politiken hatte, ist angesichts der Informalität der Treffen und des Mangels an Überprüfungsmechanismen schwer zu beurteilen. Der Informationsaustausch und die Politikkoordinierung im Rahmen der regelmäßigen Treffen der Arbeits- und Expertengruppen sollten gleichwohl nicht unterschätzt werden. Die Treffen auf der Arbeitsebene tragen zur Bildung eines interadministrativen Netzwerks auch im Bereich der Terrorismusbekämpfung bei (Schneckener 2007b: 56f.).

Zur Bekämpfung der Terrorismusfinanzierung wurden Politikinstrumente, die zunächst primär gegen die organisierte Kriminalität (z.B. Geldwäsche, Korruption) gerichtet waren und im Kontext der Lyon-Gruppe – seit 2001: Rome/Lyon-Gruppe – ausgearbeitet wurden, weiter entwickelt (Schneckener 2007b: 57). Die Arbeit der „Counter-Terrorism Action Group" und ein von den G7-Finanzministern und Zentralbankchefs im Oktober 2001 verabschiedeter Aktionsplan, der internationale Finanzsanktionen gegen Organisationen und Personen vorsieht, die der Unterstützung des Terrorismus verdächtigt werden, soll die Aktivitäten des Anti-Terrorismus-Ausschusses des Sicherheitsrates (CTC) bei der Bekämpfung der Terrorismusfinanzierung unterstützen (Biersteker 2004: 61). Im Übrigen weist die G8 die Hauptverantwortung zur Bekämpfung der Terrorismusfinanzierung ihrem bereits 1989 gegründeten Ableger, der „Financial Action Task Force on Money Laundering" (FATF) zu.

Die durch die G7 gegründete, bei der OECD in Paris angesiedelte zwischenstaatliche FATF versucht, die internationale Politikharmonisierung zur Unterbindung der Geldwäsche und der Finanzierung terroristischer Aktivitäten zu befördern. Ihr Ziel ist es, finanzpolitische Kontrollmechanismen international zu koordinieren und Mindeststandards für die angemessene Prüfung verdächtiger Kunden („standards of due diligence") durch privatwirtschaftliche Finanzinstitutionen zu entwickeln (Biersteker 2002: 78). Die FATF, die derzeit aus 31 Mitgliedstaaten und zwei internationalen Organisationen – der Europäischen Union und dem Golfkooperationsrat – sowie China und Südkorea als Beobachtern besteht, hat ihr ursprüngliches Mandat über die Bekämpfung von Geldwäsche hinaus um die Entwicklung von Grundsätzen zur Unterbindung der Terrorismusfinanzierung („Neun Sonderempfehlungen zur Bekämpfung der Terrorismusfinanzierung") erweitert (Norgren 2004: 52; Schneckener 2007b: 57). Die Techniken, die zur Geldwäsche benutzt werden, sind letztlich jenen, die angewandt werden, um

Kapitel 7: Sicherheit: Transnationalisierung von Sicherheitsbedrohungen

die Herkunft und den Gebrauch terroristischer Gelder zu verschleiern, sehr ähnlich. Dementsprechend sind auch die Gegenmaßnahmen vergleichbar.

Die „Sonderempfehlungen" der FATF sehen vor, die Finanzierung von Terrorismus unter Strafe zu stellen, Vermögenswerte, die zur Unterstützung terroristischer Aktivitäten genutzt werden, einzufrieren, den internationalen Austausch von Informationen zu verbessern, ein Meldesystem für verdächtige Finanztransaktionen einzuführen, die Finanzströme von Nichtregierungsorganisationen besser zu kontrollieren und informelle alternative Überweisungssysteme[132] wie etwa das Hawala-Finanzsystem, die außerhalb der formellen Bankenkanäle operieren, strikter zu kontrollieren. Die Mitgliedstaaten werden ferner aufgefordert, einschlägige VN-Abkommen zu ratifizieren und die Res. 1373 umzusetzen (vgl. FATF 2005: 8ff.; Schneckener 2007b: 57).

Während vieles in den „Sonderempfehlungen" an einschlägige Sicherheitsratsresolutionen und internationale Übereinkommen angelehnt ist, gehen einige Empfehlungen vor allem in Verbindung mit konkretisierenden Auslegungshinweisen sowie den überarbeiteten „40 Empfehlungen zur Unterbindung von Geldwäsche" der FATF („FATF 40 Recommendations") darüber hinaus, so dass heute ein umfassendes Regelwerk zur Unterbindung der Geldwäsche und der Finanzierung des Terrorismus vorliegt. Dessen Umsetzung in nationale Gesetzgebung und die Durchsetzung der Regeln variieren freilich erheblich (Norgren 2004: 52f.).

Ähnlich wie die FATF hatte auch die Wolfsberg-Bankengruppe, eine freiwillige, zwölf internationale Großbanken[133] umfassende Initiative des privatwirtschaftlichen

---

[132] Die FATF (2005: 7) versteht unter alternativen Überweisungssystemen („alternative remittance systems") „jedes System, das zum Geldtransfer von einem Ort zum anderen verwendet wird und im Allgemeinen außerhalb der Bankenkanäle operiert". Hawala (arabisch: Wechsel) bezeichnet einen Geldtransfer von Person A an Person B in einem anderen Land, der nicht über eine formelle Finanzinstitution (z.B. Bank), sondern über Hawala-Händler („hawaladar") abgewickelt wird. Das Hawala-System wird vor allem von Gastarbeitern, aber auch zur Finanzierung terroristischer Aktivitäten genutzt, da es erlaubt, Geld nicht nur äußerst schnell und kostengünstig, sondern auch vertraulich zu transferieren. Ein Beispiel veranschaulicht die Funktionsweise des Hawala-Systems und die Schwierigkeiten der Kontrolle derartiger Finanztransaktionen: Gastarbeiter A möchte Geld an Person B in seinem Heimatland schicken. Zu diesem Zweck sucht er einen Hawaladar (X) an seinem Aufenthaltsort auf und zahlt diesem den Betrag, den er transferieren möchte, sowie eine vergleichsweise geringe Bearbeitungsgebühr in Dollar oder einer anderen konvertiblen Währung. A erhält einen Code (z.B. ein Wort, eine Zahlenkombination oder ein Koranvers). Der Hawaladar X teilt den Code sowie den auszuzahlenden Betrag einem Partner-Hawaladar Y im Heimatland von A mit. A informiert Empfänger B über die Geldsendung und den Code zur Auszahlung. B kontaktiert daraufhin den Hawaladar Y, teilt ihm den Code mit und erhält dafür eine Auszahlung in Landeswährung über die von A in Auftrag gegebene Summe. Die Schulden, die Hawaladar X nun bei Hawaladar Y hat, werden im Rahmen späterer Geschäfte beglichen. Das gesamte System basiert in hohem Maße auf wechselseitigem Vertrauen. Die einzelnen Transaktionen hinterlassen kaum Spuren (etwa in Form formeller Einzahlungsbelege) und sind daher äußerst schwer nachzuvollziehen (vgl. Buencamino/ Gorbunov 2002: 2; Magnusson 2005: 190f.).

[133] Die 12 Mitglieder der Wolfsberg-Gruppe sind: ABN-Amro Bank, Banco Santander Central Hispano, Bank of Toyota-Mitsubishi, Barclays, Citigroup, Credit Suisse Group, Deutsche Bank, Goldman Sachs, HSBC, J.P. Morgan Chase, Société Générale und UBS.

Sektors, zunächst in Zusammenarbeit mit der NGO „Transparency International" einen freiwilligen Verhaltenskodex zur Unterbindung der Geldwäsche („Global Anti-Money-Laundering Guidelines", 2000) entwickelt, ehe sie ihr Tätigkeitsfeld ausweitete und sich zusätzlich dem Problem der Terrorismusfinanzierung zuwandte. Die ursprünglichen Wolfsberg-Prinzipien gegen Geldwäsche entstanden vor dem Hintergrund eines Regelungsdefizits Ende der 1990er Jahre, das darauf zurückzuführen war, dass die FATF-Empfehlungen national uneinheitlich implementiert wurden und sich die FATF auf nicht-kooperative Länder statt eine Weiterentwicklung der Standards konzentrierte. Im Verhältnis zu den FATF-Empfehlungen fungieren die Wolfsberg-Prinzipien gegen Geldwäsche als speziell auf Privatbanken zugeschnittene Umsetzungsinstrumente (Mürle 2006: 100f.; vgl. Pieth/ Aiolfi 2003).

Die „Wolfsberg-Erklärung zur Unterdrückung der Terrorismusfinanzierung" (2002) sieht Verfahren zur Identifikation von Finanztransaktionen, die der Finanzierung des Terrorismus dienen könnten, einen „Know Your Customer"-Abgleich von Kundenlisten mit Listen Terrorverdächtiger sowie eine Berichterstattung der Banken über von ihnen ergriffene Maßnahmen gegen die Terrorismusfinanzierung an Behörden vor (Wolfsberg-Gruppe 2002; vgl. Wolf 2005). Zudem lassen sich viele Anti-Geldwäsche-Grundsätze der Wolfsberg-Gruppe (etwa Verfahren zur Prüfung der Rechtmäßigkeit von Vermögensquellen, besondere Sorgfaltspflicht bei Kunden aus Ländern mit unzureichenden Anti-Geldwäsche-Standards, Mitarbeiterschulungen zur Sensibilisierung der Angestellten) auf die Unterbindung der Terrorismusfinanzierung übertragen. Ziel der Wolfsberg-Bankengruppe ist es, durch Selbstregulierung zu vermeiden, dass ihre geschäftlichen Aktivitäten zu kriminellen und terroristischen Zwecken missbraucht werden. Die beteiligten Banken verpflichten sich, die vereinbarten Prinzipien gegen Geldwäsche und die Finanzierung des Terrorismus allen ihren Tätigkeiten weltweit zugrunde zu legen.

Aus rationalistischer Perspektive lassen sich zwei potenzielle Motive der Banken zur Erklärung des Zustandekommens dieser privatwirtschaftlichen Selbstverpflichtung anführen: erstens, die Vermeidung von Reputations- und damit indirekt wirtschaftlichen Kosten, die sich aus Geschäftspraktiken ergeben, die den moralischen Erwartungen der Kunden nicht entsprechen und daher von diesen abgelehnt und letztlich „bestraft" werden; sowie, zweitens, die Furcht vor staatlichen Eingriffen in den sensiblen Geschäftsbereich der Banken. Aus konstruktivistischer Sicht hingegen kann die private Selbstregulierung internationaler Großbanken als Ausdruck einer Unternehmenskultur aufgefasst werden, die nicht nur von Gewinnstreben, sondern auch von der Norm gesellschaftlicher Verantwortlichkeit („corporate social responsibility") geprägt ist. Während die Banken aus rationalistischer Sicht Selbstverpflichtungen eingehen, weil sie aus wirtschaftlichen Gründen den Verhaltenserwartungen der Kunden entsprechen, geschäftsschädigendes „naming-and-shaming" vermeiden und staatlicher Reglementierung zuvorkommen wollen, orientieren sie sich aus konstruktivistischer Sicht an internalisierten Normen verantwortungsvoller Geschäftsführung (Wolf 2005: 16).

Hinsichtlich der Effektivität der Wolfsberg-Prinzipien gegen Geldwäsche und Terrorismusfinanzierung ist positiv zu bewerten, dass die Mitglieder der Wolfsberg-Gruppe über die Hälfte des Weltmarktes für Privatbanken unter sich aufteilen, so dass weite Teile der globalen Geschäftsaktivitäten des Privatbankensektors durch die Wolfsberg-Prinzipien erfasst werden (vgl. Mürle 2006: 101). Zudem können die Wolfsberg-Prinzipien mangelhafte Standards in manchen Gastländern zumindest teilweise kompensieren. Allerdings fehlen konkrete Umsetzungsmechanismen für die allgemein gehaltenen freiwilligen Prinzipien ebenso wie ein formales Überwachungsverfahren. Daraus ergeben sich Anreize für „free-riding". Es ist fraglich, ob die Gefahr der Entdeckung unlauterer Geschäftspraktiken und damit einer öffentlichen Verurteilung hinreichend groß ist, um dem rationalistischen Steuerungsmodus der Vermeidung von Reputationskosten verhaltensleitende Wirkung zu verleihen (vgl. Wolf 2005: 17). Mit der Initiative der Wolfsberg-Bankengruppe zur Unterbindung der Terrorismusfinanzierung lassen sich aber zumindest regulatorische Ansätze jenseits zwischenstaatlicher Kooperation identifizieren, die zur Implementation von Finanzmarktkontrollen und ggf. -sanktionen mit dem Ziel der finanziellen Austrocknung des Terrorismus beitragen können (Biersteker 2002: 78).

Auch die G8 betont etwa in ihren Gipfelbeschlüssen von St. Petersburg 2006 und Heiligendamm 2007 zunehmend die Wichtigkeit der Zusammenarbeit mit dem privatwirtschaftlichen Sektor zur effektiven Bekämpfung des transnationalen Terrorismus – vor allem, aber nicht nur im Bereich der Unterbindung der Finanzierung des Terrorismus. Im Rahmen des Globalen Forums der G8 für Partnerschaften zwischen Regierungen und privatwirtschaftlichen Unternehmen zur Bekämpfung des Terrorismus (Moskau, 2006) wurde eine „Globale Strategie für Partnerschaften zwischen Regierungen und privatwirtschaftlichen Unternehmen" verabschiedet, die zu verstärkter Kooperation zwischen Regierungen und Unternehmen in Form von Informations- und Wissensaustausch sowie zu „gemeinsamem oder koordiniertem Handeln" zur Abwehr terroristischer Bedrohungen in einer Reihe von Themengebieten (zuvörderst in der Finanzwirtschaft, aber auch in anderen Sektoren) aufruft.

Die „Globale Strategie" der G8 identifiziert Möglichkeiten, durch verbesserte öffentlich-private Kooperation auf nationaler und internationaler Ebene die Effektivität der Bekämpfung des Terrorismus zu steigern, und beinhaltet allgemein gehaltene Empfehlungen zur Kooperation von Regierungen und der Privatwirtschaft in den Sektoren: Finanzwirtschaft, Telekommunikation, Internet, Tourismus, Schutz von Infrastruktur, Transportsysteme, Bedrohungsanalyse und Notfallreaktionsfähigkeit. Es wird zudem die Bildung informeller internationaler Arbeitsgruppen von Regierungs- und Wirtschaftsvertretern zur Förderung von Partnerschaften in Schlüsselbereichen der Terrorismusbekämpfung angeregt (vgl. Global Forum for Partnerships between Governments and Businesses to Counter Terrorism 2006). In Heiligendamm (2007) fand das Globale Forum allerdings nur am Rande Erwähnung in der Erklärung des G8-Gipfels zur Terrorismusbekämpfung: Die G8-Staaten bekräftigten ihre Absicht, die im Rahmen der Globalen Partnerschaft „begonnene konstruktive Zusammenarbeit mit dem Privatsektor ihrer jeweiligen Länder fortzusetzen" (vgl. G8 2007: para. 8). Beim G8 Gipfel in Toyako (2008) stand das Thema gar nicht mehr auf der Tagesordnung. Von einer auf Dauer gestellten inklusiven Institutionalisierung jenseits des Nationalstaates kann im Kontext der Terrorismusbekämpfung durch die G8 zumindest noch nicht die Rede sein.

Wolfsberg-Bankengruppe:

- Privatwirtschaftliche Selbstregulierungsinitiative von zwölf Großbanken
- Verhaltenskodex zur Unterbindung der Geldwäsche (2000), Prinzipien zur Unterdrückung der Terrorismusfinanzierung (2002)
- Motive für Selbstregulierung: Vermeidung von Reputationskosten, Furcht vor staatlichen regulatorischen Eingriffen, Norminternalisierung (Orientierung an Norm der gesellschaftlichen Verantwortlichkeit)

Globales Forum der G8 für Partnerschaften zwischen Regierungen und privatwirtschaftlichen Unternehmen zur Bekämpfung des Terrorismus (2006)

- „Globale Strategie für Partnerschaften zwischen Regierungen und privatwirtschaftlichen Unternehmen"
- Empfehlungen zum Informations- und Wissensaustausch und zu „gemeinsamem oder koordiniertem Handeln" vor allem im Finanzsektor aber auch in den Bereichen Telekommunikation, Internet, Tourismus, Schutz von Infrastruktur, Transportsysteme

---

Abb. 7.11: Ansätze transnationalen Regierens zur Unterbindung der Terrorismusfinanzierung

3.2.4 Die Bearbeitung des Problems des transnationalen Terrorismus auf regionaler Ebene durch die EU

Der transnationale Terrorismus stellt ein Sicherheitsproblem mit globalem Gefährdungspotenzial dar. Neben globalen und nationalen Gegenmaßnahmen wurden auch auf regionaler Ebene, und in besonderem Maße in der und durch die EU, Strategien zur Bekämpfung des Terrorismus entwickelt. Diese sind auch insofern bemerkenswert, als sie sich zumindest teilweise von der Schwerpunktsetzung der USA unterscheiden. So liegt im Rahmen der EU das Hauptaugenmerk auf der polizeilichen und strafrechtlichen Verfolgung von Terroristen und der justiziellen Zusammenarbeit, während die militärische Komponente weniger stark betont wird. Diese Prioritätensetzung entspricht dem insgesamt in der EU vorherrschenden Verständnis von Terrorismus als Verbrechen. Trotz dieser Differenzen mit den USA lässt sich über die Jahre eine verstärkte Kooperation zwischen EU und USA feststellen, die allerdings dadurch erschwert wird, dass die EU bei der Terrorismusbekämpfung nur sehr eingeschränkt als einheitlicher Akteur auftritt (Monar 2006a: 158).

Nach den Anschlägen des 11. September 2001 wurden in der und durch die EU eine Reihe von Maßnahmen zur Bekämpfung des Terrorismus ergriffen (Bendiek 2006: 30ff.): So wurde ein EU-weiter Haftbefehl eingeführt, eine gemeinsame Definition von Terrorismus formuliert, eine gemeinsame Liste von terroristischen Gruppen verfasst und Regeln für gemeinsame Operationen der nationalen Polizeikräfte aufgestellt. Zugleich wurden einige institutionelle Neuerungen vereinbart: Bei Europol wurde eine Spezialeinheit für die Terrorismusbekämpfung eingerichtet, eine Europäische Einheit für justizielle Zusammenarbeit („Eurojust") zur Verbesserung der Kooperation zwischen nationalen Justizbehörden gegründet (2002) und ein – unter Kompetenzgesichtspunkten schwacher und mit geringen Mitteln ausgestatteter – „Koordinator für die Terrorismusbekämpfung" (zunächst Gijs de Vries, seit September 2007 Gilles de Kerchove) ernannt (vgl. Keohane 2006: 63; Monar 2006a: 152).

Nach den Anschlägen in Madrid (2004) und in London (2005) intensivierte sich die EU-weite Kooperation. Insbesondere wurde im Dezember 2005 vom Europäischen Rat die neue Strategie der EU zur Bekämpfung des Terrorismus mit vier Kernelementen verabschiedet: 1) Prävention („prevent"): Prävention durch Bekämpfung der Wurzeln des Terrorismus, 2) Schutz („protect"): Schutz von Bürgern und Infrastruktur vor Terroranschlägen, 3) Verfolgung („pursue"): Ermittlung, Verhaftung und Strafverfolgung von Terroristen, 4) Reaktion („respond"): Vorbereitung einer geeigneten Krisenreaktion im Falle eines Terrorangriffs (vgl. Bendiek 2006: 5, 12; Keohane 2006: 64). Bereits 2001 (überarbeitet 2004) verabschiedete die EU einen Aktionsplan mit mittlerweile fast 200 Einzelmaßnahmen. Der Schwerpunkt liegt auf polizeilicher und justizieller Zusammenarbeit und der Verabschiedung von Gesetzen zur Bekämpfung terrorismusbezogener Verbrechen. Hervorzuheben ist eine Reihe von europaweiten Informationssystemen, die vor allem bei der Identifizierung und polizeilichen Verfolgung Verdächtiger nützlich sein können (z.B. das Schengener Informationssystem, SIS). Insgesamt wird eine breite Herangehensweise (legislative und operative Maßnahmen von der Bekämpfung der Geldwäsche bis zur Sicherstellung der Wasserversorgung im Anschlagsfall) gewählt. Institutionell verfolgt die EU den Ansatz, dem „Netzwerk des Terrors" ein „EU-Netzwerk gegen den Terror" entgegen zu stellen und Terrorismusbekämpfung als säulenübergreifende Querschnittsaufgabe sowohl der Europäischen Gemeinschaft (erste Säule), der Gemeinsamen Außen- und Sicherheitspolitik (zweite Säule) als auch der Polizeilichen und Justiziellen Zusammenarbeit (dritte Säule) zu definieren (Bendiek 2006: 5).

Der grundsätzlich positiv zu bewertende multidimensionale Ansatz des EU-Aktionsplans (vgl. Monar 2006a: 152) ist so detailliert und umfassend, dass er praktisch kaum mehr handhabbar ist (Keohane 2006: 64f.). Trotz des Konsens über die Notwendigkeit der Kooperation erfolgt die nationale Implementierung von EU-Beschlüssen mitunter schleppend. Die Terrorismusbekämpfung durch die EU lässt sich als kooperatives, nicht aber als integriertes System nationaler Politiken und Kapazitäten zur Terrorismusbekämpfung charakterisieren (Monar 2006a: 152). Auch die Schockwirkung der Terroranschläge in Madrid und London hat nicht dazu geführt, dass Kohärenzprobleme bei der europäischen Vernetzung mitgliedstaatlicher Terrorismusbekämpfungspolitiken behoben wurden, wie insbesondere zwischen verschiedenen Politik- und Arbeitsfeldern der EU-Terrorabwehr sowie zwischen verschiedenen Akteuren und Organen in den drei Säulen des EU-Vertrags einerseits und außerhalb des EU-Rahmens andererseits sowie zwischen der EU und den 27 nationalen Politiken (Bendiek 2006: 5).

Die Mitgliedstaaten räumen den EU-Organen nur bedingt die Kompetenzen zur Ermittlung und Verfolgung und die Mittel (Geld und Personal) ein, um eine effektive EU-weite Reaktion zu ermöglichen. So ist etwa Europol nicht mit dem FBI zu vergleichen. Ideen zur Einrichtung einer „europäischen CIA", einer Generaldirektion „Homeland Security" sowie zur Gründung einer supranationalen Staatsanwaltschaft haben sich nicht durchgesetzt und erscheinen auf absehbare Zeit unerreichbar (Bendiek 2006: 6). In der souveränitätssensiblen Sicherheitspolitik, zu der die Terrorismusbekämpfung trotz des angestrebten säulenübergreifenden Ansatzes der EU gehört, sind die EU-Behörden nach wie vor deutlich schwächer als nationale Regierungen. Im Rahmen der europäischen Kooperation zur Bekämpfung des Terrorismus bleiben die Mitgliedstaaten daher weiterhin die bestimmenden Akteure (Bendiek 2006: 6; Keohane 2006: 65ff.). Problematisch erscheint auch, dass sich die EU erst relativ spät nach den Anschlägen in London 2005 der Gefahren des hausgemachten europäischen islamistischen Terrorismus bewusst wurde (Monar 2006a: 156).

3.2.5 Theoretische Einordnung und Bewertung des Weltregierens zur Bekämpfung des Terrorismus: Führungsrolle der USA und Grenzen US-amerikanischer Steuerungsfähigkeiten

Die USA nehmen bei der Bekämpfung des Terrorismus ohne Zweifel eine Führungsrolle ein. Angesichts dieses Befundes liegt es nahe, Weltregieren zur Bekämpfung des transnationalen Terrorismus als Ausdruck amerikanischer hegemonialer Steuerung aufzufassen und damit modelltheoretisch als quasi-hierarchisches Regieren durch einen Welthegemon einzuordnen. Die Effektivität von Steuerungsversuchen im Bereich der Terrorismusbekämpfung ist jedoch stark von multilateraler Kooperation in einer Vielzahl von Politikfeldern mit Terrorismusbezug abhängig und durch den Hegemon im Alleingang nicht sicher zu stellen. Zwischenstaatliche Kooperation in und durch internationale Institutionen zur Bekämpfung des Terrorismus und von dessen Unterstützung ist nicht nur notwendig, sondern auch tatsächlich zu beobachten. Der Sicherheitsrat der VN spielt hier eine herausgehobene Rolle, aber auch die G8 und die FATF leisten durch Initiativen zur Unterbindung der Terrorismusfinanzierung wichtige Beiträge zur Terrorismusbekämpfung. Die Maßnahmen der EU zur Terrorismusbekämpfung dienen ebenfalls der Reduzierung der Gefahr terroristischer Anschläge – vor allem, aber angesichts der globalen Vernetzung von transnationalen Terroristen und ihren Unterstützern nicht nur in Europa.

Weltregieren zur Bekämpfung des transnationalen Terrorismus ist überwiegend zwischen*staatlich* institutionalisiertes Regieren. Der private Selbstregulierungsmechanismus der Wolfsberg-Bankengruppe zur Unterbindung von Geldwäsche und Terrorismusfinanzierung bildet in dieser Hinsicht eine Ausnahme. Die Mitwirkung nichtstaatlicher Akteure beim Weltregieren zur Bekämpfung des Terrorismus ist im Allgemeinen begrenzt. Allerdings erkennt auch die G8 die Notwendigkeit der Zusammenarbeit von Regierungen und Privatwirtschaft zur Bekämpfung des Terrorismus zunehmend an und fordert insbesondere in der „Globalen Strategie für Partnerschaften zwischen Regierungen und privatwirtschaftlichen Unternehmen" (2006) den Ausbau von Partnerschaften zwischen Regierungen und Unternehmen in einer Reihe von thematischen Bereichen von der Finanzwirtschaft bis zur Sicherheit von Transportmitteln.

Geht man wie der Bericht der Hochrangigen Gruppe der VN für Bedrohungen, Herausforderungen und Wandel (2004) und die Globale Strategie der VN zur Bekämpfung des Terrorismus (2006) davon aus, dass die Gewährleistung der Menschenrechte im Zuge der Bekämpfung des Terrorismus ein integraler Bestandteil einer effektiven und legitimen Terrorismusbekämpfungsstrategie sein muss, dann ist das Bild einer von den Staaten dominierten Terrorismusbekämpfung nochmals zu erweitern. Aus dieser Sicht können auch Menschenrechtsrechts-NGOs als politikmächtige Akteure im Bereich der Terrorismusbekämpfung gelten. Bei der Gewährleistung der Einhaltung grundlegender Menschenrechte im Rahmen der Terrorismusbekämpfung kommt zivilgesellschaftlichen Akteuren – internationalen NGOs wie z.B. Amnesty International oder Human Rights Watch – eine wichtige, Öffentlichkeit schaffende und in Bezug auf den Menschenrechtsschutz anwaltschaftliche Funktion zu.

Angesichts der Führungsrolle der USA bietet sich aus handlungstheoretischer Perspektive zur Analyse des Weltregierens zunächst der Ansatz des wohlwollenden Hegemons an. Aus der Sicht dieses Ansatzes verfolgen die USA in ihrem eigenem Interesse, aber auch zum Vorteil anderer Staaten die Eindämmung der weltweiten Terrorismusgefahr und sind auch bereit, überproportionale Kosten bei der globalen Terrorismusbekämpfung zu tragen. Die USA haben ein großes Interesse an der Bereitstellung des Gutes einer terrorismusfreien Welt und investieren viel in dessen Produktion[134]. Das Gut „terrorismusfreie Welt" würde – soweit tatsächlich produziert – auch den anderen Staaten zugute kommen, so dass es sich als ein zumindest zu einem großen Anteil vom Hegemon bereit gestelltes globales kollektives Gut bezeichnen ließe. Allerdings sind die USA zur Bereitstellung des Gutes „terrorismusfreie Welt" in erheblichem Maße von der Kooperation anderer Staaten abhängig. Das Problem des transna-

---

[134] Die Bekämpfung des Terrorismus hat die USA nach eigenen Angaben seit 2001 insgesamt 685,7 Milliarden Dollar gekostet (dazu zählen u.a. die Kosten für die Einsätze in Afghanistan, im Irak, am Horn von Afrika und den Philippinen) (Stand Juni 2009) (vgl. US Government Accountability Office 2009: 7).

tionalen Terrorismus ist mit den Ressourcen eines einzigen Staates – und sei es der mächtigste Staat der Welt – nicht effektiv und vor allem nicht dauerhaft zu bearbeiten.

Da dauerhaftes hegemoniales Politikmanagement letztlich auf einen Konsens zwischen dem Hegemon und den schwächeren Staaten basiert, erwartet der Ansatz des wohlwollenden Hegemons, dass ein Hegemon bereit sein wird, im Rahmen internationaler Institutionen auf die Anliegen anderer Staaten einzugehen und seine Ziele und Vorgehensweise bis zu einem gewissen Grad mit diesen abzustimmen, um sich deren Folgebereitschaft zu sichern oder zu erhalten.

Zwar manifestierte sich in der unmittelbaren US-amerikanischen Reaktion auf die Anschläge des 11. September 2001 kein exzessiver Unilateralismus, und die USA setzten zunächst durchaus auf multilaterale Kooperation als notwendigem Bestandteil einer erfolgreichen Strategie zur Bekämpfung des Terrorismus (vgl. Luck 2004: 92, 96). Im Rahmen der VN lassen sich die USA eindeutig als treibende Kraft der intensivierten Beschäftigung des Sicherheitsrates mit dem Problem des Terrorismus identifizieren (De Jonge Oudraat 2004: 151, 153). Es wurde jedoch schnell klar, dass in einer unipolaren Welt die USA im „Krieg gegen den Terror" auch unilateral oder in „Koalitionen der Willigen" notfalls ohne Mandat des VN-Sicherheitsrates militärisch agieren werden (z.B. im Irak), um ihre Bevölkerung zu schützen oder ihre vitalen Interessen zu sichern. Insoweit widerspricht die Empirie einer eindeutigen Charakterisierung der USA als wohlwollendem Hegemon.

Die Haltung der USA gegenüber internationalen Institutionen lässt sich mithin als „selektiver Multilateralismus" charakterisieren (Schneckener 2007a: 10): Die Bush Jr.-Administration unterstützte internationale Institutionen wie den VN-Sicherheitsrat nur, wenn diese sich bei der Terrorismusbekämpfung aus ihrer Sicht als nützlich erweisen. Wenn aber internationale Institutionen als hinderlich wahrgenommen wurden, stützten sich die USA auch auf ad-hoc-Koalitionen gleichgesinnter Staaten. Dieser Ansatz hat sich in einer Reihe von Operationen niedergeschlagen – nicht nur im Falle der „Operation Enduring Freedom", sondern auch bei der „Proliferation Security Initiative" (PSI, 2003; vgl. Abschnitt 4.2.3) oder der „Container Security Initiative"[135] (seit 2002).

Spätestens die Marginalisierung internationaler Institutionen im Vorfeld des Irakkrieges, dessen Rechtfertigung neben vermeintlichen Massenvernichtungswaffenprogrammen des Iraks auch dessen angebliche Verbindungen zu al-Qaida beinhaltete, zeigte, dass die USA (zumindest während der Bush-Jr. Administration) präemptiv zu handeln entschlossen war, selbst wenn dies gegen grundlegende Gewaltverbotsnormen der VN verstößt. Den in den USA vor dem Irakkrieg einflussreichen Neokonservativen erschien der islamistische Terrorismus als „zu wichtig, um dieses Thema den VN zu überlassen" (Dunne 2005: 270). Zu Hochzeiten des Neokonservatismus wurde von

---

[135] Sicherheitsprogramm der US-Zollverwaltung zur Identifizierung und Überprüfung zweifelhafter Containerladungen vor dem Erreichen von US-Territorium, um damit u.a. die Einfuhr von Massenvernichtungswaffen zu verhindern.

einzelnen Beobachtern die These vertreten, zur Eindämmung heutiger Sicherheitsbedrohungen wie des transnationalen Terrorismus oder (damit zusammenhängend) gescheiterter Staaten bedürfe es einer liberal-imperialistischen amerikanischen Führung. Den USA komme die Aufgabe zu, durch starke Führung eine ordnungsstiftende Rolle im globalen System zu spielen und externe „nation building"-Aktivitäten in gescheiterten oder „Problem"-Staaten voranzutreiben (Mallaby 2002). Derartige Extrempositionen wurden jedoch spätestens durch die Erfahrungen der USA im Nachkriegs-Irak diskreditiert – die Kapazitäten der USA zur Ordnungsstiftung im nationalen Rahmen und erst recht auf globaler Ebene sind begrenzt – insbesondere dann, wenn breite multilaterale Unterstützung fehlt. Mehr noch: Unilaterales Vorgehen der USA schadet der Effektivität und Legitimität von Weltregieren zur Bekämpfung des Terrorismus insgesamt, indem es die Handlungsmöglichkeiten und die Autorität zentraler multilateraler Sicherheitsinstitutionen (zuvörderst des Sicherheitsrates) beschädigt.

Es ist weithin anerkannt, dass ein einseitiger Fokus auf militärische Maßnahmen gegen Staaten, die Terrorismus unterstützen, und die Nutzung staatenzentrierter strategischer Schablonen und Konzepte das Problem des Terrorismus nicht nachhaltig werden lösen können (Cronin 2003: 30f.; Wulf 2002). In der asymmetrischen Auseinandersetzung mit Terroristen ohne klare Fronten kann das Militär nur unterstützend eingesetzt werden. Große Streitkräftekontingente und massiver Waffeneinsatz erweisen sich gegen terroristische Gruppierungen nicht nur als weitgehend unwirksam, sondern auch wegen der Nebenfolgen für die Zivilbevölkerung als eher kontraproduktiv. Vielmehr ist ein multidimensionaler Ansatz nötig, der neben militärischen Maßnahmen gegen Terrorismus unterstützende Staaten auch Geheimdienstarbeit, Polizeitätigkeiten gegen terroristische Aktivisten, gezielte Sanktionen, die Kontrolle von Finanzströmen, Entwicklungshilfe, d.h. ökonomische und soziale Unterstützung für benachteiligte Regionen, interkulturelle Bildungsarbeit und den Dialog mit nicht-westlichen Staaten und vor allem Gesellschaften einschließt (vgl. Fitchen 2007). Neben der Ermittlung und Verfolgung einer relativ kleinen Zahl gewaltbereiter Terroristen muss es auch darum gehen, Terrorismus unterstützende Rahmenbedingungen wie schlechte Regierungsführung, gravierende Armut oder fehlende Sozialpolitik, d.h. politische und sozioökonomische Bedingungen, die die Machtposition von terroristischen Gruppen stützen zu verändern.

Jenseits eher kurzfristiger militärischer Erfolge der von den USA angeführten Koalition gegen das Taliban Regime in Afghanistan griffen die Anstrengungen der USA bei der globalen Terrorismusbekämpfung insgesamt zu kurz (Cronin 2003: 30f., 38). Zwar war die Bush Jr. Administration ohne Zweifel auf verschiedenen (u.a. diplomatischen, humanitären, geheimdienstlichen, polizeilichen, strafrechtlichen oder finanzpolitischen) Feldern mit Maßnahmen zur operativen und strukturellen Terrorismusbekämpfung tätig und unterstützte Maßnahmen internationaler Institutionen, die einen breiten Ansatz der Terrorismusbekämpfung verfolgen. Insofern wäre es verfehlt, die globalen Bemühungen der USA zur Terrorismusbekämpfung auf militärische Aktivitäten beschränkt zu sehen. Insgesamt stehen jedoch die operative Bekämpfung von Terroristen und die Zerschlagung ihrer Strukturen im Vordergrund; strukturelle, langfristig angelegte Strategien erscheinen hingegen eher sekundär. Zudem wurde ein Kernbestandteil der strukturellen Terrorismusbekämpfung der USA – die externe Förderung von Demokratie – durch die Erfahrungen im Irak in Frage gestellt (Schneckener 2007a: 9). Auch der neue US-Präsident Obama, von dem viele Beobachter eine außenpolitische Wende nach der Ära Bush erwarten, sieht die militärische Zerschlagung von al-Qaida weiterhin als vorrangiges Ziel US-amerikanischer Politik an und hat für 2009 eine deutliche Aufstockung der Truppen (aber auch ziviler Fachkräfte) in Afghanistan angeordnet.

4 Verbreitung von Massenvernichtungswaffen: Die Bedrohung durch nukleare, chemische und biologische Waffen und globale Rüstungskontrollmaßnahmen

Die Sicherheitsbedrohung durch die Verbreitung von Massenvernichtungswaffen[136] (atomare, biologische und chemische Waffen) findet in Politik und Öffentlichkeit im Allgemeinen weniger Beachtung als Gewaltkonflikte oder der transnationale Terrorismus. Wenn besondere Ereignisse eintreten, zum Beispiel Nordkorea eine Atombombe testet, China einen eigenen Testsatelliten im Weltraum abschießt oder die Gespräche über das iranische Nuklearprogramm ergebnislos zu verlaufen drohen, dann richten sich die Augen der Welt auf diesen Problembereich, aber zumeist nur für eine begrenzte Zeitspanne. Die langfristigen Rüstungsdynamiken und versteckten Bedrohungen bleiben häufig unbeachtet oder sogar unerkannt. Neue transsouveräne Bedrohungen – etwa die Gefährdungen durch Massenvernichtungswaffen in den Händen von Terroristen – gesellen sich heute zu weiterhin zu beobachtenden Unsicherheitsfaktoren wie der nuklearen Aufrüstung einzelner Staaten und der zwischenstaatlichen Proliferation von Massenvernichtungswaffen (vgl. Tucker 2008: 81).

Im Folgenden sollen die Sicherheitsrisiken durch zwischenstaatliche Rüstungsdynamiken und die Gefahr des Erwerbs von und der Weitergabe von Massenvernichtungswaffen durch und an nichtstaatliche Akteure beschrieben und die zu beobachtenden Weltregierensleistungen zur Regulierung globaler Rüstungsdynamiken analysiert werden. Darüber hinaus dient ein kurzer Abgleich mit dem Sicherheitsproblem der

---

[136] Der folgende Abschnitt konzentriert sich auf die Verbreitung von Massenvernichtungswaffen und bietet einen eher knappen Exkurs zur Problematik von konventionellen Waffen, insbesondere von Klein- und Leichtwaffen. Diese Akzentsetzung impliziert keinesfalls eine Wertung des Ausmaßes der jeweiligen Sicherheitsbedrohung durch konventionelle vs. Massenvernichtungswaffen. Historisch und aktuell starben und sterben weit mehr Menschen durch den Einsatz konventioneller Waffen als durch Massenvernichtungswaffen. Die Konzentration auf Massenvernichtungswaffen begründet sich dadurch, dass diesen und hier in erster Linie atomaren Waffen, anders als konventionellen Waffen, *per se* (aus technologischen Gründen) ein transsouveränes Gefährdungspotenzial innewohnt.

Verbreitung konventioneller, vor allem Kleiner- und Leichter-Waffen der angemessenen Verortung der realen Bedrohung durch Massenvernichtungswaffen.

4.1 Alte und neue Sicherheitsbedrohungen durch die Verbreitung von Massenvernichtungswaffen (Problembeschreibung)

4.1.1 Die fortbestehende Gefahr zwischenstaatlicher Rüstungsdynamiken

Aus neorealistischer Sicht resultiert aus dem anarchiebedingten Sicherheitsdilemma in der internationalen Politik geradezu zwangsläufig die Gefahr zwischenstaatlicher Rüstungsdynamiken (Herz 1950; Jervis 1978). Denn in einer Situation, in der auf Grund der Abwesenheit einer übergeordneten Schutz- und Sanktionsinstanz jeder Staat selbst für seine physische Existenzerhaltung sorgen muss, bietet sich militärische Aufrüstung – neben der Bildung militärischer Allianzen – als Mittel an, Sicherheit zu gewinnen. Selbst wenn Staaten in ihrer eigenen Wahrnehmung nur zur Gewährleistung der eigenen Sicherheit rüsten und Bündnisse eingehen, so stellt dieses Vorgehen für andere Staaten, mit denen sie in Konflikt stehen, gleichwohl eine Bedrohung ihrer Sicherheit dar, so dass auch diese ihre Sicherheit durch Rüstung und Bündnisse erhöhen wollen (vgl. Kap. 1). So kann eine Rüstungsdynamik entstehen, selbst wenn die beteiligten Staaten das Interaktionsergebnis „Rüstungskontrolle" dem Interaktionsergebnis „Rüstungswettlauf" vorziehen würden. Die Erzielung des Interaktionsergebnisses „Rüstungskontrolle" wird erschwert durch die Nicht-Unterscheidbarkeit offensiver und defensiver Waffen, die geringe Transparenz staatlicher Rüstungsanstrengungen sowie die Unwiederbringlichkeit einmal eingebüßter physischer Existenz, was sich angesichts des Sicherheitsdilemmas in ein hohes Maß zwischenstaatlichen Misstrauens übersetzt (Rittberger/ Zangl 2003: 220).

Zwar haben sich entgegen einer allzu pessimistischen Sichtweise, die von einer strukturbedingten Unvermeidbarkeit von internationalen Rüstungsdynamiken ausgeht, mittlerweile u.a. im EU-Gebiet oder in der westlichen OECD-Welt Räume postmoderner Staatlichkeit entwickelt, in denen die Wirkung des Sicherheitsdilemmas weitgehend aufgehoben ist (vgl. Kap. 3.1). Das Ende des Kalten Krieges und des damit verbundenen bipolaren Wettrüstens hat zu einem Abbau globaler zwischenstaatlicher Spannungen beigetragen. Ganz allgemein gesprochen fand im 20. Jahrhundert die Erkenntnis, dass der Erwerb von Waffen (insbesondere Massenvernichtungswaffen) zur Gewährleistung der eigenen Sicherheit und der daraus resultierende Rüstungswettlauf selbst destabilisierend wirken können und dass Mechanismen zur Regulierung von Rüstungsdynamiken notwendig sind, zunehmende Verbreitung (Spear 2005: 96, 108).

Dennoch kann die Aufrüstungsproblematik keineswegs als überwunden betrachtet werden. Eine umfassende und allgemeine Abrüstung liegt in weiter Ferne: Die weltweiten Gesamtrüstungsausgaben der vergangenen Jahre zeigen eine deutlich steigende Tendenz; im Jahrzehnt von 1998 bis 2007 sind die Gesamtmilitärausgaben um 45% angestiegen. Im Jahr 2007 betrugen die weltweiten Militärausgaben mehr als 1300 Milliarden US-Dollar (SIPRI 2008a: 10). Die derzeitigen anerkannten Nuklearmächte verfügen immer noch über mehr als 16 000 Gefechtsköpfe in ihren Arsenalen. Über die Massenvernichtungswaffen hinaus sind über 600 Millionen Kleinwaffen weltweit im Umlauf (Krause 2007: 297), von den großen konventionellen Waffensystemen ganz zu schweigen.

Die Unsicherheitsquellen, die staatlichen Rüstungsdynamiken zugrunde liegen, bestehen fort. Das Sicherheitsdilemma ist in verschiedenen Weltregionen – z.B. im asiatisch-pazifischen Raum (vgl. Kap. 3.1) oder im Nahen und Mittleren Osten – noch immer prägend für die zwischenstaatlichen Beziehungen. Es herrscht ein weit verbreiteter Unwille, sich mit der Nachfrageseite des Strebens nach Massenvernichtungswaffen – d.h. der Frage, warum der Erwerb von Massenvernichtungswaffen angestrebt wird – statt nur mit der Angebotsseite zu befassen. Neben dem regional nach wie vor prägenden Sicherheitsdilemma behindert auch die Problematik des „Dual-Use" (zu deutsch: „doppelter Verwendungszweck") in der Nuklear- und Biotechnologie eine umfassende effektive und verlässliche Kontrolle der Verbreitung von Massenvernichtungswaffen sowie von Materialien, die zur Herstellung von Massenvernichtungswaffen verwendet werden können. Nukleares Material zur friedlichen Nutzung der Atomkraft und biologische Agenzien in der Biotechnologie und zur Herstellung von Impfstoffen können auch zur Entwicklung von Massenvernichtungswaffenkapazitäten dienen. Gerade in der Biotechnologie lassen sich viele Ausrüstungsgegenstände, Materialien und Kenntnisse zu friedlichen – menschliche Gesundheit und allgemeinen Wohlstand fördernden – Zwecken ebenso nutzen wie zu unfriedlichen Zwecken, d.h. zur Entwicklung wirksamer biologischer Waffen. Die Abwägung wissenschaftlicher Freiheit und ökonomischer Interessen gegen den möglichen Missbrauch der Dual-Use-Forschung ist schwierig (Tucker 2006: 3). Bei der Biotechnologie handelt es sich um eine profitable Zukunftsbranche, deren Aufgabe oder erhebliche Beschränkung aus Sicherheitsgründen für einen Staat mit hohen wirtschaftlichen Kosten verbunden wäre (Spear 2005: 108f.; vgl. Dunne 2005: 271; Thränert 2002; Lange/ Thränert 2006: 13ff.).

Zwar hat das Ende des Kalten Krieges und das – trotz des Streits über die Pläne der Bush Jr. Administration zur Errichtung eines Raketenabwehrschilds in Tschechien und Polen – relativ entspannte Verhältnis zwischen den USA und Russland zu einer Abnahme der Furcht vor einem großen Atomkrieg geführt – eine Sorge, die die sicherheitspolitischen Planungen zu Zeiten des Ost-West-Konflikts noch bestimmt hatte. Von einem generellen Bedeutungsverlust nuklearer Waffen und dem Ende der Bedrohung durch Massenvernichtungswaffen kann dennoch nicht die Rede sein. Von der Furcht vor einem Atomkrieg verschob sich die Bedrohungswahrnehmung zur Sorge über die horizontale Proliferation, d.h. die Verbreitung von Massenvernichtungswaffen bzw. der Technologie und des Wissens für deren Herstellung und Nutzung an Akteure, die nicht zu den fünf anerkannten Atommächten gehören (Spear 2005: 97; Tucker 2008: 81). Nun könnte man aus rationalistischer Perspektive argumentieren, dass keine der der-

Kapitel 7: Sicherheit: Transnationalisierung von Sicherheitsbedrohungen 449

zeitigen Nuklearmächte – neben den fünf anerkannten Nuklearmächten USA, Russland, Großbritannien, Frankreich und China, auch Indien, Pakistan, Israel[137] sowie Nordkorea (das seit 2005 selbst erklärte Atommacht ist und 2006 einen ersten Atomtest durchführte) – ein Interesse daran haben kann, dass weitere Staaten in den Besitz von Nuklearwaffen kommen. Schließlich müssten sich die anerkannten Nuklearmächte dann das nach wie vor hoch bewertete Privileg der Mitgliedschaft im Klub der Nuklearstaaten mit mehr Staaten (z.B. Iran) teilen – anders als bei konventionellen Waffen sollten daher bei Nuklearwaffen sicherheitspolitische Erwägungen der Begrenzung von Nuklearstaaten gegenüber wirtschaftlichen Interessen am Verkauf waffenfähiger nuklearer Materialien und Technologien die Oberhand behalten. Das Vertrauen in diese Annahme ist – auch angesichts gegenteiliger Erfahrungen etwa mit Pakistan (vgl. unten) – gerade in den USA und in Europa sehr gering. Insbesondere von den USA wird immer wieder die Sorge geäußert, anti-westliche revisionistische Staaten könnten unter Umgehung internationaler Beschränkungen Nuklearwaffenkapazitäten entwickeln (vgl. Lebovic 2007).

Zwar wurde in den letzten 20 Jahren die Anzahl der weltweit vorhandenen Atomsprengköpfe deutlich reduziert – dennoch ist die Bereitschaft der Nuklearwaffenstaaten, sich auf eine weit reichende Zerstörung bestehender Nuklearwaffenarsenale einzulassen, nach wie vor begrenzt. Nicht nur birgt das weitere bloße Vorhandensein der Technologie von atomaren Massenvernichtungswaffen ein transnationales Gefahrenpotenzial. Mehr noch zeigt das Festhalten der Atommächte an ihren Nuklearbeständen und an deren Modernisierung sowie die US-amerikanische Diskussion über Miniaturisierung von Atomsprengköpfen, die nicht nur der Abschreckung dienen, sondern auch tatsächlich einsetzbar sind, die Wertschätzung atomarer Waffen (vgl. Meier 2006: 31). Das Signal, das davon ausgeht, lautet, dass Nuklearwaffen weiter nützlich und Stützen der Abschreckung oder gar der Verfolgung offensiver Ziele sind. Auch die Pläne der USA, in Osteuropa einen Raketenabwehrschild zur Abwehr möglicher nuklearer Angriffe durch Iran oder Nordkorea zu errichten, die wiederum von Russland als Bedrohung seiner nationalen Sicherheit wahrgenommen werden, zeigen die hohe Bedeutung, die die Nukleargroßmächte Atomwaffen beimessen. Dies steht im Widerspruch zum bekundeten Streben der Atommächte nach Eindämmung der horizontalen Proliferation.

Mit dem Ende des Kalten Krieges sind zahlreiche Sicherheits- und Abschreckungsgarantien der Supermächte hinfällig geworden. In Verbindung mit regionalen Entwicklungen hat dies für einige Staaten Anreize zur nuklearen Aufrüstung geschaffen – wie das Beispiel Indiens und Pakistans, die beide 1998 Atomtests durchführten, zeigt. Pakistan rückte damit zum Nachbarland Indien (faktische Atommacht bereits seit

---

[137] Israel verfolgt bis heute die Politik, den Besitz von Atomwaffen offiziell weder zu bestätigen noch zu bestreiten (Politik der „nuklearen Zweideutigkeit"). Es ist jedoch anzunehmen, dass Israel (bereits seit Jahrzehnten) über Nuklearwaffen verfügt. Der ehemalige US-Präsident Jimmy Carter hatte im Mai 2008 gegenüber der Times verlauten lassen, Israel verfüge über geschätzte 150 atomare Sprengköpfe (Times 2008).

1974)[138] in den Klub der Nuklearstaaten auf. Nach wie vor scheinen einige Staaten – verdächtigt wird von US-amerikanischer und europäischer Seite vor allem der Iran – den Erwerb von atomaren Massenvernichtungswaffen als Ausweg aus ihren wahrgenommenen Sicherheitsproblemen und als Mittel, ihren politischen Zielen Nachdruck zu verleihen, zu betrachten (Spear 2005: 98ff.).

Auch hinsichtlich der globalen Verbreitung von Chemie- und Biowaffen besteht eine allgemeine Bedrohungslage, denn die Technologie zur Herstellung von Chemie- und Biowaffen kann von jedem Staat mit mäßigen industriellen Kapazitäten entwickelt werden (Krause 2007: 293f.). Zwar sind sowohl biologische als auch chemische Waffen international als unzulässige Mittel der Kriegsführung geächtet. Zudem haben sie sich als nur eingeschränkt effektive Instrumente in Kampfhandlungen erwiesen. Dies hat ihren Einsatz dennoch nicht immer verhindert, wie das Beispiel des innerstaatlichen Einsatzes von Giftgas durch Saddam Husseins Regime gegen kurdische Bevölkerungsteile in Halabdscha (1988), oder auch schon zuvor im irakisch-iranischen Krieg (1980-1988) zeigt (Spear 2005: 103). Verlässliche Aussagen darüber, welche Staaten nach wie vor ein (offensives) Biowaffenprogramm unterhalten, sind naturgemäß schwierig zu finden. Die USA und zahlreiche andere westliche Staaten gehen davon aus, dass Russland gegen das Biowaffenübereinkommen (BWÜ, vgl. Abschnitt 4.2.2) verstößt und das Biowaffenprojekt der Sowjetunion fortsetzt (Lange/ Thränert 2006: 9). Dieser Verdacht stützt sich unter anderem darauf, dass westlichen Wissenschaftlern kein Zugang zu den vier Biowaffenforschungsstätten in Russland gewährt wird. Verdächtigt werden von Seiten der USA auch Nordkorea, Iran sowie China – allesamt Staaten, die von den USA zumindest als potenzielle Sicherheitsbedrohung wahrgenommen werden. Nach Einschätzungen unabhängiger Experten ist die Zahl der Staaten mit offensiven Biowaffenprogrammen zurückgegangen. Südafrika hat sein Biowaffenprogramm Mitte der 1990er Jahre eingestellt. Saddam Husseins Pläne für ein Biowaffenprogramm wurde vermutlich bereits in den 1990er Jahren von VN-Inspektoren durchkreuzt. Syrien hat sein Biowaffenprogramm 2003 beendet (Lange/ Thränert 2006: 8).

Unterschiede in der durch biologische und chemische Waffen geschaffenen Bedrohungslage könnten sich aus der unterschiedlichen Robustheit der jeweiligen vertraglichen Kontrollregime ergeben (vgl. Abschnitt 4.2.2). Während das Biowaffenübereinkommen (BWÜ, seit 1975 in Kraft) über keinen robusten Verifikationsmechanismus verfügt, sieht das Chemiewaffenübereinkommen (CWÜ, seit 1997 in Kraft) robuste und einschneidende Verifikations- und Kontrollmechanismen vor. Das CWÜ ist fast universell. Bezeichnend ist jedoch, dass zu den acht Staaten, die nicht Vertragspartei sind, u.a.

---

[138] Indien hatte 1974 einen ersten Atomtest durchgeführt, der nach indischen Angaben „allein zivilen Zwecken" diente, die nuklearen Lieferstaaten jedoch zur Gründung eines nuklearen Exportkontrollregimes (im Rahmen der Nuclear Suppliers Group) veranlasste (vgl. 4.2.1). 1998 führte Indien ebenso wie Pakistan weitere Atomtests durch und erklärte sich selbst zur Nuklearmacht. SR-Res. 1172 (1998) verurteilte die Atomtests und forderte alle Mitgliedstaaten auf, den Export von Ausrüstung, Materialien und Technologien zu unterbinden, die die Nuklearwaffenprogramme in Indien und Pakistan unterstützen könnten (Meier 2006: 29f.).

Nordkorea, Ägypten und Syrien zählen, die verdächtigt werden, Chemiewaffenprogramme zu unterhalten (Krause 2007: 294).

Ein Exkurs zum Problem der Proliferation von konventionellen Waffen – insbesondere von Klein- und leichten Waffen – trägt an dieser Stelle dazu bei, die negativen Auswirkungen, die Massenvernichtungswaffen auf die internationale Sicherheit haben, angemessen einzuordnen. Massenvernichtungswaffen besitzen per definitionem ein außerordentliches Zerstörungspotenzial und bedürfen ohne Zweifel effektiver globaler Regulierung. Sie unterscheiden sich in der Art und Weise und der Reichweite ihres Einsatzes von konventionellen Waffen. Dies kann jedoch nicht dazu führen, den realen Schaden, der mit konventionellen Waffen – gerade Klein- und leichten Waffen – in inner- und substaatlichen grenzüberschreitenden Gewaltkonflikten verursacht wird, zu vernachlässigen.

Nicht zuletzt auf Grund der Flut von Waffen aus alten Arsenalen des Kalten Krieges sind schätzungsweise heute weltweit über 600 Millionen Klein- und leichte Waffen im Umlauf, die bei der Tötung von rund 300 000 Menschen in kriegsähnlichen Situationen und weiteren 200 000 Menschen in anderen Gewaltkonflikten eingesetzt wurden – weshalb Kleinwaffen mitunter als „die wahren Massenvernichtungswaffen" bezeichnet werden (Rosemann 2005: 9). Das Volumen des jährlichen legalen und illegalen Handels mit Klein- und leichten Waffen wird auf fünf bis sieben Milliarden US-Dollar geschätzt (Krause 2007: 297; Rosemann 2005: 9).

Die relativ leichte Verfügbarkeit von kleinen und leichten Waffen fördert die Fortdauer und die Eskalation insbesondere von inner- und substaatlichen Gewaltkonflikten (Spear 2005: 104f.; vgl. Nye/ Boutwell 1999). Während Massenvernichtungswaffen auf Grund ihres weit reichenden Zerstörungspotenzials ein anerkanntes Ziel internationaler Abrüstungs- und Rüstungsbegrenzungsanstrengungen sind, werden konventionelle Waffen (insbesondere kleine und leichte Waffen) demgegenüber nach wie vor deutlich geringeren Restriktionen unterworfen (vgl. United Nations 2001). Anders als Massenvernichtungswaffen werden konventionelle Waffen weithin als legitime Mittel zumindest der Verteidigung betrachtet. Während im Spannungsverhältnis zwischen ökonomischen Gewinnen aus dem Verkauf von Waffen und daraus resultierenden Sicherheitsproblemen bei Massenvernichtungswaffen das Pendel eher wenn auch längst nicht durchgängig in Richtung Kontrolle ausschlägt, werden beim Handel mit konventionellen Waffen – insbesondere Klein- und leichte Waffen – langfristige Sicherheitsrisiken zu Gunsten ökonomischer Gewinnerzielung vernachlässigt.

Zwar existiert seit 1991 ein Verzeichnis der Vereinten Nationen für konventionelle Waffen (A/46/36), in dessen Rahmen es seit dem Jahr 2003 auch möglich ist, Importe und Exporte von Klein- und leichten Waffen zu melden. Dieses Verzeichnis soll zur Vertrauensbildung beitragen indem es Informationen über Waffenimporte und -exporte sammelt und durch die Offenlegung dieser Waffentransfers Transparenz schafft (vgl. Lawrence/ Wagenmakers/ Wulf 2005). Das Einreichen von Berichten ist für die Mitgliedstaaten der VN freiwillig. Bezeichnender Weise weigern sich bis heute viele der Hauptimporteure von Waffen dieser Aufforderung nachzukommen. Gerade im

Mittleren Osten, in einer der Regionen, für die das Verzeichnis hauptsächlich konzipiert wurde, ist die Unterstützung besonders schwach (Spear 2005: 116). Dennoch reichen rund 100 Staaten jährlich ihre Berichte ein.

4.1.2   Das Sicherheitsrisiko der Weitergabe von Massenvernichtungswaffen an nichtstaatliche Akteure

Verglichen mit dem Problem der Verbreitung von Klein- und leichten Waffen findet die Proliferation von Massenvernichtungswaffen an nichtstaatliche Akteure – in erster Linie Terroristen – weit größere Aufmerksamkeit. Häufig wird in Politik und Wissenschaft die Gefahr der Verknüpfung von Terrorismus und Massenvernichtungswaffen – konkret: der Einsatz biologischer oder chemischer Kampfstoffe oder einer radiologischen, nuklear verseuchten Bombe („dirty bomb") bei terroristischen Anschlägen – als globale Sicherheitsbedrohung der Zukunft beschworen (Dunne 2005: 269, 271; Frost 2005; Gurr/ Cole 2002; Laqueur 1999; Tucker 2008). Die politische Auseinandersetzung mit der Gefahr von Terrorismus mit Massenvernichtungswaffen schlug sich in den USA bereits in mehreren Expertenkommissionen, die bis in die Zeit der Clinton-Administration zurückreichen, nieder (Schneckener 2003: 5ff.). Auch die Strategie der NATO zur Stärkung der Krisenreaktionsfähigkeit bei Terroranschlägen sieht den Aufbau von Einheiten zur Abwehr biologischer, chemischer und radiologischer Waffen vor. Dennoch wird von Terrorismusexperten immer wieder die Sorge geäußert, die Verhütung der nichtstaatlichen Verbreitung von Massenvernichtungswaffen liege jenseits der Reichweite traditioneller Mittel der Diplomatie, und es sei daher fraglich, ob die internationale Gemeinschaft auf diese Gefahr vorbereitet sei (Spear 2005: 108f.).

Ein Interesse von transnationalen Terroristen an Massenvernichtungswaffen lässt sich damit erklären, dass mit chemischen, biologischen oder nuklearen Waffen ein größerer Schaden gerade in der Zivilbevölkerung anzurichten ist. Massenvernichtungswaffen stellen aus dieser Sicht eine Machtressource mit erheblichem erpresserischem Potenzial dar. Bekannt ist, dass es bereits von Seiten al-Qaidas Versuche gegeben hat, an Nuklearmaterial sowie an Chemie- und Biowaffen zu gelangen (vgl. Thränert 2002: 13). Wie weit die Beschaffungsaktivitäten gediehen sind, ist jedoch ungewiss (Schaper 2002: 63, 65f.). Während lange Zeit davon ausgegangen wurde, dass Terroristen aus technischen Gründen unfähig sind, funktionstüchtige Massenvernichtungswaffen herzustellen und ein Interesse an der Vermeidung so hoher Opferzahlen haben (ebd.: 62), hat zumindest letztgenannte Annahme nach dem 11. September 2001 keinen Bestand mehr. Beim internen Terrorismus mit politisch begrenzten Anschlagszielen und Agenden war der Einsatz von Massenvernichtungswaffen auch deswegen ausgeschlossen, weil nicht nur schockiert, sondern auch Aufmerksamkeit für einen politischen Konflikt, gar Sympathie für die eigene Sache erzeugt werden sollte. Die strategisch bedingte Begrenzung der angestrebten Zerstörung ist beim transnationalen Terrorismus durch al-Qaida auf Grund der veränderten Agenda, Strategie und Legitimationsgrundlage außer Kraft gesetzt (H. Müller 2004a: 196f.). Der Einsatz von Massenvernichtungswaffen ist für transnationale Terroristen somit grundsätzlich eine Option geworden; gerade der besondere Schrecken, den Massenvernichtungswaffen – und seien es nur chemische oder biologische und keine nuklearen Waffen – in der Öffentlichkeit erzeugen können, erscheint für den transnationalen Terrorismus durchaus attraktiv (Thränert 2002: 16f.).

Für eine Abschätzung der Wahrscheinlichkeit, ob Terroristen in den Besitz von Atomwaffen gelangen können, ist zunächst festzuhalten, dass zwar detaillierte theoretische Grundlagen der Funktionsweise von Kernwaffen heute relativ leicht erworben werden können. Zum grundsätzlichen Verständnis eines Kernsprengkörpers reichen „die Kenntnisse eines durchschnittlichen Physikstudenten nach einigen Semestern Studiendauer aus" (Schaper 2002: 61). Deutlich schwieriger gestaltet sich jedoch die Beschaffung erheblicher Mengen waffenfähigen Nuklearbrennstoffs – Plutonium oder hoch angereichertes Uran – sowie die Entwicklung und Konstruktion eines Zündmechanismus für einen nuklearen Sprengkörper.

Es wird davon ausgegangen, dass ein(e) Terrororganisation oder -netzwerk einige Jahre auf den Schutz eines Staates angewiesen wäre, um einen nuklearen Sprengkörper zu entwickeln, da recht auffällige Experimente in stationären Anlagen kaum dauerhaft zu verheimlichen wären. Sobald jedoch die Entwicklungsarbeit vor allem der Herstellung eines Zündmechanismus geleistet und die mechanische Verarbeitung von metallischem Plutonium oder Uran erforscht ist, kann die Fertigstellung eines nuklearen Sprengkörpers auch ohne staatlichen Schutz relativ schnell erfolgen.

Hinsichtlich des Erwerbs von waffenfähigem Nuklearmaterial ist auszuschließen, dass eine Terroristengruppe derartiges Material selbst herstellt. Dazu bedarf es eines Staates mit recht großen wissenschaftlichen und technologischen Ressourcen (vgl. Tucker 2006: 3). Als Kandidaten gelten Nordkorea wobei hier eine Kooperation mit Terroristen als unwahrscheinlich eingestuft wird, Iran sowie Pakistan, wo auch Insidern des Nuklearprogramms Sympathien für islamistische Bewegungen sowie für anti-westliche Staaten, die ihrerseits der Unterstützung von Terroristen verdächtig sind, nachgesagt werden (Schaper 2002: 62f.; 64f.). Allerdings erscheint es selbst bei diesen Staaten unwahrscheinlich, dass sie Terroristen bei der Entwicklung nuklearer Sprengkörper unterstützen, da dies für die Staaten nicht nur einen Kontrollverlust, sondern bei Aufdeckung der Unterstützung einen großen Reputationsverlust bedeuten würde (Tucker 2008: 82).

Im Jahr 2003 wurde von der Internationalen Atomenergieorganisation (IAEO) im Zusammenhang mit Untersuchungen gegen den Iran ein illegales nukleares Versorgungsnetzwerk entdeckt. Abdul Q. Khan, der maßgeblich an der Entwicklung der pakistanischen Atombombe beteiligt war, hatte ein weit reichendes Proliferationsnetzwerk aufgebaut. Der Fall wurde in Pakistan nie wirklich aufgeklärt – Khan wurde zunächst als Einzeltäter verurteilt und schließlich begnadigt. Spekuliert wurde über eine Förderung von Staaten wie Iran, Irak, Libyen, Syrien und Saudi-Arabien durch die Weitergabe von nuklearem Know-How und Nukleartechnik. Fälle wie diese haben zu einer zunehmenden Sorge beigetragen, nukleares Material könnte über Umwege nicht nur in die Hände anti-westlicher Staaten, sondern auch in die Verfügungsgewalt von Terroristen gelangen (Spear 2005: 101f.).

Ferner hatte die Auflösung der Sowjetunion zu Befürchtungen geführt, dass neu entstandene, ökonomisch prekäre Staaten mit nur rudimentären Exportkontrollen nukleare Technologien, spaltbares Material und wissenschaftliches Wissen meistbietend verkaufen könnten. Die Sicherheit und Kontrolle von atomaren Anlagen in Nachfolgestaaten der ehemaligen Sowjetunion wurde als mangelhaft eingeschätzt (vgl. Potter 1995; Schaper 2002: 62f.; Spear 2005: 100). Daher existieren mittlerweile bi- und multilaterale Initiativen zur Verbesserung der Sicherheit nuklearer Anlagen in Russland und in weiteren GUS-Staaten.

Auch wenn sich Entwicklungen und Anhaltspunkte finden lassen, die auf die Gefahr horizontaler Proliferation von nuklearem Material an nichtstaatliche Akteure hindeuten, bleibt die Beschaffung und technische Verarbeitung von Nuklearmaterial zu einer einsatzfähigen Atomwaffe für Terroristen sehr schwierig. Eine technisch viel einfachere Variante des Nuklearterrorismus wäre der Einsatz einer radiologischen Waffe („dirty bomb") anstelle eines echten nuklearen Sprengkörpers. In diesem Falle würde hoch radioaktives Material mit Hilfe einer konventionellen Explosion verstreut, wodurch Gebiete lange unbewohnbar gemacht würden. Allerdings ist die Beschaffung von und die Handhabung von abgebrannten Brennelementen oder radioaktiven Abfällen aus der Wiederaufbereitung, die überall in der zivilen Kernenergie anfallen, nach wie vor äußerst schwierig und aufwändig (Schaper 2002: 68; Tucker 2008: 84).

Während Atomwaffen mit Ausnahme einer radiologischen Bombe, bei der verstrahltes Material verwendet wird, bis auf Weiteres kaum eine zu verwirklichende Option für Terroristen darstellen, werden die Hindernisse für die Beschaffung und den Einsatz chemischer und vor allem biologischer Waffen durch Terroristen im Allgemeinen als niedriger eingeschätzt (Thränert 2002: 17; Tucker 2006: 3; 2008: 85). Es lassen sich zudem Fälle terroristischer Nutzung von B- und C-Waffen mit Todesopfern in der jüngeren Vergangenheit nachweisen – z.B. ein Saringas-Anschlag einer japanischen Sekte auf die Tokioter U-Bahn (1995), der zwölf Todesopfer forderte. Beim Versand von mit Milzbranderregern kontaminierten Briefen an Mitglieder des US-Repräsentantenhauses (2001), wodurch 22 Personen mit Milzbrand infiziert wurden und fünf davon ums Leben kamen, bestätigte sich der Verdacht auf Verbindungen des Täters zu einem terroristischen Netzwerk, insbesondere zu al-Qaida, allerdings nicht (Kelle/ Nixdorff 2002: 75; Spear 2005: 103f.; Thränert 2002: 5, 12ff.; Tucker 2006: 3).

Für biologische Waffen gilt, dass durch den gezielten Einsatz von Krankheitserregern oder Toxinen (Gifte natürlichen Ursprungs) sich nicht nur potenziell hohe Opferzahlen erreichen lassen – bei Pockenviren liegt z.B. die Sterblichkeitsrate in einer ungeschützten Population bei rund 30% (Pockenimpfungen wurden in den 1980er Jahren weltweit eingestellt); auch die Möglichkeit, Biowaffen, deren Wirkung erst zeitverzögert einsetzt, unbemerkt auszubringen, erscheint attraktiv für Terroristen. Biowaffenprogramme sind zudem relativ kostengünstig und der Zugang zu Pathogenen kann nicht völlig unterbunden werden (Lange/Thränert 2006: 7f.). Verglichen mit nuklearen oder chemischen Waffen wird eine weniger anspruchsvolle Infrastruktur benötigt. Viele Krankheitserreger und Toxine sind grundsätzlich in der Reichweite von Terroristen, weil sie in der Natur vorkommen – die Isolierung der Krankheitskeime stellt für mikrobiologisch Geschulte kein allzu großes Problem dar (Tucker 2008: 85). Eine weitere Möglichkeit für Terroristen, an biowaffenfähiges Material zu gelangen, wäre, den Austausch von Erregern und Krankheitskeimen zwischen Forschern abzufangen oder Pathogene aus Laboren zu entwenden (Thränert 2002: 7). Wissenschaftler mit kriminellen Absichten oder Kontakten zu terroristischen Gruppierungen könnten in der Lage sein, ein hochgefährliches Virus bei relativ geringem Kostenaufwand zu entwickeln und an Dritte weiter zu geben (Tucker 2006: 3). Schließlich ist auch eine Zusammenarbeit von Terroristen mit Staaten, die Biowaffen besitzen oder offensive Biowaffenprogramme unterhalten, denkbar (Thränert 2002: 8f.). Effektive Biowaffen-Rüstungskontrolle wird durch den bereits angesprochenen Dual-Use-Charakter von Technologien, Ausrüstungen und Krankheitserregern erschwert. So begründete die USA ihre Ablehnung eines BWÜ-Verifikationsprotokolls damit, dass dessen Umsetzung nicht nur die nationale Sicherheit der USA, sondern auch die amerikanische Biotechnologie- und Pharma-Industrie bedrohen würde (Kelle/ Nixdorff 2002: 76f.).

Dennoch wäre es irreführend, Biowaffen als „geeignete" terroristische Waffe auszugeben. Auch wenn sich Terroristen biologische Kampfstoffe auf verschiedenen Wegen beschaffen können, bleibt als echte Hürde die Aufbereitung und vor allem die Ausbringung der Stoffe in einer Art und Weise, dass wirklich großer Schaden angerichtet werden kann (Thränert 2002: 5). Die Umarbeitung von Krankheitserregern in eine einsatzfähige biologische Waffe – erst recht in eine Waffe mit großflächiger, massenhafter Schadenswirkung – ist technisch anspruchsvoll und „nicht in einer Waschküche" (Kelle/ Nixdorff 2002: 71) zu bewerkstelligen. Zwar wird die staatliche Kontrolle über biologische Kampfstoffe dadurch, dass biologisch aktive Substanzen über private biotechnologische Labors in Umlauf geraten könnten, geschwächt. Dieser staatliche Kontrollverlust wird jedoch durch den Bedarf an Infrastruktur für die „weaponization", die Herstellung einer gezielt einsetzbaren biologischen *Massen*vernichtungswaffe begrenzt (Kelle/ Nixdorff 2002: 74, 79). Die Schwierigkeiten für Terroristen bei der Massenproduktion und nicht zuletzt bei der weitläufigen Ausbringung von Pathogenen etwa in Form von Aerosolen (Nebelwolken) oder über das Trinkwasser sind mithin ziemlich groß: Die Ausbringung von biologischen Kampfstoffen als Nebelwolken ist im Freien wenig effektiv, da die betreffenden Stoffe flüchtig und instabil sind; geschlossene, öffentlich zugängliche Räume (z.B. U-Bahn) sind eher geeignet, aber in der Regel auch besser überwacht. Die Trinkwasserversorgung wird zumindest in Industriestaaten gut kontrolliert. Andere unkonventionelle Methoden der Ausbringung z.B. über Briefe ermöglichen nur ein begrenztes Schadensausmaß (Thränert 2002: 10f.). Insgesamt ist der Einsatz von Biowaffen schwieriger planbar und zumindest unter operativen Gesichtspunkten für Terroristen weniger attraktiv als die Nutzung von konventionellem Sprengstoff (Thränert 2002: 16f.).

Die Mehrheit der internationalen Experten geht davon aus, dass terroristische Netzwerke derzeit nicht über die Kapazitäten verfügen, waffenfähige Erreger in größerem Ausmaß zu züchten und wirksam zu verbreiten. Allerdings erscheinen die bestehenden Hindernisse in Zukunft nicht unüberwindbar, und die weitere Verbreitung der Biotechnologie könnte Terroristen in die Hände spielen (Lange/ Thränert 2006: 8; vgl. Dando 2005).

Für den Einsatz von Chemiewaffen durch Terroristen gilt ebenfalls, dass der Zugang zu Chemiewaffen kein unüberwindbares Hindernis darstellt. Die einschlägigen chemischen Verbindungen sind weithin bekannt; es wäre auch nicht unmöglich für Terroristen, die notwendigen Vorprodukte zu beschaffen. Zudem sind keine allzu großen Kenntnisse im Umgang mit chemischen Stoffen erforderlich, um Chemiewaffen herstellen zu können. Auf Grund des vergleichsweise niedrigen Wirkungsgrades wäre jedoch die Herstellung großer Mengen chemischer Kampfstoffe nötig, die zwischengelagert werden müssten, was die Entdeckung einfacher und Terroristen bei der Produktion einer chemischen Massenvernichtungswaffe von der Unterstützung durch Staaten abhängig machen dürfte. Zur Ausbringung chemischer Kampfstoffe bieten sich ähnliche Wege wie für Biowaffen an, deren Nutzung freilich mit ähnlichen Schwierigkeiten für die Terroristen verbunden sind (Thränert 2002: 11). Nichtsdestotrotz hatte al-Qaida in den 1990er Jahren ein eigenes Chemiewaffenprogramm aufgenommen, welches aber noch vor der Durchführung terroristischen Anschlägen von der CIA gestoppt werden konnte (Tucker 2008: 87). Die Gefahr terroristischer Anschläge mit chemischen Kampfstoffen stellt aber weiterhin eine nicht zu unterschätzende Bedrohung dar.

Im Ergebnis lassen sich neue transnationale, nichtstaatliche Bedrohungen aufgrund der Proliferation von Massenvernichtungswaffen feststellen, die zu weiterhin zu beobachtenden staatlichen Rüstungsdynamiken hinzutreten. Zugleich sind die Hindernisse für eine autonome Entwicklung von Massenvernichtungswaffenkapazitäten durch Terroristen hoch. Die Kontrolle staatlicher Rüstungsaktivitäten, die im schlimmsten Falle auch zur bewussten oder nicht-intendierten Weitergabe von Massenvernichtungswaffen an nichtstaatliche Gewaltakteure führen können, bleibt entscheidend für eine effektive Eindämmung der Bedrohung durch Massenvernichtungswaffen. Dennoch sind transsouveräne Probleme der Proliferation von Massenvernichtungswaffen an nichtstaatliche Akteure zu den durch zwischenstaatliche Rüstungswettläufe hervorgerufenen Problemen hinzu getreten.

4.2 *Weltregieren im Sachbereich Sicherheit III: Politiken zur Unterbindung der Proliferation von Massenvernichtungswaffen (Problembearbeitung)*

Im Bereich der internationalen Rüstungskontrolle existiert eine ganze Reihe von Verträgen, Programmen und einzelnen Maßnahmen, die zur Eindämmung der Sicherheitsrisiken dienen, die aus Massenvernichtungswaffen hervorgehen können. Zwischenstaatliche Vertragsregime spielen bei der Unterbindung der Proliferation von Atom-, Bio- und Chemiewaffen jeweils eine zentrale Rolle; ihre Wirksamkeit variiert jedoch erheblich.

4.2.1 Atomares Nichtweiterverbreitungsregime

Der Atomwaffensperrvertrag (auch: Nichtverbreitungsvertrag, NVV) wurde 1968 von den Atommächten USA, Russland und Großbritannien und weiteren Nicht-Atommächten unterzeichnet und trat 1970 in Kraft. Mittlerweile sind alle fünf anerkannten Kernwaffenstaaten Vertragsparteien (Frankreich und die VR China seit 1992) ebenso wie 183 Staaten, die keine Atomwaffen besitzen. Nordkorea, das 1985 beigetreten war, erklärte am 11. Januar 2003 seinen Austritt und hat spätestens durch seinen Atomtest im Oktober 2006 den Besitz zumindest kleiner Mengen einsatzfähiger Nuklearwaffen nachgewiesen. Nicht beigetreten sind dem Vertrag Indien und Pakistan, die offiziell den Besitz von Atomwaffen deklariert und durch Atomtests nachgewiesen haben sowie Israel, das offiziell den Besitz von Nuklearwaffen nicht zugegeben hat, obwohl Experten davon ausgehen. Auch Kuba ist kein Mitglied des Atomwaffensperrvertrags, wird aber im Zusammenhang mit der Entwicklung von Atomwaffenkapazitäten derzeit nicht als Bedrohung gewertet.

Der Atomwaffensperrvertrag gründet sich auf die folgenden drei Kernprinzipien. Erstens verbietet er die Weiterverbreitung von Atomwaffen über die fünf anerkannten Kernwaffenstaaten hinaus (NVV Art. I); zweitens verpflichtet er die Kernwaffenstaaten zur Abrüstung ihrer Nuklearwaffenbestände (NVV Art. II) und drittens wird den Vertragsstaaten das „unveräußerliche Recht" (NVV Art. IV) auf eine friedliche Nutzung der Atomenergie sowie die gegenseitige Unterstützung bei der friedlichen Nutzung der Atomenergie in Übereinstimmung mit den Artikeln I und II zugestanden. Die friedliche Nutzung der Kernenergie wird durch so genannte Sicherungsabkommen („Safeguards Agreement") der Vertragsstaaten mit der Internationalen-Atomenergieorganisation (IAEO) geregelt. Darin stimmen die Staaten Kontrollen ihrer zivilen Atomanlagen durch Experten der IAEO zu. Da diese Kontrollen aber angemeldet werden müssen und zudem nur in den von den Vertragsstaaten freigegebenen Anlagen durchgeführt werden können, sind Verstöße gegen den Vertrag nicht leicht aufzudecken. Um ein wirksameres Mittel der Überprüfung zu erhalten, hat die IAEO daher ein Zusatzprotokoll zu den Sicherungsabkommen mit weiterreichenden Informationsverpflichtungen und Kontrollmaßnahmen entwickelt, das 1997 im IAEO-Gouverneursrat verabschiedet wurde und den Inspektoren die Möglichkeit gibt, unangemeldete Kontrollen durchzuführen (Becker/ Müller/ Seidler-Diekmann 2008: 62). Dieses Protokoll wurde allerdings erst von 84 Staaten ratifiziert (IAEO 2007).

Das Nichtverbreitungsregime weist in seiner Effektivität einige Mängel auf. So ist der tatsächliche Einfluss des Vertrages auf ein Land, das ernste Bestrebungen zur Erlangung der Atombombe anstellt, gering. Indien und Pakistan haben beide den Atomwaffensperrvertrag nicht unterzeichnet und später den Besitz von Atombomben offiziell bekannt gegeben und durch Atomtests bewiesen. Ihre nachträgliche Einbindung ist laut Vertrag nicht möglich, weil dieser vorschreibt, dass nur Staaten, die keine Atomwaffen besitzen, beitreten dürfen (Meier 2006: 31). Nur die fünf Staaten, die vor 1967 Atomwaffen besaßen, gelten als berechtigte Atommächte (Art. IV NVV). Diese befürchten außerdem, dass die Aufnahme einer der *de facto*-Kernwaffenstaaten einen Präzedenzfall für andere Staaten schaffen könnte, die ihrerseits nationale Atomwaffenprogramme verfolgen wollen.

Die Nuclear Suppliers Group (NSG), eine der wichtigsten internationalen Institutionen zur Unterbindung der Proliferation von Nuklearwaffentechnologie, wurde als Reaktion auf den ersten indischen Atomtest (1974) gegründet. Die NSG hat die Implementierung von Normen und Regeln zur Kontrolle des Exports von nuklearem Material zum Ziel. Dabei handelt es sich in erster Linie um die Selbstkontrolle der Exporteure nuklearwaffenfähigen Materials. Die gemeinsamen politisch, nicht aber rechtlich verbindlichen Richtlinien der NSG werden seit 1976 von den beteiligten Staaten im Rahmen ihrer jeweiligen nationalen Ausfuhrgesetzgebung angewendet. Als Voraussetzung für die Belieferung eines Nichtkernwaffenstaates mit Nukleargütern fordern sie umfassende Sicherungsmaßnahmen (IAEO-„Full-Scope Safeguards") sowie adäquaten physischen Schutz für die transferierten Güter (Auswärtiges Amt 2006: 30). Die in den NSG-Richtlinien vereinbarten Exportbedingungen gehen über die des NVV insofern hinaus, als sie auch Bedingungen für Technologieweitergabe umfassen. Seit dem NSG-Plenum in Warschau 1992 existiert auch ein NSG-Kontrollregime für Dual-Use-Güter. Neben speziellen Richtlinien für den Export von Dual-Use-Gütern liegt eine Kontrollliste solcher Güter vor, die (auch) zur Herstellung nuklearer Sprengkörper beitragen können. Wenn ein hinreichender Verdacht auf eine missbräuchliche Verwendung von Dual-Use-Gütern besteht, sind Ausfuhranträge abzulehnen (Auswärtiges Amt 2006: 31).

Die Effektivität der Exportkontrollrichtlinien der NSG ist allerdings dadurch begrenzt, dass nicht alle Anbieter von nuklearem Material Mitglieder sind – so können etwa die Atommächte Indien, Pakistan, Israel und Nordkorea nicht kontrolliert werden. Staaten außerhalb der NSG könnten waffenfähiges Nuklearmaterial an beliebige Staaten transferieren, was Auswirkungen auf die Sicherheit Aller hat (Spear 2005: 113). Die Außerkraftsetzung des für *alle* Mitglieder der NSG geltenden Embargos gegen Indien und damit die Aufhebung des Prinzips, dass Exportrichtlinien alle Mitglieder der NSG gleichermaßen binden, würde die NSG zusätzlich schwächen.

Die Auseinandersetzungen zwischen den USA und der EU einerseits und mit Nordkorea sowie dem Iran über deren bestehendes oder mutmaßliches Nuklearwaffenprogramm offenbaren weitere Schwächen des NVV. Ein wesentliches Problem des NVV besteht darin, dass es nicht möglich ist, einen Staat daran zu hindern, aus dem NVV wieder auszutreten. Formal ist die Entscheidung, den Vertrag zu verlassen, nicht angreifbar. Nordkorea etwa hat 2003 die IAEO-Inspektoren des Landes verwiesen und den NVV unter Einhaltung der Frist gemäß Art. X NVV gekündigt. Nordkorea war schon davor vor allem von US-amerikanischer und europäischer Seite verdächtigt worden, ein gegen den NVV und weitere völkerrechtliche Verpflichtungen verstoßendes Nuklearwaffenprogramm zu betreiben. Nach dem Rückzug Nordkoreas aus dem NVV wurde Nordkorea im Rahmen der Sechs-Parteien-Gespräche[139] durch positive Anreize und die Androhung von Sanktionen dazu gedrängt, seine Atomanlagen zu schließen. Nachdem Nordkorea 2005 den Besitz von einsatzfähigen Atomwaffen bekannt gegeben und 2006 einen unterirdischen Atomwaffentest durchgeführt hatte, intensivierte sich der internationale Druck (Auswärtiges Amt 2006: 4). In Res. 1718 (2006) verurteilte der VN-Sicherheitsrat den nordkoreanischen Atomtest, forderte Nordkorea auf, sich dem NVV und den Sicherungsmaßnahmen der IAEO wieder anzuschließen, und beschloss, dass Nordkorea alle Kernwaffen und bestehenden Nuklearprogramme sowie alle anderen Massenvernichtungswaffenprogramme auf vollständige und verifizierbare Weise aufzugeben habe. Ferner wurden Sanktionen gegen Nordkorea verhängt – dazu zählte ein Embargo für bestimmte militärische Güter und Dienstleistungen sowie alle Materialien und Technologien, die zu Massenvernichtungswaffenprogrammen Nordkoreas beitragen könnten, ebenso wie finanzielle Sanktionen gegen Personen und Einrichtungen, die am Nuklearwaffenprogramm Nordkoreas beteiligt sind, ein Einreiseverbot für die betreffenden Personen und ein Embargo für Luxusgüter. Überwacht wurden diese Maßnahmen durch einen zu diesem Zweck eingerichteten Ausschuss des Sicherheitsrates (Res. 1718 (2006)). In Folge des internationalen Sanktionsdrucks und der wachsenden Isolierung Nordkoreas kam Bewegung in die lange Zeit festgefahrenen Sechs-Parteien-Gespräche. Nordkorea erklärte sich unter bestimmten Bedingungen bereit, sein Atomwaffenprogramm aufzugeben. Zudem entspannten sich zwischenzeitlich die Beziehungen zwischen Nord- und Südkorea. Im Oktober 2007 begann Nordkorea unter Aufsicht amerikanischer und weiterer internationaler Experten die Atomanlagen in Nyongbyon zu zerstören. Im Gegenzug wurden dem ökonomisch stark geschwächten Nordkorea Wirtschaftshilfen und humanitäre Hilfe für die Bevölkerung eingeräumt. Im Jahr 2009 hingegen ha Nordkorea seine Bereitschaft, auf ein Atomwaffenprogramm zu verzichten wieder revidiert und erneutes nukleares Aufrüstungsstreben gezeigt.

Auch das Beispiel des NVV-Mitgliedstaates Iran, dem seit 2003 von den USA und der EU vorgeworfen wird, Kontrollen der IAEO nicht ordnungsgemäß zugelassen zu haben und möglicherweise ein geheimes Nuklearwaffenprogramm zu verfolgen, zeigt deutlich die Grenzen des NVV-Regimes bei der Überwachung der Einhaltung vertraglicher Verpflichtungen, der Feststellung von Vertragsbrüchen und vor allem der Sanktionierung der vertragsbrüchigen Mitglieder auf. Innerhalb des Vertragsregimes gibt es keine wirkungsvollen Vorkehrungen, vermeintliche Regelbrecher oder Mitglieder, die nicht zur vollen Kooperation mit der IAEO bereit sind, zur Verantwortung zu ziehen (H. Müller 2006: 16). Der Gouverneursrat der IAEO kann zwar Resolutionen verabschieden, aber keine völkerrechtlich verbindlichen Sanktionen verhängen. Allerdings kann er das Problem an den Sicherheitsrat der Vereinten Nationen überweisen, der

---

[139] Beteiligte Staaten sind China, Japan, Nordkorea, Russland, Südkorea und die USA.

dann bindende Resolutionen mit Sanktionsmaßnahmen verabschieden kann, um den betreffenden Staat zur Einhaltung der Vertragsbestimmungen zu bewegen. Nachdem der Iran im Januar 2006 offiziell angekündigt hatte, seine Forschungsaktivitäten zur Urananreicherung (erklärtermaßen zu friedlichen Zwecken) wieder aufzunehmen, drohte der Sicherheitsrat zunächst in Resolution 1696 (2006) für den Fall, dass der Iran die Forderung der IAEO und des Sicherheitsrates nach vollständiger Suspendierung der Anreicherungs- und Wiederaufbereitungsaktivitäten und Offenlegung des gesamten Nuklearprogramms nicht erfüllte, mit Sanktionen nach Kapitel VII, Art. 41 SVN. Da der Iran sich weigerte, belegte der Sicherheitsrat in Res. 1737 (2006) und 1747 (2007) den Iran mit Sanktionen. Die Lieferung von Waren und Technologien, die das iranische Atomprogramm fördern könnten, wurde ebenso verboten wie der Transfer von technologischem Wissen. Zudem wurden die VN-Mitgliedstaaten aufgefordert, Auslandskonten von am Atomprogramm beteiligten Personen und Einrichtungen einzufrieren. Sämtliche Waffenexporte aus dem Iran wurden mit einem Embargo belegt; die VN-Mitgliedstaaten wurden dazu aufgerufen, der iranischen Regierung – außer für humanitäre Zwecke – keine staatlichen Kredite zu gewähren (vgl. Auswärtiges Amt 2006: 4). Obwohl mehrere US-Nachrichtendienste im Dezember 2007 in einem gemeinsam verfassten „National Intelligence Estimate" die Einschätzung formulierten, dass der Iran mit „hoher Wahrscheinlichkeit" im Herbst 2003 sein Programm zur Produktion von Nuklearwaffen gestoppt hatte (vgl. NIC 2007),[140] bleibt das Misstrauen vor allem der USA und der EU gegenüber den nuklearen Ambitionen des Irans bestehen. Die Bemühungen der IAEO, für Transparenz zu sorgen und offene Fragen zum Nuklearprogramm des Iran zu klären, haben sich als äußerst schwierig erwiesen. Der Atomkonflikt mit dem Iran macht die Grenzen der IAEO, zur effektiven Implementierung des NVV beizutragen, deutlich.

Gegenwärtig wird in der IAEO von einer Expertengruppe („Multilateral Nuclear Approaches Group", MNA-Gruppe) analysiert, inwieweit eine Multilateralisierung des Brennstoffkreislaufs sinnvoll sein könnte, um mehr Staaten, u.a. auch dem Iran eine friedliche Nutzung der Kernenergie zu ermöglichen, ohne dass sie nationale Programme zur Beherrschung des kompletten Brennstoffkreislaufs (Urananreicherung, Wiederaufbereitung, Lagerung und Zwischenlagerung von Brennstoffen) aufbauen müssen, die eine größere Gefahr des Missbrauchs von „Dual-Use"-Technologien zu militärischen Zwecken mit sich bringen (Auswärtiges Amt 2007a; vgl. H. Müller 2006a). Damit würde das Risiko der horizontalen Proliferation von Massenvernichtungswaffen reduziert. Allerdings beruft sich nicht nur der Iran auf das Recht eines jeden Staates, ein eigenes nationales Programm zur zivilen Nutzung der Kernenergie zu betreiben.

Ein weiteres Problem des Atomwaffensperrvertrages ist, dass die darin enthaltene Verpflichtung zur Abrüstung von den anerkannten Atommächten nicht eingehalten wird. Vor allem die Reduzierung der US-amerikanischen und russischen Atomwaffen-

---

[140] Die Verfasser des „National Intelligence Estimate" gehen davon aus, dass sich der Iran zumindest die Option, Nuklearwaffen zu entwickeln, weiter offen hält.

bestände kommt bestenfalls schleppend voran (Krause 2007: 293). Auf Grund der übermächtigen Position der anerkannten Kernwaffenstaaten, die verhindern wollten, dass andere Staaten in den Besitz von Nuklearwaffen kommen, lag der Schwerpunkt stets auf der Verhinderung der horizontalen Proliferation, also der Verbreitung von Nuklearwaffen an weitere Staaten. Maßnahmen gegen die vertikale Proliferation, d.h. die Erweiterung und technologische Modernisierung der Arsenale der anerkannten Atommächte, die Nichtnuklearstaaten traditionell mit Besorgnis betrachteten, waren und sind nicht durchsetzungsfähig gegen den Wiederstand der „großen Fünf" (Spear 2005: 97f.). Zusätzlich zu der schon im Vertrag angelegten Asymmetrie zwischen Atommächten und Nicht-Atommächten wird die Legitimität des Regimes untergraben, wenn die Atommächte zwar die Nichtweiterverbreitung gegenüber anderen fordern, ihre eigenen Abrüstungsverpflichtungen aber nicht einhalten. (Becker/ Müller/ Seidler-Diekmann 2008: 69).

Die unbegrenzte Verlängerung des NVV im Jahr 1995 ohne Festlegung konkreter Mengen- und Zeitvorgaben für die Abrüstungsverpflichtungen der anerkannten Nuklearstaaten hat zusätzlich dazu beigetragen, dass die Abrüstung der Kernwaffenstaaten nicht konsequent vorangetrieben worden ist (H. Müller 2006: 23). Aus der Sicht der USA ist mit dem „Vertrag zur Reduzierung strategischer Offensivwaffen" (Treaty on Strategic Offensive Reductions (SORT)) aus dem Jahr 2003 das Problem des Weiterbestehens von Nuklearwaffenbeständen weit gehend gelöst. Es handelt sich um ein Abrüstungsabkommen zwischen Russland und den USA, das die nuklearen Arsenale auf 2200 einsatzfähige Gefechtsköpfe beschränkt[141] (Spear 2005: 97).

Einen weiteren Bereich der Regulierung stellt neben der Nichtweiterverbreitung und der Abrüstung von atomaren Sprengkörpern das Verbot von atomaren Tests in der Atmosphäre, unter Wasser und im Weltraum dar. Das Verbot wurde schon 1963 insbesondere auf Grund von Umwelt-Bedenken im partiellen Teststoppvertrag („Partial Test Ban Treaty") vereinbart. Ein 1996 zur Unterzeichnung aufgelegter umfassender Teststoppvertrag (Comprehensive Test Ban Treaty, CTBT) erstreckt sich auch auf unterirdische Tests; allerdings ist er bisher nicht in Kraft getreten (Wulf 2009: 40f). Zwar wurde er von 177 Staaten unterzeichnet und von 140 ratifiziert, jedoch ist laut Annex 2 des CTBT die Ratifizierung von bestimmten Staaten erforderlich. Die USA, China, Iran und Ägypten haben ihn bisher nicht ratifiziert, und Indien, Pakistan und Nordkorea haben weder unterzeichnet noch ratifiziert (Krause 2007: 295). Dennoch wurde ein Vorbereitungsausschuss für eine internationale Organisation mit Sitz in Wien eingerichtet („Prepatory Commission for the CTBT Organization"). Gegenwärtig wird ein umfassendes internationales Überwachungssystem aufgebaut. Das Ziel ist die Errichtung und der Betrieb von über 300 Stationen weltweit, die seismische, akustische und

---

[141] SORT ist das neueste Glied einer langen Kette von Vereinbarungen zur nuklearen Abrüstung: SALT I (1969-1972), ABM-Vertrag (1972), SALT II (1972-1979), INF-Vertrag (1987), START I (1991) und START II (1993)).

radionuklide Messungen vornehmen, um die Durchführung von Atomtests feststellen zu können.

4.2.2 Übereinkommen zum Verbot chemischer und biologischer Waffen

Das Übereinkommen über das Verbot chemischer Waffen (CWÜ) ist 1997 in Kraft getreten und wurde inzwischen von 183 Staaten ratifiziert, so dass es nahezu universelle Gültigkeit besitzt; zu den Staaten, die es weder unterzeichnet noch ratifiziert haben, zählen jedoch Ägypten, Syrien und Nordkorea, von denen vermutet wird, dass sie Chemiewaffen produzieren und weiterverbreiten könnten (Krause 2007: 293f).

Das CWÜ verbietet Waffen, die technologisch von einer ganzen Reihe industriell mäßig entwickelter Staaten hergestellt werden können, also von einem sehr viel größeren Kreis, als es bei Nuklearwaffen der Fall ist. Das CWÜ verpflichtet die Vertragspartner, innerhalb festgelegter Fristen – spätestens bis 2012 – eine ganze Klasse von Massenvernichtungswaffen unter internationaler Aufsicht zu vernichten. Das CWÜ enthält robuste und einschneidende Vorkehrungen zur Überwachung seiner Einhaltung (Becker/ Müller/ Seidler-Diekmann 2008: 61). Diese umfassen sowohl Routine-Inspektionen von Fabriken und Produktionsstätten als auch Verdachtsinspektionen, die jeder Mitgliedstaat für jede Anlage oder Einrichtung im Territorium eines anderen Mitgliedstaates anfordern kann, wenn bei ihm Zweifel an der Einhaltung des Übereinkommens bestehen. Eine Verdachtsinspektion ist die strikteste Form der Verifikation der Vertragstreue der Vertragsstaaten. Seit Inkrafttreten dieses Übereinkommens ist dieses Instrument jedoch noch nicht genutzt worden. Zur Implementation dieser Verifikationsmechanismen und zur Weiterentwicklung des CWÜ gründeten die Vertragsparteien 1997 die Organisation für das Verbot chemischer Waffen (OVCW) (Becker/ Müller/ Seidler-Diekmann 2008: 62). Kernaufgabe der in Den Haag angesiedelten OVCW ist es, die fristgerechte Vernichtung chemischer Waffen und zu deren Herstellung geeigneter Produktionskapazitäten sowie die Nichtverbreitung chemischer Waffen mit eigenen Inspektoren zu überwachen.

Seit Inkrafttreten des Chemiewaffen-Übereinkommens wurde rund ein Viertel der deklarierten Bestände vernichtet. Auch wenn fraglich ist, ob das Ziel der vollständigen Vernichtung der Bestände bis 2012 tatsächlich erreicht wird, hat sich das Chemiewaffenübereinkommen bisher als wirksames Instrument der Abrüstung von chemischen Waffen erwiesen (Auswärtiges Amt 2006: 24; 2007b). Dies dürfte neben der internationalen Ächtung des Einsatzes von chemischen Waffen allerdings auch daran liegen, dass chemischen Waffen ein nur geringer Nutzen in militärischen Auseinandersetzungen zugeschrieben werden.

Das „Übereinkommen über das Verbot der Entwicklung, Herstellung und Lagerung bakteriologischer (biologischer) Waffen und von Toxinwaffen sowie über die Vernichtung solcher Waffen" (BWÜ) wurde 1972 zur Unterzeichnung aufgelegt und trat 1975 in Kraft. 155 Staaten haben es ratifiziert; aber einige Staaten, die biologische

Kapitel 7: Sicherheit: Transnationalisierung von Sicherheitsbedrohungen 463

Kampfstoffe produzieren könnten, sind dem BWÜ nicht beigetreten (vgl. Abschnitt 4.1.1). Während die Stärke des BWÜ in seinem breiten Verbotsbereich – alle nichtfriedlichen Anwendungen von Krankheitserregern und Toxinen sind verboten – liegt, besteht eine wesentliche Schwäche in dem Fehlen eines wirksamen Überprüfungsmechanismus (Becker/ Müller/ Seidler-Diekmann 2008: 66). Art. 5 BWÜ ermöglicht den Vertragstaaten lediglich Konsultationen im Falle des Verdachts auf einen Vertragsverstoß eines Vertragspartners. Art. VI eröffnet die Möglichkeit, im Verdachtsfall den VN-Sicherheitsrat anzurufen, der dann weitere Untersuchungen anstellen kann. Dies ist bisher jedoch nie geschehen (Lange/ Thränert 2006: 9). Bei den BWÜ-Überprüfungskonferenzen 1986 und 1991 wurden daher „vertrauensbildende Maßnahmen", die einen Informationsaustausch über biotechnologische Aktivitäten in den Vertragstaaten, zivile Forschungs- und Produktionseinrichtungen in der Biotechnologie sowie die nationalen Biowaffen-Schutzprogramme beinhalten, vereinbart. Allerdings beteiligt sich jährlich weniger als ein Drittel der Vertragstaaten an diesen Vertrauensbildenden Maßnahmen. Die wenigen eingereichten Angaben sind zudem häufig von mangelhafter Qualität (Auswärtiges Amt 2006: 23; Lange/ Thränert 2006 10).

Nach der Entdeckung eines irakischen Biowaffenprogramms im Jahre 1995 trat das Fehlen eines wirksamen Verifikationsmechanismus des Biowaffenübereinkommens deutlich zu Tage. Auf den folgenden Überprüfungskonferenzen (1996, 2001) versuchten die Mitgliedstaaten, sich auf ein Zusatzprotokoll zum BWÜ mit effektivem Verifikationsmechanismus zu einigen, scheiterten jedoch bisher. Dies lässt sich zum einen damit erklären, dass die Produktion biologischer Kampfstoffe schwer zu kontrollieren ist – was wiederum an der großen Zahl möglicher gefährlicher Substanzen, der rasanten Entwicklung der Biotechnologie und der „Dual-Use"- Problematik liegt. Zum anderen erscheint vielen Staaten, der Aufbau nationaler Präventionsprogramme zum Schutz der Bevölkerung oder Seuchenbekämpfung im Falle eines Angriffs mit Biowaffen eine attraktive Alternative zu sein, die die Notwendigkeit multilateraler Abkommen und Überprüfungsmechanismen mindert. So scheiterten die Verhandlungen über ein Verifikationsprotokoll für das BWÜ im Jahr 2001 vor allem am Widerstand der USA, die sich in Reaktion auf die mit Milzbranderregern verseuchten Briefe, die an Kongressmitglieder verschickt worden waren, für den Ausbau ihres nationalen Programms zur Prävention des Bioterrorismus entschieden (Center for Security Studies 2007: 2; vgl. Thränert 2002: 20; Tucker 2006: 4ff.). Insbesondere die USA unter der Regierung Bush hatten von einem BWÜ-Zusatzprotokoll mehr Nachteile als Vorteile erwartet – Staaten, die sich bisher nicht an das Biowaffenverbot hielten, würden durch die Umsetzung des Zusatzprotokolls auch nicht überführt und zur Aufgabe ihres Biowaffenprogramms angehalten werden (Thränert 2002: 18). Zugleich waren die USA nicht bereit, geheime militärische Versuche mit waffenfähigen Erregern, die erklärtermaßen dem Test und der Entwicklung von Schutzmitteln dienten, transparent zu machen (ebd.; Tucker 2006: 7). Es würde allerdings zu kurz greifen, das Scheitern der Verhandlungen ausschließlich der Haltung der USA zuzuschreiben. Zwar waren die USA in der Tat nicht bereit, eine Führungsrolle zu übernehmen. Zugleich war aber auch

Russland vor allem daran interessiert, Nachfragen zum ehemaligen sowjetischen Biowaffenprogramm und dem Verbleib von dessen Ergebnissen zu vermeiden. Wieder andere ehemals „blockfreie" Staaten strebten eher nach einer Lockerung der Exportkontrollen der westlichen Industrieländer als nach einer Stärkung des BWÜ. Allein die EU und einige weitere westliche Staaten waren an einer Stärkung des BWÜ interessiert. In dieser Gemengelage schlugen die USA im November 2001 eine Beendigung der Verhandlungen über ein Zusatzprotokoll vor (Lange/Thränert 2006: 10f.).

Um die Kommunikation zwischen den BWÜ-Vertragstaaten nicht vollends abreißen zu lassen, wurde ein neuer „intersessioneller Prozess" zwischen den Überprüfungskonferenzen ins Leben gerufen, in dessen Rahmen insbesondere auf Vorschläge der USA zur Verbesserung der Bioterrorismusprävention eingegangen wurde. Vertragsstaaten und Expertengruppen trafen sich jährlich (2002-2006) zu Beratungen über die Stärkung des Biowaffenverbots, u.a. zum Thema der verbesserten nationalen Implementierung des BWÜ sowie zum Thema der Biosicherheit (Auswärtiges Amt 2006: 23; Lange/ Thränert 2006: 10f.). 2006 konnte erstmalig seit 1996 auf einer Überprüfungskonferenz zumindest wieder eine Schlusserklärung verabschiedet werden, in der sich die Vertragsstaaten u.a. darauf einigten, weiterhin (zwischen 2007 und 2010) jährliche Expertengruppen- und Vertragsstaatentreffen abzuhalten. Die Vertragstaaten beschlossen die Einrichtung eines kleinen Sekretariats, „Implementation Support Unit" (ISU), in Genf, das administrative Unterstützung bereitstellen, die Kommunikation zwischen den Vertragstaaten erleichtern und den Prozess der Vertrauensbildenden Maßnahmen fördern wird (Becker 2007: I). Die Entwicklung von effektiven Verifikationsverfahren ist damit allerdings noch längst nicht erreicht. Für eine Wiederaufnahme der Verhandlungen über ein BWÜ-Zusatzprotokoll findet sich zur Zeit außerhalb der EU und einiger weniger weiterer Staaten (u.a. Kanada und Australien) keine Unterstützung (Lange/ Thränert 2006: 6). Das starke Interesse dieser Gruppe von Staaten an einer Stärkung des Biowaffenverbots spiegelt sich in deren Zusammenschluss zur so genannten Australischen Gruppe. Die „Australische Gruppe", bestehend aus 39 Staaten plus der EU-Kommission, verfolgt das Ziel einer besseren internationalen Koordinierung von Exportkontrollen im Bereich chemischer und biologischer Güter. Die „Australische Gruppe" stützt sich auf eine politische Selbstbindung der Teilnehmerstaaten, nicht auf völkerrechtliche Verpflichtungen. Die Teilnehmerstaaten der „Australischen Gruppe" haben sich darauf geeinigt, den Export von bestimmten in Listen zusammengefassten Waren national oder EU-weit genehmigungspflichtig zu machen. Allerdings verbleiben die Entscheidungen über einzelne Exportfälle grundsätzlich in der Kompetenz der Teilnehmerstaaten. Exportverweigerungen eines Teilnehmerstaates werden den anderen Teilnehmerstaaten notifiziert – diese wiederum sind verpflichtet, die gleiche Ware nicht an denselben Empfänger zu liefern, jedenfalls nicht, ohne Konsultationen mit dem notifizierenden Staat aufgenommen zu haben (Auswärtiges Amt 2006: 32; Lange/Thränert 2006: 6, 19).

Im Rahmen des „intersessionellen Prozesses" der BWÜ-Vertragstaaten bleiben nicht nur die USA und die kritischen blockfreien Staaten in multilaterale Verhandlun-

Kapitel 7: Sicherheit: Transnationalisierung von Sicherheitsbedrohungen   465

gen eingebunden, sondern auch zwischenstaatliche internationale Organisationen, die Biotechnologieindustrie und wissenschaftliche Experten werden an den Gesprächen vor allem während der Expertentreffen beteiligt (Lange/ Thränert 2006: 12). So war ein Thema der multilateralen Verhandlungen des Experten- und Vertragsstaatentreffens 2005 und der BWÜ-Überprüfungskonferenz 2006 die Entwicklung und weitere Verbreitung von transnationalen Verhaltenskodizes für Biowissenschaftler zur Verhinderung des Missbrauchs biowissenschaftlicher Forschung (vgl. Rappert 2004, 2007).

Freiwillige Verhaltenskodizes für Biowissenschaftler sollen Standards des verantwortungsvollen Umgangs mit waffenfähigen biologischen Erregern und Toxinen für Forschung und Industrie definieren und so einen Beitrag zur Verhinderung der Herstellung und Weiterverbreitung von Biowaffen leisten. Impulse für die Entwicklung von Verhaltenskodizes sollen nach den Vorstellungen des BWÜ-Vertragsstaaten- und Expertentreffen 2005 aus der Wissenschaft und der Biotechnologieindustrie (von Berufs-, Fach- und Unternehmensverbänden) kommen. Durch die Einführung von Verhaltenskodizes werden Wissenschaftler in der Biotechnologie für die Dual-Use-Problematik ihrer Forschung sensibilisiert und das inter- und transnationale Tabu der Herstellung und Verbreitung von Biowaffen gestärkt. Zudem werden Biowissenschaftler und deren Know-how durch die Entwicklung praxisnaher Verhaltenskodizes in die Biowaffenprävention einbezogen. So zeichnet sich zumindest ansatzweise ein Ziel- und Strategiekonsens zwischen Staaten und biotechnologischen Forschungseinrichtungen und ein Austausch bzw. eine Zusammenlegung der Problemlösungsressourcen öffentlicher und privater Akteure in der Biowaffenprävention ab (vgl. Müller-Färber 2007: 5f.).

Verhaltenskodizes für Biowissenschaftler, die auf moralische Beweggründe, freiwillige Selbstverpflichtung und Verantwortungsbewusstsein von Wissenschaft und Industrie abzielen, stellen ein für die Sicherheitspolitik ungewöhnliches, weiches Instrument der Verhaltenssteuerung dar (Müller-Färber 2007: 3). Aus rationalistischer Sicht erscheint – ähnlich wie im Falle der Wolfsberg-Prinzipien (vgl. Abschnitt 3.2.3) – auch hier die Furcht vor staatlichen Eingriffen, die die Freiheit der Wissenschaft und nicht zuletzt die Gewinnmöglichkeiten in der Biotechnologie einschränken könnten, als ein möglicher Anreizmechanismus für Biowissenschaftler, Verhaltenskodizes zu entwickeln oder diesen zuzustimmen und sie einzuhalten.

Beispiele für derartige Verhaltenskodizes sind die „Washington Declaration" der weltweit agierenden „World Medical Association", die sich aus nationalen Dachverbänden von Ärztevereinigungen zusammensetzt, der „Code of Ethics" der nationalen „Australian Society of Microbiology" (ASM) mit rund 3200 Einzelmitgliedern oder das „Biotechnology Industry Statement of Ethical Principles" der BIOTECanada, in der 176 kanadische Biotechnologieunternehmen organisiert sind. Während der „Code of Ethics" der ASM ein Monitoring-Verfahren vorsieht, gilt dies für die beiden anderen genannten Verhaltenskodizes nicht. Da es sich bei der Entwicklung von Verhaltenskodizes für Biowissenschaftler, die auch den Missbrauch von Biotechnologie thematisieren, um eine junge Entwicklung handelt, ist institutionell noch Vieles im Fluss. Verhaltenskodizes zur Biowaffenprävention sind immer noch eine Rarität. Laut einer Studie des Stockholm International Peace Research Institute (SIPRI) aus dem Jahr 2002 verfügten nur 11% der internationalen und 12% der nationalen oder regionalen biowissenschaftlichen Fach- und Berufsorganisationen über einen Verhaltenskodex. Zwar sind mittlerweile weitere Kodizes in biowissenschaftlichen Verbänden und Firmen entstanden, und nationale ebenso wie internationale Aktivitäten zur Entwicklung von Verhaltenskodizes haben zugenommen (vgl. Rappert 2007: 147); dennoch bleibt ihre Verbreitung nach wie vor eher gering (Müller-Färber 2007: 5-8). Die Diskussion über die Entwicklung und Verbreitung von Verhaltenskodizes für Biowissenschaftler geht jedoch auf der inter- und transnationalen Ebene (u.a. im Rahmen der BWÜ-Vertragstaaten- und Expertentreffen) weiter.

4.2.3 Multilaterale Initiativen zur Unterbindung der Proliferation von Massenvernichtungswaffen an Staaten *und* nichtstaatliche Akteure

Die USA haben als maßgeblicher Akteur für die internationale Nicht-Verbreitungspolitik in jüngerer Vergangenheit Nicht-Weiterverbreitungs- und Abrüstungsthemen nicht im formellen Rahmen der Genfer Abrüstungskonferenz (CD) verfolgt, sondern in lose institutionalisierten Foren, in denen sie sich mehr Einfluss versprechen und der Unterbindung der Verbreitung von Massenvernichtswaffen *auch* an nichtstaatliche Akteure größeres Gewicht verleihen können – dies zeigt sich etwa anhand der G8-Initiative „Globale Partnerschaft gegen die Verbreitung von Massenvernichtungswaffen und -material" (2002) oder der „Proliferation Security Initiative" (PSI, 2003) (H. Müller 2006: 20; Wulf 2009: 43f.). Ähnlich wie im Falle von Res. 1373 (2001) waren die USA auch der Initiator der SR-Res. 1540 (2004), die die Weitergabe von Massenvernichtungswaffen gerade auch an nichtstaatliche Akteure als Bedrohung des Weltfriedens und der internationalen Sicherheit bezeichnet.

Die „Globale Partnerschaft der G8 gegen die Verbreitung von Massenvernichtungswaffen und -materialien" (2002) geht auf eine Initiative des damaligen Bundeskanzlers Schröder und des russischen Präsidenten Putin zurück und wurde von US-Präsident Bush Jr., aufgegriffen und vorangetrieben. Ziel der „Globalen Partnerschaft" ist es, zur Verhinderung terroristischer Anschläge mit Massenvernichtungswaffen nukleare, chemische, biologische und radiologische Proliferationsrisiken zunächst in Russland, dann auch in anderen GUS-Staaten zu reduzieren. Zu diesem Zweck sollen chemische Waffen vernichtet, alte sowjetische Atom-U-Boote entsorgt und die Sicherung von nuklearen Materialien und Anlagen in Russland und anderen postsowjetischen Ländern verbessert werden. Über zehn Jahre hinweg sollen im Rahmen der „Globalen Partnerschaft" dafür insgesamt bis zu 20 Milliarden US-Dollar aufgewendet werden. Die USA leisten mit 10 Milliarden US-Dollar mit Abstand den größten Beitrag, gefolgt von Deutschland (1,5 Milliarden) und der Europäischen Union (eine

Milliarde).¹⁴² Russland hat sich verpflichtet, zwei Milliarden US-Dollar zur Vernichtung seiner Chemiewaffen und zur Entsorgung alter Atom-U-Boote auszugeben. Im Jahr 2004 wurde die Ukraine als neuer Empfänger von Unterstützungszahlungen in die „Globale Partnerschaft" aufgenommen (vgl. Auswärtiges Amt 2006: 37f.).

Ähnlich wie die „Globale Partnerschaft" der G8 zielen auch das von den USA geförderte Internationale Wissenschafts- und Technologiezentrum (IWTZ) in Moskau und das Ukrainische Wissenschafts- und Technologiezentrum (UWTZ) in Kiew zur Bekämpfung der Proliferation von Massenvernichtungswaffen auf die Reduzierung von Proliferationsrisiken in Nachfolgestaaten der ehemaligen Sowjetunion ab. Beide Initiativen leisten einen Beitrag zur Demilitarisierung der Forschung in den GUS-Staaten und versuchen, die Abwanderung von Wissenschaftlern und den Transfer von technologischen Kenntnissen über die Herstellung von Massenvernichtungswaffen an andere Staaten oder gar terroristische Vereinigungen zu unterbinden (Auswärtiges Amt 2006: 36). Zusätzlich zu den von westlichen Staaten finanzierten Fördermaßnahmen für Wissenschaftler arbeiten in so genannten Partnerschaftsprogrammen westliche Unternehmen und Forschungseinrichtungen unter erleichterten Bedingungen wie Steuer- und Zollbefreiungen mit Forschern in den GUS-Staaten zusammen. Die Projekte sind in der Regel in den Bereichen Biotechnologie, Umwelt, Physik, Reaktorforschung, Materialforschung und Chemie angesiedelt. Durch das IWTZ wurden bisher rund 65 000 Wissenschaftler und Ingenieure aus 765 Instituten der beteiligten GUS-Staaten gefördert. Zugleich waren beim IWTZ rund 800 deutsche Unternehmen, Universitäten, Fachhochschulen sowie Institute der Max-Planck-Gesellschaft und der Fraunhofer-Gesellschaft als Projektpartner registriert (ebd.).

Die „Proliferation Security Initiative" (PSI), die die USA im Jahr 2003 ins Leben riefen, zielt darauf ab, den Transport von Massenvernichtungswaffen, Trägersystemen und zum Waffenbau nutzbarem Material auf dem See-, Luft- oder Landweg zu unterbinden, den Handel mit Gefahrgütern zu erschweren und abschreckend auf Staaten und nichtstaatliche Akteure zu wirken. Die PSI soll als Ergänzung, nicht als Aufhebung der bestehenden internationalen Nichtverbreitungs-, Abrüstungs- und Rüstungskontrollvereinbarungen sowie nationalen Exportkontrollregimen dienen und zu deren Durchsetzung beitragen. Die PSI ist weder eine internationale Organisation noch eine völkerrechtlich verbindliche Übereinkunft; sie geht auch nicht auf ein konkretes VN-Mandat zurück. Es handelt sich vielmehr um einen Zusammenschluss von interessierten Staaten, die auf der Grundlage von bestehendem nationalem und internationalem Recht tätig werden. Die PSI fußt auf gemeinsamen Prinzipien, die 2003 in Paris verabschiedet wurden („Statement of Interdiction Principles") und von den Teilnehmerstaaten selbst durchgesetzt werden. Rund 80 Staaten haben ihre Unterstützung für diese Prinzipien erklärt; sie bestimmen in eigener Verantwortung, mit welchen Mitteln und

---

142 Weitere Geberstaaten sind neben Frankreich, Großbritannien, Italien, Japan und Kanada mittlerweile auch Australien, Belgien, Dänemark, Finnland, Irland, die Republik Korea, die Niederlande, Norwegen, Neuseeland, Polen, die Schweiz, Schweden und die Tschechische Republik.

in welchem Umfang sie die Initiative unterstützen. Intensivierter Informationsaustausch und praktische Unterbindungsübungen dienen dazu, die Kapazitäten der Teilnehmerstaaten zum Abfangen von Massenvernichtungswaffen-Lieferungen zu verbessern (Schaller 2004: 5; vgl. Auswärtiges Amt 2006: 37).

Ähnlich wie bei der Sicherheitsratsresolution 1373 (2001) waren die USA auch die treibende Kraft hinter der in vielerlei Hinsicht ähnlichen Res. 1540 (2004), die sich mit der Bedrohung durch die Weiterverbreitung von Massenvernichtungswaffen und deren Trägersysteme insbesondere an Terroristen und andere nichtstaatliche Akteure beschäftigt (vgl. Rosand 2005; Talmon 2005; Tucker 2008: 98f.). Besonders betont wird die Bedrohung durch die Möglichkeit, dass nichtstaatliche Akteure, vor allem terroristische Netzwerke, in den Besitz solcher Waffen gelangen könnten (vgl. Zimmermann/Eberling 2004). Wie Resolution 1373 erlegt Resolution 1540 *allen* Staaten eine Reihe generell-abstrakter, über den Einzelfall hinausgehender Verpflichtungen auf. Die wichtigsten völkerrechtlich verbindlichen Plichten lauten wie folgt: Alle Staaten haben es zu unterlassen, nichtstaatliche Akteure bei der Herstellung und Erlangung von Massenvernichtungswaffen und entsprechenden Trägersystemen zu unterstützen; sie haben ein solches Handeln derartiger Akteure durch effektive nationale Gesetze zu verbieten und zur Durchsetzung dieser Gesetze effektive nationale Kontrollregime sowie Grenz- und Exportkontrollen für Massenvernichtungswaffen und ähnliche Materialien einzurichten. Zudem wird entsprechend dem Vorgehen in Resolution 1373 ein Ausschuss zur Überwachung der Umsetzung dieser Verpflichtungen begründet.

Im Vorfeld der Verabschiedung der Resolution 1540 wurde argumentiert, sie schließe eine Lücke in den existierenden vertragsbasierten Nichtverbreitungsregimen. Die drei einschlägigen Konventionen, der nukleare Nichtverbreitungsvertrag, das Chemiewaffenübereinkommen und das Biowaffenübereinkommen wurden allgemein und insbesondere auch von den USA als nicht ausreichend spezifische Instrumente zum Umgang mit den potenziellen Gefährdungen angesehen, die von nichtstaatlichen Akteuren ausgehen, die nach dem Besitz von Massenvernichtungswaffen streben (Rosand 2005: 550f.). Daher hat der VN-Sicherheitsrat unter maßgeblicher Führung der USA der Gesamtheit der Staaten eine Reihe von – in die nationalen Gesetzgebungen und Verwaltungsverfahren hinein reichenden – Verpflichtungen auferlegt. Wie Resolution 1373 wurde Resolution 1540 im Sicherheitsrat einstimmig angenommen. Allerdings gestalteten sich die Diskussionen im Vorfeld der Verabschiedung von Resolution 1540 deutlich kontroverser, was aber auch auf das transparentere, offenere Verfahren der Beschlussfassung zurückzuführen sein dürfte. Die Vorbereitung des Resolutionsentwurfs dauerte rund sechs Monate und beinhaltete zahlreiche, extensive Konsultationen mit nichtständigen Mitgliedern und Nicht-Mitgliedern des Sicherheitsrates. Der Text des Resolutionsentwurfs wurde im Verlauf der Konsultationen mehrmals geändert, bis alle Sicherheitsratsmitglieder zur Zustimmung bereit waren – eine Verfahrensweise, die dem Ver-

Kapitel 7: Sicherheit: Transnationalisierung von Sicherheitsbedrohungen 469

halten eines „wohlwollenden Hegemons", der im Rahmen multilateraler Institutionen auch zu Kompromissen bereit ist, entspricht (vgl. Talmon 2005: 188).[143]

Vertrag	Unterzeichner	Bestimmungen	Jahr
Partieller Teststoppvertrag (*Partial Nuclear Test Ban Treaty, PTBT*)	154 Staaten	Verbot von Atomwaffenversuchen in der Atmosphäre, im Weltraum und unter Wasser	1963
Weltraumvertrag (*Outer Space Treaty*)	127 Staaten	Verbot militärischer Aktivitäten und der Stationierung von Atomwaffen im Weltraum einschließlich des Mondes und anderer Himmelskörper	1967
Vertrag über die Nichtverbreitung von Kernwaffen, Nichtverbreitungsvertrag, Atomwaffensperrvertrag (*Nuclear Nonproliferation Treaty, NPT*)	188 Staaten	Verbot der Verbreitung nuklearer Waffen; Verpflichtung der Nuklearstaaten zu Verhandlungen über Abrüstung; Recht auf friedliche Nutzung der Kernenergie	1968
Meeresbodenvertrag (*Seabed Treaty*)	87 Staaten	Verbot der Anbringung von Kernwaffen und anderen Massenvernichtungswaffen auf dem Meeresboden und im Meeresuntergrund	1971
Verhandlungen über die Begrenzung strategischer Waffen (*Strategic Arms Limitation Talks, SALT I*) und Vertrag über die Begrenzung von ballistischen Raketenabwehrsystemen (*Anti-Ballistic Missile Treaty, ABM-Treaty*)	USA, UdSSR	Begrenzung der Errichtung von Raketenabwehrsystemen auf zwei Standorte in beiden Ländern. Reduziert auf einen Standort in der Folgevereinbarung von 1974.	1972
Interim Agreement on Offensive Arms	USA, UdSSR	Einfrieren der Anzahl von Interkontinentalraketen (intercontinental ballistic missiles, ICBMs) und U-Boot gestützten ballistischen Raketen (submarine-launched ballistic missiles (SLBMs)	1972
Biowaffenübereinkommen (*Biological Weapons Convention, BWC*)	155 Staaten	Verbot der Entwicklung, Herstellung und Lagerung bakteriologischer (biologischer) Waffen und von Toxinwaffen sowie Vertrag über die Vernichtung solcher Waffen (inklusive ihrer Trägersysteme)	1975

---

[143] Im Jahr 2005 wurde zusätzlich eine VN-Konvention zum Schutz vor Nuklearterrorismus (International Convention for the Suppression of Acts of Nuclear Terrorism) von der Generalversammlung angenommen, die seit Juli 2007 in Kraft ist. Die Konvention fordert von den Vertragsstaaten, mutmaßliche Terroristen entweder auszuliefern oder selbst strafrechtlich zu verfolgen, und sieht eine Intensivierung zwischenstaatlicher Kooperation durch Informationsaustausch und gegenseitige Unterstützung bei Ermittlungen und Auslieferungsverfahren vor.

Vertrag	Unterzeichner	Bestimmungen	Jahr
Vertrag über nukleare Mittelstreckensysteme (*Intermediate-Range Nuclear Forces Treaty, INF*)	USA, UdSSR	Verbot aller Raketen zwischen 500 und 5500 km Reichweite und Vereinbarung zu ihrer Zerstörung	1987
Vertrag über die Reduzierung strategischer Waffen (*Strategic Arms Reduction Treaty, START I*)	USA, UdSSR (Russland, Weissrussland, Kasachstan, Ukraine)	Reduzierung der Anzahl der US-amerikanischen und sowjetischer Nuklearsprengköpfe um etwa ein Drittel	1991
Vertrag über die Reduzierung strategischer Waffen (*Strategic Arms Reduction Treaty, START II*)	USA, Russland	Reduzierung der Anzahl stationierter US-amerikanischer und russischer strategischer Nuklearsprengköpfe bis zum Jahr 2003, Verbot von landgestützten Raketen mit Mehrfachsprengköpfen	1993
Chemiewaffenübereinkommen (*Chemical Weapons Convention, CWC*)	178 Staaten	Verbot von Entwicklung, Herstellung, Besitz, Weitergabe und Einsatz chemischer Waffen; Verpflichtung zu deren Vernichtung innerhalb von 10 bis 15 Jahren nach Inkrafttreten des Vertrags	1993
Wassenaar Arrangement on Export Controls for Conventional Arms and Dual-Use Goods and Technologies	40 Staaten	Regulierung des Transfers von konventionellen Waffen und Dual-Use-Technologien	1995
Umfassender Teststoppvertrag (*Comprehensive Test Ban Treaty, CTBT*))	177 Staaten	Verbot jeglicher Art von Atomtests	1996
Vertrag zur Reduzierung strategischer Offensivwaffen (*Strategic Offensive Reductions Treaty, SORT*)	USA, Russland	Begrenzung der operativ stationierten strategischen Sprengköpfe auf 1700-2200	2003

Vgl. Mingst (2008: 236f.)

Abb. 7.12: Zwischenstaatliche Abrüstungsverträge (von Bedeutung für die Nichtverbreitung von Massenvernichtungswaffen)

4.2.4 Theoretische Einordnung und Bewertung des Weltregierens im Bereich „Nichtweiterverbreitung": Die Rolle des Hegemons USA bei der Eindämmung der Weitergabe von Massenvernichtungswaffen

Beim Versuch einer modelltheoretischen Einordnung des Weltregierens im Bereich der Nichtverbreitung von Massenvernichtungswaffen ist zunächst festzustellen, dass Weltregieren in diesem Problemfeld – soweit es stattfindet – ganz überwiegend zwischenstaatlich institutionalisiertes Regieren ist. Regelungen zur Rüstungskontrolle und Abrüstung sind – zumindest was Massenvernichtungswaffen angeht – aus guten rechtlichen und politischen Gründen der staatlichen Monopolisierung der Kriegsmittel eine Angelegenheit öffentlicher Akteure. Mit der Entwicklung von nationalen und transnationalen Verhaltenskodizes für Biowissenschaftler lassen sich zumindest Ansätze privaten Regierens feststellen. Internationale Organisationen ziehen zudem zur Weiterentwicklung von Rüstungsbegrenzungsabkommen Experten heran (z.B. durch Expertengruppentreffen im Rahmen des intersessionellen Prozesses des BWÜ). In den Partnerschaftsprogrammen des IWTZ und des UWTZ sind westliche Unternehmen und Forschungseinrichtungen beteiligt. Inklusive, multipartistische Institutionen des Weltregierens finden sich im Problemfeld „Verbreitung von Massenvernichtungswaffen" jedoch nicht. Dies lässt sich aus Sicht der Ressourcentausch-Theorie mit dem Fehlen eines Ziel- und Strategiekonsens zwischen öffentlichen und privaten Akteuren in diesem Problemfeld erklären.

Es existieren entsprechend dem Modell des heterarchischen Weltregierens zwar für alle Arten von Massenvernichtungswaffen internationale zwischenstaatliche Institutionen zur Beschränkung globaler Rüstungsdynamiken, durch die mehr oder minder effektive, insgesamt nicht zu unterschätzende globale Steuerungsleistungen erbracht werden. Zugleich ist die effektive Ausgestaltung von Weltregieren im Bereich der Abrüstung und Nichtweiterverbreitung von Massenvernichtungswaffen in hohem Maße von der Bereitschaft und der Fähigkeit des Hegemons USA abhängig, sich für diese Ziele zu engagieren und ggf. hohe Kosten für das effektive Funktionieren von Nichtverbreitungsregimen und damit für die Bereitstellung des Gutes „globale Sicherheit" zu tragen. Gerade zur Eindämmung der Gefahr der Proliferation von Massenvernichtungswaffen an nichtstaatliche Akteure haben die USA in jüngerer Vergangenheit multilaterale Maßnahmen initiiert oder aktiv unterstützt (vgl. SR-Res. 1540, „G8 Globale Partnerschaft", PSI). Wo diese Bereitschaft fehlt oder die USA gar blockierend auftreten wie etwa bei den Verhandlungen über ein Zusatzprotokoll zum BWÜ, das einen Verifikationsmechanismus vorsieht, ist ein effektiver multilateraler Mechanismus zur Eindämmung der Proliferation oder zur Abrüstung kaum zu entwickeln. Die Vereinigten Staaten spielen auf Grund ihrer hegemonialen Stellung, ihres ständigen Sicherheitsratssitzes, ihrer Führungsposition in der NATO, ihrer Sicherheitsgarantien für andere Staaten (z.B. Japan) und ihrer wirtschaftlichen und politischen Beziehungen zu anderen Schlüsselstaaten eine maßgebende Rolle für Erfolg oder Misserfolg von Nicht-Verbreitungs- und Abrüstungsbemühungen. Zugleich stellt das Problem der Weiterverbreitung von Massenvernichtungswaffen ein weiteres Beispiel dafür dar, dass das Gut „globale Sicherheit" nur durch multilaterale Kooperation und nicht durch den Hegemon im Alleingang bereit gestellt werden kann.

Die Haltung der USA gegenüber Rüstungskontrollabkommen äußerte sich häufig darin, dass sie selektiv die Verträge unterzeichnen, die ihnen Vorteile versprechen, jedoch auch immer wieder Konventionen blockierten. Nicht erst seit der Regierungszeit von George Bush Jr., auch schon während der Clinton-Administration wurde der CTBT von den USA blockiert und der Fortschritt beim Verbot von Landminen[144] in der Genfer Abrüstungskonferenz (CD) verlangsamt (Spear 2005: 110). Aber nur mit Unterstützung der USA werden substanzielle Verhandlungsfortschritte in multilateralen Foren zur Rüstungskontrolle und Abrüstung wie der formal von den VN unabhängigen, faktisch aber eng mit diesen verbundenen Genfer Abrüstungskonferenz die sich seit 1996 nicht mehr auf die Aufnahme substanzieller Verhandlungen einigen konnte zu erzielen und das nukleare Nichtverbreitungsregime sowie die Übereinkommen über das Verbot von biologischen und chemischen Waffen zu stärken sein (Spear 2005: 109).

Neben dem großen Maß an Verhinderungsmacht, die dem Hegemon USA zukommt, zeigt sich im Problemfeld „Verbreitung von Massenvernichtungswaffen" aber auch, dass der Sicherheitswettbewerb zwischen den Staaten längst nicht aufgehoben ist. Zwar existiert eine Vielzahl zwischenstaatlicher Vereinbarungen zur Abrüstung und Nichtweiterverbreitung von Massenvernichtungswaffen, jedoch bleiben die Vorkehrungen zur Durchsetzung der aufgestellten Normen und Regeln mangelhaft. Die Blockaden in internationalen Foren wie der Genfer Abrüstungskonferenz (CD) oder das Scheitern beim Versuch, sich auf ein BWÜ-Zusatzprotokoll zu einigen, zeigen, dass das Ausmaß der zwischenstaatlichen Kooperation – und damit auch die Wirksamkeit von Normen und Regeln zur Nichtverbreitung – nach wie vor hochgradig von eng definierten staatlichen Sicherheitsinteressen abhängig ist und durch wechselseitiges Misstrauen erschwert wird.

5 Zusammenfassung

Im Wandel des globalen Kriegsgeschehens, in der neuen Form des transnationalen Terrorismus sowie zumindest in Teilaspekten der Verbreitung von Massenvernichtungswaffen manifestiert sich eine Transnationalisierung von Sicherheitsproblemen in der heutigen Weltpolitik. Diese führt zu einem zunehmenden Bedarf an sicherheitspolitischen Weltregieren. Weltregieren zur Bearbeitung der beschriebenen transsouveränen Probleme findet nach wie vor in erster Linie in Form des zwischenstaatlichen Regierens in internationalen Organisationen – den Vereinten Nationen, aber auch der G8 sowie in Regionalorganisationen wie der EU – statt. Die Kooperation *zwischen Staaten* nimmt immer noch eine zentrale Rolle ein, zumal staatliche Akteure im Sachbereich „Sicherheit" ihre hervorgehobene Stellung gegenüber privaten Akteuren in besonderem Maße zu behaupten suchen. Sicherheitspolitik wird weiterhin als ureigene Zuständigkeit der Staaten und als zu wichtig für deren unmittelbares Überleben angesehen, um sie ge-

---

[144] Die Tatsache, dass schließlich dennoch eine Konvention zum Verbot von Landminen (Ottawa-Konvention) ausgearbeitet wurde, die 1999 in Kraft trat und inzwischen von 149 Staaten ratifiziert wurde, ist maßgeblich auf die advokatorischen Aktivitäten einer transnationalen Koalition von NGOs zurückzuführen (vgl. Kap. 3.3).

Kapitel 7: Sicherheit: Transnationalisierung von Sicherheitsbedrohungen

genüber gesellschaftlichen Einflüssen weitgehend zu öffnen (Rittberger/ Schrade/ Schwarzer 1999: 120).

Dennoch hat sich das Weltregieren im Sachbereich „Sicherheit" in Reaktion auf veränderte Herausforderungen in den letzten zwei Jahrzehnten erheblich fortentwickelt – dies zeigt sich unter anderem am Wandel der VN-„Peacekeeping"-Operationen und der kollektiven Terrorismusbekämpfung. Das Regieren in und durch internationale Organisationen wie den Vereinten Nationen bezieht sich nicht mehr nur auf den zwischenstaatlichen Krieg, sondern hat auch die von inner- und substaatlichen Kriegen und vom transnationalen Terrorismus ausgehenden Sicherheitsbedrohungen durch nichtstaatliche Gewaltakteure zum Gegenstand. Der Sicherheitsrat der VN greift heute zunehmend tief in vormals als rein innere Angelegenheiten von Staaten betrachtete Problemfelder ein, von denen transnationale Sicherheitsrisiken ausgehen. Ein prominentes Beispiel sind die Res. 1373 und Res. 1540 zur Bekämpfung des transnationalen Terrorismus oder die komplexen „Peacekeeping"-Missionen, in denen externe Akteure (z.B. VN-Sonderbeauftragte) weit reichende Regierens- und „state building"-Aufgaben in einem schwachen oder noch gar nicht entstandenen (z.B. Kosovo, Ost-Timor) Staat übernehmen. Der Sicherheitsrat der VN ist – sieht man von der Notwendigkeit der Zustimmung der Vetomächte im Sicherheitsrat ab – nicht zwingend auf den Konsens der dadurch betroffenen Staaten angewiesen, was den steuernden Eingriff in vormals innere Angelegenheiten von Staaten zum Schutz internationaler Sicherheit umso bemerkenswerter macht.

Es wäre trotz der Dominanz zwischenstaatlichen Regierens verfehlt anzunehmen, private Akteure würden keine nennenswerten Steuerungsleistungen im Sachbereich „Sicherheit" übernehmen. Gerade Demokratien stützen sich in Konfliktregionen zunehmend auf die Leistungen privater Sicherheitsfirmen, die dort eine Vielzahl von Aufgaben vom Personenschutz bis zur Ausführung von Kampfhandlungen übernehmen (vgl. auch Kap. 3.3.). Transnationale Unternehmen versuchen in gewaltkonfliktträchtigen, staatlich nur bedingt kontrollierten Geschäftsumfeldern teilweise selbst, für Stabilität und Sicherheit zu sorgen, um ihre wirtschaftlichen Tätigkeiten nicht zu gefährden. Mit dem Kimberley-Prozess wurde in diesem Kapitel eine multipartistische Initiative zur Prävention von Gewaltkonflikten ausführlicher vorgestellt. Die private Selbstregulierungsinitiative der Wolfsberg-Bankengruppe hat Verhaltensgrundsätze für private Großbanken entwickelt, die nicht nur zur Unterbindung der Geldwäsche, sondern auch zur Unterdrückung der Terrorismusfinanzierung beitragen sollen. Im Bereich der Biowaffenkontrolle finden sich zumindest Ansätze zur Herausbildung und Verbreitung transnationaler Verhaltenskodizes für Biowissenschaftler.

Dennoch bleibt Weltregieren im Sicherheitsbereich in erster Linie – wenn auch nicht mehr ausschließlich – Angelegenheit der Staaten, aus deren Mitte der Hegemon USA insbesondere bei der Terrorismusbekämpfung herausragt, zugleich aber zur Erbringung effektiver Steuerungsleistungen von institutionalisierter multilateraler Kooperation abhängig ist.

Übungsfragen

- Inwiefern hat eine Gewichtsverschiebung zwischen verschiedenen Formen des Krieges stattgefunden?
- Durch welche Hauptmerkmale zeichnen sich die „neuen Kriege" aus der Sicht der Vertreter dieses Konzepts aus? Inwiefern können sie als Ausdruck der Transnationalisierung von Sicherheitsproblemen in der heutigen Weltpolitik verstanden werden? Welche Kritik am Konzept der „neuen Kriege" lässt sich vorbringen? Welche alternativen Typologien zur begrifflichen Erfassung des zeitgenössischen Kriegsgeschehens erscheinen sinnvoll?
- Inwiefern haben sich die vom Sicherheitsrat der Vereinten Nationen beschlossenen „Peacekeeping-Operationen" an den Wandel des globalen Kriegsgeschehens angepasst? Welche Entwicklungsstufen von „Peacekeeping"-Operationen lassen sich unterscheiden?
- Welche multipartistischen Partnerschaften zur Eindämmung von Kriegsökonomien existieren? Wie lässt sich deren Auftreten erklären? Wie fallen bisherige Einschätzungen ihrer Effektivität aus?
- Worin bestehen die Hauptschwierigkeiten und wie verlaufen die Hauptkonfliktlinien in der Auseinandersetzung über einen angemessenen Terrorismusbegriff? Welche Kernbestandteile einer Definition des Begriffs des Terrorismus haben sich in der Literatur herausgeschält?
- Was sind die zentralen Merkmale des transnationalen Terrorismus, und inwiefern unterscheidet sich dieser vom internen und vom international operierenden Terrorismus?
- Was ist gemeint, wenn der VN-Sicherheitsrat als „Ersatz-Weltgesetzgeber" im Bereich der Terrorismusbekämpfung bezeichnet wird? Als wie effektiv und legitim sind die Maßnahmen des Sicherheitsrates zur Terrorismusbekämpfung einzustufen?
- Was sind die wichtigsten multilateralen Institutionen und Initiativen im Bereich der Unterbindung der Finanzierung von Terrorismus?
- Inwiefern gesellen sich im Bereich der Verbreitung von Massenvernichtungswaffen neue Risiken der Proliferation an nichtstaatliche Akteure zu alten Gefahren zwischenstaatlicher Rüstungsdynamiken?
- Inwieweit entspricht das Verhalten des Hegemons USA im Bereich der Unterbindung der Verbreitung von Massenvernichtswaffen den Annahmen des Ansatzes des wohlwollenden Hegemons?
- Bleiben transnationale Akteure (INGOs, transnationale Unternehmen) von Weltregieren im Sachbereich „Sicherheit" (global security governance) ausgeschlossen, oder lässt sich auch in diesem Problemfeld anhand konkreter Beispiele eine zunehmende Beteiligung transnationaler Akteure in Prozessen des Weltregierens feststellen?

Lektüreempfehlungen

Bailes, Alyson J. K./ Frommelt, Isabel (Hrsg.) 2004: Business and Security: Public-Private Sector Relationships in a New Security Environment, Oxford/ New York: Oxford University Press.

Böge, Volker/ Fitzpatrick, Christopher/ Jaspers, Willem/ Paes, Wolf-Christian 2006: Who's Minding the Store? The Business of Private, Public and Civil Actors in Zones of Conflict, BICC Brief 32, Bonn: Internationales Konversionszentrum (BICC).

Chojnacki, Sven 2008: Wandel der Gewaltformen im internationalen System: 1946-2006, Osnabrück: Deutsche Stiftung Friedensforschung.

Cortright, David/ Lopez, George A. (Hrsg.) 2007: Uniting Against Terror: Cooperative Nonmilitary Responses to the Global Terrorist Threat, Cambridge, MA: MIT Press.

Doyle, Michael/ Sambanis, Nicholas 2006: Making War and Building Peace: United Nations Peacekeeping Operations, Princeton, NJ: Princeton University Press.

Heinemann-Grüder, Andreas et al. (Hrsg.) 2008: Friedensgutachten 2008, Münster: LIT.

Human Security Centre (Hrsg.) 2005: Human Security Report 2005: War and Peace in the 21st Century, Oxford/ New York: Oxford University Press.

Krause, Keith 2007: Disarmament, in: Weiss, Thomas G./ Daws, Sam (Hrsg.): The Oxford Handbook on the United Nations, Oxford/ New York: Oxford University Press, 287-299.

Paes, Wolf-Christian 2005: Internationale Initiativen zur Eindämmung von Ressourcenkonflikten und „Neuen Kriegen": Ein Überblick, in: Die Friedens-Warte 80: 1-2, 61-81.

Schneckener, Ulrich 2006: Transnationaler Terrorismus: Charakter und Hintergründe des „neuen" Terrorismus, Frankfurt/M.: Suhrkamp.

Zangl, Bernhard/ Zürn, Michael 2003: Frieden und Krieg: Sicherheit in der nationalen und postnationalen Konstellation, Frankfurt/M.: Suhrkamp.

Kapitel 8: Wohlfahrt: Globale wirtschaftsordnungs-, sozial- und umweltpolitische Herausforderungen

1 Wirtschaftswachstum, sozialer Ausgleich und Nachhaltigkeit der Nutzenmehrung als Bestandteile des Wohlfahrtsziels

Neben dem Sachbereich „Sicherheit" ist auch der Sachbereich „Wohlfahrt" geprägt von transsouveränen Problemen sowie zunächst lokalen Problemen (z.B. absolute Armut), die jedoch grenzüberschreitende Folgeerscheinungen (z.B. Ausbreitung ansteckender Krankheiten, Flüchtlingsströme in Nachbarstaaten) nach sich ziehen. Globale wirtschaftsordnungs-, sozial- und umweltpolitische Herausforderungen verlangen nach regulativen und (re-)distributiven Maßnahmen über die einzelnen Staaten hinaus, die Marktversagen korrigieren, das wirtschaftliche Wachstum fördern, soziale Ungleichheiten eindämmen und die Möglichkeit der Nutzenerzeugung und -verteilung für die Zukunft, d.h. bestandsfähige Nutzenmehrung („sustainable development"), sicher stellen.

Insgesamt sind die strukturellen Kooperationsbedingungen im Sachbereich „Wohlfahrt" so beschaffen, dass die Chancen inter- und transnationaler Kooperation im Vergleich zum Sachbereich „Sicherheit" als relativ gut eingeschätzt werden können. Zwar verspüren Staaten und andere politikmächtige Akteure stets die latente Neigung, ihre Wohlfahrtsziele unilateral zu verfolgen, indem sie durch Zollerhöhungen, Einfuhrbeschränkungen, die Abwertung von Währungen, das Unterlaufen von Sozial- und Umweltstandards oder die Externalisierung von Umweltschäden Kosten der Erhaltung oder Mehrung der eigenen materiellen Lebenschancen auf andere Akteure abzuwälzen suchen. Ähnlich wie im Sachbereich „Sicherheit" liegt auch im Sachbereich „Wohlfahrt" ein (Wohlfahrts-)Dilemma vor: Wenn alle Akteure versuchen, auf Kosten anderer ihren Anteil am „Weltwirtschaftskuchen" zu erhöhen, werden zwar einige zumindest kurzfristig damit Erfolg haben; langfristig wird der zu verteilende „Kuchen" insgesamt jedoch schrumpfen. Das Wohlfahrtsdilemma bezeichnet somit eine soziale Falle, in der die Orientierung des Verhaltens am eng definierten Eigennutzen zu kollektiv, längerfristig aber auch individuell schlechteren Ergebnissen führt, als es bei einer effektiven Koordinierung des Verhaltens aller oder doch der meisten Akteure der Fall wäre (Rittberger/ Zangl 2003: 220).

Das Wohlfahrtsdilemma ist jedoch aus mehreren Gründen leichter überwindbar als das Sicherheitsdilemma: Konflikte im Wohlfahrtsbereich sind anders als im Sachbe-

Kapitel 8: Wohlfahrt

reich „Sicherheit" überwiegend, wenn auch längst nicht immer Interessenkonflikte über absolut bewertete Güter – eine Steigerung der Wohlfahrt anderer Akteure wird nicht zwangsläufig als Minderung der eigenen Wohlfahrt wahrgenommen. Ferner sind materielle Güter in der Regel wiederbringlich, d.h. anders als bei der Beeinträchtigung oder gar dem Verlust der physischen Existenz im Sachbereich „Sicherheit" lassen sich im Wohlfahrtsbereich Beeinträchtigungen der materiellen Lebenschancen leichter korrigieren. Ein weiterer Vorteil für die Kooperation im Wohlfahrtsbereich ist die relativ hohe Transparenz vieler Maßnahmen – Zollerhöhungen eines Staates werden z.B. anders als Rüstungsprogramme oder militärische Operationspläne zwangsläufig öffentlich. Das wechselseitige Misstrauen zwischen potenziellen Kooperationspartnern ist im Sachbereich „Wohlfahrt" daher vergleichsweise gering ausgeprägt (Rittberger/ Zangl 2003: 220-222).

Bedeutende Kooperationshindernisse können jedoch aus der Verteilung von Kooperationsgewinnen und der Konkurrenz unterschiedlicher (Teil-)Zielorientierungen erwachsen. Die Aufteilung der Kooperationsgewinne muss den Vorstellungen der politikmächtigen Akteure von einer gerechten Nutzenverteilung entsprechen; ist dies nicht der Fall, wird die Kooperation höchstwahrscheinlich scheitern. Neben der Verteilungsproblematik wirken die Pluralität und, wichtiger noch, die Konkurrenz möglicher Zielorientierungen im Sachbereich „Wohlfahrt" als zentrales Hindernis inter- und transnationaler Wohlfahrtskooperation. Die Zielorientierungen des Wachstums der Nutzenerzeugung, der ausgewogenen Nutzenverteilung sowie der Bestandsfähigkeit der Nutzenmehrung (vgl. auch Kap. 4) sind nicht immer kompatibel. Je nach eigener Interessenlage verfolgen verschiedene Akteure unterschiedliche Ziele, was zu Konflikten über die zu ergreifenden Maßnahmen in den inter- und transnationalen Wohlfahrtsbeziehungen führt. Im ungünstigsten Fall kann es zu einer gegenseitigen Blockade zwischen politikmächtigen Akteuren mit unterschiedlicher Zielorientierung kommen, die dann grenzüberschreitende Kooperation im Sachbereich „Wohlfahrt" verhindert. Auch in – im Sachbereich „Wohlfahrt" besonders zahlreichen – multipartistischen Institutionen des Weltregierens mit sehr heterogener Mitgliedschaft kann sich die Konsensfindung auf Grund stark divergierender Zielorientierungen schwierig gestalten und es besteht die Gefahr von Politikblockaden. In der Pluralität der beteiligten Akteure liegt andererseits aber auch eine Chance: Sie ermöglicht bei Politikblockaden durch mächtige Staaten, dass andere Akteure sich zur Durchbrechung der Blockade zusammenschließen (Rittberger/ Zangl 2003: 233-237). Während das Angebot an Weltregierensleistungen auch im Sachbereich „Wohlfahrt" nicht zuletzt wegen der genannten Kooperationshindernisse hinter dem Bedarf an globaler Steuerung zurückbleibt, zeigen sich in besonderem Maße in Problemfeldern, die dem Sachbereich „Wohlfahrt" zuzuordnen sind, eine Vielzahl verschiedener an Weltregierensaktivitäten beteiligter Akteure und ein vermehrtes Auftreten von multipartistischen Formen des Weltregierens.

In diesem Kapitel werden ausgewählte transsouveräne Probleme sowie lokale Probleme mit grenzüberschreitenden Folgeerscheinungen und deren kollektive Bearbeitung im Sachbereich „Wohlfahrt" analysiert. Insbesondere wird der Frage nachgegangen, inwieweit adäquate regulative und (re-)distributive Vorkehrungen zur Erreichung des Wohlfahrtsziels auf globaler Ebene existieren. Die analysierten wirtschaftsordnungs-, sozial- und umweltpolitischen Herausforderungen sind in verschiedenen Problemfeldern angesiedelt, in denen jeweils einer der drei Teilkomplexe des Weltregierensziels *Wohlfahrt* (vgl. Kap. 4) als primäre Zielorientierung für die Steuerungsversuche öffentlicher und privater Akteure dient: In den Problemfeldern „internationale Handelsbeziehungen" und „internationale Finanz- und Währungsbeziehungen" wird von öffentlichen und privaten politikmächtigen Akteuren vor allem das Ziel der Förderung des wirtschaftlichen Wachstums verfolgt. Im Problemfeld „globale Entwicklungsdisparitäten/ globale Sozialpolitik" ist das Weltregieren auf das Ziel der Förderung der Ausgewogenheit der ökonomischen Nutzenverteilung ausgerichtet, um einen möglichst breit gestreuten materiellen Wohlstand zu gewährleisten (Zürn 1998: 41). Den Problemfeldern „Klimawandel" und „globale Energie(träger)verknappung" lässt sich das Ziel der Sicherung der ökologischen Nachhaltigkeit, d.h. der Bestandsfähigkeit natürlicher Ressourcen, zuordnen.

Teilkomplexe des Wohlfahrtsziels	Zugeordnete Problem-/ Politikfelder
1) **Förderung wirtschaftlichen Wachstums:** Die Produktion von Gütern und Dienstleistungen sowie die internationalen Austauschbeziehungen sollen in einer Art und Weise organisiert werden, die den entstehenden materiellen Gesamtnutzen maximiert.	• internationale Handelsbeziehungen • internationale Finanz- und Währungsbeziehungen
2) **Ausgewogenheit der ökonomischen Nutzenverteilung:** Der durch die Produktion und die Austauschbeziehungen entstehende Wohlstand soll möglichst vielen Staaten und ihren Gesellschaften gleichermaßen zugute kommen.	• Eindämmung globaler Entwicklungsdisparitäten/ globale Sozialpolitik
3) **Bestandsfähigkeit/Nachhaltigkeit der Nutzenmehrung:** Durch Umweltverträglichkeit der Produktion, des Austausches und des Konsums von Gütern und Dienstleistungen soll die Möglichkeit der Nutzenerzeugung und Nutzenverteilung für die Zukunft erhalten werden.	• Klimawandel/ globale Klimapolitik • globale Energie(träger)verknappung/ Weltenergiepolitik

Abb. 8.1: Die drei Teilkomplexe des Weltregierensziels *Wohlfahrt*

Kapitel 8: Wohlfahrt

2 Globale wirtschaftsordnungspolitische Herausforderungen und ihre kollektive Bearbeitung

Gemäß dem Teilziel der Förderung wirtschaftlichen Wachstums sollen die Produktion von Gütern und Dienstleistungen sowie die internationalen Austausch- und Finanzbeziehungen in einer Art und Weise organisiert werden, die den materiellen Gesamtnutzen steigert, im Idealfall maximiert (vgl. Kap. 4). Die vorherrschende Leitlinie zur Erreichung dieses Ziels ist (zumindest derzeit) die transnationale Integration von nationalen Ökonomien in globale Märkte und die Erleichterung von grenzüberschreitenden Ressourcentransfers vor allem für private Akteure (vgl. Kap. 3.3; Schirm 2004a: 6). Marktwirtschaften wohnt jedoch in bestimmten Bereichen die Tendenz zu Marktversagen – etwa zur Herausbildung von Oligopolen oder gar Monopolen und zur Unterversorgung mit kollektiven Gütern – inne. Nicht nur im staatlichen Rahmen, auch auf inter- und transnationaler Ebene kommt es immer wieder zu Marktversagen, das Wettbewerb sichernde und kollektive Güter bereit stellende Eingriffe durch Regieren erfordert – dies muss nicht zwangsläufig durch Staaten oder internationale zwischenstaatliche Organisationen erfolgen, sondern kann auch von nichtstaatlichen Akteuren oder inklusiven multipartistischen Institutionen vorgenommen werden (vgl. Kap. 4, 6) – erfordert.

Im Folgenden werden drei wirtschaftsordnungspolitische, d.h. welthandels- und finanzpolitische Probleme, die sich entweder selbst als transsouveräne Probleme darstellen oder grenzüberschreitende Folgen nach sich ziehen und daher nach globalen Regierensleistungen verlangen, und sowie deren kollektive Bearbeitung vorgestellt. Im Politikfeld „internationale Handelsbeziehungen" werden die für viele Gesellschaften des Südens entwicklungsschädliche Verzerrung globaler Agrarmärkte durch Einfuhrbeschränkungen und Produktionssubventionen vor allem von Industrieländern sowie die problematischen Auswirkungen des TRIPs-Abkommens (Übereinkommen über handelsbezogene Aspekte der Rechte des geistigen Eigentums, „Agreement on Trade Related Aspects of Intellectual Property Rights") auf die Gewährleistung der öffentlichen Gesundheitsversorgung insbesondere in vielen Entwicklungsländern analysiert. Beide Problemkomplexe haben im Einklang mit dem Mandat der Doha Development Agenda (DDA) – der seit November 2001 laufenden Welthandelsrunde[145] im Rahmen der Welthandelsorganisation (WTO) –Entwicklungsfragen zum Gegenstand und verdeutlichen die Notwendigkeit und zugleich die Schwierigkeiten von Weltregieren im

---

[145] Der Begriff „Welthandelsrunde" wird für die Verhandlungen der Doha Development Agenda von offizieller Seite vermieden. Mit der Neugründung der WTO zum 1.1.1995 und der Betonung der Entwicklungsförderung durch Handel sollte die vermeintliche Neuausrichtung auch terminologisch deutlich gemacht werden. Tatsächlich unterscheidet sich die Form der Verhandlungen der Doha Development Agenda (DDA) nicht grundsätzlich von den vorhergehenden „Welthandelsrunden" im Rahmen des GATT – weshalb in der Literatur durchaus die Bezeichnung „Doha-Runde" gebräuchlich ist und auch im Folgenden verwendet wird.

Rahmen der WTO. In beiden Fällen wurden Anpassungen im WTO-Regelwerk vorgenommen, die die Probleme abschwächten, wenn auch nicht umfassend lösten. Schließlich ist den beiden ausgewählten Problemen im Politikfeld „internationale Handelsbeziehungen" gemein, dass sie in besonders augenscheinlicher Art und Weise den Einfluss (verstanden als „power as control over outcomes") und zugleich die Ambivalenz gut organisierter und kampagnenfähiger privater Akteure bei der (Nicht-)Bereitstellung entwicklungsförderlicher kollektiver Güter aufzeigen.

Daran anschließend wird das transsouveräne Problem der Instabilität und Krisenanfälligkeit weitgehend deregulierter globaler Finanzmärkte sowie Weltregierensleistungen durch öffentliche und private Akteure zur Verhinderung oder Begrenzung von grenzüberschreitenden schweren Finanzkrisen untersucht.

2.1 Welthandelspolitische Probleme (Agrarhandel und geistige Eigentumsrechte) und Weltregieren im Rahmen der WTO (Weltregieren im Sachbereich Wohlfahrt I/II)

Das multilaterale Handelsregime[146] weist – der Form nach trotz substanziell ungleicher Wohlfahrtseffekte – Merkmale eines globalen Kollektivgutes auf (Mendoza 2003: 460). Wiewohl Staaten durchaus vom „Konsum" des Gutes „multilaterales Welthandelsregime" durch Verwehrung der Mitgliedschaft ausgeschlossen werden können, hat sich das Welthandelsregime von einem ursprünglich nur wenige Mitgliedstaaten umfassenden exklusiven Club-Gut GATT („General Agreement on Tariffs and Trade" aus dem Jahr 1947) zu einem Gut entwickelt, das für eine sehr große Anzahl von Staaten (derzeit 153 WTO-Mitgliedstaaten) weltweit verfügbar ist. So stellt das multilaterale Welthandelsregime zwar „technisch" nach wie vor ein durch *Ausschließbarkeit* vom Konsum definiertes Clubgut dar; faktisch sind aber nur noch vergleichsweise wenige Staaten – darunter aber weltwirtschaftlich nicht unwichtige Staaten wie z.B. Russland – vom *Ausschluss* („exclusion") vom Konsum des Gutes betroffen.

Das Gut „multilaterales Welthandelsregime" weist starke Züge der Nicht-Rivalität im Konsum auf: Eine größere Anzahl von Mitgliedstaaten verringert nicht die Gewinne der anderen Mitglieder, sondern kann sie sogar vergrößern. Gemeinsame Handelsregeln können potenziell allen Konsumenten und Produzenten weltweit nutzen. Aus freihandelstheoretischer Perspektive macht eine größere Zahl von Mitgliedern die Regeln des Regimes noch „wertvoller", indem sie zu positiven globalen Wohlfahrtseffekten durch die Ausbreitung von freiem Handel, d.h. zu einer Effektivitätssteigerung des Regimes, beiträgt. Eine möglichst große Anzahl von Mitgliedstaaten aus verschiedenen Weltregionen, d.h. eine breite Partizipationsbasis, dient zudem der Input-Legitimität

---

[146] Zu den Grundzügen und zur Entwicklung des Welthandelsregimes vgl. Cohn 2002; Jackson 1997; Rittberger/ Zangl 2003: 224-234; Wilkinson 2000.

des Regimes. Mit Blick auf das Kriterium der Nicht-Ausschließbarkeit vom Konsum gilt zudem, dass auf Grund des Meistbegünstigungsprinzips („most favoured nation") – trotz freilich vorhandener Ausnahmen – die meisten Vorteile und Vergünstigungen, die im Rahmen der WTO Handelspartnern von Mitgliedstaaten zugestanden werden, allen Mitgliedern unterschiedslos eingeräumt werden müssen. Idealerweise nutzt die Abwesenheit oder Begrenzung von Handelsverzerrungen von ineffizientem Protektionismus und von Handelskriegen allen Staaten – sogar Nicht-Mitgliedern. Da die WTO heute eine sehr große Mitgliederzahl aufweist und zudem eine breite Palette von handelspolitischen Themen durch die multilateralen Regelwerke (v.a. GATT, GATS und TRIPs) unter dem Dach der WTO erfasst wird, ist davon auszugehen, dass die Auswirkungen des Welthandelsregimes sowohl geografisch als auch thematisch-funktional weitreichend sein werden. Die WTO-Regelungen haben nicht nur zum Teil tief greifende Auswirkungen auf die Handelspolitiken der Mitgliedstaaten weltweit, sondern erzeugen auch erhebliche Externalitäten in anderen gesellschaftlichen Themenfeldern (wie z.B. Gesundheit, Umwelt) (Mendoza 2003: 460).

Die Produktion des Kollektivgutes „multilaterales offenes Handelsregime" erfordert nationale und internationale Beiträge. Zu den einzelstaatlich zu erbringenden Beiträgen zählen etwa inländische Handelspolitikreformen, institutionelles „capacity building" und die Bereitstellung von *nicht-handelsverzerrenden* Unterstützungsmaßnahmen für die heimische Wirtschaft zur Abschwächung von Anpassungskosten im Zuge der Liberalisierung von Märkten. Zu den internationalen Beiträgen sind das GATT und andere Handelsübereinkommen, die WTO-Ministerkonferenzen oder das WTO-Streitschlichtungsverfahren (s.u.) zu rechnen. Die Ausgestaltung dieser internationalen Faktoren beeinflusst maßgeblich positiv wie negativ die Fähigkeit und Bereitschaft der Staaten, notwendige nationale Beiträge zur Güterproduktion zu leisten (Mendoza 2003: 461f.).

Im Folgenden werden handelspolitische Probleme analysiert, die zeigen, dass entgegen der beschriebenen formalen Eigenschaften, die das Welthandelsregime als kollektives Gut erscheinen lassen, die Vorteile aus dem bestehenden Welthandelsregime nicht nur ungleich verteilt sind, sondern zahlreiche Staaten in bestimmten Sektoren (z.B. Landwirtschaft) von der Nutzung freier Märkte, einem der wesentlichen vermeintlichen Vorteile des Handelsregimes, ausgeschlossen werden. Es lässt sich ein erhebliches Aufkommen an Trittbrettfahren sowie Versuchen von Staaten und gesellschaftlichen und wirtschaftlichen Interessengruppen feststellen, Kosten der bestehenden Handelsordnung auf ressourcenschwache Akteure in anderen Ländern und/oder gesellschaftlichen Teilbereichen abzuwälzen. Doch ehe das hierfür illustrative Problem der entwicklungsschädlichen Verzerrung globaler Agrarmärkte durch Einfuhrbeschränkungen und Produktionssubventionen vor allem von Industrieländern näher beleuchtet wird, soll ein kurzer Abriss über die Hintergründe, Schwerpunkte und den bisherigen Verlauf der DDA gegeben werden.

2.1.1 Einordnung des Agrarhandelsstreits in die Doha-Runde: Hintergründe, Schwerpunkte und Verlauf der Doha-Runde

In den letzten Jahrzehnten ist der Anteil des Außenhandels am Weltbruttosozialprodukt rapide gestiegen: Das Wachstum des Welthandels übertrifft seit den 1960er Jahren das Wachstum der Weltwirtschaft. Als ein Grund dafür gelten der sukzessive Abbau von Zöllen und zunehmend auch von nicht-tariffären Handelshindernissen, die in mehreren GATT-Welthandelsrunden vereinbart wurden (Schirm 2004a: 91ff.; vgl. Kahler 1995: 23-48). Doch während einige Entwicklungs- oder Schwellenländer – z.B. die so genannten Tigerstaaten (Südkorea, Hongkong, Singapur und Taiwan) sowie China und Indien – einen rasanten wirtschaftlichen Aufholprozess in Gang gesetzt haben und erhebliche Weltmarktanteile erlangen konnten, sind die meisten anderen Entwicklungsländer im Hinblick auf Weltmarktanteile und Gewinne aus dem Welthandel zurückgeblieben (Bieling 2007: 107). Die Globalisierung der Handelsbeziehungen verläuft ungleichmäßig und konzentriert sich vor allem auf die Triade Nordamerika, Westeuropa und Teile Asiens (Bieling 2007: 110f.; vgl. auch Kap. 2.2).

Die im November 2001 auf der WTO-Ministerkonferenz in Doha (Katar) in Gang gesetzte, noch andauernde WTO-Welthandelsrunde (Doha-Runde) betont daher ausdrücklich die positiven Auswirkungen von Handelsliberalisierung auf Entwicklung und soll vor allem Handelserleichterungen und eine vertiefte Einbindung der Entwicklungsländer in das Weltwirtschaftssystem bringen (Schirm 2004a: 270f.). Doch bereits die zweite WTO-Ministerkonferenz nach der Eröffnung der Doha-Runde in Cancún (2003) scheiterte am Versuch der Industrieländer, die so genannten Singapur-Themen (Investitionen, Wettbewerb, öffentliches Beschaffungswesen und Handelserleichterungen)[147] auf die Verhandlungsagenda zu setzen, ohne weit reichende Zugeständnisse im Agrar- und Textilbereich machen zu wollen. Ausschlaggebend für den Misserfolg der Konferenz war vor allem der Widerstand der neu formierten Gruppe G20 (mitunter auch die G21 oder G22) von Entwicklungs- und Schwellenländern unter Führung Brasiliens, Indiens und mittlerweile auch Chinas (Bieling 2007: 125f.). Im Sommer 2004 konnten sich Indien, Brasilien, die USA, die EU und Australien („Five Interested Par-

---

[147] Die Bezeichnung „Singapurthemen" rührt daher, dass die Themen „Investitionen", „Wettbewerb", „öffentliches Beschaffungswesen" und „Handelserleichterungen" erstmals auf der WTO-Ministerkonferenz in Singapur (1996) diskutiert wurden. In Singapur wurden drei Arbeitsgruppen zu „Handel und Investitionen", „Wettbewerbspolitik" und „Transparenz im öffentlichen Beschaffungswesen" eingerichtet und der WTO-Rat für den Güterhandel (Council for Trade in Goods) beauftragt, verschiedene Möglichkeiten zur Vereinfachung von grenzüberschreitenden Handelstransaktionen (Handelserleichterungen) zu identifizieren und zu prüfen. Das Mandat der Doha-Runde sah vor, dass Verhandlungen über die „Singapurthemen" nach der Ministerkonferenz in Cancún (2003) beginnen sollten – „auf der Basis einer Entscheidung über die Verhandlungsmodalitäten, die bei dieser Sitzung [in Cancún] in explizitem Konsens" zu treffen seien (vgl. WTO 2003: 72f.). Die Ministerkonferenz in Cancún scheiterte jedoch (auch) an der Uneinigkeit zwischen Industrieländern und Entwicklungsländern, ob formelle Verhandlungen über die Singapurthemen aufgenommen werden sollten (vgl. unten).

ties") auf ein neues Rahmenabkommen einigen, in dem u.a. auch die Verhandlungsagenda für Agrarhandel, Dienstleistungen und Industriegüter neu konzipiert wurde. Auf der Ministerkonferenz in Hongkong (2005) wurde zwar ein weiteres Scheitern abgewendet, ein Durchbruch in Richtung eines erfolgreichen Abschlusses der Doha-Runde blieb jedoch aus. Im Sommer 2006 setzte WTO-Generaldirektor Pascal Lamy die Verhandlungen gar aus und erklärte die Welthandelsrunde für suspendiert. Zwischenzeitlich zeichneten sich zwar gewisse Annäherungen der Verhandlungsparteien ab, mit einem raschen Abschluss der Doha-Runde ist jedoch nicht zu rechnen (Adam 2006: 120; Bieling 2007: 126). So fiel auch die für Dezember 2008 geplante Ministerkonferenz aus, obwohl sich die 20 größten Wirtschaftsmächte noch im November 2008 beim Weltfinanzgipfel in Washington darauf verständigt hatten, bis zum Jahresende 2008 zu einer Einigung in den Kernpunkten zu gelangen (Mildner 2009: 5).

Im Mittelpunkt der Verhandlungen der Doha-Runde standen und stehen die Öffnung der Agrar- und Textilmärkte der Industrieländer für Exporte aus Entwicklungs- und Schwellenländern einerseits sowie die Liberalisierung des Dienstleistungssektors, der Zollabbau bei Industriegüterimporten („non agricultural market access", NAMA) und der Schutz geistiger Eigentumsrechte in Entwicklungs- und Schwellenländern andererseits. Die Verhandlungen über Handelsregeln zu den von der EU und Japan angestoßenen „Singapur-Themen" und am Widerstand der Entwicklungsländer, die hohe Implementationskosten befürchten, weitgehend gescheitert – allein das Thema „Handelserleichterungen" („trade facilitation") soll weiterverfolgt werden (vgl. Adam 2006; Bieling 2007: 125f.). Obwohl die Doha-Runde Verhandlungen in einer Vielzahl von Handelssektoren vorsieht und der Agrarhandel lediglich 10% des Welthandels ausmacht, droht die gesamte Doha-Runde, die nur als „single undertaking", d.h. in einer Paketlösung, die alle strittigen Themen des Verhandlungsmandats umfasst, abgeschlossen werden kann, am Streitthema „Agrarhandel" zu Fall zu kommen. Im Folgenden wird analysiert, warum dieses Thema zwischen Industrie- und Entwicklungsländern so umstritten ist, worin die entwicklungsschädigenden Auswirkungen der handelsverzerrenden Einfuhrbegrenzungen und Stützungsmaßnahmen der Industrieländer im Agrarbereich bestehen und inwieweit trotz des gegenwärtigen Stillstands in den letzten zehn bis 15 Jahren dennoch Fortschritte bei der kollektiven Bearbeitung des Problems in der WTO bzw. im Rahmen des WTO-Vorläufers GATT (bis 1994) erzielt werden konnten.

2.1.2 Verzerrungen des Weltagrarhandels und Weltregieren zu deren Minderung

2.1.2.1 Einfuhrbeschränkungen für landwirtschaftliche Güter und Agrarsubventionen von Industrieländern als Entwicklungshindernisse *(Problembeschreibung)*

Landwirtschaft bleibt eine wichtige Grundlage für Armutsminderung und nachhaltige Entwicklung in vielen Entwicklungsländern. Drei von vier armen Menschen in Entwicklungsländern leben in ländlichen Gegenden und die meisten von ihnen sind zur Sicherung ihres Lebensunterhalts auf die Landwirtschaft angewiesen (Weltbank 2007a: 1, 3). Viele Entwicklungsländer sind abhängig vom Export landwirtschaftlicher Erzeugnisse. Landwirtschaftsgüter- und Nahrungsmittelexporte machen mehr als die Hälfte aller Exporte der Staaten Afrikas südlich der Sahara aus (Anderson 2003: 14). Tarifäre und nicht-tarifäre Einfuhrbeschränkungen, Exportsubventionen und interne Produktionssubventionen der Industriestaaten (vor allem der EU, der USA und Japans) führen zu Handelsverzerrungen auf den globalen Agrarmärkten und schaden nicht nur den Konsumenten in den OECD-Ländern, sondern haben auch und vor allem negative Auswirkungen auf viele Entwicklungsländer. Innerstaatliche Produktionssubventionen führen zur Überproduktion von Gütern, die, wenn sie auf den Markt gelangen (und nicht etwa vernichtet werden), zu sinkenden Weltmarktpreisen und einer Verringerung der Einkommen von Produzenten in Entwicklungsländern führen. Exportsubventionen für landwirtschaftliche Produkte drücken deren Preise unter das Weltmarktniveau. Marktzugangsbeschränkungen durch hohe Zölle gerade auf Produkte, bei denen Entwicklungs- und Schwellenländer komparative Vorteile besitzen (z.B. Zucker, Reis), reduzieren direkt Export- und Gewinnmöglichkeiten und mithin Entwicklungschancen von Entwicklungsländern (O'Brien/ Williams 2004: 141, 158).[148]

Ein Blick auf die Agrarpolitiken der EU und der USA sowie deren transnationale Folgeschäden in Entwicklungsländern zeigt die ökonomische Ineffizienz sowie die globales Wachstum und Entwicklung behindernde Wirkung von Verzerrungen der Agrarmärkte. Der Anteil der Landwirtschaft an der Bruttowertschöpfung liegt in der EU bei nur rund zwei Prozent. In Deutschland betrug der Anteil der Landwirtschaft am BIP im Jahr 2008 ein Prozent, in Frankreich zwei Prozent (Europäische Kommission 2008). In den EU-Ländern sinkt der Anteil der Bevölkerung, der in der Landwirtschaft tätig ist, stetig (Europäische Kommission 2006: 62), in in westeuropäischen Ländern wie Deutschland, England und Frankreich liegt er bei unter drei Prozent (Rieger 2005:

---

[148] Dies bedeutet nicht, dass Verzerrungen globaler Agrarmärkte nur Entwicklungsländer betreffen. Die seit 1986 bestehende Cairns-Gruppe, die sich bereits im GATT und seit 1995 in der WTO für eine weit reichende Liberalisierung des Agrarhandels weltweit einsetzt(e), geht auf eine australische Initiative zurück und umfasst mehrere Agrargüter exportierende Industrieländer (vgl. O'Brien/ Williams 2004: 158).

163).[149] Zugleich machten die Ausgaben für Landwirtschaft im Jahr 2008 immer noch 40% des EU-Budgets aus. Die außergewöhnlich hohen Kosten der Gemeinsamen Agrarpolitik der EU (CAP) bei ständig sinkender Beschäftigung und zurückgehendem Wertschöpfungsanteil erscheinen paradox. Historisch betrachtet war die CAP auf Preisstützung, d.h. relativ hohe Garantiepreise (durch große Marktzugangsbeschränkungen, Interventionskäufe und Lagerhaltung der Kommission) ausgerichtet, so dass selbst sehr ineffiziente Landwirte in der EU ein hinlängliches Einkommen erzielten. Leidlich effizient wirtschaftende Landwirte sorgten für massive Produktionsüberschüsse („Milchseen", „Butterberge"), die nicht nur durch Vernichtung von Produkten sondern lange auch wiederum durch handelsverzerrende Exportsubventionen reduziert wurden (Bache/ George 2006: 379f.). Auch wenn derartige Exzesse seit den Reformen der frühen 1990er Jahre schrittweise abgebaut wurden, bleibt der Agrarsektor in der EU von internen Stützungsmaßnahmen Zoll-Protektionismus geprägt.

Bei den Agrarsubventionen der USA machen insbesondere die Subventionen für Baumwollproduzenten einen großen Anteil aus. Diese hatten lange Zeit zur Folge, dass sich für westafrikanische Länder, für die der Anbau und Export von Baumwolle ein zentraler Wirtschaftsfaktor ist, die ihnen von Weltbank und IWF empfohlene Steigerung der Baumwollproduktion kaum lohnte. Auf Grund von EU- und vor allem US-Baumwollsubventionen kam es zu einem massiven Preisverfall für Baumwolle (in 10 Jahren auf weniger als die Hälfte). Im Jahr zahlt die EU rund 700 Millionen Euro, die USA fast 4 Milliarden US Dollar Subventionen an heimische Baumwollproduzenten. Während in Westafrika rund zehn Millionen Menschen vom Baumwollanbau leben, gibt es in den USA 25.000 Baumwollanbauer, die in Hochzeiten der Baumwollsubventionierung durchschnittlich 156.000 Dollar pro Jahr und Bauer an Subventionen erhalten. Damit werden westafrikanischen Ländern (Benin, Burkina Faso, Tschad, Mali), die auch auf Grund gering ausgeprägter eigener Textilverarbeitungskapazitäten stark abhängig vom Baumwollexport sind, um an ausländische Devisen zu gelangen, durch diese Form der Baumwollproduktions- und -exportmuster ihrer Entwicklungschancen beraubt (Dieter 2007: 177f.; vgl. Anderson/ Valenzuela 2007: 1282f.). Eine Eliminierung aller Baumwollsubventionen und -zölle würde Schätzungen zufolge einen deutlichen Anstieg des Anteils von Afrika südlich der Sahara und der Entwicklungsländer allgemein an den globalen Baumwollexporten sowie einen erheblichen Wohlfahrtszuwachs für Sub-Sahara-Afrika von fast 150 Millionen Dollar jährlich zur Folge haben (Anderson/ Valenzuela 2007: 1290; vgl. Sumner 2006). Vor diesem Hintergrund ist es nicht verwunderlich, dass vier Baumwolle exportierende westafrikanische Länder („Cotton-4": Benin, Burkina Faso, Tschad und Mali) nachdrücklich forderten, die Eliminierung

---

[149] Der Anteil der Beschäftigten in der Landwirtschaft liegt in einigen Regionen Ost- und Südeuropas allerdings noch bei über 25%; in Rumänien und Bulgarien ist der Anteil der Beschäftigten in der Landwirtschaft an der gesamten Beschäftigtenzahl mit 43% und 26% besonders hoch. (vgl. Europäische Kommission 2006: 59).

von Baumwollsubventionen und -einfuhrzöllen auf die Tagesordnung der Doha-Runde zu setzen (s.u.) (vgl. Anderson/ Valenzuela 2007: 1297).

Die Agrarpolitiken von USA und EU (und ihre Folgen für Entwicklungsländer) unterscheiden sich trotz gewisser Gemeinsamkeiten. Diese Unterschiede sind auch deshalb von Bedeutung, weil daraus unterschiedliche Anreize bei Verhandlungsangeboten in der WTO erwachsen. Insgesamt weisen die USA verglichen mit der EU relativ niedrige Zölle auf. Interne Unterstützungszahlungen wurden in der letzten US-amerikanischen „farm bill" (2008) jedoch noch einmal angehoben. Zudem bieten die USA Entwicklungsländern relativ betrachtet weniger Präferenzzugang als die EU. Die EU erhebt dagegen höhere Zölle insbesondere bei einzelnen sensiblen Produkten, hat aber in jüngerer Vergangenheit den Umfang handelsverzerrender interner Unterstützungszahlungen verringert und stattdessen neue Politikinstrumente eingeführt, die weniger handelsverzerrend wirken als die „alten" Subventionen – eine Entwicklung, die auch auf den externen Druck durch Verhandlungspartner in der WTO und Niederlagen im WTO-Streitschlichtungsverfahren zurückzuführen ist (vgl. unten) (Bouet/ Mevel/ Orden 2007: 1265).

Zwar wirken nicht alle Unterstützungsleistungen an Landwirte handelsverzerrend, so dass manche Statistiken, in denen undifferenziert alle Unterstützungszahlungen an Landwirte in der EU, in den USA oder in Japan addiert werden, ein überzogenes Bild vom Ausmaß der handelsverzerrenden Subventionierung der Landwirtschaft in diesen Ländern zeichnen. Letztendlich konnten die Entwicklungsländer in den vergangenen 20 Jahren ihren Anteil am Welthandel mit landwirtschaftlichen Produkten jedoch nicht steigern (vgl. Dieter 2007: 176f.). Eine Öffnung westlicher Agrarmärkte wäre ein wichtiger Schritt zur Nutzbarmachung von Landwirtschaft für Entwicklung – neben dem freilich weitere Verbesserungen lokaler, nationaler und globaler Entwicklungspolitik (z.B. Landreform, Förderung von Infrastruktur, Wasserversorgung, Bildung, Innovation durch Forschung und Technologie etc.) nötig wären (Weltbank 2007a: 3).

Viele – wenn auch nicht alle – Entwicklungsländer würden bei einer Liberalisierung des Weltagrarhandels viel gewinnen (Anderson 2003: 21). Empirische Studien deuten darauf hin, dass eine Landwirtschaftsreform in den OECD-Ländern ernsthafte Verluste vor allem bei großen, wohlhabenden landwirtschaftlichen Betrieben in einigen hoch subventionierten Subsektoren (Reis, Baumwolle, Zucker, Milch) zur Folge hätte. Im Gegensatz dazu würde eine Reform der Agrarpolitiken der Industrieländer einer großen Zahl von landwirtschaftlichen Haushalten in Entwicklungsländern aus der Armut verhelfen (Hertel et al. 2006). Allerdings ist zu berücksichtigen, dass eine Liberalisierung des Handels unterschiedliche Effekte auf verschiedene Entwicklungs- und Schwellenländer hätte: Eine umfassende Agrarhandelsliberalisierung bringt dann Gewinne für Entwicklungsländer, wenn diese komparative Vorteile in bestimmten landwirtschaftlichen Sektoren haben und bisher durch beschränkten Marktzugang an der Nutzung dieser komparativen Vorteile gehindert wurden. Dies gilt aber nicht für alle Entwicklungsländer. Die große Gruppe der Entwicklungsländer ist sehr heterogen in Bezug auf eigene Handelspolitiken, Handelsbarrieren und ihre relative Stellung auf

Kapitel 8: Wohlfahrt 487

globalen Agrarmärkten (Bouet/ Mevel/ Orden 2007: 1253f). Steigende Weltmarktpreise für landwirtschaftliche Produkte in Folge des Wegfalls von Subventionen würden Nettonahrungsmittelimporteuren wie Burundi, Ruanda, Niger oder Bangladesch eher schaden, während neben den westafrikanischen Baumwollproduzenten exportorientierte Entwicklungs- und Schwellenländer (z.B. Brasilien, Argentinien und andere lateinamerikanische Länder) und die Cairnsgruppe (neben Entwicklungsländern auch z.B. Australien, Neuseeland, Kanada und Chile) zu den größten Gewinnern zählen würden (Adam 2006: 131). Im Zuge einer umfassenden Liberalisierung könnte die Erosion des Präferenzzugangs bestimmter Entwicklungsländer zu wichtigen Märkten – z.B. des Vorzugszugangs von LDCs in Afrika, in der Karibik und im Pazifik-Raum (AKP-Staaten) zum EU-Markt – gerade für einige afrikanische Staaten Verluste bringen (Bouet/ Mevel/ Orden 2007: 1255, 1261ff.). Beobachter warnen daher insbesondere mit Blick auf die ärmsten Länder Afrikas vor einer Überschätzung der entwicklungspolitischen Vorteile einer Agrarhandelsliberalisierung (Dieter 2007: 179, 193) und betonen, dass die Trennung in Industrie- und Entwicklungsländer mittlerweile deutlich zu grob ist: Es hat sich eine Vielzahl von Interessengruppierungen von und mit Entwicklungs- und Schwellenländern in der WTO gebildet, die durchaus unterschiedliche Ziele verfolgen: dazu zählen z.B. die G20, G33, G90[150] oder die Cairns-Gruppe (Dieter 2007: 165; vgl. Loewen 2006: 5).

Trotz dieser Relativierungen gehen die meisten Autoren davon aus, dass Gewinne aus einer Liberalisierung des Agrarhandels in der Mehrzahl der Fälle Armut steigernde Wirkungen höherer Nahrungsmittelpreise bei anderen Haushalten überwiegen werden. Präferenzerosion und steigende Weltmarktpreise bei Nettonahrungsmittelimporteuren stünden den Wohlfahrtszugewinnen bei der Mehrzahl der Entwicklungsländer nicht entgegen (Anderson 2003: 21, Hertel et al. 2006). Verlierer einer Reform wären in erster Linie relativ große und ertragsstarke landwirtschaftliche Betriebe in entwickelten Ländern – und damit Interessengruppen, die sich in der Vergangenheit immer wieder als politisch durchsetzungsfähig erwiesen haben (Hertel et al. 2006).

2.1.2.2 Weltregieren im Sachbereich „Wohlfahrt" I (Agrarhandel): Globale Steuerungsversuche in der WTO zur Minderung von Agrarhandelsverzerrungen *(Problembearbeitung)*

Landwirtschaftsübereinkommen (Agreement on Agriculture) 1994
Während insbesondere mit Blick auf das Ziel der Liberalisierung des Warenhandels die Bilanz des GATT (von 1947 bis 1994) im Allgemeinen recht positiv ausfällt, blieben eini-

---

[150] G20/21/22 steht für die Gruppe der führenden Entwicklungs- und Schwellenländer in der WTO (u.a. Brasilien, China, Indien), G33 für eine weitere Gruppe von Entwicklungs- und Schwellenländern („Friends of Special Products"), G90 für die Gruppe der ärmsten Entwicklungsländer (AKP-Länder, AU-Mitglieder und LDCs).

ge besonders umstrittene Sektoren wie z.B. die Textilindustrie und die Landwirtschaft Jahrzehnte lang aus dem GATT-Regelwerk ausgeklammert (Bieling 2007: 114f.). Erst in der Uruguay-Runde (1986-1994) wurde eine partielle Liberalisierung des Agrarhandels erreicht. Maßgeblich befördert durch die Cairns-Gruppe, einem Zusammenschluss von 17 Industrie-, Schwellen- und Entwicklungsländern, für die Agrarexporte besonders bedeutsam sind und die die USA zumindest für eine begrenzte Liberalisierung des Agrarhandels gewinnen konnten, kam es als Teil des Abschlusses der Uruguay-Runde 1994 in Marrakesch zum ersten Landwirtschaftsabkommen („Agreement on Agriculture", AoA). Das AoA zielt auf ein „faires und marktorientiertes Handelssystem durch fundamentale Reformen" in den drei Schwerpunktbereichen Marktöffnung, (Binnen-)Unterstützungsmaßnahmen und Exportsubventionen ab. Das AoA sieht einen (begrenzten) Abbau von Binnenunterstützungsmaßnahmen und von Exportsubventionen für einheimische Produkte vor. Der Marktzugang soll durch die Umwandlung von nicht-tarifären Einfuhrbeschränkungen in Zölle und durch Zollsenkungen verbessert werden. Zugleich sieht das AoA die Möglichkeit vor, Zusatzzölle für bestimmte Produkte im Rahmen der „besonderen Schutzklausel" (Special Safeguard, SSG) zu erheben.

Der Abbau von Binnenunterstützungsmaßnahmen wurde mit der Schaffung eines Systems verschiedener sogenannter Boxen mit differenzierten Subventionsabbauverpflichtungen verbunden. Unterschiedliche Formen von Unterstützungsmaßnahmen werden je nach ihrem Grad an handelsverzerrenden Wirkungen (von stark bis minimal/ oder nicht vorhanden) drei verschiedenen Boxen – der gelben, blauen oder grünen Box – zugeordnet. Handels- und produktionsverzerrende Subventionen fallen in die gelbe Box. Derartige Subventionen müssen nach dem AoA zwar nicht gänzlich beseitigt, aber gesenkt werden. Subventionen unter Bedingungen, welche die Handelsverzerrung verringern, etwa indem sie die landwirtschaftliche Produktion begrenzen (z.B. Direktzahlungen an Landwirte, die an produktionsbeschränkende Auflagen gekoppelt sind) gehören in die blaue Box. Subventionen in der blauen Box unterliegen keinen quantitativen Beschränkungen. Direktzahlungen, die keine oder nur minimal handelsverzerrende Wirkung entfalten, werden der grünen Box zugeordnet und müssen nicht gesenkt werden. Beispiele für Unterstützungsmaßnahmen in der grünen Box sind staatliche Zahlungen im Rahmen von Umweltschutz oder Hilfeleistung bei Naturkatastrophen sowie von der Produktionsmenge entkoppelte Einkommensunterstützungsmaßnahmen (Adam 2006: 125; Bieling 2007: 121ff.).

Verhandlungen über eine weiter gehende Agrarmarktliberalisierung in der Doha-Runde

In den im November 2001 unter dem Eindruck des Scheiterns der WTO-Ministerkonferenz von Seattle (1999) und der Terroranschläge des 11. September 2001 begonnenen Doha-Welthandelsrunde bildet die Liberalisierung des Agrarhandels durch die Verbesserung von Marktzugangsmöglichkeiten und durch den Abbau von Binnenunterstützungsmaßnahmen und Exportsubventionen einen Kernpunkt der Verhandlungsagenda. Der durch das AoA eingeleitete Prozess der Liberalisierung des Agrar-

Kapitel 8: Wohlfahrt   489

handels soll fortgesetzt werden. Doch schon früh zeigte sich, dass das Thema „Agrarhandel" zu einem der gravierendsten Hindernisse für einen erfolgreichen Abschluss der DDA werden würde. So scheiterte die WTO-Ministerkonferenz in Cancún (September 2003) letztlich neben dem Beharren der Europäer auf und dem Widerstand der Entwicklungsländer gegen Verhandlungen über die „Singapur-Themen" an einem grundsätzlichen Interessengegensatz: Während viele Entwicklungsländer ihren wenig konkurrenzfähigen Industrie- und Dienstleistungssektor nicht öffnen wollen, bestehen sie zugleich auf einer weit gehenden, nicht nur marginalen Öffnung der Märkte der EU und der USA für ihre konkurrenzfähigen Agrarprodukte. Die Präferenzen der Industrieländer stehen dazu in direktem Gegensatz: Während sie zu einer umfassenden Liberalisierung ihrer Agrarmärkte nicht bereit sind, fordern sie von den Entwicklungsländern im Gegenzug für eine partielle Liberalisierung im Agrarbereich Zugeständnisse beim Marktzugang für Industriegüter und Dienstleistungen.

Wiewohl in der WTO – dem Modell des Exekutivmultilateralismus entsprechend – die Staaten bzw. ihre Vertreter dominieren und der Einfluss nichtstaatlicher Akteure auf formelle Verhandlungsprozesse stark begrenzt ist, stehen hinter den beschriebenen Positionen jeweils innenpolitisch mächtige Lobbygruppen, die die Notwendigkeit von Zollschutz und Subventionen vehement verteidigen und ihr Interesse an besseren Exportmöglichkeiten offensiv verfolgen (Schirm 2004a: 270f.). Bezeichnender Weise verweisen empirische Studien für die USA darauf, dass bei einer umfassenden Liberalisierung des Agrarhandels einschließlich des Abbaus produktionsverzerrender Binnensubventionen nur ein zahlenmäßig kleines, relativ homogenes Segment der Bevölkerung – flächenmäßig große und ressourcenstarke landwirtschaftliche Betriebe, die zudem in aller Regel politisch gut organisiert sein dürften –, von nennenswerten Verlusten betroffen wären (vgl. Hertel et al. 2006). Auch das EU-Subventionssystem half in überproportionalem Maße großen Betrieben, trug zu Konzentrationsprozessen bei und verstärkte Tendenzen zu industriellen Produktionsmethoden (wenn auch weniger als in den USA) mit negativen sozialen, landschaftskulturellen und ökologischen Externalitäten (Rieger 2005: 170f.). Politökonomische Theorien über die Durchsetzungsfähigkeit von verschiedenen Interessengruppen sagen gerade für zahlenmäßig relativ kleine und konzentrierte, jedoch ressourcenstarke Interessengruppen überproportionale Einflusschancen auf die Politikformulierung der Regierenden voraus – u.a. weil diese Interessengruppen vor geringeren Problemen kollektiven Handelns stehen als große disparate Gruppierungen wie z.B. Konsumenten oder mangelhaft organisierte Landwirte in verschiedenen Entwicklungsländern (Olson 1971; vgl. Kap. 6). Als weitere Konfliktpartei in der Auseinandersetzung über die Liberalisierung des Weltagrarhandels treten Entwicklungs-NGOs auf, welche den Widerspruch zwischen Freihandelsrhetorik und „Agrar-Protektionismus" der Industriestaaten anprangern und damit zumindest insofern erfolgreich waren, als die entwicklungsschädlichen Auswirkungen handelsverzerrender Agrarpolitiken einer breiten Öffentlichkeit bewusst wurden, was wiederum den Druck auf Reformen in der EU und in den USA erhöht hat.

Der Agrarhandelkonflikt wird noch deutlich vielschichtiger, wenn man berücksichtigt, dass die Interessen der Industrie- und der Entwicklungsländer deutlich heterogener sind, als diese schematische Darstellung der Verhandlungspositionen vermuten lässt. So unterscheiden sich die Agrarhandelspolitik und mithin die Bereitschaft zu Reformschritten zwischen den USA und der EU zum Teil erheblich. Auch innerhalb der Gruppe der Entwicklungsländer gehen die Interessen zwischen Agrargüter exportierenden Schwellenländern wie etwa Brasilien und Südafrika und auf freien Weltmärkten nicht konkurrenzfähigen afrikanischen Netto-Nahrungsmittelimporteuren, die von den bis 2007 bestehenden unilateralen Handelspräferenzen der EU für AKP-Staaten profitierten, erheblich auseinander. Dennoch haben es insbesondere fortgeschrittene Schwellenländer wie Brasilien, Indien, Südafrika und in den letzten Jahren auch China verstanden, zur Wahrung ihrer jeweiligen Interessen wirkungsmächtige Koalitionen der Schwellen- und Entwicklungsländer gegen ein „Verhandlungsdiktat" der Industrieländer (vor allem EU und USA) zu bilden. Das Scheitern von Cancún und der schwierige Fortgang der Agrarverhandlungen ist neben dem energischen Auftreten von Benin, Burkina Faso, Mali und Tschad gegen Baumwollsubventionen der USA sowie dem Widerstand der Entwicklungsländer gegen die „Singapur-Themen" (vgl. Schirm 2004a: 270f.) in erster Linie eine Folge der Gründung der G20 unter Führung von Brasilien, Indien und Südafrika vor der Ministerkonferenz von Cancún sowie allgemein der besseren Koordination in und zwischen den Verhandlungsgruppen der armen Länder (Adam 2006). Die Kosten, um zu einem tragfähigen Konsens zu gelangen, sind für die Industrieländer gestiegen, ihre Fähigkeiten, sich im multilateralen Verhandlungen durchzusetzen, haben abgenommen.

Nach dem Scheitern von Cancún (2003) wurden die Verhandlungen bald wieder aufgenommen und im Juli 2004 ein Rahmenabkommen mit den Modalitäten für den weiteren Fortgang der Doha-Runde verabschiedet. Dennoch bleibt die Reform stark zollgeschützter und subventionierter landwirtschaftlicher Sektoren vor allem in den USA und in Europa – jedoch auch in einigen Schwellen- und Entwicklungsländern – ein wesentliches Hindernis für Verhandlungsfortschritte in der Doha-Runde (Bout/ Mevel/ Orden 2007: 1253). Zwar zeitigte die WTO-Ministerkonferenz in Hongkong (2005) einen Kompromiss mit einigen Zugeständnissen der Industrieländer an die Entwicklungsländer – hervorzuheben sind insbesondere die Zusage, Agrarexportsubventionen bis 2013 auslaufen zu lassen, sowie Zugeständnisse im Bereich des Marktzugangs und der Subventionierung des Baumwollanbaus (Adam 2006: 121f., 125; Dieter 2007: 177). Dennoch bleibt die Doha-Verhandlungsrunde nach wie vor aufgrund von zwei Landwirtschaftsthemen der Marktöffnung für landwirtschaftliche Produkte und den Agrarbinnensubventionen blockiert. Den Hauptkontrahenten in den Agrarverhandlungen – USA, EU und Japan auf der einen Seite und Brasilien und Indien als Vertreter der G20 sowie Australien als Vertreter der Cairns-Gruppe agrargüterexportierender Staaten – gelang es nicht, zu einer Annäherung ihrer Positionen zu gelangen. Dies war ein maßgeblicher Faktor bei der Entscheidung von WTO-Generaldirektor Pascal Lamy im Sommer 2006, die gesamten Verhandlungen der DDA auszusetzen und die Welthandelsrunde für suspendiert zu erklären. Die Angebote der USA und der EU[151] gingen vor allem relativ wettbewerbsfähigen agrarexportierenden Entwicklungs- und Schwellenländern nicht weit genug. Wirtschaftlich starke Schwellenländer wie Brasilien, Indien und Südafrika zeigten sich ihrerseits zu keinen weiteren Konzessionen bei der Marktöffnung für Industriegüter und Dienstleistungen, mitunter (wie im Falle Indiens) auch für Agrargüter, bereit (vgl. Adam 2006: 125f.; Bouet/ Mevel/ Orden 2007: 1265). Obwohl mittlerweile wieder eine gewisse Annäherung festzustellen ist, weitere Verhandlungen stattgefunden haben und die Fronten etwas weniger verhärtet scheinen, zeichnet sich ein erfolgreiches Landwirtschaftsübereinkommen, das anknüpfend an das AoA der Uruguay-Runde eine weitere substanzielle Reduktion von entwicklungsschädlichen Verzerrungen des Weltagrarhandels bringen würde, im Schatten der Weltwirtschaftskrise (2008/09) nicht ab (vgl. Mildner 2009: 10ff.). Allerdings deutet insbesondere der Reformprozess der CAP innerhalb der EU darauf hin, dass die Hindernisse für eine Einigung im Agrarhandelssektor grundsätzlich nicht mehr unüberwindlich sein sollten.

Die Verhandlungen über den Abbau von Handelshemmnissen im Agrarsektor zeigen sehr deutlich, dass die WTO – mit der wichtigen Ausnahme der Streitschlichtung (vgl. Zangl 2006) – eine von den Mitgliedstaaten und ihren Regierungen geprägte Organisation ist. Nicht die Organisation WTO – eine der „weltweit am schlechtesten ausgestatteten internationalen Organisationen" (Schirm 2004a: 267) –, sondern die Mitgliedstaaten legen die weitere Entwicklung des Regelwerks fest. Da die Mitgliedsstaaten Veränderungen nur im Konsens beschließen, geht die Entwicklung bei strittigen Themen häufig nur langsam voran (Dieter 2007: 163; Mildner 2009: 6). Das WTO-Streitschlichtungsverfahren kann jedoch gerade in Bereichen, in denen der multilaterale Aushandlungsprozess keine oder kaum Fortschritte bringt, als Impulsgeber und Katalysator für Handelspolitikreformen fungieren. Eine solche Entwicklung zeichnet sich im Agrarhandelsbereich ab. Doch ehe auf den Einfluss des stark verrechtlichten und supranational organisierten WTO-Streitschlichtungsverfahrens auf die Agrarhandelspolitiken der EU und der USA eingegangen wird, sollen die Auswirkungen von WTO-Verhandlungen auf das EU-Agrarregime aufgezeigt werden – wobei deutlich wird, dass die Regeln der WTO durchaus einen (wenn auch begrenzten) Effekt des Abbaus handelsverzerrender Landwirtschaftsbestimmungen hatten.

---

[151] Zu den Angeboten gehörten: 1) ein progressiver Abbau von Zöllen, wobei sich die EU gegen „tariff caps" (Zollobergrenzen) bei einzelnen besonders sensiblen Produkten sperrte, 2) eine Reduktion von Landwirtschaftsunterstützungsmaßnahmen (wobei hier vor allem die USA als Bremser auftraten), 3) die Zusage einer Abschaffung von Exportsubventionen bis 2013, 4) einen teilweisen Abbau von handelsverzerrenden Maßnahmen im Baumwollgewerbe zu Gunsten westafrikanischer Staaten sowie 5) der Vorschlag von freiem Zugang für LDCs zu OECD-Märkten.

Der Einfluss von GATT/WTO-Verhandlungen auf die Reform der EU-Agrarpolitik
Ungeachtet der Interessengegensätze und Politikblockaden, die die Agrarhandelsverhandlungen in der WTO kennzeichnen, hat es in den vergangenen zehn bis 15 Jahren Fortschritte bei der Reform der Agrarpolitiken von WTO-Mitgliedsstaaten gegeben. So lässt sich insbesondere für die EU beobachten, dass eine Verlagerung der Unterstützungsmaßnahmen für Landwirte auf weniger handelsverzerrende Formen wie Direktzahlungen, die von der Produktion(smenge) eines landwirtschaftlichen Betriebes entkoppelt sind, stattgefunden hat (Weltbank 2007a: 10). In der Tat ist die von der EU in den letzten Jahren vorangetriebene Entkopplung von Produktion und Unterstützungsleistungen (vgl. Dieter 2007: 177) maßgeblich auf externe Einflüsse, insbesondere auf den Druck von Verhandlungspartnern in der WTO sowie auf das nach Ablauf der „Friedenspflicht" (2003) auch auf Agrarhandelsstreitigkeiten anwendbare WTO-Streitschlichtungssystem zurückzuführen (Bache/ George 2006: 392; Rieger 2005: 180ff.).

Lange Zeit hatte heftiger Widerstand von landwirtschaftlichen Interessengruppen gegen eine Reform der Gemeinsamen Landwirtschaftspolitik (CAP) der EU diesen Reformprozess erheblich behindert (Bache/ George 2006: 378). In den frühen 1990er Jahren sorgte neben EU-internen Kostengründen der externe Druck durch die Uruguay-Runde für Reformschritte in der europäischen Agrarpolitik. Die USA und die Cairns-Gruppe zeigten sich entschlossen, den Abschluss der Uruguay-Handelsrunde zu blockieren, wenn Landwirtschaft nicht Teil des Verhandlungsabschlusspakets („single undertaking") dieser Handelsrunde würde. Dieser externe Druck trug dazu bei, dass 1992 erste Reformen der CAP (so genannte MacSharry-Reformen) beschlossen wurden: Vorgesehen war eine Absenkung von Garantiepreisen z.B. für Getreide und Rindfleisch, eine schrittweise Verringerung von Produktionssubventionen und deren Ersetzung durch direkte Unterstützungsleistungen an landwirtschaftliche Betriebe sowie Maßnahmen, die zu einer Stilllegung landwirtschaftlicher Produktionsflächen in der EU durch Kompensationszahlungen für betroffene Landwirte führen sollten (Bache/ George 2006: 392f.).

Weitere Reformschritte in den Jahren 1999 und 2003 vertieften den 1992 eher zögerlich begonnenen Reformprozess (Rieger 2005: 161f.). Die 1999 von der EU-Kommission in der Agenda 2000 vorgelegten Reformvorschläge sahen eine weitere Garantiepreisreduktion, eine weitere Entkopplung der Unterstützungsleistungen an heimische landwirtschaftliche Betriebe von der Produktionsmenge und eine Verknüpfung von Unterstützungsleistungen mit sozialen und ökologischen Zielvorgaben vor. Binnenunterstützungsmaßnahmen sollten weitgehend von handelsverzerrenden Subventionen (der gelben Box) in nicht oder nur minimal verzerrende Unterstützungsmaßnahmen (der blauen oder grünen Box) umgewandelt werden (Rieger 2005: 180ff.). Allerdings wurden die Reformvorschläge durch den Widerstand vor allem Frankreichs und Deutschlands deutlich verwässert (Bache/ George 2006: 395f.). Ein neuer Vorstoß der EU-Kommission mündete im Juni 2003 in einen weit reichenden Reformkompromiss, der folgende Schlüsselvorschriften enthielt: Bauern erhalten von der Produktion entkoppelte Direktzahlungen – unabhängig davon, was und wieviel sie produzieren.

Landwirte, die Direktzahlungen erhalten wollen, müssen zudem verschiedene Anforderungen in den Bereichen Umwelt, Tierschutz und Gesundheit erfüllen (Rieger 2005: 177). Einzelne Mitgliedstaaten konnten zwar noch bis 2007 Ausnahmen beantragen, um die Produktion weiter zu subventionieren, wenn die Gefahr bestand, dass Landwirte ihre Betriebe ganz aufgeben müssten (Bache/ George 2006: 396). Doch insgesamt haben der Druck der Handelspartner und die Verhandlungen in GATT/WTO über die Jahre Wirkung auf die CAP gezeigt. Im EU-Reformkompromiss über die CAP von 2003 wurde vereinbart, dass ab 2007 alle Unterstützungsleistungen in Form von direkten Kompensationszahlungen für Einkommensverluste durch sinkende Preisstützung erbracht werden müssen. Der Produktionsüberschuss wurde abgebaut. Allerdings bestanden trotz der Reform – neben im Vergleich zu den USA relativ hohen durchschnittlichen Zöllen – handelsverzerrende Ausnahmen für sensible Produkte wie etwa Zucker zunächst fort (Schirm 2004a: 273f.).

WTO-Regeln hatten freilich für Entwicklungsländer nicht immer günstige Auswirkungen auf die Ausgestaltung europäischer (Agrar-)Handelspolitik. Eine jüngere WTO-induzierte Reform der EU-Handelspolitik könnte sich gerade im Agrarbereich negativ auf bisher bevorzugte Handelspartner in Afrika, der Karibik und dem Pazifik (AKP-Staaten)[152] auswirken: Der bisherige Präferenzzugang für Entwicklungsländer in Afrika, der Karibik und dem Pazifik zu EU-Märkten kann in der bestehenden Form nicht aufrecht erhalten werden. Gemäß den Lomé-Abkommen (Lomé I 1975, Lomé II 1979, Lomé III 1984, Lomé IV 1989) gewährte die EU den AKP-Staaten erhebliche unilaterale Zollvergünstigungen auch im landwirtschaftlichen Bereich (Anderson 2003: 12f.). Diese unilateralen Handelspräferenzen der EU für ausgewählte – wenn auch sehr viele – Partner verstoßen gegen die WTO-Grundregel der Gleichbehandlung und waren im Falle der Lomé-Präferenzen auf Grund einer Ausnahmeregelung („waiver") nur noch bis Ende 2007 zulässig und damit auch vom Streitschlichtungsmechanismus ausgenommen. Ab Januar 2008 bestand für die EU das Risiko, von benachteiligten Handelspartnern (z.B. lateinamerikanischen Staaten) verklagt zu werden. Neben der mangelnden Effektivität der Lomé-Präferenzen war auch dies ein Grund für das bereits im Jahr 2000 abgeschlossene Cotonou-Abkommen zwischen 78 AKP-Staaten und der EU abgeschlossen, das die Ersetzung nicht-reziproker Handelspräferenzen durch WTO-konforme Partnerschaftsabkommen vorsieht (Economic Partnership Agreements, EPAs), die auch von den Entwicklungsländern Handelserleichterungen fordern (Grimm/ Brüntrup 2007: 86f.). Diese EPAs sollten ab 2008 schrittweise abgeschlossen und implementiert werden. Bisher haben allerdings erst etwa ein Drittel der 78 AKP-Staaten ein Partnerschaftsab-

---

[152] Für LDCs existiert zudem seit 2001 eine auch über die AKP-Staaten hinaus reichende EU-„everything but arms"-Initiative, die quoten- und zollfreien Marktzugang für sämtliche Waren außer Waffen vorsieht: Die am wenigsten entwickelten Länder dürfen alle Waren – außer Waffen – unbegrenzt und zollfrei auf dem EU-Markt absetzen. Doch entgegen dem Titel „alles außer Waffen" galten auch hier Ausnahmen: Bis einschließlich 2008 sahen Übergangsregelungen striktere Restriktionen ausgerechnet für aus der Sicht vieler Entwicklungsländer besonders „attraktive" Produkte wie Reis, Zucker und Bananen vor (Grimm/ Brüntrup 2007: 86f.; vgl. Anderson 2003: 14; Babarinde/ Faber 2004).

kommen mit der EU abgeschlossen (alle karibischen Staaten außer Haiti und einige ostafrikanische Staaten). Mehrere afrikanische Staaten (u.a Nigeria, Senegal, Südafrika) lehnen ein EPA mit der EU ab: Sie befürchten, eine (partielle) Öffnung ihrer Märkte würde dazu führen, dass die EU diese lokalen Märkte mit Billigwaren überschwemmen und lokale Produzenten verdrängen könnten (Raupp 2007: 10). Die EU setzte daher auf Interimsabkommen, die nur Teile der umfassenden EPAs, insbesondere die Liberalisierung des Güterhandels, enthalten (vgl. Stevens et al. 2008: 6f.).

Weltregieren durch WTO-Streitschlichtung
Die WTO verfügt im Vergleich zum GATT 1947 über ein stark verrechtlichtes Streitschlichtungsverfahren, an dessen Ende die Autorisierung von Handelssanktionen – genauer: die Suspendierung von Handelszugeständnissen – der obsiegenden Partei (WTO-Mitgliedstaat) gegen die unterlegene Partei (anderer Mitgliedstaat) stehen kann. Ehe auf die Tragweite dieses weitgehend supranational organisierten Streitschlichtungsmechanismus für die Ausgestaltung der Agrarhandelspolitiken vor allem der Industrieländer eingegangen wird, sei durch eine knappe Darstellung der zentralen Verfahrensregeln noch einmal auf die Unabhängigkeit und die damit einhergehende eigenständige Entscheidungsmacht der WTO-Streitschlichtungsgremien gegenüber den Mitgliedstaaten hingewiesen (vgl. auch Kap. 1, 2.3).

Das schon im Rahmen des alten GATT (1947-1994) entwickelte Streitbeilegungsverfahren, in dessen Mittelpunkt das so genannte Panelverfahren steht, wurde in der WTO erheblich gestärkt. In das Vertragswerk der WTO ist eine Vereinbarung zur Streitbeilegung eingegangen, welche eine gerichtsähnliche Streitbeilegung in zwei Instanzen vorsieht und die Schwelle zur Erreichung verbindlicher Entscheide absenkt. In der ersten Instanz, beim Panelverfahren, kann ein Panel, das aus einer Gruppe von drei bis fünf Experten im Handelsrecht besteht, von einem Mitgliedstaat, der ein anderes Mitglied der Norm- und Regelverletzung beschuldigt, dann angerufen werden, wenn die vorausgegangenen Pflichtkonsultationen zwischen den Parteien den Streitfall nicht bereinigen konnten. Die Experten für das Panel können müssen jedoch nicht zwingend aus einer vom Sekretariat der WTO geführten Liste qualifizierter Personen ausgewählt werden. Einigen sich die Streitparteien nicht auf die drei (bzw. fünf) Experten, so werden diese vom Sekretariat der WTO bestimmt. Das Panel untersucht dann den Streitfall, ermittelt und prüft die auf diesen Streitfall anwendbaren Vertragsnormen und Regeln, was für und was gegen die erhobene Beschwerde spricht. Wird der Streitfall im Verlauf dieses Prüfungsprozesses nicht gelöst, so fertigt das Panel einen Bericht an, in dem es den Streitfall aus seiner Sicht darlegt und bewertet. Während jedoch im alten GATT bereits die Einberufung eines solchen Panels davon abhing, dass ihr im GATT-Rat alle Mitgliedstaaten einschließlich der beteiligten Streitparteien zustimmten, gilt in der WTO die Einberufung eines Panels bereits dann als genehmigt, wenn im dafür geschaffenen Streitschlichtungsorgan („Dispute Settlement Body", DSB), dem alle Mitgliedstaaten angehören, nicht alle Mitgliedstaaten dagegen stimmen (vgl. Zangl 2008a).

Kapitel 8: Wohlfahrt

Darüber hinaus mussten im alten GATT alle Mitgliedstaaten einschließlich der beteiligten Streitparteien im GATT-Rat zustimmen, damit ein vom Panel angefertigter Bericht verbindlich werden konnte. Das heißt, jede Streitpartei hatte die Möglichkeit, einem ihr unliebsamen Bericht die Verbindlichkeit zu versagen. Das Streitbeilegungsverfahren der WTO sieht hingegen vor, dass der Bericht des Panel bereits dann als angenommen gilt, wenn er nicht vom DSB, also von allen Mitgliedstaaten, abgelehnt wird. Der durch den Bericht des Panel „verurteilte" Mitgliedstaat hat jetzt statt dessen die Möglichkeit, vor der Berufungsinstanz („Appellate Body", AB) ein Berufungsverfahren anzustrengen. Auf die Zusammensetzung der Berufungsinstanz haben die Streitparteien keinen Einfluss. Die Berufungsinstanz besteht aus sieben von Regierungen der Mitgliedstaaten unabhängigen Rechts- und Handelsexperten, die vom Streitschlichtungsorgan für vier Jahre ernannt werden. Drei Mitglieder der Berufungsinstanz entscheiden jeweils im Berufungsverfahren, ob die Panelentscheidung aufrecht erhalten, modifiziert oder verworfen wird. Die Entscheidung der Berufungsinstanz kann wiederum nur einstimmig vom DSB abgelehnt werden; mit anderen Worten: eine unterlegene Streitpartei kann die Annahme eines Schiedsspruchs der Berufungsinstanz durch ein Veto nicht verhindern. Die Rechtsprechung ist somit dem Zugriff der Parteien weitestgehend entzogen (Rittberger/ Zangl 2003: 245f.; vgl. Zangl 2006).

Mit dem Jahr 2003 ist die „Friedenspflicht", die Agrarhandelsstreitigkeiten vom WTO-Streitschlichtungsverfahren ausnahm, ausgelaufen. Verstöße von Mitgliedstaaten gegen vertragliche Pflichten aus dem AoA können daher im Rahmen des WTO-Streitschlichtungsverfahrens untersucht werden. Neben zwischenstaatlichen Verhandlungen ist somit seit 2004 auch das Streitschlichtungsverfahren der WTO eine wichtige, zudem weitgehend supranational organisierte, Institution, in der die Agrarhandelspolitiken der WTO-Mitgliedstaaten (vor allem aber der USA und der EU) auf dem Prüfstand stehen (Rieger 2005: 180ff.). Dadurch wird die rechtliche Überwachung von möglicherweise handelsverzerrenden Praktiken im Agrarbereich intensiviert, und der Druck auf eine WTO-konforme Ausgestaltung der Agrarhandelspolitiken in den Industrieländern wächst (Schirm 2004a: 273f.).

So unterlag die EU in drei von Brasilien, Thailand und Australien angestrengten Streitschlichtungsverfahren zu ihren Zuckerexportpolitiken (vgl. Cardwell/ Rogers 2006) und muss nun ihre Zuckerexporte um 4,6 Millionen Tonnen jährlich reduzieren (bei einer jährlichen EU-Zuckererzeugung von insgesamt rund 21 Millionen Tonnen). Das Streitschlichtungspanel und daran anknüpfend die Berufungsinstanz der WTO urteilten ferner, dass die EU Exportsubventionen über die ihr zustehenden Obergrenzen hinaus gewährt hatte und erklärte Teile der EU-Zuckerexportpolitik für nicht vereinbar mit Verpflichtungen im Rahmen der WTO (vgl. WTO 2005a). Maßgeblich auf Grund der massiven Exporteinschränkungen durch den WTO-Schiedsspruch wurde im Jahr 2006 vom EU-Agrarministerrat eine Reform der EU-Zuckermarktordnung verabschiedet. Diese sieht eine Senkung der Garantiepreise für Zuckerrüben, eine Drosselung des Anbaus von Zuckerrüben und der Zuckerproduktion durch einen Restrukturierungsfonds und Ausgleichszahlungen an EU-Zuckerrübenbauern für Einkommensverluste vor. Gewinner der Modifikation der EU-Zuckerexportpolitik werden insbesondere exportorientierte Schwellenländer wie Brasilien sein.

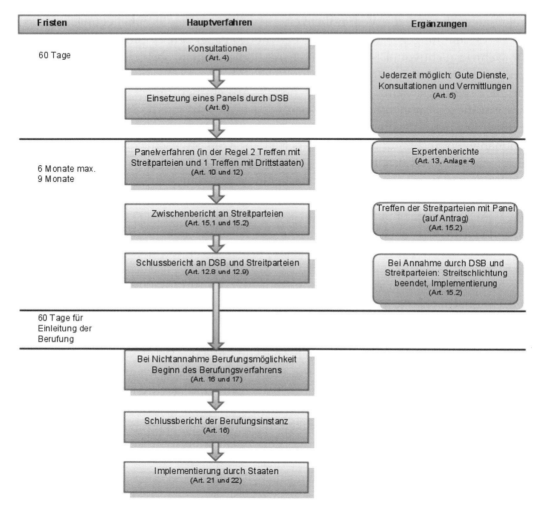

* Die genannten Artikel beziehen sich auf die Vereinbarung über Regeln und Verfahren zur Streitbeilegung in der WTO (*Understanding on Rules and Procedures Governing the Settlement of Disputes*). Grafik erstellt auf Grundlage von Daten aus Rittberger/ Zangl (2003: 231) und WTO (2008)

Abb. 8.2: Schematische Darstellung des WTO-Streitschlichtungsverfahrens*

In einem weiteren von Brasilien angestrengten Verfahren wurden Teile des US-Baumwollsubventionsprogramms als vertragswidrig eingestuft (vgl. WTO 2004, 2005b). Die USA hatten verbotene Exportsubventionen und Binnenunterstützungsmaßnahmen gewährt und Binnensubventionen, die nach den Regeln der WTO in die Kategorie der gelben Box fielen, fälschlicherweise als Subventionen, die der grünen Box zuzuordnen seien, eingestuft. Nach dem Entscheid der Berufungsinstanz kann eine (gewisse) Re-

Kapitel 8: Wohlfahrt   497

form des US-Baumwollsubventionsregimes – eine Abschaffung von Exportsubventionen und eine Senkung der Binnenproduktionssubventionen von drei auf zwei Milliarden Dollar jährlich – in absehbarer Zukunft erwartet werden. Zudem wurden mit Billigung der USA nach deren Niederlage im Streitschlichtungsverfahren auf der Ministerkonferenz in Hong Kong 2005 weiter gehende Vorschläge gemacht: Sobald die Implementierung der Abkommen der Doha-Runde beginnt, sollen LDCs für ihre Baumwollexporte zollfreien Zugang zu den Märkten der Industrieländer erhalten, und Binnenunterstützungsmaßnahmen der Industrieländer sollen schneller und stärker abgebaut werden (Anderson/ Valenzuela 2007: 1281, 1293f.).

Allgemeiner gesprochen zeigt sich am unabhängigen, supranational organisierten WTO-Streitschlichtungsverfahren, dass die Verrechtlichung der Weltpolitik (vgl. Kap. 2.3) fortschreitet und mittlerweile auch höchst strittige Bereiche wie die Agrarhandelspolitik umfasst (vgl. Goldstein et al. 2001; Zangl 2006). Die WTO, die in erster Linie ein Forum für zwischenstaatliche Aushandlungsprozesse zur Setzung von Handelsregeln bietet, weist bei der Überwachung von WTO-Regeln und insbesondere der Schlichtung von Handelsstreitigkeiten nicht nur eine eigenständige, von den Mitgliedstaaten weitgehend unabhängige Akteursqualität, sondern auch stark rechtsförmige Verfahren auf, die dem machtgestützten Verhandeln der Mitgliedstaaten und damit der „Macht des Stärkeren" Grenzen setzen. Freilich werden die Auswirkungen von Machtasymmetrien zwischen den Mitgliedstaaten durch das verrechtlichte Streitschlichtungsverfahren nicht gänzlich aufgehoben: Reiche und mächtige Staaten bleiben auch in rechtsförmigen Verfahren auf Grund von überlegenen personellen und finanziellen Ressourcen sowie einem (zum Teil daraus resultierenden) Wissensvorsprung in Bezug auf die Folgen verschiedener Handelspolitiken bei der Wahrung ihrer (substanziellen und Verfahrens-)Rechte durchsetzungsfähiger. Zudem sind große Volkswirtschaften weniger verwundbar gegenüber Handelssanktionen im Falle einer Niederlage im Streitschlichtungsverfahren als kleine Volkswirtschaften. Dennoch ist die Ausgestaltung des WTO-Streitschlichtungsverfahrens ein aussagekräftiges Indiz für die Überlagerung des anarchischen Charakters der internationalen Beziehungen durch regelgestützte, mit gar rechtsförmige Verfahren der Streitbeilegung.

2.1.2.3 Theoretische Einordnung und Bewertung des Weltregierens zur Minderung von Agrarhandelsverzerrungen

Die vorstehende Analyse hat gezeigt, dass die internationale Agrarhandelspolitik in erheblichem Maße als von ökonomischen Interessen und Interessengegensätzen sowie von Machtasymmetrien und dem Streben der Schwellenländer nach Abbau bestehender Machtasymmetrien geprägter zwischenstaatlicher Aushandelungsprozess aufzufassen ist. Die eigenständige Rolle der WTO im Politikentwicklungsprozess sollte nicht überschätzt werden; es sind die Mitgliedstaaten, die – je nach ihren politischen und wirtschaftlichen Ressourcen differenziert – den Fortgang von Verhandlungen über neue multilaterale Regeln gegen handelsverzerrende Agrarpolitiken bestimmen.

Dem Hegemon USA ist keine kooperationsinduzierende und kollektive Güter (wie es ein offenes multilaterales Agrarhandelsregime darstellen würde) bereit stellende Führungsrolle zuzuschreiben. Ein Grund dafür liegt in den innenpolitischen Widerständen einflussreicher landwirtschaftlicher Interessengruppen. Darüber hinaus bewegen sich die USA im Welthandel auf Augenhöhe mit der EU und können ihre hegemoniale Stellung deutlich weniger stark ausspielen als etwa in der Sicherheitspolitik, in der die USA weit überlegen sind. Dies begrenzt die Neigung und die Fähigkeit, im Stile eines wohlwollenden Hegemons überproportionale Kosten bei der Bereitstellung kollektiver Güter zu tragen. Diese Einschätzung einer mangelnden Neigung und Fähigkeit, als Kollektivgüter bereitstellender wohlwollender Hegemon aufzutreten, erscheint umso plausibler, zieht man den rasanten wirtschaftlichen Aufschwung einiger Schwellenländer wie China, Indien oder auch Brasilien in Betracht, die vehement auf eine Öffnung der Agrarmärkte von Industrieländern drängen, ohne selbst zu substanziellen Zugeständnissen bei der Marktöffnung vor allem für Fertigwaren und Dienstleistungen bereit zu sein.

Auch wenn die WTO insgesamt eine von den Mitgliedstaaten geprägte Organisation ist, sind zwei wichtige Aspekte hervorzuheben, die über ein Verständnis der Welthandelsorganisation als Forum zur Aushandelung von Kompromissen zwischen Staaten hinaus weisen. Erstens greift das supranational organisierte Streitschlichtungsverfahren – mittlerweile auch im Agrarhandelsbereich – in die Handelspolitiken mitgliedstaatlicher Regierungen ein und ist so in der Lage, Impulse für deren weitere handelsliberalisierende Ausgestaltung zu geben. Zweitens stehen gerade im Agrarhandelsbereich hinter liberalisierungsskeptischen Positionen der Verhandlungsführer der Industriestaaten (insbesondere der USA und der EU[153]) mächtige wirtschaftliche Interessengruppen, die jedoch durch die zunehmende, nicht zuletzt durch entwicklungspolitische INGOs geschaffene öffentliche Sensibilisierung für negative Entwicklungsimplikationen von handelsverzerrenden Agrarpolitiken unter Druck geraten sind. Das Problem der Verzerrung des Weltagrarhandels durch Einfuhrbeschränkungen und handelsverzerrende Subventionen zeigt somit die Ambivalenz des Einflusses von nichtstaatlichen Akteuren auf die formal von exekutivmultilateralen Verhandlungen bestimmten Welthandelspolitik auf.

Zahlenmäßig relativ kleine, gut organisierte und kampagnenfähige landwirtschaftliche Interessengruppen in den Industriestaaten haben es lange Zeit verstanden, unverhältnismäßig großen Einfluss auf die Verhandlungspositionen ihrer Regierungen und damit vermittelt auf die Verhandlungsergebnisse in der WTO zu nehmen. Der heftige Widerstand landwirtschaftlicher Interessengruppen gegen eine Reform der Gemeinsamen Landwirtschaftspolitik der EU und deren großer Einfluss in einigen EU-Mitglied-

---

[153] Verhandlungsführer für die EU-Staaten im Rahmen der WTO ist der EU-Außenhandelskommissar (seit 2008 Catherine Ashton).

staaten führten dazu, dass Reformen der EU-Agrarpolitik nur langsam vorankamen und unvollständig blieben (Bache/ George 2006: 378). Weiter gehende Reformen in den Industrieländern würden tendenziell großen und diffusen Gruppen von Konsumenten und Steuerzahlern nutzen und Teilen des landwirtschaftlichen Sektors schaden – insbesondere ressourcenstarken und gut organisierten Großbetrieben (Hertel et al. 2006: 2, 38f.). Aus der Sicht politökonomischer Theorien über die Durchsetzungsfähigkeit von Interessengruppen ist die größere Effektivität konzentrierter Lobby-Gruppen der Produzenten im Vergleich zu den diffuseren Konsumenten- und Entwicklungsinteressen nicht allzu überraschend (vgl. Anderson 1995; Olson 1971; Winters 1987).

Allerdings stehen diesen Lobby-Aktivitäten mittlerweile intensive Bemühungen von Entwicklungs-INGOs gegenüber, die versuchen, durch Einsatz ihrer Legitimitätsressourcen, d.h. ihrer Reputation als glaubwürdige Verfechter einer fairen Welthandelsordnung, die Deutungshoheit in der Auseinandersetzung über die Angemessenheit von Agrarsubventionen der Industrieländer zu gewinnen. Die Existenz einer ernst zu nehmenden öffentlichen Debatte über den Schaden, den viele Entwicklungsländer durch die Einfuhrbeschränkungen und Agrarsubventionen in Industrieländern erleiden, ist zumindest zum Teil auf advokatorische Tätigkeiten von INGOs zurückzuführen (Fomerand/ Dijkzeul 2007: 573). Zudem werden einige Entwicklungsländer bei den Verhandlungen in der WTO zumindest informell von INGOs durch die Bereitstellung von Informationen über mögliche Auswirkungen von verschiedenen Verhandlungsergebnissen unterstützt (vgl. Schirm 2004a: 273f.).

Trotz dieser nicht zu übersehenden Einflüsse nichtstaatlicher Akteure ist das Weltregieren in der WTO nach wie vor vom Exekutivmultilateralismus – allerdings mit einer gewissen Öffnung gegenüber zivilgesellschaftlichen Akteuren, so dass man von einem „fortgeschrittener Exekutivmultilateralismus" sprechen kann – geprägt. NGOs können als registrierte Beobachter an den WTO-Ministerkonferenzen teilnehmen und zudem im Rahmen des Streitschlichtungsverfahrens ihre Standpunkte in schriftlichen „Eingaben von Freunden des Gerichts" („amicis curiae briefs") einbringen; insgesamt bleibt der Grad der institutionellen Offenheit der WTO gegenüber zivilgesellschaftlichen Akteuren jedoch relativ niedrig (Staisch 2003: 22ff.). Will man eine Einstufung nach den in Kap. 5 vorgestellten Weltregierensmodellen vornehmen, entspricht das Weltregieren in der WTO und durch sie zwar am ehesten dem Modell des heterarchischen Weltregierens – allerdings mit starker Betonung der zwischenstaatlichen Interaktion und geringer institutionalisierter Beteiligung nichtstaatlicher Akteure.

Die Abwesenheit einer weiter reichenden institutionalisierten Einbeziehung nichtstaatlicher Akteure lässt sich aus der Sicht der Ressourcentausch-Theorie mit dem Fehlen eines Konsens über die Kompatibilität von Zielen und Zielerreichungsstrategien und einem Mangel an ausgeprägten Ressourceninterdependenzen zwischen staatlichen und nichtstaatlichen – vor allem zivilgesellschaftlichen – Akteuren erklären. Die Mehrzahl der Staatenvertreter ebenso wie der INGOs betrachtet die Ziele und Zielerreichungsstrategien der jeweils anderen Seite *nicht* als kompatibel mit oder gar komplementär zu den eigenen Zielen. Dies zeigt sich augenscheinlich am heftigen Protest zahlreicher zivilgesellschaftlicher Akteure gegen „die" WTO vor allem im Umfeld von WTO-Ministertreffen. Vor diesem Hintergrund von wechselseitigem Misstrauen bis hin zu offener Ablehnung kann eine allenfalls schwach ausgeprägte Ressourceninterdependenz keine institutionalisierte Zusammenarbeit induzierende Wirkung entfalten. Zwar kann man zumindest einigen „gemäßigten" INGOs durchaus ein Interesse an der Ressource „Gewährung von Zugang zum oder von Beteiligungsrechten am Politikentscheidungsprozess in der WTO" unterstellen. Liberalen Demokratien lässt sich auch ein Interesse an den INGOs unterstellen: Das Transparenz- und Partizipationsdefizit der WTO wird zunehmend öffentlich diskutiert und kritisiert, so dass ein Rechtfertigungsdruck für Regierungen zumindest in liberalen Demokratien besteht, dem diese durch vertiefte Einbeziehung von INGOs in die WTO begegnen könnten. Allerdings besteht diese Ressourceninterdependenz nur zwischen INGOs und Regierungen liberaler Demokratien. Zudem ist sie nur relativ schwach ausgeprägt – man kann nicht sagen, dass die Erschließung der Ressourcen der jeweils anderen Seite *essenziell wichtig* zur eigenen Zielerreichung ist.

Eine eindeutige Beurteilung der Effektivität des Weltregierens in der Agrarhandelspolitik ist schwierig. Die Versuchung, zu einer negativen Beurteilung zu kommen, ist angesichts nach wie vor bestehender substanzieller Handelsverzerrungen groß. Ohne Zweifel sind aufgrund des Charakters der zwischenstaatlichen Verhandlungen in der WTO, die sich als von Interessengegensätzen geprägte Aushandelungsprozesse („bargaining") darstellen, keine großen Reformschritte festzustellen und auch nicht zu erwarten. Dennoch würde eine pauschal negative Bewertung zu kurz greifen. Zum einen hat der Abschluss des AoA zur Einleitung eines Reformprozesses der CAP beigetragen, der mittlerweile deutlich fortgeschritten ist. Auch wenn die Reform der CAP vielen Faktoren (u.a. der EU-Erweiterung, der Frage der weiteren Finanzierbarkeit einer aufgeblähten, höchst ineffizienten Agrarförderpolitik, dem wirtschaftlichen Strukturwandel in Mittel- und Osteuropa etc.) geschuldet ist, spricht vieles dafür, den externen Druck durch Verhandlungen im Rahmen der WTO und seit 2004 auch durch das WTO-Streitschlichtungsverfahren als Katalysator einer immer noch unvollständigen Liberalisierung des Agrarhandels in der EU aufzufassen. Auch die US-amerikanische Subventionierung ihrer Baumwollproduzenten wird in ihrem derzeitigen Umfang angesichts mehrerer Entscheide des WTO-Streitschlichtungsmechanismus und des wachsenden Verhandlungsdrucks in der Doha-Runde nicht mehr aufrecht zu erhalten sein (Ryan 2008: 17). Die Erreichung eines Verhandlungsergebnisses, das sowohl Industrie- als auch Schwellen- und Entwicklungsländer zufrieden stellt, ist angesichts der wachsenden wirtschaftlichen und politischen Macht von Schwellenländern wie China, Brasilien oder Indien schwieriger und kostspieliger geworden: Ohne Zugeständnisse der USA und der EU beim Agrarhandel wird keine Übereinkunft über vereinfachten Marktzugang für Fertigwaren und Dienstleistungen zu erzielen sein. Die zunehmende Verhandlungsmacht von (einzelnen) Entwicklungs- und Schwellenländern übt somit Druck auf eine Öffnung der Agrarmärkte der Industriestaaten aus, macht einen erfolgreichen Abschluss der Doha-Runde aber auch schwieriger.

Kapitel 8: Wohlfahrt 501

2.1.3 Der Schutz geistiger Eigentumsrechte gemäß dem TRIPs-Abkommen: Entwicklungsschädliche Auswirkungen auf die Bereitstellung kollektiver Güter und Anpassungen des WTO-Regelwerks

Im Folgenden werden als weiteres Problem im Politikfeld „internationale Handelsbeziehungen" die Auswirkungen des Übereinkommens über handelsbezogene Aspekte der Rechte des geistigen Eigentums (TRIPs-Abkommen) auf die öffentliche Gesundheitsversorgung in vielen Entwicklungsländern analysiert. Ferner werden die Anstrengungen zu einer entwicklungsfreundlicheren Auslegung und Weiterentwicklung des TRIPs-Regelwerks im Rahmen der WTO untersucht. Abschließend wird versucht, das zu beobachtende Weltregieren theoretisch einzuordnen und in groben Zügen zu erklären.

Die Folgen des TRIPs-Abkommens für die Gesundheitsversorgung in Entwicklungsländern zeigt einmal mehr die ganze Komplexität und Schwierigkeit von Weltregieren auf. Durch das TRIPs-Abkommen soll eine grundsätzlich sinnvolle und notwendige Regierensaufgabe, der globale Schutz geistiger Eigentumsrechte, erfüllt werden. Doch diese grundsätzlich positive Weltregierensleistung der WTO hat zum Teil negative Auswirkungen auf die Gesundheitsversorgung in Entwicklungsländern: Durch den strikten Schutz von Patenten auf pharmazeutisches Wissen wird die Gewährleistung der öffentlichen Gesundheitsversorgung in Entwicklungsländern gefährdet. Damit erzeugt das TRIPs-Abkommen seinerseits Folgeprobleme, die nach korrigierendem Weltregieren verlangen – d.h. nach Ausnahmeregeln, die die Gewährleistung der öffentlichen Gesundheitsversorgung in Entwicklungsländern trotz des Schutzes geistiger Eigentumsrechte durch das TRIPs-Abkommen ermöglichen.

In der Terminologie der Theorie kollektiver Güter (vgl. Kap. 6) bedeutet dies: Durch das TRIPs-Abkommen wird (pharmazeutisches) Wissen als globales Club-Mautgut definiert, d.h. zum „designed club good" gemacht, um Anreize für Forschung und Entwicklung aufrecht zu erhalten oder zu schaffen. Dies führt jedoch zu negativen Folgeerscheinungen – einer Gefährdung der Gesundheitsversorgung in Entwicklungsländern. Auf den Druck von Entwicklungs- und Schwellenländer sowie von Entwicklungs-INGOs wurde die Privatisierung von pharmazeutischem Wissen durch die WTO-Mitgliedstaaten relativiert. Auch wenn pharmazeutisches Wissen im Kern ein Mautgut bleibt, d.h. der Schutz geistigen Eigentums durch Patente für Medikamente im TRIPs-Abkommen weiterhin eingefordert wird, wurden schon bestehende „Mautbefreiungen", d.h. Ausnahmen vom Patentschutz bekräftigt und zum Teil erweitert.

2.1.3.1 Die Vorgaben des TRIPs-Abkommens und ihre Auswirkungen auf die öffentliche Gesundheitsversorgung in Entwicklungsländern *(Problembeschreibung)*

Wissen – zum Beispiel in Form von Erfindungen oder von Anderen begehrten Kenntnissen – ist (auch) ein ökonomisches Gut. Als solches zeichnet sich Wissen zumindest teilweise durch die Eigenschaften eines *kollektiven* Gutes aus: Es liegt Nicht-Rivalität im Konsum vor – der Konsum von Wissen durch einen Akteur reduziert nicht die Verfügbarkeit dieses Gutes für andere Akteure. Schwieriger gestaltet sich die Einordnung des Gutes „Wissen" hinsichtlich der (Nicht-)Ausschließbarkeit von seiner Nutzung. In einem vorrechtlichen Naturzustand ohne geistige Eigentumsrechte könnten andere Akteure von der Nutzung von Wissen nicht ausgeschlossen werden, das von seinem Erfinder oder Entdecker beabsichtigt oder nicht – etwa durch den Verkauf von Produkten, die sich relativ leicht nachahmen lassen, sobald ihre genaue Zusammensetzung bekannt ist – preisgegeben wurde. Wissen wäre demnach ein *reines öffentliches* Gut.

Doch aus der „Nicht-Ausschließbarkeit" von der Nutzung von Wissen erwachsen Probleme kollektiven Handelns, die gemäß der Theorie der kollektiven Güter nach dem Schutz geistiger Eigentumsrechte verlangen: Reine öffentliche Güter (sowie Allmendegüter), von deren Nutzung niemand ausgeschlossen werden kann, werden durch Marktmechanismen ohne Intervention durch politische Akteure – d.h. insbesondere Staaten, auf globaler Ebene auch internationale zwischenstaatliche Organisationen und inklusive, multipartistische Institutionen – nicht in optimaler Menge zur Verfügung gestellt (Liebig 2006b; vgl. Kap. 6). Ist Wissen für jeden frei verfügbar, d.h. ein reines öffentliches Gut, entsteht aus der Sicht der Theorie kollektiver Güter das Problem, dass Erfinder und Produktentwickler keinen Anreiz haben, neues Wissen zu erzeugen – schließlich sind mit Gütern, von deren Konsum niemand ausgeschlossen werden kann, keine Erträge zu erzielen. Geistige Eigentumsrechte sind in dieser Situation ein wirtschaftspolitisches Instrument, um einen Ausgleich zwischen ökonomischen Anreizen zur Erzeugung neuen Wissens einerseits und der Wissensverbreitung in einer Gesellschaft andererseits zu erreichen (Liebig 2006b). Die Kernfunktion von geistigen Eigentumsrechten ist die rechtsförmige Konstruktion von Knappheit. Die Verknappung der Verfügbarkeit von Wissen durch die (befristete) Verleihung von Privateigentumsrechten soll dazu führen, dass ein Preis für die Nutzung von Wissen erhoben werden kann und so langfristig Forschung und Innovation gefördert werden, indem Unternehmen und Forschungseinrichtungen, die Geld und Zeit in die Entwicklung neuer Produkte investieren, belohnt werden (Bull/ McNeill 2007: 59). Wissen wird z.B. in Form von Patenten für eine begrenzte Zeit privatisiert. Eine langsamere Wissensdiffusion, als unmittelbar gesellschaftlich optimal wäre, wird in Kauf genommen, um mittel- und langfristig Anreize zur Produktion neuen Wissens und damit auch wirtschaftliches Wachstum zu erzeugen. Die Erwartung ist, dass eine befristete Privatisierung von Wissen langfristig der gesamten Gesellschaft nutzen wird.

Die Schwäche dieser grundsätzlich schlüssigen Annahme liegt darin, dass in Gesellschaften, in denen es an Kaufkraft und an einer gewissen wissenschaftlich-technologischen Basis für Forschung und Entwicklung fehlt, geistige Eigentumsrechte als Anreizinstrumente stumpf bleiben (Liebig 2006b). Die Verknappung von Wissen und die Beschränkung der Diffusion von Wissen werden unter diesen Umständen, die auf zahlreiche Entwicklungsländer zutreffen, besonders dann nicht nur ökonomisch fragwürdig, sondern auch ethisch hoch problematisch, wenn dadurch lebensnotwendige Güter wie etwa die öffentliche Gesundheitsversorgung in Entwicklungsländern nicht mehr in hinreichendem Umfang bereitgestellt werden können (vgl. Liebig 2006a: 15).

Im Folgenden werden die negativen Auswirkungen beschrieben, die die im TRIPs-Abkommen (1994) enthaltenen Anforderungen zum Patentschutz für pharmazeutische Produkte auf die Fähigkeiten von Entwicklungsländern haben, durch Bereitstellung von kostengünstigen Medikamenten das öffentliche Gut „Gesundheitsversorgung" (insbesondere von HIV/AIDS-Erkrankten) zu produzieren. Daran anschließend folgt eine Analyse von multilateralen Bemühungen im Rahmen der WTO, entwicklungsschädliche Effekte des TRIPs-Abkommens durch Neuinterpretationen und Ergänzungen des Regelwerks abzumildern.[154]

Die Einbeziehung von Mindestanforderungen zum Schutz geistiger Eigentumsrechte in die Welthandelsordnung stellte einen fundamentalen Wandel des Schutzes geistiger Eigentumsrechte dar. Während der Schutz von Rechten geistigen Eigentums ursprünglich eine Aufgabe nationaler Politik war und gemäß den jeweiligen nationalen wirtschaftlichen und sozialen Bedingungen ausgestaltet werden konnte, ist er heute zunehmend wirksamen und sanktionsbewehrten internationalen Regelungen unterworfen (Shadlen 2007: 171). Zwar existierten bereits vor dem Abschluss des TRIPs-Abkommens (1994) mit der Weltorganisation für geistiges Eigentum (WIPO) eine zwischenstaatliche internationale Organisation zur weltweiten Förderung des Schutzes geistigen Eigentums und mit der Pariser Konvention zum Schutz des gewerblichen Eigentums (1883), der Berner Konvention zum Schutz von Werken der Literatur und Kunst (1886) sowie dem Welturheberrechtsabkommen (1952) internationale Vereinba-

---

[154] Dieser Abschnitt konzentriert sich auf die negativen Auswirkungen des TRIPs-Patentschutzregimes für pharmazeutische Produkte und damit auf einen engen Ausschnitt der Problematik des Schutzes geistigen Eigentums auf internationaler Ebene. Es lassen sich gute Argumente für einen wirksamen Schutz etwa vor illegalen Raubkopien aus Entwicklungs- und Schwellenländern, die in vielen Branchen jährlich Milliardenschäden anrichten, vorbringen. Es sind zudem verschiedene Konflikte im Rahmen der WTO zum Thema „geistige Eigentumsrechte" festzustellen, in deren Zusammenhang die Vorgaben des TRIPs-Abkommens jeweils als mehr oder weniger effektives und legitimes Instrument erscheinen mögen. Zwischen China und den USA und der EU bestehen etwa erhebliche Differenzen über den adäquaten Schutz geistigen Eigentums. Die hier ausgewählte Problemstellung hat jedoch nicht nur besonders gravierende Auswirkungen (geringere Verfügbarkeit lebensnotwendiger Medikamente in Entwicklungsländern) und hat große öffentliche Aufmerksamkeit erregt; sie wirft auch in besonderem Maße die Frage auf, inwieweit die WTO im Allgemeinen und die Doha-Runde im Besonderen dem eigenen Anspruch der Förderung von *Entwicklung* gerecht werden können. Daher wurde diese Schwerpunktsetzung gewählt.

rungen über den Schutz geistigen Eigentums (O'Brien/ Williams 2004: 159f.). Jedoch beließen die Abkommen zum Schutz geistiger Eigentumsrechte unter dem Dach der WIPO den einzelnen Staaten erhebliche Spielräume bei der Ausgestaltung der Schutzstandards. Zudem mangelte es den WIPO-Abkommen an einem effektiven Durchsetzungsmechanismus. Im Falle von Verletzungen von Rechten eines Mitgliedstaates aus dem TRIPs-Abkommen steht diesem nun der Weg zum rechtlich bindenden und zudem von der Einflussnahme der Streitparteien weitestgehend unabhängigen Streitschlichtungsverfahren der WTO offen (vgl. oben). Bei Nicht-Einhaltung der Vorgaben des TRIPs-Abkommens drohen somit in letzter Konsequenz Handelssanktionen in Form des Verlustes von Handelskonzessionen. Im Ergebnis führt das TRIPs-Abkommen erstmals zu einer relativ weit gehenden, wenn auch nicht vollständigen internationalen Harmonisierung des Schutzes geistiger Eigentumsrechte auf vergleichsweise hohem Niveau und unterwirft nationale Patentregime der rechtlich verbindlichen Prüfung durch eine internationale Streitschlichtungsinstanz (Liebig 2006a: 16; Shadlen 2007: 171).

Die Einbeziehung von Normen zum Schutz geistiger Eigentumsrechte in die WTO-Regelwerke wird in der Forschung einhellig auf die Lobbying-Aktivitäten wissensintensiver Wirtschaftszweige in den entwickelten Ländern zurückgeführt und bietet somit ein gutes Beispiel für den Einfluss von transnationalen Unternehmen auf Prozesse und Ergebnisse des Weltregierens (Abbott/ Reichman 2007: 925; Liebig 2006b; O'Brien/ Williams 2004: 322f.; Sell 1990, 2000; Shadlen 2007). Eine Allianz von transnationalen Unternehmen aus verschiedenen Sektoren (Biotechnologie, Pharmaindustrie, Unterhaltungsindustrie, Software-Entwicklung, etc.) betrieben in den 1980er und 1990er Jahren intensives und letztendlich erfolgreiches Lobbying insbesondere gegenüber der US-Regierung, um das Thema „Schutz der geistigen Eigentumsrechte" auf die Tagesordnung der GATT-Uruguay-Runde zu bringen. Während sich bei den Verhandlungen zur Ausgestaltung des TRIPs-Abkommens auf zwischenstaatlicher Ebene die USA als federführend erwiesen, erreichten transnationale Unternehmen wie Du Pont, General Electric, IBM und Monsanto, dass Vorschriften, die sie zum Teil selbst entworfen hatten, Eingang in das TRIPs-Regelwerk fanden (O'Brien/ Williams 2004: 322f.; Sell 1999).

Der Entwicklungsprozess bei pharmazeutischen Produkten ist ökonomisch besonders riskant und kostenintensiv. Pharmaunternehmen wenden erhebliche Mittel für Forschung und Entwicklung auf. Gleichzeitig ist es häufig relativ einfach, bei einmal entwickelten Endprodukten die chemischen Verbindungen zu entschlüsseln und Nachahmerpräparate (Generika) herzustellen. Vor diesem Hintergrund ist es nicht allzu überraschend, dass die Pharmaindustrie in den Industrieländern zu den entschiedensten Verfechtern eines umfassenden weltweiten Patentschutzes gehört(e) (Liebig 2006a: 15). Der Schutz von Patenten wird von Interessenvertretern der Pharmaunternehmen für die Entwicklung neuer Medikamente und Impfstoffe als unabdingbar bezeichnet. Langfristig ziehe die gesamte Welt Nutzen aus dem TRIPs-Abkommen, da nach Ablauf des Patentschutzes neue Errungenschaften und Techniken, die ohne den

Schutz geistiger Eigentumsrechte nicht entwickelt worden wären, öffentlich nutzbar würden (vgl. VFA 2007).

Das TRIPs-Abkommen versucht, einen Kompromiss zu finden zwischen dem langfristigen Ziel, Anreize für zukünftige Erfindungen und Produktentwicklungen zu schaffen, und dem kurzfristigen Ziel, Menschen die Möglichkeit zu geben, bereits gemachte Erfindungen zu nutzen (WTO 2006: 1). Das TRIPs-Abkommen sieht allgemeine Mindeststandards für den Schutz geistiger Eigentumsrechte in Form von Urheberrechten, Schutz von Markenzeichen und Patenten vor. Es gibt ferner Verfahrensrichtlinien zur Durchsetzung von Schutzbestimmungen vor. Allerdings wird keine vollständige Harmonisierung angestrebt. Ein gewisser Umsetzungsspielraum für die Mitgliedstaaten bleibt erhalten – er ist aber deutlich geringer als bei den Abkommen unter dem Dach der WIPO. Das TRIPs-Abkommen enthält – als Kompensation für Entwicklungsländer, denen die Möglichkeit zum Trittbrettfahren genommen wird – eine Verpflichtung der Industriestaaten zum Technologietransfer. In begründeten Ausnahmefällen, wenn ein „nationaler Notstand" und „höchste Dringlichkeit" nachgewiesen werden kann, sind Abweichungen von den Bestimmungen des TRIPs-Abkommens möglich. Allerdings sind diese Ausnahmen relativ vage formuliert und mit vielen anspruchsvollen Bedingungen verbunden, mithin stark begrenzt (vgl. WTO 2006).

Betrachtet man insbesondere die Patentschutzbestimmungen, die das TRIPs-Abkommen enthält, fällt auf, dass ein sehr weitgehender Patentschutz für Produkte und Produktionsprozesse auf allen Gebieten der Technik gefordert wird (Art. 27 TRIPs, vgl. Liebig 2006b). TRIPs schützt Patente mit dem Ziel, Innovationen und Forschung anzuregen und somit einen langfristigen Beitrag zum Allgemeinwohl zu leisten (Art. 7 TRIPs). Die Vorgaben mussten Entwicklungsländer bis zum Jahr 2005 umgesetzt haben, den am wenigsten entwickelten Staaten (LDCs) wurde eine weiter reichende Implementationsfrist gesetzt. Die Mindeststandards des Patentschutzes sind durch nationale Gesetzgebung der WTO-Mitgliedstaaten umzusetzen. Die Mindestdauer des Patentschutzes beträgt 20 Jahre. Es gilt das WTO-Prinzip der Nicht-Diskriminierung, d.h. es darf nicht zwischen importierten und heimischen Erzeugnissen diskriminiert werden. Für die Patentierbarkeit eines Produkts oder Produktionsprozesses müssen mehrere Voraussetzungen erfüllt sein: Das Produkt oder der Produktionsprozess muss neu sein, auf einer erfinderischen Tätigkeit beruhen und gewerblich anwendbar sein (vgl. Liebig 2006b; WTO 2006). Ausnahmen vom Patentschutz sind streng begrenzt (Art. 30 TRIPs). Ausnahmen sind zulässig, wenn sie zum Schutz der öffentlichen Ordnung einschließlich des Schutzes des Lebens oder der Gesundheit von Menschen, Tieren oder Pflanzen oder zur Vermeidung einer ernsten Schädigung der Umwelt notwendig sind (vgl. Art. 27 II TRIPs).

Das wichtigste Instrument, um Ausnahmen von der Verpflichtung zur Sicherstellung von Patentschutz zu schaffen, ist die Vergabe von Zwangslizenzen (nach Art. 31 TRIPs). Zwangslizenzen ermöglichen, ein Patent ohne die Einwilligung des Patenteigners zeitweise außer Kraft zu setzen und Generika herstellen zu lassen. Durch die Vergabe von Zwangslizenzen erlaubt es eine Regierung jemand anderem als dem Patentinhaber, das patentierte Erzeugnis zu produzieren oder zu verarbeiten. Die Voraussetzungen dafür sind allerdings umfangreich und anspruchsvoll: Die Person oder Firma, welche die Zwangslizenz beantragt, muss zunächst erfolglos versucht haben, eine Lizenz vom Patenteinhaber zu „vernünftigen ökonomischen Bedingungen" zu erwerben. Im Falle der Ausstellung einer Zwangslizenz muss dennoch eine angemessene Vergütung an den Patentinhaber gezahlt werden. Im Falle einer nationalen Notlage, öffentlicher nicht-kommerzieller Nutzung oder von wettbewerbswidrigen Praktiken muss keine vom Patentinhaber zu erwerbende Lizenz beantragt werden (Art. 31b TRIPs). Eine wichtige zusätzliche Anforderung besagt, dass Zwangslizenzen primär zur Versorgung von Binnenmärkten genutzt werden dürfen (Art 31f TRIPs); dies führte etwa bei von HIV/AIDS besonders betroffenen Entwicklungsländern ohne einheimische Produktionskapazitäten für antiretrovirale Medikamente – d.h. Medikamente, die den Krankheitsverlauf von HIV/AIDS verlangsamen – dazu, dass die Ausnahmemöglichkeit der Zwangslizenzvergabe „leer lief" (WTO 2006: 4). Allerdings haben mittlerweile erfolgte Anpassungen des Regelwerks in dieser Hinsicht Besserung gebracht (vgl. unten). Diese werden jedoch zum Teil dadurch konterkariert, dass insbesondere die USA außerhalb der WTO in zahlreichen bilateralen und regionalen Handelsabkommen mit Entwicklungsländern zunehmend eine „TRIPs-plus"-Politik mit noch restriktiveren Bestimmungen zum Schutz geistigen Eigentums verfolgen. Die Schutzrechte sollen in bilateralen Abkommen über das TRIPs-Abkommen hinausgehend gestärkt und Ausnahmen und Spielräume für Regierungen eingeschränkt werden (vgl. Liebig 2006a: 6; Oxfam 2006).

Gewinner und Verlierer des TRIPs-Abkommens im Allgemeinen und der Bestimmungen über den Patentschutz für pharmazeutische Produkte und Produktionsprozesse im Besonderen sind klar verteilt. Die Implementierung des TRIPs-Abkommens führt zu erheblichen Wohlstandsumverteilungen zu Gunsten der Industrieländer auf Kosten der Entwicklungsländer. Schätzungen gehen davon aus, dass eine volle Implementierung des TRIPs-Abkommens zu einem jährlichen Nettoeinkommenstransfer von rund 38 Milliarden US-Dollar allein an die fünf wichtigsten Technologie schaffenden Länder (USA, Vereinigtes Königreich, Frankreich, Deutschland, Schweiz, Japan) führt (Mendoza 2003: 464). Die Pharmaindustrie in diesen Ländern, die die überwiegende Zahl der Patente hält, kann durch den globalen Schutz geistiger Eigentumsrechte höhere Preise für essenzielle Medikamente – darunter auch antiretrovirale Medikamente zur Behandlung von HIV/AIDS-Infizierten – erzielen (O'Brien/ Williams 2004: 159f.). Harmonisierte Standards beim Patentschutz sollen das Risiko von nicht gerechtfertigtem Trittbrettfahren der Entwicklungsländer reduzieren und Investitionsanreize aufrecht erhalten oder zusätzlich schaffen. Sie haben jedoch die Fähigkeit in Entwicklungsländern zur Bereitstellung des öffentlichen Gutes der Gesundheitsversorgung insbesondere zu Gunsten armer Mitglieder der Gesellschaften verringert (Abbott/ Reichman 2007: 925). Zudem findet der im TRIPs-Abkommen geforderte Technologietransfer kaum statt, der Großteil der Pharmakonzerne forscht und produziert weiterhin in Industrieländern.

Unmittelbar betroffene Verlierer sind an HIV/AIDS Erkrankte in Entwicklungsländern. Die Verteuerung und damit Verknappung von Medikamenten gegen HIV/AIDS durch TRIPs-Regeln zum Patentschutz wirkt sich insbesondere in Afrika negativ auf die ohnehin schon prekäre Gesundheitsversorgung aus. So leben etwa in Südafrika nur 2% der Weltbevölkerung, das Land weist aber 30% der HIV-Infizierten weltweit auf. Im gesamten Afrika südlich der Sahara leben 10% der Weltbevölkerung, aber 64% der HIV-Infizierten weltweit. HIV/AIDS stellt ein wesentliches Entwicklungsproblem für Afrika dar: Neben der Zerstörung sozialer Strukturen hat die Ausbreitung der Krankheit auch tief greifende sozioökonomische Folgen (Kielwein/ Liebig 2007: 33f; vgl. Thomas/ Reader 2005: 81). Antiretrovirale Medikamente, die zwar keine Heilung von HIV/AIDS, aber zumindest eine Verlangsamung des Krankheitsverlaufs bewirken, können das Leid der Betroffenen und die sozialen Probleme, die sich aus der HIV/AIDS-Epidemie nicht nur, aber im Besonderen in Afrika ergeben, zumindest lindern.

In den Jahren, bevor die TRIPs-Regeln zum Schutz geistigen Eigentums auch von den Schwellen- und Entwicklungsländern in der WTO implementiert werden mussten, waren die Preise für antiretrovirale Medikamente deutlich gefallen, weil relativ günstige Generika vor allem aus Indien angeboten wurden. Diese Medikamente konnten in Indien produziert werden, weil sie dort bis Ende 2004 nicht durch Patente geschützt waren. Seit dem 1. Januar 2005 müssen jedoch Entwicklungsländer, die nicht zu den am wenigsten entwickelten Staaten (LDCs) zählen – d.h. auch Indien –, die Vorgaben des TRIPs-Abkommen umsetzen und umfassenden Patentschutz für pharmazeutische Erzeugnisse und Verfahren gewähren. In diesen Ländern können Medikamente nicht mehr vom Patenschutz ausgenommen werden, um so die Produktion kostengünstiger Generika anzuregen. Davon sind nicht nur Erkrankte in diesen Ländern selbst, sondern auch HIV/AIDS-Infizierte in LDCs betroffen (Liebig 2006: 1). Indische Produzenten können nur noch unter deutlich restriktiveren Bedingungen antiretrovirale Medikamente nach Afrika liefern (Kielwein/ Liebig 2007: 35). Die Medikamentenversorgung in LDCs, die gerade im Fall HIV/AIDS stark von Importen aus fortgeschrittenen Schwellenländern wie Indien abhängt, wird dadurch erschwert.

Angesichts der Verbreitung von HIV/AIDS überrascht es nicht, dass Südafrika neben einer Vielzahl von entwicklungspolitisch engagierten INGOs wie Oxfam (vgl. Oxfam 2006) bis heute zu den entschiedensten Gegnern des TRIPs-Abkommens zählt. Südafrika hat zumindest teilweise mit Erfolg Patentrechte von Medikamentenproduzenten gerichtlich angefochten und öffentlichkeitswirksam die moralische Rechtfertigung der TRIPs-Regeln in Frage gestellt – mit dem Ziel, preiswertere AIDS-Medikamente verfügbar zu machen (O'Brien/ Williams 2004: 160).

Darüber hinaus kommt von verschiedenen Seiten Kritik an der Ausgestaltung des TRIPs-Abkommens und dessen Folgen für weltweite Entwicklung: Weltbank und UNDP sowie Entwicklungs-INGOs argumentieren, dass von Patentrechten in den meisten Entwicklungsländern keine Investitionsanreize ausgehen (vgl. oben), und warnen vor für Entwicklungsländer ungünstigen Wohlfahrtsverteilungswirkungen, d.h. einem substanziellen Ressourcentransfer von armen Ländern (Nutzern von Patenten) in wohlhabende Länder (wo die meisten Patentinhaber ihren Sitz haben). Entwicklungsländer ebenso wie Entwicklungsökonomen beklagen, dass das TRIPs-Abkommen Entwicklungsländer zwinge, Schutzsysteme für geistiges Eigentum einzuführen, die ihren begrenzten wissenschaftlichen, technologischen und administrativen Ressourcen nicht Rechnung tragen. Für Entwicklungsländer gebe es dringendere Aufgaben und Investitionsfelder als den Aufbau von Institutionen zum Schutz geistigen Eigentums. Liberale Handelstheoretiker führen schließlich an, dass TRIPs ein Element des Protektionismus in die WTO bringe, die eigentlich ja Behinderungen des freien Flusses von Gütern und Dienstleistungen abbauen sollte. Die Einbeziehung von verbindlichen Standards zum Schutz geistiger Eigentumsrechte in die Welthandelsorganisation sei sachfremd (Liebig 2006b; Shadlen 2007: 171; O'Brien/ Williams 2004: 322f.).

2.1.3.2   Weltregieren im Sachbereich „Wohlfahrt" II (Schutz geistigen Eigentums): Auf dem Weg zu einer entwicklungsfreundlichen Interpretation des TRIPs-Abkommens? *(Problembearbeitung)*

Der Konflikt zwischen Industrie- und Entwicklungsländern über die entwicklungspolitischen Auswirkungen des TRIPs-Abkommens findet in der laufenden Doha-Runde eine Fortsetzung. Industrieländer und transnationale Pharmakonzerne drängen weiterhin auf die Aufrechterhaltung und schnelle Umsetzung der bisherigen Bestimmungen oder fordern gar einen verstärkten Schutz von Patenten. Entwicklungsländer und entwicklungspolitische INGOs verweisen nach wie vor beharrlich darauf, dass der Schutz pharmazeutischer Patente zu erhöhten Medikamentenpreisen in Entwicklungsländern führt und dort, wo der größte Bedarf z.B. an HIV/AIDS-Medikamenten besteht, patentierte Produkte häufig nicht bezahlbar sind (Oxfam 2006). Der Protest gegen negative Auswirkungen des TRIPs-Abkommens auf die Bereitstellung des kollektiven Gutes „öffentliche Gesundheitsversorgung" hat mittlerweile eine breite Öffentlichkeit gefunden.

Vor diesem Hintergrund und auf Initiative von erstarkenden Schwellenländern wie Südafrika, Brasilien, China und Indien, von denen zumindest einige die Kapazitäten für und ein ökonomisches Interesse an der Produktion und dem Export von Generika haben, wurden in der WTO mittlerweile drei Beschlüsse gefasst, die den Gestaltungsspielraum von Entwicklungsländern bei der Bereitstellung pharmazeutischer Produkte durch das jeweilige nationale Gesundheitssystem erhöhen: 1) die Doha-Erklärung zum TRIPs-Abkommen und zur öffentlichen Gesundheit (2001), 2) die Entscheidung des Allgemeinen Rats der WTO zur Außerkraftsetzung von Art. 31(f) TRIPs und zur Implementierung von § 6 der Doha-Erklärung (2003) und 3) das Art. 31 TRIPs-Änderungsprotokoll (2005), das im Falle hinreichender Ratifikation durch die WTO-Mitgliedsstaaten das TRIPs-Abkommen modifiziert. Dadurch haben sich von den restriktiven Vorgaben des TRIPs-Abkommens Betroffene – vor allem Entwicklungs- und Schwellenländer und vermittelt durch advokatorische NGOs auch die von HIV/AIDS und anderen schweren Infektionskrankheiten Betroffenen in Entwicklungsländern – mehr Spielraum bei der Vergabe von Zwangslizenzen nach Art. 31 TRIPs verschafft (Abbott/ Reichman 2007: 921).

Die Doha Erklärung zu TRIPs und öffentlicher Gesundheit bekräftigt, das bei der Implementation der TRIPs-Regeln dem Gesichtspunkt der öffentlichen Gesundheitsversorgung Rechnung zu tragen ist, und verlängert die Übergangsfrist zur Umsetzung der TRIPs-Patentbestimmungen für pharmazeutische Produkte für LDCs bis 2016. Das Recht der Mitgliedstaaten, Vorkehrungen zum Schutz der öffentlichen Gesundheitsversorgung zu treffen, wird ausdrücklich bestätigt, so dass es WTO-Mitgliedstaaten politisch erleichtert wird, die Flexibilitäten des TRIPs-Abkommens auch tatsächlich zu nutzen. §6 der Doha-Erklärung verbessert die Situation von Ländern, die bis dahin angesichts mangelnder eigener Produktionskapazitäten nicht in der Lage sind, die Möglichkeit der Zwangslizenzvergabe effektiv zu nutzen. Nach dem ursprünglichen Text des TRIPs-Abkommens müssen Zwangslizenzen laut Art. 31(f) primär der Versorgung des eigenen Marktes dienen. Daher können Generika nicht einfach von anderen Ländern mit geeigneten Produktionskapazitäten importiert werden. Im August 2003 wurden durch einen Beschluss der Mitgliedstaaten im Allgemeinen Rat der WTO bestehende Ausnahmemöglichkeiten bekräftigt und ausgeweitet. Dieser Beschluss erleichtert es Ländern, die selbst nicht in der Lage sind, Medikamente herzustellen, durch die Nutzung von Zwangslizenzen Pharmazeutika zu importieren (WTO 2006: 2). Er sieht zu diesem Zweck eine Außerkraftsetzung („waiver") von Art. 31f TRIPs vor, der bis zu einer Änderung des TRIPs-Abkommens selbst gelten soll. Im Dezember 2005 einigten sich die WTO-Mitgliedstaaten schließlich auf die dauerhafte Änderung von Art. 31 TRIPs „im Geiste der Doha-Erklärung". Diese Modifikation des TRIPs-Abkommens tritt in Kraft, sobald der Beschluss von zwei Dritteln der Mitgliedstaaten ratifiziert sein wird. Im Ergebnis werden es die TRIPs-Regeln ausdrücklich ermöglichen, mit Hilfe einer Zwangslizenz Generika in einen ausländischen Markt einzuführen. Allerdings ist auch diese Ausnahmegenehmigung an zahlreiche Bedingungen geknüpft (Liebig 2006: 4f.). Die relativ hohen administrativen Hürden werden von WTO-kritischen Beobachtern auf den Druck von Industriestaaten, hinter denen wiederum deren politisch einflussreiche Pharmaindustrie steht, zurückgeführt (Abbott/ Reichman 2007: 921). Dennoch bleibt festzuhalten, dass vor allem auf den Druck von Entwicklungs- und Schwellenländern hin und auf Grund wachsender öffentlicher Sensibilität für negative Auswirkungen des TRIPs-Abkommens auf die öffentliche Gesundheitsversorgung in Entwicklungsländern die Mitgliedstaaten der WTO in der Doha-Runde Verhandlungsfortschritte und konkrete Einigungen erzielt haben, die die Flexibilitäten im TRIPs-Regelwerk bekräftigt und ausgeweitet haben.

> (1) Die **Doha-Erklärung zum TRIPs-Abkommen und zur öffentlichen Gesundheit (2001)**
> - bekräftigt die Berücksichtigung von Aspekten der öffentlichen Gesundheit bei der Implementierung der TRIPs-Regeln.
> - verlängert die Übergangsfrist zur Umsetzung der TRIPs-Patentbestimmungen für pharmazeutische Produkte für LDCs bis 2016.
> - bekräftigt das Recht der Mitgliedstaaten, Vorkehrungen zum Schutz der öffentlichen Gesundheitsversorgung zu treffen.
>
> (2) Die **Entscheidung zur Außerkraftsetzung von Art. 31(f) TRIPs und zur Implementierung von § 6 der Doha-Erklärung (*Waiver Decision,* 2003)**
> - ermöglicht es Ländern, die selbst nicht in der Lage sind, Medikamente herzustellen, mithilfe der Nutzung von Zwangslizenzen Pharmazeutika zu importieren.
>
> (3) Das **Art. 31 TRIPs-Änderungsprotokoll (Dezember 2005)**
> - macht die *Waiver Decision* von 2003 über Zwangslizenzen dauerhaft wirksam und führt im Falle hinreichender Ratifikation durch die Mitgliedstaaten der WTO zu einer Modifizierung des TRIPs-Abkommens, so dass es möglich wird, mit Hilfe einer Zwangslizenz Generika in einen ausländischen Markt einzuführen. Allerdings ist auch diese Ausnahmegenehmigung an zahlreiche Bedingungen geknüpft.

Abb. 8.3: WTO-Beschlüsse zur Erweiterung des Gestaltungsspielraums von Entwicklungsländern bei der Bereitstellung pharmazeutischer Produkte

2.1.3.3 Theoretische Einordnung und Bewertung des Weltregierens zum Schutz geistiger Eigentumsrechte und zur Gewährleistung der öffentlichen Gesundheitsversorgung

Wie bereits im Abschnitt über die internationale Agrarhandelspolitik erörtert, entspricht das Weltregieren in der WTO weitgehend dem Typus des Exekutivmultilateralismus mit einer gewissen Öffnung gegenüber nichtstaatlichen Akteuren (offener, fortgeschrittener Exekutivmultilteralismus). Hinsichtlich der in Kap. 5 vorgestellten Weltregierensmodelle erscheint das Modell des heterarchischen Weltregierens am treffendsten – allerdings dominiert das zwischenstaatliche Regieren, der Grad der institutionalisierten Beteiligung nichtstaatlicher Akteure ist (auch im Vergleich mit anderen Politikfeldern) eher niedrig.

Dies bedeutet jedoch nicht, dass nichtstaatliche Akteure keinen Einfluss auf Verhandlungsprozesse und Politikergebnisse nehmen. Vielmehr verweisen die nachteiligen Auswirkungen des TRIPs-Abkommens auf die Gewährleistung der öffentlichen Gesundheitsversorgung in Entwicklungsländern – ähnlich wie das zuvor beschriebene Problem der Verzerrung des Weltagrarhandels durch Marktzugangsbeschränkungen und handelsverzerrende Subventionen – auf die Ambivalenz des Einflusses von nichtstaatlichen Akteuren auf Prozesse und Ergebnisse des Weltregierens in der WTO. In den frühen 1990er Jahren beeinflusste eine mächtige Koalition von privaten Technologieexporteuren die politische Tagesordnung und in erheblichem Maße auch die Ausgestaltung der Regeln zum internationalen Schutz geistigen Eigentums – bei zunächst geringem Gegengewicht durch Verbraucher, kleine Unternehmen und Vertretern entwicklungspolitischer Interessen (Abbott/ Reichman 2007: 925; vgl. Sell 1999, 2000). Die Einbeziehung von geistigen Eigentumsrechten in die unter dem institutionellen Dach der WTO vereinten Regelwerke geht maßgeblich auf die intensiven Lobbying-Aktivitäten der Biotechnologie-, Chemie-, Pharma-, Software- und Unterhaltungsindustrie, die über gute Zugangsmöglichkeiten zu den Regierungen der Industrieländer verfügten, zurück (Shadlen 2007).

Aus handlungstheoretischer Perspektive betrachtet, ergeben sich für die Theorie kollektiver Güter rätselhafte Befunde: Das vor Einführung der Patentschutzverpflichtungen vorherrschende Trittbrettfahren der Entwicklungsländer muss aus der Sicht der Theorie kollektiver Güter als ineffiziente und ineffektive Form der Güterbereitstellung erscheinen. Aus dieser Sicht lässt sich eine Beteiligung der Entwicklungsländer an den Kosten von Forschung und Entwicklung durch die Gewährleistung von Patentschutz, der wiederum zu höheren Preisen führt, als Mittel zur Steigerung der Effizienz und Effektivität der globalen Bereitstellung des kollektiven Gutes „Gesundheitsversorgung" auffassen. Wie gezeigt, greift diese Argumentation jedoch zumindest für die meisten Entwicklungsländer zu kurz: Angesichts der fehlenden Kaufkraft und der mangelnden wissenschaftlich-technologischen Basis in den Entwicklungsländern bleiben Innovationsanreize, die sich aus dem Schutz geistigen Eigentums ergeben, stumpf. Die Privatisierung des Gutes „pharmazeutisches Wissen" hat die Fähigkeit von Regierungen in Entwicklungsländern, das kollektive Gut der Gesundheitsversorgung vor allem von HIV/AIDS-Infizierten durch die Bereitstellung preisgünstiger Medikamente herzustellen, eingeschränkt.

Verschiedene Erklärungsansätze für die im Verlauf der Doha-Runde erfolgten Regelanpassungen und -neuinterpretationen im TRIPs-Abkommen erscheinen plausibel. Klare Kausalzusammenhänge können jedoch nicht nachgewiesen werden. So haben die anwaltschaftlichen Aktivitäten von Entwicklungs-INGOs (vgl. Oxfam 2006) ein öffentliches Bewusstsein geschaffen für die Inkompatibilität zwischen den ursprünglichen TRIPs-Regeln zum Schutz der Rechte geistigen Eigentums von Pharmaunternehmen und dem Bestreben der Verbesserung öffentlicher Gesundheitsversorgung für eine wachsende Zahl von HIV/Aids-Infizierten vor allem in Entwicklungsländern (vgl. Bull/ McNeill 2007: 59f.). Umfragen zum Image der Pharmabranche in den USA ergaben für diese sehr negative Ergebnisse. Die Ausweitung der Öffentlichkeitsarbeit von INGOs trifft die Pharmaunternehmen an einer empfindlichen Stelle: Der Patentschutz ist ein entscheidender Faktor für die Profitabilität des Wirtschaftszweigs. INGO-Kampagnen, die die Öffentlichkeit auf mögliche entwicklungsschädliche Auswirkungen des TRIPs-Abkommens aufmerksam machten, haben die Pharmaunternehmen einem stärkeren Rechtfertigungszwang gegenüber einer kritischen Öffentlichkeit ausgesetzt (Liebig 2006: 48f.). Unternehmen der Pharmaindustrie fürchten, dass auf Grund des gewachsenen öffentlichen Drucks das Patentrecht wieder gelockert wird und Preise sinken könnten. Kurz: „Die Branche als Ganzes wird durch dieses schlechte Image ein bevorzugtes Ziel politischer Kampagnen, die ihre Stellung als profitable Industriebranche bedrohen könnten" (Liebig 2006: 48). Allein dieser öffentliche Druck durch zivilgesellschaftliche Akteure erscheint aber kaum hinreichend für eine Erklärung der beschriebenen entwicklungsfreundlicheren Interpretation und Flexibilisierung des TRIPs-Abkommens. Beachtenswert erscheint, dass die Bekräftigung der Option der Zwangslizenzen nicht nur der Gesundheitsversorgung in Afrika dient, sondern auch dem ökonomischen Interesse von aufstrebenden und zunehmend auch in der WTO einflussreichen Schwellenländern wie Brasilien, Indien oder China entspricht, die erweiterte Exportmöglichkeiten für Generika wittern (Abbott/ Reichman 2007: 929). So hat sich eine Interessenkoalition von Entwicklungs- und aufstrebenden Schwellenländern für eine flexible Auslegung der TRIPs-Bestimmungen gebildet, die von den advokatorischen Aktivitäten von Entwicklungs-INGOs flankiert wurde.

Nicht hilfreich erscheint der Ansatz des wohlwollenden Hegemons. Gerade der Hegemon USA drängte neben der in Handelsfragen vergleichbar einflussreichen EU auf eine Beschleunigung der Einführung von strengen Patentschutzmechanismen in den Mitgliedstaaten der WTO. Die USA versuchten zudem, den Rückgriff auf Zwangslizenzen möglich stark zu begrenzen und drohten mit Handelssanktionen gegen Staaten, die Zwangslizenzen einführen wollten (Abbott 2001: 4f., 7; vgl. McNeill/ Bull 2007: 59f.). Die einem wohlwollenden Hegemon zugeschriebene Bereitschaft, überproportionale Kosten bei der Bereitstellung globaler kollektiver Güter zu übernehmen, ist in diesem Fall auf Seiten der USA nicht zu erkennen. Der Ansatz des wohlwollenden Hegemons betrachtet ein starkes Interesse des Hegemons an der Bereitstellung des Kollektivgutes (neben der Fähigkeit dazu) als notwendige Voraussetzung dafür, dass der Hegemon die Produktion des Gutes durch die Übernahme überproportionaler Kosten sicher stellt (vgl. Kap. 6). Die (Nicht-)Bereitstellung des Kollektivgutes „öffentliche Gesundheitsversorgung" in Entwicklungsländern berührt nur indirekt – etwa durch grenzüberschreitend destabilisierende Folgen einer weiteren Verschärfung der HIV/AIDS-Epidemie in Afrika – die Interessen der USA. Eine Einführung strikter internationaler Regeln zum Schutz geistigen Eigentums – ungeachtet deren problematischer entwicklungs- und gesundheitspolitischer Auswirkungen – liegt hingegen im direkten Interesse der USA. In den USA beheimatete transnationale Pharmaunternehmen gehören zu den Hauptnutznießern der Wohlstandsumverteilung durch das TRIPs-Abkommen. Aus dieser Sicht sind die Anreize für die USA zu gering, um im Sinne eines wohlwollenden Hegemons aufzutreten, der überproportionale Kosten bei der Bereitstellung des Kollektivgutes „öffentliche Gesundheitsversorgung in Entwicklungsländern" übernimmt.

Eine Beurteilung der Effektivität des Weltregierens, die der Komplexität des Problemfelds „Schutz geistiger Eigentumsrechte" gerecht werden soll, muss zunächst davon ausgehen, dass durch das TRIPs-Abkommen eine grundsätzlich sinnvolle und notwendige Weltregierensleistung, der weltweite Schutz geistiger Eigentumsrechte, erbracht wird. Zugleich ist nicht zu übersehen, dass Weltregieren zum Schutz geistiger Eigentumsrechte durch das TRIPs-Abkommen auch Entwicklungsländer schädigende Folgeprobleme erzeugt. Die Frage ist also, inwieweit ein diese Folgeprobleme korrigierendes Weltregieren in der und durch die WTO stattgefunden hat, so dass Entwicklungsländern trotz des Schutzes geistiger Eigentumsrechte durch das TRIPs-Abkommen die Gewährleistung der öffentlichen Gesundheitsversorgung ermöglicht wird. Auch wenn abzuwarten bleibt, inwieweit bekräftigte oder neu geschaffene Ausnahmeregelungen genutzt werden, lässt sich festhalten, dass auf den Druck von Entwicklungs- und Schwellenländern sowie von Entwicklungs-INGOs die rechtsförmige Privatisierung des Gutes „pharmazeutisches Wissen" durch die WTO-Mitgliedstaaten wieder eingeschränkt wurde. Pharmazeutisches Wissen bleibt zwar im Kern ein Mautgut, d.h. der Schutz geistigen Eigentums durch Patente für Medikamente wird vom TRIPs-Abkommen auch von Entwicklungs- und Schwellenländern weiterhin eingefordert. Es wurden jedoch bestehende Ausnahmen vom Patentschutz („Mautbefreiungen") bekräftigt und zum Teil erweitert.

2.2 *Krisenanfälligkeit deregulierter globaler Finanzmärkte und globale Steuerungsversuche zur Vermeidung und Eindämmung von Finanzkrisen (Weltregieren im Sachbereich Wohlfahrt III)*

Grenzüberschreitende Finanzkrisen, wie die Weltfinanzkrise 2008/09 oder die Währungskrisen in den 1990er Jahren in Schwellen- und Entwicklungsländern (vgl. unten), sind keine neue Erscheinung der letzten Jahrzehnte. Um dies zu zeigen, genügt es, auf den Zusammenbruch des US-Aktienmarktes 1929 zu verweisen, dessen Schockwellen sich rasch weltweit ausbreiteten und sich – in dieser Hinsicht vergleichbar mit der jüngsten Weltfinanzkrise – zu einer schweren Weltwirtschaftskrise auswuchsen. Dennoch hat im Zuge der Deregulierung globaler Finanzmärkte, der kommunikationstechnologischen Revolution der letzten Jahrzehnte, des Aufkommens neuer risikoreicher Finanzmarktinstrumente und des wachsenden Handlungsspielraums spekulativer Finanzmarktakteure die Krisenanfälligkeit nationaler und globaler Finanzmärkte zugenommen. Auf Grund der sich verdichtenden globalen wirtschaftlichen Vernetzung wirken sich Krisen auf nationalen Finanzmärkten immer stärker auf andere benachbarte Volkswirtschaften oder gar auf globale Märkte aus. Die effektive Setzung und Durchsetzung von Regeln zur Vermeidung oder zur Eindämmung von Finanzkrisen ist einzelstaatlich nicht zu bewerkstelligen und stellt daher eine Weltregierensaufgabe dar, deren Erfüllung wichtig für die Erreichung des Weltregierensziels „Förderung wirtschaftlichen Wachstums" ist. Ein instabiles globales Finanzsystem wirkt sich nachteilig auf andere Sektoren der Weltwirtschaft (z.B. Waren- oder Dienstleistungshandel) aus und birgt erhebliche Risiken globaler Wohlfahrtsverluste, wie die Weltfinanzkrise 2008/09 eindrucksvoll vor Augen führte. Denn Finanzmärkte erfüllen durch die Ermöglichung eines gut funktionierenden Zahlungsverkehrs und die Versorgung von Banken, Unternehmen, Konsumenten und Regierungen mit Kapital für Investitionen und Konsum eine wichtige gesamtwirtschaftliche Funktionen (Bieling 2007: 140).

Mit dem Begriff „*Finanzmarkt*" werden alle Märkte erfasst, auf denen Handel mit Finanzmitteln betrieben wird. Unterschieden wird üblicher Weise zwischen Geld-, Kapital- und Kreditmärkten sowie dem Devisenmarkt für den Handel mit Währungen (vgl. Huffschmid 1999: 16f.; Woll 1990a: 212). Der *Kapitalmarkt* wird konstituiert durch die Gesamtheit aller Transaktionen und Institutionen, die der Zusammenführung von Angebot und Nachfrage nach relativ langfristigem Investitionskapital dienen. Langfristiges Anlagekapital wird zum Beispiel in Form von Aktien, Unternehmens- und Regierungsanleihen und verschiedenen anderen eher langfristigen Anlageformen wie z.B. Investmentfonds gehandelt. Der Kapitalmarkt dient der langfristigen Finanzierung von privaten und öffentlichen Investitionen (Bieling 2007: 140). Häufig wird vom Kapitalmarkt noch der *Kreditmarkt* als eigenständiger Finanzmarkt unterschieden: Auf dem Kreditmarkt treten Banken als Gläubiger und Unternehmen, Regierungen und Privatpersonen als Schuldner auf, während auf dem Kapitalmarkt Finanzunternehmen nicht als Kreditgeber, sondern (allenfalls) als Vermittler zwischen Kapitalgebern und Kapitalnehmern fungieren (Huffschmid 1999: 17).

Der *Geldmarkt* bezeichnet den Teil des Finanzmarktes, auf dem zwischen Banken – zwischen Kreditinstituten sowie zwischen Kreditinstituten und Zentralbanken – mit Finanzmitteln kurzer Fristigkeiten (Geldmarktkredite/Geldmarktpapiere) gehandelt wird. Der Geldmarkt spielt eine wichtige Rolle bei der Liquiditätsbeschaffung und -sicherung der Banken (vgl. ebd. 16; Bieling 2007: 140; Woll 1990: 241f.). Auf dem *Devisenmarkt* werden Währungen gehandelt. Der an keinen festen Ort gebundene weltweite Devisenmarkt ist der größte Finanzmarkt der Welt (vgl. O'Brien/ Williams 2004: 224). Der Devisenmarkt ist unerlässlich für eine möglichst reibungsfreie Abwicklung des internationalen Handels und grenzüberschreitender Investitionen. Zugleich sind spekulative Aktivitäten auf Devisenmärkten besonders weit verbreitet (Huffschmid 1999: 17). Zu betonen ist, dass zwar zwischen Kapital- und Devisenmärkten – die hier im Mittelpunkt stehen, während Geldmärkte weitgehend ausgeklammert werden – zu unterscheiden ist, diese jedoch über verschiedene Verbindungen in wechselseitiger Abhängigkeit stehen, so dass schwere Finanzkrisen meist nicht auf eines der beiden Segmente begrenzt bleiben.

Im Folgenden wird zunächst dargelegt, inwiefern die Instabilität und die Krisenanfälligkeit gegenwärtiger deregulierter Finanzmärkte ein transsouveränes Problem darstellen, das globale Steuerungs- und Regulierungsmaßnahmen erfordert. In diesem Zusammenhang wird auch auf einige Ursachen dieser inhärenten Krisenanfälligkeit globaler Finanzmärkte eingegangen.[155] Zwar besteht ohne Zweifel ein politischer Kon-

---

[155] Eine detaillierte Analyse der spezifischen lang-, mittel- und kurzfristigen Ursachen der Weltfinanzkrise 2008/09 kann im Rahmen dieses Lehrbuchs nicht erfolgen; vgl. dazu Enderlein (2009), Kessler (2009, i.E.).

troll- und Steuerungsmangel, den nicht zuletzt die Weltfinanz- und -wirtschaftskrise 2008/09 offenbart hat. Dennoch ist durchaus zwischenstaatliche und transnationale Regelsetzung und -durchsetzung zu beobachten, auch wenn die Reichweite (in Bezug auf die erfassten Akteure und Transaktionen) und Tiefe (d.h. die Qualität) der Regulierung unzureichend sind. Daher werden anschließend verschiedene Formen zwischenstaatlichen, privaten und öffentlich-privaten Weltregierens zur Prävention und zur Eindämmung von Finanzkrisen analysiert.

2.2.1 Krisenanfälligkeit des gegenwärtigen globalen Finanzsystems (Problembeschreibung)

Die jüngste Weltfinanzkrise (2008/09) kam nicht aus heiterem Himmel. Bereits zuvor war festzustellen, dass schwere Finanzkrisen in immer mehr Regionen und in immer kürzeren Abständen auftraten (Schirm 2004a: 240). Nach dem Zweiten Weltkrieg wies kein Jahrzehnt so viele schwere Finanzkrisen auf wie die 1990er Jahre; insbesondere Entwicklungs- und Schwellenländer waren von internationalen Finanzkrisen betroffen (Dieter 2004: 23). Experten schätzen, dass die großen internationalen Finanzkrisen der 1990er Jahre erhebliche ökonomische Kosten für die betroffenen Länder verursachten und jeweils 20% des BIP von Mexiko, 50% des BIP von Indonesien, 35% des BIP von Südkorea, 40% des BIP von Russland und 60% des BIP von Argentinien verschlangen (vgl. Messner et al. 2005: 13). Diese Finanzkrisen äußerten sich in der Regel in akuten Zahlungsproblemen von Staaten, einem massiven Kapitalabzug privater Anleger und einem rapiden Verfall des Außenwerts der Währung. Die Konsequenzen für direkt betroffene (Entwicklungs- und Schwellen-)Länder waren weit reichend: Auf außenwirtschaftliche Finanzprobleme folgten eine binnenwirtschaftliche Rezession, die Verarmung breiter Bevölkerungsteile, politische Unruhen und ein Investitionsrückgang oder -stillstand. Doch auch entwickelte Industrieländer blieben von Finanzkrisen und deren Folgen nicht verschont – wie nicht erst die Weltfinanzkrise 2008/09, die zur schwersten globalen Rezession nach Ende des zweiten Weltkriegs führte, zeigte: Auf Grund intensiver Verflechtung der Handels- und Finanzbeziehungen brachen bereits in den 1990er Jahren mit der Rezession in Entwicklungs- und Schwellenländern Exportmärkte weg, was Auswirkungen auf das Wirtschaftswachstum und Arbeitsplätze im Norden hatte. Auch in Folge der Verschuldungskrise in Lateinamerika in den 1980er Jahren gerieten bereits zu dieser Zeit mehrere US-amerikanische Großbanken und damit das Weltfinanzsystem in schwere Turbulenzen (Schirm 2004a: 239).

Es lässt sich eine zunehmende Globalisierung der Auswirkungen von Finanzkrisen feststellen: „Nicht nur Kapitalbewegungen, sondern auch Krisenwirkungen sind zunehmend globalisiert" (Schirm 2004a: 241). Ein dichteres Netz von transnationalen Finanz-, Produktions- und Handelsbeziehungen lässt keine Begrenzung von Krisen auf einzelne Länder zu und erhöht die Gefahr der Ansteckung ganzer Regionen oder gar des globalen Finanzsystems: Die Mexiko-Krise 1994 übertrug sich auf viele Staaten

Lateinamerikas, die von Finanzanlegern mit Mexiko „in einen Topf" geworfen wurden. Ähnlich erging es vielen Staaten Ost- und Südostasiens in der Asienkrise 1997/1998. Aber auch geographisch entlegene Märkte und Industrieländer waren von den Verlusten von Großbanken und Exporteuren betroffen.

Die Weltfinanz- und -wirtschaftskrise 2008/09 nahm ihren Anfang als Subprime-Hypothekenkrise in den USA (2007). Sie zeigt auf besonders drastische Weise, in welchem Umfang nationale Kreditkrisen durch den grenzüberschreitenden Handel mit komplexen Finanzprodukten, deren Risiken von Aufsichtsbehörden und Händlern kaum mehr adäquat einzuschätzen sind – allerdings auch zum Teil fahrlässig oder gar mutwillig außer Acht gelassen wurden – das globale Finanzsystem und sogar die gesamte Weltwirtschaft schwer in Mitleidenschaft ziehen können. Die Krise begann im Sommer 2007, als Ausfälle von riskanten US-Immobilienkrediten bekannt wurden und finanzschwache Kreditnehmer ihre Schulden nicht mehr bezahlen konnten. Die Risiken dieser von unzureichenden Sicherheiten gedeckten Kredite waren aber bereits über komplexe strukturierte Wertpapiere (sogenannte „collateralised debt obligations", CDOs), die jeweils ein ganzes Bündel von Kreditforderungen enthalten, an Banken und Versicherungen in der ganzen Welt verbreitet worden. In einer Art Dominoeffekt wurde nach dem Ausfall von US-Immobilienkrediten aus der US-amerikanischen Subprime-Hypothekenkrise ein Problem für die globalen Finanzmärkte. Der Schaden für Banken längst nicht nur in den USA war hoch – auf den Finanzmärkten weltweit waren auf Grund der US-Kreditkrise empfindliche Kursstürze und Werteverluste zu verzeichnen (vgl. Sachverständigenrat zur Begutachtung der gesamtwirtschaftlichen Entwicklung 2007: 89ff.). Die Vergabe von (privaten) Krediten kam zeitweise weltweit nahezu zum Erliegen – mit gravierenden Folgen für die Kapitalversorgung in der Realwirtschaft. Aus der US-amerikanischen Hypothekenkrise ist 2008/09 eine globale Finanz- und schließlich die schwerste Weltwirtschaftskrise seit den späten 1920er Jahren erwachsen.

Im Allgemeinen werden sowohl interne als auch externe Faktoren als Ursachen für Währungs- und Kapitalmarktkrisen in einem Land angeführt: Zu den internen Krisenursachen zählen ein hohes Leistungsbilanzdefizit und eine hohe Außenverschuldung – hervorgerufen durch eine überbewertete Währung, hohe Inflation oder geringe Arbeitsproduktivität, ein instabiles, von unlauteren Geschäftspraktiken (z.B. Korruption, Misswirtschaft, „faule Kredite") geprägtes Finanzsystem sowie geringe Devisenreserven. Als maßgebliche externe Ursachen für die zunehmende Krisenanfälligkeit von Finanzmärkten gelten die Liberalisierung der globalen Finanzmärkte, d.h. fehlende Kapitalverkehrskontrollen und die wachsende Abhängigkeit öffentlicher und privater Akteure von kurzfristigen Auslandskrediten, sowie veränderte weltwirtschaftliche Rahmenbedingungen, d.h. schwankende Wechselkurse, die Entwicklung neuer risikoreicher Finanzmarktinstrumente und das Auftreten einflussreicher spekulativer Finanzmarktakteure wie z.B. Hedge Fonds (Bieling 2007: 154f.). Das zunehmend globale Engagement von Kapitalanlegern und Kreditgebern hat Volkswirtschaften vernetzt und damit auch verwundbar gemacht – etwa gegenüber dem Abzug von Kapital oder

der Verweigerung neuer Kredite. Neben den nicht zu vernachlässigenden internen Ursachen tragen das „Herdenverhalten" und die zunehmenden spekulativen Aktivitäten privater Anleger zur Verschärfung von Krisen auf Finanzmärkten weltweit bei (Schirm 2004a: 240f.).

Während internationale Währungsstabilität basierend auf einem System von festen Wechselkursen ein Eckpfeiler des Wachstums und relativer Stabilität vor allem in Nordamerika, Westeuropa und Japan nach dem Zweiten Weltkrieg war, hat der Zusammenbruch des Bretton Woods-Systems 1973[156] und der Übergang von festen zu flexiblen Wechselkursen zu einer Zunahme der Unsicherheit und Instabilität auf den weltweiten Finanzmärkten geführt (Russell 2005: 41, 46f.). Durch die Einführung eines Systems flexibler Wechselkurse haben die Volumina von Währungsgeschäften zugenommen – weil Gewinne aus Währungstransaktionen bei Wechselkursschwankungen zu machen sind und Wechselkurssicherungsgeschäfte an Bedeutung gewonnen haben. Nationale Zentralbanken mehrten ihre Währungsreserven zur Intervention bei extremen Schwankungen auf internationalen Devisenmärkten (Bieling 2007: 142f; Schirm 2004a: 72f.; Helleiner 1994: 123ff.).

Spekulative Währungsgeschäfte bergen erhebliche systemische Risiken. Das Prinzip von spekulativen Währungsgeschäften ist recht einfach: Profit kann dadurch erzielt werden, dass eine Währung verkauft wird, die an Wert verlieren wird, und diese dann zu einem späteren Zeitpunkt zurück gekauft wird. Durch das „Wetten" auf das Fallen einer Währung können somit Gewinne erzielt werden. Begünstigt durch moderne Informations- und Kommunikationstechnologien werden immense Summen in kürzester Zeit transferiert, was zu erheblicher Aktivität auf den Finanzmärkten und der Gefahr destabilisierender spekulativer Währungsattacken in großem Umfang führt (O'Brien/Williams 2004: 233f.). Ende des letzten Jahrhunderts – auf dem Höhepunkt des weltweiten Devisenhandels – lag das Volumen der weltweiten Währungstransaktionen bei rund 1,5 Billionen US-Dollar am Tag. Mittlerweile ist das Volumen der Währungsströme auch auf Grund der Einführung des Euro um rund 20% zurückgegangen (Russell 2005: 39, 42). Dennoch bleiben nationale Ökonomien verwundbar gegenüber spekulativen Währungsattacken und starken Schwnkungen dem Devisenmarkt. Die Wirksamkeit staatlicher wirtschaftspolitischer Instrumente ist deutlich eingeschränkt. Staatliche Instrumente zur Wechselkurssteuerung (z.B. Stützungskäufe[157]) zeigen angesichts des Volumens globaler Währungstransaktionen kaum mehr Wirkung: Der tägliche Währungshandel beläuft sich heute auf mehr als das 50-fache des täglichen Weltwarenhandels und mehr als die Devisenreserven aller Regierungen. Die staatlichen Ressourcen zur Währungskurssteuerung sind gegenüber den Volumina globaler Finanzmärkte klein geworden (Schirm 2004a: 78f.).

---

[156] Zu der Funktionsweise des Bretton Woods Systems und den Gründen für den Zusammenbruch des Bretton Woods Systems vgl. Schirm (2004a: 72f.).
[157] Stützungskäufe stellen eine Möglichkeit zur Intervention durch die Notenbanken dar. Der Ankauf von Devisen durch Notenbanken soll dazu dienen, den Kurs einer bestimmten Währung zu halten.

Die Kontrolle globaler Finanzmärkte wird auch durch die informationstechnologische Revolution und die Einführung neuer Finanzinstrumente, insbesondere risikoreicher Finanzprodukte, erschwert. Die kommunikationstechnologische Entwicklung der letzten Jahrzehnte hat die Verknüpfung wichtiger Finanzmärkte (New York, London, Tokio, Frankfurt) und 24-Stunden Handel möglich gemacht. Unruhe in einem Markt kann sich schnell auf andere Märkte ausbreiten (Russell 2005: 42). Diese technologischen Neuerungen verschärfen noch die traditionelle struktur-inhärente „Nervosität" von Finanzmärkten, die sich durch lokale Ungebundenheit der Finanzmarktakteure, kurze Planungshorizonte und raschen Umschlag großer Kapitalvolumina auszeichnen (Bieling 2007: 149; vgl. Kindleberger 1996). Die Informationstechnologie hat zu noch schnelleren grenzüberschreitenden Kapitaltransfers geführt und die Verwundbarkeit selbst von mächtigen Staaten gegenüber Marktschwankungen gesteigert (O'Brien/Williams 2004: 224). Die Vernetzung räumlich weit entfernter Finanzzentren durch Informations- und Kommunikationstechnologie bietet ferner die Möglichkeit, die jeweils spezifischen Vorteile einzelner nationaler Finanzmärkte auszunutzen und nationale Regulierungen und Kontrollmechanismen zu umgehen (Bieling 2007: 143).

Neue Finanzinstrumente – vor allem sogenannte Derivate wie Optionen oder „Futures" – und deren weite Verbreitung verleiten zu risikoreichen Anlagestrategien mit der Folge, die Krisenanfälligkeit von Finanzmärkten zu erhöhen (Schirm 2004a: 284). Ein „Future" verpflichtet einen Marktakteur, ein Wertpapier oder eine Ware zu einem festgelegten künftigen Zeitpunkt zu einem heute vereinbarten Preis zu kaufen. Dabei besteht die Möglichkeit, dass der Käufer nur einen Prozentsatz des Kaufpreises bei Abschluss des Geschäfts bezahlt und den Rest erst dann, wenn das „Future" fällig ist. Im Falle von Optionen ist eine kleine Gebühr fällig für die Möglichkeit, ein Wertpapier oder eine Ware zu einem festgelegten Preis zu einem festgelegten Zeitpunkt zu kaufen. Wenn der Preis der Ware sinkt, kann der Händler aus dem Kauf aussteigen und verliert nur seine Gebühr; wenn der Preis steigt, kann er die Ware kaufen und profitabel weiterverkaufen. Derivate können zur Absicherung vor fallenden oder steigenden Preisen dienen (z.B. in der Landwirtschaft), sie werden aber auch genutzt, um durch spekulative Anlagegeschäfte kurzfristig hohe Gewinne zu erzielen. Investoren erzielen Gewinne, indem sie auf den Wert eines Produkts in der Zukunft wetten. Wenn die Investoren mit der Abschätzung der Preisbewegung richtig liegen, können sie profitabel weiter verkaufen. Wenn nicht, erleiden sie zum Teil erhebliche finanzielle Verluste. Weil für diese Produkte beim Geschäftsabschluss nur eine Vorauszahlung geleistet werden muss, können von Investoren gleichsam „virtuell" große Summen Geld angelegt werden, selbst wenn sie nicht wirklich die Fähigkeit besitzen, zur Zeit des Kaufes den Preis des erworbenen Produktes zu zahlen. Die Aussicht auf potenziell hohe Gewinne ermutigt zusätzlich zu spekulativen Anlageformen mit hohem Risiko (O'Brien/Williams 2004: 236f.). Susan Strange (1986) hat dafür bereits in den 1980er Jahren den Begriff des „Kasino-Kapitalismus" geprägt: Investoren wetten auf zukünftige Unternehmensprofite, Warenpreise, Aktienkurse, Währungskurse und Zinsen. Dieses risikofreudige Verhalten von Anlegern trägt zu Krisen bei, unter denen unter Umständen auch jene leiden, die nicht im Kasino gewettet haben: Folgen von Finanzkrisen sind etwa erhebliche Kosten von staatlichen Rettungsmaßnahmen für angeschlagene Banken („bailouts"), die aus Steuermitteln finanziert werden, realwirtschaftliche Verluste und ein Anstieg der Arbeitslosigkeit, im Extremfall geringere Lebensstandards bis zum Hunger in Entwicklungsländern auf Grund von Rezessionen und Einkommensrückgängen. Große Fehlspekulationen haben häufig eben nicht nur Auswirkungen auf die beteiligten Banken und Investmentfirmen, sondern zeitigen systemische Effekte, d.h. sie betreffen auch nationale und globale Finanzmärkte sowie die globale Realwirtschaft (O'Brien/ Williams 2004: 246).

Angesichts der beschriebenen Einschränkungen staatlicher Steuerungsfähigkeiten ist es wichtig zu betonen, dass politische Entscheidungen von führenden Staaten – vor allem USA und Großbritannien – maßgeblich waren für die Entstehung globaler deregulierter Finanzmärkte (Schirm 2004a: 75; Helleiner 1994; Ruggie 1982). Neben dem Zusammenbruch des Bretton Woods-Systems, informationstechnologischen Neuerungen und aus der Finanzbranche kommenden neuen Finanzinstrumenten haben zumindest auch bewusste politische Weichenstellungen – insbesondere die Entscheidung für Deregulierung und Liberalisierung in Großbritannien und den USA in den 1980er Jahren – die Krisenanfälligkeit der Finanzmärkte erhöht. Aus neoliberaler Sicht versprachen liberalisierte und globalisierte Finanzmärkte erhebliche Vorteile: verbesserte Möglichkeiten der Kreditbeschaffung, größere haushaltspolitische Disziplin und Kontrolle der nationalen Regierungen sowie einen marktvermittelten und daher effizienteren Kapitaleinsatz (Bieling 2007: 148). In den 1980er Jahren bauten die USA und Großbritannien – freilich auf Druck des privaten Finanzsektors und um ihre Attraktivität als Finanzplätze zu stärken – Beschränkungen für transnationale Finanztransaktionen ab. „Off-shore"-Finanzplätze in New York und London, die kaum eingeschränkt von staatlichen Vorschriften „außerhalb" nationaler Rechtdurchsetzung und -sprechung lagen sowie der Abbau von Steuern, von Mindestreserven, von Beschränkungen von Geschäftsfeldern und von Kapitalverkehrskontrollen durch die führenden Wirtschaftsmächte USA und Großbritannien lösten eine Welle konkurrierender Deregulierung („competitive deregulation") aus: Andere Staaten sahen sich veranlasst nachzuziehen, um einen Abfluss von Kapital zu vermeiden (Schirm 2004a: 73f.).

2.2.2 Weltregieren im Sachbereich „Wohlfahrt" III (Finanzen): Öffentliche und private Steuerung zur Prävention und Eindämmung globaler Finanzkrisen
(Problembearbeitung)

Ein regulativer Rahmen zur Gewährleistung von globaler Finanzmarktstabilität lässt sich als Kollektivgut (reines öffentliches Gut) auffassen. Der Konsum dieses Gutes durch einen Staat würde dessen Verfügbarkeit für andere Staaten nicht reduzieren. Kein Staat könnte zudem von der Nutzung dieses Gutes ausgeschlossen werden. Ein stabiles Finanzsystem wäre zum Vorteil aller Volkswirtschaften, würde freilich auch Verlierer innerhalb der Volkswirtschaften erzeugen, wie z.B. die jetzigen Nutznießer von Spekulation, die sich gegen Veränderungen des Finanzsystems sperren und auf Grund ihrer Ressourcen und Mobilität sowohl als Marktakteure als auch als politische Akteure über erhebliche Einfluss- und Steuerungsmöglichkeiten verfügen (Dieter 2004: 28).

Das öffentliche Gut „Finanzmarktstabilität" kann nur durch multilaterale Kooperation und die kollektiven Anstrengungen einer Vielzahl von Akteuren (nationalen Regierungen, zwischenstaatlichen Organisationen, privaten Akteuren) bereitgestellt werden. Einzelne Staaten oder auch Staatengruppen sind mit dieser Aufgabe überfordert – dies gilt für OECD-Staaten ebenso wie für Entwicklungs- und Schwellenländer. So kann von einzelnen OECD-Staaten etwa eine Regulierung der Aktivitäten spekulativer Investoren nicht bewerkstelligt werden, da diese häufig in „offshore"-Finanzzentren (auch aber längst nicht nur) in kleinen Entwicklungsländern registriert sind. Wenn eine Regulierung der Spekulationsaktivitäten erreicht werden soll, ist die Unterstützung von Seiten dieser „offshore"-Finanzzentren notwendig (Dieter 2004: 28).

Das Anwachsen grenzüberschreitender Kapitalmobilität bietet den Staaten starke Anreize, attraktive Bedingungen für den Zufluss von Kapital zu schaffen; umgekehrt steigen die Kosten einer binnenmarktorientierten Politik, die die globalen Märkte und den internationalen Konkurrenzdruck einschließlich der Gefahr von Kapitalabflüssen außer Acht lässt. Unilaterale, d.h. nicht mit anderen Staaten abgestimmte und beschlossene Reregulierung erlegt dem regulierenden Staat erhebliche Kosten auf, da sie zu Kapitalabflüssen führen könnte. Mithin überträgt sich der Globalisierungs- und Wettbewerbsdruck, der unter Investoren herrscht, auf die Staaten. Zwar führt dieser Druck nicht zwangsläufig zu einer Homogenisierung nationaler Politiken: Es lässt sich vielmehr nach wie vor eine Divergenz nationaler Strategien zur Steuerung von globalen Finanzmärkten selbst bei ähnlich in die Weltwirtschaft integrierten Industriestaaten (wie den USA und Deutschland) feststellen. Es scheinen mithin nationale gesellschaftliche Normen und Institutionen als Filter von Globalisierungsdruck zu fungieren (vgl. Schirm 2004b). Allerdings sind der Effektivität einzelstaatlicher Maßnahmen zur Stabilisierung der Finanzmärkte Grenzen gesetzt, multilaterale Kooperation ist unverzichtbar für die Bereitstellung des globalen öffentlichen Gutes „Finanzmarktstabilität". Systemische Stabilität ist durch einzelstaatliche Maßnahmen nicht zu gewährleisten, nur gemeinsame multilaterale Regulierungsversuche können wirksam sein (Schirm 2004a: 77f.).

2.2.2.1 Reform multilateraler Regelung und Aufsicht der Finanzmärkte: Vorschläge, Strategien und empirische Ansätze

In Reaktion auf diese gewandelten Problemlagen wurde in den letzten Jahren und noch einmal verstärkt im Zuge der Weltfinanz- und -wirtschaftskrise (2008/09) von verschiedenen Seiten eine Reihe von Reformvorschlägen für einen Strategiewechsel in der Steuerung des globalen Finanzsystems vorgelegt (Schirm 2004a: 242ff; vgl. Enderlein 2009; Frenkel/Meinhoff 2002; Dieter 2004; Griffith-Jones 2000; Rodrik 2000): Eine mittlerweile kleine Gruppe von Beobachtern fordert mehr Deregulierung, eine noch stärkere Bevorzugung freier Märkte und der Selbstverantwortung privater Akteure und noch größere Zurückhaltung öffentlicher Akteure bei Eingriffen ins Marktgeschehen. Die Beistandskredite des IWF für Staaten in Zahlungsschwierigkeiten und staatliche Bankenrettungsmaßnahmen förderten das Eingehen von übermäßigen Risiken, indem sie ein Sicherheitsnetz für risikoreiches und krisenförderliches Verhalten aufspannten (so genanntes „moral hazard"-Problem). Weil sich private Banken auf die Absicherung durch den IWF im nationalen Rahmen: des Staates verließen, würden sie erst recht hohe Risiken bei der Kreditvergabe eingehen (vgl. Dreher 2003; Frenkel/ Meinhoff 2002).

Die diesen marktliberalen Vorschlägen entgegen gesetzte Position einer interventionistischen Re-Reglementierung sieht eine strenge Regulierung von Finanzmärkten durch Kapitalverkehrskontrollen und die Besteuerung von Kapitalbewegungen vor. Das Ziel der immer wieder diskutierten Tobin-Steuer[158] (vgl. Dieter 2004: 30ff.) ist es, die Spekulation gegen Währungen weniger attraktiv zu machen, indem durch Besteuerung die Transaktionskosten gesteigert werden. Globalisierungskritische Verfechter der Tobin-Steuer erwarten, dass mit einer Steuer (von 0,1 bis 0,25%) auf grenzüberschreitende Währungstransaktionen zwei erwünschte Effekte gleichzeitig erzielt werden könnten: eine Stabilisierung von Wechselkursen und die Erschließung einer zusätzlichen Quelle zur Finanzierung von Entwicklungshilfe. Auch wenn die Tobin-Steuer die Unterstützung von sozialen Bewegungen wie WEED oder ATTAC gefunden hat, ist ihre Einführung nicht nur auf Grund politischer Hindernisse (vgl. O'Brien/ Williams 2004: 246f.), sondern auch auf Grund von einigen konzeptionellen Schwächen und Schwierigkeiten der effektiven Umsetzung weiterhin sehr fraglich. Zu den Schwächen des Konzepts der Tobin-Steuer gehört, dass *alle* internationalen Kapitalbewegungen implizit als schädlich betrachtet werden. Dies könnte dem internationalen Handel schaden, insbesondere da eine Tobin-Steuer auf Grund transnationaler Produktionsmodi kumulativ, d.h. an mehreren Stellen in der Produktionskette, wirken würde. Es ist zudem fraglich, ob das Ziel der Abschreckung von Währungsspekulationen durch eine Steuer von 0,1 bis 0,25% erreicht werden kann, wenn bei Währungsspekulationen Gewinne von 30% oder mehr erwartet werden. Schließlich und ganz entscheidend müsste eine Tobin-Steuer weltweit eingeführt werden, d.h. es bedürfte eines globalen Konsens' über die Notwendigkeit und die Ausgestaltung einer weltweiten Devisentransaktionssteuer, andernfalls droht eine bloße Umleitung des bestehenden Währungshandels (Dieter 2004: 31f.; vgl. European Commission 2002; Spahn 2002). Mit Blick auf die Erschließung zusätzlicher Finanzierungsquellen für Entwicklungszusammenarbeit erscheinen andere Instrumente der Entwicklungsfinanzierung wie z.B. eine „Entwicklungs"-Steuer auf Flugzeugbenzin realistischer (Dieter 2004: 32).

---

[158] Die Bezeichnung „Tobin-Steuer" geht auf den US-amerikanischen Wirtschaftswissenschaftler James Tobin zurück, der bereits 1972 die Einführung einer Steuer auf sämtliche internationale Devisentransaktionen vorschlug.

Während die beiden Extremstandpunkte einer weiteren Deregulierung bzw. einer strikten internationalen Re-Reglementierung der Finanzmärkte sich bis zur Weltfinanzkrise 2008/09 empirisch nicht abzeichneten und auch in absehbarer Zukunft auf globaler Ebene nur geringe politische Erfolgsaussichten haben, bietet die jüngste Weltfinanzkrise ein Gelegenheitsfenster, zum Teil bereits begonnene Initiativen zur Schaffung globaler (Mindest-)Standards und zu einer besseren internationalen Aufsicht von Finanzmärkten weiter zu entwickeln und deutlich zu vertiefen. Von Staaten, zwischenstaatlichen Organisationen, aber auch von privaten Marktakteuren wurden bereits vor der Jahrtausendwende – wenn auch insgesamt unzureichende – Anstrengungen zur besseren Koordinierung verschiedener öffentlicher und privater Akteure und zur Steigerung der Transparenz von Finanzströmen unternommen. 1999 wurde das „Financial Stability Forum" (FSF) gegründet, das Vertreter der Finanzministerien, Zentralbanken und Regulierungsbehörden der G7-Staaten sowie Vertreter von IWF, Weltbank, der Bank für Internationalen Zahlungsausgleich (BIZ), OECD und der Internationalen Organisation der Wertpapieraufsichtsbehörden (IOSCO umfasst. Hinter der Gründung des FSF stand das Vorhaben der Mitglieder, mehr Informationen zu sammeln, den internationalen Informationsaustausch zu verbessern, in einen Dialog über die neuen Erfordernisse der internationalen Finanzmarktregulierung einzutreten und die Schaffung und Einhaltung von internationalen Standards zu befördern, um so systemischer Instabilität entgegen zu wirken. Allerdings blieb es meist bei nicht-bindenden Konsultationen. Neben der im institutionellen Rahmen der BIZ vom Basler Ausschuss für Bankenaufsicht ausgearbeiteten neuen Basler Eigenkapitalvereinbarung (Basel II) über Mindeststandards der Risikoabsicherung für Banken, die den Basler Eigenkapitalakkord (Basel I) von 1988 weiterentwickelte (vgl. unten), wurden von den Mitgliedern des FSF nur begrenzte Reformschritte vereinbart: eine Neujustierung der IWF-Instrumente und eine strengere Beobachtung von Offshore-Zentren und Hedge Fonds, die von den Staaten nur sehr halbherzig in die Praxis umgesetzt wurde (Bieling 2007: 157; Schirm 2004a: 242ff.).

Im Jahr 1999 bildete sich die G20 bestehend aus den Finanzministern und Zentralbankchefs der G8-Staaten plus einigen wichtigen Schwellenländern wie Argentinien, Brasilien, China, Indien, Indonesien und Mexiko. Die die wichtigsten Industrie- und Schwellenländer umfassende G20 (nicht zu verwechseln mit der gleichnamigen Gruppe von Schwellen- und Entwicklungsländern in der WTO) sollte im Vergleich zur G7/G8[159], die sich schon seit längerem mit Fragen der Kooperation in Währungs- und Kapitalmarktfragen und den Möglichkeiten abgestimmter Währungspolitiken befasst hatte (Russell 2005: 49), eine größere Legitimität für Finanzmarktreformen durch eine breitere Partizipationsbasis sicher stellen. Die G20 konzentrierte sich zunächst auf die Überprüfung von bestehenden Leitlinien und Standards für Finanztransaktionen und

---

[159] 1997 wurde Russland Mitglied und die G7 somit zur G8 erweitert (Bieling 2007: 110, Fn. 4). Allerdings treffen sich die Finanzminister und Zentralbankchefs der G7 nach wie vor auch ohne Beteiligung Russlands.

Wechselkurse und die Beratung von Strategien und Mechanismen der Finanzkrisenprävention. Mittlerweile fand eine Ausweitung der G20-Tagesordnung über eng definierte Finanzmarktfragen hinaus auf allgemeinere Fragen globaler ökonomischer Stabilität statt. Die eingeleiteten Reformprozesse blieben jedoch bescheiden; allerdings bietet die G20 zumindest einen institutionellen Rahmen, der dem gewachsenen ökonomischen und politischen Gewicht der weder in der G7/8 noch im FSF vertretenen Schwellenländer gerecht wird und deren notwendige Einbindung in die Bereitstellung des globalen öffentlichen Gutes „Finanzmarktstabilität" erleichtert (Bieling 2007: 157; O'Brien/ Williams 2004: 249f.). Bei der Eindämmung der Weltfinanz- und -wirtschaftskrise (2008/09) hat sich die G20 als zunehmend wichtiges Koordinationsforum für Industrie- und Schwellenländer etabliert.

2.2.2.2 Die gewandelte Rolle des IWF: Steuerungsmöglichkeiten und -grenzen des IWF

Der IWF hat die Rolle des Hüters eines Systems fester Wechselkurse, die er im Bretton Woods-System (1944-1973) inne hatte, verloren und ist zu einem Organ zur Überwachung der Finanzmärkte, zur Prävention und zum Management von Finanzkrisen und zur Vergabe von Krediten in Krisensituationen geworden (Russell 2005: 53f.). Kernaufgabe des IWF ist die Förderung internationaler finanzpolitischer Zusammenarbeit durch die Beobachtung von Finanzmarktentwicklungen und die Vergabe von Krediten an Länder mit kurzfristigen Zahlungsbilanzschwierigkeiten (Woods 2007: 233). Dem IWF stehen – gestützt auf verschiedene Kreditfazilitäten – eine Reihe von Instrumenten des aktiven Krisenmanagements zur Verfügung. Der IWF hilft Staaten mit Zahlungsproblemen durch schnelle und (relativ) umfangreiche Fremdwährungskredite; im Gegenzug verlangt er in der Regel binnenwirtschaftliche makroökonomische Reformen, die das Land wieder zahlungsfähig machen und langfristig auf marktwirtschaftlichen Stabilitätskurs bringen sollen (Schirm 2004a: 241). Der IWF war und ist auch insofern von Bedeutung, als er nicht nur selbst Kredite vergibt, sondern auch private Gläubiger die Neukreditvergabe an staatliche Schuldner bzw. eine Umschuldung von dessen Unterzeichnung eines Abkommens mit dem IWF, d.h. von der Annahme von durch den IWF beaufsichtigten Konditionen abhängig machen. In dieser Funktion als Organ zur Durchsetzung makroökonomischer Reformen in Kreditempfängerstaaten ist eine teilweise Instrumentalisierung des IWF durch private Akteure zu erkennen (ebd. 262f.).

Da Finanzmärkte zu prozyklischem Verhalten tendieren, haben Staaten oft dann keinen Zugang zu internationaler Liquidität, wenn sie sie am dringendsten brauchen. An dieser Stelle kann eine kontrazyklische multilaterale Kreditvergabe die Verschärfung von Krisen verhindern oder zumindest mildern (Akyüz 2006: 486, 489). Insofern hat der IWF durchaus seine Berechtigung, wie seine aktive Rolle als Kreditgeber („lender of lost resort") für mehrere, von privatem Kapital praktisch abgeschnittene Staaten in der Weltfinanzkrise 2008/09 zeigte – auch wenn er ohne Zweifel im Hinblick auf seine Leitungs- und Entscheidungsstrukturen reformbedürftig ist.

Der IWF wird durch den Gouverneursrat geleitet, in dem die Stimmenanteile der Mitgliedstaaten nach ihren finanziellen Einlagen beim IWF gewichtet sind. Genauer gesagt ergeben sich die Stimmrechte eines Mitgliedstaats nach einem recht komplizierten Verteilungsschlüssel, der nicht immun gegen politische Manipulation ist. Die Zahl der Stimmen eines Staates hängt von der ihm zugeteilten Quote ab, die wiederum bestimmt wird durch Berechnungen, die das relative Gewicht eines Staates in der Weltwirtschaft in einen Anteil an finanziellen Beiträgen und Stimmen übersetzen. Im Ergebnis ist die Quotenzuteilung jedoch hoch politisch und entspricht nicht den geänderten Kräfteverhältnissen in der Weltwirtschaft: Asiatische Länder wie China und Indien sind besonders unzufrieden, da die Stimmverteilung im IWF ihr gestiegenes Gewicht in der Weltwirtschaft zu wenig berücksichtigt. Den 17,08% Stimmanteil der USA standen 2006 nur 2,94% Stimmanteil für China gegenüber, Indien liegt hinter den Niederlanden (2,38%) und gehört nicht zu den zehn Mitgliedstaaten mit den meisten Stimmen (Woods 2007: 234, 242ff.). Der IWF finanziert den größten Teil seiner Ausgaben nicht durch Beiträge der reichsten Mitgliedstaaten, sondern durch Gebühren von Gläubigern und durch Einkommen aus eigenen Investitionen. Allerdings musste der IWF in den Jahren nach der Jahrtausendwende einen Einbruch bei den eigenen Einnahmen hinnehmen (Woods 2007: 235).

Eine Bewertung der Effektivität des IWF bei der Vermeidung und Eindämmung von schweren Finanzkrisen fällt ambivalent aus. Von einer präventiven, krisenvermeidenden Wirkung der IWF-Kredite kann nicht die Rede sein, die kriseneindämmende bzw. -überwindende Wirkung von IWF-Krediten ist dagegen etwas positiver einzuschätzen. In den Finanzkrisen der 1990er Jahre – kaum aber in der Weltfinanzkrise 2008/09 – unterstützte und beförderte das Engagement des IWF zudem die Gewährung privater Kredite und schwächte negative Kettenerffekte so zumindest ab. Zugleich verweisen hohe soziale und ökonomische Kosten der Krisen in den betroffenen Ländern und die zunehmende Häufigkeit von Finanzkrisen jedoch auf Defizite bisheriger Präventions- und Management-Strategien (Schirm 2004a: 241). Einer der Hauptkritikpunkte an der Politik des IWF besagt, dass dieser eine zu schnelle Öffnung von Entwicklungs- und Transitionsökonomien für (auch spekulaties) ausländische Anlagekapital forcierte, ohne dass ein funktionierendes Bankensystem und eine effektive Börsenaufsicht existierte. Auch die für die Kreditvergabe obligatorischen Strukturanpassungsprogramme erlegten ohnehin wirtschaftlich schwachen Staaten zusätzliche Anpassungslasten auf und führten zu sozialen Verwerfungen (vgl. Stiglitz 2002). Kritisiert wird ferner, dass die Kreditvergabe oft aus politischen Motiven erfolgt(e) und neben makroökonomischen Konditionen lange Zeit zu wenig auf tiefer gehende institutionelle Reformen in (Wirtschafts-)Politik und Verwaltung und eine Stärkung staatlicher Regierungskapazitäten statt bloßer Liberalisierung und Privatisierung von Staatsaufgaben gepocht wurde (Schirm 2004a: 264ff.).

Es ist nicht zu übersehen, dass der IWF Staaten in Schwierigkeiten zum Teil schlechte Ratschläge zur Krisenprävention oder zum Krisenmanagement gegeben hat. Zudem haben Empfängerregierungen sich als unwillig und/oder unfähig erwiesen, vereinbarte Konditionen zu erfüllen. Der IWF versucht, diesem Defizit an Folgebereitschaft durch vermehrte Einbeziehung von Empfängerregierungen bereits bei der Ausgestaltung von Unterstützungsprogrammen entgegen zu wirken. Dem Prinzip der „national ownership" gemäß sollen größere Partizipationsmöglichkeiten dazu führen, dass Kreditempfänger sich die vereinbarten Konditionen stärker zu eigen machen und in Folge dessen größere Anstrengungen zu deren Erreichung unternehmen. Auch wenn die Implementation dieses Prinzips in den operativen Aktivitäten des IWF noch unvollkommen ist, ist darin eine Abkehr vom in den 1990er Jahren vorherrschenden Konditionalitätsverständnis des IWF zu erkennen.

Als ein grundsätzliches Problem für die Effektivität der Steuerungsversuche des IWF wird häufig die Tatsache angeführt, dass seine Ressourcen verglichen mit den Volumina globaler Kapitalmärkte und damit die Fähigkeit, diese Kapitalmärkte durch eigenes Kreditvergabeverhalten zu beeinflussen, begrenzt sind (Woods 2007: 241, 251). Allerdings hat sich in der globalen Finanzkrise 2008/09 gezeigt, dass IWF-Kredite unter den Bedingungen einer Kreditklemme auf den privaten Kapitalmärkten (wieder) nachgefragt werden und – bei adäquater Mittelausstattung des IWF – nach wie vor eine wichtige Funktion erfüllen können.

2.2.2.3 Internationale Standards zur Vermeidung von Kreditkrisen: Basel I und II

Ein wesentliches Element der Prävention von Finanzkrisen stellt die Vereinbarung internationaler Standards für die staatliche Beaufsichtigung von Banken dar, da die Geschäftstätigkeit von Banken in besonders hohem Maße mit systemischem Risiko verknüpft ist (Freund 2002: 335) – wie nicht erst die weltweiten Folgen der Pleite der US-Bank Lehman Brothers (2008) zeigte. Der professionelle Umgang mit Kredit-, Markt-, Liquiditäts- und anderen Risiken ist eine der wichtigsten Leistungen von Kreditinstituten. Um Instabilitäten im Finanzsektor und grenzüberschreitende Kreditkrisen zu vermeiden, sind besondere international harmonisierte Regeln staatlicher Aufsicht über Kreditinstitute notwendig (vgl. Deutsche Bundesbank 2007).

Zu den maßgeblichen Instrumenten internationaler Kooperation zur Eindämmung systemischer Risiken zählt also die Harmonisierung der nationalen aufsichtsrechtlichen Anforderungen an Banken. Im Mittelpunkt der internationalen Anforderungen steht die Sicherung einer hinreichenden Eigenkapitalausstattung[160] der Banken in Relation zu

---

[160] Das Eigenkapital einer Bank umfasst diejenigen Mittel, die die Eigentümer der Bank zur Verfügung gestellt haben (in Form der Beteiligungsfinanzierung) oder der Bank durch Verzicht auf Gewinnausschüttung überlassen. Im Gegensatz zum Eigenkapital der Bank steht deren Finanzierung durch Fremdkapital. Grundsätzlich wird davon ausgegangen, dass die finanzielle Stabilität einer Bank umso

den von ihnen eingegangenen finanziellen Risiken. Den institutionellen Rahmen der internationalen Zusammenarbeit der Bankenaufsichtsbehörden bildet der bei der BIZ angesiedelte Basler Ausschuss für Bankenaufsicht (Freund 2002: 335f.). Der Basler Ausschuss für Bankenaufsicht wurde 1974 unter dem Eindruck mehrerer Bankenkrisen in den frühen 1970er Jahre gegründet, um dem Problem einer mangelnden Kapitalunterlegung risikoreicher Kredite zu begegnen (Bieling 2007: 152). Zum Basler Ausschuss gehören die jeweiligen Zentralbankgouverneure und Vertreter der Bankenaufsichtsbehörden der G10-Staaten (USA, Deutschland, Japan, Frankreich, Großbritannien, Italien, Kanada, Niederlande, Belgien, Schweden sowie Luxemburgs; seit 1983 auch die Schweiz, so dass mittlerweile 11 Staaten vertreten sind) (Freund 2002: 57). Ziel der Arbeit des Basler Ausschusses war zunächst nur eine bessere internationale Koordination nationaler Regulierungspraktiken und eine intensivierte Informationsweitergabe (Bieling 2007: 152). Der Basler Ausschuss ist jedoch auch bestrebt, Lücken in der Überwachung des internationalen Bankensystems aufzudecken sowie Vorschläge zur besseren Beaufsichtigung des internationalen Bankensystems zu erarbeiten (Freund 2002: 57).

Obwohl die aufsichtsbezogenen Vereinbarungen des Basler Ausschusses nicht selbst rechtlich-verbindlichen Charakter aufweisen, so tragen sie doch nachweislich zur Schaffung und/oder Modifikation nationaler Regeln der Bankenaufsicht bei. Der Implementationsgrad der Basler Vereinbarungen ist beachtlich – nicht nur bei den Mitgliedstaaten des Basler Ausschusses, sondern bei Bankenaufsichtsbehörden weltweit. Ein Grund könnte darin liegen, dass bereits in der Entwicklung der Empfehlungen des Basler Ausschusses sowohl die Banken als auch die nationalen Regulierungsbehörden ausreichend Möglichkeiten bekommen, Einfluss auf die Abfassung der Bestimmungen auszuüben, was den Abkommen aus der Sicht der betroffenen Akteure erhebliche Autorität verleiht. Zur Weltfinanzkrise (2008/09) hohen, weltweiten Akzeptanz und weiten Verbreitung der Vereinbarungen hat auch die Unterstützung von Seiten der privaten Rating-Agenturen und der internationalen Finanzorganisationen (IWF und Weltbank) beigetragen. Keine international tätige Bank kann die Empfehlungen des Basler Ausschusses ignorieren, ohne ihre Beurteilung durch den Markt zu gefährden (Freund 2002: 58f.). Zahlreiche Empfehlungen des Basler Ausschusses sind in nationale Aufsichtsrechtsordnungen eingegangen und haben so verbindlichen Charakter angenommen.

Als Meilenstein der Arbeit des Basler Ausschusses im Bereich der Eigenkapitalregulierung gilt der *Basler Eigenkapitalakkord* (Basel I) aus dem Jahre 1988, welcher Mindestanforderungen für die Eigenkapitalausstattung international tätiger Banken vorsieht (Freund 2002: 62). Durch Basel I wurden zum einen die bis dahin stark voneinander abweichenden bankenaufsichtsrechtlichen Eigenkapitalbegriffe der Mitgliedstaaten des Basler Ausschusses aufeinander abgestimmt. Zum anderen wurde eine standardi-

---

höher einzuschätzen ist, je größer der Eigenkapitalanteil am Gesamtkapital der Bank ist. Dementsprechend werden seitens der staatlichen Bankenaufsicht Mindeststandards für eine angemessene Eigenkapitalausstattung der Banken festgesetzt. Wie allerdings Eigenkapital im Einzelnen von Fremdkapital abzugrenzen ist, ist alles andere als unstrittig (Freund 2002: 60f., Fn. 36).

Kapitel 8: Wohlfahrt

sierte Berechnungsformel für die Absicherung von Kreditgeschäften der Banken durch eine hinreichende Eigenkapitalausstattung eingeführt. Obwohl Basel I ein wichtiger Schritt zur Stabilisierung des internationalen Kreditsystems war, wurde ab Ende der 1990er Jahre über eine Neufassung der Eigenkapitalvereinbarung verhandelt. Die Gründe dafür lagen zum einen darin, dass Basel I durch eine einheitliche, nicht vom jeweiligen Kreditrisiko abhängenden Berechnung der Kapitalunterlegung Anreize für Banken schuf, risikoreiche Kredite zu vergeben. Unter Basel I erfolgte die Berechnung der erforderlichen Eigenkapitalunterlegung für Kredite unabhängig von der Kreditwürdigkeit des Kreditnehmers. Dies förderte die Neigung von Banken, riskante Kredite an Kunden mäßiger Bonität zu vergeben, weil bei diesen höhere Zinsen erhoben und mithin eine höhere Rendite auf das unterlegte Kapital erzielt werden konnten. Zudem engagierten sich Banken selbst verstärkt im Wertpapiergeschäft und konkurrierten dort mit institutionellen Anlegern, für die günstigere Eigenkapitalanforderungen galten. Schließlich drängten Rating-Agenturen und Wirtschaftsberatungsunternehmen darauf, die Vorgaben von Basel I dahingehend zu modifizieren, dass die Berechnung der Kapitalunterlegung sich stärker an Marktentwicklungen auszurichtete.

Daher wurden im Jahr 2004 Verhandlungen über ein flexibleres, stärker risikogewichtetes und marktnäheres Basel II-Abkommen zum Abschluss gebracht (vgl. Macht 2007). EU-Richtlinien zur Umsetzung des Basel II-Abkommens wurden 2006 verabschiedet; seit 2007 müssen demnach die Vorgaben von Basel II in den EU-Mitgliedstaaten angewendet werden. In den USA hingegen verzögert sich die Umsetzung der neuen Basler Vereinbarungen. Zunächst sollten die Regelungen von Basel II im Jahr 2008 stufenweise in nationale Gesetzgebung umgesetzt werden, dies soll nun frühestens 2009 der Fall sein (Bieling 2007: 152). Allerdings ist die Implementation der Basel II-Standards in den USA in unveränderter Form angesichts der Veränderungen im US-amerikanischen Finanzmarktaufsichtssystem in Folge der Weltfinanzkrise 2008/09 fraglich, zumal die in Basel II vorgesehenen Mindesteigenkapitalanforderungen an Banken im Lichte der Weltfinanzkrise mittlerweile als zu niedrig eingestuft werden und die Vorgaben von Basel II sich als unzureichend zur Verhinderung einer globalen Bankenkrise erwiesen haben.

Basel II macht die Mindesteigenkapitalanforderungen an Banken stärker als bisher vom ökonomischen Risiko der Kreditvergabe abhängig. Die Regeln aus dem Jahr 1988 zur Mindesteigenkapitalausstattung der Banken wurden durch eine differenziertere Berechnung und Ausweitung der berücksichtigten Risiken weiterentwickelt. Neben den quantitativen Eigenkapitalanforderungen sind auch qualitative Kontrollmechanismen vorgesehen: die Ausweitung bankaufsichtlicher Überprüfung des Risikomanagements der Banken und eine Intensivierung von Offenlegungs- und Transparenzanforderungen, um disziplinierende Marktkräfte komplementär zu regulatorischen Anforderungen einzusetzen. Der neue Eigenkapitalakkord Basel II beruht daher auf drei Säulen: Mindestkapitalanforderungen, einem ausgeweiteten bankaufsichtlichen Überprüfungsprozess und erweiterten Offenlegungspflichten (vgl. Abb. 8.4; Deutsche Bundesbank 2007; Freund 2002: 63, 252).

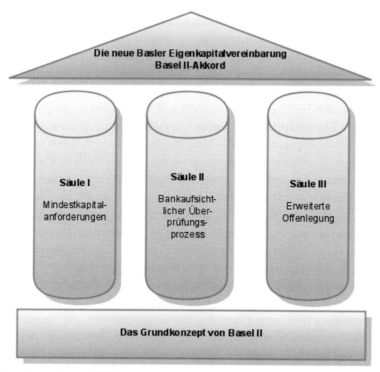

Quelle: Deutsche Bundesbank (2009)

Abb. 8.4: Drei Säulen des Basel II-Akkords

Bemerkenswert ist, dass Basel II in der ersten Säule privatwirtschaftlichen Kontrollinstanzen, genauer gesagt: privaten Rating-Agenturen, eine wichtige Rolle bei der Sicherstellung einer (kredit-)risikoadäquaten Eigenkapitalausstattung der Banken einräumt. Die Bewertungen anerkannter Rating-Agenturen können von Banken zur Kalkulation von Kreditrisiken und damit zur Errechnung ihrer Mindesteigenkapitalanforderungen herangezogen werden (siehe unten). Dies zeigt exemplarisch, in welchem Umfang privatwirtschaftliche Akteure mittlerweile als Kontroll- und Steuerungsinstanzen für die globalen Finanzmärkte auftreten und damit (quasi-)öffentliche (Regierens-)Funktionen übernehmen.

2.2.2.4 Privatwirtschaftliche Kontrollinstanzen: Rating-Agenturen

Private Akteure erbringen im Bereich „inter- und transnationale Finanzbeziehungen" weit reichende Kontroll- und Steuerungsleistungen und üben private Autorität durch die transnationale Setzung und Durchsetzung von Regeln und Standards für globale Wirtschaftstätigkeiten aus (Nölke 2004: 155f.; vgl. Cutler/ Haufler/ Porter 1999; Kerwer

2002, 2004; vgl. Kap. 3.3). Insbesondere so genannte Koordinationsdienstleistungsfirmen („coordination service firms") wie z.B. Rating-Agenturen, institutionelle Anleger, Rechnungslegungs-, Versicherungs- und Management-Beratungsfirmen (vgl. Bieling 2007: 146; Cutler/ Haufler/ Porter 1999: 10f; Fuchs 2005: 125; Perry/ Nölke 2006; Sinclair 2005) schaffen allgemein anerkannte Standards für Unternehmensverhalten und setzen diese – mitunter auch in Kooperation mit und/oder unter Anerkennung durch öffentliche Akteure – auch durch. Die Folgen dieser privaten Form sozioökonomischer Steuerung sind zum Teil weitreichend – insbesondere wenn transnationale Koordinationsdienstleistungsfirmen nicht nur das Anlageverhalten und die Geschäftspraktiken anderer Firmen, sondern auch die Politikentscheidungen souveräner Staaten maßgeblich beeinflussen (Nölke 2004: 163f.).

Ein besonders augenscheinliches Beispiel mächtiger Koordinationsdienstleistungsfirmen sind Kredit-Rating-Agenturen. Einige wenige Rating-Agenturen (vor allem Standard & Poor's, Moody's und Fitch Ratuings) definieren die ausschlaggebenden Kriterien, die über die Kreditwürdigkeit von Unternehmen und Staaten Auskunft geben, und überprüfen deren Erfüllung durch Kreditnehmer (Bieling 2007: 171-174; vgl. Gras 2003; Kerwer 2002). Rating-Agenturen stammen ursprünglich aus dem US-Markt, bewerten dort die Qualität von Anleihen und die Kreditwürdigkeit von Firmen und übernehmen so die Funktion einer privatwirtschaftlichen Kontrollinstanz für Anleger (Schirm 2004a: 282). Mittlerweile stufen Rating-Agenturen die Qualität von Anleihen sowie die Kreditwürdigkeit von Firmen und Ländern weltweit ein (Fuchs 2005: 124). So bewerten Rating-Agenturen etwa auch die Qualität von Staatsanleihen für Schwellen- und Entwicklungsländer und wirken so auf die Investitionstätigkeiten privater Akteure in Entwicklungsländern ein (Schirm 2004a: 282). Rating-Agenturen beeinflussen die Investitionsentscheidungen von privaten und öffentlichen Anlegern in den globalen Finanzmärkten und bestimmen mitunter über die Hinnehmbarkeit nationaler Politiken mit. Die wachsende Abhängigkeit von Entwicklungsländern von privatem statt öffentlichem Kapital verleiht Rating-Agenturen sogar indirekten Einfluss auf die Wirtschafts-, Finanz- und Sozialpolitik von Staaten (Fuchs 2005: 124). Schlecht bewertete Staaten stehen – ähnlich wie Firmen mit schlechten Ratings – unter erheblichem Anpassungsdruck, um einen Rückzug von Kapital zu verhindern bzw. neues Kapital anzuziehen (Schirm 2004a: 284). Firmen, aber auch Staaten können sich ein niedriges Ranking nicht leisten und verspüren daher starke Anreize, ihre Geschäfts- bzw. Politikentscheidungen an den Standards der Rating-Agenturen auszurichten.

Die Autorität der Rating-Agenturen beruht zunächst einmal auf ihren analytischen Ressourcen und der – nach großen Fehlschlägen freilich nicht mehr unumstrittenen – Legitimität, die aus dem Expertencharakter dieser analytischen Ressourcen in den Augen der anderen Marktteilnehmer, die sich an der Bewertung der Rating-Agenturen orientieren, erwächst (vgl. Nölke 2004; Nölke/ Perry 2007). Die Nachfrage nach den Dienstleistungen von Rating-Agenturen ist auf die überbordende, von den Investoren nicht mehr zu überblickende Menge von Informationen auf den globalen Finanzmärkten zurück zu führen. Rating-Agenturen kondensieren diese Informationen in Empfehlungen, die als Maßstab für andere Marktteilnehmer gelten. Obwohl die Marktteilnehmer von den Maßstäben der Rating-Agenturen abweichen können, bilden deren Bewertungen dennoch den Standard für die Arbeit anderer Akteure – d.h. selbst wenn ein Akteur abweichend von den Kreditbewertungen der Rating-Agenturen Anleihen vergibt, muss er sich der anderen Marktteilnehmer bewusst sein, die wahrscheinlich dem Rating entsprechend handeln werden, und deren Verhalten in seine Kalkulation einbeziehen. Es bestehen Ressourcenabhängigkeiten zwischen Rating-Agenturen und sowohl Anlegern als auch Kreditnehmern, deren Kreditwürdigkeit von der Rating-Agentur bewertet wird. Während Anleger auf die analytischen Ressourcen der Rating-Agenturen angewiesen sind, sind die bewerteten Kreditnehmer von den Legitimitätsressourcen der Rating-Agenturen, die durch ihre Empfehlungen über Investition oder Nicht-Investition der anderen Marktteilnehmer mitentscheiden, abhängig (Nölke 2004: 167f.; Nölke/ Perry 2007:129f.).

Analytische Ressourcen (und damit assoziierte Legitimität) sind freilich weniger stabil als finanzielle Ressourcen, wie sie etwa institutionelle Anleger besitzen und zur Steuerung von Unternehmensstrategien und -politiken nutzen. Die von Rating-Agenturen nicht rechtzeitig vorhergesehene Asienkrise (1997/98) und noch deutlich stärker das Fehlverhalten bei der Bewertung von strukturierten, mit US-Hypotheken abgesicherten Finanzprodukten, deren globale Verbreitung maßgeblich zur jüngsten Weltfinanzkrise (2008/09) beitrugen, haben als Dämpfer für die Expertenreputation der Rating-Agenturen gewirkt (vgl. unten). Unterstützend und stabilisierend für die Machtposition der Rating Agenturen wirkt die erhebliche Konzentration in der Branche. Moody's, Standard & Poor's und Fitch dominieren nicht nur in den USA, sondern auch auf europäischen und asiatischen Märkten.

Die Macht, genauer: die regulatorische Autorität der Rating-Agenturen erwächst jedoch nicht nur aus der Abhängigkeit von Anlegern und Kreditnehmern von ihren analytischen und Legitimitätsressourcen; sie wurde darüber hinaus gestärkt durch die Anerkennung der öffentlichen Steuerungsfunktionen von Rating-Agenturen im Basel II-Abkommen, das Banken erlaubt, als eine von zwei alternativen Methoden zur Berechnung ihrer Eigenkapitalanforderungen die Bewertungen von Rating-Agenturen zu Grunde zu legen (vgl. oben). Von Rating-Agenturen schlecht bewertete, d.h. risikoreiche Kredite müssen mit mehr Eigenkapital unterlegt werden als Kredite an Schuldner mit hoher Bonität. Im Falle von Basel II nutzen also öffentliche Finanzmarktregulierungsbehörden die Bewertungen privater Rating-Agenturen, um Banken risikosensible Eigenkapitalanforderungen aufzuerlegen. Diese Form der Nutzung der Kreditrisikoeinschätzungen privater Rating-Agenturen für Zwecke der Finanzmarktregulierung ist eine nicht nur für Eigenkapitalanforderungen gängige Praxis, die insbesondere im US-amerikanischen Finanzmarktregulierungssystem eine lange Tradition hat, mittlerweile aber in den meisten nationalen Regulierungssystemen weltweit vorzufinden ist und über Basel II auch innerhalb der EU angewendet wird.

Durch die Anerkennung und Durchsetzung des Kreditwürdigkeitsstandards der Rating-Agenturen (vgl. Kerwer 2002) durch eine öffentliche Drittpartei, d.h. den Basler

Ausschuss bzw. den Basel II umsetzenden staatlichen oder supranationalen Gesetzgeber, ändert sich die Qualität des Standards der Kreditwürdigkeit; der Kreditwürdigkeitsstandard der Rating-Agenturen wird faktisch verbindlich, so dass ein System öffentlich-privater Kontrolle inter- und transnationaler Finanzbeziehungen entsteht (Nölke 2004: 167f.). Die Nutzung von Ratings privater Rating-Agenturen in nationalen und inter- bzw. supranationalen Finanzmarktregulierungssystemen lässt sich mithin als Delegation zusätzlicher, Rating-Agenturen nicht von vornherein zukommender regulatorischer Autorität von öffentlichen Regulierungsbehörden an private Standardsetzer auffassen. Diese Delegation ist aus der Sicht der Ressourcendependenz- und der Prinzipal-Agenten-Theorie dadurch erklärbar, dass es öffentlichen Regulierungsbehörden an analytischen Ressourcen, d.h. an Kapazitäten, Unsicherheiten auf den Finanzmärkten zu bewerten und in risikosensibler Art und Weise regulativ in den Griff zu bekommen, fehlt. Auf Grund der Wichtigkeit dieser analytischen Ressourcen vor allem in einem vom angelsächsischen Finanzliberalismus geprägten Kontext und angesichts der mangelnden Verfügbarkeit dieser Ressourcen bei anderen Akteuren delegieren öffentliche Regulierungsbehörden (Prinzipale) durch die Nutzung von privaten Ratings Governance-Aufgaben und regulatorische Autorität an Rating-Agenturen, d.h. an auf Kreditrisikoeinschätzungen spezialisierte Agenten (Kruck 2009; vgl. Nölke/ Perry 2007).

Kritik an Rating-Agenturen wurde vor allem seit der Asienkrise laut, die durch das Herunterstufen der Kreditwürdigkeit der betreffenden Volkswirtschaften mit ausgelöst wurde. Die Hauptkritik betraf aber nicht das Herunterstufen der Staaten selbst, sondern die Verspätung mit der dies erfolgte. Dieses Versäumnis warf Fragen der Verlässlichkeit der Ratings auf. Verstärkt wurden die Zweifel durch das Versagen der Rating-Agenturen im Vorfeld der Insolvenz des US-Energiekonzerns Enron (2001), dem Rating-Agenturen bis unmittelbar vor der Pleite sehr gute Bewertungen gaben, sowie zuletzt im Zuge der US-Subprime-/ Hypotheken-Krise (2007). Auch hier hatten Rating-Agenturen den drohenden Zusammenbruch des US-Subprime-Marktes nicht rechtzeitig vorhergesehen und so genannten strukturierten Finanzprodukten („collateralised debt obligations", CDOs) gute Bewertungen gegeben, obwohl diese mit Hypotheken abgesicherten verschachtelten Produkte erhebliche Kreditrisiken enthielten. Durch ihre guten Bewertungen trugen Rating-Agenturen zur globalen Verbreitung „toxischer" CDOs und mithin zu den Ausmaßen der Weltfinanz- und -wirtschaftskrise (2008/09) bei.

Kritisiert wird neben der mangelnden Verlässlichkeit ihrer Bewertungen auch die herausragende Machtposition der wenigen großen Rating-Agenturen, die nicht durch ein der Folgenschwere der Bewertungen angemessenes Maß an Verantwortlichkeit gegenüber Anlegern, Kreditnehmern und öffentlichen Regulierungsbehörden begrenzt wird (vgl. Kerwer 2004).

> **Rating-Agenturen** (wie z.B. *Standard & Poor's, Moody's, Fitch*) ...
>
> - ... *bewerten weltweit die Kreditwürdigkeit* von Firmen und Staaten sowie die Qualität von Anleihen und anderen Finanzprodukten.
>
> - ... übernehmen die *Funktion einer privatwirtschaftlichen Informationsbündelungs-, Kontroll- und Standardsetzungsinstanz*, beeinflussen die Investitionsentscheidungen auf den globalen Finanzmärkten und können indirekt sogar Einfluss auf die Wirtschafts-, Finanz- und Sozialpolitik von Staaten nehmen.
>
> - ... verdanken ihre *einflussreiche Position* gegenüber anderen Finanzmarktakteuren ihren *analytischen Ressourcen und der (freilich nach schweren Fehlbewertungen geschwächten) Legitimität*, die aus dem Expertencharakter dieser analytischen Ressourcen in den Augen der anderen Marktteilnehmer erwächst (Existenz von Ressourcenabhängigkeiten).
>
> - ... werden *von öffentlichen Finanzmarktregulierungsbehörden für regulatorische Zwecke* genützt (z.B. in der EU–Bankenrichtlinie, die die Basel II-Standards zur Bankenregulierung verbindlich macht), wodurch zusätzliche regulatorische Autorität von öffentlichen Akteuren an Rating-Agenturen delegiert wird.
>
> - ... sehen sich auf Grund mangelnder Verlässlichkeit von Ratings und Verantwortlichkeitsdefiziten nicht erst seit der Weltfinanz- und -wirtschaftskrise 2008/09 *öffentlicher Kritik* ausgesetzt.

Abb. 8.5: Rating-Agenturen

2.2.3 Theoriegeleitete Einordnung und Bewertung des Weltregierens im Problemfeld „globale Finanzpolitik"

Die voranstehenden Ausführungen haben gezeigt, dass Staaten sich zunehmend in Interdependenzbeziehungen nicht nur mit anderen Staaten, sondern auch mit transnationalen nichtstaatlichen Akteuren befinden. Die kommunikationstechnologische Revolution und die Deregulierung von Finanzmärkten, die zusammen genommen den schnellen und weitgehend unkontrollierten grenzüberschreitenden Transfer von finanziellen Ressourcen ermöglichen, sowie die daraus folgende Zunahme wirtschaftlicher Unsicherheit reduzieren die Kontroll-, Steuerungs- und Gestaltungsfähigkeiten einzelner Staaten. Sie machen diese zusehends von der Kooperation mit anderen Staaten, internationalen Organisationen und nichtstaatlichen Akteuren abhängig (Russell 2005: 48).

Staaten sind unverzichtbar für die Schaffung, Aufrechterhaltung und Reform von Ordnungsstrukturen in den globalen Finanzbeziehungen. Freilich sind nicht alle Staaten gleich einflussreich: Ressourcenstarke entwickelte Staaten oder Staatenverbünde wie die USA und die EU befanden sich lange Zeit in einer herausragenden Position, weil sie nicht nur Veränderungen der institutionellen Ausgestaltung der Finanzbeziehungen blockieren konnten, sondern auch anderen Staaten – zum Teil vermittelt durch internationale Organisationen wie den IWF – bestimmte Politiken aufzwingen konnten.

Diese Vormachtstellung wird jedoch von aufstrebenden Schwellenländern wie China, Indien oder einzelnen arab. Staaten, die mittlerweile selbst wichtige Kapitalgeber auf den globalen Finanzmärkten sind und nun auch nach angemessener Repräsentation in Weltregierensinstitutionen wie dem IWF verlangen, herausgefordert (O'Brien/ Williams 2004: 320f.). Darüber hinaus stellt aber die ökonomische Interdependenz in den Finanzbeziehungen zwischen staatlichen und nichtstaatlichen Akteuren vor allem eine staatenweltliche Vorstellung der Weltpolitik in Frage. Staaten sehen sich gezwungen, zur Erreichung des Ziels der Wohlstandsmehrung die Interessen und Aktivitäten nichtstaatlicher Akteure maßgeblich zu berücksichtigen – dies gilt für transnationale Unternehmen, Banken, institutionelle Anleger und sogar Individuen (aggregiert durch Märkte) (Russell 2005: 56f.). Mehr noch: Neben zwischenstaatlichen internationalen Organisationen wie dem IWF übernehmen privatwirtschaftliche Akteure wie z.B. Rating-Agenturen eigenständig und in Kooperation mit öffentlichen Akteuren Steuerungsaufgaben. So lässt sich das Weltregieren zur Prävention und zur Eindämmung von Finanzkrisen als heterarchisches Weltregieren, als eine Koexistenz von zwischenstaatlichen, privaten und öffentlich-privaten Regierensformen charakterisieren.

Finanzmarktstabilität lässt sich als globales öffentliches Gut mit starken grenzüberschreitenden und sektorenüberschreitenden Externalitäten auffassen. Aus der Sicht der Theorie kollektiver Güter wird ein solches Gut nur von globalen inklusiven Institutionen effizient und effektiv hergestellt. Eine derartige globale inklusive Institution zur Produktion des globalen öffentlichen Gutes „Finanzmarktstabilität" existiert jedoch nicht, so dass bestehenden Defizite der Güterproduktion aus der Sicht der Theorie kollektiver Güter nur folgerichtig erscheinen.

Trotz dieses Mangels an vertiefter institutionalisierter Kooperation zwischen öffentlichen und privaten Akteuren ist etwa in der Nutzung privater Kreditbewertungen durch öffentliche Regulierungsbehörden für regulatorische Zwecke eine Form öffentlich-privaten Regierens und mithin ein Zusammenlegen („pooling") von analytischen Ressourcen zur Überwachung der Kreditmärkte und zur Verhinderung systemischer Krisen zu beobachten.

Die Messung der Effektivität des Weltregierens in diesem Problemfeld wird durch methodische Probleme erschwert: Zunächst spricht das Eintreten von großen Finanzkrisen wie der Weltfinanzkrise 2008/09 als Indikator für die Ineffektivität des Weltregierens zur Prävention von Finanzkrisen; und in der Tat ist es höchst plausibel zu argumentieren, dass ein Governance-System, das nicht in der Lage ist, derartige Krisen zu verhindern oder zumindest einzudämmen, erhebliche Regulierungsdefizite und Effektivitätsmängel aufweist. Allerdings läuft eine solche Konzentration auf die offensichtlichen Fehlschläge in der Prävention von Finanzkrisen auch Gefahr, Fälle zu übersehen, in denen durch umsichtige öffentliche, private oder öffentlich-private Kontrolle und Steuerung der Finanzmärkte unter Umständen Finanzkrisen verhindert werden. Die Verhinderung von Finanzkrisen (ein Nicht-Ereignis) lässt sich in der Regel schwer beobachten und noch schwerer den Leistungen von einem oder mehreren bestimmten Akteur(en) kausal zuschreiben.

Trotz dieser Einschränkung lassen sich einige Aussagen zur Effektivität des Weltregierens im Problemfeld „globale Finanzpolitik" machen. Es existieren durchaus zwischenstaatlich vereinbarte Regeln wie die Vorgaben des Basel II-Abkommens, private Standards wie der durch Rating-Agenturen gesetzte Standard der Kreditwürdigkeit und stabilisierend wirkende Politikinstrumente wie die Kreditfazilitäten des IWF auf globaler Ebene, die ein Mehr an Stabilität im Vergleich zu völlig unkontrollierten, von politischer Steuerung gänzlich freien globalen Finanzmärkten bedeuten. Zugleich ist nicht zu übersehen, dass der Bedarf an effektiver Steuerung durch die Quantität und vor allem Qualität des derzeitigen Angebots an globaler Regelsetzung und -durchsetzung bei weitem nicht gedeckt wird: Zur verlässlichen Bereitstellung des globalen öffentlichen Gutes „Finanzmarktstabilität" bedarf es mehr und besserer Regeln. Die Fähigkeiten des IWF, durch öffentliche Kreditvergabe steuernd in die Finanzmärkte einzugreifen, müssten angesichts des Umfangs und der großen Fließgeschwindigkeit privater Kapitalströme erweitert werden. Die Verlässlichkeit der Bewertungen von Rating-Agenturen ist zumindest in Teilbereichen der Finanzmärkte – etwa bei strukturierten Finanzinstrumenten wie bei der US-Hypothekenkrise – fraglich. Privatwirtschaftliche Akteure haben sich teilweise soweit der staatlichen Kontrolle entzogen, dass eine Begrenzung ihrer Handlungsfreiheiten sowie ihrer wirtschaftlichen und politischen Einflussmöglichkeiten erforderlich erscheint, um die Bereitstellung des globalen öffentlichen Gutes „Finanzmarktstabilität" zu gewährleisten. Dies wird nur durch intensivierte zwischenstaatliche und öffentlich-private Kooperation auf globaler Ebene, d.h. in Institutionen, die dem gewachsenen Gewicht von Schwellenländern und nichtstaatlichen Akteuren durch deren angemessene Beteiligung Rechnung tragen, zu erreichen sein.

3 Globale sozialpolitische Herausforderungen und ihre kollektive Bearbeitung

Auch nach Jahrzehnten öffentlicher Entwicklungshilfe (Official Development Assistance, ODA) leben nach wie vor große Teile der Weltbevölkerung in Armut. Im Folgenden rückt daher die Frage des *Bedarfs* an einer „globalen Sozialpolitik" (Deacon 2007; Deacon/ Hulse/ Stubbs 1997; Donner-Reichle 2000) oder zurückhaltender formuliert: an Politiken zur Steuerung der sozialen Entwicklung und zur Armutsbekämpfung, die auf einen sozialen Ausgleich zwischen Industrie- und Entwicklungsländern und somit auf eine ausgewogenere Verteilung des Wohlstands in der Welt abzielen, in den Mittelpunkt. Untersucht wird zunächst, inwiefern Armut und ausgeprägte globale Wohlstandsdisparitäten wenn nicht selbst als transsouveräne Probleme, so doch als Erzeuger grenzüberschreitender Risiken und Herausforderungen gelten können, die nicht nur aus moralischen Gründen, sondern auch aus einer egoistisch-eigennutzorientierten Sichtweise der Industriestaaten internationale Kooperation erfordern. An die Beschreibung dieser Probleme einschließlich deren Folgeerscheinungen schließt sich die Frage an, inwieweit in Reaktion darauf und als Ergänzung zur bestehenden weitgehend liberalen Weltwirtschaftsordnung auf den Abbau sozialer Disparitäten abzielende Politikprogramme auf globaler Ebene entstanden sind, welche Akteure an ihrer Entwicklung und Implementation beteiligt sind und wie effektiv diese Bemühungen des Weltregierens zur Förderung sozialer Entwicklung sind.

Vorauszuschicken ist, dass Armut und Wohlstandsdisparitäten nicht gleich zu setzen sind. Dementsprechend müssen auch Maßnahmen zur Linderung absoluter Armut nicht notwendigerweise mit dem Abbau von Wohlstandsdisparitäten einhergehen. Die Zahl absolut Armer in einer Gesellschaft kann durchaus sinken, während die sozioökonomische Ungleichheit zunimmt – die Entwicklung Chinas in den letzten rund 25 Jahren bietet ein Beispiel dafür. Häufig jedoch treten Armut und ausgeprägte Wohlstandsdisparitäten gleichzeitig auf, so dass sie hier auch in der Zusammenschau analysiert werden. Es ist zudem mittlerweile weithin anerkannt, dass ein hohes Niveau nicht nur zwischenstaatlicher, sondern auch innerstaatlicher Wohlstands- oder Einkommensdisparitäten den langfristigen Wachstumsaussichten von Entwicklungsländern und damit auch der Armutsminderung aus verschiedenen Gründen (z.B. die Wirtschaft destabilisierenden sozialen Spannungen) abträglich ist (vgl. Nel 2006a: 699f.). Auch die Weltbank geht nicht mehr davon aus, dass zur Förderung ökonomischer Entwicklung, die wiederum der Armutsminderung dient, Wohlstandsdisparitäten hingenommen werden müssen. Sie betont vielmehr, dass innergesellschaftliche ökonomische Ausgewogenheit eine wichtige Bedingung für wirtschaftliche und menschliche Entwicklung ist (Nel 2006a: 697f.; vgl. Weltbank 2005).

3.1 Zur Notwendigkeit einer „Weltsozialpolitik": Armut und ausgeprägte Wohlstandsdisparitäten als Weltprobleme (Problembeschreibung)

Das Problem von Armut wird vor allem nur bei plötzlichen, dramatischen oder katastrophenhaften Ereignissen medial vermittelt, während stumme Armutskrisen und dauerhafte Probleme der Unterentwicklung in weiten Teilen der Welt von der Öffentlichkeit und politischen Entscheidungsträgern vernachlässigt werden. Dies ist umso bemerkenswerter, da lebensbedrohende Armut global betrachtet ein Massenphänomen ist (Thomas/ Reader 2005: 81).

Gemäß dem „Ressourcenansatz" der Weltbank, der Armut statistisch als Einkommensarmut erfasst, gilt als absolut arm, wer kaufkraftbereinigt weniger als einen, seit 2008 weniger als 1,25 US-Dollar pro Tag für Konsumzwecke zur Verfügung hat (Chen/ Ravallion, Martin 2008: 2ff.). Von moderater Armut betroffen sind Menschen, die von weniger als zwei US-Dollar pro Tag leben müssen (Ferdowsi 2007: 202; vgl. Weltbank 2007a: 1). Dieser einkommensorientierte Ressourcenansatz entspricht einem sehr eingeschränkten, aber vergleichsweise gut messbaren Verständnis von Armut. Die EU verwendet dagegen ein „Lebenslagenkonzept", das neben Einkommen auch andere Voraussetzungen für menschenwürdiges Leben berücksichtigt wie etwa Bildungschancen, Gesundheitsversorgung, Selbstbestimmung, Rechtssicherheit und Einfluss auf politische Entscheidungen. Armut drückt sich demnach in einem „Mangel an fundamentalen Verwirklichungschancen" (Sen 2002: 110) und nicht bloß in einem niedrigen Einkommen aus. Eine Schwäche des Lebenslagenkonzepts besteht jedoch darin, dass damit der Armutsbegriff immer weiter ausgedehnt wird und kaum mehr quantitativ operationalisierbar ist (Ferdowsi 2007: 202f.). Der vom Entwicklungsprogramm der Vereinten Nationen (UNDP) entwickelte Human Development Index (HDI) hingegen ist eine weithin anerkannte Maßzahl, die die Lebenserwartung, die Bildung (Alphabetisierungsrate und Einschreibungsrate in Primär-, Sekundär- und Tertiärbildungseinrichtungen) und den Lebensstandard (kaufkraftbereinigtes Pro-Kopf-Einkommen) in einem Land erfasst (vgl. UNDP 2007). Der HDI ist somit breiter angelegt als die bloße Messung des Pro-Kopfeinkommens eines Landes, aber besser operationalisierbar als ein Lebenslagenkonzept, das auch Faktoren wie den Grad der Selbstbestimmung und den Einfluss auf politische Entscheidungen erfassen soll. Zur Messung der Zahl der absolut armen Menschen weltweit ist jedoch nach wie vor der Ressourcenansatz der Weltbank gebräuchlich. Er wird auch im Folgenden der Darstellung des Ausmaßes weltweiter Armut zugrunde gelegt.

Zwischen einer Milliarde und 1,2 Milliarden Menschen weltweit, d.h. rund jeder sechste Bewohner der Erde, leben demnach in absoluter Armut. 2,7 Milliarden Menschen, d.h. über 40% der Weltbevölkerung, sind von moderater Armut betroffen (Chen/ Ravallion 2008: 19; Ferdowsi 2007: 205, Messner et al. 2005: 12, Sachs 2005: 34; Schifferings/ Roth 2007: 5, UN 2007: 5; Zofka 2007: 226f.). Sowohl die Zahl der absolut Armen als auch ihr Anteil an der Weltbevölkerung war in den letzten rund 25 Jahren rückläufig (vgl. Abb. 8.6). 1980 waren noch rund 1,5 Milliarden Menschen (damals ca. 40% der Weltbevölkerung) und 1990 1,3 Milliarden Menschen (ca. 30% der Weltbevölkerung) absolut arm. Laut dem Sachs-Bericht ist zwischen 1990 und 2002 das weltweite Durchschnittseinkommen um 21% gestiegen und die Zahl der absolut Armen trotz anhaltenden Bevölkerungswachstums um 130 Millionen Menschen zurückgegangen (Sachs 2005: 34; Weltbank 2007a: 3; Zofka 2007: 226f.).

Kapitel 8: Wohlfahrt

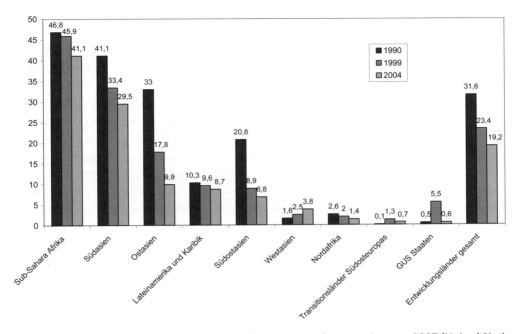

Grafik erstellt auf Grundlage von Daten des *Millennium Development Reports 2007* (United Nations 2007: 6, 35).

Abb. 8.6: Globaler Rückgang der absoluten Armut: Anteil der Bevölkerung in Entwicklungsländern mit weniger als 1 US $ täglich zur Verfügung (in %)

Allerdings geben die weltweiten Armutszahlen keinen Aufschluss über unterschiedliche regionale Entwicklungstendenzen. Ein genauerer Blick zeigt, dass der globale Rückgang der Zahl absolut Armer primär auf die schnell fortschreitende wirtschaftliche Entwicklung in Teilen Asiens (vor allem in Ostasien) zurückzuführen ist. In Afrika südlich der Sahara hat sich demgegenüber die Zahl der Ärmsten im Langzeittrend der letzten Jahrzehnte erhöht. Insbesondere dort fehlt es – trotz durchaus vorhandenen Gegenbeispielen gerade in den letzten Jahren – in vielen Ländern an einem nachhaltigen, Armut mindernden Wirtschaftswachstum. Von den 52 Ländern, die seit 1990 im Einkommensdurchschnitt ärmer geworden sind, liegen 20 in Afrika. Daten des „Millennium Development Goals Report 2007" zeigen jedoch für den Zeitraum der letzten zwei Jahrzehnte für Gesamt-Sub-Sahara-Afrika einen langsamen Rückgang des Anteils absolut Armer an der Bevölkerung (von 46,8% im Jahr 1990 über 45,9% im Jahr 1999 auf 41,1% im Jahr 2004). Auch die absolute Zahl der extrem Armen in Sub-Sahara-Afrika scheint bei wachsender Bevölkerungszahl zumindest zu stagnieren (Ferdowsi 2007: 206, Weltbank 2007a: 3; UN 2007: 5). Gegenwärtig mehren sich jedoch die Befürchtungen, dass Fortschritte bei der Armutsminderung durch die Weltwirtschaftskrise 2008/09 zunichte gemacht werden könnten. Nach Schätzungen der Weltbank würde ein Rückgang der Weltwirtschaftsleistung um ein Prozent rund 20 Millionen Menschen in die Armut zurückdrängen (Weltbank 2009).

Die Ursachen von Armut sind vielfältig und je nach Weltregion, Land oder gar lokalen Gegebenheiten unterschiedlich. Im Allgemeinen wird zwischen endogenen und exogenen Ursachen unterschieden. Zu den endogenen Ursachen für Armut zählen ungünstige natürliche Standortbedingungen wie lebensfeindliche geographische und agroklimatische Verhältnisse, eine schlechte Infrastruktur, zu kleiner oder gar kein Landbesitz für viele Familien, Schwäche staatlicher Institutionen, schlechte Regierungsführung, Korruption, Gewaltkonflikte mit der Folge einer Zerstörung der ohnehin schlechten sozialen Infrastruktur, Flucht und Vertreibung, Staatsversagen und -zerfall oder Infektionskrankheiten wie HIV/AIDS mit schweren Rückschlägen für die soziale Entwicklung. Als Beispiel für exogene Faktoren, die dazu beitragen, Entwicklungsländer in einer Armutsfalle gefangen zu halten, ist etwa der Agrarprotektionismus der Industriestaaten anzuführen (vgl. oben). Laut UNDP übertraf zur Jahrtausendwende das Volumen der Agrarsubventionen der OECD-Staaten das BIP von Afrika südlich der Sahara (Ferdowsi 2007: 211ff.; Zofka 2007: 228). Auch die in Teilen Afrikas bereits zu beobachtende Verschlechterung klimatischer Bedingungen mit der Folge einer Zerstörung von intakter Umwelt, Lebensräumen und Ackerboden ist zumindest teilweise auf klimaschädliche Treibhausgasemissionen der Industrieländer zurückzuführen.

Auch die Zahlen hinsichtlich der globalen Wohlstandsverteilung sprechen eine deutliche Sprache: Die nach obiger Definition („moderat") Armen der Welt verfügen über einen Anteil von 1,1% des weltweiten Bruttosozialprodukts (BSP); fast 80% des globalen BSP entfallen auf 16% der Weltbevölkerung (Schifferings/ Roth 2007: 5). Auch die *Entwicklung* in der Verteilung materieller Lebenschancen, d.h. der längerfristige Trend der globalen Wohlstandsspreizung, ist zumindest über die letzten Jahrzehnte betrachtet eindeutig (vgl. Abb. 8.7). Sogar das Weltwirtschaftsforum schätzt, dass, während das durchschnittliche pro-Kopf-BSP der 20 reichsten Länder zu Beginn der 1960er Jahre „nur" 54-mal höher war als das der 20 ärmsten Länder, es nach der Jahrtausendwende auf das 121-fache angestiegen ist (WEF 2006: 9).

Die Berechnung von Indizes der globalen Ungleichheit erfolgt heute meist durch eine Kombination von Daten über die nationale innerstaatliche und nach Bevölkerungszahl gewichtete zwischenstaatliche Einkommensverteilung (Nel 2006a: 692f.; vgl. Milanovic 2005). Eine Analyse verfügbarer Ungleichheits-Indizes zeigt, dass die Ungleichheit durchschnittlicher Einkommen zwischen Staaten (zwischenstaatliche Wohlstandsdisparitäten) groß bleibt, obwohl sich vor allem auf Grund der Entwicklung Chinas und Indiens die Dynamik der nach Bevölkerungszahl gewichteten *internationalen* Wohlstandsspreizung in den letzten Jahren in jedem Falle verlangsamt hat – nach manchen Einschätzungen sogar stagniert. Die materielle Ungleichheit *zwischen* Ländern ist jedoch weiterhin deutlich stärker ausgeprägt als das Niveau der innergesellschaftlichen Ungleichheit innerhalb eines jeden Staates dieser Welt (Nel 2006: 4f.; Nel 2006a: 696; vgl. Bourguignon/ Morrison 2002). Mit anderen Worten: Die Einkommen sind über die Staaten der Welt weiterhin stärker ungleich verteilt als innerhalb der Staaten mit

Kapitel 8: Wohlfahrt

der stärksten inneren Einkommensungleichheit. Die traditionelle Kategorisierung zwischen armen und reichen Staaten scheint insofern immer noch ihre Berechtigung zu haben.

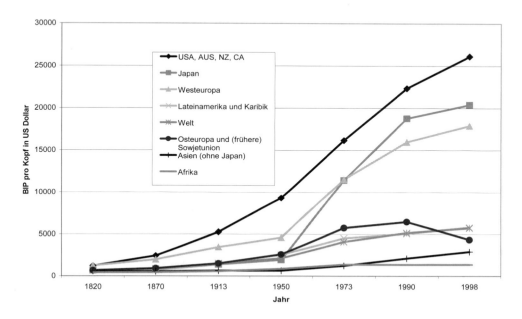

* Vergleichbare Daten für die Jahre nach 1998 liegen leider nicht vor.

Abb. 8.7: Zwischenstaatliche Ungleichheit im Langzeittrend: Regionaler Vergleich der Entwicklung des BIP pro Kopf in US Dollar von 1820–1998*

Dennoch erscheint eine differenziertere Analyse als die Unterscheidung „armes vs. reiches Land" nötig (Thomas/ Reader 2005: 80). Während die Entwicklung der nach Bevölkerungszahl gewichteten zwischenstaatlichen Einkommensungleichheit und der Einfluss der Globalisierung darauf umstritten sind, besteht weit gehende Einigkeit, dass die *innerstaatliche* Ungleichheit, d.h. das Ausmaß sozioökonomischer Disparitäten innerhalb von Gesellschaften, für die meisten Länder der Welt in den letzten 30 Jahren zugenommen hat – das gilt für Entwicklungs- und Schwellenländer ebenso wie für Industrieländer mit hohem Durchschnittseinkommen (Nel 2006a: 694; vgl. Cornia 2004; Galbraith 2007). Empirische Studien zeigen freilich, dass in Entwicklungsländern die innerstaatliche Ungleichheit viel größer ist als in entwickelten Ländern und dass gerade in Schwellenländern mit hohem Wirtschaftswachstum wie Brasilien, China, Indien oder Mexiko die Kluft zwischen Arm und Reich breiter wird, so dass bestimmte soziale Gruppen (z.B. weite Teile der ländlichen Bevölkerung) von den Wohltaten des Wirtschaftswachstums ausgeschlossen bleiben (vgl. Nel 2006a: 699f.; Thomas/ Reader 2005: 80; Ferdowsi 2007: 206). Ausgeprägte innerstaatliche Wohlstandsdisparitäten haben nicht nur vielfältige negative Konsequenzen für ökonomische und menschliche Entwicklung im jeweiligen Land (vgl. ausführlich Nel 2008: Kap. 5); sie tragen auch zur Entstehung oder Verschärfung grenzüberschreitender Risiken und Bedrohungen bei, weshalb ihre Eindämmung zunehmend als inter- und transnationale Aufgabe angesehen wird – wie im Folgenden näher ausgeführt wird (Nel 2006a: 694; 696).

Rangplatz (nach Gini-Index)**	Staat	Gini-Index
1	Dänemark	24,7
2	Japan	24,9
11	Deutschland	28,3
17	Äthiopien	30,0
26	Frankreich	32,7
36	Indonesien	34,3
46	Vereinigtes Königreich	36,0
54	Indien	36,8
67	Russische Föderation	39,9
71	Vereinigte Staaten von Amerika	40,8
91	Mexiko	46,1
93	China	46,9
98	Venezuela	48,2
116	Brasilien	57,0
120	Haiti	59,2
124	Sierra Leone	62,9
126	Namibia	74,3

* In Bezug auf die Vergleichbarkeit der Daten ist einschränkend anzumerken, dass zum Teil unterschiedliche Messmethoden zur Erhebung verwendet werden und der Zeitraum der Erhebung in den einzelnen Staaten zwischen 1992 und 2003 schwankt.

** Der **Gini-Index** misst das Ausmaß, in dem die Verteilung des Einkommens unter Individuen oder Haushalten innerhalb eines Staates von einem Zustand absolut gleicher Einkommensverteilung abweicht (UNDP 2007: 366f). Ein Gini-Index mit dem Wert 0 bedeutet absolute Gleichheit der Einkommen (alle verdienen genau gleich viel), während ein Wert von 100 für absolute Ungleichheit (einer verdient alles, alle anderen nichts) steht.
Vgl. UNDP (2007: 281ff.)

Abb. 8.8: Innerstaatliche Ungleichheit in ausgewählten Staaten*

Die Bekämpfung von absoluter Armut und ausgeprägten zwischen-, aber auch innerstaatlichen Wohlstandsdisparitäten wird heute in der Regel als Aufgabe betrachtet, die nur durch inter- und transnationale Kooperation zwischen einer Vielzahl von Akteuren erfüllt werden kann (vgl. Thomas/ Reader 2005: 78). Aus den beschriebenen Befunden über Armut und Ungleichheit erwächst in doppelter Hinsicht Handlungs- oder genauer Kooperationsbedarf. Aus der Sicht der privilegierten Industriestaaten stellt sich neben der zentralen moralischen Frage, mit wieviel Armut und Ungleichheit die Welt leben kann und will, auch die zweckrationale Frage, inwiefern die Polarisierung zwischen Arm und Reich zu grenzüberschreitenden Problemen beiträgt, die nicht nur Staaten der „Dritten Welt", sondern auch darüber hinaus große Teile der Welt bedrohen (Messner et al. 2005: 12).

Die Existenz absoluter, gar lebensbedrohlicher Armut und der Fortbestand ausgeprägter weltweiter Wohlstandsdisparitäten verletzen zunächst einmal die moralischen Intuitionen der meisten auf dieser Erde lebenden Menschen. Gemäß den gerechtigkeitstheoretischen Prinzipien von John Rawls ist Ungleichheit nur dann gerechtfertigt, wenn eine faire Chancenverteilung und Verfahrensgerechtigkeit gegeben sind und sozioökonomische Ungleichheit die Schlechtestgestellten in der Gesellschaft besser stellt als in einer Gesellschaft ohne Wohlstandsdisparitäten (vgl. Rawls 1971). Nur wenige reale Ungleichheitszustände entsprechen diesen gerechtigkeitstheoretischen Prinzipien. Sowohl innerhalb von Staaten, in denen ausgeprägte Wohlstandsdisparitäten herrschen, als auch in den Beziehungen zwischen sozioökonomisch ungleichen Staaten geht ökonomische Ungleichheit in der Regel Hand in Hand mit ungleichem Zugang zu politischen Machtressourcen und einflussreichen Positionen (im Staatsapparat oder in internationalen Organisationen). Verfahrensregeln begünstigen oft ökonomisch privilegierte Gruppen, und strukturelle Hindernisse für sozioökonomischen Aufstieg vor allem (aber nicht nur) in Ländern mit geringem oder mittlerem Durchschnittseinkommen versperren vielen den Weg aus der Armut (Nel 2006a: 690f.).

Armut und ausgeprägte Wohlstandsdisparitäten verlangen nicht nur aus moralischer Verpflichtung, sondern auch unter zweckrationalen Gesichtspunkten nach (re-)distributiv wirkenden Steuerungsleistungen auf globaler Ebene. Die weite Verbreitung von Armut macht zwar diese nicht selbst zu einem transsouveränen Problem, denn Armut ist zunächst einmal ein lokales Phänomen, das zwar an vielen Orten der Welt auftritt, aber als solches nicht grenzüberschreitend ist. Es sind die *Folgeerscheinungen* von Armut, die sich über die Grenzen der von Armut direkt betroffenen Länder hinaus regional oder gar global ausbreiten können. Armut wird nicht nur häufig von transsouveränen Problemen ausgelöst oder verschärft, sie trägt auch ihrerseits zum Auftreten transsouveräner Probleme bei. Beispiele für grenzüberschreitende Folgeprobleme von Armut sind Migrations- und Flüchtlingsströme in benachbarte Länder bzw. bis in die OECD-Welt (vgl. Wagschal 2007: 297f.). Jedes Jahr verlassen Millionen Armutsflüchtlinge und -migranten ihre Heimat und suchen ein besseres Leben in Europa oder Nordamerika – oder bloßes *Über*leben in Nachbarstaaten. Gerade in Entwicklungsländern können große Flüchtlingsströme aus Nachbarstaaten zu politischer und sozialer Destabilisierung führen. Armut trägt auch zu grenzüberschreitenden Umweltschädigungen bei, weil in von Armut geprägten Regionen Umweltschutzerwägungen häufig in den Hintergrund treten und für den Umweltschutz notwendige Mittel nicht aufgebracht werden können. Armut und ausgeprägte Wohlstandsdisparitäten werden mittlerweile als strukturelle Sicherheitsrisiken für westliche Staaten, und Entwicklungszusammenarbeit wird zunehmend auch als Instrument zur Eindämmung weltweiter Gewaltkonfliktpotenziale betrachtet (Thomas/ Reader 2005: 90). Arme Länder sind anfälliger für Staatsschwäche und -zerfall, die wiederum auf Grund von verschiedenen möglichen Folgeerscheinungen (z.B. Eröffnung von Rückzugs- und Ausbildungsräumen für transnationale Terroristen, vgl. Kap. 7) ein grenzüberschreitendes Sicherheitsproblem darstellen. Eine sehr ungleiche Verteilung materiellen Wohlstands *innerhalb* einer Gesellschaft befördert gewaltsame soziale Unruhen, die regionale spill-over-Effekte nach sich ziehen können. Sich verschärfende Disparitäten in der Verteilung materieller Güter erzeugen sozialen Sprengstoff, der in Gestalt transsouveräner gerade auch für die Industriestaaten unerwünschte Auswirkungen haben kann.

Eine Ausweitung der weltweiten Wohlstandsdisparitäten ist auch deswegen nicht im *langfristigen* Interesse der hoch entwickelten Industriestaaten, weil eine dauerhaft ungleiche internationale Wohlstandsverteilung die Gefahr in sich birgt, die Legitimität der bestehenden Weltwirtschaftsordnung zu untergraben und somit Akteuren Auftrieb zu geben, die – im Gegensatz zu den wirtschaftlich vernetzten, auf den Handel angewiesenen Industriestaaten – ein Interesse an der Veränderung der weitgehend liberalen Austauschbeziehungen haben und dieses auch artikulieren und verfolgen (Rittberger/ Zangl 2006: 172).

Der Bedarf an sozialpolitischen Maßnahmen auf globaler Ebene lässt sich zumindest teilweise als Folge gewandelter systemischer Rahmenbedingungen der Weltpolitik auffassen (vgl. Kap. 2.2 und 2.3). Die weltpolitischen Rahmenbedingungen globalisierter Handels- und Finanzmärkte sowie vorherrschende wirtschaftsordnungspolitische Leitideen machen einzelstaatliche wohlfahrtstaatliche Ausgleichsmechanismen zunehmend kostspieliger. Die Kosten (re-)distributiver (z.B. soziale Transferleistungen) und regulativer (z.B. Arbeitsstandards) Sozialpolitiken steigen (vgl. Schirm 2004a: 6). Zwar ist die empirische Evidenz für das tatsächliche Vorliegen einer kompetitiven Unterbietung („race to the bottom") bei Arbeits- und Sozialstandards und Arbeitnehmerrechten alles andere als eindeutig (vgl. Singh/ Zammit 2004; Kapstein 1997). Die Annahme, dass der Standortwettbewerb die Staaten zum Abbau von Arbeitnehmerrechten anhalte, ist insofern pauschal nicht haltbar. Zugleich beschränkt die – von vielen Staaten gewollte und aktiv vorangetriebene – Globalisierung von Finanz-, Güter- und Dienstleistungsmärkten durchaus die Spielräume für staatliche Sozialpolitik. Die Wirksamkeit einzelstaatlicher Steuerungsmaßnahmen lässt nach. Bestehende ökonomische Anreizstrukturen belohnen eine Reduzierung sozialpolitischer Transferleistungen.

Geht man davon aus, dass globalisierte Märkte bei der Vermeidung ausgeprägter Wohlstandsdisparitäten und absoluter Armut häufig versagen, erwächst aus der abnehmenden Effektivität einzelstaatlicher korrigierender Eingriffe ein Bedarf an globalen (re-)distributiven Politiken (z.B. Entwicklungshilfe) oder regulativen Politiken mit (re-) distributiven Effekten (z.B. weltweite Sozialstandards). Die Anerkennung dieser Notwendigkeit kann gewissermaßen als komplementäres Gegenstück zum Eintreten für eine liberale Weltwirtschaftsordnung aufgefasst werden. Denn das Spiel der Marktkräfte in einer liberalen Weltwirtschaftsordnung verteilt den kollektiven Nutzen nur dann an alle beteiligten Akteure gleich, wenn sie über annähernd gleiche materielle Voraussetzungen der Marktteilnahme verfügen. Da diese Prämisse im derzeitigen globalen System nicht erfüllt ist, wohnt den Verteilungsleistungen der Weltmärkte eine Tendenz

Kapitel 8: Wohlfahrt 543

zur Schaffung oder Ausweitung von Wohlstandsdisparitäten inne, die mittel- und langfristig auch die Legitimität und Stabilität des gegenwärtigen – gerade für die entwickelten Industrieländer aber auch aufstrebende Schwellenländer vorteilhaften – Welthandelssystem gefährdet (Mendoza 2003; Rittberger/Zangl 2006: 171; Toye 2001: 106f.).

3.2 Weltregieren im Sachbereich „Wohlfahrt" IV: Öffentliches und öffentlich-privates Regieren zur Minderung von Armut und Eindämmung von weltweiten Wohlstandsdisparitäten (Problembearbeitung)

Nach der Feststellung des Bedarfs an Weltregieren zur Förderung verteilungsgerechter sozioökonomischer Entwicklung stellt sich die Frage, ob empirisch ein hinreichendes Angebot an Weltregieren zur Deckung dieses Bedarfs festzustellen sind. Die grundsätzliche Notwendigkeit eines wie auch immer gearteten globalen sozioökonomischen Ausgleichs zur Eindämmung der globalen Wohlfahrtsspreizung wird heute zwar weitgehend anerkannt, die Implementation von Politiken, die geeignet sind, dieses grundsätzliche Bekenntnis in die Tat umzusetzen, bleibt jedoch häufig mangelhaft.

Dies zeigt sich beispielhaft am relativ bescheiden anmutenden Ziel der Industrieländer, 0,7% ihres BSP für öffentliche Entwicklungshilfe (ODA) aufzubringen. Im Jahr 1969 erstmals vom Development Assistance Committee (DAC) der OECD formuliert, wurde das 0,7%-Ziel – selbst bei sinkender realer Entwicklungshilfe – über die Jahrzehnte hinweg wiederholt bekräftigt (z.B. 1997 bei der VN-Sondersitzung zur Überprüfung der Agenda 21, 2002 bei der Internationalen Konferenz über Entwicklungsfinanzierung in Monterrey, an deren Ende der sogenannte Monterrey-Konsens zur Entwicklungsfinanzierung stand, oder 2005 beim „Millennium-plus-5"-Weltgipfel). Erreicht wurde es bis heute nur von wenigen Industrieländern – u.a. Dänemark, Norwegen, Schweden, Niederlande und Luxemburg (Thomas/ Reader 2005: 81f.). Die EU-Staaten wollen dieses Ziel gemäß einem Stufenplan nun bis 2015 erreicht haben (Zofka 2007: 235).

Trotz unübersehbarer Defizite wäre es verfehlt, pauschal von einer Abwesenheit von leidlich effektivem Weltregieren zur Armutsreduktion, zum Abbau von sozioökonomischen Disparitäten und zur Förderung ökonomischer und menschlicher Entwicklung auszugehen. Gerade im Politikfeld der Entwicklungszusammenarbeit zeigt sich eine große Vielfalt von Akteuren und Institutionen des Weltregierens. Angesichts der Steuerungsleistungen privater, zivilgesellschaftlicher und privatwirtschaftlicher, Akteure stellt sich das Weltregieren im Politikfeld „Entwicklungszusammenarbeit" längst nicht mehr nur als rein zwischenstaatliches Weltregieren dar.

Im Folgenden wird zunächst untersucht, inwiefern globale sozialpolitische Programme ausgehend vom Weltsozialgipfel in Kopenhagen 1995 bis zur Gegenwart formuliert und implementiert wurden. Dann wird die Vielzahl von Akteuren im Politikfeld „Entwicklungszusammenarbeit" skizziert, die Weltregierensleistungen zur Förderung sozialer Entwicklung erbringen, ehe schließlich eine theoriegeleitete Erklärung der zu beobachtenden Formen des Weltregierens angeboten wird.

3.2.1 Globale Politikprogramme zur Bekämpfung von Armut und ausgeprägten Wohlstandsdisparitäten und deren Implementierung

Als eine „Baustelle für eine Weltsozialordnung" oder gar als „Meilenstein für die Herausbildung einer Weltsozialordnung" wurde der Weltgipfel für soziale Entwicklung 1995 in Kopenhagen bezeichnet (Hauchler/ Messner/ Nuscheler 2001: 51; Fues 2001: 162; Thomas/ Reader 2005: 90). Zwar blieb die Implementierung der politikprogrammatischen Beschlüsse von Kopenhagen zu den drei Kernthemen: Kampf gegen Armut, Abbau von Arbeitslosigkeit sowie soziale Integration weit hinter den damaligen Erwartungen zurück, so dass nicht viel mehr als gut gemeinte Absichtserklärungen übrig blieben (vgl. Zofka 2007: 223). Die sozialpolitischen Prämissen und Forderungen des Kopenhagener Weltgipfels wirken aber insofern bis heute nach, als sie sich zumindest teilweise in neueren Armutsbekämpfungs- und sozialpolitischen Strategien der OECD und der VN (gerade auch in den Millenniumentwicklungszielen, MDGs) wiederfinden. Zudem prägen die Forderungen des Weltsozialgipfels nach wie vor den politischen und akademischen Diskurs über globale Sozialpolitik (vgl. Deacon et al. 2005).

Der Kopenhagener Weltsozialgipfel 1995 war Ausdruck der wachsenden Erkenntnis, dass wirtschaftliches Wachstum zwar eine notwendige, aber keine hinreichende Bedingung für die Verbesserung der Lebensbedingungen der Menschen in den Entwicklungsländern darstellt. Er stellte einen bewussten Versuch der Staatengemeinschaft dar, über die Errichtung und Förderung sozialer Ausgleichsmechanismen zwischen Industrie- und Entwicklungsländern die Weltwirtschaftsordnung durch eine Weltsozialordnung zu ergänzen. Der Kopenhagener Weltsozialgipfel, an dem neben Staatenvertretern auch Vertreter internationaler zwischenstaatlicher Organisationen und zahlreiche zivilgesellschaftliche Organisationen teilnahmen (vgl. Wesel 2004: 212), befasste sich mit so grundlegenden wie umfassenden Themen wie Armut, Arbeitslosigkeit und sozialer Ausgrenzung und Ungleichheit. Vor allem Regierungen von Entwicklungsländern, internationale zwischenstaatliche Entwicklungsorganisationen und INGOs waren die treibenden Kräfte hinter der Formulierung globaler Sozialpolitiken (Deacon/ Hulse/ Stubbs 1997: 87; Fues 2001: 158; Hauchler/ Messner/ Nuscheler 2001: 51f.; Kohlmorgen 2000: 81).

Die nach langwierigen Verhandlungen im Konsens verabschiedeten Schlussdokumente des Weltgipfels schlossen eine Erklärung über soziale Entwicklung sowie ein Aktionsprogramm ein, das die in der Erklärung aufgeführten Ziele konkretisiert und sowohl nationale als auch internationale Umsetzungsebenen abdeckt. In der Kopenhagener Erklärung einigten sich die Regierungsvertreter der 185 teilnehmenden Staaten auf zehn – überwiegend sehr allgemein gehaltene – Selbstverpflichtungen (siehe Abb. 8.9; Kohlmorgen 2000: 81):

Kapitel 8: Wohlfahrt

> 1) Schaffung eines wirtschaftlichen, politischen, sozialen, kulturellen und rechtlichen Umfeldes, das die Menschen in die Lage versetzt, soziale Entwicklung zu erreichen;
> 2) Beseitigung der Armut durch einzelstaatliche Maßnahmen und internationale Zusammenarbeit;
> 3) Vollbeschäftigung als grundlegendes Ziel der Wirtschafts- und Sozialpolitik;
> 4) Förderung der sozialen Integration durch Förderung und Schutz der Menschenrechte, Förderung der Toleranz, Chancengleichheit und Teilhabe aller Menschen in der Gesellschaft;
> 5) Gleichbehandlung und Gleichberechtigung von Männern und Frauen;
> 6) Allgemeiner und gerechter Zugang zu einer „guten" Bildung, zum höchsten erreichbaren Gesundheitszustand und zur gesundheitlichen Grundversorgung;
> 7) Beschleunigung der wirtschaftlichen und sozialen Entwicklung sowie der Erschließung der Humanressourcen Afrikas und der am wenigsten entwickelten Länder;
> 8) Strukturanpassungsprogramme nur unter Einbeziehung von Zielen sozialer Entwicklung;
> 9) Erhöhung der Mittel für soziale Entwicklung und effizientere Einsetzung dieser und
> 10) Schaffung eines besseren und festeren Rahmens für die internationale, regionale und subregionale Zusammenarbeit in punkto sozialer Entwicklung unter Einbeziehung der Vereinten Nationen und anderer inter- und transnationaler Organisationen.

Abb. 8.9: Kopenhagener Erklärung: Zehn Selbstverpflichtungen

Obwohl diese Zielsetzungen völkerrechtlich nicht verbindlich sind und sich einer effektiven Umsetzung nur sehr bedingt zugänglich erwiesen, blieben sie dennoch politisch nicht gänzlich folgenlos, weil sie Impulse für nachfolgende Konferenzen und Strategien gaben, so dass ihnen zumindest eine bleibende politikprogrammatische Wirkung zugeschrieben werden kann. Insgesamt mangelhaft blieb aber ihre Implementierung – eine Schwäche, die für sozialpolitische Politikprogramme und globale Armutsbekämpfungsstrategien vor allem der VN allgemein gilt.

Die Zwischenbilanz der Implementierung der Ergebnisse des Weltsozialgipfels im Rahmen der VN-Sondergeneralversammlung „Kopenhagen+5" im Jahr 2000 sorgte für allgemeine Ernüchterung. So konnte die Armut in den Entwicklungsländern nur wenig zurückgedrängt werden. Auch im Hinblick auf andere Ziele, deren Erreichung gemäß dem Aktionsprogramm von Kopenhagen bis zum Jahr 2000 vorgesehen war, konnten keine wesentlichen Fortschritte erzielt werden (Fues 2001: 162; Hauchler/ Messner/ Nuscheler 2001: 52). Jedoch sind viele der Ziele sehr langfristig angelegt, und es ist insofern (wenn überhaupt) von einer nur langsamen Umsetzung auszugehen.

Die Programme der internationalen Organisationen und bilateralen Geber, die für Armutsbekämpfung im Rahmen der Entwicklungszusammenarbeit verantwortlich sind, haben sich in den letzten 10 Jahren stark angenähert, wobei viele der Ziele von Kopenhagen aufgegriffen wurden. Eine herausragende Rolle in diesem Prozess spielt die Organisation für wirtschaftliche Zusammenarbeit und Entwicklung (OECD). Die in Kopenhagen verabschiedeten Beschlüsse zur weltweiten Armutsüberwindung wurden 1996 vom Entwicklungshilfeausschuss der OECD („Development Assistance Committee") in einem Dokument mit dem Titel „Das 21. Jahrhundert gestalten" („Shaping the 21st Century", S21) zu einer überschaubaren Zahl sozialpolitischer Schlüsselziele verdichtet, so dass von einer globalen Armutsminderungsstrategie mit präzisen, zeitgebundenen Vorgaben gesprochen werden kann. Es handelt sich um folgende Ziele der Armutsbekämpfung, die bis zum Jahr 2015 erreicht werden sollen: Halbierung des weltweiten Bevölkerungsanteils in absoluter Armut; Grundschulbildung für Alle („universal primary education"); Eliminierung von Geschlechterungleichbehandlung in Grundschule und Sekundarstufe; Reduzierung der Säuglings- und Kleinkindersterblichkeit um zwei Drittel (im Vergleich zum Basisjahr 1990); Reduzierung der Müttersterblichkeit um drei Viertel (im Vergleich zum Basisjahr 1990); Gesundheitsversorgung im Bereich reproduktiver Medizin (u.a. zur Eindämmung und Zurückdrängung der Ausbreitung von AIDS) für Alle.

Die globale Armutsstrategie S21 der OECD wurde nach anfänglichen Widerständen bald von Staaten des Nordens und des Südens, zwischenstaatlichen internationalen Organisationen, zivilgesellschaftlichen, aber auch in der Entwicklungszusammenarbeit tätigen privatwirtschaftlichen Akteuren als programmatischer Referenzrahmen für eine Neuorientierung globaler Armutsstrategien anerkannt. Die weltweit breite Akzeptanz der globalen Armutsstrategie S21 der OECD kommt darin zum Ausdruck, dass ihre Vorgaben zu großen Teilen in den deutlich prominenteren Zielkatalog der Millenniumentwicklungsziele („Millennium Development Goals", MDGs) übernommen wurden, auf die sich die Staats- und Regierungschefs beim Millennium-Gipfel der Vereinten Nationen im September 2000 verständigten. Die acht MDGs gehen wie bereits die S21 über einen rein einkommensorientierten Armutsbegriff hinaus und umfassen auch die Förderung öffentlicher Gesundheit, Bildungschancen sowie zusätzlich die Förderung ökologischer Nachhaltigkeit und den Aufruf zu einer partnerschaftlichen institutionellen Konzipierung von Entwicklungsprojekten (Zofka 2007: 223). Auf der Grundlage der acht allgemein gehaltenen MDGs wurde ein Jahr später ein konkretisierender Fahrplan („Roadmap") zur Erreichung der MDGs mit insgesamt 18 deutlich konkreteren Zielvorgaben („targets") verabschiedet, die wiederum durch 48 quantitative Indikatoren zur Messung des Fortschritts bei der Erreichung der gesetzten Entwicklungsziele ergänzt wurden (Zofka 2007: 223; vgl. Sachs 2005a: XIV, VN 2007).

Der Millenniumentwicklungszielkatalog stimmt in den Zielen 1-5 weitgehend mit der S21 der OECD überein, geht aber in den Punkten 6-8 noch über diese hinaus (vgl. Abb. 8.10; Fues 2000: 6-26; Fues 2001: 165-167; Hauchler/ Messner/ Nuscheler 2001: 53f.; Zofka 2007: 224; Sachs 2005a: XIV).

Kapitel 8: Wohlfahrt

1) **Beseitigung von extremer Armut und Hunger:** Halbierung des Bevölkerungsanteils in extremer Armut (weniger als ein US-Dollar pro Tag) bis 2015, Halbierung des Bevölkerungsanteils, der hungert, bis 2015*;
2) **Grundschulbildung für alle Kinder:** Verwirklichung allgemeiner Grundschulbildung bis 2015;
3) **Gleichstellung der Geschlechter und Stärkung der Rolle der Frau:** Geschlechtergleichbehandlung in der Grundschule und in der Sekundarstufe bis 2005 und auf allen Bildungsebenen bis 2015;
4) **Senkung der Kindersterblichkeit:** Reduzierung der Säuglings- und Kindersterblichkeit (Kinder unter fünf Jahren) um zwei Drittel;
5) **Verbesserung der Gesundheitsversorgung der Mütter:** Senkung der Müttersterblichkeit um drei Viertel
6) **Bekämpfung von HIV/AIDS, Malaria und anderen übertragbaren Krankheiten:** Eindämmung der Ausbreitung von HIV/AIDS, Malaria und anderen schwerwiegenden Infektionskrankheiten und Einleitung einer Trendwende bis 2015
7) **Ökologische Nachhaltigkeit:** Halbierung des Bevölkerungsanteils ohne Zugang zu gesundheitlich unbedenklichem Trinkwasser und sanitärer Grundversorgung bis 2015; deutliche Verbesserung der Lebensumstände von mindestens 100 Millionen Slumbewohnern bis 2020.
8) **Aufbau einer globalen Partnerschaft für Entwicklung:** Einbeziehung von Akteuren des privaten Sektors etwa bei der Verbesserung des Zugangs zu neuen Technologien und bei der Versorgung mit lebenswichtigen Medikamenten, integrierte Maßnahmen der Handels-, Finanz- und Entwicklungshilfepolitik sowie der Förderung von guter und verantwortlicher Regierungsführung („good governance").

* Das Basisjahr für die Reduktionsziele ist jeweils 1990.

Abb. 8.10: Millenniumentwicklungsziele (Millennium Development Goals, MDGs)

Im Jahr 2002 wurde auf der Weltkonferenz über Entwicklungsfinanzierung in Monterrey die Ernsthaftigkeit dieser Zielvorgaben insofern bekräftigt, als die Staaten des Nordens in einem „Tauschgeschäft" mit den Entwicklungsländern in Aussicht stellten, mehr finanzielle Unterstützung zu gewähren und besseren Marktzugang für Produkte aus Entwicklungsländern zu ermöglichen, wenn der Süden seinerseits seine Bemühungen um Rechtsstaatlichkeit, Korruptionsbekämpfung und Verbesserung der Bedingungen für das Wachstum des privat-wirtschaftlichen Sektors intensiviere (Thomas/ Reader 2005: 82). So unterstreicht der „Monterrey Konsens", dass die primäre Verantwortung für die Verbesserung der Lebensverhältnisse gerade der Ärmsten zunächst bei den Entwicklungsländern selbst liege, und bekräftigt die Forderung nach der Ausarbeitung nationaler Armutsbekämpfungsstrategien und der Bereitstellung erheblicher nationaler Budgetmittel zu deren Umsetzung. Im Gegenzug versprachen die Industrieländer eine Steigerung der öffentlichen Entwicklungshilfe und einen (partiellen) Schuldenerlass für hoch verschuldete Länder unter der Bedingung, dass dadurch frei werdende Mittel für den Kampf gegen Armut genutzt werden. Das seit Ende der 1960er Jahre wiederholt formulierte „0,7%-Ziel" wurde einmal mehr bekräftigt (Zofka 2007: 224f.).

Zur Ausarbeitung von Konzepten zur Erreichung der MDGs wurde im Jahr 2002 das sogenannte Millenniumsprojekt gegründet. Ein 250-köpfiges Beratergremium unter

Leitung des Ökonomen und persönlichen Beraters des VN-Generalsekretärs für die MDGs, Jeffrey Sachs, wurde beauftragt, einen Aktionsplan mit konkreten Maßnahmen zur Umsetzung der MDGs auszuarbeiten. Der 2005 vorgelegte Bericht *In die Zukunft investieren* (Sachs 2005a) betont abermals die Wichtigkeit nationaler Strategien zur Armutsreduktion. Eine genaue Standortbestimmung des jeweiligen Landes wird als ebenso notwendig erachtet wie eine Bedarfsabschätzung für erforderliche Maßnahmen zur Erreichung der MDGs bis 2015. Es wurden Kooperations-Pilotprojekte mit einigen Ländern in Angriff genommen, um herauszuarbeiten, wie die Zielvorgaben der MDGs am besten in nationale Armutsbekämpfungsstrategien integriert werden können (Zofka 2007: 225f.). Ähnlich wie im Falle der von Weltbank und IWF initiierten Armutsminderungsstrategiepapiere (PRSPs, vgl. unten) sollen von den Regierungen der VN-Mitgliedstaaten in einem breiten partizipativen Prozess, der auch die Zivilgesellschaft und den privatwirtschaftlichen Sektor umfasst, regelmäßig detaillierte nationale MDG-Strategien erstellt oder fortgeschrieben werden, aus denen hervorgeht, welche konkreten politischen Maßnahmen zur Erreichung der MDGs notwendig sind, wie groß der Ressourcenbedarf zur Umsetzung dieser Maßnahmen ist und in welchem Umfang über heimische Ressourcen hinaus externe Mittel (ODA) zur Zielerreichung benötigt werden (Loewe 2005: 21; Martens 2006). Unklar blieb jedoch auch nach den Beschlüssen des Millennium+5-Gipfels (2005) das Verhältnis dieser nationalen MDG-Strategien zu teilweise bereits existierenden PRSPs und im Rio-Folgeprozess formulierten nationalen Nachhaltigkeitsstrategien sowie die Frage, ob auch Industrieländer MDG-Strategien (etwa zur Verwirklichung des MDG 8) verabschieden sollten (Martens 2006).

Gemäß dem Sachs-Bericht ist ein großer Schub an öffentlichen Investitionen in den Gesundheitssektor, in den Wohnungsbau, in Infrastruktur, Bildung, Wasser-/ Abwasserversorgung, etc. nötig, der nur teilweise von den Entwicklungsländern selbst ausgehen kann. Sachs geht von einer Kostenverteilung aus, wonach ca. ein Drittel der nötigen Investitionen von den Entwicklungsländern und rund zwei Drittel von den Geberstaaten des Nordens aufzubringen wären. Gemäß den Schätzungen des Millennium-Projekts kann der von den reichen Industrieländern zu deckende Fehlbedarf durch die Erreichung des 0,7%-Ziels aufgebracht – ja sogar übertroffen werden (Zofka 2007: 230f.). Sachs' häufig kritisierter Optimismus rührt u.a. daher, dass auf Grund eines erheblich gestiegenen Durchschnittseinkommens der Geberländer mit einem geringeren prozentualen Anteil von Entwicklungshilfe am BSP eine Halbierung der Zahl der absolut Armen weltweit zu erreichen ist als noch in den 1980er Jahren (Zofka 2007: 226-231; vgl. Sachs 2005: 356, 366).

Sachs' Konzepte – insbesondere die Betonung des alles andere als neuen, schon in den 1950er Jahren populären Ansatzes, wonach ein großer Schub an Investitionen Entwicklungsländer aus der Armutsfalle heraus und auf Kurs zu selbst tragendem Wachstum bringen würde, wurde zum Teil heftig als Überschätzung der Steuerungsmöglichkeiten durch Entwicklungshilfe kritisiert. Es handle sich um eine irreführende „entwicklungspolitische Allmachtsphantasie, die davon ausgeht, dass ‚guter Wille' in den Industrieländern (d.h. eine Steigerung der ODA-Investitionen) und ‚richtige' entwick-

Kapitel 8: Wohlfahrt 549

lungspolitische Strategien notwendige und hinreichende Bedingung für den Abbau der weltweiten Armut seien" (Messner 2005: 273; vgl. Easterly 2005). Mehr Geld allein löse die Probleme weltweiter Armut nicht. Probleme der schlechten, ineffizienten und illegitimen, Regierungsführung seien ein maßgeblicher Grund für die mangelnde Effektivität von Entwicklungshilfe. Viele Regierungen wollten gar nicht bestehende Rentenökonomien reformieren. So lange sie in den Genuss von Erlösen aus dem Verkauf von Rohstoffen kämen, hätten sie kein Interesse an tief greifenden sozioökonomischen Reformen, die auch den Abbau sozialer, politischer und ökonomischer Privilegien einschlössen (vgl. Messner 2005: 276f.). Zudem sei der Sachs-Bericht umweltpolitisch kurzsichtig und vernachlässige die Vernetzung von Entwicklungs- und „umweltpolitischen Imperativen" (Messner 2005: 270). Allerdings deutet die Betonung der Einbeziehung von Armut betroffener Länder (Partizipation und „ownership") in die Ausarbeitung von nationalen Armutsminderungsstrategien durch das Millennium-Projekt durchaus darauf hin, dass gewisse Lehren aus den Fehlschlägen von „top-down" von Geberländern oder internationalen Organisationen verordneten Entwicklungspolitiken gezogen wurden (Zofka 2007: 232f.). Auch die Problematik der schlechten Regierungsführung in vielen Entwicklungsländern wurde von der Sachs-Kommission aufgegriffen, indem gefordert wird, Staaten mit korrupter oder „intendiert", d.h. nicht auf Grund fehlender Kapazitäten, schlechter Regierungsführung von der Förderung auszunehmen (vgl. Sachs 2005a: 44).

Obwohl nicht nur die Umsetzungsstrategien, sondern auch die MDGs selbst von manchen Entwicklungshilfeexperten als unzureichend kritisiert wurden (vgl. Nuscheler/ Roth 2006: 15ff.), bleiben die Zielvorgaben wichtige Gradmesser für Fortschritte bei der Armutsbekämpfung weltweit. Die Chancen für die Erreichung der MDGs bis 2015 sind regional und je nach Ziel differenziert zu bewerten. Während das Ziel der Halbierung der Zahl der absolut Armen in Ostasien schon erreicht ist und sich in Lateinamerika zumindest ein messbarer Rückgang der Armutsrate feststellen lässt, sind die meisten Länder Sub-Sahara-Afrikas mit Blick auf das Armutsminderungsziel wie bei fast allen anderen Zielkomplexen (Ernährung, Grundschulbildung, Eindämmung von Infektionskrankheiten, Wasserversorgung) weit von einer Erreichung der MDGs entfernt. Expertengruppen der VN betonen zwar immer wieder, dass durchaus Verbesserungen bei einzelnen Indikatoren festzustellen und die Zielvorgaben bei einer Intensivierung der Anstrengungen auf nationalen, regionalen und globalen Ebenen immer noch bis 2015 erreichbar seien (vgl. UN 2007). Dennoch fällt die Zwischenbilanz eher ernüchternd aus. Auch der Millennium+5-Gipfel 2005 hat keine verbindlichen Beschlüsse zur Finanzierung der abermals bekräftigten Ziele gebracht (Zofka 2007: 233f.). Zumindest die Entscheidung der EU-Staaten, ihren Entwicklungshilfehaushalt bis 2015 stufenweise auf 0,7% des BIP anzuheben, ist als bescheidener Erfolg zu werten (Zofka 2007: 235). Zudem wurden durch den sogenannten Paris-Prozess („Paris Declaration on Aid Effectiveness", 2005) im Rahmen der OECD die Koordinierung und Harmonisierung der Geberländer verbessert und konkrete Indikatoren zur Messung von Entwicklungsfortschritten entwickelt (vgl. Fues 2007: 348).

Zusammenfassend ist festzuhalten, dass vom Kopenhagener Weltsozialgipfel 1995 bis zu den MDGs eine Reihe politikprogrammatischer Fortschritte zu beobachten ist. Die Mängel in der Umsetzung dieser sozialpolitischen Programme sind jedoch nach wie vor gravierend. So ist auch die Erreichung der Millenniumentwicklungsziele bis zum Jahr 2015 als symbolträchtiger Indikator für den Erfolg globaler Armutsbekämpfungs- und Sozialpolitik nach jetzigen Einschätzungen alles andere als gesichert (Martens 2006; WEF 2006: 9ff.). Einem wachsenden weltsozialpolitischen Bewusstsein, das auch auf die Öffentlichkeit schaffenden Tätigkeiten von INGOs und transnationalen sozialen Bewegungen zurückzuführen ist, und anspruchsvollen Zielen in völkerrechtlich unverbindlichen Absichtserklärungen stehen Defizite bei deren Umsetzung, d.h. beim Nachweis kollektiver Handlungsfähigkeit, die zu tatsächlichen Verbesserungen der Lebensbedingungen Armer und sozioökonomisch Benachteiligter führt, entgegen (Kohlmorgen 2000: 82).

3.2.2 Akteure des Weltregierens in der Entwicklungszusammenarbeit

Trotz dieser Mängel bei der Umsetzung umfassender Politikprogramme wie der MDGs zur Bekämpfung von Armut und zum Abbau von Entwicklungsdisparitäten ist nicht zu übersehen, dass Weltregieren zur Förderung der sozialen Entwicklung in ganz unterschiedlichen institutionellen Arrangements stattfindet. Während im vorangehenden Abschnitt die Entwicklung eines Weltregierensprogramms beschrieben wurde, rücken im Folgenden die maßgeblichen Akteure des Weltregierens im Bereich der sozialen Entwicklung in den Mittelpunkt. Es zeigt sich, dass sich im gegenwärtigen globalen System eine Vielzahl von staatlichen und nichtstaatlichen Akteuren mit der Entwicklung und Implementierung von Strategien des sozialen Ausgleichs insbesondere zwischen Industrie- und Entwicklungsländern befassen und dass Institutionen und Prozesse des Weltregierens jenseits des Exekutivmultilateralismus entstanden sind.

3.2.2.1 Zwischenstaatliche Institutionen

Die Weltbankgruppe nimmt verglichen mit anderen zwischenstaatlichen Organisationen auf Grund ihrer finanziellen Ressourcen sowie ihrer Forschungs- und technischen Expertise immer noch eine führende Rolle im Entwicklungshilfesektor ein[161] (Messner

---

[161] Die Weltbankgruppe umfasst die folgenden Organisationen: die Internationale Bank für Wiederaufbau und Entwicklung („International Bank for Reconstruction and Development", IBRD), die Internationale Entwicklungsorganisation („International Development Association", IDA), die Internationale Finanzkorporation („International Finance Corporation", IFC). Zur Weltbankgruppe werden ferner die Multilaterale Investitions-Garantie-Behörde („Multilateral Investment Guarantee Agency", MIGA) und das Internationale Zentrum für die Beilegung von Investitionsstreitigkeiten („International Centre for Settlement of Investment Disputes", ICSID) gerechnet. Die Organisationen der Weltbankgruppe sind

et al. 2005: 20). Wie bereits beschrieben (vgl. Kap. 2.3) hat die Kritik an der neoliberalen Wirtschaftsdoktrin in den 1990er Jahren, insbesondere am „Washingtoner Konsens" einen Lernprozess und einen Politikwandel bei der Weltbankgruppe eingeleitet, der 1999 in die neue Strategie eines „umfassenden Entwicklungskonzepts" („comprehensive development framework", CDF) mündete. Mit dieser umfassenden Entwicklungsstrategie gab sich die Weltbankgruppe zum ersten Mal konkrete *sozialpolitische* Zielvorgaben. Sie distanzierte sich somit von einer ausschließlichen Konzentration auf makroökonomische Reformen und lenkte den Blick auf die *sozialen Aspekte* der Entwicklung wie z.B. Bildung, Gesundheit, und soziale Sicherung). Die Integration internationaler Wirtschafts- und *Sozialpolitik* stellt einen Grundpfeiler dieser modifizierten Strategie dar und wurde von einigen Autoren bereits als Eckpfeiler eines „Post-Washingtoner-Konsens" bezeichnet (vgl. Higgott 2001; Kap. 2.3).

Auch in Folge von INGO-Kampagnen für Schuldennachlass bzw. -erlass stieg in den späten 1990er Jahren der öffentliche und politische Druck auf Weltbank und IWF, mehr gegen die Folgen der Verschuldung der ärmsten Länder zu unternehmen und ihre Anstrengungen bei der Armutslinderung in Entwicklungsländern zu intensivieren. Im Rahmen der „Heavily Indebted Poor Countries (HIPC) Initiative" wurden Schuldenerlasse oder Erleichterungen des Schuldendienstes ausgesprochen. In dieser Entschuldungsinitiative suchten IWF und Weltbank gemeinsam, Formen der Schuldenminderung und der Armutslinderung zu verbinden. HIPCs, die sich von größeren Schuldenlasten befreien wollten, mussten IWF und Weltbank Armutsminderungsstrategiepapiere („Poverty Reduction Strategy Papers", PRSPs) vorlegen, die durch einen partizipatorisch angelegten nationalen Strategieentwicklungsprozess entstehen sollten (Woods 2007: 239f.). Auch zur Vergabe von Krediten wurde das Instrument der PRSPs eingeführt. Im Rahmen des PRSP-Ansatzes sollen die Regierungen der Entwicklungsländer gemäß dem Leitbild der „local/ national ownership" weitgehend eigenverantwortlich in Zusammenarbeit mit nationalen und lokalen zivilgesellschaftlichen Akteuren, aber auch in Partnerschaft mit externen Akteuren der Entwicklungszusammenarbeit Strategien zum Abbau von Armut entwickeln, die in den auf einen Implementationszeitraum von mehreren Jahren angelegten PRSPs explizit formuliert werden. Die Genehmigung eines nationalen PRSP und damit zusammenhängend die Freigabe von Geldern erfolgen durch IWF und Weltbank. Die Weltbank stellt für genehmigte Entwicklungsstrategien „Poverty Reduction Support Credits" (PRSC) zur Verfügung, mit denen die Umsetzung der ausgearbeiteten Armutsbekämpfungsstrategien finanziert werden sollen.

Frühere Erfahrungen von Weltbank und IWF mit der Anwendung von Konditionalität bei der Vergabe von Krediten – etwa im Rahmen von Strukturanpassungspro-

---

durch Verflechtungen ihrer Verwaltung und durch einen gemeinsamen Präsidenten verbunden. Der Begriff „Weltbank" wird üblicher Weise zur Bezeichnung der IBRD verwendet, mitunter wird auch die IDA dazu gerechnet. Zu Entstehung, Funktionsweise und Aktivitäten der Weltbankgruppe vgl. auch Rittberger/ Zangl (2006: 50f. und 171ff.).

grammen – hatten gezeigt, dass breite Partizipation und „ownership" der betroffenen Akteure – der Regierungen sowie zivilgesellschaftliche Gruppen als Vertreter der von Armut Betroffenen – einem effektiven Reformprozess zugrunde liegen müssen. Schlüsselgruppen in der Gesellschaft müssen befragt und in die Politikentwicklung einbezogen werden, und ihnen muss Verantwortung bei der Formulierung und Implementierung von Armutsminderungsstrategien übertragen werden. Diese Betonung partizipatorisch-deliberativer Herangehensweisen anstelle von „von oben herab" verordneten Armutsreduktionsrezepten stellte eine grundlegende Neuausrichtung des hergebrachten Denkens von IWF und Weltbank dar (Woods 2007: 239f.). Sie entspricht der allgemeiner formulierten Annahme, dass die Effektivität von Maßnahmen zur Förderung sozialer Entwicklung auf globaler Ebene in erheblichem Maße von der Partizipation von primär von Armut und ausgeprägten Wohlstandsdisparitäten Betroffenen bei der Formulierung globaler sozialpolitischer Strategien abhängt (vgl. Fues 2001: 172-176).

Wiewohl die Weltbank bereits 1982 ein Forum mit entwicklungspolitischen INGOs für Konsultationen über Programme und Projekte eingerichtet hatte, ist festzustellen, dass die Einbeziehung von (I)NGOs im Rahmen des PRSP-Ansatzes zugenommen hat. Das Expertenwissen gerade auch von lokalen NGOs wird bei der Formulierung von Länderunterstützungsstrategien und der Abschätzung von Umsetzungsproblemen zunehmend ernst genommen (vgl. Schirm 2004a: 280).

Neben der Weltbankgruppe beschäftigt sich eine Reihe weiterer zwischenstaatlicher Organisationen im Rahmen des Systems der Vereinten Nationen mit der sozialen Entwicklung auf globaler Ebene. Das System der VN zeichnet sich durch eine stark dezentralisierte Struktur von verschiedenen VN-Fonds und Programmen (Nebenorgane, „subsidiary bodies") und von durch Abkommen mit den VN verbundenen Sonderorganisationen („specialized agencies") aus. Zu den wesentlichen Nebenorganen der VN im Bereich der Entwicklungszusammenarbeit zählen das Entwicklungsprogramm der VN (UNDP), die Konferenz der Vereinten Nationen für Handel und Entwicklung (UNCTAD), das Welternährungsprogramm (WFP) und der Welternährungsrat (WFC). Diese Nebenorgane wurden von der Generalversammlung eingesetzt und berichten der Generalversammlung oder dem Wirtschaft- und Sozialrat (ECOSOC). Von den rechtlich und organisatorisch selbstständigen Sonderorganisationen der VN mit eigenen Statuten, Budgets und Sekretariaten befassen sich unter anderem die Internationale Arbeitsorganisation (ILO), die Ernährungs- und Landwirtschaftsorganisation (FAO), der Internationale Fonds für landwirtschaftliche Entwicklung (IFAD), die Weltgesundheitsorganisation (WHO) oder die Organisation für industrielle Entwicklung (UNIDO) mit Fragen der globalen sozialen Entwicklung. Die Koordination der Zusammenarbeit dieser Sonderorganisationen mit den VN und (idealerweise) untereinander obliegt dem Wirtschafts- und Sozialrat der VN (ECOSOC) . Zu diesen zwischenstaatlichen Organen und selbstständigen Organisationen treten inklusive, multipartistische Institutionen wie das Gemeinsame Programm der VN gegen HIV/AIDS (UNAIDS) oder der Globale Fonds zur Bekämpfung von AIDS, Tuberkolose und Malaria (vgl. Kap. 3.2; 6) hinzu, in denen neben nichtstaatlichen Akteuren auch mehrere zwischenstaatliche Organisatio-

Kapitel 8: Wohlfahrt

nen vertreten sind. Angesichts der Vielfalt von Organisationen mit entwicklungs- und sozialpolitischen Zielen, Zielerreichungsstrategien und Politikprogrammen im VN-System liegt die Vermutung nahe, dass diese strukturelle Komplexität ein Hindernis für effektive Politikkoordination in den VN darstellt (Fomerand/ Dijkzeul 2007: 563f).

Nach Kapitel IX und X SVN soll der ECOSOC das maßgebliche politische Gremium für die Gestaltung einer globalen Sozialordnung sein. Ihm kommen insoweit zwei Hauptaufgaben zu: die Entwicklung von Politikprogrammen insbesondere im Hinblick auf wirtschaftliche und soziale Angelegenheiten sowie die Koordination der Aktivitäten der Organisationen des VN-Systems in diesen Bereichen (vgl. Art. 62-66 SVN). Mangels adäquater Ressourcenausstattung und institutioneller Durchsetzungsfähigkeit ist der ECOSOC diesen Aufgaben nie wirklich gerecht geworden. So fehlt es an einer starken VN-Institution zur Entwicklung und v.a. Koordinierung von Entwicklungshilfeprogrammen und -aktivitäten als Gegengewicht zu den Bretton Woods-Institutionen, die zwar als Sonderorganisationen mit den VN verbunden sind, jedoch als weitestgehend autonome Organisationen auftreten. Zwar wurde die entwicklungspolitische Rolle des ECOSOC hinsichtlich der Überprüfung der Umsetzung international vereinbarter Entwicklungsziele einschließlich der MDGs beim Millennium+5-Gipfel 2005 ausdrücklich betont (Martens 2006: 208f.). Eine auf Grund der Vielzahl von berichtenden Organisationen überladene Tagesordnung und Widerstände auf Seiten der Mitgliedstaaten haben die Möglichkeiten des ECOSOC, mehr als „massenhaft produzierte nicht-bindende Resolutionen" (Messner et al. 2005: 27) zur Koordination und Steuerung von Entwicklungshilfeaktivitäten in den VN beizutragen, stark begrenzt (Fomerand/ Dijkzeul 2007: 568, 573, 578). Neben den offiziellen Beratungen, an denen auch INGOs mit Beraterstatus teilnehmen können (vgl. Art. 71 SVN), sucht der ECOSOC zunehmend auf informellem Wege, den Politikdialog nicht nur mit Vertretern der VN-Organisationen, der Weltbank und des IWF, sondern auch mit Unternehmensvertretern, Wissenschaftlern und zivilgesellschaftlichen Akteuren zu verstärken (Fomerand/ Dijkzeul 2007: 578). Trotz der Durchführung von derartigen multipartistischen Politikdialogveranstaltungen unter anderem in der Nachfolge von Entwicklungsfinanzierungskonferenzen (vgl. ebd.: 571) bleibt nicht nur eine Verbesserung der Koordination zwischen VN-Organen und Bretton Woods-Institutionen, sondern auch eine Stärkung des ECOSOC als Forum für Entwicklungszusammenarbeit, das Staaten und die breitgefächerte nicht-staatliche „Entwicklungs-Community" zusammenführt, ein Desiderat (Messner et al. 2005: 25ff.).

Das 2007 eingerichtete Entwicklungszusammenarbeitsforum („Development Cooperation Forum", DCF), das unter dem institutionellen Dach des ECOSOC angesiedelt ist, führt seit 2008 alle zwei Jahre staatliche und nichtstaatliche Akteure der Entwicklungszusammenarbeit zu Beratungen zusammen. Durch den institutionalisierten Dialog aller maßgeblichen Akteure der Entwicklungszusammenarbeit – Industrieländer; „neue" Geberstaaten wie Brasilien, China, Indien oder Saudi-Arabien; Entwicklungsländer; internationale Organisationen wie Weltbank und OECD; zivilgesellschaftliche Akteure; privatwirtschaftliche Akteure und private Stiftungen – sollen Informationen und Expertise zur Implementation international vereinbarter Politikprogramme und zu deren Weiterentwicklung zusammen getragen, die Transparenz und Kohärenz der globalen Entwicklungszusammenarbeit gesteigert und Transaktionskosten gesenkt werden. Besonders bemerkenswert ist, dass im DCF anders als im Entwicklungshilfeausschuss der OECD (DAC) auch „neue" nichtwestliche Geberstaaten wie z.B. China sowie nichtstaatliche Akteure vertreten sind und damit in Koordinations- und Kooperationsbemühungen einbezogen werden (vgl. ECOSOC 2008; Fues 2007).

Ein wichtiges zwischenstaatliches Gremium außerhalb des VN-Systems gerade im Bereich der Entwicklungsfinanzierung stellt die G8 dar. Hervorzuheben sind die Ergebnisse der G8-Gipfel von Kananaskis (2002) und Gleneagles (2005). In Kananaskis wurde der so genannte Afrika-Aktionsplan verabschiedet, in Gleneagles eine Erhöhung der öffentlichen Entwicklungshilfe beschlossen. Den neueren Beziehungen zwischen der G8 und den afrikanischen Staaten liegt zumindest seit 2002 eine wechselseitige Abmachung zugrunde, derzufolge Entwicklungsländer für Verbesserungen politischer und ökonomischer Institutionen – vor allem die Förderung verantwortlicher Regierungsführung – mehr Entwicklungshilfe und Entschuldungszusagen erhalten sollen.

Bereits 2001 beschlossen die Staats- und Regierungschefs der Organisation der Afrikanischen Einheit (OAU) – mittlerweile Afrikanische Union (AU) – auf Initiative Südafrikas, Nigerias, Algeriens und des Senegal eine gemeinsame Entwicklungsinitiative für Afrika: die „Neue Partnerschaft für Afrikas Entwicklung" (NEPAD). Die thematisch breit angelegte NEPAD-Initiative zielt auf die Beseitigung der Armut, nachhaltiges Wirtschaftswachstum, die Entwicklung von Infrastruktur auf dem Kontinent, Afrikas Integration in die Weltwirtschaft und die Stärkung der Rechte von Frauen ab. Die Notwendigkeit von verantwortlicher Regierungsführung und solider Wirtschaftspolitik wird von den afrikanischen Staaten anerkannt. Die Fortschritte eines Staates in diesen Bereichen sollen von den übrigen an NEPAD beteiligten Staaten regelmäßig und systematisch überprüft werden („African Peer Review Mechanism").

Die NEPAD-Initiative, die Südafrikas damaliger Präsident Thabo Mbeki noch während der Ausarbeitung den G8-Staaten in Genua 2001 vorgestellt hatte, wurde von der G8 positiv aufgenommen. Im Afrika-Aktionsplan des G8-Gipfels in Kananaskis wurde die NEPAD als Basis für eine neue Partnerschaft zwischen der G8 und den afrikanischen Staaten ausdrücklich begrüßt und Unterstützung für die Ziele von NEPAD angekündigt. Die Eigenanstrengungen der afrikanischen Staaten zur Stärkung von politischen Institutionen und zur Förderung von verantwortlicher Regierungsführung (v.a. Korruptionsbekämpfung) werden besonders hervorgehoben und sollen durch „capacity building"-Maßnahmen unterstützt werden. Im Rahmen des Afrikanischen Partnerschaftsforums (APF) treffen sich regelmäßig Vertreter der G8, der NEPAD-Staaten sowie weiterer OECD-Geberländer, internationaler Organisationen und afrikanischer Regionalorganisationen, um über die Unterstützung des politischen und ökonomischen Entwicklungsprozesses Afrikas zu beraten (Grimm 2006: 6, 14).

Klar ist, dass die G8-Staaten für öffentliche Entwicklungshilfe von ihren afrikanischen Partnern im Gegenzug zumindest erkennbaren politischen und finanziellen Wil-

Kapitel 8: Wohlfahrt 555

len zu verantwortlicher Regierungsführung, zur Stärkung von Rechtsstaatlichkeit, zu Investitionen in die Armutsbekämpfung und den Aufbau institutioneller Kapazitäten erwarten. Weniger klar ist, inwieweit die G8-Staaten tatsächlich bereit sind, dafür ihre Mittel für öffentliche Entwicklungshilfe deutlich aufzustocken. Auf dem G8-Gipfel in Gleneagles 2005 wurde zwar eine Verdoppelung der öffentlichen Entwicklungshilfe der Teilnehmerländer auf rund 50 Milliarden US-Dollar jährlich bis 2010 beschlossen. Einem spürbaren Anstieg der Entwicklungshilfe im Jahr 2005 auf rund 35 Milliarden US Dollar folgte allerdings 2006 bereits wieder ein Rückgang (Busse 2007: 3).

3.2.2.2 Nichtstaatliche Akteure, öffentlich-private Partnerschaften und inklusive, multipartistische Institutionen

Neben zwischenstaatlichen Organisationen sind unzählige INGOs wie etwa „Oxfam", „World Vision", „Focus on the Global South", „Third World Network" und „International Council on Social Welfare" in der Entwicklungszusammenarbeit tätig. Neben relativ großen INGOs treten aber auch „grass roots"-Organisationen in den Entwicklungsländern wie Bauernbewegungen, Gewerkschaften für Landarbeiter, Gruppen zur Vertretung indigener Völker oder Nahrungsmittelkooperativen als Akteure der Entwicklungszusammenarbeit – mitunter auch in Kooperation mit INGOs oder zwischenstaatlichen Organisationen – auf (Thomas/ Reader 2005: 88). Zivilgesellschaftliche Akteure nehmen insbesondere dann eine aktive und bedeutsame Rolle in der Armutsbekämpfung ein, wenn nationale Regierungen für eine effektive entwicklungspolitische Kooperation mit internationalen zwischenstaatlichen Institutionen wie der Weltbankgruppe zu schwach sind. Zudem sind sie in advokatorischer Funktion als Anwälte der Interessen von Entwicklungsländern" oder als Dienstleister vor allem in der Implementation, mittlerweile aber zunehmend auch bei der Politik- und Projektentwicklung von Entwicklungshilfeprogrammen tätig (vgl. Kap. 3.3). Allerdings gibt es immer noch erhebliche Vorbehalte gegen eine weit reichende Einbeziehung von INGOs in Politikentwicklungsprozesse auf hoher politischer Bühne – etwa im Rahmen von Weltgipfeln der VN. So finden zwar mittlerweile Anhörungen von und Dialogveranstaltungen mit INGOs (und Vertretern der Privatwirtschaft) vor entwicklungspolitischen Konferenzen statt – z.B. bei der Konferenz für Entwicklungsfinanzierung in Monterrey (2002), dem Weltgipfel für nachhaltige Entwicklung in Johannesburg (2002) oder dem Millennium+5-Weltgipfel (2005). Die Möglichkeiten für INGOs zur effektiven Teilnahme an den eigentlichen verhandlungen bei den Gipfeltreffen bleiben jedoch beschränkt (Martens 2006: 59f.).

Die nach wie vor bestehende Zurückhaltung gegenüber der institutionalisierten Einbeziehung von nichtstaatlichen Akteuren in Politikentscheidungsprozesse auf höchster Ebene der VN kann jedoch nicht darüber hinweg täuschen, dass NGOs und privatwirtschaftliche Akteure vielerorts zu kaum mehr hinweg zu denkenden Akteuren der Entwicklungszusammenarbeit geworden sind. Während beim Weltwirtschaftsforum in

Davos oder dem mittlerweile an verschiedenen Orten tagenden Weltsozialforum (Deacon 2003: 3) von globalem „Regieren" im Sinne der Erbringung von Steuerungsleistungen trotz ihrer Medienwirksamkeit keine Rede sein kann (vgl. Kap. 2.3), erfüllen nichtstaatliche Akteure gerade im Bereich der Entwicklungszusammenarbeit in einer Vielzahl von eher losen öffentlich-privaten Partnerschaften oder stärker formalisierten inklusiven, multipartistischen Institutionen Aufgaben gezielter politischer Steuerung. Sie wirken so maßgeblich am Weltregieren zur Förderung sozialer Entwicklung mit.

Die zahlreichen eher losen öffentlich-privaten Partnerschaften und inklusiven multipartistischen Institutionen in der Entwicklungszusammenarbeit unterscheiden sich hinsichtlich ihrer Ziele, Strategien und institutionell-prozessualen Ausgestaltung erheblich. Weltregierensarrangements zwischen privatwirtschaftlichen und öffentlichen Akteuren mit oder ohne Beteiligung zivilgesellschaftlicher Gruppen befassen sich mit so verschiedenen Themen wie öffentliche Gesundheitsversorgung, Armutsminderung, Einhaltung von Arbeitnehmerrechten und Sozialstandards,[162] fairer Handel, Verbreitung von landwirtschaftlichen Technologien oder Förderung von nachhaltiger Entwicklung (vgl. Kaul 2006: 248f.; Martens 2007: 48). Gerade im Politikfeld „globale öffentliche Gesundheitsversorgung" sind in den letzten Jahren eine Vielzahl von öffentlich-privaten Partnerschaften und inklusiven, multipartistischen Institutionen entstanden (vgl. Huckel Schneider 2007, 2008); allein im Bereich der Bekämpfung von HIV/AIDS, Malaria und Tuberkulose existieren fast 50 (Martens 2007: 42f.). Die Entstehung des Globalen Fonds wurde bereits in Kap. 6 mit Hilfe der Ressourcentausch-Theorie erklärt. Neben dem Globalen Fonds zur Bekämpfung von AIDS, Tuberkolose und Malaria ist die seit 2000 bestehende „GAVI Alliance" („Global Alliance for Vaccines and Immunisation") eine der wichtigsten multipartistischen Initiativen im Gesundheitsbereich. Ziel der GAVI Alliance ist die Verbesserung des Zugangs insbesondere von Kindern in Entwicklungsländern zu Impfungen; dazu will die GAVI Alliance die Erforschung und Entwicklung neuer Impfstoffe für Entwicklungsländer fördern, bestehende Impfprogramme ausweiten und neue Impfstoffe einführen (Brühl 2006: 182). Wie der Globale Fonds lässt sich die GAVI Alliance als inklusive, multipartitische Institution einordnen – allerdings sind die (Mit-)Entscheidungsrechte verschiedener Akteursgruppen schon formal-institutionell ungleich verteilt. Zu den Mitgliedern der GAVI Alliance zählen UNICEF, die WHO, die Weltbank, Regierungen, Forschungsinstitute, Pharmaunternehmen und INGOs sowie die Bill und Melinda Gates-Stiftung. Der Gates-Stiftung kommt eine sehr starke Stellung zu – demgegenüber ist über die Jahre des Bestehens der GAVI Alliance hinweg ein Einflussverlust zivilgesellschaftlicher Akteure festzustellen (Martens 2007: 25f.). Vergleichbar dem VN-Sicherheitsrat wird beim 16-köpfigen GAVI-Verwaltungsrat („GAVI Alliance Board") zwischen ständigen und nicht-ständigen Sitzen unterschieden. Die vier ständigen Sitze im Verwal-

---

[162] Die Rolle von öffentlich-privaten und privat-privaten Partnerschaften und insbesondere des „Global Compact" beim Schutz von Arbeitnehmerrechten und bei der Förderung von Sozialstandards wird in Kapitel 9 ausführlich analysiert.

tungsrat nehmen die Gates-Stiftung, die WHO, UNICEF und die Weltbank ein. Die übrigen zwölf rotierenden Sitze entfallen auf Regierungen von Entwicklungsländern (vier), Regierungen von Geberländern (vier), Forschungsinstitute, Pharmaunternehmen in Industrieländern, Pharmaunternehmen in Entwicklungsländern und zivilgesellschaftlichen Gruppen (je ein Sitz). Regierungen und INGOs verfügen im Ergebnis über geringere Mitgliedschafts- und Mitbestimmungsrechte als die Hauptsponsoren der GAVI Alliance und als die VN-Institutionen und treten so gleichsam als „Juniorpartner" in der Institution auf (Brühl 2006: 183).

Die Bedeutung von INGOs gerade auch in ihrer Funktion als Dienstleister in der operativen Durchführung von Projekten in der Entwicklungszusammenarbeit ist weithin anerkannt (vgl. Kap. 3.3). Es ist jedoch auch eine Vielzahl *privatwirtschaftlicher* Akteure in die Entwicklung und Durchsetzung von Politiken zur Förderung sozialer Entwicklung involviert. Verschiedene Typen von gemeinsamen Initiativen öffentlicher und privatwirtschaftliche Akteure haben sich herausgebildet und verfolgen ganz unterschiedliche Ansätze zur Förderung sozialer Entwicklung: Die Strategien reichen von der Förderung privater Investitionen in Entwicklungsländern (v.a. in ländlichen Gebieten) durch Absicherung des Investitionsrisikos – wie sie etwa partnerschaftlich strukturierte Risikoversicherungen für Investoren in Afrika anbieten – über Initiativen, die bezahlbare Preise für lebensnotwendige Güter wie etwa Medikamente möglich machen sollen, so dass sie in armen Ländern breiter verfügbar werden, bis hin zur Generierung und Verbreitung von entwicklungsrelevantem Wissen etwa in den Bereichen Umwelt, Anbautechniken und Gesundheitsvorsorge (vgl. Kaul 2006: 226-239). Im Folgenden werden in Anlehnung an Bull/ McNeill (2007) verschiedene Formen von öffentlich-privaten Entwicklungs-Partnerschaften zwischen (zwischen)staatlichen und privatwirtschaftlichen Akteuren anhand ihrer Operationsweise und Aktivitäten geordnet und durch Beispiele illustriert.

Erstens zielen viele Partnerschaften zwischen öffentlichen Akteuren und der Privatwirtschaft auf die *Mobilisierung von zusätzlichen finanziellen Ressourcen* oder den effizienten Einsatz vorhandener Ressourcen zur Erreichung eines spezifischen Entwicklungsziels z.B. durch das Sammeln von Spenden oder die Förderung von Direktinvestitionen in Entwicklungsländern ab. Privatwirtschaftliche Akteure bringen neben Geld häufig auch technische Expertise ein. Öffentliche Akteure bieten dagegen die Erschließung neuer Märkte, mitunter auch die Absicherung privater Investitionen, politische Kontakte und Möglichkeiten zum Politikdialog – mitunter gar Mitentscheidungsrechte für private Akteure bei der Politikprogrammentwicklung (vgl. Kap. 6). Während die Privatwirtschaft von einem reduzierten Investitionsrisiko und neuen Geschäftsmöglichkeiten sowie einem verbesserten Image profitiert, wird das Budget öffentlicher Akteure entlastet und neue nichtstaatliche Expertise etwa für eine möglichst ressourceneffiziente Durchführung von Hilfsprogrammen erschlossen. Weithin bekannt sind die zahlreichen Partnerschaften von UNICEF zur Sammlung von Spenden. Als Beispiele für die Kanalisierung von ausländischen Investitionen in bestimmte Projekte durch öffentlich-private Partnerschaften ist etwa das „Money Matters Institute" der UNDP zu nennen, das darauf abzielt, in Partnerschaft mit privaten Banken und Finanzinstituten ausländische Direktinvestitionen in neue Märkte zu locken. Die Deutsche Bank hat zudem in Partnerschaft mit UNEP einen Mikrokredit-Entwicklungsfonds zur Vergabe von Mikrokrediten mit dem Ziel der Förderung nachhaltigen Wirtschaftens aufgelegt (Bull/ McNeill 2007: 13ff.).

Zweitens sind *advokatorische Partnerschaften* öffentlicher und privatwirtschaftlicher Akteure bestrebt, die Expertise der Privatwirtschaft, die Legitimität öffentlicher Institutionen wie etwa der VN und die finanziellen Ressourcen öffentlicher und privater Akteursgruppen zusammen zu legen, um ein öffentliches Bewusstsein für bestimmte Themen zu schaffen, neue Themen auf die internationale Tagesordnung zu bringen und entwicklungsrelevante Informationen in Industrie- und Entwicklungsländern zu verbreiten. So strebt die öffentlich-private Partnerschaft „Netaid" danach, Internetnutzer weltweit über armutsrelevante Themen zu informieren und ein breiteres Bewusstsein „im Netz" für globale Armut zu schaffen. Die eher lokal ausgerichtete Informationskampagne „Health in Your Hands" der „Global Public Private Partnership for Handwashing with Soap" (PPPHW) wurde von der Weltbank und UNICEF ins Leben gerufen, stützt sich aber auf den privatwirtschaftlichen Sektor, um Zielgruppen wie Mütter und Kinder in entwicklungsländern mit lokalen Programmen zur Verbesserung der Körperhygiene zu erreichen. So kurios eine öffentlich-private Initiative für „Händewaschen mit Seife" klingen mag: Durchfallerkrankungen, die häufig durch verunreinigte Hände von einer Person zur anderen übertragen werden, sind in vielen Entwicklungsländern eine der Hauptursachen für den Tod von (Klein-)Kindern; jährlich sterben weltweit mehr als zwei Millionen Kinder in Folge dieser Erkrankungen. Studien gehen davon aus, dass eine Verbesserung der Körperhygiene durch den flächendeckenden Einsatz von Seife diese Zahl um nahezu die Hälfte senken könnte (Bull/ McNeill 2007: 15f; vgl. Global Public Private Partnership for Handwashing with Soap 2007).

Drittens existieren öffentlich-private Politikentwicklungs-Partnerschaften, die die *Modifikation bestehender und die Formulierung neuer Entwicklungspolitiken* (einschließlich sozialpolitischer Standards) beeinflussen oder selbst übernehmen. Die Spannbreite reicht von formellem und informellem Dialog und Wissensaustausch privater und öffentlicher Akteure mit dem Ziel, die Politiken von internationalen zwischenstaatlichen Organisationen, Regierungen und Unternehmen effektiver und legitimer zu gestalten, bis zur Entwicklung von Verhaltensstandards durch öffentlich-private Partnerschaften für privatwirtschaftliche Unternehmen. Auch thematisch ist das Spektrum dieser in der Politikentwicklung tätigen Partnerschaften zur Förderung sozialer Entwicklung breit: Es reicht von der Gewährleistung sozialer Menschenrechte (vgl. Kap. 9), über die Förderung der Entwicklung des privatwirtschaftlichen Sektors in Entwicklungsländern bis zum Eintreten für nachhaltiges Wirtschaften. Zwischenstaatliche internationale Organisationen (wie etwa die VN) stellen eine Plattform zur Verfügung, um verschiedene staatliche und nichtstaatliche Akteure zusammen zu bringen. Privatwirtschaftliche Akteure versprechen sich ein besseres Image, neue Geschäftsmöglichkeiten und ein politisch stabiles und somit investitionsfreundliches politisches Umfeld für ihre Geschäftsaktivitäten. Im Gegenzug erwarten internationale Organisationen zusätzliche materielle Ressourcen, Projektmanagementfähigkeiten, technisches Wissen oder größere Folgebereitschaft privatwirtschaftlicher Akteure gegenüber sozialpolitischen Normen durch Beteiligung der Normadressaten bei der Normsetzung (z.B. im Falle von sozialen Verhaltensstandards für transnationale Unternehmen, vgl. ausführlich Kap. 9).

Beispiele für solche öffentlich-private Politikentwicklungspartnerschaften mit Beteiligung der VN sind die „Consultative Group on International Agricultural Research" (CGIAR), das „Global Development Network", der „World Water Council" oder das „Global Public Goods Network" (Bull/ McNeill 2007: 17f.). Das Beispiel der „Consultative Group on International Agriculture Research" (CGIAR) zeigt, dass öffentlich-private Initiativen in der Entwicklungszusammenarbeit keine ganz neue Erscheinung sind. CGIAR wurde bereits 1971 mit dem Ziel gegründet, die Ernährungssituation in Entwicklungsländern durch die Förderung neuer Agrarprodukte und Anbaumethoden in der Landwirtschaft zu verbessern. Zu den Mitgliedern zählen Industrie- und Entwicklungsländer, Stiftungen sowie internationale Organisationen. Die Mitglieder von CGIAR bringen jährlich mehrere Hundert Millionen US-Dollar zur Förderung der landwirtschaftlichen Forschung auf. CGIAR unterstützt weltweit 15 internationale Forschungseinrichtungen mit unterschiedlichen Forschungsschwerpunkten und führt Projekte in Partnerschaft mit NGOs, Regierungen und privaten Unternehmen durch. CGIAR hatte in den 1970er und 1980er Jahren einen wesentlichen Anteil an der Entwicklung und Verbreitung neuer Agrarprodukte (u.a. neue Getreide-/ Reissorten). Allerdings war die CGIAR von jeher nicht unumstritten und wurde von zivilgesellschaftlicher Seite u.a. für die Entwicklung von ertragreicheren, aber häufig auch den verstärkten Einsatz von Düngemitteln und Pestiziden erfordernden Sorten sowie von Produktionstechniken, die mittlere und große Betriebe begünstigen, kritisiert. Mittlerweile hat CGIAR ihre Aktivitäten auf das Feld der Biotechnologie ausgeweitet (Martens 2007: 12).

Viertens sind zahlreiche *operative Partnerschaften zur Erbringung von spezifischen Dienstleistungen* zu beobachten, die vom Verkauf von Gütern und Dienstleistungen von privaten Anbietern an internationale Organisationen über die Auslagerung von Entwicklungshilfeprojekten durch öffentliche Träger bis zu komplexen Partnerschaften reichen, die darauf abzielen, Marktversagen, Informationsmängel und politische Hürden bei der Bereitstellung essenzieller Güter und Dienstleistungen zu überwinden. So finanziert z.B. im Wasserversorgungssektor die Weltbank Machbarkeitsstudien, stellt Informationen zu Investitionsrisiken bereit, bietet durch die International Finance Corporation (IFC) Kredite für private Investoren an und vergibt durch die Multilateral Investment Guarantee Agency (MIGA) Risikobürgschaften, um private Investoren für Projekte zum Aufbau oder zur Modernisierung der Wasserversorgung in Entwicklungsländern zu gewinnen (Bull/ McNeill 2007: 18f.).

ländliche, wirtschaftliche und infrastrukturelle Entwicklung	
African Trade Insurance Agency (ATI)	Global Reporting Initiative
Consultative Group on International Agricultural Research (CGIAR)	Investment Advisory Council
Emerging Africa Infrastructure Fund	Netaid
Global Crop Diversity Trust	Public-Private Partnerships for the Urban Development
Global Development Network	Seed Initiative
Global Public Goods Network	Small Enterprise Assistance Fund
Global Public Policy Project	World Water Council
öffentliche Gesundheit	
Action TB Programme	Global Fund to Fight Aids, Tuberculosis and Malaria
Aeras Global TB Vaccine Foundation	Global HIV Vaccine Enterprise
African Comprehensive HIV/AIDS Partnership	Global Polio Eradication Initiative
Clinton Foundation Aids Initiative	Global Public Private Partnership for Handwashing with Soap (PPPHW)
Global Alliance for TB Drug Control Development	Hookworm Vaccine Initiative
Global Alliance for Vaccines and Immunisation (GAVI Alliance)	International AIDS Vaccine Initiative
Global Business Coalition on HIV/AIDS	Medicines for Malaria Venture
Umwelt und erneuerbare Energien	
Asia-Pacific Partnership on Clean Development & Climate (AP6)	Global Network on Energy for Sustainable Development (GNESD)
Chicago Climate Exchange	Mediterranean Renewable Energy Programme (MEDREP)
CleanTech Fund	IEA's Networks of Expertise in Energy Technology (NEET)
Climate Investment Partnership	Partnership for Clean Indoor Air (PCIA)
E7 Fund for Sustainable Energy Development	Prototype Carbon Fund
Global Bioenergy Partnership (GBEP)	Renewable Energy and Energy Efficiency Partnership (REEEP)
Global Village Energy Project (GVEP)	Renewable Energy Policy Network for the 21st Century (REN21)
Global Climate and Energy Project	

Vgl. Bull/ McNeill (2007: 18); Kaul (2006: 248f.); Suding/ Lemp (2007: 7)

Abb. 8.11: Auswahl öffentlich-privater Partnerschaften und inklusiver, multipartitischer Institutionen im Sachbereich „Wohlfahrt"

Das Beispiel der Privatisierung der Wasserversorgung zeigt jedoch auch die Probleme privatwirtschaftlichen Engagements in Entwicklungsländern auf. Die Ergebnisse von Anstrengungen der Weltbank vor allem in Lateinamerika, durch Programme zur Förderung privatwirtschaftlicher Beteiligung an Infrastrukturprogrammen (PPI-Programme) Anfang der 1990er Jahre die Wasserversorgung zu verbessern, erwiesen sich als nicht zufriedenstellend – gerade mit Blick auf die Versorgung der Armen. Die Weltbank als der öffentliche Partner war wenig geneigt, die Privatwirtschaft dazu zu drängen, die Versorgung der Armen sicher zu stellen. Die Privatwirtschaft zeigte angesichts der geringen Gewinnmöglichkeiten und hohen Investitionsrisiken kaum Interesse an deren Anbindung an die Wasserversorgung. Partnerschaften zwischen öffentlichen und privatwirtschaftlichen Akteuren stellen mithin nicht immer wechselseitig vorteilhafte Situationen dar: Das Scheitern des PPI-Programms in Lateinamerika trug dazu bei, dass die Weltbank als Vertreter der Interessen der „reichen Privatwirtschaft" und nicht der Armen wahrgenommen wurde und der Privatsektor von weiteren Investitionen im scheinbar riskanten Wasserversorgungsbereich abgeschreckt wurde (Bull/ McNeill 2007: 157).

Beobachter, die der Proliferation von inklusiven, multipartistischen Institutionen und eher losen, weniger formalisierten Partnerschaften zwischen öffentlichen, zivilgesellschaftlichen und privatwirtschaftlichen Akteuren im Entwicklungsbereich skeptisch gegenüber stehen, führen an, dass eine effektive Koordination der Vielzahl von öffentlich-privaten Institutionen und Initiativen auf globaler Ebene kaum mehr möglich und ineffiziente Dopplungen sowie hohe Transaktionskosten unvermeidlich seien. Diesen Einwänden stehen als Stärken die Möglichkeit, Politikblockaden in einzelnen zwischenstaatlichen Institutionen zu umgehen, und die Mobilisierung und Zusammenlegung der jeweils spezifischen Ressourcen eines breiten Spektrums von Akteuren gegenüber (Martens 2007: 42f.). Inwieweit öffentlich-private Weltregierensarrangements in der Lage sind, zusätzliche finanzielle Ressourcen nachhaltig zu mobilisieren, ist umstritten. Die Bilanz fällt unterschiedlich aus: In einigen inklusiven, multipartistischen Institutionen und eher losen, öffentlich-privaten Partnerschaften ist der Anteil öffentlicher Gelder sehr hoch, so dass sich die Frage nach dem (finanziellen) Mehrwert privatwirtschaftlicher Beteiligung stellt; bei manchen Partnerschaften erschwert die Ungewissheit über Finanzierungszusagen privater Akteure langfristige Planung; in anderen dauerhaften inklusiven Institutionen wie etwa im Globalen Fonds und der GAVI Alliance sind die Volumina langfristig zugesagter privater Mittel hingegen bemerkenswert hoch: Die Gates-Stiftung allein bringt in die GAVI Alliance 75 Millionen US Dollar jährlich bis 2015 und in den Globalen Fonds 100 Millionen jährlich bis 2010 ein (Martens 2007: 42ff.).

Grundsätzlich stellt sich die Frage, ob derartige öffentlich-private Weltregierensarrangements über eher kurzfristige technische Problemlösungen (z.B. Impfungsprogramme) hinaus willens und in der Lage sind, langfristige strukturelle Herausforderungen wie den Aufbau eines Gesundheitssystems befriedigend zu meistern (Martens 2007: 48f.; vgl. Brühl 2006: 183f.). Die Konzentration inklusiver, multipartistischer Institutionen und v.a. eher loser, weniger formalisierter öffentlich-privater Partnerschaften ist auf eher eng definierte, kurzfristig zu bearbeitende „Projekte" in Problemfeldern gerichtet, in denen hoher Problemdruck herrscht, öffentliche (nationale oder internationale) Institutionen schwach sind und bereits gut organisierte privatwirtschaftliche oder zivilgesellschaftliche Akteure tätig sind. Zwar belegt die Vielfalt öffentlich-privater Weltregierensformen im Entwicklungsbereich, dass viele einzelne Initiativen in unterschiedlichen Subsektoren arbeiten – dies garantiert jedoch weder eine umfassende Problemlösung noch Kohärenz zwischen den verschiedenen Ansätzen. Inwieweit des 2007 gegründete Entwicklungszusammenarbeitsforum des ECOSOC (DCF) zur besseren Koordination öffentlicher und privater Akteure der Entwicklungszusammenarbeit beitragen kann, bleibt abzuwarten. Unabhängig von diesen Bedenken zeigt sich aber unübersehbar, dass das Zusammenlegen und der gemeinsame Einsatz von Problemlösungsressourcen verschiedener Akteursgruppen von öffentlichen und nichtstaatlichen Akteuren zunehmend als notwendig erachtet wird und sich in multipartistischen Formen des Weltregierens niederschlägt.

Zusammenfassend ist also festzuhalten, dass eine Vielzahl von öffentlichen und privaten Akteuren in der Förderung sozialer Entwicklung tätig sind, die ganz unterschiedliche Schwerpunkte – von der Verbesserung der öffentlichen Gesundheit über die Bekämpfung von Unterernährung bis zur Schaffung eines guten Investitionsklimas in Entwicklungsländern – setzen. Die Erschließung und Zusammenlegung der materiellen und immateriellen Ressourcen staatlicher, zwischenstaatlicher, zivilgesellschaftlicher und privatwirtschaftlicher Akteure erscheint notwendig, um die Probleme absoluter Armut und ausgeprägter Wohlstandsdisparitäten effektiv zu bearbeiten. Zugleich ist nicht zu übersehen, dass die Vielfalt von einzelnen Akteuren und Institutionen mit jeweils eigenen Zielen und Strategien mitunter zu ineffizienten Doppelungen und überlappenden Aufgaben sowie zu einer Fragmentierung der Maßnahmen globaler Sozialpolitik führt (vgl. Deacon/ Hulse/ Stubbs 1997: 22; Schifferings/ Roth 2007: 10). So bleibt neben der Durchsetzung international vereinbarter entwicklungspolitischer Programme die Koordinierung und Harmonisierung staatlicher und nichtstaatlicher Entwicklungshilfemaßnahmen, wie sie etwa im DCF angestrebt wird, eine große Herausforderung für effektives Weltregieren zur Förderung der sozialen Entwicklung.

3.2.3 Theoretische Einordnung und Bewertung des Weltregierens im Bereich „globale Entwicklungszusammenarbeit"

Insgesamt lässt sich festhalten, dass im Bereich der Förderung sozioökonomischer Entwicklung eine ausgeprägte Tendenz zu heterarchischem Weltregieren mit einer starken multipartistischen Komponente zu beobachten ist. Die Proliferation öffentlich-privater Weltregierensarrangements zur Förderung der sozialen Entwicklung lässt sich zumindest teilweise als Reaktion auf das Scheitern zwischenstaatlichen Weltregierens erklären. Wie bereits in Kap. 6 dargestellt wurde, finden sich in der globalen Entwicklungszusammenarbeit zunehmend inklusive, multipartistische Institutionen und eher lose öffentlich-private Partnerschaften, in denen verschiedene Akteure ihre jeweils spezifischen Problembearbeitungsressourcen zusammen legen. In Abschnitt 3.2.2 wurde deutlich, in welchem Maße staatliche und zwischenstaatliche Akteure bereits auf die finanziellen, Wissens- oder auch Legitimitäts-Ressourcen privater Akteure zurückgreifen.

Die Emergenz von inklusiven, multipartistischen Institutionen und öffentlich-privaten Partnerschaften in der Entwicklungszusammenarbeit erweist sich als mit Hilfe der Ressourcentausch-Theorie erklärbar: Ressourceninterdependenzen zwischen öffentlichen und privaten Akteuren sind in diesem Politikfeld besonders offensichtlich. Zugleich werden die Ziele und Zielerreichungsstrategien nichtstaatlicher – zivilgesellschaftlicher und privatwirtschaftlicher – Akteure in der Entwicklungszusammenarbeit von öffentlichen Akteuren – Staaten und internationalen Organisationen – zunehmend als kompatibel oder gar komplementär betrachtet (Vorliegen eines Konsens über die Kompatibilität von Zielen und Zielerreichungsstrategien). Mit anderen Worten: Bei öffentlichen Akteuren ist die Erkenntnis gereift, dass sie ihre Ziele in der Entwicklungszusammenarbeit in Kooperation mit nichtstaatlichen Akteuren besser erreichen können.

Die Effektivität der Implementierung zwischenstaatlicher Politikprogramme zur Minderung absoluter Armut und zum Abbau ausgeprägter Wohlstandsdisparitäten – z.B. der Millenniumentwicklungsziele – hält sich unverkennbar in engen Grenzen. Im Ergebnis sind durchaus ernst zu nehmende Ansätze einer globalen Sozialpolitik zu beobachten; diese gehen jedoch nicht so weit, dass von der Herausbildung einer leidlich effektiven, soziale Disparitäten abbauenden Weltsozialordnung als Ergänzung zur Weltwirtschaftsordnung die Rede sein kann. Zu den Gründen dafür zählt auf (zwischen-)staatlicher Ebene ohne Zweifel der Widerstreit zwischen langfristigen und kurzfristigen Interessen von entwickelten Industrieländern. Zwar ist davon auszugehen, dass eine gerechtere Verteilung des Nutzens aus (gemäßigt) liberalen internationalen Wirtschaftsbeziehungen nicht nur im Interesse der Entwicklungsländer, sondern auch im *langfristigen* Interesse der Industriestaaten ist. Letztere sollten – rein zweckrational betrachtet – langfristig an einer ausgewogeneren Wohlstandsverteilung im Rahmen von Weltmarktintegration interessiert sein, um die Legitimität einer grundsätzlich auf Liberalisierung und Integration ausgerichteten Weltwirtschaftsordnung zu erhalten, negative transnationale Auswirkungen von extremen Wohlstandsdisparitäten auf ihre eigenen Gesellschaften zu vermeiden und die weltweite zahlungsfähige Nachfrage zu stimulieren. Jedoch bewerten die Industriestaaten kurzfristig die bestehende Wohlstandsverteilung als attraktiv, weil (politik)mächtige Bevölkerungsschichten in diesen Ländern von der ungleichen Verteilung des Nutzens aus den weltwirtschaftlichen Beziehungen Vorteile ziehen (Rittberger/Zangl 2006: 172). In diesem Spannungsverhältnis zwischen langfristigen und kurzfristigen Interessen erscheint derzeit weder die Wahrnehmung einer globalen Interdependenz zwischen Industrie- und Entwicklungsländern stark genug ausgeprägt, um den Ausschlag für eine langfristigere, am Ausgleich von Wohlstandsdisparitäten orientierte Interessenkalkulation zu geben, noch sieht sich eine Führungsmacht – in der Rolle eines „wohlwollenden Hegemons" – oder eine Führungskoalition zur sozialpolitischen Ordnungsstiftung herausgefordert.

Daran hat auch die nach dem 11. September 2001 wieder zunehmend betonte Verknüpfung von globalen Armutsproblemen und Sicherheitsgefährdungen im Ergebnis nichts geändert. Die bilaterale und multilaterale Entwicklungspolitik versucht seit langem, sich mit den Eigeninteressen der reichen Länder hinsichtlich der Krisenprävention, Friedenskonsolidierung und Abwehr anderer z.B. terroristischer oder krimineller Bedrohungen aus armen und zugleich schwachen Staaten zu rechtfertigen. Allerdings scheint diese Argumentationslinie angesichts der weiterhin relativ spärlichen Mittel für Entwicklungszusammenarbeit nach wie vor nur bedingt ernst genommen zu werden (Nuscheler 2004: 211-217).

Das vermehrte Auftreten multipartistischer, öffentlich-privater Formen des Weltregierens – eher loser, projektspezifischer öffentlich-privater Partnerschaften und stärker formalisierter, dauerhafter inklusiver multipartistischer Institutionen – könnte eine Antwort auf immer wieder auftretende Politikblockaden und Schwierigkeiten sein, sich in zwischenstaatlichen Foren auf weit reichende und wirksame Politikprogramme zur Armutsbekämpfung und Entwicklungsförderung zu einigen und diese vor allem auch operativ unter Einsatz erheblicher Ressourcen umzusetzen. Inklusive, multipartistische Institutionen wie z.B. der Globale Fonds und andere öffentlich-private Partnerschaften besitzen das Potenzial, durch die Mobilisierung zusätzlicher materieller und immaterieller Ressourcen die Problemlösungskapazitäten von Weltregieren zu erhöhen und bestehende Defizite sozioökonomischer Entwicklung zu verringern. Zur Klärung der Frage, inwiefern und unter welchen Bedingungen eher lose öffentlich-private Partnerschaften und inklusive, multipartistische Institutionen nicht nur das Potenzial zur Schließung von Lücken des Weltregierens besitzen, sondern tatsächlich nachhaltige Problemlösungsfähigkeit demonstrieren können, sind weitere empirische Untersuchungen notwendig. Aus der Vielzahl von verschiedenen öffentlichen und privaten Akteuren und Initiativen ergeben sich ohne Zweifel auch Kohärenz- und Effizienzprobleme. Eine wesentliche Herausforderung für wirksames multipartistisches Weltregieren zur Förderung sozioökonomischer Entwicklung besteht darin, eine effektive Koordinierung (zwischen-)staatlicher und nichtstaatlicher Akteure der Entwicklungszusammenarbeit durch institutionalisierten Dialog und Informationsaustausch zu erreichen (vgl. Fues 2007).

4 Globale ökologische Herausforderungen und ihre kollektive Bearbeitung

Es besteht nicht nur ein Spannungsverhältnis zwischen den Teilzielen der Förderung globalen Wirtschaftswachstums und der Gewährleistung einer ausgewogenen ökonomischen Nutzenverteilung, die möglichst breiten materiellen Wohlstand mit sich bringt. Die bestehende Weltwirtschaftsordnung vernachlässigt auch negative ökologische Externalitäten vorherrschender globaler Produktions- und Konsummuster und misst der Erreichung des dritten Teilkomplexes des Wohlfahrtsziels „Bestandsfähigkeit/Nachhaltigkeit der Nutzenmehrung" insgesamt zu wenig Bedeutung bei. Dieses Teilziel beinhaltet die Forderung, durch Umweltverträglichkeit der Produktion, des

Kapitel 8: Wohlfahrt

Austauschs und des Konsums von Gütern und Dienstleistungen dafür Sorge zu tragen, dass die Möglichkeit der Nutzenerzeugung und der Nutzenverteilung auch für die Zukunft erhalten bleibt (vgl. Kap. 2.3, Kap. 4). Das Prinzip der Nachhaltigkeit beinhaltet die Erwartung, dass heutige Generationen so leben sollen, dass zukünftigen Generationen nicht die Möglichkeit genommen wird, ihre eigenen Bedürfnisse zu befriedigen, d.h. vergleichbar oder besser zu leben (vgl. Hennicke et al. 2005: 155f.). Die Art, wie Menschen auf der Erde vor allem seit der industriellen Revolution produzieren, Handel treiben und konsumieren, ist jedoch alles andere als nachhaltig. Durch Industrialisierungsprozesse, die Verbreitung von energieintensiven Technologien, Bevölkerungswachstum, die Ausweitung der Produktion und des Konsums von Gütern und Dienstleistungen, die Intensivierung des Güteraustauschs und die gesteigerte Mobilität der Menschen wird einerseits die natürliche Umwelt massiv geschädigt (z.B. durch Schadstoffemissionen, starke Bebauung, Nicht-Abbaubarkeit von Giftmüll); andererseits werden die endlichen Vorkommen an natürlichen Rohstoffen (z.B. Kohle, Erdöl, Erdgas) übermäßig ausgebeutet, so dass die Erschöpfung der Vorräte einiger fossiler Energieträger absehbar geworden ist. Gegenwärtig ist das reibungslose Funktionieren weltwirtschaftlicher Produktions- und Austauschprozesse hochgradig von der Ausbeutung fossiler Energieträger abhängig. Im Zuge der Globalisierung ist der Ressourcenverbrauch noch weiter angestiegen und der intensivierte grenzüberschreitende Güter- und Personenverkehr trägt zur starken Übernutzung natürlicher Rohstoffe bei.

Menschliche Aktivitäten erzeugen eine ganze Reihe von problematischen Nutzungen der natürlichen Umwelt, mit deren Regulierung einzelstaatliche Regierungen überfordert sind. In kaum einem anderen Bereich zeigt sich die Notwendigkeit globaler kollektiver Bearbeitung von transsouveränen Problemen so deutlich wie bei grenzüberschreitenden Umweltproblemen, die durch menschliche Aktivitäten verursacht werden. Zwar ist nicht zu übersehen, dass manche Umweltprobleme wie etwa die Luftverschmutzung in Städten oder die Verseuchung von Böden durch versickerte Chemikalien nur *lokale* Reichweite haben. Auch *regionale* Umweltprobleme wie etwa die Verschmutzung von Flüssen oder Seen mit mehreren Anrainerstaaten bleiben auf einige wenige Staaten begrenzt, auch wenn sie schon grenzüberschreitend sind. Viele der heute auftretenden Umweltprobleme sind jedoch in der Tat *globalen* Ausmaßes. Die Klimaerwärmung oder der Schwund der stratosphärischen Ozonschicht betreffen die gesamte Erde und somit auch potenziell alle Staaten – wenn auch mit unterschiedlicher Intensität (Rechkemmer 2004: 7; Gmelch 2007: 237). Eine trennscharfe Abgrenzung der Reichweite von Umweltproblemen (lokal, national, regional oder global) ist ohnehin schwierig, da lokale Umweltprobleme wiederum häufig regionale oder globale Auswirkungen haben (z.B. grenzüberschreitende Migrationsströme aufgrund von Versteppung oder Wasserknappheit). Globale Umweltprobleme ziehen hingegen in der Regel lokale oder regionale Auswirkungen nach sich: So führt z.B. der Klimawandel zu einem steigenden Meeresspiegel und in manchen Regionen damit zu einer Häufung von Überschwemmungen. Dennoch ist festzuhalten, dass transsouveräne Umweltprobleme grenzüberschreitenden, tendenziell globalen Charakter aufweisen und sich dadurch auszeichnen, dass sie einzelstaatlich nicht effektiv bearbeitet werden können anders als etwa die Verschmutzung von unter der Gebietshoheit *eines* Staates liegenden Seen oder Böden, bei der eine effektive Problembearbeitung durch nationale Gesetzgebung durchaus denkbar erscheint.

In diesem Kapitelabschnitt sollen zwei transsouveräne Umweltprobleme[163] betrachtet werden, die sich aus dem nicht-nachhaltigen Handeln der Menschen weltweit ergeben und die miteinander in einem engen Zusammenhang stehen. Zunächst wird der Klimawandel als transsouveränes Problem, das sich global auswirkt und von einzelnen Staaten allein nicht effektiv bearbeitet werden kann, vorgestellt. Wie etwa der vierte Sachstandsbericht des Weltklimarates zeigte (IPCC 2007), gilt es mittlerweile als sehr wahrscheinlich, dass die Klimaerwärmung der letzten 100 Jahre maßgeblich auf anthropogene Einflüsse zurückzuführen ist, vornehmlich auf den massiven Ausstoß von Treibhausgasen (Gmelch 2007: 239). Eine kollektive Bearbeitung dieses globalen Problems kann, will sie erfolgreich sein, nicht bei der Schadensbegrenzung verharren; vielmehr sind tief greifende Anpassungsleistungen der Volkswirtschaften erforderlich, deren Wohlstand derzeit hochgradig von CO_2-intensiven Produktionsmethoden und Transportmitteln abhängig ist.

Internationale Bemühungen zur Eindämmung der CO_2-Emissionen, die in der Klimarahmenkonvention und speziell im Kyoto-Protokoll zwischen den Vertragsstaaten vereinbart wurden, können inzwischen bereits als unzureichend für eine zielführende Bearbeitung des Problems des Klimawandels gelten. Dennoch leistet das Kyoto-Protokoll einen Beitrag dazu, die Übernutzung des Allmendeguts „Atmosphäre" durch die Einführung marktbasierter Instrumente (z.B. Emissionshandel) einzudämmen und so die „Tragödie der Allmende" (Hardin 1968; vgl. Kap. 6) abzumildern.

Das zweite globale Problem, das im Folgenden analysiert wird, ist die drohende weltweite Energieknappheit, die sich aus der Abhängigkeit entwickelter und sich entwickelnder Volkswirtschaften von fossilen Brennstoffen und deren steigendem Verbrauch ergibt. Weltregieren erscheint auch hier erforderlich, um globalen Wohlstand, der von einem kontinuierlichen Energiezufluss abhängt, zu erreichen oder nachhaltig zu sichern. Die Nutzung fossiler Energieträger ist zudem durch den Ausstoß von CO_2-Emissionen eine zentrale Ursache des Klimawandels. Im Bereich der Energieversorgung ist Weltregieren bisher insgesamt wenig ausgeprägt, und die gegensätzlichen Interessen von Konsumenten und Produzenten fossiler Energieträger lassen befürchten, dass die Staaten sich statt auf institutionalisierte internationale Kooperation auf eigenständige nationale, unter Umständen gar gewaltkonfliktträchtige Strategien zur Sicherung ihrer Energieversorgung stützen könnten. Vor diesem Hintergrund erscheint

---

[163] Eine umfassende Darstellung verschiedener transsouveräner Umweltprobleme ist angesichts ihrer Vielzahl unmöglich. Neben dem Klimawandel gelten die Zerstörung der stratosphärischen Ozonschicht, die Gefährdung der biologischen Vielfalt, der Verlust fruchtbarer Böden, die Zerstörung tropischer Regenwälder und die Trinkwasserknappheit als derzeit schwerstwiegende globale Umweltprobleme (vgl. dazu Gmelch 2007).

die Förderung der Nutzung erneuerbarer Energiequellen als wichtige Weltregierensaufgabe. Zumindest bis zur 2009 erfolgten Gründung einer Internationalen Organisation für Erneuerbare Energien (IRENA) sind die zwischenstaatlichen Anstrengungen zur Förderung erneuerbarer Energien insgesamt wenig ausgeprägt und kaum erfolgreich gewesen. In Reaktion auf diesen Mangel haben sich einige globale öffentlich-private Partnerschaften gebildet, die ihrerseits die Förderung erneuerbarer Energien vorantreiben wollen. Ihre Existenz lässt sich mit einer Ressourceninterdependenz öffentlicher und privater Akteure erklären.

4.1 Der anthropogene Treibhauseffekt als transsouveränes Problem und Weltregieren zu seiner Eindämmung (Weltregieren im Sachbereich Wohlfahrt V)

4.1.1 Klimawandel als globales Umweltproblem: Ursachen und Auswirkungen (Problembeschreibung)

Der Zwischenstaatlichen Sachverständigengruppe für Klimaänderungen (Intergovernmental Panel on Climate Change, IPCC)[164] zufolge bezieht sich die Bezeichnung „Klimawandel" auf eine statistisch signifikante Variation des Mittelwerts des Klimas oder der Klimaschwankungen, die sich über einen ausgedehnten Zeitraum – typischerweise Jahrzehnte oder länger – erstreckt (IPCC 2007: 30). Klimawandel kann aufgrund von natürlichen Prozessen oder durch dauerhafte anthropogene Veränderungen in der Zusammensetzung der Atmosphäre erfolgen.

Die Klimarahmenkonvention der Vereinten Nationen (United Nations Framework Convention on Climate Change, UNFCCC) definiert in Artikel 1 Klimawandel[165] als „Änderungen des Klimas, die unmittelbar oder mittelbar auf menschliche Tätigkeiten zurückzuführen sind, welche die Zusammensetzung der Erdatmosphäre verändern, und die zu den über vergleichbare Zeiträume beobachteten natürlichen Klimaschwankungen hinzukommen". Die Rahmenkonvention macht damit eine Unterscheidung zwischen Klimawandel, der auf menschliches Handeln zurückzuführen ist, und Klimaschwankungen, die natürliche Ursachen haben. Hier soll im Folgenden der engere Begriff verwendet werden, der nur Klimaänderungen umfasst, die nachweisbar auf menschliches Handeln zurückzuführen sind.

---

[164] Das IPCC, auch Weltklimarat genannt, wurde 1988 von UNEP und WMO ins Leben gerufen und ist ein der Klimarahmenkonvention (UNFCCC) beigeordneter Ausschuss. Seine Aufgabe ist die Sammlung von Daten aus bestehenden Studien und die Aufbereitung von wissenschaftlichen Studien zum Thema Klimawandel des IPC; betreibt selbst keine eigene Forschung.
[165] In der deutschen Übersetzung der Klimarahmenkonvention wird der Begriff „Klimaänderung" verwendet, der hier mit „Klimawandel" gleichgesetzt wird.

Der anthropogene Klimawandel ist das derzeit schwerstwiegende globale Umweltproblem, das der kollektiven politischen Bearbeitung bedarf. Er steht nicht isoliert neben anderen Umweltproblemen, sondern stellt eine – freilich nicht die alleinige – Ursache für viele andere Umweltprobleme wie die Gefährdung der Artenvielfalt, die Wüstenausbreitung (Desertifikation) und den Verlust fruchtbarer Böden sowie die zunehmende Trinkwasserknappheit dar. Die Temperaturen auf der Erde, die Leben in der uns bekannten Form ermöglichen, sind dem „natürlichen" Treibhauseffekt zu verdanken. Das ursprüngliche Gleichgewicht zwischen dem Ausstoß von Treibhausgasen durch Atmung von Mensch und Tier oder natürliche Verbrennungsprozesse und den zur Verfügung stehenden CO_2-Senken wie Wäldern und Ozeanen geriet in den letzten Jahrhunderten, und verstärkt in den letzten 50 Jahren, zunehmend ins Wanken. Menschen verursachen eine Erwärmung des Weltklimas durch den Verbrauch fossiler Energieträger wie Kohle, Öl und Gas, der in großen Mengen CO_2 freisetzt (vgl. IPCC 2007: 36f). Durch die Zerstörung großer Flächen tropischen Regenwaldes, der durch Photosynthese CO_2 bindet und in Sauerstoff umwandelt, wird die Konzentration von Treibhausgasen sowohl in der Atmosphäre als auch in den Ozeanen erhöht. Weitere Treibhausgasemissionen fallen durch eine intensive landwirtschaftliche Bodennutzung an, bei der Stickstoffe als Düngemittel eingesetzt werden, sowie durch die Massen-Viehhaltung, da insbesondere Rinder und Schafe bei ihrer Verdauung große Mengen Methangas freisetzen, das in seiner aufheizenden Wirkung in der Atmosphäre das CO_2 um ein Vielfaches übertrifft (Gmelch 2007: 238f).

Der Treibhauseffekt, der sich durch die erhöhte Konzentration von CO_2 und anderen Treibhausgasen wie Methan in der Atmosphäre ergibt, erwärmt das Klima weltweit, was wiederum weit reichende Folgen für alles Leben auf der Erde hat. Die CO_2-Konzentration in der Atmosphäre im Jahr 2005 lag rund 30% über ihrem vorindustriellen Wert aus dem Jahr 1750. Elf von zwölf Jahren im Beobachtungszeitraum 1995-2006 gehörten zu den wärmsten Jahren seit Beginn der Temperaturaufzeichnungen um 1850. Die Erwärmungsrate für die vergangenen 50 Jahre (Stand 2005) ist nahezu doppelt so hoch wie die für die letzten 100 Jahre (IPCC 2007: 30). Der Treibhauseffekt könnte eine Erwärmung zwischen 2 und 4,5 Grad Celsius bis zum Ende des 21. Jahrhunderts zur Folge haben, selbst wenn die CO_2-Konzentration auf dem gegenwärtigen Niveau stabilisiert würde (IPCC 2007: 38).[166] Dadurch ist mit einer globalen Verschiebung der Vegetationszonen zu rechnen, die die Artenvielfalt – insbesondere das Überleben von Tieren und Pflanzen, deren Anpassungsfähigkeit gering ist – bedroht.

---

[166] Jegliche Schätzungen über CO_2-Konzentrationen und Temperaturanstiege sind abhängig von Prognosen über Bevölkerungswachstum, Wirtschaftswachstum, neue Technologien und anderen Faktoren, die vom IPCC durch die Berechnung verschiedener Szenarien berücksichtigt werden.

Kapitel 8: Wohlfahrt

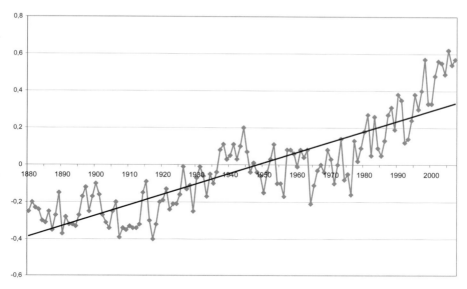

Grafik erstellt auf Grundlage von Daten des Carbon Dioxide Information Analysis Center (Hansen et al. 2008)

Abb. 8.12: Globaler Temperaturanstieg 1880 bis 2007: Globale jährliche Temperaturabweichung relativ zum Mittelwert des Basiszeitraums von 1951-1980 (in Grad Celsius)

Die erhöhte CO_2-Konzentration, die sich auch in den Ozeanen niederschlägt, gefährdet wichtige Lebensräume (z.B. Korallenriffe) und Nahrungsquellen für bestimmte Arten. Zwar verbessern sich auch für manche Tierarten die Lebensbedingungen; allerdings ist dies nicht unbedingt wünschenswert für den Menschen, wie das Beispiel der Malariamücke zeigt, deren Larven bei wärmeren Temperaturen noch besser gedeihen. Die Weltgesundheitsorganisation (WHO) schätzt, dass der Klimawandel für mehr als zwei Prozent der weltweiten Durchfallerkrankungen und für rund zwei Prozent der Malariaerkrankungen weltweit verantwortlich gemacht werden kann (vgl. WHO 2003).

Es lässt sich weiterhin beobachten, dass die Niederschlagsmengen sich regional verschieben. Während in einigen Regionen wie in Nordeuropa oder im Osten von Nord- und Südamerika in den letzten Jahren mehr Niederschläge gemessen wurden, gingen sie in der Sahelzone, im Mittelmeerraum sowie im südlichen Afrika zurück. Dürren halten seit den 1970er Jahren länger an und sind flächenmäßig ausgedehnter.

Die Erderwärmung bewirkt ein Abschmelzen der Polkappen und Gebirgsgletscher sowie eine thermische Ausdehnung des Meerwassers, wodurch der Meeresspiegel steigt. Für kleine Inselstaaten im Pazifik, im Atlantik oder im Indischen Ozean, deren Landmasse nur bei Normal Null oder gar darunter liegt, kann die Erhöhung des Meeresspiegels existenzgefährdend sein (Walk/ Brunnengräber 2000: 60). Auch Länder mit breiten Küstenregionen oder großen Flussdeltas haben bereits heute mit stärkeren Überschwemmungen und Sturmfluten zu kämpfen. Bis zum Ende des 21. Jahrhunderts wird ein weiterer Anstieg des durchschnittlichen Meeresspiegels von 18 bis 59 Zentimetern für möglich gehalten (IPCC 2007: 45).

Einige Forscher erwarten zudem eine Zunahme von Stürmen und Unwettern, da durch den Treibhauseffekt mehr Energie der Sonne auf der Erde verbleibt, die sich wieder entladen muss. Diese Wirkungskette wird mitunter als erweiterter Treibhauseffekt bezeichnet, ist aber in der Wissenschaft noch umstritten (Gmelch 2007: 245).

Da die Folgen der Klimaveränderung sich auf sämtliche Bereiche des menschlichen Lebens auswirken, ist der Klimawandel nicht nur ein grenzüberschreitendes, sondern auch ein sektorenübergreifendes globales Problem, das zahlreiche und schwerwiegende negative Externalitäten produziert. Wenn Lebensräume wie Korallenriffe, alpine Ökosysteme oder flache Küstenregionen verschwinden, sind insbesondere die Landwirtschaft, die kommerzielle Fischerei und die Tourismuswirtschaft betroffen. Die Zerstörung von Ökosystemen durch Trockenheit oder Überschwemmungen kann in manchen Regionen die Produktion von Nahrungsmitteln und die Verfügbarkeit von Trinkwasser beeinträchtigen; andernorts können höhere Temperaturen freilich auch zu verbesserter landwirtschaftlicher Produktivität führen (IPCC 2007: 48).

Neuere Studien verweisen darauf, dass der Klimawandel zum globalen Sicherheitsrisiko wird oder schon geworden ist (WBGU 2007; Smith/ Vivekananda 2007). Auch wenn kein *direkter* Zusammenhang zwischen Klimawandel und dem Auftreten gewaltträchtiger Konflikte erkennbar ist, so kann Klimawandel zumindest im Zusammenspiel mit anderen politischen oder sozioökonomischen Faktoren Sicherheitsprobleme verschärfen. Insbesondere schwache Staaten, die von politischer Instabilität oder schlechter Regierungsführung betroffen sind, haben große Schwierigkeiten, sich an durch den Klimawandel veränderte Lebensbedingungen anzupassen. Zudem behindern Armut und wirtschaftliche Unterentwicklung wirkungsvolle Maßnahmen gegen die Auswirkungen des Klimawandels (z.B. Überschwemmungen, Dürren), da weder der Staat noch die Bevölkerung in der Lage sind, die dafür notwendigen Ressourcen aufzubringen (vgl. Renaud et al. 2007: 28). Die Auswirkungen der Klimaerwärmung führen in vielen Regionen zu Nahrungsmittelunsicherheit, die wiederum den Ausbruch oder die Intensivierung gewaltträchtiger Konflikte über die Verteilung von knappen Ressourcen wie fruchtbarem Land oder Trinkwasser wahrscheinlicher macht. Wo die Versorgung mit Nahrung und Trinkwasser prekär ist, kommt es zudem häufig zu Massenemigration. Diese kann wiederum an den Zielorten der Migranten zu Spannungen zwischen Ansässigen und Neuankömmlingen führen (Smith/ Vivekananda 2007: 3). Allerdings ist der Klimawandel zwar mitunter eine tiefer liegende Ursache („root cause") oder zumindest ein verschärfender Faktor für die genannten Probleme, kann aber dennoch nicht in jedem Fall für Umweltmigration und ihr Konfliktpotenzial verantwortlich gemacht werden. In vielen Fällen sind es auch *regionale* Misswirtschaft (wie nicht-nachhaltige Boden- und Wassernutzung) und starkes Bevölkerungswachstum, die zur Entstehung oder Verschärfung von Wasserknappheit und Nahrungsmittelunsicherheit beitragen.

Kapitel 8: Wohlfahrt

Die Auswirkungen des Klimawandels bergen nicht nur Sicherheitsrisiken, sondern haben auch immense volkswirtschaftliche Kosten zur Folge. Der Ökonom Nicholas Stern prognostizierte 2006, dass Nicht-Handeln den Staaten und ihren Volkswirtschaften bereits relativ kurzfristig und erst recht mittel- und langfristig viel höhere Kosten aufbürden wird als adäquate Investitionen in die Eindämmung des Klimawandels. Er schätzt, dass in naher Zukunft die Gesamtkosten des Klimawandels fünf Prozent des Weltbruttosozialprodukts beanspruchen könnten. Wenn langfristige ökonomische Risiken und negative Folgen des Klimawandels mit einberechnet werden, könnte sich der Verlust sogar auf 20 Prozent oder mehr belaufen (vgl. Stern 2006).

Das Problem des Klimawandels zeichnet sich dadurch aus, dass es nicht politikfeldspezifisch bearbeitet werden kann, sondern sich vielmehr durch eine erhebliche „Politikfeld-Interdependenz" (Brunnengräber 2007: 209) auszeichnet und in alle gesellschaftlichen Bereiche hineinreicht, d.h. nicht nur starke grenzüberschreitende, sondern auch sektorenübergreifende Externalitäten erzeugt. Die Bekämpfung des Klimawandels erfordert daher einen integrierten Ansatz und gemeinsame Anstrengungen aller Staaten ebenso wie positive Steuerungsleistungen privatwirtschaftlicher und zivilgesellschaftlicher Akteure, da auch diese mit ihren Handlungen den Klimawandel zu beeinflussen vermögen.

4.1.2 Weltregieren im Sachbereich „Wohlfahrt" V (Klimawandel): Zwischenstaatliche Regelwerke, der Einfluss nichtstaatlicher Akteure auf die globale Klimapolitik und deren Einbindung in Institutionen des Weltregierens *(Problembearbeitung)*

Da einzelne Staaten das transsouveräne Problem des Klimawandels nicht auf sich alleine gestellt lösen können, nutzen sie – insoweit sie dieses Problem als bearbeitungsbedürftig erkennen – internationale Verhandlungsforen, um eine kooperative Bearbeitung des Problems zu erwirken. Im Folgenden werden zunächst die zwischenstaatlichen Verhandlungen zur Errichtung eines globalen Klimaregimes vorgestellt. Die wichtigsten Stationen bilden die Klimarahmenkonvention (UNFCCC) von 1992 und das Kyoto-Protokoll von 1997. Trotz Kritik an den zu geringen Verpflichtungen und ihrer unzureichenden Umsetzung ist damit ein erster Schritt zur globalen Bearbeitung des Klimawandels erfolgt. Nichtstaatliche Akteure wie Umweltschutzverbände, transnationale Unternehmen sowie Industrieverbände haben durch ihre Lobby- und Kampagnenarbeit versucht, in ihrem Sinne Einfluss auf die Politikformulierung der Staaten zu nehmen. Zwar verfügen nichtstaatliche Akteure in den zwischenstaatlichen (Vertrags-)Verhandlungen über keine (Mit-)Entscheidungs- und Stimmrechte; dennoch können Staaten ihre Interessen und Forderungen nicht mehr ignorieren. Nichtstaatliche Akteure spielen nicht nur in advokatorischer Funktion, sondern auch bei der Implementation internationaler Klimaschutzabkommen eine wichtige Rolle. In einigen zwischenstaatlichen internationalen Institutionen wie der globalen Umweltfazilität („Global Environment Facility", GEF) werden zudem nichtstaatliche Akteure – zivilgesellschaftliche Organisationen sowie Privatunternehmen – verstärkt in die operativen Tätigkeiten eingebunden; zugleich werden ihnen in den Entscheidungsgremien der offenen Institution GEF Partizipationsmöglichkeiten eingeräumt.

4.1.2.1 Die Entwicklung zwischenstaatlicher Politikprogramme und -instrumente zur Bekämpfung des Klimawandels: Von der Klimarahmenkonvention über das Kyoto-Protokoll zum Emissionshandel

Das transsouveräne Problem des Klimawandels erfordert, dass Staaten zur Problembearbeitung miteinander kooperieren. Allerdings verspüren Staaten als eigennützig-rationale Akteure auch den Anreiz, die Kosten des Klimaschutzes – beispielsweise Investitionen zur Senkung von CO_2-Emissionen – auf andere abzuwälzen, um selbst als Trittbrettfahrer von deren Anstrengungen zum Klimaschutz zu profitieren, ohne einen entsprechenden Anteil an den Kosten zu tragen. Trittbrettfahrende Staaten ersparen ihren Unternehmen kostspielige Aufwendungen für Klimaschutzmaßnahmen; durch (verglichen mit anderen Staaten) weniger restriktive Klimaschutzauflagen verschaffen sie den Unternehmen einen Wettbewerbsvorteil und sich selbst einen Standortvorteil. Wenn nun aber alle Staaten dieser Orientierung an einer kurzfristigen relativen Nutzenmehrung folgen, produzieren sie kollektiv und individuell suboptimale Interaktionsergebnisse, d.h. sie gefährden oder zerstören die gemeinsamen natürlichen Lebensgrundlagen (Rittberger/ Zangl 2003: 272).

Ein stabiles Klima auf der Erde, das menschliches Leben ermöglicht, kann als Allmendegut angesehen werden, da niemand von der Nutzung des Gutes ausgeschlossen werden kann, aber die Nutzung des Gutes rivalisierend ist. Es ist für die Staaten zunächst einmal individuell rational, das Kollektivgut „stabiles Klima" ohne Beteiligung an den Kosten für dessen Bereitstellung zu nutzen. Mit anderen Worten: Es bestehen erhebliche Anreize, CO_2 zu emittieren und die Kosten dieser Emissionen, also die negativen Folgen des Klimawandels, zu externalisieren. Wenn alle Staaten das Gut nutzen, ohne Kosten für seine Bereitstellung zu übernehmen, wird die Rivalität im Konsum des Gutes „stabiles Klima" zwar über kurz oder lang dazu führen, dass das Gut übernutzt sein und niemandem mehr zur Verfügung stehen wird; dennoch ist die Wahrscheinlichkeit der freiwilligen Bereitstellung von Regelungen zur Senkung der CO_2-Emissionen aufgrund der hohen Anreize zum „Trittbrettfahren" bei Allmendegütern gering. Diese grundsätzliche Problematik der „Tragödie der Allmende" (Hardin 1968) erklärt schon einen großen Teil der Schwierigkeiten internationaler Verregelungsversuche in der Klimapolitik.

Gleichwohl ist die Notwendigkeit der gemeinsamen Bearbeitung des klimaschädlichen Treibhauseffekts in den vergangenen Jahrzehnten von den Staaten erkannt worden. Es wurden zwischenstaatliche Bemühungen zur Eindämmung des Treibhauseffekts unternommen. Die erste Anerkennung des transsouveränen Charakters von Umweltproblemen fand mit der VN-Konferenz zur menschlichen Umwelt 1972 in Stock-

Kapitel 8: Wohlfahrt 573

holm statt, an der 113 Staaten teilnahmen. Es wurden Prinzipien zur Kooperation beim Schutz der Umwelt verabschiedet, das Vorsorgeprinzip („precautionary principle") offiziell anerkannt und das Umweltprogramm der Vereinten Nationen (UNEP) gegründet. UNEP hat gemeinsam mit der World Meteorological Organization (WMO) maßgeblich dazu beigetragen, dass das Thema „Schutz der Umwelt" international verstärkte Aufmerksamkeit erlangte (Rittberger/ Zangl 2003: 280ff.).

Der Grundstein für die Institutionalisierung einer globalen Klimapolitik wurde bei der ersten Weltklimakonferenz 1979 in Genf gelegt, die von UNEP und der WMO ausgerichtet wurde und sich erstmals ernsthaft mit dem anthropogenen Treibhauseffekt beschäftigte (Rittberger/ Zangl 2003: 281; Walk/ Brunnengräber 2000: 38). Da es jedoch damals noch als ungewiss galt, ob sich aufgrund von menschlich verursachten Treibhausgasemissionen das Weltklima tatsächlich verändert, wurden konkrete Verpflichtungen zur Reduzierung von CO_2-Emissionen nicht in Erwägung gezogen.

Diese Unsicherheit über das Ausmaß des Klimawandels und den Einfluss des Menschen auf Klimaänderungen erschwerte lange Zeit die effektive Bearbeitung des Problems des Klimawandels. Die Auswirkungen des menschlichen Handelns auf das Klima sind nicht unmittelbar sichtbar, sondern treten verzögert ein, wodurch die Dringlichkeit politischen Handelns unterschätzt wird (Vogler 2005: 199). Die internationale Sensibilität für die Notwendigkeit einer Bearbeitung von Umweltproblemen steigt oft stark an nach spektakulären Katastrophen – wie der Explosion des Atomreaktors in Tschernobyl 1986 oder der Ölpest durch den Untergang der Exxon Valdez 1989 – oder wenn neue wissenschaftliche Informationen über ein Problem publik werden, wie es bei der Entdeckung des Ozonlochs über der Antarktis in den 1980er Jahren der Fall war. Wenn jedoch keine direkten Auswirkungen spürbar sind oder die Schädigungen unsichtbar bleiben, reicht auch das Vorhandensein von Informationen über ein Problem oft noch nicht aus, um politische Akteure zu dessen Bearbeitung zu bewegen. Die Ablagerung von Treibhausgasen in der Atmosphäre geschieht zeitverzögert nach der Emission am Boden. Die Klimaveränderung ist – anders als ein von Schweröl verschmutzter Strand oder Smogwolken in Großstädten – ohne wissenschaftliche Messmethoden zunächst nicht „sichtbar" oder unmittelbar „spürbar". Die Ursachen ökologischer Schäden durch den Klimawandel liegen zudem geografisch oft – wenn auch längst nicht immer – weit entfernt von ihren Auswirkungen (Vogler 2005: 197). Durch diese räumliche Distanz von Ursache und Wirkung und dem zeitverzögerten Auftreten von negativen Auswirkungen des Klimawandels wurde die Dringlichkeit des Handelns lange Zeit unterschätzt.

1988 wurde auf Initiative von UNEP und der WMO das bereits erwähnte IPCC eingesetzt, dem die Aufgabe übertragen wurde, fundierte wissenschaftliche Erkenntnisse über den Klimawandel zusammenzutragen und auszuwerten. Das IPCC schuf durch seine informationellen Tätigkeiten einen größeren Handlungsdruck für die Staaten, da es die klimaschädlichen Auswirkungen der von menschlichen Aktivitäten erzeugten Treibhausgasemissionen in seinen Sachstandsberichten (1990, 1995, 2001, 2007) bestätigen und wissenschaftlich nachweisen konnte. Zwar ist auch bei vollständiger

Information über die grenzüberschreitenden Umweltschäden nicht garantiert, dass Staaten das gemäß diesen Informationen Erforderliche tun, d.h. Wissen über das globale Umweltproblem des Klimawandels und dessen Ursachen ist keine *hinreichende* Bedingung für dessen kollektive Bearbeitung. Doch insbesondere aufgrund der mangelnden Sichtbarkeit und des zeitverzögerten Auftretens der Auswirkungen des Klimawandels ist die Existenz fundierter wissenschaftlicher Informationen darüber eine *notwendige* Bedingung für zwischenstaatliche Kooperation zur Eindämmung des Klimawandels (Rittberger/ Zangl 2003: 272).

Auf einer weiteren von UNEP und der WMO organisierten internationalen Konferenz 1988 in Toronto wurde erstmals die Forderung erhoben, eine internationale Konvention zum Schutz des Weltklimas auszuarbeiten (Breitmeier 1996: 188). Dort wurde auch die Einberufung eines Zwischenstaatlichen Verhandlungsausschusses („Intergovernmental Negotiating Committee", INC) beschlossen, der im Herbst 1990 von der VN-Generalversammlung (Resolution A 45/212) eingesetzt wurde und in der Folge einen Konventionsentwurf aushandeln konnte, der zur VN-Konferenz über Umwelt und Entwicklung („United Nations Conference on Environment and Development", UNCED) 1992 in Rio de Janeiro vorlag. Die daraus hervorgegangene Klimarahmenkonvention, die noch in Rio von 150 Staaten unterzeichnet wurde, verpflichtete die Staaten zwar nicht konkret, ihre CO_2-Emissionen einzufrieren oder gar zu reduzieren, hielt sie aber dazu an, diese ab dem Jahr 2000 auf dem Niveau von 1990 zu stabilisieren (Walk 2008: 125). Dazu wurde die regelmäßige Einberufung von Konferenzen der Vertragsstaaten („Conferences of the Parties", COP) vereinbart, auf denen die Bestimmungen der Rahmenkonvention konkretisiert, weiterentwickelt und den neuesten wissenschaftlichen Erkenntnissen angepasst werden sollten (Gmelch 2007: 267; Rittberger/ Zangl 2003: 282f.; Wettestad 1999: 205f.). Auf der Rio-Konferenz konnten noch weitere für die internationale Klimapolitik bedeutsame Festlegungen – darunter die Schaffung eines Klimasekretariats[167] mit Sitz in Bonn und Vereinbarungen über einen Finanztransfer an Entwicklungsländer zum Zwecke des Klimaschutzes – getroffen werden (Gmelch 2007: 267).

Auf den ersten beiden Vertragsstaatenkonferenzen zur Klimarahmenkonvention 1995 in Berlin (COP 1) und 1996 in Genf (COP 2) konnte mit der Verabschiedung des „Berliner Mandats" erreicht werden, dass ein Zusatzprotokoll zur Klimarahmenkonvention mit konkreten Vorgaben zum Klimaschutz ausgearbeitet wurde (Walk 2008: 126; Wettestad 1999: 206f). Dieses Zusatzprotokoll, das wegen seiner Verabschiedung 1997 in Kyoto (COP 3) als „Kyoto-Protokoll" bekannt wurde, verpflichtete die Indust-

---

[167] Zur institutionellen Unterstützung der COP, etwa bei der Vorbereitung der Konferenzen oder der Zusammentragung der nationalen Berichte, wurde das Klimasekretariat gegründet, dessen Exekutivsekretär vom Generalsekretär der Vereinten Nationen in Abstimmung mit der COP eingesetzt wird.

riestaaten, bis 2012 die Emissionen der sechs wichtigsten Treibhausgase[168] gegenüber dem Jahr 1990 um durchschnittlich fünf Prozent zu verringern. Während die USA und die EU als die größten Treibhausgasemittenten ihre Emissionen um sieben und acht Prozent reduzieren sollten, hatten sich Neuseeland, Russland und die Ukraine zur Stabilisierung ihrer Emissionen auf dem Niveau von 1990 verpflichtet (+0%) und manche Industriestaaten wie Australien (+8%), Island (+10%) und Norwegen (+1%) durften ihre Emissionen sogar erhöhen (Missbach 1999: 223ff; Sprinz 1998; Wettestad 1999, 208-210). Die EU-Staaten (EU 15) haben 1998 die gemeinsame Verpflichtung einer Reduktion ihres Treibhausgasausstoßes um 8% nochmals mit unterschiedlicher Lastenverteilung unter sich aufgeteilt (Rittberger/ Zangl 2003: 283).[169]

Im Kyoto-Protokoll wurde außerdem vereinbart, dass die Vertragsstaaten ihren Reduktionsverpflichtungen zu einem bestimmten Anteil auch durch so genannte flexible Mechanismen nachkommen können. Bei den flexiblen Mechanismen handelt es sich um marktwirtschaftliche Instrumente, zu denen die Gemeinsame Umsetzung („Joint Implementation", JI) (Kyoto-Protokoll Art. 6), der Mechanismus für umweltverträgliche Entwicklung („Clean Development Mechanism", CDM) (Art. 12) und der Emissionshandel (Art. 17) gehören. Diese flexiblen Mechanismen ermöglichen es den Staaten, ihren Verpflichtungen zur Reduktion von Treibhausgasemissionen zumindest zum Teil durch Klimaschutz-Aktivitäten in anderen Ländern oder durch den Handel mit Emissionsrechten nachzukommen (Walk 2008: 127). Der JI-Mechanismus sieht vor, dass ein Industrieland, das sich im Kyoto-Protokoll zu Emissionsobergrenzen oder -reduktionen verpflichtet hat (Annex-B-Staat[170]), emissionsmindernde Projekte in anderen ebenfalls zu Emissionsobergrenzen verpflichteten Industrie- oder Schwellenländern – etwa Aufforstungs- oder Technologietransferprojekte – durchführen kann. Die durch das Projekt erzielten Emissionsreduktionen kann dieser Staat dann seiner eigenen Treibhausgasbilanz gutschreiben. Dahinter steckt die Überzeugung, dass das Weltklima von Treibhausgasreduktionen profitiert, unabhängig davon, in welchem Staat sie erzielt werden. Die Reduktionen sollen folglich dort erzielt werden, wo die Kosten für eine Verringerung der Emissionen – z.B. durch die Installation effizienterer Technologien – am geringsten sind.

Der Mechanismus für umweltverträgliche Entwicklung funktioniert nach dem gleichen Prinzip wie der JI-Mechanismus mit dem Unterschied, dass es sich ausschließlich um Projekte handelt, die von Industriestaaten (Annex-B-Staaten) in Entwicklungs-

---

[168] Das Kyoto Protokoll schließt Reduktionsvereinbarungen für folgende Treibhausgase ein: Kohlendioxid (CO_2), Methan (CH_4), Distickstoffmonoxid (N_2O), Hydrogenfluorkohlenwasserstoffe (HFKW), Perfluorkohlenwasserstoffe (PFKW) und Schwefelhexafluorid (SF_6).
[169] EU-interne Lastenverteilung von 1998: Luxemburg: -28%, Deutschland, Dänemark: -21%, Österreich: -13%, Großbritannien: -12,5%, Belgien: -7,5%, Italien: -6,5%, Niederlande: -6%, Finnland, Frankreich: +/-0%, Schweden: +4%, Irland: +13%, Spanien: +15%, Griechenland: +25%, Portugal: +27% (vgl. BMU 2008).
[170] Annex-B Staaten sind alle OECD-Mitglieder, die im Kyoto-Protokoll zu Emissionsobergrenzen oder -reduktionen verpflichtet sind. Nicht-Annex-B Staaten sind alle Entwicklungs- und Schwellenländer, die im Kyoto-Protokoll keinerlei Emissionsbegrenzungen unterliegen.

ländern (Nicht-Annex-B-Staaten) durchgeführt werden. Der CDM zielt explizit darauf ab, nicht zu Emissionsobergrenzen oder -reduktionen verpflichtete Entwicklungsländer durch Technologietransfer in ihrer nachhaltigen Entwicklung zu unterstützen (Scheck 2009: 15). Beispiele sind etwa der Bau von Solaranlagen zur Stromversorgung von entwicklungsschwachen Regionen. Auch hier werden die erzielten Emissionsreduktionen den Industriestaaten zugeschrieben, die das Projekt ausführen.

Der Emissionshandel schließlich berechtigt die Industriestaaten (Annex-B-Staaten) untereinander zum Handel mit Emissionszertifikaten. Jedem Annex-B-Staat steht eine im Kyoto-Protokoll festgelegte Menge an Emissionszertifikaten zur Verfügung. Diese richtet sich nach der tatsächlichen Emissionsmenge aus dem Basisjahr 1990 abzüglich der eingegangenen Reduktionsverpflichtung.[171] Emittiert der Staat in einer festgelegten Handelsperiode jährlich mehr als diese Menge, so muss er weitere Emissionszertifikate erwerben. Andere Staaten, die hingegen weniger emittieren, können ihre überschüssigen Emissionsrechte am Ende der Handelsperiode verkaufen oder sie als Guthaben für die nächste Periode aufbewahren. Gemäß dem Kyoto-Protokoll läuft von 2008-2012 die erste Handelsperiode, in der Emissionszertifikate international ge- und verkauft werden können. Der Emissionshandel ist ein Instrument, das an der Output-Seite ansetzt, d.h. nicht die Reduktion des Verbrauchs fossiler Energieträger (Input) vorsieht, sondern die Verringerung der Emissionen, die aus ihrem Verbrauch entstehen, zu erreichen sucht (Brunnengräber 2007: 216).

Konflikte über die Modalitäten des internationalen Emissionshandels und über die Anrechnung von Treibhausgasspeichern – so genannten Senken[172] – bestimmten die auf die Kyoto-Konferenz (COP 3) folgenden Vertragsstaatenkonferenzen der Klimarahmenkonvention in Buenos Aires (COP 4, 1998), Bonn (COP 5, 1999) und Den Haag (COP 6, 2000). So verzögerte sich das Inkrafttreten des Kyoto-Protokolls derart, dass die Verhandlungen insgesamt auf der Kippe standen (Rittberger/ Zangl 2003: 283). Erst auf der Konferenz in Bonn 2001 (COP 6+), die die gescheiterte Vertragsstaatenkonferenz von Den Haag fortsetzte, konnte ein Kompromiss vereinbart werden („Bonner Beschluss"), der die begrenzte Anrechnung von Senken auf die Emissionsreduktionsverpflichtungen zuließ. Zu diesem Zeitpunkt hatte der US-Senat allerdings signalisiert, das von der Clinton-Administration unterzeichnete Kyoto-Protokoll nicht ratifizieren zu wollen, was den Verhandlungsprozess dahingehend bremste, dass nun weitere Zugeständnisse an eher blockierende Staaten (Australien, Japan, Kanada und Russland) gemacht werden mussten, um noch zu einem Kompromiss zu gelangen. Auf der

---

[171] Für die Europäische Union bedeutet dies etwa, dass sie die Anzahl internationaler Zertifikate zugeteilt bekommt, die zur Emission einer Menge Treibhausgase berechtigt, die 8% niedriger liegt als die tatsächlich emittierte Menge aus dem Jahr 1990.

[172] Senken werden in der Klimarahmenkonvention definiert als Prozesse, Aktivitäten und Mechanismen, die Treibhausgase aus der Erdatmosphäre entfernen: Im Kyoto-Protokoll (Art. 3.3, 3.4) und in den Marrakesh Accords wird für diese Aktivitäten der Landnutzung, Landnutzungsänderungen und Forstwirtschaft („Land-Use, Land Use Change and Forestry") die Abkürzung LULUCF-Aktivitäten verwendet.

Vertragsstaatenkonferenz in Marrakesch (COP 7, 2001) konnten Detailregelungen zur Umsetzung des Kyoto-Protokolls ausgehandelt und festgeschrieben werden („Marrakesh Accords"), die den Weg zu seiner breiteren Ratifizierung bereiteten. Das ursprüngliche Ziel, das Kyoto-Protokoll rechtzeitig zur Weltkonferenz für nachhaltige Entwicklung in Johannesburg 2002 in Kraft treten zu lassen, konnte jedoch nicht erreicht werden, da die Ratifizierung von Australien, Japan, Kanada und Russland noch ausstand (vgl. Rittberger/ Zangl 2003: 283f.).

In Delhi (COP 8, 2002) und in Mailand (COP 9, 2003) konnten Detailregelungen zur Umsetzung der Klimarahmenkonvention und des Kyoto-Protokolls vereinbart werden. Das Inkrafttreten des Protokolls verzögerte sich aber weiter. Insbesondere Russland spielte seine Verhandlungsmacht aus, da nur durch seine Ratifizierung auch der zweite Teil der Bedingung für das Inkrafttreten des Kyoto-Protokolls erfüllt werden konnte. Diese lautet, dass nicht nur eine Mindestzahl von 55 Staaten das Protokoll ratifizieren muss, sondern auf diese Staaten auch mindestens 55% der weltweiten Treibhausgasemissionen entfallen müssen (Art. 25). Erst auf der Vertragsstaatenkonferenz in Buenos Aires (COP 10, 2004) gab Russland seinen Widerstand auf und unterzeichnete das Kyoto-Protokoll. Am 16. Februar 2005 konnte das Kyoto-Protokoll in Kraft treten, wodurch seine Verpflichtungen für die 141 Vertragsstaaten verbindlichen Charakter erhielten (Walk 2008: 128). Neben den jährlichen Vertragsstaatenkonferenzen zur Klimarahmenkonvention fanden nun auch Tagungen der Vertragsstaaten des Kyoto-Protokolls („Meeting of the Parties to the Protocol", MOP), erstmalig im Dezember 2005 in Montreal (COP 11/MOP 1), die zweite 2006 in Nairobi (COP 12/MOP 2) statt.

Auf der Vertragsstaatenkonferenz 2007 in Bali (COP 13/ MOP 3)[173] wurde die „Bali Roadmap" verabschiedet, die den Weg zu Verhandlungen über ein neues und umfassendes, auf dem Kyoto-Protokoll aufbauendes und dieses weiter entwickelndes Klimaschutzregime skizzierte. Darauf aufbauend wurde 2008 in Posen (COP 14/ MOP 4) über einen neuen Klimaschutzvertrag verhandelt, wobei die Konferenz in Posen als Zwischenetappe zwischen den Konferenzen in Bali und Kopenhagen 2009 (COP 15/ MOP 5) keine substanziellen Ergebnisse und kaum nennenswerte Verhandlungsfortschritte brachte. Auf der Klimakonferenz in Kopenhagen soll ein Nachfolgeabkommen zum Kyotoprotokoll abgeschlossen und in den Folgejahren (bis spätestens 2012) ratifiziert werden.

Zwar legte das Kyoto-Protokoll den Grundstein für international verbindliche Emissionsreduktionen. Angesichts der vorliegenden Daten u.a. des IPCC über das Ausmaß des globalen Klimawandels und seiner Folgen erscheint das im Kyoto-Protokoll vereinbarte durchschnittliche Reduktionsziel von -5% bis 2012 (gegenüber dem Basisjahr 1990) jedoch als viel zu niedrig angesetzt. Das in der Klimarahmenkonvention formulierte Ziel der Stabilisierung der Treibhausgaskonzentration in der Atmosphäre

---

[173] Ein Zeichen für den Klimaschutz hatte zudem der im November 2007 neu gewählte australische Premierminister Kevin Rudd gesetzt, indem er als erste Amtshandlung das Kyoto-Protokoll ratifizierte, so dass die USA nun als letzter Industriestaat verbleiben, der das Protokoll nicht ratifiziert hat.

ist aus dem Blick geraten (Walk 2008: 127). Um die CO_2-Konzentration in der Atmosphäre auf dem derzeitigen Niveau zu stabilisieren, müssten bis 2015 die CO_2-Emissionen weltweit viel stärker, nach Schätzungen des IPCC um 50% bis 80% reduziert werden (IPCC 2007a: 67). Zum jetzigen Zeitpunkt ist noch nicht einmal sicher gestellt, dass das Reduktionsziel von -5% bis 2012, wenn die erste Emissionshandelsperiode des Kyoto-Protokolls endet, erreicht werden wird, da viele Staaten ihre Emissionen noch erhöht anstatt gesenkt haben (Brunnengräber/ Dietz/ Weber 2005: 146ff.).

Obwohl die Fortschritte des Verhandlungsprozesses von vielen Wissenschaftlern und Politikern als zu langsam und unzureichend kritisiert werden (vgl. Victor 2001; Brunnengräber/ Moritz 2006), erscheint der Kyoto-Prozess dennoch gegenwärtig als die bislang beste Errungenschaft der internationalen Klimapolitik (Oberthür/ Ott 2000; Walk 2008: 131f.). Außerdem haben die internationalen Verhandlungen über einen weltweiten Emissionshandelsmechanismus dazu geführt, dass regionale Emissionshandelssysteme (in der Europäischen Union) eingeführt wurden und substaatliche Emissionshandelssysteme zumindest (zwischen einigen US-Bundestaaten) diskutiert werden. Die EU-Kommission hatte schon 1998 die Einführung eines EU-weiten Emissionshandels zwischen Unternehmen vorgeschlagen. 2003 wurde dazu eine verbindliche EU-Rahmenrichtlinie verabschiedet. Die Rahmenrichtlinie musste dann in allen Nationalstaaten umgesetzt werden. Seit Januar 2005 können Unternehmen EU-weit mit Emissionszertifikaten handeln (Braun/ Santarius 2007: 99). Die EU-Staaten müssen zu Beginn einer Handelsperiode „nationale Allokationspläne" (NAP) erstellen, in denen sie bestimmen, welche Sektoren und Unternehmen wie viele Emissionsrechte erhalten.

Im EU-Emissionshandelssystem sind die Marktteilnehmer nicht die Staaten, sondern Unternehmen oder Betreiber emissionsintensiver Industrieanlagen, die gemäß nationalen Regeln Emissionsrechte zugewiesen bekommen. Bei Bedarf können die mitgliedstaatlichen Regierungen die Zahl der ausgegebenen Zertifikate verringern und somit die Menge der Gesamtemissionen steuern, z.B. wenn deutlich wird, dass die bisherigen Einschränkungen nicht ausreichen, um die Erwärmung des Klimas zu verlangsamen oder zum Stillstand zu bringen.

Die erste Erprobungsphase von 2005-2007 hat einige Schwachpunkte des EU-internen Emissionshandels offengelegt. Durch die nationalen Allokationspläne wurden Zertifikate kostenlos und in zu großer Menge ausgestellt, so dass der Preis der Zertifikate gegen Ende der Handelsperiode gegen null Euro tendierte. Außerdem blieben viele CO_2-intensive Sektoren ausgespart (z.B. Luft- und Straßenverkehr). Die Europäische Kommission hat daraufhin einen Vorschlag zur Anpassung der EU-Emissionshandelsrichtlinie vorgelegt, der vorsieht, dass die kostenlose Verteilung von Emissionszertifikaten schrittweise eingestellt und durch Auktionen ersetzt wird und der Geltungsbereich der Richtlinie auf weitere Sektoren (z.B. Verkehr) ausgedehnt wird (EU Kommission 2008).

Hindernisse für eine Eindämmung des Klimawandels: Zwischenstaatliche Interessengegensätze

Bei der Betrachtung von Vergleichsfällen wie des – zwar verbesserungsbedürftigen, aber dennoch grundsätzlich funktionsfähigen – regionalen Emissionshandelssystems der Europäischen Union oder auch des erfolgreichen Falls der Eindämmung des Ausstoßes von die Ozonschicht zerstörenden Gasen (vor allem des Fluorchlorkohlenwasserstoffs FCKW) durch den Abschluss und die Weiterentwicklung des Montreal-Protokolls (1987, 1997) drängt sich die Frage auf, warum die in der internationalen Klimapolitik vereinbarten Ziele nur einen mühsam erzielten Minimalkonsens darstellen und bisher kaum effektive Regeln zur Verhinderung oder Abschwächung des Klimawandels auf globaler Ebene vereinbart werden konnten.

Ein Grund ist sicher die gegenwärtig enge Verknüpfung zwischen CO_2-Ausstoß und volkswirtschaftlichen Aktivitäten in Industrie-, zunehmend aber auch in Schwellenländern. Eine Reduzierung des CO_2-Ausstoßes erforderte sehr hohe Anpassungsleistungen aller wirtschaftlichen Sektoren (Landwirtschaft, Industrie, Verkehr, etc.). Die volkswirtschaftliche Verkraftbarkeit der Anpassungskosten sowie die Verfügbarkeit technischer Alternativen werden aber als Voraussetzungen für internationale Kooperationsbereitschaft angesehen (Aretz 2006: 184). Das Verbot von FCKW zum Schutz der stratosphärischen Ozonschicht war relativ leicht international durchzusetzen, weil der Stoff nur für bestimmte Industriesektoren von Bedeutung war und durch alternative Stoffe und Techniken ersetzt werden konnte (Gmelch 2007: 266). Die notwendigen Anpassungsleistungen für eine Verhinderung oder Abschwächung des Klimawandels werden demgegenüber als weitaus kostenintensiver eingeschätzt – wenngleich sie niedriger sein dürften als die Kosten, die eine Fortführung der gegenwärtigen nicht nachhaltigen Wirtschaftspraktiken in absehbarer Zeit verursachen wird (vgl. Stern 2006).

Die unterschiedlichen Interessen und Standpunkte der Staaten erschweren eine zügige gemeinsame Problembearbeitung. Schon in den 1970er Jahren gab es in internationalen Verhandlungen Streit über die Frage, ob fortdauerndes wirtschaftliches Wachstum, Industrialisierung und Entwicklung für Alle möglich seien oder ob es „Grenzen des Wachstums" gebe, wie Meadows et al. (1972) in ihrem Aufsehen erregenden Bericht behaupteten (vgl auch Kap. 2.3). Zwischen den Staaten herrschte Uneinigkeit darüber, ob in erster Linie die Entwicklungsländer ihr starkes Bevölkerungswachstum in den Griff zu bekommen hätten oder ob nicht die Industrieländer als größte Verschmutzer der Umwelt und Haupt-Verbraucher von Rohstoffen zuerst in die Pflicht genommen werden müssten. Bis heute ist der Konflikt über diese grundsätzliche Frage, wer sich zuerst und vor allem zu CO_2-Reduktionen verpflichten muss, in internationalen Klimaverhandlungen allgegenwärtig.

In den zwischenstaatlichen Klimaverhandlungen lassen sich mehrere Gruppen von Staaten identifizieren, die, vereinfacht gesagt, entweder als „Vorreiter" oder als „Bremser" auftreten (vgl. Walk 2008: 129; Agrawala/ Andresen 2002). Die kleinen Inselstaaten und Meeresanrainerstaaten, deren Küstenregionen kaum über dem Meeresspiegel liegen, fordern strenge internationale Regelungen zur Begrenzung klimaschädlicher Treibhausgasemissionen, da der auf Grund des Klimawandels steigende Meeresspiegel ihre Existenz bedroht. Sie haben sich in der Allianz der kleinen Inselstaaten („Alliance of Small Island States", AOSIS) zusammengeschlossen und koalieren mit der Europäischen Union, die ihrerseits recht ehrgeizige Klimaschutzziele verfolgt. Diese Staaten können als „Vorreiter" angesehen werden, obwohl verschiedene Mitgliedstaaten innerhalb der Europäischen Union durchaus unterschiedliche Interessen vertreten. Deutschland, Dänemark und die Niederlande etwa verfolgen relativ ehrgeizige Klimaschutzziele, während südeuropäische Länder eher auf ein Nachholrecht bei ihrer wirtschaftlichen Entwicklung pochen. Ein Interessenausgleich konnte aber innerhalb der EU durch eine Lastenteilung (siehe oben) erreicht werden, die den unterschiedlichen Möglichkeiten, dem Willen und der Verhandlungsmacht der EU-Länder Rechnung trägt.

Ölreiche Staaten, die in der OPEC zusammengeschlossen sind, treten dagegen eher als „Bremser" auf. Sie wehren sich gegen Nutzungsbeschränkungen für fossile Energieträger, da sie um ihre Einnahmequellen fürchten, sollten die westlichen Volkswirtschaften ihre Abhängigkeit von fossilen Energieträgern entscheidend abbauen. Staaten wie die USA oder auch China und Indien räumen ihrem Wirtschaftswachstum oberste Priorität ein und wehren sich gegen verbindliche Klimaschutzregelungen, weil sie dadurch wirtschaftliche Einschränkungen und Einbußen fürchten. Gerade die aufstrebenden Schwellenländer wollen sich von den Industrieländern keine Emissionsbeschränkungen auferlegen lassen (Walk 2008: 129f). Sie argumentieren, dass zunächst die Industrieländer, die schon seit 150 Jahren die Atmosphäre mit CO_2 belasten, ihre „historische Schuld" abtragen müssten, ehe die Schwellenländer zur Begrenzung ihres Treibhausgasausstoßes verpflichtet werden könnten. Industrienationen wie die USA oder Australien hingegen argumentieren, dass aufstrebende Schwellenländer wie China und Indien sich auch zu Einschränkungen verpflichten müssten, da ihr absoluter CO_2-Ausstoß den der westlichen Staaten teilweise schon überholt hat. Zwar sind die USA immer noch für den größten Teil – für über ein Fünftel – des weltweiten absoluten CO_2-Ausstoßes verantwortlich; aber China steuert weitere 17% und damit mehr als die gesamte Europäische Union (rund 15%) bei.

Nun ist freilich zu berücksichtigen, dass in China und Indien sehr viel mehr Menschen als in Europa leben. Legt man Pro-Kopf-Bezugsgrößen für die Reduzierung des CO_2-Ausstoßes zugrunde, müssten die Industriestaaten weitaus größere Verpflichtungen übernehmen, um die Klimaerwärmung zu begrenzen oder zu verhindern; der „ökologische Fußabdruck" von Menschen in Entwicklungs- und Schwellenländern ist viel kleiner als der von Einwohnern der Industrieländer. Während der Pro-Kopf-Ausstoß von CO_2 in den OECD-Ländern im Jahr 2004 bei durchschnittlich 11,5 Tonnen pro Jahr lag, wobei in den USA 20,6 Tonnen CO_2 pro Person emittiert wurden, hatten China und Indien einen durchschnittlichen Pro-Kopf-CO_2-Ausstoß von 3,8 bzw. 1,2 Tonnen CO_2 jährlich (UNDP 2007: 310ff). Eine Angleichung des Pro-Kopf-CO_2-Ausstoßes von Entwicklungs- und Schwellenländern an westliche Vorbilder wäre für das weltweite Klima nicht zu verkraften (Vogler 2005: 200).

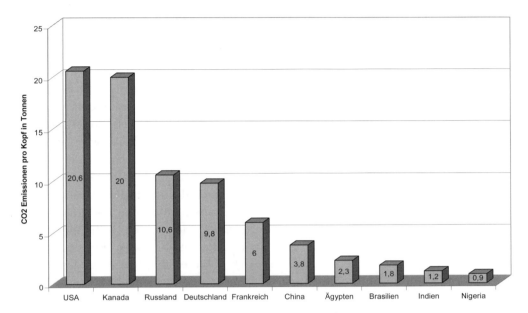

Grafik erstellt auf Grundlage von Daten des UNDP (2007: 310ff.)

Abb. 8.13: Pro-Kopf-CO_2-Emissionen in ausgewählten Staaten (Jahr: 2004)

Während also die EU-Staaten, die durch die Allianz kleiner Inselstaaten (AOSIS) unterstützt wurden, in den bisherigen internationalen Klimaschutzverhandlungen konkrete Verpflichtungen mit der Maßgabe forderten, die CO_2-Emissionen schrittweise zu verringern, wollten die USA, denen die Mitgliedstaaten der Organisation erdölexportierender Länder (OPEC) sekundierten, lange Zeit nur sehr allgemein gehaltene Verpflichtungen eingehen, um die Nutzung fossiler Energieträger und damit verbunden die CO_2-Emissionen weitgehend unvermindert fortsetzen zu können (Ott 1997: 205-208).

Konflikte über die Ausgestaltung des Emissionshandels

Nicht nur über die Frage, ob es verbindliche CO_2-Reduktionsverpflichtungen geben sollte, herrschte Uneinigkeit, sondern auch darüber, mit welchen Maßnahmen eine Reduktion erreicht werden könnte oder sollte. Während die europäischen Staaten die Verringerung von CO_2-Emissionen zunächst vor allem durch nationale Klimaschutzmaßnahmen erreichen wollten, plädierten die USA schon recht früh für die Errichtung eines weltweiten Emissionshandelssystems. Ein weltweites Emissionshandelssystem war zwar schon von internationalen Organisationen wie der OECD und der UNCTAD in den 1990er Jahren diskutiert worden (Braun/ Santarius 2007: 107), erreichte aber erst breitere internationale Aufmerksamkeit, als die USA mit Unterstützung der so genannten JUSSCANNZ-Gruppe[174] den Vorschlag eines weltweiten Emissionshandelssystems 1996 auf die Tagesordnung der Vertragsstaatenkonferenz zur Klimarahmenkonvention brachten (vgl. Agrawala/ Andresen 2002: 48). Dahinter steckte der Versuch, unflexible Reduktionsverpflichtungen zu verhindern und stattdessen marktbasierte Instrumente zu entwickeln, um Klimaschutzmaßnahmen dort durchzuführen, wo sie am kostengünstigsten sind. Die EU-Länder lehnten ein weltweites Emissionshandelssystem zunächst ab, da sie befürchteten, dass ihre Bevölkerungen es als „Ablasshandel" auffassen könnten. Sie sprachen sich stattdessen für verbindliche Reduktionsverpflichtungen ohne einen Emissionshandelsmechanismus aus. Die Entwicklungsländer der G77 und China standen dem Instrument des Emissionshandels ebenfalls kritisch gegenüber.

Im Ergebnis willigte die EU jedoch ein, im Rahmen des Kyoto-Protokolls einen begrenzten Emissionshandel zuzulassen, wollte aber einen Anteil von Reduktionen festschreiben, die durch nationale Maßnahmen erreicht werden sollten, während die USA, aber beispielsweise auch Russland auf einen uneingeschränkten Emissionshandel drängten (Rittberger/Zangl 2003: 283). Demnach sollte es möglich sein, dass Staaten sich von ihren Reduktionspflichten dadurch freikaufen, dass sie nicht genutzte Emissionsrechte anderer Staaten erwerben.

Ein weiterer Konflikt betraf die Frage, ob die Senken als Treibhausgasspeicher in die Bilanz der CO_2-Emissionen eines Landes mit einberechnet werden sollten. Auch hier wollte die EU – entgegen den Positionen der USA und Japans – nur einer begrenzten Anrechnung zustimmen (Rittberger/ Zangl 2003: 283).

Das Kyoto-Protokoll ist letztlich als Kompromiss zwischen den verschiedenen Interessen von „Vorreitern" und „Bremsern" zu verstehen (Walk/ Brunnengräber 2000: 45; Brunnengräber 2007: 211). Der Kompromisscharakter zeigt sich deutlich am relativ geringen Reduktionsziel von -5%, an der unbestimmten Formulierung, dass ein „substanzieller" Anteil an nationalen Klimaschutzmaßnahmen neben dem Emissionshandel zur Verringerung von Emissionen beitragen soll (Braun/ Santarius 2007: 109) und an der Anrechnung von Senken. Die Anrechnung von Senken verwässert insofern das Abkommen, dass die Senken bei der Berechnung im Basisjahr 1990 nicht berücksichtigt wurden; ein Staat mit ausgedehnten Waldflächen (wie z.B. Russland oder Kanada) könnte daher sogar trotz (erheblicher) Rodungen seine Klimaschutzziele erreichen.

Doch selbst dieser Verhandlungskompromiss fand nicht die Zustimmung der USA, da Schwellenländer wie Brasilien, China und Indien sich zu keinen Reduktionsverpflichtungen bereit erklärten. So haben die USA, die dem Instrument des Emissionshandels zunächst zu internationaler Beachtung und Anerkennung verhalfen, während sich die EU dagegen sträubte, das Kyoto-Protokoll nicht unterzeichnet, während die EU zum Vorreiter bei der Einführung des Emissionshandels auch auf regionaler Ebene wurde (Brunnengräber 2007: 213). Eine Einbeziehung der Schwellenländer in die Reduktionsverpflichtungen wurde bis heute nicht erreicht. Die USA als weltweit größ-

---

[174] Zu der JUSSCANNZ-Gruppe gehören Japan, die USA, die Schweiz, Kanada, Norwegen und Neuseeland.

ter Emittent von Treibhausgasen, haben wiederholt betont, sich nur dann an einem Kyoto-Nachfolgeabkommen beteiligen zu wollen, wenn ihre Forderung nach der Einbeziehung der größeren wirtschaftlich fortgeschrittenen Schwellenländer erfüllt wird.

4.1.2.2 Nichtstaatliche Akteure in der globalen Klimapolitik: „Advocacy" und „Lobbying"

Die voranstehende Beschreibung zwischenstaatlicher Verhandlungen und Interessengegensätze sollte nicht zu der Einschätzung verleiten, globale Klimapolitik bestehe nur aus zwischenstaatlichen Anstrengungen.[175] Der Bedeutungszuwachs nichtstaatlicher Akteure zeigte sich im Bereich der Klimapolitik schon früh durch die Teilnahme von Umwelt-INGOs als Beobachter bei der internationalen Klimakonferenz in Toronto 1988. An der Konferenz der Vereinten Nationen über Umwelt und Entwicklung in Rio de Janeiro (1992) waren nicht nur Regierungsdelegationen und Vertreter internationaler Organisationen wie UNEP, WMO, OECD, IEA und UNCTAD (vgl. Rittberger/Zangl 2003: 280; Braun/ Santarius 2007: 108), sondern auch nichtstaatliche Akteure wie z.B. Industrie- und Umweltverbände beteiligt. Durch die dort verabschiedete Klimarahmenkonvention (UNFCCC, 1992) erhielten nichtstaatliche Akteure verbriefte Zugangsmöglichkeiten zu den Vertragsstaatenkonferenzen (vgl. Art 7.6, Art. 4.1 i). Die Akkreditierung nichtstaatlicher Teilnehmer übernimmt das Klimasekretariat. Akkreditierungswürdige Organisationen müssen organisationsrechtlich verfasst sein und für den jeweiligen Themenbereich der Konvention fachliche Kompetenzen aufweisen (Mori 2004: 164). Nichtstaatliche Akteure dürfen als Beobachter bei den Vertragsstaatenkonferenzen der UNFCCC anwesend sein, haben aber kein Stimmrecht. Sie dürfen sich jedoch (nach Zustimmung durch den Vorsitzenden) während der Konferenzen mündlich äußern. In manchen Fällen, z.B. bei den Delegationen Australiens und Kanadas, arbeiteten Vertreter nichtstaatlicher Organisationen auf COPs direkt mit Regierungsvertretern in der jeweiligen nationalen Delegation zusammen.

INGOs erfüllen in der Klimapolitik ohne Zweifel bedeutende Öffentlichkeit erzeugende und advokatorische Aufgaben (vgl. Kap. 3.3.). Sie üben nicht nur von Außen durch Öffentlichkeitsarbeit und Kampagnen Druck auf Regierungen aus (Wapner 2000: 94), sondern nutzen auch die Möglichkeit des Beobachterstatus bei den Vertragsstaatenkonferenzen zur Klimarahmenkonvention um gezielt Themen auf die Konferenztagesordnung der Staaten zu bringen (Breitmeier/ Rittberger 2000: 130ff.). Umweltverbände übernehmen im Klimaschutz die Rolle von Anwälten für den Umwelt- bzw. Klimaschutz. Sie beanspruchen zudem die Interessen der nachfolgenden Generationen zu vertreten, die vom Klimawandel maßgeblich betroffen sein werden, ihren Interessen

---

[175] Auch die wissenschaftliche Literatur zur Rolle von NGOs in der Klimapolitik, vor allem bei internationalen Klimaverhandlungen, ist in den vergangenen Jahren stark angewachsen (vgl. Beisheim 2004, Breitmeier 2009, Kanie/ Haas 2004, Newell 2000, Take 2002, Raustiala 2001, Walk/Brunnengräber 2000).

aber nicht selbst zur Berücksichtigung verhelfen können, wenn Staaten die Schäden, die aus unzureichenden Verpflichtungen zum Klimaschutz entstehen, auf sie abwälzen. Wie so oft ist freilich auch hier zu beachten, dass INGOs nicht immer auf das Allgemeinwohl bedacht sind, sondern ebenso häufig (zumindest auch) Partikularinteressen der Organisation vertreten (Breitmeier/ Rittberger 2000: 135).

Viele Regierungen haben erkannt, dass sie ihrerseits die Aktivitäten von Umwelt-INGOs nutzen können. INGOs können bei zwischenstaatlichen Konferenzen Informationen über Handlungsmöglichkeiten oder über die Regeleinhaltung einzelner Staaten bereitstellen; sie können staatliche Delegationen während der Verhandlungen über die Tätigkeiten anderer Delegationen informieren, täglich Berichte über den Gang und Stand der Verhandlungen veröffentlichen, den Regierungen dabei helfen, die Politikergebnisse aus den Verhandlungen gegenüber der heimischen Bevölkerung zu rechtfertigen und die Ratifizierung von Umweltabkommen durch öffentlichen Druck voranbringen (Raustiala 1997; Breitmeier/ Rittberger 2000: 138).

Besonders einflussreich in der Klimapolitik ist das 1989 gegründete „Climate Action Network" (CAN), in dem inzwischen 365 Umwelt-INGOs zusammengeschlossen sind. Das Netzwerk will gezielt die Staatenvertreter auf den Weltklimakonferenzen[176] beeinflussen und erstellt dazu Positionspapiere, veröffentlicht Studien und organisiert Kampagnen. CAN sorgt zusätzlich für Transparenz nach Außen, indem es während der Verhandlungen seinen täglichen Newsletter ECO herausgibt (Mori 2004: 166). Viele Umwelt-INGOs, die im „Climate Action Network" zusammengeschlossen sind, standen dem Emissionshandel kritisch gegenüber, konnten dessen Einführung aber nicht verhindern.

Nicht nur Umweltschutzgruppen, auch Wirtschaftsverbände waren aktiv an den Vorbereitungen von Weltklimakonferenzen und den Konferenzverhandlungen beteiligt. Bei der Weltkonferenz der Vereinten Nationen für nachhaltige Entwicklung in Johannesburg 2002 waren z.B. die „International Chamber of Commerce" (ICC) und der „World Business Council for Sustainable Development" (WBCSD), der rund 160 Vorstandsvorsitzende transnationaler Unternehmen vereint, vertreten (Usui 2004: 216). Nicht nur zivilgesellschaftliche Umweltorganisationen, sondern auch Vertreter der Privatwirtschaft haben unterschiedliche Ziele und Interessen bei internationalen Klimaverhandlungen, die sie durch die Ausrichtung eigener Konferenzen, durch Kampagnen und das Verfassen schriftlicher Stellungnahmen in die Verhandlungen einzubringen versuchen (Usui 2004: 227). Die Privatwirtschaft, die in den 1990er Jahren zunehmend die Bedeutung von klimapolitischen Entscheidungen für ihr wirtschaftliches Handeln entdeckte (Walk/ Brunnengräber 2000: 61ff.), war und ist keineswegs eine homogene Gruppe. Die Branchen, die auf fossile Energieträger angewiesen sind – also vor allem die Öl-, Kohle- und Gas-Branche, aber auch große Emittenten aus der Stahl-, Papier- oder Zementindustrie – wehrten sich entschieden gegen verbindliche klimapo-

---

[176] Hiermit sind sowohl die Vertragsstaatenkonferenzen zur Klimarahmenkonvention und zum Kyoto-Protokoll als auch die Weltkonferenzen der Vereinten Nationen („Earth Summits") gemeint.

litische Regelwerke. Die Lobbyorganisation „Global Climate Coalition" setzte sich in den USA gegen die Unterzeichnung des Kyoto-Protokoll ein, da sie Einbußen für die amerikanische Wirtschaft und höhere Energiepreise für die amerikanischen Verbraucher befürchtete (Brunnengräber 2007: 215). Andere Wirtschaftsvertreter wie der „World Business Council for Sustainable Development", die Union der Industrie- und Arbeitgeberverbände in Europa (UNICE) sowie die eigens zum Emissionshandel gegründete „International Emissions Trading Association" (IETA) waren starke Befürworter des Emissionshandels. Finanzdienstleister wie Rückversicherungen, Beratungsfirmen, Emissionshändler und Banken sowie Unternehmen aus dem Sektor der erneuerbaren Energien erhofften sich durch den Emissionshandel die Erschließung neuer Märkte und plädierten daher für seine Einrichtung (Braun/ Santarius 2007: 110). Die Ziele und Interessen von Umweltorganisationen und Wirtschaftsunternehmen sind auch längst nicht immer gegenläufig. Vorreiter in Zivilgesellschaft und Privatwirtschaft können durchaus gemeinsam gegenüber Status-Quo orientierten staatlichen oder privaten Akteuren auftreten und deren (Verhandlungs-)Position schwächen (Breitmeier/ Rittberger 2000: 155).

Letztendlich ist es insbesondere angesichts der Vielzahl unterschiedlicher Interessengruppen, die formal als „nichtstaatliche Akteure" gelten, schwierig zu bestimmen, inwieweit sich welche Interessen von welchen nichtstaatlichen Akteuren in der konkreten Ausgestaltung von Abkommen niedergeschlagen haben (Braun/ Santarius 2007: 110). Oftmals bemängeln sowohl Umweltverbände als auch Wirtschaftsunternehmen und Industrievertreter ihren unzureichenden Einfluss auf zwischenstaatliche Politikentscheidungen und -ergebnisse. Allerdings ist die Beschwerde über mangelndes Gehör für eigene Anliegen bereits regelmäßig Teil der advokatorischen Strategien nichtstaatlicher Akteure.

4.1.2.3 Die Einbeziehung nichtstaatlicher Akteure in die Implementation internationaler Klimaschutzabkommen: Die Globale Umweltfazilität und die flexiblen Mechanismen des Kyoto-Protokolls

Die Einbeziehung nichtstaatlicher Akteure in die Tätigkeiten der Globalen Umweltfazilität
Nichtstaatliche Akteure sind nicht nur in advokatorischer Funktion aktiv. INGOs tragen durch die Erbringung von verschiedenen Dienstleistungen auch zur operativen Umsetzung der Verpflichtungen aus der Klimarahmenkonvention und dem Kyoto-Protokoll bei. Nichtstaatliche Akteure sind in die Organisationsstrukturen internationaler Organisationen eingebunden oder arbeiten zumindest eng mit diesen zusammen.

Ein Beispiel für die Einbeziehung nichtstaatlicher Akteure vor allem in die operativen Tätigkeiten internationaler Institutionen zur Implementation von Klimaschutzpolitiken bietet die Globale Umweltfazilität („Global Environment Facility", GEF). Die GEF fungiert als Finanzierungsmechanismus (unter anderem) für die Umsetzung der

Klimarahmenkonvention. Die GEF ist eine netzwerkartige internationale Institution, die sich durch eine Einbindung mehrerer zwischenstaatlicher internationaler Organisationen und auch nichtstaatlicher Akteure in ihre operativen Tätigkeiten auszeichnet (Streck 2002: 130ff). Die GEF wurde 1991 zunächst als ein auf drei Jahre befristetes Pilotprojekt gegründet. Die Kernidee ihrer Gründung war, zusätzliche Finanzmittel für Entwicklungs- und Schwellenländer zu mobilisieren, die Umweltschutzprojekte mit globalem Nutzen durchführen. Die GEF konzentriert ihre Ausgaben auf die Förderung von Projekten zur Bearbeitung der folgenden Umweltprobleme: globale Erwärmung, Artensterben, Verschmutzung internationaler Gewässer, Schwund der Ozonschicht, Verschlechterung der Bodenqualität und schwer abbaubare organische Schadstoffe (GEF 2007). Die GEF ist der Finanzierungsmechanismus für vier multilaterale Umweltabkommen[177], darunter eben auch die Klimarahmenkonvention. Die GEF unterstützt Entwicklungs- und Schwellenländer durch die Ko-Finanzierung von Umweltschutzprojekten bei der Erreichung der in den Abkommen festgelegten Ziele. Sie bündelt zu diesem Zweck die Ressourcen mehrerer zwischenstaatlicher internationaler Entwicklungs- und Umweltorganisationen (UNDP, UNEP und Weltbank). UNDP, UNEP und Weltbank übernehmen zudem als implementierende Organisationen („implementing agencies") gemeinsam die operative Leitung von GEF-Projekten zur Umsetzung der multilateralen Umweltabkommen (Werksman 2004: 35).[178]

Die GEF ist weniger eine eigenständige Organisation als vielmehr ein Netzwerk bereits bestehender Organisationen. Diese netzwerkartige institutionelle Formgebung wurde vor allem von den Industrieländern in der OECD, die die Hauptgeldgeber der GEF sind, favorisiert, weil diese die Bildung einer Vielzahl von isolierten Finanzierungsmechanismen für die verschiedenen Umweltabkommen vermeiden wollten. Die Entwicklungsländer hingegen – vor allem die G77 – befürworteten einzelne, nach Abkommen getrennte Finanzierungsmechanismen unter der direkten Kontrolle der jeweiligen Vertragsstaatenkonferenz (Streck 2006: 504). Die Entwicklungsländer befürchteten, dass die integrierte Finanzierung von Projekten zur Implementation der vier multilateralen Abkommen durch die GEF zu einer niedrigeren Gesamtfördersumme führen könnte (Werksman 2004: 36). Außerdem äußerten sie Bedenken, dass die Förderung von Projekten wegen der vorherrschenden Rolle der Weltbank in der GEF an politische Konditionen gebunden sein würde.

---

[177] Die anderen drei Umweltabkommen neben der Klimarahmenkonvention sind das Übereinkommen über die biologische Vielfalt („Convention on Biological Diversity", CBD), das Übereinkommen der VN zur Bekämpfung der Wüstenbildung („UN Convention to Combat Desertification", UNCCD) und das Stockholmer Übereinkommen über schwer abbaubare organische Schadstoffe („Stockholm Convention on Persistent Organic Pollutants", POPs-Konvention).
[178] Seit 1999 hat die GEF zudem „ausführende Organisationen" („executing agencies") zur Durchführung von GEF-Projekten gewonnen, darunter die Entwicklungsbanken der verschiedenen Erdteile sowie die Welternährungsorganisation („UN Food and Agriculture Organization", FAO) und die Organisation der VN für industrielle Entwicklung („UN Industrial Development Organization", UNIDO).

Kapitel 8: Wohlfahrt

Zwischen der Weltbank und den anderen Organen des VN-Systems gab es vor Gründung der GEF noch keine derart intensive Kooperation in Fragen der nachhaltigen Entwicklung, weshalb sich die Weltbank und die VN-Programme UNDP und UNEP mit ihren jeweiligen Unterstützern zunächst eher distanziert gegenüber standen. Für INGOs waren zu Beginn *keine* formellen Beteiligungsmöglichkeiten in der GEF vorgesehen. Auf der Rio-Konferenz 1992 stimmten die Entwicklungsländer zu, die GEF übergangsweise als Finanzierungsmechanismus für die Konvention über biologische Vielfalt und die Klimarahmenkonvention zu akzeptieren, wenn in den Folgejahren institutionelle Reformen, die auch eine Beteiligung von INGOs beinhalteten, vorgenommen würden. Daraufhin verhandelten die Mitgliedstaaten der GEF über eine institutionelle Neustrukturierung und gelangten 1994 in Genf zu einer Einigung („Instrument for the Establishment of the Restructured Global Environment Facility"), aus der die GEF als hybride Institution hervorging, die sowohl konventionelle, intergouvernementale Züge trägt, als auch Netzwerkcharakter aufweist und Zugangsmöglichkeiten für INGOs bietet. Auf der vierten Vertragsstaatenkonferenz zur Klimarahmenkonvention (COP 4, 1998) wurde der GEF der Status als ständiger Finanzierungsmechanismus der Klimarahmenkonvention zuerkannt (Oberthür/ Ott 2000: 73).

In der GEF-Versammlung („Assembly"), die alle drei Jahre zusammentritt, sind alle 176 Mitgliedstaaten mit gleichem Stimmrecht vertreten. Sie überprüfen die Arbeit der GEF und entscheiden über die Wiederauffüllung des GEF-Treuhandfonds („Trust Fund"). Die operativen Tätigkeiten der GEF werden vom GEF-Rat („Council") beaufsichtigt, der zweimal im Jahr tagt. Im Rat sind 32 Sitze zu vergeben, darunter 14 für Geberländer und 18 für Empfänger. Einige Staaten sind zu Gruppen („constituencies") zusammengefasst, die ihre Vertreter nach einem Rotationsverfahren in den Rat entsenden (GEF 2007). Die 32 Vertreter im Rat entscheiden im Konsens über die operativen Tätigkeiten und über die Finanzierung von vorgeschlagenen Projekten. Kommt kein Konsens zustande, muss zur Verabschiedung eines Beschlusses eine doppelte Mehrheit erreicht werden, sowohl nach dem in den VN verbreiteten „ein Land, eine Stimme"-Verfahren als auch nach einem nach Finanzeinlagen gewichtetem Verfahren wie in den Bretton Woods-Institutionen. Ein positiver Beschluss muss 60 Prozent der Mitgliedstaaten und 60 Prozent der von den Mitgliedstaaten eingebrachten Finanzanteile auf sich vereinen. Das Abstimmungssystem unterscheidet sich damit von dem der Vertragsstaatenkonferenzen, die von universeller Mitgliedschaft und Abstimmungen nach dem Konsensverfahren geprägt sind. Die GEF-Geberländer, d.h. die Industrieländer, haben im Rat der GEF mehr Gewicht als in den Vertragsstaatenkonferenzen. Bisher konnte aber immer ein Konsens erreicht werden, so dass das doppelte Abstimmungsverfahren noch nicht zum Einsatz kam (Werksmann 2004: 38).

Nichtstaatliche Akteure werden vor allem in operative Tätigkeiten der GEF eingebunden. Zur Vorbereitung und Durchführung von Projekten sind bei der GEF Regierungen, Stiftungen, Forschungsinstitute, lokale, regionale und internationale NGOs sowie privatwirtschaftliche Unternehmen berechtigt (Witte et al. 2000; GEF 2005: 72). Diese müssen an die GEF Projektanträge stellen, um Fördergelder in unterschiedlicher

Höhe[179] zu erhalten. Nichtstaatliche Akteure sind somit ausführende Organe von Projekten, die einen Beitrag zur Implementation der zwischenstaatlichen Umweltabkommen leisten. Im Bereich des Klimaschutzes sind dies Projekte zur Entwicklung und Verbreitung von erneuerbaren Energien, zur Steigerung der Energieeffizienz, zur Förderung von Energieeinsparungen sowie zum Auf- und Ausbau von Technologien mit niedrigen Treibhausgasemissionen und von umweltschonenden Transportsystemen (GEF 2005: 40ff.).

Die von INGOs und Entwicklungsländern geäußerte Kritik an mangelnden Mitspracherechten von INGOs in den Beschlussorganen der GEF hat dazu geführt, dass INGOs größere institutionelle Einflussmöglichkeiten bei der Politikentwicklung in der GEF zugestanden wurden. Neben staatlichen Koordinierungsstellen („Focal Points"), die bei den jeweils zuständigen Ministerien der Mitgliedstaaten angesiedelt sind, haben NGOs innerhalb des sogenannten GEF-NGO-Netzwerks eine zentrale und 15 regionale NGO-Koordinierungsstellen („Regional NGO Focal Points") eingerichtet.[180] Im GEF-NGO-Netzwerk sind rund 600 von der GEF akkreditierte NGOs vertreten. Die NGO-Koordinierungsstellen sammeln für die GEF wichtige Informationen aus ihrer jeweiligen Region, leiten diese an die GEF und deren Ratstreffen weiter und spielen Informationen von den Treffen und über die Beschlüsse des GEF-Rates in die von ihnen vertretenen Regionen zurück. Vor jedem Treffen des GEF-Rates, also zweimal im Jahr. finden GEF-NGO-Konsultationen statt (Streck 2002 132). Außerdem darf eine Gruppe von 16 NGO-Vertretern (ein Vertreter pro Koordinierungsstelle) an den Ratstreffen selbst teilnehmen. Die NGO Vertreter haben das Recht, ihre Standpunkte zu allen Themen auf der Tagesordnung des Ratstreffens mit Ausnahme des GEF-Budgets abzugeben (Streck 2002: 131). Zusätzlich zu diesen aktiven NGO-Teilnehmern an den Ratstreffen werden NGOs als Beobachter akkreditiert, die die Treffen des Rates per Videoübertragung verfolgen und Informationen über die Beratungen an ihre regionalen Koordinierungsstellen weiter leiten. Die Reisekosten von NGO-Vertretern werden von der GEF getragen, was etwa für zivilgesellschaftliche Akteure aus Entwicklungsländern (z.B. Vertreter indigener Völker) durchaus von Bedeutung ist (GEF 2005: 112ff.). Die Repräsentanten für die halbjährlichen Ratstreffen werden von NGOs in ihren regionalen Koordinierungsstellen gewählt. Von der GEF wird darauf geachtet, dass nicht nur die regionale Ausgewogenheit der Repäsentanten gegeben ist, sondern auch die zu den Treffen als Vertreter der jeweiligen regionalen Koordinierungsstellen zugelassenen NGOs rotieren. Die Globale Umweltfazilität zeichnet sich somit mittlerweile durch ein erhebliches Maß an Offenheit gegenüber zivilgesellschaftlichen Organisationen aus.

---

[179] Für Kleinförderprojekte werden bis zu 50.000 US-Dollar bewilligt, für mittelgroße Projekte bis zu eine Mio. US-Dollar und für Großprojekte über eine Mio. US-Dollar.
[180] Regionale INGO-Koordinierungsstellen sind in Ostafrika, Westafrika, Südafrika, Nordafrika, Asien-Pazifik, West Asien, Südasien, Mittelamerika, Südamerika eingerichtet und in Südostasien, Europa/Russland, Westeuropa, Lateinamerika und Karibik und Nordamerika geplant. Zudem gibt es noch die zentrale NGO-Koordinierungsstelle in Simbabwe und eine Koordinierungsstelle für indigene Völker in Kenia.

Kapitel 8: Wohlfahrt

Die Potenziale einer Zusammenarbeit mit dem privatwirtschaftlichen Sektor werden in der GEF erkannt, aber – abgesehen von der Übernahme einer Reihe operativer Tätigkeiten in Projekten durch Unternehmen – noch nicht in breitem Umfang genutzt. Im Jahr 2006 hat der GEF-Rat eine Strategie verabschiedet, die eine Ausweitung des Engagements des privatwirtschaftlichen Sektors innerhalb der GEF befördern soll. Die GEF erhofft sich vom privaten Sektor zusätzliche finanzielle Ressourcen und spezifisches Know-how etwa beim Monitoring und der Evaluation von Projekten (GEF 2006a: 18f.).

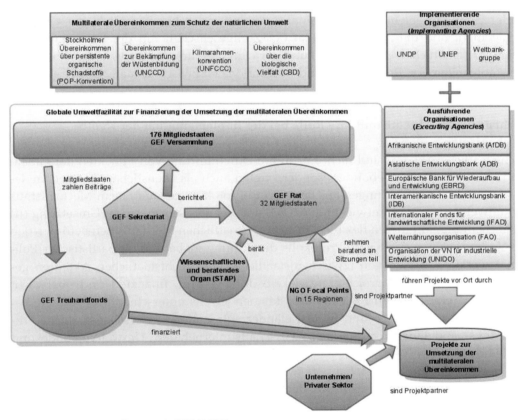

Quelle: Eigene Darstellung, vgl. GEF (2006)

Abb. 8.14: Organisationsstruktur der Globalen Umweltfazilität (GEF)

Die Integration verschiedener internationaler und regionaler zwischenstaatlicher Organisationen, die Einbindung von NGOs auf operativer und zunehmend auch auf politischer Ebene sowie die Bestrebungen der GEF, Partner aus der Privatwirtschaft zu gewinnen und die Kooperation mit privatwirtschaftlichen Akteuren zu vertiefen, lassen sich aus der Sicht der Ressourcentausch-Theorie mit einer hohen Ressourceninterdependenz zwischen den verschiedenen Akteursgruppen erklären, die die Bildung von multipartistischen Institutionen des Weltregierens begünstigt. Zwar werden nichtstaatliche Akteure in die GEF (zumindest noch) nicht als gleichberechtigte Mitglieder neben (zwischen)staatlichen Akteuren eingebunden. So lässt sich die GEF eher als offene denn als inklusive Institution bezeichnen (vgl. Kap. 3.2). Dennoch zeigt die mit der Zeit zunehmende Öffnung der GEF gegenüber der Mitwirkung nichtstaatlicher Akteure, dass Staaten, internationale zwischenstaatliche Organisationen, privatwirtschaftliche Unternehmen und zivilgesellschaftliche Akteure auch im Bereich des Klimaschutzes zusehends ihre personellen, finanziellen und Wissensressourcen zusammen legen, um auf die komplexen Herausforderungen des Klimawandels und anderer grenzüberschreitender Umweltprobleme zu reagieren. So verbindet sich bereits jetzt in der GEF das Engagement und die hohe Legitimität der Zivilgesellschaft mit der Finanzkraft von privatwirtschaftlichen Unternehmen und der Durchsetzungskraft sowie den Koordinationsfähigkeiten von Regierungen und internationalen zwischenstaatlichen Organisationen (Streck 2002: 121ff.).

Nichtstaatliche Akteure und ihre Rolle bei der Implementation der Kyoto-Mechanismen

Nichtstaatliche Akteure sind nicht nur in die Durchführung von Projekten der Globalen Umweltfazilität eingebunden, sondern treten auch als Dienstleister bei der Implementation der Verpflichtungen aus dem Kyoto-Protokoll, genauer: beim Mechanismus für umweltverträgliche Entwicklung (CDM) und bei der Gemeinsamen Umsetzung (JI) in Erscheinung. Mit diesen flexiblen, marktwirtschaftlichen Mechanismen beförder(t)en die Vertragsstaaten des Kyoto-Protokolls die Bildung globaler multipartistischer Politiknetzwerke, in denen von (zwischen)staatlichen und nichtstaatlichen Akteuren gemeinsam Umweltschutzprojekte entwickelt, durchgeführt, finanziert und überwacht werden. In verschiedenen Projektphasen können jeweils unterschiedliche Akteure beteiligt sein (Entwicklungs- und Industrieländer, internationale zwischenstaatliche Entwicklungs- und Finanzinstitutionen, Wirtschaftsunternehmen, Umweltverbände und Gemeinden).

Ein Beispiel für eine globale öffentlich-private Partnerschaft zur Umsetzung der CO_2-Reduktionsverpflichtungen aus dem Kyoto-Protokoll ist der „Prototype Carbon Fund" (Streck 2002: 132). Er wurde im Jahr 2000 von der Weltbank gegründet und vereint sechs Staaten[181] und 17 privatwirtschaftliche Unternehmen aus der Energieindustrie[182] (Weltbank 2007a). Die teilnehmenden Staaten trugen je 10 Millionen US-Dollar zu dem Fonds bei, die privaten Geldgeber je 5 Millionen US-Dollar. Der Fonds kauft Emissionsreduktionszertifikate[183], die für in Entwicklungs- oder Schwellenländern durchge-

---

[181] Kanada, Finnland, Schweden, Norwegen, Niederlande, Japan.
[182] Allein sechs japanische Elektrizitätsfirmen sind beteiligt, aber auch z.B. British Petroleum, Deutsche Bank und RWE.
[183] Die Zertifikate für CDM-Projekte werden als „Certified Emission Reductions" (CER) bezeichnet, die Zertifikate für JI- Projekte als „Emission Reduction Units" (ERU).

führte Umweltprojekte ausgestellt werden. Die Finanzgeber des Fonds, ausschließlich Industriestaaten und in Industriestaaten angesiedelte Unternehmen, können sich diese Emissionsreduktionen anrechnen lassen und damit ihre eigene CO_2-Emissions-Bilanz aufbessern. Die Projekte in Entwicklungs- und Schwellenländern werden von einer unabhängigen Drittpartei zertifiziert und dies nur, wenn sie tatsächlich messbar zu einer Reduktion des CO_2-Ausstoßes beitragen (Streck 2002: 137). Durch die Aussicht auf Gewinne beim Verkauf von Emissionsreduktionszertifikaten werden in Entwicklungs- und Schwellenländern Anreize zur Durchführung klimafreundlicher Umweltprojekte geschaffen.

Ein beispielhaftes Projekt ist das Jepirachi-Windkraft-Projekt des kolumbianischen Elektrizitätswerks „Empresas Públicas de Medellín". Der „Prototype Carbon Fund" hat dem Unternehmen vertraglich zugesagt, das Äquivalent von 800.000 Tonnen CO_2-Emissionsreduktionen aufzukaufen, die durch die Errichtung eines Windkraftparks in Kolumbien erzielt werden (Streck 2006: 514). Das Projekt bedeutet für Kolumbien und für die Region nicht nur eine Diversifizierung der Stromversorgung, die die Abhängigkeit von fossilen Energieträgern reduziert. Der in das Projekt integrierte Sozialplan, der gemeinsam mit der dort ansässigen indigenen Bevölkerung entwickelt wurde, sieht auch Investitionen in das Gesundheits- und Bildungssystem vor. Dieses Beispiel zeigt, dass Wirtschaftsunternehmen im Problemfeld Klimawandel nicht nur als Problemverursacher, sondern auch als Problemlöser gerade in und durch öffentlich-private Parnerschaften in Erscheinung treten können, wenn Politikinstrumente (wie z.B. CDM und JI) Anreize für Unternehmen bieten, in Entwicklungsländern in den Auf- und Ausbau neuer klimafreundlicher Technologien zu investieren (Streck 2006: 515). Derartige Maßnahmen zum Technologietransfer sollen verhindern, dass Entwicklungsländer den gleichen Weg wie die Industrieländer einschlagen und ihren CO_2-Ausstoß im Zuge ihrer sozioökonomischen Entwicklung drastisch erhöhen.

CDM und JI sind somit Maßnahmen, die das Potenzial besitzen, zur Begrenzung globaler CO_2-Emissionen beizutragen. Sie sind freilich keine Allheilmittel und können die Einigung auf ehrgeizige Reduktionsverpflichtungen für einzelne Staaten nicht ersetzen, sondern allenfalls eingegangene Reduktionsverpflichtungen möglichst effizient umsetzen helfen. Die vom IPCC geforderte drastische Senkung der globalen CO_2-Emissionen ist allein durch CDM und JI noch längst nicht sichergestellt. Zur effektiven Bearbeitung des transsouveränen Problems des Klimawandels sind neben intensivierter öffentlich-privater Kooperation vor allem deutlich weiterreichende und möglichst alle maßgeblichen Treibhausgasemittenten einschließende zwischenstaatliche Reduktionsverpflichtungen im Rahmen eines Nachfolgeabkommens zum Kyoto-Protokoll notwendig.

4.1.2.4 Theoretische Einordnung und Bewertung des Weltregierens im Problemfeld „Klimawandel"

Die vorausgehende Analyse hat gezeigt, dass sich das Weltregieren zur Verhinderung oder zumindest Eindämmung des Klimawandels als heterarchisches Weltregieren gestützt auf multipartistische Politikkoordination und -kooperation charakterisieren lässt. Ohne Zweifel spielen internationale zwischenstaatliche Institutionen eine prägende Rolle bei der kollektiven Bearbeitung des Problems des Klimawandels. Zugleich nehmen aber auch nichtstaatliche Akteure in advokatorischer Funktion Einfluss auf die Ausgestaltung globaler Klimaschutzpolitiken und erbringen als Dienstleister bei der Implementation von Klimaschutzpolitiken in Zusammenarbeit mit öffentlichen Akteuren Weltregierensleistungen. Diese wachsende Einflussnahme nichtstaatlicher Akteure auf und deren Beteiligung am Weltregieren im Problemfeld „Klimaschutz" schlägt sich auch in der institutionellen Formgebung von Weltregieren in diesem Problemfeld nieder. Institutionen des Weltregierens im Problemfeld „Klimaschutz"weisen nicht nur ad hoc-, sondern institutionalisierte Zugangs- und Mitwirkungsmöglichkeiten für nichtstaatliche Akteure auf – vor allem auf der Ebene der Implementation von Politikprogrammen, zum Teil aber auch bei der Politikentwicklung.

Sowohl die Theorie kollektiver Güter als auch die Ressourcentausch-Theorie lassen sich zur handlungstheoretisch fundierten Erklärung des Weltregierens im Problemfeld „Klimawandel" heranziehen.

Mit Hilfe der Theorie kollektiver Güter (vgl. Kap 6) lassen sich die Schwierigkeiten bei der zielführenden Bearbeitung des globalen Problems des Klimawandels gut erläutern. Es lässt sich mit ihr auch erklären, warum von den Staaten der Emissionshandel als ein Instrument zur Eindämmung des Klimawandels gewählt wurde.

Zunächst ist offensichtlich, dass für Staaten (und Unternehmen) große Anreize zum Trittbrettfahren in der globalen Klimapolitik bestehen. Es ist verlockend, die Kosten des Klimaschutzes, beispielsweise Investitionen zur Senkung der CO_2-Emissionen, auf andere abzuwälzen, um selbst aus deren Anstrengungen im Klimaschutz Nutzen zu ziehen, ohne einen (adäquaten) Eigenanteil an den Kosten zu tragen. Dementsprechend ist Trittbrettfahrertum, d.h. die Verweigerung von eigenen Beiträgen zur Bereitstellung des kollektiven Gutes – genauer: Allmendegutes – „stabiles Klima" durch eigene Treibhausgasemissionsreduktionen, nach wie vor weit verbreitet. Staaten, die sich zu Emissionsreduktionen in multilateralen Abkommen verpflichtet haben und somit positive Externalitäten herstellen, haben ein großes Interesse daran, Trittbrettfahrer einzubinden und an den Kosten der Produktion des kollektiven Gutes zu beteiligen (Kölliker 2006: 208). Letztere verspüren aber kaum Anreize, das Trittbrettfahren aufzugeben und sich einbeziehen zu lassen. Viele Staaten mit hohen CO_2-Emissionen wie die USA und China konnten bisher nicht dazu bewegt werden, sich an der kollektiven CO_2-Reduktion zu beteiligen. Es zeigt sich deutlich, dass das derzeitige Klimaschutzregime gravierende Effizienzprobleme aufweist: Die Internalisierung grenzüberschreitender und sektorenübergreifender Externalitäten ist bisher nicht gelungen. Im bestehenden Klimaschutzregime sind nicht alle wichtigen Akteure (Problemerzeuger und potenzielle Problemlöser) an der Bereitstellung des kollektiven Gutes „stabiles Klima" beteiligt. Dieses kollektive Gut wird folglich auch nicht in hinreichendem Umfang hergestellt.

Der „wohlwollender Hegemon"-Ansatz hilft an dieser Stelle nicht weiter. Laut dem „wohlwollender Hegemon"-Ansatz kann die Unterversorgung mit kollektiven Gütern dadurch überwunden werden, dass ein wohlwollender Hegemon bereit und fähig ist, einen überproportionalen Anteil der Kosten der Bereitstellung zu tragen (Gilpin 1987: 365). Im Problemfeld „Klimawandel" zeichnete sich der Hegemon USA entgegen diesen theoretischen Annahmen jedoch gerade durch die Weigerung aus, Kosten für die Herstellung des kollektiven Gutes zu übernehmen, d.h. sich auf verbindliche CO_2-Reduktionen einzulassen.

Durch den im Kyoto-Protokoll vereinbarten Emissionshandel wurde der Versuch unternommen, eine Stabilisierung des Weltklimas letztlich auch ohne die Unterstützung durch einen wohlwollenden Hegemon zu erreichen. Zu diesem Zweck wird das Allmendegut „stabiles Klima", präziser: „intakte Atmosphäre", in ein teilweise privates Gut umgewandelt. Durch die Zuteilung von Emissionszertifikaten werden der uneingeschränkten Nutzung der Atmosphäre Obergrenzen gesetzt. Jeder Akteur, der sich am Emissionshandel beteiligt, kann fortan nur noch seinen eigenen zugewiesenen „Anteil Atmosphäre" konsumieren und muss, wenn er darüber hinaus Emissionsrechte erwerben möchte, dafür die Kosten tragen (vgl. Kaul/ Mendoza 2003: 81ff.). Es wird mithin ein Preis auf die Nutzung des Gutes „intakte Atmosphäre" erhoben, um eine Übernutzung zu verhindern.

Die Theorie kollektiver Güter lässt sich auch zur Erklärung der zunehmenden Inklusion nichtstaatlicher Akteure in Institutionen des Weltregieren im Bereich des Klimaschutzes nutzbar machen (vgl. Kap. 6). Das Gut „stabiles Klima"/ „intakte Atmosphäre" weist starke grenzüberschreitende und sektorenübergreifende Externalitäten auf. Gemäß der Theorie kollektiver Güter ist die Produktion eines Gutes umso effizienter, je mehr von Externalitäten des Gutes betroffene Akteursgruppen in dessen Produktion einbezogen werden. Die zunehmende Einbeziehung privater Akteure in Institutionen und Prozesse des Weltregierens in verschiedenen Funktionen und die Gewährung von Mitsprache- und/oder Mitentscheidungsrechten erscheinen daher aus der Sicht der Theorie kollektiver Güter als Mittel zur effizienteren Bereitstellung des kollektiven Gutes „stabiles Klima/ intakte Atmosphäre". Somit lässt sich mit Hilfe der Theorie kollektiver Güter die Entwicklung öffentlich-privater Kooperationsformen in der globalen Klimapolitik mit Verweis auf die Eigenschaften des zu produzierenden Gutes „stabiles Klima" verständlich machen.

Auch aus der Sicht der Ressourcentausch-Theorie ist es folgerichtig, dass Staaten und internationale zwischenstaatliche Organisationen, denen für die Erreichung von Klimaschutzzielen materielle und immaterielle Ressourcen fehlen, nichtstaatliche Akteure (INGOs und Wirtschaftsunternehmen) in Institutionen und Prozesse des Weltregierens einbeziehen. Die Globale Umweltfazilität ist ein Beispiel für den Versuch, die

Fähigkeiten und Ressourcen aller Akteursgruppen (Staaten, internationalen Organisationen, Zivilgesellschaft und (bedingt) auch Privatwirtschaft) zu bündeln, um im Umweltbereich effektivere globale Steuerungsleistungen zu erbringen. Die Prognose der Ressourcentausch-Theorie, nach der eine hohe Ressourceninterdependenz unter der Bedingung eines Zielkonsens' zur institutionalisierten Kooperation von staatlichen und nichtstaatlichen Akteuren führt, wird durch die in der GEF beobachtbare Zusammenlegung der Fähigkeiten und Ressourcen von mehreren internationalen Organisationen, Staaten und nichtstaatlichen Akteuren in einer, wenn (noch) nicht inklusiven, so zumindest sehr offenen Institution des Weltregierens bestätigt. Insbesondere zeigt sich, dass auch privatwirtschaftliche Akteure nicht nur als Problemverursacher auftreten, sondern auch zur Problembearbeitung beitragen können. Im Gegenzug zur Einbringung ihrer Ressourcen erwarten sie sich nicht nur Mitbestimmungsrechte über die Verwendung der Ressourcen und mithin die Ausgestaltung von Politiken. Durch die Durchführung von Projekten zur Förderung klimafreundlicher Technologien können sich zudem neue Absatzmärkte ergeben.

Eine Bewertung der Effektivität des Weltregierens zur Verhinderung oder zumindest Eindämmung des Klimawandels fällt weitgehend ernüchternd aus. Zwischenstaatliche Vereinbarungen zur Reduktion von CO_2- und anderen Treibhausgasemissionen sind im internationalen Klimarahmenabkommen sowie konkret im Kyoto-Protokoll zu finden. Dieses schreibt Emissionsreduktionsverpflichtungen für Industriestaaten vor; allerdings werden die vorgesehenen Reduktionsziele inzwischen als unzureichend erkannt, um den Klimawandel abzuwenden oder nur spürbar abzuschwächen. Zudem werden zahlreiche Staaten ihre Reduktionsverpflichtungen aus dem Kyoto-Protokoll von durchschnittlich -5% bis 2012 gegenüber dem Basisjahr 1990 nach gegenwärtigem Stand nicht erfüllen. Obwohl die EU-Länder sich gemeinsam auf eine Reduktion von -8% bis 2012 geeinigt und die Verpflichtungen intern nochmals umverteilt hatten, haben viele EU-Länder ihre CO_2-Emissionen nicht gesenkt, sondern teilweise sogar drastisch erhöht: Spanien hatte zwar das Recht auf eine Steigerung um 15%, hat aber zwischen 1990 und 2004 seine Emissionen um 45,3% gesteigert. Deutschland hingegen hat seine Reduktionsverpflichtung von 21% bereits deutlich vor 2012 erreicht. Allerdings hat zum Emissionsrückgang in Deutschland nicht nur eine aktive Klimaschutzpolitik der Regierung, sondern auch der Zusammenbruch der DDR-Wirtschaft nach 1990 erheblich beigetragen. Die Schwellenländer China, Indien und die asiatischen Tigerstaaten, die keinerlei Emissionsreduktions- oder Stabilisierungsverpflichtungen aus dem Kyoto-Protokoll unterliegen, steigerten ihren CO_2-Ausstoß deutlich, teilweise um über 100% gegenüber 1990 (UNDP 2007: 310ff.).

Kapitel 8: Wohlfahrt

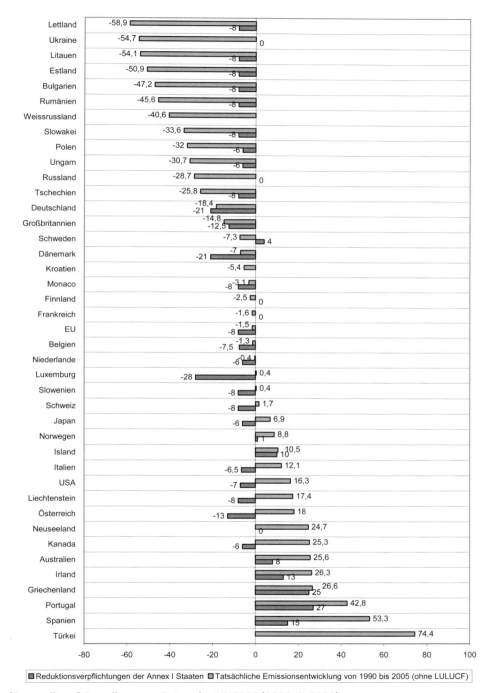

Grafik erstellt auf Grundlage von Daten des UNFCCC (2006: 8; 2008).

Abb. 8.15: Reduktionsverpflichtungen der Annex I-Staaten und die tatsächliche Entwicklung ihrer CO_2-Emissionen in % (Basisjahr: 1990, Erhebungsjahr: 2005)

Um das transsouveräne Problem des Klimawandels wirksam zu bekämpfen, müssten in einem Kyoto-Folgeabkommen nicht nur weiter gehenden Reduktionsverpflichtungen vereinbart werden; es müssten auch alle nennenswerten Emittenten Reduktionsverpflichtungen eingehen und diese auch tatsächlich erfüllen. Ohne wirksame Überwachungs- und Sanktionsmechanismen bleibt eine effektive Bearbeitung des Problems des Klimawandels ungewiss. Einige Autoren fordern daher den Kompetenzausbau von internationalen Organisationen im Bereich der Umwelt- und Klimaschutzpolitik, den finanziellen und personellen Ausbau von UNEP, die Schaffung einer neuen Weltumweltorganisation mit dem Status einer VN-Sonderorganisation (Helm/ Simonis/ Biermann 2003; Rechkemmer 2005: 15ff.) oder die stärkere Integration von Umweltthemen in internationale Organisationen wie die Weltbank, die WTO und den IWF (Gmelch 2007: 276).

Durch die ausgeweitete Beteiligung nichtstaatlicher Akteure an der Politikentwicklung und -implementierung könnten zusätzliche materielle und immaterielle Ressourcen erschlossen und operative Lücken des Weltregierens reduziert werden. Zudem erscheint die Einbindung von Unternehmen, die wesentliche unmittelbare Verursacher von CO_2-Emissionen sind, in die Problembearbeitung geeignet, ein Verantwortungsbewusstsein zu erzeugen und die Folgebereitschaft einer Gruppe von Haupt-Problemerzeugern gegenüber Regeln und Standards zum Schutz des Klimas zu steigern. Multipartistische Politiknetzwerke können zur wirksameren und effizienteren Durchsetzung von Klimaschutzvereinbarungen beitragen. Ein Allheilmittel sind sie freilich nicht. Substanzielle Fortschritte in zwischenstaatlichen Verhandlungen über weiterreichende bindende Reduktionsverpflichtungen sind schwierig zu erreichen, bleiben aber unverzichtbar.

4.2 *Globale Energieträgerverknappung auf Grund nicht-nachhaltigen Ressourcenverbrauchs und Weltregieren zur Förderung nachhaltiger Ressourcennutzung (Weltregieren im Sachbereich Wohlfahrt VI)*

Im folgenden Abschnitt werden zunächst das Problem der weltweiten Verknappung fossiler Energieträger, die wiederum auf nicht-nachhaltigen Ressourcenverbrauch zurückzuführen ist, sowie die globalen Folgewirkungen, die diese Entwicklung mit sich bringt, beschrieben. In einem zweiten Schritt werden der Entwicklungsstand und die Perspektiven einer Weltenergieordnung („Global Energy Governance") analysiert (Goldthau/ Witte 2008).

Die zunehmende Knappheit fossiler Energieträger, die sich aus dem hohen Verbrauch der Industrieländer und der wachsenden Nachfrage von Seiten der Schwellenländer ergibt, birgt – insbesondere in Abwesenheit von globalen Normen und Regeln, die eine nachhaltige Energieversorgung für alle Staaten ermöglichen – ein erhebliches Konfliktpotenzial. Deshalb ist die Entwicklung einer nachhaltigen Weltenergiepolitik, die Alternativen zur Abhängigkeit von fossilen Brennstoffen gezielt fördert, zur Erreichung des Wohlfahrtsziels „Bestandsfähigkeit der Nutzenmehrung" unverzichtbar. Gegenwärtig existieren jedoch noch keine effektiven zwischenstaatlichen Institutionen, die geeignet sind, die divergierenden Interessen von Konsumenten und Produzenten fossiler Energieträger zum Ausgleich zu bringen. Immerhin wurde 2009 mit IRENA eine neue offene zwischenstaatliche Organisation zur Förderung erneuerbarer Energien als Alternative zu fossilen Rohstoffen ins Leben gerufen (Scheck 2009: 29f.). Zudem haben sich in jüngerer Vergangenheit einige globale öffentlich-private Partnerschaften gebildet, die auf freiwilliger Basis als „Vorreiter" für Investitionen und Projekte im Bereich der erneuerbaren Energien auftreten. Ob diese neuen multipartistischen Formen des Weltregierens und die zwischenstaatliche Organisation IRENA einen signifikanten Beitrag zu einer tatsächlichen Wende in der globalen Energiepolitik leisten und zur Lösung der Energieversorgungsprobleme der Menschheit beitragen können, muss vorerst als offen bezeichnet werden.

4.2.1 Die Nicht-Nachhaltigkeit der gegenwärtigen globalen Energieversorgung *(Problembeschreibung)*

Im Folgenden soll ein für die Sicherung von globalem Wohlstand zentrales Problemfeld im Sachbereich „Wohlfahrt" (Teilziel: „Bestandsfähigkeit/ Nachhaltigkeit der Nutzenmehrung") umrissen werden: die Nicht-Nachhaltigkeit des gegenwärtigen globalen Energieverbrauchs, die zu einer Verknappung fossiler Energieträger führt. Energieversorgungssicherheit ist für das reibungslose Funktionieren moderner Volkswirtschaften unverzichtbar. Die westlichen Gesellschaften sind von der Umwandlung fossiler Rohstoffe wie Kohle, Erdöl und Erdgas in Energie hochgradig abhängig. Industrie, Landwirtschaft, Verkehr, öffentliche Einrichtungen und Privathaushalte verlangen nach kontinuierlicher Energiezufuhr. Die gegenwärtige Ausbeutung fossiler Rohstoffe zum Zwecke der Energiegewinnung ist jedoch nicht nachhaltig. Sie widerspricht damit dem Wohlfahrtsziel der Bestandsfähigkeit/ Nachhaltigkeit der Nutzenmehrung.

Bei den zur Energiegewinnung ausgebeuteten fossilen Bodenschätzen, die sich über Jahrtausende unter der Erdoberfläche gebildet haben, besteht keine Aussicht auf schnelle Regeneration. Auch wenn die Prognosen von Wissenschaftlern unterschiedlich ausfallen, ist zu erwarten, dass in absehbarer Zeit (in etwa 50 Jahren) die Möglichkeiten zur Erzeugung von Energie durch fossile Brennstoffe stark eingeschränkt sein werden, weil bestehende, relativ leicht zu fördernde Vorräte weitgehend erschöpft und die verbliebenen Reste nahezu unbezahlbar sein werden. Einige Wissenschaftler vertreten die (allerdings nicht unumstrittene) These, dass die Menschheit bereits im Begriff ist, den Zeitpunkt des Überschreitens des globalen Ölfördermaximums zu erleben („Peak-Oil-

Theorie"). Mitglieder wissenschaftlicher Netzwerke wie der „Energy Watch Group"[184] oder der „Association for the Study of Peak Oil and Gas" (ASPO) gehen davon aus, dass der Zeitpunkt des Ölfördermaximums kurz bevorsteht oder gar bereits im Jahr 2006 überschritten wurde, so dass von nun an die Fördermenge kontinuierlich sinken wird (Zittel/Schindler 2007a: 12). Auch die zwischenstaatliche Internationale Energieagentur (IEA) schließt den Rückgang der Ölfördermenge und damit die Entstehung von Angebotsengpässen noch vor dem Jahr 2015 nicht mehr aus (vgl. IEA 2007: 5).[185]

Wirtschaftlich problematisch am prognostizierten Rückgang der Erdöl- und Erdgasvorräte ist die enge Koppelung des Wirtschaftswachstums von Staaten, insbesondere von Schwellenländern wie China und Indien an die Energiezufuhr. Diese werden im Zuge ihrer anhaltenden Industrialisierung aller Voraussicht nach weiterhin große Mengen fossiler Energieträger verbrauchen. Seit Beginn des Zeitalters der Industrialisierung sind es die westlichen Industriestaaten gewesen, die einen Großteil der weltweit verfügbaren fossilen Energieträger für ihr Wirtschaftswachstum verbraucht haben. Der Energiebedarf der großen Schwellenländer wächst jedoch derzeit rasant und verschärft so die weltweite Energieträgerknappheit. Einige Beobachter rechnen bereits mit einer Weltenergiegleichung, wonach eine wachsende Weltbevölkerung mit zunehmendem Pro-Kopf-Energiebedarf einen exponentiell wachsenden Weltenergiebedarf nach sich ziehen wird (Hennicke/Müller 2006: 198f.). Die IEA schätzt, dass ohne eine Änderung der Energieverbrauchsmuster der weltweite Verbrauch fossiler Energieträger zwischen 2004 und 2030 um über 50% steigen wird. Über 70% des Verbrauchsanstiegs wird auf die Entwicklungs- und vor allem Schwellenländer entfallen, davon allein 30% auf China (IEA 2006).

Durch die Energieträgerverknappung besteht die Gefahr eines die Gesamtwohlfahrt schädigenden und unter Umständen gewaltkonfliktträchtigen Konkurrenzkampfes der Staaten um die verbliebenen Energieträger (vgl. Harks/ F. Müller 2005: 6ff.). Die Wohlfahrt eines Staates ist derzeit stark mit der Verfügung über oder den gesicherten Zugang zu fossile(n) Energieträger(n) verknüpft. Ein Mehr an Verfügungsgewalt über fossile Energieträger für einen Staat bedeutet ein Weniger an Verfügungsgewalt über fossile Energieträger für einen anderen, denn die fossilen Energieträger, die ein Staat verbraucht, stehen einem anderen Staat nicht mehr zur Verfügung. Aufgrund der Tatsache, dass die fossilen Energieträger begrenzt sind, bestehen für jeden Staat starke Anreize, einen möglichst großen Teil davon für sich zu sichern – zumindest solange keine gangbaren Alternativen zu fossilen Energieträgern verfügbar sind. Die Anreize,

---

[184] Die Energy Watch Group wurde 2006 gegründet und soll wissenschaftliche Studien über die Verknappung fossiler und nuklearer Energieressourcen erstellen. Die Energy Watch Group veröffentlichte 2006 und 2007 drei Studien zu den Vorräten und Förderaussichten von Kohle, Uran und Erdöl (Zittel/Schindler 2006, 2007, 2007a, 2008)

[185] Im Jahr 2005 wurde die IEA von den G8-Staats- und Regierungschefs in Gleneagles beauftragt, „alternative Energieszenarien und -strategien für eine saubere, intelligente und wettbewerbsfähige Energiezukunft"(IEA 2005) zu entwickeln, die sie seitdem jährlich unter dem Titel „World Energy Outlook (WEO)" veröffentlicht werden.

die eigenen Wohlfahrtsziele auf Kosten der Wohlfahrt anderer Staaten zu verfolgen, nehmen zu. Die Endlichkeit der fossilen Energieträger verschärft also das „Wohlfahrtsdilemma" (vgl. Rittberger/Zangl 2003: 219ff.) und stellt ein bedeutendes Hindernis für zwischenstaatliche Kooperation in der Energiepolitik dar.

Die Errichtung gemeinsamer internationaler Institutionen, die zur Vertrauensbildung zwischen den Staaten beitragen, kompetitivem Nationalismus in der Energieversorgungspolitik entgegen wirken, Regeln zur möglichst effizienten und nachhaltigen Nutzung der global verfügbaren Energieträger aufstellen und auch Mechanismen zur friedlichen Beilegung von Konflikten um Energieträger bereitstellen, wird darüber hinaus dadurch erschwert, dass sich die politischen Regime von Konsumenten- und Produzentenstaaten grundsätzlich unterscheiden. Die Staaten, die über einen Großteil der verbliebenen Erdöl- und Erdgasreserven verfügen wie Saudi-Arabien, Irak, Iran, Algerien, die kaspischen Staaten und Russland, sind nahezu durchweg mehr oder weniger autoritär geführte Staaten, weshalb sich die außenpolitischen Beziehungen zwischen ihnen und den westlichen Konsumentenstaaten häufig als schwierig (d.h. von Misstrauen geprägt bis offen konfliktiv) darstellen – ganz abgesehen davon, dass insbesondere die Region des Nahen Osten, in der rund 60% der weltweiten Öl- und Gasreserven lagern, (sicherheits-)politisch höchst instabil ist (F. Müller 2004: 5f.). In den meisten der genannten Produzenten-Staaten sind die Öl- und Gasförderfirmen verstaatlicht, was den Regierungen die Möglichkeit gibt, ihre Verfügungsgewalt über Energieträger als (außen-)politisches Druckmittel zu nutzen (vgl. Goldthau/ Witte 2008: 50). Die Abhängigkeit der Europäischen Union und der USA von der Lieferung fossiler Energieträger gibt den Anbietern von fossilen Energieträgern ein großes Machtpotenzial (im Sinne von „control over resources"), das manche Anbieter nicht nur zur Maximierung ökonomischer Gewinne, sondern auch strategisch zur Erreichung außenpolitischer Ziele einsetzen (F. Müller 2006: 6; Umbach 2006). Internationale Energiepolitik hat häufig eine kompetitive machtpolitische Komponente (Töpfer 2008: 64). Einige Autoren sehen auch die Gefahr, dass westliche Staaten versucht sein könnten, ihren Zugang zu Energieträgern militärisch abzusichern (vgl. Brunngräber 2007: 219). In Abwesenheit wirksamer internationaler Institutionen könnten sich angesichts der Knappheit von Energieträgern und wachsender Konkurrenz um verbleibende Energieträger die außenpolitischen Beziehungen zwischen Konsumenten- und Produzentenstaaten, aber auch zwischen den Konsumentenstaaten (weiter) verschlechtern.

Für die Konsumenten fossiler Energieträger steigen angesichts höherer Öl- und Gaspreise die Anreize, die eigene Energieversorgung auf anderen Wegen sicher zu stellen, z.B. indem sie auf Energieträger ausweichen, über die sie selbst verfügen (z.B. Kohle oder erneuerbare Energien) oder zumindest die Abhängigkeit von den wenigen Staaten, in denen die Öl- und Gasvorräte konzentriert sind,[186] durch eine Diversifizierung der Energieträgerimporte im Rahmen des Möglichen verringern. Für die Öl- und

---

[186] Zwei Drittel der Ölreserven liegen im Mittleren Osten, 60% aller Gasreserven in den drei Ländern Russland, Iran und Katar.

Gas-Produzentenstaaten wäre ein entschlossenes Streben der Konsumenten nach (mehr) Unabhängigkeit von fossilen Energieträgern durch die Förderung erneuerbarer Energien und Energieträgerdiversifizierung eine wirtschaftliche Bedrohung. Umsatzeinbußen wären für sie folgenschwer, da ihr Staatshaushalt sich maßgeblich aus den Einnahmen durch Öl- und Gasverkäufe speist und mithin die Stabilität der Regime in derartigen „Rentierstaaten" von einem kontinuierlichen Rohstoffrentenzufluss abhängt (vgl. Schmid/ Pawelka 1990). Produzentenstaaten haben daher ein vitales Interesse, die Abhängigkeit der Konsumentenstaaten von Öl- und Gaslieferungen aufrecht zu erhalten, und werden sich nur schwer in globale Initiativen zur Steigerung der Energieeffizienz und zur Förderung erneuerbarer Energien einbinden lassen oder werden diese gar aktiv zu verhindern suchen.

Der Spielraum der derzeit von Rohstoffimporten abhängigen Konsumenten, sich aus dieser Abhängigkeit durch nationale Energieversorgungsstrategien zu lösen, ist begrenzt. Am Beispiel Chinas lässt sich nicht nur der steigende Energiebedarf der Entwicklungs- und Schwellenländer, sondern auch die begrenzte Wirksamkeit nationaler Anstrengungen zu dessen Deckung illustrieren. Wegen der steigenden Ölpreise setzt China bei seiner Energieversorgung vor allem auf Kohle, da es selbst über große Kohlevorräte verfügt (Oberheitmann 2008: 55). Gegenwärtig stammen etwa 80% der in China produzierten Energie aus Kohlekraftwerken. Wasserkraft liefert einen Anteil von rund 18% - wobei sich dieser Anteil in näherer Zukunft auf Grund des Drei-Schluchten-Damms und weiterer kleinerer Staudammprojekte erhöhen dürfte (vgl. Knecht 2006). Atomenergie und erneuerbare Energien (außer Wasserkraft) liegen derzeit bei nur je einem Prozent. China will jedoch bis 2020 den Anteil regenerativ erzeugten Stroms auf 15% steigern. Produzenten solarthermischer Kollektoren verzeichnen in China bereits jährliche Zuwachsraten von bis zu 30% (Knecht 2006). Bis 2020 sollen zusätzlich 18 Atomkraftwerke und 20 Erdgaskraftwerke in China ans Netz gehen, wodurch nach heutigen Hochrechnungen jedoch immer noch nur gerade einmal rund 20% des insgesamt benötigten Strombedarfs gedeckt werden. Auch wenn eine deutliche Effizienzsteigerung der chinesischen Kohlekraftwerke erreicht werden könnte, zeigt das Beispiel Chinas, dass der nationalen Versorgung mit Energieträgern Grenzen gesetzt sind und Strategien, die maßgeblich auf die intensivierte Nutzung fossiler Energieträger setzen, kaum zu einer Lösung des Energieversorgungsproblems führen werden. Die Intensivierung der Stromerzeugung durch Kohlekraftwerke ist langfristig keine geeignete Strategie, den steigenden Energiebedarf zu decken (Hennicke/Müller 2006: 197f.). Durch die Energieerzeugung in Kohlekraftwerken ergeben sich negative Wechselwirkungen mit anderen Politikbereichen, vor allem mit der Klimapolitik. Das Verbrennen von Kohle erzeugt große Mengen an CO_2-Emissionen, die klimaschädlich sind (vgl. oben). Auch wenn China aktiv die Erforschung und Entwicklung von „Clean-Coal"-Technologien vorantreibt (Oberheitmann 2008: 59), ist der Verbrauch von Kohle zur Energieerzeugung langfristig nicht nachhaltig. Denn obwohl Kohle in größeren Vorräten vorhanden ist und damit noch für längere Zeiträume verfügbar sein wird als Erdöl und Erdgas, ist Kohle letztlich ein endlicher, fossiler Rohstoff (vgl. Zittel/ Schindler 2006, 2007, 2007a).

Eine andere nationale Strategie zur Erreichung von Energieautarkie verfolgt Schweden. Die schwedische Regierung hat im Jahr 2006 angekündigt, sich bis 2020 aus der Abhängigkeit von Öl gänzlich befreien zu wollen, vor allem durch den Ausbau von Wasser- und Atomkraftwerken und die Entwicklung von Biokraftstoffen (Cowell 2006). Aber auch im Fall der Umstellung auf erneuerbare Energien stoßen rein nationale Strategien an ihre Grenzen – zumindest wenn das Ziel nicht nur eine Energiewende in einzelnen reichen Ländern wie Schweden, sondern eine möglichst weite internationale oder gar globale Ausbreitung der Nutzung erneuerbarer Energien ist. Es sind zwischenstaatliche Kooperation und globale Regeln, die Anreize zum Ausbau erneuerbarer Energien für alle Staaten schaffen, notwendig, da viele Technologien im Bereich der erneuerbaren Energien noch zu kosten- und wissensintensiv sind, um für Alle verfügbar zu sein, und eine Vorreiterrolle bei deren Entwicklung nur eingenommen wird, wenn Investitionen in diese Energien etwa auf Grund der Bereitstellung aktiver Fördermaßnahmen lohnenswert erscheinen.

Das Problem der Energieträgerverknappung ist auch deshalb ein transsouveränes, Weltregieren erforderndes Problem, weil der Verbrauch fossiler Energieträger durch einen Staat die Möglichkeiten eines anderen Staates, fossile Energieträger zu verbrauchen, einschränkt. Selbst wenn Staaten in der Energieversorgung nationale Strategien (z.B. Sicherung der Energieversorgung durch den Bau von Kohlekraftwerken) verfolgen, so sind die Auswirkungen nicht nur ökologisch, sondern auch ökonomisch durch Preisschwankungen auf den Weltmärkten für Rohstoffe für andere Staaten spürbar. Die wirtschaftlichen Interdependenzen zwischen Staaten, die im Zuge der Liberalisierung und Deregulierung der Weltwirtschaft zugenommen haben, machen die Staaten (bzw. ihre Volkswirtschaften) im Falle von Engpässen in der Energieversorgung wechselseitig verwundbar. Eine Unterbrechung der Versorgung mit fossilen Energieträgern hätte binnen kurzer Zeit gravierende Auswirkungen auf die Funktionsfähigkeit nicht nur einzelner, sondern zahlreicher über Handelsbeziehungen oder transnationale Produktionsketten miteinander verbundenen V Volkswirtschaften.

Dem Problem der globalen Energieträgerverknappung wird nur durch nationale Energiepolitiken kaum effektiv zu begegnen sein, der Bedarf einer Weltenergieordnung wird immer deutlicher (vgl. Goldthau/ Witte 2008). Früher oder später werden alle fossilen Ressourcen zur Energieerzeugung, sei es Kohle, Uran (als Grundstoff für die Erzeugung von Nuklearenergie), Erdöl oder Erdgas, aufgebraucht sein. Zusätzliche Anstrengungen wie die Steigerung der Effizienz der Energienutzung, die bessere Ausbeutung bestehender Erdöl- und Erdgasquellen sowie eine Senkung des absoluten Energieverbrauchs sind zwar geeignet, den Prozess der globalen Verknappung fossiler Energieträger zu verlangsamen; sie können ihn aber nicht aufhalten. Deswegen erscheint langfristig eine Umstellung auf alternative, erneuerbare Energien unausweichlich. Diese wird aber in größerem Ausmaß nur erfolgen, wenn globale Anreize geschaffen werden, so dass alle Staaten sich an der (schrittweisen) Umstellung ihrer Energieversorgung auf erneuerbare Energien beteiligen können. Die Notwendigkeit zwischenstaatlicher Kooperation, d.h. der Einrichtung und ggf. Weiterentwicklung von zwischenstaatlichen Institutionen des Weltregierens, ist im Energiebereich allerdings von den Staaten bisher weniger erkannt worden als etwa bei der Eindämmung des Klimawandels. Auch vor dem Hintergrund mangelnder Fortschritte bei zwischenstaatlichen Verregelungsversuchen haben sich in jüngerer Vergangenheit zahlreiche öffentlich-private Partnerschaften zur Förderung erneuerbarer Energien gebildet.

4.2.2 Weltregieren im Sachbereich „Wohlfahrt" VI („globale Energieträgerverknappung"): Auf dem Weg zu einer nachhaltigen Weltenergiepolitik? *(Problembearbeitung)*

Um dem Problem des nicht-nachhaltigen Energieverbrauchs zu begegnen, müssten Staaten miteinander kooperieren, anstatt nationale Strategien der Energieversorgung zu verfolgen. Bisher fehlt es jedoch an einer leidlich effektiven Weltenergieordnung, die gemeinsame Regeln für eine nachhaltige Energieversorgung bereitstellt und für deren Einhaltung Sorge trägt. Die internationalen Institutionen in der Energiepolitik sind bisher hochgradig fragmentiert. Eine nachhaltige globale Energiepolitik müsste mindestens zwei große Herausforderungen meistern: 1) den absoluten weltweiten Verbrauch fossiler Energieträger deutlich senken, ohne die legitimen Interessen der Öl- und Gasexporteure zu vernachlässigen, und 2) die Rahmenbedingungen für eine nachhaltige Deckung des Energiebedarfs der Menschheit schaffen, ohne die globalen Klimaschutzziele zu unterlaufen. Langfristig wird eine Entkoppelung der Verfolgung des Wohlfahrtsziels „Wirtschaftswachstum" vom Verbrauch fossiler Energieträger erforderlich werden. Dies ergibt sich sowohl aus deren Endlichkeit als auch aus den klimaschädlichen CO_2-Emissionen, die beim Verbrauch von fossilen Energieträgern entstehen.[187]

4.2.2.1 Zwischenstaatliches Weltregieren: IEA, OPEC, Energiecharta und die Weltkonferenz für nachhaltige Entwicklung in Johannesburg

Die bestehenden globalen Institutionen in der Energiepolitik bilden ein unvollständiges, historisch gewachsenes Regelungssystem (Goldthau/ Witte 2008 47). Es wurde zunächst geprägt durch eine ständig steigende Nachfrage nach fossilen Energieträgern

---

[187] Eine weitere Herausforderung für eine Weltenergieordnung ist die unausgewogene, „gerechte" Verteilung des Zugangs zu Energieversorgung, auf die hier allerdings nicht vertieft eingegangen wird. Im Folgenden geht es vorrangig um die Verfolgung des dritten Teilziels des Wohlfahrtsziels „Bestandsfähigkeit der Nutzenmehrung", das streng genommen eine gerechte Verteilung – so wünschenswert sie auch sein mag – nicht zwingend erfordert. Zur Frage der gerechten Nutzenverteilung im Bereich der Energieversorgung vgl. u.a. den *Human Development Report 2007* (UNDP 2007).

Kapitel 8: Wohlfahrt   603

und durch die Entdeckung von großen Öl- und Gasfeldern vor allem durch westliche Öl- und Gasförderfirmen in den 1950er Jahren. Starke Preisschwankungen führten dazu, dass in den Erdöl produzierenden Staaten vor allem im Nahen Osten der Wunsch nach mehr Kontrolle über den Ölpreis wuchs. Im Zuge der Entkolonialisierung schufen mehrere Produzentenstaaten auf Initiative Saudi-Arabiens 1960 die Organisation Erdöl exportierender Länder („Organization of Petroleum Exporting Countries", OPEC) und verstaatlichten zum großen Teil ihre Förderindustrien. Statt sich mit den Preisschwankungen des Weltmarktes abzufinden, strebten die OPEC-Staaten danach, ihre Einnahmen aus den Ölreserven verlässlich zu gestalten und auf möglichst hohem Niveau zu halten. Durch die Festlegung von Förderquoten für ihre einzelnen Mitgliedstaaten kann die OPEC die Menge der Erdölproduktion steuern, so dass durch eine Verknappung oder eine Steigerung der Ölförderung in den Mitgliedstaaten, der Preis für Erdöl gezielt angehoben, stabilisiert oder gesenkt werden kann.

Die gewachsene Marktmacht der Anbieter gipfelte im ersten Ölpreisschock 1973. Als Antwort darauf gründeten die westlichen Industriestaaten im selben Jahr die Internationale Energieagentur („International Energy Agency", IEA), die der OECD zugeordnet ist. Die IEA sollte für die OECD-Mitgliedstaaten gemeinsame Vorgehensweisen zur Verhinderung von und zur schnellen Reaktion auf Ölzufuhr-Notstände entwickeln. Das „Agreement on an International Energy Program" (I.E.P. Agreement) der IEA von 1974 verpflichtet die IEA-Mitgliedstaaten, Ölreserven anzulegen, die der Höhe ihrer Importe innerhalb eines Zeitraums von 90 Tagen entsprechen und diese im Falle gravierender Versorgungsengpässe verfügbar zu machen. Zusätzlich zu diesem IEA-Notfallmechanismus sollten die Mitgliedstaaten der IEA die Reduzierung der Nachfrage, den Wechsel zu anderen Energieträgern, die Erhöhung der Eigenproduktion und eine gemeinsamen Nutzung von Energien vorantreiben (IEA 2007a).

Die IEA und die OPEC sind zwar internationale zwischenstaatliche Organisationen, die in ihrem Inneren Erwartungsverlässlichkeit und Vertrauen zwischen den Mitgliedstaaten schaffen und deren Interessen nach Außen mehr oder weniger wirksam vertreten. Problematisch an der bestehenden institutionellen Konstellation ist allerdings, dass die Spaltung zwischen Konsumenten- und Produzentenstaaten nicht überwunden, sondern noch verfestigt wird. Das Verhältnis zwischen IEA- und OPEC-Mitgliedern ist von wechselseitigem Misstrauen und Erwartungsunsicherheit in Bezug auf die Interessen und Vorgehensweisen der jeweils anderen Seite geprägt. Es fehlt an institutionalisierten Regeln und Verfahren, die Erwartungsverlässlichkeit zwischen Konsumenten *und* Produzenten fossiler Energieträger fördern, für einen Interessenausgleich zwischen ihnen sorgen könn(t)en und einen verregelten Austrag von Konflikten um knapper werdende, verbleibende Energieträger gewährleisten.

Einen Versuch zur Schaffung einer übergreifenden internationalen Institution, die Konsumenten *und* Produzenten einbindet, stellt der „Vertrag über die Energiecharta und das Energiechartaprotokoll über Energieeffizienz und damit verbundene Umweltaspekte" (kurz: „Energiechartavertrag") dar. Der Energiechartavertrag wurde 1994 von 51 Staaten vornehmlich europäischen Staaten und ehemaligen Ostblockstaaten unterzeichnet und trat 1998 in Kraft. Er hatte zum Ziel, verbindliche Regeln für wirtschaftliche Kooperation in den internationalen energiewirtschaftlichen Beziehungen zu verankern. Vor allem sollten in Anlehnung an die WTO-Regeln von den Handelspartnern die Prinzipien der Transparenz und der Nichtdiskriminierung berücksichtigt werden. Der Vertrag beinhaltete die Einrichtung eines Streitschlichtungsgremiums ebenfalls nach dem Vorbild der WTO, das bei zwischenstaatlichen Handelsstreitigkeiten von Konsumenten, Transitländern und Produzenten fossiler Energieträger angerufen werden kann. Bis zur Schlichtung sind den Parteien Lieferstopps untersagt (Harks 2008: 18).

Allerdings gelangten einige wichtige Öl- und Gas-Produzenten (Norwegen, Russland und Weißrussland) zu der Einschätzung, dass im Vertrag die Verbraucherinteressen zu sehr im Vordergrund stünden, weshalb sie ihn bis heute nicht ratifiziert haben. Die mangelnde Berücksichtigung und Einbindung von Produzentenstaaten in die Institution zeigt sich auch an der Zweiteilung in „Mitglieder" und „Beobachter" der Energiecharta-Konferenz, die das Leitungs- und Entscheidungsgremium des Energiechartavertrags ist. Kein Erdöl und/oder Erdgas produzierender Staat des Mittleren Ostens ist Vollmitglied. Saudi-Arabien, Iran, Katar und andere Produzenten der Region haben nur Beobachterstatus. Es sind mehrere internationale Organisationen als Beobachter zugelassen (unter anderem die IEA, die OECD, die Weltbank und die WTO), bezeichnenderweise ist die OPEC nicht darunter (Energiecharta-Sekretariat 2008).

Die bestehenden internationalen zwischenstaatlichen Organisationen im Bereich der Energieversorgung sind von den Interessengegensätzen der Konsumenten und Produzenten fossiler Energieträger geprägt. Eine internationale Organisation, in der Produzenten- und Konsumentenstaaten gemeinsam für sie verbindliche Regeln für den Handel mit Energieträgern aufstellen, wäre ein notwendiger Schritt, um Misstrauen abzubauen, Erwartungsverlässlichkeit zu schaffen, Verteilungskonflikte zu bearbeiten und das Konfliktpotenzial zwischen Produzenten und Konsumenten zu verringern. Angesichts der gegensätzlichen Interessenlagen ist es allerdings nicht allzu überraschend, dass eine solche bisher nicht zustande gekommen ist.

Um eine globale nachhaltige Energieversorgung zu gewährleisten, muss Weltregieren noch mehr leisten als die Verregelung der Beziehungen zwischen Produzenten und Konsumenten von Energieträgern. Die Verknüpfung des Problems der Energieträgerverknappung mit der Klimawandelproblematik impliziert, dass langfristig die Sicherstellung der globalen Energieversorgung sowohl von der nicht-nachhaltigen Ausbeutung fossiler Ressourcen als auch von der Emission (klimaschädlicher Mengen) von Treibhausgasen abgekoppelt werden muss. Die Förderung erneuerbarer Energien erscheint als die Strategie, die den beiden Anforderungen, der Erneuerbarkeit der Energieträger und der Abwesenheit klimaschädlicher Emissionen zugleich gerecht zu werden vermag. Der Implementation dieser Strategie stehen jedoch hohe Hindernisse im Weg. Erneuerbare Energien machen derzeit global nur einen geringen Anteil am Primärenergieverbrauch aus (Brunnengräber 2007: 218f.). Die genauen Zahlen variieren erheblich, je nachdem welche Arten von Energieträgern einbezogen werden. Das deutsche Bundesministerium für Umwelt, Naturschutz und Reaktorsicherheit (BMU) rechnet mit einem weltweiten Anteil erneuerbarer Energien von 12,7%. Biomasse deckt 9,6%, Wasserkraft 2,2% und Wind- Solar und Meeresenergie zusammen gerade einmal 0,1% des globalen Primärenergieverbrauchs ab (BMU 2007: 43ff.). Dabei ist zu bedenken, dass Biomasse (z.B. in Form von traditioneller Energieerzeugung durch Holzverbrennung) und Wasserkraft (durch Großstaudämme) auch nicht ohne Einschränkungen als nachhaltige Energiequellen anzusehen sind (BMU 2007: 46).[188]

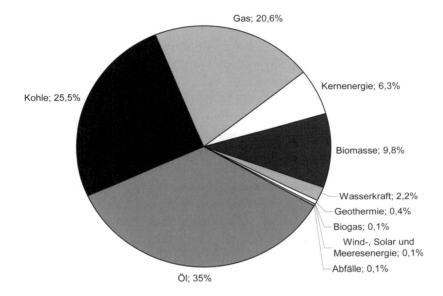

Grafik erstellt auf Grundlage von Daten des BMU (2007: 63)

Abb. 8.16: Struktur des globalen Primärenergieverbrauchs im Jahr 2005 (Anteile in %)

Um die Klimaschutzziele zu erreichen und eine nachhaltige Energiewirtschaft zu etablieren, müssten Institutionen des Weltregierens Anreize für eine erhebliche Ausweitung des Einsatzes erneuerbarer Energien schaffen (Ziesing 2008: 26). Investitionen in erneuerbare Energien sind immer noch riskant und kostenintensiv; ohne öffentliche Zuschüsse haben private Unternehmen zu geringe Investitionsanreize. Trotz steigender Preise für fossile Energieträger werden bei den bestehenden Infrastrukturen weiterhin überwiegend Investitionen in die Nutzung fossiler Energieträger getätigt. Die IEA kalkuliert, dass politische Maßnahmen, die auf die Erhöhung der Energieeffizienz und auf die Reduzierung der Abhängigkeit von fossilen Energieträgern abzielen, finanzielle

---

[188] Die traditionelle Energieerzeugung in Entwicklungsländern durch Holzverbrennung gefährdet ihrerseits Waldflächen, während der Bau von Großstaudämmen soziale und ökologische Kosten zur Folge haben kann, die dem Anspruch einer nachhaltigen Energieversorgung widersprechen.

Einsparungen erbringen könnten, die bei weitem die ursprünglichen Investitionskosten übersteigen (IEA 2006).

Der Ausbau erneuerbarer Energien wird auf globaler Ebene im Rahmen von verschiedenen zwischenstaatlichen, nichtstaatlichen und partnerschaftlichen, öffentlich-privaten Programmen gefördert (für eine Übersicht vgl. Steiner et al. 2006: 154f). Anfang 2009 wurde mit IRENA eine internationale zwischenstaatliche Organisation zur Förderung erneuerbarer Energien gegründet. Bisher gibt es allerdings (auch jenseits von IRENA) noch keine integrierte und verbindliche globale Strategie zum gezielten Ausbau der Nutzung alternativer Energiequellen. Bei internationalen Klimaverhandlungen wurde das Thema bisher eher außerhalb der offiziellen Verhandlungen diskutiert (Hirschl 2007: 148). Auch im Kyoto-Protokoll (1997) wurde erneuerbaren Energien keine gesonderte Beachtung geschenkt.

Auf der Weltkonferenz der Vereinten Nationen für nachhaltige Entwicklung in Johannesburg im Jahr 2002 standen erneuerbare Energien hingegen auf der Tagesordnung. Die Delegationen der EU-Länder sowie nichtstaatliche Umweltorganisationen erhofften sich für den Ausbau erneuerbarer Energien ähnlich bindende Verpflichtungen wie bei der Reduktion von CO_2-Emissionen, die im Kyoto-Protokoll festgeschrieben wurden. Die EU strebte eine Erhöhung des Anteils erneuerbarer Energien am globalen Energiemix auf 15% bis 2012 an. Eine Verpflichtung zu dieser festgelegten Erhöhung des Anteils erneuerbarer Energien am Gesamtenergiemix in einem festgesetzten zeitlichen Rahmen war zwischen den Staaten allerdings nicht konsensfähig, da sich die USA und die erdölexportierenden Länder der OPEC gegen eine derartige Verpflichtung sträubten (Suding/ Lempp 2007: 7). Die Staaten, die über große Ölreserven verfügen und deren Staatshaushalt sich zum Großteil aus den Öleinnahmen speist, hatten kein Interesse daran, dass die Abhängigkeit der Konsumenten fossiler Energieträger durch die Bereitstellung alternativer Energieträger sinkt. So wurde in der Abschlusserklärung von Johannesburg („Johannesburg Plan of Implementation", JPoI) lediglich hervorgehoben, dass sich die Unterzeichner verpflichten, den Anteil von erneuerbaren Energien am Gesamtenergiemix „substanziell" zu erhöhen, ohne freilich konkrete Mengen- oder Zeitangaben zu machen.

2009 wurde auf Initiative Deutschlands, Dänemarks und Spaniens mit IRENA eine internationale zwischenstaatliche Organisation gegründet, die in Kooperation mit den großen internationalen Organisationen der konventionellen Energiewirtschaft (IEA und IAEO), den umwelt- und entwicklungspolitischen Organisationen im Rahmen der VN (UNEP, UNDP, Weltbank) sowie zivilgesellschaftlichen Akteuren und Akteursbündnissen nachhaltige Weltenergiepolitik durch die Förderung erneuerbarer Energien zu gestalten sucht (Steiner et al 2006: 160; Scheck 2009: 30f.). Nach ihrer Konstituierung (voraussichtlich 2010) wird IRENA aus einer Generalversammlung, einem Rat und einem Sekretariat bestehen und über einen Mitarbeiterstab verfügen, der mit etwa 120 Mitarbeitern in etwa jenem der IEA entspricht. Knapp 80 Staaten (Stand: Juni 2009) haben die IRENA-Statuten unterzeichnet. Die Hauptaufgaben von IRENA liegen in der Entwicklung einer umfassenden Wissensbasis über die Einsatzbereiche und Potenziale erneuerbarer Energien, in der Beratung politisch Verantwortlicher bei der Entwicklung von Strategien und politischen Programmen zum Ausbau erneuerbarer Energien, in der Schaffung von (auch finanziell) günstigen Rahmenbedingungen für den Einsatz erneuerbarer Energien und im Aufbau von Kapazitäten der Mitgliedstaaten.

Zwischenstaatlich verbindliche Beschlüsse für eine nachhaltige Weltenergiepolitik sind trotz der Gründung von IRENA, die für die Mitglieder eher Informationen sammelnde und beratende Funktion hat, derzeit eher unwahrscheinlich (Hennicke/Müller 2006: 202ff.; Scheck 2009: 30f.). Auch auf Grund des lange Zeit geringen Fortschritts in den Bemühungen auf zwischenstaatlicher Ebene haben sich Weltregierensformen jenseits von zwischenstaatlichen Institutionen herausgebildet, die im Folgenden näher beleuchtet werden.

4.2.2.2 Globale öffentlich-private Partnerschaften für eine nachhaltige Weltenergiepolitik

Während der VN-Weltkonferenz für nachhaltige Entwicklung in Johannesburg 2002 wurden – abseits des offiziellen Konferenzergebnisses (Typ-I Ergebnis) – zahlreiche so genannte Typ II-Initiativen, also globale öffentlich-private Partnerschaften und Netzwerke zur Förderung erneuerbarer Energien, ins Leben gerufen. Der offizielle Durchführungsplan (JPoI) wurde zwar von allen Teilnehmerstaaten mitgetragen, gilt aber lediglich als kleinster gemeinsamer Nenner und enthält nur allgemeine Bekenntnisse zur Nachhaltigkeit und zu erneuerbaren Energien. Die Typ II-Initiativen hingegen beinhalten freiwillige Selbstverpflichtungen, die konkreter ausgestaltet sind und zudem nichtstaatliche Akteure einbeziehen, im Kreis der Teilnehmerstaaten aber nicht im Konsens durchsetzbar waren oder gewesen wären. Diese Ergänzung von universellen, aber inhaltlich wenig konkreten und wenig ambitionierten Ergebnissen (wie JPoI) durch auf einige „Vorreiter" begrenzte und teilweise problem-spezifische Typ II-Partnerschaften (z.B. Global Bioenergy Partnership (GBEP), Johannesburg Renewable Energy Coalition (JREC), Partnership for Clean Indoor Air (PCIA), Renewable Energy and Energy Efficiency Partnership (REEEP), etc.) wurde auch über den Johannesburg-Gipfel hinaus verfolgt. Viele Staaten verfolgen den Partnerschaftsansatz mittlerweile auch national (Suding/ Lempp 2007: 7).

Typ II-Partnerschaften und Netzwerke haben das Potenzial, über den in den zwischenstaatlichen Verhandlungen errungenen „kleinsten gemeinsamen Nenner" hinaus Steuerungsleistungen zu erbringen. Sie unterscheiden sich in ihrer Ausgestaltung teilweise erheblich danach, wie umfassend oder spezifisch, allgemein oder konkret, global oder regional, bindend oder nicht-bindend sie sind (Suding/Lempp 2007: 8). In der Regel nehmen in den Typ II-Partnerschaften und Netzwerken jedoch vor allem diejenigen Akteure teil, die in einem bestimmten Politikfeld Vorreiter sein möchten oder sich zumindest als solche präsentieren. Auch wenn diese öffentlich-privaten Partnerschaften keine völkerrechtlich verbindlichen Beschlüsse fassen können und sicher nicht zwangsläufig effektiv sind, so halten sie doch zumindest den Dialog über die Förderung erneuerbarer Energien in Gang und können möglicherweise Etappenziele erreichen, die in zwischenstaatlichen Verhandlungen an Widerständen von Bremsern scheitern würden. Durch ihre flexible Struktur können sie zudem schneller auf aktuelle Anforderungen reagieren, als es Staaten in formellen zwischenstaatlichen Verhandlungen, in denen ein Konsens gefunden werden muss, möglich ist (Suding/ Lempp 2007: 9).

Angesichts des Nichtzustandekommens eines Beschlusses mit verbindlichen Ergebnissen auf der Weltkonferenz 2002 in Johannesburg kündigte der damalige deutsche Bundeskanzler Gerhard Schröder eine „Internationale Konferenz für erneuerbare Energien" an, die 2004 in Bonn stattfand („renewables2004"). Auf der Konferenz mit 3600 Teilnehmern aus 154 Ländern wurde die Gründung eines globalen Politiknetzwerks zur Förderung erneuerbarer Energien beschlossen: „Renewable Energy Policy Network for the 21st Century" (REN21). REN21 ist gewissermaßen ein Netzwerk von Netzwerken, denn es vereint eine Vielzahl von globalen Initiativen und Projekten und bündelt ihren Einfluss auf globale zwischenstaatliche Verhandlungen zur Energiepolitik.

Das Internationale Aktionsprogramm von REN21 besteht aus über 200 Einzel- oder partnerschaftlichen Aktionen von Regierungen, zwischenstaatlichen internationalen Organisationen und privaten Akteuren (REN21 2006). Es handelt sich ausschließlich um nicht-bindende Selbstverpflichtungen. Dies mag zum Teil dem umfassenden Ansatz der Konferenz (und von REN21) geschuldet sein, wonach im Stile der VN-Weltkonferenzen alle Staaten und nicht nur Vorreiterländer beteiligt sein sollten, darunter auch bekannte Kritiker oder gar „Bremser" eines Ausbaus erneuerbarer Energien wie die Vereinigten Arabischen Emirate, die USA oder die IEA (Hirschl 2007: 150). REN21 versteht sich explizit nur als loses Netzwerk, nicht als neue internationale Organisation für erneuerbare Energien.

REN21 weist einen multipartistischen Lenkungsausschuss auf, dem u.a. Regierungen von Industrie- und Entwicklungsländern, zwischenstaatliche internationale Organisationen, Nichtregierungsorganisationen, Unternehmen und Gemeinden angehören. REN21 versteht sich als Austauschplattform und als advokatorisches Netzwerk, das bestrebt ist, das Thema „erneuerbare Energien" auf die Tagesordnungen der Folgekonferenzen über die Klimarahmenkonvention (COP) und der Sitzungen der Kommission der Vereinten Nationen für nachhaltige Entwicklung (UNCSD) zu setzen. Um auf erneuerbare Energien und ihr ökonomisches, ökologisches und soziales Potenzial in Industrie-, Schwellen- und Entwicklungsländern aufmerksam zu machen, betreibt REN21 eine ausführliche Informations- und Dokumentationspolitik (Scheck 2009: 28). Von den rund 200 Selbstverpflichtungen, die sich die Akteure auf der Bonner Konferenz für erneuerbare Energien 2004 auferlegt haben und die je nach Akteur von regulativen politischen Maßnahmen und wirtschaftlichen Anreizen über Programme zur Errichtung von Windkraftanlagen, Investitionen in Forschung und Entwicklung bis hin zu Finanzierungsmechanismen für erneuerbare Energien reichten, wurden bisher rund 80% umgesetzt (REN21 2006a: 4). Der jeweilige Entwicklungsstand einer Maßnahme (aufgeteilt in mehrere Kategorien, z.B. „in Vorbereitung", „laufend", „fertiggestellt" oder „eingestellt") wird in Berichten auf der REN21-Website veröffentlicht.

Mittlerweile lassen sich positive Entwicklungen bei der Förderung erneuerbarer Energien feststellen. Die Investitionen in erneuerbare Energien sind seit 2005 stark angewachsen. Die privaten Investitionen in erneuerbare Energien sind von 2005 auf 2006 weltweit um 43% auf 70 Millarden US-Dollar gestiegen (UNEP/New Energy Finance Ltd. 2007). 70 Länder haben erneuerbare Energiequellen in ihren Strommix integriert. Mindestens 58 Ländern, darunter alle EU-Staaten sowie auch 13 Entwicklungs- und Schwellenländer, haben außerdem nationale politische Zielvorgaben für die zukünftigen Anteile von erneuerbaren Energien verabschiedet (REN21 2007: 3). In der Europäischen Union wurde im März 2007 vom Europäischen Rat beschlossen, bis 2020 den Anteil erneuerbarer Energien am Gesamtenergiemix auf 20% zu erhöhen.

Auch wenn diese positiven Entwicklungen freilich nicht unmittelbar auf die entstandenen Partnerschaften und Netzwerke wie REN21 zurückführen sind, erscheinen derartige multipartistische Initiativen als ein grundsätzlich vielversprechender Weg. Sie können Politikblockaden in zwischenstaatlichen Verhandlungsforen wenn nicht durchbrechen, so doch zumindest unterlaufen, zur Herausbildung eines transnationalen Konsens' über die gebotene Förderung erneuerbarer Energien beitragen, Expertise zur Förderung erneuerbarer Energien bündeln und den Druck auf (zwischen)staatliche Akteure, mit verbindlichen Zielvorgaben nachzuziehen, steigern oder hoch halten.

4.2.2.3 Theoretische Einordnung und Bewertung des Weltregierens im Problemfeld „nachhaltige Energiepolitik"

Die bestehenden internationalen zwischenstaatlichen Institutionen in der Energiepolitik sind angesichts ausgeprägter zwischenstaatlicher Interessengegensätze gegenwärtig nicht dazu geeignet, die notwendigen Rahmenbedingungen für eine nachhaltige und das Weltklima schonende globale Energieversorgung zu schaffen. Ihre Strukturen zeichnen sich durch eine Spaltung von Konsumenten und Produzenten fossiler Energieträger aus. Im kompetitiven Streben der Staaten nach Sicherung der eigenen Energieversorgung, d.h. im zwischenstaatlichen Wettbewerb um wohlstands- und letztlich auch sicherheitsförderliche Ressourcen, zeigt sich ein Mangel an internationaler Verregelung. Die (neo-)realistische Sichtweise, die den anarchischen Charakter der zwischenstaatlichen internationalen Beziehungen und das Streben der Staaten nach relativen Ressourcengewinnen betont, kann in diesem Problemfeld durchaus Erklärungskraft vorweisen.

Zugleich lässt sich die Emergenz öffentlich-privater Partnerschaften als ein Versuch auffassen, zwischenstaatliche Politikblockaden zu durchbrechen oder zu unterlaufen und bestehende Lücken des Regierens zu schließen. Eine Abkoppelung der Energieversorgung von fossilen Energieträgern und damit auch eine Reduktion des Ausstoßes von Treibhausgasen erscheinen gegenwärtig am ehesten durch einen Ausbau des Anteils erneuerbarer Energien am globalen Energiemix erreichbar. Da in internationalen zwischenstaatlichen Verhandlungen bisher keine Einigung auf verbindliche Ziele für den Ausbau erneuerbarer Energien möglich war, haben (Vorreiter-)Staaten, internationale Organisationen, Unternehmen und zivilgesellschaftliche Organisationen öffentlich-private Partnerschaften gebildet, die auf Selbstverpflichtungen zur Förderung erneuerbarer Energien beruhen. 2009 wurde mit IRENA auch eine gegenüber zivilgesellschaftlichen Akteuren offene internationale zwischenstaatliche Organisation gegründet, die explizit das Ziel der Förderung erneuerbarer Energien verfolgt.

Gemäß der Ressourcentausch-Theorie werden öffentlich-private Partnerschaften dann eingerichtet, wenn die beteiligten Akteure wechselseitig von den Ressourcen der jeweils anderen Seite abhängig sind. Vorbedingung ist ein grundlegender Konsens der Akteure über die Kompatibilität ihrer Ziele und Zielerreichungsstrategien. Während ein Produzenten- und Konsumentenstaaten umfassender globaler Zielkonsens nicht vorliegt, was den Mangel an Kooperation in universellen internationalen zwischenstaatlichen Institutionen erklärt, zeigt sich, dass die Ziele von Vorreiterstaaten im Bereich der erneuerbaren Energien, von zahlreichen Unternehmen (insbesondere aus der Branche der erneuerbaren Energien) und von zivilgesellschaftlichen Akteuren durchaus miteinander kompatibel sind oder gar konvergieren. Für eine effektive Bearbeitung von Problemen wie der globalen Energieträgerverknappung benötigen Institutionen des Weltregierens zudem eine hinreichende Ausstattung mit materiellen, regulativen, organisatorischen, legitimatorischen und Wissensressourcen. An der Problembearbeitung interessierte öffentliche Akteure – zahlreiche, wenn auch längst nicht alle Staaten und internationale Organisationen – wollen ihre Abhängigkeiten von fossilen Energieträgern verringern und den Anteil erneuerbarer Energien am Gesamtenergiemix steigern. Sie selbst verfügen aber nicht über die Expertise, um solche Technologien bereit zu stellen. Unternehmen, die ihre wirtschaftlichen Aktivitäten im Zukunftsmarkt der erneuerbaren Energien ausbauen möchten und Interesse an der Erschließung neuer Märkte haben, können ihrerseits nicht selbst für die politischen und rechtlichen Rahmenbedingungen für gesteigerte Investitionen in erneuerbare Energien sorgen. Sie haben ein Interesse daran, dass Staaten für ihre neuen Technologien, die oft bei ihrer Markteinführung noch nicht wettbewerbsfähig sind, Subventionen, die wiederum u.a. Forschung und Entwicklung zugute kommen, bereitstellen. Den Akteuren der Zivilgesellschaft kann eine ökologisch-wertorientierte Motivation unterstellt werden. Sie möchten Einfluss auf öffentliche und privatwirtschaftliche Akteure ausüben, damit diese den Anteil erneuerbarer Energien durch politische oder ökonomische Entscheidungen erhöhen. INGOs können durch ihre advokatorischen Tätigkeiten in der Öffentlichkeit die Bekanntheit von erneuerbaren Energien steigern, gegen erneuerbare Energien gerichtete staatliche und Unternehmenspolitiken anprangern und somit positive wie negative Imageeffekte für Unternehmen und (Vorreiter- oder Bremser-)Staaten bewirken. Zivilgesellschaftliche Organisationen bringen mithin im Zuge ihrer Einbeziehung in öffentlich-private Partnerschaften Legitimitäts- und Glaubwürdigkeitsressourcen mit, über die Unternehmen und Staaten nicht in gleichem Maße verfügen.

Das Beispiel der Förderung erneuerbarer Energien zeigt also, dass öffentlich-private Partnerschaften das Potenzial haben, Steuerungsleistungen zu erbringen, indem sie die Ressourcen von privaten und öffentlichen Akteuren vereinen. Eine abschließende Bewertung der Effektivität dieser Partnerschaften im Bereich der erneuerbaren Energien steht freilich noch aus. Die Emergenz öffentlich-privater Partnerschaften zur Förderung erneuerbarer Energien kann auch nicht über den nach wie vor bestehenden Mangel an einer leidlich effektiven Weltenergieordnung hinweg täuschen.

5 Zusammenfassung

Dieses Kapitel hat sich mit der Verfolgung der drei Teilziele des Wohlfahrtsziels: „Förderung wirtschaftlichen Wachstums", „Ausgewogenheit der ökonomischen Nutzen-/Wohlstandsverteilung" und „Bestandsfähigkeit/ Nachhaltigkeit der sozioökonomischen Nutzenmehrung" beschäftigt. Im Sachbereich „Wohlfahrt" ist eine Vielzahl von einzelstaatlich nicht (mehr) effektiv zu bearbeitenden transsouveränen Problemen festzustellen. In Reaktion auf die Vielzahl und Verschiedenartigkeit der globalen Herausforderungen in diesem Sachbereich hat sich eine sehr verschiedenartige Palette von Institutionen des Weltregierens zwischenstaatlicher, rein privater sowie öffentlich-privater, multipartistischer Natur herausgebildet. Die Vorstellung von internationaler Politik als von der Anarchie der internationalen Beziehungen getriebener, kompetitiver Interaktion zwischen Staaten erfasst die Dichte und Verschiedenartigkeit des Weltregierens im Sachbereich „Wohlfahrt" längst nicht mehr hinreichend. Vielmehr stellt sich die Gesamtheit des Weltregierens in diesem Sachbereich als – freilich längst nicht immer aufeinander abgestimmtes – Nebeneinander, seltener als Miteinander öffentlichen, privaten und inklusiven, multipartistischen Regierens dar. Auch wenn in zwischenstaatlichen internationalen Organisationen wie der WTO oder der Weltbank das Weltregieren nach wie vor vom Exekutivmultilateralismus – allerdings mit einer gewissen prozeduralen Offenheit gegenüber nichtstaatlichen Akteuren offener, fortgeschrittener Exekutivmultilateralismus (vgl. Staisch 2003: 20ff.) – geprägt ist, lässt sich in nahezu allen Problemfeldern im Sachbereich „Wohlfahrt" eine Intensivierung der Beteiligung nichtstaatlicher Akteure an Weltregierungsprozessen feststellen.

Trotz der beschriebenen von öffentlichen und privaten Akteuren erbrachten Weltregierensleistungen ist festzuhalten, dass gegenwärtig bei der Bearbeitung von wirtschaftsordnungspolitischen Problemen in den internationalen Handels- und Finanzbeziehungen, bei der Reduktion von Armut und ausgeprägten Wohlstandsdisparitäten sowie bei der Eindämmung des Klimawandels und der Abwendung einer globalen Energieversorgungsknappheit erhebliche Lücken des Regierens bestehen.

Eine deutliche Intensivierung der globalen Anstrengungen zur Gewährleistung eines (beschränkt) liberalen, fairen und entwicklungsförderlichen multilateralen Handelssystems, zur besseren Regulierung und Aufsicht globaler Finanzmärkte, zur Reduktion von Armut und ausgeprägten Wohlstandsdisparitäten sowie zur wirksamen kollektiven Bearbeitung der Ursachen globaler Umweltprobleme erscheint unumgänglich, soll das Wohlfahrtsziel auf globaler Ebene annähernd erreicht werden. Zu diesem Zweck werden die materiellen und immateriellen Problembearbeitungsressourcen staatlicher ebenso wie nichtstaatlicher Akteure mobilisiert und gebündelt, d.h. koordiniert eingesetzt werden müssen.

 Übungsfragen

- Inwiefern ergeben sich aus den Agrarhandelspolitiken der Industriestaaten und den (ursprünglichen) TRIPs-Regelungen zum Schutz geistigen Eigentums entwicklungsschädliche Auswirkungen? Inwiefern verweisen diese Probleme und ihre Bearbeitung in der WTO auf die Ambivalenz des Einflusses nichtstaatlicher Akteure in der globalen Handelspolitik?
- Wie weit ist die Verrechtlichung der internationalen Handelsbeziehungen im Rahmen der WTO fortgeschritten? Welche Organe und Verfahren der WTO weisen einen hohen Grad der Verrechtlichung auf? Welche (potenziellen) Folgen hat dies?
- Welche Faktoren tragen wesentlich zur Instabilität und Krisenanfälligkeit globaler Finanzmärkte bei?
- Worin besteht der Beitrag des IWF zur Prävention und zum Management von Finanzkrisen? Wo liegen die Grenzen seiner Steuerungsmöglichkeiten?
- Inwiefern erbringen Rating-Agenturen eigenständig und zusammen mit öffentlichen Akteuren im Bereich „inter- und transnationale Finanzbeziehungen" globale Kontroll- und Steuerungsleistungen? Wie effektiv und legitim sind diese Steuerungsleistungen?
- Können Armut und/ oder ausgeprägte Wohlstandsdisparitäten als transsouveräne Probleme bezeichnet werden? In welcher Hinsicht ergibt sich durch die Existenz von Armut und ausgeprägten inner- und zwischengesellschaftlichen Wohlstandsdisparitäten ein Bedarf an globalem Regieren bzw. an globaler Sozialpolitik?
- Inwiefern waren in den vergangenen zehn bis 15 Jahren politikprogrammatische Fortschritte in Richtung einer globalen Sozialpolitik zu verzeichnen? Welche Ansätze zur Herausbildung einer Weltsozialordnung in Ergänzung zur bestehenden weitgehend liberalen Weltwirtschaftsordnung lassen sich beobachten? Wie ist die Effektivität der Implementation dieser Ansätze zu bewerten?
- Wie lässt sich die Vielfalt von multipartistischen Institutionen und Partnerschaften zwischen öffentlichen und privaten Akteuren zur Armutsbekämp-

fung und zur Förderung sozialer Entwicklung analytisch ordnen? Wie ist die Häufung von inklusiven, multipartistischen Institutionen und eher losen öffentlich-privaten Partnerschaften in diesem Bereich zu erklären?
➢ Inwiefern kann die Theorie kollektiver Güter zum Verständnis der Ursachen des Problems des (vom Menschen erzeugten) Klimawandels, der Schwierigkeiten bei dessen kollektiver Bearbeitung und der Wahl des Emissionshandels als Instrument zur Eindämmung des Klimawandels beitragen?
➢ Wie und warum werden nichtstaatliche Akteure in die Implementation internationaler Klimaschutzabkommen einbezogen?
➢ Mit welchen Entwicklungen des globalen Energiebedarfs lässt sich die Notwendigkeit einer nachhaltigen Weltenergiepolitik und einer Förderung erneuerbarer Energien begründen?
➢ Was sind die Hauptgründe für die mangelnde Effektivität zwischenstaatlichen Regierens im Bereich der Energiepolitik? Wie ist vor diesem Hintergrund die Emergenz öffentlich-privater Partnerschaften zur Förderung erneuerbarer Energien zu erklären und zu bewerten?

Lektüreempfehlungen

Anderson, Kym/ Martin, Will (Hrsg.) 2006: Agricultural Trade Reform and the Doha Development Agenda, Basingstoke/ New York: Palgrave Macmillan.
Bieling, Hans-Jürgen 2007: Internationale Politische Ökonomie: Eine Einführung, Wiesbaden: VS Verlag für Sozialwissenschaften.
Breitmeier, Helmut/ Roth, Michèle/ Senghaas, Dieter (Hrsg.) 2009: Sektorale Weltordnungspolitik: Effektiv, gerecht und demokratisch?, Baden-Baden: Nomos.
Brunnengräber, Achim/ Walk, Heike (Hrsg.) 2007: Multi-Level Governance – Klima-, Umwelt-, und Sozialpolitik in einer interdependenten Welt, Baden-Baden: Nomos.
Bull, Benedicte/ McNeill, Desmond 2007: Development Issues in Global Governance: Public-Private Partnerships and Market Multilateralism, London/ New York: Routledge.
Deacon, Bob 2007: Global Social Policy and Governance, London: Sage.
Kanie, Norichika/ Haas, Peter M. (Hrsg.) 2004: Emerging Forces in Environmental Governance, Tokio/ New York/ Paris: United Nations University Press.
Nel, Philip 2008: The Politics of Economic Inequality in Developing Countries, Basingstoke/ New York: Palgrave Macmillan.
Schirm, Stefan A. (Hrsg.) 2004: New Rules for Global Markets: Public and Private Governance in the World Economy, Basingstoke/ New York: Palgrave Macmillan.
Schirm, Stefan A. ²2007: Internationale Politische Ökonomie: Eine Einführung, Baden-Baden: Nomos.
Zangl, Bernhard 2006: Die Internationalisierung der Rechtsstaatlichkeit: Streitbeilegung in GATT und WTO, Frankfurt/M.: Campus Verlag.

Kapitel 9: Herrschaft: Systematische Menschenrechtsverletzungen und Partizipationsdefizite jenseits des Staates als globale Herausforderungen

1 Systematische Menschenrechtsverletzungen und Defizite politischer Partizipation jenseits des Staates als Problemfelder im Sachbereich „Herrschaft"

Weltregieren erschöpft sich nicht in der Bearbeitung und Regulierung von materiellen transsouveränen Problemen, die sich aus dem Streben von Staaten, Gesellschaften und Individuen nach Sicherheit und Wohlfahrt ergeben. Vielmehr zielt Weltregieren im Sachbereich „Herrschaft" *auch* darauf ab, immaterielle Probleme zu bearbeiten und ideelle Ziele zu verfolgen: Dazu zählen, erstens, der Schutz von Herrschaftsunterworfenen vor herrschaftlicher Willkür durch die Garantie von Menschenrechten[189] und, zweitens, die Gewährleistung der Partizipation von Problem- und Regelungsbetroffenen an der Herrschaftsbestellung und -ausübung.

Dem Sachbereich „Herrschaft" sind all jene Handlungszusammenhänge zuzuordnen, die sich auf die Zuteilung von Freiheits- und Partizipationschancen für die Angehörigen einer politischen Gemeinschaft (vgl. Czempiel 1981: 198) oder auf die Schranken der Herrschaftsausübung für die Inhaber von Herrschaftsrollen[190] beziehen (Rittberger/ Zangl 2003: 289; vgl. Kap. 4). Als zentrale Problemfelder im Sachbereich „Herrschaft" lassen sich demnach „systematische Menschenrechtsverletzungen" und „Defizite politischer Partizipation und Repräsentation auf internationaler Ebene" identifizieren.

Menschenrechtsverletzungen, die in Staaten nicht nur als Einzelfälle, sondern auf Grund der Herrschaftsordnung gehäuft auftreten, werfen die Frage nach den Formen legitimer Herrschaftsausübung auf. Einerseits schränkt die Gewährleistung der Men-

---

[189] Diese beinhalten neben immateriellen Rechten wie Meinungs- oder Religionsfreiheit freilich auch Schutzverpflichtungen in Bezug auf materielle Rechte (z.B. Schutz von Leib und Leben oder soziale Menschenrechte). Insofern wäre es wiederum verkürzt anzunehmen, Weltregieren im Sachbereich "Herrschaft" beziehe sich ausschließlich auf immaterielle Problemlagen.

[190] Herrschaft lässt sich – anknüpfend an Max Weber – als die kollektiv verbindliche Zuteilung von Befehlsbefugnissen an Träger von Herrschaftsrollen sowie Gehorsamspflichten an Herrschaftsunterworfene auffassen. Max Weber (1980: 28) definiert Herrschaft als „die Chance, für einen Befehl bestimmten Inhalts bei angebbaren Personen Gehorsam zu finden" (vgl. Rittberger/ Zangl 2003: 289; vgl. Kap. 4).

schenrechte die Mittel der Herrschaftsausübung ein und setzt der legitimen Nutzung des staatlichen Gewaltmonopols Grenzen. Andererseits kann die Gewährleistung der Menschenrechte (z.B. im Falle sozialer Menschenrechte oder des Schutzes von Minderheiten) mitunter systematische Eingriffe des Staates in die Gesellschaftsordnung erfordern. Menschenrechte errichten mithin eine Schranke der Herrschaftsausübung und begründen zugleich eine Schutz- und Gewährleistungsverpflichtung des Staates, deren Missachtung jeden Staat dem Risiko von Legitimationseinbußen aussetzt (Rittberger/Zangl 2003: 296; vgl. auch Hamm/ Kocks 2006: 91).

Der nach wie vor weit verbreitete Mangel an Zugangs- und Mitwirkungsmöglichkeiten für den einzelnen Bürger in Institutionen des Weltregierens – insbesondere in vielen internationalen zwischenstaatlichen Organisationen – führt dazu, dass zahlreichen Problem- oder Regelungsbetroffenen die Teilhabe an Prozessen kollektiver Entscheidungsfindung jenseits des Nationalstaates verwehrt bleibt. Dieses Partizipationsdefizit widerspricht einem pluralistischen Demokratieverständnis, wonach jede Form demokratischer Regierung auf der zumindest vermittelten Beteiligung der Regelungsadressaten an der Regelsetzung und auf der auch darin zum Ausdruck kommenden Zustimmung der Regelungsadressaten beruht. Die Forderung nach breiter gesellschaftlicher Partizipation an Prozessen des (Welt-)Regierens ist freilich längst nicht universell anerkannt. Wenn man von der Zielvorstellung ausgeht, dass Möglichkeiten der wirkungsvollen politischen Teilhabe an Prozessen kollektiver Entscheidungsfindung auch auf globaler Ebene bestehen sollten, kommt darin ohne Zweifel ein ursprünglich liberale Demokratien kennzeichnendes Verständnis der legitimen Herrschaftsbestellung und -ausübung zum Ausdruck. Trotz dieser Einschränkung werden Partizipationsdefizite jenseits des Staates im Folgenden als ein gemeinschaftliches *globales* Problem behandelt, das eine Veränderung der bestehenden institutionellen Ausgestaltung von Weltregieren erfordert. Die Gewährleistung von Chancen politischer Partizipation und Repräsentation wird somit zum Maßstab für legitimes Weltregieren.

Bei „systematischen Menschenrechtsverletzungen" und „Partizipationsdefiziten auf internationaler Ebene" handelt es sich – anders als bei den in Kap. 7 und Kap. 8 analysierten Problemen – nicht um transsouveräne Probleme, die schon aus funktionaler Sicht notwendigerweise einer inter- und transnationalen kollektiven Bearbeitung bedürfen. Der Schutz von Menschenrechten kann durchaus durch einzelstaatliche Maßnahmen gewährleistet werden – und wird es häufig auch. Es besteht anders als bei grenzüberschreitenden Infektionskrankheiten, beim transnationalen Terrorismus oder beim Klimawandel kein probleminhärenter Bedarf an inter- und transnationaler Kooperation zur Unterbindung von Menschenrechtsverletzungen. Ebensowenig lässt sich ein Bedarf an Weltregieren zur Verringerung von Partizipationsdefiziten in der internationalen Politik – insbesondere in internationalen zwischenstaatlichen Organisationen – *allein* mit funktional-instrumentellen Motiven begründen. „Systematische Menschenrechtsverletzungen" und „Partizipationsdefizite" lassen sich jedoch – auf Grundlage einer primär wertebasierten transnationalen Interdependenz – als *sozial konstruierte globale* Probleme auffassen (vgl. Abschnitte 2.1.1 und 3.1). Legitimes Weltregieren im

Sachbereich „Herrschaft" sucht diesem Verständnis zufolge die Anerkennung und Einhaltung von Menschenrechten weltweit zu fördern und politische Partizipationsmöglichkeiten nicht nur auf nationalstaatlicher, sondern auch auf globaler Ebene zu erweitern – nicht in erster Linie weil eine weltumspannende funktionale Notwendigkeit dafür besteht, sondern vor allem weil ein sozial (maßgeblich von nichtstaatlichen Akteuren) konstruiertes transnationales Problembewusstsein dies einfordert.

Im Folgenden wird zunächst das Auftreten und Fortbestehen systematischer Menschenrechtsverletzungen als sozial konstruiertes *globales* Problem und Herausforderung für Weltregieren beschrieben. Dann werden Formen des zwischenstaatlichen und transnationalen Regierens zur Förderung der weltweiten Anerkennung und Einhaltung von Menschenrechten analysiert. Daran anschließend rückt das Teilhabedefizit des einzelnen Bürgers in Bezug auf Politikentscheidungen in internationalen zwischenstaatlichen Organisationen ins Blickfeld. Es wird erörtert, inwiefern eingeschränkte Partizipationsmöglichkeiten auf globaler Ebene nach einer Veränderung der institutionellen Ausgestaltung von Weltregieren verlangen und welche Ansätze und Perspektiven für eine „Demokratisierung" von Weltregieren zu identifizieren sind.

2 Systematische Menschenrechtsverletzungen und die Entwicklung einer globalen Menschenrechtsordnung

Systematische Menschenrechtsverletzungen werden heute weithin als globales Problem betrachtet, das der kollektiven inter- und transnationalen Bearbeitung bedarf (vgl. Opitz 2007: 117ff.). Diese Einstufung von innerstaatlichen Menschenrechtsverletzungen als *globales* Problem versteht sich keineswegs von selbst. Bei Menschenrechten handelt es sich nicht um transsouveräne Probleme, die ihrer Natur gemäß einzelstaatlich nicht erfolgreich bearbeitet werden können. In der folgenden Problembeschreibung wird daher zunächst dargelegt, warum systematische Menschenrechtsverletzungen als Herausforderung für Weltregieren gelten können, obwohl – anders als etwa in den Sachbereichen „Sicherheit" und „Wohlfahrt" – keine oder allenfalls geringe funktional-instrumentelle Anreize für inter- und transnationale Kooperation bestehen. In einem nächsten Schritt werden drei verschiedene Arten oder „Generationen" von Menschenrechten – bürgerliche und politische Rechte, wirtschaftliche, soziale und kulturelle Rechte und kollektive Rechte – vorgestellt. Darauf folgt ein selektiver Überblick über die Lage des Menschenrechtsschutzes weltweit. Auf Grundlage dieser Problembeschreibung wird analysiert, welche Formen des zwischenstaatlichen, öffentlich-privaten und rein privaten Regierens zur Förderung der Anerkennung und Einhaltung verschiedener Arten von Menschenrechten beobachtet werden können und wie effektiv diese sind.

Kapitel 9: Herrschaft

2.1 Zur Lage der Menschenrechte weltweit: Fortbestehen systematischer Menschenrechtsverletzungen (Problembeschreibung)

2.1.1 Systematische Menschenrechtsverletzungen als globales Problem und Herausforderung für Weltregieren

Menschenrechte stellen Abwehrrechte gegen herrschaftliche Willkür in und durch Staaten und Anspruchsrechte gegenüber dem Staat dar (vgl. Ramcharan 2007: 443). Sie schränken die zulässigen Mittel staatlicher Herrschaftsausübung ein und begründen Schutz- und Gewährleistungsansprüche von Herrschaftsunterworfenen gegenüber dem Staat. Die Adressaten von Menschenrechtsverpflichtungen sind in der Regel souveräne Staaten – wenn auch gerade in Bezug auf soziale Menschenrechte eine Menschenrechtsverantwortlichkeit von transnationalen Unternehmen zunehmend eingefordert wird (Rieth 2004a: 181; vgl. Rathgeber 2006: 11ff.; Rosemann 2005: 12ff.; Ruggie 2008). Menschenrechtsverletzungen werden in der Regel von Organwaltern eines souveränen Staates verursacht (vgl. Auswärtiges Amt 2005: 38). Daraus ergibt sich die Frage, inwiefern Menschenrechtsverletzungen als Probleme des Sachbereichs „Herrschaft", obwohl zunächst durch das Souveränitätsprinzip (vgl. Kap. 2.3) scheinbar vor der Einmischung von außen geschützt, zu Problemen der inter- und transnationalen Politik werden können.

Die staatliche Souveränität umfasst drei Rechte des Staates: Erstens, das Recht, auf seinem Territorium allein oder zumindest in letzter Instanz allgemein verbindliche Entscheidungen zu treffen; zweitens, frei von der Einmischung Dritter seine inneren Angelegenheiten zu regeln, und drittens, frei die Mittel seiner Selbstbehauptung gegenüber Dritten zu wählen (Krasner 1999: 20-24). Bereits in einer staatenweltlichen Vorstellung der internationalen Beziehungen kann die Souveränität eines Staates nie absolut sein. Denn die Dritte ausschließende Gebietshoheit sowie die Freiheit, die eigenen inneren wie äußeren Angelegenheiten ohne Einmischung durch Dritte zu regeln, sind nicht widerspruchsfrei. Die Freiheit der Staaten in der Wahl ihrer Außenpolitik steht sowohl mit der Nichteinmischung in die inneren Angelegenheiten von Staaten als auch mit der Exklusivität der staatlichen Herrschaft über ein Territorium in einem Spannungsverhältnis: Mit der freien Wahl seiner Außenpolitik kann ein Staat unter Umständen das Recht eines anderen Staates auf Nichteinmischung in seine inneren Angelegenheiten verletzen. Schon durch dieses Spannungsverhältnis wird es möglich, dass Fragen der Herrschaftsordnung eines Staates (z.B. die systematische Verletzung von Menschenrechten) auf die Tagesordnung der internationalen Politik kommen – nämlich dann, wenn sie von einem anderen Staat in Ausübung seiner ebenfalls aus dem Souveränitätsprinzip resultierenden außenpolitischen Handlungsfreiheit thematisiert werden (Rittberger/ Zangl 2003: 289f.; vgl. Krasner 1993a: 142-144).

Fraglich bleibt jedoch zunächst, woraus sich ein inter- oder transnationaler Kooperationsbedarf und -wille mithin ein Bedarf und ein Angebot an Weltregieren, zur Prävention und Unterbindung von Menschenrechtsverletzungen ergibt. Anders als in den Sachbereichen „Sicherheit" und „Wohlfahrt", in denen das Handeln des einen politikmächtigen Akteurs die Wohlfahrt oder die Sicherheit eines anderen Akteurs beeinflusst, also eine unmittelbare Handlungsinterdependenz zwischen ihnen begründet, sind Handlungsinterdependenzen im Sachbereich „Herrschaft" eher indirekt. Die Missachtung der Menschenrechte in einem Staat behindert die Achtung der Menschenrechte in einem anderen Staat nicht, wohingegen zum Beispiel nichttarifäre Handelsbeschränkungen eines Staates die Chancen eines anderen Staates mindern können, seinen Anteil am Welthandel zu behaupten (Rittberger/ Zangl 2003: 290).

Menschenrechtsverletzungen stellen keine transsouveränen Probleme dar, die auf Grund der Beschaffenheit des Problems einzelstaatlich nicht effektiv bearbeitet werden können. Funktional-instrumentelle Motive für inter- und transnationale Kooperation, die darauf basieren, dass systematische Menschenrechtsverletzungen in einem Staat Folgeprobleme mit grenzüberschreitenden Auswirkungen (z.B. Flüchtlingsströme, gewaltsame soziale Unruhen) erzeugen und somit indirekt auch die Stabilität anderer Staaten gefährden können, mögen eine kooperationsförderliche Wirkung auf Staaten entfalten – die Entwicklung einer globalen Menschenrechtsordnung vermögen sie allein jedoch nicht zu erklären.

Es stellt sich also die Frage, warum Staaten und andere politikmächtige Akteure systematische innerstaatliche Menschenrechtsverletzungen als *globale* Probleme behandeln und in Institutionen des Weltregierens zur Förderung von Menschenrechten kooperieren sollten. Eine Antwort scheinen indirekte, aus weit verbreiteten Wertvorstellungen mit einem hohen Kommunalitätsgrad entstandene, moralische Interdependenzen zu sein. Selbst wenn systematische Menschenrechtsverletzungen in einem Staat die Möglichkeit der Verwirklichung von Menschenrechten in anderen Staaten nicht einschränken, lösen sie doch, nicht ausschließlich aber überwiegend, in den Gesellschaften liberal-demokratischer Staaten eine moralische Betroffenheit sowie den Wunsch nach Überwindung der als illegitim oder als ungerecht empfundenen Zustände aus. Es besteht eine moralische Interdependenz, die darauf beruht, dass die einer Willkürherrschaft in anderen Staaten unterworfenen Menschen als Gleiche bewertet werden, denen mithin die gleiche Menschenwürde und die gleichen Rechte zukommen (Rittberger/ Zangl 2003: 290).

Die Existenz einer transnationalen Werteordnung mit hohem Kommunalitätsgrad vorausgesetzt, kann davon ausgegangen werden, dass sich Gesellschaften unabhängig von der Zugehörigkeit zu unterschiedlichen Staaten in ihrer Abneigung gegen bestimmte Herrschaftspraktiken einig sind. Beispielsweise spricht vieles dafür, dass alle Gesellschaften, die staatlicher Herrschaftsgewalt unterworfen sind, darin übereinstimmen, dass die Folter als Herrschaftsinstrument nicht akzeptabel ist (vgl. Liese 2006a: 17). Auf Grundlage eines derartigen Wertekonsens' kann eine transnational verflochtene Gesellschaftswelt eine Allianz gegen jene Herrschenden bilden, die die Grenzen legitimer Herrschaftsausübung überschreiten (vgl. Keck/ Sikkink 1998).

Kapitel 9: Herrschaft

Die Annahme einer transnationalen Werteordnung mit hinreichend hohem Kommunalitätsgrad, um eine globale moralische Interdependenz zu begründen, ist freilich nicht unumstritten. In der Tat ist im Zuge der Globalisierung nicht nur ein (auch) wertebezogenes, kognitives „Zusammenwachsen der Welt", mithin eine partielle „Vergemeinschaftung der Welt" festzustellen, sondern sind zugleich unübersehbare Prozesse der kulturellen und ideologischen Fragmentierung zu beobachten, die in der Gestalt ethno-nationalistischer Bewegungen oder religiöser Fundamentalismen auf partikulare Tendenzen der Desintegration statt Vergemeinschaftung hinweisen (vgl. Kap. 2.2).

Dem Universalitätsanspruch eines Kernbestands von Menschenrechten werden sehr grundlegende, kulturrelativistische Einwände entgegen gehalten, welche die Menschenrechte, insbesondere die bürgerlichen Freiheitsrechte, als Bestandteil der Hegemonie des Westens und insbesondere der USA im internationalen System ansehen und ihre legitime Übertragbarkeit auf andere Kulturen verneinen (Brown 2004: 243ff.). Insbesondere in den 1990er Jahren wurde eine kontroverse akademische Debatte darüber geführt, ob Menschenrechte lediglich eine partikulare westliche Kultur und ein spezifisches individualistisch-liberales Menschenbild widerspiegeln und somit keine universelle Geltung beanspruchen könnten (Jetschke 2006: 25f.; vgl. Afshari 1994; Bayefsky 1996; Hamm/ Nuscheler 1995; Renteln 1990). Der kulturrelativistischen Position entsprach die lange Zeit relativ geringe Zahl von Ratifikationen von Menschenrechtsübereinkommen durch asiatische und afrikanische Länder sowie Staaten des Nahen und Mittleren Ostens (Jetschke 2006: 35).

Die Regierung der VR China vertritt bis heute die Position, dass unabhängig von der jeweiligen Herrschaftsordnung die Ausgestaltung der Menschenrechtspolitik eines Staates eine innerstaatliche Angelegenheit sei. Internationale Interventionen zur Förderung des Menschenrechtsschutzes seien zum Scheitern verdammt. Den Befürwortern von Interventionen in die Menschenrechtspolitik souveräner Staaten fehle oftmals ein adäquates Verständnis für die sozialen und kulturellen Realitäten vor Ort; vielfach diene Menschenrechtsschutz gar als „trojanisches Pferd" für versteckte politische oder wirtschaftliche Ziele der Intervenierenden (Richardson 2008: 29f.). Akzeptiert man die These eines radikalen Kulturrelativismus gegenüber Werten und Rechten, muss eine globale Werteordnung unmöglich erscheinen. Dies gilt umso mehr, wenn kulturelle Unterschiede essenzialistisch als unüberbrückbare Differenzen im Sinne eines „Zusammenpralls der Zivilisationen" (Huntington 1996) aufgefasst werden.

Derartige Einwände erscheinen jedoch – aus mehreren Gründen – deutlich überzogen: Aus der Tatsache, dass bestimmte Ideen und Werte historisch kontingent entstanden, kann nicht der Schluss gezogen werden, dass sie kulturell gleichsam ortsgebunden sind, nicht universalen Charakter annehmen können oder grundsätzlich nicht anschlussfähig an andere Weltphilosophien oder Religionen sind. Zudem scheint eine solche Argumentation häufig schlicht das Ziel zu verfolgen, dem den Menschenrechten innewohnenden herrschaftskritischen und emanzipatorischen Potenzial die Spitze zu nehmen. Nur allzu oft steckt hinter „kulturell" begründetem Werte- oder Normenrelativismus (z.B. dem Verweis auf „asiatische Werte" (vgl. Angle 2002; De Bary 1998)) der

Versuch, die eigenen, oft autoritären oder gar totalitären Herrschaftsinteressen gegen Kritik zu immunisieren. Des Weiteren verweisen neuere anthropologische Studien darauf, dass in der Tat über verschiedene Kulturen hinweg universelle Gemeinsamkeiten der Menschen als solchen bestehen, die einen radikalen kulturellen Relativismus fragwürdig erscheinen lassen. So findet sich durchaus empirische Evidenz für die Annahme, dass es eine erhebliche Menge an universellen menschlichen Eigenschaften gibt, die alle Kulturen in gewisse, andere Individuen nicht schädigende, Bahnen lenken, steuern und kontrollieren (Brown 2004: 255). Auch die politikwissenschaftliche Forschung über die Bedingungen für die Durchsetzung von Menschenrechten hat in den letzten Jahre Fortschritte gemacht: Neben kulturellen Erklärungen für die Nichtbeachtung von Menschenrechtsnormen wurden institutionalistische Erklärungsansätze (z.B. Schwäche der Überwachungsverfahren von Menschenrechtsübereinkommen und relativ geringe Sanktionsmöglichkeiten bei Menschenrechtsverstößen) entwickelt und empirisch überprüft. Die Nichtbefolgung von Menschenrechten hat demnach nicht unbedingt etwas mit „Kultur", sondern mit der Schwäche institutioneller Überwachungs- und Sanktionierungsverfahren zu tun. Der Spielraum für Erklärungen, die sich in erster Linie auf unüberbrückbare kulturelle Differenzen stützen, wird dadurch enger (Jetschke 2006: 26, 35, 38).

Spätestens seit dem Ende des Ost-West-Konflikts sowie vor dem Hintergrund fortschreitender Globalisierung und liberale Werte betonender vorherrschender Leitideen (vgl. Kap. 2) genießen Menschenrechte einen hohen Stellenwert im inter- und transnationalen politischen Diskurs (Risse 2004: 228; vgl. Coicaud/ Doyle/ Gardner 2003). Es gehört mittlerweile zum „guten Ton" in der internationalen Politik, dass Staaten und nicht nur die des „Westens" Menschenrechte anerkennen – ebenso wie sich seit den 1990er Jahren fast alle Staaten offiziell als „demokratisch" bezeichnen: „[W]er *dazu gehören will* und nicht zu den ,*Schurkenstaaten*' gezählt werden will, muss wohl oder übel die universale Geltung der Menschenrechte anerkennen" (Risse 2004: 227f.). Dies zeigt sich auch darin, dass die Zahl der Ratifikationen von Menschenrechtsverträgen ein noch nicht dagewesenes Ausmaß angenommen hat. Staaten aus verschiedenen Weltregionen und Kulturkreisen haben ein oder mehrere Übereinkommen ratifiziert – selbst China und Indonesien, zwei Hauptvertreter der Debatte über Menschenrechte und asiatische Werte, haben mittlerweile den Zivilpakt unterzeichnet (allerdings hat China ihn noch nicht ratifiziert). Der durchschnittliche Staat hat eine stetig wachsende Zahl von Menschenrechtsübereinkommen ratifiziert. Auch wenn mit der Anerkennung der Idee universell gültiger Rechte noch längst nicht deren Verwirklichung erreicht ist, lässt sich doch sagen, dass die pauschale These, Menschenrechte seien an eine „westliche" (europäische und/oder nordamerikanische) Kultur gebunden und nicht anschlussfähig an andere Kulturen, nicht mehr haltbar ist (Jetschke 2006: 26-33, 44; vgl. ausführlich Donnelly 2006: Kap. 3).

Dass mittlerweile ein wertebasiertes, nahezu globales Problembewusstsein für Menschenrechtsverletzungen existiert, ist in erheblichem Maße auf die Aktivitäten transnationaler Akteure zurückzuführen. Aktive Gruppen in den Gesellschaften verschiedener Staaten versprechen sich gleichsam, nicht-legitime Herrschaftspraktiken ihrer Herrschenden zu ächten und sich gegenseitig Beistand zu leisten, wenn ihre Herrschaftseliten Schranken der legitimen Herrschaftsausübung überschreiten. Zu diesem Zweck schließen sie sich zu transnational operierenden Netzwerken von Menschenrechtsorganisationen (Keck/ Sikkink 1998; Risse/ Ropp/ Sikkink 1999) oder zu transnationalen sozialen Bewegungen (Smith/ Chatfield/ Pagnucco 1997) zusammen, die lokal begrenzte Menschenrechtsverletzungen in der Wahrnehmung von Staaten und Gesellschaften zu globalen Problemen werden lassen (Rittberger/ Zangl 2003: 291).

Da die zwischenstaatliche und die gesellschaftsweltliche Ebene aufeinander bezogen und häufig wie beispielsweise in Demokratien, sogar eng miteinander verknüpft sind, können die gesellschaftsweltlichen Akteure das außenpolitische Verhalten ihrer Regierungen zumindest langfristig beeinflussen. Bei erfolgreich ausgeübtem Druck gesellschaftsweltlicher Akteure werden systematische Menschenrechtsverletzungen in einem Staat zu einem Problem der internationalen Politik, das kollektive zwischenstaatliche Bearbeitung erfordert. Indem sich nichtstaatliche Akteure zu transnational operierenden Netzwerken von Menschenrechtsorganisationen zusammen schließen, sind sie zum einen in der Lage, der moralischen Interdependenz auf gesellschaftsweltlicher Ebene direkte Wirksamkeit auf zwischenstaatlicher Ebene zu verleihen. Dies ist ihrer Funktion als Scharnier zwischen nationaler und internationaler Ebene sowie zwischen Staatenwelt und Gesellschaftswelt zu verdanken (Risse/ Sikkink 1999: 17f.). Die transnationale Vernetzung von Menschenrechtsorganisationen und daraus resultierende Mobilisierungskampagnen können zum anderen langfristig zu einer Beilegung des Wertekonfliktes zwischen Demokratien und Nicht-Demokratien beitragen, indem sie kulturelle Differenzen thematisieren, in einem konstruktiven verständigungsorientierten Diskurs austragen (vgl. Jetschke 2006: 43) und somit ein wesentliches Kooperationshindernis im Sachbereich „Herrschaft" überwinden helfen.

Die Entwicklung eines globalen Problembewusstseins für systematische Menschenrechtsverletzungen sollte nicht darüber hinweg täuschen, dass grundlegende Kooperationshindernisse Weltregieren zur Förderung der Anerkennung und Einhaltung von Menschenrechten erschweren. Eines dieser Hindernisse ergibt sich aus der Unmöglichkeit oder Sinnlosigkeit einer direkten, vergeltenden Reziprozität. Menschenrechtsverletzungen eines Staates können nicht dadurch vergolten werden, dass andere Staaten ebenfalls Menschenrechtsverletzungen begehen. Vergeltung ist mithin nur durch Problemverknüpfung („issue-linkage") möglich. Dabei werden Zugeständnisse in einem Problemfeld gegenüber einem anderen Staat, wie beispielsweise die Intensivierung der Handelsbeziehungen, von dessen Entgegenkommen bei der Achtung der Menschenrechte abhängig gemacht. Solche wirksamen Problemverknüpfungen herzustellen, gelingt in erster Linie vergleichsweise mächtigen, d.h. ressourcenstarken Staaten.

Zwischenstaatliche Kooperation im Herrschaftsbereich wird zudem durch ein strukturell angelegtes Misstrauen zwischen Staaten, die grundlegend unterschiedliche Herrschaftsordnungen aufweisen, behindert (Rittberger/Zangl 2003: 293). Dieses Misstrauen entsteht insbesondere dann, wenn die Herrschaftsordnung des jeweils anderen

Staates aus ethischen Gründen abgelehnt wird und in diese Ablehnung auch die Befürchtung einfließt, die andere Herrschaftsordnung sei ihrem Wesen nach auf Expansion angelegt. Daher wird jeder sich insoweit betroffen einschätzende Staat versucht sein, den Wandel der Herrschaftsform des Anderen zu fördern, die eigene Herrschaftsform vor der Delegitimierung oder Destabilisierung durch den Anderen hingegen zu schützen.

Überspitzt formuliert folgt daraus, dass Kooperation dort, wo sie möglich wäre, weitgehend überflüssig, hingegen dort, wo sie nötig wäre, äußerst schwierig ist. Zwischen Staaten mit weitgehend vergleichbaren Herrschaftsordnungen ergibt sich ein Kooperationsbedarf unter dem Gesichtspunkt der Rückversicherung; das heißt, künftige Regierungen sollen gebunden werden, die bestehende Herrschaftsordnung beizubehalten. Hingegen ist die Kooperation zwischen Staaten mit unterschiedlichen Herrschaftsordnungen – selbst wenn sie unter dem Druck der Gesellschaftswelt handeln – schwer zu erreichen, da sich hier in der Regel Wertekonflikte auftun. Wertekonflikte sind einer kooperativen Konfliktbearbeitung nur selten zugänglich (Efinger/ Rittberger/ Zürn 1988: 92-98). Kompromisse scheinen jedoch insbesondere dann möglich, wenn sich die Interessen einer gut organisierten Gesellschaftswelt mit denen eines mächtigen Staates decken, der seine Machtmittel einsetzt, um andere Staaten zu einer Korrektur der eigenen Herrschaftspraxis anzuhalten (Rittberger/ Zangl 2003: 292ff.; vgl. Krasner 1993a: 141).

Diesen erheblichen Kooperationshindernissen entspricht die vergleichsweise späte historische Entwicklung des Menschenrechtsschutzes auf globaler Ebene. Die Notwendigkeit, eine Schranke und zugleich Verpflichtung staatlicher Herrschaftsausübung international verbindlich abzusichern, wurde in der uns heute vertrauten Form erst im Zusammenhang mit der Erfahrung von Völkermord und Verbrechen gegen die Menschlichkeit, die vor allem vom nationalsozialistischen Deutschland und seinen Bündnispartnern während des Zweiten Weltkrieges begangen wurden, offenbar. Zuvor beschränkten sich Ansätze einer internationalen Menschenrechtspolitik auf eng begrenzte Problemfälle wie das Verbot des internationalen Sklavenhandels oder die Festlegung von Mindeststandards des Arbeiterschutzes (Krasner 1999: 106-110). Nach dem Zweiten Weltkrieg hielten die Herrschaftspraktiken eines Generals Pinochet in Chile, von Idi Amin in Uganda und Pol Pot in Kambodscha, die Politik der Apartheid in Südafrika oder das Massaker auf dem Platz des himmlischen Friedens in Peking – um nur einige Beispiele zu nennen – das Thema des Schutzes vor Menschenrechtsverletzungen auf der internationalen politischen Tagesordnung. In diesen Fällen zeigte sich, dass zumeist erst der Druck gesellschaftsweltlicher Akteure vor allem auf die Regierungen liberal-demokratischer Staaten eine internationale Handlungsbereitschaft zu erzeugen vermochte (vgl. Klotz 1995a). Außerdem zeigte sich in den Jahrzehnten nach dem Zweiten Weltkrieg, dass erst nachdem die Gesellschaftswelt die Unterstützung mächtiger Staaten gefunden hatte, eine Politik des internationalen Menschenrechtsschutzes möglich und schrittweise institutionalisiert wurde (Rittberger/ Zangl 2003: 296; vgl. Donnelly 2006: Kap. 1).

Kapitel 9: Herrschaft

2.1.2 „Drei Generationen" von Menschenrechten: Bürgerliche und politische Rechte – wirtschaftliche, soziale und kulturelle Rechte – Kollektivrechte

Ehe ein – notwendigerweise unvollständiger – Überblick über das Auftreten von Menschenrechtsverletzungen weltweit gegeben wird, der in erster Linie einen Eindruck vom Fortbestehen systematischer Menschenrechtsverletzungen vermitteln soll, wird im Folgenden eine weithin gebräuchliche Kategorisierung von Menschenrechten vorgestellt. Gemeinhin wird von drei verschiedenen Arten von Menschenrechten – mitunter auch von „drei Generationen" – gesprochen (vgl. Abb. 9.1).

---
1) **bürgerliche und politische Rechte** (Freiheits- und Gleichheitsrechte)
2) **wirtschaftliche, soziale und kulturelle Rechte** (soziale Menschenrechte oder WSK-Rechte)
3) **Kollektiv- oder Gruppenrechte** (Menschenrechte der Dritten Generation)

Abb. 9.1: Drei „Generationen" von Menschenrechten

Bürgerliche und politische Rechte zielen auf die selbstbestimmte freie Entfaltung eines jeden Individuums ab und stellen zugleich Voraussetzungen für eine demokratisch-rechtsstaatliche Herrschaftsordnung dar (vgl. Roth 2008: 12f.). Bürgerliche und politische Rechte sind in erster Linie Abwehrrechte eines jeden einzelnen Individuums gegen staatliche Willkür und entziehen bestimmte Bereiche gesellschaftlichen und persönlichen Lebens dem Zugriff staatlicher Herrschaft. Die bürgerlichen und politischen Menschenrechte wurden in der Allgemeinen Erklärung der Menschenrechte (1948) und im Internationalen Pakt über bürgerliche und politische Rechte („Zivilpakt") von 1966 umfassend kodifiziert (Auswärtiges Amt 2008a: 35).[191] Zu den in den Artikeln 3 bis 21 der Allgemeinen Erklärung der Menschenrechte sowie in den Artikeln 6 bis 27 des Internationalen Paktes über bürgerliche und politische Rechte aufgeführten bürgerlichen und politischen Menschenrechten zählen: das Recht auf Leben, auf Freiheit und Sicherheit der Person; der Schutz vor Diskriminierung; das Verbot der Folter und der Sklaverei; der Anspruch auf Gleichheit vor dem Gesetz, auf ein faires Gerichtsverfahren; das Recht auf rechtlichen Beistand im Rahmen eines Gerichtsverfahrens sowie auf die Vermutung der Unschuld bis zu einer richterlichen Verurteilung; das Recht, nur auf der Grundlage der zum Zeitpunkt der Tat gültigen Gesetze verurteilt zu werden („nulla poena sine lege"); der Schutz der Privatsphäre; das Recht auf Gedanken-, Gewissens- und Religionsfreiheit; das Recht auf freie Meinungsäußerung, auf Versammlungs- und Vereinigungsfreiheit sowie auf Freizügigkeit; der Schutz der Familie; das Recht zu heiraten; das Recht auf Zugang zu öffentlichen Ämtern und der Teilhabe an der Gestaltung der öffentlichen Angele-

---

[191] Ihre Wurzeln reichen freilich weit zurück: Zentrale Vorläuferdokumente sind die englische Bill of Rights (1689), die amerikanische Virginia Bill of Rights, die amerikanische Unabhängigkeitserklärung (beide 1776) sowie die französische Menschen- und Bürgerrechtserklärung (1789).

genheiten des eigenen Landes; der Anspruch, an wiederkehrenden, allgemeinen und gleichen Wahlen teilzunehmen (Rittberger/ Zangl 2003: 298; vgl. Dicke 1998). 112 Staaten haben den „Zivilpakt" ratifiziert (Stand Juni 2009).

Bereits die Allgemeine Erklärung der Menschenrechte erkennt neben bürgerlichen und politischen Rechten auch wirtschaftliche, soziale und kulturelle Rechte an. In ihren Artikeln 22 bis 27 werden wirtschaftliche, soziale und kulturelle Grundrechte benannt, die im Internationalen Pakt über wirtschaftliche, soziale und kulturelle Rechte („Sozialpakt", 1966), der als nahezu universelles Menschenrechtsinstrument für die WSK-Rechte das Gegenstück zum „Zivilpakt" bildet, bekräftigt und weiter entfaltet werden. Hier sind vor allem zu erwähnen: das Recht auf ausreichende Nahrung und einen angemessenen Lebensstandard sowie das Recht auf körperliche und geistige Gesundheit; das Recht auf Arbeit sowie auf angemessene und befriedigende Arbeitsbedingungen; das Streikrecht sowie das Recht auf Freizeit, auf Urlaub und auf soziale Sicherheit; das Recht auf Bildung sowie auf Teilhabe am kulturellen und wissenschaftlichen Leben des eigenen Landes (Rittberger/ Zangl 2003: 298f.; vgl. Auswärtiges Amt 2008a: 71).

Dem „Sozialpakt" gehören mittlerweile 160 Vertragsstaaten an (Stand Juni 2009). Während bürgerliche und politische Rechte in ihrem Kern Abwehrrechte gegen den Staat darstellen, begründen WSK-Rechte auch einen Gewährleistungsanspruch von Herrschaftsunterworfenen gegenüber dem Staat; d.h. sie fordern diesen zur aktiven Erbringung bestimmter Leistungen (z.B. Gewährleistung von Bildungschancen) oder zum Treffen von Vorkehrungen, die der Verwirklichung der WSK-Rechte dienen (z.B. Arbeitsstandards), auf. Ihre Umsetzung durch die Staaten ist daher anspruchsvoller, da ihre Gewährleistung in der Regel aktive Leistungen und nicht nur Unterlassungen des Staates erfordert. Diese hergebrachte Charakterisierung von bürgerlichen und politischen Rechten als Abwehrrechte und von WSK-Rechten als Anspruchsrechte wurde mittlerweile von verschiedenen Seiten mit guten Gründen kritisiert und relativiert (vgl. Hamm/ Kocks 2006: 91f.): So lässt sich etwa am Beispiel des Rechts auf Wohnen zeigen, dass WSK-Rechte sowohl kostspielige Gewährleistungsverpflichtungen (z.B. Förderung des Zugangs zu Unterkünften für benachteiligte Bevölkerungsgruppen) als auch Achtungs- und Schutzverpflichtungen (z.B. Achtung von Besitzständen/ Verbot der Zerstörung von genutztem Wohnraum oder Schutz vor ungerechtfertigten Enteignungen und Zwangsumsiedlungen) beinhalten. Achtungs- und Schutzverpflichtungen erfordern deutlich geringere finanzielle Aufwendungen und sind zudem eher justiziabel als Gewährleistungsverpflichtungen, bei denen den Staaten ein relativ weiter Ermessensspielraum zukommt. Dennoch bleibt die grobe Abgrenzung der WSK-Rechte von bürgerlichen und politischen Rechten und ihre Einstufung als Rechte, die auch einen positiven Gewährleistungsanspruch gegenüber dem Staat begründen, sinnvoll: Um die volle Ausübung von WSK-Rechten zu ermöglichen, sind in der Regel positive Leistungen des Staates erforderlich – und zwar in deutlich größerem Umfang als dies bei den bürgerlichen und politischen Rechten der Fall ist.

Die Wertigkeit von bürgerlichen und politischen Menschenrechten einerseits und von WSK-Rechten andererseits ist zwischen den Staaten umstritten. Die USA haben den „Sozialpakt" anders als den „Zivilpakt" nicht ratifiziert und räumen den bürgerlichen und politischen Freiheitsrechten deutlichen Vorrang gegenüber den WSK-Rechten ein (vgl. Bederman 2001: 97). Die Führer der Kommunistischen Partei Chinas werten hingegen ihre Anstrengungen, hunderte Millionen von Chinesen von Armut zu befreien, als Beweis dafür, dass sie sich der Gewährleistung von Menschenrechten in China verpflichtet zeigen. Statt bürgerliche und politische Rechte und WSK-Rechte als gleichwertig zu betrachten, räumt China wirtschaftlichen und sozialen Rechten einen höheren Stellenwert ein (Richardson 2008: 28). Die Europäische Union misst – ihrem Selbstverständnis zufolge – den WSK-Rechten die gleiche Bedeutung zu wie den bürgerlichen und politischen Rechten. Sie folgt damit der auf der Weltkonferenz über Menschenrechte in Wien (1993) bekräftigten Vorstellung der Allgemeingültigkeit, Unteilbarkeit, wechselseitigen Abhängigkeit und Verknüpfung aller Menschenrechte und Grundfreiheiten (Rat der Europäischen Union/ Europäische Kommission 2007: 52f.). Trotz dieser Betonung der Interdependenz und Unteilbarkeit aller Menschenrechte ist nicht zu übersehen, dass die Stellung von Menschenrechten der ersten Generation und von Menschenrechten der zweiten Generation im internationalen politischen Diskurs und im Rechtsdiskurs unterschiedlich ist. WSK-Rechte wurden im Gegensatz zu bürgerlichen und politischen Rechten lange als Programmsätze verstanden, die keine individuellen, einklagbaren Rechtsansprüche begründen. So führten WSK-Rechte „über Jahrzehnte hinweg im Vergleich zu den politischen Menschenrechten ein Schattendasein" (Hamm/ Kocks 2006: 88). Dies liegt auch daran, dass WSK-Rechte schwieriger eindeutig zu bestimmen sind als bürgerliche und politische Menschenrechte: was z.B. bedeutet ein Recht auf Bildung oder Arbeit genau? Zwar haben die eher vagen Normen des „Sozialpakts" in den letzten Jahren vor allem auf Initiative des Vertragsorgans des Sozialpakts eine erhebliche Präzisierung und schärfere juristische Konturen erhalten; auch ist die internationale Akzeptanz der Justiziabilität von WSK-Rechten gewachsen (Hamm/ Kocks 2006: 102f.). Dennoch mangelt es nach wie vor an geeigneten *und* international anerkannten Indikatoren und Richtwerten zur Bestimmung der WSK-Rechte sowie Instrumenten zur Überprüfung ihrer Einhaltung und zur Sanktionierung von Verstößen (Würth 2006: 75ff.).

Neben den bürgerlichen und politischen Rechten und den WSK-Rechten wird seit dem Ende der 1980er Jahre zunehmend über die Gewährung von Gruppen- oder Kollektiv-Rechten („Menschenrechte der dritten Generation") diskutiert.[192] Anspruchsberechtigte sind im Falle von Kollektivrechten – anders als bei bürgerlichen und politischen Rechten und WSK-Rechten – nicht Individuen, sondern Gruppen. Beispiele für viel diskutierte, aber längst nicht universell anerkannte Kollektiv-Rechte sind das Recht auf Entwicklung, aus dem Entwicklungsländer immer wieder ein Recht auf Entwicklungshilfe von Seiten der Industrieländer herzuleiten such(t)en, das Recht auf eine

---

[192] Das Selbstbestimmungsrecht der Völker, das ebenfalls ein kollektives Recht darstellt, fand jedoch bereits Eingang in die VN-Charta (1945), in die Allgemeine Erklärung der Menschenrechte sowie in den Zivil- und den Sozialpakt.

intakte natürliche Umwelt sowie Rechte, die der besonderen Schutzbedürftigkeit von Minderheiten wie z.B. indigenen Völkern Rechnung tragen (vgl. Amnesty International 2007: 4). Zu letztgenannten zählen etwa das Recht auf eine eigene Sprache und das Recht auf einen angemessenen Anteil an Natur- und Kulturschätzen eines Landes. Die rechtliche Verbindlichkeit, die Definition von Anspruchsberechtigten und von Verpflichteten (Individuen, nationale Regierungen oder internationale Gemeinschaft), die Umsetzung in überprüfbare Handlungsanweisungen und die praktische Implementation von Kollektivrechten sind international hoch umstritten.

So fehlt es bereits an einer international anerkannten Definition des Minderheitenbegriffs – auch in der VN-Erklärung über die Rechte von Angehörigen nationaler oder ethnischer, religiöser und sprachlicher Minderheiten von 1992 wird der Ausdruck „Minderheit" nicht definiert (vgl. Lâm 2007: 530ff.). Kontroversen bestehen u.a. hinsichtlich der Frage, ob die Anerkennung als nationale Minderheit die Staatsangehörigkeit des jeweiligen Staats voraussetzt (Auswärtiges Amt 2005: 140). Ein weiteres Problem von Kollektivrechten besteht darin, dass die häufig vorgenommene Definition von anspruchsberechtigten Kollektiven entlang ethnischer Grenzen die Fragmentierung von Gesellschaften eher zu vertiefen als abzuschwächen droht.

Zwar wurde bereits 1986 von der VN-Generalversammlung eine Erklärung zum Recht auf Entwicklung verabschiedet. Das Recht auf Entwicklung wurde seither immer wieder von verschiedenen, speziell dafür eingerichteten Gremien der VN (u.a. einer VN-Arbeitsgruppe für das Recht auf Entwicklung), in der Erklärung und im Aktionsprogramm der Wiener Weltkonferenz über Menschenrechte von 1993 und in alljährlichen, von der G77 eingebrachten Resolutionen der mittlerweile aufgelösten VN-Menschenrechtskommission (MRK) und der VN-Generalversammlung bekräftigt. Konzeptionelle Fragen des Rechts auf Entwicklung – etwa die bereits angedeutete Frage, wer die Hauptverantwortung für die Verwirklichung des Rechts auf Entwicklung trägt, und das Verhältnis des Rechts auf Entwicklung zu den Millenniumentwicklungszielen (vgl. Kap. 8) – sowie dessen nationale wie internationale praktische Umsetzung sind aber nach wie vor ungeklärt. So lässt sich das Recht auf Entwicklung als primär politikprogrammatisches Konzept charakterisieren, das keine anerkannten und überprüfbaren, konkreten einklagbaren Ansprüche begründet. Ebenso wie z.B. die EU-Staaten immer wieder betonen, dass sie dem Recht auf Entwicklung grundsätzlich verpflichtet sind, verweisen sie zugleich darauf, dass den Staaten auf nationaler Ebene die Hauptverantwortung bei der Umsetzung dieses Rechts zukommt (Auswärtiges Amt 2005: 150ff.; Rat der Europäischen Union/ Europäische Kommission 2007: 52f., 55).

Festzuhalten ist, dass sich drei Arten oder „Generationen" von Menschenrechten – bürgerliche und politische Rechte, WSK-Rechte und Kollektivrechte – unterscheiden lassen. Diese drei „Generationen" von Menschenrechten haben unterschiedlich breite Anerkennung gefunden und werden jeweils von verschiedenen Staaten als mehr oder weniger wichtig und für ihre Herrschaftsordnung bindend angesehen. Die folgenden Ausführungen zur Lage des Menschenrechtsschutzes weltweit und zum Weltregieren im Problemfeld „systematische Menschenrechtsverletzungen" orientieren sich an dieser Dreiteilung.

2.1.3 Befunde zur Lage des Menschenrechtsschutzes weltweit

Systematische Menschenrechtsverletzungen bestehen auch mehr als 60 Jahre nach Verabschiedung der Allgemeinen Erklärung der Menschenrechte von 1948 fort. Nach wie vor werden in vielen Teilen der Welt selbst grundlegende Menschenrechte wie z.B. das Folterverbot nicht nur sporadisch, sondern systematisch missachtet. Regierungen weltweit zeigen sich unwillig oder unfähig, für die Gewährleistung bürgerlicher und politischer, sozialer, wirtschaftlicher und kultureller sowie kollektiver Menschenrechte Sorge zu tragen. Auch liberale westliche Demokratien sind gegen Menschenrechtsverletzungen nicht immun – wie etwa die Missachtung von fundamentalen Menschenrechten durch die US-amerikanische Regierung unter George W. Bush und deren europäische Verbündete im Kampf gegen den transnationalen Terrorismus zeigten. Im Zuge einer sich beschleunigenden und intensivierenden vor allem ökonomischen Globalisierung stellt sich zudem die Frage nach der (Mit-)Verantwortlichkeit von transnationalen Unternehmen für Menschenrechtsverletzungen und deren Vermeidung immer dringlicher.

Die folgenden Ausführungen sollen einige der globalen Herausforderungen im Bereich des Menschenrechtsschutzes aufzeigen. Dieser den Unterscheidungen zwischen drei „Generationen" von Menschenrechten folgende Überblick kann freilich nicht umfassend sein – nicht in thematischer Hinsicht und erst recht nicht mit Blick auf unterschiedliche Länder oder Weltregionen.[193] Es geht in erster Linie darum, nach einem knappen regionalen Überblick wichtige allgemeine Entwicklungstendenzen von weltweiten Menschenrechtsverletzungen deutlich zu machen.

2.1.3.1 Verletzungen bürgerlicher und politischer Menschenrechte

In allen Weltregionen finden sich Fälle schwerwiegender Verletzungen von bürgerlichen und politischen Menschenrechten (vgl. Auswärtiges Amt 2008a: 288-367). Die Menschenrechtssituation in Afrika südlich der Sahara ist besonders prekär. Massenhafte, systematische Gewalttaten gegen die Zivilbevölkerung verletzen grundlegende Freiheitsrechte. Am deutlichsten zeigt sich dies in der Region Darfur im Sudan, in der seit 2003 Verbrechen gegen die Menschlichkeit, wenn nicht gar ein Genozid, verübt werden. Die meisten Regierungen Afrikas unterdrücken politische Opposition und

---

[193] Für eine länderspezifische Bewertung der Menschenrechtslage weltweit vgl. die Jahresberichte von Amnesty International (2008) und Human Rights Watch (2008), den Menschenrechtsbericht der Bundesregierung (Auswärtiges Amt 2008a) oder die Länderberichte des US-Außenministeriums (2008).

freie Meinungsäußerung; in einigen Ländern sind außerrechtliche Exekutionen, willkürliche Verhaftungen, Folter und die Bedrohung von Menschenrechtsaktivisten und Journalisten weit verbreitet (Amnesty International 2008: 3-10; Auswärtiges Amt 2008a: 325ff.; Roth 2008: 5).

In Nordafrika und im Nahen und Mittleren Osten wird Sicherheitskräften von Seiten der Regierung oftmals freie Hand gewährt, Oppositionelle und Verdächtige zu verhaften, einzuschüchtern oder zu foltern. Regierungen billigen oder fördern aktiv Menschenrechtsverletzungen durch Sicherheitskräfte. Menschenrechts-NGOs berichten von Folter und anderen Misshandlungen in mehreren Ländern der Region, darunter Algerien, Ägypten, Irak, Iran, Jordanien, Kuwait, Libyen, Marokko, Saudi-Arabien, Syrien, Tunesien und Jemen. In Ägypten, Jordanien, Syrien, Tunesien und im Jemen wurden 2006 politischer und terroristischer Straftaten Verdächtige durch Sonder- und Militärgerichte abgeurteilt (Amnesty International 2008: 33ff.). Politische Opposition, mediale Vielfalt und Freiheit der Berichterstattung sind stark begrenzt. Diskriminierung auf der Basis von Geschlecht, Religion, Ethnie oder sexueller Orientierung herrscht in zahlreichen Ländern vor (ebd.: 49).

Auch in Ost-, Süd- und Südostasien werden bürgerliche und politische Freiheitsrechte verletzt. In zahlreichen Ländern (z.B. China, Birma/Myanmar, Nordkorea, Vietnam) ist der Raum für Kritik an der Regierung und für oppositionelle Aktivitäten erheblich eingeschränkt (Roth 2008: 5). Menschenrechtsaktivisten sehen sich von repressiven Regimen bedroht – oder zumindest nicht hinreichend vor ihnen geschützt – und verweisen auf Extremfälle wie vermeintlich politisch motivierte, vom Staat nicht aufgeklärte Morde an Menschenrechtsaktivisten auf den Philippinen 2006 (Amnesty International 2007: 29f.). Die gewaltsame Repression jeglicher Form von Opposition durch die Militärjunta in Birma/Myanmar ist ein besonders augenscheinliches Beispiel für die Verletzung von Freiheitsrechten in der Region. Chinas Verhältnis zur Gewährleistung von bürgerlichen und politischen Rechten ist aus mehreren Gründen problematisch. Das chinesische Entwicklungsmodell des schnellen ökonomischen Wachstums ohne Erweiterung bürgerlicher und politischer Rechte und Öffnung des politischen Systems hat zwar die sozioökonomischen Lebensbedingungen einer sehr großen Zahl von Menschen verbessert und die Zahl der absolut Armen deutlich reduziert. Doch zugleich wird Kritik aus der Gesellschaft etwa von sozial Benachteiligten, politisch und wirtschaftlich Unzufriedenen oder religiösen Minderheiten unterdrückt – häufig mit der Begründung, diese gefährde die staatliche Stabilität und das wirtschaftliche Wachstum (Richardson 2008: 26). Auch die Politik Chinas gegenüber anderen menschenrechtsverletzenden Regierungen und das gegen die Verhängung kollektiver Sanktionen gerichtete Verhalten chinesischer Diplomaten in internationalen Menschenrechtsgremien (im VN-Sicherheitsrat und im neu geschaffenen VN-Menschenrechtsrat (MRR)) wurden kritisiert. China vertritt eine strikte Politik der Nicht-Intervention in die internen Angelegenheiten von Staaten – unabhängig von deren Herrschaftsordnung und der jeweiligen Einstellung der Regierungen zum Schutz der Menschenrechte. Peking hat offen repressive Regierungen wirtschaftlich und politisch unterstützt und damit

Versuche, internationalen Druck auf diese aufzubauen, zum Scheitern verurteilt. Ohne die finanzielle Hilfe, die Investitionen, die Lieferung von Waffen und die politische Unterstützung Chinas würde es den Regierungen Birmas/Myanmars (General Than Shwe), Sudans (Präsident Omar Al-Bashir) oder Simbabwes (Präsident Robert Mugabe) deutlich schwerer fallen, internationalem Druck stand zu halten und ihre Menschenrechtsverletzungen fortzusetzen (Richardson 2008: 26f.).

In einigen Nachfolgestaaten der ehemaligen Sowjetunion – vor allem Russland, Weißrussland sowie den zentralasiatischen Republiken – werden Freiheitsrechte wie die Presse- und Meinungsfreiheit verletzt, die Versammlungs- und Vereinigungsfreiheit eingeschränkt und der Aufbau einer Opposition unterdrückt (Amnesty International 2008: 31f.). In Russland wurden unabhängige Medien zurückgedrängt und Menschenrechtsverteidiger in ihrer Arbeit behindert. Der Bewegungsspielraum von NGOs wurde durch restriktive gesetzliche Regelungen zur Finanzierung und zu den Tätigkeiten von NGOs eingeschränkt (ebd.: 32).

Auch wenn in Lateinamerika in den letzten Jahren eine Stärkung demokratischer Prozesse durch weitgehend faire Wahlen und friedliche Regierungswechsel zu beobachten waren, blieb in einigen Ländern der Raum für Opposition und individuelle Freiheitsrechte beschränkt. Zudem führte öffentlicher Widerstand gegen Regierungen mitunter zu heftigen sozialen Protesten, denen mit Repression von Seiten der Sicherheitskräfte begegnet wurde (ebd.: 11-18).

Die USA wurden vor allem wegen der Verletzung bürgerlicher und politischer Rechte im Zuge des globalen Kampfes gegen den Terrorismus kritisiert (s. unten; vgl. Foot 2005; Roth 2005). Ein Hauptkritikpunkt, der sich an europäische Staaten richtet, ist deren restriktive Asyl- und Flüchtlingspolitik. Amnesty International berichtet für die Staaten Griechenland, Italien, Malta, Spanien und Vereinigtes Königreich über hohe administrative Hürden bei der Beantragung von Asyl, die Verweigerung rechtlicher Unterstützung für Flüchtlinge und die Durchführung von Abschiebungen, ohne dass die Betroffenen angemessenes rechtliches Gehör gefunden hätten. Einige Asylbewerber wurden in Länder abgeschoben, in denen ihnen Menschenrechtsverletzungen drohten (Amnesty International 2008: 28). Zudem fanden sich u.a. in Untersuchungen des Europarats und des Europäischen Parlaments Beweise für eine Verwicklung europäischer Regierungen in geheime, illegale US-amerikanische Überstellungen von Terrorverdächtigen in Länder, in denen den Gefangenen Menschenrechtsverletzungen wie Folter und gewaltsames Verschwinden drohten (Amnesty International 2008: 27f.).

Das Argument der Gewährleistung nationaler Sicherheit wurde seit jeher herangezogen, um Menschenrechtsverletzungen und insbesondere die Einschränkung von Freiheitsrechten zu rechtfertigen. Im Zuge des von den USA erklärten „globalen Krieges" gegen den transnationalen Terrorismus droht der Schutz von bürgerlichen und politischen Rechten, aufgrund realer oder vermeintlicher Sicherheitserwägungen eingeschränkt oder gar ausgehöhlt zu werden. Mehrere negative Auswirkungen auf die Gewährleistung des Menschenrechtsschutzes lassen sich bei der Terrorismusbekämpfung durch die USA und ihre Verbündeten feststellen. Auch in liberalen Demokratien wurden menschenrechtswidrige Maßnahmen ergriffen und für den Schutz von Menschenrechten problematische Befugnisse von Sicherheitsbehörden (z.B. in Verhören von terrorverdächtigten Gefangenen) ausgeweitet. Der Unterstützung des Terrorismus verdächtige Personen wurden in Länder abgeschoben, in denen ihnen Folter und andere schwere Menschenrechtsverletzungen drohten – die USA und das Vereinigte Königreich beriefen sich zur Rechtfertigung auf de facto nicht verifizierbare diplomatische Zusicherungen der aufnehmenden Staaten, dass sie die Verdächtigen fair behandeln werden. So hat die britische Regierung in den letzten Jahren zur Abschiebung von Terrorverdächtigen diplomatische Zusicherungen von Staaten wie Algerien, Ägypten, Jordanien, Libyen oder Russland eingeholt, um so „non-refoulement"-Verpflichtungen[194] zu umgehen (Hall 2008: 63ff.; Human Rights Watch 2008: 541).

Die Verletzung von Menschenrechten in repressiven Staaten kann begünstigt werden, wenn die Aufmerksamkeit der internationalen Öffentlichkeit durch Sicherheitsthemen bestimmt und dadurch von Menschenrechtsverletzungen abgelenkt wird. Staaten mit problematischer Menschenrechtssituation wird nachsichtiger begegnet, wenn diese sich am Kampf gegen den internationalen Terrorismus beteiligen. Von repressiven Regimen werden Menschenrechtsverletzungen zu Anti-Terror-Maßnahmen „umgewidmet". Unliebsame Opposition wird etwa unter dem Deckmantel der Terrorismusbekämpfung unterdrückt. Dadurch haben gerade in Nordafrika und im Mittleren Osten bereits praktizierte Verletzungen des Rechts auf freie Meinungsäußerung und auf Versammlungs- und Vereinigungsfreiheit neue Legitimation erhalten (Auswärtiges Amt 2005: 36).

Verschiedene Maßnahmen der Bush-Jr.-Regierung im Kampf gegen den Terrorismus verstießen gegen zentrale Freiheitsrechte: das Gefangenenlager Guantanamo, in dem Hunderte Terrorverdächtige zum Teil sechs Jahre und länger ohne Anklage festgehalten wurden; geheime Gefängnisse der Central Intelligence Agency (CIA) für „unrechtmäßig verschwundene" Verdächtige, deren Existenz der damalige Präsident Bush im September 2006 zugegeben hatte und zu denen Anwälte schon auf Grund der schieren Nicht-Kenntnis dieser Gefängnisse keinen Zugang haben; geheime, illegale Gefangenentransporte in Länder, in denen den Gefangenen Folter drohte; mittlerweile vom Obersten Gerichtshof der USA für illegal erklärte Militärkommissionen, die Terrorverdächtige unter Verletzung rechtsstaatlicher Verfahrensregeln aburteilten; die Aufhebung der „habeas corpus"-Regel[195] und der Einsatz von Verhörmethoden wie dem

---

[194] Das „non-refoulement"-Prinzip bezeichnet ein völkerrechtlich geregeltes Ausweisungs- und Zurückweisungsverbot in Bezug auf politische Flüchtlinge. Art. 33 der Genfer Flüchtlingskonvention untersagt es den Vertragsstaaten, „einen Flüchtling auf irgendeine Weise über die Grenzen von Gebieten aus[zu]weisen oder zurück[zu]weisen, in denen sein Leben oder seine Freiheit wegen seiner Rasse, Religion, Staatsangehörigkeit, seiner Zugehörigkeit zu einer bestimmten sozialen Gruppe oder wegen seiner politischen Überzeugung bedroht sein würde."
[195] Nach der Habeas-Corpus-Regel darf niemand ohne richterliche Überprüfung und Anordnung in Haft genommen und gehalten werden. Die Regel geht zurück auf den englischen Habeas Corpus Act von 1679, der das Recht des Königs, Personen festnehmen zu lassen, einschränkte.

Kapitel 9: Herrschaft

„waterboarding", dem simulierten Ertränken von Gefangenen, die Folter gleich kommen (Roth 2005; Roth 2008: 3; Human Rights Watch 2008: 540ff.).

Obwohl die Anwendung oder Androhung von Folter sogar unabhängig von der Ratifizierung einschlägiger Übereinkommen (vgl. Art. 7 Zivilpakt sowie das VN-Übereinkommen gegen Folter und andere grausame, unmenschliche oder erniedrigende Behandlung oder Strafe) völkerrechtswidrig ist, werden jährlich zehntausende Fälle von Folter bekannt, wobei die tatsächliche Zahl wegen der hohen Dunkelziffer deutlich höher liegt (Auswärtiges Amt 2005: 61). Freilich ist die Mehrzahl dieser Fälle nicht auf Terrorismusbekämpfungsmaßnahmen zurückzuführen. Dennoch zeigen mehrere Beispiele, etwa die öffentliche Diskussion in westlichen Demokratien darüber, ob und unter welchen Umständen Ausnahmen vom Folterverbot z.B. zur Abwehr eines bevorstehenden Terroranschlags gerechtfertigt sein könnten (vgl. Auswärtiges Amt 2008a: 43f.), die Position der US-Regierung zu menschenrechtswidrigen Verhörtechniken und die Verwicklung auch demokratischer Staaten (EU-Staaten, Kanada) in illegale Gefangenentransfers durch US-Sicherheitsbehörden, dass selbst liberale Demokratien gegen die Verletzung grundlegender bürgerlicher und politischer Rechte im Zuge der Bekämpfung des Terrorismus nicht immun sind (Human Rights Watch 2008: 542ff.)

Ein weiterer negativer Aspekt der Terrorismusbekämpfung ist, dass mitunter verbündete autoritäre Regierungen als demokratisch dargestellt, unterstützt oder zumindest nicht öffentlich für die Verletzung von bürgerlichen und politischen Rechten (wie freie Meinungsäußerung, Versammlungs- und Vereinigungsfreiheit, Medienfreiheit) und die Unterdrückung von Opposition zur Rechenschaft gezogen werden. So blieb Äthiopiens Regierung trotz massiver Repression von Oppositionellen, die gegen Betrug bei den Wahlen 2005 demonstrierten, der größte Nutznießer von Hilfeleistungen der USA in Sub-Sahara-Afrika, weil sie ein wichtiger Alliierter im Kampf gegen den Terrorismus und islamistische Kämpfer im benachbarten Somalia ist. Ägyptens Präsident Mubarak profitiert seit Jahren von der begründeten Furcht des Westens, faire Wahlen würden Islamisten an die Macht bringen (Roth 2008: 15ff.).

Neben diesen negativen Folgen der Bekämpfung des transnationalen Terrorismus lässt sich die Verwicklung transnationaler Unternehmen aus dem Rohstoff- und Energiesektor in Menschenrechtsverletzungen als weitere Herausforderung für den globalen Menschenrechtsschutz identifizieren. Vor allem in rohstoffreichen Staaten mit politisch schwachen und häufig korrupten Regimen sind transnationale Unternehmen mitunter in Menschenrechtsverletzungen – etwa gewaltsame Repression gegen lokale Gemeinschaften, die gegen die Ausbeutung natürlicher Ressourcen protestieren – mehr oder weniger direkt verwickelt (vgl. Amnesty International 2008: 17). So werden transnationalen Unternehmen in NGO-Kampagnen der letzten zehn Jahre zunehmend ihre Verbindungen zu repressiven Regimen, deren Finanzierung durch Steuern und Abgaben und ihre Verwicklung in oder Komplizenschaft bei Menschenrechtsverletzungen durch Sicherheitsbehörden vorgeworfen. Insbesondere zusätzliche Sicherheitsvorkehrungen transnationaler Unternehmen für Produktionsanlagen und Mitarbeiter auf lokaler Ebene können zu Menschenrechtsverletzungen durch staatliche oder parastaatliche Sicherheitskräfte beitragen. Dies gilt gerade für Länder mit großen Rohstoffvorkommen, in denen auf Grund schlechter Regierungsführung und des Fehlens von Mindeststandards der Offenlegung von Einnahmen aus der Rohstoffausbeutung starke Anreize für Korruption und persönliche Bereicherung der Regierenden bestehen. Unter solchen Umständen birgt ein mögliches Drängen von Unternehmen auf die Einhaltung von menschenrechtlichen Mindeststandards das Risiko einer Verschlechterung der Beziehungen zur betroffenen Regierung wegen Einmischung in dessen innere Angelegenheiten (Rittberger 2004a: 24). Auch in zerfallenden und zerfallenen Staaten, in denen die Zentralregierung keine effektive Kontrolle über das gesamte Staatsgebiet ausübt und sich transnationale Unternehmen gezwungen sehen, Sicherheit für ihre Anlagen und Mitarbeiter von rechtlich kaum verantwortlichen und kontrollierten staatlichen Sicherheitskräften oder von Rebellengruppen zu erkaufen, laufen Unternehmen Gefahr, zu Komplizen bei Menschenrechtsverletzungen zu werden (vgl. ebd.: 19f.).

Einer der ersten Fälle der Komplizenschaft transnationaler Unternehmen mit massiven Menschenrechtsverletzungen in Konfliktregionen, die breitere internationale Aufmerksamkeit erregten, war die Hinrichtung des Nigerianers Ken Saro-Wiwa. 1995 wurden Ken Saro-Wiwa und acht weitere Angehörige des Ogoni-Volkes durch die Regierung des Generals Abacha hingerichtet, weil sie gegen die Ölförderung des transnationalen Unternehmens Shell und die Zentralregierung protestiert hatten (vgl. Affandi 2004). Im Zuge einer globalen NGO-Kampagne sah sich Shell der Verwicklung in Menschenrechtsverletzungen beschuldigt und aufgefordert, für Ken Saro-Wiwa und gegen die nigerianische Regierung Stellung zu beziehen. Shell lehnte damals jeglichen Kommentar zu den Hinrichtungen ab. Mittlerweile hat die Sensibilität transnationaler Unternehmen für ihre Rolle bei Menschenrechtsverletzungen zugenommen (vgl. Abschnitt 2.2.1.3); zugleich bleibt die mehr oder weniger freiwillige Komplizenschaft transnationaler Unternehmen der Rohstoffindustrie mit repressiven Regimen ein Problem – nicht nur für die Geschäftstätigkeit der Unternehmen, sondern auch und in erster Linie für betroffene lokale Gemeinschaften in ressourcenreichen Regionen.

2.1.3.2   Verletzungen wirtschaftlicher, sozialer und kultureller Menschenrechte

Vor allem in Afrika sind die Lebensverhältnisse eines großen Teils der Bevölkerung von Unterentwicklung, absoluter Armut, ungleicher Verteilung von Ressourcen und der weiten Verbreitung von HIV/AIDS geprägt. Unter diesen Umständen bleibt die Verwirklichung von WSK-Rechten wie dem Recht auf Nahrung, angemessene Unterkunft, Gesundheit und Bildung für die Mehrheit der Bevölkerung in weiter Ferne. Mehrere Millionen Flüchtlinge und intern Vertriebene jährlich sind ohne rudimentäre Unterkunft und Gesundheitsversorgung (Amnesty International 2008: 4). Die Zunahme der Nachfrage nach natürlichen, vor allem mineralischen Ressourcen, die Urbanisierung, mitunter aber auch die Intensivierung des Tourismus erhöhen den Verbrauch wirtschaftlich nutzbarer Landfläche. In Folge dessen werden in Afrika (aber auch in Asien und Lateinamerika) lokale Gemeinschaften – Millionen von Menschen – gewaltsam aus ihrer jeweiligen Heimat vertrieben, ohne dass ihnen ein rechtsstaatliches Verfahren, Kompensationszahlungen oder alternative Unterkünfte gewährt würden. Vertreibung zur ökonomischen Erschließung von Landflächen ist kein neues Menschenrechtsproblem, das aber angesichts seiner Dimensionen nach wie vor zu wenig Aufmerksamkeit findet: Allein in Afrika waren im Zeitraum der Jahre 2000 bis 2007 drei Millionen Menschen von zwangsweiser Umsiedlung häufig aus ökonomischen Motiven betroffen. Gerade den Ärmsten wird so ein Obdach und der Zugang zu sauberem Trinkwasser, Gesundheitsversorgung und sanitären Anlagen verwehrt (Amnesty International 2007: 3f.).

In Lateinamerika sind zwar zunehmend Politiken zu beobachten, die auf den Abbau sozioökonomischer Ungleichheiten, etwa beim Besitz von Land, abzielen. Zugleich geschehen Fortschritte bei der Armutsminderung auf Grund schwacher Institutionen und schlechter Regierungsführung nur langsam. Der Zugang zu Gesundheitsversorgung und Bildungschancen bleibt vielen Menschen verwehrt. Insbesondere arme Bevölkerungsteile in ländlichen Regionen Lateinamerikas haben weiter keinen Zugang zu grundlegenden sozialen Dienstleistungen (Amnesty International 2008: 17f.).

Das starke wirtschaftliche Wachstum in Teilen Ost-, Süd- und Südostasiens hat mehr Menschen in die Lage versetzt, WSK-Rechte gegenüber den jeweiligen Staaten effektiv wahrzunehmen – wenn auch freilich Wohlfahrtsgewinne und der Genuss von WSK-Rechten ungleich, d.h. insbesondere zu Gunsten besser ausgebildeter Menschen verteilt sind. Zugleich ist nicht zu übersehen, dass Industrialisierungs- und Entwicklungsprojekte auch in Asien zu zwangsweisen Umsiedlungen und der Verletzung von sozialen Menschenrechten beigetragen haben. Die Verletzung von Arbeiterrechten und sozialen Mindeststandards in Unternehmen bleibt weit verbreitet (Amnesty International 2008: 20ff.).

Selbst in den hoch entwickelten Staaten Europas und Nordamerikas ist die Verwirklichung der WSK-Rechte längst nicht umfassend erreicht. So ist etwa in vielen Staaten, einschließlich Deutschland, der erreichte Bildungsabschluss stark von der sozialen Herkunft abhängig (vgl. Muñoz 2007). Die ökonomische Globalisierung und die zunehmende Mobilität von Kapital haben zudem die Position von Arbeitnehmervertretern eher geschwächt und erhöhten Druck erzeugt, Arbeiterrechte einzuschränken. Vor allem gering qualifizierte Arbeiter sind im Zuge der Liberalisierung des Welthandels und der Transnationalisierung von Produktionsabläufen vom Lohnanpassungsdruck nach unten und von Arbeitslosigkeit betroffen (vgl. World Commission on the Social Dimension of Globalization 2004: 45f.).

Insgesamt hat die ökonomische Globalisierung in Verbindung mit vorherrschenden ordnungspolitischen Leitideen, die Liberalisierung, Deregulierung und Privatisierung bevorzugen (vgl. Kap. 2.3), ambivalente Auswirkungen auf die Gewährleistung von WSK-Rechten. Auch wenn sich zumindest für die OECD-Länder kein einheitlicher Trend zur Reduzierung der Staatsquote nachweisen lässt (Schirm 2006: 20f.), wurden global betrachtet dennoch vielerorts Staatsausgaben reduziert, die gerade für die Verwirklichung von WSK-Rechten sozial benachteiligter und armer Menschen ausschlaggebend sind. Dies betrifft insbesondere die Bereiche Gesundheit, Erziehung, soziale Sicherungssysteme und Armutsminderung. Das globale Niveau der Investitionen in Bildung ist unzureichend zur umfassenden Verwirklichung des Rechts auf Bildung. Nach Angaben der Weltbank war im Beobachtungszeitraum 1992 bis 2000 in mehreren Weltregionen (Afrika, Osteuropa, Zentralasien, Südasien) ein Rückgang des Anteils öffentlicher Ausgaben für Bildung am Bruttoinlandsprodukt zu beobachten. Auch in Industrieländern mit hohem Durchschnittseinkommen stagnierte der Anteil von Bildungsausgaben; allein in Lateinamerika und im Karibikraum war im Beobachtungszeitraum ein deutlicher Anstieg festzustellen (World Commission on the Social Dimension of Globalization 2004: 46f.).

Neuere Studien zur Vereinbarkeit internationaler Regeln der Handelsliberalisierung mit sozialen und wirtschaftlichen Menschenrechten verweisen darauf, dass ein Spannungsverhältnis zwischen dem Recht auf Arbeit, Gesundheit und Ernährung und einigen WTO-Regeln (z.B. im TRIPs- und GATS-Abkommen (vgl. Kap. 8)) besteht, die den Spielraum für Regierungen zur nationalen Umsetzung dieser Rechte reduzieren (vgl. Howse/ Teitel 2007: 14-27). Vor diesem Hintergrund erscheint eine Überwindung der institutionellen Trennung von Handelsregime und Menschenrechtsregime notwendig (ebd.: 28), um Kompatibilität von WTO-Regeln mit sozialen Menschenrechten zu erreichen.

Eine wesentliche globale Herausforderung für den Schutz sozialer Menschenrechte besteht darin, die Verantwortlichkeit transnationaler Unternehmen für die Einhaltung von Arbeitnehmerrechten und Sozialstandards in ihren eigenen Firmen und in ihrem Geschäftsumfeld insbesondere in Entwicklungsländern sicher zu stellen (vgl. Rat der Europäischen Union/ Europäische Kommission 2007: 45). Zwar verdienen Arbeitnehmer in transnationalen Unternehmen oft mehr als in lokalen Betrieben und genießen bessere Arbeitsbedingungen. Dennoch bleiben Verletzungen von Kernarbeitsstandards ein durch transnationale Unternehmen (mit-)verursachtes globales Problem (Rathgeber 2006: 5; World Commission on the Social Dimension of Globalization 2004: 45f.).

Der globale Wettbewerb um Exportmärkte und ausländische Direktinvestition macht die Vertretung und Durchsetzung von Arbeitnehmerinteressen schwieriger. In vielen Ländern hat die Arbeitsgesetzgebung mit den veränderten globalen wirtschaftlichen Rahmenbedingungen nicht Schritt gehalten, so dass viele Arbeitnehmer keinen wirksamen Schutz durch Arbeitsgesetze genießen und unter schlechten und ungesunden Arbeitsbedingungen leiden. Das Recht auf Kollektivverhandlungen und auf Bildung von Gewerkschaften wird häufig missachtet (vgl. World Commission on the Social Dimension of Globalization 2004: 64ff.). Gerade in schwachen Staaten mit schlechter Regierungsführung mangelt es am staatlichen Willen und den Kapazitäten, Kernarbeitsstandards in den Betrieben durchzusetzen. Daraus ergeben sich rechtliche Grauzonen, in denen die Verletzung von Menschenrechten zum Kostenvorteil für Unternehmen werden kann (Rathgeber 2006: 6). Regierungen schaffen z.B. in Exporthandelszonen rechtliche Schlupflöcher, um die Profitabilität transnationaler Unternehmen und damit die Attraktivität von Wirtschaftsstandorten für ausländische Direktinvestitionen zu steigern.

Eine nicht geringe Zahl von transnationalen Unternehmen ist in Menschenrechtsverletzungen verwickelt. In bestimmten Industriezweigen lassen sich Muster der von Unternehmen begangenen oder beförderten Menschenrechtsverletzungen ausmachen: z.B. im Rohstoffabbau (insbesondere bei der Ölförderung, beim Bergbau und bei der Ausbeutung anderer Bodenschätze) und in arbeitsintensiven Branchen wie der Textil- und Sportartikelindustrie (vgl. Rosemann 2005: 8f.). In der globalen Textil- und Sportartikelindustrie sind großflächige und systematische Verletzungen von Arbeitsrechten, wie Kinderarbeit,[196] Zwangsarbeit, übermäßig lange Arbeitszeiten, keine Möglichkeit zur Bildung von Gewerkschaften bzw. aktive Unterbindung der Mitgliedschaft in Gewerkschaften, Diskriminierung, körperliche Misshandlungen, Löhne unter dem Mindestlohn oder dem Existenzminimum und ungesunde oder unsichere Arbeitsbedingungen weit verbreitet. Derartige Menschenrechtsverletzungen treten insbesondere in Firmen auf, die in Entwicklungs- und Schwellenländern Asiens, Afrikas, Osteuropas und Lateinamerikas als Subunternehmer oder Zulieferer transnationaler Unternehmen in arbeitsintensiven Branchen tätig sind (vgl. Göbel 2009; Haufler 2001: 58). Durch längere Zulieferketten wird die Zuordnung und Sicherstellung von Verantwortlichkeit für angemessene Arbeitsbedingungen schwieriger – gerade wenn die staatliche Gewährleistung von Arbeitnehmerrechten an den einzelnen Standorten nicht vorausgesetzt werden kann. Dies schafft einen Bedarf an inter- und transnationalem Handeln zum Schutz grundlegender Arbeitnehmerrechte in allen Ländern und entlang der Zulieferkette (World Commission on the Social Dimension of Globalization 2004: 45f.).

So zeigt sich, dass zur Verwirklichung der WSK-Rechte eine Stärkung und ggf. Ergänzung internationaler, transnationaler und nationaler Menschenrechtsdurchsetzungs- und -überprüfungsverfahren notwendig ist. Die Bearbeitung des Problems wird jedoch schon dadurch erschwert, dass die Problemdiagnose auf Grund des Mangels adäquater *und* international anerkannter Indikatoren und Richtwerte zur genauen Bestimmung der WSK-Rechte stärker subjektiven Wertungen unterliegt, als dies bei bürgerlichen und politischen Rechten der Fall ist: Das Folterverbot etwa ist klarer definiert als das Recht auf Arbeit oder Gesundheit (vgl. Auswärtiges Amt 2008a: 43ff.).

---

[196] Diese Betonung des Auftretens von Kinderarbeit in der verarbeitenden (Zulieferer-)Industrie sollte freilich nicht darüber hinweg täuschen, dass der größte Anteil an Kinderarbeit von Mädchen in Haushalten geleistet wird. In Millionen von Haushalten weltweit arbeiten diese Mädchen als Bedienstete – meist ohne Zugang zu Bildung, bei schlechten Arbeitsbedingungen und langen Arbeitszeiten. Häufig sind ihre Arbeitsbedingungen öffentlicher Beobachtung entzogen, nur selten sind sie Gegenstand staatlicher Regulierung und Kontrolle (Becker 2008: 54; vgl. Pinheiro 2006: 11f.).

2.1.3.3 Verletzungen kollektiver Menschenrechte (insbesondere indigener Völker)

Wie bereits beschrieben (vgl. Abschnitt 2.1.2) umfasst die Kategorie der kollektiven Menschenrechte eine Reihe disparater, schwer zu bestimmender und längst nicht universell anerkannter Rechte – vom Recht auf Entwicklung über das Recht auf eine intakte natürliche Umwelt bis hin zum Schutz der kulturellen und wirtschaftlichen Bedürfnisse indigener Völker. Auf die Entwicklungsprobleme „Armut" und ausgeprägte „globale Wohlstandsdisparitäten" sowie deren Ursachen und Folgen für die davon betroffenen Menschen wurde bereits im vorhergehenden Kapitel eingegangen (vgl. Kap. 8). Im Folgenden wird der Schwerpunkt auf die Verletzung der Rechte ethnischer Minderheiten, insbesondere indigener Völker, gelegt. Allerdings gestaltet sich schon die Klärung der Frage, wer oder welcher Bevölkerungsteil als „indigen" zu gelten hat, schwierig. Einer auf objektiven Kriterien basierenden Sichtweise zufolge sind die weltweit rund 370 Millionen Indigenen die ursprünglichen Bewohner in ihren Gebieten oder genauer: die Nachkommen von Völkern, die auf dem Land, das durch eine fremde Macht erobert wurde, bereits beheimatet waren. Sie verfügen als nichtdominierende Bevölkerungsgruppen zumindest über Restbestände einer eigenen Sprache und Kultur und stehen somit in historischer Kontinuität zu vorkolonialen Kulturen. Häufig leben sie noch in enger Beziehung zur Natur und zum bewohnten Land (Lâm 2007:533; Rathgeber 2002; Titze 2007: 191). Allerdings sind alle diese objektiven Kriterien problematisch: Der Nachweis der ungebrochenen Verbindung zu vorkolonialen Kulturen ist mitunter schwierig zu leisten; die Veränderlichkeit von Lebensmustern und kulturelle Vermischungen, zu denen es im Laufe der Zeit gekommen ist, machen die Annahme kultureller Ursprünglichkeit fragwürdig; die Aufrechterhaltung einer engen Verbindung zu angestammtem Land ist vielen Indigenen gar nicht mehr möglich; auch die pauschale Assoziierung Indigener mit nachhaltiger Landnutzung und Ökologie ist nicht haltbar (Titze 2007: 191ff.). Weil eine objektive adäquate Definition von „indigen" schwierig ist, hat sich bei Indigenen, aber auch bei der Mehrheit der Staatenvertreter und bei VN-Organen zunehmend ein subjektiver Ansatz d.h. das Recht der Selbstidentifikation durchgesetzt: Indigen ist, wer sich als „indigen" betrachtet (ebd.: 193).[197]

Umstritten ist auch, inwiefern indigene Gemeinschaften als „Völker" (statt nur als „nationale Minderheiten") zu betrachten sind. Hintergrund des Streits ist die damit verbundene Möglichkeit, sich auf das völkerrechtliche Prinzip des Rechts der Völker auf Selbstbestimmung zu berufen. Während indigene Gemeinschaften dieses Recht für sich beanspruchen und nicht als „Minderheiten" behandelt werden wollen, lehnten die Staaten ein Verständnis indigener Gemeinschaften als „Völker" im Sinne des Völkerrechts aus Sorge um die territoriale Integrität des Gesamtstaates lange Zeit kategorisch ab. Seit den 1990er Jahren zeichnet sich ein terminologischer Wandel ab, so dass mitt-

---

[197] Dieser Ansatz birgt freilich seinerseits die Gefahr eines entwertenden Gebrauchs oder Missbrauchs, aber auch die Gefahr, dass das „Indigen sein" aus Angst vor Nachteilen geleugnet wird (Titze 2007: 193).

lerweile häufig von indigenen „Völkern" gesprochen wird. Ein Recht auf Sezession oder Unabhängigkeit ist nach herrschender völkerrechtlicher Lehre damit jedoch nicht verbunden (Titze 2007: 193f.). Bei den Rechten indigener Völker handelt es sich um kollektive Rechte, die in den letzten Jahrzehnten zunehmende internationale Beachtung und Anerkennung gefunden und zudem einen Grad an Bestimmtheit erreicht haben (vgl. Anaya 2003; Daes 2000; Sieder 2002), der eine gehaltvolle Überprüfung ihrer Einhaltung möglich macht. Indigene sind in den meisten Staaten deutlich schlechter gestellt als Nichtindigene und überproportional von absoluter Armut und Analphabetismus betroffen (Titze 2007: 190). Die indigene Bevölkerung insbesondere in mehreren Staaten Lateinamerikas leidet nach Angaben von Amnesty International unter systematischen Benachteiligungen und unter gruppenspezifischen Rechtsverletzungen (u.a. Vertreibung, Landraub und kulturelle Entwurzelung) (Amnesty International 2008: 17). Einige regionale Beispiele vermitteln im Folgenden einen Eindruck von den Problemen, denen indigene Gemeinschaften im Allgemeinen ausgesetzt sind. Häufig sind sie Opfer von sozioökonomischer Ausbeutung, politischer Unterdrückung und ethnischer und kultureller Diskriminierung. Ihre Lebensgrundlagen werden durch die eigenen Regierungen und transnationale und einheimische Unternehmen gefährdet, ihr Selbstbestimmungsrecht für ihre eigene sozioökonomische und kulturelle Zukunft eingeschränkt (Rathgeber 2002). Viele indigene Völker leben in Gebieten mit großen Vorkommen an natürlichen Ressourcen (Erdöl, Uran, Gold, Kohle), so dass die Verletzung von Landrechten Indigener ein weit verbreitetes Problem darstellen. So leidet z.B. die indigene Bevölkerung in Ekuador überproportional an den schädlichen Auswirkungen der Erdölförderung auf ihre Umwelt- und Lebensbedingungen. Bei Erdölförderprojekten auf indigenem Siedlungsgebiet wurden Bestimmungen der ekuadorianischen Verfassung nicht eingehalten, wonach indigenen Völkern ein Recht auf Anhörung zusteht. Zudem wurden Vorwürfe über Menschenrechtsverletzungen durch Streitkräfte laut, die zum Schutz der Ölfirmen eingesetzt wurden (Amnesty International 2008: 116f.). Das Streben von Unternehmen nach Land, Holz und mineralischen Ressourcen bedroht die kulturelle Identität und das alltägliche Überleben vieler indigener Gemeinschaften. Indigene Völker stellen eine gegenüber den negativen Externalitäten von Prozessen wirtschaftlicher Modernisierung und Globalisierung besonders verwundbare Gruppe dar (vgl. Rathgeber 2006: 5). Investitionen in die Ausbeutung von Rohstoffen, ohne vorher die (freie und auf objektiven Informationen basierende) Zustimmung indigener Gemeinschaften einzuholen, die Errichtung von Dämmen zur Stromerzeugung und die Ausweitung von landwirtschaftlichen Anbauflächen haben auch in Brasilien umfangreiche Umsiedlungen oder Vertreibungen, Umweltschäden und die Zerstörung materieller und kultureller Lebensgrundlagen von Indigenen zur Folge gehabt (Amnesty International 2008: 76). Zur Rechtfertigung von Enteignungen werden häufig die Weigerung oder mangelnde Kapazitäten indigener Völker, moderne Landnutzungsmethoden anzuwenden, angeführt (World Commission on the Social Dimension of Globalization 2004: 46f.; 70f.). Menschenrechtsaktivisten und Vertreter indigener Gemeinschaften, die sich bei Landkonflikten für die Menschenrechte indigener Gemeinschaften einsetzen, sehen sich häufig gewaltsamen Übergriffen und Einschüchterungsversuchen von staatlichen oder privatwirtschaftlichen Sicherheitskräften ausgesetzt. In manchen lateinamerikanischen Staaten, darunter Nicaragua und Paraguay, wurden engagierte Bürger und Anführer zivilgesellschaftlicher Gruppen krimineller Vergehen beschuldigt und festgenommen, wenn sie versuchten, ländliche Gemeinschaften gegen Übergriffe auf ihr Land zu verteidigen (Amnesty International 2008: 17f.). Die Diskriminierung indigener Bevölkerungen zeigt sich nicht nur an sozioökonomischer Ausbeutung sondern auch an schlechterem Zugang zu staatlichen Leistungen wie Bildung und Gesundheitsversorgung. In der Dominikanischen Republik, Peru und Guatemala werden indigenen Bevölkerungsgruppen mitunter keine ordnungsgemäßen Geburtsurkunden ausgestellt, ohne die sie aber keine staatlichen Leistungen in Anspruch nehmen können (Amnesty International 2008: 17-18). Indigene Bevölkerungen sind in vielen lateinamerikanischen Staaten überproportional von Armut betroffen. In Guatemala leben 60 Prozent der Indigenen unterhalb der Armutsschwelle. Die insgesamt positive Wirtschaftsentwicklung des Landes erreichte die Armen und insbesondere die Indigenen nur unwesentlich (Auswärtiges Amt 2008a: 343). Auch in einigen westlichen Industriestaaten mit signifikanter indigener Bevölkerung ist deren strukturelle Benachteiligung ausgeprägt. Die durchschnittliche Lebenserwartung der indigenen Australier (Aborigines) etwa liegt um 17 Jahre niedriger als die der restlichen Bevölkerung des Staates und sie kommen 13-mal häufiger ins Gefängnis als nicht-indigene Staatsbürger (Amnesty International 2008: 56). Die Kindersterblichkeit bei Aborigines ist, obwohl sie seit den 1990er Jahren kontinuierlich sinkt, immer noch dreimal so hoch wie die der nicht-indigenen Australier (Australische Regierung 2009: 12).

Obwohl die genannten Probleme indigener Bevölkerungen sich zunächst als national darstellen, weisen sie doch durch ihr Vorkommen auf allen Kontinenten und durch die Ähnlichkeit der Problemlagen eine globale Dimension auf. Weltregieren zum Schutz der Rechte indigener Völker (vgl. Abschnitt 2.2.3) steht vor den Herausforderungen zu bestimmen, welche Formen der Benachteiligung Verletzungen der kollektiven Rechte indigener Völker darstellen und außerdem die Berücksichtigung indigener Kulturen und Identitäten mit den „westlichen" Ansprüchen z.B. an moderne Landwirtschaft, an Bildung oder an Gesundheitsversorgung in Einklang zu bringen.

2.2 Weltregieren im Sachbereich Herrschaft I: Zwischenstaatliches und multipartistisches Weltregieren zur Förderung der weltweiten Anerkennung und Einhaltung von Menschenrechten (Problembearbeitung)

Nach der Beschreibung des globalen Problems „systematische Menschenrechtsverletzungen" wird im Folgenden die Problembearbeitung, d.h. das zwischenstaatliche und multipartistische Weltregieren zur Förderung der weltweiten Anerkennung und Einhaltung von Menschenrechten analysiert. Das Augenmerk gilt sowohl der Schaffung von Menschenrechtsnormen, d.h. der Politikprogrammierung, als auch den institutionellen Verfahren zur Anerkennung und Durchsetzung von Menschenrechten. Dabei ist vorwegzunehmen, dass die größten Mängel beim Menschenrechtsschutz weltweit heute nicht in erster Linie bei der Setzung von Normen, sondern bei deren Durchsetzung auftreten (Risse 2004).

In einem Problemfeld, in dem vor allem zivilgesellschaftliche Akteure von jeher intensiv in advokatorischer Funktion tätig wurden (vgl. Keck/Sikkink 1998), stellt sich in besonderem Maße die Frage, inwiefern eine Einbeziehung nichtstaatlicher Akteure in Institutionen und Prozesse des Weltregierens festzustellen ist und geeignet erscheint, Unzulänglichkeiten der globalen Gewährleistung des Menschenrechtsschutzes zu reduzieren. So werden für den Schutz bürgerlicher und politischer Rechte, wirtschaftlicher, sozialer und kultureller Rechte sowie kollektiver Rechte, insbesondere von indigenen Völkern, jeweils nicht nur das zwischenstaatliche Regieren, sondern auch inklusive multipartistische sowie privat-private Formen des Weltregierens in den Blick genommen.

2.2.1 Weltregieren zum Schutz von bürgerlichen und politischen Menschenrechten

2.2.1.1 Zwischenstaatliche Konventionen und Organe im VN-System

Die ersten Schritte zu einem umfassenden Politikprogramm des internationalen Schutzes von Freiheits- und Gleichheitsrechten erfolgten im Rahmen der Vereinten Nationen und sind vor allem als Reaktion auf die Erfahrungen der nationalsozialistischen Herrschaftspraxis in Deutschland und in den von Deutschland und seinen Bündnispartnern eroberten und besetzten Gebieten zu betrachten (vgl. Rittberger/ Zangl 2003: 295ff.). So bestätigt bereits die Präambel der VN-Satzung (SVN) den „Glauben an die Grundrechte des Menschen, an Würde und Wert der menschlichen Persönlichkeit, an die Gleichberechtigung von Mann und Frau sowie von allen Nationen, ob groß oder klein". Über die in dem Ziel der „allgemeine[n] Achtung und Verwirklichung der Menschenrechte und Grundfreiheiten für alle ohne Unterschied der Rasse, des Geschlechts, der Sprache oder der Religion" (Art. 55 SVN) enthaltenen Diskriminierungsverbote hinaus nennt die SVN allerdings keine konkreten Menschenrechte, deren Schutz die Staaten zu garantieren haben.

Dem Wirtschafts- und Sozialrat der Vereinten Nationen (ECOSOC) wurde die Aufgabe übertragen, das allgemeine Bekenntnis zum Menschenrechtsschutz auszugestalten und in anwendbare Normen und Regeln zu übersetzen. Zu diesem Zwecke setzte der ECOSOC schon 1946 die Menschenrechtskommission (MRK) als nachgeordnetes Organ ein (Ramcharan 2007: 447). Die MRK stellte bis zu ihrer Auflösung und Ersetzung durch den VN-Menschenrechtsrat (MRR) 2006 – zusammen mit der sie unterstützenden Unterkommission für die Förderung und den Schutz der Menschenrechte – das Forum für die zwischenstaatliche Aushandlung von Politikprogrammen des internationalen Menschenrechtsschutzes durch die Vereinten Nationen dar.

Die Programmgenerierung zumal der bürgerlichen und politischen Rechte war zunächst von der Koalition liberal-demokratischer Staaten unter Führung der USA geprägt. Ohne kulturelle Hegemonie sowie materielle Übermacht des Westens wäre die Generierung von Menschenrechtsprogrammen im Rahmen der VN wohl von vornherein zum Scheitern verurteilt gewesen. So aber konnte auf der Grundlage liberaler Vorstellungen ein internationaler Grundkonsens darüber erzielt werden, welche Rechte fortan als international anerkannte und garantierte Menschenrechte gelten sollten. Als Resultat dieses Konsens' wurde 1948 von der Generalversammlung (GV) der VN die „Allgemeine Erklärung der Menschenrechte" verabschiedet. Trotz ihres rechtlich unverbindlichen Charakters konnten Staaten in der Folge keine Menschenrechtsverletzungen mehr begehen, ohne Gefahr zu laufen, dass ihre Herrschaftspraxis zu einem Thema für die Organe der VN wurde. Die Herrschaftspraxis der Staaten gegenüber ihren Bevölkerungen wurde somit der ausschließlichen Zuständigkeit der Staaten entzogen. Das auf das Souveränitätsprinzip gestützte Gebot der Nicht-Einmischung in innere Angelegenheiten wurde im Problemfeld „Menschenrechtsverletzungen" relativiert (vgl. Rittberger/ Zangl 2003: 296).

Der Prozess der Politikprogrammgenerierung für den international verbindlichen Schutz der Menschenrechte war damit keineswegs abgeschlossen. Die MRK der VN hatte in einem ersten Schritt einen normativen Bezugsrahmen geschaffen, um in einem zweiten Schritt die rechtsverbindliche Kodifikation der Menschenrechte zu erreichen, wobei parallel sowohl über bürgerliche und politische als auch über wirtschaftliche, soziale und kulturelle Rechte verhandelt wurde. Insofern lässt sich die frühe Politikprogrammierung in Bezug auf Freiheits- und Gleichheitsrechte von der Kodifizierung sozialer Menschenrechte im Rahmen der VN nicht trennscharf unterscheiden. Unmittelbar im Anschluss an die Verabschiedung der Menschenrechtserklärung durch die GV wurde in der MRK der „Internationale Pakt über bürgerliche und politische Rechte" ebenso wie der „Internationale Pakt über wirtschaftliche, soziale und kulturelle Rechte" Gegenstand langwieriger Verhandlungen zwischen den Mitgliedstaaten. Obwohl beide Pakte bereits 1954 weitgehend ausgehandelt waren, wurden sie erst 1966 von der GV bestätigt und den Staaten zur Unterzeichnung empfohlen. Es dauerte weitere zehn Jahre, bis eine ausreichend große Zahl von Staaten die Verträge ratifiziert hatte, um sie in Kraft treten zu lassen (vgl. Abschnitt 2.1.2).

Im Vergleich zur Zeit vor 1945, als international verbindliche Menschenrechtsnormen noch weithin unbekannt waren, hat sich bis heute durch die Programmgenerierung der VN ein breites Spektrum internationaler Menschenrechtsstandards in Bezug auf Freiheits- und Gleichheitsrechte, aber auch hinsichtlich sozialer Menschenrechte herausgebildet. Jede einzelne Norm hat präskriptiven Status, und zusammen konstituieren die Menschenrechtsstandards eine internationale normative Struktur (Rittberger/ Zangl 2003: 297; Donnelly 2006: 8, 11ff.; Hurrell 1999: 277; Risse/ Ropp 1999: 266).

Zu den in der Allgemeinen Erklärung der Menschenrechte und im Zivilpakt der Vereinten Nationen verankerten bürgerlichen und politischen Rechten treten andere im weiteren Sinne bürgerliche und politische Rechte hinzu, die in einer Reihe von Konventionen dem Menschenrechtsschutz hinzugefügt wurden und neue Standards setzen (vgl. Abb. 9.2).

1948	Allgemeine Erklärung der Menschenrechte
1948	Konvention über die Verhütung und Bestrafung des Völkermordes
1965	Konvention zur Beseitigung jeder Form von Rassendiskriminierung
1966	Internationaler Pakt über bürgerliche und politische Rechte (Zivilpakt)
1966	Internationaler Pakt über wirtschaftliche, soziale und kulturelle Rechte (Sozialpakt)
1979	Konvention zur Beseitigung jeder Form von Diskriminierung der Frau
1984	Konvention gegen Folter und andere grausame, unmenschliche oder erniedrigende Behandlung oder Strafe
1989	Konvention über die Rechte des Kindes
1990	Konvention zum Schutz der Rechte aller Wanderarbeitnehmer und ihrer Familienangehörigen
1998	Statut des Internationalen Strafgerichtshofs („Rom-Statut")
2006	Konvention über den Schutz aller Personen vor dem Verschwindenlassen
2006	Konvention zum Schutze und zur Förderung der Rechte von Menschen mit Behinderungen

(vgl. Weiß 2009: 74)

Abb. 9.2: Kodifizierung der Menschenrechte: Die wichtigsten Menschenrechtskonventionen

Die Programmtätigkeiten der VN im Bereich des Schutzes bürgerlicher und politischer Menschenrechte wurden wesentlich durch die Aktivitäten von Nichtregierungsorganisationen unterstützt. Dieses Engagement wurde deutlich sichtbar, als sich die Zahl der international operierenden NGOs in den 1970er Jahren vervielfachte (vgl. Boli/ Thomas 1999: Kap. 2; Liese 1998: 37; Otto 1996). Besonders seit dem Ende des Ost-West-Konflikts nutzen Menschenrechts-NGOs die ihnen zur Verfügung stehenden Diskussionsforen im politischen System der VN, so z.B. die 1993 in Wien abgehaltene zweite Weltkonferenz für Menschenrechte[198], um neue Politikprogramme anzuregen und auf die verlässliche Beachtung und Durchsetzung bestehender Normen zu dringen. Die Beteiligung von NGOs an der Generierung von Politikprogrammen reicht allerdings schon bis zu den Verhandlungen über den Inhalt und die Rechtsform der Allgemeinen Erklärung von 1948 zurück (Korey 1998: Kap. 1).

---

[198] Die erste Weltkonferenz für Menschenrechte hatte 1976 in Teheran stattgefunden.

Der Wert der menschenrechtspolitischen Programme der VN für die internationale Kooperation im Problemfeld „Menschenrechtsverletzungen" sowie die Rolle nichtstaatlicher Akteure bei der Erzeugung und Stabilisierung dieser Kooperation resultieren vor allem aus ihrer Funktion als Bezugssystem für die Kritik an Menschenrechtsverletzungen. So können Gesellschaften, die von Menschenrechtsverletzungen betroffen sind, die Menschenrechtsprogramme der VN als Druckmittel gegen „ihre" Staaten verwenden, indem sie selbst, aber auch internationale Organisationen oder die Regierungen und Öffentlichkeiten liberaler Staaten auf die Missachtung international anerkannter Normen hinweisen. Besonders die Aktivitäten transnational vernetzter Akteure tragen zur Entstehung eines „Bumerang-Effekts" (Risse/ Sikkink 1999: 18) bei. Ein solcher Effekt entsteht, wenn zivilgesellschaftliche Akteure eines Staates ihre Forderung, die Einhaltung international anerkannter Menschenrechte zu gewährleisten, nicht direkt an „ihre" Regierung richten. Stattdessen vermeiden sie diesen oftmals blockierten Weg und suchen in ihrem Bemühen um die Verbesserung der Menschenrechtssituation in ihrem Land internationale Verbündete. In der Regel bauen sie zunächst Verbindungen zu transnational vernetzten NGOs auf, die in der Lage sind, internationale Organisationen oder die Öffentlichkeiten liberal-demokratischer Staaten zu mobilisieren. Diese internationalen Akteure sind im Folgenden besser als die zivilgesellschaftlichen Akteure in dem betroffenen Land in der Lage, die Informationen der betroffenen Gesellschaft über Normverletzungen in wirksamen Druck auf die die Menschenrechte verletzende Regierung umzusetzen (Rittberger/ Zangl 2003: 297-299; vgl. Keck/ Sikkink 1998: 12f.; Risse/ Sikkink 1999: 18f.).

Den erheblichen Fortschritten der VN im Bereich der Politikprogrammgenerierung steht nach wie vor ein vergleichsweise großer Mangel an operativen Tätigkeiten zur Überwachung der Einhaltung und vor allem Durchsetzung von Menschenrechtsnormen gegenüber (Forsythe 2000: 55f.; vgl. Donnelly 2006: Kap. 5). Die Unzufriedenheit mit bestehenden Organen und Verfahren mündete 2006 schließlich auch in die Ablösung der vielfach von gegensätzlichen politischen Lagern blockierten MRK durch den VN-MRR (vgl. Varwick 2006: 245f.).

Im Bereich der Überwachung ist grundsätzlich zu unterscheiden zwischen Überwachungsorganen und -verfahren, die kraft der SVN existieren oder deren Existenz aus dieser abgeleitet wird („charter-based"), und solchen Organen und Verfahren, die als Vertragsorgane die vom jeweiligen Vertrag erfasste menschenrechtliche Praxis der Vertragsparteien überwachen („treaty-based") (vgl. Rittberger/ Zangl 2003: 301ff.; Weiß 2009: 75). Zur ersten Kategorie zählen der ECOSOC und die durch ihn in Erfüllung des Art. 68 SVN eingesetzte VN-MRK, die 2006 durch den MRR[199] ersetzt wurde.

---

[199] Der Menschenrechtsrat wurde 2006 zunächst als Unterorgan der VN-Generalversammlung eingerichtet und hat damit einen höheren Status als die ehemalige Menschenrechtskommission, die ein Unterorgan des ECOSOC war. Über den endgültigen Status des Menschenrechtsrats im VN-System (insbesondere sein Verhältnis zu Sicherheitsrat und ECOSOC) soll erst in den nächsten Jahren entschieden werden (Heinz 2006: 134; Opitz 2007: 154).

Zu diesen auf die SVN gestützten Überwachungsverfahren zählten bis zur Auflösung der MRK das 1235-Verfahren einerseits und das 1503-Verfahren andererseits, benannt nach den ECOSOC-Resolutionen 1235 (1967) und 1503 (1970). Das 1503-Verfahren gab Einzelpersonen und Gruppen das Recht, bei der MRK Berichte über massive und systematische Menschenrechtsverletzungen einzureichen. Die Kommission prüfte auf der Grundlage der erhaltenen Berichte und weiterer nicht-öffentlicher Untersuchungen, ob eine Menschenrechtsverletzung vorlag, die den Kriterien einer massiven und systematischen Verletzung genügte. Die MRK leitete in ihrem jährlichen Bericht an den ECOSOC ihre Erkenntnisse und ggf. Vorschläge für Maßnahmen gegen den die Menschenrechte verletzenden Staat weiter. Nur durch die Thematisierung der Fälle im ECOSOC oder in der Generalversammlung wurden die Menschenrechtspraktiken der beschuldigten Staaten öffentlich. Die Möglichkeiten einer Sanktionierung beschränkten sich auf Reputationsverlust und moralischen Druck. Im Gegensatz dazu befasste sich die MRK beim so genannten 1235-Verfahren auf jeden Fall *öffentlich* mit Informationen über massive und systematische Menschenrechtsverletzungen. Sie tat dies während ihrer jährlichen Sitzungsperiode, zu der sowohl Regierungsvertreter als auch Repräsentanten von NGOs in öffentlichen Sitzungen auf diejenigen länderspezifischen Verhältnisse hinweisen konnten, die ihrer Ansicht nach eine eingehendere Untersuchung durch die Kommission rechtfertigten. Solche von der Kommission veranlassten Untersuchungen konnten entweder länderspezifisch (Länderverfahren) erfolgen, oder es konnte eine bestimmte Art von Menschenrechtsverletzungen staatenübergreifend festgestellt und gegebenenfalls missbilligt werden (Themenverfahren). Über die Herstellung einer länderspezifischen oder themenspezifischen kritischen Öffentlichkeit für die Befassung mit massiven und systematischen Menschenrechtsverletzungen hinaus konnten die Vereinten Nationen auch hier nur auf jene Instrumente der Sanktionierung zurück greifen, über die das 1503-Verfahren verfügte (Rittberger/ Zangl 2003: 302f.).

Bereits seit Ende der 1990er Jahre wurde über eine Reform der MRK diskutiert (vgl. Heinz 2006: 131f.). Die Selektivität und Politisierung ihrer Arbeit sowie die lähmende Blockbildung insbesondere zwischen den westlichen Staaten[200] und der „like minded group", einer Gruppe der am häufigsten kritisierten Staaten (u.a. Ägypten, China, Pakistan), die immer wieder Länderresolutionen und die Ernennung von Länderberichterstattern zu verhindern suchte, hatten die Glaubwürdigkeit der MRK in der Öffentlichkeit schwer beschädigt. Vor dem Hintergrund des hohen öffentlichen Reformdrucks fand der Vorschlag der Ersetzung der MRK durch einen neuen MRR nach schwierigen zwischenstaatlichen Verhandlungen im März 2006 in der Generalversammlung eine große Mehrheit – lediglich die USA, Israel, die Marshall-Inseln und Palau stimmten dagegen. Die USA hatten gefordert, den ständigen Sicherheitsratsmitgliedern einen festen Sitz im MRR einzuräumen, die weiteren Mitglieder mit Zweidrittelmehrheit zu wählen und Staaten, die unter Sanktionen des Sicherheitsrates stehen,

---

[200] Allerdings war sich auch der „Block" der westlichen Staaten z.B. hinsichtlich des Umgangs mit der Menschenrechtspolitik Chinas längst nicht durchgängig einig.

von der Mitgliedschaft im MRR auszuschließen. Nachdem sie sich mit diesen Vorschlägen nicht durchsetzen konnten, stimmten die USA gegen die Resolution zur Einrichtung des MRRs und kandidierten nicht für einen Sitz darin – sie erklärten jedoch ihre Bereitschaft zu konstruktiver Zusammenarbeit. Im MRR, der anders als die MRK ein ständiges Gremium ist, sind nunmehr 47 Mitgliedstaaten vertreten. Die Kandidaten werden nach Regionalproporz mit absoluter Mehrheit von der Generalversammlung gewählt, wobei ihr Beitrag zur Förderung und zum Schutz der Menschenrechte Berücksichtigung finden soll. Im Falle von schweren und systematischen Menschenrechtsverletzungen können Staaten durch die GV mit Zweidrittelmehrheit von der Ratsmitgliedschaft suspendiert werden. Einige Staaten mit problematischem Menschenrechtshintergrund wurden nicht in den MRR gewählt oder traten erst gar nicht zur Wahl an, andere sind jedoch vertreten (Heinz 2006: 137ff.). Die bestehenden Mitgliedschaftsregeln stellen mithin einen Kompromiss dar zwischen der Vorstellung eines exklusiven Klubs von vermeintlichen „Musterknaben" in Sachen Menschenrechtsschutz und der Konzeption eines möglichst umfassenden Gremiums, das bewusst auch den Dialog mit Menschenrechtsverletzern sucht und diese einzubinden versucht – selbst wenn dies auf Kosten des Ansehens und der Glaubwürdigkeit des Rates in der Öffentlichkeit geht.

Für den neuen VN-MRR (vgl. Heinz 2006a; Ramcharan 2007: 450f.; Rathgeber 2007, Weiß 2009: 76ff.), der anstelle der Unterkommission für die Förderung und den Schutz der Menschenrechte von einem Beratenden Ausschuss („Human Rights Council Advisory Committee") als Denkfabrik („Think Tank") unterstützt wird, sind drei Überwachungsverfahren vorgesehen. Im Rahmen der universellen periodischen Überprüfung („Universal Periodic Review", UPR) wird die Einhaltung der Menschenrechtsverpflichtungen aller Staaten in regelmäßigen Abständen überprüft. Alle VN-Mitgliedstaaten werden innerhalb von vier Jahren in einem ersten Durchlauf überprüft. Gemäß der den MRR errichtenden Resolution der GV (A/60/251) wird die Überprüfung durch eine Arbeitsgruppe bestehend aus Mitgliedern des MRRs „auf der Grundlage objektiver und verlässlicher Informationen" und im Rahmen eines „interaktiven Dialogs unter voller Einbeziehung des betroffenen Landes" durchgeführt (vgl. Weiß 2009: 77). Dabei sollen neben Eingaben des überprüften Staates und einem Bericht des Amtes des Hohen Kommissars für Menschenrechte auch Informationen von Seiten zivilgesellschaftlicher Organisationen berücksichtigt werden.

Sonderverfahren („Special Procedures") beschäftigen sich mit der Situation in einem bestimmten Land oder mit weltweiten themenspezifischen Herausforderungen des Menschenrechtsschutzes. Der MRR kann wie die MRK weiterhin Sonderberichterstatter und Arbeitsgruppen zu spezifischen Ländern und Themen einsetzen (derzeit 28 thematische und zehn Ländermandate) und auch Länderresolutionen verabschieden. Die Sonderverfahren der MRK wurden übernommen und mit der Maßgabe einer Steigerung der Effizienz und einer Straffung der Mandate überarbeitet.

Schließlich ermöglicht ein Beschwerdeverfahren Individuen und Organisationen, sich mit Beschwerden gegen massive und systematische Menschenrechtsverletzungen an den MRR zu wenden. Das Beschwerdeverfahren des MRRs baut auf dem 1503-Verfahren der MRK auf und entwickelt dieses mit dem Ziel weiter, eine möglichst effiziente, schnelle und opferorientierte Bearbeitung von Beschwerden zu gewährleisten. Eingehende Beschwerden werden zunächst von einer fünfköpfigen Arbeitsgruppe für Mitteilungen („Working Group on Communications") bearbeitet, mit dem beschuldigten Staat diskutiert und bei hinlänglicher Triftigkeit und Verlässlichkeit der Vorwürfe an eine Arbeitsgruppe für Situationen („Working Group on Situations") weitergeleitet. Letztere berichtet dem MRR über festgestellte Menschenrechtsverletzungen und gibt Empfehlungen zum weiteren Vorgehen ab. Harte Sanktionsmaßnahmen stehen dem MRR im Rahmen des Beschwerdeverfahrens nicht zur Verfügung (Heinz 2006: 133ff.; UN Office of the High Commissioner on Human Rights 2008).

INGOs trugen nicht nur zur Debatte über den Reformprozess von der MRK zum MRR bei. Der MRR soll auch dauerhaft als Plattform der Begegnung zwischen Staatenvertretern und Vertretern der Zivilgesellschaft sowie zwischen zivilgesellschaftlichen Organisationen untereinander und als Informationsbörse dienen. NGOs können nach Art. 71 SVN Konsultativstatus erlangen. Die Verfahrensregeln für den MRR sehen – anders als einige Mitglieder der MRK (z.B. China) gefordert hatten – im Vergleich zur MRK keine weiter gehenden Einschränkungen für die Mitarbeit von NGOs vor (Heinz 2006: 139).

Verfahren	Überprüfungsgegenstand	Informationen stammen von ...	Bearbeitung erfolgt durch ...
Universelle periodische Überprüfung (*Universal Periodic Review (UPR)*)	Einhaltung der Menschenrechtsverpflichtungen aller Staaten	überprüften Staaten, dem Amt des Hohen Kommissars für Menschenrechte, zivilgesellschaftlichen Organisationen	Arbeitsgruppe des MRRs
Sonderverfahren (*Special Procedures*)	Situation in einzelnen Ländern; globale themenspezifische Herausforderungen des Menschenrechtsschutzes	dem Sonderberichterstatter oder den Arbeitsgruppen des MRR als Informationssammler	Sonderberichterstatter oder Arbeitsgruppen des MRRs
Beschwerdeverfahren	massive und systematische Menschenrechtsverletzungen in einem Staat	Individuen und Organisationen	Arbeitsgruppe für Mitteilungen (*Working Group on Communications*), Arbeitsgruppe für Situationen (*Working Group on Situations*) des MRRs

Vgl. UN Office of the High Commissioner on Human Rights (2008)

Abb. 9.3: Verfahren des VN-Menschenrechtsrats

Angesichts der gegen erhebliche politische Widerstände durchgesetzten Regeln zur Mitgliedschaft, zur Offenheit gegenüber NGOs und vor allem zum Mandat birgt der MRR durchaus Chancen für eine bessere VN-Menschenrechtsarbeit (Heinz 2006: 140). Einigen Beobachtern geben erste Eindrücke von der Arbeit des MRRs zwar Anlass zu der Kritik, der Rat weise im Ansatz ähnliche Merkmale der „Politisierung", Blockbildung und inneren Spaltung auf wie sein Vorgängerorgan (Amnesty International 2007: 11f.). Allerdings erscheint die Erwartung, der Rat habe ein „unpolitisches", über zwischenstaatlichen Interessen- und Wertekonflikten erhabenes Gremium zu sein, unrealistisch und überzogen. Eine Überwindung von Lagerdenken und Interessengegensätzen wird nur teilweise und zudem in kleinen Schritten möglich sein.

Die Überwachungsmöglichkeiten der zweiten Kategorie von Überwachungsorganen und -verfahren, der so genannten Vertragsorgane, sind auf die Staaten beschränkt, die den einzelnen menschenrechtlichen Konventionen beigetreten sind (vgl. Donnelly 2006: 84-88). Alle menschenrechtlichen Vertragssysteme[201] verfügen zum einen über das relativ schwache Überwachungsinstrument der Entgegennahme und Prüfung von Berichten, in denen die Vertragsstaaten über ihre Implementierung der jeweiligen Menschenrechtskonvention Rechenschaft ablegen. Die Prüfung der Berichte durch das zuständige Vertragsorgan beschränkt sich auf eine Prüfung im Lichte von Informationen, über die das Organ beispielsweise aus der Presse bereits verfügt. Sollten hier Ungereimtheiten auftreten, kann das jeweilige Vertragsorgan den betreffenden Staat durch Rückfragen um die Bereitstellung weiterer Informationen bitten. Das Ergebnis der Berichtsprüfung für jeden einzelnen Staat wird in einem Bericht des zuständigen Vertragsorgans festgehalten. Dieser Bericht kann neben der Darstellung der Ergebnisse der Berichtsprüfung allgemeine Bemerkungen enthalten, durch die die Menschenrechtspraxis des betreffenden Staates oder auch die Art der Abfassung seines Berichtes bewertet, gegebenenfalls kritisiert wird. Die Prüfberichte eines Vertragsorgans werden allen Vertragsparteien der jeweiligen Konvention sowie dem ECOSOC zugeleitet. Das Verfahren der Berichterstattung und des anschließenden konstruktiven Dialogs soll die Vertragsparteien zur Implementation der Bestimmungen der Verträge anhalten, die öffentliche Aufmerksamkeit auf Menschenrechtsverletzungen lenken und eine Rechenschaftspflicht von Regierungen gegenüber ihrer eigenen Gesellschaften und der internationalen Gemeinschaft befördern (Liese 2006: 57).

Häufig sind die Berichte der Staaten allerdings wenig aufschlussreich. Des Weiteren hat sich gezeigt, dass zahlreiche Staaten ihrer Berichtspflicht nicht nachkommen (Steiner/ Alston 2000: 774). Neuere Studien zeigen zudem, dass die Prüfung von Staa-

---

[201] Für die bürgerlichen und politischen Rechte sind dies: der Internationale Pakt über bürgerliche und politische Rechte, das Übereinkommen gegen Folter, das Übereinkommen zur Beseitigung jeder Form von Rassendiskriminierung, das Übereinkommen zur Beseitigung jeder Diskriminierung der Frau und die Kinderrechtskonvention. Das Übereinkommen zum Schutz aller Personen vor dem Verschwindenlassen (2006) (vgl. Hummer/ Mayr-Singer 2007) ist mangels ausreichender Zahl an Ratifikationen, derzeit 10 (Stand Juni 2009)von erforderlichen 20 noch nicht in Kraft getreten.

tenberichten einen begrenzten Beitrag zur rechtlichen Regelbefolgung, d.h. zur Anpassung nationaler Rechtsvorschriften und zur stärkeren formalen Institutionalisierung des Menschenrechtsschutzes etwa durch die Einrichtung nationaler Menschenrechtskommissionen, leistet. Auch wird durch das Berichtsverfahren die Position von zivilgesellschaftlichen Akteuren in argumentativen Auseinandersetzungen mit menschenrechtsverletzenden Regierungen gestärkt (Liese 2006: 52). Eine Wirkung auf die faktische Regelbefolgung, d.h. eine Verbesserung nationaler Menschenrechtspraktiken, lässt sich jedoch kaum nachweisen. Dies dürfte auch der Tatsache geschuldet sein, dass sowohl die prüfenden Ausschüsse als auch die in der Regel mehreren vertraglichen Berichtspflichten unterliegenden Vertragsstaaten häufig überlastet und die Verfahren zu wenig öffentlichkeitswirksam sind, um angesichts fehlender materieller Anreize oder Druckmittel Wirkung auf die Menschenrechtspraxis der Vertragsstaaten zu entfalten (ebd.: 60-64).

In allen Vertragssystemen zum Schutz von bürgerlichen und politischen Rechten außer der Kinderrechtskonvention gehen die Überwachungsmöglichkeiten über die bloße Berichtspflicht der Vertragsparteien hinaus (vgl. Liese 2006: 53). Mit Ausnahme des Verfahrens der Staatenbeschwerde im Rahmen der Konvention gegen Rassendiskriminierung sind sie jedoch erst anwendbar, nachdem die Vertragsparteien sich durch einseitige Erklärung oder Ratifikation eines Zusatzprotokolls diesen weiter reichenden Verfahren unterworfen haben. Das in diesem Zusammenhang wohl bekannteste Verfahren eröffnet das Erste Zusatzprotokoll zum Zivilpakt. Es begründet das Recht der Individualbeschwerde bei Menschenrechtsverletzungen für die Opfer oder deren Angehörige. Diese können sich in einer Beschwerde an den durch den Pakt geschaffenen Menschenrechtsausschuss („Human Rights Committee") wenden, der auch für die Entgegennahme und Prüfung der Berichte der Vertragsstaaten des Zivilpaktes zuständig ist. Dieses aus 18 Personen bestehende Vertragsorgan nimmt dann eine Bewertung der Beschwerden vor. Menschenrechtsverletzungen, die gemäß dem Zusatzprotokoll behandelt werden sollen, müssen weder „massiv" auftreten noch „systematisch" begangen werden. Auch vereinzelt auftretende Menschenrechtsverletzungen können zum Gegenstand der Bewertung durch den Menschenrechtsausschuss werden. Kommt der Menschenrechtsausschuss zu dem Schluss, dass tatsächlich Menschenrechte verletzt wurden, so teilt er seine Sicht sowohl dem beschuldigten Staat als auch dem Beschwerdeführer mit. In seinem jährlichen Tätigkeitsbericht, der unter anderem über den ECOSOC auch der Generalversammlung der Vereinten Nationen zugestellt wird, werden die Staaten, gegen die ermittelt wurde, namentlich aufgeführt, so dass diese Menschenrechtsverletzungen eines Staates öffentlich werden. Die Zahl der Ratifikationen des Zusatzprotokolls zum Zivilpakt ist mit 111 Staaten (Stand Juni 2009) im Vergleich zu anderen Vertragssystemen recht hoch.

Zahlreiche weitere Organe des VN-Systems beschäftigen sich mit Menschenrechtsthemen im Allgemeinen und der Verletzung von bürgerlichen und politischen Rechten im Speziellen. Zu den bedeutenderen zählen die Sonderbeauftragten des VN-Generalsekretärs und insbesondere das Amt des VN-Hochkommissars für Menschenrechte, dessen Aufgabe darin besteht, die Menschenrechtsaktivitäten der Vereinten Nationen zu koordinieren und untereinander zu vernetzen und im Dialog mit der internationalen Öffentlichkeit, privatwirtschaftlichen Akteuren, INGOs und nationalen Regierungen, Maßnahmen für den Schutz und die Förderung der Menschenrechte weltweit weiter zu entwickeln (Auswärtiges Amt 2008a: 275ff.; Donnelly 2006: 83).

Insgesamt zeigt sich jedoch, dass die Möglichkeiten der VN, die Menschenrechtspraxis von Staaten zu überwachen, zu prüfen und ggf. korrigierend einzuwirken, nach wie vor begrenzt sind, was freilich Auswirkungen auf die Wirksamkeit des globalen Menschenrechtsschutzes hat. So zeigen einschlägige Studien einen ernüchternden Befund der Entkopplung von Normanerkennung und Normeinhaltung: Demnach lässt sich kein positiver Zusammenhang zwischen der Ratifikation von Menschenrechtsverträgen und der tatsächlichen Menschenrechtslage in einem Staat nachweisen (Jetschke 2006: 31ff; vgl. Hafner-Burton/ Tsutsui 2005; Hathaway 2002; Neumayer 2005). Eine Erklärung dafür wäre, dass sich aus dem Akt der Ratifikation für diesen Staat häufig Reputationsgewinne ergeben. Da die Überwachungs- und vor allem die Sanktionsmechanismen bei den meisten internationalen Menschenrechtsübereinkommen eher schwach ausgebildet sind, bleiben hingegen die Kosten des Vertragsstaates im Falle der Nichteinhaltung eingegangener Verpflichtungen relativ gering (Jetschke 2006: 39).

Allerdings sind mit Blick auf die genannten Studien, die keinen oder gar einen negativen Zusammenhang zwischen der Ratifikation von Menschenrechtsverträgen und der Normeinhaltung sehen, auch Einschränkungen und Differenzierungen angebracht. Neben methodischen Bedenken – so könnte der Anstieg an dokumentierten Menschenrechtsverletzungen nach der Ratifizierung auch einer größeren Transparenz und einem gestiegenem zivilgesellschaftlichen Bewusstsein geschuldet sein (Liese 2006: 60ff.) – ist zu beachten, dass die Ratifizierung von Menschenrechtsverträgen sich dann positiv auf die Menschenrechtspraxis in einem Staat auswirkt, wenn eine starke Zivilgesellschaft im Land existiert oder intensive Beziehungen der inländischen Zivilgesellschaft zu INGOs bestehen (Jetschke 2006: 34; Hafner-Burton/ Tsutsui 2005; Neumayer 2005).

Diese Studien unterstreichen im Ergebnis die maßgebliche Rolle von zivilgesellschaftlichen Akteuren für die Um- und Durchsetzung von Menschenrechtsnormen. INGOs wie „Amnesty International" oder „Human Rights Watch" leisten durch Strategien des „naming and shaming", durch die Bereitstellung von Informationen für die Öffentlichkeit und für die zwischenstaatlichen Überwachungsorgane einen erheblichen Beitrag um ein Mindestmaß an Transparenz herzustellen und Menschenrechtsverletzungen einem erhöhten Risiko der Entdeckung zu unterwerfen (vgl. Gaer 1996).

Advokatorische INGOs haben ein transnationales Menschenrechtsnetzwerk geknüpft, dessen positiver Einfluss auf die Anerkennung und Durchsetzung von Menschenrechten auch empirisch gut belegt ist (vgl. Keck/ Sikkink 1998; Risse/ Jetschke/ Schmitz 2002). Durch seine Präsenz auf sowohl nationaler als auch internationaler Ebene ist ein transnationales Netzwerk von Menschenrechtsorganisationen zunächst in der Lage, verlässliche Informationen über auftretende Menschenrechtsverletzungen in bestimmten Staaten zusammenzutragen und zu veröffentlichen. In einem weiteren

Schritt nutzen international operierende Mitglieder des Netzwerks mit Hilfe der gewonnenen Informationen internationale Organisationen und die Öffentlichkeiten liberaler Staaten als Plattformen und versuchen, letztere – nicht ohne Erfolg – gegen den normverletzenden Staat zu mobilisieren (Finnemore/ Sikkink 1998: 896-901; Risse/ Sikkink 1999: 22f.).

Innenpolitischer Menschenrechtswandel und diesen Wandel befördernde Aktivitäten zivilgesellschaftlicher Akteure lassen sich mit Hilfe eines durch zahlreiche Fallstudien bestätigten Spiralmodells veranschaulichen (vgl. Abb. 9.4; Risse/ Ropp/ Sikkink 1999; Risse/ Jetschke/ Schmitz 2002; vgl. Risse 2004: 234ff.). Dieses Modell zeigt auf, warum und auf welche Weise sich Staaten, in denen systematisch Menschenrechte verletzt werden, so weiter entwickeln, dass ihre Regierungen international anerkannte Menschenrechtsnormen in ihr nationales Rechtssystem aufnehmen und für ihre Um- und Durchsetzung sorgen. Das Modell untergliedert den Prozess der „Sozialisation internationaler Normen in innenpolitische Praxis" (Gränzer et al. 1998: 7) in mehrere Phasen. Für jede Phase werden die Interaktionen zwischen Akteuren der Staaten- und der Gesellschaftswelt auf nationaler wie internationaler Ebene beschrieben, die zusammen genommen ein spiralartiges Bild von Aktions- und Reaktionsmustern offenbaren. Dass es zu einem Wandel der Menschenrechtspraxis in repressiven Staaten kommt, wird in erster Linie auf die Aktivitäten eines transnational operierenden Netzwerks von Menschenrechtsorganisationen zurück geführt (vgl. Gränzer et al. 1998: 12-17; Risse/ Sikkink 1999: 17-35; Risse 2004: 233ff.). Dieses Netzwerk setzt die Spirale in Gang, indem es mit Hilfe von vor Ort gewonnenen Informationen die repressive Herrschaftspraxis im „Zielstaat" anprangert und auf internationaler Ebene nach Verbündeten in der Staatenwelt (Regierungen und internationale Organisationen) und in der Gesellschaftswelt (weitere nichtstaatliche Organisationen und die Öffentlichkeiten liberal-demokratischer Staaten) sucht. Verhindert das Ausmaß der Repression im Zielstaat nicht die Informationsweitergabe, kommt es zum Übergang in die zweite Phase. Hier bestreitet das repressive Regime die Gültigkeit internationaler Menschenrechtsnormen und verwahrt sich mit Verweis auf das Nichteinmischungsgebot einer externen Kontrolle der eigenen Herrschaftspraxis. Damit wird deutlich, dass die Aktivitäten nichtstaatlicher Akteure nur dann Wirkung entfalten können, wenn international kodifizierte Menschenrechte bereits existieren. Andernfalls fehlte dem Netzwerk das Mittel, um legitimen moralischen Druck auszuüben, und das Leugnen einer rechtlichen Verpflichtung und ihre Missachtung fiele dem repressiven Regime weitaus leichter. Ohne die Existenz international anerkannter Menschenrechte wäre der kritische Übergang zur dritten Phase, in dem sich die Menschenrechte verletzende Regierung zu taktischen Konzessionen an ihre nationalen und internationalen Kritiker genötigt sieht, unmöglich. Diesen Schritt unternimmt die Regierung des Zielstaats der transnationalen Kampagne nur, wenn sich das Netzwerk als stark genug erweist und wenn die menschenrechtsverletzende Regierung dem durch das Netzwerk und seine Verbündeten ausgeübten moralischen, politischen oder ökonomischen Druck nicht mehr standhalten kann. Sowohl ein ausreichend starkes Netzwerk als auch wirksamer Druck, der vor allem durch Verbündete in der Staatenwelt erzeugt wird, könnten ohne zum Zeitpunkt der Kampagne bereits vorhandene Menschenrechtsnormen nicht geschaffen oder aufrecht erhalten werden. Hat sich die repressive Regierung erst einmal zu taktischen Konzessionen bereit erklärt, sagt das Modell die Aufwertung der innenpolitischen Opposition und die Verankerung der Menschenrechte im gesellschaftlichen Diskurs des Zielstaats voraus. Am Übergang zur vierten Phase steht die normverletzende Regierung einer hoch mobilisierten nationalen und durch das transnationale Netzwerk unterstützten Opposition gegenüber. Nach dem Vollzug eines Macht- oder Regimewechsels erkennen staatliche Akteure im Zielstaat die Gültigkeit internationaler Menschenrechtsstandards an, indem sie diese zur Grundlage des Aufbaus eines rechtsstaatlichen Systems machen. Der Sozialisationsprozess tritt in die fünfte Phase ein, wenn den Menschenrechtsnormen nicht nur präskriptiver Status zukommt, sondern darüber hinaus der Staatsapparat im Zielstaat normengerecht, das heißt im Einklang mit den in die binnenstaatliche Rechtsordnung integrierten Menschenrechtsnormen handelt (Rittberger/ Zangl 2003: 294f.).

Die Überwachung der Menschenrechtspraxis durch eine internationale Organisation wie die Vereinten Nationen und durch zivilgesellschaftliche Akteure stellt die Voraussetzung für die Sanktionierung von Menschenrechtsverletzungen durch die Staatenwelt dar. Diese steckt trotz erweiterter Handlungsspielräume des VN-Sicherheitsrates (SR) seit den 1990er Jahren und einer zunehmenden Anerkennung des Prinzips der Schutzverantwortung („responsibility to protect") (vgl. Kap. 2.3; Evans 2008, Thakur 2006a) nach wie vor in den Anfängen. So ist die Veröffentlichung und das Anprangern von Menschenrechtsverletzungen die häufigste, wenn auch nicht die einzige Form der Sanktionierung geblieben. Echte Kollektiv-Sanktionen gegen Staaten sind nur in den Fällen möglich, in denen der SR die Menschenrechtsverletzungen eines Staates als Gefährdung des Weltfriedens und der internationalen Sicherheit einstuft. Der SR hat dann die Möglichkeit, alle Maßnahmen des Kapitels VII der SVN zu ergreifen. In der Tat hat sich der SR in den vergangenen Jahren zunehmend mit der Problematik illegitimer, d.h. heißt die Menschenrechte verletzender Herrschaftsausübung befasst (Forsythe 2000: 60; Chesterman 2001; Krieger 2006).

Kapitel 9: Herrschaft

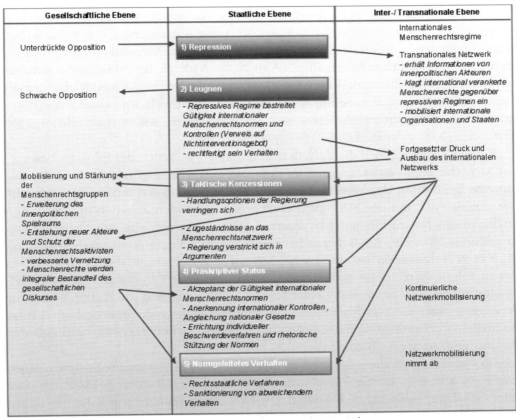

Quelle:. Risse/ Sikkink (1999: 20); Risse/ Jetschke/ Schmitz (2002: 34)

Abb. 9.4: Das „Spiralmodell des Menschenrechtswandels"

In der internationalen rechtlichen Diskussion setzt sich zunehmend die Position durch, dass bei einer massiven Verletzung der Pflicht eines Staats, die Menschenrechte seiner Bürger zu achten und zu schützen, ein Recht der internationalen Gemeinschaft besteht, für diesen Schutz zu sorgen und systematische und schwerwiegende Menschenrechtsverletzungen von außen auch durch bewaffnetes Eingreifen zu beenden (Auswärtiges Amt 2008a: 200). Das Versagen des Staates, seiner Schutzverantwortung gegenüber seinen Bürgern nachzukommen, begründet demnach eine subsidiäre Verantwortung der internationalen Gemeinschaft für die Bevölkerung, die die Gemeinschaft mittels des Sicherheitsrates unter Einsatz von dessen Befugnissen nach Kapitel VI und VII SVN ausüben kann (Krieger 2006: 110). Allerdings verfügt der SR über einen politischen Ermessensspielraum bei der Ausübung seiner Befugnisse, so dass eine Interventionskompetenz des SRs bei schwerwiegenden menschlichen Notsituationen keine *rechtliche* Handlungspflicht, d.h. eine *Pflicht* zur Intervention, nach sich zieht (Krieger 2006: 119). Nicht nur die Hochrangige Gruppe für Bedrohungen, Herausforderungen und Wandel des VN-Generalsekretärs betont in ihrem 2004 vorgelegten Bericht „Eine sicherere

Welt: Unsere gemeinsame Verantwortung" (United Nations 2004), dass das Souveränitätsprinzip und das Interventionsverbot der SVN einer Autorisierung von militärischen Zwangsmaßnahmen durch den VN-SR im Falle schwerster Menschenrechtsverletzungen nicht entgegen stehen (Auswärtiges Amt 2008a: 200). Die Beschränkung staatlicher Souveränität verbunden mit Interventionsrechten der internationalen Gemeinschaft wird in der Staatenpraxis zunehmend – wenn auch längst nicht universell – anerkannt und fand in mehreren Resolutionen des SRs ihren Niederschlag (vgl. SR-Res. 1556 (2004), 1653 (2006) oder 1674 (2006)) (Krieger 2006: 110).

Vergleicht man jedoch die Zahl der Resolutionen, in denen der SR sich „besorgt" über Menschenrechtsverletzungen oder humanitäre Krisen zeigt und in denen er deshalb eine Bedrohung des Weltfriedens und der internationalen Sicherheit „feststellt" oder „anerkennt", mit der Häufigkeit einer weiter gehenden Reaktion in Gestalt von Sanktionen bis hin zu humanitären Interventionen, zeigt sich eine erhebliche Diskrepanz (Kühne 2000: 299). Menschenrechtsverletzungen und daraus entstehende humanitäre Krisen festzustellen ist eine Sache; kollektive Zwangsmaßnahmen zu ergreifen oder zu autorisieren, um die rechtswidrige Praxis der dafür Verantwortlichen abzustellen, eine andere. Die Feststellung einer Friedensbedrohung und die Aufforderung zur Beendigung einer die Menschenrechte verletzenden Herrschaftspraxis gehen in ihrer unmittelbaren Wirksamkeit nicht über die „weichen" Sanktionen der beschriebenen VN- und Vertragsorgane hinaus.

Ob der SR durch die selektive Ergreifung kollektiver Zwangsmaßnahmen einen wesentlichen Beitrag zur Sanktionierung staatlichen Fehlverhaltens geleistet hat oder leistet, ist schwer eindeutig zu bewerten. Die Zahl akuter humanitärer Krisen, in denen sich die Mitglieder des SRs nicht oder nicht rechtzeitig auf eine gemeinsame Vorgehensweise einigen konnten (z.B. Ruanda, Liberia, Tschetschenien, Kosovo oder Darfur), übersteigt die Zahl der Fälle, in denen Kollektivmaßnahmen rechtzeitig beschlossen wurden. Auch die Erfolgsbilanz der beschlossenen und durchgeführten Kollektivmaßnahmen fällt sehr gemischt aus (vgl. Rittberger 2007).

Die NATO-Operation gegen das ehemalige Jugoslawien (1999) in der Kosovo-Krise bewies, welcher Schaden der Weltorganisation selbst zugefügt werden kann, wenn die Veto-Drohungen einiger ständiger Mitglieder – in diesem Fall China und Russland – von anderen Mitgliedstaaten zum Anlass genommen werden, gestützt auf regionale Abmachungen ohne vorherige Autorisierung durch den SR, also unter Missachtung von Kap. VII und Kap. VIII SVN, militärisch tätig zu werden. Auch das jahrelange Schweigen des SR zu massiven und systematischen Menschenrechtsverletzungen im Bürgerkrieg im Sudan hat zu einem Glaubwürdigkeitsverlust des SR geführt. Allgemein gesprochen verhindern neben begrenzten Kapazitäten insbesondere strategische Interessen von ständigen Mitgliedern im SR ein einheitliches Vorgehen und Eingreifen des Sicherheitsrates (Krieger 2006: 117ff.).

So bleibt die Bilanz der Leistungen des SR im Problemfeld „Menschenrechtsverletzungen" trotz gewisser Fortschritte angesichts der selektiven Nutzung seiner Sanktionsmöglichkeiten, die längst nicht immer auf eine militärische Intervention hinaus laufen müssen, eher bescheiden (Rittberger/ Zangl 2003: 304f.). Zwar ist der SR seit dem Ende des Kalten Krieges zunehmend als „Hüter der Menschenrechte" aufgetreten und hat in Fällen schwerwiegender menschlicher Notsituationen Zwangsmaßnahmen zur Wiederherstellung oder Wahrung des Friedens oder der internationalen Sicherheit angeordnet. Zugleich mangelt es aber häufig an Handlungsfähigkeit und -willen zur Wahrnehmung der anspruchsvollen und nicht unumstrittenen Schutzverantwortung („responsibility to protect") (Krieger 2006: 125).

2.2.1.2 Internationale Strafgerichtsbarkeit: Ad-hoc-Strafgerichtshöfe und der Internationale Strafgerichtshof (IStGH) als Bausteine von Weltregieren

Die Straflosigkeit schwerster Menschenrechtsverletzungen wie Völkermord, Verbrechen gegen die Menschlichkeit und Kriegsverbrechen („Völkerverbrechen") ist ein wesentlicher begünstigender Faktor für deren Wiederholung. Internationale und hybride („gemischte") ad-hoc Strafgerichtshöfe sowie der ständige Internationale Strafgerichtshof (IStGH) (vgl. de Wet 2008: 35ff.), gegründet durch das 1998 unterzeichnete und 2002 in Kraft getretene Römische Statut, versuchen, Individuen für schwerste Menschenrechtsverletzungen zur Verantwortung zu ziehen. Dadurch wollen sie nicht nur einen Beitrag zur Beendigung der Straflosigkeit solcher Verbrechen und zur Rehabilitation der Opfer, sondern auch zur Prävention derartiger Menschenrechtsverletzungen leisten (vgl. van de Poll i.E.). Sie können mithin als Bausteine von Weltregieren zur Durchsetzung elementarer Menschenrechte sowie mittel- und langfristig zur Prävention von Gewaltkonflikten und Förderung von (positivem) Frieden aufgefasst werden (vgl. Nitsche 2007).

Bereits zu Beginn der 1990er Jahre beschloss der SR in zwei Fällen in Ausübung seines Rechts nach Art. 29 SVN Nebenorgane einzusetzen, die Errichtung internationaler ad-hoc-Strafgerichtshöfe: Durch Resolution 827 (1993) knüpfte der SR an die Verfahren der Alliierten nach dem Ende des Zweiten Weltkriegs in Nürnberg und Tokio an, indem er den Internationalen Strafgerichtshof für das ehemalige Jugoslawien (ICTY) in Den Haag schuf. Seine Aufgabe besteht – ebenso wie die des ein Jahr später geschaffenen ad-hoc-Strafgerichtshofs für Ruanda (ICTR) (SR-Res. 955 (1994) und 977 (1995)) – darin, einzelne Personen wegen besonders schwer wiegender Verletzungen des humanitären Völkerrechts zur Verantwortung zu ziehen. Strafrechtlich verfolgt werden Völkermord, Verbrechen gegen die Menschlichkeit und Kriegsverbrechen. Diesen ad-hoc-Strafgerichten kommt eine wichtige symbolische Bedeutung zu; zudem erfüllten sie eine Vorläuferfunktion für das 1998 von 120 Vertretern von Staaten in Rom unterzeichnete Statut für einen ständigen Internationalen Strafgerichtshof (Rittberger/ Zangl 2003: 305; vgl. z.B. Boekle 1998: 14f.; Schabas 2005: 11ff.).

Umstritten ist die tatsächliche Wirksamkeit der Strafgerichte hinsichtlich der Erfüllung ihrer Mandate. Oft wird auf die Entstehungsgeschichte sowie den Zeitpunkt der einschlägigen Sicherheitsratsresolutionen verwiesen, deren Analyse belegt, dass es sowohl beim ICTY (in Den Haag) als auch beim ICTR (in Arusha, Tansania) anfänglich weniger um die Durchsetzung von Normen des humanitären Völkerrechts ging. Vielmehr war den Mitgliedern des Sicherheitsrates, vor allem den USA, daran gelegen, weitaus kostspieligere militärische Sanktionsmaßnahmen zu vermeiden (Forsythe 2000: 94; Rudolph 2001). Hinsichtlich der Leistungsfähigkeit der Gerichte im engeren Sinne, d.h. der Durchführung von rechtsstaatlichen Ansprüchen genügenden Prozessen zur Beendigung von Straflosigkeit in Fällen schwerster Menschenrechtsverletzungen, ist die wachsende Zahl der an die Gerichte überstellten auch durchaus prominenten Personen positiv zu bewerten (Gareis/ Varwick 2002: 194). Für die Arbeit des ICTR gewichtig war die im Oktober 2000 durch die Berufungskammer erfolgte Bestätigung der Verurteilung des ehemaligen ruandischen Premierministers Jean Kambanda zu lebenslanger Haft wegen Völkermords (Rittberger/ Zangl 2003: 305f.). Im Falle des ICTY wurde mit Slobodan Milosević einem der Hauptverantwortlichen für Menschenrechtsverletzungen und Kriegsverbrechen im Krieg im ehemaligen Jugoslawien der Prozess gemacht. Milosevic starb jedoch in der Haft, ehe ein Urteil gefällt werden konnte. Freilich gestaltete sich zunächst die Zusammenarbeit der ehemaligen Konfliktparteien mit dem ICTY insbesondere bei der Fahndung nach flüchtigen Angeklagten (u.a. nach Ratko Mladić und lange Zeit auch nach dem im Juli 2008 in Serbien verhafteten und an das ICTY überstellten Radovan Karadžić) problematisch. So reichte etwa in Serbien die Opposition gegen das Gericht bis tief in die politische Klasse. Die vom VN-Sicherheitsrat durch die Resolution 1503 und 1534 (2003) beschlossene „completion strategy" konnte bisher nur teilweise verwirklicht werden. Zwar wurden alle Ermittlungen fristgerecht bis Ende 2004 abgeschlossen, die Beendigung der Gerichtsverfahren der ersten Instanz wurde aber von Ende 2008 auf Ende 2009 verschoben, wodurch die gesamte Tätigkeit (inkl. der Berufungsverfahren) erst im Jahr 2012 anstatt 2010 abgeschlossen sein wird (ICTY 2009).

Auch beim ICTR sind nur langsame Prozessfortschritte zu verzeichnen. Schwierigkeiten im Bereich der internen Verwaltung und der Finanzierung ebenso wie die lange Verfahrensdauer auf Grund langwieriger Zeugenvernehmungen erschweren die Arbeit des Strafgerichts. Das Verhältnis des Strafgerichts zur ruandischen Regierung ist durch die Frage belastet, ob neben Verantwortlichen der Hutu für die Massaker an der Tutsi-Minderheit auch Mitglieder der aktuellen Tutsi-dominierten Regierung wegen Racheakten an den Hutu angeklagt werden sollen (Auswärtiges Amt 2008a: 285). Trotz dieser Einschränkungen bleibt festzuhalten, dass in den beiden Fällen des ICTY und ICTR eine erhebliche Zahl hochrangiger Verantwortlicher für Völkerverbrechen zur Rechenschaft gezogen wurde.

Auch in einem weiteren Sinne ist die Arbeit der Strafgerichte positiv einzuschätzen. Sie sind ein wesentlicher Impulsgeber für die (Fort-)Entwicklung eines weltweiten Strafrechtsregimes zur Sicherstellung der Verantwortlichkeit für schwerste Menschenrechtsverletzungen (van de Poll i.E.), zu dem auch der Internationale Strafgerichtshof, der im Jahr 2004 seine Arbeit aufgenommen hat, zu rechnen ist. Das ICTY und das ICTR haben durch die Auslegung und Konkretisierung von völkerrechtlichen Strafnormen und Verfahrensvorschriften Entwicklungen auf den Weg gebracht, die auch die Arbeit des Internationalen Strafgerichtshofs beeinflussen sowie sich auf nationale Rechtsordnungen auswirken. Das Statut von Rom weist in materiell-rechtlicher und prozeduraler Hinsicht Unterschiede zum fünf Jahre zuvor verabschiedeten ICTY-Statut auf, die die Arbeit des IStGH wirksamer gestalten sollen. Zu diesen gehören die Beschränkung auf schwer wiegende Verstöße gegen die Normen des Völkerstrafrechts, der Aufbau ständiger Koordinationsgremien mit mitgliedstaatlichen Gerichten und die subsidiäre Stellung des IStGH gegenüber mitgliedstaatlicher Strafverfolgung, d.h. der IStGH kann nur dann Strafverfahren einleiten, wenn sich mitgliedstaatliche Gerichte als nicht willens oder nicht fähig zur Verfolgung von Völkerstraftaten erwiesen haben (Rittberger/ Zangl 2003: 306; vgl. Rudolph 2001: 686; Razesberger 2006). Zudem bestehen beim IStGH gemäß Art. 15 II des Statuts ernst zu nehmende Zugangs- und Einflussmöglichkeiten für zivilgesellschaftliche Akteure. Art. 15 bestimmt, dass der Ankläger auf der Grundlage von Informationen über Verbrechen, die der Gerichtsbarkeit des IStGH unterliegen, aus eigener Initiative Ermittlungen einleiten kann. Zu diesem Zweck kann er nach Art. 15 II ausdrücklich auch von nichtstaatlichen Organisationen zusätzliche Auskünfte einholen. Dies zeugt von einer institutionellen Offenheit des IStGH gegenüber zivilgesellschaftlichen Akteuren. Diese hatten im Rahmen der NGO-„Koalition für den Internationalen Strafgerichtshof" („Coalition for the International Criminal Court", CICC) durch transnationale Kampagnen bereits eine wichtige, staatliche Befürworter einer ständigen internationalen Strafgerichtsbarkeit unterstützende Rolle bei der Entstehung des IStGH gespielt (vgl. Deitelhoff 2006).

Das 1998 zur Unterzeichnung freigegebene Römische Statut des IStGH trat am 1. Juli 2002 in Kraft, nachdem die dafür notwendigen 60 Ratifikationen erreicht worden waren. Dem Gericht mit Sitz in Den Haag gehören 18 nach einem aufwändigen Wahlverfahren bestimmte Richter an – zunächst mit einer Amtszeit von drei, sechs oder neun Jahren für jeweils ein Drittel der Richter. Das Gericht ist seit Mitte 2004 voll funktionsfähig und verfügt mittlerweile über den notwendigen Personalbestand zur Erfüllung seiner Kernaufgaben. Der IStGH hat Gerichtsbarkeit über Völkermord, Verbrechen gegen die Menschlichkeit, Kriegsverbrechen und das Verbrechen der Aggression – für letzteres allerdings erst, sobald ein Konsens über den Straftatbestand der Aggression gefunden ist[202]. Problematisch bleibt, dass trotz 108 Vertragsstaaten (Stand Juni 2009) zahlreiche für eine möglichst weit reichende Anerkennung des IStGH wichtige Staaten wie Ägypten, Chile, China, Indien, Indonesien und Russland das Römische Statut (noch) nicht ratifiziert haben. Die USA betreiben bisher eine aktive ablehnende Politik und drängten Staaten zum Abschluss von Nichtüberstellungsabkommen, mit

---

[202] Die VN-Generalversammlung hatte zwar schon 1974 eine Definition von Aggression verabschiedet (A/Res/3314 (XXIX)), in der Staaten als Aggressoren und als Adressaten der Aggression gelten. Vor dem IStGH werden aber Individuen, keine Staaten angeklagt und die Adressaten einer potenziellen Aggression durch Individuen sind häufig Bevölkerungen des eigenen Staates. Für den IStGH eignet sich die Definition der Generalversammlung daher nicht.

denen die Überstellung von US-Staatsbürgern an den IStGH verhindert werden sollte (Auswärtiges Amt 2008a: 216f.). Eine Verlängerung der SR-Resolution 1487 (2003), mit der Ermittlungen des IStGH gegen Angehörige von VN- oder VN-mandatierten Missionen aus Nicht-Vertragsstaaten für die Dauer von 12 Monaten unterbunden werden sollen, konnten die USA jedoch nicht durchsetzen.

Der IStGH führt Ermittlungen in vier „Situationen". Drei davon wurden dem IStGH von den betroffenen Vertragsstaaten selbst unterbreitet, nämlich von der Demokratischen Republik Kongo, Uganda und der Zentralafrikanischen Republik. Zunächst wurde ein Verfahren gegen einen früheren Führer einer Miliz im Distrikt Ituri der DR Kongo wegen Anwerbung und Einberufung von Kindersoldaten eingeleitet. Er wurde am 17. März 2006 in Kinshasa festgenommen und an den IStGH überstellt. Der Beginn der Hauptverhandlung im Juni 2008 markiert den ersten Prozess nach dem Römischen Statut. Außerdem wurden zwei weitere kongolesische Personen, die an Kriegsverbrechen und Verbrechen gegen die Menschlichkeit in Ituri beteiligt gewesen sein sollen 2008 an den IStGH überstellt. Mitte 2005 erließ der IStGH Haftbefehle gegen die Führung der „Lord's Resistance Army" (LRA) wegen völkerstrafrechtlicher Verbrechen in Norduganda. Die Haftbefehle wurden bisher nicht vollstreckt. Weiterhin wurde eine Untersuchung wegen mutmaßlicher Verbrechen, vor allem Taten mit sexuellem Hintergrund, insbesondere Massenvergewaltigungen, eingeleitet, die im Zeitraum 2002/2003 bei einem bewaffneten Konflikt zwischen der Regierung und Rebellen in der Zentralafrikanischen Republik begangen wurden.

Schließlich erließ der IStGH 2007 Haftbefehle gegen Mitglieder der sudanesischen Regierung und Führer der Dschandschawid-Miliz wegen Verbrechen gegen die Menschlichkeit und Kriegsverbrechen in Darfur (Amnesty International 2007: 12; Rat der Europäischen Union/ Europäische Kommission 2007: 42) Der schon 2008 angekündigte und im März 2009 erlassene Haftbefehl des IStGH gegen den sudanesischen Präsidenten Omar Al-Bashir erregte internationales Aufsehen, da er der erste in der Geschichte des IStGH war, der gegen ein amtierendes Staatsoberhaupt ausgestellt wurde (Schabas 2008: 11). Da der IStGH aber über keine eigenen Zwangsmechanismen zur Durchsetzung seiner Maßnahmen verfügt, ist er auf die Zusammenarbeit mit den betreffenden Staaten angewiesen, die im Fall Sudan kaum gegeben ist (Auswärtiges Amt 2008a: 215f.).

Neben den internationalen ad-hoc-Strafgerichtshöfen für das ehemalige Jugoslawien und Ruanda sowie dem IStGH sind mehrere „hybride" (national-internationale) Strafgerichtshöfe eingerichtet worden – im Kosovo (2000), in Sierra Leone (2002), Ost-Timor (2002), Kambodscha (2004), Bosnien-Herzegowina (2005) und zuletzt im Irak (2005). Der Sondergerichtshof für Sierra Leone entstand durch ein Abkommen zwischen den VN und der Regierung von Sierra Leone, um die seit 1996 verübten schweren Verbrechen während des Bürgerkriegs (1991-2002) strafrechtlich zu ahnden, und setzt sich aus internationalen und sierra-leonischen Richtern zusammen. Der Sondergerichtshof für Sierra Leone hat im Juni 2007 (aus Sicherheitsgründen in Den Haag ansässig) das Verfahren gegen den ehemaligen Präsidenten Liberias Charles Taylor aufge-

Kapitel 9: Herrschaft

nommen (Rat der Europäischen Union/ Europäische Kommission 2007: 42). Die auf Grundlage eines Abkommens zwischen der Regierung Kambodschas und den VN geschaffenen Außerordentlichen Kammern der Gerichte Kambodschas verfolgen die unter der Herrschaft der Roten Khmer zwischen 1975 und 1979 in Kambodscha begangenen Verbrechen; sie sind innerhalb des nationalen Justizsystems angesiedelt, weisen aber internationale Beteiligung auf (Auswärtiges Amt 2008a: 287).

In ihrer Gesamtheit lassen sich die verschiedenen internationalen oder hybriden Strafgerichtshöfe als Ausdruck und zugleich treibende Kräfte einer Verrechtlichung der globalen Menschenrechtspolitik auffassen, die mittel- und langfristig geeignet zu sein scheint, die Ausübung von menschenrechtsfeindlichen Gewalttaten einzudämmen. In den genannten Rechtsprechungsinstanzen sind unabhängige Richter tätig. Das in den Strafverfahren anzuwendende Recht ist dem Einfluss der jeweiligen Parteien des Verfahrens entzogen. Sowohl das ICTY und das ICTR als auch der IStGH verfügen über eine eigene Anklagebehörde. Die Unabhängigkeit der Anklagebehörde des IStGH wird jedoch dadurch eingeschränkt, dass der Sicherheitsrat unter Berufung auf Kap. VII SVN einerseits Situationen, in denen es den Anschein hat, dass eine oder mehrere Völkerstraftaten begangen wurden, an den Ankläger verweisen kann, andererseits aber auch den Gerichtshof ersuchen kann, für einen Zeitraum von zwölf Monaten keine Ermittlungen und keine Strafverfolgung einzuleiten oder fortzuführen (Art. 13b und 16 IStGH Statut).

Relativiert wird der Befund der Verrechtlichung im Bereich der Verfolgung und Ahndung von Menschenrechtsverletzungen auch dadurch, dass die tatbestandlichen Zuständigkeitsbereiche dieser Gerichte noch recht beschränkt sind. Ein vermeintlicher Täter kann zudem nur dann vor dem IStGH zur Rechenschaft gezogen werden, wenn er einem Staat angehört, der Vertragspartei des Rom-Statuts ist, oder wenn die Tat(en) auf dem Territorium eines solchen Vertragsstaates begangen wurden. Ohne eigene Polizei und Vollzugsgewalt bleiben internationale Strafgerichtshöfe freilich bei Strafverfolgung und -vollzug abhängig von staatlicher Unterstützung und Bereitschaft zur strafrechtlichen Zusammenarbeit. Dennoch zeugt die Errichtung und die Arbeit der verschiedenen internationalen und hybriden Strafgerichtshöfe von einer Verrechtlichungsdynamik, die zur Zivilisierung der Weltpolitik beitragen kann (vgl. Goldstein et al. 2001; Oeter 2004; vgl. auch die Verrechtlichung des WTO-Streitschlichtungsverfahrens, Kap. 8).

2.2.1.3 Multipartistisches Weltregieren: „Freiwillige Grundsätze für Sicherheit und Menschenrechte"

INGOs und zunehmend auch Regierungen fordern mittlerweile – zeitgleich mit der wachsenden Zahl von privatwirtschaftlichen Selbstverpflichtungen und multipartistischen Initiativen zu Sozial- und Umweltstandards – auch die Entwicklung von Normen für transnationale Unternehmen ein, die insbesondere in Krisenregionen Gefahr laufen, in Menschenrechtsverletzungen verwickelt zu werden (Brzoska/ Paes 2006: 46f.). In der Tat haben zahlreiche Unternehmen vor allem des Rohstoff- und Energiesektors in den letzten Jahren einzeln oder kollektiv Maßnahmen ergriffen oder haben sich an solchen beteiligt, die darauf abzielen, menschenrechtliche Mindeststandards einzuhalten (vgl. Rieth/ Zimmer 2004). Zu den individuellen Maßnahmen zählen die Überarbeitung ihrer Verhaltenskodizes, die nunmehr auch die Beachtung von Menschenrechten, die Vermeidung von Korruption oder den Umgang mit Sicherheitskräften thematisieren und Mitarbeitern Beurteilungskriterien und Verhaltensempfehlungen für die Beachtung von menschenrechtlichen Mindeststandards an die Hand geben. Über diese unternehmensinternen Maßnahmen hinaus sind auch inklusive, multipartistische Partnerschaften mit zivilgesellschaftlichen und staatlichen Akteuren entstanden (Rittberger 2004a: 25). Ziel derartiger Partnerschaften ist es, transnationale Unternehmen unabhängig von den politischen Rahmenbedingungen, d.h. gerade auch in schwachen Staaten, auf die Einhaltung und Förderung von Menschenrechten zu verpflichten (Martinsen/ Melde 2006: 168).

Eine solche multipartistische Partnerschaft stellen die Freiwilligen Grundsätze für Sicherheit und Menschenrechte („Voluntary Principles on Security and Human Rights") dar, die im März 2000 vom US-amerikanischen und vom britischen Außenministerium eingerichtet wurde, um den Zusammenhang zwischen Sicherheit und dem Schutz der Menschenrechte bei der Geschäftstätigkeit transnationaler Unternehmen zu beleuchten. In Ermangelung international anerkannter Regeln für Firmen, die private Sicherheitsdienstleister einsetzen oder mit öffentlichen Sicherheitskräften in potenziellen Konfliktregionen zusammen arbeiten, haben sich mittlerweile vier Regierungen (der USA, des Vereinigten Königreichs, der Niederlande und Norwegens), 18 große Unternehmen des Rohstoff- und Energiesektors (u.a. Anglo-American, BP, ExxonMobil, Rio Tinto, Shell, Talisman Energy) sowie mehrere INGOs (u.a. Amnesty International, Human Rights Watch und International Alert[203]) zusammengeschlossen. Ihr Ziel ist es, den Schutz der Menschenrechte wahrenden und fördernden Ausgleich zu finden zwischen dem legitimen Interesse von Unternehmen, Sicherheitsbedrohungen in bestimmten Ländern vorzubeugen, und dem Beharren von INGOs, lokalen Gemeinschaften und Staaten darauf, dass die Sicherheitsvorkehrungen der Unternehmen im Einklang mit den Menschenrechten stehen.

Die Initiative erfolgte als Reaktion auf Anschuldigungen gegen einige der Vorzeigeunternehmen in den USA und im Vereinigten Königreich (u.a. Shell, BP und Rio Tinto) wegen deren Sicherheitsvorkehrungen im Umfeld von Produktionsanlagen und der direkten und indirekten Verursachung von Menschenrechtsverletzungen (vgl. Freeman/ Hernandez Uriz 2003; Leipziger 2004: 95ff.). Gemeinsam von Unternehmen, INGOs und Regierungsvertretern aufgestellte Verhaltensnormen sollen dazu dienen, dass Unternehmen ihre legitimen Sicherheitsinteressen wahren, ohne gleichzeitig als Komplizen oder gar Anstifter in Menschenrechtsverletzungen verwickelt zu werden;

---

[203] Das Internationale Komitee vom Roten Kreuz (IKRK) hat einen Beobachterstatus inne.

Kapitel 9: Herrschaft 659

mit anderen Worten: sie sollen die Sicherheit ihrer Produktionsanlagen und Mitarbeiter durch Verträge mit staatlichen Sicherheitsbehörden oder privaten Sicherheitsdienstleistern in einem Rahmen sicherstellen, der die Beachtung der Menschenrechte und Grundfreiheiten der umgebenden lokalen Gemeinschaften gewährleistet.

Die „Freiwilligen Grundsätze" konzentrieren sich auf drei thematische Schwerpunkte: Kriterien, die Unternehmen in Betracht ziehen sollten, wenn sie eine Risikobewertung ihrer Sicherheitsvorkehrungen vornehmen; das Verhältnis von transnationalen Unternehmen zu privaten Sicherheitskräften sowie ihr Verhältnis zu staatlichen Sicherheitskräften. Die Unternehmen werden aufgefordert, regelmäßig mit Heimat- und Gastregierungen, lokalen Gemeinschaften, INGOs und anderen Unternehmen den Einfluss ihrer Sicherheitsvorkehrungen auf die Menschenrechtspraxis vor Ort zu diskutieren. Zudem soll die Achtung von Menschenrechten durch öffentliche Sicherheitskräfte mittels Menschenrechtstraining und -weiterbildung, Anzeigeerstattung im Falle von Menschenrechtsverletzungen und Dialog mit den Gastregierungen gefördert werden. Bei privaten Dienstleistern wird auf die Einhaltung von geltendem Recht des Heimat- und des Gaststaates und die Ausrichtung der eigenen Sicherheitsvorkehrungen an internationalen Leitlinien und „best practices" gedrängt (Böge et al. 2006: 30f.). Alle Teilnehmer haben einem Lenkungsausschuss (mit rotierender Mitgliedschaft) einen jährlichen Bericht über ihre Erfüllung der auf der Website der Initiative veröffentlichten Verhaltensrichtlinien und Mitgliedschaftskriterien der „Freiwilligen Grundsätze" vorzulegen. Teilnehmer können auch Beschwerden im Falle der Nichteinhaltung der Richtlinien durch einen anderen Teilnehmer vor dem Lenkungsausschuss vorbringen. Bei einem begründeten Verdacht der Nichteinhaltung können vom Lenkungsausschuss und ggf. von der Plenarversammlung, in der alle Teilnehmer vertreten sind, weitere Untersuchungen angestellt und zu Konsultationen aufgerufen werden. Als Sanktionen bei Nicht-Einreichung von Berichten, bei Verweigerung des Dialogs mit anderen Teilnehmern oder bei einem Verstoß gegen die Mitgliedschaftskriterien sind eine zeitweilige Suspendierung der Mitgliedschaft und im äußersten Fall der Ausschluss aus der Initiative möglich (vgl. Voluntary Principles on Security and Human Rights 2008).

Mehrere Faktoren lassen sich zur Erklärung der Entstehung der „Freiwilligen Grundsätze" heranziehen (vgl. Rittberger 2004a: 29f.; Rieth/ Zimmer 2004). Ohne Zweifel war die Führungsrolle des Hegemons USA zusammen mit dem Vereinigten Königreich von entscheidender Bedeutung. Dem Verhalten eines wohlwollenden Hegemons entsprechend zeigten sich die USA bereit, zusammen mit dem Vereinigten Königreich freilich überschaubare Kosten bei der Einrichtung der Initiative, die zur Bereitstellung des öffentlichen Gutes „Menschenrechtsschutz" beitragen soll, zu übernehmen. Als rationalistische Motive für die Beteiligung von Unternehmen lassen sich das Streben nach Verringerung politischer und ökonomischer Risiken und die Furcht vor Reputationsverlusten ausgelöst durch den wachsenden öffentlichen Druck von INGOs anführen. Gerade in der Rohstoffindustrie, in der Unternehmen zur effizienten Ressourcenausbeutung oft langfristige und kostenintensive Investitionen tätigen müssen und lange an einem Standort verweilen, bestehen erhebliche ökonomische Anreize, gute Beziehungen zum sozialem Umfeld im Gaststaat aufzubauen (Böge et al. 2006: 30). Die Reputation von Unternehmen der Rohstoffbranche hat in den letzten Jahren im Zuge von INGO-Kampagnen zudem erheblich gelitten – was einen öffentlichen Rechtfertigungsdruck schafft. Bestrebungen, verbindlichen rechtlichen Regulierungen durch freiwillige Selbstbindung zuvorzukommen, können als weiteres rationalistisches Motiv für das Engagement von transnationalen Unternehmen in öffentlich-privaten Partnerschaften zur Förderung der Einhaltung von Menschenrechten angeführt werden (Martinsen/ Melde 2006: 168f.).

Aus konstruktivistischer Sicht könnten von privatwirtschaftlichen Akteuren internalisierte Normen des Menschenrechtsschutzes und der sozialen Unternehmensverantwortung sowie Lerneffekte die Bereitschaft zur (Selbst-)Verpflichtung auf Menschenrechtsstandards erklären. Aus einer moderat konstruktivistischen Sicht wird zudem argumentiert, dass der auch empirisch dokumentierte Mechanismus der argumentativen Selbstverstrickung von menschenrechtsverletzenden Regierungen in der Auseinandersetzung mit innerstaatlichen und transnationalen zivilgesellschaftlichen Akteuren und Regierungen auch auf transnationale Unternehmen übertragbar sein könnte (Martinsen/ Melde 2006: 174).

INGOs sehen in den „Freiwilligen Grundsätzen" eine Möglichkeit, die Handlungsfreiheit wirtschaftlicher Akteure zu begrenzen und ein transparenteres Verhalten von Unternehmen zu erwirken. Im Falle von Verwicklungen von an der Initiative teilnehmenden Unternehmen in Menschenrechtsverletzungen können sich INGOs auf deren öffentliche Bekenntnisse zum Menschenrechtsschutz berufen, ihr Verhalten an diesen messen, und die „Freiwilligen Grundsätze" als Argumentationsgrundlage für „naming and shaming" nutzen.

Die teilnehmenden westlichen Regierungen wiederum sind zwar am Schutz der wirtschaftlichen Interessen der Unternehmen mit Stammsitz in ihrem Hoheitsgebiet interessiert; zugleich wollen sie aber in der Öffentlichkeit nicht als Komplizen bei menschenrechtswidrigen Geschäftspraktiken wahrgenommen werden, die wegsehen, wenn diese Unternehmen in Menschenrechtsverletzungen verwickelt sind (Brzoska/ Paes 2006: 46f.).

So lässt sich unter Berücksichtigung der proaktiven Rolle des Hegemons USA und des Vereinigten Königreichs insgesamt zwar keine Übereinstimmung, aber doch eine hinreichend große Schnittmenge der Interessen öffentlicher und privater Akteursgruppen feststellen, um die Entstehung einer vergleichsweise schwachen multipartistischen Verregelungsinitiative zum Schutz von Menschenrechten rational erklären zu können.

Erste Einschätzungen der Wirksamkeit der „Freiwilligen Grundsätze" deuten darauf hin, dass die Notwendigkeit, Menschenrechtsaspekte in die unternehmerische Risikobewertung und Sicherheitsplanungen zu integrieren, von den teilnehmenden Unternehmen stärker anerkannt wird. Inwieweit transnationale Unternehmen jedoch bereit sind, diese Verhaltensgrundsätze zur tatsächlichen Richtschnur ihrer Sicherheitsvorkehrungen und ihres Verhaltens gegenüber Regierungen und Sicherheitskräften im

Gastland zu machen, bleibt noch abzuwarten. Ein Grundkonflikt zwischen dem Ziel, in einem Land weiter Geschäfte zu treiben, und dem Ziel, mit der Regierung dieses Landes in einen Dialog über das sensible Thema des Menschenrechtsschutzes zu treten, lässt sich nicht ohne weiteres auflösen. Regierungen können unwillig oder unfähig zur Kooperation sein; gerade in schwachen Staaten mangelt es an Autorität und Kapazitäten zur Verfolgung von Menschenrechtsverletzungen (Böge et al. 2006: 30f.). Der Erfolg der Initiative hängt mithin auch vom weiteren Engagement der Regierungen der Heimat- ebenso wie der Gaststaaten ab. Den Regierungen der USA und des Vereinigten Königreichs kam bei der Aushandlung und Verabschiedung der „Freiwilligen Grundsätze" eine Schlüsselrolle zu. Über Erfolg oder Misserfolg der „Freiwilligen Grundsätze" entscheiden in erheblichem Maße die Bereitschaft und Fähigkeit der beteiligten Regierungen, den Implementierungsprozess zu unterstützen und voranzutreiben, etwa indem sie sich mit den Regierungen der Gaststaaten in Verbindung setzen, in denen die Probleme am größten sind (Rittberger 2004a: 26f.; vgl. Freeman/ Hernandez Uriz 2003: 246). So bleibt eine Kombination aus Druck und Unterstützung von mächtigen Staaten, einflussreichen Unternehmen und zivilgesellschaftlichen Organisationen nötig, um eine Verbesserung der Menschenrechtslage zu erreichen (Böge et al. 2006: 341).

2.2.2 Weltregieren zum Schutz von wirtschaftlichen, sozialen und kulturellen Menschenrechten

2.2.2.1 Förderung sozialer Menschenrechte durch die VN, die ILO und die OECD: Zwischen Exekutivmultilateralismus und Tripartismus

Im VN-System bilden der Internationale Pakt für wirtschaftliche, soziale und kulturelle Rechte und das Übereinkommen für den Schutz der Rechte von Wanderarbeitnehmern und ihrer Familien von 1990 die maßgeblichen Regelwerke für den Schutz von wirtschaftlichen, sozialen und kulturellen Rechten. Die Einhaltung der Verpflichtungen aus dem Sozialpakt wird vom Ausschuss für wirtschaftliche, soziale und kulturelle Rechte (WSK-Ausschuss) überprüft, der zweimal jährlich zu dreiwöchigen Tagungen in Genf zusammenkommt und im Unterschied zum Vertragsorgan des Zivilpakts ein Unterorgan des ECOSOC ist. Grundlage der Überprüfung sind von den Vertragsstaaten einzureichende Berichte. Ein Fakultativprotokoll, mit dem analog zum Zivilpakt ein Beschwerdeverfahren im Rahmen des Sozialpakts eingeführt werden soll, wurde erst im Jahr 2008 in langwierigen Verhandlungen in der vom Menschenrechtsrat eigens dafür eingesetzten Arbeitsgruppe ausgearbeitet. In der bis zuletzt strittigen Frage der Reichweite des Protokolls haben sich die Befürworter eines umfassenden Ansatzes durchgesetzt, der die Staaten hindert, einzelne im Sozialpakt enthaltene Rechte vom Beschwerdeverfahren auszuschließen (Auswärtiges Amt 2008a: 85f). Am 10. Dezember 2008, dem 60. Jahrestag der Allgemeinen Erklärung der Menschenrechte, hat die VN-Generalversammlung einstimmig das Fakultativprotokoll zum Sozialpakt verabschiedet

(A/Res/63/117). Das darin vorgesehene Individualbeschwerdeverfahren erlaubt es Opfern von Menschenrechtsverletzungen, beim Sozialausschuss eine begründete Beschwerde gegen ihren Staat einzureichen. Das Fakultativprotokoll wurde im März 2009 in Genf zur Unterschrift freigegeben und tritt in Kraft, sobald es von mindestens 10 Staaten unterzeichnet wurde. Da die Fakultativprotokolle der Zustimmung durch die Staaten bedürfen, sind ihre Verfahren zur Um- und Durchsetzung von Menschenrechten meist eher schwach. Bisher kann von einer breiten Verwirklichung aller oder nur einzelner im Sozialpakt verfassten Rechte nicht die Rede sein. Wie wirksam das Individualbeschwerdeverfahren für WSK-Rechte sein wird, ist zudem zum jetzigen Zeitpunkt noch nicht abzuschätzen.

Für die Überwachung der Implementierung des Übereinkommens für den Schutz der Rechte von Wanderarbeitnehmern und ihrer Familien von 1990, das erst 40 Staaten – darunter kein westlicher Industriestaat – ratifiziert haben, wurde der Ausschuss für Wanderarbeiter („Committee on Migrant Workers") als Vertragsorgan eingerichtet. Dort besteht als Überprüfungsverfahren neben der Prüfung von regelmäßig einzureichenden Berichten der Vertragsstaaten auch die Möglichkeit der Eingabe von Individualbeschwerden – allerdings erst, wenn mindestens zehn Vertragsstaaten dieses Verfahren akzeptiert haben, was bisher nicht der Fall ist (Auswärtiges Amt 2008a: 278).

Auch die mittlerweile aufgelöste MRK, der MRR und die Vertragsorgane der Kinder- und Frauenrechtskonventionen, die bereits als Organe zur Förderung und zum Schutz bürgerlicher und politischer Rechte vorgestellt wurden, waren und sind in der Politikprogrammgenerierung und -weiterentwicklung zum Schutz von WSK-Rechten und deren Überwachung tätig. Insgesamt muss das Weltregieren im Rahmen der VN zur Förderung und zum Schutz sozialer Menschenrechte derzeit jedoch als weniger effektiv eingestuft werden als das zur Förderung zum Schutz bürgerlicher und politischer Rechte.

Dies gilt im Ergebnis auch für die viel diskutierten und im Jahr 2003 nach langjährigen Verhandlungen von der Unterkommission der VN-MRK als Entwurf vorgelegten „VN-Normen zur Verantwortung grenzüberschreitend tätiger und anderer Unternehmen in Bezug auf die Einhaltung der Menschenrechte" (kurz: „VN-Normen"). Diese Normen sollen die Achtung der Menschenrechte durch transnationale Unternehmen sicher stellen, haben allerdings keinerlei rechtliche Verbindlichkeit erlangt. Sie sehen eine Aufweichung des nach wie vor herrschenden völkerrechtlichen Prinzips vor, wonach sich menschenrechtliche Verpflichtungen unmittelbar an die *Staaten* richten, die diese einzuhalten und anzuwenden haben (vgl. Böge et al. 2006: 29f.; Rathgeber 2006; Rosemann 2005). Der Entwurf der VN-Normen enthält ein breites Spektrum von Normen zur menschenrechtlichen Verantwortung von Unternehmen und Richtlinien für deren Implementation. Transnationale Unternehmen werden auch aufgefordert, die Einhaltung der VN-Normen im Umfeld ihres Tätigkeits- und Einflussbereichs, d.h. in den Beziehungen zu ihren Zulieferern und weiteren Geschäftspartnern, einzuhalten und zu fördern und in Verträge mit diesen einfließen zu lassen. Sechs Kategorien von Normen lassen sich unterscheiden: Gleichberechtigung und Nicht-Diskriminierung,

Arbeitnehmerrechte, Achtung von nationaler Souveränität und von Menschenrechten, Konsumentenschutz, Umweltschutz und das Recht von Personen auf Sicherheit. Bemerkenswert ist, dass die VN-Normen anders als weit verbreitete Selbstverpflichtungserklärungen der Privatwirtschaft als internationale Initiative konzipiert sind, die alle Unternehmen an die Menschenrechte bindet – nicht nur jene, die sich freiwillig beteiligen. Zudem sind neben einem unabhängigen Überwachungs- und einem Beschwerdeverfahren für den Fall der Nichteinhaltung der Normen auch Entschädigungszahlungen an die Opfer von Rechtsverletzungen vorgesehen (Rathgeber 2006: 10). INGOs wie Amnesty International oder Human Rights Watch setzen sich kontinuierlich für die VN-Normen zur Unternehmensverantwortung ein. Im Gegensatz dazu regte sich in der Privatwirtschaft, insbesondere bei Industriedachverbänden wie der International Chamber of Commerce, aber auch bei vielen westlichen Staaten (wie den USA und der EU) Widerstand dagegen, Unternehmen direkte Menschenrechts-Verpflichtungen aufzuerlegen. Allerdings weisen auch die VN-Normen zur Unternehmensverantwortung weiterhin den Staaten die *Haupt*verantwortung für den Menschenrechtsschutz zu (Rathgeber 2006: 22f.; Rosemann 2005: 4; vgl. Auswärtiges Amt 2005: 179f.). Die VN-Normen sind (vorläufig) an politischen Widerständen gescheitert. Zwar wurde der Entwurf 2005 in die MRK eingebracht, versandete dort jedoch nicht zuletzt auf Grund der ablehnenden Haltung westlicher Industrieländer (Böge et al. 2006: 29f.). Die Chancen, dass der Entwurf der VN-Normen in absehbarer Zeit vom MRR oder gar von einem der Hauptorgane der VN (ECOSOC, der Generalversammlung) angenommen wird, sind gering.

Zum Schutz von WSK-Rechten, insbesondere von Arbeitnehmerrechten, nimmt hingegen die Internationale Arbeitsorganisation (International Labor Organization, ILO), eine Sonderorganisation der Vereinten Nationen, eine maßgebliche Rolle ein (vgl. Bartolomei de la Cruz/ Potobsky/ Swepston 1996). Die ILO, die heute 181 Mitgliedstaaten (Stand: Juni 2009) hat, wurde bereits 1919 als tripartistische[204] Organisation gegründet; d.h. die Beratungs- und Beschlussorgane der ILO weisen eine dreigliedrige Struktur auf, nach der die 181 Mitgliedstaaten durch Repräsentanten sowohl von Regierungen als auch von Arbeitnehmern und Arbeitgebern in der Internationalen Arbeitskonferenz und im Verwaltungsrat der ILO vertreten sind. In der Internationalen Arbeitskonferenz, dem höchsten Beschlussgremium der ILO, sind für jeden Mitgliedstaat neben zwei Regierungsvertretern jeweils ein Vertreter der Arbeitgeber und der Arbeitnehmer an den Beratungen und Beschlussfassungen beteiligt (Adam 2007: 3; Martens 2007: 11).

Kernaufgabe der ILO ist die Normsetzung und Überwachung ihrer Einhaltung in verschiedenen Bereichen des Arbeits- und Sozialrechts. Heute gibt es 187 ILO-Übereinkommen und 198 rechtlich nicht bindende Empfehlungen – wobei die Anzahl der

---

[204] Die tripartistische Struktur der ILO unterscheidet sich von inklusiven, multipartistischen Institutionen dadurch, dass nur Arbeitnehmer- und Arbeitgeberverbände von Mitgliedstaaten der ILO Zugang haben.

Ratifikationen zum Teil deutlich schwankt. Im Allgemeinen spiegeln die ILO-Übereinkommen auf Grund der Zusammensetzung der Beschlussorgane einen doppelten Kompromiss wider: zwischen nationalen Interessengegensätzen einerseits und Konflikten zwischen Arbeitgebern und Arbeitnehmern andererseits. Die Übereinkommen haben den Status völkerrechtlicher Verträge, die nach Inkrafttreten für die Vertragsparteien, d.h. die Vertragsstaaten rechtlich verbindlich sind und eine Verpflichtung zur Implementierung der internationalen Normen in nationales Recht begründen. Die Vertragsstaaten haben regelmäßig Informationen über die Umsetzung der Verträge an den ILO-Überwachungsmechanismus einzureichen. Die ILO-Arbeits- und Sozialstandards haben eine universelle Ausrichtung, d.h. alle Staaten sollten in der Lage sein, die Übereinkommen zu ratifizieren und zu implementieren. Daher sehen sie meist gewisse nationale Spielräume bei der Implementierung vor – die Staaten werden verpflichtet, nach ihren Möglichkeiten Verbesserungen voranzubringen (Adam 2007: 4).

Die Überwachung der Einhaltung von vertraglichen Verpflichtungen erfolgt durch ein Zusammenwirken von periodischer Berichterstattung der mitgliedstaatlichen Regierungen über die Implementierung von Übereinkommen, Kommentaren von Sozialpartnern, Prüfung durch ein internationales Expertenkomitee und Behandlung in speziellen Ausschüssen des Verwaltungsrates (des Exekutivorgans der ILO) bis hin zur Internationalen Arbeitskonferenz. Beschwerden gegen den Bruch von Übereinkommen können durch Verbände der Arbeitgeber und der Arbeitnehmer vorgebracht werden. Zudem sind Beschwerden einer Regierung gegen den Vertragsbruch einer anderen Regierung möglich (Adam 2007: 4f.).

Bei der Weiterentwicklung der internationalen Übereinkommen und Erklärungen zum Schutz der Arbeitnehmerrechte konnten in den letzten Jahren gewisse Fortschritte verzeichnet werden. Mit der „Erklärung zu grundlegenden Prinzipien und Rechten am Arbeitsplatz" der ILO 1998 wurde ein wichtiger Schritt unternommen, um Kernarbeitsstandards globale Gültigkeit zu verschaffen. Mit dieser Erklärung wurde zudem ein verbessertes und erweitertes Überwachungs- und Berichtsverfahren im Rahmen der ILO eingeführt, das auch die Staaten einbindet, welche die einschlägigen Übereinkommen zu den Kernarbeitsnormen nicht ratifiziert haben. Der Katalog der Kernarbeitsstandards beinhaltet folgende Normen (Fues 2001: 168; Hauchler/ Messner/ Nuscheler 2001: 65; Rathgeber 2006: 7): Verbot der Zwangs- und Pflichtarbeit; effektive Abschaffung der Kinderarbeit; Vereinigungsfreiheit und Recht auf Kollektivverhandlungen, d.h. das Recht, Gewerkschaften zu gründen und Tarifverträge auszuhandeln; Beseitigung der Diskriminierung in Beschäftigung und Beruf (vgl. Abb. 9.5). Die vier Kernarbeitsnormen der ILO-Erklärung über grundlegende Prinzipien und Rechte bei der Arbeit haben breite Anerkennung und Eingang in verschiedene internationale Abkommen und Richtlinien, wie z.B. die „OECD Guidelines" oder den Global Compact (siehe unten), gefunden. Von einigen Völkerrechtlern werden sie bereits zum allgemein verbindlichen „ius cogens" (zwingendes Völkerrecht) gerechnet (Adam 2007: 5).

> Die **vier Grundprinzipien** der ILO:
> - Vereinigungsfreiheit und Recht auf Kollektivverhandlungen
> - Beseitigung der Zwangsarbeit
> - Abschaffung der Kinderarbeit
> - Verbot der Diskriminierung in Beschäftigung und Beruf
>
> Ihre konkrete Ausgestaltung erfahren diese Grundprinzipien in
> **acht Kernarbeitsnormen:**
>
> | Nr. | Titel | Jahr |
> |---|---|---|
> | 29 | Beseitigung der Zwangs- oder Pflichtarbeit | 1930 |
> | 87 | Vereinigungsfreiheit und Schutz des Vereinigungsrechts | 1948 |
> | 98 | Vereinigungsrecht und Recht auf Kollektivverhandlungen | 1949 |
> | 100 | Gleichheit des Entgelts männlicher und weiblicher Arbeitskräfte für gleichwertige Arbeit | 1951 |
> | 105 | Abschaffung der Zwangsarbeit | 1975 |
> | 111 | Verbot der Diskriminierung in Beschäftigung und Beruf | 1958 |
> | 138 | Mindestalter für die Zulassung zur Erwerbsarbeit | 1973 |
> | 182 | Verbot und unverzügliche Maßnahmen zur Beseitigung der schlimmsten Formen der Kinderarbeit | 1999 |
>
> Vgl. ILO (2008)

Abb. 9.5: Die Grundprinzipien und Kernarbeitsnormen der ILO

Immer wieder wird die Frage aufgeworfen, ob die Kernarbeitsstandards in das Regelwerk der WTO integriert werden sollten (Weinz 2000: 95; MacLaren 2004). Eine Gruppe von Industriestaaten versuchte bei der WTO-Ministerkonferenz 1999 in Seattle, dieses Thema auf die Tagesordnung für eine neue Handelsrunde der WTO zu setzen. Insbesondere die Clinton-Administration setzte sich – unterstützt von der EU, einheimischen Gewerkschaften, Umweltverbänden und INGOs – dafür ein, sozialpolitische und umweltpolitische Mindeststandards in die Regelwerke der WTO einzubringen. Das Hauptargument für die Einbeziehung von Arbeitsstandards in die WTO-Regelwerke lautet, dass die Normbefolgung dadurch höher werde, weil die WTO im Vergleich zur ILO durch das Streitschlichtungsverfahren über härtere Sanktionsmöglichkeiten verfüge. Neoliberale Ökonomen, transnationale Unternehmen und vor allem die Mehrzahl der Entwicklungsländer sperren sich bis heute gegen diesen Vorschlag – letztere vor allem deshalb, weil sie versteckte protektionistische Absichten der Industrieländer vermuten und einen Verlust ihrer komparativen Vorteile wie z.B. niedrige Lohnkosten fürchten. Nach dem Scheitern der Ministerkonferenz in Seattle wurden die Themen Arbeits- und Umweltstandards an den eher unbedeutenden WTO-Ausschuss „Commission on Trade and Environment" und die ILO zurückverwiesen. In den Verhandlungen der Doha-Runde der WTO spielen sie keine Rolle mehr (Bieling 2007: 125; Schirm 2004: 245).

Ein weiteres Instrument zur Förderung der Einhaltung sozialer Menschenrechte stellen die Leitsätze der Organisation für wirtschaftliche Zusammenarbeit und Entwicklung (OECD) für multinationale Unternehmen (OECD-Leitsätze) dar. Die nach einer Überarbeitung der ersten Fassung von 1976 im Jahr 2000 verabschiedeten OECD-Leitsätze beinhalten Empfehlungen für 30 Mitglied- und 11 Nicht-Mitgliedstaaten der OECD[205] an transnationale Unternehmen, die in diesen Ländern tätig sind. Ein wesentlicher Bestandteil sind Prinzipien und Standards für verantwortliche Unternehmensführung in Bezug auf die Wahrung der Menschenrechte (u.a. menschenwürdige Arbeitsbedingungen, angemessene Interessenvertretung). Die Leitsätze richten sich gerade auch an Unternehmen in Ländern, in denen die Normen und Institutionen des Menschenrechtsschutzes und zur Gewährleistung von (menschen-)rechtlicher Verantwortlichkeit der Unternehmen vor Ort schwach sind. Nationale Kontaktstellen („National Contact Points") befördern die Implementation der OECD-Leitsätze durch die Unternehmen. Betroffene („interested parties") können Beschwerden bei den Kontaktstellen über die Nicht-Einhaltung von Leitsätzen durch Unternehmen vorbringen. Die Nationale Kontaktstelle überprüft die Beschwerde und versucht, den Konflikt einvernehmlich zu lösen. Gelingt dies nicht, kann die Nationale Kontaktstelle Empfehlungen aussprechen, wie die Befolgung der OECD-Leitsätze durch das Unternehmen am besten erreicht werden könnte, oder eine Klarstellung („clarification") der Leitsätze vom OECD-Investitionsausschuss anfordern. So bestehen zumindest eindeutige und relativ transparente Verfahren zur Überwachung des Verhaltens von Firmen. Die Nationalen Kontaktstellen sammeln Informationen über Erfahrungen mit den OECD-Leitsätzen in ihren Ländern und berichten jährlich an den OECD-Investitionsausschuss über Umsetzungsprobleme und „best practices". Der OECD-Investitionsausschuss leitet diese Informationen an den OECD-Rat weiter. Die Sanktionsmöglichkeiten im Falle von Verstößen gehen jedoch über „naming and shaming" nicht hinaus. So zielen die OECD-Leitsätze in erster Linie darauf ab, durch international vereinbarte Leitsätze eine „Atmosphäre wechselseitigen Vertrauens und der Verlässlichkeit zwischen Unternehmen, Arbeitnehmern und Regierungen zu schaffen" (Böge et al. 2006: 29; vgl. auch Rathgeber 2006: 8; vgl. auch Rosemann 2005: 18ff.).

2.2.2.2 „Multi-Stakeholder"-Initiativen zur Förderung von Arbeits- und Sozialstandards: Das Beispiel des Global Compact

Mittlerweile werden zunehmend privatwirtschaftliche Akteure, d.h. vor allem transnationale Unternehmen, in öffentlich-private oder privat-private Regulierungsvorhaben („Multi-Stakeholder"-Initiativen) eingebunden, die auf die Förderung und die Einhaltung von Arbeits- und Sozialstandards abzielen. Diese „Multi-Stakeholder"-Initiativen

---

[205] Ägypten, Argentinien, Brasilien, Chile, Estland, Israel, Lettland, Litauen, Rumänien, Peru und Slowenien haben die OECD-Leitsätze unterzeichnet, sind aber keine Mitglieder der OECD.

Kapitel 9: Herrschaft

sind mit ihren Standardsetzungs- und -durchsetzungsaktivitäten vor allem in Ländern von Bedeutung, in denen die staatlichen Akteure keine Mindeststandards vorgeben oder die staatliche Gesetzgebung und internationale Übereinkommen wie etwa die ILO-Übereinkommen nicht wirksam durchgesetzt werden (Rieth 2004a: 181; vgl. Martinsen/ Melde 2006: 168).

Es lässt sich ein Trend erkennen, dass transnationale Unternehmen sich ihrer potenziellen negativen wirtschaftlichen, sozialen und ökologischen Auswirkungen auf verschiedene Betroffene innerhalb und außerhalb des Unternehmens bewusst werden. Gemäß dem Konzept der Unternehmensverantwortung für Folgeprobleme ihres Tuns („corporate social responsibility") integrieren sie freiwillig soziale und ökologische Belange (den Schutz von Menschenrechten, gute Arbeitsbedingungen, Umweltschutz etc.) in ihre Geschäftstätigkeiten (vgl. European Commission 2001: 1; Rieth 2004a: 179f.). Dabei gehen sie mitunter über die rechtlichen Anforderungen in Gaststaaten hinaus. Ein mögliches Motiv dafür ist das Streben, gestiegene Erwartungen der Konsumenten an die Menschenrechtspolitiken von Unternehmen zu erfüllen – d.h. Unternehmen suchen das ökonomische Risiko von Konsumentenboykotts und Umsatzeinbußen infolge von schlechter Reputation zu vermeiden. Ein weiterer Anreiz könnte darin bestehen, rechtlich bindenden staatlichen Regulierungen durch freiwillige Selbstbindung zuvorzukommen (Martinsen/ Melde 2006: 168f.).

„Multi-Stakeholder"-Initiativen (MSI) sind privat-private Partnerschaften oder inklusive, multipartistische Institutionen, die zwei oder mehrere an der Bearbeitung eines Problems interessierte Akteure („stakeholders") – z.B. Unternehmen, Arbeitgeberverbände, Gewerkschaften, INGOs, Regierungsvertreter, internationale Organisationen, etc. – zusammenbringen, um bei der Ausgestaltung und Anwendung von Verhaltensstandards in einem bestimmten Problemfeld zusammenzuarbeiten. MSI gehen über reine Selbstregulierung von Unternehmen hinaus (Utting 2005: 1; Utting 2008). Sie können der Gefahr der mangelnden Einhaltung von Selbstverpflichtungen der Unternehmen begegnen. Sie lassen sich zudem als möglicher Ausweg aus dem fehlenden Willen oder den mangelnden Kapazitäten von Regierungen, international vereinbarte Arbeits- und Sozialstandards tatsächlich um- und durchzusetzen, auffassen. Insbesondere in Reaktion auf den Druck von INGOs wurden in MSI Verhaltenskodizes entwickelt, die sich mitunter nicht nur auf die Arbeitsbedingungen in Niederlassungen der transnationalen Unternehmen, sondern auch auf die Einhaltung von Arbeitsstandards in Zulieferfirmen beziehen. Die Erwartung einer größeren Effektivität von MSI zum Schutz von Arbeits- und Sozialstandards im Vergleich zu zwischenstaatlichen Vereinbarungen wie etwa den OECD-Leitsätzen beruht auf der Annahme, dass „ownership" durch Teilhabe im Normsetzungsprozess die Folgebereitschaft der Normadressaten, d.h. der beteiligten Unternehmen, erhöht. Regelungsadressaten und -betroffene entwickeln ein Gefühl der „ownership", wenn ihnen angemessene Möglichkeiten gegeben werden, sich in einen fairen Verhandlungsprozess zur Generierung der Regeln einzubringen. Dadurch ist die Wahrscheinlichkeit größer, dass sie einmal vereinbarte institutionelle Normen als bindend betrachten (Göbel 2009; vgl. Beisheim/ Dingwerth 2008; Fung 2003; Zürn 2005a: 26ff.).

Es lassen sich verschiedene Formen von MSI unterscheiden. Es gibt Zertifizierungsmechanismen wie die Normen der Internationalen Organisation für Normung („International Organization for Standardization", ISO) oder der 1997 entwickelte SA 8000 („Standard for Social Accountability 8000") für Arbeitsstandards. Andere Initiativen widmen sich der Standardsetzung und -überwachung wie etwa „Anti-Sweatshop"-Initiativen, die „Fair Labor Association" (FLA) oder das „Workers Rights Consortium". Der „Global Compact", die „Global Reporting Initiative" oder die „Ethical Trading Initiative" stellen hingegen den Dialog zwischen Betroffenen und Interessierten und das Verbreiten von „best practices" in den Mittelpunkt (vgl. Göbel 2009).

Der „Global Compact"
Der Global Compact ist die wohl bekannteste inklusive, multipartistische Institution zur Förderung der sozialen und ökologischen Verantwortlichkeit von Unternehmen. Im Rahmen des Global Compact verpflichten sich privatwirtschaftliche Akteure soziale, ökologische und gegen die Korruption gerichtete Mindeststandards (10 Prinzipien des Global Compact, vgl. Abb. 9.6) einzuhalten und regelmäßig Fortschrittsberichte über deren Implementierung zu erstellen (vgl. Hamm 2006; Rieth 2004, 2004a; vgl. Thérien/ Pouliot 2006, vgl. Kap. 3.3). Die Grundsätze des Global Compact gehen auf Normen aus der Allgemeinen Menschenrechtserklärung, aus ILO-Übereinkommen und aus der Rio-Erklärung über Umwelt und Entwicklung (Ergebnis der VN-Konferenz über Umwelt und Entwicklung 1992) zurück (Brühl 2006: 178). Der Global Compact wurde im Jahr 2000 auf Initiative des damaligen VN-Generalsekretärs Kofi Annan mit dem Ziel gegründet, institutionelles Lernen und den Dialog zwischen privatwirtschaftlichen, zivilgesellschaftlichen und staatlichen sowie zwischenstaatlichen Akteuren zu fördern. Der Global Compact kann als ein multipartistisches Konsortium verstanden werden, das ebenenübergreifend agiert. Nationale Netzwerke sollen zur Verankerung des Paktes auf nationaler Ebene beitragen (Hamm 2006: 97). Neben Unternehmen, (wenigen) INGOs, Staaten und VN-Institutionen (wie UNEP oder UNDP) sind auch Städte und Universitäten Mitglieder des Global Compact (Brühl 2006: 178f.; vgl. Thérien/ Pouliot 2006).

Als Partnerschaft primär zwischen VN und der Privatwirtschaft soll der Global Compact die Verbreitung von weitgehend völkerrechtlich verankerten, jedoch nur zwischenstaatlich verbindlichen Menschenrechts-, Sozial-, Umwelt- und Antikorruptionsnormen und ihre Berücksichtigung in der Geschäftspraxis insbesondere transnationaler Unternehmen fördern. Durch ihre Einbeziehung soll die Normbindung transnationaler Unternehmen gerade auch in Staaten, die nicht willens oder fähig sind, die Einhaltung von Kernarbeitsstandards durchzusetzen, gesteigert werden. Die teilnehmenden Unternehmen verpflichten sich, in ihrem Einflussbereich die Menschenrechte zu achten sowie sicher zu stellen, dass sie nicht an Menschenrechtsverletzungen beteiligt sind. Dies schließt die Vermeidung nicht nur einer aktiven Mittäterschaft bei Menschenrechtsverletzungen, sondern auch einer stillschweigenden Ausnutzung von staatlich begangenen Menschenrechtsverletzungen ein (Martinsen/ Melde 2006: 170ff.).

Menschenrechte
1) Unternehmen sollen den Schutz der internationalen Menschenrechte innerhalb ihres Einflussbereichs unterstützen und achten und
2) sicherstellen, dass sie sich nicht an Menschenrechtsverletzungen mitschuldig machen.

Arbeitsnormen
3) Unternehmen sollen die Vereinigungsfreiheit und die wirksame Anerkennung des Rechts auf Kollektivverhandlungen wahren sowie ferner für
4) die Beseitigung aller Formen der Zwangsarbeit,
5) die Abschaffung der Kinderarbeit und
6) die Beseitigung von Diskriminierung bei Anstellung und Beschäftigung eintreten.

Umweltschutz
7) Unternehmen sollen im Umgang mit Umweltproblemen einen vorsorgenden Ansatz unterstützen,
8) Initiativen ergreifen, um ein größeres Verantwortungsbewusstsein für die Umwelt zu erzeugen, und
9) die Entwicklung und Verbreitung umweltfreundlicher Technologien fördern.

Korruptionsbekämpfung
10) Unternehmen sollen gegen alle Arten der Korruption eintreten, einschließlich Erpressung und Bestechung.

Vgl. Global Compact (2005)

Abb. 9.6: Die zehn Prinzipien des Global Compact

Ursprünglich war der Global Compact ausschließlich als Forum für Dialog und den Austausch von „best practices" konzipiert – Überwachungs- und Durchsetzungsverfahren fehlten gänzlich. Sein relativ schnelles Wachstum und die zunehmende Heterogenität der teilnehmenden Unternehmen hat die Wirksamkeit interner, informeller Überwachungsmechanismen und die Wirksamkeit von Gruppendruck („peer pressure") verringert. In Verbindung mit wachsender öffentlicher Kritik von INGOs und einem sich abzeichnenden Reputationsverlust hat dies zu einer gewissen Stärkung der Beschwerdemöglichkeiten und des Berichtsverfahrens sowie zur Einführung von Sanktionsmechanismen geführt (Fuchs 2006: 163f.; vgl. Brühl 2006: 179; Hamm 2006: 103ff.).

Nach dem Auftritt Kofi Annans beim „Global Compact Leaders Summit" 2004 wurde eine Neuausrichtung des Paktes in Richtung stärkerer Institutionalisierung eingeleitet. Die Leitungsstruktur des Global Compact wurde reformiert und die Verfahren zur Berichterstattung und die Beschwerdemöglichkeiten überarbeitet. Die neue Leitungsstruktur des Global Compact besteht aus sechs Elementen: den „Global Compact Leaders Summits", lokalen Netzwerken, jährlichen Treffen der lokalen Netzwerke, einem 20-köpfigen wissenschaftlichen Beirat („Global Compact Board"), in dem mittlerweile neben Unternehmensvertretern auch INGOs, Gewerkschafter und VN-Vertreter sitzen, einem Global Compact-Büro und einem beratenden „Inter-Agency Team", in dem sechs VN-Einrichtungen[206] vertreten sind (Hamm 2006: 103ff.).

2005 wurden Integritätsmaßnahmen in Form eines mehrstufigen Beschwerdeverfahrens und einer Verbesserung des Berichtsverfahrens eingeführt: Das Global Compact-Büro kann nun Beschwerden über systematische Verstöße gegen Grundsätze des Global Compact nachgehen. Im Falle von nachgewiesenem Fehlverhalten kann ein Unternehmen zum inaktiven Mitglied heruntergestuft oder bei anhaltender Normverletzung gar ausgeschlossen werden. Zudem wurde das Verfahren der Berichterstattung verbessert. Die Teilnehmer werden aufgefordert, mit möglichst standardisierten Indikatoren wie etwa die der „Global Reporting Initiative" über ihre ökonomischen, ökologischen und gesellschaftlichen Leistungen Auskunft zu geben. Wer zwei Jahre hintereinander keinen Fortschrittsbericht einreicht, wird als „inaktiv" eingestuft und darf nicht mehr an Global Compact Treffen teilnehmen, nach drei Jahren wird er aus dem Teilnehmerverzeichnis gestrichen („de-listing"). Das Global Compact Büro behält sich die Veröffentlichung der Namen der ausgeschlossenen Teilnehmer vor. Diese Neuerungen bedeuten eine gewisse Transformation des Global Compact vom unverbindlichen Lern- und Dialogforum zu einer Instanz, die auch die Überwachung und Sanktionierung der Nichtbefolgung der Prinzipien des Paktes zum Ziel hat (Brühl 2006: 180f.; Hamm 2006: 104ff.; 112).

Die Effektivität des Global Compact ist umstritten. Eine Wirkungsanalyse der Beratungsfirma McKinsey aus dem Jahr 2004 erbrachte gemischte Befunde: Einerseits kann der Global Compact als Beschleuniger von Reformen in Unternehmen, wenn auch nicht als dominante Kraft des Wandels von Unternehmensverhalten eingestuft werden. Der Global Compact konnte Erfolge bei der Sensibilisierung von Unternehmen für ihre soziale und ökologische Verantwortung erzielen, d.h. größere Aufmerksamkeit und den Einsatz von mehr Ressourcen für verantwortliches Unternehmertum generieren. Konkrete Änderungen der Unternehmenspolitik wegen der Beteiligung am Global Compact, die andernfalls nicht vorgenommen worden wären, waren nach Angaben der McKinsey-Studie nur selten festzustellen (Martens 2007: 51). Die Effektivität des Global Compact wird von Teilen der Zivilgesellschaft grundsätzlich in Zweifel gezogen (Mwangi/ Schmitz 2007: 2, Rieth 2004: 163). Aus zivilgesellschaftlicher Sicht birgt der Global Compact die Gefahr des „blue washing", d.h. das VN-/ Global Compact-Logo kann zur Erweckung des Anscheins normgemäßen Verhaltens missbraucht werden (Brühl 2006: 180f.). Allerdings tragen die Anpassungen in der Leitungsstruktur und die

---

[206] Im Einzelnen sind dies das Amt des Hohen Kommissars für Menschenrechte (OHCHR), das Umweltprogramm der Vereinten Nationen (UNEP) die Internationale Arbeitsorganisation (ILO), das Entwicklungsprogramm der Vereinten Nationen (UNDP), die Organisation der Vereinten Nationen für industrielle Entwicklung (UNIDO) und das Büro der Vereinten Nationen für Suchtstoff- und Verbrechensbekämpfung (UNODC).

Kapitel 9: Herrschaft   671

Ansätze zur besseren Überprüfung der Normeinhaltung der Teilnehmer dazu bei, diese Gefahr zumindest zu begrenzen. So darf das Logo des Global Compact von als „inaktiv" eingestuften Unternehmen nicht mehr verwendet werden.

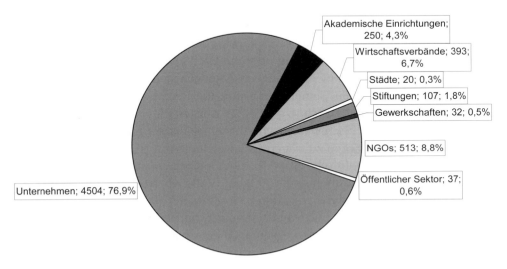

Vgl. Global Compact (2008)

Abb. 9.7: Zusammensetzung des Global Compact

2.2.3 Weltregieren zum Schutz von Kollektivrechten: Der Schutz der Rechte indigener Völker

Auf globale Politiken, die der Erreichung des Rechts auf Entwicklung dienen, wurde bereits in Form einer Analyse des Weltregierens zur Minderung von Armut und globalen Wohlstandsdisparitäten eingegangen – wenn auch nicht aus einer dezidiert menschenrechtsorientierten Perspektive (vgl. Kap. 8). Daher soll im Folgenden – wie schon bei der Problembeschreibung – der Schwerpunkt auf das Weltregieren zum Schutz und zur Förderung von kollektiven Rechten indigener Völker gelegt werden. Von besonderem Interesse ist die Frage, inwiefern über die Jahrzehnte eine Zunahme der Mitwirkungsmöglichkeiten der Betroffenen selbst, der indigenen Völker, auf der VN-Politikentwicklungsebene festzustellen ist – was eine wichtige Voraussetzung darstellt, um den Anliegen indigener Völker global Gehör zu verschaffen, ein Verständnis für ihre Probleme zu befördern und somit den Schutz materieller und kultureller Rechte der Indigenen sicher zu stellen (vgl. Daes 2000: 316). Zunächst werden aber die maßgeblichen zwischenstaatlichen Abkommen und Erklärungen zum Schutz indigener Völker vorgestellt.

2.2.3.1 Zwischenstaatliche Abkommen und Erklärungen zum Schutz der Rechte indigener Völker

Die VN-Erklärung über die Rechte von Angehörigen nationaler oder ethnischer, religiöser und sprachlicher Minderheiten (1992) sowie verschiedene Resolutionen der VN-MRK und der VN-Generalversammlung über die Rechte von Personen, die nationalen oder ethnischen, religiösen und sprachlichen Minderheiten angehören, fordern die Staaten und die internationale Gemeinschaft auf, die Rechte der Angehörigen dieser Minderheiten zu fördern und zu schützen. Ferner werden die Staaten dazu angehalten, für ihre Beteiligung am politischen, wirtschaftlichen, sozialen, religiösen und kulturellen Leben der Gesellschaft Sorge zu tragen (Auswärtiges Amt 2005: 141). Dabei handelt es sich allerdings nur um politische Appelle, die zudem nicht spezifisch auf die Belange indigener Völker zugeschnitten sind. Indigene Völker betrachten ihre Anliegen als grundsätzlich verschieden von denen anderer Minderheiten.

Die spezifischen Probleme und Anliegen von Indigenen wurden bis Mitte des 20. Jahrhunderts von der internationalen Staatengemeinschaft weitgehend ignoriert. Erst in den 1950er Jahren wurden in der ILO Schritte zur Verbesserung von deren Rechtsstatus unternommen. Im ILO-Übereinkommen Nr. 107 (1957) wurden erstmalig Rechte von indigenen Bevölkerungsgruppen sowie Pflichten von Staaten ihnen gegenüber benannt. Auf Grund seines stark assimilatorischen Charakters stieß das Übereinkommen jedoch auf heftige Kritik von Seiten der Indigenen-Vertreter. Heute gilt das ILO-Übereinkommen 107 als überholt, zumal es nur von 18 Staaten ratifiziert wurde (Titze 2007: 190).

Ein zweites, 1989 verabschiedetes ILO-Übereinkommen (Nr. 169) hingegen vollzieht eine Abkehr vom Assimilationsziel und erkennt die Eigenheit indigener Kulturen, Lebensformen und Identitäten an und sucht diese zu bewahren (ebd.). Das ILO-Übereinkommen 169 über indigene und in Stämmen lebende Völker gewährt indigenen Völkern rechtsverbindlich bestimmte kollektive Schutzrechte und Ansprüche. Von den 181 Mitgliedstaaten der ILO haben wiederum nur 20 Staaten, darunter aber zahlreiche lateinamerikanische Staaten mit beachtlichem indigenem Bevölkerungsanteil, das Übereinkommen ratifiziert (Stand: Juni 2009). In insgesamt 44 Artikeln findet sich eine Liste von Rechten indigener Völker. Zu diesem Katalog von Rechten gehören insbesondere: die volle Gewährleistung der Menschenrechte und Grundfreiheiten, das Recht auf Gestaltung der eigenen Zukunft, das Recht auf kulturelle Identität und auf gemeinschaftliche Strukturen und Traditionen, das Recht auf Land und Ressourcen, das Recht auf Beschäftigung und angemessene Arbeitsbedingungen, das Recht auf Ausbildung und Zugang zu den Kommunikationsmitteln, das Recht auf Beteiligung an Entscheidungen, die diese Völker betreffen, und die Gleichberechtigung vor Verwaltung und

Justiz. Das ILO-Übereinkommen 169 unterstreicht somit ausdrücklich das Recht indigener Völker auf kulturelle und ethnische Diversität (vgl. Lâm 2007: 534).

Neben substanziellen Rechten auf eine eigene kulturelle Identität und die auf den Territorien indigener Gemeinschaften vorkommenden natürlichen Ressourcen sind vor allem den von Entwicklungsvorhaben betroffenen Völkern eingeräumte Konsultations- und Partizipationsrechte von Bedeutung. Gemäß den Ausführungsbestimmungen zum Übereinkommen 169 müssen die Konsultationen im guten Glauben und den kulturellen Gegebenheiten angemessen durchgeführt werden. Hervorzuheben ist ferner die ausdrückliche Anerkennung kollektiver Rechte – vor allem der Landrechte indigener Gemeinschaften. Andere völkerrechtliche Instrumente, die ebenfalls dem Schutz indigener Völker dienen – etwa das Verbot des Völkermords oder die wirtschaftlichen, sozialen und kulturellen Rechte – enthalten nur individuelle Rechte und erkennen somit die Erfordernisse des Schutzes indigener Gemeinschaften als *Gruppe* nicht an (Rathgeber 2002). Die sehr niedrige Zahl von Vertragsstaaten verhindert jedoch, dass das ILO-Übereinkommen 169 nachhaltige Verbesserungen des Menschenrechtsschutzes indigener Völker bewirken kann.

Die VN genauer: die damalige Unterkommission der MRK für die Verhütung von Diskriminierung und für den Schutz von Minderheiten, befasste sich erstmals 1971 explizit mit den Rechten indigener Völker. Die Unterkommission ernannte den Ekuadorianer José R. Martínez Cobo zum Sonderberichterstatter für indigene Völker. Die daraus resultierende mehrteilige so genannte Martínez-Cobo-Studie (1981 bis 1984) untersuchte die Probleme indigener Völker (u.a. Armut, Ausbeutung, mangelhafte Gesundheitsversorgung und Bildung, fehlende Achtung der eigenen Sprache und Kultur, Verletzung von Landrechten sowie politischen und religiösen Rechten, etc.) und schloss mit Empfehlungen für den weiteren Prozess der Normgenerierung und Standardsetzung zum Schutz der Rechte indigener Völker (Lâm 2007: 533). Eine 1982 eingesetzte Arbeitsgruppe für indigene Bevölkerungsgruppen („Working Group on Indigenous Populations", WGIP) legte 1994 einen Entwurf einer Erklärung zu den Rechten indigener Völker vor. Dieser Erklärungsentwurf wurde von 1994 an intensiv von einer eigens dafür eingerichteten Arbeitsgruppe („Open-ended Inter-sessional Working Group on the Draft Declaration on the Rights of Indigenous Peoples", IWG) diskutiert und überarbeitet. Im Juni 2006 wurde die Erklärung vom MRR verabschiedet und der Generalversammlung zur Annahme empfohlen (Titze 2007: 190f.).

Im September 2007 schließlich nahm die VN-Generalversammlung nach diesem jahrzehntelangen schwierigen Verhandlungsprozess (vgl. auch Auswärtiges Amt 2008a: 155ff; Rat der Europäischen Union/ Europäische Kommission 2007: 66) die völkerrechtlich unverbindliche Erklärung über die Rechte der indigenen Völker an. Bemerkenswert ist, dass das Ausmaß der Einbeziehung von Vertretern indigener Völker in den Verhandlungs- und Entwurfprozess sehr hoch war (Mühlebach 2003: 248). 144 Staaten stimmten für die Erklärung, elf enthielten sich der Stimme. Die USA, Kanada, Australien und Neuseeland, lehnten die Erklärung ab, da indigene Minderheiten auf ihren Territorien Land mit erheblichen Rohstoffvorkommen für sich beanspruchen.

Die Erklärung umfasst 46 Artikel mit vor allem kollektivrechtlich ausgestalteten Schutzrechten, was sich an der häufigen Formulierung „Indigene Völker haben das Recht ..." zeigt, wobei der Ausdruck „indigene Völker" nicht näher definiert wird. Indigenen Völkern wird ein Recht auf Selbstbestimmung eingeräumt, das allerdings kein Recht auf Sezession, sondern allenfalls auf Autonomie und Selbstverwaltung in inneren und lokalen Angelegenheiten umfasst. In der Erklärung wird explizit betont, dass die territoriale Integrität und die politische Einheit souveräner Staaten nicht beeinträchtigt werden darf. Die eigenständige Kultur und Tradition, z.B. religiöse und spirituelle Gebräuche und Kultstätten, sollen geachtet und vor Zerstörung geschützt werden. Neben arbeitsrechtlichen Normen wird auch das Recht auf Entwicklung bekräftigt. Breiten Raum in der Erklärung nehmen Bestimmungen zu Landrechten ein. Die Erklärung weist indigenen Völkern Besitz-, Nutzungs- und Verfügungsrechte an dem „Land, [den] Gebiete[n] und [den] Ressourcen, die sie traditionell besessen, innegehabt oder auf andere Weise genutzt oder erworben haben" (Art. 26), zu. Ohne ihre Zustimmung darf die indigene Bevölkerung – etwa im Falle von Entwicklungsprojekten oder der wirtschaftlichen Erschließung von Rohstoffvorkommen – nicht umgesiedelt werden. Angehörigen indigener Völker wird ein Recht auf Wiedergutmachung (Rückgabe oder Entschädigung) für Land und Ressourcen, die ohne vorherige Zustimmung entzogen wurden, zugestanden. Die Verwirklichung dieses Rechts wird allerdings dadurch erschwert, dass die Eigentumsrechte indigener Gemeinschaften selten schriftlich dokumentiert ist und der Entzug von Land häufig bereits Jahrzehnte zurückliegt. Letztlich wird auch nicht eindeutig geklärt, ob indigene Völker ein vollumfängliches Eigentumsrecht auf das Land und die dazu gehörigen Ressourcen, insbesondere solche wie etwa Öl, die nicht traditionell genutzt werden, besitzen oder nur Anspruch auf Teilhabe an einem fairen und transparenten Entscheidungsprozess über deren Nutzung haben (Titze 2007: 194ff.; vgl. Errico 2007).

Die Erklärung der Generalversammlung entfaltet als solche keine völkerrechtliche Wirkung, sondern stellt nur eine politische Empfehlung dar. Verpflichtend werden die Vorgaben der Erklärung erst, wenn sie Eingang in eine rechtlich bindende internationale Konvention finden oder in nationales Recht transformiert werden. Dementsprechend werden auch keine konkreten Organe oder Verfahren zur Durchsetzung der in der Erklärung genannten Rechte bestimmt. Auch wenn die Erklärung keine originär neuen und einklagbaren Rechte verleiht, wurde sie von Vertretern indigener Völker insgesamt positiv aufgenommen. Ablehnende Staaten (USA, Kanada, Australien, Neuseeland) hingegen befürchten selbst bei dieser unverbindlichen Erklärung schwere politische Folgen und empfinden die Anerkennung von Selbstbestimmungs- und Ressourcenansprüchen indigener Gemeinschaften als zu weitreichend (Titze 2007: 197).

2.2.3.2 Inklusives Weltregieren zum Schutz der Rechte indigener Völker

VN-Institutionen, die sich mit indigenen Belangen auseinander setzen, gewähren – verglichen mit anderen VN-Institutionen – nichtstaatlichen Akteuren durch ihre offene oder gar inklusive institutionelle Formgebung außerordentlich weit reichende Partizipationsmöglichkeiten (vgl. Thies 2008). 1982 wurde die WGIP als Unterorgan des Unterausschusses für die Verhütung der Diskriminierung und für den Schutz von Minderheiten (seit 1999: Unterausschuss für die Förderung und für den Schutz der Menschenrechte), der wiederum der MRK nachgeordnet war, eingerichtet. Das Mandat der WGIP umfasste zwei Hauptaufgaben: die jährliche Berichterstattung über aktuelle Entwicklungen beim Schutz von Menschenrechten und Grundfreiheiten indigener Völker und die Ausarbeitung internationaler Standards zum Schutz der Rechte indigener Völker. Die aus fünf unabhängigen Experten des Unterausschusses bestehende WGIP beschloss noch in ihrer ersten Sitzungsperiode Verfahrensregeln, die indigenen Organisationen unabhängig von deren Status als NGO beim ECOSOC Partizipationsmöglichkeiten einräumten. So waren im Jahr 2004 über Tausend Indigene als Beobachter registriert. Die Mitglieder der WGIP haben vielfach intensiv mit den Indigenenvertretern zusammen gearbeitet. 1985 wurde zudem ein Freiwilliger Fonds für indigene Bevölkerungen eingerichtet, um einer begrenzten Zahl von Indigenenvertretern durch finanzielle Unterstützung die Teilnahme an den Beratungen der WGIP zu ermöglichen (Thies 2008: 16f.).

Der wichtigste Beitrag der WGIP war die Ausarbeitung des Entwurfs der Erklärung über die Rechte der indigenen Völker (1993), an der Vertreter indigener Völker aktiv beteiligt waren. Der Entwurf wurde über den Unterausschuss an die MRK weitergeleitet, welche wiederum die IWG zur weiteren Überarbeitung der Erklärung bildete. Die IWG, die aus Vertretern der 53 Mitgliedstaaten der MRK bestand, schuf einen neuen Akkreditierungsprozess für indigene Organisationen, die keinen Konsultativstatus beim ECOSOC hatten. Akkreditierte Indigenenvertreter konnten schriftliche Eingaben vorlegen. Auch wenn die Verfahrensvorschriften für die Partizipation nichtstaatlicher indigener Organisationen restriktiver waren als im Falle des weitgehend freien Zugangs zur WGIP, handelte es sich auch bei der IWG um ein – insbesondere für VN-Verhältnisse – sehr „offenes" Organ. Die Verhandlungen über die Erklärung über die Rechte der indigenen Völker boten Indigenenvertretern die Möglichkeit, ihre Anliegen und ihre Expertise einzubringen, erwiesen sich jedoch auf Grund von Konflikten zwischen Staaten sowie zwischen indigenen Völkern und Staaten als äußerst langwierig (vgl. Stavenhagen 2002). Erst 2006 konnte in der IWG und dann im neuen MRR Einigung über ausstehende Streitfragen erzielt werden (Thies 2008: 18f.).

Im Jahr 2002 wurde die schon lange diskutierte Idee der Gründung eines Ständigen Forums für die Belange indigener Völker durch Beschlüsse des ECOSOC und der Generalversammlung in die Tat umgesetzt (vgl. García-Alix 2003: 60f.). Das „UN Permanent Forum on Indigenous Issues", UNPFII ist ein beratendes Unterorgan des ECOSOC (Lâm 2007: 534). Sein Mandat umfasst die Diskussion von indigenen Belangen hinsichtlich ökonomischer und sozialer Entwicklung, Kultur, Umwelt, Bildung und Menschenrechten. Das UNPFII bietet ECOSOC und anderen VN-Institutionen seine Expertise an und gibt Empfehlungen, sucht Aufmerksamkeit für indigene Angelegenheiten zu erzeugen, sammelt und verteilt Informationen zu den Belangen indigener Völker.

Das UNPFII besteht aus 16 unabhängigen Experten – von denen acht von Regierungen der VN-Mitgliedstaaten nominiert und vom ECOSOC gewählt werden, während weitere acht Mitglieder nach Konsultationen mit indigenen Organisationen vom Präsidenten des ECOSOC ernannt werden. Im inklusiven UNPFII haben somit staatliche und indigene Experten den gleichen Status – Beschlüsse kommen im Konsens zustande (vgl. Ströbele-Gregor 2004: 23). Zudem bietet das UNPFII auch Zugangsmöglichkeiten für Staaten, indigene Organisationen, andere INGOs, Vertreter von internationalen Organisationen und Wissenschaftler. Zu betonen ist allerdings, dass die Kompetenzen des UNPFII stark begrenzt sind und sich in beratenden Tätigkeiten erschöpfen (Thies 2008: 19ff.).

Mit der Ersetzung der Menschenrechtskommission durch den Menschenrechtsrat wurde auch das Fortbestehen der WGIP zur Disposition gestellt – sie wurde 2007 aufgelöst. Der MRR beschloss jedoch die Einrichtung eines neuen Expertenmechanismus für die Rechte der indigenen Völker („Expert Mechanism on the Rights of Indigenous Peoples"). Das Mandat dieses Expertenmechanismus sieht vor, dem MRR Expertise zum Thema „Rechte indigener Völker" in Form von Studien und Vorschlägen zur Verfügung zu stellen. In der Gründungsresolution empfiehlt der MRR nachdrücklich, bei der Auswahl und Ernennung der Mitglieder des Expertenmechanismus indigenen Fachleuten angemessene Beachtung zu schenken. Vorschläge sind von Seiten der Regierungen, internationaler Organisationen, (I)NGOs und Individuen möglich. Aus den eingegangenen Vorschlägen stellen eine Beratungsgruppe und der Präsident des MRRs eine Liste der am besten geeigneten Kandidaten zusammen. Auf Grundlage dieser Liste werden vom Rat fünf Kandidaten ausgewählt und zu Mitgliedern des Expertenmechanismus ernannt. Es bleibt abzuwarten, wie stark die indigenen Organisationen in diesem Expertenmechanismus letztlich vertreten sein werden. Ein Akkreditierungsverfahren zur Erlangung eines Beobachterstatus ist vorgesehen (Thies 2008: 21f.).

Zusammenfassend lässt sich sagen, dass sich die Einbeziehung von Indigenenvertretern in VN-Institutionen, die sich mit Belangen und der Förderung von Rechten der indigenen Völker befassen, durch die Gewährung von Zugangsmöglichkeiten (institutionelle „Offenheit") oder Mitgliedschaft mit Entscheidungsbeteiligung („Inklusivität") über die Jahrzehnte intensiviert hat. Insbesondere das UNPFII lässt sich als inklusive, multipartistische Institution des Weltregierens bezeichnen, allerdings mit der gewichtigen Einschränkung, dass das Mandat des UNPFII auf die Ausarbeitung und Verabschiedung von Empfehlungen beschränkt ist und einige konfliktträchtige oder hoch politische Fragestellungen (z.B. Landrechte) weitgehend ausgeklammert bleiben (Thies 2008: 22f., 34).

2.2.4 Theoretische Einordnung und Bewertung des Weltregierens zur Förderung der weltweiten Anerkennung und Einhaltung von Menschenrechten

Das Weltregieren zur Förderung der Anerkennung und Einhaltung von Menschenrechten lässt sich typologisch am ehesten als heterarchisches Weltregieren charakterisieren. Zwischenstaatliche und inklusive, multipartistische sowie private Institutionen zur Förderung des globalen Menschenrechtsschutzes koexistieren und bilden mittlerweile ein dichtes Netzwerk. Zivilgesellschaftliche Akteure spielen eine wichtige advokatorische und normensetzende Rolle bei der Politikprogrammierung im Bereich des Menschenrechtsschutzes und bei der Durchsetzung von Menschenrechten; aber auch privatwirtschaftliche Akteure sind im Rahmen von privaten Selbstregulierungs- sowie privat-privaten oder inklusiven, öffentlich-privaten Koregulierungsinitiativen zunehmend norm- und standardsetzend tätig.

Zu betonen ist jedoch auch, dass, historisch betrachtet, gerade mächtige Staaten und zuvörderst die USA ausschlaggebend für die Schaffung von Menschenrechtsnormen zumindest der bürgerlichen und politischen Menschenrechte im VN-System waren. Ohne das Engagement des liberalen Hegemons USA wäre die Verregelung des Sachbereichs „Herrschaft" nach dem Zweiten Weltkrieg wohl zum Scheitern verurteilt gewesen. Die Schlüsselrolle der Regierungen der USA und des Vereinigten Königreichs bei der Initiierung (und der weiteren Implementierung) der „Freiwilligen Grundsätze" zeigt exemplarisch, dass auch bei zunehmender Transnationalisierung des Menschenrechtsschutzes mächtige Staaten wichtige, wenn nicht gar unverzichtbare Akteure bei der Durchsetzung globaler Menschenrechtsstandards sind und bleiben.

Rationalistische handlungstheoretische Ansätze wie die Ressourcentausch-Theorie oder die Kollektivgüter-Theorie tun sich schwer damit, die Entstehung von multipartistischen Formen des Weltregierens im Problemfeld „Menschenrechtsverletzungen" zu erklären. Dies dürfte auch daran liegen, dass rein rationalistische Erklärungsansätze in diesem Bereich meist zu kurz greifen und Menschenrechtsverletzungen nicht als transsouveräne Probleme in dem Sinne zu verstehen sind, dass sie gleichsam von selbst und aus funktional-instrumentellen Erwägungen nach transnationaler Kooperation, d.h. dem Zusammenlegen von Problembearbeitungsressourcen oder der Internalisierung negativer Externalitäten verlangen. Das Konzept des Konsenses über die Kompatibilität der Ziele und Vorgehensweisen lässt sich jedoch nutzen, um ein maßgebliches kooperationshinderliches Problem im Sachbereich „Herrschaft" aufzuzeigen: Staaten, transnationale Unternehmen und INGOs sind längst nicht immer der Auffassung, dass die Ziele und Zielerreichungsstrategien der verschiedenen Akteursgruppen miteinander kompatibel sind. Zwar lassen sich mitunter durchaus hinreichende Schnittmengen bei den Zielen und Interessen der verschiedenen Akteure beobachten, um Kooperation zu ermöglichen – wie etwa das Beispiel der „Freiwilligen Grundsätze" zeigt. Dies gilt allerdings längst nicht in allen Situationen, in denen Menschenrechte verletzt werden oder ihr Schutz gefährdet ist.

In einer Bilanz der Effektivität des Weltregierens muss zwischen der Effektivität von zwischenstaatlichen Institutionen sowie von inklusiven, multipartistischen Institutionen und einer Gesamtleistungsbilanz des Weltregierens zur Förderung der weltweiten Anerkennung und Einhaltung von Menschenrechten unterschieden werden.

Der Blick auf die Effektivität zwischenstaatlicher Institutionen zeigt, dass der Programm-Output der internationalen Organisationen gerade angesichts der sachbereichsspezifischen Kooperationshindernisse[207] einen großen Anteil an der erreichten Verregelung des Problemfelds „Menschenrechtsverletzungen" hat. Freilich ist zu ergänzen, dass die Generierung dieser Politikprogramme ohne die Dominanz westlicher Industriestaaten unter der Führung des liberalen Hegemons USA kaum möglich gewesen wäre. Dem insgesamt positiven Befund auf der Politikprogramm-Seite des internationalen Schutzes der Menschenrechte steht ein eher negativer Befund auf Seiten der operativen Umsetzung des Menschenrechtschutzes durch Überwachung der Einhaltung von Menschenrechten und ggf. Sanktionierung von Verstößen gegenüber. Sowohl bei der Überwachung als auch bei der Sanktionierung können internationale nichtstaatliche, also gesellschaftsweltliche Organisationen wie „Amnesty International" oder „Human Rights Watch" durch die Verbreitung von Informationen einen wichtigen Beitrag leisten.

Immerhin bieten die Politikprogramme internationaler Organisationen mit ihren rechtsverbindlichen Menschenrechtsnormen transnational organisierten Netzwerken nichtstaatlicher Menschenrechtsorganisationen ein wichtiges normatives Bezugssystem, um auf die Staaten Druck ausüben zu können mit dem Ziel, dass diese den Schutz der Menschenrechte nicht nur anerkennen, sondern auch implementieren (Rittberger/Zangl 2003: 307f.).

Für eine wirklich aussagekräftige Leistungsbilanz multipartistischer Weltregierensformen fehlt es noch an fundierten Untersuchungen. Multipartistische Institutionen scheinen jedoch zumindest das Potenzial zu besitzen, durch die Einbeziehung von Problem- und Regelungsbetroffenen in Normsetzungsprozesse die Folgebereitschaft gegenüber Menschenrechtsstandards zu erhöhen und Normsetzungs- und vor allem -durchsetzungslücken zu verringern. Institutionen mit einer Zusammensetzung aus unterschiedlichen Akteursgruppen, die sich auch wechselseitig kontrollieren, scheinen zudem eher geeignet, verhaltensleitende Wirkung zu entfalten als rein private Selbstregulierungsinitiativen (vgl. Rieth 2004a: 189).

Rund 60 Jahre nach der Allgemeinen Erklärung der Menschenrechte von 1948 ist die positive Verrechtlichung des Menschenrechtsschutzes in zahlreichen internationalen Abkommen und Institutionen insgesamt weit fortgeschritten. Normen zum Schutz der Menschenrechte sind Teil des geltenden Völkerrechts. Zudem werden (mehr oder weniger bindende) Vereinbarungen zwischen internationalen Organisationen und nichtstaatlichen Akteuren (z.B. Global Compact) getroffen, die auf den Schutz von

---

[207] Dazu zählen die nur moralisch vermittelte problematische Handlungsinterdependenz sowie Schwierigkeiten der Verregelung von Wertekonflikten.

Menschenrechten abzielen. Allerdings fehlen nach wie vor supranationale Institutionen des allgemeinen Menschenrechtsschutzes auf *globaler* Ebene, wie sie etwa im regionalen Menschenrechtsregime des Europarates mit dem Europäischen Gerichtshof für Menschenrechte bereits existieren. Der Internationale Strafgerichtshof und die internationalen und hybriden Strafgerichtshöfe stellen zwar einen Schritt in Richtung stärkerer Verrechtlichung des Menschenrechtsschutzes dar. Sie befassen sich jedoch nur mit einem begrenzten Gebiet des Menschenrechtsschutzes: Fällen von Völkermord, Verbrechen gegen die Menschlichkeit und Kriegsverbrechen. Die Anzahl der Vertragsparteien der verschiedenen Menschenrechtsabkommen ist zum Teil sehr hoch – sinkt jedoch deutlich ab, sobald es um Fakultativprotokolle geht, die individuelle oder Staaten-Beschwerdeverfahren und supranationale Überwachungsmechanismen vorsehen. Bemerkenswert ist dennoch, dass seit Mitte der 1990er Jahre kein einziger Staat mehr nicht mindestens einem der zentralen VN-Menschenrechtabkommen mit eigenem Berichtsverfahren beigetreten ist (Risse 2004: 227).

Ungeachtet der insgesamt positiven Einschätzung im Hinblick auf die Anerkennung der Menschenrechte bleibt festzustellen, dass nach wie vor eine Art von Entkoppelung zwischen weit gehender Norm*anerkennung* und brüchiger Norm*einhaltung* im Bereich des Menschenrechtsschutzes besteht (Risse 2004). Die Bereitschaft der Staaten, Einschränkungen ihrer Souveränität nach innen hinzunehmen und vor allem Befugnisse bei der Vertragsüberwachung an unabhängige Agenturen bis hin zu supranationalen Gerichten auf Weltebene abzugeben, ist unterschiedlich ausgeprägt. Zudem ist die Einhaltung selbst grundlegender Menschenrechte wie etwa des Folterverbots längst nicht weltweit gewährleistet. Es finden immer noch in vielen Weltregionen systematische und nicht nur sporadische Menschenrechtsverletzungen statt. Diese Kluft zwischen wertgebundener Normanerkennung und Normeinhaltung und -durchsetzung verweist darauf, dass internationale Anerkennung zwar eine notwendige, aber keine hinreichende Bedingung für Normeinhaltung darstellt (vgl. Jetschke 2006).

3 Demokratiedefizite internationaler Organisationen und Wege zur Erweiterung politischer Partizipationsmöglichkeiten jenseits des Staates

Den zweiten Problemkomplex im Sachbereich „Herrschaft" bildet das viel diskutierte „Partizipationsdefizit" des Regierens jenseits des Staates. Während die Garantie von Menschenrechten *Schutz vor* herrschaftlicher Willkür bietet, ist die Gewährleistung politischer Partizipation als *Teilhabe an* der Herrschaftsbestellung und -ausübung zu verstehen. Beim Partizipationsdefizit von Weltregieren (vgl. Coicaud 2007; Crawford/ Marks 1998; Keohane/ Nye 2003; Nye 2001; Woods 2007a) handelt es sich nicht so eindeutig, wie es bei anderen Problemfeldern in den Sachbereichen „Sicherheit" und „Wohlfahrt" der Fall ist, um ein transsouveränes Problem. Eine unmittelbare grenzüberschreitende Auswirkung mangelnder Teilhabe von Regelungsbetroffenen an der Setzung und Durchsetzung von globalen Normen und Regeln ist schwer feststellbar. Dennoch ist die mangelhafte Partizipation von Individuen an politischen Prozessen jenseits des Staates, vor allem in internationalen zwischenstaatlichen Organisationen, ein Problem, das eine Veränderung der institutionellen Ausgestaltung von teilweise bereits stattfindendem Weltregieren erfordert. Offensichtlich kann eine ausreichende Partizipation an wichtigen politischen Entscheidungsprozessen für den einzelnen Bürger von den Staaten allein nicht (mehr) gewährleistet werden, da viele Entscheidungen in internationalen Organisationen getroffen werden, zu denen die meisten Menschen, die von deren Entscheidungen betroffen sind, kaum Zugang haben. Man muss nicht soweit gehen, im Zuge der globalisierungsinduzierten Verlagerung von Regierungsleistungen auf internationale Organisationen von einem „Niedergang der Demokratie" (Maus 2002) zu sprechen; doch ist nicht zu übersehen, dass der Grad der Demokratisierung dieser internationalen Organisationen vielfach hinter dem Ausmaß ihrer Kompetenzen in der Politikprogrammierung und -implementierung zurückbleibt. Das Partizipationsdefizit internationaler zwischenstaatlicher Organisationen äußert sich darin, dass Entscheidungen vielfach in intransparenten Verfahren ohne Rückkopplung (z.B. durch Wahlen) an die von diesen Entscheidungen Betroffenen zustande kommen. Es besteht also eine Partizipationslücke in internationalen Organisationen (Brühl/ Rittberger 2001: 23).

Die Schließung dieser Partizipationslücke lässt sich als Weltregierensaufgabe im Sachbereich „Herrschaft" auffassen, da eine Lösung transsouveräner Probleme nur erreicht werden kann, wenn die Regelungsbetroffenen auch Mitspracherechte bei der Schaffung problemlösungsorientierter Normen und Regeln haben. Hier wird davon ausgegangen, dass ein funktional-instrumenteller Zusammenhang zwischen Input- oder Prozess-Legitimität und Output-Legitimität (Effektivität) von Weltregieren besteht. Regelungsadressaten, die selbst an der Schaffung von Normen und Regeln beteiligt waren und ihrem Entstehungsprozess damit einen höheren Grad an Legitimität zusprechen, werden auch eher bereit sein, die entstandenen Regeln und Normen zu befolgen (Franck 2002: 355, Tallberg 2002, Zürn 2005a: 26ff., Zweifel 2006: 86).

Es kann jedoch auch argumentiert werden, dass ein Mitspracherecht aller Betroffenen an politischen Entscheidungsverfahren ein Selbstzweck ist – in dem Sinne, dass es sich bei Mitbestimmung um ein menschliches Grundbedürfnis handelt, das damit an sich erstrebenswert sind. Das Recht des einzelnen Bürgers auf Partizipation an Regierungsentscheidungen ist zudem in Art. 21 der Allgemeinen Erklärung der Menschenrechte (1948) sowie in Art. 25 des Internationalen Pakts für bürgerliche und politische Rechte (1966) kodifiziert (Zweifel 2006: 20). Allerdings wird in beiden Dokumenten vom *Staats*bürger ausgegangen, der an der Gestaltung der öffentlichen Angelegenheiten *seines Landes* unmittelbar und durch gewählte Vertreter teilnehmen können soll. Ein Recht von *Welt*bürgern auf Teilhabe an internationalen Entscheidungsprozessen lässt sich daraus nicht ableiten. Die Gestaltung öffentlicher Angelegenheiten auf internationaler Ebene können Bürger aber durch ihr auf die nationale Ebene beschränktes Teilhaberecht immer weniger beeinflussen. Die Ausweitung der Teilhabe von Bürgern an Politikentscheidungen auf internationaler Ebene wird somit zur Herausforderung für Institutionen des Weltregierens.

In Wissenschaft und Politik wird regelmäßig die Forderung erhoben, die Partizipationslücke des Weltregierens in internationalen Organisationen zu schließen. Es lassen sich zwei Strömungen ausmachen: Einerseits die Vertreter eines parlamentarisch-repräsentativen Demokratieverständnisses, die die Errichtung eines im VN-System angesiedelten und in manchen Entwürfen gar durch Direktwahlen legitimierten Weltparlaments fordern; auf der anderen Seite die Vertreter einer zivilgesellschaftlichen Perspektive, die eine Ausweitung der Partizipation an weltpolitischen Entscheidungsprozessen von gesellschaftlichen Gruppen, also von zivilgesellschaftlichen INGOs und privatwirtschaftlichen Akteuren, als Mittel zur Steigerung der Input- oder Prozess-Legitimität von Weltregieren erachten (Kissling 2005: 3f.). Diese Positionen müssen jedoch nicht notwendigerweise in Konkurrenz zueinander stehen, sondern können sich gegenseitig ergänzen: So schließt die Öffnung internationaler Organisationen gegenüber NGOs und privatwirtschaftlichen Akteuren weitergehende Initiativen zur Errichtung wirkungsmächtiger parlamentarischer Versammlungen nicht aus. Im Abschnitt zur Problembearbeitung wird daher beschrieben, welche Maßnahmen zur Steigerung der Input- oder Prozess-Legitimität von internationalen Organisationen gegenwärtig schon ergriffen wurden und welche Realisierungschancen die Vorschläge zur Parlamentarisierung der Weltpolitik haben.

3.1 *Eingeschränkte politische Partizipationsmöglichkeiten auf internationaler Ebene (Problembeschreibung)*

Das Ausmaß des Demokratiedefizits internationaler zwischenstaatlicher Organisationen zeigt sich in mangelnden Partizipationsmöglichkeiten, in der Intransparenz von Entscheidungsprozessen und in unzureichenden Kontrollmöglichkeiten für Individuen oder nichtstaatliche Gruppen. Im Folgenden stehen die Defizite der Teilhabe an Entscheidungsprozessen (*Partizipations*defizite) im Mittelpunkt. Die Erkenntnis, dass in internationalen Organisationen Entscheidungen getroffen werden, die die Lebensumstände von Millionen von Menschen tagtäglich beeinflussen, die aber dort keine Mitbestimmungsrechte genießen, hat in den letzten Jahren zu einer Vielzahl an Protestbewegungen geführt, die sich vor allem gegen die internationalen Handels- und Finanzinstitutionen (WTO, Weltbank und IWF) richten (Zweifel 2006: 7). Am Beispiel der WTO lässt sich veranschaulichen, wie eine internationale Organisation das alltägliche Leben von Menschen beeinflussen kann: Ob Menschen ihre Arbeit verlieren oder eine Chance auf Arbeit bekommen, hängt vielfach von Entscheidungen über den Welthandel steuernde Normen und Regeln ab, die innerhalb der WTO getroffen werden. Für Konsumenten können Politikentscheidungen in der WTO die Auswahl an zur Verfügung stehenden Produkten beeinflussen, etwa wenn das EU-Verbot der Einfuhr von hormonell behandeltem Rindfleisch auf Grund der Unvereinbarkeit mit WTO-Bestimmungen aufgehoben wird. Patienten, die Medikamente benötigen, müssen die Preise zahlen, die sich aufgrund von Patentregelungen im TRIPs-Abkommen und der damit u.U. verbundenen Monopolstellungen von Pharmakonzernen ergeben. So kann sich ein Großteil der 23 Millionen mit HIV/AIDS Infizierten in Sub-Sahara-Afrika markengeschützte antiretrovirale Medikamente nicht leisten, wodurch ihre Lebenserwartung sinkt (vgl. Kap. 8, Strauss/ Falk 2003: 12, vgl. Zweifel 2006: 124). Angesichts der weit verbreiteten, vielfältigen Betroffenheit von Politikentscheidungen internationaler Organisationen wie der WTO ist es nicht verwunderlich, dass in Teilen der Weltbevölkerung der Wunsch nach Mitbestimmung in diesen Organisationen wächst. Gerade die globalen Handels- und Finanzinstitutionen, aber auch die Vereinten Nationen selbst bieten bisher nur vereinzelt Möglichkeiten der direkten Teilhabe nichtstaatlicher Akteure an Politikformulierungs- und Entscheidungsprozessen.

Es ist unübersehbar, dass der Errichtung einer „globalen Demokratie", die jedem „Weltbürger" politische Partizipationsrecht einräumt, große, auf absehbare Zeit unüberwindbar erscheinende Hindernisse im Weg stehen. Dies gilt zumindest dann, wenn man von einem Verständnis von Demokratie ausgeht, wie es für politische Systeme auf nationaler Ebene verwendet wird. „Demokratie" bezeichnet nach Dahl (1999: 20) die Kontrolle des Volkes über Regierungspolitik und -entscheidungen; d.h. es herrscht Volkssouveränität („rule of the people"), mit der Folge, dass wichtige politische Fragen entweder direkt in Volksversammlungen oder durch gewählte Repräsentanten entschieden werden und die Regierung dem Volk verantwortlich ist.[208] Eine Demokratie in diesem Sinne ist nach Dahl auf globaler Ebene in absehbarer Zeit nicht zu erwarten.

Zum einen gibt es keinen Weltstaat (vgl. Kap. 5), der demokratisiert werden könnte (Breitmeier 2009a: 19), und somit auch keine Weltregierung, die von Weltbürgern für ihre Regierensentscheidungen verantwortlich gemacht werden kann. Weltregieren findet vielmehr zu einem Großteil im Rahmen von internationalen zwischenstaatlichen Organisationen statt, die keinen staatsähnlichen Aufbau aufweisen.

Zweitens ist die Distanz zwischen Regierenden und Regierten in internationalen Organisationen sehr groß. Anders als im Rahmen von nationalen Demokratien, wo diesem Problem mittels Repräsentation durch gewählte Volksvertreter (und ggf. auch durch Plebiszite und Referenden) abgeholfen wird, gibt es keine vergleichbaren Ver-

---

[208] Das zweite Merkmal einer Demokratie ist ein System von fundamentalen Rechten für das Individuum. Dieses umfasst erstens Rechte und Freiheiten, die essenziell für die Kontrolle durch das Volk und für das Funktionieren demokratischer Institutionen sind (so wie Meinungs- und Versammlungsfreiheit) und zweitens Rechte, die zwar nicht zwingend notwendig für das Funktionieren des demokratischen Systems sind, die aber im Allgemeinen entstehen, wenn Menschen sich selbst demokratisch regieren (wie etwa der Schutz der Privatsphäre oder das Recht auf Eigentum) (Dahl 1999: 20). Da diese Themen bereits im Menschenrechtsabschnitt behandelt wurden, soll hier nur das erste Merkmal, nämlich die Kontrolle des Volkes über Regierungspolitik und -entscheidungen, berücksichtigt werden.

fahren der Repräsentation auf internationaler Ebene (Bienen/ Rittberger/ Wagner 1998: 290). Für demokratische Regierungssysteme geht man gemeinhin von einer Deckungsgleichheit zwischen Regierenden und Regierten aus, also zwischen denjenigen, die auf eine Entscheidung Einfluss nehmen können, und den von dieser Entscheidung Betroffenen. Diese Deckungsgleichheit ist allerdings unter Bedingungen der Globalisierung im internationalen System heute nicht (mehr) gegeben (vgl. Held 1995: 16, Zürn 1998: 238). Die mit Globalisierungsprozessen verbundene Ausbreitung transsouveräner Probleme veranlasst Staaten dazu, ihre Problemlösungskompetenzen auf die inter- oder supranationale Ebene zu verlagern (vgl. Kap 3.2.). Dadurch vergrößern sich politische Gemeinschaften und mit ihnen die Distanz zwischen Regierenden und Regierten. In kleineren demokratischen Einheiten haben die Bürger relativ viele Mitspracherechte, allerdings verfügen ihre Regierungen über zu wenige Fähigkeiten, um grenzüberschreitende Probleme zu lösen. In größeren politischen Einheiten jenseits des Staates hingegen haben die Bürger wenige Mitspracherechte, dafür sind die Regierungen gemeinsam eher in der Lage, transsouveräne Probleme zu lösen. Während also durch die Delegation von Kompetenzen an internationale Organisationen die Fähigkeiten der Staaten zur Bearbeitung von transsouveränen Problemen zusammengelegt und gebündelt werden, schwinden die Einflussmöglichkeiten des einzelnen Bürgers auf die Entscheidungen der Regierenden (Dahl 1999: 22). Fraglich ist, inwieweit und auf welchem Wege eine Deckungsgleichheit zwischen Regierenden und Regierten durch die Ausweitung von Partizipationsmöglichkeiten in internationalen Organisationen ohne Schaden für die Effektivität von zwischenstaatlichem Regieren wiederhergestellt werden kann, oder ob die Aufgabe von Partizipationsmöglichkeiten für den einzelnen Bürger gleichsam der nicht zu vermeidende Preis für die Sicherstellung politischer Handlungsfähigkeit (nunmehr auf internationaler Ebene) ist (ebd.: 23).

Als weiteres Hindernis für den Aufbau globaler demokratischer Strukturen und Prozesse gilt drittens das Fehlen eines globalen „demos" im Sinne einer kollektiven Identität, eines gemeinsamen Wertekonsens (Bienen/ Rittberger/ Wagner 1998: 290) und eines gemeinsamen Rechtsbewusstseins (Höffe 2002: 29). Ein „Weltgemeinschaftsbewusstsein" ist gegenwärtig, wenn überhaupt, nur rudimentär ausgebildet. Demokratische Prozesse jedoch setzen gemeinhin voraus, dass die am Entscheidungsprozess beteiligten Personen insofern eine kollektive Identität aufweisen, als sie neben der Durchsetzung ihrer eigenen Interessen auch an der Förderung des Gemeinwohls interessiert sind (Zürn 1998: 238). Eine Konstruktion kollektiver Identität kann allerdings nicht nur als Vorraussetzung für die Schaffung demokratischer Strukturen auf internationaler Ebene, sondern auch als deren Folge verstanden werden. Der Einrichtung von Möglichkeiten der Teilhabe an Prozessen kollektiver Entscheidungsfindung wird aus dieser (optimistischeren) Sicht eine identitätsstiftende und vergemeinschaftende Bedeutung für die „Weltbürger" zugemessen. Diese Verknüpfung von kollektiver Identität oder Identitätsstiftung und breiter gesellschaftlicher Partizipation ist allerdings nicht universell anerkannt. Es lassen sich zwar wachsende Gemeinsamkeiten im Sinne universeller Wertvorstellungen (z.B. Schutz von elementaren Menschenrechten) beobachten, die durch moderne Massenkommunikationsmittel, gestiegene Mobilität und die Anziehungskraft des westlichen Wohlstandsmodells befördert werden, zugleich treten aber Prozesse der kulturellen und ideologischen Fragmentierung auf, die auf partikulare Tendenzen der Desintegration statt Vergemeinschaftung hinweisen (z.B. ethno-nationalistische Bewegungen, religiöse Fundamentalismen) (Thompson 1998: 179). In diesem Zusammenhang wird auch die Frage nach der Universalität von demokratischen Normen kontrovers diskutiert. Wenn Kulturen und Identitäten schon innerhalb von Gesellschaften so verschieden sind, ist eine Einigung zwischen Gesellschaften über globale Demokratiemodelle noch schwieriger. Demokratie wird zudem häufig als genuin westliche Gesellschaftsvorstellung aufgefasst und somit in vielen Staaten abgelehnt (Bienen/ Rittberger/ Wagner 1998: 300). Aus kosmopolitischer Perspektive (vgl. Held 1995) ist eine politische und kulturelle Integration in der Form eines Konsenses über bestimmte Werte und Normen für eine demokratische Gemeinschaft jedoch gar nicht notwendig. Held meint, die Attraktivität der Demokratie liege gerade darin, dass die Pluralität von Identitäten und Loyalitäten auf der Welt und bei jedem Einzelnen anerkannt, die Andersartigkeit des Gegenübers akzeptiert sowie der Anspruch auf absolute Wahrheit aufgegeben wird (Held 1995: 282). Angesichts der Möglichkeit multipler Loyalitäten in grenzüberschreitenden Mehrebenensystemen erscheint auch eine demokratische Gestaltung internationaler Organisationen möglich, ohne dass dafür eine *Ablösung* nationaler Identitäten durch eine weltumspannende kollektive Identität nötig wäre. Der Bürger muss sich nicht gleichsam exklusiv für die Identifikation mit einer lokalen, nationalen, regionalen *oder* globalen Gemeinschaft entscheiden, sondern kann sich zugleich als „Bürger" z.B. Deutschlands, Europas *und* der Welt fühlen.

Die vierte Herausforderung, mit der sich Demokratiekonzepte für internationale Organisationen befassen müssen, ist das Problem der Dualität der Subjekte (Bienen/ Rittberger/ Wagner 1998: 290f). Sowohl Staaten als auch Individuen sind von den Regeln betroffen, die in und durch internationale(n) Organisationen gesetzt werden. Mitwirkungsrechte an Entscheidungen über diese Regeln haben aber ausschließlich oder in erster Linie die Staaten. Individuen werden nicht direkt repräsentiert, sondern nur vermittelt über die Vertreter ihrer Regierungen, die in die politischen Entscheidungsorgane internationaler Organisationen entsandt werden.

Es ist letztlich eine ethische Frage, wem Mitentscheidungsrechte in internationalen Organisationen zustehen sollen. Dass Staaten Mitentscheidungsrechte haben, erscheint legitim, da sie die Gründer und Geldgeber der internationalen Organisationen sind. Kommunitaristen (Etzioni 1995, vgl. Kellerwessel 2005; Reese-Schäfer 2001: 134ff, Walzer 1990; Walzer 2006) betonen, dass Menschen über Rechte, unter anderem über Teilhaberechte, nur verfügen, wenn sie ihnen durch die Mitgliedschaft in Gemeinschaften (z.B. Staaten) verliehen werden. Wegen der Vielfalt von kulturellen, religiösen und ethnischen Merkmalen von Gemeinschaften kann es keine globale Demokratie geben, die jedem Menschen die gleichen Rechte gewährt. Demokratie ist Kommunitaristen zufolge nur innerhalb von und zwischen Staaten denkbar. In internationalen Organisationen sind Staaten analog zu den Individuen auf nationaler Ebene die Subjekte politischer Herrschaft, weshalb Teilhaberechte an Entscheidungen in internationalen Organisationen nur den Staaten zukommen.

Kosmopoliten hingegen halten das Individuum für den alleinigen Träger politischer Rechte und damit für das einzige Subjekt der Legitimation politischer Herrschaft. Menschen sind im Gegensatz zu Staaten Zwecke an sich (Beitz 1979: 179; Bienen/ Rittberger/ Wagner 1998: 299). Grundrechte, die für jedes Individuum ungeachtet seiner Zugehörigkeit zu irgendeiner Gemeinschaft gelten, bilden die Grundlage der Argumentation für ein individuelles Teilhaberecht an globalen politischen Prozessen. Eine konsequente Anwendung der kosmopolitischen Grundsätze müsste langfristig sogar zur Abschaffung jeglicher Staatsrepräsentation in internationalen Organisationen führen. Allerdings sind die meisten Kosmopoliten weniger radikal und halten eine Ergänzung der bestehenden zwischenstaatlichen Organisationen um kosmopolitische Elemente für realistischer.

Das Problem der Dualität der Subjekte könnte jedoch auch durch eine Art von Doppelrepräsentation gelöst werden, wie sie auch schon aus föderalistischen Systemen bekannt ist (Höffe 2002: 22ff). In der Bundesrepublik Deutschland sind die einzelnen Bürger durch gewählte Abgeordnete im Bundestag vertreten und die Bundesländer durch ihre Repräsentanten im Bundesrat. Auch in der Europäischen Union gibt es diese doppelte Repräsentation: die Vertretung der Staaten im Europäischen Rat und die der europäischen Bevölkerungen im Europäischen Parlament. So könnten auch global sowohl für Staaten als auch für Individuen Entscheidungsorgane oder Abstimmungsverfahren eingerichtet werden, die beiden Teilhaberechte an Weltregierensentscheidungen, zumindest vermittelt über gewählte Repräsentanten, gewähren.

Die Errichtung demokratischer Strukturen und Prozesse zur Gewährleistung von politischen Partizipationsmöglichkeiten auf globaler Ebene stellt ohne Zweifel eine große Herausforderung dar. Allerdings sind zwei optimistischer stimmende Aspekte zu beachten. Zum einen wurden bereits umfassende Konzepte zur Verwirklichung globaler demokratischer Strukturen und Prozesse entwickelt (vgl. Archibugi 1998, Archibugi 2004; Archibugi/ Held 1995, Held 1995), auch wenn viele dieser Reformvorschläge sehr weitgehend sind und daher langfristige Wandlungsprozesse erfordern (vgl. Held 1995: 279f.). Zum anderen lassen sich durchaus – zwar bescheidenere, aber nicht zu unterschätzende – Fortschritte bei der Erweiterung politischer Partizipationsmöglichkeiten in internationalen Organisationen durch eine *schrittweise* Ausweitung der Kompetenzen internationaler parlamentarischer Versammlungen oder die verstärkte Inklusion nichtstaatlicher Akteure erzielen, ohne gleich den Maximalanspruch einer globalen Demokratie erfüllen zu wollen und zu können.

3.2 Weltregieren im Sachbereich Herrschaft II: Demokratisierung von Weltregieren? Entwicklungen und Perspektiven (Problembearbeitung)

In der politischen und wissenschaftlichen Debatte zur Behebung des Partizipationsdefizits internationaler Organisationen sind seit den 1990er Jahren Anhänger einer stärkeren Einbeziehung der Zivilgesellschaft in vormals rein zwischenstaatliche Entscheidungsprozesse vorherrschend gegenüber den Befürwortern der Einrichtung parlamentarischer Versammlungen bei internationalen Organisationen (Kissling 2005: 4). Beide Positionen weisen durchaus Gemeinsamkeiten auf und es existieren auch Mischformen, so dass eine strikte Trennung nicht immer aufrecht zu erhalten ist.

Teilhabemöglichkeiten für Problem- und Regelungsbetroffene, Transparenz der Entscheidungsverfahren und Verantwortlichkeit der Norm- und Regelsetzer sowie Effektivität der Normen und Regeln zur Problemlösung sind Voraussetzungen für die (Input- und Output-) Legitimität der Arbeit internationaler Organisationen. Die Legitimation der zu beteiligenden Akteure wird aus zivilgesellschaftlicher Perspektive an die Bereitstellung von Expertise und der Repräsentation einer Pluralität von Interessen und Werten geknüpft, beim parlamentarisch-repräsentativen Demokratieverständnis vor allem an das Verfahren der Wahl von Repräsentanten. Die Einbindung von zivilgesellschaftlichen Organisationen und Wirtschaftsunternehmen in zwischenstaatliche Institutionen erscheint derzeit realistischer; mitunter werden ihnen sogar Mitentscheidungsrechte gewährt (vgl. Kap. 3.2). Gleichzeitig werden aber auch parlamentarische Versammlungen bei internationalen zwischenstaatlichen Organisationen errichtet (Alger 2008; Marschall 2005). Allerdings fehlen insbesondere bei wichtigen internationalen Organisationen wie den Vereinten Nationen, der WTO und den Bretton-Woods-Institutionen derartige Gremien, und die meisten parlamentarischen Versammlungen sind nicht direkt gewählt, sondern ihre Mitglieder werden von den mitgliedstaatlichen Parlamenten entsandt. Sowohl die verstärkte Inklusion nichtstaatlicher Akteure als auch die Errichtung parlamentarischer Versammlungen könnten sich zusammengenommen als erste Schritte zur Behebung des Partizipationsdefizits in internationalen Organisationen erweisen – wobei Forderungen nach mehr Einbeziehung von nichtstaatlichen Akteuren in Institutionen des Weltregierens derzeit größere Wirkung entfalten als Bestrebungen einer Parlamentarisierung internationaler Organisationen.

3.2.1 Bestrebungen zur Reform internationaler zwischenstaatlicher Organisationen: Demokratisierung der VN?

Kosmopolitische Vorstellungen gehen davon aus, dass viele der komplexen Weltprobleme, die heute nahezu alle Bewohner der Welt betreffen können, demokratisch bearbeitet werden sollten und die Menschen weltweit Zugang zu und Mitgliedschaft in unterschiedlichen politischen Gemeinschaften auf verschiedenen Ebenen haben müs-

Kapitel 9: Herrschaft   687

sen. Mit anderen Worten: Demokratische Institutionen und Prozesse sind über nationalstaatliche Grenzen hinweg auszuweiten (Held 2002: 115f.; 121f.; Archibugi 1998). Es zeigt sich aber, dass der Partizipation des Einzelnen als „Weltbürger" auf globaler Ebene, oder spezifischer: bei Entscheidungsprozessen in vielen internationalen Organisationen, gegenwärtig enge Grenzen gesetzt sind. Aus diesem Grund werden sowohl von zivilgesellschaftlichen Bewegungen als auch von Wissenschaftlern wiederholt Forderungen nach einem Weltparlament oder zumindest einer Parlamentarischen Versammlung bei den Vereinten Nationen erhoben. Die Gründung der Interparlamentarischen Union (IPU) 1889 war der erste Versuch von einzelnen Parlamentariern vornehmlich aus europäischen Staaten, ein Weltparlament zu errichten. Zu Ende des 19. und Beginn des 20. Jahrhunderts konnte die IPU einige Erfolge mit ihren Anstrengungen zur Einrichtung des Haager Schiedshofes[209] sowie zur Gründung des Völkerbundes und dessen Ständigen Gerichtshofes erzielen (Kissling 2005: 9f.). Aufgrund institutioneller Schwerfälligkeit und politikprogrammatischer Schwächen büßte die IPU in den darauf folgenden Jahrzehnten jedoch an Bedeutung ein.[210] Nach dem Ende des Zweiten Weltkriegs war die Idee eines Weltparlaments Teil der Vorstellungen von einem föderativen, demokratischen Wiederaufbau Europas und der Welt. Diese Grundstimmung war auch der Ursprung für die „World Federalist Movement" (WFM), die noch heute besteht (Kissling 2005: 13). Die Staatengemeinschaft beschränkte sich jedoch auf die Gründung der Vereinten Nationen, in deren Organen – mit Ausnahme des ECOSOC – keine Beteiligungsmöglichkeiten für nichtstaatliche Akteure vorgesehen waren. Die Vorschläge zur Errichtung eines Weltparlaments fanden noch bis in die 1950er Jahre weltweite Beachtung, bis der Ost-West-Konflikt die Reformfähigkeit der Vereinten Nationen derart behinderte, dass ihre Realisierungsaussichten allzu gering erschienen (Kissling 2005: 16). Nach dem Ende des Kalten Krieges trugen mehrere Faktoren dazu bei, dass Vorschläge für die Schaffung einer Parlamentarischen Versammlung der Vereinten Nationen wieder intensiver in Wissenschaft und Politik diskutiert wurden.

3.2.1.1. Rahmenbedingungen der Debatte über die Errichtung einer
          Parlamentarischen Versammlung der VN

Zunächst hat der globale Siegeszug der Demokratie dazu beigetragen, dass Parlamente als Legitimationsressource für politische Entscheidungen Anerkennung fanden. Die „dritte Demokratisierungswelle" (Huntington 1991) führte dazu, dass demokratische Staaten erstmals in der Geschichte weltweit die Mehrheit der Staaten bilden. 2008 zähl-

---

[209] Der Haager Schiedshof wurde auf den Haager Friedenskonferenzen 1899 und 1907 ins Leben gerufen und existiert bis heute, wenn auch im Schatten des Internationalen Gerichtshofs ebenfalls mit Sitz in Den Haag.
[210] Auf die Weiterentwicklung der IPU wird in einem späteren Abschnitt noch eingegangen.

te Freedom House[211] 119 „Wahldemokratien" („electoral democracies") (vgl. Puddington 2009: 2f.). Wahldemokratien erfüllen Minimalkriterien für Demokratien, wie ein allgemeines Wahlrecht und die Vergabe der höchsten Staatsämter durch kompetitive Wahlen. Andere Merkmale einer Demokratie wie Meinungsfreiheit oder Rechtsstaatlichkeit können in Wahldemokratien aber gravierend eingeschränkt sein (Beichelt 2001: 4, vgl. Merkel 1999: 361ff.). Eine Unterteilung der Staatenwelt in „freie", „teilweise freie" und „unfreie" Staaten anhand des Ausmaßes der Verwirklichung bürgerlicher und politischer Rechte zeigt über einen längeren Zeitraum eine Zunahme demokratischer Staaten weltweit (Freedom House 2009). Im Jahr 2008 gab es 89 „freie" Staaten, in denen rund 46% der Weltbevölkerung, 62 „teilweise freie" Staaten, in denen 20% der Weltbevölkerung, und 42 unfreie Staaten, in denen 34% der Weltbevölkerung, davon etwa die Hälfte in China leben. Dagegen wurden 1978 nur 47 „freie" Staaten gegenüber 56 „teilweise freien" und 55 „unfreien" Staaten gezählt. Auch 1988 lag die Zahl der unfreien Staaten höher als die der freien. Seit 1998 stagniert die Verbreitung der Freiheitsrechte, d.h. es kommen keine weiteren Staaten hinzu, die als frei bezeichnet werden könnten, vereinzelt fallen sie sogar wieder zurück. Schwache politische Institutionen behindern, trotz der Abhaltung von Wahlen, demokratische Fortschritte in vielen Ländern der Welt. Dennoch zeigt sich ein weltweiter Trend zur Einrichtung demokratischer Strukturen und Prozesse in verschiedenen Staaten. Weniger Staaten gelten als „unfrei", vor allem einige südostasiatische Staaten konnten als „teilweise frei" klassifziert wurden (Puddington 2009: 7).

Weiterhin bietet die Entwicklung des Europäischen Parlaments (EP) im Zuge des europäischen Integrationsprozesses ein Beispiel für ein supranationales Parlament, das seit seiner Gründung 1952 seine Kompetenzen schrittweise ausbauen und sich durch den Übergang zur Direktwahl der Abgeordneten 1979 als demokratisch legitimiertes Repräsentativorgan etablieren konnte. Das EP könnte in mehrerlei Hinsicht als Vorbild für eine Parlamentarische Versammlung der VN dienen: Eine Sitzverteilung und eine Stimmengewichtung, die die Bevölkerungsgröße der Mitgliedstaaten berücksichtigen, ohne gleich zu einem strikt proportionalen „eine Person – eine Stimme"-Verfahren überzugehen (vgl. Schwartzberg 2003), oder das Erfordernis von dreifach qualifizierten Mehrheiten für bindende Beschlüsse, wie es im Rat der Europäischen Union seit dem Vertrag von Nizza (2005) besteht (Mehrheit der Staaten, Mehrheit der Bevölkerung, Mehrheit der finanziellen Zuwendungen an die Organisation) wären denkbar. Jedenfalls erscheint es nicht unmöglich, Verfahren zu entwickeln, die verhindern, dass auf Grund höchst ungleich verteilter Bevölkerungszahlen der Staaten ein allzu starkes Stimmengefälle zwischen Parlamentariern verschiedener Staaten (z.B. zwischen China

---

[211] Freedom House ist eine nichtstaatliche Organisation, die sich, finanziell unterstützt von der US-Regierung, die weltweite Verbreitung von demokratischen Prinzipien und Verfahren zum Ziel gemacht hat. Sie veröffentlicht in ihren Jahresberichten Untersuchungen zu Freiheitsrechten und zur Abhaltung von Wahlen innerhalb aller Staaten (Freedom House 2009).

Kapitel 9: Herrschaft

und Luxemburg) auftreten würde. Auch organisatorisch erscheint angesichts der Funktionsfähigkeit des EPs eine globale parlamentarische Versammlung machbar.

Parlamentarische Versammlung	Zugeordnete Organisation
Formal einer IGO zugeordnet:	
NATO-Parlamentarische Versammlung (NATO-PA)	NATO
OSZE-Parlamentarische Versammlung (OSCE-PA)	OSZE
Pan-Afrikanisches Parlament	AU
Parlamentarische Vereinigung des Commonwealth (CPA)	British Commonwealth
Parlamentarische Versammlung der Frankophonie (APF)	OIF
Parlamentarische Versammlung des Europarats	Europarat
Versammlung der Westeuropäischen Union	WEU
Nicht Organ einer IGO, aber Beziehungen zu dieser:	
Arabische-Inter-Parlamentarische Union (AIPU)	(Arabische Liga)
Asiatisch-Pazifisches Parlamentarisches Forum	(APEC)
Interparlamentarische Union (IPU)	(VN)
Interparlamentarisches Forum Amerikas	(OAS)
Parlamentarier für Globales Handeln	(VN)
Parlamentarische Union der Mitglieder der Organisation der Islamischen Konferenz (PUOICM)	(OIC)
Keiner IGO zugeordnet:	
Afrikanische Parlamentarische Union (APU)	Keine
Asiatisches Parlamentarierforum für Bevölkerungs- und Entwicklungsfragen (AFPPD)	keine
Lateinamerikanisches Parlament (Parlatino)	keine
Parlamentarische Konföderation Amerikas (COPA)	keine

Vgl. Alger (2008: 3); Marschall (2005: 24ff., 172ff.)

Abb. 9.8: Auswahl transnationaler parlamentarischer Versammlungen

Zudem lässt sich eine Parlamentarisierung anderer regionaler und internationaler zwischenstaatlicher Organisationen beobachten (Marschall 2005, 2007). Neben frühen Initiativen wie der Gründung der IPU (1889), der Parlamentarischen Versammlung des Europarats (1949) oder der der NATO (1955), haben inzwischen auch die OSZE (1991), die Afrikanische Union (2004) und der Mercosur (2007) parlamentarische Gremien in ihre Organisationsstruktur integriert. Insbesondere in den 1980er und 1990er Jahren lässt sich eine starke Ausbreitung von Parlamentarischen Versammlungen feststellen[212]. Über 40 Parlamentarische Versammlungen wurden weltweit seit 1949 gegründet und

---

[212] Es lassen sich in diesem Zusammenhang verschiedene Kategorien von Parlamentarischen Versammlungen unterscheiden: 46% von ihnen sind internationalen zwischenstaatlichen Organisationen angeschlossen, 32% informell mit ihnen verbunden und 26% keiner Organisation zugehörig (Marschall 2007: 6).

die überwiegende Anzahl hat bis heute Bestand (vgl. Abb. 9.8; Marschall 2007: 3, Kissling 2006: 189). Ihre Verbreitung hängt freilich nicht nur mit der wachsenden Akzeptanz der parlamentarischen Repräsentation als Mittel zur Legitimierung von Entscheidungen, sondern auch mit den regionalen Integrationstendenzen und der damit verbundenen Gründung und Stärkung von internationalen Organisationen zusammen.

Die VN, ihre Sonderorganisationen und insbesondere die Bretton-Woods-Institutionen hingegen haben Kritik auf sich gezogen, da sie keine Parlamentarischen Versammlungen in ihre Organisationsstrukturen integriert haben und somit Legitimitätsdefizite auf Grund unzureichender Partizipation und Repräsentation der mitgliedstaatlichen Bevölkerungen aufweisen. Auch die WTO war und ist wegen mangelnder Input- oder Prozess-Legitimität der Kritik von INGOs ausgesetzt. Die IPU und das Europäische Parlament ergriffen bereits vor einigen Jahren die Initiative zur Gründung einer parlamentarischen Konferenz zur WTO. Seit 2003 organisieren die IPU und das EP gemeinsam die jährlich stattfindende Parlamentarische Konferenz zur WTO („Parliamentary Conference on the WTO").[213] Teilnehmer sind Parlamentarier aus der IPU und dem EP, vor allem Spezialisten im Bereich der internationalen Handelspolitik. Auf diesen Konferenzen geht es in erster Linie um Informations- und Meinungsaustausch zwischen Parlamentariern, Mitarbeitern des WTO-Sekretariats und zivilgesellschaftlichen Vertretern (vgl. Europäisches Parlament 2008). Ob die Parlamentarischen Konferenzen tatsächlich Einfluss auf die Entscheidungen in der Ministerkonferenz haben, ist allerdings sehr fraglich, da sie kein von der WTO-Ministerkonferenz geschaffenes und in die Struktur der Organisation eingebettetes Organ sind. Die Ministerkonferenz ist daher nicht verpflichtet, die Abschlusspapiere der Konferenz in irgendeiner Form zu berücksichtigen.

Die IPU konnte nach dem Ende des Kalten Krieges ihre Stellung als *die* maßgebliche Weltorganisation der nationalen Parlamente behaupten und ausbauen. Ursprünglich als NGO von einzelnen Parlamentariern gegründet, vertritt sie inzwischen 150 Parlamente als Vollmitglieder sowie acht assoziierte Mitglieder (regionale parlamentarische Versammlungen). 1995 wurde bei einer Sondersitzung der IPU im VN-Hauptquartier der Wille zur verstärkten Kooperation mit den VN in einem Bericht („The Parliamentary Vision for International Cooperation into the 21st Century", A/50/561) festgehalten. Im Juli 1996 unterzeichneten der UN-Generalsekretär Boutros Boutros-Ghali und Vertreter der IPU eine Kooperationsvereinbarung („Cooperation Agreement between the United Nations and the Interparliamentary Union", A/51/402 annex); weitere Kooperationsvereinbarungen der IPU mit VN-Sonderorganisationen folgten. Auf dem Millenniumsgipfels im Jahr 2000 wurde die IPU von den VN als die zur „Einnahme der parlamentarischen Dimension der Vereinten Nationen" berechtigte Organisation angesehen (Marschall 2005a: 239). Die IPU erhielt im Jahre 2002 den Status eines Ständigen Beobachters in der VN-Generalversammlung (A/57/32; Kissling 2005: 29). Sie

---

[213] Die Parlamentarische Konferenz findet jeweils parallel zum WTO Ministertreffen statt.

Kapitel 9: Herrschaft

erwarb zudem das Recht, ihre offiziellen Dokumente (z.B. Abschlusserklärungen von Konferenzen) in die Generalversammlung einzubringen (A/57/47).

Das Ende des Kalten Krieges mit der weltweiten Verbreitung der Demokratie und die Errichtung parlamentarischer Versammlungen in zahlreichen internationalen und regionalen Organisationen zur Entwicklung oder Neubelebung zahlreicher Vorschläge zur Errichtung einer Parlamentarischen Versammlung der VN geführt. Die Befürworter eines VN-Parlaments erhoffen sich einen Legitimitätszuwachs der VN und eine stärkere Verantwortlichkeit gegenüber den Menschen, die von ihren Politikentscheidungen weltweit betroffen sind. Im Folgenden werden verschiedene Möglichkeiten zur Schaffung einer internationalen Parlamentarischen Versammlung im Rahmen des VN-Systems und außerhalb davon vorgestellt.

3.2.1.2. Bandbreite der Vorschläge für ein Weltparlament[214]

Eine Änderung der SVN durch eine Konferenz zur Überprüfung der SVN („Charter Review Conference") nach Artikel 109 SVN böte eine erste Möglichkeit zur Einrichtung einer „Zweiten Kammer" der VN neben der Generalversammlung (vgl. bereits Clark/ Sohn 1958). Zur Realisierung wäre allerdings eine Zweidrittel-Mehrheit der VN-Mitgliedstaaten einschließlich der Stimmen aller fünf Vetomächte des Sicherheitsrats notwendig (Bummel 2005: 23). In der Geschichte der Vereinten Nationen gab es bisher nur fünf Satzungsänderungen, und keine davon erfolgte unter Berufung auf Artikel 109.

Alternativ könnte die Errichtung einer Parlamentarischen Versammlung (PV) der VN als Nebenorgan der Generalversammlung durch einen Beschluss nach Artikel 22 SVN erfolgen (vgl. Bummel 2005: 25f.; Childers/ Urquhart 1994, Galtung 1995: 205ff.; Sheppard 2000: 8). Denkbar wäre außerdem die Errichtung einer Parlamentarischen Weltversammlung als eigenständige Sonderorganisation durch einen völkerrechtlichen Vertrag und eine anschließende Kooperationsvereinbarung mit den Vereinten Nationen – ein Vorgehen, das der Gründung der Bretton-Woods-Institutionen, der ILO, der WHO oder des IStGH gliche (Strauss 2007: 9). Der Vorteil dieses Vorgehens bestünde darin, dass rund 20 oder 30 demokratisch regierte Staaten diese PV gründen und im Laufe der Zeit weitere Staaten (unter bestimmten Bedingungen) beitreten könnten (Bummel 2005: 25f.). In diesem Zusammenhang könnte auch das Problem autoritär regierter Mitgliedstaaten und ihrer mangelnden demokratischen Legitimität vorerst umgangen werden (vgl. Levi 2003: 59f).

Eine INGO von Parlamenten, die als eigenständige Organisation von außen den Anschluss an die Vereinten Nationen finden könnte, besteht in Gestalt der Interparlamentarischen Union (IPU), die auch durch ihren Beobachterstatus bei der VN-

---

[214] Für eine Zusammenstellung und Diskussion der Bandbreite der Entwürfe für ein Weltparlament, die von Wissenschaftlern und Praktikern z.B. der IPU, des World Federalist Movement sowie der United Nations Association-USA entwickelt wurden, siehe Mendlovitz/ Walker (2003) und Bummel (2005).

Generalversammlung bereits über eine institutionelle Nähe zu den VN verfügt (Johnsson 2003: 26). Kissling (2006: 205) argumentiert, dass „ein materiell gehaltvollerer Kooperationsvertrag" mit den VN mit der Folge der Umwandlung der IPU in eine Sonderorganisation des VN-Systems möglich und wünschenswert sei. Dies würde dem Wunsch der IPU nach völkerrechtlicher, organisatorischer, mitgliedschaftlicher und finanzieller Unabhängigkeit Rechnung tragen und könnte auch für die Regierungen ein gangbarer Weg sein. Die IPU betont, dass sie ihren eigenständigen Charakter in jedem Fall wahren will (Gurirab 2009: 2). Hinsichtlich der Aufnahme in die Vereinten Nationen als Nebenorgan (Art. 7 Abs. 2 SVN) oder als Nebenorgan der Generalversammlung (Art. 22 SVN) bestehen auf Seiten sowohl der IPU als auch der VN oder der VN-Mitgliedstaaten erhebliche Vorbehalte (vgl. Johnsson 2003).

Ein von den VN relativ unabhängiges, auf zivilgesellschaftlichem und privatwirtschaftlichem Engagement basierendes Vorgehen schlagen Falk und Strauss (2003) vor. Sie sind der Auffassung, dass sich auf dem Wege einer engeren Zusammenarbeit von Zivilgesellschaft und Wirtschaft in einem gemeinsamen Forum mittelfristig eine Art von globalem Parlament entwickeln könnte, das dann entweder über eine Zusammenarbeit mit interessierten Staaten ohne formelle Vertragsverhandlungen oder aber durch einen völkerrechtlichen Vertrag zustande kommen könnte. Monbiot (2003) schlägt die Umwandlung des Weltsozialforums oder ähnlicher selbstorganisierter Foren „von unten" in eine direkt gewählte Versammlung vor. Aus dieser Sicht muss eine Bewegung für ein Weltparlament aus der transnational organisierten Zivilgesellschaft heraus entstehen (Kissling 2005: 23). So befürwortete auch die Kommission für Weltordnungspolitik in ihrem Abschlussbericht (Gettkant 1995: 285f) die Einrichtung eines Forums der Zivilgesellschaft, das später in eine beratende Parlamentarierversammlung zur Ergänzung der Generalversammlung münden könnte.

Hinsichtlich der Aufgaben, denen eine globale parlamentarische Versammlung nachkommen soll, herrscht keine Einigkeit (Schwartzberg 2003: 81). In der Regel werden Befugnisse ähnlich denen nationaler Parlamente wie die Wahl-, Gesetzgebungs-, Kontroll- und Kommunikationsfunktion[215] (vgl. Marschall 2005a: 138ff.) angestrebt. Dabei wird häufig auf den Entwicklungsprozess des Europäischen Parlaments verwiesen (vgl. Mendlovitz/ Walker 2003: 7), das seit seiner Gründung schrittweise Kompetenzen hinzugewinnen konnte, darunter die Gesetzgebungs- und Budgetfunktion, weitere politische Kontrollfunktionen und die Kompetenz zur Wahl des Kommissionspräsidenten (B. Rittberger 2005: 1; 2009, i.E.).

---

[215] Erstaunlicherweise wird das Budgetrecht, also die Möglichkeit des Parlaments, über den Haushalt zu bestimmen, von kaum einem Autor, der sich mit Parlamentsfunktionen beschäftigt, als Hauptzuständigkeit aufgeführt (Marschall 2005a: 142).

3.2.1.3 Zivilgesellschaftliche Bewegungen für ein VN-Parlament

Die Vorschläge zur Ausgestaltung eines VN-Parlaments entstammen nicht nur wissenschaftlichen Diskussionen, sondern wurden in der Mehrzahl von zivilgesellschaftlichen Organisationen oder Praktikern innerhalb des VN-Systems entwickelt. Zivilgesellschaftliche Kampagnen haben mit dafür gesorgt, dass einige Vorschläge zumindest auf die Tagesordnung der Generalversammlung gelangten. Einer der ersten Ansätze der jüngeren Vergangenheit, der auch nachhaltige Wirkungen hinterließ, war ein Entwurf für eine Parlamentarische Versammlung bei den Vereinten Nationen von Jeffrey Segall aus dem Jahr 1982 im Namen der „Medical Association for Prevention of War" (vgl. Barnaby 1991: 99ff.; Segall/ Lerner 1991). In Kooperation mit anderen INGOs entstand daraufhin das „Internationale Netzwerk für eine Zweite Versammlung bei den Vereinten Nationen" („International Network for a UN Second Assembly", INFUSA), das zwischen 1990 und 1993 vier Konferenzen über eine demokratischere VN-Organisation („Conferences on a More Democratic United Nations", CAMDUN) organisierte (Kissling 2005: 25).[216] Auf den CAMDUN-Konferenzen wurden verschiedene Parlamentsmodelle u.a. vom „World Federalist Movement" (Heinrich 1992) und der „Gesellschaft für bedrohte Völker International" (GfbV) (Bummel 2000) diskutiert. Im Jahr 2000 lud der damalige VN-Generalsekretär Kofi Annan zu einem Millennium Forum der Zivilgesellschaft ein, an dem rund 1400 zivilgesellschaftliche Gruppen teilnahmen. Das Forum hatte die Gründung einer ständigen Versammlung der Zivilgesellschaft zum Ziel, die alle zwei oder drei Jahre vor der jährlichen Zusammenkunft der Generalversammlung tagen sollte (Strauss/ Falk 2003: 14). 2003 gründete die GfbV gemeinsam mit mehreren deutschen und internationalen NGOs das „Komitee für eine demokratische UN" (KDUN), das in einem Strategiepapier die institutionelle Verankerung einer parlamentarischen Versammlung in das VN-System forderte (Bummel 2005).

Im April 2007 gründeten (I)NGOs und Parlamentarier eine neue Kampagne, die „International Campaign for the Establishment of a United Nations Parliamentary Assembly" (CEUNPA), die gegenwärtig mehrere aktive Bewegungen zur Errichtung eines VN-Parlaments vereint. Ihr Sekretariat wird vom in Deutschland ansässigen KDUN gestellt. Über 100 zivilgesellschaftliche Gruppen und rund 400 Parlamentarier aus aller Welt beteiligen sich an der Kampagne. Die Kampagne wurde bisher von über 2700 Unterzeichnern unterstützt, darunter auch der frühere VN-Generalsekretär Boutros Boutros-Ghali.

Angesichts dieser Vielzahl unterschiedlicher INGO-Initiativen und -Kampagnen zur Errichtung eines VN-Parlaments ist es bemerkenswert, dass keine von ihnen bisher das angestrebte Ziel erreichen konnte. Dabei gibt es durchaus Beispiele für erfolgreiche INGO-Kampagnen zur Errichtung internationaler Institutionen, wie etwa die „International Campaign to Ban Landmines" (ICBL), die zum „Übereinkommen über das Ver-

---

[216] Für eine chronologische Zusammenstellung der Forderungen nach nichtstaatlicher Partizipation am Weltregieren durch die Vereinten Nationen siehe Segall (2008).

bot des Einsatzes, der Lagerung, der Herstellung und der Weitergabe von Antipersonenminen und über deren Zerstörung" (kurz: Ottawa-Übereinkommen) führte oder die „International Campaign for an International Criminal Court", die öffentlichen Druck zur Errichtung des Internationalen Strafgerichtshofs aufbaute und damit Erfolg hatte. Im Folgenden sollen daher die Faktoren benannt werden, die der Errichtung eines VN-Parlaments entgegenstehen.

3.2.1.4 Realisierungsaussichten für ein VN-Parlament

Zunächst einmal scheuen sich die Regierungen der VN-Mitgliedstaaten, ihre hervorgehobene Machtposition in internationalen Organisationen gegenüber parlamentarischen und zivilgesellschaftlichen Akteuren aufzugeben oder einzuschränken – dies gilt nicht nur für autoritäre, sondern auch für demokratische Regierungen (vgl. Willets 2006: 305f., 318). Die Hoffnung, dass sich im Zuge der Demokratisierungswelle der 1990er Jahre mehr demokratische Staaten für eine Reform des VN-Systems mit dem Ziel demokratischer Repräsentation auf globaler Ebene einsetzen würden, hat sich nicht erfüllt. Zudem besteht Unklarheit darüber, wie ein Parlament, in dem möglichst viele Bevölkerungen der Staaten weltweit repräsentiert sind und das somit dem universellen Charakter der Vereinten Nationen gerecht wird, verwirklicht werden soll, ohne Abstriche bei den Ansprüchen an die innerstaatliche Herrschaftsordnung der Mitglieder zu machen: Sollen Repräsentanten der Bevölkerungen nichtdemokratischer Staaten ausgeschlossen werden oder soll zu Gunsten einer möglichst universellen Repräsentation der Anspruch einer demokratischen Gesinnung der Repräsentanten vernachlässigt werden (Laurenti 2003)?

Die Distanz zwischen Regierenden und Regierten ebenso wie die Abwesenheit eines globalen „demos" und die Heterogenität der in internationalen Organisationen vertretenen Kulturen wurden bereits als Gründe für ein eher geringes Interesse von Bürgern und organisierten gesellschaftlicher Gruppen an einer parlamentarischen Weltversammlung angeführt (vgl. Dahl 1999: 28). Verbindliche Norm- und Regelsetzungen durch ein globales Parlament würden auf umso mehr Widerstand stoßen, je weniger die Entscheidungen mit den Werten oder Interessen von Staaten vereinbar sind. So würden sich etwa viele vom Islam geprägte Staaten gegen von Parlamentsabgeordneten aus westlichen Gesellschaften eingebrachte Gesetzentwürfe über Homosexuellenrechte wehren, während europäische Staaten und die USA vehement gegen eine Lockerung von Migrationsbeschränkungen eintreten würden, die von asiatischen und lateinamerikanischen Parlamentsabgeordneten mehrheitlich beschlossen werden könnten (Laurenti 2003: 123). INGO-Kampagnen zur Errichtung eines Weltparlaments brauchen breite gesellschaftliche Unterstützung, um einflussreich zu sein. Wenn Bürger allerdings selbst kaum Interesse an einem Weltparlament zeigen oder diesem gar skeptisch gegenüber stehen, wird es schwer für INGOs, als deren Interessenvertreter glaubwürdig aufzutreten.

Kapitel 9: Herrschaft 695

Zudem stellt sich die Frage, wie viele Kompetenzen einem Weltparlament zugesprochen werden könnten. Eine Betrachtung der meisten parlamentarischen Versammlungen internationaler Organisationen wie etwa die der NATO, die 1955 als unabhängige Organisation gegründet wurde und im Nordatlantikvertrag (1949) daher nicht erwähnt ist, zeigen, dass diese in der Regel nur beratende Funktionen, aber weder legislative Befugnisse haben noch Einfluss auf Haushaltsentscheidungen der Organisation, der sie zugeordnet sind, nehmen können (Marschall 2005a: 244f). Diese Tatsache mindert die mediale und politische Aufmerksamkeit für bestehende PVen deutlich. Auch einer neu zu gründenden PV der VN würden auf Anhieb sicherlich keine weitreichenden Kompetenzen zugewiesen. Einen Wahlkampf mit all seinen Kosten für einen Sitz in einem Parlament ohne tatsächliche Kompetenzen würde wohl kaum ein qualifizierter und profilierter nationaler Parlamentarier auf sich nehmen wollen. Die Wahl zwischen einem kompetenzschwachen Parlament, in das sich kein Politiker wählen lassen will und für das kein Bürger zur Wahl geht, und einem Parlament mit weitgehenden Kompetenzen, dessen Errichtung von den Regierungen der Staaten, die nach wie vor die mächtigsten Akteure in internationalen Organisationen wie den VN sind, verhindert werden würde, mindert die Realisierungschancen eines globalen Parlaments bei den VN.

3.2.2 „NGOisierung" der Weltpolitik?: Herausbildung inklusiver, multipartistischer Institutionen als Beitrag zur Steigerung der Input- und Output-Legitimität des Weltregierens

Während die Verwirklichung eines Weltparlaments eine Idee ist, für die die Zeit noch nicht reif zu sein scheint (Laurenti 2003), können Formen der intensivierten Zusammenarbeit von öffentlichen und privaten Akteuren ein nicht geringes Maß an Legitimität beanspruchen, da sie zur Partizipation von Bürgern und zur besseren Vertretung ihrer politischen Interessen (Input- oder Prozess-Legitimität) beitragen und in der Folge auch das Potenzial besitzen, effektivere Problemlösungen als bisherige Institutionen des Weltregierens zu produzieren (Output-Legitimität).

Im Zuge der Ausdifferenzierung des Spektrums politikmächtiger Akteure (vgl. Kap. 3) treten gesellschaftliche Handlungseinheiten wie transnationale Unternehmen und (I)NGOs zunehmend neben den Staaten als politikmächtige Akteure im globalen System auf. Die Staaten sind zwar nach wie vor die wichtigsten Akteure, aber nicht mehr die einzigen, und auch nicht immer die mächtigsten. Transnationale zivilgesellschaftliche Akteure verfügen heute über eigenständige Kapazitäten und Vernetzungsmöglichkeiten, die es ihnen erlauben, in nicht-hierarchischer Kooperation mit Staaten an globaler Politikformulierung und -implementierung zu partizipieren. Durch die Beteiligung von INGOs an Weltregieren können neue gesellschaftliche Ideen, Interessen und Wertvorstellungen in globale Politikentscheidungsprozesse eingebracht werden. Transnationale zivilgesellschaftliche Organisationen tragen ferner dazu bei, dass sich eine globale öffentliche Meinung ausbildet, die mitbestimmt, was auf die weltpolitische Tagesordnung kommt, welche Ansprüche weltweite Berücksichtigung verdienen und welche Normen Weltgeltung erhalten sollen (vgl. Bohman 2002: 85ff.; Steffek 2008: 109ff.).

Eine vermehrte Einbeziehung von nicht-staatlichen Akteuren in Institutionen des Weltregierens vor allem im Rahmen des VN-Systems ist aus Input- und Prozess-Legitimitätsaspekten anzustreben. Dies gilt umso mehr, solange demokratische Mitwirkungs- und Kontrollmöglichkeiten des einzelnen Bürgers bei Entscheidungen im VN-System nicht gegeben sind. Die empirisch beobachtbare Tendenz zu inklusiveren, multipartistischen Institutionen auch im VN-System, welche sich durch die institutionalisierte Einbeziehung von nichtstaatlichen Akteuren in Entscheidungsprozesse auszeichnen, wurde bereits aufgezeigt (vgl. Kap. 3.2). Insgesamt bleibt diese institutionalisierte Inklusion nichtstaatlicher Akteure aber immer noch eher die Ausnahme als die Regel. In den meisten Organisationen und Organen des VN-Systems existieren nur sehr beschränkte, formal geregelte Mitwirkungsmöglichkeiten, was sich abträglich auf ihre Input-, mitunter aber auch Output-Legitimität auswirkt.

Vor diesem Hintergrund sind die Vorschläge für veränderte Beziehungen zwischen VN und Zivilgesellschaft des *Cardoso-Reformberichts* (UN Panel of Eminent Persons on United Nations-Civil Society Relations 2004, A/58/817) sowie deren Rezeption aufschlussreich. Zum einen verweisen die Vorschläge auf einen angebbaren Reformbedarf der VN, zum anderen zeigt die verhaltene Rezeption des Cardoso-Berichts, dass die Förderung von Partizipationschancen als Weltregierensziel von den Staaten nur unzureichend anerkannt wird. In der Debatte über eine Reform der VN wird die politikmächtige Realität einer gesellschaftsweltlich verankerten transnationalen Politik häufig ausgeblendet – mit negativen Folgen für die Erreichung des Partizipationsziels von Weltregieren (Rittberger 2006: 56f.).

Das vom ehemaligen VN-Generalsekretär Kofi Annan berufene Expertengremium über die Beziehungen der VN mit der Zivilgesellschaft („Panel of Eminent Persons on United Nations-Civil Society Relations") unter Vorsitz von Fernando Henrique Cardoso, dem ehemaligen Präsidenten Brasiliens, sollte Vorschläge zur Stärkung der Beziehungen zwischen den VN und der Zivilgesellschaft formulieren. Das Gremium setzte sich aus Experten aus verschiedenen Regionen der Welt, der VN und der Wissenschaft, Vertretern von Wirtschaft, INGOs und internationalen Organisationen zusammen. Im 2004 vorgelegten Cardoso-Reformbericht mit dem offiziellen Titel *We the peoples: Civil society, the United Nations and Global Governance* (A/58/817) sind Vorschläge enthalten, wie die VN auf die veränderten Rahmenbedingungen in einer globalisierten Welt reagieren soll und wie die Beteiligung der Zivilgesellschaft in den VN konkret erweitert werden kann.

In diesem Bewusstsein führt der Cardoso-Reformbericht verschiedene Möglichkeiten an, um eine stärkere Partnerschaft der VN mit zivilgesellschaftlichen Akteuren und Parlamentariern zu verwirklichen. Dabei wird jedoch immer wieder auf den problematischen Balanceakt verwiesen, dass die VN sich einerseits gegenüber nichtstaatlichen

Akteuren öffnen muss, ohne dabei andererseits ihren Charakter als zwischenstaatliche Organisation zu gefährden (Wapner 2007: 254). Welche Orientierung für den Cardoso-Reformbericht allerdings Priorität genießt, wird am folgenden aufschlussreichen Satz aus dem Bericht deutlich: „The unique role of the United Nations as an intergovernmental forum is vitally important and must be protected at all costs." (UN Panel of Eminent Persons on United Nations-Civil Society Relations 2004: 8).

Der unter diesen Bedingungen zustande gekommene Kompromiss stellte weder Staaten noch zivilgesellschaftliche Akteure wirklich zufrieden (Willetts 2006: 308). Zu den Vorschlägen zur Institutionalisierung zivilgesellschaftlicher Partizipation im VN-System zählen (vgl. UN Panel of Eminent Persons on United Nations-Civil Society Relations 2004: 16-22): die Förderung von „Multi-Stakeholder"-Partnerschaften, die alle Betroffenengruppen einbinden (ebd. 31-36) und der Ausbau von Partnerschaften mit Wirtschaftsakteuren (ebd. 37-41); die Unterstützung zivilgesellschaftlicher Aktivitäten im mitgliedstaatlichen Rahmen, um eine Verbindung zwischen lokalen, regionalen und globalen Politikprozessen herzustellen (ebd. 41-44); die Stärkung des Zugangs zivilgesellschaftlicher Akteure zum VN-Sicherheitsrat (ebd. 45) und die Intensivierung der Interaktion mit gewählten Vertretern nationaler Parlamente oder lokalen Autoritäten (ebd. 46-51). Außerdem sollte der Akkreditierungsprozess für zivilgesellschaftliche Akteure, die sich an VN-Veranstaltungen beteiligen wollen, transparenter, objektiver und letztlich einfacher gestaltet werden (ebd. 52-60; vgl. Leininger 2005: 296f.).

Eine umfassende Verwirklichung dieser Vorschläge ist nicht erfolgt. Der Durchbruch zur breiten institutionalisierten Partizipation von zivilgesellschaftlichen Akteuren auf hoher politikprogrammatischer Ebene wurde mit dem Cardoso-Reformbericht nicht erreicht[217]. Die Gründe für das problematische Verhältnis zwischen der Zivilgesellschaft und den Vereinten Nationen sind vielfältig. Neben der Angst der Mitgliedstaaten, durch den Einfluss von zivilgesellschaftlichen Akteuren Einbußen ihrer Entscheidungsmacht hinnehmen zu müssen (Leininger 2005: 287), zweifeln einige – nicht nur staatliche – Kritiker der INGOs zudem an der Legitimität, Repräsentativität oder Gemeinwohlorientierung von INGOs (Wapner 2007: 261). Sie argumentieren, dass inklusive Institutionen des Weltregierens nur so legitim sein könnten, wie die beteiligten Akteure selbst, und dass es nichtstaatlichen Akteuren häufig an demokratischer Eigenlegitimation mangele (Benner/ Reinicke/ Witte 2004: 200). Die vielfältigen Bewegungen und Gruppierungen der Zivilgesellschaft bildeten zudem keinen einheitlichen korporativen Akteur, der so durchsetzungsfähig wäre, dass seine Positionen in Politikprogrammen der VN Berücksichtigung finden. Dem ist jedoch entgegen zu halten, dass die Forderung nach einer einheitlichen Position dem Selbstverständnis zivilgesellschaftlicher Organisationen als Vertreter unterschiedlicher Interessen und Werte zuwider liefe. Zivilgesellschaftliche Organisationen verstehen ihre Aufgabe gerade darin,

---

[217] Als Schwächen des Berichts selbst gelten u.a. die konzeptuelle Unklarheit darüber, was unter Zivilgesellschaft zu verstehen ist und die fehlende systematische Erforschung bereits vorhandener Teilhabemöglichkeiten von NGOs innerhalb des VN Systems (Willetts 2006: 309ff.).

die Bandbreite der in den VN verhandelten gesellschaftlichen Interessen und Werten zu vergrößern. Die Pluralität von Interessen und Werten, die zivilgesellschaftliche Akteure vertreten, ist aus dieser pluralismustheoretischen Sicht eher ein Grund *für* deren verstärkte Inklusion in Institutionen des Weltregierens.

Ebenso wie es viele Erklärungen für das problematische Verhältnis zwischen den VN und der Zivilgesellschaft gibt, existieren vielfältige Gründe für eine Intensivierung der Kooperation, die sich bereits empirisch in dem freilich mitunter zaghaften Trend zu inklusiveren multipartistischen Organisationen niederschlägt. Die neuen Akteure aus Zivilgesellschaft und Privatwirtschaft können sowohl als Konkurrenten als auch als Kooperationspartner in bislang von Staaten oder internationalen Organisationen beherrschten Handlungsfeldern auftreten. Die Errichtung inklusiver, multipartistischer Institutionen lässt sich als Antwort auf die Frage auffassen, wie eine neue Herrschaftsteilung oder vielmehr Herrschaftssynthese zwischen Nationalstaaten, internationalen Organisationen sowie der Wirtschafts- und Gesellschaftswelt institutionalisiert werden kann (Rittberger 2006: 46). In Abwesenheit und angesichts der Unwahrscheinlichkeit der Errichtung eines Weltparlaments sind inklusive, multipartistische Institutionen eine alternative Form („second best solution") der Steigerung der Input- oder Prozess-Legitimität des Weltregierens. Indem sie eine stärkere Teilhabe von Problembetroffenen und Regelungsadressaten am Regieren auf globaler Ebene erlauben, stellen sie eine größere Verantwortungsteilung zwischen Staaten- und Gesellschaftswelt sicher. Im Sinne eines repräsentativen Demokratieverständnisses erhöht die Einbeziehung von Betroffenen in Institutionen und Prozesse des Weltregierens deren Legitimität. Denn jede Form demokratischer Regierung basiert auf der Beteiligung und der nicht zuletzt darin zum Ausdruck kommenden Zustimmung der Regelungsadressaten (Scholte 2002: 285).

Das Argument, dass eine Legitimitätssteigerung politischer Entscheidungen von internationalen Organisationen zwingend nur durch ein gewähltes Parlament erfolgen kann, ist dagegen nicht überzeugend (vgl. Dahl 1999: 32f). Bei nichtstaatlichen Akteuren wie Wirtschaftsunternehmen und zivilgesellschaftliche Akteure lässt sich Legitimität nicht durch Wahlen herstellen. Wirtschaftsunternehmen etwa erlangen Legitimität durch ihre problemlösungsrelevanten materiellen und immateriellen Ressourcen und Leistungen, zivilgesellschaftliche Organisationen weisen sie vor allem durch ihre Expertise und moralische Autorität sowie durch die Vertretung einer großen Bandbreite von Interessen und Werten auf.

Aus pluralismustheoretischer Sicht ist die Einbindung einer Vielzahl von nichtstaatlichen Akteuren, die eine Pluralität von Interessen und Werten vertreten, in Institutionen des Weltregierens daher eine positiv zu bewertende und – unter den gegebenen Umständen – auch realisierbare Möglichkeit, um Partizipationslücken zu verringern. Die Einbeziehung von zivilgesellschaftlichen und privatwirtschaftlichen Akteuren erweitert die Zahl der im Politikentwicklungsprozess involvierten Interessen und Wertvorstellungen und lässt die Partizipationslücke kleiner werden, auch wenn die

Kapitel 9: Herrschaft   699

beteiligten privaten Akteure selbst nicht immer demokratischen Maßstäben genügen mögen.

3.2.3 Theoretische Einordnung verschiedener Ansätze zur Ausweitung der Partizipationsmöglichkeiten in globalen Politikprozessen

Die Ressourcentausch-Theorie wurde bereits zur Erklärung der Entstehung von institutionalisierter Kooperationen zwischen staatlichen und nichtstaatlichen Akteuren herangezogen (vgl. Kap 6). Zur Errichtung eines Weltparlaments bei den Vereinten Nationen wäre eine Kooperation von internationalen Organisationen (in diesem Fall der VN) und Akteuren der Zivilgesellschaft (etwa der IPU) vorteilhaft, wahrscheinlich sogar notwendig. Allerdings sind wichtige Vorbedingungen und Annahmen der Theorie in diesem Fall nicht erfüllt, weshalb eine Zusammenarbeit zwischen öffentlichen und zivilgesellschaftlichen Akteuren, die zur Einrichtung einer parlamentarischen Versammlung der VN führen würde, unter den gegenwärtigen Rahmenbedingungen nicht zustande kommt.

Aus der Sicht der Ressourcentausch-Theorie sind zwei Faktoren maßgeblich für die Entstehung institutionalisierter öffentlich-privater Kooperationsformen. Zum einen bedarf es eines Konsenses zwischen staatlichen und nichtstaatlichen Akteuren, dass die Ziele und Zielerreichungsstrategien der verschiedenen Akteursgruppen mindestens miteinander kompatibel oder im besten Fall sogar gegenseitig förderlich sind. Zusätzlich zu dieser Vorbedingung ist eine wechselseitige Ressourceninterdependenz zwischen potenziellen Kooperationspartnern notwendig für die Entstehung institutionalisierter öffentlich-privater Kooperation (Edele 2006: 45f.; Pfeffer/ Salancik 1978).

Zwischen den VN, genauer: deren Mitgliedstaaten, und zivilgesellschaftlichen Organisationen wie der IPU besteht hinsichtlich der Frage, ob ein VN-Parlament errichtet werden soll, kein Konsens über gemeinsame Ziele und Vorgehensweisen. Die Staaten wehren sich gegen ein (wirkungsmächtiges) VN-Parlament, wie es von vielen zivilgesellschaftlichen Akteuren gefordert wird. Aber selbst zivilgesellschaftliche Verfechter einer „Parlamentarisierung" und „Demokratisierung" internationaler Organisationen wie etwa die IPU lehnen regelmäßig eine zu enge institutionelle Einbindung in das VN-System ab, um ihre unabhängige Position zu wahren (Gurirab 2009: 2; Kissling 2006: 199). Viele VN-Mitgliedstaaten wollen sich ebenso wenig auf die IPU als einzigen Kooperationspartner festlegen, u.a. weil bei einer Kooperation auch Parlamentarier aus nichtdemokratischen Ländern mit aufgenommen würden. Sie bevorzugen es eher selbst zu bestimmen, welche Parlamentarier aus welchen Ländern sie akkreditieren.

Die zweite Bedingung, die laut der Ressourcentauschtheorie erfüllt sein muss, damit eine Kooperation zwischen Mitgliedstaaten der VN und zivilgesellschaftlichen oder parlamentarischen Akteuren zustande kommt, ist eine Ressourceninterdependenz der Akteure. Welche Ressourcen könnten unterschiedliche Akteursgruppen im konkreten Fall der Errichtung einer parlamentarischen Versammlung im Rahmen der VN bereitstellen und tauschen? In der IPU sind Abgeordnete nationaler Parlamente vertreten, die abgesehen von parlamentarischer Expertise ihre demokratische Legitimation als wichtige Ressource einbringen könnten. Obwohl das demokratische Defizit der VN häufig bemängelt wird, erscheint den Mitgliedstaaten an zusätzlicher Input-Legitimität der VN nicht ausreichend gelegen, als dass sie ihre Ressource „Entscheidungsrechte in internationalen Organisationen" mit anderen Akteuren teilen. Die Hoheit über politische Entscheidungen in internationalen Organisationen ist ein sehr teures Gut, das im Zweifelsfall von Staaten offensichtlich höher bewertet wird als die Möglichkeit einer gesteigerten Input-Legitimität dieser Entscheidungen durch die Beteiligung parlamentarischer Versammlungen an der Entscheidungsfindung.

Bei der Inklusion zivilgesellschaftlicher und privatwirtschaftlicher Akteure in Institutionen und Prozesse des Weltregierens gelten zwar grundsätzlich ähnliche Beschränkungen. Zugleich scheint aber ein Konsens über Ziele und Vorgehensweisen zwischen öffentlichen und privaten Akteuren zumindest in spezifischen Problemfeldern (z.B. öffentliche Gesundheit, Menschenrechte, indigene Völker, Internet, etc.) eher in Reichweite oder schon gegeben als bezüglich der Gründung eines VN-Parlaments. Von problemfeldspezifischem Ressourcenbedarf zur Lösung bestimmter transsouveräner Probleme einmal ganz abgesehen, scheinen öffentliche Akteure generell zunehmend an der Gewinnung von Legitimitätsressourcen vor allem von zivilgesellschaftlichen Akteuren interessiert zu sein. Dies schlägt sich in einer Öffnung von Institutionen des Weltregierens gegenüber nichtstaatlichen Akteuren oder gar deren Inklusion in solchen Institutionen nieder. Diese Veränderung der institutionellen Ausgestaltung von Weltregieren besitzt das Potenzial, die Input- und Output-Legitimität von Weltregieren zu steigern. Sie scheint zudem derzeit eher politisch realisierbar als eine umfassende „Parlamentarisierung" internationaler Organisationen.

4   Zusammenfassung

In diesem Kapitel wurden „systematische Menschenrechtsverletzungen" und „Defizite politischer Partizipation und Repräsentation auf internationaler Ebene" als globale Probleme vorgestellt, die kollektiver Bearbeitung bedürfen und diese zum Teil auch schon gefunden haben.

Es wurde gezeigt, dass systematische Menschenrechtsverletzungen auf Grund von moralischen Interdependenzen, die auf weit verbreiteten Wertvorstellungen mit einem hohen Kommunalitätsgrad basieren, mittlerweile als transsouveräne Probleme betrachtet werden, die kollektive Bearbeitung in zwischenstaatlichen sowie inklusiven, multipartistischen Institutionen des Weltregierens erfordern.

Der Universalitätsanspruch von Menschenrechten wirft gar die Frage auf, ob es empirische Evidenz gibt, dass die allgemeine Anerkennung der Menschenrechte als identitätsstiftende Grundlage einer „Weltvergemeinschaftung" begriffen werden kann

– in der Form, dass Menschenrechte „die Menschheit als globale Gemeinschaft konstituieren" (Risse 2004: 223). Insofern die Träger von Menschenrechten nicht Staaten, sondern „Individuen einzig und allein aufgrund der Tatsache ihres gemeinsamen Menschseins" (ebd.: 228) sind, impliziert eine universale Gültigkeit von Menschenrechten ein Stück „Weltvergemeinschaftung". So könnte man argumentieren, dass die internationale *Staaten*gemeinschaft, indem sie Menschenrechte als individuelle Rechte zum Bestandteil globaler Regelwerke sowie Überwachungs- und Durchsetzungsverfahren macht, aufhört, lediglich Staatengemeinschaft zu sein, die zwischenstaatliche Übereinkommen schließt, sondern sich auch als Welt(bürger)gemeinschaft mit einem auf universalen Werten basierenden Zusammengehörigkeitsgefühl konstituiert. Allerdings sind weltweit nach wie vor Verletzungen bürgerlicher und politischer, wirtschaftlicher, sozialer und kultureller sowie kollektiver Rechte zu beobachten. Solange aber ein Mindestniveau der Normeinhaltung nicht gegeben ist, Menschenrechtsnormen also nicht globales Handeln und globale Identitäten prägen, kann von einem erfolgreichen weltweiten menschenrechtlichen Sozialisationsprozess und mithin von einer darauf gestützten Weltvergemeinschaftung noch nicht gesprochen werden.

Die Analyse des Weltregierens in und durch internationale zwischenstaatliche Organisationen hat gezeigt, dass die Politikprogrammierung zum Schutz von Menschenrechten weit fortgeschritten ist, während die Überwachung und Durchsetzung dieser Politikprogramme – trotz Entwicklungen wie dem Aufbau einer internationalen Strafgerichtsbarkeit für schwerste Menschenrechtsverletzungen und der Weiterentwicklung anderer Durchsetzungsverfahren – noch erhebliche Schwächen aufweisen. Zudem zeigt sich, dass vor dem Hintergrund der weltweiten Geschäftstätigkeiten transnationaler Unternehmen, die mitunter negative Auswirkungen auf die Menschenrechtssituation vor Ort haben, zwischenstaatliche Übereinkommen allein nicht hinreichend zur Gewährleistung eines umfassenden und effektiven Menschenrechtsschutzes sind. Transnationalen Unternehmen kommt eine (Mit-)Verantwortung für den globalen Menschenrechtsschutz zu. Dieses Bewusstsein hat sich u.a. in der Beteiligung transnationaler Unternehmen an Selbst- und multipartistischen Ko-Regulierungsinitiativen niedergeschlagen. So können das Ausmaß der Aktivitäten nichtstaatlicher, gerade auch zivilgesellschaftlicher Akteure, ihr Anteil an der Problemlösung und ihr Einfluss auf die Förderung der Anerkennung und Einhaltung von Menschenrechten – verglichen mit vielen anderen Problemfeldern der Weltpolitik – als außerordentlich hoch eingestuft werden.

Das Demokratie-, genauer: Partizipationsdefizit in Institutionen und Prozessen des Weltregierens äußert sich vor allem in mangelnden Teilhabemöglichkeiten für den einzelnen Bürger in internationalen Organisationen. Den Menschen, die von Entscheidungen in und durch diese(n) Organisationen betroffen sind, fehlt es häufig an institutionalisierten Verfahren, um deren Entscheidungen zu beeinflussen. Partizipation ist aber für Weltregieren nicht nur aus Effektivitätsgründen erstrebenswert, da eine erhöhte Legitimität der Norm- und Regelsetzung zur Steigerung der Folgebereitschaft der

Regeladressaten führt. Partizipation an politischen Prozessen und Entscheidungen ist auch ein menschliches Grundbedürfnis und kodifiziertes Menschenrecht.

Der Einrichtung demokratischer Partizipationsmöglichkeiten auf globaler Ebene stehen gegenwärtig mehrere Hindernisse entgegen: Es existiert kein Weltstaat, der demokratisiert werden könnte (Breitmeier 2009a: 19), so dass neue Konzepte für eine globale Demokratie notwendig werden. Die Distanz zwischen Regierenden und Regierten ist im globalen System so groß, dass zweifelhaft ist, ob demokratische Repräsentation in dieser Größenordnung noch möglich und sinnvoll ist. Zudem scheint es an einem globalen kollektiven Identitätsbewusstsein („Gemeinschaftsgefühl") zu fehlen, das aber oftmals als Vorraussetzung für das Funktionieren einer Demokratie angesehen wird. Staaten sind zudem häufig schlicht nicht willig, ihren Status als alleinige Entscheidungsbefugte in internationalen Organisationen zugunsten von Beteiligungsrechten nichtstaatlicher Akteure einzuschränken.

Die wissenschaftliche und politische Diskussion über die Errichtung einer Parlamentarischen Versammlung bei den Vereinten Nationen ist durch verschiedene Rahmenbedingungen begünstigt worden, u.a. durch die Ausdifferenzierung des politikmächtigen Akteursspektrums und die damit verbundene Entstehung transnationaler zivilgesellschaftlicher Bewegungen, durch das Vorbild des Europäischen Parlaments und die Gründung zahlreicher parlamentarischer Versammlungen in anderen internationalen Organisationen.

Daraus ergibt sich die Frage, warum bisherige INGO-Kampagnen zur Errichtung einer Parlamentarischen Versammlung der VN nicht erfolgreich waren. Die Gründe dafür lassen sich in mangelndem Interesse seitens der Staaten und in einer unzureichenden Einigkeit der INGOs und damit einer Unfähigkeit, kohärente und damit durchsetzungsstarke Positionen in die VN einzubringen, finden. Außerdem herrscht ein mangelndes Interesse von Seiten der Bürger für weltpolitische Fragen, so dass den INGOs häufig die Unterstützung durch eine breite und engagierte Anhängerschaft fehlt, die aber nötig wäre, um der Forderung nach Mitbestimmung auf internationaler Ebene Nachdruck zu verleihen. Zudem gibt es keinen Konsens zwischen Staaten und nichtstaatlichen Akteuren über die Errichtung eines VN-Parlaments, und offensichtlich sind die Ressourcen, die Parlamentarier in internationale Organisationen einbringen könnten, allzu häufig für Staaten (genauer: Regierungsvertreter) nicht so dringend notwendig, dass sie dafür Teile ihrer Entscheidungshoheit abgeben würden.

Während also die Verwirklichung einer Parlamentarischen Versammlung der VN in absehbarer Zukunft unwahrscheinlich ist, lässt sich empirisch ein freilich mitunter zaghafter Trend zu intensivierter Zusammenarbeit von öffentlichen und privaten Akteuren im VN-System und außerhalb feststellen. Eine verstärkte Einbeziehung nichtstaatlicher Akteure in offene oder inklusive, multipartistische Institutionen des Weltregierens lässt sich aus pluralismustheoretischer Sicht als Beitrag zur Schließung der Partizipationslücke in rein zwischenstaatlichen internationalen Organisationen auffassen. Dies bedeutet jedoch nicht, dass das grundsätzliche Streben nach einer tiefer greifenden Parlamentarisierung internationaler Organisationen damit hinfällig oder gar wertlos geworden ist.

 Übungsfragen

- Wie ist es zu erklären, dass innerstaatliche systematische Menschenrechtsverletzungen weithin als globale Probleme betrachtet werden, die einen Bedarf an Weltregieren zur Prävention und Unterbindung von systematischen Menschenrechtsverletzungen begründen? Inwiefern handelt es sich hierbei um ein sozial konstruiertes Weltproblem?
- Welche kulturrelativistischen Einwände werden gegen den Universalitätsanspruch der Geltung von Menschenrechten vorgebracht? Wie überzeugend sind diese Einwände?
- Welche drei Arten („Generationen") von Menschenrechten lassen sich unterscheiden? Inwiefern haben diese drei „Generationen" von Menschenrechten unterschiedlich breite Anerkennung gefunden und werden jeweils von verschiedenen Staaten als mehr oder weniger bindend angesehen?
- Welche Überwachungs- und ggf. Sanktionsverfahren stehen den auf einzelne Menschenrechtsverträge und den auf die SVN gestützten Organen (insbesondere dem VN-Menschenrechtsrat) zur Verfügung? Inwiefern steht erheblichen Fortschritten im Bereich der Politikprogrammgenerierung durch die VN ein Mangel an institutionellen Mechanismen zur Überwachung und Durchsetzung von Menschenrechtsnormen gegenüber und welche Folgen hat dies?
- Welche Schritte führen gemäß dem so genannten Spiralmodell dazu, dass in autoritären Staaten ein Wandel stattfindet, in dessen Verlauf der Schutz der Menschenrechte in diesen Staaten zunehmend gewährleistet wird? Inwiefern wird darin die zentrale Bedeutung von zivilgesellschaftlichen Akteuren für die Beachtung und Durchsetzung von Menschenrechtsnormen deutlich?
- Wie ist die Entstehung der Freiwilligen Grundsätze für Sicherheit und Menschenrechte zu erklären? Welche Ziele verfolgen die Freiwilligen Grundsätze und mit welchen Mitteln sollen diese erreicht werden?
- Worauf gründet sich die Erwartung einer größeren Effektivität von „Multi-Stakeholder"-Initiativen zum Schutz von Arbeits- und Sozialstandards im Vergleich zu zwischenstaatlichen Vereinbarungen wie etwa den OECD-Leitsätzen? Inwiefern hat sich der „Global Compact" über ein reines Forum für Dialog und den Austausch von *best practices* hinaus entwickelt?
- Welche institutionalisierten Beteiligungsrechte räumen VN-Institutionen, die sich mit den Problemen und Rechten indigener Völker befassen, Indigenenvertretern ein und welche Wirkungen zeitigt dies?

> Wie stellt sich das Ausmaß der Partizipationsmöglichkeiten für den einzelnen Bürger sowie für zivilgesellschaftliche Akteure im Rahmen internationaler Organisationen im Allgemeinen (und anhand konkreter Beispiele) gegenwärtig dar und wie ist dieses zu bewerten?
> Welche Hindernisse lassen die Errichtung einer „globalen Demokratie", die jedem „Weltbürger" politische Partizipationschancen garantiert, in absehbarer Zeit unrealistisch erscheinen? Inwieweit gingen von Parlamentariern oder INGOs bedeutungsvolle Initiativen zur Reduzierung des Partizipationsdefizits internationaler Organisationen (insbesondere der VN) aus?
> Inwiefern lässt sich demokratie- oder pluralismustheoretisch begründen, dass die Einbeziehung nichtstaatlicher Akteure in Institutionen und Prozesse des Weltregierens die Input- oder Prozess-Legitimität von Weltregieren steigert? Kann angesichts der Unwahrscheinlichkeit der Errichtung eines „Weltparlaments" eine „NGOisierung" der Weltpolitik als „zweitbester" Ansatz zum Abbau des bestehenden Partizipationsdefizits zufrieden stellen?

Lektüreempfehlungen

Archibugi, Daniele/ Held, David/ Köhler, Martin (Hrsg.) 1998: Re-imagining Political Community: Studies in Cosmopolitan Democracy, Stanford, CA: Stanford University Press.
Benner, Thorsten/ Reinicke, Wolfgang H./ Witte, Jan Martin 2004: Multisectoral Networks in Global Governance: Towards a Pluralistic System of Accountability, in: Government and Opposition 39: 2, 191-210.
Donnelly, Jack ³2006: International Human Rights, Boulder, CO: Westview Press.
Hamm, Brigitte 2006: Neuere Entwicklungen des Global Compact, in: von Schorlemer, Sabine (Hrsg.): „Wir, die Völker (...)" – Strukturwandel in der Weltorganisation, Frankfurt/M.: Peter Lang, 95-113.
Marschall, Stefan 2005: Transnationale Repräsentation in parlamentarischen Versammlungen: Demokratie und Parlamentarismus jenseits des Nationalstaats, Baden-Baden: Nomos.
Risse, Thomas/ Jetschke, Anja/ Schmitz, Hans Peter 2002: Die Macht der Menschenrechte: Internationale Normen, kommunikatives Handeln und politischer Wandel in den Ländern des Südens, Baden-Baden: Nomos.
Scholte, Jan Aart 2002: Civil Society and Democracy in Global Governance, in: Global Governance 8: 3, 281-304.
Steffek, Jens/ Kissling, Claudia/ Nanz, Patrizia (Hrsg.) 2007: Civil Society Participation in European and Global Governance: A Cure for the Democratic Deficit?, Basingstoke/ New York: Palgrave Macmillan.

Teil E: Schluss: Bewertung der Modelle des Weltregierens und der handlungstheoretischen Erklärungsangebote

Kapitel 10: Fazit: Die Entstehung einer heterarchischen Weltordnung

1 Empirische Komplexität und der Anspruch der theoretischen Erfassung und Erklärung zentraler Entwicklungen des Weltregierens

Dieses Lehrbuch begann mit der Beobachtung, dass die gegenwärtige Weltpolitik von widersprüchlichen Tendenzen geprägt ist, die sich auf die Gegensatzpaare *Entstaatlichung vs. Zählebigkeit des Staates, Globalisierung vs. Fragmentierung, Verrechtlichung vs. Entrechtlichung* sowie *Inklusivität vs. Exklusivität von Weltregieren* bringen lassen (vgl. Kap. 1). Die Analyse von systemischen Rahmenbedingungen, veränderten Akteurskonstellationen, zahlreichen Weltproblemen in den verschiedenen Sachbereichen der Weltpolitik und von Institutionen und Prozessen des Weltregierens zur Bearbeitung dieser Probleme scheint diese Ausgangsbeobachtung bestätigt zu haben. Ein Blick auf einige in den vorangehenden Kapiteln (Kap. 7-9) untersuchte Problemfelder aus den Sachbereichen „Sicherheit", „Wohlfahrt" und „Herrschaft" bietet zahlreiche Hinweise auf die genannten widersprüchlichen Entwicklungen.

Hinsichtlich des Gegensatzpaars *Entstaatlichung vs. Zählebigkeit des Staates* verweisen im Sachbereich „Sicherheit" mehrere Entwicklungen auf die Relativierung des Gewaltmonopols von Staaten und mithin auf Entstaatlichungsprozesse. Dazu gehören der relative Bedeutungszuwachs von inner- und substaatlichen Gewaltkonflikten, in denen mindestens eine Partei ein nichtstaatlicher Gewaltakteur ist (vgl. Chojnacki/Reisch 2008), der zunehmende Einsatz von privaten Sicherheits- und Militärdienstleistern in Krisengebieten nicht nur zum Personen- und Objektschutz, sondern mitunter auch zu Kampfhandlungen, die Aktivitäten transnationaler Terroristen, die gerade in fragilen oder gescheiterten Staaten Rückzugsräume finden, sowie die Gefahr der Weitergabe von Massenvernichtungswaffen an nichtstaatliche Akteure (vgl. Kap. 7). Zugleich bleiben Staaten unverzichtbare wenn auch nicht mehr die einzigen Akteure bei der Schaffung einer den anarchischen Sicherheitswettbewerb eindämmenden, friedensförderlichen Ordnung, wie etwa die Analyse der Bemühungen zur Verhinderung der Verbreitung von Massenvernichtungswaffen durch zwischenstaatliche Regime oder die nach wie vor herausragende Stellung des von Staaten – vor allem seinen fünf ständigen Mitgliedern – dominierten VN-Sicherheitsrates bei der Gewährleistung von internationaler Sicherheit zeigen (vgl. Kap. 7). Von internen Gewaltkonflikten betroffenen und von gescheiterten Staaten gehen erhebliche Destabilisierungsgefahren für Nachbarstaaten und mitunter auch globale Sicherheitsrisiken (z.B. transnationalen

Terrorismus) aus. Deshalb wird seit den 1990er Jahren die Gewährleistung innerstaatlicher Sicherheit und Stabilität durch externe Maßnahmen zum Aufbau staatlicher Strukturen („state-building") z.B. im ehemaligen Jugoslawien, in zahlreichen Staaten Afrikas und in Afghanistan zunehmend als globale, nicht nur nationale Herausforderung und als Weltregierensaufgabe anerkannt (vgl. Fukuyama 2004). Auch die Entwicklung der zahlenmäßig zunehmenden VN-Friedensmissionen zu komplexem Peacekeeping unterstreicht, dass der Aufbau funktionsfähiger staatlicher Institutionen, d.h. die *Stärkung* von Staatlichkeit von der internationalen Staatengemeinschaft, aber auch von zahlreichen an Staatenbildungsprogrammen beteiligten zivilgesellschaftlichen Akteuren als eine notwendige Bedingung für nationale und internationale Sicherheit betrachtet wird (vgl. Kap. 7).

Auch für das Gegensatzpaar *Globalisierung vs. Fragmentierung* finden sich Belege in der sachbereichsspezifischen Analyse von Weltregieren: Im Sachbereich „Wohlfahrt" sind ökonomische Globalisierungsprozesse befördert durch den Abbau von Handelshemmnissen und der Deregulierung von Finanzmärkten – vielfach von gegenläufigen Fragmentierungsprozessen in der Gestalt sozioökonomischer Ausgrenzung, die sich in extremer Armut und der Ausweitung von globalen Wohlstandsdisparitäten äußert, begleitet (vgl. Kap. 8). Im Sachbereich „Herrschaft" wurde deutlich, dass Menschenrechte zwar zunehmend global *anerkannt* werden, was auf integrative, weltvergemeinschaftende Tendenzen schließen lässt. Zugleich wird aber von Regierenden immer wieder auf nationale oder regionale Besonderheiten und Wertvorstellungen (z.B. „asiatische" oder „islamische" Werte) rekurriert, um unterschiedliche Interpretationen von Menschenrechtsnormen, unterschiedliche Prioritätensetzungen in Bezug auf verschiedene Arten von Menschenrechten oder gar die gänzliche Ablehnung einzelner Menschenrechte zu rechtfertigen – von ernüchternden Befunden der mangelhaften *Einhaltung* von Menschenrechten ganz abgesehen (vgl. Kap. 9).

Verrechtlichung vs. Entrechtlichung bilden das dritte Gegensatzpaar, das sich empirisch gleichzeitig beobachten lässt. Verrechtlichungsprozesse zeigen sich sehr deutlich im Sachbereich „Wohlfahrt" im Fall des verrechtlichten WTO-Streitschlichtungsverfahrens (vgl. Kap. 8) und im Sachbereich „Herrschaft" in der Errichtung von ad hoc-Strafgerichtshöfen sowie des Internationalen Strafgerichtshofes (IStGH) zur Verfolgung schwerster Menschenrechtsverletzungen (vgl. Kap. 9). Sie spiegeln sich auch im souveränitätssensiblen Sachbereich „Sicherheit" in den – freilich unterschiedlich effektiven – Vertragsregimen zur Eindämmung der Verbreitung von nuklearen, chemischen und biologischen Waffen sowie im Wirken des VN-Sicherheitsrates als Ersatz-„Weltgesetzgeber" bei der Bekämpfung des transnationalen Terrorismus und der Weiterverbreitung von Massenvernichtungswaffen an private Akteure wider (vgl. Kap. 7). Zugleich verweisen andere Befunde aus dem Sachbereich „Sicherheit" auf entgegen gesetzte Entwicklungen der Entrechtlichung. Hervorzuheben sind hier zunächst das militärische Vorgehen der USA unter der Bush Jr.-Administration mit einer – anders als im Falle der Intervention in Afghanistan (2001) – nicht von den VN mandatierten „Koalition der Willigen" gegen den Irak (2003) (vgl. Kap. 7) sowie die nicht nur vereinzelt auftretenden Fälle der Missachtung von Menschenrechten durch westliche Regierungen und ihre Verbündeten im Anti-Terror-Kampf (vgl. Kap. 9). Aber auch der verstärkte Einsatz von privaten Sicherheits- und Militärdienstleistern mit unklarer rechtlicher Verantwortlichkeit und die verbreitete Missachtung von Normen des humanitären Völkerrechts durch nichtstaatliche Gewaltakteure, die nicht im gleichen Maße wie staatliche Akteure vom bestehenden Kriegsvölkerrecht „ius in bello" erfasst werden (vgl. Kap. 7), spiegeln Tendenzen der Entrechtlichung wider. Diese stellen die in den letzten Jahrzehnten und zum Teil auch schon deutlich früher erzielten Verrechtlichungsfortschritte im Bereich des Kriegsverhütungsrechts des humanitären Völkerrechts und des Menschenrechtsschutzes in Frage.

Schließlich wurden in Bezug auf das Gegensatzpaar Inklusivität vs. Exklusivität von Weltregieren mehrfach die erweiterten Möglichkeiten von transnationalen zivilgesellschaftlichen und privatwirtschaftlichen Akteuren betont, an globalen Politikprogrammierungs- und -implementationsprozessen zu partizipieren. In Problemfeldern wie dem Gesundheitswesen („public health"), der Entwicklungszusammenarbeit, dem Klimaschutz oder der Förderung erneuerbarer Energien (vgl. Kap. 8), der Gewährleistung von Arbeits- und Sozialstandards (vgl. Kap. 9), aber auch der Eindämmung und Transformation von gewaltträchtigen Konfliktökonomien (vgl. Kap. 7) haben Staaten und internationale Organisationen nichtstaatlichen Akteuren institutionalisierte Teilhabe an der Normsetzung, -implementierung und -überwachung ermöglicht. Trotz dieser Beispiele für inklusives, multipartistisches Weltregieren sind aber auch Anzeichen für eine anhaltende Exklusivität von Weltregieren zu beobachten: In Kap. 9 wurden die Grenzen demokratischer Partizipations- und Kontrollmöglichkeiten für den einzelnen Bürger jenseits des Staates und die nach wie vor vorhandenen wechselseitigen Vorbehalte gegenüber einer dauerhaften vertieften Kooperation zwischen exekutivmultilateralen Institutionen des VN-Systems und zivilgesellschaftlichen Akteuren, die sich etwa in der verhaltenen Rezeption des Cardoso-Reformberichts äußerten, beschrieben.

Diese Befunde sind einmal mehr Zeugnis der eingangs beschriebenen Vielschichtigkeit der heutigen Weltpolitik (vgl. Kap. 1). Sie können und sollten jedoch kein Grund sein, den Anspruch auf die Formulierung allgemeinerer, makro- und meso-theoretisch fundierter Aussagen über wesentliche Entwicklungstendenzen der Weltpolitik – insbesondere des Welt*regierens* – aufzugeben. Entsprechend diesem an verallgemeinerbaren Aussagen orientierten Erkenntnisinteresse wurden verschiedene Modelle des Weltregierens zur systematischen Erfassung der empirischen Bandbreite von Formen des Weltregierens sowie akteurszentrierte Ansätze zur Erklärung der institutionellen Ausgestaltung von Weltregieren vorgestellt (Kap. 5 und 6). Die Modelle und Erklärungsansätze wurden dann zur Analyse der Bearbeitung von spezifischen transsouveränen Problemen sowie von Problemen mit transsouveränen Folgeerscheinungen in den Sachbereichen „Sicherheit", „Wohlfahrt" und „Herrschaft" herangezogen (Kap. 7-9).

Aus einer vergleichenden Betrachtung des Weltregierens in verschiedenen Sachbereichen der Weltpolitik lassen sich neben sachbereichsspezifischen Unterschieden durchaus allgemeinere Entwicklungen des Weltregierens identifizieren und theoretisch einordnen. Im Folgenden werden daher die Ergebnisse der empirischen Analyse des Weltregierens in verschiedenen Sachbereichen (vgl. Kap. 7-9) zusammengefasst und zugleich die Tauglichkeit makrotheoretischer Modelle des Weltregierens (vgl. Kap. 5) und mesotheoretischer, akteurszentrierter Erklärungsansätze (vgl. Kap. 6) bewertet. Untersucht wird zunächst, welches Weltregierensmodell angesichts der sachbereichsspezifischen Analysen empirisch am triftigsten erscheint. Dann wird geprüft, welche Formen von Weltregieren am ehesten in der Lage sind, Weltprobleme effektiv und legitim zu bearbeiten, und damit unter Input- und Output-Legitimitätsgesichtspunkten am wünschenswertesten erscheinen. Den Abschluss bilden einige Anmerkungen zur Erklärungskraft verschiedener in Kap. 6 eingeführter handlungstheoretischer Ansätze (Ressourcentausch-Theorie, Theorie kollektiver Güter, Ansatz des wohlwollenden Hegemons) für die Analyse des Weltregierens in den Sachbereichen „Sicherheit", „Wohlfahrt" und „Herrschaft".

2 Modelltheoretische und handlungstheoretische Ansätze im Lichte der Ergebnisse der empirischen Analyse von Weltregieren

2.1 Bewertung der Weltregierensmodelle unter empirisch-deskriptiven Gesichtspunkten

2.1.1 Die Weltregierensmodelle im Lichte der empirischen Befunde zum Weltregieren in den drei Sachbereichen

Keines der vier in Kap. 5 vorgestellten Modelle – Sicherheitswettbewerb (und Nichtregieren) in der staatenweltlichen Anarchie, hierarchisches Regieren durch einen Welt(bundes)staat, quasi-hierarchisches Regieren durch einen Welthegemon und heterarchisches Weltregieren durch multipartistische Politikkoordination und -kooperation – kann die gesamte Bandbreite des empirisch zu beobachtenden Weltregierens (bzw. des Mangels an Weltregieren) vollkommen erfassen. Es sei an dieser Stelle noch einmal betont, dass die verschiedenen Modelle des Weltregierens lediglich analytische Konstrukte sind, welche die empirische Analyse und normative Reflexion anleiten und orientieren, nicht aber ersetzen können und sollen.

Jedes der Modelle lässt sich mit wichtigen Entwicklungen und Sachverhalten der Weltpolitik konfrontieren, die mit dessen Hilfe entweder gar nicht oder nur mühsam erfasst werden können. Im Gewalt*legitimierungs*monopol des VN-Sicherheitsrates und seiner neueren punktuellen Welt(ersatz)gesetzgebung im Bereich der Bekämpfung des transnationalen Terrorismus und der Weiterverbreitung von Massenvernichtungswaffen (vgl. Kap. 7) sowie in der Tätigkeit des IStGH (vgl. Kap. 9) kommen supranationale, „weltstaatliche" Steuerungselemente zum Vorschein. Diese bereiten dem Modell des heterarchischen Weltregierens Probleme, welches auf horizontale multipartistische Politikkoordination und -kooperation öffentlicher und privater Akteure anstelle formal-rechtlicher vertikaler Hierarchiebeziehungen abzielt. Die maßgebliche Rolle, welche die USA nach 1945 bei der Errichtung und Aufrechterhaltung der Nachkriegsweltordnung gespielt haben, aber auch die in Kap. 7 beschriebene Führungsrolle der USA bei der globalen Bekämpfung des transnationalen Terrorismus seit den Anschlägen vom 11. September 2001 bereiten dem Weltstaatsmodell und dem Modell des heterarchischen Weltregierens Schwierigkeiten und lassen vielmehr Elemente hegemonialer Steuerung erkennen. Die zu beobachtende regelgeleitete Kooperation öffentlicher und privater Akteure in zahlreichen Problemfeldern der Weltpolitik in Abwesenheit weltstaatlicher Institutionen oder hegemonialer Führung lässt sich wiederum weder mit dem Weltstaats- noch mit dem Hegemoniemodell und schon gar nicht mit dem Modell des Sicherheitswettbewerbs in der staatenweltlichen Anarchie zufriedenstellend erfassen (Rittberger 2003: 189). Andererseits finden sich in einzelnen Problemfeldern (z.B. Weiterverbreitung von Massenvernichtungswaffen und insbesondere von konventionellen Waffen, Gewährleistungen von Energieversorgungssicherheit) noch kaum oder nur mangelhaft verregelte kompetitiv-anarchische Beziehungsmuster, die dem Modell des heterarchischen Weltregierens und erst recht dem Weltstaatsmodell widersprechen und die weiter bestehende empirische Tragfähigkeit des Modells des Sicherheitswettbewerbs in der staatenweltlichen Anarchie zumindest in bestimmten Weltregionen (vgl. Kap. 3.1) und einzelnen Problemfeldern belegen. Kurz: Jedes der genannten Weltregierensmodelle kann zumindest punktuelle analytische Aussagekraft für sich beanspruchen; die analytische Reichweite eines jeden Weltregierensmodells stößt an – freilich unterschiedlich enge – Grenzen.

Betrachtet man die in den vorangehenden Kapiteln untersuchten kollektiven Steuerungsleistungen zur Bearbeitung transsouveräner Probleme und zur Bereitstellung globaler kollektiver Güter in der Zusammenschau, wird die bereits in Kap. 5 formulierte Einschätzung bestätigt: Das Modell des heterarchischen Weltregierens gestützt auf multipartistische Politikkoordination und -kooperation öffentlicher und privater Akteure ist verglichen mit alternativen Ordnungsvorstellungen am ehesten in der Lage, große Teile der empirisch zu beobachtenden Formen des Weltregierens zu erfassen. Weltregieren ist mittlerweile in vielen der analysierten Problemfelder ein multipartistischer, auf regelgeleiteter Selbstverpflichtung und -bindung öffentlicher und privater Akteure basierender Prozess.

Das Modell des heterarchischen Weltregierens vermeidet im Gegensatz zu den anderen Modellen durch die Berücksichtigung privater Akteure einen realitätsinadäquaten Staatenzentrismus. Es erfasst nicht nur internationale zwischenstaatliche Institutionen, die dem Typus eines exklusiven oder eines offenen, fortgeschrittenen Exekutivmultilateralismus entsprechen, sondern auch inklusive, multipartistische Institutionen (und eher lose organisierte weniger formalisierte öffentlich-private Partnerschaften) sowie rein private Institutionen des Weltregierens (vgl. Rittberger et al. 2008: 45). Diesen verschiedenen öffentlichen, öffentlich-privaten und rein privaten Formen des

Weltregierens sind einige wesentliche Eigenschaften gemein: ein kooperativ-heterarchisches – statt kompetitiv-anarchisches oder (quasi-)hierarchisches – Ordnungsprinzip, ein auf reziproker Selbstbindung und -verpflichtung basierender horizontaler Regelsetzungsmodus, dezentrale Mechanismen zur Gewährleistung der Regeleinhaltung und die Sorge um den Verlust von Reputation und von gegenwärtigen wie zukünftigen Gewinnchancen sowie Norminternalisierung als wichtigste Motive der Regeleinhaltung.

Eine heterarchische Weltordnung beruht auf der Existenz eines dichten Netzes von Institutionen des Weltregierens, die von öffentlichen und privaten Akteuren zur kollektiven regelgeleiteten Bearbeitung von transsouveränen Problemen und zur Bereitstellung globaler kollektiver Güter geschaffen und aufrecht erhalten werden. Die netzwerkartige Architektur einer heterarchischen Weltordnung ist zugleich flexibel genug, im Umgang mit verschiedenartigen Problemen innovative und variable Herangehensweisen, verschiedene institutionelle Ausgestaltungen der Problembearbeitung und die zeitweilige Übernahme der Führungsrolle durch jeweils unterschiedliche Akteure zuzulassen (vgl. Kap. 3.2 und 5).

Das Modell des heterarchischen Weltregierens wird der in allen Sachbereichen der Weltpolitik festgestellten Tendenz gerecht, dass öffentliche und private Akteure zum Zweck der Bearbeitung transsouveräner Probleme und der Bereitstellung globaler kollektiver Güter zunehmend kooperieren. Die gewachsenen privaten Politiksteuerungsfähigkeiten und die Intensivierung öffentlich-privater Kooperation schlagen sich in einigen Problemen (z.B. inter- und transnationale Finanzbeziehungen, Entwicklungszusammenarbeit, öffentliches Gesundheitswesen, Einhaltung von Sozial- und Arbeitsstandards, Schutz der Rechte indigener Völker, Förderung regenerativer Energien, Steuerung und Regulierung des Internet) stärker, in anderen (z.B. Bekämpfung des transnationalen Terrorismus, (Nicht-)Weiterverbreitung von Massenvernichtungswaffen, internationale Handelspolitik) weniger stark in einem Wandel der institutionellen Formgebung des Weltregierens nieder. Die Gesamtheit empirisch zu beobachtender, horizontal koordinierter Modi des Weltregierens wird vom Typus des rein zwischenstaatlichen Exekutivmultilateralismus jedenfalls längst nicht mehr hinreichend erfasst. Vielmehr lässt sich eine (freilich unvollständige und problemfeldspezifisch unterschiedlich stark ausgeprägte) Entwicklung von diesem exklusiven Exekutivmultilateralismus zu einer Öffnung internationaler zwischenstaatlicher Organisationen gegenüber nichtstaatlichen Akteuren bis hin zu einer inklusiven Institutionalisierung globaler Steuerung feststellen.

Aufbauend auf der Analyse der kollektiven Bearbeitung von transsouveränen Problemen und von Problemen mit transsouveränen Folgeerscheinungen in den Kap. 7-9 lassen sich – wenn auch in unterschiedlichem Ausmaß – in allen drei Sachbereichen der Weltpolitik empirische Beispiele für inklusive, multipartistische Institutionen und eher lose globale öffentlich-private Partnerschaften ausmachen. Besonders bemerkenswert ist, dass auch im souveränitätssensiblen Sachbereich „Sicherheit" mit dem Kimberley-Prozess zur Zertifizierung der Herkunft von Rohdiamanten und der Transpa-

Kapitel 10: Fazit

renzinitiative der Rohstoffe fördernden Industrien „Extractive Industries Transparency Initiative", EITI zumindest vereinzelte inklusive Institutionen zur Eindämmung von gewaltträchtigen Konfliktökonomien zu identifizieren sind (vgl. Kap. 7; Kantz 2007; Paes 2005: 67ff.; Rittberger 2004a: 26f.).

Deutlich zahlreicher sind die Beispiele für inklusive, multipartistische Institutionen im Sachbereich „Wohlfahrt", und dort insbesondere (aber eben nicht nur) im Problemfeld „öffentliches Gesundheitswesen" (vgl. Kap. 8; Huckel Schneider 2007). Zu nennen sind neben einer nahezu unüberschaubaren Anzahl von eher losen öffentlich-privaten Partnerschaften in der Entwicklungszusammenarbeit unter anderem der Globale Fonds zur Bekämpfung von AIDS, Tuberkulose und Malaria (vgl. auch Kap. 6), das Gemeinsame Programm der Vereinten Nationen zur Bekämpfung von HIV/AIDS (UNAIDS), die „GAVI Alliance", die schon seit 1971 bestehende Beratende Gruppe für internationale Landwirtschaftsforschung (CGIAR) oder das 2007 gegründete Entwicklungszusammenarbeitsforum (DCF), das neue (z.B. China) und alte staatliche Akteure (z.B. OECD-Staaten), aber auch nichtstaatliche Akteure der Entwicklungszusammenarbeit zur Koordination ihrer Politiken zusammen bringen soll (Fues 2007).

Im Sachbereich „Herrschaft" wurde der weithin bekannte Globale Pakt („Global Compact"), in dessen Rahmen sich privatwirtschaftliche Akteure verpflichten, bestimmte Normen wie Arbeits-, Sozial- und Umweltstandards einzuhalten und Fortschrittsberichte über deren Implementierung zu erstellen (vgl. Hamm 2006; Kell 2003; Rieth 2004), als Beispiel für multipartistisches Weltregieren vorgestellt. Zudem existiert ein inklusives Ständiges Forum der VN für die Belange indigener Völker („UN Permanent Forum on Indigenous Issues"), das sich mit den Problemen und dem Schutz der Rechte indigener Völker beschäftigt (vgl. García-Alix 2003; Ströbele-Gregor 2004: 23; Thies 2008). Die „Freiwilligen Grundsätze für Sicherheit und Menschenrechte" („Voluntary Principles on Security and Human Rights") sind eine weitere multipartistische Initiative im Sachbereich „Herrschaft", die das Ziel verfolgt, die Einhaltung von Menschenrechten in Gebieten zu fördern, in denen die an der Initiative beteiligten Unternehmen der Rohstoffbranche tätig sind und zugleich ein Mangel an effektiver Rechtsstaatlichkeit herrscht.

Vor dem Hintergrund dieser empirischen Befunde lässt sich die Emergenz inklusiver, multipartistischer Institutionen, in denen sowohl öffentliche als auch private Akteure Mitglieder sind und nichtstaatlichen Akteuren Mitwirkungs- und Beteiligungsrechte am Entscheidungsprozess eingeräumt werden, nicht mehr nur als außergewöhnliche Einzelfälle bezeichnen. Vielmehr scheinen sich neben weiter bestehenden Institutionen vom Typ des exklusiven Exekutivmultilateralismus und gegenüber nichtstaatlichen Akteuren offener Institutionen eine auf Dauer gestellte Partizipation zivilgesellschaftlicher und privatwirtschaftlicher Akteure an globaler Politikformulierung und -entscheidung und mithin eine Entwicklung zu inklusivem, multipartistischem Weltregieren abzuzeichnen (vgl. Rittberger 2008).

2.1.2 Vom Exekutivmultilateralismus zu inklusiven, multipartistischen Institutionen

Diese – freilich problemfeldspezifisch unterschiedlich stark ausgeprägte – Entwicklung zu multipartistischer Politikkoordination und -kooperation lässt sich zunächst aus makrotheoretisch-funktionalistischer Perspektive mit dem Wandel systemischer Rahmenbedingungen und Akteurskonstellationen und der daraus resultierenden Entstehung oder Verschärfung von Weltproblemen erklären. Wie in der Zwischenbilanz (Kap. 4) ausführlich beschrieben wurde, erzeugt der Wandel der materiellen und immateriellen systemischen Rahmenbedingungen und der Akteurskonstellationen der Weltpolitik (vgl. Kap. 2 und 3) nicht nur einen gesteigerten Bedarf an Weltregieren zur Bearbeitung transsouveräner Probleme und zur Bereitstellung globaler kollektiver Güter im Allgemeinen; er schafft insbesondere einen Bedarf an neuen Formen des Weltregierens jenseits des Exekutivmultilateralismus. Durch die intensivierte Globalisierung (vgl. Kap. 2.2) und unter der Einwirkung von weltpolitischen Leitideen (z.B. Neoliberalismus, menschliche Sicherheit, Demokratie und gute Regierungsführung), die eine Begrenzung der Handlungsautonomie des Staates zugunsten der Entfaltungsfreiheit nichtstaatlicher Akteure explizit vorsehen oder mehr oder weniger intendiert mit sich bringen (vgl. Kap. 2.3), ändern sich die Bedingungen für und die Anforderungen an effektives und legitimes Regieren. Nicht nur die Problembearbeitungs- und Steuerungskapazitäten der einzelnen Staaten, sondern auch jene der von ihnen gegründeten zwischenstaatlichen Organisationen erweisen sich immer häufiger als defizitär. Unter den geänderten systemischen Rahmenbedingungen sind neue transsouveräne Probleme aufgetreten, zugleich haben sich viele alte grenzüberschreitende Probleme verschärft. Transsouveräne Probleme wie Pandemien, globale Umweltprobleme oder der transnationale Terrorismus dominieren die weltpolitische Agenda nach dem Kalten Krieg (vgl. Cusimano 2000: 3). Sie entziehen sich nicht nur *einzelstaatlicher,* sondern zunehmend auch rein *zwischenstaatlicher* Steuerung und Regulierung, vor allem weil Problemerzeuger und Regelungsadressaten häufig transnational agierende private Handlungsträger sind, es sich also nicht „nur" um Schnittstellenprobleme zwischen Staaten handelt.

Die Pluralisierung des Spektrums politikmächtiger Akteure auf globaler Ebene lässt die bestehenden Input-Legitimitäts-Defizite internationaler zwischenstaatlicher Organisationen als gravierend erscheinen und wirft die Frage auf, wie eine neue Herrschaftsteilung oder vielmehr Herrschaftssynthese zwischen Nationalstaaten, internationalen Organisationen sowie der Zivilgesellschaft und der Privatwirtschaft institutionalisiert werden kann, d.h. wie neue Akteure aus Zivilgesellschaft und Privatwirtschaft als Kooperationspartner öffentlicher Akteure in bislang staatlich oder zwischenstaatlich geprägten Handlungsfeldern beteiligt werden können.

Der Wandel von systemischen Rahmenbedingungen, Akteurskonstellationen und Problemlagen erzeugt somit einen Anpassungsdruck auf die Institutionen des Weltregierens. Aus funktionalistischer Sicht erwächst aus dem Bedarf an neuen institutionellen Formen des Weltregierens gleichsam von selbst ein diesem Bedarf entsprechendes

Angebot von heterarchisch strukturiertem, multipartistischem Regieren jenseits des (National-)Staats.

Diese funktionalistische Annahme einer automatischen bedarfsgerechten Institutionalisierung von Weltregieren, derzufolge ein Bedarf an neuen Institutionen des Weltregierens ohne weiteres zu einem entsprechenden Angebot führt, wurde jedoch trotz des vermehrten Auftretens inklusiver, multipartistischer Institutionen eher loser und öffentlich-privater Partnerschaften durch die sachbereichsspezifischen Analysen von Weltregieren nicht bestätigt. Die Dichte der öffentlich-privaten Kooperation, das Ausmaß und die institutionelle Ausgestaltung der Einbeziehung privater Akteure in globale Regelsetzungs- und -durchsetzungsprozesse variieren problemfeldspezifisch erheblich. Offensichtlich kommt es nicht in allen Problemfeldern zu inklusiver Institutionalisierung des Weltregierens – mitunter auch dort nicht, wo eine funktionale Notwendigkeit bestünde (z.B. bei der kollektiven Bearbeitung des Problems des transnationalen Terrorismus oder bei der Überwachung und Regulierung globaler Finanzmärkte).

Es ist eine große Bandbreite institutioneller Formen heterarchischen, horizontal koordinierten Weltregierens und der Beteiligung nichtstaatlicher Akteure an Institutionen und Prozessen des Weltregierens festzustellen: Das Spektrum der Politik(mit)gestaltungsmöglichkeiten nichtstaatlicher Akteure umfasst neben der Vollmitgliedschaft in inklusiven, multipartistischen Institutionen auch begrenzte, z.T. nur informelle Möglichkeiten des Zugangs zu exekutivmultilateralen Institutionen wie dem VN-Sicherheitsrat (nach der „Arria-Formel", vgl. Kap. 7), z.T. institutionalisierte Möglichkeiten, über die Erlangung eines Konsultativstatus eigene Standpunkte und Expertise in offene zwischenstaatliche Institutionen wie z.B. den Wirtschafts- und Sozialrat (ECOSOC), die WTO oder die Globale Umweltfazilität (GEF) einzubringen (vgl. Martens 2005: 155f.; Alger 2002). In einigen Problemfeldern üben nichtstaatliche Akteure aber auch von öffentlichen Akteuren delegierte oder eigenständig für sich beanspruchte Autorität in privaten Institutionen des Weltregierens ohne direkte Beteiligung öffentlicher Akteure aus – Beispiele sind der „Forest Stewardship Council", Rating-Agenturen oder privat-private „Multi-Stakeholder-Initiativen" zur Einhaltung von Sozialstandards in der Textilindustrie (vgl. Bernstein/ Cashore 2008; Cashore/ Auld/ Newsome 2004; Cutler/ Haufler/ Porter 1999; Graz/ Nölke 2008; Nölke 2004).

Die Untersuchung der Problemfelder „transnationaler Terrorismus" und „Verbreitung von Massenvernichtungswaffen" (vgl. Kap. 7) hat gezeigt, dass die Bearbeitung einiger transsouveräner Probleme nach wie vor maßgeblich in internationalen zwischenstaatlichen Verhandlungsforen und Organisationen (z.B. VN-Sicherheitsrat, NATO, G7/ G8, „Financial Action Task Force on Money Laundering" (FATF), zwischenstaatliche Abrüstungskonferenzen) geschieht, in denen der Typus des exklusiven Exekutivmultilateralismus vorherrschend ist und Möglichkeiten des Zugangs für nichtstaatliche Akteure allenfalls informeller Natur sind. Die Bearbeitung handelspolitischer Probleme (z.B. Verzerrungen globaler Agrarmärkte, Schutz geistiger Eigentumsrechte einschließlich der Bearbeitung entwicklungsschädlicher Folgeerscheinungen des TRIPs-Abkommens in Entwicklungsländern, vgl. Kap. 8) erfolgt in der WTO in einem institutionellen Rahmen, der dem Typus des offenen, fortgeschrittenen Exekutivmultilateralismus entspricht. Dabei bleiben die Staaten die zentralen Akteure und Torwächter, die darüber entscheiden, welche nichtstaatlichen Akteure unter welchen Bedingungen formellen Zugang zu der Organisation oder dem Organ – im Rahmen der WTO zu den Ministertreffen und über „amicus curiae briefs" zu den Streitschlichtungsorganen – erhalten.

Doch auch in den primär von zwischenstaatlichem Regieren geprägten Problemfeldern „transnationaler Terrorismus" und „Verbreitung von Massenvernichtungswaffen" (vgl. Kap. 7) zeigten sich Modi transnationalen privaten und öffentlich-privaten Regierens jenseits exekutivmultilateraler Institutionen. Mit der transnationalen privatwirtschaftlichen Initiative der Wolfsberg-Bankengruppe, die in Zusammenarbeit mit „Transparency International" einen freiwilligen Verhaltenskodex zur Unterbindung der Geldwäsche („Global Anti-Money-Laundering Guidelines", 2000) entwickelte und zudem eine Initiative zur Unterbindung der Terrorismusfinanzierung („Wolfsberg-Erklärung zur Unterdrückung der Terrorismusfinanzierung", 2002) auf den Weg brachte, lassen sich zumindest regulatorische Ansätze jenseits zwischenstaatlicher Kooperation identifizieren, die zur finanziellen Austrocknung des transnationalen Terrorismus beitragen können. Auch die G8 betont etwa in ihren Gipfelbeschlüssen von St. Petersburg 2006 und Heiligendamm 2007 zunehmend die Wichtigkeit der Zusammenarbeit mit dem privatwirtschaftlichen Sektor zur effektiven Bekämpfung des transnationalen Terrorismus (vgl. G8 2007: para. 8). Wie in Kap. 7 beschrieben, wurde im Rahmen des Globalen Forums der G8 für Partnerschaften zwischen Regierungen und privatwirtschaftlichen Unternehmen zur Bekämpfung des Terrorismus eine „Globale Strategie für Partnerschaften zwischen Regierungen und privatwirtschaftlichen Unternehmen" v(Moskau, 2006)erabschiedet. Diese ruft zu verstärkter Kooperation zwischen Regierungen und Unternehmen durch Informations- und Wissensaustausch sowie zu „gemeinsamem oder koordiniertem Handeln" von Regierungen und Unternehmen zur Abwehr terroristischer Bedrohungen in einer Reihe von Themenfeldern (z.B. Finanzwirtschaft, Telekommunikation, Internet, Tourismus, Schutz von Infrastruktur, Transportsysteme) auf (vgl. Kap. 7; Global Forum for Partnerships between Governments and Businesses to Counter Terrorism 2006). Auch wenn die „Globale Strategie" nicht im Mittelpunkt der Aktivitäten der G8 zur Bekämpfung des Terrorismus steht und von einer auf Dauer gestellten inklusiven Institutionalisierung (noch) nicht die Rede sein kann, verweist sie dennoch auf Ansätze einer Einbeziehung privatwirtschaftlicher Akteure in die Terrorismusbekämpfung durch die G8. Die Entwicklung und Verbreitung von nationalen und transnationalen Verhaltenskodizes für Biowissenschaftler zur Verhinderung des Missbrauchs biowissenschaftlicher Forschung (vgl. Kap. 7) verweisen zumindest auf Anfänge privaten Regierens im Problemfeld „Verbreitung von Biowaffen".

Diese Einzelbeispiele sind nicht geeignet, den Befund primär *zwischenstaatlichen* Regierens in den Problemfeldern „transnationaler Terrorismus" und „Verbreitung von Massenvernichtungswaffen" grundsätzlich in Frage zu stellen. Sie zeigen aber, dass private und öffentlich-private Steuerungsformen auch in den souveränitätssensiblen

Kapitel 10: Fazit

und von den Staaten dominierten Sachbereich „Sicherheit" vordringen. Diese Entwicklung manifestiert sich umso deutlicher im Problemfeld der Prävention, Bearbeitung und Nachsorge von Gewaltkonflikten in den bereits angesprochenen inklusiven, multipartistischen Institutionen zur Eindämmung von Konfliktökonomien. Sie spiegelt sich ferner in der zunehmenden Zusammenarbeit von militärischem und zivilem Personal der VN und anderer beteiligter zwischenstaatlicher Organisationen mit zivilgesellschaftlichen Akteuren (internationalen und lokalen NGOs) in Friedensmissionen mit immer komplexeren Mandaten wider (vgl. Kap. 7).

In den Problemfeldern „Agrarhandelspolitik" und „Schutz geistiger Eigentumsrechte", die im zwischenstaatlichen Rahmen der WTO bearbeitet werden, stehen gerade hinter den Positionen der westlichen Industriestaaten mächtige Lobbygruppen (z.B. Landwirtschaftsverbände im Falle der Agrarpolitik und transnationale Unternehmen der Biotechnologie-, Pharma- und Unterhaltungsindustrie beim Abschluss und bei der Ausgestaltung des TRIPs-Abkommens). Zugleich versuchen zivilgesellschaftliche Akteure, durch advokatorische Tätigkeiten auf mögliche negative entwicklungspolitische Folgen bestehender oder geplanter internationaler Handelsregelwerke hinzuweisen und so Einfluss auf die Ausgestaltung von WTO-Politikprogrammen und deren Implementierung zu nehmen (vgl. Kap. 8).

Im Problemfeld „globale Finanzbeziehungen" lassen sich zwar ähnlich wie in der Handelspolitik keine inklusiven, multipartistischen Institutionen ausmachen. Dennoch übernehmen neben öffentlichen internationalen Akteuren (z.B. Internationaler Währungsfonds (IWF) oder Basler Ausschuss für Bankenaufsicht) privatwirtschaftliche Akteure wie z.B. Rating-Agenturen eigenständig globale Steuerungsaufgaben. Zudem entsteht durch die regulatorische Nutzung von Ratings durch öffentliche Finanzmarktregulierer zwar keine inklusive, multipartistische Institution, aber dennoch eine spezifische Form der öffentlich-privaten Steuerung inter- und transnationaler Finanzbeziehungen (vgl. Kerwer 2002; Kruck 2009; Nölke 2004: 167f.). Der Basel II-Akkord sieht vor, dass Banken zur Berechnung ihrer Eigenkapitalanforderungen ihren jeweiligen Kreditrisikokalkulationen u.a. die Bewertungen von Rating-Agenturen zu Grunde legen können (vgl. Kap. 8). Private Autorität von Rating-Agenturen wird hier anerkannt und verstärkt durch die Anerkennung und de facto-Durchsetzung privater Standards der Kreditwürdigkeit durch eine öffentliche Drittpartei, d.h. den Basler Ausschuss bzw. den Basel II in nationales bzw. europäisches Recht umsetzenden staatlichen bzw. supranationalen Gesetzgeber (Nölke 2004: 167f.). Öffentliche Finanzmarktregulierungsbehörden nehmen durch die Bezugnahme auf Ratings die risikokalkulierenden Tätigkeiten von Rating-Agenturen in ihre Dienste und nutzen deren Ratings, um Banken risikosensible Auflagen zu ihrer Eigenkapitalausstattung zu machen. Diese öffentliche Nutzung privater Dienstleistungen mit einhergehendem Transfer von (zusätzlicher) regulatorischer Autorität von öffentlichen Akteuren an private Akteure ist ein weiteres Beispiel für die Bandbreite privater Beteiligung an Weltregieren (vgl. Kruck 2009; Kap. 8).

Insgesamt ist trotz der Variabilität des Ausmaßes und der institutionellen Ausgestaltung privater Teilhabe an Institutionen und Prozessen des Weltregierens als allgemein formulierter Befund festzuhalten, dass heterarchisches, horizontal koordiniertes und multipartistisches Weltregieren heute stattfindet: Private Akteure sind an der Generierung einer Vielzahl globaler Normen und Regeln und an deren Überwachung in zahlreichen von Problemfeldern beteiligt, und in einigen (wenigen) Bereichen übernehmen sie diese Regierensfunktionen sogar eigenständig.

2.2 Bewertung der Modelle des Weltregierens unter normativ-präskriptiven Gesichtspunkten

Nach dieser Bewertung der Modelle des Weltregierens hinsichtlich ihrer empirisch-deskriptiven Tragfähigkeit soll im Folgenden die normativ-präskriptive Frage diskutiert werden, welche Formen des Weltregierens am ehesten geeignet erscheinen, transsouveräne Probleme effektiv und legitim zu bearbeiten. Oder anders formuliert: Weltregieren welchen Typs sollte nach Maßstäben der Input- und Output-Legitimität den Vorzug erhalten?

Die Messung und der Vergleich der Effektivität von einzelnen Institutionen des Weltregierens sind methodisch komplex und hinsichtlich der empirischen Datenerhebung aufwändig. Zudem ist die Wirkung von internationalen Institutionen und insbesondere von multipartistischen oder rein privaten Institutionen des Weltregierens immer noch vergleichsweise wenig erforscht, so dass relativ wenig Literatur zur Effektivität neuerer Formen des Weltregierens vorliegt (vgl. aber Beisheim/ Liese/ Ulbert 2007; Göbel 2009). Es können aber nichtsdestotrotz einige (vorläufige) Anmerkungen zur Effektivität und Legitimität von verschiedenen Formen des Weltregierens gemacht werden.

Bereits in Kap. 5 wurde erörtert, dass und warum Weltregieren entsprechend der Modelle des Sicherheitswettbewerbs in der staatenweltlichen Anarchie, des hierarchischen Regierens in einem Welt(bundes)staat und des quasi-hierarchischen Regierens durch einen Welthegemon nach Maßstäben der Input- und Output-Legitimität nicht überzeugen kann. Diese normativ-präskriptive Einschätzung wurde durch die Analyse von Weltregieren in verschiedenen Sachbereichen (Kap. 7-9) in jenen Problemfeldern, in denen die genannten Modelle empirisch-deskriptive Tragfähigkeit aufwiesen, bestätigt. So kann das Modell hegemonialer Steuerung, das für die theoretische Erfassung der Bekämpfung des transnationalen Terrorismus durchaus analytisch hilfreich ist, unter normativen Aspekten auch in diesem relativ eng definierten Politikbereich letztlich nicht überzeugen. Zu sehr spiegeln sich in diesem Problemfeld die hegemonialem Weltregieren allgemein zugeschriebenen Mängel unzureichender Berücksichtigung der Interessen und Standpunkte anderer, nicht-hegemonialer Staaten und die Grenzen der Möglichkeiten des Hegemons zur effektiven globalen Ordnungsstiftung jenseits militärischer Interventionen wider. Auf Grund der veränderten Rahmenbedingungen, Akteurskonstellationen und Problemlagen ist selbst der relativ betrachtet mächtigste Staat der Welt zur Erbringung absolut betrachtet hinreichender Weltregierensleistungen, d.h. zur effektiven Bearbeitung transsouveräner Probleme und zur Produktion globaler kollektiver Güter (wie z.B. einer terrorismusfreien Welt), von der Kooperation mit anderen staatlichen, zwischenstaatlichen und privaten Akteuren abhängig. So lassen sich z.B. die Finanzierungsquellen des transnationalen Terrorismus nur austrocknen und potenzielle Rückzugsräume etwa in Afghanistan oder Pakistan den Terroristen nur vorenthalten, wenn eine Vielzahl von Akteuren zusammenarbeitet.

Das Weltstaatsmodell bezeichnet eine normative Utopie. Insofern lassen sich keine empirisch belegten Befunde zur Problemlösungseffektivität und zur Legitimität eines Welt(bundes)staates wiedergeben. Bei der Analyse von Weltregieren in verschiedenen Sachbereichen schienen zwar mitunter Elemente supranationaler hierarchischer Steuerung durch – z.B. im Streitschlichtungsmechanismus der WTO (vgl. Kap. 8), im Gewaltlegitimierungsmonopol des VN-Sicherheitsrates, in seiner neueren punktuellen Welt(ersatz)gesetzgebung im Bereich der Terrorismusbekämpfung und der (Nicht-)Weiterverbreitung von Massenvernichtungswaffen insbesondere an Private (vgl. Kap. 7) sowie in der Tätigkeit des IStGH (vgl. Kap. 9). Den genannten Institutionen ist insgesamt auch eine recht hohe Effektivität und mehr oder weniger akzeptable Legitimität[218] zuzusprechen. Dennoch ist daraus nicht zu folgern, dass ein Weltstaat wünschenswert wäre. Die grundlegenden, in Kap. 5 dargelegten Bedenken gegen einen Weltstaat – u.a. die Gewaltträchtigkeit der Einrichtung eines Weltstaats, die Fraglichkeit der Befriedungsfunktion eines Weltstaats angesichts der Vielzahl innerstaatlicher Gewaltkonflikte und die Anfälligkeit eines Weltstaats für autoritäre Entwicklungen – bleiben von der insgesamt guten Bilanz, die die einzelnen Institutionen des Weltregierens mit supranationalen Zügen aufzuweisen haben, unberührt.

Soweit sich in einzelnen Problemfeldern (z.B. Verbreitung von Massenvernichtungswaffen und konventionellen Waffen, Energiepolitik/Energieversorgungssicherheit) kaum bzw. mangelhaft verregelte, kompetitiv-anarchische Beziehungsmuster feststellen ließen, wurde dort die Einschätzung bestätigt, dass Weltregieren oder vielmehr Nicht-Regieren gemäß dem Modell des Sicherheitswettbewerbs in der staatenweltlichen Anarchie keine wünschenswerte Weltordnung darstellt (vgl. auch Kap. 5). Unter Input-Legitimitätsgesichtspunkten wird den Interessen und Befürchtungen einer Vielzahl vor allem ressourcenschwächerer Staaten im Bereich der Nichtweiterverbreitung von Massenvernichtungswaffen oder der Energiepolitik nicht Rechnung getragen. Die Tatsache, dass sich machtgestützter Wettbewerb um Sicherheit und/ oder Wohlfahrt eher durch ein (fatales) Nicht-Regieren als durch eine kollektive Bearbeitung und Regulierung gemeinsamer Probleme auszeichnet, stellt eine weitere offensichtliche Schwäche des Modells dar: Durch ausschließlich auf relative nationale Gewinne ausge-

---

[218] Freilich lassen sich etwa mit Blick auf den Sicherheitsrat insbesondere auf Grund seiner mangelnden Repräsentativität und seines exklusiven Charakters erhebliche (Input-) Legitimitätsdefizite ausmachen.

richtete Politiken lassen sich Weltprobleme wie die Verbreitung von Massenvernichtungswaffen oder die globale Energieträgerverknappung offensichtlich nicht lösen.

Das hier entwickelte Argument zur Effektivität und Legitimität von verschiedenen Formen des Weltregierens lautet daher, dass das Problembearbeitungspotenzial heterarchischen Weltregierens gestützt auf multipartistische Politikkoordination und -kooperation sich gegenüber anderen Formen des Weltregierens sowohl unter Input- als auch unter Output-Legitimitätsgesichtspunkten überlegen erweist. Insbesondere die Einbeziehung nichtstaatlicher Akteure in Institutionen und Prozesse des Weltregierens und die dadurch erfolgende Erschließung von deren Problembearbeitungs- und Legitimitätsressourcen erscheint als eine insgesamt normativ erstrebenswerte Entwicklung. Freilich ist nicht zu vernachlässigen, dass es Probleme bei der Bildung zwischenstaatlicher und multipartistischer Institutionen selbst bei Vorliegen eines entsprechenden Bedarfs an globaler Institutionalisierung und einen daraus resultierenden Mangel an Verregelung in bestimmten Problemfeldern (z.B. Energiepolitik/ Energieversorgungssicherheit) gibt. Ein Mangel an effektiver Verregelung ergibt sich auch aus den vielfältigen Funktionsdefiziten bestehender Institutionen des Weltregierens (z.B. des nuklearen Nicht-Verbreitungsregimes), die in den einzelnen Kapiteln über Weltregieren in verschiedenen Sachbereichen (vgl. Kap. 7-9) ausführlich dargestellt wurden. Dennoch ist festzuhalten, dass auf horizontaler Politikkoordination und -kooperation beruhende Institutionen des heterarchischen Weltregierens häufig zumindest akzeptable Effektivität aufweisen und so Zweifel an der Kernthese des Weltstaats- und des Hegemoniemodells nähren, dass für die effektive Bearbeitung transsouveräner Probleme eine vertikale (sei es eine herrschaftliche oder lediglich machtgestützte) Setzung und Durchsetzung von Regeln zwingend notwendig ist.

Unter Rückgriff auf das Konzept der Regierenslücken („governance gaps") lässt sich das Potenzial inklusiver, multipartistischer Institutionen des Weltregierens zu effektivem und legitimem Weltregieren in abstrakten, über den Einzelfall hinausgehenden Kategorien erfassen. Bei der Bearbeitung transsouveräner Probleme durch nationale Regierungen oder exekutivmultilaterale Institutionen lassen sich vier wiederkehrende Regierenslücken unterscheiden: eine Zuständigkeitslücke („jurisdictional gap"), eine operative Lücke („operational gap"), eine Anreizlücke („incentive gap") und eine Partizipationslücke („participatory gap") (vgl. Kap. 4; Brühl/ Rittberger 2001; Kaul/ Grunberg/ Stern 1999a). Inklusive, multipartistische Institutionen des Weltregierens haben das Potenzial zur Schließung bislang existierender Lücken einzelstaatlichen Regierens sowie des auf exekutivmultilaterale Institutionen gestützten Weltregierens und können somit einen Beitrag zur Reduzierung sowohl der Input- als auch der Output-Legitimitätsdefizite von Weltregieren leisten.

Inklusive, multipartistische Institutionen tragen zur Steigerung der Input-Legitimität des Weltregierens bei, indem sie eine stärkere Teilhabe von Problembetroffenen und Regelungsadressaten am Regieren auf globaler Ebene erlauben und damit eine größere Verantwortungsteilung zwischen Staaten- und Gesellschaftswelt sicherstellen. Jede Form demokratischer Regierung basiert auf der Beteiligung und der nicht zuletzt darin zum Ausdruck kommenden Zustimmung der Regelungsadressaten (Scholte 2002: 285). Auch wenn der Bedarf an einer tief greifenden mittel- und langfristig zu verfolgenden Demokratisierung des Weltregierens (etwa durch Schaffung von parlamentarischen Versammlungen und direktere demokratische Kontrolle von internationalen Organisationen wie den VN, des IWF, der Weltbank und der WTO) nach wie vor besteht, lässt sich aus pluralismustheoretischer Sicht argumentieren, dass auf globaler Ebene die Einbeziehung einer Vielzahl von nichtstaatlichen, zivilgesellschaftlichen und privatwirtschaftlichen Akteuren, die eine angebbare Pluralität von Interessen und Werten vertreten, eine positiv zu bewertende und unter den gegebenen Umständen auch realisierbare Möglichkeit darstellt, Partizipationslücken zumindest zu verringern (vgl. Kap. 9). Insbesondere (I)NGOs können als „Transmissionsriemen" fungieren, die zum einen Interessen, Anliegen und Wertvorstellungen von Bürgerinnen und Bürgern direkt in internationale Entscheidungsgremien einbringen und zum anderen durch die Verbreitung von Informationen über und von kritischen Stellungnahmen zu internationale(n) Verhandlungsprozesse(n) Transparenz schaffen und so zur Herausbildung einer transnationalen politischen Öffentlichkeit beitragen[219] (Steffek 2008: 109ff.; vgl. Steffek/ Kissling/ Nanz 2007).

Die Einbeziehung von zivilgesellschaftlichen und privatwirtschaftlichen Akteuren ist auch für die Problemlösungseffektivität (Output-Legitimität) einer Institution förderlich, weil sie zu einer Steigerung der Bereitschaft zur Normbefolgung beiträgt. Regierensstrukturen und -prozesse, denen von Seiten der Normadressaten eine hohe Input- oder Prozesslegitimität zuerkannt wird, können in der Regel auch mit höherer Folgebereitschaft der Regelungsadressaten rechnen (Franck 2002: 355; Tallberg 2002; Zürn 2005). Regelungsadressaten, die selbst an der Schaffung von Normen und Regeln beteiligt sind, somit ein Bewusstsein der „ownership" entwickeln und dem Entstehungsprozess der Normen und Regeln einen höheren Grad an Legitimität zusprechen, werden auch eher bereit sein, die entstandenen Regeln und Normen zu befolgen.

Die Inklusion verschiedener Gruppen von Akteuren ist der Schließung operativer Lücken („operational gaps") des Weltregierens förderlich, weil sie die Wahrscheinlichkeit der Verfügbarkeit präziser und zutreffender Informationen für die Problemidentifikation und -diagnose und für die adäquate Politikprogrammierung und -implementierung sowie die anschließende Überprüfung der Normeinhaltung erhöht. Nichtstaatliche Akteure können Wissen und Expertise in Regierensprozesse einbringen, die staatlichen Entscheidungsträgern in spezifischen Problemfeldern mitunter fehlen; und in ihrer Eigenschaft als Norm-Unternehmer können sie Regel- und Normentwicklungen sowie Entscheidungsfindungsverfahren durch spezifische Wertvorstellungen beein-

---

[219] Allerdings ist zu bedenken, dass zwischen den beiden zivilgesellschaftlichen Funktionen der möglichst effektiven Interessen- und Wertevertretung im Rahmen von deliberativen Argumentations- und Überzeugungsprozessen innerhalb von Institutionen des Weltregierens einerseits und der Transparenz und Öffentlichkeit schaffenden kritischen Begleitung und Bewertung der Arbeit von Institutionen des Weltregierens ein Spannungsverhältnis besteht (Steffek 2008: 115ff.).

flussen (Finnemore 1993; Finnemore/ Sikkink 1998). Nicht zuletzt können private Akteure die Erfüllung von Regierensaufgaben durch die Bereitstellung materieller Ressourcen unterstützen, über die öffentliche Akteure nicht in ausreichendem Umfang verfügen.

Allerdings ist auch zu beachten, dass mit der Einbeziehung nichtstaatlicher Akteure in multipartistische Formen des Weltregierens nicht nur zusätzliche immaterielle und materielle Problembearbeitungsressourcen erschlossen werden, sondern auch zusätzliche, mitunter divergierende Interessen und Wertvorstellungen in Politikformulierungsprozesse Eingang finden. So wünschenswert dies unter Input-Legitimitätsgesichtspunkten ist, kann doch zumindest nicht ausgeschlossen werden, dass die Effizienz der Entscheidungsfindung unter langwierigen und kontroversen Verhandlungsprozessen zwischen Akteuren mit sehr heterogenen Interessen und Werten leidet. Der Einwand, dass in multipartistischen Institutionen zu viele Köche den Brei verderben können (vgl. Göbel 2009), ist nicht ohne weiteres von der Hand zu weisen. Allerdings dürfte dies vor allem für Institutionen gelten, die nicht nur ein breites Spektrum von staatlichen, zwischenstaatlichen, zivilgesellschaftlichen und privatwirtschaftlichen Akteursgruppen (Inklusivität im qualitativen Sinne), sondern auch eine große Zahl einzelner verschiedenartiger Akteure (Inklusivität im quantitativen Sinne) einbeziehen.

Schließlich kann die Implementierung von Normen und Regeln durch verbesserte Überwachung der Norm- und Regeleinhaltung von Seiten transnationaler Akteure effektiver gestaltet werden. Transnationale zivilgesellschaftliche Akteure haben häufig bessere Möglichkeiten, innerstaatliche Angelegenheiten zu beobachten und zu bewerten als staatliche Akteure, die angesichts von (freilich nicht mehr uneingeschränkt geltenden) Prinzipien der staatlichen Souveränität und der Nicht-Einmischung in die inneren Angelegenheiten eines anderen Staates in ihrem Handeln limitiert sind. Die Wahrscheinlichkeit, dass Normverletzungen unentdeckt und Regelbrecher unsanktioniert bleiben, kann durch somit die Inklusion nichtstaatlicher Akteure in die Implementierung von Politikprogrammen reduziert, und die Anreizlücke („incentive gap") mithin verringert werden (Zangl/ Zürn 2003: 166; vgl. Keck/ Sikkink 1998).

Inlusive, multipartistische Institutionen scheinen also das Potenzial zum Schließen von Regierenslücken zu besitzen. Es liegen empirische Studien vor (vgl. auch Kap. 7-9), die auf eine erhöhte Effektivität und Legitimität von bestimmten inklusiven, multipartistischen Institutionen des Weltregierens wie z.B. den Kimberley-Prozess (vgl. Kap. 7), mit Einschränkungen auch den „Global Compact" (vgl. Kap. 9). verweisen Ein erster Bericht des Monitoring-Mechanismus des Kimberley-Prozesses liefert Anzeichen für eine relativ hohe Effektivität (vgl. Kimberley Process Working Group on Monitoring 2006): Bei Überprüfungsbesuchen in Herkunftsländern von Konfliktdiamanten (Sierra Leone und Demokratische Republik Kongo) wurde ein deutlicher Anstieg des Exportanteils von zertifizierten Rohdiamanten festgestellt. Trotz des vorläufigen Charakters dieser Evaluation wird der Kimberley-Prozess bereits als Vorbild für die Entwicklung von Zertifizierungsmechanismen für andere Konfliktgüterarten angesehen, auch wenn einige besondere Kontextbedingungen des Kimberley-Prozesses (die Marktstruktur der

Diamantenindustrie, der hohe Symbolcharakter von Diamanten im Vergleich zu Gütern wie Öl oder Coltan und die daraus resultierende Verwundbarkeit der Diamantenindustrie durch Konsumentenproteste und -boykotte, etc.) Zweifel an der einfachen Übertragbarkeit dieses Ansatzes auf andere Konfliktgüter aufkommen lassen (Böge et al. 2006: 33; vgl. Kap. 7). Durch die Kooperation staatlicher und nichtstaatlicher Akteure wurde nichtsdestotrotz ein Beitrag zur Eindämmung des transsouveränen Problems des Handels mit Konfliktdiamanten geleistet.

Zugleich ist unübersehbar, dass weitere (breite) empirische Untersuchungen und insbesondere Wirkungsanalysen notwendig sind um herauszufinden, unter welchen Bedingungen inklusive, multipartistische Institutionen des Weltregierens in der Lage sind, das beschriebene Potenzial zur Schließung von Regierenslücken zu nutzen und transsouveräne Probleme tatsächlich effektiv und legitim zu bearbeiten sowie globale kollektive Güter bereit zu stellen.

2.3 Bewertung verschiedener handlungstheoretischer Erklärungsangebote

Die Knappheit von Weltregierensleistungen im Allgemeinen und die Abwesenheit inklusiver, multipartistischer Institutionen in einigen Problemfeldern, in denen ein starker Problemdruck und eine objektive Kooperationsnotwendigkeit bestehen, zeigen, dass sich eine umfassende Erklärung für das Auftreten von Weltregieren und für die Emergenz bestimmter institutioneller Formen des Weltregierens nicht in einer rein funktionalistischen Argumentation erschöpfen kann. Es kann nicht davon ausgegangen werden, dass der Bedarf an (multipartistischem) Weltregieren, der aus Regelungslücken im System des nationalen (und des exekutivmultilateralen) Regierens erwächst, automatisch ein hinreichendes Angebot an (multipartistischem) Weltregieren erzeugt (Benner/ Reinicke/ Witte 2004: 193-195; Brühl 2003: 167; Edele 2006: 12). Vielmehr bedürfen funktionalistische makrotheoretische Erklärungsansätze der Ergänzung durch eine handlungstheoretische Untersuchung der Interessen, Präferenzen und Ressourcen von öffentlichen und privaten Akteuren des Weltregierens mit Hilfe der Ressourcentausch-Theorie, der Theorie kollektiver Güter und des Ansatzes des wohlwollenden Hegemons (vgl. Kap. 6).

In diesem Abschnitt wird nach einer kurzen Rekapitulation ihrer jeweiligen Kernaussagen die Erklärungskraft der in Kap. 6 eingeführten handlungstheoretischen Ansätze bewertet. Untersucht wird, inwiefern sich diese bei der problemfeldspezifischen Analyse von Weltregieren in den Kap. 7-9 als erhellend erwiesen haben und welche Stärken oder Schwächen sie jeweils besitzen. Dabei ist zu beachten, dass in den Kap. 7-9 kein systematischer Theorientest erfolgte. Es wurden nicht bei jeder Problembearbeitungsanalyse jeweils alle Handlungstheorien geprüft, sondern nur jene herangezogen, die erklärungskräftig erschien(en). Insofern steht die nachfolgende Bewertung der Handlungstheorien unter klaren methodischen Vorbehalten. Es lässt sich mithin kein

„Gewinner" in einem strengen, kompetitiven Theorientest ausmachen. Nichtsdestotrotz sind einige Anmerkungen dahingehend möglich, ob die verschiedenen handlungstheoretischen Ansätze eher nützlich oder weniger nützlich zur Erklärung von globalen Politiksteuerungsprozessen und der institutionellen Ausgestaltung von Weltregieren erscheinen und warum dies so ist.

Die Entstehung inklusiver, multipartistischer Institutionen und eher loser öffentlich-privater Partnerschaften lässt sich aus der Sicht der *Ressourcentausch-Theorie* (vgl. Kap. 6) mit der Motivation rationaler Akteure erklären, eigene für das jeweilige Problemfeld spezifische Ressourcendefizite durch Zusammenarbeit mit anderen Akteuren zu kompensieren und sich mithin durch den Austausch oder das Zusammenlegen („pooling") materieller und/oder immaterieller Ressourcen zur Bearbeitung eines bestimmten gemeinsamen Problems besser zu stellen, als sie dies durch unilaterales oder exekutivmultilaterales Handeln könnten (Edele 2006: 49). Multipartistische Politikoperation und mithin inklusive, multipartistische Institutionen entstehen aus der Sicht der Ressourcentausch-Theorie (vgl. Aldrich 1979; Pfeffer/ Salancik 1978) dann, wenn zwei Bedingungen erfüllt sind: Erstens, es existiert in einem Problemfeld ein Ziel- und Strategiekonsens zwischen öffentlichen und privaten Akteuren; d.h. die Ziele und Zielerreichungsstrategien der verschiedenen Akteursgruppen sind mindestens miteinander kompatibel oder werden im besten Fall sogar als gegenseitig förderlich betrachtet. Zweitens, staatliche und nichtstaatliche Akteure sind auf Grund ihrer jeweiligen Ressourcenknappheit zur Erreichung (zumindest) kompatibler Ziele von den Ressourcen der jeweils anderen Akteursgruppe abhängig. Die Hauptressourcen privatwirtschaftlicher Akteure sind finanzielle Mittel und Management-Expertise. INGOs bringen finanzielle Mittel (bzw. die Fähigkeit zu deren Mobilisierung), themen- und problemspezifisches Wissen sowie einen Legitimitätsbonus in der Öffentlichkeit ein. Öffentliche Akteure verfügen insbesondere über die Ressource der Entscheidungsgewalt über die Gewährung von (Mit-)Entscheidungsrechten in den Leitungsgremien von Institutionen des Weltregierens.[220]

Die Ressourcentausch-Theorie hat sich als erklärungskräftig bei der Analyse der multipartistischen Bearbeitung zahlreicher transsouveräner Probleme in allen drei Sachbereichen der Weltpolitik erwiesen. Eine Ausnahme bildet das Problemfeld „Menschenrechtsverletzungen", in dem eine ausschließlich rationalistische, auf unterschiedliche Ressourcenausstattungen abstellende Analyse, die norm- und wertorientiertes Verhalten ausblendet, an ihre Grenzen zu stoßen scheint.[221]

---

[220] Öffentliche Akteure verfügen freilich auch über andere Ressourcen wie finanzielle Mittel, Expertise, Wissen etc. – nur eben nicht in ausreichendem Umfang, woraus der Ressourcentausch-Theorie zufolge ihr Interesse an der Einbeziehung nichtstaatlicher Akteure und der Erschließung von deren materiellen und immateriellen Problembearbeitungsressourcen erwächst.

[221] Allerdings erscheint die Variable des Vorliegens bzw. Nicht-Vorliegens eines Konsens' über die Kompatibilität der Ziele und Vorgehensweisen durchaus relevant für die Erklärung des Zustandekommens bzw. Nicht-Zustandekommens von Kooperation zwischen öffentlichen und privaten Akteuren zur Gewährleistung des Schutzes der Menschenrechte.

Insgesamt zeichnet sich die Ressourcentausch-Theorie aber durch eine breite Anwendbarkeit in verschiedenen Problemfeldern der Weltpolitik aus. Sie kann als vergleichsweise sparsame Theorie mit wenigen Annahmen (Rationalität der Akteure, Freiwilligkeit der Aufnahme von Interorganisations-/ Kooperationsbeziehungen) und wenigen erklärenden Variablen (Konsens über die Kompatibilität der Ziele und Vorgehensweisen und Ressourceninterdependenz) zahlreiche Kooperationsbeziehungen zwischen unterschiedlichen öffentlichen und privaten Akteuren analytisch erfassen und erklären. Es lassen sich in zahlreichen Problemfeldern der Weltpolitik zunehmende Ressourceninterdependenzen bei der Problembearbeitung zwischen verschiedenen öffentlichen und privaten Akteuren beobachten. Auch die Verbreitung eines Konsens' öffentlicher und privater Akteure über die Vereinbarkeit ihrer Ziele und Zielerreichungsstrategien hat insgesamt zugenommen. Damit lässt sich das vermehrte Auftreten inklusiver, multipartistischer Institutionen gut erklären.

Allerdings kann ein Ziel- und Strategiekonsens zwischen öffentlichen und privaten Akteuren längst nicht durchgängig, d.h. in allen Problemfeldern vorausgesetzt werden. So führt eine objektiv festzustellende Ressourceninterdependenz öffentlicher und privater Akteure eben nicht automatisch zu multipartistischer Kooperation, so lange ein Ziel- und Strategiekonsens zwischen den Akteuren in einem bestimmten Problemfeld fehlt. Auch diese theoretische Erwartung wurde empirisch bestätigt.

Freilich weist die Ressourcentausch-Theorie auch Schwächen auf: So kann die Ressourcentausch-Theorie zwar erklären, *ob* verschiedene öffentliche und/oder private Akteure bei der Bearbeitung transsouveräner Probleme kooperieren; sie kann jedoch nicht vorhersagen, *welche spezifische institutionelle Form* diese Kooperation annehmen wird (vgl. Theiner 2008). Zudem ist insbesondere im Rahmen eines strikten Theorientests darauf zu achten, dass Hypothesen über die Wahrscheinlichkeit von interorganisatorischen Kooperationsbeziehungen *ex ante* formuliert und die Variable möglichst präzise für den jeweiligen Fall operationalisiert werden. Nur so ist dem Einwand zuvorzukommen, dass die Ressourcentausch-Theorie lediglich zur *ex post* Rationalisierung von kooperativem Verhalten durch die Behauptung einer vorgelagerten Ressourceninterdependenz der Kooperationspartner diene.

Mit der *Theorie kollektiver Güter* wurde ein weiterer mesotheoretischer Ansatz zur Erklärung globaler Politiksteuerungsprozesse in verschiedenen Sachbereichen herangezogen. Eine der Kernaussagen der Theorie kollektiver Güter ist, dass im Allgemeinen aus der Logik kollektiven Handelns (vgl. Olson 1971) ein Mangel an kollektiven Gütern – insbesondere an reinen öffentlichen Gütern und Allmendegütern – erwächst. Die Ursache dafür liegt im individuell rationalen, auf Kosten-Nutzen-Kalkülen basierenden Verhalten der Marktteilnehmer, denen es an Anreizen zur Produktion öffentlicher und Allmendegüter fehlt. Kein Marktteilnehmer ist bereit, für ein kollektives Gut zu bezahlen, das er auf Grund der Nicht-Ausschließbarkeit von seiner Nutzung auch kostenlos nutzen kann („Trittbrettfahren"). Wenn aber nun jeder Marktteilnehmer ähnlich starke Anreize zum Trittbrettfahren verspürt, also niemand bereit ist, sich an den Kosten der Produktion zu beteiligen, ist die Folge ein mangelndes Angebot an und eine Unterversorgung mit kollektiven Gütern, die positive Externalitäten aufweisen. Ein Verhalten, das individuell rational ist, d.h. der Kostenvermeidung dient, kann so zu kollektiv unerwünschten Ergebnissen, nämlich zur Unterversorgung mit wichtigen kollektiven Gütern wie z.B. Klimaschutz, führen.

Mit Hilfe dieser Annahmen der Theorie kollektiver Güter ließen sich in mehreren Themenfeldern Probleme kollektiven Handelns – insbesondere Trittbrettfahrertum und die Übernutzung von Allmendegütern – aufzeigen, welche die kooperative Bearbeitung von transsouveränen Problemen erschweren oder gar unmöglich machen. Die Theorie kollektiver Güter konnte somit in verschiedenen Problemfeldern insbesondere im Sachbereich „Wohlfahrt" plausibel machen, welche Akteure sich warum an der Bereitstellung kollektiver Güter beteiligen oder vielmehr nicht beteiligen (vgl. Kap. 8).

Die Theorie kollektiver Güter macht zudem das dem Schutz geistiger Eigentumsrechte und dem Emissionshandel zugrunde liegende Prinzip der (Teil-)Privatisierung kollektiver Güter mit dem Ziel, dadurch Anreize zur Produktion von Wissen zu schaffen und eine Begrenzung der (Über-)Nutzung der Stratosphäre durch Treibhausgasemissionen zu erreichen, gut nachvollziehbar. Die Theorie scheint zwar mitunter irreführende Erwartungen in Bezug auf die Innovation und Forschung stimulierende Wirkung des Schutzes von geistigen Eigentumsrechten in Entwicklungsländern zu wecken. Dennoch: Die Aussagen der Theorie kollektiver Güter über Anreize zur Produktion oder Nicht-Produktion verschiedener Arten von Gütern leisten einen wesentlichen Beitrag vor allem zum Verständnis der Hindernisse für effektives Weltregieren.

Die Theorie kollektiver Güter kann auch Aussagen darüber anbieten, welche Akteure oder Akteursgruppen Träger einer Institution sein müssen, damit diese ein kollektives Gut effizient und effektiv bereitstellen kann (vgl. Kap. 6; Kölliker 2006; Theiner 2007).

Das Auftreten von positiven wie negativen Effekten bei der Produktion eines Gutes für Außenstehende („Externalitäten") bringt eine ineffiziente Ressourcenallokation mit sich, weil in diesem Fall das Angebot von und die Nachfrage nach einem Kollektivgut nicht im Gleichgewicht sind. Eine Institution, die ein Kollektivgut effizient bereitstellen will, muss diese Effekte für Außenstehende vermeiden. Mit anderen Worten: Sie muss positive und negative Externalitäten internalisieren (Theiner 2007: 17). Nur eine Institution, die alle Akteure einbindet, die von nennenswerten Externalitäten eines Gutes betroffen sind, ist dazu in der Lage. Die funktionale sektorenübergreifende und räumliche Reichweite von Externalitäten bestimmt mithin, welche Form Institutionen annehmen müssen, die das jeweilige Gut effizient bereitstellen. Je stärker ausgeprägt die funktionalen, d.h. sektorenübergreifenden Externalitäten eines Gutes sind, desto mehr müssen unterschiedliche, private wie öffentliche, Akteursgruppen einbezogen werden, um die Effizienz der Güterproduktion sicherzustellen. Und je stärker ausgeprägt sich die grenzüberschreitenden Externalitäten eines Kollektivgutes erweisen, auf desto höherer Ebene jenseits des einzelnen Staates muss die Produktion des Gutes erfolgen, um effizient zu sein (vgl. Kaul 2006; Kaul/ Le Goulven 2003, Kaul/ Mendoza 2003). Hat eine Institution schwerwiegende Effizienzprobleme, so werden ihre Teil-

Kapitel 10: Fazit

nehmer oder Außenstehende Druck ausüben, um eine neue, effizientere Institution zu schaffen oder die bestehende Institution anzupassen (Theiner 2007: 17). Dieser Druck muss allerdings auf Grund institutioneller Trägheiten und gegensätzlicher Interessen zwischen Außenstehenden und Mitgliedern der Institution nicht automatisch zur tatsächlichen institutionellen Anpassung oder Innovation führen.

Zudem gilt, dass eine Institution ein Kollektivgut nur dann nicht nur effizient, sondern auch *effektiv* produzieren kann, wenn eine Reihe von Problemen kollektiven Handelns *innerhalb* der bereitstellenden Gruppe (d.h. der Institution des Weltregierens) ausgeräumt wird. Bei der Produktion von Gütern, von deren Konsum niemand ausgeschlossen werden kann, bestehen innerhalb der Gruppe starke Anreize zum Trittbrettfahren. Dies gilt insbesondere für private Weltregierensarrangements, denen eine interne Hierarchie und die damit verbundene legitime Durchsetzungskraft ihrer Entscheidungen fehlen. Interne Probleme kollektiven Handelns privater Weltregierensinstitutionen können durch die Einbeziehung öffentlicher Akteure und deren „Schatten" staatlicher Autorität ausgeräumt werden (Theiner 2007: 17; vgl. Kölliker 212f.). Je größer die gruppeninternen Probleme aufgrund der Merkmale der zu produzierenden Güter (insbesondere der Nicht-Ausschließbarkeit vom Konsum der Güter) werden, desto mehr sind private Güterproduzenten zur effektiven Bereitstellung der jeweiligen Güter auf eine Beteiligung öffentlicher Akteure in den jeweiligen Institutionen angewiesen (Theiner 2007: 20; Kölliker 2006: 216).

Hinsichtlich der Erklärungskraft der Theorie kollektiver Güter in Bezug auf die institutionelle Ausgestaltung – insbesondere die Inklusivität – von Institutionen des Weltregierens ist zunächst festzuhalten, dass der Vorteil dieser Theorie gegenüber der Ressourcentausch-Theorie darin besteht, dass sie präzisere Vorhersagen über die *Formgebung* (Zusammensetzung, funktionale und geographische Reichweite) von Institutionen des Weltregierens zur effizienten und effektiven Produktion globaler kollektiver Güter macht. Das Kernproblem des Ansatzes ist aber, dass er nur voraussagen kann, welche Akteure oder Akteursgruppen Träger einer Institution sein *müssten*, damit diese ein Kollektivgut effektiv und effizient bereitstellen kann, nicht aber ob diese Akteure auch wirklich bereit sein werden, zur Produktion beizutragen oder eine Institution zu errichten. So ist die Argumentation der Theorie kollektiver Güter letztlich funktionalistischer Natur – ähnlich wie die makrotheoretische, von veränderten systemischen Rahmenbedingungen, Problemen und Akteurskonstellationen ausgehende Erklärung für das Auftreten inklusiver, multipartistischer Institutionen, die ebenfalls von funktionalen Notwendigkeiten inklusiver Institutionalisierung ausgeht. Dies ist ein Grund dafür, dass die Theorie kollektiver Güter insgesamt weniger häufig herangezogen wurde als die Ressourcentausch-Theorie, die zudem weniger komplex und breiter anwendbar erscheint.[222]

---

[222] Freilich besteht im Rahmen eines Lehrbuchs die Neigung, der tendenziell weniger komplexen Theorie den Vorzug zu geben und diese häufiger heranzuziehen, so dass ein gewisser „bias" für die Ressourcentausch-Theorie nicht zu leugnen ist. Daher sei noch einmal betont, dass die hier formulierten

Nichtsdestotrotz hat sich die Theorie kollektiver Güter bei der Erklärung des Trends zur gesteigerten Inklusivität von Institutionen des Weltregierens im Bereich „Internet Governance" (vgl. Kap. 6) als erklärungskräftig erwiesen. Die mangelnde Effizienz und Effektivität der Produktion der kollektiven Güter „globale Finanzmarktstabilität" und „stabiles Klima" (vgl. Kap. 8) entspricht ebenfalls den Annahmen der Theorie: Die bestehenden Effizienz- und Effektivitätsprobleme stehen im Einklang mit der fehlender Internalisierung positiver und negativer Externalitäten auf Grund mangelnder inklusiver Institutionalisierung. Die Theorie sagt für diese Fälle zutreffend voraus, dass in Abwesenheit inklusiver Institutionen eine effiziente und effektive Güterproduktion und mithin eine Erfolg versprechende Verregelung der betreffenden Problemfelder nicht zu erwarten ist.

Als weiterer handlungstheoretischer Ansatz zur Erklärung globaler Steuerungsprozesse wurde in Kap. 6 der Ansatz des *wohlwollenden Hegemons* (in Abgrenzung zum Ansatz des Zwang ausübenden Hegemons, der jedoch zur Analyse der Bearbeitung der vorgestellten Probleme nicht brauchbar erschien) vorgestellt. Der Ansatz des wohlwollenden Hegemons schreibt einem liberalen Hegemon die Fähigkeit und den Willen zu, die Aufgabe der Bereitstellung knapper globaler Kollektivgüter zu übernehmen und mithin als Ersatz für einen weltstaatlichen Leviathan zu fungieren. Der liberale Hegemon löst das Trittbrettfahrerproblem, das bei der Bereitstellung von Kollektivgütern häufig entsteht, indem er das Gut selbst im eigenen Interesse, aber letztlich auch zum Wohle der anderen schwächeren Akteure zur Verfügung stellt, zumindest aber einen weit überproportionalen Anteil der Kosten trägt, weil sein Interesse an und seine eigenen Fähigkeiten zur Bereitstellung des Kollektivgutes groß genug sind.

Der Ansatz des wohlwollenden Hegemons hat sich als nur bedingt brauchbar erwiesen. Im Problemfeld „transnationaler Terrorismus" lässt sich das Verhalten des Hegemons USA am ehesten mit der ordnungsstiftenden Rolle eines wohlwollenden Hegemons in Einklang bringen, der im eigenen Interesse, aber zum Wohle Aller die Kosten der Produktion eines globalen kollektiven Gutes – Sicherheit vor transnationalem Terrorismus bzw. eine terrorismusfreie Welt – in überproportionalem Ausmaß übernimmt. Die USA haben eine Führungsrolle auch bei der multilateralen Bekämpfung des Terrorismus durch den VN-Sicherheitsrat – z.B. bei der Verabschiedung der richtungsweisenden Res. 1373 (2001) – übernommen (De Jonge Oudraat 2004: 151, 153; vgl. Talmon 2005). Allerdings ist zugleich festzuhalten, dass der Hegemon USA zur Bereitstellung des Gutes „terrorismusfreie Welt" in erheblichem Maße von der Kooperation anderer Staaten abhängig ist. Der Hegemon USA ist darauf angewiesen, dass andere Staaten ebenfalls beträchtliche Kosten bei der Produktion des kollektiven Gutes „terrorismusfreie Welt" zu tragen bereit und fähig sind. Die USA haben zudem im Zuge des Irak-Krieges, der zumindest *auch* mit den vorgeblichen Kontakten Saddam

---

Befunde zur Erklärungskraft verschiedener handlungstheoretischer Ansätze unter Vorbehalt stehen und nicht mit den Ergebnissen eines methodisch strikten vergleichenden Theorientests gleich gesetzt werden können.

Husseins zu al-Qaida und damit als Bestandteil des „Krieges gegen Terror" gerechtfertigt wurde, internationale multilaterale Institutionen insbesondere den VN-Sicherheitsrat erheblich geschwächt. Insoweit werden im Problemfeld „transnationaler Terrorismus" einige Annahmen des Ansatzes des wohlwollenden Hegemons bestätigt; zugleich kann eine Charakterisierung der USA als wohlwollender Hegemon nicht vollends überzeugen. In mehreren anderen Problemfeldern – z.B. Weiterverbreitung von Massenvernichtungswaffen, Klimawandel, Verzerrungen des Agrarhandels – traten die USA in den Jahren der Busch-Jr.-Administrationen eher als Verhinderungsmacht denn als wohlwollender Hegemon auf. Es zeigte sich, dass die USA häufig eben nicht bereit waren, ggf. deutlich überproportional hohe Kosten für das effektive Funktionieren von Vertragsregimen und die Bereitstellung globaler kollektiver Güter – Nichtweiterverbreitung von Massenvernichtungswaffen, stabiles Klima, weitgehend liberales multilaterales Agrarhandelsregime – zu tragen. So erweist sich die Erklärungskraft des Ansatzes des wohlwollenden Hegemons insgesamt als sehr begrenzt.

3 Gesamtfazit: Heterarchie als Weltordnungsprinzip

Eine heterarchistische Weltordnung begründet sich auf ein dichtes Netz von zwischenstaatlichen, öffentlich-privaten und rein privaten Institutionen des Weltregierens und auf horizontale Politikkoordination und -kooperation zwischen einer Vielzahl politikmächtiger Akteure. Aus empirisch-deskriptiver Sicht ist festzuhalten, dass heterarchisches Weltregieren gestützt auf multipartistische Politikkoordination und -kooperation heute stattfindet. In der Zusammenschau des Weltregierens in den verschiedenen Sachbereichen ist eine Entwicklung vom exklusiven Exekutivmultilateralismus zu einer Öffnung zwischenstaatlicher Institutionen gegenüber nichtstaatlichen Akteuren und zu inklusivem, multipartistischem Weltregieren festzustellen. Weltregieren stützt sich auf die Aktivitäten einer Vielzahl öffentlicher und privater Akteure und Akteursgruppen und nutzt deren verschiedenartige Ressourcenausstattungen. Damit wird deutlich, dass Weltregieren auch in Abwesenheit einer weltstaatlichen oder hegemonialen (Quasi-)Zentralgewalt durch reziproke Selbstverpflichtung und -bindung öffentlicher und privater Akteure möglich ist. Sowohl bei staatlichen und zwischenstaatlichen als auch bei nichtstaatlichen Akteuren ist das Bewusstsein gewachsen, dass zur effektiven und legitimen Bearbeitung transsouveräner Probleme und zur Bereitstellung globaler Kollektivgüter regelbasierte multipartistische Politikkoordination und -kooperation hilfreich und notwendig ist.

Zugleich wäre es jedoch irreführend, von einer homogenen Entwicklung des Weltregierens in Richtung inklusiver Institutionalisierung politischer Steuerung und Verregelung in allen Problemfeldern zu sprechen: Vielmehr ist eine große Bandbreite institutioneller Formen des Weltregierens – zwischenstaatliche, private und öffentlich-private Institutionen – zu beobachten. In verschiedenen Problemfeldern sind Ansätze multipartistischen Weltregierens mehr oder weniger ausgeprägt. Auch exklusive exekutivmultilaterale Institutionen, die sich nur geringfügig gegenüber nichtstaatlichen Akteuren geöffnet haben, sind nach wie vor zu identifizieren; sie stehen aber unter zunehmenden Rechtfertigungsdruck hinsichtlich ihrer bewussten Exklusion gesellschaftlicher Teilhabe an Politikberatungs-, -entscheidungs- und -implementationsprozessen.

Insgesamt erscheint (multipartistisches) Weltregieren aus normativ-präskriptiver Sicht nach wie vor nicht ausreichend entwickelt, um angesichts der Zunahme von Weltproblemen die annähernde Deckung des Bedarfs an effektiver und legitimer globaler Steuerung und Verregelung auch in Zukunft sicher zu stellen. Weltregieren im Allgemeinen und heterarchisches Weltregieren gestützt auf multipartistische Politikkoordination und -kooperation im Besonderen ist in diesem Sinne nicht nur eine empirisch zu beobachtende Tatsache, sondern ist und bleibt auch ein normatives Projekt (Rittberger 2004c, 2006).

Übungsfragen

> Welches Modell des Weltregierens erscheint im Lichte der sachbereichsspezifischen Analysen (vgl. Kap. 7-9) insgesamt empirisch am triftigsten? Warum? Wo stößt die analytische Reichweite des Modells an ihre Grenzen?

> Inwiefern lässt sich eine Entwicklung vom exklusiven Exekutivmultilateralismus zu einer Öffnung zwischenstaatlicher internationaler Organisationen gegenüber nichtstaatlichen Akteuren bis hin zu einer inklusiven Institutionalisierung globaler Steuerung anhand konkreter Beispiele in verschiedenen Problemfeldern aufzeigen? Inwiefern gibt es sachbereichs- oder problemfeldspezifische Unterschiede bei der Beteiligung nichtstaatlicher Akteure an Institutionen und Prozessen des Weltregierens?

> Wo liegen die theoretischen und empirischen Probleme und Grenzen der funktionalistischen Annahme eines Automatismus in der Institutionalisierung von Weltregieren, demzufolge ein – aus dem Wandel der systemischen Rahmenbedingungen und der Akteurskonstellationen der Weltpolitik erwachsender – Bedarf an „neuen" inklusiven, multipartistischen Institutionen quasi-automatisch zu einem entsprechenden Angebot führt?

> Welche Formen von Weltregieren erscheinen auf der Grundlage theoretischer Annahmen und empirischer Befunde am ehesten in der Lage, Weltprobleme effektiv und legitim zu bearbeiten, und sind daher unter Input- und Output-Legitimitätsgesichtspunkten wünschenswert?

> Wie erklärungskräftig für die Analyse des Angebots an und der institutionellen Ausgestaltung von Weltregieren sind die Ressourcentausch-Theorie, die

Kapitel 10: Fazit

Theorie kollektiver Güter und der Ansatz des wohlwollenden Hegemons jeweils? Wo liegen die Stärken und Schwächen der jeweiligen Theorie?

Lektüreempfehlungen

Koenig-Archibugi, Mathias/ Zürn, Michael (Hrsg.) 2006: New Modes of Governance in the Global System: Exploring Publicness, Delegation, and Exclusiveness, Basingstoke/ New York: Palgrave Macmillan.

Risse, Thomas/ Lehmkuhl, Ursula (Hrsg.) 2007: Regieren ohne Staat? Governance in Räumen begrenzter Staatlichkeit, Baden-Baden: Nomos.

Rittberger, Volker 2008: Global Governance: From „Exclusive" Executive Multilateralism to Inclusive, Multipartite Institutions, Tübinger Arbeitspapiere zur internationalen Politik und Friedensforschung Nr. 52, Tübingen: Universität Tübingen, Institut für Politikwissenschaft.

Rittberger, Volker/ Huckel, Carmen/ Rieth, Lothar/ Zimmer, Melanie 2008: Inclusive Global Institutions for a Global Political Economy, in: Rittberger, Volker/ Nettesheim, Martin (Hrsg.): Authority in the Global Political Economy, Basingstoke/ New York: Palgrave Macmillan, 13-54.

Schuppert, Gunnar Folke/ Zürn, Michael (Hrsg.) 2008: Governance in einer sich wandelnden Welt, Wiesbaden: VS Verlag für Sozialwissenschaften.

Steffek, Jens 2008: Zähmt zivilgesellschaftliche Partizipation die internationale Politik? Vom exekutiven zum partizipativen Multilateralismus, in: Leviathan 36: 1, 105-122.

Abbildungsverzeichnis

Kapitel 1
Abb. 1.1: Widersprüchliche Tendenzen der gegenwärtigen Weltpolitik — 20
Abb. 1.2: Annahmen der drei großen Denkschulen der Internationalen Beziehungen — 36
Abb. 1.3: Kernthese des Lehrbuches — 38

Kapitel 2
Kapitel 2.1
Abb. 2.1: Wandel der internationalen Machtstrukturen — 47
Abb. 2.2: Machtkonzepte — 51
Abb. 2.3: Indikatoren zur Messung von Machtressourcen — 53
Abb. 2.4: Machtgleichgewichtstheorie und Theorie des Bedrohungsgleichgewichts — 65
Abb. 2.5: Aufstieg der VR China und Strategien des Hegemons USA — 72

Kapitel 2.2
Abb. 2.6: Globalisierungstheoretiker — 83
Abb. 2.7: Typologie der Globalisierung — 85
Abb. 2.8: Definitionen von Globalisierung und Fragmentierung — 87
Abb. 2.9: Definition von Interdependenz — 88
Abb. 2.10: Komplexe Interdependenzen — 90
Abb. 2.11: Entwicklung des grenzüberschreitenden Welthandel 1950-2006 — 93
Abb. 2.12: Zuflüsse ausländischer Direktinvestitionen weltweit und nach Ländergruppen 1980-2006 — 94
Abb. 2.13: Quantitatives Wachstum internationaler Organisationen 1946-2006 — 96
Abb. 2.14: Entwicklung der digitalen Kluft 1994-2006 — 98

Kapitel 2.3
Abb. 2.15: Ideen — 117
Abb. 2.16: Wie Ideen politikmächtig werden — 121
Abb. 2.17: Wandel der Idee staatlicher Souveränität — 125
Abb. 2.18: Formen der Verrechtlichung — 130
Abb. 2.19: Keynesianismus und Monetarismus — 138
Abb. 2.20: 10 Punkte des Washingtoner Konsenses — 144
Abb. 2.21: Die Definition nachhaltiger Entwicklung — 150

Kapitel 3
Kapitel 3.1
Abb. 3.1:	Drei-Elemente-Lehre und Wandel von Staatselementen	160
Abb. 3.2:	Unterschiedliche Typen von Staaten	165
Abb. 3.3:	Auswirkungen der Ausdifferenzierung der Staaten für die Weltpolitik	192

Kapitel 3.2
Abb. 3.4:	Drei Rollenbilder internationaler Organisationen	201
Abb. 3.5:	Definitionen von Internationalen Institutionen, Regimen und Organisationen	202
Abb. 3.6:	Bedingungen für die Entstehung von internationalen Organisationen	213
Abb. 3.7:	Bestandteile internationaler Organisationen	214
Abb. 3.8:	Outputs internationaler Organisationen	223
Abb. 3.9:	Politikprozess in internationalen Organisationen	225
Abb. 3.10:	Beteiligung nichtstaatlicher Akteure in Institutionen des Weltregierens	228
Abb. 3.11:	Vom Exekutivmultilateralismus zu inklusiven, multipartistischen Institutionen	232

Kapitel 3.3
Abb. 3.12:	Typologie transnationaler privater Akteure	241
Abb. 3.13:	Definition von (I)NGOs	241
Abb. 3.14:	Tätigkeiten privater Akteure in der Weltpolitik	245
Abb. 3.15:	Wie erlangen private Akteure Steuerungsfähigkeit?	264
Abb. 3.16:	Legitimität stiftende Wirkung privater Akteure	274

Kapitel 4
Abb. 4.1:	Definition von transsouveränen Problemen	278
Abb. 4.2:	Prozess des Regierens	287
Abb. 4.3:	Ziele des Regierens	291
Abb. 4.4:	Regierenslücken und Dimensionen von Legitimität	295
Abb. 4.5:	Definition von Weltregieren	296

Kapitel 5
Abb. 5.1:	Modelle des Weltregierens und korrespondierende (Welt-)Ordnungsprinzipien	303
Abb. 5.2:	Vier Modelle des Weltregierens: Zentrale Merkmale	314
Abb. 5.3:	Berücksichtigung nichtstaatlicher Akteure im Modell des heterarchischen Weltregierens	322

Abbildungsverzeichnis

Kapitel 6
Abb. 6.1:	Kernaussagen der Ressourcentausch-Theorie	338
Abb. 6.2:	Verschiedene Arten von Gütern	344
Abb. 6.3:	Probleme kollektiven Handelns bei der Bereitstellung kollektiver Güter	347
Abb. 6.4:	Kernannahmen der Ansätze des wohlwollenden und des Zwang ausübenden Hegemons	353
Abb. 6.5:	Die Theorie kollektiver Güter und die institutionelle Formgebung von Weltregieren	356
Abb. 6.6:	Hypothesen zur institutionellen Formgebung von Weltregieren abgeleitet aus der Theorie kollektiver Güter	357

Kapitel 7
Abb. 7.1:	Sicherheitsprobleme in der „nationalen Konstellation"	371
Abb. 7.2:	Entwicklung des globalen Kriegsgeschehens (1946-2006)	374
Abb. 7.3:	Merkmale der „neuen Kriege"	380
Abb. 7.4:	Kriegstypologie	388
Abb. 7.5:	Entwicklung der Anzahl der "Peacekeeping"-Operationen der VN	391
Abb. 7.6:	Qualitative Entwicklung von „Peacekeeping"-Operationen	393
Abb. 7.7:	Multipartistische Initiativen zur Eindämmung von Kriegsökonomien	402
Abb. 7.8:	Definition von Terrorismus	412
Abb. 7.9:	Merkmale des transnationalen Terrorismus	416
Abb. 7.10:	Operative und strukturelle Maßnahmen zur Bekämpfung des transnationalen Terrorismus	424
Abb. 7.11:	Ansätze transnationalen Regierens zur Unterbindung der Terrorismusfinanzierung	440
Abb. 7.12:	Zwischenstaatliche Abrüstungsverträge (von Bedeutung für die Nichtverbreitung von Massenvernichtungswaffen)	470

Kapitel 8
Abb. 8.1:	Die drei Teilkomplexe des Weltregierensziels *Wohlfahrt*	478
Abb. 8.2:	Schematische Darstellung des WTO-Streitschlichtungsverfahrens	496
Abb. 8.3:	WTO-Beschlüsse zur Erweiterung des Gestaltungsspielraums von Entwicklungsländern bei der Bereitstellung pharmazeutischer Produkte	510
Abb. 8.4:	Drei Säulen des Basel II-Akkords	528
Abb. 8.5:	Rating-Agenturen	532
Abb. 8.6:	Globaler Rückgang der absoluten Armut: Anteil der Bevölkerung in Entwicklungsländern mit weniger als 1 US $ täglich zur Verfügung (in %)	537

Abb. 8.7:	Zwischenstaatliche Ungleichheit im Langzeittrend: Regionaler Vergleich der Entwicklung des BIP pro Kopf in US Dollar von 1820–1998*	539
Abb. 8.8:	Innerstaatliche Ungleichheit in ausgewählten Staaten	540
Abb. 8.9:	Kopenhagener Erklärung: Zehn Selbstverpflichtungen	545
Abb. 8.10:	Millenniumentwicklungsziele (Millennium Development Goals, MDGs)	547
Abb. 8.11:	Auswahl öffentlich-privater Partnerschaften und inklusiver, multipartitischer Institutionen im Sachbereich „Wohlfahrt"	560
Abb. 8.12:	Globaler Temperaturanstieg 1880 bis 2007: Globale jährliche Temperaturabweichung relativ zum Mittelwert des Basiszeitraums von 1951-1980 (in Grad Celsius)	569
Abb. 8.13:	Pro-Kopf-CO_2-Emissionen in ausgewählten Staaten (Jahr: 2004)	581
Abb. 8.14:	Organisationsstruktur der Globalen Umweltfazilität (GEF)	589
Abb. 8.15:	Reduktionsverpflichtungen der Annex I-Staaten und die tatsächliche Entwicklung ihrer CO_2-Emissionen in % (Basisjahr: 1990, Erhebungsjahr: 2005)	595
Abb. 8.16:	Struktur des globalen Primärenergieverbrauchs im Jahr 2005 (Anteile in %)	605

Kapitel 9

Abb. 9.1:	Drei „Generationen" von Menschenrechten	623
Abb. 9.2:	Kodifizierung der Menschenrechte: Die wichtigsten Menschenrechtskonventionen	641
Abb. 9.3:	Verfahren des VN-Menschenrechtsrats	645
Abb. 9.4:	Das „Spiralmodell des Menschenrechtswandels"	651
Abb. 9.5:	Die Grundprinzipien und Kernarbeitsnormen der ILO	665
Abb. 9.6:	Die zehn Prinzipien des Global Compact	669
Abb. 9.7:	Zusammensetzung des Global Compact	671
Abb. 9.8:	Auswahl transnationaler parlamentarischer Versammlungen	689

Abkürzungsverzeichnis

AB	Berufungsinstanz des WTO-Streitschlichtungsmechanismus/ Appellate Body of the WTO
Abb.	Abbildung
ABM-Vertrag	Vertrag über die Begrenzung von ballistischen Raketenabwehrsystemen/ Anti-Ballistic Missile Treaty
AKP-Länder	Länder Afrikas, der Karibik und des Pazifik, die mit der EU durch die Lomé-Abkommen und seit 2000 durch das Cotonou-Abkommen assoziiert waren bzw. sind
AMIS	Mission der AU im Sudan/ AU Mission in Sudan
AoA	WTO-Landwirtschaftsübereinkommen/ Agreement on Agriculture
AOSIS	Allianz kleiner Inselstaaten/ Alliance of Small Island States
APF	Afrikanisches Partnerschaftsforum/ African Partnership Forum
ARF	ASEAN-Regionalforum/ ASEAN Regional Forum
ARS	Alternative Überweisungssysteme/ Alternative Remittance Systems
Art.	Artikel
ASEAN	Vereinigung südostasiatischer Staaten/ Association of South East Asian Nations
ASEAN +3	ASEAN plus China, Japan und Südkorea
ASM	Australische Gesellschaft für Mikrobiologie/ Australian Society of Microbiology
ASPO	Gesellschaft für die Untersuchung der Förderhöhepunkte von Öl und Gas/ Association for the Study of Peak Oil and Gas
ATTAC	Vereinigung zur Besteuerung von Finanztransaktionen im Interesse der BürgerInnen/ französisch: Association pour une Taxation des Transactions Financières pour l'Aide aux Citoyens
AU	Afrikanische Union/ African Union
BCSD	Wirtschaftsrat für nachhaltige Entwicklung/ Business Council on Sustainable Development
BICC	Internationales Konversionszentrum Bonn/ Bonn International Centre for Conversion
BIP	Bruttoinlandsprodukt
BIZ	Bank für internationalen Zahlungsausgleich
BP	British Petroleum
BSP	Bruttosozialprodukt

BWÜ	Biowaffenübereinkommen (Übereinkommen über das Verbot der Entwicklung, Herstellung und Lagerung bakteriologischer (biologischer) Waffen und Toxinwaffen sowie über die Vernichtung solcher Waffen)
bzw.	beziehungsweise
CAMDUN	Konferenzen über eine demokratischere VN/ Conferences on a More Democratic UN
CAN	Klimaaktionsnetzwerk/ Climate Action Network
CAP	Gemeinsame Landwirtschaftspolitik der EU/ Common Agricultural Policy
CBD	Übereinkommen über die biologische Vielfalt/ Convention on Biological Diversity
CD	Genfer Abrüstungskonferenz/ Conference on Disarmament
CDF	Umfassender Entwicklungsrahmen der Weltbank/ Comprehensive Development Framework
CDM	Mechanismus für saubere Entwicklung im Kyoto-Protokoll/ Clean Development Mechanism
CER	Zertifikate für CDM-Projekte/ Certified Emission Reductions
CEUNPA	Internationale Kampagne für die Errichtung einer parlamentarischen Versammlung bei den VN/ International Campaign for the Establishment of a UN Parliamentary Assembly
CGIAR	Beratende Gruppe für internationale Landwirtschaftsforschung/ Consultative Group on International Agricultural Research
CIA	Zentrale Aufklärungsbehörde/ Central Intelligence Agency
CICC	Koalition für den internationalen Strafgerichtshof/ Coalition for the International Criminal Court
CO_2	Kohlenstoffdioxid/ Carbon Dioxide
COP	Vertragsstaatenkonferenz/ Conference of Parties
COREPER	Ausschuss der ständigen Vertreter/ Comité des Représentants Permanents
COW	„Korrelationen des Krieges"/ Correlates of War
CTBT	Umfassender Teststoppvertrag/ Comprehensive Test Ban Treaty
CTC	Anti-Terrorismus Ausschuss der VN/ Counter Terrorism Committee
CTED	Exekutivdirektorat des CTC/ Counter-Terrorism Executive Directorate
CWÜ	Chemiewaffenübereinkommen (Übereinkommen über das Verbot der Entwicklung, Herstellung, Lagerung und des Einsatzes chemischer Waffen und über die Vernichtung solcher Waffen)
DAC	Entwicklungshilfeausschuss der OECD/ Development Assistance Committee
DCF	Entwicklungszusammenarbeitsforum des ECOSOC/ Development Cooperation Forum
DDA	Doha Entwicklungsagenda/ Doha Development Agenda

d.h.	das heißt
DR Kongo	Demokratische Republik Kongo
DSB	Streitschlichtungsorgan der WTO/ Dispute Settlement Body
EAS	Ostasien-Gipfel/ East Asia Summit
ebd.	ebenda
ECOSOC	Wirtschafts- und Sozialrat der VN/ Economic and Social Council
EG	Europäische Gemeinschaft
EGKS	Europäische Gemeinschaft für Kohle und Stahl („Montanunion")
EGMR	Europäischer Gerichtshof für Menschenrechte
EGV	Vertrag über die Europäische Gemeinschaft
EITI	Transparenzinitiative der Rohstoffindustrie/ Extractive Industries Transparency Initiative
EP	Europäisches Parlament
EPAs	Wirtschaftliche Partnerschaftsabkommen/ Economic Partnership Agreements
ERU	Zertifikate für JI-Projekte/ Emission Reduction Units
ET	Emissionshandel im Kyoto-Protokoll/ Emission Trading
ETA	„Baskenland und Freiheit"/ baskisch: Euskadi Ta Askatasuna
EU	Europäische Union
EUFOR	Europäische Einsatzkräfte in der DR Kongo/ European Forces in the Democratic Republic of the Congo
EuGH	Europäischer Gerichtshof
FAO	Ernährungs- und Landwirtschaftsorganisation der VN/ Food and Agriculture Organization
FATF	Internationales finanzpolitisches Arbeitsgremium zur Bekämpfung von Geldwäsche/ Financial Action Task Force on Money Laundering
FCKW	Fluorchlorkohlenwasserstoff
FDI	Ausländische Direktinvestition/ Foreign Direct Investment
FSC	Rat für verantwortliche Waldnutzung/ Forest Stewardship Council
FSF	Forum für Finanzstabilität/ Financial Stability Forum
G7/G8	Gruppe der sieben/ acht führenden Industrieländer/ Group of Seven/ Eight
G20 (G21/22)	Gruppe von Entwicklungs- und Schwellenländern in der WTO (u.a. Brasilien, China, Indien, Südafrika)
G20	Zusammenschluss der zwanzig wichtigsten Industrie- und Schwellenländer: Forum der Finanzminister und Zentralbankchefs der G-8-Staaten, Australiens sowie der großen Schwellenländer (z.B. Argentinien, Brasilien, China, Indien, Mexiko)
G33	Gruppe von Entwicklungs- und Schwellenländern in der WTO („Friends of Special Products")
G77	Gruppe der Entwicklungs- und Schwellenländer in den VN
G90	Gruppe der ärmsten Entwicklungsländer in der WTO (AKP-Länder, AU-Mitgliedstaaten und LDCs)

GATS	Allgemeines Übereinkommen über den Handel mit Dienstleitungen/ General Agreement on Trade in Services
GATT	Allgemeines Zoll- und Handelsabkommen/ General Agreement on Tariffs and Trade
GAVI Alliance	Globale Allianz für Impfstoffe und Immunisierung/ Global Alliance for Vaccines and Immunisation
GEF	Globale Umweltfazilität/ Global Environmental Facility
GeI	Gericht erster Instanz
GfbV	Gesellschaft für bedrohte Völker
ggf.	gegebenenfalls
GONGO	von einer Regierung organisierte und gesteuerte Nichtregierungsorganisation/ Government-organized Non-governmental Organization
GPEP	Partnerschaft für globale Bioenergie/ Global Bioenergy Partnership
GPPN	Globales Politiknetzwerk/ Global Public Policy Network
GPPP	Globale öffentlich-private Partnerschaft/ Global Public Private Partnership
GUS	Gemeinschaft unabhängiger Staaten
GV	Generalversammlung der VN
HDI	Index der menschlichen Entwicklung/ Human Development Index
HIIK	Heidelberger Institut für Internationale Konfliktforschung
HIPC	Hochverschuldete arme Länder/ Heavily Indebted Poor Countries
HIV/AIDS	Humanes Immundefizienz-Virus (Human Immunodeficiency Virus)/ erworbenes Immundefizienzsyndrom (Aquired Immunodeficiency Syndrome)
HWWI	Hamburgisches Weltwirtschaftsinstitut
IAEO	Internationale Atomenergieorganisation/ International Atomic Energy Agency
IACHR	Interamerikanische Kommission für Menschenrechte/ Inter-American Commission on Human Rights
IB	Internationale Beziehungen
IBRD	Internationale Bank für Wiederaufbau und Entwicklung („Weltbank")/ International Bank for Reconstruction and Development
ICANN	„Internationale Gesellschaft für zugewiesene Namen und Nummern" im Internet/ International Corporation for Assigned Names and Numbers
ICBL	Internationale Kampagne zum Verbot von Landminen/ International Campaign to Ban Landmines
ICC	Internationale Handelskammer/ International Chamber of Commerce (für International Criminal Court (ICC) siehe IStGH)
ICTR	Internationales Straftribunal für Ruanda/ International Criminal Tribunbal for Rwanda

ICTY	Internationales Straftribunal für das ehemalige Jugoslawien/ International Criminal Tribunal for the Former Yugoslavia
ICISS	Internationale Kommission zu Interventionen und staatlicher Souveränität/ International Commission on Intervention and State Sovereignty
ICSID	Internationales Zentrum für die Beilegung von Investitionsstreitigkeiten (Weltbankgruppe)/ International Centre for ettlement of Investment Disputes
IDA	Internationale Entwicklungsorganisation (Weltbankgruppe)/ International Development Association
IEA	Internationale Energieagentur der OECD/ International Energy Agency
I.E.P	Vereinbarung über ein internationales Energieprogramm der IEA/ Agreement on an International Energy Program
IETA	Internationale Emissionshandelsvereinigung/ International Emissions Trading Association
IFAD	Internationaler Fonds für landwirtschaftliche Entwicklung/ International Fund for Agricultural Development
IFC	Internationale Finanzkorporation (Weltbankgruppe)/ International Finance Corporation
IGF	Forum zur Entwicklung von Regeln für das Internet/ Internet Governance Forum
IGH	Internationaler Gerichtshof
IGO	Internationale zwischenstaatliche Organisation/ International Governmental Organization
IKRK	Internationales Komitee vom Roten Kreuz
ILO	Internationale Arbeitsorganisation/ International Labor Organization
IMO	Internationale Schifffahrtsorganisation/ International Maritime Organization
INC	Zwischenstaatlicher Verhandlungsausschuss/ Intergovernmental Negotiating Committee
INF-Vertrag	Vertrag über nukleare Mittelstreckensysteme/ Intermediate Nuclear Forces Treaty
INFUSA	Internationales Netzwerk für eine Zweite Kammer bei den VN/ International Network for a UN Second Assembly
INGO	Internationale Nichtregierungsorganisation/ International Non-Governmental Organization
IO	Internationale Organisation/ International Organization
IOSCO	Internationale Vereinigung nationaler Börsenaufsichtsbehörden/ International Organization of Security Commissions
IP	Internet Protokoll/ Internet Protocol

IPCC	Zwischenstaatliche Sachverständigengruppe über Klimaveränderungen („Weltklimarat")/ Intergovernmental Panel on Climate Change
IPU	Interparlamentarische Union/ Interparliamentary Union
IRA	Irisch-Republikanische Armee/ Irish Republican Army
IRENA	Internationale Behörde für erneuerbare Energien/ International Renewable Energy Agency
ISAF	Internationale Schutztruppe in Afghanistan/ International Security Assistance Force
IStGH	Internationaler Strafgerichtshof
ISO	Internationale Organisation für Normung/ International Organization for Standardization
ISU	Ständige Einheit zur Unterstützung der Umsetzung des BWÜ/ Implementation Support Unit des BWÜ
ITU	Internationale Fernmeldeunion/ International Telecommunication Union
IWC	Internationale Walfangkommission/ International Whaling Commission
IWF	Internationaler Währungsfonds/ International Monetary Fund
IWG	Offene intersessionelle Arbeitsgruppe für den Entwurf der Erklärung über die Rechte indigener Völker/ Open-ended Intersessional Working Group on the Draft Declaration on the Rights of Indigenous Peoples
IWTZ	Internationales Wissenschafts- und Technologiezentrum, Moskau/ International Science and Technology Center
JI	Gemeinsamer Umsetzungsmechanismus im Kyoto-Protokoll/ Joint Implementation
JPoI	Johannesburg-Umsetzungsplan/ Johannesburg Plan of Implementation
JREC	Johannesburger Koalition für erneuerbare Energien/ Johannesburg Renewable Energy Coalition
JUSSCANNZ	Zusammenschluss von Japan, USA, Schweiz, Kanada, Norwegen und Neuseeland in den Vertragsstaatenkonferenzen zur VN-Klimarahmenkonvention
Kap.	Kapitel
KDUN	Komitee für eine demokratische UN
KPCS	Zertifizierungsmechanismus des Kimberley-Prozesses/ Kimberley Process Certification Scheme
KSE-Vertrag	Vertrag über konventionelle Streitkräfte in Europa
LDCs	am wenigsten entwickelte Länder/ Least Developed Countries
LRA	„Widerstandsarmee des Herrn" (in Uganda)/ Lord's Resistance Army
LTTE	„Befreiungstiger" von Tamil Eelam (in Sri Lanka)/ Liberation Tigers of Tamil Eelam

LULUCF	Landnutzung, Landnutzungsänderungen und Forstwirtschaft im Kyoto-Protokoll/ Land Use, Land Use Change and Forestry
MDG	Millenniumentwicklungsziel/ Millennium Development Goal
Mercosur	Gemeinsamer Markt Südamerikas/ spanisch: Mercado Común del Sur
MID	Militärische zwischenstaatliche Auseinandersetzung/ Militarized Interstate Dispute
MIGA	Multilaterale Investitions-Garantie-Agentur (Weltbankgruppe)/ Multilateral Investment Guarantee Agency
MNA-Group	Expertengruppe der IAEO zur Multilateralisierung von Teilen des Brennstoffkreislaufs/ Multilateral Nuclear Approaches Group
MONUC	VN-Mission in der Demokratischen Republik Kongo/ französisch: Mission de l' Organisation des Nations Unies en République Démocratique du Congo
MOP	Tagung der Vertragsstaaten des Kyoto-Protokolls/ Meeting of the Parties to the Kyoto-Protocol
MRK	Menschenrechtskommission der VN
MRR	Menschenrechtsrat der VN
MSF	Ärzte ohne Grenzen/ französisch: Médecins Sans Frontières
MSI	Multipartistische Partnerschaftsinitiative/ „Multi-Stakeholder"-Initiative
NAFTA	Nordamerikanisches Freihandelsabkommen/ North American Free Trade Agreement
NAMA	Marktzugang für nicht-landwirtschaftliche Güter/ Non Agricultural Market Access
NAP	Nationaler Allokationsplan
NATO	Nordatlantische Vertragsorganisation/ North Atlantic Treaty Organization
NEPAD	Neue Partnerschaft für Afrikas Entwicklung/ New Partnership for Africa's Development
NGO	Nichtregierungsorganisation/ Non-Governmental Organization
NIC	Nuklearer Aufklärungsrat/ Nuclear Intelligence Council
NSG	Gruppe nuklearer Lieferländer/ Nuclear Suppliers Group
NVV	Vertrag über die Nichtverbreitung von Kernwaffen (Nichtverbreitungsvertrag oder Atomwaffensperrvertrag)/ Nuclear Non-Proliferation Treaty (NPT)
OAU	Organisation der Afrikanischen Einheit (bis 2002, Vorgängerorganisation der AU)/ Organization of African Unity
ODA	Öffentliche Entwicklungshilfe/ Official Development Assistance
OECD	Organisation für wirtschaftliche Zusammenarbeit und Entwicklung/ Organization for Economic Co-operation and Development
OEF	„Operation dauerhafte Freiheit" in Afghanistan/ Operation Enduring Freedom

OHCHR	Büro des Hohen Kommissars für Menschenrechte der VN/ Office of the High Commissioner for Human Rights
OIC	Organisation der Islamischen Konferenz/ Organisation of the Islamic Conference
OIF	Internationale Organisation der Frankophonie/ Organisation Internationale de la Frankophonie
OPEC	Organisation erdölexportierender Länder/ Organization of the Petroleum Exporting Countries
OSZE	Organisation für Sicherheit und Zusammenarbeit in Europa
PAC	Partnerschaft Afrika-Kanada/ Partnership Africa Canada
PCIA	Partnerschaft für saubere Luft in geschlossenen Räumen/ Partnership for Clean Indoor Air
PKK	Arbeiterpartei Kurdistans/ kurdisch: Partiya Karkerên Kurdistan
POPs-Konvention	Stockholmer Übereinkommen über persistente organische Schadstoffe/ Stockholm Convention on Persistent Organic Pollutants
PPI	Private Beteiligung am Infrastrukturaufbau (Programm der Weltbank) / Private Participation in Infrastructure
ppm	Teile pro Million/ parts per million (10-6)
PPPHW	Globale öffentlich-private Partnerschaft für das Händewaschen mit Seife/ Global Public Private Partnership for Handwashing with Soap
PRSC	Unterstützungskredite der Weltbank zur Armutsminderung/ Poverty Reduction Support Credits
PRSP	Strategiepapiere der Weltbank und des IWF zur Armutsminderung/ Poverty Reduction Strategy Papers
PSI	von den USA ausgehende Initiative zum Schutz vor der Weiterverbreitung von Massenvernichtungswaffen/ Proliferation Security Initiative
PV	Parlamentarische Versammlung
QUANGO	Quasi-Nichtregierungsorganisation/ Quasi-Non-Governmental Organisation
RAF	Rote Armee Fraktion
RAND Corporation	Gesellschaft für Forschung und Entwicklung/ Research and Development Corporation
REEEP	Partnerschaft für erneuerbare Energien und Energieeffizienz/ Renewable Energy and Energy Efficiency Partnership
REN21	Politiknetzwerk für erneuerbare Energien für das 21. Jahrhundert/ Renewable Energy Policy Network for the 21st Century
Renamo	Nationaler Widerstand Mosambiks/ portugiesisch: Resistência Nacional Moçambicana
Res.	Resolution
RUF	Revolutionäre vereinigte Front (in Sierra Leone)/ Revolutionary United Front

S21	OECD-Armutsbekämpfungsstrategie: „Das 21. Jahrhundert gestalten"/„Shaping the 21st Century"
SALT	Verhandlungen über die Begrenzung strategischer Waffen/ Strategic Arms Limitation Talks
SARS	Schweres akutes Atemwegssyndrom/ Severe Acute Respiratory Syndrome
SCO	Schanghai Organisation für Zusammenarbeit/ Shanghai Cooperation Organization
SIPRI	Stockholmer Institut für Friedensforschung/ Stockholm International Peace Research Institute
SIS	Schengener Informationssystem
SORT	Vertrag zur Reduzierung strategischer Offensivwaffen/ Strategic Offensive Reductions Treaty
SR	Sicherheitsrat der VN
SSG	Besondere Schutzklausel des AoA/ Special Safeguard
START	Vertrag über die Reduzierung strategischer Waffen/ Strategic Arms Reduction Treaty
SVN	Satzung der VN/ Charter of the United Nations
TNC	Transnationales Unternehmen/ Transnational Corporation
TRIPs	Übereinkommen über handelsbezogene Aspekte der Rechte des geistiges Eigentums/ Agreement on Trade-Related Aspects of Intellectual Property Rights
UCDP	Uppsala Konfliktdatenprogramm/ Uppsala Conflict Data Program
UdSSR	Union der Sozialistischen Sowjetrepubliken
Ü.d.V.	Übersetzung der Verfasser
UIA	Union internationaler Vereinigungen/ Union of International Associations
UK	Vereinigtes Königreich von Großbritannien und Nordirland („Vereinigtes Königreich")/ United Kingdom of Great Britain and Northern Ireland
UNAIDS	Gemeinsames Programm der Vereinten Nationen zu HIV/AIDS/ Joint United Nations Programme on HIV/AIDS
UNAMID	Gemeinsame Mission der VN und der AU in Darfur/ United Nations African Union Mission in Darfur
UNCCD	Übereinkommen der VN zur Bekämpfung der Wüstenbildung/ UN Convention to Combat Desertification
UNCED	Konferenz der VN über Umwelt und Entwicklung/ UN Conference on Environment and Development
UNCSD	Kommission der VN für nachhaltige Entwicklung/ UN Commission on Sustainable Development
UNCTAD	Handels- und Entwicklungskonferenz der VN/ UN Conference on Trade and Development
UNDP	Entwicklungsprogramm der VN/ UN Development Programme
UNEP	Umweltprogramm der VN/ UN Environment Programme

UNESCO	Organisation der VN für Erziehung, Wissenschaft und Kultur/ UN Educational, Scientific and Cultural Organization
UNFCCC	Rahmenübereinkommen der VN über Klimaveränderungen/ UN Framework Convention on Climate Change
UNFICYP	Friedenstruppe der VN in Zypern/ UN Peacekeeping Force in Cyprus
UNHCR	Hoher Kommissar der VN für Flüchtlinge/ UN High Commissioner for Refugees
UNICE	Vereinigung der Industrie- und Arbeitgeberverbände in Europa (seit 2007: „Businesseurope")/ Union of Industrial and Employers Confederations of Europe
UNICEF	Kinderhilfswerk der VN/ UN International Children's Emergency Fund
UNIDO	Organisation der VN für industrielle Entwicklung/ UN Industrial Development Organization
UNIIMOG	Militärische Beobachtergruppe der VN für Iran und Irak/ UN Iran-Iraq Military Observer Group
UNITA	Nationale Union für die völlige Unabhängigkeit Angolas/ portugiesisch: União para a Independência Total de Angola
UNMIK	Übergangsverwaltungsmission der VN im Kosovo/ UN Interim Administration Mission in Kosovo
UNODC	Büro der VN für Suchtstoff- und Verbrechensbekämpfung/ UN Office on Drugs and Crime
UNPFII	Ständiges Forum der VN für indigene Angelegenheiten/ UN Permanent Forum on Indigenous Issues
UNWTO	Welttourismusorganisation der VN/ World Tourism Organization
UPR	Universelle periodische Überprüfung durch den Menschenrechts-rat der VN/ Universal Periodic Review
US(A)	Vereinigte Staaten (von Amerika)/ United States (of America)
UTA	ehem. französische Fluggesellschaft/ Union des Transports Aériens
u.U	unter Umständen
UWTZ	Ukrainisches Wissenschafts- und Technologiezentrum, Kiew/ Science and Technology Center Ukraine
VFA	Verband forschender Arzneimittelhersteller
vgl.	vergleiche
VN/ UN(O)	Vereinte Nationen/ United Nations (Organization)
WBCSD	Weltwirtschaftsrat für nachhaltige Entwicklung/ World Business Council for Sustainable Development
WBGU	Wissenschaftlicher Beirat der Bundesregierung Globale Umweltveränderungen
WEED	Weltwirtschaft, Umwelt und Entwicklung (NGO)/ World Economy, Ecology and Development
WEF	Weltwirtschaftsforum/ World Economic Forum
WEO	Weltenergieausblick der IEA/ World Energy Outlook

WFC	Welternährungsrat der VN/ World Food Council
WFM	Bewegung der Weltföderalisten/ World Federalist Movement
WFP	Welternährungsprogramm der VN und der FAO/ World Food Programme
WGIG	Arbeitsgruppe des VN-Generalsekretärs zum Thema „Steuerung des Internet"/ Working Group on Internet Governance
WGIP	Arbeitsgruppe der VN über indigene Bevölkerungen/ Working Group on Indigenous Populations
WHO	Weltgesundheitsorganisation/ World Health Organization
WIPO	Weltorganisation für geistiges Eigentum/ World Intellectual Property Organization
WMO	Weltorganisation für Meteorologie/ World Meteorological Organization
WSF	Weltsozialforum/ World Social Forum
WSIS	Weltgipfel über die Informationsgesellschaft/ World Summit on the Information Society
WSK-Rechte	wirtschaftliche, soziale und kulturelle Menschenrechte
WSSD	Weltgipfel für nachhaltige Entwicklung/ World Summit on Sustainable Development
WTO	Welthandelsorganisation/ World Trade Organization
z.B.	zum Beispiel

Literaturverzeichnis

Aall, Pamela 2000: NGOs, Conflict Management and Peacekeeping, in: International Peacekeeping 7: 1, 121-141.
Abbott, Chris/ Rogers, Paul/ Sloboda, John 2006: Global Responses to Global Threats: Sustainable Security for the 21st Century, Oxford: Oxford Research Group.
Abbott, Frederick M. 2001: The TRIPS Agreement, Access to Medicines and the WTO Doha Ministerial Conference, Public Law and Legal Theory Working Paper 36, Tallahassee, FL: Florida State University, College of Law.
Abbott, Frederick M./ Reichman, Jerome H. 2007: The Doha Round's Public Health Legacy: Strategies for the Production and Diffusion of Patented Medicines under the Amended TRIPS Provisions, in: Journal of International Economic Law 10: 4, 921-987.
Abbott, Kenneth W./ Keohane, Robert O./ Moravcsik, Andrew/ Slaughter, Anne-Marie/ Snidal, Duncan 2000: The Concept of Legalization, in: International Organization 54: 3, 401-419.
Abiew, Francis Kofi 2003: From Civil Strife to Civic Society: NGO-Military Cooperation in Peace Operations, Norman Paterson School of International Affairs Occasional Paper 39, Ottawa, ON: Norman Paterson School of International Affairs.
Abiew, Francis Kofi/ Keating, Tom 1999: NGOs and UN Peacekeeping Operations: Strange Bedfellows, in: International Peacekeeping 6: 2, 90-105.
Acharya, Amitav 2001: Constructing a Security Community in Southeast Asia: ASEAN and the Problem of Regional Order, London: Routledge.
Adam, Erfried 2006: Suspendierung der Welthandelsrunde – Multilateralismus, Global Governance und Entwicklungspolitik in der Krise, in: Internationale Politik und Gesellschaft 13: 4, 120-137.
Adam, Erfried 2007: Menschenrechte und internationale Sozialpolitik: Grenzen der Anarchie der Macht, Kompass 2020: Deutschland in den internationalen Beziehungen: Ziele, Instrumente, Perspektiven, Berlin: Friedrich Ebert Stiftung.
Adler, Emanuel/ Barnett, Michael (Hrsg.) 1998: Security Communities, Cambridge: Cambridge University Press.
Affandi, Justus R. 2004: Shell Nigeria und der Fall Ken Saro Wiwa, in: weltpolitk.net, auf: http://www.weltpolitik.net/Regionen/Afrika/Nigeria/Analysen/Shell%20Nigeria%20und%20der%20Fall%20Ken%20Saro-Wiwa.html, eingesehen am 19.03.2009.
Afshari, Reza 1994: An Essay on Islamic Cultural Relativism in the Discourse of Human Rights, in: Human Rights Quarterly 16: 2, 235-276.
Agrawala, Shardul/ Andresen, Steiner 2002: Leaders, Pushers and Laggards in the Making of the Climate Regime, in: Global Environmental Change 12: 1, 41-51.
Akyüz, Yilmaz 2006: Rectifying Capital Market Imperfections: The Continuing Rationales for Multilateral Lending, in: Kaul, Inge/ Conceiçao, Pedro (Hrsg.): The New Public Fi-

nance: Responding to Global Challenges, Oxford/ New York: Oxford University Press, 486-509.

Alao, Charles Abiodun 1999: The Problem of the Failed State in Africa, in: Alagappa, Muthiah/ Inoguchi, Takashi (Hrsg.): International Security Management and the United Nations, Tokio/ New York/ Paris: United Nations University Press, 83-102.

Aldrich, Howard E. 1975: An Organization-Environment Perspective on Cooperation and Conflict between Organizations in the Manpower Training System, in: Neghandi, Anant R. (Hrsg.): Interorganization Theory, Kent, OH: Kent State University Press, 49-70.

Aldrich, Howard E. 1979: Organizations and Environments, Englewood Cliffs, NJ: Prentice Hall.

Alemann, Ulrich von (Hrsg.) 2005: Dimensionen politischer Korruption: Beiträge zum Stand der internationalen Forschung, Wiesbaden: VS Verlag für Sozialwissenschaften.

Alexander, Yonah/ Swetnam, Michael S. 2001: Usama bin Laden's al-Qaida: Profile of a Terrorist Network, Ardsley, NY: Transnational Publishers.

Alger, Chadwick 2002: The Emerging Role of NGOs in the UN System: From Article 71 to a People's Millenium Assembly, in: Global Governance 8: 1, 93-117.

Alger, Chadwick 2008: Expanding Governmental Diversity in Global Governance: Parlamentarians of States and Local Authorities, Paper Prepared for the 49th Annual Meeting of the International Studies Association, San Francisco, CA, 26.-29. März 2008.

Altman, Daniel 2007: The Integrated Economy: Can It be a Cause of War?, International Herald Tribune, 21.2.2007, 16.

Altvater, Elmar/ Mahnkopf, Birgit 6 2004: Grenzen der Globalisierung: Ökonomie, Ökologie und Politik in der Weltgesellschaft, Münster: Westfälisches Dampfboot.

Amnesty International 2007: Report 2007: The State of the World's Human Rights, London: Amnesty International.

Anaya, S. James (Hrsg.) 2003: International Law and Indigenous Peoples, Aldershot: Ashgate.

Anderson, Kym 1995: Lobbying Incentives and the Pattern of Protection in Rich and Poor Countries, in: Economic Development and Cultural Change 43: 2, 401-424.

Anderson, Kym 2003: Trade Liberalization, Agriculture, and Poverty in Low-income Countries, Discussion Paper No. 25/ 2003, Helsinki: United Nations University World Institute for Development Economic Research (UNU/WIDER).

Anderson, Kym/ Martin, Will (Hrsg.) 2006: Agricultural Trade Reform and the Doha Development Agenda, Basingstoke/ New York: Palgrave Macmillan.

Anderson, Kym/ Valenzuela, Ernesto 2007: The World Trade Organization's Doha Cotton Initiative: A Tale of Two Issues, in: The World Economy 30: 8, 1281-1304.

Anderson, Mary B. 1999: Do No Harm: How Aid Can Support Peace – Or War, Boulder, CO: Lynne Rienner.

Angle, Stephen C. 2002: Human Rights and Chinese Thought: A Cross-Cultural Inquiry, Cambridge: Cambridge University Press.

Anheier, Helmut K./ Themudo, Nuno S. 2008: International NGOs: Scale, Expressions and Governance, in: Rittberger, Volker/ Nettesheim, Martin (Hrsg.): Authority in the Global Political Economy, Basingstoke/ New York: Palgrave Macmillan, 139-169.

Anheier, Helmut/ Albrow, Martin/ Kaldor, Mary (Hrsg.) 2006: Global Civil Society Yearbook 2006/7, London: Sage.

Archer, Clive ³2001: International Organizations, London: Routledge.

Archibugi, Daniele 1995: Cosmopolitan Democracy: An Agenda for a New World Order, Cambridge: Polity Press.

Archibugi, Daniele 1998: Principles of Cosmopolitan Democracy, in: Archibugi, Daniele/ Held, David/ Köhler, Martin (Hrsg.): Re-imagining Political Community: Studies in Cosmopolitan Democracy, Stanford, CA: Stanford University Press, 198-228.

Archibugi, Daniele 2004: Cosmopolitan Democracy and its Critics: A Review, in: European Journal of International Relations, 10:3, 437-473.

Archibugi, Daniele/ Held, David/ Köhler, Martin (Hrsg.) 1998: Re-Imagining Political Community: Studies in Cosmopolitan Democracy, Cambridge: Polity Press.

Aretz, Hans-Jürgen 2006: Globale kollektive Güter und internationale Umweltpolitik: Das Beispiel der Ozon-Politik, Frankfurt/M.: Peter Lang.

Arquilla, John/ Ronfeldt, David 2001: The Advent of Netwar (Revisited), in: Arquilla, John/ Ronfeldt, David (Hrsg.): Networks and Netwars: The Future of Terror, Crime and Militancy, Santa Monica, CA: RAND Corporation, 1-25.

Arts, Bas 2006: Non-state Actors in Global Environmental Governance: New Arrangements beyond the State, in: Koenig-Archibugi, Mathias/ Zürn, Michael (Hrsg.): New Modes of Governance in the Global System: Exploring Publicness, Delegation and Inclusiveness, Basingstoke/ New York: Palgrave Macmillan, 177-200.

Aston, Jurij Daniel 2002: Die Bekämpfung abstrakter Gefahren für den Weltfrieden durch legislative Maßnahmen des Sicherheitsrats – Resolution 1373 (2001) im Kontext, in: Zeitschrift für ausländisches öffentliches Recht und Völkerrecht 62, 257-276.

Auel, Katrin/ Rittberger, Berthold 2006: Fluctuant nec merguntur: The European Parliament, National Parliaments, and European Integration, in: Richardson, Jeremy (Hrsg.) ³2006: European Union: Power and Policy-Making, London: Routledge, 121-145.

Australische Regierung 2009: Closing the Gap on Indigenous Disadvantage: The Challenge for Australia, Bericht des Department of Families, Housing, Community Service and Indigenous Affairs, auf: http://www.facsia.gov.au/indigenous/closing_the_gap/closing_the_gap.pdf, eingesehen am 19.03.2009.

Auswärtiges Amt 2005: Siebter Bericht der Bundesregierung über ihre Menschenrechtspolitik in den auswärtigen Beziehungen und in anderen Politikbereichen, Berlin: Auswärtiges Amt.

Auswärtiges Amt 2006: Bericht zur Rüstungskontrolle, Abrüstung und Nichtverbreitung 2006, Berlin: Auswärtiges Amt.

Auswärtiges Amt 2007: Beiträge zum Haushalt der Vereinten Nationen, auf: http://www.auswaertiges-amt.de/diplo/de/Aussenpolitik/VereinteNationen/StrukturVN/Finanzen/Uebersicht.html#t4, eingesehen am 08.06.2007.

Auswärtiges Amt 2007a: Internationale Atomenergie Organisation (IAEO), Berlin: Auswärtiges Amt, auf: http://www.auswaertiges-amt.de/diplo/de/Aussenpolitik/Abruestung/InternatOrgane/IAEO.html#t4, eingesehen am 15.10.2007.

Auswärtiges Amt 2007b: Übereinkommen über das Verbot chemischer Waffen, Berlin: Auswärtiges Amt, auf: http://www.auswaertiges-amt.de/diplo/de/Aussenpolitik/ Abruestung/ BioChemie/Verbot-C-Waffen.html, eingesehen am 15.10.2007.

Auswärtiges Amt 2007c: VN-Waffenübereinkommen, Berlin: Auswärtiges Amt, auf: http://www.auswaertiges-amt.de/diplo/de/Aussenpolitik/Abruestung/KonvRue Kontrolle/VN-Waffenuebereinkommen.html, eingesehen am 15.10.2007.

Auswärtiges Amt 2007d: Die NATO und die Bekämpfung des Terrorismus, Berlin: Auswärtiges Amt, auf: http://www.auswaertiges-amt.de/diplo/de/Aussenpolitik/Themen/ Terroris musOK/Terrorismusbekaempfung NATO.html, eingesehen am 25.01.2008.

Auswärtiges Amt 2008: Beiträge zum Haushalt der Vereinten Nationen, auf: http://www.auswaertiges-amt.de/diplo/de/Aussenpolitik/InternatOrgane/VereinteNationen/Struktur VN/Finanzen/FinanzbeitragD.html, eingesehen am 24.11.2008

Auswärtiges Amt 2008a: Achter Bericht der Bundesregierung über ihre Menschenrechtspolitik in den auswärtigen Beziehungen und in anderen Politikbereichen, Berlin: Auswärtiges Amt.

Axelrod, Robert 1984: The Evolution of Cooperation, New York: Basic Books.

Babarinde, Olufemi/ Faber, Gerrit 2004: From Lomé to Cotonou: Business as Usual?, in: European Foreign Affairs Review 9: 1, 27-47.

Bache, Ian/ George, Stephen ²2006: Politics in the European Union, Oxford/ New York: Oxford University Press.

Bailes, Alyson J. K./ Frommelt, Isabel (Hrsg.) 2004: Business and Security: Public-Private Sector Relationships in a New Security Environment, Oxford/ New York: Oxford University Press.

Baldwin, David A. 2004: Power and International Relations, in: Carlsnaes, Walter/ Risse, Thomas/ Simmons, Beth A. (Hrsg.): Handbook of International Relations, London: Sage, 177-191.

Ballentine, Karen/ Nitzschke, Heiko 2003: Beyond Greed and Grievance: Policy Lessons from Studies in the Political Economy of Armed Conflict, IPA Policy Report, New York: International Peace Academy.

Ballentine, Karen/ Nitzschke, Heiko 2004: Business and Armed Conflict: An Assessment of Issues and Options, in: Die Friedens-Warte 79: 1-2, 35-56.

Barber, Benjamin 2000: Jihad vs. McWorld, in: Lechner, Frank J./ Boli, John (Hrsg.): The Globalization Reader, Malden, MA/ Oxford: Blackwell Publishers, 21-26.

Barnaby, Frank (Hrsg.) 1991: Building a More Democratic United Nations. Proceedings of the First International Conference on a More Democratic UN, London: Routledge.

Barnett, Michael N./ Finnemore, Martha 1999: The Politics, Power, and Pathologies of International Organizations, in: International Organization 53: 4, 699-732.

Barnett, Michael N./ Finnemore, Martha 2004: Rules for the World: International Organizations in Global Politics, Ithaca, NY: Cornell University Press.

Barnett, Tony/ Whiteside, Alan 2002: AIDS in the Twenty-first Century: Disease and Globalization, Basingstoke/ New York: Palgrave Macmillan.

Bartolomei de la Cruz, Héctor/ Potobsky, Geraldo von/ Swepston, Lee 1996: The International Labor Organization: The International Standards System and Basic Human Rights, Boulder, CO: Westview Press.

Bauer, Harry 2006: „Flirting with the Enemy": „Green Alliances" in Global Environmental Governance, in: Richter, Ingo/ Berking, Sabine/ Müller, Ralf (Hrsg.): Transnational Civil Society: Global Power – Global Social Movements, Basingstoke/ New York: Palgrave Macmillan, 156-176.

Baumann, Rainer/Rittberger, Volker/Wagner, Wolfgang 2001: Neorealist Foreign Policy Theory, in: Rittberger, Volker (Hrsg.) 2001: German Foreign Policy Since Unification: Theories and Case Studies, Manchester/ New York: Manchester University Press, 37-67.

Bayefsky, Anne F. 1996: Cultural Sovereignty, Relativism, and International Human Rights: New Excuses for Old Strategies, in: Ratio Juris 9: 1, 42-59.

Baylis, John/ Smith, Steve/ Owens, Patricia (Hrsg.) [4]2008: The Globalization of World Politics: An Introduction to International Relations, Oxford/ New York: Oxford University Press.

Beck, Ulrich 2007: Weltrisikogesellschaft: Auf der Suche nach der verlorenen Sicherheit, Frankfurt/M.: Suhrkamp.

Becker, Florian/ Lehmkuhl, Dirk 2004: Multiple Strukturen der Regulierung: Ursachen, Konflikte und Lösungen am Fall des Leichtathleten Baumann, in: Héritier, Adrienne/ Scharpf, Fritz W./ Stolleis, Michael (Hrsg.): European and International Regulation after the Nation State: Different Scopes and Multiple Levels, Baden-Baden: Nomos, 225-260.

Becker, Jo 2008: The Betrayal of Trust: Violence Against Children, in: Human Rights Watch (Hrsg.): World Report 2008, New York (u.a.): Human Rights Watch, 51-61, auf: http://hrw.org/wr2k8/pdfs/wr2k8_web.pdf, eingesehen am 12.02.2008.

Becker, Una 2007: Licht am Ende des Tunnels? Die sechste Überprüfungskonferenz des Biowaffenübereinkommens, HSFK-Report 5/2007, Frankfurt/M: Hessische Stiftung Friedens- und Konfliktforschung.

Becker, Una/ Müller, Harald/ Seidler-Diekmann, Tabea 2008: Die Regime zur Kontrolle nuklearer, bologischer und chemischer Waffen, in: Friedenswarte, 83: 2-3, 57-79.

Bedarff, Hildegard 2000: Die Wirkung internationaler Institutionen auf die Energie- und Umweltpolitik: Weltbank, EU und Europäische Energiecharta in Polen und in der Tschechischen Republik, Münster: LIT.

Bederman, David J. 2001: International Law Frameworks, New York: Foundation Press.

Behr, Hartmut 2004: Entterritoriale Politik: Von den internationalen Beziehungen zur Netzwerkanalyse – mit einer Fallstudie zum globalen Terrorismus, Wiesbaden: VS Verlag für Sozialwissenschaften.

Beichelt, Timm 2001: Autokratie und Wahldemokratie in Belarus, Russland und der Ukraine, Untersuchungen des FKKS 26/2001, Mannheim: Forschungsschwerpunkt Konflikt- und Kooperationsstrukturen in Osteuropa, auf: http://www.uni-mannheim.de/fkks/fkks 26.pdf, eingesehen am 26.03.2009.

Beisheim, Marianne 2004: Fit für Global Governance?: Transnationale Interessengruppenaktivitäten als Demokratisierungspotential – am Beispiel Klimapolitik, Opladen: Leske + Budrich.

Beisheim, Marianne/ Dingwerth, Klaus 2008: Procedural Legitimacy as a Success Factor of Private Transnational Governance: Are the Good Ones Doing Better?, SFB-Governance Working Paper 14, Berlin: Freie Universität Berlin, Sonderforschungsbereich 700: Governance in Räumen begrenzter Staatlichkeit.

Beisheim, Marianne/ Dreher, Sabine/ Zangl, Bernhard/ Zürn, Michael 1999: Im Zeitalter der Globalisierung? Thesen und Daten zur gesellschaftlichen und politischen Denationalisierung, Baden-Baden: Nomos.

Beisheim, Marianne/ Liese, Andrea/ Ulbert, Cornelia 2007: Erfolgsbedingungen transnationaler Partnerschaften: Hypothesen und erste Ergebnisse, in: Risse, Thomas/ Lehmkuhl, Ursula (Hrsg.) 2007: Regieren ohne Staat? Governance in Räumen begrenzter Staatlichkeit, Baden-Baden: Nomos, 247-271.

Beitz, Charles R. 1979: Political Theory and International Relations, Princeton, NJ: Princeton University Press.

Bendell, Jem 2000: Civil Regulation: A New Form of Democratic Governance for the Global Economy?, in: Bendell, Jem (Hrsg.): Terms of Endearment: Business, NGOs and Sustainable Development, Sheffield: Greenleaf, 239-254.

Benecke, Gudrun/ Friberg, Lars/ Lederer, Markus/ Schröder Miriam 2008: From Public-Private Partnership to Market: The Clean Development Mechanism (CDM) as a New Form of Governance in Climate Protection, SFB-Governance Working Paper 10, Berlin: Freie Universität Berlin, Sonderforschungsbereich 700: Governance in Räumen begrenzter Staatlichkeit

Benner, Thorsten/ Obser, Andreas/ Reinicke, Wolfgang H./ Witte, Jan Martin 2001: Global Public Policy: Chancen und Herausforderungen vernetzten Regierens, in: Zeitschrift für Politik 48: 4, 359-374.

Benner, Thorsten/ Reinicke, Wolfgang H./ Witte, Jan Martin 2004: Multisectoral Networks in Global Governance: Towards a Pluralistic System of Accountability, in: Government and Opposition 39: 2, 191-210.

Bennhold, Katrin 2005: Taking Networking to the Next Level, International Herald Tribune, 26. Januar 2005, 1; 20.

Berdal, Mats 2003: How „New" are the „New Wars"? Global Economic Change and the Study of Civil War, in: Global Governance 9: 4, 477-502.

Berdal, Mats/ Malone, David (Hrsg.) 2000: Greed and Grievances: Economic Agendas in Civil Wars, Boulder, CO: Lynne Rienner.

Bernstein, Steven/ Cashore, Benjamin 2008: The Two-Level Logic of Non-State Market Driven Global Governance, in: Rittberger, Volker/ Nettesheim, Martin (Hrsg.): Authority in the Global Political Economy, Basingstoke/ New York: Palgrave Macmillan, 276-313.

Bertelsmann Stiftung 2006: Weltmächte im 21. Jahrhundert: Ergebnisse einer Repräsentativbefragung in den Ländern Brasilien, China, Deutschland, Frankreich, Großbritannien, Indien, Japan, Russland und USA, Berlin: Emnid/ Bertelsmannstiftung.

Beyer, Cornelia 2006: Die Strategie der Vereinigten Staaten im „War on Terror", Münster: LIT.

Bhagwati, Jagdish 2004: In Defense of Globalization, Oxford/ New York: Oxford University Press.

Bieling, Hans-Jürgen 2007: Internationale Politische Ökonomie: Eine Einführung, Wiesbaden: VS Verlag für Sozialwissenschaften.
Biermann, Frank/ Simonis, Udo Ernst 1998: Eine Weltorganisation für Umwelt und Entwicklung: Funktionen, Chancen, Probleme, Bonn: Stiftung Entwicklung und Frieden (SEF).
Biersteker, Thomas J. 1992: The „Triumph" of Neoclassical Economics in the Developing World: Policy Convergence and Bases of Governance in the International Economic Order, in: Rosenau, James/ Czempiel, Ernst-Otto (Hrsg.): Governance without Government: Order and Change in World Politics, Cambridge: Cambridge University Press, 102-131.
Biersteker, Thomas J. 2002: Targeting Terrorist Finances: The New Challenges of Financial Market Globalization, in: Booth, Ken/ Dunne, Tim (Hrsg.) 2002: Worlds in Collision: Terror and the Future of Global Order, Basingstoke/ New York: Palgrave Macmillan, 74-84.
Biersteker, Thomas J. 2004: Counter-Terrorism Measures Undertaken Under UN Security Council Auspices, in: Bailes, Alyson J.K./ Frommelt, Isabel (Hrsg.): Business and Security: Public-Private Sector Relationships in a New Security Environment, Oxford/ New York: Oxford University Press, 59-75.
Binder, Martin 2004: Der Einsatz von Söldnerfirmen durch gewählte Regierungen – eine „Antinomie des Demokratischen Friedens"?, Tübinger Arbeitspapiere zur Internationalen Politik und Friedensforschung 44, Tübingen: Universität Tübingen, Institut für Politikwissenschaft.
Binder, Martin 2005: Private Sicherheits- und Militäranbieter im Dienste westlicher Demokratien: Die Bürgerkriege in Bosnien-Herzegowina und Sierra Leone, in: Die Friedens-Warte 80: 1-2, 131-151.
Binder, Martin 2007: Norms vs. Rationality: Why Democracies Use Private Military Companies in Civil Wars, in: Jäger, Thomas (Hrsg.) 2007: Private Military and Security Companies: Chances, Problems, Pitfalls and Prospects, Wiesbaden: VS Verlag für Sozialwissenschaften, 307-320.
Birol, Fatih 2006: World Energy Prospects and Challenges, Paris: International Energy Agency, auf: http://www.iea.org/textbase/papers/2006/birol.pdf, eingesehen am 20.11.2007.
Blome, Kerstin 2004: Paradigmenwechsel im Völkerrecht? Herausforderungen bei der Etablierung eines Weltinnenrechts im Politikfeld Menschenrechte, INEF-Report 75, Duisburg: Institut für Entwicklung und Frieden (INEF).
Blome, Kerstin/ Kocks, Alexander 2009: Judizialisierungsprozesse im Menschenrechtsbereich: Erfolgsmodell EGMR, in: Zangl, Bernhard (Hrsg.): Auf dem Weg zu internationaler Rechtsherrschaft? Streitbeilegung zwischen Politik und Recht, Frankfurt a.M.: Campus, 229-266.
Boeckh, Andreas/ Pawelka, Peter (Hrsg.) 1997: Staat, Markt und Rente in der internationalen Politik, Opladen: Westdeutscher Verlag.
Boekle, Henning 1998: Die Vereinten Nationen und der internationale Schutz der Menschenrechte: Eine Bestandsaufnahme, in: Aus Politik und Zeitgeschichte 46-47/98, 3-17.
Böge, Volker 2004: Neue Kriege und traditionale Konfliktbearbeitung, INEF-Report 74, Duisburg: Institut für Entwicklung und Frieden (INEF).

Böge, Volker/ Fitzpatrick, Christopher/ Jaspers, Willem/ Paes, Wolf-Christian 2006: Who's Minding the Store? The Business of Private, Public and Civil Actors in Zones of Conflict, BICC Brief 32, Bonn: Internationales Konversionszentrum (BICC).

Bohman, James 2002: Internationale Regime und demokratische Governance: Gleicher Einfluss auf globale Institutionen, in: Lutz-Bachmann, Matthias/ Bohman, James (Hrsg.): Weltstaat oder Staatenwelt? Für und Wider die Idee einer Weltrepublik, Frankfurt/M.: Suhrkamp, 75-103.

Boli, John / Thomas, George M. (Hrsg.) 1999: Constructing World Culture: International Nongovernmental Organizations Since 1875, Stanford, CA: Stanford University Press.

Bond, Patrick 2007: Global Governance or the World Social Forum: Divergent Analysis, Strategy and Tactics, in: Centre for Civil Society, 1-23, auf: http://www.ukzn.ac.za/ccs/default.asp?3,28,10,2808, eingesehen am 14.04.2008.

Bone, Andrew 2004: Conflict Diamonds: The De Beers Group and the Kimberley Process, in: Bailes, Alyson J. K./ Frommelt, Isabel (Hrsg.): Business and Security: Public-Private Sector Relationships in a New Security Environment, Oxford/ New York: Oxford University Press, 129-147.

Boniface, Pascal 1998: The Proliferation of States, in: The Washington Quarterly 21: 3, 111-128.

Bonn International Centre for Conversion (BICC) 2005: Facts on International Relations and Security Trends: Armed Forces, Weapons Holdings and Employment in Arms Production, auf: http://first.sipri.org/, eingesehen am 19.04.2007.

Borries, Bodo von 2007: Partnerschaften strategischer denken? Erfahrungen mit der „Multiakteursperspektive" in der Krisenprävention, in: Klein, Ansgar/ Roth, Silke (Hrsg): NGOs im Spannungsfeld von Krisenprävention und Sicherheitspolitik, Wiesbaden: VS Verlag für Sozialwissenschaften, 191-204.

Börzel, Tanja 1998: Organizing Babylon: On the Different Conceptions of Policy Networks, in: Public Administration 76: 2, 253-273.

Börzel, Tanja/ Risse, Thomas 2005: Public-Private Partnerships: Effective and Legitimate Tools of Transnational Governance?, in: Grande, Edgar/ Pauly, Louis W. (Hrsg.): Complex Sovereignty: On the Reconstitution of Political Authority in the 21st Century, Toronto, ON: University of Toronto Press, 195-216.

Bothe, Michael 2004: Friedenssicherung und Kriegsrecht, in Graf Vitzthum, Wolfgang (Hrsg.): Völkerrecht, Berlin: De Gruyter, 589-667.

Bouet, Antoine/ Mevel, Simon/ Orden, David 2007: More or Less Ambition in the Doha Round: Winners and Losers from Trade Liberalisation with a Development Perspective, in: The World Economy 30: 8, 1253-1280.

Boulden, Jane 2007: Terrorism, in: Weiss, Thomas G./ Daws, Sam (Hrsg.): The Oxford Handbook on the United Nations, Oxford/ New York: Oxford University Press, 427-436.

Bourgignon, François/ Morrisson, Christian 2002: Inequality Among World Citizens: 1820-1992, in: American Economic Review 92: 4, 727-744.

Braun, Marcel/ Santarius, Tilman 2007: Erfolgsstory Emissionshandel? Prüfstein für Souveränität, Demokratie und Verflechtung, in: Brunnengräber, Achim/ Walk, Heike (Hrsg.): Multi-Level Governance – Klima-, Umwelt- und Sozialpolitik in einer interdependenten Welt, Baden-Baden: Nomos.

Breitmeier, Helmut 1996: Wie entstehen globale Umweltregime? Der Konfliktaustrag zum Schutz der Ozonschicht und des globalen Klimas, Opladen: Leske + Budrich.

Breitmeier, Helmut 2009: Regieren in der globalen Umweltpolitik: Eine gemischte Bilanz zwischen Erfolgs- und Problemfällen, in: Breitmeier, Helmut/ Roth, Michèle/ Senghaas, Dieter (Hrsg.): Sektorale Weltordnungspolitik: Effektiv, gerecht und demokratisch?, Baden-Baden: Nomos, 150-170.

Breitmeier, Helmut 2009a: Weltordnungspolitik in sektoraler Perspektive: Effektives, gerechtes und demokratisches Regieren?, in: Breitmeier, Helmut/ Roth, Michèle/ Senghaas, Dieter (Hrsg.): Sektorale Weltordnungspolitik: Effektiv, gerecht und demokratisch?, Baden-Baden: Nomos, 15-27.

Breitmeier, Helmut/ Rittberger, Volker 2000: Environmental NGOs in an Emerging Global Civil Society, in: Chasek, Pamela S.: The Global Environment in the Twenty-First Century: Prospects for International Cooperation, Tokio/ New York/ Paris: United Nations University Press.

Breitmeier, Helmut/ Roth, Michèle/ Senghaas, Dieter (Hrsg.) 2009: Sektorale Weltordnungspolitik: Effektiv, gerecht und demokratisch?, Baden-Baden: Nomos.

Breuer, Stefan 1998: Der Staat: Entstehung, Typen, Organisationsstadien, Reinbek: Rowohlt.

Broadhead, Lee-Anne 2002: International Environmental Politics: The Limits of Green Diplomacy, Boulder, CO: Lynne Rienner.

Brown, Bartram S. 2002: Unilateralism, Multilateralism, and the International Criminal Court, in: Patrick, Stewart/ Forman, Shepard (Hrsg.): Multilateralism and U.S. Foreign Policy: Ambivalent Engagement, Boulder, CO: Lynne Rienner, 323-344.

Brown, Chris 2004: Universal Values and Human Nature, in: Albert, Mathias/ Moltmann, Bernhard/ Schoch, Bruno (Hrsg.): Die Entgrenzung der Politik: Internationale Beziehungen und Friedensforschung. Festschrift für Lothar Brock, Frankfurt/M.: Campus, 241-260.

Brown, Drusilla K./ Deardorff, Alan/ Stern, Robert M. 2002: The Effects of Multinational Production on Wages and Working Conditions in Developing Countries, RSIE Discussion Paper 483, Ann Arbor, MI: University of Michigan, School of Public Policy.

Brown, Michael E. 1997: The Causes of Internal Conflict: An Overview, in: Brown, Michael E. (Hrsg.): Nationalism and Ethnic Conflict: An International Security Reader, Cambridge, MA: MIT Press, 3-25.

Brozus, Lars/ Take, Ingo/ Wolf, Klaus Dieter 2003: Vergesellschaftung des Regierens? Der Wandel nationaler und internationaler politischer Steuerung unter dem Leitbild der nachhaltigen Entwicklung, Opladen: Leske + Budrich.

Brühl, Tanja 2001: Mehr Raum für die unbequemen Mitspieler? Die Einbeziehung von NGOs in die internationalen (Umwelt-) Verhandlungen, in: Brunnengräber, Achim/ Klein, Ansgar/ Walk, Heike (Hrsg.): NGOs als Legitimationsressource: Zivilgesellschaftliche Partizipationsformen im Globalisierungsprozess, Opladen: Leske + Budrich, 137-156.

Brühl, Tanja 2003: Nichtregierungsorganisationen als Akteure internationaler Umweltverhandlungen: Ein Erklärungsmodell auf der Basis der situationsspezifischen Ressourcennachfrage, Frankfurt/M.: Campus.

Brühl, Tanja 2006: Public-Private Partnerships: Ungleiche Partner? Neue Regulierungsformen auf dem Prüfstand, in: Schirm, Stefan A. (Hrsg.): Globalisierung: Forschungsstand und Perspektiven, Baden-Baden: Nomos, 169-189.

Brühl, Tanja/ Debiel, Tobias/ Hamm, Brigitte/ Hummel, Hartwig/ Martens, Jens (Hrsg.) 2001: Die Privatisierung der Weltpolitik: Entstaatlichung und Kommerzialisierung im Globalisierungsprozess, Bonn: Dietz.

Brühl, Tanja/ Liese, Andrea 2004: Grenzen der Partnerschaft: Zur Beteiligung privater Akteure an internationalen Organisationen, in: Albert, Mathias/ Moltmann, Bernhard/ Schoch, Bruno (Hrsg.): Die Entgrenzung der Politik: Internationale Beziehungen und Friedensforschung. Festschrift für Lothar Brock, Frankfurt/M.: Campus, 162-190.

Brühl, Tanja/ Rittberger, Volker 2001: From International to Global Governance: Actors, Collective Decision-making, and the United Nations in the World of the Twenty-First Century, in: Rittberger, Volker (Hrsg.): Global Governance and the United Nations System, Tokio/ New York/ Paris: United Nations University Press, 1-47.

Brunnengräber, Achim 2007: Multi-Level Climate Governance: Strategische Selektivitäten in der internationalen Politik, in: Brunnengräber, Achim/ Walk, Heike (Hrsg.): Multi-Level Governance – Klima-, Umwelt- und Sozialpolitik in einer interdependenten Welt, Baden-Baden: Nomos.

Brunnengräber, Achim/ Dietz, Kristina/ Weber, Melanie 2005: Jenseits von Kyoto?, in: Blätter für deutsche und internationale Politik 50: 2, 146-150.

Brunnengräber, Achim/ Moritz, Florian 2006: Wohin steuert die internationale Klimapolitik? Zum Verhältnis von Politik, wirtschaftlichen Interessen und sozial-ökologischer Nachhaltigkeit, in: Amelung, Nina/ Mayer-Scholl, Barbara/ Schäfer, Martina/ Weber, Janine (Hrsg.): Einstieg in nachhaltige Entwicklung, Frankfurt/M.: Peter Lang, 85-96.

Brunnengräber, Achim/ Walk, Heike (Hrsg.) 2007: Multi-Level Governance – Klima-, Umwelt-, und Sozialpolitik in einer interdependenten Welt, Baden-Baden: Nomos.

Brunnengräber, Achim/ Walk, Heike/ Klein, Ansgar 2005: Mobile Herausforderer und alternative Eliten: NGOs als Hoffnungsträger einer demokratischen Globalisierung?, in: Brunnengräber, Achim/ Walk, Heike/ Klein, Ansgar (Hrsg.): NGOs im Prozess der Globalisierung, Bonn: Bundeszentrale für politische Bildung (BPB), 10-71.

Brunnengräber, Achim/ Walk, Heike/ Klein, Ansgar (Hrsg.) 2005a: NGOs im Prozess der Globalisierung, Bonn: Bundeszentrale für politische Bildung.

Brzoska, Michael 2004: „New Wars" Discourse in Germany, in: Journal of Peace Research 41: 1, 107-117.

Brzoska, Michael 2007: Friedensmissionen in Afrika: Trends, Wirkungen und deutscher Beitrag, in: Die Friedenswarte 82: 1, 87-106.

Brzoska, Michael/ Paes, Wolf-Christian 2006: Die Rolle externer wirtschaftlicher Akteure in Bürgerkriegsökonomien und ihre Bedeutung für Kriegsbeendigungsstrategien in Afrika südlich der Sahara, DSF Forschungspapier 7, Osnabrück: Deutsche Stiftung Friedensforschung (DSF).

Buchanan, James 1968: The Demand and Supply of Public Goods, Chicago, IL: Rand McNally.

Buencamino, Leonides/ Gorbunov, Sergei 2002: Informal Money Transfer Systems: Opportunities and Challenges for Development Finance, New York: United Nations Department of Economic and Social Affairs.
Bull, Benedicte/ McNeill, Desmond 2007: Development Issues in Global Governance: Public-Private Partnerships and Market Multilateralism, London: Routledge.
Bull, Hedley 1977: The Anarchical Society: A Study of Order in World Politics, Basingstoke/ New York: Palgrave Macmillan.
Bull, Hedley/ Watson, Adam (Hrsg.) 1984: The Expansion of International Society, Oxford/ New York: Oxford University Press.
Bummel, Andreas 2000: Für eine Welt ohne Völkermord. Ein Diskussionspapier der Gesellschaft für bedrohte Völker International zur Reform der Vereinten Nationen, Göttingen: Gesellschaft für bedrohte Völker International.
Bummel, Andreas 2005: Internationale Demokratie entwickeln: Für eine Parlamentarische Versammlung bei den Vereinten Nationen - Ein Strategiepapier des Komitees für eine demokratische UNO, Stuttgart: Horizonte Verlag.
Bundesministerium für Umwelt, Naturschutz und Reaktorsicherheit (BMU) 2007: Erneuerbare Energien in Zahlen – nationale und internationale Entwicklung, auf: http://www.erneuerbare-energien.de/files/erneuerbare_energien/downloads/application/pdf/broschuere_ ee_zahlen.pdf, eingesehen am 15.05.2008.
Bundesministerium für Umwelt, Naturschutz und Reaktorsicherheit (BMU) 2008: Klimaschutz Glossar, auf: http://www.bmu.de/klimaschutz/internationale_klimapolitik/glossar/doc/2902.php, eingesehen am 25.04.2008.
Burley, Anne-Marie 1993: Regulating the World: Multilateralism, International Law, and the Projection of the New Deal Regulatory State, in: Ruggie, John G. (Hrsg.): Multilateralism Matters: The Theory and Praxis of an Institutional Reform, New York: Columbia University Press, 125-156.
Büro der Vereinten Nationen zur Drogen- und Verbrechensbekämpfung 2007: World Drug Report 2007, Wien: Büro der Vereinten Nationen zur Drogen und Verbrechensbekämpfung, auf: http://www.unodc.org/pdf/research/wdr07/WDR_2007.pdf, eingesehen am 04.10.2007.
Busse, Matthias 2007: G8-Gipfel: Mehr Entwicklungshilfe für Afrika?, in: HWWI Update 5/2007, 3.
Byman, Daniel 2001: Uncertain Partners: NGOs and the Military, in: Survival 43: 2, 97-114.
Callies, Gralf-Peter 2004: Transnationales Handelsvertragsrecht: Private Ordnung und staatlicher Rahmen, in Zürn, Michael/ Zangl, Bernhard (Hrsg.): Verrechtlichung – Baustein für Global Governance?, Bonn: Dietz, 160-178.
Calließ, Jörg (Hrsg.) 2006: Die USA als Weltmacht: Der Stärkste ist am mächtigsten allein, Loccumer Protokoll 21/ 2004, Rehburg-Loccum: Evangelische Akademie Loccum.
Cardwell, Michael/ Rodgers, Christopher 2006: Reforming the WTO Legal Order for Agricultural Trade: Issues for European Rural Policy in the Doha Round, in: International and Comparative Law Quarterly 55: 4, 805-838.
Carey, John/ Wiessner, Siegfried 2001: A New United Nations Subsidiary Organ: The Permanent Forum on Indigenous Issues, in: ASIL Insights, auf: http://www.asil.org/insights/insigh67.htm, eingesehen am 12.03.2008.

Carr, Edward Hallett 1962: The Twenty Years' Crisis 1919-1939: An Introduction to the Study of International Relations, London: MacMillan (reprint of 2nd edition, 1946).
Carter, Ashton B./ Bulkeley, Jennifer C. 2007: America's Strategic Response to China's Military Modernization, in: Harvard Asia Pacific Review, 9:1, 50-52.
Carter, Neil 2001: The Politics of the Environment: Ideas, Activism, Policy, Cambridge: Cambridge University Press.
Carlsnaes, Walter/ Risse, Thomas/ Simmons, Beth (Hrsg.) 2002: Handbook of International Relations, London: Sage.
Cashore, Benjamin/ Auld, Graeme/ Newsom, Deanna 2004: Governing Through Markets: Forest Certification and the Emergence of Non-State Authority, New Haven, CT: Yale University Press.
CDU/CSU/SPD 2005: Koalitionsvertrag: Gemeinsam für Deutschland: Mit Mut und Menschlichkeit, auf: http://koalitionsvertrag.spd.de/servlet/PB/show/1645854/111105_Koalitionsvertrag.pdf, eingesehen am 15.12.2007.
Center for International Development and Conflict Management 2005: Polity IV Country Reports 2005, Baltimore, MD: University of Maryland, Center for International Development and Conflict Management, auf: http://www.cidcm.umd.edu/polity/country_reports/global2.htm, eingesehen am 13.10.2007.
Center for Security Studies 2007: Biorisiken: Schutz vor Pandemie und Bioterrorismus, Zürich: Center for Security Studies.
Centre for the Study of Civil War 2007: UCDP/PRIO Armed Conflict Dataset 2007, Oslo: International Peace Research Institute (PRIO)/ Uppsala: Uppsala Conflict Data Program (UCDP), Department of Peace and Conflict Research, Uppsala University.
Checkel, Jeffrey T. 1998: The Constructivist Turn in International Relations Theory, in: World Politics 50: 2, 324-348.
Chen, Shaohua/ Ravallion, Martin 2008: The Developing World Is Poorer Than We Thought, But No Less Successful in the Fight Against Poverty, Washington, DC: Weltbank.
Chesterman, Simon 2001: Just War or Just Peace? Humanitarian Intervention and International Law, Oxford/ New York: Oxford University Press.
Childers, Erskine/ Urquhart, Brian 1994: Renewing the United Nations System, Uppsala: Dag Hammarskjöld Foundation.
Chinn, Menzie/ Frankel, Jeffrey 2008: Why the Euro will Rival the Dollar, in: International Finance 11: 1, 49-73.
Chojnacki, Sven 2004: Gewaltakteure und Gewaltmärkte: Wandel der Kriegsformen? in: Der Bürger im Staat 54: 4, 197-204.
Chojnacki, Sven 2005: Privatisierte Sicherheit, in: Internationale Politik 60: 9, 34-42.
Chojnacki, Sven 2006: Democratic Wars and Military Interventions, 1946-2002: The Monadic Level Reconsidered, in: Geis, Anna/ Brock, Lothar/ Müller, Harald (Hrsg.): Democratic Wars: Looking at the Dark Side of Democratic Peace, Basingstoke/ New York: Palgrave Macmillan, 13-37.
Chojnacki, Sven 2006: Anything New or More of the Same? Wars and Military Interventions in the Contemporary International System, 1946-2003, in: Global Society 20: 1, 25-46.

Chojnacki, Sven 2006a: Kriege im Wandel: Eine typologische und empirische Bestandsaufnahme, in: Geis, Anna (Hrsg.), Den Krieg überdenken: Kriegsbegriffe und Kriegstheorien in der Kontroverse, Baden-Baden: Nomos, 47-74.

Chojnacki, Sven 2008: Wandel der Gewaltformen im internationalen System: 1946-2006, Osnabrück: Deutsche Stiftung Friedensforschung.

Chojnacki, Sven/ Eberwein, Wolf-Dieter 2000: Die Kultur der Prävention: Ein Ansatz zur Zivilisierung internationaler Politik, WZB Discussion Paper P 00-301, Berlin: Wissenschaftszentrum Berlin (WZB).

Chojnacki, Sven/ Reisch, Gregor 2008: New List of Wars, 1946-2006, Berlin: Freie Universität Berlin/ Berliner Forschungsgruppe Krieg (FORK).

Christiansen, Thomas 2006: The European Commission: The European Executive Between Continuity and Change, in: Richardson, Jeremy (Hrsg.) ³2006: European Union: Power and Policy-Making, London: Routledge, 99-120.

Clark, Grenville/ Sohn, Louis B. 1958: World Peace Through World Law, Cambridge, MA: Harvard University Press.

Clark, Ian 1999: Globalization and International Relations Theory, Oxford/ New York: Oxford University Press.

Clean Clothes Campaign 2007: Campaigns: Raising Awareness and Pressing for Change, auf: http://www.cleanclothes.org/campaign.htm, eingesehen am 16.06.2007.

Cohn, Theodore 2002: Governing Global Trade: International Institutions in Conflict and Convergence, Aldershot: Ashgate.

Coicaud, Jean-Marc 2007: Global Governance and Globalization Legitimacy, in: de Senarclens, Pierre/ Kazancigil, Ali (Hrsg.): Regulating Globalization: Critical Approaches to Global Governance, Tokio/ New York/ Paris: United Nations University Press, 249-274.

Coicaud, Jean-Marc/ Doyle, Michael W./ Gardner, Anne-Marie (Hrsg.) 2003: The Globalization of Human Rights, Tokio/ New York/ Paris: United Nations University Press.

Cole, Hugh/ Freeman, Christopher/ Jahoda, Marie/ Pavitt, Keith 1973: Thinking About the Future: A Critique of the Limits to Growth, Brighton: Sussex University Press.

Collier, Paul 1999: Doing Well out of War – An Economic Perspective, Washington, DC: Weltbank.

Collier, Paul/ Hoeffler, Anke 1998: On Economic Causes of Civil War, in: Oxford Economic Papers 50: 4, 563-573.

Collier, Paul/ Hoeffler, Anke 2000: Greed and Grievance in Civil War, World Bank Policy Research Working Paper 2355, Washington, DC: Weltbank.

Collier, Paul/ Hoeffler, Anke/ Söderbom, Mans 2001: On the Duration of Civil War, World Bank Policy Research Working Paper 2681, Washington, DC: Weltbank.

Collier, Paul/ Sambanis, Nicholas 2005: Understanding Civil War: Evidence and Analysis, Washington, DC: Weltbank.

Copeland, Dale C. 1996: Neorealism and the Myth of Bipolar Stability: Toward a New Dynamic Realist Theory of Major War, in: Security Studies, 5:3, 29-89.

Cornia, Giovanni Andrea (Hrsg.) 2004: Inequality, Growth, and Poverty in an Era of Liberalization and Globalization, Oxford/ New York: Oxford University Press.

Correlates of War 2007: Updated Militarized Dispute Data, auf: http://www.correlatesofwar.org/, eingesehen am 16.10.2007.

Cortright, David/ Lopez, George A. (Hrsg.) 2007: Uniting Against Terror: Cooperative Nonmilitary Responses to the Global Terrorist Threat, Cambridge, MA: MIT Press.

Cowell, Alan 2006: Sweden Offers Itself as a Model on Energy: Country Hopes to End Oil Dependence, in: International Herald Tribune, 03.02.2006, auf: http://www.iht.com/articles/2006/02/03/news/sweden.php, eingesehen am 12.05.2008.

Cox, Michael 2007: Is the United States in Decline – Again? An Essay, in: International Affairs 83: 4, 643-653.

Crawford, James/ Marks, Susan 1998: The Global Democracy Deficit: An Essay in International Law and its Limits, in: Archibugi, Daniele/ Held, David/ Kohler, Martin (Hrsg.): Re-imagining Political Community: Studies in Cosmopolitan Democracy, Stanford, CA: Stanford University Press, 72-90.

Creveld, Martin van 1998: Die Zukunft des Krieges, München: Gerling Akademie.

Cronin, Audrey Kurth 2003: Behind the Curve: Globalization and International Terrorism, in: International Security 27: 3, 33-58.

Cronin, Bruce 2005: International Legal Consensus and the Control of Excess State Violence, in: Global Governance 11: 3, 311-330.

Cusimano, Maryann K. 2000: Beyond Sovereignty: The Rise of Transsovereign Problems, in: Cusimano, Maryann K. (Hrsg.): Beyond Sovereignty: Issues for a Global Agenda, Boston, MA: Bedford/ St. Martin's, 1-40.

Cusimano, Maryann K./ Hensmann, Mark/ Rodrigues, Leslie 2000: Private-Sector Transsovereign Actors – MNCs and NGOs, in: Cusimano, Maryann K. (Hrsg.): Beyond Sovereignty: Issues for a Global Agenda, Boston, MA: Bedford/ St. Martin's, 255-282.

Cutler, A. Claire/ Haufler, Virginia/ Porter, Tony (Hrsg.) 1999: Private Authority and International Affairs, Albany, NY: State University of New York Press.

Cutler, A. Claire/ Haufler, Virginia/ Porter, Tony 1999a: Private Authority and International Affairs, in: Cutler, A. Claire/ Haufler, Virgina/ Porter, Tony (Hrsg.): Private Authority and International Affairs, Albany, NY: State University of New York Press, 2-38.

Cutler, A. Claire/ Haufler, Virginia/ Porter, Tony 1999b: The Contours and Significance of Private Authority in International Affairs, in: Cutler, A. Claire/ Haufler, Virgina/ Porter, Tony (Hrsg.): Private Authority and International Affairs, Albany, NY: State University of New York Press, 333-376.

Czempiel, Ernst-Otto 1981: Internationale Politik: ein Konfliktmodell, Paderborn: Schöningh.

Czempiel, Ernst-Otto 1999: Kluge Macht: Außenpolitik für das 21. Jahrhundert, München: Beck.

Czempiel, Ernst-Otto ²1993: Weltpolitik im Umbruch: Das internationale System nach dem Ende des Ost-West-Konflikts, München: Beck.

Daase, Christopher 1999: Kleine Kriege – Große Wirkung: Wie unkonventionelle Kriegsführung die internationale Politik verändert, Baden-Baden: Nomos.

Daase, Christopher 2001: Terrorismus – Begriffe, Theorien und Gegenstrategien: Ergebnisse und Probleme sozialwissenschaftlicher Forschung, in: Die Friedenswarte 76: 1, 55-79.

Daase, Christopher 2003: Krieg und politische Gewalt: Konzeptionelle Innovation und theoretischer Fortschritt, in: Hellmann, Gunther/Wolf, Klaus Dieter/Zürn, Michael (Hrsg.):

Die neuen internationalen Beziehungen. Forschungsstand und Perspektiven in Deutschland, Baden-Baden: Nomos, 161-208.

Daase, Christopher 2006: Democratic Peace – Democratic War: Three Reasons Why Democracies Are War-prone, in: Geis, Anna/ Brock, Lothar/ Müller, Harald (Hrsg.): Democratic Wars: Looking at the Dark Side of Democratic Peace, Basingstoke/ New York: Palgrave Macmillan, 74-89.

Daes, Erica-Irene 2000: Protection of the World's Indigenous Peoples and Human Rights, in: Symonides, Janusz (Hrsg.): Human Rights: Concepts and Standards, Aldershot: Ashgate, 301-325.

Dando, Malcolm 2005: Bioterrorism: What Is the Real Threat?, Bradford Science and Technology Report 3, Bradford: University of Bradford, Department of Peace Studies.

De Bary, William Theodore 1998: Asian Values and Human Rights: A Confucian Communitarian Perspective, Cambridge, MA: Harvard University Press.

De Jonge Oudraat, Chantal 2004: The Role of the Security Council, in: Boulden, Jane/ Weiss, Thomas G. (Hrsg.): Terrorism and the UN: Before and After September 11, Bloomington, IN: Indiana University Press, 151-172.

De Jonge Oudraat, Chantal/ Haufler, Virginia 2008: Global Governance and the Role of NGOs in International Peace and Security, AICGS Policy Report 33, Washington, DC: American Institute of Contemporary German Studies.

De Juan, Alexander 2006: Vom aggregierten zum extrapolierten Weltfrieden – Plädoyer für einen integrierten Ansatz des demokratischen Friedens, Tübinger Arbeitspapiere zur Internationalen Politik und Friedensforschung 47, Tübingen: Universität Tübingen, Institut für Politikwissenschaft.

De Wet, Erika 2008: The Relationship between the International Criminal Court and Ad hoc Criminal Tribunals Competition or Symbiosis, in: Friedenswarte 83:4, 33-57.

Deacon, Bob 2003: Global Social Governance Reform, Policy Brief of the Globalism and Social Policy Programme 1, Helsinki: Globalism and Social Policy Programme (GASPP).

Deacon, Bob 2007: Global Social Policy and Governance, London: Sage.

Deacon, Bob/ Hulse, Michelle/ Stubbs, Paul 1997: Global Social Policy, London: Sage.

Deacon, Bob/ Ilva, Minna/ Koivusalo, Meri/ Ollila, Eeva/ Stubbs, Paul 2005: Copenhagen Social Summit Ten Years On: The Need for Effective Social Policies Nationally, Regionally and Globally, Policy Brief of the Globalism and Social Policy Programme 6, Helsinki: Globalism and Social Policy Programme (GASPP).

Debiel, Tobias/ Sticht, Monika 2005: Entwicklungspolitik, Katastrophenhilfe und Konfliktbearbeitung: NGOs zwischen neuen Herausforderungen und schwieriger Profilsuche, in: Brunnengräber, Achim/ Walk, Heike/ Klein, Ansgar (Hrsg.): NGOs im Prozess der Globalisierung, Bonn: Bundeszentrale für politische Bildung (BPB), 129-171.

Debiel, Tobias/ Sticht, Monika 2007: (Ohn-)Mächtige Samariter: Humanitäre NGOs zwischen Intervention, Kommerz und Barmherzigkeit, in: Klein, Ansgar/ Roth, Silke (Hrsg): NGOs im Spannungsfeld von Krisenprävention und Sicherheitspolitik, Wiesbaden: VS Verlag für Sozialwissenschaften, 165-178.

Deitelhoff, Nicole 2006: Zu(m) Recht überzeugt? – Die Errichtung des Internationalen Strafgerichtshofs im Spannungsverhältnis zwischen Recht und Politik, in: Becker, Michael/

Zimmerling, Ruth (Hrsg.): Politik und Recht, PVS Sonderheft 46, Wiesbaden: VS Verlag für Sozialwissenschaften, 449-477.

Delbrück, Jost 1997: Wirksameres Völkerrecht oder neues „Weltinnenrecht"? Perspektiven der Rechtsentwicklung in einem sich wandelnden internationalen System, in: Senghaas, Dieter (Hrsg.): Frieden machen, Frankfurt/ M.: Suhrkamp, 482-512.

Delbrück, Jost 2001: Perspektiven für ein „Weltinnenrecht"? Rechtsentwicklungen in einem sich wandelnden Internationalen System, Rede auf dem SEF-Politikforum: Prozesse der internationalen Verrechtlichung - Innovative Wege der globalen Politikgestaltung, September 2001.

Deng, Yong 2006: Reputation and the Security Dilemma: China reacts to the China Threat Theory, in: Johnston, Alastair I./ Ross, Robert S. (Hrsg.): New directions in the study of China's Foreign Policy, Stanford, CL: Stanford University Press, 186-214.

Derichs, Claudia/ Heberer, Thomas (Hrsg.) 2008: Einführung in die politischen Systeme Ostasiens: VR China, Hongkong, Japan, Nordkorea, Südkorea, Taiwan, Wiesbaden: VS Verlag für Sozialwissenschaften.

Deutsch, Karl W./ Burrell, Sydney A./ Kann, Robert A./ Lee Jr., Maurice/ Lichtermann, Martin/ Lindgren, Raymond E./ Loewenheim, Francis L./ van Wagenen, Richard W. 1957: Political Community and the North Atlantic Area: International Organization in the Light of Historical Experience, Princeton, NJ: Princeton University Press.

Deutsch, Karl W./ Singer, David J. 1964: Multipolar Power Systems and International Stability, in: World Politics 16: 3, 390-406.

Deutsche Botschaft Peking 2007: Wirtschaftsdaten Kompakt: Daten zur Chinesischen Wirtschaft, Peking: Deutsche Botschaft, auf: http://www.peking.diplo.de/Vertretung/peking/de/05/Aussenwirtschaftsfoerderung/widaten__kompakt__download,property =Daten.pdf, eingesehen am 25.05.2007.

Deutsche Bundesbank 2009: Basel II – Die neue Baseler Eigenkapitalvereinbarung, auf: http://www.bundesbank.de/bankenaufsicht/bankenaufsicht_basel.php, eingesehen am 10.02.2009.

Dicke, Klaus 1998: „…das von allen Völkern und Nationen zu erreichende gemeinsame Ideal…": Zum Politikprogramm der Allgemeinen Erklärung, in: Vereinte Nationen 46: 6, 191-194.

Dicke, Klaus 2001: Weltgesetzgeber Sicherheitsrat, in: Vereinte Nationen 49: 5, 163.

Diedrichs, Udo 2006: Europäische Kommission, in: Weidenfeld, Werner/ Wessels, Wolfgang (Hrsg.): Europa von A bis Z: Taschenbuch der europäischen Integration, Baden-Baden: Nomos; Berlin: Institut für Europäische Politik, 197-201.

Diehl, Peter 2006: Reichweite der Uran-Vorräte der Welt, Berlin: Greenpeace Deutschland, auf: http://www.greenpeace.de/fileadmin/gpd/user_upload/themen/atomkraft/2006_02 _Kurzfasssung_Uranreport_tb02.pdf, eingesehen am 17.04.2008.

Dieter, Heribert 2004: The Stability of International Financial Markets: A Global Public Good?, in: Schirm, Stefan A. (Hrsg.): New Rules for Global Markets: Public and Private Governance in the World Economy, Basingstoke/ New York: Palgrave Macmillan, 23-43.

Dieter, Heribert 2007: Der Welthandel: Motor der wirtschaftlichen Entwicklung oder Bedrohung des Wohlstands?, in: Ferdowsi, Mir A. (Hrsg.): Weltprobleme, Bonn: Bundeszentrale für politische Bildung (BPB), 159-197.

Dingwerth, Klaus 2003: Globale Politiknetzwerke und ihre demokratische Legitimation: Eine Analyse der Weltstaudammkommission, in: Zeitschrift für Internationale Beziehungen 10: 1, 69-109.

Dingwerth, Klaus/ Pattberg, Philipp 2006: Was ist Global Governance?, in: Leviathan 34: 3, 377-400.

Donnelly, Jack ³2006: International Human Rights, Boulder, CO: Westview Press.

Donner-Reichle, Carola 2000: Elemente einer globalen Sozialpolitik, in: Nord-Süd Aktuell 14: 1, 95-111.

Doyle, Michael/ Sambanis, Nicholas 2006: Making War and Building Peace: United Nations Peacekeeping Operations, Princeton, NJ: Princeton University Press.

Doyle, Michael W./ Sambanis, Nicholas 2007: Peacekeeping Operations, in: Weiss, Thomas G./ Daws, Sam (Hrsg.): The Oxford Handbook on the United Nations, Oxford/ New York: Oxford University Press, 323-348.

Doyle, Randall 2007: America and China: Asia-Pacific Rim Hegemony in the 21st Century, Lanham, MD: Lexington Books.

Dreher, Axel 2003: Verursacht der IWF Moral Hazard? Ein kritischer Literaturbericht, in: Jahrbuch für Wirtschaftswissenschaften 54: 3, 268-287.

Drossou, Olga/ Fücks, Ralf 2005: Ein Gipfel neuen Typs, auf: http://www.worldsummit2003.de/de/web/860.htm, eingesehen am 17.06.2007.

Duffield, Mark 1993: NGOs, Disaster Relief and Asset Transfer in the Horn: Political Survival in a Permanent Emergency, in: Development and Change 24: 1, 131-157.

Dufresne, Bernard 2006: A Mature Partnership: Indo-European Trade and Economic Perspectives, in: Voll, Klaus/ Skoda, Uwe (Hrsg.): Rising India - Europe's Partner?: Foreign and Security Policy, Politics, Economics, Human Rights and Social Issues, Media, Civil Society and Intercultural Dimensions, Berlin: Weißensee-Verlag/ New Delhi: Mosaic Books, 683-690.

Dunne, Tim 2005: Terrorism, in: White, Brian (Hrsg.): Issues in World Politics, Basingstoke/ New York: Palgrave Macmillan, 257-273.

Easterly, William 2005: Reliving the '50s: the Big Push, Poverty Traps and Takeoffs in Economic Development, New York Center for Global Development Working Paper 65, New York: Center for Global Development.

Easton, David 1965: A Framework for Political Analysis, Englewood Cliffs, NJ: Prentice Hall.

ECOSOC 2008: Development Cooperation Forum, auf: http://www.un.org/ecosoc/newfunct/develop.shtml, aufgerufen am 10.5.2008.

Edele, Andreas 2006: All Hands on Deck – The Establishment of Global Public-Private Partnerships for Development from a Resource Exchange Perspective, unveröffentlichte Magisterarbeit, Tübingen: Universität Tübingen, Institut für Politikwissenschaft.

Eder, Franz (Hrsg.) 2007: Transatlantic Discord: Combating Terrorism and Proliferation, Preventing Crises, Baden-Baden: Nomos.

Efinger, Manfred/ Rittberger, Volker/ Zürn, Michael 1988: Internationale Regime in den Ost-West-Beziehungen: Ein Beitrag zur Erforschung der friedlichen Behandlung internationaler Konflikte, Frankfurt/M.: Haag + Herchen.

Elias, Norbert ²1969: Über den Prozeß der Zivilisation: Soziogenetische und psychogenetische Untersuchungen, Bern: Francke.

Emerson, Richard M. 1962: Power-Dependence Relations, in: American Sociological Review 27: 1, 31-41.

Emmerij, Louis/ Jolly, Richard/ Weiss, Thomas G. 2001: Ahead of the Curve? UN Ideas and Global Challenges, Bloomington, IN: Indiana University Press.

Enderlein, Henrik 2009: Global Governance internationaler Finanzmärkte, in: Aus Politk und Zeitgeschichte 8/2009, 3-8.

Energiecharta-Sekretariat 2008: Members and Observers, auf: http://www.encharter.org/index.php?id=61&L=1%2F%5C%5C%5C%27, eingesehen am 15.05.2008.

Energy Information Administration (EIA) 2008: Official Energy Statistics from the US Government: US Energy Nominal Prices, abrufbar unter: http://www.eia.doe.gov/oiaf/forecasting.html, eingesehen am 09.08.2008.

Eppler, Erhard 2002: Vom Gewaltmonopol zum Gewaltmarkt? Die Privatisierung und Kommerzialisierung der Gewalt, Frankfurt/M.: Suhrkamp.

Erdmann, Gero/ Engel, Ulf 2006: Neopatrimonialism Revisited: Beyond a Catch-All Concept, GIGA Working Paper No. 16, Hamburg: GIGA, auf: http://www.giga-hamburg.de/dl/download.php?d=/content/publikationen/pdf/wp16_erdmann-engel.pdf, eingesehen am 01.04.2009.

Ergin, Yasemin 2006: Sudan (Darfur), Hamburger Arbeitsgemeinschaft Kriegsursachenforschung (AKUF), auf http://www.sozialwiss.uni-hamburg.de/publish/Ipw/Akuf/kriege/301ak_sudan_darfur.htm, eingesehen am 28.05.2007.

Ermert, Monika 2007: Widersprüchliche Konzepte für das IGF, auf: http://www.heise.de/newsticker/meldung/85202/from/rss09, eingesehen am 17.06.2007.

Errico, Stefania 2007: The Draft UN Declaration on the Rights of Indigenous Peoples: An Overview, in: Human Rights Law Review 7: 4, 741-755.

Etzioni, Amitai 1995: Die Entdeckung des Gemeinwesens: Ansprüche, Verantwortlichkeiten und das Programm des Kommunitarismus, Stuttgart: Schäffer-Poeschel.

Etzioni, Amitai 1997: The New Golden Rule: Community and Morality in a Democratic Society, New York: Basic Books.

Etzioni, Amitai 2004: From Empire to Community: A New Approach to International Relations, Basingstoke/ New York: Palgrave Macmillan.

Europäische Kommission 2001: Promoting a European Framework for Corporate Social Responsibility, Brüssel: Generaldirektion für Beschäftigung und soziale Angelegenheiten/ Luxemburg: Amt für amtliche Veröffentlichungen der Europäischen Gemeinschaften.

Europäische Kommission 2002: Responses to the Challenges of Globalisation: A Study on the International Monetary and Financial System and on Financing for Development, Brüssel: Europäische Kommission, Generaldirektion wirtschaftliche und finanzielle Angelegenheiten, auf: http://ec.europa.eu/economy_finance/publications/european_economy/2002/eesp102en.pdf, eingesehen am 03.12.2007.

Europäische Kommission 2005: Eurobarometer 62: Public Opinion in the European Union, Brüssel: Europäische Kommission.
Europäische Kommission 2006: Study on Employment in Rural Areas, Brüssel: Europäische Kommission, Generaldirektion für Landwirtschaft, auf: http://ec.europa.eu/agriculture/publi/reports/ruralemployment/sera_report.pdf, eingesehen am 05.03.2009
Europäische Kommission 2007: The EU and the Kimberley Process (Blood Diamonds), Brüssel: Europäische Kommission, auf: http://ec.europa.eu/external_relations/kimb/intro/index.htm, eingesehen am 28.09.2007
Europäische Kommission 2007a: Pressemitteilung der Europäischen Kommission IP/07/612 4.Mai 2007: Kimberley-Prozess: Liberia wird wieder zum Diamantenhandel zugelassen, Brüssel: Europäische Kommission, auf: http://europa.eu/rapid/pressReleasesAction.do?reference=IP/07/612&format=PDF&aged=0&language=DE&guiLanguage=en, eingesehen am 28.09.2007.
Europäische Kommission 2008: Vorschlag für eine Richtlinie des Europäischen Parlaments und des Rates zur Änderung der Richtlinie 2003/87/EG zwecks Verbesserung und Ausweitung des EU Systems für den Handel mit Treibhausgasemissionszertifikaten, KOM (2008) 16, Brüssel: EU Kommission, auf: http://ec.europa.eu/environment/climat/emission/pdf/com_2008_16_de.pdf, eingesehen am 13.05.2008.
Europäische Kommission 2008a: Finanzplanung und Haushalt, Brüssel: Europäische Kommission, auf: http://ec.europa.eu/budget/documents/budget_current_year_de.htm?go=t1_2#table-1_2, eingesehen am 25.11.2008.
Europäisches Parlament 2008: Parliamentary Conference on the WTO, Straßburg: Europäisches Parlament, auf: http://www.europarl.europa.eu/comparl/inta/conference_wto/history_en.htm, eingesehen am 10.03.2008.
Evans, Gareth 2008: The Responsibility to Protect: Ending Mass Atrocity Crimes Once and For All, Washington D.C: Brookings Institutions Press.
Extractive Industries Transparency Initiative (EITI) 2009: Compliant Country, auf: http://eitransparency.org/compliantcountries, eingesehen am 01.04.2009.
Faigle, Philip 2008: Die Differenzen sind groß: Auf dem Finanzgipfel in Washington sucht die Welt nach neuen Regeln für die Finanzmärkte. Doch die Vorstellungen darüber gehen weit auseinander. Ein Überblick, in: ZEIT ONLINE, 15.11.2008, abrufbar unter: http://www.zeit.de/online/2008/47/weltfinanzgipfel-ueberblick?page=1, eingesehen am 15.11.2008.
Falk, Richard 1995: The World Order between Inter-State Law and the Law of Humanity: The Role of Civil Society Institutions, in: Archibugi, Daniele/ Held, David (Hrsg.): Cosmopolitan Democracy: An Agenda for a New World Order, Cambridge: Polity Press, 163-179.
Falk, Richard 1999: Predatory Globalization: A Critique, Cambridge: Polity Press.
Falk, Richard/ Strauss, Andrew 2003: Toward Global Parliament, in: Mendlovitz, Saul H./Walker, Barbara (Hrsg.): A Reader on Second Assembly & Parliamentary Proposals, Wayne, NJ: Center for UN Reform Education, 11-19.
Feenstra, Robert 1998: Integration of Trade and Disintegration of Production in the Global Economy, in: Journal of Economic Perspectives 12: 4, 31-50.

Feldt, Heidi 2004: Publish what you pay. Rohstoffe und die Offenlegung von Zahlungsströmen, in: Brühl, Tanja/ Feldt, Heidi/ Hamm, Brigitte/ Hummel, Hartwig/ Martens, Jens (Hrsg.): Unternehmen in der Weltpolitik: Politiknetzwerke, Unternehmensregeln und die Zukunft des Multilateralismus, Bonn: Dietz, 246-263.

Ferdowsi, Mir A. 2007: Armut – definitorische Probleme, Dimensionen und Ursachen, in: Ferdowsi, Mir A. (Hrsg.): Weltprobleme, Bonn: Bundeszentrale für politische Bildung (BPB), 199-221.

Ferdowsi, Mir A. (Hrsg.) 2007a: Weltprobleme, Bonn: Bundeszentrale für politische Bildung.

Ferguson, Niall 2005: Sinking Globalization, in: Foreign Affairs 84: 2, 64-77.

Fidler, David P. 2004: SARS, Governance, and the Globalization of Disease, Basingstoke/ New York: Palgrave Macmillan.

Financial Action Task Force on Money Laundering (FATF) 2005: Bericht über Geldwäsche-Typologien und Typologien der Finanzierung des Terrorismus 2003-04, Übersetzung durch das deutsche Bundessprachenamt im Auftrag für das Bundeskriminalamt, Paris: Financial Action Task Force on Money Laundering (FATF).

Finnemore, Martha 1993: International Organizations as Teachers of Norms: The United Nations Educational, Scientific, and Cultural Organization and Science Policy, in: International Organization 47: 4, 565-598.

Finnemore, Martha 1996: Constructing Norms of Humanitarian Intervention, in: Katzenstein, Peter J. (Hrsg.): The Culture of National Security: Norms and Identity in World Politics, New York: Columbia University Press, 152-185.

Finnemore, Martha/ Sikkink, Kathryn 1998: International Norm Dynamics and Political Change, in: International Organization 52: 4, 887-917.

Fischer, Martina 2007: Friedenskonsolidierung im westlichen Balkan? Zur Ambivalenz des Beitrags internationaler Missionen, in: Die Friedens-Warte 82: 1, 41-67.

Fischer, Martina 2008: Civil Society and Peacebuilding: Potentials and Limits, in: Rittberger, Volker/ Fischer, Martina (Hrsg.): Strategies for Peace: Contributions of International Organizations, States and Non-State Actors, Opladen/ Farmington Hills, MI: Barbara Budrich, 221-259.

Fischer-Lescano, Andreas/ Teubner, Gunther 2006: Regime-Kollisionen: Zur Fragmentierung des globalen Rechts, Frankfurt/M.: Suhrkamp.

Fitschen, Patrick 2007: Die Transformation der US-Streitkräfte. Die Neuausrichtung der Streitkräfte der Vereinigten Staaten zwischen 2001 und 2006, Frankfurt am Main: Peter Lang.

Florini, Ann 2000: The Third Force: The Rise of Transnational Civil Society, Washington, DC: Carnegie Endowment for International Peace.

Fomerand, Jacques/ Dijkzeul, Dennis 2007: Coordinating Economic and Social Affairs, in: Weiss, Thomas G./ Daws, Sam (Hrsg.): The Oxford Handbook on the United Nations, Oxford/ New York: Oxford University Press, 561-581.

Foot, Rosemary 2005: Human Rights and Counterterrorism in Global Governance: Reputation and Resistance, in: Global Governance 11: 3, 291-310.

Foot, Rosemary/ MacFarlane, S. Neil/ Mastanduno, Michael 2003: Conclusion: Instrumental Multilateralism in US Foreign Policy, in: Foot, Rosemary/ MacFarlane, S. Neil/ Mastanduno, Michael (Hrsg.): US Hegemony and International Organizations: The United

States and Multilateral Institutions, Oxford/ New York: Oxford University Press, 265-272.

Foreign Policy & The Fund for Peace 2006: Failed States Index 2006, auf: http://www.foreignpolicy.com/story/cms.php?story_id=3420&page=1, eingesehen am 24.05.2007.

Forsythe, David P. 2000: Human Rights and International Relations, Cambridge: Cambridge University Press.

Fortune Magazine 2008: Global 500, auf http://money.cnn.com/magazines/fortune/global500/2008/index.html, eingesehen am 02.09.2008.

Fox, Gregory H./ Roth, Brad R. 2000: Introduction: The Spread of Liberal Democracy and Its Implications for International Law, in: Fox, Gregory H./ Roth, Brad R. (Hrsg.): Democratic Governance and International Law, Cambridge: Cambridge University Press, 1-24.

Franck, Thomas M. 2000: Legitimacy and the Democratic Entitlement, in: Fox, Gregory H./ Roth, Brad R. (Hrsg.): Democratic Governance and International Law, Cambridge: Cambridge University Press, 25-47.

Franck, Thomas M. 2002: Fairness in International Law and Institutions, Oxford/ New York: Oxford University Press.

Franke, Volker/ Heinze, Marie-Christine 2008: Aus Fehlern lernen? Fazit nach 18 Monaten Peacebuilding Commission der Vereinten Nationen, in: Die Friedenswarte 83: 1, 97-115.

Frantz, Christiane/ Martens, Kerstin 2006: Nichtregierungsorganisationen, Wiesbaden: VS Verlag für Sozialwissenschaften.

Freedom House 2009: Freedom in the World 2009, auf: http://www.freedomhouse.org/template.cfm?page=445, eingesehen am 22.03.2009.

Freedom House 2009: About Us, auf: http://www.freedomhouse.org/template.cfm?page=2, eingesehen am 20.03.2009.

Freeman, Bennett/ Hernandez Uriz, Genoveva 2003: Managing Risk and Building Trust: The Challenge of Implementing the Voluntary Principles on Security and Human Rights, in: Sullivan, Rory (Hrsg.): Business and Human Rights: Dilemmas and Solutions, Sheffield: Greenleaf Publishing, 243-259.

Frenkel, Michael/ Menkhoff, Lukas 2002: Reform Proposals for a New International Financial System, in: Fendt, Roberto/ Lins, Maria A. Del Tedesco (Hrsg.): Uneven Architecture: The Space of Emerging Countries in the International Financial System, Sao Paolo/ Rio de Janeiro: Konrad-Adenauer-Stiftung, 227-250.

Freund, Corinna 2002: Internationale Kooperation zur Prävention von Finanzkrisen: Die Verregelung von Verteilungskonflikten zwischen den Industriestaaten, Dissertation, Tübingen: Universität Tübingen, Institut für Politikwissenschaft.

Frieden, Jeffry A. 2006: Global Capitalism: Its Fall and Rise in the Twentieth Century, New York/ London: W. W. Norton.

Friedman, Richard B. 1990: On the Concept of Authority in Political Philosophy, in: Raz, Joseph (Hrsg.): Authority, New York: New York University Press, 56-91.

Fröhlich, Manuel 2006: „Responsibility to Protect" – Zur Herausbildung einer neuen Norm der Friedenssicherung, in: Varwick, Johannes/ Zimmermann, Andreas (Hrsg.): Die Reform der Vereinten Nationen – Bilanz und Perspektiven, Berlin: Duncker & Humblot, 167-186.

Frost, Robin M. 2005: Nuclear Terrorism After 9/11, London: Routledge.

Fuchs, Doris 2005: Understanding Business Power in Global Governance, Baden-Baden: Nomos.
Fuchs, Doris 2006: Privatwirtschaft und Governance: Transnationale Unternehmen und die Effektivität privaten Regierens, in: Schirm, Stefan A. (Hrsg.): Globalisierung: Forschungsstand und Perspektiven, Baden-Baden: Nomos, 147-168.
Fues, Thomas 2000: Auf dem Weg zur Weltsozialordnung? Beiträge zur Debatte über globale Armutsstrategien, INEF-Report 44, Duisburg: Institut für Entwicklung und Frieden (INEF).
Fues, Thomas 2001: Der Kopenhagen-Prozess und die Weltsozialordnung, in: Fues, Thomas/ Hamm, Brigitte I. (Hrsg.): Die Weltkonferenzen der 90er Jahre: Baustellen für Global Governance, Bonn: Dietz, 158-190.
Fues, Thomas 2006: Ist das Glas halb voll oder halb leer? Die Umsetzung der Millennium-Entwicklungsziele in den einzelnen Weltregionen, in: Nuscheler, Franz/ Roth, Michèle (Hrsg.): Die Millennium-Entwicklungsziele: Entwicklungspolitischer Königsweg oder ein Irrweg?, Bonn: Dietz, 44-60.
Fues, Thomas 2007: Wir brauchen eine Allianz alter und neuer Geber, in: Entwicklung und Zusammenarbeit (E + Z) 48: 9, 348-349.
Fukuyama, Francis 1992: Das Ende der Geschichte: Wo stehen wir?, München: Kindler.
Fukuyama, Francis 2004: State-building: Governance and World Order in the 21st Century, Ithaca, NY: Cornell University Press.
Fukuyama, Francis 2005: Re-envisioning Asia, in: Foreign Affairs, 84: 1, 75-87.
Fung, Archon 2003: Deliberative Democracy and International Labor Standards, in: Governance 16: 1, 51-71.
G8 2007: Heiligendamm G8 Summit Statement on Counter Terrorism – Security in the Era of Globalization, Heiligendamm, 6-8. Juni 2007.
Gaer, Felice D. 1996: Reality Check: Human Rights NGOs Confront Governments at the UN, in: Weiss, Thomas G. / Gordenker, Leon (Hrsg.): NGOs, the UN, and Global Governance, Boulder, CO: Lynne Rienner, 51-66.
Galbraith, James K. 2007: University of Texas Inequality Project (UTIP), unter Leitung von James K. Galbraith, auf: http://utip.gov.utexas.edu, eingesehen am 06.12.2007.
Galtung, Johan 1995: Global Governance for and by Global Democracy, in: Commission on Global Governance (Hrsg.): Issues in Global Governance: Papers Written for the Commission on Global Governance, London: Kluwer Law International, 195-215.
Ganser, Daniele 2004: Brauchen wir eine Ökonomie des Friedens? Eine Schweizer Perspektive auf die Verbindung der Wirtschaft mit Gewaltkonflikten, in: Die Friedens-Warte 79: 1-2, 57-74.
García-Alix, Lola 2003: The Permanent Forum on Indigenous Issues, Copenhagen: International Work Group for Indigenous Affairs (IWGIA).
Gareis, Sven Bernhard 2008: China – eine unsichere Weltmacht, in: Gesellschaft – Wissenschaft – Politik, 2/2008, 165-171.
Gareis, Sven Bernhard/ Varwick, Johannes 2002: Die Vereinten Nationen, Opladen: Leske + Budrich.
Gartzke, Erik 2007: The Capitalist Peace, in: American Journal of Political Science 51: 1, 166-191.

Gary, Ian/ Reisch, Nikki 2005: Chad's Oil: Miracle or Mirage? Following the Money in Afrikas Newest Petro-State, Baltimore, MD: Catholic Relief Services and Bank Information Centre.
Gebauer, Thomas 2007: Hilfe oder Beihilfe? Die Arbeit von humanitären Hilfsorganisationen zwischen Hilfeleistung und Instrumentalisierung, in: Klein, Ansgar/ Roth, Silke (Hrsg.): NGOs im Spannungsfeld von Krisenprävention und Sicherheitspolitik, Wiesbaden: VS Verlag für Sozialwissenschaften, 205-214.
Geis, Anna 2001: Diagnose: Doppelbefund – Ursache: ungeklärt? Die Kontroversen um den demokratischen Frieden, in: Politische Vierteljahresschrift 42: 2, 282-298.
Genschel, Philipp/ Zangl, Bernhard 2007: Die Zerfaserung von Staatlichkeit und die Zentralität des Staates, in: Aus Politik und Zeitgeschichte 20-21/2007, 10-16.
Genschel, Philipp/ Zangl, Bernhard 2008: Metamorphosen des Staates – Vom Herrschaftsmonopolisten zum Herrschaftsmanager, in: Leviathan 3/2008, 430-454.
Gesellschaft für Technische Zusammenarbeit (GTZ) 2007: Drugs and Conflict: How the Mutual Impact of Illicit Drug Economies and Violent Conflict Influences Sustainable Development, Peace and Stability, Eschborn: Gesellschaft für Technische Zusammenarbeit (GTZ).
Gettkant, Andreas 1995: Nachbarn in einer Welt: der Bericht der Kommission für Weltordnungspolitik, Bonn: Stiftung Entwicklung und Frieden.
Ghebali, Victor Yves 2006: The United Nations and the Dilemma of Outsourcing Peacekeeping Operations, in: Bryden, Alan/ Caparini, Marina (Hrsg.) 2006: Private Actors and Security Governance, Münster: LIT / Genf: DCAF (Geneva Centre for the Democratic Control of Armed Forces), 213 – 230.
Giddens, Anthony 1990: The Consequences of Modernity, Cambridge: Polity Press.
Gill, Bates 2008: The United States and the China-Europe Relationship, in: Shambaugh, David, Sandschneider, Eberhard/ Hong, Zhou (Hrsg.): China-Europe Relations: Perceptions, Policies and Prospects, London: Routledge 270-286.
Gill, Bates/ Huang, Yanzhong 2006: Sources and Limits of China's Soft Power, in: Survival 48: 2, 17-36, abrufbar unter: http://www.csis.org/media/csis/pubs/060605_gill_huang_iiss.pdf, eingesehen am 14.11.2008.
Gilpin, Robert 1975: U.S. Power and the Multinational Corporation, New York: Basic Books.
Gilpin, Robert [3]1986: War and Change in World Politics, Cambridge: Cambridge University Press.
Gilpin, Robert 1987: The Political Economy of International Relations, Princeton, NJ: Princeton University Press.
Gimbal, Anke 2006: Unionsbürgerschaft, in: Weidenfeld, Werner/ Wessels, Wolfgang (Hrsg.): Europa von A bis Z: Taschenbuch der europäischen Integration, Baden-Baden: Nomos/ Berlin: Institut für Europäische Politik, 356-359.
Gleditsch, Nils Petter/ Wallensteen, Peter/ Eriksson, Mikael/ Sollenberg, Margareta / Strand, Håvard 2002: Armed Conflict 1946–2001: A New Dataset, in: Journal of Peace Research 39: 5, 615–637.
Global Compact (Hrsg.) 2005: Der Global Compact, New York: Vereinte Nationen, abrufbar unter: http://www.unglobalcompact.org/Languages/german/de-gc-flyer-05.pdf, eingesehen am 13.08.2008.

Global Compact Deutschland 2006: Global Compact Deutschland 2006: Jahrbuch des deutschen Global Compact Netzwerkes, Münster: Macondo.

Global Compact 2008: Global Compact Participants: Database, abrufbar unter: http://www.unglobalcompact.org/ParticipantsAndStakeholders/index.html, eingesehen am 13.08.2008.

Global Environment Facility 2005: The A-Z of the GEF: An NGO Guide to Participation in the GEF, auf: http://www.gefweb.org/uploadedFiles/NGO_Guide(1).pdf, eingesehen am 13.12.2007.

Global Environment Facility 2006: Focal Point Handbook: An Introduction to the GEF, auf: http://www.gefweb.org/participants/Focal_Points/documents/FP_Handbook_15Nov06_english.pdf, eingesehen am 13.12.2007.

Global Environment Facility 2006a: Strategy to Enhance Engagement with the Private Sector (GEF/C.28/14 2006), auf: http://www.gefweb.org/Documents/Council_Documents/GEF_C28/documents/C.28.14PrivateSectorStrategy_000.pdf, eingesehen am 13.12.2007.

Global Forum for Partnerships between States and Businesses to Counter Terrorism 2006: Strategy for Partnerships between States and Business to Counter Terrorism, 30. November 2006, Moskau: Global Forum for Partnerships between States and Businesses to Counter Terrorism.

Global Fund to Fight AIDS, Tuberculosis and Malaria 2003: A Force for Change: The Global Fund at 30 Months, Genf: Global Fund to Fight AIDS, Tuberculosis and Malaria (The Global Fund).

Global Fund to Fight AIDS, Tuberculosis and Malaria 2007: Website of The Global Fund to Fight AIDS, Tuberculosis and Malaria, auf: http://www.theglobalfund.org/en/faq, eingesehen am 06.09.2007.

Global Public Private Partnership for Handwashing with Soap 2007: Handwashing Can Save Millions of Lives, auf http://www.globalhandwashing.org/, eingesehen am 11.12.2007.

Gmelch, Heinz [6]2007: Globale Umweltprobleme – Dimensionen, Ursachen, Lösungsansätze, in: Ferdowsi, Mir A.: Weltprobleme, Bonn: Bundeszentrale für politische Bildung (BPB), 237-281.

Göbel, Thorsten (i.E.): Are Multi-Stakeholder Initiatives Making a Difference? unveröffentlichte Dissertation, Tübingen: Universität Tübingen, Institut für Politikwissenschaft.

Goldstein, Judith/ Gowa, Joanne 2002: US National Power and the Postwar Trading Regime, in: World Trade Review 1: 2, 153-170.

Goldstein, Judith/ Kahler, Miles/ Keohane, Robert O./ Slaughter, Anne-Marie (Hrsg.) 2001: Legalization and World Politics, Cambridge, MA: MIT Press.

Goldstein, Judith/ Keohane, Robert O. 1993: Ideas and Foreign Policy: An Analytical Framework, in: Goldstein, Judith/ Keohane, Robert O. (Hrsg.): Ideas and Foreign Policy: Beliefs, Institutions, and Political Change, Ithaca, NY: Cornell University Press, 3-30.

Goldstein, Judith/ Keohane, Robert O. (Hrsg.) 1993a: Ideas and Foreign Policy: Beliefs, Institutions, and Political Change, Ithaca, NY: Cornell University Press.

Goldthau, Andreas/ Witte, Jan Martin 2008: Global Energy Governance: Neue Trends, neue Akteure, neue Regeln, in: Internationale Politik 63: 4, 46-54.

Gordenker, Leon 2005: The UN Secretary General and Secretariat, London: Taylor and Francis.
Gordenker, Leon/ Weiss, Thomas G. 1996: Pluralizing Global Governance: Analytical Approaches and Dimensions, in: Gordenker, Leon/ Weiss, Thomas G. (Hrsg.): NGOs, the UN, and Global Governance, Boulder, CO: Lynne Rienner, 17-51.
Gordenker, Leon/ Weiss, Thomas G. 1998: Devolving Responsibilities: A Framework for Analysing NGOs and Services, in: Weiss, Thomas G. (Hrsg.): Beyond UN Subcontracting: Task-Sharing with Regional Security Arrangements and Service-Providing NGOs, Basingstoke/ New York: Palgrave Macmillan, 30-48.
Gosepath, Stefan/ Merle, Jean-Christophe (Hrsg.) 2002: Weltrepublik: Globalisierung und Demokratie, München: Beck.
Graduate Institute of International Studies (Hrsg.) 2001: Small Arms Survey 2001: Profiling the Problem, Genf: Graduate Institute of International Studies, auf: http://www.smallarmssurvey.org/files/sas/publications/yearb2001.html, eingesehen am 27.4.2007.
Graduate Institute of International Studies (Hrsg.) 2003: Small Arms Survey 2003: Entwicklung verweigert – Einblicke und Geheimniskrämereien: Globaler Kleinwaffentransfer, Genf: Graduate Institute of International Studies, auf: http://www.smallarmssurvey.org/files/sas/publications/year_b_pdf/2003/2003SASCh3_summary_ge.pdf; eingesehen am 28.4.2007.
Graduate Institute of International Studies (Hrsg.) 2006: Small Arms Survey 2006: Unfinished Business, Genf: Graduate Institute of International Studies, auf: http://www.smallarmssurvey.org/files/sas/publications/yearb2006.html, eingesehen am 03.05.2007.
Graf Vitzthum, Wolfgang 2004: Begriff, Geschichte und Quellen des Völkerrechts, in: Graf Vitzhum, Wolfgang (Hrsg.): Völkerrecht, Berlin: De Gruyter, 1-77.
Gränzer, Sieglinde/ Jetschke, Anja/ Risse, Thomas/ Schmitz, Hans-Peter 1998: Internationale Menschenrechtsnormen, transnationale Netzwerke und politischer Wandel in den Ländern des Südens, in: Zeitschrift für Internationale Beziehungen 5: 1, 5-41.
Graz, Jean-Christophe/ Nölke, Andreas (Hrsg.) 2008: Transnational Private Governance and its Limits, London: Routledge.
Greif, Wolfgang 2004: Von Porto Allegre über Florenz und Hallein nach Paris: Die emanzipatorische Dynamik globaler und europäischer Sozialforen, in: Österreichisches Studienzentrum für Frieden und Konfliktlösung (Hrsg.): Schurkenstaat und Staatsterrorismus: Die Konturen einer militärischen Globalisierung, Münster: agenda Verlag, 195-205.
Gresh, Alain/ Radvanyi, Jean/ Rekacewicz, Philippe/ Samary, Catherine/ Vidal, Dominique (Hrsg.) 2006: Atlas der Globalisierung: Die neuen Daten und Fakten zur Lage der Welt, [Redaktion der deutschen Ausgabe: Dietmar Bartz, Barbara Bauer und Niels Kadritzke], Berlin: Le Monde Diplomatique.
Grieco, Joseph M. 1988: Anarchy and the Limits of Cooperation: A Realist Critique of the Newest Liberal Institutionalism, in: International Organization, 42: 3, 485-507.
Grieco, Joseph M. 1990: Cooperation Among Nations: Europe, America, and Non-Tariff Barriers to Trade, Ithaca, NY: Cornell University Press.
Grieco, Joseph M. 1993: Understanding the Problem of International Cooperation: The Limits of Neoliberal Institutionalism and the Future of Realist Theory, in: Baldwin, David

A. (Hrsg.): Neorealism and Neoliberalism: The Contemporary Debate, New York: Columbia University Press, 339-362.
Griffith-Jones, Stephany 2000: Proposals for a Better International Financial System, in: World Economics 1: 2, 111-133.
Griffith-Jones, Stephany 2003: International Financial Stability and Market Efficieny as a Global Public Good, in: Kaul, Inge/ Conceiçao, Pedro/ Le Goulven, Katell/ Mendoza Ronald U. (Hrsg.) 2003: Providing Global Public Goods: Managing Globalization, Oxford/ New York: Oxford University Press, 435-455.
Grimm, Sven 2006: Die Qualität der Regierungsführung und eine internationale Reformpartnerschaft mit Afrika – unter besonderer Berücksichtigung des G8-Prozesses, Bonn: Deutsches Institut für Entwicklungspolitik (DIE).
Grimm, Sven/ Brüntrup, Michael 2007: EU Economic Partnership Agreements (EPAs) with ACP Regions, in: Stephan Klingebiel (Hrsg.): Africa Agenda for 2007: Suggestions for the German G8 and EU Council Presidencies, Bonn: Deutsches Institut für Entwicklungspolitik (DIE), 87-93.
Gu, Xuewu/ Mayer, Maximilian 2007: Chinas Energiehunger: Realität und Mythos, München: Oldenbourg.
Gunaratna, Rohan 2002: Inside Al Qaeda: Global Network of Terror, London: Hirst.
Gurirab, Theo-Ben 2009: The IPU must Protect its Unique Identity, in: The World of Parliaments, 32/2009, 2-3.
Gurr, Nadine/ Cole, Benjamin 2002: The New Face of Terrorism: Threats from Weapons of Mass Destruction, London: I.B. Tauris.
Haas, Ernst B. 1990: When Knowledge is Power: Three Models of Change in International Organizations, Berkeley, CA: University of California Press.
Haas, Peter M. 1989: Do Regimes Matter? Epistemic Communities and Mediterranean Pollution Control, in: International Organization 43: 3, 377-403.
Haas, Peter M. 1990: Saving the Mediterranean: The Politics of International Environmental Cooperation, New York: Columbia University Press.
Haas, Peter M. 1992: Introduction: Epistemic Communities and International Policy Coordination, in: International Organization 46: 1, 1-35.
Haass, Richard N. 2008: The Age of Non-Polarity: What Will Follow US-Dominance, in: Foreign Affairs 87: 3, 44-56.
Habermas, Jürgen 1994: Faktizität und Geltung: Beiträge zur Diskurstheorie des Rechts und des demokratischen Rechtsstaats, Frankfurt/M.: Suhrkamp.
Habermas, Jürgen 1998: Die postnationale Konstellation: Politische Essays, Frankfurt/M.: Suhrkamp.
Hafner-Burton, Emilie M./ Tsutsui, Kiyoteru 2005: Human Rights in a Globalizing World: The Paradox of Empty Promises, in: American Journal of Sociology 110: 5, 1373-1411.
Hailbronner, Kai 2004: Der Staat und der Einzelne als Völkerrechtssubjekte, in: Vitzthum, Wolfgang Graf (Hrsg.): Völkerrecht, Berlin: De Gruyter, 149-243.
Hall, Julia 2008: Mind the Gap: Diplomatic Assurances and the Erosion of the Global Ban on Torture, in: Human Rights Watch (Hrsg.): World Report 2008, New York (u.a.): Human Rights Watch, 63-73, auf: http://hrw.org/wr2k8/pdfs/wr2k8_web.pdf, eingesehen am 12.02.2008.

Hall, Peter A. 1989: The Political Power of Economic Ideas: Keynesianism Across Nations, Princeton, NJ: Princeton University Press.

Hall, Rodney Bruce/ Biersteker, Thomas (Hrsg.) 2003: The Emergence of Private Authority in Global Governance, Cambridge: Cambridge University Press.

Halperin, Morton H. / Lomasney, Kristen 1993: Toward a Global "Guarantee Clause", in: Journal of Democracy 4: 3, 60-69.

Hamburgisches Weltwirtschaftsinstitut (HWWI) 2006: China zwischen Wachstumseuphorie und Entwicklungsrisiken, in: Update: Wissensservice des HWWI, Oktober 2006.

Hamm, Brigitte 2006: Neuere Entwicklungen des Global Compact, in: Schorlemer, Sabine von (Hrsg.): „Wir, die Völker (...)" – Strukturwandel in der Weltorganisation, Frankfurt/M.: Peter Lang, 95-113.

Hamm, Brigitte/ Kocks, Alexander 2006: 40 Jahre UN-Sozialpakt: Bilanz und Perspektiven, in: Die Friedens-Warte 81: 1, 87-106.

Hamm, Brigitte/ Nuscheler, Franz 1995: Zur Universalität der Menschenrechte, INEF-Report 11, Duisburg: Institut für Entwicklung und Frieden (INEF).

Hansen, James E./ Ruedy, Reto/ Sato, Makiko/ Lo, Ken 2008: NASA GISS Surface Temperature (GISTEMP) Analysis - In Trends: A Compendium of Data on Global Change, Oak Ridge, TN: Carbon Dioxide Information Analysis Center, Oak Ridge National Laboratory, U.S. Department of Energy, abrufbar unter: http://cdiac.ornl.gov/trends/temp/hansen/data.html, eingesehen am 08.08.2008.

Harbom, Lotta/ Melander, Erik/ Wallensteen, Peter 2008: Dyadic Dimensions of Armed Conflict, 1946 - 2007, in: Journal of Peace Research, 45:5, 697-710.

Harbom, Lotta/ Wallensteen, Peter 2008: Patterns of major armed conflict, 1998-2007, in: Sipri Yearbook 2008, Oxford: Oxford University Press.

Hardin, Garrett 1968: The Tragedy of the Commons, in: Science 162: 3859, 1243-1248.

Harks, Enno 2008: Mehr Pipelines, mehr Lieferanten! Handlungsoptionen für deutsche Versorgungssicherheit, in: Internationale Politik 63: 4, 16-20.

Harks, Enno/ Müller, Friedemann 2005: Energieversorgung – Sicherheitsproblem des 21. Jahrhunderts, SWP-Diskussionspapier der Forschungsgruppe 8, 8/ 2005, Berlin: Stiftung Wissenschaft und Politik (SWP).

Hart, H.L.A 1994: The Concept of Law, Oxford/ New York: Oxford University Press.

Hartwig, Ines/ Umbach, Gaby 2006: Rat der EU, in: Weidenfeld, Werner/ Wessels, Wolfgang (Hrsg.): Europa von A bis Z: Taschenbuch der europäischen Integration, Baden-Baden: Nomos/ Berlin: Institut für Europäische Politik, 325-331.

Hasenclever, Andreas 2001: Die Macht der Moral in der internationalen Politik: Militärische Interventionen westlicher Staaten in Somalia, Ruanda und Bosnien-Herzegowina, Frankfurt/M.: Campus.

Hasenclever, Andreas ²2006: Liberale Ansätze zum „demokratischen Frieden", in: Schieder, Siegfried/ Spindler, Manuela (Hrsg.): Theorien der internationalen Beziehungen, Opladen/ Farmington Hills, MI: Barbara Budrich, 213-241.

Hasenclever, Andreas/ Mayer, Peter/ Rittberger, Volker 1997: Theories of International Regimes, Cambridge: Cambridge University Press.

Hasenclever, Andreas/ Mayer, Peter/ Rittberger, Volker 2000: Integrating Theories of International Regimes, in: Review of International Studies 26: 1, 3-33.

Hasenclever, Andreas/Weiffen, Brigitte 2007: Rivalitätsmanagement zwischen Demokratien – Eine institutionalistische Analyse des Demokratischen Friedens, in: Hasenclever, Andreas/Wolf, Klaus Dieter/Zürn, Michael (Hrsg.): Macht und Ohnmacht internationaler Institutionen. Festschrift für Volker Rittberger, Frankfurt/M.: Campus, 283-313.

Hathaway, Oona A. 2002: Do Human Rights Treaties Make a Difference, in: Yale Law Journal 111: 8, 1935-2042.

Hauchler, Ingomar/ Messner, Dirk/ Nuscheler, Franz (Hrsg.) 2001: Globale Trends 2002 – Fakten, Analysen, Prognosen, Stiftung Entwicklung und Frieden, Frankfurt/M.: Fischer.

Haufler, Virginia 2000: Private Sector International Regimes, in: Higgott, Richard A./ Underhill, Geoffrey R. D./ Bieler, Andreas (Hrsg.): Non-State Actors and Authority in the Global System, London: Routledge, 121-137.

Haufler, Virginia 2001: A Public Role for the Private Sector: Industry Self-Regulation in a Global Economy, Washington, DC: Carnegie Endowment for International Peace.

Haufler, Virginia 2006: The Transparency Principle and the Regulation of Corporations, in: Schuppert, Gunnar Folke (Hrsg.): Global Governance and the Role of Non-State Actors, Baden-Baden: Nomos Verlag, 63-80.

Hawkins, Darren G./ Lake, David A./ Nielson, Daniel L./ Tierney, Michael J. 2006: Delegation under Anarchy: States, International Organizations, and Principal-Agent Theory, in: Hawkins, Darren G./ Lake, David A./ Nielson, Daniel L./ Tierney, Michael J. (Hrsg.): Delegation and Agency in International Organizations, Cambridge: Cambridge University Press, 3-38.

Hawkins, Darren G./ Lake, David A./ Nielson, Daniel L./ Tierney, Michael J. (Hrsg.) 2006a: Delegation and Agency in International Organizations, Cambridge: Cambridge University Press.

Hegre, Håvard/ Ellingsen, Tanja/ Gates, Scott/ Gleditch Nils Petter 2001: Toward a Democratic Civil Peace? Oppoertunity, Grievance, and Civil War 1816-1992, in: American Political Science Review 95:1, 33-48.

Heidelberg Institut für Internationale Konfliktforschung (HIIK) (Hrsg.) 2006: Konfliktbarometer 2006: Krisen – Kriege – Putsche – Verhandlungen – Vermittlungen – Friedensschlüsse, 15. jährliche Konfliktanalyse, Heidelberg: Heidelberg Institut für Internationale Konfliktforschung (HIIK).

Heinemann-Grüder, Andreas/ Hippler, Jochen/ Weingardt, Markus/ Mutz, Reinhard/ Schoch, Bruno (Hrsg.) 2008: Friedensgutachten 2008, Münster: LIT.

Heinrich, Dieter 1992: Eine parlamentarische Versammlung bei den Vereinten Nationen (UNPA): Ein Hintergrundpapier des World Federalist Movement, New York: World Federalist Movement.

Heins, Volker 2005: Mächtige Zwerge, umstrittene Riesen: NGOs als Partner und Gegenspieler transnationaler Unternehmen und internationaler Organisationen, in: Brunnengräber, Achim/ Walk, Heike/ Klein, Ansgar (Hrsg.): NGOs im Prozess der Globalisierung, Bonn: Bundeszentrale für politische Bildung (BPB), 172-211.

Heinz, Wolfgang S. 2006: Von der Menschenrechtskommission zum Menschenrechtsrat, in: Die Friedens-Warte 81: 1, 129-144.

Heinz, Wolfgang S. 2006a: Der neue UN-Menschenrechtsrat: Hoffnung oder vorprogrammierte Enttäuschung?, in: Internationale Politik 62: 6, 100-105.

Held, David 1995: Democracy and the Global Order: From the Modern State to Cosmopolitan Governance, Cambridge: Polity Press.

Held, David 2002: Die Globalisierung regulieren? Die Neuerfindung von Politik, in: Lutz-Bachmann, Matthias/ Bohman, James (Hrsg.): Weltstaat oder Staatenwelt? Für und Wider die Idee einer Weltrepublik, Frankfurt/M.: Suhrkamp, 104-124.

Held, David/ McGrew, Anthony 2007: Introduction: Globalization at Risk?, in: Held, David/ McGrew, Anthony (Hrsg.): Globalization Theory: Approaches and Controversies, Cambridge: Polity Press, 1-11.

Held, David/ McGrew, Anthony (Hrsg.) 2007a: Globalization Theory: Approaches and Controversies, Cambridge: Polity Press.

Held, David/ McGrew, Anthony/ Goldblatt, David/ Perraton, Jonathan 1999: Global Transformations: Politics, Economics and Culture, Cambridge: Polity Press.

Helleiner, Eric 1994: States and the Reemergence of Global Finance: From Bretton Woods to the 1990s, Ithaca, NY: Cornell University Press.

Hennicke, Peter/ Müller, Michael (unter Mitarbeit von: Glatzel, Wolf-Dieter/ Supersberger, Nikolaus/ Fischedick, Manfred) ²2006: Weltmacht Energie: Herausforderung für Demokratie und Wohlstand, Stuttgart: Hirzel.

Héritier, Adrienne/ Lehmkuhl, Christoph 2008: Introduction: The Shadow of Hierarchy and New Modes of Governance, in: Journal of Public Policy 28: 1, 1-17.

Herman, Edward S. 1982: The Real Terror Network: Terrorism in Fact and Propaganda, Boston, MA: South End Press.

Hermle, Reinhard 2002: Johannesburg – Gipfel der Ankündigungen, in: Entwicklung und Zusammenarbeit (E + Z) 43: 10, 271.

Hertel, Thomas W./ Keeney, Roman/ Ivanic, Maros/ Winters, L. Alan 2006: Distributional Effects of WTO Agricultural Reforms in Rich and Poor Countries, World Bank Policy Research Working Paper 4060, Washington, DC: Weltbank.

Herz, John 1950: Idealist Internationalism and the Security Dilemma, in: World Politics 2: 2, 157-180.

Heupel, Monika/ Zangl, Bernhard 2004: Von „alten" und „neuen" Kriegen – Zum Gestaltwandel kriegerischer Gewalt, in: Politische Vierteljahresschrift 45: 3, 346-369.

Hewitt, Joseph, J./ Wilkenfeld, Jonathan/ Gurr, Ted R. 2008: Peace and Conflict 2008: Executive Summary, Baltimore, MD: University of Maryland, Center for International Development and Conflict Management, auf: http://www.cidcm.umd.edu/pc/, eingesehen am 02.10.2007.

Higgott, Richard 2001: Economic Globalization and Global Governance: Towards a Post-Washington Consensus?, in: Rittberger, Volker (Hrsg.): Global Governance and the United Nations System, Tokio/ New York/ Paris: United Nations University Press, 127-157.

Hilpert, Hanns Günther/ Möller, Kay/ Wacker, Gudrun/ Will, Gerhard 2005: China 2020 – Perspektiven für das internationale Auftreten der Volksrepublik, SWP-Studie 32/ 2005, Berlin: Stiftung Wissenschaft und Politik (SWP).

Hilpert, Hanns Günther/ Will, Gerhard 2005: China und Südostasien: auf dem Weg zu regionaler Partnerschaft, SWP-Studie 21/ 2005, Berlin: Stiftung Wissenschaft und Politik (SWP).

Hippler, Jochen 2002: Die Quellen des Terrorismus: Ursachen, Rekrutierungsbedingungen und Wirksamkeit politischer Gewalt, in: Schoch, Bruno/ Hauswedell, Corinna/ Weller, Christoph/ Ratsch, Ulrich/ Mutz, Reinhard (Hrsg.): Friedensgutachten 2002, Münster: LIT, 52-60.

Hirschl, Bernd 2007: David im Netz von Goliath? Die deutsche Erneuerbare Energien-Politik im Mehrebenensystem, in: Brunnengräber, Achim/ Walk, Heike (Hrsg.): Multi-Level Governance – Klima-, Umwelt-, und Sozialpolitik in einer interdependenten Welt, Baden-Baden: Nomos.

Hirschmann, Kai 2000: The Changing Face of Terrorism, in: International Politics and Society 7: 3, 299-310.

Hirst, Paul / Thompson, Grahame 1999: Globalization in Question, Cambridge: Polity Press.

Hobbes, Thomas ^{6}1994 [1651]: Leviathan oder Stoff, Form und Gewalt eines bürgerlichen und kirchlichen Staates, hrsg. und eingeleitet von Iring Fetscher, Frankfurt/M.: Suhrkamp.

Hobe, Stephan/ Kimminich, Otto 2004: Einführung in das Völkerrecht, Tübingen: Francke Verlag.

Höffe, Otfried 1995: Die Vereinten Nationen im Lichte Kants, in: Höffe, Otfried (Hrsg.): Immanuel Kant: Zum ewigen Frieden, Berlin: Akademie Verlag, 245-272.

Höffe, Otfried 1998: Für und Wider eine Weltrepublik, in: Chawaszcza, Christine/ Kersting, Wolfgang (Hrsg.): Politische Philosophie der internationalen Beziehungen, Frankfurt/M.: Suhrkamp, 204-222.

Höffe, Otfried 1999: Demokratie im Zeitalter der Globalisierung, München: Beck.

Höffe, Otfried 2001: A Subsidiary and Federal World Republic: Thoughts on Democracy in an Age of Globalization, in: Rittberger, Volker (Hrsg.): Global Governance and the United Nations System, Tokio/ New York/ Paris: United Nations University Press, 181-202.

Höffe, Otfried 2002: Globalität statt Globalismus. Über eine subsidiäre und föderale Weltrepublik, in: Lutz-Bachmann, Matthias /Bohman, James (Hrsg.): Weltstaat oder Staatenwelt? Für und wider die Idee einer Weltrepublik, Frankfurt/M.: Suhrkamp, 8-31.

Hoffman, Bruce 2006: Terrorismus – der unerklärte Krieg: Neue Gefahren politischer Gewalt, Bonn: Bundeszentrale für Politische Bildung (BPB).

Hofmann, Claudia 2006: Engaging Non-State Armed Groups in Humanitarian Action, in: International Peacekeeping 13: 3, 396-409.

Hofmann, Jeanette 2005: Internet Governance – Eine regulative Idee auf der Suche nach ihrem Gegenstand, in: Schuppert, Gunnar Folke (Hrsg.): Global Governance – Vergewisserung über Stand und Entwicklungslinien, Baden-Baden: Nomos, 277-301.

Hofmann, Jeanette 2007: Internet Corporation for Assigned Names and Numbers (ICANN), in: Association for Progressive Communications (APC)/ Third World Institute (ITeM) (Hrsg.): Global Information Society Watch Report 2007, 39-47, auf: http://www.globaliswatch.org/download, eingesehen am 2.6.2008.

Holmqvist, Caroline 2005: Private Security Companies: A Case for Regulation, SIPRI Policy Paper 9, Stockholm: Stockholm International Peace Research Institute (SIPRI), auf: http://books.sipri.org/files/PP/SIPRIPP09.pdf, eingesehen am 13.10.2007.

Holsti, Kalevi J. 1992: Governance without Government: Polyarchy in Nineteenth-Century European International Politics, in: Rosenau, James N./ Czempiel, Ernst Otto (Hrsg.): Governance without Government: Order and Change in World Politics, Cambridge: Cambridge University Press, 30-57.

Holzinger, Katharina 2005: Institutionen und Entscheidungsprozesse der EU, in: Holzinger, Katharina/ Knill, Christoph/ Peters, Dirk/ Rittberger, Berthold/ Schimmelfennig, Frank/ Wagner, Wolfgang (Hrsg.): Die Europäische Union: Theorien und Analysekonzepte, Paderborn: Schöningh, 81-152.

Homer-Dixon, Thomas F. 1999: Environment, Scarcity and Violence, Princeton, NJ: Princeton University Press.

Hooghe, Liesbet/ Marks, Gary 2001: Multi-Level Governance and European Integration, Lanham, MD: Rowman & Littlefield.

Hornig, Frank/ Wagner, Wieland 2005: Duell der Giganten, in: Der Spiegel 32/2005, 74-91.

Howse, Robert/ Teitel, Ruti G. 2007: Beyond the Divide: The Covenant on Economic, Social and Cultural Rights and the World Trade Organization, Dialogue on Globalization, Occasional Paper 30, Genf: Friedrich Ebert Stiftung (FES).

Huckel Schneider, Carmen 2007: Global Public Health and Innovative Forms of Governance, Paper Prepared for the Sixth Pan-European Conference on International Relations, Turin, 12.-15. September 2007.

Huckel Schneider, Carmen 2008: Legitimacy and Global Governance in Managing Global Public Health, unveröffentlichte Dissertation, Tübingen: Universität Tübingen, Institut für Politikwissenschaft.

Huffschmid, Jörg 1999: Politische Ökonomie der Finanzmärkte, Hamburg: VSA-Verlag.

Huffschmid, Jörg 2004: Erdumfassend und porentief: Die Privatisierung der Welt – Eine Einführung, in: Huffschmid, Jörg (Hrsg.): Die Privatisierung der Welt – Hintergründe, Folgen, Gegenstrategien, Hamburg: VSA-Verlag.

Human Rights Watch 2008: World Report 2008, New York et al.: Human Rights Watch, auf: http://hrw.org/wr2k8/pdfs/wr2k8_web.pdf, eingesehen am 12.02.2008.

Human Security Centre (Hrsg.) 2005: Human Security Report 2005: War and Peace in the 21st Century, Oxford/ New York: Oxford University Press.

Human Security Centre (Hrsg.) 2006: Human Security Brief 2006, Vancouver, BC: University of British Columbia, auf: http://www.humansecuritybrief.info, eingesehen am 15.05.2008.

Hume, David 1961 [1739]: A Treatise of Human Nature, Garden City, NJ: Dolphin Books.

Hummel, Hartwig 2001: Die Privatisierung der Weltpolitik: Tendenzen, Spielräume und Alternativen, in: Brühl, Tanja/ Debiel, Tobias/ Hamm, Brigitte/ Hummel, Hartwig/ Martens, Jens (Hrsg.): Die Privatisierung der Weltpolitik: Entstaatlichung und Kommerzialisierung im Globalisierungsprozess, Bonn: Dietz, 22-56.

Hummel, Hartwig 2004: Ostasiens Wege in die Weltpolitik: Intra-regionale Konflikte und kompetitiver Nationalismus, in: Rittberger, Volker (Hrsg.): Weltpolitik heute: Grundlagen und Perspektiven, Baden-Baden: Nomos, 123-143.

Hummel, Hartwig 2004a: Transnationale Unternehmen und Global Governance zwischen freiwilligen Partnerschaften und rechtsverbindlichen Regeln, in: Brühl, Tanja/ Feldt, Heidi/ Hamm, Brigitte/ Hummel, Hartwig/ Martens, Jens (Hrsg.): Unternehmen in der Weltpolitik: Politiknetzwerke, Unternehmensregeln und die Zukunft des Multilateralismus, Bonn: Dietz, 22-43.

Hummer, Waldemar/ Mayr-Singer, Jelka 2007: Wider die Straflosigkeit: Das Internationale Übereinkommen zum Schutz aller Personen vor dem Verschwindenlassen, in: Vereinte Nationen 55: 5, 183-189.

Huntington, Samuel P. 1973: Transnational Organizations in World Politics, in: World Politics 25: 3, 333-368.

Huntington, Samuel P. 1991: The Third Wave: Democratization in the Late Twentieth Century, Norman, OK: University of Oklahoma Press.

Huntington, Samuel P. 1993: The Clash of Civilisations, in: Foreign Affairs 72: 3, 22-49.

Huntington, Samuel P. 1996: The Clash of Civilizations and the Remaking of World Order, New York: Simon & Schuster.

Huntington, Samuel P. 1999: The Lonely Superpower, in: Foreign Affairs 78: 2, 35-49.

Hurrell, Andrew 1999: Power, Principles, and Prudence: Protecting Human Rights in a Deeply Divided World, in: Dunne, Tim/ Wheeler, Nicholas J. (Hrsg.): Human Rights in Global Politics, Cambridge: Cambridge University Press, 277-302.

Hurrelmann, Achim/ Leibfried, Stephan/ Martens, Kerstin/ Mayer, Peter 2007: Zerfasert der Nationalstaat? Die Internationalisierung politischer Verantwortung, Frankfurt a.M.: Campus.

Hutter, Bridget 2006: The Role of Non-State Actors in Regulation, in: Schuppert, Gunnar Folke (Hrsg.): Global Governance and the Role of Non-State Actors, Baden-Baden: Nomos, 63-81.

Ihlau, Olaf 2006: Auf dem Weg zu Asiens Vormacht: In der Wahrnehmung des Westens gilt Indien zunehmend als das „bessere China", in: Internationale Politik 61: 10, 26-33.

Ikenberry, John G. 1993: Creating Yesterday's New World Order: Keynesian „New Thinking" and the Anglo-American Postwar Settlement, in: Goldstein, Judith/ Keohane, Robert O. (Hrsg.): Ideas and Foreign Policy: Beliefs, Institutions, and Political Change, Ithaca, NY: Cornell University Press, 57-86.

Ikenberry, John G. 1998/99: Institutions, Strategic Restraint, and the Persistence of American Postwar Order, in: International Security 23:3, 43-78.

Ikenberry, John G. 2001: After Victory: Institutions, Strategic Restraint, and the Rebuilding of Order After Major Wars, Princeton, NJ: Princeton University Press.

Ikenberry, John G./ Wright, Thomas 2008: Rising Powers and Global Institutions, New York: The Century Foundation, 2. Juni 2008, abrufbar unter: http://www.tcf.org/publications/internationalaffairs/ikenberry.pdf, eingesehen am 17.11.2008.

Institut für angewandte Umweltforschung 2001: Atommüll, auf: http://www.umweltlexikon-online.de/fp/archiv/RUBenergie/Atommuell.php, eingesehen am 15.12.2007.

Intergovernmental Panel on Climate Change (IPCC) 2005: Special Report on Carbon Dioxide Capture and Storage, Cambridge: Cambridge University Press.

Intergovernmental Panel on Climate Change (IPCC) 2007: 4. Sachstandsbericht (AR4) des IPCC (2007) über Klimaänderungen – Kurzzusammenfassung, Zusammenfassung des Bundesministeriums für Umwelt, Naturschutz und Reaktorsicherheit, der deutschen IPCC-Koordinierungsstelle und des Bundesministeriums für Bildung und Forschung, auf: http://www.bmu.de/klimaschutz/internationale_klimapolitik/ipcc/doc/39274.php, eingesehen am 02.12.2007.

Intergovernmental Panel on Climate Change (IPPC) 2007a: Climate Change 2007: Synthesis Report of the IPPC Fourth Assessment Report, auf: http://www.ipcc.ch/ipccreports/ar4-syr.htm, eingesehen am 14.04.2008.

International Campaign to Ban Landmines (ICBL) 2007: Campaign History, auf: http://www.icbl.org/campaign/history, eingesehen am 16.06.2007.

International Commission on Intervention and State Sovereignty (ICISS) 2001: Responsibility to Protect: Report of the International Commission on Intervention and State Sovereignty, Ottawa, ON: International Development Research Center.

International Criminal Tribunal for the Former Yugoslavia (ICTY) 2009: Completion Strategy, auf: http://www.icty.org/sid/10016, eingesehen am 17.03.2009

Internationale Arbeitsorganisation (ILO) 2008: ILO Kernarbeitsnormen, abrufbar unter: http://www.ilo.org/public/german/region/eurpro/bonn/ilo_kernarbeitsnormen.htm, eingesehen am 13.08.2008.

Internationale Atomenergie Organisation (IAEO) 2007: Safeguards and Verification: Strengthened Safeguards System: Status of Additional Protocols, Wien: Internationale Atomenergie Organisation (IAEO), auf: http://www.iaea.org/OurWork/SV/Safeguards/sg_protocol.html, eingesehen am 15.10.2007.

Internationale Energieagentur (IEA) 2006: World Energy Outlook 2006: Zusammenfassung und Schlussfolgerungen, Paris: Internationale Energieagentur (IEA), auf: http://www.worldenergyoutlook.org/docs/weo2006/german_sum_06.pdf, eingesehen am 10.12.2007

Internationale Energieagentur (IEA) 2007: World Energy Outlook 2007: China and India Insights: Zusammenfassung, Paris: Internationale Energieagentur (IEA), auf: http://www.worldenergyoutlook.org/docs/weo2007/WEO_german.pdf, eingesehen am 10.12.2007.

Internationale Energieagentur (IEA) 2007a: IEA Response System for Oil Supply Emergencies, Paris: OECD/IEA, auf: http://www.iea.org/Textbase/nppdf/free/2007/fs_response_system.pdf, eingesehen am 11.12.2007.

Internationale Energie Agentur (IEA) 2008: End-User Petroleum Product Prices and Average Crude Oil Import Costs, abrufbar unter: http://www.iea.org/textbase/stats/surveys/mps.pdf, eingesehen am 08.08.2008.

International Monetary Fund (IMF) 2006: World Economic Outlook Database, Washington, DC: International Monetary Fund (IMF), auf: http://www.imf.org/external/ns/cs.aspx?id=28, eingesehen am 04.04.2007.

International Monetary Fund (IMF) 2008: World Economic Outlook Database April 2008, Washington, DC: International Monetary Fund (IMF), auf: http://www.imf.org/external/ns/cs.aspx?id=28, eingesehen am 02.09.2008.

International Monetary Fund (IMF) 2008a: Rapidly Weakening Prospects Call for New Policy Stimulus, in: World Economic Outlook Update, 6. November 2008; abrufbar unter:

http://www.imf.org/external/pubs/ft/weo/2008/update/03/pdf/1108.pdf, eingesehen am 18.11.2008.

International Telecommunications Union (ITU) 2006: „digital.life": ITU Internet Report 2006 – Summary, Genf: International Telecommunications Union (ITU), auf: http://www.itu.int/digitallife, eingesehen am 29.04.2007.

International Telecommunications Union (ITU) 2006a: World Communication/ICT Development Report 2006: Measuring ICT for Social and Economic Development, Genf: International Telecommunications Union (ITU), auf: http://www.itu.int/pub/D-IND-WTDR-2006/en, eingesehen am 29.04.2007.

International Telecommunications Union 2008: Maps and Graphs, Genf: International Telecommunications Union (ITU), auf: http://www.itu.int/ITU-D/ict/statistics/maps.html, eingesehen am 19.06.2008.

Ipsen, Jörn [14]2002: Staatsrecht I: Staatsorganisationsrecht, Neuwied/ Kriftel: Luchterhand.

Jackson, John H. [2]1997: The World Trading System: Law and Policy of International Economic Relations, Cambridge, MA: MIT Press.

Jackson, John H. 2004: Effektivität und Wirksamkeit des Steitbeilegungsverfahrens der WTO, in: Zürn, Michael/ Zangl, Bernhard (Hrsg.): Verrechtlichung – Baustein für Global Governance?, Bonn: Dietz, 99-118.

Jackson, Robert H. 1990: Quasi-States: Sovereignty, International Relations, and the Third World, Cambridge: Cambridge University Press.

Jackson, Robert/ Sørensen, Georg [3]2007: Introduction to International Relations: Theories and Approaches, Oxford/ New York: Oxford University Press.

Jacobs, Andreas 2006: Realismus, in: Schieder, Siegfried/ Spindler, Manuela (Hrsg.): Theorien der Internationalen Beziehungen, Opladen/ Farmington Hills, MI: Barbara Budrich, 39-64.

Jacobson, Harold K. [2]1984: Networks of Interdependence: International Organizations and the Global Political System, New York: Knopf.

Jäger, Thomas (Hrsg.) 2007: Private Military and Security Companies: Chances, Problems, Pitfalls and Prospects, Wiesbaden: VS Verlag für Sozialwissenschaften.

Jansen, Dorothea 1993: Interorganisationsforschung und Politiknetzwerke, in: Jansen, Dorothea/ Schubert, Klaus (Hrsg.): Netzwerke und Politikproduktion: Konzepte, Methoden, Perspektiven, Marburg: Schüren, 95-110.

Jervis, Robert 1978: Cooperation Under the Security Dilemma, in: World Politics 30: 2, 167-214.

Jetschke, Anja 2006: Weltkultur vs. Partikularismus: Die Universalität der Menschenrechte im Lichte der Ratifikation von Menschenrechtsverträgen, in: Die Friedens-Warte 81: 1, 25-49.

Joffe, Josef 2006: Die Hypermacht: Warum die USA die Welt beherrschen, München/ Wien: Hanser.

Johnsson, Anders B. 2003: A Parliamentary Dimension to International Cooperation, in: Mendlovitz, Saul H./Walker, Barbara (Hrsg.): A Reader on Second Assembly & Parliamentary Proposals, Wayne, NJ: Center for UN Reform Education, 20-29.

Johnston, Alastair Iain/ Ross, Robert S. (Hrsg.) 2006: New Directions in the Study of China's Foreign Policy, Stanford, CA: Stanford University Press.

Jones, Daniel M./ Bremer, Stuart A./ Singer, J. David 1996: Militarized Interstate Disputes, 1816-1992: Rationale, Coding Rules, and Empirical Patterns, in: Conflict Management and Peace Science 15: 2, 163-213.

Jones, Erik 2006: European Macroeconomic Governance, in: Richardson, Jeremy (Hrsg.) ³2006: European Union: Power and Policy-Making, London: Routledge, 329- 349.

Jopp, Mathias/ Matl, Saskia 2005: Der Europäische Verfassungsvertrag als Höhepunkt im Prozess der Konstitutionalisierung der EU: Eine Einführung, in Jopp, Mathias/ Matl, Saskia (Hrsg.): Der Vertrag über eine Verfassung für Europa: Analysen zur Konstitutionalisierung der EU, Baden-Baden: Nomos, 15-41.

Judge, David/ Earnshaw, David 2003: The European Parliament, Basingstoke/ New York: Palgrave Macmillan.

Jürgensmeyer, Mark 2000: Terror in the Mind of God: The Global Rise of Religious Violence, Berkeley, CA: University of California Press.

Kagan, Robert 2008: Die Demokratie und ihre Feinde: Wer gestaltet die neue Weltordnung?, München: Siedler.

Kahl, Martin/ Teusch, Ulrich 2004: Sind die „neuen Kriege" wirklich neu?, in: Leviathan 32: 3, 382-401.

Kahler, Miles 1995: International Institutions and the Political Economy of Integration, Washington, D.C.: Brookings Institution Press.

Kahler, Miles 2000: Conclusion: The Causes and Consequences of Legalization, in: International Organization 54: 3, 661-683.

Kaim, Markus 2007: NATO: Möglichkeiten und Grenzen militärischer Terrorismusbekämpfung, in: Schneckener, Ulrich (Hrsg.): Chancen und Grenzen multilateraler Terrorismusbekämpfung, SWP-Studie 14/ 2007, Berlin: Stiftung Wissenschaft und Politik (SWP), 43-51.

Kaldor, Mary 2000: Neue und alte Kriege: Organisierte Gewalt im Zeitalter der Globalisierung, Frankfurt/M.: Suhrkamp.

Kaldor, Mary 2001: New Types of Conflict, in: Stanley, Ruth (Hrsg.): Gewalt und Konflikt in einer globalisierten Welt. Festschrift für Ulrich Albrecht, Wiesbaden: Westdeutscher Verlag, 24-50.

Kaldor, Mary 2003: Global Civil Society: An Answer to War, Cambridge: Polity Press.

Kalyvas, Stathis N. 2001: „New" and „Old" Civil Wars. A Valid Distinction?, in: World Politics 54: 1, 99-118.

Kanie, Norichika/ Haas, Peter M. (Hrsg.) 2004: Emerging Forces in Environmental Governance, Tokio/ New York/ Paris: United Nations University Press.

Kantz, Carola 2007: The Power of Socialization: Engaging the Diamond Industry in the Kimberley Process, in: Business Power and Global Governance 9: 3, 1-20.

Kaplan, Robert 2005: How We Would Fight China, in: The Atlantic Monthly 295: 5, 49-64.

Kapstein, Ethan B. 1997: Racing to the Bottom? Regulating International Labor Standards, in: Internationale Politik und Gesellschaft 4: 2, 155-160.

Kapstein, Ethan B. 1999: Does Unipolarity Have a Future?, in: Kapstein, Ethan B./ Mastanduno, Michael (Hrsg.): Unipolar Politics: Realism and State Strategies After the Cold War, New York: Columbia University Press, 464-490.

Kapstein, Ethan B./ Mastanduno, Michael (Hrsg.) 1999: Unipolar Politics: Realism and State Strategies After the Cold War, New York: Columbia University Press.

Karns, Margaret P./ Mingst, Karen A. 2004: International Organizations: The Politics and Processes of Global Governance, London, Boulder, CO: Lynne Rienner.

Katsioulis, Christos 2008: Europäische Außenpolitik auf dem Prüfstand: Auf halber Strecke zum globalen Akteur?, Berlin: Friedrich Ebert Stiftung (FES), auf: http://library.fes.de/pdf-files/id/ipa/05811.pdf, eingesehen am 01.04.2009.

Katzenstein, Peter J. 1996: Introduction: Alternative Perspectives on National Security, in: Katzenstein, Peter, J. (Hrsg.): The Culture of National Security: Norms and Identity in World Politics, New York: Columbia University Press, 1-32.

Kaul, Inge 2006: Exploring the Policy Space between Markets and States: Global Public-Private Partnerships, in: Kaul, Inge/ Conçeicão, Pedro (Hrsg.): The New Public Finance: Responding to Global Challenges, Oxford/ New York: Oxford University Press, 219-268.

Kaul, Inge/ Conçeicão, Pedro/ Le Goulven, Katell/ Mendoza, Ronald U. (Hrsg.) 2003: Providing Global Public Goods: Managing Globalization, Oxford/ New York: Oxford University Press.

Kaul, Inge/ Grunberg, Isabelle/ Stern, Marc A. 1999: Defining Global Public Goods, in: Kaul, Inge/ Grunberg, Isabelle/ Stern, Marc A. (Hrsg.): Global Public Goods: International Cooperation in the 21st Century, Oxford/ New York: Oxford University Press, 2-19.

Kaul, Inge/ Grunberg, Isabelle/ Stern, Mark A. 1999a: Introduction, in: Kaul, Inge/ Grunberg, Isabelle/ Stern, Mark A. (Hrsg.): Global Public Goods: International Cooperation in the 21st Century, Oxford/ New York: Oxford University Press, xix-xxxviii.

Kaul, Inge/ Grunberg, Isabelle/ Stern, Mark A. 1999b: Conclusion: Global Public Goods: Concepts, Policies and Strategies, in: Kaul, Inge/ Grunberg, Isabelle/ Stern, Mark A. (Hrsg.): Global Public Goods: International Cooperation in the 21st Century, Oxford/ New York: Oxford University Press, 450-507.

Kaul, Inge/ Grunberg, Isabelle/ Stern, Marc A. (Hrsg.) 1999c: Global Public Goods: International Cooperation in the 21st Century, Oxford/ New York: Oxford University Press.

Kaul, Inge/ Kocks, Alexander 2003: Globale Öffentliche Güter: Zur Relevanz des Begriffs, in: Brunnengräber, Achim (Hrsg.): Globale Öffentliche Güter, Münster: Westfälisches Dampfboot, 39-56.

Kaul, Inge/ Le Goulven, Katell 2003: Institutional Options for Producing Global Public Goods, in: Kaul, Inge/ Conçeicão, Pedro/ Le Goulven, Katell/ Mendoza, Ronald U. (Hrsg.): Providing Global Public Goods: Managing Globalization, Oxford/ New York: Oxford University Press, 371-409.

Kaul, Inge/ Mendoza, Ronald U. 2003: Advancing the Concept of Public Goods, in: Kaul, Inge/ Conçeicão, Pedro/ Le Goulven, Katell/ Mendoza, Ronald U. (Hrsg.): Providing Global Public Goods: Managing Globalization, Oxford/ New York: Oxford University Press, 78-112.

Keck, Margaret E./ Sikkink, Kathryn 1998: Activists Beyond Borders: Advocacy Networks in International Politics, Ithaca, NY: Cornell University Press.

Kegley, Charles J. [12]2008: World Politics: Trend and Transformation, London: Cengage Learning.

Keidel, Alfred 2006: China's Social Unrest: The Story Behind the Stories, Policy Brief 48, Washington, DC: Carnegie Endowment for International Peace.

Keidel, Albert 2008: China's Economic Rise – Fact and Fiction, Policy Brief 61, Washington: Carnegie Endowment for Peace.

Kell, Georg 2003: The Global Compact: Origins, Operations, Progress, Challenges, in: Journal of Corporate Citizenship 3: 11, 35-49.

Kelle, Alexander/ Nixdorf, Kathryn 2002: Verlieren die Staaten die Kontrolle über ihre Kriegsmittel? Zur Problematik der Biowaffen, in: Schoch, Bruno/ Hauswedell, Corinna/ Weller, Christoph/ Ratsch, Ulrich/ Mutz, Reinhard (Hrsg.): Friedensgutachten 2002, Münster: LIT, 49-57.

Keller, Reiner 2004: Diskursforschung: Eine Einführung für SozialwissenschafterInnen, Wiesbaden: VS Verlag für Sozialwissenschaften.

Kellerwessel, Wulf 2005: Michael Walzers kommunitaristische Moralphilosophie, Münster: Lit.

Kennedy, Paul 1987: The Rise and Fall of the Great Powers: Economic Change and Military Conflict from 1500 to 2000, New York: Random House.

Kennedy, Paul 2002: The Greatest Superpower Ever, in: New Perspectives Quarterly 19: 3, 8-18.

Keohane, Daniel 2006: Implementing the EU's Counter-Terrorism Strategy: Intelligence, Emergencies, and Foreign Policy, in: Monar, Jörg (Hrsg.): International Terrorism: A European Response to a Global Threat?, Frankfurt/M.: Peter Lang, 63-72.

Keohane, Robert O. 1980: The Theory of Hegemonic Stability and Changes in International Economic Regimes, 1967-1977, in: Holsti, Ole R./ Siverson, Randolph/ George, Alexander L. (Hrsg.): Change in the International System, Boulder, CO: Westview, 131-162.

Keohane, Robert O. 1984: After Hegemony: Cooperation and Discord in the World Political Economy, Princeton, NJ: Princeton University Press.

Keohane, Robert O. 1989: Neoliberal Institutionalism: A Perspective on World Politics, in: Keohane, Robert O. (Hrsg.): International Institutions and State Power: Essays in International Relations Theory, Boulder, CO: Westview, 1-20.

Keohane, Robert O. 2001: Governance in a Partially Globalized World, in: American Political Science Review 95: 1, 1-13.

Keohane, Robert O./ Moravcsik, Andrew/ Slaughter, Anne-Marie 2000: Legalized Dispute Resolution: Interstate and Transnational, in: International Organization 54: 3, 457-488.

Keohane, Robert O./ Nye, Joseph S. (Hrsg.) 1971: Transnational Relations and World Politics, Cambridge, MA: Harvard University Press.

Keohane, Robert O./ Nye, Joseph S. 2000: Globalization: What's New? What's Not? (And So What?), in: Foreign Policy 118, 104-119.

Keohane, Robert O./ Nye, Joseph S. 2000a: Introduction, in: Nye, Joseph S./ Donahue, John D. (Hrsg.): Governance in a Globalizing World, Washington, DC: Brookings Institution Press, 1-49.

Keohane, Robert O./ Nye, Joseph S. ^{3}2001: Power and Interdependence: World Politics in Transition, New York: Longman.

Keohane, Robert O./ Nye, Joseph S. 2003: Redefining Accountability for Global Governance, in: Kahler, Miles/ Lake, David A. (Hrsg.): Governance in a Global Economy: Political Authority in Transition, Princeton, NJ: Princeton University Press, 368-411.

Kerwer, Dieter 2002: Standardising as Governance: The Case of Credit Rating Agencies, in: Héritier, Adrienne (Hrsg.): Common Goods: Reinventing European and International Governance, Lanham, MD: Rowman & Littlefield, 293-315.

Kerwer, Dieter 2004: Holding Global Regulators Accountable: The Case of Credit Rating Agencies, School of Public Policy Working Paper 11, London: University College London, School of Public Policy.

Kessler, Oliver (Hrsg.) 2009 (i.E.): Die Politische Ökonomie der Subprime-Krise, Wiesbaden:VS-Verlag für Sozialwissenschaften.

Keynes, John Maynard 2000 [1936]: Allgemeine Theorie der Beschäftigung, des Zinses und des Geldes, Übersetzung von Fritz Waeger, Berlin: Duncker & Humblodt.

Khagram, Sanjeev/ Riker, James V./ Sikkink, Kathryn (Hrsg.) 2002: Restructuring World Politics: Transnational Social Movements, Networks, and Norms, Minneapolis, MN/ London: University of Minnesota Press.

Khanna, Parag 2008: The Second World: Empires and Influence in the New Global Order, New York: Random House.

Kielwein, Nina/ Liebig, Klaus 2007: HIV/AIDS as a Development Problem in Sub-Saharan Africa, in: Stephan Klingebiel (Hrsg.): Africa Agenda for 2007: Suggestions for the German G8 and EU Council Presidencies, Bonn: Deutsches Institut für Entwicklungspolitik (DIE), 33-37.

Kilpin, Amy 2007: Bollywood v Hollywood: You've heard the hype: Bollywood is bigger than Hollywood. But what does big mean anyway? In: Times online, Feb. 21.2007, abrufbar unter: http://entertainment.timesonline.co.uk/tol/arts_and_entertainment/film/bollywood/article1419969.ece, eingesehen am 15.11.2008.

Kimberley Process Working Group on Monitoring 2006: Submission of the 2006 Review of the KPCS, auf: http://ec.europa.eu/external_relations/kimb/docs/review_150206.pdf, eingesehen am 24.09.2007.

Kimminich, Otto/ Hobe, Stephan 2000: Einführung in das Völkerrecht, 7. überarbeitete und erweiterte Auflage, Tübingen: Mohr Siebeck.

Kindleberger, Charles P. 1976: Systems of International Economic Organization, in: Calleo, David P. (Hrsg.): Money and the Coming World Order, New York: New York University Press, 15-39.

Kindleberger, Charles P. 1986: International Public Goods without International Government, in: American Economic Review 76: 1, 1-13.

Kindleberger, Charles P. 1986a: The World in Depression 1929-1939, Berkeley, CA: University of California Press.

Kindleberger, Charles P. ³1996: Manias, Panics and Crashes: A History of Financial Crises, New York: John Wiley & Sons.

Kirton, John J. 2005: From Collective Security to Concert: The UN, G 8 and Global Security Governance, Toronto, ON: University of Toronto.

Kissling, Claudia 2005: Repräsentativ-parlamentarische Entwürfe globaler Demokratiegestaltung im Laufe der Zeit - Eine rechtspolitische Ideengeschichte, in: Online Forum

Historiae Iuris, 15. Februar 2005, auf: http://www.forhistiur.de/zitat/0502kissling.htm, eingesehen am 07.03.2008.

Kissling, Claudia 2006: Die Interparlamentarische Union im Wandel: Zu den Möglichkeiten repräsentativ-parlamentarischer Organisationen bei der Gestaltung von Global Governance, in: Schorlemer, Sabine von (Hrsg.): „Wir, die Völker (...)" - Strukturwandel in der Weltorganisation, Frankfurt/M.: Peter Lang, 181-214.

Klein, Ansgar 2002: Überschätzte Akteure? Die NGOs als Hoffnungsträger transnationaler Demokratisierung, in: Aus Politik und Zeitgeschichte 6-7/ 2002, 3-5.

Klotz, Audie 1995: Norms in International Relations: The Struggle Against Apartheid, Ithaca, NY: Cornell University Press.

Klotz, Audie 1995: Norms Reconstituting Interests: Global Racial Equality and U.S. Sanctions Against South Africa, in: International Organization 49: 3, 451-478.

Knecht, Klaus 2006: China auf neuem Weg, in: Entwicklung und Zusammenarbeit (E + Z) 47: 5, 210-211, auf: http://www.inwent.org/E+Z/content/archiv-ger/05-2006/inw_art1.html, eingesehen am 15.12.2007.

Knöbl, Wolfgang 2006: Zivilgesellschaft und staatliches Gewaltmonopol – Zur Verschränkung von Gewalt und Zivilität, in: Mittelweg 36 (Zeitschrift des Hamburger Instituts für Sozialforschung) 15: 1, 61-84.

Knop, Katharina von 2004: The Power Resources of al-Qaeda and its Affiliates, in: Knop, Katharina von/ Neisser, Heinrich/ Creveld, Martin van (Hrsg.): Countering Modern Terrorism: History, Current Issues and Future Threats, Bielefeld: wbv.

Kocks, Alexander 2007: The Financing of UN Peace Operations: Providing International Public Goods in the 21st Century, Saarbrücken: VDM.

Koenig-Archibugi, Mathias 2006: Introduction: Institutional Diversity in Global Governance, in: Koenig-Archibugi, Mathias/ Zürn, Michael (Hrsg.): New Modes of Governance in the Global System: Exploring Publicness, Delegation and Inclusiveness, Basingstoke/ New York: Palgrave Macmillan, 1-30.

Koenig-Archibugi, Mathias/ Zürn, Michael (Hrsg.) 2006: New Modes of Governance in the Global System: Exploring Publicness, Delegation, and Exclusiveness, Basingstoke/ New York: Palgrave Macmillan.

Kohler-Koch, Beate 1994: Changing Patterns of Interest Intermediation in the European Union, in: Government and Opposition 29: 2, 166-180.

Kohler-Koch, Beate/ Rittberger, Berthold 2007: Charting Crowded Territory: Debating the Democratic Legitimacy of the European Union, in: Kohler-Koch, Beate/ Rittberger, Berthold (Hrsg.): Debating the Democratic Legitimacy of the European Union, Lanham, MD: Rowman & Littlefield, 1-29.

Kohlmorgen, Lars 2000: Sozialpolitik und soziale Entwicklung unter den Bedingungen der Globalisierung – Globalisierung der Sozialpolitik? Beschreibung des Forschungsstandes, in: Nord-Süd Aktuell 14: 1, 70-94.

Kohout, Franz 2002: Krieg und Terrorismus: Zur Veränderung politischer Konflikte im 21. Jahrhundert, in: Voigt, Rüdiger (Hrsg.): Krieg – Instrument der Politik? Bewaffnete Konflikte im Übergang vom 20. zum 21. Jahrhundert, Baden-Baden: Nomos, 343-364.

Kölliker, Alkuin 2001: Bringing Together or Driving Apart the European Union? Towards a Theory of Differentiated Integration, in: West European Politics 24: 4, 125-51.

Kölliker, Alkuin 2005: Flexibility and European Unification: The Logic of Differentiated Integration, Lanham, MD: Rowman & Littlefield.

Kölliker, Alkuin 2006: Conclusion I: Governance Arrangements and Public Goods Theory: Explaining Aspects of Publicness, Inclusiveness and Delegation, in: Koenig-Archibugi, Mathias/ Zürn, Michael (Hrsg.): New Modes of Governance in the Global System: Exploring Publicness, Delegation and Inclusiveness, Basingstoke/ New York: Palgrave Macmillan, 201-235.

Korey, William 1998: NGOs and the Universal Declaration of Human Rights: A Curious Grapevine, New York: St. Martin's Press.

Korten, David C. 2001: When Corporations Rule the World, Bloomfield, CT : Kumarian Press.

Krasner, Steven D. 1976: State Power and the Structure of International Trade, in: World Politics 28: 3, 317-345.

Krasner, Stephen D. 1983: Structural Causes and Regime Consequences: Regimes as Intervening Variables, in: Krasner, Stephen D. (Hrsg.): International Regimes, Ithaca, NY: Cornell University Press.

Krasner, Steven D. 1993: Westphalia and All That, in: Goldstein, Judith/ Keohane, Robert O. (Hrsg.): Ideas and Foreign Policy: Beliefs, Institutions, and Political Change, Ithaca, NY: Cornell University Press, 235-264.

Krasner, Stephen D. 1993a: Sovereignty, Regimes and Human Rights, in: Rittberger, Volker (Hrsg.) 1993: Regime Theory and International Relations, Oxford: Clarendon Press, 139-167.

Krasner, Stephen D. 1995: Power Politics, Institutions, and Transnational Relations, in: Risse-Kappen, Thomas (Hrsg.): Bringing Transnational Relations Back In: Non-State Actors, Domestic Structures and International Institutions, Cambridge: Cambridge University Press, 257-279.

Krasner, Stephen D. 1999: Sovereignty: Organized Hypocrisy, Princeton, NJ: Princeton University Press.

Krasner, Stephen D. 2000: Compromising Westphalia, in: Held, David / McGrew, Anthony (Hrsg.) 2000: The Global Transformations Reader: An Introduction to the Globalization Debate, Cambridge: Polity Press, 124-135.

Krasner, Stephen D. 2001: Problematic Sovereignty, in: Krasner, Stephen D. (Hrsg.): Problematic Sovereignty: Contested Rules and Political Possibilities, New York: Columbia University Press.

Krasner, Stephen D. (Hrsg.) 2001a: Problematic Sovereignty: Contested Rules and Political Possibilities, New York: Columbia University Press.

Krasner, Stephen D. 2005: Alternativen zur Souveränität: Neue Institutionen für kollabierte und scheiternde Staaten, in: Internationale Politik 60: 9, 44-53.

Krause, Joachim 2006: Wie ernst ist die Krise? Atomare Proliferation und internationale Ordnung, in: Internationale Politik 61: 8, 6-15.

Krause, Keith 2007: Disarmament, in: Weiss, Thomas G./ Daws, Sam (Hrsg.): The Oxford Handbook on the United Nations, Oxford/ New York: Oxford University Press, 287-299.

Krauthammer, Charles 1990/91: The Unipolar Moment, in: Foreign Affairs: America and the World 70: 1, 23-33.

Kreft, Heinrich 2006: China's Energiediplomatie: Herausforderung oder Chance für Kooperation?, in: Hennicke, Peter/ Supersberger, Nikolaus (Hrsg.) (unter Mitarbeit von Wolfram Huncke): Krisenfaktor Öl: Abrüsten mit neuer Energie, München: Ökom, 93-104.

Krepon, Michael 2006: Kein Brennstoff für Indien: Auch die Proliferation an befreundete Staaten wie Indien schwächt den Nichtverbreitungsvertrag, in: Internationale Politik 61: 8, 48-53.

Krieger, Heike 2006: Der Sicherheitsrat als Hüter der Menschenrechte: Grund und Grenzen seiner Kompetenz, in: Die Friedens-Warte 81: 1, 107-128.

Kriesberg, Louis 1997: Social Movements and Global Transformation, in: Smith, Jackie/ Chatfield, Charles/ Kriesberg, Louis (Hrsg.): Transnational Social Movements and Global Politics: Solidarity Beyond the State, Syracuse, NY: Syracuse University Press, 3-19.

Kruck, Andreas 2009: A Macroinstitutionally Embedded Resource Dependence Perspective on the Delegation of Regulatory Authority to Credit Rating Agencies, Konferenzpapier für die International Studies Association Convention, New York, 15.-18. Februar 2009.

Krummenauer, Julia 2004: Wege zu einem internationalen Migrationsregime? Eine Beschreibung der bereits vorhandenen und der Versuch einer Erklärung der noch fehlenden Verregelung im Bereich der Arbeitsmigration, unveröffentlichte Magisterarbeit, Tübingen: Universität Tübingen, Institut für Politikwissenschaft.

Kubbig, Bernd W. 2001: Introduction: The US Hegemon in the „American Century": The State of the Art and the German Contributions, in: Kubbig, Bernd W. (Hrsg.): Toward a New American Century? The U.S. Hegemon in Motion, in: Amerikastudien 46: 4, 495-524.

Kube, Matthias 2006: Chancen globaler Gerechtigkeit? Möglichkeiten der Bindung transnationaler Konzerne an die Menschenrechte, in: Forum Recht 4/2006, 114-117.

Kühne, Winrich 2000: Humanitäre Konfliktlagen in der globalisierten Welt und die Notwendigkeit zur Fortentwicklung des Völkerrechts, in: Menzel, Ulrich (Hrsg.) 2000: Vom Ewigen Frieden und vom Wohlstand der Nationen: Dieter Senghaas zum 60. Geburtstag, Frankfurt/M.: Suhrkamp, 291-319.

Kuper, Andrew 2004: Democracy Beyond Borders: Justice and Representation in Global Institutions, Oxford/ New York: Oxford University Press.

Ladeur, Karl-Heinz (Hrsg.) 2004: Public Governance in the Age of Globalization, Aldershot: Ashgate.

Lake, David A. 1993: Leadership, Hegemony, and the International Economy: Naked Emperor or Tattered Monarch with Potential?, in: International Studies Quarterly 37: 4, 459-489.

Lake, David A. 1999: Entangling Relations: American Foreign Policy in Its Century, Princeton, NJ: Princeton University Press.

Lâm, Maivân C. 2007: Minorities and Indigenous Peoples, in: Weiss, Thomas G./ Daws, Sam (Hrsg.): The Oxford Handbook on the United Nations, Oxford/ New York: Oxford University Press, 525-538.

Lange, Sascha/ Thränert, Oliver 2006: Die Zukunft des Biowaffenverbots, SWP-Studie 25/2006, Berlin: Stiftung Wissenschaft und Politik.

Langton, Christopher (Hrsg.) 2007: The Military Balance 2007, International Institute for Strategic Studies, London: Routledge.
Laqueur, Walter 1977: Terrorismus, Kronberg: Athenäum Verlag.
Laqueur, Walter 1987: The Age of Terrorism, Boston, MA: Little, Brown & Co.
Laqueur, Walter 1999: The New Terrorism: Fanaticism and the Arms of Mass Destruction, Oxford/ New York: Oxford University Press.
Laurenti, Jeffrey 2003: An Idea Whose Time Has Not Come, in: Mendlovitz, Saul H./ Walker, Barbara (Hrsg.): A Reader on Second Assembly & Parliamentary Proposals, Wayne, NJ: Center for UN Reform Education, 119-129.
Lawrence, Edward J./ Wagenmakers, Hendrik/ Wulf, Herbert 2005: Managing the Global Problems Created by the Conventional Arms Trade: An Assessment of the UN Register of Conventional Arms, in: Global Governance 11: 2, 225-246.
Layne, Christopher 1993: The Unipolar Illusion: Why New Great Powers Will Rise, in: International Security 17: 4, 5-51.
Layne, Christopher 2006: The Unipolar Illusion Revisited: The Coming End of the United States' Unipolar Moment, in: International Security 31: 2, 7-41.
Layne, Christopher 2008: It's Over, Over There: The Coming Crack-up in Transatlantic Relations, in: International Politics 45:3, 325-347.
Lebovic, James H. 2007: Deterring International Terrorism and Rogue States: US National Security Policy After 9/11, London: Routledge.
Lee, Eun-Jeung 2003: „Asien" und seine „asiatischen Werte, in: Aus Politik und Zeitgeschichte 35-36/2003, 3-6.
Lee, Hsien Loong 2005: Integration in ein neues Asien: Wie Chinas Aufstieg die internationale Architektur verändert, in: Internationale Politik 60: 12, 72-81.
Lee, Kelley (Hrsg.) 2003: Health Impacts of Globalization, Basingstoke/ New York: Palgrave Macmillan.
Leibfried, Stephan/ Zürn, Michael 2006: Von der nationalen zur postnationalen Konstellation, in: Leibfried, Stephan/ Zürn, Michael (Hrsg.): Transformationen des Staates?, Frankfurt/M.: Suhrkamp, 19-65.
Leibfried, Stephan/ Zürn, Michael (Hrsg.) 2006a: Transformationen des Staates?, Frankfurt/M.: Suhrkamp.
Leininger, Julia 2005: Business as (un)unsual – Die Bedeutung, Wirkung und Tragweite des Cardoso-Berichtes im aktuellen VN-Reformprozeß, in: Die Friedenswarte 80: 3-4, 283-305.
Leipold, Helmut 2000: Informale und formale Institutionen: Typologische und kulturspezifische Relationen, in: Leipold, Helmut/ Pies, Ingo (Hrsg.): Ordnungstheorie und Ordnungspolitik: Konzeptionen und Entwicklungsgeschichte, Stuttgart: Lucius, 401-428.
Leipziger, Deborah 2004: The Corporate Responsibility Code Book, Sheffield: Greenleaf Publishing.
Levi, Lucio 2003: Globalization, International Democracy and a World Parliament, in: Mendlovitz, Saul H./ Walker, Barbara (Hrsg.): A Reader on Second Assembly & Parliamentary Proposals, Wayne, NJ: Center for UN Reform Education, 54-67.
Levine, Sol/ White, Paul E. 1961: Exchange as a Conceptual Framework for the Study of Interorganizational Relationships, in: Administrative Science Quarterly 5: 4, 583-601.

Lieber, Robert J. 2008: Falling Upwards: Declinism, The Box Set, in: World Affairs, Fall 2008, auf: http://www.worldaffairsjournal.org/2008%20-%20Summer/full-Lieber.html, eingesehen am 20.02.2009.

Liebig, Klaus 2001: Der Schutz geistiger Eigentumsrechte in der Welthandelsordnung: Entwicklungspolitischer Reformbedarf für das TRIPs-Abkommen, DIE Analysen und Stellungnahmen 1/2001, Bonn: Deutsches Institut für Entwicklungspolitik (DIE).

Liebig, Klaus 2006: Auswirkungen des internationalen Patentregimes auf die Medikamentenproduktion und den Zugang zu Medikamenten in LDC's, DIE Studies 18, Bonn: Deutsches Institut für Entwicklungspolitik (DIE).

Liebig, Klaus 2006a: Geistige Eigentumsrechte und Entwicklungsländer: Der globale Kampf um das Gut Wissen, in: Rundbrief Forum Umwelt & Entwicklung 4/2006, 15–17.

Liebig, Klaus 2006b: Privatisierung des Wissens – Geistige Eigentumsrechte und Technologietransfer in Entwicklungsländer: Die Rolle der WTO, in: eins – Entwicklungspolitik Information Nord-Süd 13-14/2006, auf: http://www.entwicklungspolitik.org/home/13-14-006-02/, eingesehen am 08.01.2008.

Liese, Andrea 1998: Menschenrechtsschutz durch Nichtregierungsorganisationen, in: Aus Politik und Zeitgeschichte 46-47/98, 36-42.

Liese, Andrea 2001: Privatisierung und die (Um-)Setzung der Menschenrechte? Die Rolle lokaler und transnationaler NGOs, in: Brühl, Tanja/ Debiel, Tobias/ Hamm, Brigitte/ Hummel, Hartwig/ Martens, Jens (Hrsg.): Die Privatisierung der Weltpolitik. Entstaatlichung und Kommerzialisierung im Globalisierungsprozess, Bonn: Dietz, 232-256.

Liese, Andrea 2006: Epistula (non) erubescit: Das Staatenberichtsverfahren als Instrument internationaler Rechtsdurchsetzung, in: Die Friedens-Warte 81: 1, 51-69.

Liese, Andrea 2006a: Staaten am Pranger: Zur Wirkung internationaler Regime auf die innerstaatliche Menschenrechtspolitik, Wiesbaden: VS Verlag für Sozialwissenschaften.

List, Martin/ Zangl, Bernhard 2003: Verrechtlichung internationaler Politik, in: Hellmann, Gunther/ Wolf, Klaus Dieter/ Zürn, Michael (Hrsg.): Die neuen Internationalen Beziehungen: Forschungsstand und Perspektiven in Deutschland, Baden-Baden: Nomos, 361-399.

Lock, Peter 2005: Ökonomie der neuen Kriege, in: Frech, Siegfried/ Trummer, Peter I. (Hrsg.) 2005: Neue Kriege: Akteure, Gewaltmärkte, Ökonomie, Schwalbach: Wochenschau Verlag, 53-72.

Loewe, Markus 2005: Die Millenium Development Goals: Hintergrund, Bedeutung und Bewertung aus Sicht der deutschen Entwicklungszusammenarbeit, DIE Discussion Paper 12/2005, Bonn: Deutsches Institut für Entwicklungspolitik (DIE).

Loewen, Howard 2006: Entwicklung und Liberalisierung – Ergebnisse der 6. WTO-Ministerkonferenz in Hongkong, GIGA-Focus Global 1/2006, Hamburg: German Institute of Global and Area Studies (GIGA).

Luck, Edward C. 2004: The U.S., Counterterrorism, and the Prospects for a Multilateral Alternative, in: Boulden, Jane/ Weiss, Thomas G. (Hrsg.): Terrorism and the UN: Before and After September 11, Bloomington, IN: Indiana University Press, 74-101.

Lyons, Gene M./ Mastanduno, Michael 1995: State Sovereignty and International Intervention: Reflections on the Present and Prospects for the Future, in: Lyons, Gene M./ Mastanduno, Michael (Hrsg.): Beyond Westphalia? State Sovereignty and International Intervention, Baltimore, MD/ London: Johns Hopkins University Press, 250-265.

Macht, Christian 2007: Der Baseler Ausschuss für Bankenaufsicht und Basel II: Bankenregulierung auf einem internationalen level playing field, Baden-Baden: Nomos.

Mack, Andrew 2008: Global Political Violence: Explaining the Post-Cold War Decline, in: Rittberger, Volker/ Fischer, Martina (Hrsg.): Strategies for Peace: Contributions of International Organizations, States and Non-State Actors, Opladen/ Farmington Hills, MI: Barbara Budrich, 75-107.

MacLaren, Roy 2004: Integrating Environment and Labour into the World Trade Organization, in: Kirton, John J./ Trebilcock, Michael J. (Hrsg.): Hard Choices, Soft Law: Voluntary Standards in Global Trade, Environment and Social Governance, Aldershot: Ashgate, 266-269.

Macrae, Joanna 2002: Analysis and Synthesis, in: Macrae, Joanna (Hrsg.): The New Humanitarianism: A Review of Trends in Global Humanitarian Action, London: Overseas Development Institute, 5-17.

Magiera, Siegfried/ Trautmann, Ramona 2006: Europäischer Gerichtshof, in: Weidenfeld, Werner/ Wessels, Wolfgang (Hrsg.): Europa von A bis Z: Taschenbuch der europäischen Integration, Baden-Baden: Nomos/ Berlin: Institut für Europäische Politik, 197-201.

Magnusson, Dan 2005: The Economy of Terrorism: Transfer of Money, in: Foertsch, Volker/ Lange, Klaus (Hrsg.): Islamistischer Terrorismus: Bestandsaufnahmen und Bekämpfungsmöglichkeiten, München: Hanns Seidel Stiftung, 185-196.

Mahtaney, Piya 2007: India, China and globalization: the emerging superpowers and the future of economic development, Basingstoke: Palgrave Macmillan.

Mair, Stefan 2002: Die Globalisierung privater Gewalt: Kriegsherren, Rebellen, Terroristen und organisierte Kriminalität, SWP-Studie 10/ 2002, Berlin: Stiftung Wissenschaft und Politik (SWP).

Malanczuk, Peter 2002: Globalisierung und die zukünftige Rolle souveräner Staaten, in: Lutz-Bachmann, Matthias/ Bohman, James (Hrsg.): Weltstaat oder Staatenwelt? Für und Wider die Idee einer Weltrepublik, Frankfurt/M.: Suhrkamp, 172-200.

Malik, Omar 2001: Enough of the Definition of Terrorism, London: Royal Institute of International Affairs.

Mallaby, Sebastian 2002: The Reluctant Imperialist: Terrorism, Failed States, and the Case for American Empire, in: Foreign Affairs 81: 2, 2-7.

Mallaby, Sebastian 2004: NGOs: Fighting Poverty, Hurting the Poor, in: Foreign Policy 144, 50-58.

Malone, David M./ Khong, Yuen Foong 2003: Unilateralism and U.S. Foreign Policy: International Perspectives, in: Malone, David M. / Khong, Yuen Foong (Hrsg.): Unilateralism & U.S. Foreign Policy: International Perspectives, Boulder, CO: Lynne Rienner, 1-17.

Mani, Rama 2007: Peaceful Settlement of Disputes and Conflict Prevention, in: Weiss, Thomas G./ Daws, Sam (Hrsg.): The Oxford Handbook on the United Nations, Oxford/ New York: Oxford University Press 300-322.

Mansfield, Edward/ Snyder, Jack 1995: Democratization and War, in: Foreign Affairs 74: 3, 79–97.

Mansfield, Edward/ Snyder, Jack 2005: Electing to Fight: Why Emerging Democracies Go to War, Cambridge, MA: MIT Press.

March, James G./ Olsen, Johan P. 1989: Rediscovering Institutions: The Organizational Basis of Politics, New York: Free Press.

Marshall, Monty G./ Cole, Benjamin R. 2008: Global Report on Conflict, Governance, and State Fragility 2008, Cambridge: Cambridge University Press, abrufbar unter: http://www.systemicpeace.org/Global%20Report%202008.pdf, eingesehen am 13.08.2008

Marschall, Stefan 2005: Transnationale Repräsentation in parlamentarischen Versammlungen: Demokratie und Parlamentarismus jenseits des Nationalstaats, Baden-Baden: Nomos.

Marschall, Stefan 2005a: Parlamentarismus – Eine Einführung, Baden-Baden: Nomos.

Marschall, Stefan 2007: European Parliaments in Transnational Organisations: Parliamentary Cooperation Beyond the European Union, SWP-Projektpapier für die Konferenz „Fifty Years of Interparliamentary Cooperation", 13.Juni 2007, Bundesrat, Berlin; Berlin: Stiftung Wissenschaft und Politik (SWP).

Martens, Jens 2006: Die Entwicklungsagenda nach dem Millennium+5-Gipfel 2005 – eine Checkliste unerledigter Aufgaben, in: Varwick, Johannes/ Zimmermann, Andreas (Hrsg.): Die Reform der Vereinten Nationen – Bilanz und Perspektiven, Berlin: Duncker & Humblot, 201-212.

Martens, Jens 2006a: Zukunftsperspektiven der Mitwirkung von Nichtregierungsorganisationen in den Vereinten Nationen nach dem Weltgipfel 2005, in: Schorlemer, Sabine von (Hrsg.): „Wir, die Völker (...)" – Strukturwandel in der Weltorganisation, Frankfurt/M.: Peter Lang, 53-67.

Martens, Jens 2006b: Nichtregierungsorganisationen und die Vereinten Nationen: Perspektiven nach dem Weltgipfel 2005, Dialogue on Globalization, Briefing Paper 1/2006, Berlin: Friedrich Ebert Stiftung (FES).

Martens, Jens 2007: Multistakeholder Partnerships – Future Models of Multilateralism?, Dialogue on Globalization, Occasional Paper 29, Berlin: Friedrich-Ebert-Stiftung (FES).

Martens, Kerstin 2005: NGOs and the United Nations: Institutionalization, Professionalization and Adaptation, Basingstoke/ New York: Palgrave Macmillan.

Martin, Lisa L. 1992: Interests, Power, and Multilateralism, in: International Organization 46: 2, 765-792.

Martin, Lisa L. 1999: The Political Economy of International Cooperation, in: Kaul, Inge/ Grunberg, Isabell, Stern, Marc A. (Hrsg.) 1999: Global Public Goods: International Cooperation in the 21st Century, Oxford/ New York: Oxford University Press, 51-64.

Martinsen, Renate/ Melde, Thomas 2006: Public-Private Partnerships im System der Vereinten Nationen: Eine menschenrechtliche Perspektive, in: Die Friedens-Warte 81: 1, 163-178.

Mastanduno, Michael 1999: Preserving the Unipolar Moment: Realist Theories and U.S. Grand Strategy After the Cold War, in: Kapstein, Ethan B. / Mastanduno, Michael (Hrsg.): Unipolar Politics: Realism and State Strategies After the Cold War, New York: Columbia University Press, 138-181.

Mastanduno, Michael/ Kapstein, Ethan B. 1999: Realism and State Strategies After the Cold War, in: Kapstein, Ethan B. / Mastanduno, Michael (Hrsg.): Unipolar Politics: Realism and State Strategies After the Cold War, New York: Columbia University Press, 1-27.

Mathews, Jessica T. 1997: Power Shift: The Rise of Global Civil Society, in: Foreign Affairs 76: 1, 50-66.

Matthes, Felix C. 2008: Wege finden, wenn Ressourcen schwinden, in: Internationale Politik 63: 4, 8-15.

Matthies, Volker 2000: Krisenprävention: Vorbeugen ist besser als Heilen, Opladen: Leske + Budrich.

Matthies, Volker 2005: Eine Welt voller neuer Kriege?, in: Frech, Siegfried/ Trummer, Peter I. (Hrsg.) 2005: Neue Kriege: Akteure, Gewaltmärkte, Ökonomie, Schwalbach: Wochenschau Verlag, 33-52.

Maurer, Andreas 2006: Europäisches Parlament, in: Weidenfeld, Werner/ Wessels, Wolfgang (Hrsg.): Europa von A bis Z: Taschenbuch der europäischen Integration, Baden-Baden: Nomos/ Berlin: Institut für Europäische Politik, 229-238.

Maus, Ingeborg 2002: Vom Nationalstaat zum Globalstaat oder: der Niedergang der Demokratie, in: Lutz-Bachmann, Matthias/ Bohman, James (Hrsg.): Weltstaat oder Staatenwelt? Für und Wider die Idee einer Weltrepublik, Frankfurt/M.: Suhrkamp, 226-259.

Mayer, Peter / Rittberger, Volker 2004: Wissenschaft und Weltpolitik, in: Rittberger, Volker (Hrsg.): Weltpolitik heute: Grundlagen und Perspektiven, Baden-Baden: Nomos, 31-51.

Mayer, Peter/ Rittberger, Volker/ Zelli, Fariborz 2003: Risse im Westen? Betrachtungen zum transatlantischen Verhältnis heute, in: Leviathan 31: 1, 32-52.

Mayntz, Renate 2004: Organizational Forms of Terrorism: Hierarchy, Network, or a Type Sui Generis?, Köln: Max-Planck-Institut für Gesellschaftsforschung.

McCown, Margaret 2006: Judicial Law-Making and European Integration: The European Court of Justice, in: Richardson, Jeremy (Hrsg.) ^{3}2006: European Union: Power and Policy-Making, London: Routledge, 171-185.

Meadows, Donella/ Meadows, Dennis L./ Randers, Jørgen 1992: Die neuen Grenzen des Wachstums, Reinbek: Rowohlt.

Meadows, Donella/ Meadows, Dennis L./ Randers, Jørgen 2006: Grenzen des Wachstums - Das 30-Jahre-Update, Stuttgart: Hirzel.

Meadows, Donella/ Meadows, Dennis L./ Randers, Jørgen/ Behrens, William W. III 1972: Die Grenzen des Wachstums - Bericht des Club of Rome zur Lage der Menschheit, München: Deutsche Verlags-Anstalt.

Mearsheimer, John J. 1990: Back to the Future: Instability in Europe after the Cold War, in: International Security 15: 1, 5-56.

Mearsheimer, John J. 1994/95: The False Promise of International Institutions, in: International Security 19: 3, 5-49.

Mearsheimer, John J. 2001: The Tragedy of Great Power Politics, New York/ London: W. W. Norton.

Meier, Oliver 2006: The US-India Nuclear Deal: The End of Universal Non-Proliferation Efforts?, in: Internationale Politik und Gesellschaft 13: 4, 28-43.

Mekenkamp, Monique/ van Tongeren, Paul/ van de Veen, Hans 1999: Searching for Peace in Africa: An Overview of Conflict Prevention and Management Activities, Utrecht:

European Platform for Conflict Prevention and Transformation & African Centre for the Constructive Resolution of Disputes.

Mendez, Ruben P. 1992: International Public Finance: A New Perspective on Global Relations, Oxford/ New York: Oxford University Press.

Mendlovitz, Saul H./ Walker, Barbara (Hrsg.) 2003: A Reader on Second Assembly & Parliamentary Proposals, Wayne, NJ: Center for UN Reform Education.

Mendoza, Ronald U. 2003: The Multilateral Trade Regime: A Global Public Good for All?, in: Kaul, Inge/ Conçeicão, Pedro/ Le Goulven, Katell/ Mendoza Ronald U. (Hrsg.) 2003: Providing Global Public Goods: Managing Globalization, Oxford/ New York: Oxford University Press, 455-483.

Merkel, Wolfgang, 1999: Defekte Demokratien, in: Merkel, Wolfgang/Busch, Andreas (Hrsg.): Demokratie in Ost und West. Frankfurt am Main: Suhrkamp, S. 361-381.

Messner, Dirk 1998: Die Transformation von Staat und Politik im Globalisierungsprozess, in: Messner, Dirk (Hrsg.): Die Zukunft des Staates und der Politik: Möglichkeiten und Grenzen der politischen Steuerung in der Weltgesellschaft, Bonn: Dietz, 14-43.

Messner, Dirk 2003: Etablierte Weltwirtschaftsdiskurse und neue Governance-Muster in der globalen Ökonomie: Das Konzept des World Economic Triangle, in: Fues, Thomas/ Hippler, Jochen (Hrsg.): Globale Politik – Entwicklung und Frieden in der Weltgesellschaft. Festschrift für Franz Nuscheler, Bonn: Dietz, 90-136.

Messner, Dirk 2005: Der Bericht des "UN Millenniums-Projekt": Wie kann die weltweite Armut halbiert werden?, in: Die Friedens-Warte 80: 3-4, 263-282.

Messner, Dirk/ Maxwell, Simon/ Nuscheler, Franz/ Siegle, Joseph 2005: Governance Reform of the Bretton Woods Institutions and the UN Development System, Dialogue on Globalization, Occasional Papers 18, Washington, DC: Friedrich Ebert Stiftung (FES).

Milanovic, Branko 2005: Worlds Apart: Measuring International and Global Inequality, Princeton, NJ: Princeton University Press.

Mildner, Stormy 2008: Abschied vom Markt? Was von Barack Obama in der Binnenwirtschaftspolitik zu erwarten ist, SWP-Aktuell 78/ 2008, Berlin: Stiftung Wissenschaft und Politik (SWP).

Mildner, Stormy 2009: Die Doha-Runde der WTO: Stolpersteine auf dem Weg zu einem erfolgreichen Verhandlungsabschluss, Berlin: Stiftung Wissenschaft und Politik (SWP).

Mingst, Karen ^{4}2008: Essentials of International Relations, New York/ London: W.W. Norton.

Möckli, Daniel/ Wenger, Andreas 2002: Conflict Prevention: The Untapped Potential of the Private Sector, Boulder, CO: Lynne Rienner.

Modelski, George 1987: Long Cycles in World Politics, Seattle, WA: University of Washington Press.

Möller, Kay 2005: Zusammenarbeit in Ostasien, SWP-Studie 29/ 2005, Berlin: Stiftung Wissenschaft und Politik (SWP).

Möller, Kay 2005a: Die Außenpolitik der Volksrepublik China 1949 - 2004: eine Einführung, Wiesbaden: VS Verlag für Sozialwissenschaften.

Möller, Kay 2006: Maritime Sicherheit und die Suche nach politischem Einfluss in Südostasien, SWP-Studie 35/2006, Berlin: Stiftung Wissenschaft und Politik (SWP).

Möller, Kay/ Tidten, Markus 2005: China und Japan: Der ungeheilte Bruch, SWP-Aktuell 20/ 2005, Berlin: Stiftung Wissenschaft und Politik (SWP).

Monar, Jörg 2006: Außenwirtschaftsbeziehungen, in: Weidenfeld, Werner/ Wessels, Wolfgang (Hrsg.): Europa von A bis Z: Taschenbuch der europäischen Integration, Baden-Baden: Nomos/ Berlin: Institut für Europäische Politik, 77-81.

Monar, Jörg 2006a: Conclusions: International Terrorism – A European Response to a Global Threat?, in: Monar, Jörg (Hrsg.): International Terrorism: A European Response to a Global Threat?, Frankfurt/M.: Peter Lang, 151-158.

Monbiot, George 2003: A Parliament for the Planet, in: Mendlovitz, Saul H./Walker, Barbara (Hrsg.): A Reader on Second Assembly & Parliamentary Proposals, Wayne, NJ: Center for UN Reform Education, 74-79.

Moravcsik, Andrew 1998: The Choice for Europe: Social Purpose and State Power from Messina to Maastricht, Ithaca, NY: Cornell University Press.

Morgenthau, Hans J. 1963: Macht und Frieden: Grundlegung einer Theorie der internationalen Politik, Gütersloh: Bertelsmann.

Mori, Satoko 2004: Institutionalization of NGO Involvement in Policy Functions for Global Environmental Governance, in: Kanie, Norichika/ Haas, Peter M. (Hrsg.) 2004: Emerging Forces in Environmental Governance, Tokio/ New York/ Paris: United Nations University Press, 157-175.

Morrison, Wayne M. 2006: China – U.S. Trade Issues, Issue Brief for Congress, Washington, DC: Congressional Research Service, Updated 21 March 2006.

Mowle, Thomas S./ Sacko, David H. 2007: The Unipolar World: An Unbalanced Future, Basingstoke/ New York: Palgrave Macmillan.

Mueller, John 2004: The Remnants of War, Ithaca, NY: Cornell University Press.

Mühlebach, Andrea 2003: What Self in Self-Determination? Notes from the Frontiers of Transnational Indigenous Activism, in: Identities: Global Studies in Culture and Power 10: 2, 241-268.

Müller, Friedemann 2004: Klimapolitik und Energieversorgungssicherheit: Zwei Seiten derselben Medaille, SWP-Studie 14/ 2004, Berlin: Stiftung Wissenschaft und Politik (SWP).

Müller, Friedemann 2006: Energie-Außenpolitik: Anforderungen veränderter Weltmarktkonstellationen an die internationale Politik, SWP-Studie 33/ 2006, Berlin: Stiftung Wissenschaft und Politik (SWP).

Müller, Harald 1993: The Internalization of Principles, Norms and Rules by Governments. The Case of Security Regimes, in: Rittberger, Volker (Hrsg.): Regime Theory and International Relations, Oxford: Clarendon Press, 361-388.

Müller, Harald 2002: Security Cooperation, in: Carlsnaes, Walter/ Risse, Thomas/ Simmons, Beth A. (Hrsg.): Handbook of International Relations, London: Sage, 369-391.

Müller, Harald 2004: The Antinomy of the Democratic Peace, in: International Politics 41: 4, 495-520.

Müller, Harald 2004a: Aufstand gegen den Westen: Transnationaler Terrorismus und seine Bekämpfung als „Weltkrieg"?, in: Rittberger, Volker (Hrsg.): Weltpolitik heute: Grundlagen und Perspektiven, Baden-Baden: Nomos, 193-210.

Müller, Harald 2006: Nichtverbreitungsvertrag: Regime kaputt – Doppelmoral, Nonchalance, neue Doktrin der Vertragshüter: Was den Vertrag beschädigt, in: Internationale Politik 61: 8, 16-23.

Müller, Harald 2006a: Multilateralisierung des Brennstoffkreislaufs: Ein Ausweg aus den Nuklearkrisen?, HSFK-Report 10/2006, Frankfurt/M.: Hessische Stiftung Friedens- und Konfliktforschung (HSFK).

Müller, Harald 2008: Wie kann eine neue Weltordnung aussehen? Wege in eine nachhaltige Politik, Frankfurt am Main: Fischer.

Müller-Färber, Thomas 2007: Verhaltenskodizes in der Biowaffenprävention, SWP-Diskussionspapier der Forschungsgruppe 3, 4/ 2007, Berlin: Stiftung Wissenschaft und Politik (SWP).

Müller-Hofstede, Christoph 2007: Integration in die Weltordnung: Geschichte und Perspektiven, in: Fischer, Doris/ Lackner, Michael (Hrsg.): Länderbericht China: Geschichte – Politik – Wirtschaft – Gesellschaft, Bonn: Bundeszentrale für Politische Bildung, 305-331.

Münkler, Herfried 2002: Die neuen Kriege, Reinbek: Rowohlt.

Münkler, Herfried 2003: Die neuen Kriege und ihre Folgen, in: Kursiv: Journal für politische Bildung 4/2003, 12-17.

Münkler, Herfried 2005: Die neuen Kriege, in: Frech, Siegfried/ Trummer, Peter I. (Hrsg.) 2005: Neue Kriege: Akteure, Gewaltmärkte, Ökonomie, Schwalbach: Wochenschau Verlag, 13-32.

Münkler, Herfried 2006: Der Wandel des Krieges: Von der Symmetrie zur Asymmetrie, Weilerswist: Velbrück.

Muñoz, Vernor 2007: Report of the Special Rapporteur on Education, Vernor Muñoz, on His Mission to Germany, 13-21 February 2006, Genf: VN-Menschenrechtsrat.

Mürle, Holger 2006: Regeln für die globalisierte Wirtschaft – Eine empirische Analyse aus der Global Governance-Perspektive, DIE Studies 17, Bonn: Deutsches Institut für Entwicklungspolitik (DIE).

Murthy, C.S.R. 2007: The U.N. Counter-Terrorism Committee: An Institutional Analysis, Dialogue on Globalization, Briefing Paper 15, New York: Friedrich-Ebert-Stiftung (FES).

Musgrave, Richard A. 1959: The Theory of Public Finance: A Study in Public Economy, New York: McGraw-Hill.

Musharbash, Yassin 2005: Neues Betriebssystem für Al-Qaida: Sie haust nicht mehr in Höhlen – sondern im virtuellen Raum, in: Internationale Politik 60: 11, 22-27.

Musharbash, Yassin 2006: Die neue al-Qaida: Innenansichten eines lernenden Terrornetzwerks, Bonn: Bundeszentrale für Politische Bildung (BPB).

Mwangi, Wagaki/ Schmitz, Hans Peter 2007: "Global Compact, Little Impact?": Explaining variation in corporate attitudes towards global norms, Paper presented at the ISA Annual Convention, Chicago, IL, February 28-March 4.

Naím, Moisés 2000: Washington Consensus or Washington Confusion?, in: Foreign Policy 118, 87-103.

Nass, Matthias 2008: Geld für die Welt: Bisher hat der Westen die Regeln der Finanzmärkte diktiert. Der Gipfel in Washington wird zeigen, dass diese Zeit vorbei ist, in: DIE ZEIT, Nr. 47, 13.11.2008, 1.

National Commission on Terrorist Attacks Upon the United States 2004: The 9/11 Commission Report, Washington, DC: National Commission on Terrorist Attacks Upon the United States.

National Institute for Defense Studies 2006: East Asian Strategic Review 2006, Tokio: Japan Times.

National Intelligence Council (NIC) 2007: National Intelligence Estimate: Iran – Nuclear Intentions and Capabilities, Washington, DC: National Intelligence Council.

Nau, Henry R. 2007: Perspectives on International Relations: Power, Institutions, and Ideas, Washington, DC: Congressional Quarterly Press.

Neidhardt, Friedhelm 2004: Zur Soziologie des Terrorismus, in: Berliner Journal für Soziologie 14: 2, 263-272.

Nel, Philip 2006: Revisiting Global Economic Inequality: Connecting the Local and the International, Inaugural Professorial Lecture, Dunedin: University of Otago.

Nel, Philip 2006a: The Return of Inequality – Review Article, in: Third World Quarterly 27: 4, 689-706.

Nel, Philip 2007: Globalization and Violent Political Dissent in Developing Countries, in: Patman, Robert (Hrsg.): Globalization and Conflict: National Security in a „New" Strategic Era, London: Routledge, 56-76.

Nel, Philip 2008: The Politics of Economic Inequality in Developing Countries, Basingstoke/ New York: Palgrave Macmillan.

Nelson, Jane 2000: The Business of Peace: The Private Sector as a Partner in Conflict Prevention and Resolution, London: International Alert/ Prince of Wales Business Leaders Forum.

Neumayer, Eric 2005: Do International Human Rights Treaties Improve Respect for Human Rights, in: Journal of Conflict Resolution 49: 6, 925-953.

Newell, Peter 2000: Climate for Change: Non-state Actors and the Global Politics of the Greenhouse, Cambridge: Cambridge University Press.

Newman, Edward 2004: The „New Wars" Debate: A Historical Perspective is Needed, in: Security Dialogue 35: 2, 173-189.

Newman, Michael 2006: After the „Permissive Consensus": Still Searching for Democracy, in: Richardson, Jeremy (Hrsg.) ³2006: European Union: Power and Policy-Making, London: Routledge, 377-397.

Neyer, Jürgen 2002: Politische Herrschaft in nicht-hierarchischen Mehrebenensystemen, in: Zeitschrift für Internationale Beziehungen 9: 1, 9-38.

Nielebock, Thomas 2004: Der Friede zwischen den Demokratien: Friede den Palästen, Krieg den Hütten? Zur Bedeutung des Faktors „Demokratie" in der internationalen Politik, in: Rittberger, Volker (Hrsg.): Weltpolitik heute: Grundlagen und Perspektiven, Baden-Baden: Nomos, 165-191.

Nielsen, Kai 1988: World Government, Security and Global Justice, in: Luper-Foy, Steven (Hrsg.): Problems of International Justice, Boulder, CO: Westview Press, 263-282.

Nitsche, Dennis 2007: Der Internationale Strafgerichtshof ICC und der Frieden: Eine vergleichende Analyse der Befriedungsfunktion internationaler Straftribunale, Baden-Baden: Nomos.

Nobelstiftung 2008: The Nobel Prize, abrufbar unter: http://nobelprize.org/nobel_prizes/, eingesehen am 01.09.2008.

Nohlen, Dieter/ Nuscheler, Franz 1982: Was heißt „Dritte Welt"?, in: Nohlen, Dieter/ Nuscheler, Franz (Hrsg.): Handbuch der Dritten Welt, Bonn: Dietz.

Nölke, Andreas 2000: Regieren in transnationalen Politiknetzwerken? Kritik postnationaler Governance-Konzepte aus der Perspektive einer transnationalen (Inter-) Organisationssoziologie, in: Zeitschrift für Internationale Beziehungen 7: 2, 331-358.

Nölke, Andreas 2004: Transnational Private Authority and Corporate Governance, in: Schirm, Stefan A. (Hrsg.): New Rules for Global Markets: Public and Private Governance in the World Economy, Basingstoke/ New York: Palgrave Macmillan, 155-176.

Nölke, Andreas/Perry, James 2007: Coordination Service Firms and the Erosion of Rhenish Capitalism, in: Overbeek, Henk/van Apeldoorn, Bastian/Nölke, Andreas (Hrsg.): The Transnational Politics of Corporate Governance Regulation, London/New York: Routledge, 121-136.

Norgren, Claes 2004: An International Response to Terrorism, in: Bailes, Alyson J.K./ Frommelt, Isabel (Hrsg.): Business and Security: Public-Private Sector Relationships in a New Security Environment, Oxford/ New York: Oxford University Press, 47-58.

Norris, Robert S./ Kristensen, Hans M. 2006: Global Nuclear Stockpiles, 1946-2006, in: Bulletin of the Atomic Scientists, 62: 4, 64-67.

Norris, Robert S./ Kristensen, Hans M. 2008: Russian Nuclear Forces, 2008, in: Bulletin of the Atomic Scientists, 64: 2, 54-57.

North Atlantic Treaty Organization (NATO) 2004: Die neue NATO, Brüssel: North Atlantic Treaty Organization (NATO) Public Diplomacy Division.

North Atlantic Treaty Organization (NATO) 2007: NATO and the Fight Against Terrorism, Brüssel: North Atlantic Treaty Organization (NATO), auf: http://www.nato.int/issues/terrorism/practice02.html, eingesehen am 25.1.2008.

Nowak, Wolfgang 2008: Kein Lotse an Bord: Wer dominiert die multipolare Welt?, in: Internationale Politik 63: 7-8, 8-10.

Nowrot, Karsten 2003: Die UN-Norms on the Responsibility of Transnational Corporations and Other Business Enterprises with Regard to Human Rights – Gelungener Beitrag zur transnationalen Rechtsverwirklichung oder das Ende des Global Compact? Beiträge zum Transnationalen Wirtschaftsrecht, Heft 21, Halle.

Nuscheler, Franz 2004: Jenseits der Entwicklungsalmosen: Weltgemeinschaftsaufgaben als Herausforderung globaler Solidarität – eine Utopie?, in: Rittberger, Volker (Hrsg.): Weltpolitik heute: Grundlagen und Perspektiven, Baden-Baden: Nomos, 211-222.

Nuscheler, Franz/ Roth, Michèle 2006: Die Millenniums-Entwicklungsziele: ihr Potenzial und ihre Schwachstellen – eine kritische Zusammenfassung, in: Nuscheler, Franz/ Roth, Michèle (Hrsg.): Die Millenniums-Entwicklungsziele: Entwicklungspolitischer Königsweg oder ein Irrweg?, Bonn: Dietz, 15-42.

Nye, Joseph S. 2001: Globalization's Democratic Deficit: How to Make International Institutions More Accountable, in: Foreign Affairs 80: 4, 2-6.

Nye, Joseph S. 2002: The Paradox of American Power: Why the World's Only Superpower Can't Go It Alone, Oxford/ New York: Oxford University Press.

Nye, Joseph S. 2003: The Limits of American Power, in: Political Science Quarterly 117: 4, 545-556.

Nye, Joseph S. 2005: The Rise of China's Soft Power, in: The Wall Street Journal Asia, 29.12.2006, abrufbar unter: http://belfercenter.ksg.harvard.edu/publication/1499/rise_of_chinas_soft_power.html, eingesehen am 4.6.2008.

Nye, Joseph S./ Boutwell, Jeffrey 1999: Light Weapons and Civil Conflict: Controlling the Tools of Violence, Lanham, MD: Rowman & Littlefield.

O'Brien, Robert/ Goetz, Anne Marie/ Scholte, Jan Aart/ Williams, Marc 2000: Contesting Global Governance: Multilateral Economic Institutions and Global Social Movements, Cambridge: Cambridge University Press.

O'Brien, Robert/ Williams, Marc 2004: Global Political Economy: Evolution and Dynamics, Basingstoke/ New York: Palgrave Macmillan.

Oberheitmann, Andreas 2008: Langer Marsch in die CO_2-Freiheit: Pekings Energiepolitik zwischen fossiler Energiesicherheit und Klimaschutz, in: Internationale Politik 63: 4, 55-61.

Oberthür, Sebastian/ Ott, Hermann E. 2000: Das Kyoto-Protokoll: Internationale Klimapolitik für das 21. Jahrhundert, Opladen: Leske + Budrich.

Oeter, Stefan 2004: Chancen und Defizite internationaler Verrechtlichung: Was das Recht jenseits des Nationalstaats leisten kann, in: Zürn, Michael/ Zangl, Bernhard (Hrsg.): Verrechtlichung – Baustein für Global Governance?, Bonn: Dietz, 46-75.

Ohmae, Kenichi 1996: Der neue Weltmarkt: Das Ende des Nationalstaates und der Aufstieg der regionalen Wirtschaftszonen, Hamburg: Hoffmann und Campe.

Oldopp, Birgit 2005: Das politische System der USA: Eine Einführung, Wiesbaden: VS Verlag für Sozialwissenschaften.

Oliver, Christine 1990: Determinants of Interorganizational Relationships: Integration and Future Directions, in: Academy of Management Review 15: 2, 241-265.

Olson, Mancur 1971: The Logic of Collective Action: Collective Goods and the Theory of Groups, Cambridge, MA: Harvard University Press.

Olson, Mancur 1973: Increasing the Incentives for International Cooperation, in: International Organization 27: 2, 866-874.

Olsson, Ola/ Fors, Heather Congdon 2004: Congo: The Prize of Predation, in: Journal of Peace Research 41: 3, 321-336.

Opitz, Peter J. 2002: China – Der Aufstieg des Drachen, in: Ferdowsi, Mir A. (Hrsg.): Internationale Politik im 21. Jahrhundert, München: Fink, 203-245.

Opitz, Peter J. 2007: Menschenrechte: Glanz und Elend einer Idee, in: Ferdowsi, Mir A. (Hrsg.): Weltprobleme, Bonn: Bundeszentrale für politische Bildung (BPB), 117-158.

Oschmann, Volker 2002: Strom aus Erneuerbaren Energien im Europarecht: Die Richtlinie 2001/77/EG des Europäischen Parlaments und des Rates zur Förderung der Stromerzeugung aus Erneuerbaren Energien im Elektrizitätsbinnenmarkt, Baden-Baden: Nomos.

Osiander, Andreas 2001: Sovereignty, International Relations, and the Westphalian Myth, in: International Organization 55: 2, 251-287.

Otto, Diane 1996: Nongovernmental Organizations in the United Nations System: The Emerging Role of International Civil Society, in: Human Rights Quarterly 18: 1, 107-141.
Oxfam International 2006: Patente gegen Patienten: Fünf Jahre nach der Doha-Erklärung, Oxfam Briefing Paper 95, Oxford: Oxfam International.
Pabst, Martin 2003: Der Kongo: Eine Konfliktanalyse, in: Österreichische Militärische Zeitschrift 41: 4, 465-475, auf: http://www.weltpolitik.net/Regionen/Afrika/DR%20Kongo/Analysen/Der%20Kongo%20-%20Eine%20Konfliktanalyse.html, eingesehen am 28.05.2007.
Paes, Wolf-Christian 2005: Internationale Initiativen zur Eindämmung von Ressourcenkonflikten und „Neuen Kriegen", in: Die Friedens-Warte 80: 1-2, 61-81.
Paes, Wolf-Christian 2005a: „Conflict Diamonds" to „Clean Diamonds": The Development of the Kimberley Process Certification Scheme, in: Basedau, Matthias/ Mehler, Andreas (Hrsg.): Resource Politics in Sub-saharan Africa, Hamburg: Institut für Afrikakunde, 305-324.
Paris, Roland 1997: Peacebuilding and the Limits of Liberal Internationalism, in: International Security 22: 2, 54-89.
Paris, Roland 2004: At War's End: Building International Peace After Conflict, Cambridge: Cambridge University Press.
Paris, Roland 2007: Post-Conflict Peacebuilding, in: Weiss, Thomas G./ Daws, Sam (Hrsg.): The Oxford Handbook on the United Nations, Oxford/ New York: Oxford University Press, 404-426.
Patrick, Stewart 2002: Multilateralism and Its Discontents: The Causes and Consequences of U.S. Ambivalence, in: Patrick, Stewart/ Forman, Shepard (Hrsg.): Multilateralism and U.S. Foreign Policy: Ambivalent Engagement, Boulder, CO: Lynne Rienner, 1-44.
Pei, Minxin/ Swaine, Michael 2005: Simmering Fire in Asia: Averting Sino-Japanese Strategic Conflict, Policy Brief 44, Washington, DC: Carnegie Endowment for International Peace.
Pelz, Timo/ Lehmann, Volker 2007: The Evolution of UN Peacekeeping (1): Hybrid Missions, Dialogue on Globalization Fact Sheet, New York: Friedrich-Ebert Stiftung (FES).
Perry, James/ Nölke, Andreas 2006: International Accounting Standard Setting: A Network Approach, in: Review of International Political Economy 13: 4, 559-586.
Pevehouse, Jon/ Russett, Bruce 2006: Democratic International Governmental Organizations Promote Peace, in: International Organization 60: 3, 969-1000.
Pfeffer, Jeffrey/ Nowak, Phillip 1976: Joint Ventures and Interorganizational Interdependence, in: Administrative Science Quarterly 21: 3, 398-418.
Pfeffer, Jeffrey/ Salancik, Gerald R. 1978: The External Control of Organizations: A Resource Dependence Perspective, New York: Harper & Row.
Philpott, Daniel 2001: Revolutions in Sovereignty: How Ideas Shaped Modern International Relations, Princeton, NJ: Princeton University Press.
Pieth, Mark/ Aiolfi, Gemma 2003: The Private Sector Becomes Active: The Wolfsberg Process, in: Journal of Financial Crime 10: 4, 359-365.

Pinheiro, Paulo Sérgio 2006: World Report on Violence against Children, United Nations Secretary-General's Report on Violence against Children, Geneva, auf: http://www.violencestudy.org/a553, eingesehen am 01.04.2008.

Plate, Bernard von 2002: Kampf gegen Terrorismus: Katalysator für einen Wandel der NATO und eine sicherheitspolitische Zukunft mit Russland – Widersprüche und offene Fragen, SWP-Studie 28/ 2002, Berlin: Stiftung Wissenschaft und Politik (SWP).

Pollack, Mark A. 2003: The Engines of European Integration: Delegation, Agency, and Agenda Setting in the EU, Oxford/ New York: Oxford University Press.

Porter, Gareth/ Brown, Janet Welsh/ Chasek, Pamela S. ³2000: Global Environmental Politics, Boulder, CO: Westview Press.

Porter, Michael E./ Schwab, Klaus (Hrsg.) 2008: Global Competitiveness Report 2008-2009, Davos: World Economic Forum, abrufbar unter: http://www.weforum.org/en/initiatives/gcp/Global%20Competitiveness%20Report/index.htm, eingesehen am 15.11.2008.

Posen, Adam S. 2008: Why the Euro will Not Rival the Dollar, in: International Finance 11: 1, 75-100.

Potter, William C. 1995: Before the Deluge? Assessing the Threat of Nuclear Leakage From the Post-Soviet States, in: Arms Control Today 25: 8, 9-16.

Prunier, Gerard/ Gisselquist, Rachel 2003: The Sudan: A Successfully Failed State, in: Rotberg, Robert I. (Hrsg.): State Failure and State Weakness in a Time of Terror, Cambridge, MA: World Peace Foundation, 101-127.

Puddington, Arch 2009: Freedom of the World 2009: Setbacks and Resilience, auf: http://www. freedomhouse.org/uploads/fiw09/FIW09_OverviewEssay_Final.pdf, eingesehen am 26.03.2009.

Rabe, Christoph 2006: Der Drache zeigt Muskeln, in: Handelsblatt.com, 21.02.2006, auf: http://www.handelsblatt.com/News/Politik/International/_pv/grid_id/916972/_p/200051/_t/ft/_b/1038247/default.aspx/der-drache-zeigt-muskeln.html, eingesehen am 18.04.2007.

Ramcharan, Bertrand 2007: Norms and Machinery, in: Weiss, Thomas G./ Daws, Sam (Hrsg.): The Oxford Handbook on the United Nations, Oxford/ New York: Oxford University Press, 439-462.

Rappert, Brian 2004: Towards a Life Science Code: Countering the Threats from Biological Weapons, Briefing Paper 13, Bradford: University of Bradford, Department of Peace Studies, auf: http://www.brad.ac.uk/acad/sbtwc, eingesehen am 02.02.2008.

Rappert, Brian 2007: Codes of Conduct and Biological Weapons: An In-process Assessment, in: Biosecurity and Bioterrorism 5: 2, 145-154.

Rat der Europäischen Union 2002: Rahmenbeschluss zur Terrorismusbekämpfung (2002/475/JI), Brüssel: Rat der Europäischen Union.

Rat der Europäischen Union 2005: The European Union Counter-Terrorism Strategy: Prevent, Protect, Pursue, Respond (14469/4/05), Brüssel: Rat der Europäischen Union.

Rat der Europäischen Union 2005a: Haager Programm zur Stärkung von Freiheit, Sicherheit und Recht in der Europäischen Union (2005/C53/ 01), Brüssel: Rat der Europäischen Union.

Rat der Europäischen Union/ Europäische Kommission 2007: Europäische Union Jahresbericht 2007 zur Menschenrechtslage, Luxemburg: Amt für amtliche Veröffentlichungen der Europäischen Gemeinschaften.

Rathgeber, Theodor 2002: ILO-Konvention 169: Konkretes Recht, von den Staaten ignoriert, auf: http://www.gfbv.it/3dossier/ind-voelker/169.html, eingesehen am 11.03.2008.

Rathgeber, Theodor 2006: UN Norms on the Responsibilities of Transnational Corporations, Dialogue on Globalization, Occasional Paper 22, Genf: Friedrich Ebert Stiftung (FES).

Rathgeber, Theodor 2007: Von der Menschenrechtskommission zum Menschenrechtsrat – Akzentverschiebungen im VN-Menschenrechtssystem, in: Sierck, Gabriela M./ Krennerich, Michael/ Häußler, Peter (Hrsg.): Handbuch der Menschenrechtsarbeit 2006/2007, Berlin: Friedrich-Ebert-Stiftung (FES), Forum Menschenrechte, 165-181.

Raupp, Judith 2007: Partner auf Probe: EU in Gesprächen über Handel mit Afrika unnachgiebig, in: Süddeutsche Zeitung, 15./16.12.2007, 10.

Raustiala, Kal 1997: States, NGOs, and International Environmental Institutions, in: International Studies Quarterly 41: 4, 719-740.

Raustiala, Kal 2001: Nonstate Actors in the Global Climate Regime, Cambridge, MA: MIT Press.

Rawls, John 1971: A Theory of Justice, Cambridge, MA: Belknap Press.

Razesberger, Florian 2006: The International Criminal Court: The Principle of Complementarity, Frankfurt/M.: Peter Lang.

Rechkemmer, Andreas 2004: Globale Umweltpolitik 2005: Perspektiven im Kontext der Reform der Vereinten Nationen, SWP-Studie 45/ 2004, Berlin: Stiftung Wissenschaft und Politik (SWP).

Rechkemmer, Andreas (Hrsg.) 2005: UNEO – Towards an International Environment Organization: Approaches to a Sustainable Reform of Global Environmental Governance, Baden-Baden: Nomos.

Reder, Michael 2004: Wie soll die Welt gesteuert werden? Global Compact als neue Steuerungsform innerhalb des Global Governance Paradigmas, in: Fonari, Alexander (Hrsg.): Menschenrechts-, Arbeits- und Umweltstandards bei multinationalen Unternehmen: Vom Global Compact und anderen Initiativen zu Global Governance? München: Germanwatch und Europäische Akademie Bayern, 173-186.

Reese-Schäfer, Walter 2001: Kommunitarismus, Frankfurt/M: Campus.

Reich, Michael R. 2000: Public-Private Partnerships for Global Health, in: Nature Medicine 6: 6, 617-620.

Reich, Michael R. 2002: Introduction: Public-Private Partnerships for Global Health, in: Reich, Michael R. (Hrsg.): Public-Private Partnerships for Global Health, Cambridge, MA: Harvard University Press, 1-18.

Reimann, Cordula 2007: Doing Good? Herausforderungen für die NGOs in der Friedensförderung, in: Klein, Ansgar/ Roth, Silke (Hrsg.): NGOs im Spannungsfeld von Krisenprävention und Sicherheitspolitik, Wiesbaden: VS Verlag für Sozialwissenschaften, 91-112.

Reinalda, Bob/ Verbeek, Bertjan 2004: The Issue of Decision Making within International Organizations, in: Reinalda, Bob/ Verbeek, Bertjan (Hrsg.): Decision Making Within International Organizations, London: Routledge.

Reinicke, Wolfgang H. 1998: Global Public Policy: Governing without Government?, Washington, DC: Brookings Institution Press.

Reinicke, Wolfgang H. 1999: The Other World Wide Web: Global Public Policy Networks, in: Foreign Policy 117, 44-57.

Reinicke, Wolfgang/ Deng, Francis 2000: Critical Choices: The United Nations, Networks, and the Future of Global Governance, Washington, DC: Brookings Institution Press.

REN21 2006: Globaler Statusbericht 2006: Erneuerbare Energien, Paris: REN21/ Washington, DC: Worldwatch Institute.

REN21 2006a: Report on the Implementation of the International Action Programme of the International Conference for Renewable Energies, Paris: REN21, auf: http://www.ren21.net/pdf/ IAP_Implementation_Report_061031.pdf, eingesehen am 15.12.2007.

REN21 2007: Renewables Global Status Report 2007 – Pre-Publication Summary, Paris: REN21/ Washington, DC: Worldwatch Institute, auf: http://www.ren21.net/pdf/ REN21_GSR2007_Prepub_web.pdf, eingesehen am 15.12.2007.

Renaud, Fabrice/ Bogardi, Janos J./ Dun, Olivia/ Warner, Koko 2007: Control, Adapt or Flee: How to Face Environmental Migration?, in: InterSecTions 5/2007, Publication Series of the United Nations University (UNU) Institute for Environment and Human Security, Tokio: United Nations University (UNU) Institute for Environment and Human Security, auf: http://www.ehs.unu.edu/file.php?id=259, eingesehen am 15.04.2008.

Renteln, Alison D. 1990: International Human Rights – Universalism versus Relativism, London: Sage.

Richardson, Sophie 2008: Challenges for a "Responsible Power", in: Human Rights Watch (Hrsg.): World Report 2008, New York et al.: Human Rights Watch, 25-34, auf: http://hrw.org/wr2k8/pdfs/wr2k8_web.pdf, eingesehen am 12.02.2008.

Rieger, Elmer 2005: Agricultural Policy: Constrained Reform, in: Wallace, Helen/ Wallace, William/ Pollack, Mark A. (Hrsg.): Policy-Making in the European Union, Oxford/ New York: Oxford University Press, 161-190.

Rieth, Lothar 2004: Der VN Global Compact: Was als Experiment begann ..., in: Die Friedens-Warte 79: 1-2, 151-170.

Rieth, Lothar 2004a: Corporate Social Responsibility in Global Economic Governance: A Comparison of the OECD Guidelines and the UN Global Compact, in: Schirm, Stefan A. (Hrsg.): New Rules for Global Markets: Public and Private Governance in the World Economy, Basingstoke/ New York: Palgrave Macmillan, 177-192.

Rieth, Lothar/ Zimmer, Melanie 2004: Unternehmen der Rohstoffindustrie – Möglichkeiten und Grenzen der Konfliktprävention, in: Die Friedens-Warte 79: 1-2, 75-101.

Risse, Thomas 2000: "Let's Argue": Communicative Action in World Politics, in: International Organization 54: 1, 1-41.

Risse, Thomas 2002: Transnational Actors and World Politics, in: Carlsnaes, Walter/ Risse, Thomas/ Simmons, Beth A. (Hrsg.): Handbook of International Relations, London: Sage, 255-274.

Risse, Thomas 2004: Menschenrechte als Grundlage der Weltvergemeinschaftung? Die Diskrepanz zwischen Normanerkennung und Normeinhaltung, in: Rittberger, Volker (Hrsg.): Weltpolitik heute: Grundlagen und Perspektiven, Baden-Baden: Nomos, 223-244.

Risse, Thomas 2005: Governance in Räumen begrenzter Staatlichkeit: „Failed States" werden zum zentralen Problem der Weltpolitik, in: Internationale Politik 60: 9, 6-12.

Risse, Thomas/ Jetschke, Anja/ Schmitz, Hans Peter 2002: Die Macht der Menschenrechte: Internationale Normen, kommunikatives Handeln und politischer Wandel in den Ländern des Südens, Baden-Baden: Nomos.

Risse, Thomas/ Lehmkuhl, Ursula 2007: Governance in Räumen begrenzter Staatlichkeit, in: Aus Politik und Zeitgeschichte 20-21/2007, 3-9.

Risse, Thomas/ Lehmkuhl, Ursula 2007a: Governance in Räumen begrenzter Staatlichkeit: Anmerkungen zu konzeptionellen Problemen der gegenwärtigen Governance-Diskussion, in: Beisheim, Marianne/ Schuppert, Gunnar Folke (Hrsg.): Staatszerfall und Governance, Baden-Baden: Nomos, 144-159.

Risse, Thomas/ Lehmkuhl, Ursula (Hrsg.) 2007b: Regieren ohne Staat? Governance in Räumen begrenzter Staatlichkeit, Baden-Baden: Nomos.

Risse, Thomas/ Ropp, Stephen C. 1999: International Human Rights Norms and Domestic Change: Conclusions, in: Risse, Thomas/ Ropp, Stephen C./ Sikkink, Kathryn 1999: The Power of Human Rights: International Norms and Domestic Change, Cambridge: Cambridge University Press, 234-278.

Risse, Thomas/ Ropp, Stephen C./ Sikkink, Kathryn (Hrsg.) 1999: The Power of Human Rights: International Norms and Domestic Change, Cambridge: Cambridge University Press.

Risse, Thomas/ Sikkink, Kathryn 1999: The Socialization of International Human Rights Norms into Domestic Practices, in: Risse, Thomas/ Ropp, Stephen C./ Sikkink, Kathryn (Hrsg.) 1999: The Power of Human Rights: International Norms and Domestic Change, Cambridge: Cambridge University Press, 1-38.

Risse-Kappen, Thomas 1995: Bringing Transnational Relations Back In: Introduction, in: Risse-Kappen, Thomas (Hrsg.): Bringing Transnational Relations Back In: Non-State Actors, Domestic Structures and International Institutions, Cambridge: Cambridge University Press, 3-36.

Risse-Kappen, Thomas 1995a: Cooperation Among Democracies: The European Influence on U.S. Foreign Policy, Princeton, NJ: Princeton University Press.

Rittberger, Berthold 2005: Building Europe's Parliament: Democratic Representation beyond the Nation State, Oxford/ New York: Oxford University Press.

Rittberger, Berthold 2009, i.E.: Democracy and EU Governance, in: Egan, Michelle/ Nugent, Neill/ Paterson, William (Hrsg.): Studying the European Union: Current and Future Agendas, Basingstoke/ New York: Palgrave Macmillan.

Rittberger, Berthold/ Schimmelfennig, Frank 2005: Integrationstheorien: Entstehung und Entwicklung der EU, in: Holzinger, Katharina/ Knill, Christoph/ Peters, Dirk/ Rittberger, Berthold/ Schimmelfennig, Frank/ Wagner, Wolfgang (Hrsg.): Die Europäische Union: Theorien und Analysekonzepte, Paderborn: Schöningh, 19-80.

Rittberger, Volker (Hrsg.) 2001: German Foreign Policy Since Unification: Theories and Case Studies, Manchester/New York: Manchester University Press.

Rittberger, Volker 2003: Weltregieren: Was kann es leisten? Was muss es leisten?, in: Küng, Hans/ Senghaas, Dieter (Hrsg.): Friedenspolitik: Ethische Grundlagen internationaler Beziehungen, München: Piper, 177-208.

Rittberger, Volker 2004: Approaches to the Study of Foreign Policy Derived from International Relations Theory, Tübinger Arbeitspapiere zur Internationalen Politik und Friedensforschung 46, Tübingen: Universität Tübingen, Institut für Politikwissenschaft.

Rittberger, Volker 2004a: Transnationale Unternehmen in Gewaltkonflikten, in: Die Friedenswarte 79: 1-2, 15-34.

Rittberger, Volker (Hrsg.) 2004b: Weltpolitik heute: Grundlagen und Perspektiven, Baden-Baden: Nomos.

Rittberger, Volker 2004c: Weltregieren zwischen Anarchie und Hierarchie, in: Rittberger, Volker (Hrsg.): Weltpolitik heute: Grundlagen und Perspektiven, Baden-Baden: Nomos, 245-270.

Rittberger, Volker 2006: Der Wandel im internationalen System und die Tendenz zu inklusiveren Vereinten Nationen, in: Schorlemer, Sabine von (Hrsg.): "Wir, die Völker (...)" – Strukturwandel in der Weltorganisation, Frankfurt/M.: Peter Lang, 133-147.

Rittberger, Volker 2006a: Weltorganisation in der Krise – Die Vereinten Nationen vor radikalen Reformen, in: Rittberger, Volker (Hrsg.): Weltordnung durch Weltmacht oder Weltorganisation? USA, Deutschland und die Vereinten Nationen, Baden-Baden: Nomos, 41-62.

Rittberger, Volker 2007: Friedensmissionen auf dem Prüfstand: Einführung, in: Die Friedenswarte 82: 1, 9-22.

Rittberger, Volker 2008: Global Governance: From „Exclusive" Executive Multilateralism to Inclusive, Multipartite Institutions, Tübinger Arbeitspapiere zur internationalen Politik und Friedensforschung Nr. 52, Tübingen: Universität Tübingen, Institut für Politikwissenschaft.

Rittberger, Volker/ Baumgärtner, Heiko 2006: Die Reform des Weltsicherheitsrats – Stand und Perspektiven, in: Varwick, Johannes/ Zimmermann, Andreas (Hrsg.): Die Reform der Vereinten Nationen – Bilanz und Perspektiven, Berlin: Duncker & Humblot, 47-66.

Rittberger, Volker/ Breitmeier, Helmut 2000: Environmental NGOs in an Emerging Global Civil Society, in: Chasek, Pamela (Hrsg.): The Global Environment in the Twenty-First Century: Prospects for International Cooperation, Tokio/ New York/ Paris: United Nations University Press, 130-163.

Rittberger, Volker/ Huckel, Carmen/ Rieth, Lothar/ Zimmer, Melanie 2008: Inclusive Global Institutions for a Global Political Economy, in: Rittberger, Volker/ Nettesheim, Martin (Hrsg.): Authority in the Global Political Economy, Basingstoke/ New York: Palgrave Macmillan, 13-54.

Rittberger, Volker/ Mogler, Martin/ Zangl, Bernhard 1997: Vereinte Nationen und Weltordnung: Zivilisierung der Internationalen Politik?, Opladen: Leske + Budrich.

Rittberger, Volker/ Schrade, Christina/ Schwarzer, Daniela 1999: Transnational Civil Society Actors and the Quest for Security, in: Alagappa, Muthia/ Inoguchi, Takashi (Hrsg.): International Security Management and the United Nations, Tokio/ New York/ Paris: United Nations University Press, 109-138.

Rittberger, Volker/ Zangl, Bernhard (unter Mitarbeit von Matthias Staisch) ³2003: Internationale Organisationen: Politik und Geschichte, Wiesbaden: VS Verlag für Sozialwissenschaften.

Rittberger, Volker/ Zangl, Bernhard (unter Mitarbeit von Matthias Staisch) 2006: International Organization – Polity, Politics and Policies, Basingstoke/ New York: Palgrave Macmillan.

Rittberger, Volker/ Zelli, Fariborz 2004: Europa in der Weltpolitik: Juniorpartner der USA oder antihegemoniale Alternative?, in: Rittberger, Volker (Hrsg.) 2004: Weltpolitik heute: Grundlagen und Perspektiven, Baden-Baden: Nomos, 85-122.

Rittberger, Volker/ Zürn, Michael 1990: Towards Regulated Anarchy in East-West Relations – Causes and Consequences of East-West Regimes, in: Rittberger, Volker (Hrsg.): International Regimes in East-West Politics, London: Pinter, 9-63.

Roberts, Adam 2008: Wer die nichtpolare Welt regiert: Die neue globale Ordnung trägt Züge einer ‚variablen Geometrie': Je nach Region und Krise übernehmen verschiedene Staaten die Führung, in: Internationale Politik, 63:7-8, 11-17.

Roche, Douglas 2003: The Case for a UN Parliamentary Assembly, in: Mendlovitz, Saul H./ Walker, Barbara (Hrsg.): A Reader on Second Assembly & Parliamentary Proposals, Wayne, NJ: Center for UN Reform Education, 30-53.

Rodrik, Dani 2000: Governance of Economic Globalization, in: Nye, Joseph S./ Donahue, John D. (Hrsg.): Governance in a Globalizing World, Washington, D.C.: Brookings Institution Press, 347-365.

Romund, Anne 2008: NGO-Strategien zur Einbindung nichtstaatlicher Gewaltakteure in ein Landminenverbot: Der Fall Geneva Call, unveröffentlichte Masterarbeit, Tübingen: Universität Tübingen, Institut für Politikwissenschaft.

Rosand, Eric 2002: Security Council Resolution 1373, the Counter-Terrorism Committee, and the Fight Against Terrorism, in: American Journal of International Law 97: 2, 333-341.

Rosand, Eric 2004: Security Council Resolution 1373 and the Counter-Terrorism Committee: The Cornerstone of the United Nations Contribution to the Fight Against Terrorism, in: Fijnaut, Cybrille/ Wouters, Jan / Naert, Frederik (Hrsg.): Legal Instruments in the Fight Against International Terrorism: A Transatlantic Dialogue, Leiden/ Boston, MA: Brill Publishing, 603-621.

Rosand, Eric 2005: The Security Council as „Global Legislator": Ultra Vires or Ultra Innovative?, in: Fordham International Law Journal 28: 3, 542-560.

Rosemann, Nils 2005: The UN Norms on Corporate Human Rights Responsibilities: An Innovating Instrument to Strengthen Business' Human Rights Performance, Dialogue on Globalization, Occasional Papers 20, Genf: Friedrich Ebert-Stiftung (FES).

Rosenau, James N. 1992: Governance, Order and Change in World Politics, in: Rosenau, James N./ Czempiel, Ernst-Otto (Hrsg.): Governance without Government: Order and Change in World Politics, Cambridge: Cambridge University Press, 1-29.

Rosenau, James N. 1997: Along the Domestic-Foreign Frontier: Exploring Governance in a Turbulent World, Cambridge: Cambridge University Press.

Rosenau, James N. 2003: Globalization and Governance: Bleak Prospects for Sustainability, in: Internationale Politik und Gesellschaft 10: 3, 11-25.

Rosenberg, Justin 2005: Globalization Theory: A Post Mortem, in: International Politics 42: 1, 2-74.

Rotberg, Robert I. (Hrsg.) 2003: State Failure and State Weakness in a Time of Terror, Cambridge, MA: World Peace Foundation.

Roth, Kenneth 2005: Review Essay: Getting Away with Torture, in: Global Governance 11: 3, 389-406.

Roth, Kenneth 2008: Despots Masquerading as Democrats, in: Human Rights Watch (Hrsg.): World Report 2008, New York et al.: Human Rights Watch, 1-23, auf: http://hrw.org/wr2k8/pdfs/wr2k8_web.pdf, eingesehen am 12.02.2008.

Rudolf, Peter 2006: Die USA und der Aufstieg Chinas: Die Strategie der Bush-Administration, SWP-Studie 9/ 2006, Berlin: Stiftung Wissenschaft und Politik (SWP).

Rudolf, Peter 2006a: Der Aufstieg Chinas und die USA: Perzeption und Strategie, in: Wacker, Gudrun (Hrsg.) 2006: Chinas Aufstieg: Rückkehr der Geopolitik?, SWP-Studie 3/ 2006, Berlin: Stiftung Wissenschaft und Politik (SWP), 67-73.

Rudolf, Peter 2008: Amerikas neuer globaler Führungsanspruch: Außenpolitik unter Barack Obama, SWP-Aktuell 77, November 2008, Berlin: Stiftung Wissenschaft und Politik (SWP).

Rudolph, Christopher 2001: Constructing an Atrocities Regime: The Politics of War Crimes Tribunals, in: International Organization 55: 3, 655-691.

Rufin, Jean-Christophe 1999: Kriegswirtschaft in internen Konflikten, in: Jean, François/ Rufin, Jean-Christophe (Hrsg.): Ökonomie der Bürgerkriege, Hamburg: Hamburger Edition, 15-46.

Ruggie, John G. 1982: International Regimes, Transactions, and Change: Embedded Liberalism in the Postwar Economic Order, in: International Organization 36: 2, 379-415.

Ruggie, John G. 1993: Multilateralism: The Anatomy of an Institution, in: Ruggie, John G. (Hrsg.): Multilateralism Matters: The Theory and Praxis of an Institutional Form, New York: Columbia University Press, 3-47.

Ruloff, Dieter (Hrsg.) 2006: China und Indien: Supermächte des 21. Jahrhunderts? Mit Beiträgen zum Thema Nachhaltigkeit und Amerikas Selbstbild, Chur/ Zürich: Rüegger.

Russell, Alan 2005: Trade, Money and Markets, in: White, Brian/ Little, Richard/ Smith, Michael (Hrsg.): Issues in World Politics, Basingstoke/ New York: Palgrave Macmillan, 39-57.

Russett, Bruce M./ Oneal, John R. 2001: Triangulating Peace: Democracy, Interdependence, and International Organizations, New York/ London: W. W. Norton.

Russett, Bruce M./ Sullivan, John D. 1971: Collective Goods and International Organization, in: International Organization 25: 4, 845-865.

Ryan, Missy 2008: Washington Set to Lose in Cotton Subsidy Feud: WTO Could Force U.S. to Cut Aid by 80%, in: International Herald Tribune, 15.02.2008, 17.

Sachs, Jeffrey D. 2005: Das Ende der Armut: Ein ökonomisches Programm für eine gerechtere Welt, München: Siedler.

Sachs, Jeffrey D. 2005a: In die Entwicklung investieren: Ein praktischer Plan zur Erreichung der Millenniums-Entwicklungsziele, Überblick des Berichts an den Generalsekretär der Vereinten Nationen, New York: United Nations Development Programme/ UN Millennium Project.

Sachverständigenrat zur Begutachtung der gesamtwirtschaftlichen Entwicklung 2007: Jahresgutachten 2007/08: Das Erreichte nicht verspielen, Wiesbaden: Sachverständigenrat zur Begutachtung der gesamtwirtschaftlichen Entwicklung, auf: http://www.sach

verstaendigenrat-wirtschaft.de/gutacht/ga-content.php?gaid=52, eingesehen am 01.04. 2008.

Samuelson, Paul Anthony 1954: The Pure Theory of Public Expenditure, in: Review of Economics and Statistics 36: 4, 387-389.

Sander, Gerald G. 1998: Der Europäische Gerichtshof als Förderer und Hüter der Integration: Eine Darstellung anhand seiner Einwirkungsmöglichkeiten auf die einzelnen Dimensionen des Einigungsprozesses, Berlin: Duncker & Humblot.

Sandholtz, Wayne/ Zysman, John 1989: 1992 – Recasting the European Bargain, in: World Politics 42: 1, 95-128.

Sandler, Todd 1997: Global Challenges: An Approach to Environmental, Political and Economic Problems, Cambridge: Cambridge University Press.

Sandschneider, Eberhard 2007: Globale Rivalen – Chinas unheimlicher Aufstieg und die Ohnmacht des Westens, München: Hanser.

Sarkees, Meredith R./ Wayman, Frank W./ Singer, J. David 2003: Inter-State, Intra-State, and Extra-State Wars: A Comprehensive Look at their Distribution over Time, 1816-1997, in: International Studies Quarterly 47: 1, 49-70.

Sassen, Saskia 1996: Losing Control?: Sovereignty in an Age of Globalization, New York: Columbia University Press.

Sassen, Saskia 2006: Territory, Authority, Rights: From Medieval to Global Assemblages, Princeton, NJ: Princeton University Press.

Schabas, William A. 2005: An Introduction to the International Criminal Court, Cambridge: Cambridge University Press.

Schabas, William A. 2008: ‚O brave New World': The Role of the Prosecutor of the International Criminal Court, in: Friedenswarte 83:4, 11-31.

Schade, Jeanette 2007: Neutralität humanitärer NGOs in Kriegs- und Nachkriegssituationen, in: Klein, Ansgar/ Roth, Silke (Hrsg): NGOs im Spannungsfeld von Krisenprävention und Sicherheitspolitik, Wiesbaden: VS Verlag für Sozialwissenschaften, 179-189.

Schaller, Christian 2004: Die Unterbindung des Seetransports von Massenvernichtungswaffen: Völkerrechtliche Aspekte der Proliferation Security Initiative, SWP-Studie 19/ 2004, Berlin: Stiftung Wissenschaft und Politik.

Schaper, Annette 2002: Verlieren die Staaten die Kontrolle über ihre Kriegsmittel? Gefahren des Nuklearterrorismus, in: Schoch, Bruno/ Hauswedell, Corinna/ Weller, Christoph/ Ratsch, Ulrich/ Mutz, Reinhard (Hrsg.): Friedensgutachten 2002, Münster: LIT, 61-70.

Schaper, Annette/ Schmidt, Hajo 2005: Gefährdung des nuklearen Nichtverbreitungsvertrages? Nordkorea, Iran und die USA, in: Ratsch, Ulrich/ Mutz, Reinhard/ Schoch, Bruno/ Hauswedell, Corinna/ Weller, Christoph (Hrsg.): Friedensgutachten 2005, Münster: LIT, 135-144.

Scharpf, Fritz W. 1978: Interorganizational Policy Studies: Issues, Concepts and Perspectives, in: Hanf, Kenneth/ Scharpf, Fritz W. (Hrsg.): Interorganizational Policy Making: Limits to Coordination and Central Control, London: Sage, 345-370.

Scheck, Hanna 2009: Deutsche Außenpolitik zur Förderung der Nutzung erneuerbarer Energien auf internationaler Ebene, unveröffentlichte Magisterarbeit, Tübingen: Universität Tübingen, Institut für Politikwissenschaft.

Scheerer, Georg 2004: Zehn Jahre NAFTA: Bilanz und Perspektiven, SWP-Diskussionspapier der Forschungsgruppe 4, 5/ 2004, Berlin: Stiftung Wissenschaft und Politik (SWP).
Schetter, Conrad/ Mielke, Katja 2008: Staatlichkeit und Intervention in Afghanistan, in: Die Friedens-Warte 83: 1, 71-96.
Schieder, Siegfried/ Spindler, Manuela (Hrsg.) ²2006: Theorien der Internationalen Beziehungen, Opladen/ Farmington Hills, MI: Barbara Budrich, UTB.
Schifferings, Martin/ Roth, Michele 2007: Soziale Gerechtigkeit in einer globalisierten Welt – Utopie oder realisierbares Ziel? Dokumentation des SEF-Symposiums 2006, Bonn: Stiftung Entwicklung und Frieden (SEF).
Schimmelfennig, Frank 2003: Internationale Sozialisation: Von einem „erschöpften" zu einem produktiven Forschungsprogramm?, in: Hellmann, Gunther/Wolf, Klaus Dieter/Zürn, Michael (Hrsg.): Die neuen Internationalen Beziehungen: Forschungsstand und Perspektiven in Deutschland, Baden-Baden: Nomos, 401-427.
Schirm, Stefan A. 1999: Globale Märkte, nationale Politik und regionale Kooperation in Europa und den Amerikas, Baden-Baden: Nomos.
Schirm, Stefan A. (Hrsg.) 2004: New Rules for Global Markets: Public and Private Governance in the World Economy, Basingstoke/ New York: Palgrave Macmillan.
Schirm, Stefan A. 2004a: Internationale Politische Ökonomie: Eine Einführung, Baden-Baden: Nomos.
Schirm, Stefan A. 2004b: The Divergence of Global Economic Governance Strategies, in: Schirm, Stefan A. (Hrsg.): New Rules for Global Markets: Public and Private Governance in the World Economy, Basingstoke/ New York: Palgrave Macmillan, 3-21.
Schirm, Stefan A. 2006: Analytischer Überblick: Stand und Perspektiven in der Globalisierungsforschung, in: Schirm, Stefan A. (Hrsg.): Globalisierung: Forschungsstand und Perspektiven, Baden-Baden: Nomos, 11-34.
Schirm, Stefan A. (Hrsg.) 2006a: Globalisierung: Forschungsstand und Perspektiven, Baden-Baden: Nomos.
Schirm, Stefan A. ²2007: Internationale Politische Ökonomie: Eine Einführung, Baden-Baden: Nomos.
Schlichte, Klaus 2002: Neues über den Krieg? Einige Anmerkungen zum Stand der Kriegsforschung in den Internationalen Beziehungen, in: Zeitschrift für internationale Beziehungen 9: 1, 112-138.
Schlichte, Klaus 2006: Neue Kriege oder alte Thesen? Wirklichkeit und Repräsentation kriegerischer Gewalt in der Politikwissenschaft, in: Geis, Anna (Hrsg.): Den Krieg überdenken: Kriegsbegriffe und Kriegstheorien in der Kontroverse, Baden-Baden: Nomos, 111-132.
Schmid, Alex P. 1984: Political Terrorism: A Research Guide, New Brunswick, NJ: Transaction Books.
Schmid, Claudia/ Pawelka, Peter 1990: Der moderne Rentier-Staat im Vorderen Orient und seine Strategien der Krisenbewältigung; in: Pawelka, Peter/ Aves, Maho A. (Hrsg.): Arabische Golfstaaten in der Krise, Frankfurt: R.G. Fischer, 91-117.
Schmidt, Stuart M./ Kochan, Thomas A. 1977: Interorganizational Relationships: Patterns and Motivations, in: Administrative Science Quarterly 22: 2, 220-234.

Schmiegelow, Michèle/ Schmiegelow, Henrik 2008: Gullivers Fesseln: Die Welt als Problemlösungsgemeinschaft: Funktionale Netze und multilaterale Kooperationen werden im 21. Jahrhundert stärker sein als Machtpole, in: Internationale Politik, 63:7-8, 18-27.

Schneckener, Ulrich 2002: Netzwerke des Terrors – Charakter und Strukturen des transnationalen Terrorismus, SWP-Studie 42/ 2002, Berlin: Stiftung Wissenschaft und Politik (SWP).

Schneckener, Ulrich 2003: War on Terrorism: Die Bush-Regierung im Kampf gegen den internationalen Terrorismus, SWP-Diskussionspapier der Forschungsgruppe 8, 2/ 2003, Berlin: Stiftung Wissenschaft und Politik (SWP).

Schneckener, Ulrich 2004: States at Risk – Zur Analyse fragiler Staatlichkeit, in: Schneckener, Ulrich (Hrsg.): States at Risk: Fragile Staaten als Sicherheits- und Entwicklungsproblem, SWP-Studie 43/ 2004, Berlin: Stiftung Wissenschaft und Politik (SWP), 5-27.

Schneckener, Ulrich 2006: Transnationaler Terrorismus: Charakter und Hintergründe des „neuen" Terrorismus, Frankfurt/M.: Suhrkamp.

Schneckener, Ulrich (Hrsg.) 2006a: Fragile Staatlichkeit: „States at Risk" zwischen Stabilität und Scheitern, Baden-Baden: Nomos.

Schneckener, Ulrich 2007: Internationales Statebuilding: Dilemmata, Strategien und Anforderungen an die deutsche Politik, SWP-Studie 10/ 2007, Berlin: Stiftung Wissenschaft und Politik (SWP).

Schneckener, Ulrich 2007a: Internationale Terrorismusbekämpfung – im Spannungsfeld zwischen USA und Vereinten Nationen, in: Schneckener, Ulrich (Hrsg.): Chancen und Grenzen multilateraler Terrorismusbekämpfung, SWP-Studie 14/ 2007, Berlin: Stiftung Wissenschaft und Politik (SWP), 7-12.

Schneckener, Ulrich 2007b: G 8: Terrorismusbekämpfung in Form von „Club Governance", in: Schneckener, Ulrich (Hrsg.): Chancen und Grenzen multilateraler Terrorismusbekämpfung, SWP-Studie 14/ 2007, Berlin: Stiftung Wissenschaft und Politik (SWP), 53-62.

Schneider, Sybille 1997: Amerikanische Hegemonie in internationalen Währungssystemen: Ein Vergleich des Bretton-Woods-Systems mit dem gegenwärtigen System schwankender Wechselkurse unter besonderer Berücksichtigung von Robert Gilpins Theorie der hegemonialen Stabilität, unveröffentlichte Magisterarbeit, Tübingen: Universität Tübingen, Institut für Politikwissenschaft.

Scholte, Jan Aart 2002: Civil Society and Democracy in Global Governance, in: Global Governance 8: 3, 281-304.

Scholte, Jan Aart ^{2}2005: Globalization: A Critical Introduction, Basingstoke/ New York: Palgrave Macmillan.

Schorlemer, Sabine von 2004: Verrechtlichung contra Entrechtlichung: Die internationalen Sicherheitsbeziehungen", in: Zürn, Michael/ Zangl, Bernhard (Hrsg.): Verrechtlichung – Baustein für Global Governance?, Bonn: Dietz, 76-98.

Schorlemer, Sabine von 2007: The Responsibility to Protect as an Element of Peace: Recommendation on Its Operationalisation, SEF Policy Paper 28, Bonn: Stiftung Entwicklung und Frieden.

Schörnig, Niklas 2006: Neorealismus, in: Schieder, Siegfried/ Spindler, Manuela (Hrsg.): Theorien der Internationalen Beziehungen, Opladen/ Farmington Hills, MI: Barbara Budrich, 65-92.

Schrader, Lutz 2009: Eindämmung innerstaatlicher Gewaltkonflikte und Friedenskonsolidierung: Handlungsrahmen für externe Akteure, in: Breitmeier, Helmut/ Roth, Michèle/ Senghaas, Dieter (Hrsg.): Sektorale Weltordnungspolitik: Effektiv, gerecht und demokratisch?, Baden-Baden: Nomos, 51-71.

Schreiber, Wolfgang 2001: Kriegerische Gewalt: Trends und Tendenzen des weltweiten Kriegsgeschehens 1945-2000, Opladen: Leske + Budrich.

Schreiber, Wolfgang 2003: Das Kriegsgeschehen 2002: Daten und Tendenzen der Kriege und bewaffneten Konflikte, Opladen: Leske + Budrich.

Schreiber, Wolfgang 2004: Kongo-Kinshasa ("Afrikanischer Regionalkrieg"), Hamburger Arbeitsgemeinschaft Kriegsursachenforschung (AKUF), auf: http://www.sozialwiss.uni-hamburg.de/publish/Ipw/Akuf/kriege/250_kongo_ark.htm, eingesehen am 28.05.2007.

Schreier, Fred/ Caparini, Marina 2005: Privatising Security: Law, Practice and Governance of Private Military and Security Companies, Genf: Geneva Centre for the Democratic Control of Armed Forces, auf: http://www.smallarmssurvey.org/files/portal/issueareas/security/ security_pdf/2005_Schreier_Caparini.pdf, eingesehen am 13.10.2007.

Schröder, Daniela 2008: Bauen an der Festung Europa, in: Das Parlament 46 (2008), 10.11.2008, abrufbar unter: http://www.bundestag.de/dasparlament/2008/46/Themenausgabe/22699660.html, eingesehen am 18.11.2008.

Schröm, Oliver 2003: Al-Qaida: Akteure, Strukturen, Attentate, Berlin: Ch. Links.

Schrörs, Mark/ Yeh, Andrew 2007: China fürchtet Überhitzung, in: Financial Times Deutschland, 19.03.2007, auf: http://www.financialtimes.de/politik/international/:China%20%DCberhitzung/175117.html, eingesehen am 15.04.2008.

Schubert, Klaus 1991: Politikfeldanalyse, Opladen: Leske + Budrich.

Schubert, Gunter 2006: (Un)Sicherheit in Ostasien, in: Die Friedens-Warte 81: 3-4, 11-20.

Schuppert, Gunnar Folke 2006: The Changing Role of the State Reflected in the Growing Importance of Non-State Actors, in: Schuppert, Gunnar Folke (Hrsg.) 2006: Global Governance and the Role of Non-State Actors, Baden-Baden: Nomos, 203-244.

Schuppert, Gunnar Folke (Hrsg.) 2006a: Global Governance and the Role of Non-State Actors, Baden-Baden: Nomos.

Schuppert, Gunnar Folke/ Zürn, Michael (Hrsg.) 2008: Governance in einer sich wandelnden Welt, Wiesbaden: VS Verlag für Sozialwissenschaften.

Schwartzberg, Joseph E. 2003: Overcoming Practical Difficulties in Creating a World Parliamentary Assembly (WPA), in: Mendlovitz, Saul H./ Walker, Barbara (Hrsg.): A Reader on Second Assembly & Parliamentary Proposals, Wayne, NJ: Center for UN Reform Education, 80-92.

Scott, David 2007: China stands up: The PRC and the International System, London/ New York: Routledge.

Scott, W. Richard 1986: Grundlagen der Organisationstheorie, Frankfurt/M.: Campus.

Segall, Jeffrey 2008: Chronology of Calls for Non-Governmental Participation in Global Governance in the United Nations, auf: http://www.camdun-online.gn.apc.org/chronologyofcalls. htm, eingesehen am 11.03.2008.

Segall, Jeffrey J./ Lerner, Harry H. 1991: From INFUSA to CAMDUN, in: Barnaby, Frank (Hrsg.): Building a More Democratic United Nations. Proceedings of the First International Conference on a More Democratic UN, London: Routledge.

Seidl-Hohenveldern, Ignaz / Loibl, Gerhard [7]2000: Das Recht der internationalen Organisationen einschließlich der supranationalen Gemeinschaften, Köln: Heymann.

Sell, Susan K. 1999: Multinational Corporations as Agents of Change: The Globalization of Intellectual Property Rights, in: Cutler, Claire/ Haufler, Virginia/ Porter, Tony (Hrsg.): Private Authority and International Affairs, Albany, NY: State University of New York Press, 169-197.

Sell, Susan K. 2000: Structures, Agents and Institutions: Private Corporate Power and the Globalisation of Intellectual Property Rights, in: Higgott, Richard A./ Underhill, Geoffrey R.D./ Bieler, Andreas (Hrsg.): Non-state Actors and Authority in the Global System, London: Routledge, 91-106.

Sen, Amartya 2000: Ökonomie für den Menschen: Wege zu Gerechtigkeit und Solidarität in der Marktwirtschaft, München: Hanser.

Sen, Gautam 2003: The United States and the GATT/WTO System, in: Foot, Rosemary/ MacFarlane, S. Neil/ Mastanduno, Michael (Hrsg.) 2003: US Hegemony and International Organizations: The United States and Multilateral Institutions, Oxford/ New York: Oxford University Press, 115-138.

Sen, Jai/ Anand, Anita/ Escobar, Arturo/ Peter Waterman (Hrsg.) 2004: World Social Forum: Challenging Empires, New Delhi: Viveka.

Shadlen, Kenneth C. 2007: Intellectual Property, Trade and Development: Can Foes Be Friends?, in: Global Governance 13: 2, 171-177.

Sieder, Rachel (Hrsg.) 2002: Multiculturalism in Latin America: Indigenous Rights, Diversity, and Democracy, Basingstoke/ New York: Palgrave Macmillan.

Sikkink, Kathryn 2002: Restructuring World Politics: The Limits and Asymmetries of Soft Power, in: Khagram, Sanjeev/ Riker, James V./ Sikkink, Kathryn (Hrsg.): Restructuring World Politics: Transnational Social Movements, Networks, and Norms, Minneapolis, MN/ London: University of Minnesota Press, 301-318.

Simmons, Beth A./ Martin, Lisa L. 2002: International Organizations and Institutions, in: Carlsnaes, Walter/ Risse, Thomas/ Simmons, Beth A. (Hrsg.): Handbook of International Relations, London: Sage, 192-211.

Simon, Jeffrey D. 1999: Biological Terrorism: Preparing to Meet the Threat, in: Lederberg, Joshua (Hrsg.): Biological Weapons: Limiting the Threat, Cambridge, MA: MIT Press, 235-248.

Sinclair, Timothy J. 2005: The New Masters of Capital: American Bond Rating Agencies and the Politics of Creditworthiness, Ithaca, NY: Cornell University Press.

Singer, Peter W. 2001: Corporate Warriors: The Rise of Privatized Military Industry and Its Ramifications for International Security, in: International Security 26: 3, 186-220.

Singh, Ajit/ Zammit, Ann 2004: Labour Standards and the "Race to the Bottom": Rethinking Globalization and Workers' Rights from Developmental and Solidaristic Perspectives, in: Oxford Review of Economic Policy 20: 1, 85-104.

Slaughter, Anne-Marie 2004: A New World Order, Princeton, NJ: Princeton University Press.

Slim, Hugo 1996: The Stretcher and the Drum: Civil-Military Relations in Peace Support Operations, in: International Peacekeeping 3: 2, 123-140.

Smith, Dan/ Vivekananda, Janani 2007: A Climate of Conflict: The Links Between Climate Change, Peace and War, London: International Alert.

Smith, Jackie/ Chatfield, Charles/ Pagnucco, Ron (Hrsg.) 1997: Transnational Social Movements and Global Politics: Solidarity Beyond the State, Syracuse, NY: Syracuse University Press.

Snidal, Duncan 1985: Coordination versus Prisoners' Dilemma: Implications for International Co-operation and Regimes, in: American Political Science Review 79: 4, 923-942.

Snidal, Duncan 1985a: The Limits of Hegemonic Stability Theory, in: International Organization 39: 4, 597-614.

Sofsky, Wolfgang 2002: Der wilde Krieg, in: Sofsky, Wolfgang (Hrsg.): Zeiten des Schreckens: Amok, Terror, Krieg, Frankfurt/M.: Fischer, 147-183.

Solimano, Andrés 2001: The Evolution of World Income Inequality: Assessing the Impact of Globalization, Santiago de Chile: CEPAL (VN-Wirtschaftskommission für Lateinamerika und die Karibik), abrufbar unter: http://www.andressolimano.com/articles/global/serie% 20macro%2011.pdf, eingesehen am 07.08.2008.

Sørensen, Georg 1999: A State is not a State: Types of Statehood and Patterns of Conflict after the Cold War, in: Alagappa, Muthiah/ Inoguchi, Takashi (Hrsg.): International Security Management and the United Nations, Tokio/ New York/ Paris: United Nations University Press, 24-42.

Sørensen, Georg 2001: Changes in Statehood: The Transformation of International Relations, Basingstoke/ New York: Palgrave Macmillan.

Sørensen, Georg 2004: The Transformation of the State: Beyond the Myth of Retreat, Basingstoke/ New York: Palgrave Macmillan.

Spahn, Paul Bernd 2002: Zur Durchführbarkeit einer Devisentransaktionssteuer, Gutachten im Auftrag des Bundesministeriums für Wirtschaftliche Zusammenarbeit und Entwicklung, Frankfurt/M.: Johann Wolfgang Goethe-Universität, auf: http://www.wiwi.uni-frankfurt.de/professoren/spahn/tobintax/Kapitel0.pdf, eingesehen am 03.12.2007.

Spear, Joanna 2005: Arms and Arms Control, in: White, Brian (Hrsg.): Issues in World Politics, Basingstoke/ New York: Palgrave Macmillan, 96-117.

Sprinz, Detlef F. 2003: Internationale Regime und Institutionen, in: Hellmann, Gunther/ Wolf, Klaus Dieter/ Zürn, Michael (Hrsg.): Die neuen internationalen Beziehungen: Forschungsstand und Perspektiven in Deutschland, Baden-Baden: Nomos, 251-273.

Staisch, Matthias 2003: Reaching Out, or Not: Accounting for the Relative Openness of International Governmental Organizations Towards NGOs, unveröffentlichte Magisterarbeit, Tübingen: Universität Tübingen, Institut für Politikwissenschaft.

Stålenheim, Petter/ Perdomo, Catalina/ Sköns, Elisabeth 2008: Military Expenditure, in: SIPRI (Hrsg.): SIPRI Yearbook 2008: Armaments, Disarmament and International Security, Oxford/ New York: Oxford University Press., 175-206.

Stanzel Volker 2008: The EU and China in the Global System, in: Shambaugh, David/ Sandschneider, Eberhard/ Hong, Zhou (Hrsg.): China-Europe Relations: Perceptions, Policies and Prospects, London: Routledge 252-269.

Stavenhagen, Rodolfo 2002: Indigenous Peoples and the State in Latin America: An Ongoing Debate, in: Sieder, Rachel (Hrsg.) 2002: Multiculturalism in Latin America: Indigenous Rights, Diversity, and Democracy, Basingstoke/ New York: Palgrave Macmillan, 24-44.

Steffek, Jens 2008: Zähmt zivilgesellschaftliche Partizipation die internationale Politik? Vom exekutiven zum partizipativen Multilateralismus, in: Leviathan 36: 1, 105-122.

Steffek, Jens/ Kissling, Claudia/ Nanz, Patrizia (Hrsg.) 2007: Civil Society Participation in European and Global Governance: A Cure for the Democratic Deficit?, Basingstoke/ New York: Palgrave Macmillan.

Stein, Arthur A. 1983: Coordination and Collaboration: Regimes in an Anarchic World, in: Krasner, Stephen D. (Hrsg.): International Regimes, Ithaca, NY: Cornell University Press, 115-140.

Steinberg, Guido 2005: Der nahe und der ferne Feind: Die Netzwerke des islamistischen Terrorismus, München: C.H. Beck.

Steiner, Achim/ Wäldle, Thomas/ Bradbrook, Adrian/ Schutyser, Frederik 2006: International Institutional Arrangements in Support of Renewable Energy, in: Assmann, Dirk/ Laumanns, Ulrich/ Uh, Dieter (Hrsg.): Renewable Energy: A Global Review of Technologies, Policies and Markets, London: Earthscan, 152-165.

Steiner, Henry J./ Alston, Philip ²2000: International Human Rights in Context: Law, Politics, Morals: Text and Materials, Oxford: Clarendon Press.

Steinhilber, Jochen 2006: Öl für China: Pekings Strategien der Energiesicherung in Nahost und Nordafrika, in: Internationale Politik und Gesellschaft 4/2006, 80-104.

Stepanova, Ekaterina 2008: Trends in Armed Conflicts: Darfur, Sudan, in: SIPRI (Hrsg.): SIPRI Yearbook 2008: Armaments, Disarmament and International Security, Oxford/ New York: Oxford University Press., 57-63.

Stern, Nicholas Sir 2006: The Economics of Climate Change: The Stern Review, Cambridge: Cambridge University Press.

Stevens, Christopher/ Meyn, Mareike/ Kennan, Jane/ Bilal, Sanoussi/ Braun-Munzinger, Corinna/ Jerosch, Franziska/ Makhan, Davina/ Rampa, Francesco: The New EPAs: Comparative Analysis of their Content and the Challenges for 2008, London/ Maastricht: Overseas Development Insitute/ European Centre for Development Policy Management, auf http://www.acp-eu-trade.org/library/files/ECDPM-ODI_EN_310308_ECDPM-ODI_The-new-EPAs.pdf, eingesehen am 05.03.2009.

Stiglitz, Joseph 2002: Die Schatten der Globalisierung, Berlin: Siedler.

Stockholm International Peace Research Institute (SIPRI) 2006: SIPRI Yearbook 2006: Armaments, Disarmament and International Security, Oxford/ New York: Oxford University Press.

Stockholm International Peace Research Institute (SIPRI) 2008: SIPRI Yearbook 2008: Armaments, Disarmament and International Security, Oxford/ New York: Oxford University Press.

Stockholm International Peace Research Institute (SIPRI) 2008a: Summary of the SIPRI Yearbook 2008: Armaments, Disarmament and International Security, Stockholm: Stockholm International Peace Research Institute (SIPRI).

Stohl, Michael 1988: Demystifying Terrorism: The Myths and Realities of Contemporary Political Terrorism, in: Stohl, Michael (Hrsg.): The Politics of Terrorism, New York: Marcel Dekker, 1-30.

Stojkovski, Aleksandra 2009: The True Multistakeholder-Dialogue, unveröffentlichte Masterarbeit, Tübingen: Universität Tübingen, Institut für Politikwissenschaft.

Strange, Susan 1986: Casino Capitalism, Oxford: Blackwell.

Strange, Susan 1996: The Retreat of the State: The Diffusion of Power in the World Economy, Cambridge: Cambridge University Press.

Strauss, Andrew 2007: Taking Democracy Global: Assessing the Benefits and Challenges of a Global Parliamentary Assembly, London: One World Trust, auf: http://www.oneworldtrust.org/documents/taking%20democracy%20global.pdf, eingesehen am 09.03.2008.

Streck, Charlotte 2002: Global Public Policy Networks as Coalitions for Change, in: Esty, Daniel C/ Ivanova, Maria H. (Hrsg.): Global Environmental Governance: Options and Opportunities, New Haven, CT: Yale School of Forestry and Environmental Studies, 121-140.

Streck, Charlotte 2006: Financial Instruments and Cooperation Implementing International Agreements for the Global Environment, in: Winter, Gerd (Hrsg.): Multilevel Governance of Global Environmental Change: Perspectives from Science, Sociology and Law, Cambridge: Cambridge University Press, 493-516.

Ströbele-Gregor, Juliana 2004: Indigene Völker und Gesellschaft in Lateinamerika: Herausforderungen an die Demokratie, in: Gesellschaft für technische Zusammenarbeit (GTZ) (Hrsg.): Indigene Völker in Lateinamerika und Entwicklungszusammenarbeit, Eschborn: Gesellschaft für technische Zusammenarbeit (GTZ), 1-27.

Sucher, Jörg 2005: Chinas Energiemisere: Stromnot in der Weltwerkstatt, in: Spiegel Online, auf: http://www.spiegel.de/wirtschaft/0,1518,387694,00.html, eingesehen am 15.12.2007.

Suding, Paul/ Lempp, Philippe 2007: The Multifaceted Institutional Landscape and Processes of International Renewable Energy Policy, in: International Association for Energy Economics Newsletter 2/2007, 4-9, auf: http://www.iaee.org/documents/newsletterarticles/Suding.pdf, eingesehen am 06.12.2007.

Sumner, Daniel A. 2006: Reducing Cotton Subsidies: The DDA Cotton Initiative, in: Anderson, Kym/ Martin, Will (Hrsg.): Agricultural Trade Reform and the Doha Development Agenda, Basingstoke/ New York: Palgrave Macmillan, 271-294.

Szasz, Paul C. 2002: The Security Council Starts Legislating, in: American Journal of International Law 96: 4, 901-905.

Take, Ingo 2001: Allianzbildungen zwischen Staat, Zivilgesellschaft und internationalen Organisationen im Nord-Süd-Verhältnis, in: Brunnengräber, Achim/ Klein, Ansgar/

Walk, Heike (Hrsg.): NGOs als Legitimationsressource: Zivilgesellschaftliche Partizipationsformen im Globalisierungsprozess, Opladen: Leske + Budrich, 239-257.

Take, Ingo 2002: NGOs im Wandel: von der Graswurzel auf das diplomatische Parkett, Wiesbaden: Westdeutscher Verlag.

Tallberg, Jonas 2002: Paths to Compliance: Enforcement, Management and the European Union, in: International Organization 56: 3, 609-643.

Talmon, Stefan 2005: The Security Council as World Legislature, in: American Journal of International Law 99: 1, 175-193.

Tenbrock, Christian 2007: Das globalisierte Verbrechen: Menschenhandel, Drogen, gefälschte Produkte: Die Kaufleute der Unterwelt überwinden alle Grenzen, in: Die Zeit 27/2007, 28.6.2007, 19-21.

Terlinden, Ulf 2002: A Failure of Dedication: International Development NGOs in the Field of Violence Prevention, in: Journal of Peacebuilding and Development 1: 1, 57-68.

Teschke, Benno 2003: The Myth of 1648: Class, Geopolitics, and the Making of Modern International Relations, London: Verso.

Tesner, Sandrine (with George Kell) 2000: The United Nations and Business: A Partnership Rediscovered, Basingstoke/ New York: Palgrave Macmillan.

Tetzlaff, Rainer 2003: Afrika als Teil der Vierten Welt, der Welt der erodierenden Staatlichkeit – abgeschaltet von der Globalisierung? Ursachen und Hintergründe von Staatsverfall und Ent-Menschlichung (zivilisatorische Regression), Beitrag zum Politik-Symposion des Weltethos-Projekts von Hans Küng: „Ein neues Paradigma internationaler Beziehungen? Ethische Herausforderungen für die Gestaltung der Weltpolitik", Bonn: Stiftung Entwicklung und Frieden (SEF), auf: http://www.sef-bonn.org/download/ veranstaltungen/2003/2003_fachws-beirat_tetzlaff_de.pdf; eingesehen am 04.06.2007.

Tetzlaff, Rainer 2004: Genozid in Afrika: Darfur: Fernbleiben oder sich einmischen?, in: Internationale Politik 59: 11-12, 87-94.

Tetzlaff, Rainer 2004a: Prekäre Staatlichkeit in Afrika am Beispiel Sudan: Global Governance in der Interventionsklemme, in: Nord-Süd Aktuell 18: 3, 549-556.

Teusch, Ulrich 2003: Die Staatengesellschaft im Globalisierungsprozess: Wege zu einer antizipatorischen Politik, Wiesbaden: Westdeutscher Verlag

Thakur, Ramesh 2006: Der Elefant ist aufgewacht: In wenigen Jahren hat es Indien geschafft, zur globalen Wirtschaftsmacht aufzusteigen, in: Internationale Politik 61: 10, 6-13.

Thakur, Ramesh 2006a: The United Nations, Peace and Security: From Collective Security to the Responsibility to Protect, Cambridge: Cambridge University Press.

Theiner, Patrick 2007: Through the Looking-Glass – Internet Governance: Die Theorie kollektiver Güter und der Wandel zu inklusiven Institutionen, unveröffentlichte Magisterarbeit, Tübingen: Universität Tübingen, Institut für Politikwissenschaft.

Theiner, Patrick 2008: Lessons from Internet Governance: Explaining Institutionalisation in a Heterarchical World, Paper Prepared for a Joint Workshop of the Hebrew University of Jerusalem and the University of Tübingen, Tübingen, 14.-18.Mai 2008.

Thérien, Jean-Philippe/ Pouliot, Vincent 2006: The Global Compact: Shifting the Politics of International Development?, in: Global Governance 12: 1, 55-75.

Thies, Henrike C. 2008: Towards More Inclusive Institutions? Dealing with Indigenous Issues at the UN, Paper Prepared for the ISA Convention, San Francisco, 26-29 März 2008.

Thomas, Caroline/ Reader, Melvyn 2005: Development and Inequality, in: White, Brian/ Little, Richard/ Smith, Michael (Hrsg.): Issues in World Politics, Basingstoke/ New York: Palgrave Macmillan, 78-95.

Thomas, William I./ Swaine, Dorothy 1928: The Child in America: Behavior Problems and Programs, New York: Knopf.

Thompson, Janna 1998: Community Identity and World Citizenship, in: Archibugi, Daniele/ Held, David/ Köhler, Martin (Hrsg.): Re-imagining Political Community: Studies in Cosmopolitan Democracy, Stanford, CA: Stanford University Press, 179-197.

Thränert, Oliver 2002: Terror mit chemischen und biologischen Waffen: Risikoanalyse und Schutzmöglichkeiten, SWP-Studie 14/ 2002, Berlin: Stiftung Wissenschaft und Politik (SWP).

Times 2008: Jimmy Carter says Israel had 150 nucelar weapons, auf: http://www.times online.co.uk/tol/news/world/middle_east/article4004300.ece, eingesehen am 02.04.2009.

Titze, Anja 2007: Die Vereinten Nationen und indigene Völker: Zu Entstehung und Gehalt der Erklärung der Vereinten Nationen über die Rechte der indigenen Völker, in: Vereinte Nationen 55: 5, 190-197.

Tömmel, Ingeborg 2003: Das politische System der EU, München/ Wien: Oldenbourg.

Tomuschat, Christian 2006: Der Sommerkrieg des Jahres 2006 im Nahen Osten: Eine Skizze, in: Die Friedenswarte 81: 1, 179-190.

Töpfer, Klaus 2008: Russlands Energie: Europas Achillesferse, in: Internationale Politik 63: 4, 64-66.

Toye, John 2003: Order and Justice in the International Trade System, in: Foot, Rosemary/ Gaddis, John/ Hurrell, Andrew (Hrsg.): Order and Justice in International Relations, Oxford/ New York: Oxford University Press, 103-124.

Tsebelis, George 1990: Nested Games: Rational Choice in Comparative Politics, Berkeley, CA: University of California Press.

Tsebelis, George 2002: Veto Players: How Political Institutions Work, Princeton, NJ: Princeton University Press.

Tucker, Jonathan B. 2008: Bridging the Gaps: Achieving the Potential of the Nonproliferation Treaties to Combat Nuclear, Biological, and Chemical Terrorism, in: Friedenswarte 83:2-3, 81-103.

Tucker, Jonathan B. 2006: US-amerikanische Ansätze zur Bioterrorismusbekämpfung, SWP-Diskussionspapier, 10/ 2006, Berlin: Stiftung Wissenschaft und Politik (SWP).

Tull, Dennis M. 2005: Stabilisierungsstrategien in „Failing States": Das Beispiel Nord-Kivu (DR Kongo), SWP-Studie 3/ 2005, Berlin: Stiftung Wissenschaft und Politik (SWP).

UCDP/PRIO 2007: Armed Conflict Data Set: Armed Conflicts Version 4-2007, abrufbar unter: http://www.prio.no/CSCW/Datasets/Armed-Conflict/UCDP-PRIO/4-2007/, eingesehen am 31.07.2008.

Umbach, Frank 2002: Konflikt oder Kooperation in Asien-Pazifik? Chinas Einbindung in regionale Sicherheitsstrukturen und die Auswirkungen auf Europa, München: Oldenbourg.

Umbach, Frank 2006: Die neuen Herren der Welt: Öl gleich Macht: Energie-Verbraucherländer müssen umdenken, in: Internationale Politik 61: 9, 52-59.

UNFCCC 2006: GHG Data 2006: Highlights from Greenhouse Gas (GHG) Emissions Data for 1990-2004 for Annex I Parties, abrufbar unter: http://unfccc.int/files/essential_background/background_publications_htmlpdf/application/pdf/ghg_booklet_06.pdf, eingesehen am 07.08.2008.

UNFCCC 2008: Total Aggregate Greenhouse Gas Emissions of Individual Annex I Parties, 1990-2005, Excluding LULUCF, abrufbar unter: http://unfccc.int/ghg_data/ghg_data_unfccc/items/4146.php, eingesehen am 08.08.2008.

Union of International Associations (UIA) 2007/08: Yearbook of International Organizations, Brüssel: UIA/ München: KG Saur Verlag.

United Nations 2001: Aktionsprogramm zur Verhütung, Bekämpfung und Beseitigung des unerlaubten Handels mit Kleinwaffen und leichten Waffen unter allen Aspekten, auf: http://www.un.org/Depts/german/conf/ac192-15.pdf, eingesehen am 09.10.2007.

United Nations 2004: Eine sicherere Welt: Unsere gemeinsame Verantwortung – Bericht der Hochrangigen Gruppe für Bedrohungen, Herausforderungen und Wandel, Berlin: Deutsche Gesellschaft für die Vereinten Nationen (DGVN).

United Nations 2007: The Millennium Development Goals Report 2007, New York: United Nations, Inter-Agency and Expert Group on MDG Indicators.

United Nations Conference on Trade and Development (UNCTAD) 2006: World Investment Report 2006: FDI From Developing and Transition Economies – Implications for Development, Overview, auf: http://www.unctad.org/en/docs/wir2006overview_en.pdf, eingesehen am 16.06.2007.

United Nations Conference on Trade and Development (UNCTAD) 2007: Transnational Corporations (TNCs), auf: http://www.unctad.org/Templates/Page.asp?intItemID=3148&lang=1, eingesehen am 16.6.2007.

United Nations Conference on Trade and Development (UNCTAD) 2007a: Key Data from World Investment Report Annex Tables, auf: http://www.unctad.org/Templates/Page.asp?intItemID=3277&lang=1, eingesehen am 09.06.2008.

United Nations Department of Economic and Social Affairs 2005: Trends in Total Migrant Stock: The 2005 Revision, auf: http://www.un.org/esa/population/publications/migration/migration2005.htm, eingesehen am 29.04.2007.

United Nations Department of Peacekeeping Operations 2007: United Nations Peacekeeping Operations, auf: http://www.un.org/Depts/dpko/dpko/bnote.htm, eingesehen am 03.10.2007.

United Nations Department of Peacekeeping Operations 2007a: United Nations Political and Peacebuilding Missions, Background Note, auf: http://www.un.org/Depts/dpko/dpko/ppbm.pdf, eingesehen am 03.10.2007.

United Nations Department of Peacekeeping Operations 2008: Complete List of United Nations Peacekeeping Operations, Past and Current, abrufbar unter: http://www.un.org/Depts/dpko/dpko/pastops.shtml, eingesehen am 31.07.2008.

United Nations Department of Political Affairs 2007: Department of Political Affairs (DPA) Field Missions, auf: http://www.un.org/depts/dpa/fieldmissions.html, eingesehen am 03.10.2007.

United Nations Development Programme (UNDP) 2004: World Energy Assessment – Overview 2004 Update, auf: http://www.energyandenvironment.undp.org/undp/index.cfm?module=Library&page=Document&DocumentID=5027, eingesehen am 16.12.2007.

UNDP 2006: Human Development Report 2006: Beyond Scarcity: Power, Poverty and the Global Water Crisis, Basingstoke/ New York: Palgrave Macmillan.

UNDP 2007: Human Development Report 2007/2008: Fighting Climate Change – Human Solidarity in a Divided World, Basingstoke/ New York: Palgrave Macmillan.

United Nations Environment Programme/ New Energy Finance Limited 2007: Global Trends in Sustainable Energy Investment 2007: Analysis of Trends and Issues in the Financing of Renewable Energy and of Energy Efficiency in OECD and Developing Countries, auf: http://www.unep.org/pdf/SEFI_report-GlobalTrendsInSustainableEnergyInverstment07.pdf , eingesehen am 21.11.07.

United Nations High Commissioner for Refugees (UNHCR) 2006: The State of the World's Refugees 2006: Human Displacement in the New Millennium, Genf: UNHCR.

United Nations High Commissioner for Refugees (UNHCR) 2008: Global Trends: Refugees, Asylum-seekers, Returnees, Internally Displaced and Stateless Persons, Genf: UNHCR.

United Nations Office of High Commissioner on Human Rights (UNHCHR) 2008: Human Rights Council, auf: http://www2.ohchr.org/english/bodies/hrcouncil, eingesehen am 25.04.2008.

United Nations Office on Drugs and Crime (UNODC) 2007: World Drug Report 2007, Wien: United Nations Office on Drugs and Crime (UNODC).

United Nations Panel of Eminent Persons on United Nations-Civil Society Relations 2004: We the Peoples: Civil Society, the United Nations and Global Governance (Doc. A/59/817), New York: United Nations.

United Nations Population Fund (UNFPA) 2006: State of World Population 2006: A Passage to Hope: Women and International Migration, auf: http://www.unfpa.org/upload/lib_pub_file/650_filename_sowp06-en.pdf, eingesehen am 29.05.2008.

United Nations World Tourism Organization (UN WTO) 2006: Tourism Highlights 2006, auf: http://www.world-tourism.org/facts/menu.html, eingesehen am 29.04.2007.

United States Department of Defense 2002: International Contributions to the War Against Terrorism, Fact Sheet 22 May 2002, Washington, DC: Department of Defense, auf: http://www.defenselink.mil/news/May2002/d20020523cu.pdf, eingesehen am 29.1.2008.

United States Department of Defense 2008: Base Structure Report: Financial Year 2008, Baseline abrufbar unter: http://www.acq.osd.mil/ie/download/bsr/BSR2008Baseline.pdf, eingesehen am 15.11.2008.

United States Government Accountability Office (GAO) 2009: Global War on Terrorism: Reported Obligations for the Department of Defense, auf: http://www.gao.gov/new.items/d09449r.pdf, eingesehen am 02.04.2009.

Usui, Mikoto 2004: The Private Business Sector in Global Environmental Diplomacy, in: Kanie, Norichika/ Haas, Peter M. (Hrsg.): Emerging Forces in Environmental Governance, Tokio/ New York/ Paris: United Nations University Press, 216-259.

Utting, Peter 2005: Rethinking Business Regulation: From Self-Regulation to Social Control, Genf: United Nations Research Institute for Social Development (UNRISD).

Utting, Peter 2008: Rearticulating Regulatory Approaches: Private-Public Authority and Corporate Social Responsibility, in: Rittberger, Volker/ Nettesheim, Martin (Hrsg.): Authority in the Global Political Economy, Basingstoke/ New York: Palgrave Macmillan, 241-275.

Van de Poll, Frederike (i.E.): A Quest for Accountability? The Effectiveness of the International Atrocities Regime in Combating Impunity, unveröffentlichte Dissertation, Tübingen: Universität Tübingen: Institut für Politikwissenschaft.

Van de Ven, Andrew H. 1976: On the Nature, Formation, and Maintenance of Relations Among Organizations, in: Academy of Management Review 1: 4, 24-36.

Van de Ven, Andrew H./ Emmitt, Dennis C./ Koenig, Richard 1975: Frameworks for Interorganizational Analysis, in: Neghandi, Anant R. (Hrsg.): Interorganization Theory, Kent, OH: Kent State University Press, 19-38.

Van de Ven, Andrew H./ Walker, Gordon 1984: The Dynamics of Interorganizational Coordination, in: Administrative Science Quarterly 29: 4, 598-621.

Varshney, Ashutosh 2002: Ethnic Conflict and Civic Life: Hindus and Muslims in India, New Haven, CT/ London: Yale University Press.

Varwick, Johannes (Hrsg.) 2005: Die Beziehungen zwischen NATO und EU: Partnerschaft, Konkurrenz, Rivalität?, Opladen: Leske + Budrich.

Varwick, Johannes 2006: "Die Reform nach der Reform": Der UN-Weltgipfel und seine Folgen, in: Zeitschrift für Politik 53: 3, 233-249.

Varwick, Johannes/ Gareis, Sven Bernhard 2007: Frieden erster und zweiter Klasse: Die Industriestaaten lassen die Vereinten Nationen bei Peacekeeping-Einsätzen im Stich, in: Internationale Politik 62: 5, 68-74.

Verband Forschender Arzneimittelhersteller (VFA) 2007: TRIPS und öffentliche Gesundheitsversorgung, VFA-Positionspapier, auf: http://www.vfa.de/presse/positionen/trips_versorgung.pdf, eingesehen am 16.12.2007.

Victor, David G.: 2001: The Collapse of the Kyoto Protocol and the Struggle to Slow Global Warming, Princeton, NJ: Princeton University Press.

Viotti, Paul R./ Kauppi, Mark V. ^{3}2007: International Relations and World Politics: Security, Economy, Identity, Upper Saddle River, NJ: Prentice Hall.

Vogler, John 2005: Environment, in: White, Brian/ Little, Richard/ Smith, Michael (Hrsg.): Issues in World Politics, Basingstoke/ New York: Palgrave Macmillan, 194-214.

Voluntary Principles on Security and Human Rights 2008: Voluntary Principles Participation Criteria, auf: http://www.voluntaryprinciples.org/, eingesehen am 11.03.2008.

Vorländer, Hans 1998: Gesellschaftliche Wertvorstellungen und Politische Ideologien, in: Jäger, Wolfgang/ Welz, Wolfgang (Hrsg.): Regierungssystem der USA, München/ Wien: Oldenbourg, 39-53.

Wacker, Gudrun (Hrsg.) 2006: Chinas Aufstieg: Rückkehr der Geopolitik?, SWP-Studie 3/ 2006, Berlin: Stiftung Wissenschaft und Politik (SWP).

Wacker, Gudrun 2006a: China's „Grand Strategy", in: Wacker, Gudrun (Hrsg.): Chinas Aufstieg: Rückkehr der Geopolitik?, SWP-Studie 3/ 2006, Berlin: Stiftung Wissenschaft und Politik (SWP), 61-66.

Wacker, Gudrun 2006b: Eine neue Pax Sinica? Chinas Außenpolitik im Kontext bedrohter Sicherheit in Ostasien, in: Die Friedens-Warte 81: 3-4, 21-41.

Wagener, Hans-Jürgen/ Eger, Thomas/ Fritz, Heiko 2006: Europäische Integration: Recht und Ökonomie, Geschichte und Politik, München: Vahlen.

Wagner, Christian 2006: Globales Schwergewicht: Erfordert Indiens wachsende weltpolitische Bedeutung eine Neudefinition seiner Außenpolitik?, in: Internationale Politik 61: 10, 14-19.

Wagner, Christian 2007: Energie, Sicherheit und Außenpolitik in Indien, SWP-Studie 12/ 2007, Berlin: Stiftung Wissenschaft und Politik (SWP).

Wagschal, Uwe 2007: Die demographische Herausforderung – Problemlagen im globalen Vergleich, in: Ferdowsi, Mir A. (Hrsg.): Weltprobleme, Bonn: Bundeszentrale für politische Bildung (BPB), 283-313.

Waldmann, Peter 1998: Terrorismus: Provokation der Macht, München: Gerling Akademie.

Walk, Heike/ Brunnengräber, Achim 2000: Die Globalisierungswächter: NGOs und ihre transnationalen Netze im Konfliktfeld Klima, Münster: Westfälisches Dampfboot.

Walt, Stephen M. 1987: The Origin of Alliances, Ithaca, NY: Cornell University Press.

Walther, Miriam/ Hentschel, Christine 2002: Armutsstrategiepapiere (PRSP) – Neuanfang in der Strukturanpassungspolitik von IWF und Weltbank?, auf: http://www.prsp-watch.de/publikationen/archiv/prsp_weed.pdf, eingesehen am 01.04.2007.

Waltz, Kenneth N. 1979: Theory of International Politics, Reading, MA: Addison-Wesley.

Waltz, Kenneth N. 1990: Neorealist Thought and Neorealist Theory, in: Journal of International Affairs 44: 1, 21-38.

Waltz, Kenneth N. 2000: Structural Realism after the Cold War, in: International Security 25:1, 5-41.

Walzer, Michael 1990: The Communitarian Critique of Liberalism, in: Political Theory 18: 1, 6-23.

Walzer, Michael 1992: The New Tribalism: Notes on a Difficult Problem, in: Dissent 39, 164-171.

Walzer, Michael 2006: Sphären der Gerechtigkeit: Ein Plädoyer für Pluralität und Gleichheit, Frankfurt/M.: Campus.

Wapner, Paul 2000: The Transnational Politics of Environmental NGOs: Governmental, Economic and Social Activism, in: Chasek, Pamela S.: The Global Environment in the Twenty-First Century: Prospects for International Cooperation, Tokio/ New York/ Paris: United Nations University Press, 87-108.

Wapner, Paul 2007: Civil Society, in: Weiss, Thomas G./ Daws, Sam (Hrsg.): The Oxford Handbook on the United Nations, Oxford/ New York: Oxford University Press, 254-263.

Weber, Max 1949: The Methodology of the Social Sciences, New York: The Free Press of Glencoe.

Weber, Max ^{5}1980 (1922): Wirtschaft und Gesellschaft: Grundriß der verstehenden Soziologie, 5. Auflage, revidiert von Johannes Winckelmann, Tübingen: Mohr.

Weber, Steven 2004: The Success of Open Source, Cambridge, MA: Harvard University Press.

Weinz, Wolfgang 2000: Weltsozialordnung und globale Zivilgesellschaft: Zur Lage internationaler Gerechtigkeitsstandards, in: Vereinte Nationen 48: 3, 94-98.

Weinzierl, Valerie 2005: Zur Zusammenarbeit zwischen den Vereinten Nationen und der Privatwirtschaft: die Partnerschaften und ihre nachhaltige und effiziente Entwicklung, Frankfurt/M.: Peter Lang.

Weiß, Norman 2009: Das globale Menschenrechtssystem: Entwicklungsstand und Voraussetzungen seiner Verwirklichung, in: Breitmeier, Helmut/ Roth, Michèle/ Senghaas, Dieter: Sektorale Weltordnungspolitik: Effektiv, gerecht und demokratisch?, Baden-Baden: Nomos.

Weiss, Thomas 1999: Military-Civilian Interactions: Intervening in Humanitarian Crises, Lanham, MD: Rowman & Littlefield.

Weissbrodt, David 2004: Die Erarbeitung der UN-Menschenrechtsnormen für Transnationale Konzerne und andere Wirtschaftsunternehmen, in: Brühl, Tanja/ Feldt, Heidi/ Hamm, Brigitte/ Hummel, Hartwig/ Martens, Jens (Hrsg.): Unternehmen in der Weltpolitik: Politiknetzwerke, Unternehmensregeln und die Zukunft des Multilateralismus, Bonn: Dietz, 186-200.

Weißes Haus 2006: National Strategy for Combating Terrorism, Washington, DC: White House Counterterrorism Reports, auf: http://www.whitehouse.gov/nsc/nsct/2006/, eingesehen am 11.07.2007.

Weizsäcker, Ernst-Ulrich von/ Young, Oran/ Finger, Matthias (Hrsg.) (unter Mitarbeit von Marianne Beisheim und Harald G. Woeste) 2006: Grenzen der Privatisierung: Wann ist des Guten zu viel?, Bericht an den Club of Rome, Stuttgart: Hirzel.

Weltbank 2005: Weltentwicklungsbericht 2006: Chancengleichheit und Entwicklung, Washington, DC: Weltbank/ Oxford, New York: Oxford University Press.

Weltbank 2007: Poverty Reduction Strategies, Washington, DC: Weltbank, auf: http://www.worldbank.org/prsp, eingesehen am 02.04.2007.

Weltbank 2007a: World Development Report 2008: Agriculture for Development – Overview, Washington, DC: Weltbank.

Weltbank 2008: World Bank Statement on Chad-Cameroon Pipeline, Pressemitteilung vom 9. September 2008, No:2009/073/AFR, auf: http://go.worldbank.org/LNOXOH2W50, eingesehen am 05.01.2009.

Weltbank 2009: Financial Crisis, Washington DC: Weltbank, auf: http://www.worldbank.org/html/extdr/financialcrisis/, eingesehen am 05.03.2009.

Weltgesundheitsorganisation (WHO) 2003: Climate Change and Human Health – Risks and Responses, Genf: Weltgesundheitsorganisation (WHO).

Wendt, Alexander 1992: Anarchy Is What States Make of It, in: International Organization 46: 2, 391-425.

Wendt, Alexander 1999: Social Theory of International Politics, Cambridge: Cambridge University Press.

Werksman, Jake 2004: Consolidating Global Environmental Governance: New Lessons from the GEF?, in: Kanie, Norichika/ Haas, Peter M. 2004: Emerging Forces in Environmental Governance, Tokio/ New York/ Paris: United Nations University Press, 35-50.

Wesel, Reinhard 2004: Symbolische Politik der Vereinten Nationen: Die „Weltkonferenzen" als Rituale, Wiesbaden: VS Verlag für Soziawissenschaften.

Wettestad, Jorgen 1999: Designing Effective Environmental Regimes. The Key Conditions, Cheltenham: Edward Elgar.

Wilkinson, Rorden 2000: Multilateralism and the World Trade Organisation: The Architecture and Extension of International Trade Regulation, London: Routledge.

Willets, Peter 2006: The Cardoso-Report on the UN and Civil Society: Functionalism, Global Corporatism or Global Democracy?, in: Global Governance, 12:2006, 305-324.

Williamson, John 1990: What Washington Means by Policy Reform, in: Williamson, John (Hrsg.): Latin American Adjustment: How Much Has Happened?, Washington, DC: Institute for International Economics.

Williamson, John 2000: What Should the World Bank Think About the Washington Consensus?, in: The World Bank Research Observer 15: 2, 251-64.

Willke, Helmut 1996: Ironie des Staates: Grundlinien einer Staatstheorie polyzentrischer Gesellschaft, Frankfurt/M.: Suhrkamp.

Windhoff-Héritier, Adrienne 1997: Policy-Analyse: Eine Einführung, Frankfurt/ M.: Campus.

Winters, L. Alan 1987: The Political Economy of the Agricultural Policy of Industrial Countries, in: European Review of Agricultural Economics 14: 3, 285-304.

Wissenschaftlicher Beirat der Bundesregierung Globale Umweltveränderungen (WBGU) 2001: Hauptgutachten: Welt im Wandel – Neue Strukturen globaler Umweltpolitik, Berlin: Springer.

Wissenschaftlicher Beirat der Bundesregierung Globale Umweltveränderungen (WBGU) 2007: Hauptgutachten: Sicherheitsrisiko Klimawandel, Berlin: Springer.

Witte, Jan Martin/ Reinicke, Wolfgang/ Benner, Thorsten 2000: Beyond Multilateralism: Global Public Policy Networks, in: Internationale Politik und Gesellschaft 39: 2, 176-188.

Wohlforth, William C. 1999: The Stability of a Unipolar World, in: International Security 24: 1, 5-41.

Wolf, Klaus Dieter 2004: Von der Bipolarität zur Unipolarität? Der Mythos vom zweiten amerikanischen Jahrhundert, in: Rittberger, Volker (Hrsg.): Weltpolitik heute: Grundlagen und Perspektiven, Baden-Baden: Nomos, 53-84.

Wolf, Klaus Dieter 2005: Unternehmen als politische Akteure in der Weltpolitik: Wolfsberg-Prinzipien, auf: http://www.politikwissenschaft.tu-darmstadt.de/fileadmin/pg/lehrveranstaltungen/ws0506/Wolf/UnternehmenVL0506-8.pdf, eingesehen am 26.01.2008.

Wolfsberg-Gruppe 2002: Wolfsberg-Erklärung zur Unterdrückung der Terrorismusfinanzierung, New York et al.: Wolfsberg-Gruppe.

Woll, Artur ^{4}1990a: Finanzmarkt, in: Woll, Artur (Hrsg.): Wirtschaftslexikon, München/ Wien: Oldenbourg, 212.

Woll, Artur ^{4}1990b: Geldmarkt, in: Woll, Artur (Hrsg.): Wirtschaftslexikon, München/ Wien: Oldenbourg, 241f.

Woods, Ngaire 2007: Bretton Woods Institutions, in: Weiss, Thomas G./ Daws, Sam (Hrsg.): The Oxford Handbook on the United Nations, Oxford/ New York: Oxford University Press, 233-253.

Woods, Ngaire 2007a: Trends in Global Economic Governance and the Emerging Accountability Gap, in: de Senarclens, Pierre/ Kazancigil, Ali (Hrsg): Regulating Globalization: Critical Approaches to Global Governance, Tokio/ New York/ Paris: United Nations University Press, 93-117.

World Commission on Environment and Development 1987: Our Common Future, „Brundtland-Report", Oxford/ New York: Oxford University Press.
World Commission on the Social Dimension of Globalization 2004: A Fair Globalization: Creating Opportunities for All, Genf: Internationale Arbeitsorganisation (ILO).
World Economic Forum (Hrsg.) 2006: Global Governance Initiative: Annual Report 2006, Genf: World Economic Forum.
World Intellectual Property Organization (WIPO) 2007: WIPO Patent Report 2006 – Statistics on Worldwide Patent Activities, Genf: World Intellectual Property Organization (WIPO), auf: http://www.wipo.int/ipstats/en/statistics/patents/, eingesehen am 04.04. 2007.
World Society Research Group 2000: Introduction: World Society, in: Albert, Mathias/ Brock, Lothar/ Wolf, Klaus Dieter (Hrsg.) 2000: Civilizing World Politics: Society and Community Beyond the State, Lanham, MD: Rowman & Littlefield, 1-17.
World Trade Organization (WTO) 2003: Understanding the WTO, Genf: World Trade Organization (WTO).
World Trade Organization (WTO) 2004: United States – Subsidies on Upland Cotton: Report of the Panel, WT/DS267/R, Genf: World Trade Organization (WTO).
World Trade Organization (WTO) 2005: International Trade Statistics 2005, Genf: World Trade Organization (WTO).
World Trade Organization (WTO) 2005a: WTO Summary of Cases: EC – Export Subsidies on Sugar (DS 265, 266, 288), Genf: World Trade Organization (WTO).
World Trade Organization (WTO) 2005b: United States – Subsidies on Upland Cotton: Report of the Appellate Body, WT/DS267/AB/R, Genf: World Trade Organization (WTO).
World Trade Organization (WTO) 2006: TRIPS and Pharmaceutical Patents, WTO Fact Sheet, auf: http://www.wto.org/english/tratop_e/trips_e/factsheet_pharm00_e.htm, eingesehen am 25.11.2007.
World Trade Organization (WTO) 2007: Trade Profiles, http://stat.wto.org/CountryProfile/WSDBCountryPFHome.aspx?Language=E, eingesehen am 28.05.2007.
World Trade Organization (WTO) 2007a: International Trade Statistics 2007, auf: http://www.wto.org/english/res_e/statis_e/its2007_e/its07_toc_e.htm, eingesehen am 19.06.2008.
World Trade Organization (WTO) 2008: Understanding the WTO: Settling Disputes: The Panel Process, abrufbar unter: http://www.wto.org/english/thewto_e/whatis_e/tif_e/disp2_e.htm, eingesehen am 05.08.2008.
World Trade Organization (WTO) 2008a: Trade Profiles, http://stat.wto.org/CountryProfile/WSDBCountryPFHome.aspx?Language=E, eingesehen am 01.04.2009.
Wulf, Herbert 2002: Mit Militär gegen Terrorismus?, in: Schoch, Bruno/ Hauswedell, Corinna/ Weller, Christoph/ Ratsch, Ulrich/ Mutz, Reinhard (Hrsg.): Friedensgutachten 2002, Münster: LIT, 149-157.
Wulf, Herbert 2009: Rüstungskontrolle, Abrüstung und Nonproliferation, in: Breitmeier, Helmut/ Roth, Michèle/ Senghaas, Dieter (Hrsg.): Sektorale Weltordnungspolitik: Effektiv, gerecht und demokratisch?, Baden-Baden: Nomos, 31-50.
Wunschik, Tobias 2007: Baader-Meinhof international?, in: Aus Politik und Zeitgeschichte 40-41/2007, 23-29.

Würth, Anna 2006: Monitoring und Messbarkeit von Menschenrechten: Ein kurzer Überblick, in: Die Friedens-Warte 81: 1, 71-86.

Young, Oran 1994: International Governance: Protecting the Environment in a Stateless Society, Ithaca, NY: Cornell University Press.

Zakaria, Fareed 2008: The Post-American World, New York/ London: W.W. Norton.

Zakaria, Fareed 2008a: The Future of American Power: How America can Survive the Rise of the Rest, in: Foreign Affairs, 87 (Mai/Juni 2008) 3, 18-43), abrufbar unter: http://www.foreignaffairs.org/20080501facomment87303/fareed-zakaria/the-future-of-american-power.html, eingesehen am 15.11.2008.

Zangl, Bernhard 1999: Interessen auf zwei Ebenen: Internationale Regime in der Agrarhandels-, Währungs- und Walfangpolitik, Baden-Baden: Nomos.

Zangl, Bernhard 2006: Die Internationalisierung der Rechtsstaatlichkeit: Streitbeilegung in GATT und WTO, Frankfurt/M.: Campus.

Zangl, Bernhard 2008: Monopolist a.D.: Herrschaft wird delegiert, doch ganz ohne den Staat geht es nicht immer, in: WZB-Mitteilungen 121 (September 2008), 11-14.

Zangl, Bernhard 2008a: Judicialization Matters! A Comparison of Dispute Settlement under GATT and the WTO, in: International Studies Quarterly 52:4, 825-854.

Zangl, Bernhard/ Zürn, Michael 2003: Frieden und Krieg: Sicherheit in der nationalen und postnationalen Konstellation, Frankfurt/M.: Suhrkamp.

Zartman, William I. 1995: Collapsed States: The Disintegration and Restoration of Legitimate Authority, Boulder, CO: Lynne Rienner.

Zedillo, Ernesto 2001: Recommendations of the High-Level Panel on Financing for Development, Report Commissioned by the Secretary General of the United Nations, New York: United Nations.

Zhao, Shuiseng 2006: China's Pragmatic Nationalism: Is it Manageable? In: The Washington Quarterly 28:4, 131-144.

Ziegler, Jean 2003: Die neuen Herrscher der Welt und ihre globalen Widersacher, München: Bertelsmann.

Zimmermann, Andreas/ Eberling, Björn 2004: Grenzen der Legislativbefugnisse des Sicherheitsrats, in: Vereinte Nationen 52: 3, 71-77.

Zittel, Werner/ Schindler, Jörg 2006: Uranium Resources and Nuclear Energy, Energy Watch Group Series 1/ 2006, Background Paper, Ottobrunn: Ludwig-Bölkow Stiftung, auf: http://www.energywatchgroup.org/fileadmin/global/pdf/EWG_Report_Uranium_3-12-2006ms.pdf, eingesehen am 14.05.2008.

Zittel, Werner/ Schindler, Jörg 2007: Coal: Resources and Future Production, Energy Watch Group Series 1/ 2007, Background Paper, Ottobrunn: Ludwig-Bölkow Stiftung, auf: http://www.energywatchgroup.org/fileadmin/global/pdf/EWG_Report_Coal_10-07-2007ms.pdf, eingesehen am 14.05.2008.

Zittel, Werner/Schindler, Jörg 2007a: Crude Oil: The Supply Outlook, Report to the Energy Watch Group, Energy Watch Group Series 3/ 2007, Ottobrunn: Ludwig-Bölkow Stiftung, auf: http://www.energywatchgroup.org/fileadmin/global/pdf/EWG_Oilreport_10-2007.pdf, eingesehen am 06.05.2008.

Zofka, Zdenek 2007: Strategien zur Bekämpfung globaler Armut, in: Ferdowsi, Mir A. (Hrsg.): Weltprobleme, Bonn: Bundeszentrale für politische Bildung (BPB), 223-236.

Zürn, Michael 1992: Interessen und Institutionen in der internationalen Politik: Grundlegung und Anwendung des situationsstrukturellen Ansatzes, Opladen: Leske + Budrich.

Zürn, Michael 1992a: Jenseits der Staatlichkeit: Über die Folgen der ungleichzeitigen Denationalisierung, in: Leviathan 20: 4, 490-513.

Zürn, Michael 1998: Regieren jenseits des Nationalstaates: Globalisierung und Denationalisierung als Chance, Frankfurt/M.: Suhrkamp.

Zürn, Michael 2001: Political Systems in the Postnational Constellation: Societal Denationalization and Multilevel Governance, in: Rittberger, Volker (Hrsg.): Global Governance and the United Nations System, Tokio/ New York/ Paris: United Nations University Press, 48-87.

Zürn, Michael 2005: Global Governance, in: Schuppert, Gunnar Folke (Hrsg.): Governance-Forschung – Vergewisserung über Stand und Entwicklungslinien, Baden-Baden: Nomos, 121-146.

Zürn, Michael 2005: Introduction: Law and Compliance at Different Levels, in: Zürn, Michael/ Joerges, Christian (Hrsg.): Law and Governance in Postnational Europe: Compliance Beyond the Nation-State, Cambridge: Cambridge University Press, 1-39.

Zürn, Michael 2006: Global Governance as an Emergent Political Order – The Role of Transnational NGOs, in: Schuppert, Gunnar Folke (Hrsg.): Global Governance and the Role of Non-State Actors, Baden-Baden: Nomos, 31-46.

Zürn, Michael/ Herrhausen, Anna 2008: Post-Conflict Peacebuilding: The Roles of Ownership and Coordination, in: Rittberger, Volker/ Fischer, Martina (Hrsg.): Strategies for Peace: Contributions of International Organizations, States and Non-State Actors, Opladen/ Farmington Hills, MI: Barbara Budrich, 271-287.

Zürn, Michael/Koenig-Archibugi, Matthias 2006: Conclusion II: The Modes and Dynamics of Global Governance, in: Koenig-Archibugi, Mathias/Zürn, Michael (Hrsg.): New Modes of Governance in the Global System: Exploring Publicness, Delegation and Inclusiveness, Basingstoke/New York: Palgrave Macmillan, 236-254.

Zürn, Michael/ Zangl, Bernhard 2004: „Make Law, Not War": Internationale und transnationale Verrechtlichung als Baustein für Global Governance, in: Zürn, Michael/ Zangl, Bernhard (Hrsg.): Verrechtlichung – Baustein für Global Governance?, Bonn: Dietz, 12-45.

Zweifel, Thomas D. 2006: International Organizations and Democracy: Accountability, Politics, and Power, Boulder, CO: Lynne Rienner.

Neu im Programm Politikwissenschaft

Margret Johannsen
Der Nahost-Konflikt
2., akt. Aufl. 2009. 167 S. Mit 10 Abb.
(Elemente der Politik) Br. EUR 14,90
ISBN 978-3-531-16690-2

Der Inhalt: Entstehung und Entwicklung des Konflikts: Konfliktregion Naher Osten - Die Ursprünge des Konflikts zwischen Arabern und Juden um Palästina - Die großen israelisch-arabischen Kriege - Der palästinensische Widerstand zwischen Gewaltlosigkeit und bewaffnetem Befreiungskampf - Der Friedensprozess: Voraussetzungen des Friedensprozesses - Ziele der Kontrahenten - Stationen des Friedensprozesses - Konfliktanalyse: Konfliktgegenstände - Die Akteure

Der Nahostkonflikt ist ein Schlüsselelement der internationalen Beziehungen. In diesem Buch werden sowohl der Kern des Konflikts als auch die internationalen Dimensionen auf knappem Raum dargestellt.

Thomas Meyer
Was ist Demokratie?
Eine diskursive Einführung
2009. 235 S. Br. EUR 19,90
ISBN 978-3-531-15488-6

Der Inhalt: Wurzeln und Erfahrungen - Theoretische Grundlagen - Typen moderner Demokratie - Die Realität moderner Demokratie - Die Transformation der Demokratie - Transnationale Demokratie - Probleme als Demokratie - Demokratie-/Zivilisationsleistung auf Widerruf?

Die Demokratie ist in der Gegenwart mannigfaltigen Bedrohungen ausgesetzt. Dieses Buch führt in die geschichtlichen Grundlagen und die Bedingungen der Demokratie ein.

Sven-Uwe Schmitz
Konservativismus
2009. 170 S. Mit 12 Abb.
(Elemente der Politik) Br. EUR 16,90
ISBN 978-3-531-15303-2

Der Inhalt: Ideengeschichte vor- und frühkonservativen Denkens - Vor-Konservativismus als Anti-Absolutismus - Früh-Konservativismus vor 1789 als Gegen-Aufklärung - Konservatismus als Anti-Revolutionismus - Politische Romantik 1806-1815 - Anfänge konservativer Bewegungen und Parteien in Deutschland

Der Konservativismus ist eine der wichtigsten politischen Strömungen der Moderne und prägt das politische Denken seit mehr als 200 Jahren. In diesem Buch wird der Konservativismus auf knappem Raum klar und verständlich vorgestellt.

Erhältlich im Buchhandel oder beim Verlag.
Änderungen vorbehalten. Stand: Juli 2009.

www.vs-verlag.de

VS VERLAG FÜR SOZIALWISSENSCHAFTEN

Abraham-Lincoln-Straße 46
65189 Wiesbaden
Tel. 0611.7878 -722
Fax 0611.7878 - 400

Neu im Programm Politikwissenschaft

Uwe Andersen / Wichard Woyke (Hrsg.)
Handwörterbuch des politischen Systems der Bundesrepublik Deutschland
6. Aufl. 2009. XXIV, 873 S. Geb. EUR 49,90
ISBN 978-3-531-15727-6

Arthur Benz
Politik in Mehrebenensystemen
2009. 257 S. mit 19 Abb. (Governance Bd. 5) Br. EUR 24,90
ISBN 978-3-531-14530-3

Jörg Bogumil / Werner Jann
Verwaltung und Verwaltungswissenschaft in Deutschland
Einführung in die Verwaltungswissenschaft
2., völlig überarb. Aufl. 2009. 358 S. (Grundwissen Politik 36) Br. EUR 26,90
ISBN 978-3-531-16172-3

Wilfried von Bredow
Die Außenpolitik der Bundesrepublik Deutschland
Eine Einführung
2., akt. Aufl. 2008. 306 S. (Studienbücher Außenpolitik und Internationale Beziehungen) Br. EUR 19,90
ISBN 978-3-531-16159-4

Erhältlich im Buchhandel oder beim Verlag.
Änderungen vorbehalten. Stand: Juli 2009.

Andrè Brodocz / Marcus Llanque / Gary S. Schaal (Hrsg.)
Bedrohungen der Demokratie
2009. 393 S. Br. EUR 39,90
ISBN 978-3-531-14409-2

Joachim Detjen
Die Werteordnung des Grundgesetzes
2009. 439 S. Geb. EUR 49,90
ISBN 978-3-531-16733-6

Susanne Pickel / Gert Pickel / Hans-Joachim Lauth / Detlef Jahn (Hrsg.)
Methoden der vergleichenden Politik- und Sozialwissenschaft
Neue Entwicklungen und Anwendungen
2009. 551 S. Br. EUR 39,90
ISBN 978-3-531-16194-5

Manfred G. Schmidt
Demokratietheorien
Eine Einführung
4., überarb. u. erw. Aufl. 2008. 571 S. Br. EUR 16,90
ISBN 978-3-531-16054-2

Thomas Widmer / Wolfgang Beywl / Carlo Fabian (Hrsg.)
Evaluation
Ein systematisches Handbuch
2009. 634 S. Br. EUR 69,90
ISBN 978-3-531-15741-2

www.vs-verlag.de

VS VERLAG FÜR SOZIALWISSENSCHAFTEN

Abraham-Lincoln-Straße 46
65189 Wiesbaden
Tel. 0611.7878-722
Fax 0611.7878-400